HAC
& Oxford

Dictionnaire de poche

FRANÇAIS - ANGLAIS
ANGLAIS - FRANÇAIS

OXFORD
UNIVERSITY PRESS

hachette
ÉDUCATION

Préface

Cette nouvelle édition du *Dictionnaire bilingue Hachette & Oxford de poche* s'adresse à tous ceux qui désirent comprendre et traduire les mots et expressions les plus courants du français et de l'anglais d'aujourd'hui.

Nous avons veillé à l'actualité de la nomenclature et des expressions, et accordé une large part aux américanismes.

La structure des entrées permet le repérage rapide de la phonétique, des catégories grammaticales, des mots composés, des expressions idiomatiques et des verbes à particule ; les différents sens apparaissent en contexte.

Avec ses annexes qui présentent des informations pratiques (conversions de mesures, poids, températures, etc., date et heure, verbes irréguliers, noms de pays et leurs habitants), le *Dictionnaire bilingue Hachette & Oxford de poche* est le compagnon idéal pour les voyages, les études et la vie professionnelle.

L'Éditeur

Contributeurs à la rédaction :
Héloïse Neefs, Gérard Kahn, Sue Steinberg, Anne Le Meur
Révision et suppléments de la nouvelle édition :
Patricia Abbou, Bénédicte Gaillard, Jean-Benoit Ormal-Grenon
Maquette de couverture : Karine Nayé
Composition et mise en page : NORD COMPO Multimédia

L'éditeur tient à remercier Ingrid Delmaille pour son aide précieuse au cours de l'élaboration de cet ouvrage.

©1999, 2009, 2011 Hachette Livre pour la partie français-anglais

©1999, 2009 Hachette Livre et Oxford University Press pour la partie anglais-français

ISBN : 978-2-01-281528-5

Liste des abréviations

abrév	abréviation	*impf*	imparfait
adj	adjectif, ive	IMPRIM	imprimerie
ADMIN	administration	IND	industrie
adv	adverbe, adverbial	*ind*	indirect
AÉROSP	aérospatiale	*indic*	indicatif
AGRIC	agriculture	*inf*	infinitif
ANAT	anatomie	INJUR	injurieux
ARCHÉO	archéologie	*inter*	interrogatif, interrogation
ARCHIT	architecture	*inv*	invariable
art	article	IRON	ironique
ASSUR	assurance	JOURN	journalisme
AUDIO	audiovisuel	JUR	juridique, droit
AUT	automobile	LING	linguistique
aux	auxiliaire	LIT	littéralement
AVIAT	aviation	LITTÉR	littéraire
B	français de Belgique	LITTÉRAT	littérature
BIOL	biologie	LOC	locution
BOT	botanique	*m*	masculin
C	français du Canada	MÉD	médecine
CIN	cinéma	MIL	militaire, armée
COMM	commerce	MUS	musique
cond	conditionnel	MYTHOL	mythologie
conj	conjonction, conjonctive	*n*	nom
CONSTR	bâtiment	NAUT	nautisme
CONTROV	usage critiqué	*nég*	négatif
CULIN	culinaire	NUCL	nucléaire
déf	défini	ŒNOL	œnologie
dém	démonstratif	ONOMAT	onomatopée
det, dét	déterminant	ORDINAT	informatique
ÉCOL	écologie	*p, part*	participe
ÉCON	économie	*p antér*	passé antérieur
ÉDIT	édition	*p comp*	passé composé
ÉLEC	électrotechnique	PÉJ	péjoratif
ÉLECTRON	électronique	*pers*	personnel
épith	épithète	PHILOS	philosophie
euph	euphémisme	PHOT	photographie
excl	exclamatif, exclamation	*phr*	phrase, locution
f	féminin	PHYS	physique
FIG	figuré	*pl*	pluriel
FIN	finance	POL	politique
fut	futur	*poss*	possessif
GB	graphie ou prononciation britannique	*pp*	participe passé
		pr	propre
GÉN	généralement	*prep, prép*	préposition, prépositive
GÉOG	géographie	*pres, prés*	présent
H	français de Suisse	*pret, prét*	prétérit
HIST	histoire	*pron*	pronom, pronominal
HUM	humoristique	PROV	proverbe
impér	impératif	PSYCH	psychologie

Liste des abréviations

qch	quelque chose			*vtr*	verbe transitif
qn	quelqu'un			ZOOL	zoologie
quantif	quantificateur			†	vieilli
réfl	réfléchi			®	marque déposée,
rel	relatif				nom déposé*
RELIG	religion			☺	familier
sb	somebody			☻	populaire
SCOL	scolaire, école			☛	vulgaire ou tabou
sg	singulier			C	dénombrable
SOCIOL	sociologie			¢	indénombrable
SOUT	soutenu			–	reprise du mot d'entrée
sth	something			≈	équivalent, approximatif
subj	subjonctif			►	renvoi
TECH	technologie			(...)	synonyme,
TELECOM	télécommunications				indication de sens
tjs	toujours			[...]	le mot entre [ ]
TOUR	tourisme				précède le mot d'entrée
TRANSP	transports			[►...]	le mot entre [ ]
UNIV	université				suit le mot d'entrée
us	graphie ou prononciation			●	signale des expressions
	américaine				idiomatiques
v	verbe			■	signale des
VÉT	vétérinaire				mots-composés ou
vi	verbe intransitif				des verbes à particule
vpr	verbe pronominal				

* Les marques déposées Les mots qui, à notre connaissance, sont considérés comme des marques ou des noms déposés sont signalés dans cet ouvrage par ®. La présence ou l'absence de cette mention ne peut pas être considérée comme ayant valeur juridique.

Prononciation de l'anglais

Voyelles, diphtongues

[iː]	see	[ɜː]	fur
[ɪ]	sit	[ə]	ago
[e]	ten	[eɪ]	page
[æ]	hat	[əʊ]	home
[ɑː]	arm	[aɪ]	five
[ɒ]	got	[aʊ]	now
[ɔː]	saw	[ɔɪ]	join
[ʊ]	good	[ɪə]	near
[uː]	too	[eə]	hair
[ʌ]	cup	[ʊə]	tour

Consonnes

[p]	pen	[s]	so
[b]	bad	[z]	zoo
[t]	tea	[ʃ]	she
[d]	dip	[ʒ]	measure
[k]	cat	[h]	how
[g]	got	[m]	man
[tʃ]	chin	[n]	no
[dʒ]	June	[ŋ]	sing
[f]	fall	[l]	leg
[v]	voice	[r]	red
[θ]	thin	[j]	yes
[ð]	then	[w]	wet

Le signe (ˈ) précède la syllabe accentuée.

Noms géographiques

Pays	Country	Nationalité	Nationality
Afghanistan	Afghanistan	Afghan	Afghan, Afghani
Afrique du Sud	South Africa	Sud-Africain	South African
Albanie	Albania	Albanais	Albanian
Algérie	Algeria	Algérien	Algerian
Allemagne	Germany	Allemand	German
Andorre	Andorra	Andorran	Andorran
Angleterre	England	Anglais	Englishman/woman
Angola	Angola	Angolais	Angolan
Arabie saoudite	Saudi Arabia	Saoudien	Saudi (Arabian)
Argentine	Argentina	Argentin	Argentinian
Arménie	Armenia	Arménien	Armenian
Australie	Australia	Australien	Australian
Autriche	Austria	Autrichien	Austrian
Azerbaïdjan	Azerbaijan	Azerbaïdjanais, Azéri	Azerbaijani
Bangladesh	Bangladesh	Bangladais, Bangladeshi	Bangladeshi
Belgique	Belgium	Belge	Belgian
Bélize	Belize	Bélizien	Belizean
Bénin	Benin	Béninois	Beninese
Bhoutan	Bhutan	Bhoutanais	Bhutanese
Biélorussie	Belarus, Byelorussia	Biélorusse	Byelorussian
Birmanie	Burma	Birman	Burmese
Bosnie-Herzégovine	Bosnia-Herzegovina	Bosniaque	Bosnian
Botswana	Botswana	Botswanais	Tswana, Setswana
Brésil	Brazil	Brésilien	Brazilian
Bulgarie	Bulgaria	Bulgare	Bulgar, Bulgarian
Burkina Faso	Burkina Faso	Burkinabé, Burkinais	Burkinese
Burundi	Burundi	Burundais	Burundian
Cambodge	Cambodia	Cambodgien	Cambodian
Cameroun	Cameroon	Camerounais	Cameroonian
Canada	Canada	Canadien	Canadian
Chili	Chile	Chilien	Chilean
Chine	China	Chinois	Chinese
Chypre	Cyprus	Chypriote	Cypriot
Colombie	Colombia	Colombien	Colombian
Congo	Congo	Congolais	Congolese
Corée	Korea	Coréen	Korean
Costa Rica	Costa Rica	Costaricain, Costaricien	Costa Rican
Croatie	Croatia	Croate	Croatian
Cuba	Cuba	Cubain	Cuban
Danemark	Denmark	Danois	Dane
Dominique	Dominica	Dominicain	Dominican
Écosse	Scotland	Écossais	Scot, Scotsman/woman
Égypte	Egypt	Égyptien	Egyptian
Émirats arabes unis	the United Arab Emirates		
Équateur	Ecuador	Équatorien	Ecuadorian
Érythrée	Eritrea	Érythréen	Eritrean
Espagne	Spain	Espagnol	Spaniard
Estonie	Estonia	Estonien	Estonian
États-Unis d'Amérique	The United States of America	Américain	American
Éthiopie	Ethiopia	Éthiopien	Ethiopian
Finlande	Finland	Finlandais, Finnois	Finn
France	France	Français	Frenchman/woman

Gambie	Gambia	**Gambien**	Gambian
Gabon	Gabon	**Gabonais**	Gabonese
Géorgie	Georgia	**Géorgien**	Georgian
Grèce	Greece	**Grec**	Greek
Grenade	Grenada	**Grenadin**	Grenadian
Guatemala	Guatemala	**Guatémaltèque**	Guatemalan
Guinée	Guinea	**Guinéen**	Guinean
Guyana	Guyana	**Guyanais**	Guyanese
Haïti	Haïti	**Haïtien**	Haitian
Honduras	Honduras	**Hondurien**	Honduran
Hongrie	Hungary	**Hongrois**	Hungarian
île Maurice	Mauritius	**Mauricien**	Mauritian
Inde	India	**Indien**	Indian
Indonésie	Indonesia	**Indonésien**	Indonesian
Irak	Iraq	**Irakien**	Iraqi
Iran	Iran	**Iranien**	Iranian
Irlande	Ireland	**Irlandais**	Irishman/woman
Irlande du Nord	Northern Ireland	**Irlandais du Nord**	Northern Irishman/woman
Islande	Iceland	**Islandais**	Icelander
Israël	Israel	**Israélien**	Israeli
Italie	Italy	**Italien**	Italian
Japon	Japan	**Japonais**	Japanese
Jordanie	Jordan	**Jordanien**	Jordanian
Kenya	Kenya	**Kenyan**	Kenyan
Kirghizstan	Kyrgyzstan, Kirghizia	**Kirghize**	Kirghiz
Kosovo	Kosovo	**Kosovar**	Kosovar
Koweït	Kuwait	**Koweïtien, Koweïti**	Kuwaiti
Kurdistan	Kurdistan	**Kurde**	Kurd
Laos	Laos	**Laotien**	Laotian
Lettonie	Latvia	**Letton**	Latvian, Lett
Liban	Lebanon	**Libanais**	Lebanese
Libye	Libya	**Libyen**	Libyan
Lituanie	Lithuania	**Lituanien**	Lithuanian
Luxembourg	Luxembourg	**Luxembourgeois**	Luxembourger
Madagascar	Madagascar	**Malgache**	Malagasy
Malaisie	Malaysia	**Malais**	Malaysian
Mali	Mali	**Malien**	Malian
Malte	Malta	**Maltais**	Maltese
Maroc	Morocco	**Marocain**	Moroccan
Mauritanie	Mauritania	**Mauritanien**	Mauritanian
Mélanésie	Melanesia	**Mélanésien**	Melanesian
Mexique	Mexico	**Mexicain**	Mexican
Micronésie	Micronesia	**Micronésien**	Micronesian
Mongolie	Mongolia	**Mongol**	Mongol, Mongolian
Monténégro	Montenegro	**Monténégrin**	Montenegrin
Mozambique	Mozambique	**Mozambicain**	Mozambican
Namibie	Namibia	**Namibien**	Namibian
Népal	Nepal	**Népalais**	Nepali, Nepalese
Nicaragua	Nicaragua	**Nicaraguayen**	Nicaraguan
Niger	Niger	**Nigérien**	Nigerien
Nigéria	Nigeria	**Nigérian**	Nigerian
Norvège	Norway	**Norvégien**	Norwegian
Nouvelle-Zélande	New Zealand	**Néo-Zélandais**	New Zealander
Ouganda	Uganda	**Ougandais**	Ugandan

Noms géographiques

Ouzbékistan	Uzbekistan	Ouzbek	Uzbek
Pakistan	Pakistan	Pakistanais	Pakistani
Palestine	Palestine	Palestinien	Palestinian
Panama	Panama	Panaméen	Panamanian
Papouasie-Nouvelle-Guinée	Papua New Guinea	Papou	Papu, Papua-New-Guinean
Paraguay	Paraguay	Paraguayen	Paraguayan
pays de Galles	Wales	Gallois	Welshman/woman
Pays-Bas, Hollande	The Netherlands, Holland	Néerlandais, Hollandais	Dutchman/woman
Pérou	Peru	Péruvien	Peruvian
Philippines	the Philippines	Philippin	Filipino
Pologne	Poland	Polonais	Pole
Polynésie	Polynesia	Polynésien	Polynesian
Portugal	Portugal	Portugais	Portuguese
République Centrafricaine	the Central African Republic	Centrafricain	Central African
République tchèque	the Czech Republic	Tchèque	Czech
Roumanie	Romania	Roumain	Romanian
Royaume-Uni	the United Kingdom	Britannique	British person
Russie	Russia	Russe	Russian
Salvador	El Salvador	Salvadorien	Salvadorian
Sénégal	Senegal	Sénégalais	Senegalese
Serbie	Serbia	Serbe	Serb, Serbian
Singapour	Singapore	Singapourien	Singaporean
Slovaquie	Slovakia	Slovaque	Slovak, Slovakian
Slovénie	Slovenia	Slovène	Slovene, Slovenian
Somalie	Somalia	Somali, Somalien	Somalian
Soudan	Sudan	Soudanais	Sudanese
Sri Lanka	Sri Lanka	Sri-Lankais	Sri Lankan
Suède	Sweden	Suédois	Swede
Suisse	Switzerland	Suisse	Swiss
Suriname	Surinam	Surinamais	Surinamese
Syrie	Syria	Syrien	Syrian
Tadjikistan	Tadzhikistan	Tadjik	Tadzhik
Taïwan	Taiwan	Taïwanais	Taiwanese
Tanzanie	Tanzania	Tanzanien	Tanzanian
Tasmanie	Tasmania	Tasmanien	Tasmanian
Tchad	Chad	Tchadien	Chadian
Tchétchénie	Chechnya, Chechenia	Tchétchène	Chechen
Tibet	Tibet	Tibétain	Tibetan
Tunisie	Tunisia	Tunisien	Tunisian
Turkménistan	Turkmenistan	Turkmène	Turkmen
Turquie	Turkey	Turc	Turk
Ukraine	Ukraine	Ukrainien	Ukrainian
Uruguay	Uruguay	Uruguayen	Uruguayan
Venezuela	Venezuela	Vénézuélien	Venezuelan
Viêt-nam	Vietnam	Vietnamien	Vietnamese
Yémen	Yemen	Yéménite	Yemeni
Yougoslavie	Yugoslavia	Yougoslave	Yugoslav, Yugoslavian
Zaïre	Zaïre	Zaïrois	Zaïrian
Zambie	Zambia	Zambien	Zambian
Zimbabwe	Zimbabwe	Zimbabwéen	Zimbabwean

Les verbes irréguliers anglais

Infinitif	Prétérit	Participe passé	Traduction
be	was / were	been	*être*
bear	bore	borne	*supporter*
beat	beat	beaten	*battre*
become	became	become	*devenir*
begin	began	begun	*commencer*
bend	bent	bent	*courber*
bet	bet	bet	*parier*
bid	bid	bid	*enchérir*
bite	bit	bitten	*mordre*
bleed	bled	bled	*saigner*
blow	blew	blown	*souffler*
break	broke	broken	*casser*
bring	brought	brought	*apporter*
build	built	built	*construire*
burn	burnt	burnt	*brûler*
burst	burst	burst	*éclater*
buy	bought	bought	*acheter*
cast	cast	cast	*lancer*
catch	caught	caught	*attraper*
choose	chose	chosen	*choisir*
come	came	come	*venir*
cost	cost	cost	*coûter*
cut	cut	cut	*couper*
deal	dealt	dealt	*distribuer*
dig	dug	dug	*creuser*
do	did	done	*faire*
draw	drew	drawn	*tirer*
dream	dreamed / dreamt	dreamed / dreamt	*rêver*
drink	drank	drunk	*boire*
drive	drove	driven	*conduire*
eat	ate	eaten	*manger*
fall	fell	fallen	*tomber*
feed	fed	fed	*(se) nourrir*
feel	felt	felt	*ressentir*
fight	fought	fought	*se battre, combattre*
find	found	found	*trouver*
fly	flew	flown	*voler (dans l'air)*
forbid	forbade	forbidden	*interdire*
forget	forgot	forgotten	*oublier*
forgive	forgave	forgiven	*pardonner*
freeze	froze	frozen	*geler*
get	got	got	*obtenir*
give	gave	given	*donner*
go	went	gone	*aller*
grow	grew	grown	*(faire) pousser*
hang	hung	hung	*pendre*
have	had	had	*avoir*
hear	heard	heard	*entendre*
hide	hid	hidden	*cacher*
hit	hit	hit	*frapper*
hold	held	held	*tenir*
hurt	hurt	hurt	*blesser*
keep	kept	kept	*garder*
know	knew	known	*savoir*
lay	laid	laid	*poser*
lead	led	led	*mener*
lean	leaned / leant	leaned / leant	*se pencher*

Les verbes irréguliers anglais

learn	learned / learnt	learned / learnt	*apprendre*
leave	left	left	*quitter, laisser*
lend	lent	lent	*prêter*
let	let	let	*louer ; laisser*
lie	lay	lain	*être allongé*
lose	lost	lost	*perdre*
make	made	made	*faire*
mean	meant	meant	*signifier*
meet	met	met	*rencontrer*
pay	paid	paid	*payer*
put	put	put	*mettre*
read	read	read	*lire*
ride	rode	ridden	*monter à, rouler à*
ring	rang	rung	*sonner*
rise	rose	risen	*se lever*
run	ran	run	*courir*
see	saw	seen	*voir*
sell	sold	sold	*vendre*
send	sent	sent	*envoyer*
set	set	set	*poser*
shake	shook	shaken	*secouer*
shine	shone	shone	*briller*
shoot	shot	shot	*tirer (arme à feu)*
show	showed	shown	*montrer*
shrink	shrank	shrunk	*rétrécir*
shut	shut	shut	*fermer*
sing	sang	sung	*chanter*
sink	sank	sunk	*s'enfoncer, sombrer*
sit	sat	sat	*être assis*
sleep	slept	slept	*dormir*
smell	smelled / smelt	smelled / smelt	*sentir (odorat)*
speak	spoke	spoken	*parler*
spell	spelled / spelt	spelled / spelt	*épeler*
spend	spent	spent	*dépenser*
spill	spilled / spilt	spilled / spilt	*répandre*
split	split	split	*(se) fendre*
spread	spread	spread	*(s')étaler*
spring	sprang	sprung	*sauter, jaillir*
stand	stood	stood	*être debout*
steal	stole	stolen	*dérober*
sting	stung	stung	*piquer*
swear	swore	sworn	*jurer*
sweep	swept	swept	*balayer*
swell	swelled	swelled / swollen	*gonfler*
swim	swam	swum	*nager*
swing	swung	swung	*(se) balancer*
take	took	taken	*prendre*
teach	taught	taught	*enseigner*
tear	tore	torn	*déchirer*
tell	told	told	*raconter*
think	thought	thought	*penser*
throw	threw	thrown	*jeter*
understand	understood	understood	*comprendre*
upset	upset	upset	*renverser*
wake	woke	woken	*(s')éveiller*
wear	wore	worn	*porter (vêtements)*
weep	wept	wept	*pleurer*
win	won	won	*gagner*
withdraw	withdrew	withdrawn	*retirer*
write	wrote	written	*écrire*

Nombres

Les nombres cardinaux et ordinaux peuvent être adjectifs ou pronoms. En anglais, on sépare les milliers par une virgule.

cardinaux		ordinaux	cardinaux		ordinaux
zero, nought[GB]	0		twenty	20	twentieth
one	1	first	twenty-one	21	twenty-first
two	2	second	twenty-two	22	twenty-second
three	3	third	thirty	30	thirtieth
four	4	fourth	forty	40	fortieth
five	5	fifth	fifty	50	fiftieth
six	6	sixth	sixty	60	sixtieth
seven	7	seventh	seventy	70	seventieth
eight	8	eighth	eighty	80	eightieth
nine	9	ninth	ninety	90	ninetieth
ten	10	tenth	a hundred	100	one-hundredth / a hundredth
eleven	11	eleventh	a hundred and one[GB] a hundred one[US]	101	one/a hundred and first
twelve	12	twelfth	two hundred	200	two-hundredth
thirteen	13	thirteenth	a thousand	1000	one-thousandth / a thousandth
fourteen	14	fourteenth	a thousand two hundred	1,200	one/a thousand two hundredth
fifteen	15	fifteenth	ten thousand	10,000	ten-thousandth
sixteen	16	sixteenth	a hundred thousand	100,000	a/one hundred thousandth
seventeen	17	seventeenth	one million	1,000,000	a/one millionth
eighteen	18	eighteenth	two million	2,000,000	two millionth
nineteen	19	nineteenth	three hundred million[GB] three billion[US]	3,000,000,000	three hundred millionth[GB] three billionth[US]

Fractions et pourcentages

Pour les fractions, on utilise **one** en mathématiques et pour les calculs précis.

1/4	a/one quarter / a/one /fourth	25 %	twenty-five per cent
1/3	a/one third	33 %	thirty-three per cent
1/2	a/one half	50 %	fifty per cent
2/3	two thirds	66 %	sixty-six per cent
3/4	three quarters/fourths	75 %	seventy-five per cent
1	one	100 %	a/one hundred per cent

Mesures et conversion

En anglais, on signale la décimale par un point tandis qu'en français, on utilise la virgule.

Longueur / Taille

1 in (inch)	2,54 cm
1 ft (foot) = 12 inches	30,48 cm
1 yd (yard) = 3 feet	91,44 cm
1 ml (mile) = 1760 yards	1,61 km

Combien mesures-tu ?   **How tall are you?**
Je mesure 1,80 m.   **I am 6 foot (tall). / I am 1.80m.**
Il mesure 1.50 m.   **He is 4 foot 11.**

Poids

1 oz (ounce)	28,35 g
1 lb (pound) = 16 oz	453,60 g
1 st (stone) = 14 lbs	6,35 kg
1 (long) ton^{GB} = 2240 lbs 1 (short) ton^{US} = 2000 lbs	1016 kg 907,2 kg

Combien pèses-tu ?   **How much do you weigh? / How heavy are you?**
Je pèse 82 kg.   **I weigh 13 st.^{GB} / 180lbs.^{US}**
Il pèse 71 kg.   **He weighs 10 st. 3^{GB} / 160 lbs.^{US}**

Superficie

1 sq in (square inch)	6,45 cm²
1 sq ft (square foot)	929,03 cm²
1 sq yd (square yard)	0,84 m²
1 acre	40,47 ares / 0,40 ha
1 sq ml (square mile)	2,59 km²

Volume

1 cu in (cubic inch)	16,83 cm³
1 cu ft (cubic foot) = 1728 cu in	0,03 m³
1 cu yd (cubic yard) = 27 cu ft	0,76 m³

Liquides

Distinguez les mesures de capacité britanniques des mesures américaines.

britanniques		américaines	
1 fl oz (fluid ounce)	28,41 ml	1 fl oz	29,57 ml
1 pt (pint) = 20 fl oz	0,57 l	1pt = 16 fl oz	0,47 l
1 qt (quart) = 2 pints	1,14 l	1 qt = 2 pints	0,95 l
1 gal (gallon) = 8 pints	4,55 l	1 gal = 8 pints	3,79 l

En français on calcule la consommation d'essence en litres aux 100km. Pour convertir en miles per gallon, il suffit de diviser 280 par le nombre de litres aux 100.

Ma voiture fait du 10 litres aux 100.   **My car does 28 miles to the gallon.^{GB}**

Températures

Dans les pays anglo-saxons, la température est le plus souvent exprimée en degrés Fahrenheit.

Pour passer des degrés Fahrenheit aux degrés Celsius, il faut retrancher 32 aux degrés Fahrenheit, multiplier par 5 et diviser par 9.

Pour passer des degrés Celsius aux degrés Fahrenheit, il faut multiplier les degrés Celsius par 9, diviser par 5 et ajouter 32.

Celsius (C)	Fahrenheit (F)	Celsius (C)	Fahrenheit (F)
200°	392°	20°	68°
100°	212°	10°	50°
40°	104°	0°	32°
30°	86°	- 10°	14°

Quelle température fait-il aujourd'hui ? | What is the temperature today?
Il fait 15°. | It is 15°C / 59°F.
Quelle est sa température ? | What is his temperature?
Sa température est de 38°. | His temperature is 38°C / 100°F.

Date et heure

Date

date	écrire	dire	date	écrire	dire
1er mai	May 1 / May 1st 1st May / 1 MayGB	May the first the first of MayGB May firstUS	1900	1900	nineteen hundred
2 avril	April 2 (etc.) abrév. Apr 2	April the second (etc.)	1999	1999	nineteen ninety-nine
lundi 3 mai	Monday, May 3	Monday, May the third	l'an 2000	the year 2000	the year two thousand
4 mai 1927	May 4th 1927	May the fourth, nineteen twenty-seven	jeudi 5 mai 2010	Thursday, May 5 2010	Thursday, May the fifth two thousand and ten
31/7/65	31.7.65GB 7.31.65US	July the thirty-first nineteen sixty-five	le XVIe siècle	the 16th century	the sixteenth century

Le combien sommes-nous aujourd'hui ? | What's the date today?
Nous sommes le 10. | It's the tenth.

Heure

Quelle heure est-il ? | What time is it?

il est...	it is...	dire
4 h	4 o'clock	it's four o'clock / four
4h du matin	4 am	it's four am / four o'clock in the morning
4 h de l'après-midi	4 pm	it's four pm / four o'clock in the afternoon
4 h 10	4.10	it's ten past four / four ten
4 h 15	4.15	it's a quarter past four / four fifteen
4 h 30	4.30	it's half past four / four fifty
4 h 45	4.45	it's a quarter to five / four forty-five
4 h 50	4.50	it's ten to five / four fifty

FRANÇAIS - ANGLAIS

a

a, A /a, ɑ/ *nm inv* **de A à Z** from A to Z.
■ **a commercial** at sign.

à /a/ *prép* (avec mouvement) **aller à Paris** to go to Paris; (lieu où l'on se trouve) **à la maison** at home; **à Paris** in Paris; (dans le temps) **à 10 ans** at the age of 10; **au printemps** in (the) spring; (dans une description) with; **le garçon aux cheveux bruns** the boy with dark hair; (avec être) **je suis à vous tout de suite** I'll be with you in a minute; **c'est à qui de jouer?** whose turn is it?; **c'est à toi** it's your turn; (marque l'appartenance) **à qui est cette montre?** whose is this watch?; **un ami à moi** a friend of mine; (avec un nombre) **nous l'avons fait à deux** two of us did it; **à trois on est serrés** with three people it's crowded; **mener 3 à 2** to lead 3 (to) 2; **à 2 euros le kilo** at 2 euros a kilo.

abaisser /abese/ **I** *vtr* to pull (down). **II s'abaisser** *vpr* to demean oneself; FIG **s'abaisser à (faire qch)** to stoop to (doing sth).

abandon /abɑ̃dɔ̃/ *nm* GÉN abandonment; **à l'abandon** in a state of neglect; **contraint à l'abandon** forced to withdraw; **vainqueur par abandon** winner by default.

abandonné, -e /abɑ̃dɔne/ *adj* [personne] deserted; [maison] abandoned.

abandonner /abɑ̃dɔne/ **I** *vtr* GÉN to give up; [▸matière] to drop; [▸course] to withdraw (from); [▸navire] to abandon; [▸personne] to leave; (faire défaut) to fail. **II s'abandonner** *vpr* **s'abandonner au désespoir** to give in to despair.

abat-jour, *pl* **-s** /abaʒuʀ/ *nm* lampshade.

abats /aba/ *nmpl* (de bœuf, etc) offal ⊄; (de volaille) giblets.

abattement /abatmɑ̃/ *nm* (moral) exhaustion; COMM reduction.
■ **abattement fiscal** tax allowance.

abattoir /abatwaʀ/ *nm* slaughterhouse.

abattre /abatʀ/ **I** *vtr* [▸animal de boucherie] to slaughter; [▸animal dangereux] to destroy; [▸personne] to shoot [sb] down; **l'homme à abattre** the prime target; [▸mur] to knock down; [▸avion] to shoot down; [▸arbre] to fell; (accabler) to demoralize; (accomplir) **abattre un gros travail** to get through lots of work. **II s'abattre** *vpr* **s'abattre sur** [orage] to beat down on; [oiseau] to swoop down on; [malheur] to descend upon.

abattu, -e /abaty/ *adj* depressed.

abbaye /abei/ *nf* abbey.

abbé /abe/ *nm* priest.

abc /abese/ *nm* ABC, rudiments.

abcès /apsɛ/ *nm* abscess; FIG **crever l'abcès** to resolve a crisis.

abdiquer /abdike/ *vi* to abdicate.

abdomen /abdɔmɛn/ *nm* abdomen.

abdominal, -e, *mpl* **-aux** /abdɔminal, o/ **I** *adj* abdominal. **II abdominaux** *nmpl* abdominal muscles; SPORT stomach exercises.

abeille /abɛj/ *nf* bee.

abîmer, abimer /abime/ **I** *vtr* to damage; **très abîmé** badly damaged. **II s'abîmer** *vpr* [fruit] to spoil; [▸vue] to ruin.

aboiement /abwamɑ̃/ *nm* barking ⊄.

abolir /abɔliʀ/ *vtr* to abolish.

abolition /abɔlisjɔ̃/ *nf* abolition; **abolition de la peine de mort** abolition of death penalty.

abominable /abɔminabl/ *adj* abominable.

abondance /abɔ̃dɑ̃s/ *nf* (de produits) wealth; (de ressources) abundance; **vivre dans l'abondance** to live in affluence.

abondant, -e /abɔ̃dɑ̃, ɑ̃t/ *adj* **la nourriture est abondante** there's lots to eat; **une récolte abondante** a bumper harvest; **des illustrations abondantes** many illustrations; [chevelure] thick; [végétation] lush.

abonder /abɔ̃de/ *vi* **abonder en** to be full of.
● **abonder dans le sens de qn** to go along with what sb says.

abonné, -e /abɔne/ *nm,f* (lecteur, etc) subscriber; (spectateur) season ticket holder; **abonné au gaz** gas consumer.

abonnement /abɔnmɑ̃/ *nm* **souscrire un abonnement** to take out a subscription; **(carte d')abonnement** season ticket.

abonner /abɔne/ **I** *vtr* (à un journal) to buy a subscription to; (à l'opéra) to buy a season

abord /abɔʀ/ **I** *nm au premier abord* at first sight. **II d'abord** *loc adv* first; *tout d'abord* first of all; (contrairement à la suite) at first. **III abords** *nmpl aux abords de la route* near the road.

ticket to. **II s'abonner** *vpr* (à un journal) to take out a subscription to.

abordable /abɔʀdabl/ *adj* [prix] affordable; [texte] accessible.

abordage /abɔʀdaʒ/ *nm* boarding; *à l'abordage!* stand by to board!

aborder /abɔʀde/ **I** *vtr* [▸problème] to deal with; *se faire aborder par qn* to be approached by sb; *avant d'aborder le virage* on the approach to the bend. **II** *vi* [navire] to land.

aboutir /abutiʀ/ **I** *vtr ind aboutir à* to lead to. **II** *vi les négociations n'ont pas abouti* the talks came to nothing.

aboyer /abwaje/ *vi* to bark.

abracadabrant, -e /abʀakadabʀã, ãt/ *adj* absurd.

abréger /abʀeʒe/ *vtr version abrégée* abridged version; [▸souffrances] to put an end to; [▸récit] to cut short.

abreuver /abʀœve/ **I** *vtr* to water; FIG *abreuver qn de* [▸compliments] to overwhelm sb with; [▸injures] to shower sb with. **II s'abreuver** *vpr* to drink.

abréviation /abʀevjasjɔ̃/ *nf* abbreviation.

abri /abʀi/ *nm* shelter; *à l'abri (du vent)* sheltered (from the wind); *personne n'est à l'abri d'une erreur* everybody makes mistakes.

abricot /abʀiko/ *nm* apricot.

abricotier /abʀikɔtje/ *nm* apricot tree.

abriter /abʀite/ **I** *vtr* to take in. **II s'abriter** *vpr s'abriter du vent* to shelter from the wind.

abrupt, -e /abʀypt/ *adj* [chemin] steep; [personne, ton] abrupt.

abruti, -e /abʀyti/ *nm,f* idiot.

abrutir /abʀytiʀ/ **I** *vtr être abruti de travail* to be overwhelmed with work; *la chaleur m'abrutit* the heat wears me out. **II s'abrutir** *vpr s'abrutir de travail* to wear oneself out with work.

absence /apsɑ̃s/ *nf* GÉN absence; *pendant votre absence* while you were out; (manque) lack.

absent, -e /apsɑ̃, ãt/ **I** *adj il est absent* (longtemps) he's away; (brièvement) he's out; *j'étais absent de l'école hier* I did not go to school yesterday; *d'une voix absente* absent-mindedly. **II** *nm,f* absentee.

absenter: s'absenter /apsɑ̃te/ *vpr s'absenter quelques minutes* to leave for a few minutes; *s'absenter longtemps* to be gone for long.

absolu, -e /apsɔly/ *adj, nm* absolute.

absolument /apsɔlymɑ̃/ *adv* absolutely; *il faut absolument que j'y aille* I really must go.

absorbant, -e /apsɔʀbɑ̃, ãt/ *adj* [matière] absorbent; [lecture] fascinating.

absorber /apsɔʀbe/ *vtr* [éponge] to absorb; [▸nourriture] to eat; [▸boisson] to drink; *absorbé dans ses pensées* lost in thought.

abstenir: s'abstenir /apstəniʀ/ *vpr* (de voter) to abstain; *s'abstenir de qch/de faire* to refrain from sth/from doing; *pas sérieux s'abstenir* no time-wasters.

abstention /apstɑ̃sjɔ̃/ *nf* abstention; *il y a eu 10% d'abstention* 10% abstained.

abstrait, -e /apstʀɛ, ɛt/ *adj* abstract.

absurde /apsyʀd/ *adj, nm* absurd; *démontrer qch par l'absurde* to prove sth by contradiction.

absurdité /apsyʀdite/ *nf* absurdity; *tu dis des absurdités* you're talking nonsense.

abus /aby/ *nm* abuse; *abus dangereux* can seriously damage your health; *il y a de l'abus*©! that's a bit much©!
■ **abus de confiance** breach of trust.

abuser /abyze/ **I** *vtr* to fool; *se laisser abuser* to be taken in. **II abuser de** *vtr ind abuser de l'alcool* to drink to excess; [▸sucreries] to overindulge in; [▸situation] to exploit; *abuser de qn/qch* to take advantage of sb/sth; *je ne voudrais pas abuser* I don't want to impose. **III** *vi* to go too far.
● *si je ne m'abuse* if I'm not mistaken.

abusif, -ive /abyzif, iv/ *adj* excessive.

acabit /akabi/ *nm les gens de ton acabit* people like you; *une histoire du même acabit* a similar story.

acacia /akasja/ *nm* acacia.

académicien, -ienne /akademisjɛ̃, jɛn/ *nm,f* academician; (de l'Académie française) member of the Académie française.

académie /akademi/ nf *académie de peinture/de dessin* art academy; SCOL ≈ local education authority[GB], school district[US].

académique /akademik/ adj academic.

acajou /akaʒu/ adj inv, m mahogany.

acarien /akaʀjɛ̃/ nm dust mite.

accablant, -e /akablɑ̃, ɑ̃t/ adj [chaleur] oppressive; [fait] damning.

accabler /akable/ vtr *accablé de soucis* overwhelmed with worries; *accabler qn d'impôts* to overburden sb with taxes; *les témoignages l'accablent* the evidence points to him.

accalmie /akalmi/ nf lull.

accaparer /akapaʀe/ vtr to monopolize; [▸ esprit] to preoccupy.

accéder /aksede/ **accéder à** vtr ind [▸ poste] to obtain; [▸ requête] to grant; *accéder au pouvoir* to come to power; *accéder à la propriété* to become a homeowner.

accélérateur /akseleʀatœʀ/ nm accelerator.
■ *accélérateur de particules* PHYS particle accelerator.

accélération /akseleʀasjɔ̃/ nf acceleration.

accélérer /akseleʀe/ **I** vtr *accélérer le pas* to quicken one's step. **II** vi to accelerate.

accent /aksɑ̃/ nm GÉN accent; *accent tonique* stress; *mettre l'accent sur qch* to put the emphasis on sth.

accentuer /aksɑ̃tɥe/ **I** vtr [▸ syllabe] to stress; [▸ lettre] to put an accent (on). **II s'accentuer** vpr to become more marked.

acceptation /aksɛptasjɔ̃/ nf acceptance.

accepter /aksɛpte/ vtr *accepter qch de qn* to accept sth from sb; *accepter de faire qch* to agree to do sth.

accès /aksɛ/ nm access; *avoir accès à qch* to have access to sth; *accès aux quais* to the trains; *les accès du bâtiment* the entrances to the building; *accès interdit* no entry; (de colère) fit; (de fièvre) bout.

accessible /aksesibl/ adj [lieu] accessible; [personne] approachable; (pas trop cher) affordable.

accessoire /akseswaʀ/ **I** adj incidental. **II** nm accessory; *accessoires de toilette* toilet requisites; THÉÂT *accessoires* props.

accident /aksidɑ̃/ nm accident; *par accident* by chance; *il y a des accidents de terrain* the ground is uneven.
■ *accident d'avion* plane crash; **accident cardiaque** heart failure.

accidenté, -e /aksidɑ̃te/ **I** adj [personne] injured; [véhicule] damaged; [terrain] uneven. **II** nm,f accident victim.

acclamations /aklamasjɔ̃/ nfpl cheers.

acclamer /aklame/ vtr to cheer.

accolade /akɔlad/ nf embrace; (en typographie) brace.

accommodant, -e /akɔmɔdɑ̃, ɑ̃t/ adj accommodating.

accommoder /akɔmɔde/ **I** vtr to prepare. **II s'accommoder de qch** vpr to put up with (sth).

accompagnateur, -trice /akɔ̃paɲatœʀ, tʀis/ nm,f MUS accompanist; (d'enfants) accompanying adult; (de touristes) courier.

accompagnement /akɔ̃paɲmɑ̃/ nm accompaniment.

accompagner /akɔ̃paɲe/ vtr to accompany; *je vais vous (y) accompagner* (en voiture) I'll take you (there); (à pied) I'll come with you.

accomplir /akɔ̃pliʀ/ **I** vtr to accomplish; *accomplir de grandes choses* to achieve great things; [▸ obligation] to fulfil[GB]; [▸ service militaire] to do; [▸ peine de prison] to serve. **II s'accomplir** vpr to be fulfilled[GB].

accord /akɔʀ/ nm agreement; *se mettre/tomber d'accord* to come to an agreement; *donner son accord à qn pour faire* to authorize sb to do; *je ne suis pas d'accord avec toi* I disagree with you; *il est d'accord pour faire* he has agreed to do; *d'accord* OK[©], all right; (entre personnes, styles) harmony; *en accord avec qch* in accordance with sth; MUS chord.

accordéon /akɔʀdeɔ̃/ nm accordion.

accorder /akɔʀde/ **I** vtr [▸ prêt] to grant; [▸ bourse] to award; [▸ réduction, aide] to give; [▸ temps] to spare; *accorder sa confiance à qn* to put one's trust in sb; *je vous accorde que* I('ll) grant you that; MUS to tune. **II s'accorder** vpr *s'accorder du repos* to take a break; *s'accorder (sur)* to agree (on); LING to agree with.

accouchement /akuʃmɑ̃/ nm delivery.
■ *accouchement sans douleur* natural childbirth.

accoucher /akuʃe/ **I** vi to give birth. **II** vi *accoucher de* [▸enfant] to give birth to; FIG [▸projet] to produce.

accoudoir /akudwaʀ/ nm arm-rest.

accourir /akuʀiʀ/ vi to run up.

accoutumance /akutymɑ̃s/ nf familiarization; MÉD addiction.

accoutumée, comme à l'accoutumée /akutyme/ loc adv as usual.

accoutumer: s'accoutumer /akutyme/ vpr *s'accoutumer à (faire) qch* to grow accustomed to (doing) sth; *être accoutumé à (faire) qch* to be used/accustomed to (doing) sth.

accro© /akʀo/ **I** adj hooked©; *être accro à qch* to be hooked on sth. **II** nmf (drogué) addict; (amateur) fan.

accroc /akʀo/ nm *j'ai fait un accroc à ma jupe* I ripped my skirt; (incident) hitch.

accrochage /akʀɔʃaʒ/ nm (affrontement) clash; (collision) bump.

accrocher /akʀɔʃe/ **I** vtr to hang (from); (attacher à) to hook [sth] on (to); *accrocher une voiture* to bump into a car; (s'entendre) *accrocher avec qn*© to hit it off© with sb. **II s'accrocher** vpr to hang on to; *s'accrocher au bras de qn* to cling to sb's arm; *s'accrocher avec qn* to have a brush with sb; (persévérer)© *accroche-toi!* don't give up!

accroissement /akʀwasmɑ̃/ nm growth.

accroître: s'accroître /akʀwatʀ/ vpr to increase.

accroupir: s'accroupir /akʀupiʀ/ vpr to squat (down); (pour se cacher) to crouch (down).

accru, -e /akʀy/ pp ▸ **accroître**.

accueil /akœj/ nm reception.

accueillant, -e /akœjɑ̃, ɑ̃t/ adj [ami] hospitable; [maison] welcoming.

accueillir /akœjiʀ/ vtr to welcome; *bien/mal accueillir qn/qch* to give sb/sth a good/bad reception; (contenir) accommodate.

accumuler /akymyle/ **I** vtr to accumulate. **II s'accumuler** vpr [▸neige, ordures] to pile up; [▸dettes] to accrue.

accusateur, -trice /akyzatœʀ, tʀis/ **I** adj accusing. **II** nm,f accuser.

accusation /akyzasjɔ̃/ nf accusation; JUR charge; *mettre qn en accusation* to indict sb; JUR *l'accusation* the prosecution.

accusé, -e /akyze/ nm,f JUR defendant; *les accusés* the accused.

■ **accusé de réception** acknowledgement of receipt.

accuser /akyze/ vtr *accuser qn (de)* to accuse sb (of); JUR to charge sb with.

achalandé, -e /aʃalɑ̃de/ adj (fréquenté) popular; CONTROV (approvisionné) *bien/mal achalandé* well-/poorly-stocked.

acharné, -e /aʃaʀne/ adj [partisan] passionate; [travail] unremitting; [lutte] fierce.

acharnement /aʃaʀnəmɑ̃/ nm relentlessness.

■ **acharnement thérapeutique** extraordinary treatment.

acharner: s'acharner /aʃaʀne/ vpr *s'acharner à faire* to try desperately to do; *s'acharner sur qn* to victimize sb.

achat /aʃa/ nm purchase; *faire des achats* to do some shopping.

acheminer /aʃmine/ **I** vtr to dispatch, to convey; [▸courrier] to handle. **II s'acheminer** vpr *s'acheminer vers* to head for.

acheter /aʃte/ **I** vtr *acheter qch à qn* to buy sth for sb; (chez lui) to buy sth from sb. **II s'acheter** vpr *s'acheter qch* to buy oneself sth.

acheteur, -euse /aʃtœʀ, øz/ nm,f buyer.

achever /aʃve/ **I** vtr to finish; [▸projet, enquête] to complete; [▸vie] to end; (tuer) to finish off. **II s'achever** vpr to end.

acide /asid/ **I** adj (pas assez sucré) acid, sour; (agréablement) sharp; (naturellement) acidic. **II** nm acid.

acidulé, -e /asidyle/ adj slightly acid.

acier /asje/ nm steel.

aciérie /asjeʀi/ nf steelworks (sg/pl).

acné /akne/ nf acne.

acompte /akɔ̃t/ nm deposit; (versement) down payment.

acoustique /akustik/ nf PHYS acoustics (sg); (d'un lieu) acoustics (pl).

acquéreur /akeʀœʀ/ nm purchaser, buyer; *se porter acquéreur de* to state one's intention to buy.

acquérir /akeʀiʀ/ vtr, vpr to acquire.

acquis, -e /aki, iz/ **I** pp ▸ **acquérir**. **II** adj *tenir qch pour acquis* to take sth for granted. **III** nm (connaissances) knowledge; *acquis sociaux* social benefits.

acquisition /akizizjɔ̃/ *nf* acquisition, purchase.

acquit /aki/ *nm* **par acquit de conscience** to put one's mind at rest.

acquittement /akitmɑ̃/ *nm* JUR acquittal.

acquitter /akite/ **I** *vtr* JUR to acquit; (payer) to pay. **II s'acquitter de** *vpr* to pay off.

âcre /ɑkʀ/ *adj* sharp, acrid.

acrobate /akʀɔbat/ *nmf* acrobat.

acrobatie /akʀɔbasi/ *nf* acrobatics (*sg*).

acrylique /akʀilik/ *adj, nm* acrylic.

acte /akt/ **I** *nm* action, act; **faire acte de candidature** to put oneself forward as a candidate; **faire acte de présence** to put in an appearance; JUR deed; THÉÂT act. **II actes** *nmpl* proceedings.
■ **acte d'accusation** bill of indictment; **acte manqué** Freudian slip; **acte de naissance** birth certificate.

acteur, -trice /aktœʀ, tʀis/ *nm,f* actor/actress.

actif, -ive /aktif, iv/ **I** *adj* active; **la vie active** working life. **II** *nm* FIN **l'actif** the assets (*pl*); **à l'actif de qn** in sb 's favour[GB]; LING active (voice).

action /aksjɔ̃/ *nf* GÉN action; **bonne/mauvaise action** good/bad deed; **sous l'action de qch** under the effect of sth; **l'action de qn sur qch/qn** sb's influence on sth/sb; (en finance) share; **actions et obligations** securities.

actionnaire /aksjɔnɛʀ/ *nmf* shareholder.

actionner /aksjɔne/ *vtr* to activate.

activement /aktivmɑ̃/ *adv* actively.

activer /aktive/ **I** *vtr* to speed up; (accélérer) [▸préparatifs, processus] to speed up; (raviver) [▸feu] to stoke. **II s'activer** *vpr* to hurry up.

activité /aktivite/ *nf* activity; **en activité** [▸volcan] active; [fonctionnaire] working.

actrice *nf* ▸ **acteur**.

actualiser /aktɥalize/ *vtr* to update.

actualité /aktɥalite/ **I** *nf* (évènements) current affairs (*pl*); **être à la une de l'actualité** to be in the headlines; **l'actualité culturelle** cultural events (*pl*); **d'actualité** [question] topical; **ce n'est plus d'actualité** it's no longer an issue. **II actualités** *nfpl* news.

actuel, -elle /aktɥɛl/ *adj* present, current.

actuellement /aktɥɛlmɑ̃/ *adv* at the moment, currently.

acuité /akɥite/ *nf* acuteness.

adaptateur, -trice /adaptatœʀ, tʀis/ **I** *nm,f* adapter. **II** *nm* TECH adapter.

adaptation /adaptasjɔ̃/ *nf* adaptation.

adapté, -e /adapte/ *adj* suitable; **adapté à la situation** suited to the circumstances.

adapter /adapte/ **I** *vtr* to adapt (for). **II s'adapter à** *vpr* to adapt to.

additif /aditif/ *nm* additive; (clause) rider.

addition /adisjɔ̃/ *nf* addition ¢; (au restaurant) bill[GB], check[US].

additionner /adisjɔne/ *vtr, vpr* to add (up).

adepte /adɛpt/ *nmf* follower.

adéquat, -e /adekwa, at/ *adj* appropriate, suitable.

adhérent, -e /adeʀɑ̃, ɑ̃t/ *nm,f* member.

adhérer /adeʀe/ *vtr ind* to stick; **adhérer à un parti** to join a party.

adhésif, -ive /adezif, iv/ *adj, nm* adhesive.
■ **ruban adhésif** sticky tape.

adhésion /adezjɔ̃/ *nf* membership; **l'adhésion d'un pays à l'UE** the entry of a country into the EU.

adieu, *pl* **-x** /adjø/ *nm* goodbye, farewell SOUT; **faire ses adieux à qn** to say goodbye to sb.

adjectif /adʒɛktif/ *nm* adjective.

adjoindre /adʒwɛ̃dʀ/ **I** *vtr* **adjoindre qch à qch** to attach sth to sth. **II s'adjoindre** *vpr* [▸collaborateur] to take on.

adjoint, -e /adʒwɛ̃, ɛ̃t/ *nm,f* assistant.
■ **adjoint au maire** deputy mayor.

adjudant /adʒydɑ̃/ *nm* MIL ≈ warrant officer.

adjuger /adʒyʒe/ **I** *vtr* to auction (for). **II s'adjuger** *vpr* to grant oneself.

ADM /adeɛm/ *nfpl* (abrév = **armes de destruction massive**) WMD.

admettre /admɛtʀ/ *vtr* to admit; **admettre que** to suppose (that).

administrateur, -trice /administʀatœʀ, tʀis/ *nm,f* administrator; (de site Internet) webmaster.

administratif, -ive /administʀatif, iv/ *adj* administrative.

administration /administʀasjɔ̃/ *nf* GÉN administration; **l'administration** civil service; *administration des entreprises* business management.

administrer /administre/ vtr [▸projet] to administer; [▸compagnie] to run; [▸gifle] to give.

admirable /admirabl/ adj admirable.

admirateur, -trice /admiratœr, tris/ nm,f admirer.

admiratif, -ive /admiratif, iv/ adj admiring.

admiration /admirasjɔ̃/ nf admiration; *avoir de l'admiration pour qn* to admire sb.

admirer /admire/ vtr to admire.

admis, -e /admi, iz/ pp ▸ **admettre**.

admissible /admisibl/ adj acceptable; [étudiant] eligible.

admission /admisjɔ̃/ nf admission.

ADN /adeɛn/ nm (abrév = **acide désoxyribonucléique**) DNA.

adolescence /adɔlesɑ̃s/ nf adolescence.

adolescent, -e /adɔlesɑ̃, ɑ̃t/ nm,f teenager, adolescent.

adopter /adɔpte/ vtr to adopt; [▸loi] to pass.

adoptif, -ive /adɔptif, iv/ adj [enfant, pays] adopted; [parent] adoptive.

adoption /adɔpsjɔ̃/ nf adoption.

adoration /adɔrasjɔ̃/ nf worship, adoration.

adorer /adɔre/ vtr to adore.

adosser: **s'adosser** /adose/ vpr *s'adosser à qch* to lean back on sth.

adoucir /adusir/ I vtr [▸peau, eau] to soften; [▸gorge] to soothe. II **s'adoucir** vpr [température] to become milder; [conditions] to be alleviated.

adoucissant, -e /adusisɑ̃, ɑ̃t/ I adj soothing. II nm softener.

adresse /adrɛs/ nf address; *c'est une bonne adresse* it's a good place; (intellectuelle) skill.
■ **adresse électronique** email address.

adresser /adrese/ I vtr *adresser qch à qn* to direct (sth) at sb; *adresser une demande à* to apply to; *adresser la parole à qn* to speak to sb; [▸lettre] to send. II **s'adresser** vpr [▸salut, lettres] to exchange; *s'adresser à qn* to speak to sb; *s'adresser à* [mesure] to be aimed at.

adroit, -e /adrwa, at/ adj skilful^{GB}.

ADSL /adeɛsɛl/ nm (abrév = **asymmetrical digital subscriber line**) ADSL.

adulte /adylt/ adj, nmf adult.

adultère /adyltɛr/ I adj adulterous. II nm adultery.

advenir /advənir/ v impers to happen; *advienne que pourra* come what may; *qu'adviendra-t-il de moi?* what will become of me?

adverbe /advɛrb/ nm adverb.

adversaire /advɛrsɛr/ nmf opponent.

aération /aerasjɔ̃/ nf ventilation.

aérer /aere/ vtr [▸pièce] to air; [▸texte] to space out.

aérien, -ienne /aerjɛ̃, jɛn/ adj [base, attaque] air; [photographie] aerial.

aérodrome /aerodrom/ nm airfield.

aérogare /aerogar/ nf (air) terminal.

aéroglisseur /aeroglisœr/ nm hovercraft, jetfoil.

aéronautique /aeronotik/ nf aeronautics (sg).

aérophagie /aerofaʒi/ nf aerophagia.

aéroport /aeropɔr/ nm airport.

aéroporté, -e /aeropɔrte/ adj airborne.

aérospatial, -e, mpl **-aux** /aerospasjal, o/ adj aerospace.

affaiblir /afeblir/ I vtr to weaken. II **s'affaiblir** vpr to get weaker.

affaire /afɛr/ I nf GÉN affair; *une affaire délicate* a delicate matter; *une sale affaire* a nasty business; (de justice) case; (chose à faire) matter, business; *j'en fais mon affaire* I'll deal with it; *faire affaire avec qn* to do a deal with sb; *j'ai fait une affaire* I got a bargain; (entreprise) business, concern; *c'est une affaire de temps* it's a matter of time; *en faire toute une affaire*© to make a big deal© of it; *se tirer d'affaire* to get out of trouble. II **affaires** nfpl business ¢; *occupe-toi de tes affaires*©! mind your own business!; (effets personnels) things, belongings; POL affairs.
● *il/ça fera l'affaire* he/that'll do.

affairer: **s'affairer** /afere/ vpr to bustle about.

affaisser: **s'affaisser** /afese/ vpr [route, terrain] to subside; [visage, pont] to sag.

affaler: **s'affaler** /afale/ *vpr* *affalé sur le lit* slumped on the bed.

affamé, -e /afame/ *adj* starving.

affectation /afɛktasjɔ̃/ *nf* allocation; (nomination) appointment; (comportement) affectation.

affecter /afɛkte/ *vtr* to feign, to affect; *affecter d'être* to pretend to be; (allouer) to allocate; (nommer) to appoint.

affectif, -ive /afɛktif, iv/ *adj* emotional.

affection /afɛksjɔ̃/ *nf* affection; (maladie) complaint.

affectueusement /afɛktɥøzmã/ *adv* affectionately.

affectueux, -euse /afɛktɥø, øz/ *adj* affectionate.

affichage /afiʃaʒ/ *nm* (publicitaire, électoral) billposting; ORDINAT display.

affiche /afiʃ/ *nf* (publicitaire, etc) poster; (administrative) notice; *à l'affiche* now showing.

affiché, -e /afiʃe/ *adj* declared.

afficher /afiʃe/ *I* *vtr* [▸affiche] to put up; *défense d'afficher* no fly-posting; [▸prix] to display; [▸décret] to post (up); (montrer) to show; PÉJ [▸liaison] to flaunt. **II s'afficher** *vpr* to flaunt oneself.

affilé, -e /afile/ *adj* sharpened.

affilée: **d'affilée** /dafile/ *loc adv* in a row.

affilier: **s'affilier** /afilje/ *vpr* *s'affilier à* to become affiliated.

affiner /afine/ *I* *vtr* [▸jugement] to refine; [▸taille] to have a slimming effect on. **II s'affiner** *vpr* [jugement] to become keener.

affirmatif, -ive /afiRmatif, iv/ *adj* affirmative.

affirmation /afiRmasjɔ̃/ *nf* assertion; *l'affirmation de soi* assertiveness.

affirmative /afiRmativ/ *nf* *par l'affirmative* in the affirmative; *dans l'affirmative* if the answer is yes.

affirmer /afiRme/ *vtr* to maintain; *affirmer faire/que* to claim to do/that; [▸autorité] to assert.

affligeant, -e /afliʒã, ãt/ *adj* pathetic.

affligé, -e /afliʒe/ *adj* *affligé de* afflicted with.

affluence /aflɥãs/ *nf* crowd(s).

affluent /aflɥã/ *nm* tributary.

afflux /afly/ *nm* (de personnes) flood; (de capitaux) influx.

affolant, -e /afɔlã, ãt/ *adj* frightening, disturbing.

affolement /afɔlmã/ *nm* panic; *pas d'affolement!* don't panic!

affoler /afɔle/ *I* *vtr* to terrify. **II s'affoler** *vpr* to panic.

affranchir /afRɑ̃ʃiR/ *I* *vtr* (avec des timbres) to stamp; (avec une machine) to frank; [▸esclave] to emancipate; FIG to free. **II s'affranchir de** *vpr* to free oneself from.

affranchissement /afRɑ̃ʃismã/ *nm* (de lettre) postage; (de peuple) liberation.

affres /afR/ *nfpl* agony.

affréter /afRete/ *vtr* to charter.

affreux, -euse /afRø, øz/ *adj* (laid) hideous; (abominable) dreadful, awful.

affrontement /afRɔ̃tmã/ *nm* clash.

affronter /afRɔ̃te/ *I* *vtr* [▸adversaire] to face; [▸froid] to brave. **II s'affronter** *vpr* [adversaires] to confront one another; [idées] to clash.

affût, affut /afy/ *nm* *à l'affût* in wait; FIG on the lookout.

affûter, affuter /afyte/ *vtr* [▸lame] to sharpen.

afin /afɛ̃/ *I* *afin de* *loc prép* *afin de faire* in order to do, so as to do; *afin de ne pas faire* so as not to do. **II afin que** *loc conj* so that.

africain, -e /afRikɛ̃, ɛn/ *I* *adj* African. **II** *nm,f* *Africain, -e* African.

Afrique /afRik/ *nprf* Africa; *Afrique du Nord/Sud* North/South Africa.

agacer /agase/ *vtr* to annoy, to irritate.

agate /agat/ *nf* agate; (bille) marble.

âge /aʒ/ *nm* age; *quel âge as-tu?* how old are you?; *avoir l'âge de faire* to be old enough to do; (vieillesse) (old) age.
- **l'âge adulte** adulthood; **âge du bronze/fer** Bronze/Iron age; **l'âge ingrat** the awkward age.

âgé, -e /aʒe/ *adj* old, elderly; *âgé de 12 ans* 12 years old; *les personnes âgées de 15 à 35 ans* people aged between 15 and 35.
- **les personnes âgées** the elderly.

agence /aʒɑ̃s/ nf agency.
■ **agence immobilière** estate agents[GB], real estate agency[US] ; **agence de voyage** travel agency.

agencer /aʒɑ̃se/ vtr to put together.

agenda /aʒɛ̃da/ nm diary.
■ **agenda électronique** electronic organizer, PDA.

agenouiller: s'agenouiller /aʒnuje/ vpr to kneel (down).

agent /aʒɑ̃/ nm agent; *agents contractuels* contract staff.
■ **agent d'assurances** insurance broker; **agent de change** stockbroker; **agent commercial** sales representative; **agent immobilier** estate agent[GB], real estate agent[US]; **agent de police** policeman.

agglomération /aglɔmeʀasjɔ̃/ nf town; *l'agglomération lyonnaise* Lyons and its suburbs.

aggloméré /aglɔmeʀe/ nm chipboard.

agglomérer /aglɔmeʀe/ vtr to agglomerate.

aggraver /agʀave/ I vtr to aggravate; *aggraver son cas* to make things worse. II **s'aggraver** vpr to get worse.

agile /aʒil/ adj [personne, animal] agile; [doigts, pas, esprit] nimble.

agir /aʒiʀ/ I vi to act; to behave; *mal agir* to behave badly; [médicament] to work; *agir sur qn/qch* to have an effect on sb/sth. II **s'agir de** vpr impers *de quoi s'agit-il?* what is it about?; *il ne s'agit pas de ça* that's not the point; *s'agissant de qn/qch* as regards sb/sth.

agissements /aʒismɑ̃/ nmpl activities.

agitateur, -trice /aʒitatœʀ, tʀis/ nm,f agitator.

agitation /aʒitasjɔ̃/ nf agitation; POL unrest.

agité, -e /aʒite/ adj [mer] rough; [vie] hectic; [esprit, sommeil] troubled; [période] turbulent; [nuit] restless.

agiter /aʒite/ I vtr [▸main] to wave; [▸corps] to shake. II **s'agiter** vpr [personne] to fidget; (s'affairer) to bustle about.

agneau, pl -x /aɲo/ nm lamb; (cuir) lambskin.

agoniser /agɔnize/ vi to be dying.

agrafe /agʀaf/ nf (pour vêtements) hook; (pour papiers) staple.

agrafer /agʀafe/ vtr [▸vêtement] to fasten; [▸papiers] to staple (together).

agrafeuse /agʀaføz/ nf stapler.

agrandir /agʀɑ̃diʀ/ I vtr [▸ville, photo, trou] to enlarge; [▸maison] to extend; [▸tunnel] to widen. II **s'agrandir** vpr [trou] to get bigger; [ville, famille] to expand; [yeux] to widen.

agrandissement /agʀɑ̃dismɑ̃/ nm enlargement.

agrandisseur /agʀɑ̃disœʀ/ nm enlarger.

agréable /agʀeabl/ adj nice, pleasant.

agréé, -e /agʀee/ adj (nourrice) registered; (établissement) approved.

agréer /agʀee/ vtr *veuillez agréer mes salutations distinguées* yours faithfully.

agrément /agʀemɑ̃/ nm (accord) assent, approval.
■ **voyage d'agrément** pleasure trip; **jardin d'agrément** ornamental garden.

agrémenter /agʀemɑ̃te/ vtr [▸histoire] *agrémenter de* to liven up with; [▸repas] to supplement with.

agresser /agʀese/ vtr to attack.

agresseur /agʀesœʀ/ nm attacker.

agressif, -ive /agʀesif, iv/ adj aggressive.

agression /agʀesjɔ̃/ nf attack.
■ **agression verbale** verbal abuse ¢.

agressivité /agʀesivite/ nf aggressiveness.

agricole /agʀikɔl/ adj [produit, ouvrier] farm; [problème] agricultural.

agriculteur, -trice /agʀikyltœʀ, tʀis/ nm,f farmer.

agriculture /agʀikyltyʀ/ nf farming, agriculture.

agripper /agʀipe/ I vtr to grab. II **s'agripper** vpr *s'agripper à* to cling to.

agroalimentaire, pl -s /agʀoalimɑ̃tɛʀ/ nm food processing industry.

agrocarburant /agʀɔkaʀbyʀɑ̃/ nm biofuel.

agronomie /agʀɔnɔmi/ nf agronomy.

agrume /agʀym/ nm citrus fruit.

aguets: aux aguets /ozagɛ/ loc adv in wait.

aguichant, -e /agiʃɑ̃, ɑ̃t/ adj alluring.

ah /ɑ/ excl oh!; *ah, tu vois!* see!; *ah bon?* really?

ahuri, -e /ayʀi/ I adj stunned. II nm,f half-wit.

ahurissant, -e /ayʀisɑ̃, ɑ̃t/ adj incredible.

aide¹ /ɛd/ nmf assistant.

aide² /ɛd/ nf help, assistance; *appeler à l'aide* to call for help; *à l'aide de* with the help/aid of; *venir à l'aide de qn* to come to sb's aid/assistance; (argent) aid ¢.
■ **aide sociale** social security^GB benefits, welfare^US benefits.

aide-mémoire, pl **-s** /ɛdmemwaʀ/ nm aide-mémoire.

aider /ede/ I vtr *aider (à faire)* to help (to do). II **s'aider** vpr *s'aider de* to use; (les uns les autres) to help each other.

aïe /aj/ excl ouch!

aïeul, -e, pl **aïeux, aïeules** /ajœl/ nm,f grandfather/grandmother.

aïeux nmpl /ajø/ ancestors.

aigle /ɛgl/ nm eagle.

aiglefin /ɛgləfɛ̃/ nm haddock.

aigre /ɛgʀ/ adj [odeur] sour; [paroles] sharp.

aigre-doux, -douce /ɛgʀədu, dus/ adj [cuisine] sweet and sour; [propos] barbed.

aigreur /ɛgʀœʀ/ nf sourness; *des aigreurs d'estomac* heartburn.

aigrir /ɛgʀiʀ/ I vtr embitter. II **s'aigrir** vpr (personne) to become embittered.

aigu, -uë, /-üe /egy/ adj [son] high-pitched; [douleur, accent] acute; [phase] critical; [sens] keen; [angle] sharp.

aiguillage /egɥijaʒ/ nm points^GB (pl), switch^US.

aiguille /egɥij/ nf needle; (de montre) hand; *dans le sens/le sens inverse des aiguilles d'une montre* clockwise/anticlockwise; GÉOG peak.

aiguiller /egɥije/ vtr to direct.

aiguilleur, -euse /egɥijœʀ, øz/ nm,f RAIL pointsman^GB switchman^US.
■ **aiguilleur du ciel** air traffic controller.

aiguiser /egize/ vtr [▸lame] to sharpen; [▸curiosité] to arouse.

ail /aj/, pl **-s** /aulx** /o/ nm garlic.

aile /ɛl/ nf wing.

aileron /ɛlʀɔ̃/ nm (de requin) fin; (d'avion) aileron.

ailier /elje/ nm SPORT winger.

ailleurs /ajœʀ/ I adv elsewhere; *nulle part/ partout ailleurs* nowhere/everywhere else. II **d'ailleurs** loc adv besides, more-over. III **par ailleurs** loc adv moreover, furthermore.

aimable /ɛmabl/ adj kind.

aimablement /ɛmabləmɑ̃/ adv kindly.

aimant, -e /ɛmɑ̃, ɑ̃t/ I adj affectionate, loving. II nm magnet.

aimer /eme/ I vtr to love; (apprécier) to like, to be fond of; *aimer mieux nager que courir* to prefer swimming to running; *j'aimerais mieux que tu ne le leur dises pas* I'd rather you didn't tell them. II **s'aimer** vpr to love each other; *aimez-vous les uns les autres* love one another.

aine /ɛn/ nf groin.

aîné aîné, -e /ene/ I adj (de deux) elder; (de plus de deux) eldest. II nm,f (personne plus âgée) elder; (personne la plus âgée) oldest; *c'est mon aîné* he's older than me.

aînesse, ainesse /enɛs/ nf *droit d'aînesse* law of primogeniture.

ainsi /ɛ̃si/ I adv *je t'imaginais ainsi* that's how I imagined you; *elle est ainsi* that's the way she is; *ainsi soit-il* amen; (introduisant une conclusion) thus, so. II **ainsi que** loc conj as well as.

air /ɛʀ/ nm GÉN air; *regarder en l'air* to look up; *à l'air libre* outside, outdoors; *activités de plein air* outdoor activities; *prendre l'air* to get some fresh air; (brise, vent) wind; *courant d'air* draught^GB, draft^US; (manière d'être) manner; *avoir un drôle d'air* to look odd; *d'un air triste* with a sad expression; *avoir l'air de* to look like; (ambiance) atmosphere; (mélodie) tune.
■ **air conditionné** air-conditioning.

aire /ɛʀ/ nf area.
■ **aire de jeu** playground; **aire de loisirs** recreation area; **aire de repos** rest area.

airelle /ɛʀɛl/ nf bilberry.

aisance /ɛzɑ̃s/ nf ease; (richesse) affluence.

aise /ɛz/ I adj pleased. II **aises** nfpl *tenir à ses aises* to like one's creature comforts; *prendre ses aises* to make oneself comfortable. III **à l'aise** loc adv comfortable; (financièrement) to be comfortably off; *mettre qn mal à l'aise* to make sb feel uncomfortable; *à votre aise!* as you wish. IV loc adv **d'aise** with pleasure.

aisé, -e /eze/ adj easy; (riche) wealthy.

aisément /ezemɑ̃/ adv easily.

aisselle /ɛsɛl/ nf armpit.

ajourner /aʒuʀne/ *vtr* [▸voyage] to postpone, to put off; [▸procès] to adjourn.

ajout /aʒu/ *nm* addition.

ajouter /aʒute/ **I** *vtr, vtr ind* **ajouter qch à qch** to add sth to sth. **II s'ajouter (à)** *vpr* to be added (to).

ajuster /aʒyste/ *vtr* to adjust.

alambiqué, -e /alɑ̃bike/ *adj* tortuous.

alarme /alaʀm/ *nf* alarm; **donner l'alarme** to raise the alarm.

alarmer /alaʀme/ **I** *vtr* to alarm. **II s'alarmer** *vpr* **s'alarmer de qch** to become alarmed about sth.

album /albɔm/ *nm* album.

alcool /alkɔl/ *nm* alcohol; **sans alcool** non-alcoholic; [bière] alcohol-free.
■ **alcool à 90°** ≈ surgical spirit[GB], rubbing alcohol[US]; **alcool à brûler** methylated spirit.

alcoolique /alkɔlik/ *adj, nmf* alcoholic.

alcoolisé, -e /alkɔlize/ *adj* alcoholic.

alcootest® /alkɔtɛst/ *nm* Breathalyzer®.

aléa /alea/ *nm* hazard.

aléatoire /aleatwaʀ/ *adj* unpredictable, uncertain; ORDINAT random.

alentours /alɑ̃tuʀ/ **I** *nmpl* **les alentours de...** the area around... **II aux alentours de** *loc prép* about, around.

alerte /alɛʀt/ **I** *adj* alert; [style] lively. **II** *nf* **donner l'alerte** to raise the alarm; **alerte générale** full alert.
■ **alerte aérienne** air raid warning; **alerte à la bombe** bomb scare.

alerter /alɛʀte/ *vtr* **alerter qn sur qch** to alert sb to sth.

alezan, -e /alzɑ̃, an/ *adj* [cheval] chestnut.

algèbre /alʒɛbʀ/ *nf* algebra.

algébrique /alʒebʀik/ *adj* algebraic.

Algérie /alʒeʀi/ *nprf* Algeria.

algérien, -ienne /alʒeʀjɛ̃, ɛn/ **I** *adj* Algerian. **II** *nm,f* **Algérien, -ienne** Algerian.

algue /alg/ *nf* seaweed.

alias /aljas/ *nm* ORDINAT alias.

Ali Baba /alibaba/ *nprm* **Ali Baba et les quarante voleurs** Ali Baba and the forty thieves; **la caverne d'Ali Baba** Aladdin's cave.

alibi /alibi/ *nm* alibi.

aliéné, -e /aljene/ *nm,f* insane person.

aliéner /aljene/ *vtr,* **s'aliéner** *vpr* to alienate.

alignement /alin(ə)mɑ̃/ *nm* alignment.

aligner /aliɲe/ **I** *vtr* to line [sth] up, to align. **II s'aligner** *vpr* to line up; **s'aligner sur qch** to align oneself with sth.

aliment /alimɑ̃/ *nm* food.

alimentaire /alimɑ̃tɛʀ/ *adj* [▸industrie, pénurie] food; [▸habitudes] dietary.

alimentation /alimɑ̃tasjɔ̃/ *nf* food; **magasin d'alimentation** grocery store; **alimentation en eau** water supply.

alimenter /alimɑ̃te/ *vtr* to feed; [▸conversation, feu] to fuel.

alité, -e /alite/ *adj* confined to bed.

alizé /alize/ *adj m, nm* **(vent) alizé** trade wind.

allaiter /alete/ *vtr* [▸enfant] to breast-feed; [▸animal] to suckle.

allécher /aleʃe/ *vtr* to tempt.

allée /ale/ **I** *nf* path; (carrossable) drive; (entre des sièges) aisle. **II allées** *nfpl* **allées et venues** comings and goings; **faire des allées et venues** to go back and forth.

allégé, -e /aleʒe/ *adj* [beurre] low-fat.

allègement, allégement /alɛʒmɑ̃/ *nm* reduction.

alléger /aleʒe/ *vtr* to lighten; [▸souffrances] to alleviate.

allègre /alɛgʀ/ *adj* [ton] light-hearted; [humeur] buoyant.

allégresse /alegʀɛs/ *nf* joy.

alléguer /alege/ *vtr* to allege.

Allemagne /alman/ *nprf* Germany.

allemand, -e /almɑ̃, ɑ̃d/ **I** *adj* German. **II** *nm* LING German . **III** *nm,f* **Allemand, -e** German.

aller¹ /ale/ **I** *v aux* (marque le futur) to be going to; **j'allais partir** I was just leaving; (dans des expressions) **va savoir!** who knows? **aller en s'améliorant** to be improving. **II** *vi* (se porter, se dérouler, fonctionner) **comment vas-tu** how are you?; **ça va (bien)** I'm fine; **qu'est-ce qui ne va pas?** what's the matter?; **tout est allé si vite!** it all happened so quickly!; (se déplacer) to go; **allez tout droit** go straight ahead; **allons-y!** let's go!; (conduire) to lead (to); (convenir) to be all right; **aller à qn** to suit sb; **aller jusqu'en 1914** to go up to 1914. **III s'en aller** *vpr* to go (away);

[tache] to come out. **IV** *v impers* **il en va de même pour toi** that goes for you too.

aller² /ale/ *nm* **à l'aller** on the way out; *(billet) aller (simple)* GÉN single ticket^{GB} one-way ticket^{US}; **aller-retour** return (ticket), round trip (ticket)^{US}; **match aller** first leg.

allergie /alɛʀʒi/ *nf* allergy.

allergique /alɛʀʒik/ *adj* allergic.

alliage /aljaʒ/ *nm* alloy.

alliance /aljɑ̃s/ *nf* alliance; (bague) wedding ring.

allié, -e /alje/ **I** *adj* allied. **II** *nm* ally; *les alliés* the Allies.

allô /alo/ *excl* hello!, hallo!

allocation /alɔkasjɔ̃/ *nf* grant.
■ **allocation chômage** unemployment benefit; **allocations familiales** family allowance (*sg*).

allocution /alɔkysjɔ̃/ *nf* address.

allongé, -e /alɔ̃ʒe/ *adj* elongated.

allonger /alɔ̃ʒe/ **I** *vtr* to lay [sb] down; (étirer) to stretch [sth] out; *allongé d'eau* watered down; *allonger le pas* to quicken one's step. **II** *vi* [jours] to lengthen. **III s'allonger** *vpr* to lie down; *allongé sur le dos* lying on his back.

allumage /alymaʒ/ *nm* (de moteur) ignition.

allumer /alyme/ *vtr* [▸bougie, gaz] to light; [▸allumette] to strike; [▸lumière] to switch [sth] on, to turn [sth] on.

allumette /alymɛt/ *nf* match.

allure /alyʀ/ *nf* (de marcheur) pace; (de véhicule) speed; *à toute allure* at full speed; *à cette allure* at this rate; (apparence) appearance, look.

allusion /alyzjɔ̃/ *nf* allusion; *faire allusion à* to allude to.

alluvions /alyvjɔ̃/ *nfpl* alluvia.

aloès /alɔɛs/ *nm* aloe.

alors /alɔʀ/ **I** *adv* (à ce moment-là) then; *et alors?* so what?; *ou alors* or else; *ça alors!* good grief!; (donc, ensuite) so; *alors il me dit…* so he said to me… **II alors que** *loc conj* while, when.

alouette /alwɛt/ *nf* lark.

alourdir /aluʀdiʀ/ **I** *vtr* to weigh down. **II s'alourdir** *vpr* [air] to get heavy; [dépenses] to increase.

alpage /alpaʒ/ *nm* mountain pasture.

alphabet /alfabɛ/ *nm* alphabet.

alphabétique /alfabetik/ *adj* alphabetical.

alphabétiser /alfabetize/ *vtr* to teach [sb] to read and write.

alpinisme /alpinism/ *nm* mountaineering.

alpiniste /alpinist/ *nmf* mountaineer, climber.

altérer /alteʀe/ **I** *vtr* [▸fait] to distort; [▸goût] to affect. **II s'altérer** *vpr* [voix] to falter; [sentiment] to change.

altermondialisme /altɛʀmɔ̃djalism/ *nm* alterglobalization.

alternance /altɛʀnɑ̃s/ *nf* alternation; *en alternance* alternately; *formation en alternance* work-based learning ¢.

alternative /altɛʀnativ/ *nf* alternative.

alterner /altɛʀne/ *vi* to alternate; *alterner avec qn* to take turns with sb.

altesse /altɛs/ *nf son Altesse royale* His/Her Royal Highness; (personne) prince/princess.

altitude /altityd/ *nf* altitude.

alto /alto/ *nm* (instrument) viola; (voix) alto.

aluminium /alyminjɔm/ *nm* aluminium^{GB}.

amabilité /amabilite/ *nf* kindness; (politesse) courtesy; *faire des amabilités à qn* to be polite to sb.

amadouer /amadwe/ **I** *vtr* to coax, to cajole. **II s'amadouer** *vpr* to soften.

amaigrissant, -e /amegʀisɑ̃, ɑ̃t/ *adj* slimming.

amaigrissement /amegʀismɑ̃/ *nm* weight loss, loss of weight.

amande /amɑ̃d/ *nf* almond; (dans un noyau) kernel.

amandier /amɑ̃dje/ *nm* almond tree.

amant /amɑ̃/ *nm* lover.

amarre /amaʀ/ *nf* rope; *rompre les amarres* to break its moorings.

amarrer /amaʀe/ *vtr* to moor.

amasser /amase/ *vtr* [▸fortune] to accumulate; [▸connaissances] to acquire.

amateur /amatœʀ/ *nm* amateur; *amateur en vins* connoisseur of wine; *amateur de jazz* jazz lover.

ambassade /ɑ̃basad/ *nf* embassy.

ambassadeur, -drice /ɑ̃basadœʀ, dʀis/ *nm,f* ambassador.

ambiance /ãbjãs/ nf atmosphere, ambiance.

ambiant, -e /ãbjã, ãt/ adj *à température ambiante* at room temperature.

ambigu, -uë, /-üe /ãbigy/ adj ambiguous.

ambiguïté, ambigüité /ãbigɥite/ nf ambiguity.

ambitieux, -ieuse /ãbisjø, jøz/ adj ambitious.

ambition /ãbisjɔ̃/ nf ambition; *avoir l'ambition de faire qch* to aim to do sth.

ambulance /ãbylãs/ nf ambulance.

ambulant, -e /ãbylã, ãt/ adj travelling^GB.

âme /am/ nf soul; *en mon âme et conscience* in all honesty; *pas âme qui vive* not a (living/single) soul.

■ **âme sœur** soul mate.

amélioration /ameljɔrasjɔ̃/ nf improvement.

améliorer /ameljɔre/ vtr, vpr to improve.

aménagement /amenaʒmã/ nm (de ville) development; (de maison) fitting up; *l'aménagement du temps de travail* flexible working hours.

aménager /amenaʒe/ vtr [▸région] to develop; [▸emploi du temps] to arrange.

amende /amãd/ nf fine.

● **faire amende honorable** to make amends.

amener /amne/ **I** vtr *amener (qn quelque part)* to bring (sb somewhere); [▸problèmes] to cause; *amener qn à faire* to lead sb to do. **II s'amener**^Ⓞ vpr to come.

amer, -ère /amɛr/ adj bitter.

américain, -e /amerikɛ̃, ɛn/ **I** adj American. **II** nm LING American English. **III** nm,f *Américain, -e* American.

Amérique /amerik/ nprf America; *Amérique du Nord/Sud/centrale* North/South/Central America.

amerrir /amerir/ vi to land (on water).

amertume /amɛrtym/ nf bitterness.

ameublement /amœbləmã/ nm furniture.

ameuter /amøte/ vtr to bring [sb] out.

ami, -e /ami/ adj, nm,f friend; *mon meilleur ami* my best friend.

amiable: **à l'amiable** /alamjabl/ loc adv *s'arranger à l'amiable* to come to an amicable agreement.

amiante /amjãt/ nm asbestos.

amibe /amib/ nf amoeba.

amical, -e /amikal, o/ adj friendly.

amicalement /amikalmã/ adv kindly; (en fin de lettre) *(bien) amicalement* best wishes.

amidon /amidɔ̃/ nm starch.

amincir /amɛ̃sir/ vtr to make [sb] look slimmer.

amiral, -aux /amiral, o/ nm admiral.

amitié /amitje/ **I** nf friendship; *se prendre d'amitié pour qn* to befriend sb. **II amitiés** nfpl (en fin de lettre) kindest regards.

ammoniac /amɔnjak/ nm ammonia.

ammoniaque /amɔnjak/ nf ammonia.

amnistie /amnisti/ nf amnesty.

amnistier /amnistje/ vtr *amnistier qn* to grant sb an amnesty.

amollir: **s'amollir** /amɔlir/ vpr to soften, to become soft.

amonceler /amɔ̃sle/ **I** vtr to pile up. **II s'amonceler** vpr [nuages, neige] to build up; [preuves, soucis] to pile up, to accumulate.

amont /amɔ̃/ **I** adj inv [ski] uphill. **II** nm *en amont (de)* upstream (from).

amorce /amɔrs/ nf initiation; *l'amorce de négociations* the beginning of negotiations; (détonateur) cap.

amorcer /amɔrse/ **I** vtr to begin; [▸pompe] to prime; [▸arme à feu] to arm. **II s'amorcer** vpr to begin, to get under way.

amortir /amɔrtir/ vtr [▸bruit] to deaden; [▸choc] to absorb; [▸chute] to break; [▸balle] to kill; *j'ai amorti mon ordinateur en trois mois* my computer paid for itself in three months.

amortisseur /amɔrtisœr/ nm shock absorber.

amour /amur/ **I** nm love; *faire l'amour* to make love; *par amour* out of love; *pour l'amour de Dieu* for heaven's sake. **II amours** nmpl/nfpl love affairs; *à tes amours!* bless you!

amoureux, -euse /amurø, øz/ **I** adj loving; *être/tomber amoureux (de qn)* to be/to fall in love (with sb). **II** nm,f lover.

amour-propre, *pl* **amours-propres** /amuRpRɔpR/ *nm* self-esteem.

amovible /amɔvibl/ *adj* [doublure] detachable; [cloison] removable.

amphithéâtre /ɑ̃fiteɑtR/ *nm* amphitheatre^GB; UNIV lecture hall.

ample /ɑ̃pl/ *adj* [manteau] loose-fitting; *pour de plus amples renseignements* for any further information.

amplement /ɑ̃pləmɑ̃/ *adv* fully.

ampleur /ɑ̃plœR/ *nf* (de problème) size, extent; (de projet, sujet) scope; *prendre de l'ampleur* to spread, to grow.

amplificateur /ɑ̃plifikatœR/ *nm* amplifier.

amplifier: **s'amplifier** /ɑ̃plifje/ *vpr* to grow, to intensify.

ampoule /ɑ̃pul/ *nf* (électrique) (light) bulb; (médicament) phial; (injectable) ampoule; (sur la peau) blister.

amputer /ɑ̃pyte/ *vtr* to amputate; *amputer qch de qch* to cut sth from sth.

amusant, -e /amyzɑ̃, ɑ̃t/ *adj* funny, amusing.

amusé, -e /amyze/ *adj* amused.

amuse-gueule, *pl* **amuse-gueules** /amyzgœl/ *nm* cocktail snack^GB, munchies^US (*pl*).

amusement /amyzmɑ̃/ *nm* amusement.

amuser /amyze/ **I** *vtr* to entertain; *ça les amuse de faire* they enjoy doing. **II s'amuser** *vpr* to play; *pour s'amuser* for fun; (passer du bon temps) to have a good time; *amuse-toi bien!* enjoy yourself!

amygdale /ami(g)dal/ *nf* tonsil.

an /ɑ̃/ *nm* year; *une fois par an* once a year; *avoir huit ans* to be eight (years old).

analogie /analɔʒi/ *nf* analogy.

analogue /analɔg/ *adj* *analogue (à)* similar (to).

analphabète /analfabɛt/ *adj, nmf* illiterate.

analyse /analiz/ *nf* analysis; MÉD test; PSYCH psychoanalysis.
■ **analyse grammaticale** parsing; **analyse logique** clause analysis.

analyser /analize/ *vtr* to analyse^GB; [▸sang] to test.

analyste /analist/ *nmf* analyst.

ananas /anana(s)/ *nm* pineapple.

anarchique /anaRʃik/ *adj* anarchic.

anatomie /anatɔmi/ *nf* anatomy.

anatomique /anatɔmik/ *adj* anatomical.

ancêtre /ɑ̃sɛtR/ *nmf* ancestor.

anchois /ɑ̃ʃwa/ *nm* anchovy.

ancien, -ienne /ɑ̃sjɛ̃, jɛn/ **I** *adj* (précédent) former; *mon ancienne école* my old school; (vieux) old; *dans l'ancien temps* in the old days; [histoire, langue] ancient; [meuble] antique; (dans une profession) senior. **II** *nm* antiques (*pl*).
■ **ancien combattant** veteran; **ancien élève** SCOL old boy, alumnus^US; UNIV graduate, alumnus^US; **l'Ancien Testament** the Old Testament.

ancienne: **à l'ancienne** /alɑ̃sjɛn/ *loc adv* in the traditional way.

anciennement /ɑ̃sjɛnmɑ̃/ *adv* formerly.

ancienneté /ɑ̃sjɛnte/ *nf* seniority.

ancre /ɑ̃kR/ *nf* anchor; *jeter/lever l'ancre* to cast/to weigh anchor.

andouille /ɑ̃duj/ *nf* CULIN andouille; ☺ fool.

âne /ɑn/ *nm* donkey, ass; (stupide)☺ dimwit☺.

anéantir /aneɑ̃tiR/ *vtr* [chaleur] to overwhelm; [▸récoltes] to ruin; [▸ville] to lay waste to; [▸peuple] to wipe out.

anémie /anemi/ *nf* anaemia.

ânerie /anRi/ *nf* *dire des âneries* to talk nonsense; *faire des âneries* to do silly things.

ânesse /anɛs/ *nf* she-ass, female donkey.

anesthésie /anɛstezi/ *nf* anaesthesia; *sous anesthésie générale* under general anaesthetic.

anesthésier /anɛstezje/ *vtr* to anaesthetize.

aneth /anɛt/ *nm* dill.

ange /ɑ̃ʒ/ *nm* angel.
● **être aux anges** to be in seventh heaven.

angine /ɑ̃ʒin/ *nf* throat infection.

anglais, -e /ɑ̃glɛ, ɛz/ **I** *adj* English. **II** *nm* LING English. **III** *nm,f* *un Anglais, une Anglaise* an Englishman, an Englishwoman; *les Anglais* the English.
● **filer à l'anglaise** to take French leave.

angle /ɑ̃gl/ *nm* angle, corner; *sous cet angle* from this angle.

Angleterre /ɑ̃glətɛR/ *nprf* England.

anglo-américain, -e, *mpl* **-s** /ãgloamerikɛ̃, ɛn/ **I** *adj* GÉN Anglo-American; LING American English. **II** *nm* LING American English.

anglophone /ãglɔfɔn/ **I** *adj* English-speaking. **II** *nmf* GÉN English speaker; (au Canada) Anglophone.

angoisse /ãgwas/ *nf* anxiety.

angoissé, -e /ãgwase/ *adj* anxious.

angoisser /ãgwase/ *vtr* to worry.

anguille /ãgij/ *nf* eel.

anicroche /anikrɔʃ/ *nf* **sans anicroche(s)** without a hitch.

animal, -e, *mpl* **-aux** /animal, o/ *adj, nm* animal.
■ **animal de compagnie** pet; **animal domestique** domestic animal; **animal nuisible** pest.

animateur, -trice /animatœr, tris/ *nm,f* organizer; (présentateur) presenter.

animation /animasjɔ̃/ *nf* (d'émission) organization; **animation culturelle** promotion of cultural activities; (entrain) life, vitality; **mettre de l'animation** to liven things up; (de rue) hustle and bustle; CIN animation.
■ **film d'animation** animated film.

animé, -e /anime/ *adj* [soirée] lively; [marché] brisk; LING animate.

animer /anime/ **I** *vtr* [▸débat] to lead; [▸stage] to run; [▸émission] to present; [▸récit] to liven up. **II s'animer** *vpr* [conversation] to become lively; [jeu] to liven up; [visage] to light up.

anis /ani/ *nm* anise; (graine) aniseed.

annales /anal/ *nfpl* annals; (d'examen) book of past papers.

anneau, *pl* **-x** /ano/ *nm* ring; (de chaîne) link.

année /ane/ *nf* year; **en quelle année?** what year?; **souhaiter la bonne année à qn** to wish sb a happy new year.
■ **année civile** calendar year; **année universitaire** academic year.

annexe /anɛks/ **I** *adj* [document] attached; [question] related; [bâtiment] adjoining. **II** *nf* (bâtiment) annexe, annex^US; (document) appendix.

annexer /anɛkse/ *vtr* to annex; [▸document] to attach.

anniversaire /anivɛrsɛr/ **I** *adj* anniversary. **II** *nm* (de personne) birthday; **bon anniver-**

saire! happy birthday!; (d'évènement) anniversary.

annonce /anɔ̃s/ *nf* announcement; (message) advertisement, advert^®GB, ad^®; **mettre une annonce** to put in an ad^®; **petite annonce** classified advertisement; JEUX declaration; **faire une annonce** (au bridge) to bid; (indice) sign.

annoncer /anɔ̃se/ **I** *vtr* to announce; **annoncer la nouvelle** to tell the news; **qui dois-je annoncer?** what name shall I give? **II s'annoncer** *vpr* [crise] to be brewing; (se présenter) to look like.

annoter /anɔte/ *vtr* to annotate.

annuaire /anɥɛr/ *nm* telephone directory.

annuel, -elle /anɥɛl/ *adj* annual, yearly; **contrat annuel** one-year contract.

annulaire /anɥlɛr/ *nm* ring finger.

annulation /anylasjɔ̃/ *nf* cancellation^GB; (de mariage) annulment.

annuler /anyle/ **I** *vtr* to cancel; [▸dette] to write off; JUR to declare [sth] void. **II s'annuler** *vpr* to cancel each other out.

anodin, -e /anɔdɛ̃, in/ *adj* [personne] insignificant; [sujet] safe, neutral.

anomalie /anɔmali/ *nf* anomaly.

ânonner /anɔne/ *vtr* to recite [sth] in a drone.

anonymat /anɔnima/ *nm* anonymity; **garder l'anonymat** to remain anonymous.

anonyme /anɔnim/ *adj* anonymous.

anorexie /anɔrɛksi/ *nf* anorexia.

anormal, -e, *mpl* **-aux** /anɔrmal, o/ *adj* abnormal; [évènement] unusual.

ANPE /aɛnpeœ/ *nf* (abrév = **Agence nationale pour l'emploi**) former French national employment agency.

anse /ãs/ *nf* GÉN handle; GÉOG cove.

antagoniste /ãtagɔnist/ *adj* opposing.

antarctique /ãtarktik/ **I** *adj* Antarctic. **II** *nprm* (continent) Antarctica; **l'océan Antarctique** the Antarctic Ocean.

antenne /ãtɛn/ *nf* (de radio, etc) aerial; (de radar, insecte) antenna; **antenne parabolique** satellite dish; **être/passer à l'antenne** to be/to go on the air; **antenne médicale** medical unit.
■ **antenne-relais** mobile phone mast.

antérieur, -e /ɑ̃teʀjœʀ/ adj [partie, face] front; [membre] anterior; (d'avant) previous; *antérieur à 2009* prior to 2009.

antérieurement /ɑ̃teʀjœʀmɑ̃/ adv previously; *antérieurement à* prior to.

anthologie /ɑ̃tɔlɔʒi/ nf anthology.

anthropologie /ɑ̃tʀɔpɔlɔʒi/ nf anthropology.

anthropophage /ɑ̃tʀɔpɔfaʒ/ nmf cannibal.

antiatomique /ɑ̃tiatɔmik/ adj *abri antiatomique* nuclear shelter.

antibiotique /ɑ̃tibjɔtik/ adj, nm antibiotic.

antibrouillard /ɑ̃tibʀujaʀ/ adj inv *phare antibrouillard* fog light.

antichambre /ɑ̃tiʃɑ̃bʀ/ nf anteroom.

anticipation /ɑ̃tisipasjɔ̃/ nf *film/roman d'anticipation* science fiction film/novel.

anticiper /ɑ̃tisipe/ **I** vtr *anticiper qch de 3 mois* to anticipate sth by 3 months; *n'anticipons pas!* let's not get ahead of ourselves! **II anticiper sur** vtr ind *anticiper sur qch* to count on sth happening.

anticonstitutionnel, -elle /ɑ̃tikɔ̃stitysjɔnɛl/ adj unconstitutional.

anticorps /ɑ̃tikɔʀ/ nm antibody.

antidater /ɑ̃tidate/ vtr to antedate.

antidérapant, -e /ɑ̃tideʀapɑ̃, ɑ̃t/ adj nonskid.

antidopage /ɑ̃tidɔpaʒ/ adj *test antidopage* dope test.

antidote /ɑ̃tidɔt/ nm antidote (to).

antigang /ɑ̃tigɑ̃g/ adj inv *brigade antigang* crime squad.

antigel /ɑ̃tiʒɛl/ adj inv, nm antifreeze.

anti-inflammatoire, pl -s /ɑ̃tiɛ̃flamatwaʀ/ adj, nm anti-inflammatory.

antillais, -e /ɑ̃tijɛ, ɛz/ **I** adj West Indian. **II** nm,f *Antillais, -e* West Indian.

Antilles /ɑ̃tij/ nprf, pl *les Antilles* the West Indies; *les Antilles françaises* the French West Indies; *les Petites/Grandes Antilles* the Lesser/Greater Antilles.

antilope /ɑ̃tilɔp/ nf antelope.

antipathie /ɑ̃tipati/ nf antipathy.

antipathique /ɑ̃tipatik/ adj unpleasant; *il m'est antipathique* I dislike him.

antipelliculaire /ɑ̃tipɛlikylɛʀ/ adj antidandruff.

antipode /ɑ̃tipɔd/ nm antipodes (pl).

antipoison /ɑ̃tipwazɔ̃/ adj inv *centre antipoison* poisons unit.

antipollution /ɑ̃tipɔlysjɔ̃/ adj inv *lutte antipollution* fight against pollution.

antiquaire /ɑ̃tikɛʀ/ nmf antique dealer.

antique /ɑ̃tik/ adj (de l'Antiquité) ancient; (ancien) *croyance antique* age-old belief; (démodé) antiquated.

antiquité /ɑ̃tikite/ **I** nf antique. **II antiquités** nfpl antiquities.

Antiquité /ɑ̃tikite/ nf antiquity.

antireflet /ɑ̃tiʀəflɛ/ adj inv antiglare.

antirouille /ɑ̃tiʀuj/ adj inv (pour protéger) rust-proofing; (pour enlever) rust-removing.

antisèche© /ɑ̃tisɛʃ/ nf ARGOT SCOL crib©.

antisémite /ɑ̃tisemit/ **I** adj anti-Semitic. **II** nmf anti-Semite.

antiseptique /ɑ̃tisɛptik/ adj, nm antiseptic.

antiterroriste /ɑ̃titɛʀɔʀist/ adj *lutte antiterroriste* fight against terrorism.

antivirus /ɑ̃tiviʀys/ nm ORDINAT antivirus software ⊄.

antivol /ɑ̃tivɔl/ nm (de vélo, moto) lock; (de voiture) steering lock, anti-theft device.

anxiété /ɑ̃ksjete/ nf anxiety.

anxieux, -ieuse /ɑ̃ksjø, jøz/ adj *anxieux (de savoir)* anxious (to know).

aorte /aɔʀt/ nf aorta.

août, **aout** /u(t)/ nm August.

apaisement /apɛzmɑ̃/ nm appeasement.

apaiser /apeze/ **I** vtr [▸personne] to pacify; [▸conflit] to ease; [▸colère] to calm; [▸faim, désir] to satisfy; [▸douleur] to soothe. **II s'apaiser** vpr [vent, colère] to die down; [débat] to calm down; [faim, douleur] to subside.

aparté /apaʀte/ nm *en aparté* in private; THÉÂT in an aside.

apartheid /apaʀtɛd/ nm apartheid.

apathique /apatik/ adj apathetic.

apercevoir /apɛʀsəvwaʀ/ **I** vtr to catch sight of. **II s'apercevoir** vpr *s'apercevoir de* to notice; *s'apercevoir que* to realize that; *sans s'en apercevoir* without realizing.

aperçu /apɛʀsy/ nm outline.

apéritif /apeʀitif/ nm aperitif[GB], drink.

à-peu-près /apøpʀɛ/ nm inv vague approximation, (rough) guess.

aphte /aft/ nm mouth ulcer.

aphteux, -euse /aftø, øz/ adj.
■ **fièvre aphteuse** foot-and-mouth disease.

à-pic /apik/ nm inv sheer drop.

apiculteur, -trice /apikyltœʀ, tʀis/ nm,f beekeeper.

apitoyer /apitwaje/ **I** vtr to move [sb] to pity. **II s'apitoyer sur** vpr to feel sorry for.

aplanir /aplaniʀ/ vtr [▸ terrain] to level; [▸ difficultés] to iron out; [▸ tensions] to ease.

aplatir /aplatiʀ/ vtr to flatten.

aplomb /aplɔ̃/ **I** nm confidence; **vous ne manquez pas d'aplomb!** you've got a nerve!; **à l'aplomb de** directly below. **II d'aplomb©** loc adv well.

apnée /apne/ nf apn(o)ea; **plonger en apnée** to dive without equipment.

apogée /apɔʒe/ nm apogee, peak; **à l'apogée de** at the peak of.

a posteriori, à postériori /apɔsteʀjɔʀi/ loc adv after the event; **a posteriori, il semble que** with hindsight, it appears that.

apostrophe /apɔstʀɔf/ nf apostrophe; (remarque) remark.

apostropher /apɔstʀɔfe/ vtr to heckle.

apparaître, apparaitre /apaʀɛtʀ/ **I** vi to appear; **apparaître (à qn) comme** to appear (to sb) to be; **laisser/faire apparaître** to show. **II** v impers **il apparaît que** it appears that.

apparat /apaʀa/ nm grandeur.

appareil /apaʀɛj/ nm device; (pour la maison) appliance; (avion) plane; **l'appareil d'État** the state apparatus; **appareil auditif** hearing aid; **appareil (dentaire)** dentures (pl); **l'appareil digestif** the digestive system; **appareil photo** camera; **qui est à l'appareil?** who's calling please?; **Tim à l'appareil** (this is) Tim speaking.

appareillage /apaʀɛjaʒ/ nm (appareils) equipment.

appareiller /apaʀeje/ **I** vtr (assortir) to match up. **II** vi (navire) to cast off, to get under way.

apparemment /apaʀamɑ̃/ adv apparently.

apparence /apaʀɑ̃s/ nf appearance; **en apparence** seemingly.

apparent, -e /apaʀɑ̃, ɑ̃t/ adj apparent.

apparition /apaʀisjɔ̃/ nf (de personne, produit) appearance; (de spectre) apparition.

appartement /apaʀtəmɑ̃/ nm flatᴳᴮ, apartment.

appartenance /apaʀtənɑ̃s/ nf affiliation.

appartenir /apaʀtəniʀ/ **I appartenir à** vtr ind **appartenir à (qn/qch)** to belong to (sb/sth); **ça t'appartient** it's yours. **II** v impers **il appartient à qn de faire** it is up to sb to do.

appâter /apɑte/ vtr to lure.

appauvrir /apovʀiʀ/ **I** vtr to impoverish. **II s'appauvrir** vpr to become impoverished.

appel /apɛl/ nm call; **appel au secours** call for help; **appel téléphonique/radio** phone/radio call; **faire appel à (qn)** to call (sb); **faire l'appel** to take the roll call; JUR appeal; **faire appel (d'un jugement)** to appeal (against a decision); **une décision sans appel** a final decision; SPORT take off.
■ **appel d'offres** invitation to tender; **appel de phares** flash of headlightsᴳᴮ, high beamsᵁˢ.

appelé /aple/ nm MIL conscript, drafteeᵁˢ.

appeler /aple/ **I** vtr to call; (téléphoner) to phoneᴳᴮ, to callᵁˢ; (faire venir) to call, to send for. **II en appeler à** vtr ind to appeal to. **III** vi GÉN to call. **IV s'appeler** vpr comment t'appelles-tu? what's your name?; **je m'appelle Paul** my name's Paul; **on s'appelle!** we'll be in touch!

appellation /apɛlasjɔ̃/ nf name.

appendicite /apɛ̃disit/ nf appendicitis.

appesantir: s'appesantir /apəzɑ̃tiʀ/ vpr s'appesantir sur to dwell on.

appétissant, -e /apetisɑ̃, ɑ̃t/ adj appetizing.

appétit /apeti/ nm appetite; **bon appétit!** enjoy your meal!

applaudir /aplodiʀ/ vtr, vi to applaud.

applaudissement /aplodismɑ̃/ nm applause.

applicateur /aplikatœʀ/ nm applicator.

application /aplikasjɔ̃/ nf (soin) care; (de loi, etc) implementation; (de peine) administration; ORDINAT application program.

appliquer /aplike/ **I** *vtr* *appliquer qch sur qch* to apply sth to sth; [▸politique] to implement; *appliquer le règlement* to go by the rules; [▸technique] to use. **II s'appliquer** *vpr* *s'appliquer à faire* to take great care to do; (concerner) *s'appliquer à qn/qch* to apply to sb/sth.

appoint /apwɛ̃/ *nm* *faire l'appoint* to give the exact change; *d'appoint* [salaire] supplementary; [chauffage] additional.

appointements /apwɛ̃tmã/ *nmpl* salary (*sg*).

apport /apɔr/ *nm* contribution; *apport calorique* caloric intake.

apporter /apɔrte/ *vtr* *apporter qch à qn* (en venant) to bring sb sth; (en allant) to take sb sth; (fournir) to give, to provide.

appréciable /apresjabl/ *adj* substantial; *nombre appréciable de spectateurs* a good many spectators.

appréciation /apresjasjɔ̃/ *nf* assessment; *laissé à l'appréciation de qn* left to sb's discretion; *faire une erreur d'appréciation* to make a misjudgment.

apprécier /apresje/ **I** *vtr* to appreciate; [▸distance] to estimate; [▸conséquences] to assess. **II s'apprécier** *vpr* to like one another.

appréhender /apreãde/ *vtr* [▸voleur] to arrest; *appréhender de faire* to dread doing.

appréhension /apreãsjɔ̃/ *nf* apprehension.

apprendre /aprãdr/ **I** *vtr* *apprendre (à faire)* to learn (to do); *apprendre qch sur qn* to find sth out about sb; *apprendre qch à qn* to teach sb sth; *ça t'apprendra!* that'll teach you! **II s'apprendre** *vpr* *s'apprendre facilement* to be easy to learn.

apprenti, **-e** /aprãti/ *nm,f* GÉN trainee; (d'artisan) apprentice.

apprentissage /aprãtisaʒ/ *nm* training; (de métier artisanal) apprenticeship.

apprêter: s'apprêter /aprɛte/ *vpr* *s'apprêter à faire* to be about to do.

apprivoiser /aprivwaze/ *vtr* [▸animal] to tame.

approbateur, **-trice** /aprɔbatœr, tris/ *adj* of approval.

approbation /aprɔbasjɔ̃/ *nf* approval.

approche /aprɔʃ/ *nf* approach; *aux approches de la ville* on the outskirts of town.

approcher /aprɔʃe/ **I** *vtr* to approach, move near. **II approcher de** *vtr ind* to be (getting) close to. **III** *vi* to be coming up. **IV s'approcher** *vpr* *s'approcher de qn/qch* to come near sb/sth.

approfondi, **-e** /aprɔfɔ̃di/ *adj* detailed, in-depth.

approfondir /aprɔfɔ̃dir/ *vtr* to go into [sth] in depth; *inutile d'approfondir* don't go into detail; [▸trou] to deepen.

approprié, **-e** /aprɔprije/ *adj* appropriate.

approprier: s'approprier /aprɔprije/ *vpr* to take, to seize.

approuver /apruve/ *vtr* to approve of; [▸projet de loi] to pass.

approvisionnement /aprɔvizjɔnmã/ *nm* supply.

approvisionner /aprɔvizjɔne/ *vtr* to supply (with); *approvisionner un compte* to pay money into an account.

approximatif, **-ive** /aprɔksimatif, iv/ *adj* approximate, rough.

approximation /aprɔksimasjɔ̃/ *nf* approximation.

approximativement /aprɔksimativmã/ *adv* approximately.

appui /apɥi/ *nm* support; *prendre appui sur* to lean on.

appui-tête, *pl* **appuis-tête** /apɥitɛt/ *nm* headrest.

appuyer /apɥije/ **I** *vtr* *appuyer qch contre qch* to lean sth against sth; *appuyer son doigt sur qch* to press sth with one's finger; *appuyer une accusation sur des témoignages* to base an accusation on evidence; (soutenir) to back, support. **II** *vi* to press; (insister) to emphasize. **III s'appuyer** *vpr* *s'appuyer sur/contre* to lean on/against; (se fonder) to rely on.

âpre /apr/ *adj* [goût, froid, discussion] bitter; [voix] harsh.

après /apre/ **I** *adv* (dans le temps) (ensuite) afterwards; (plus tard) later; *la fois d'après* the next time; *l'instant d'après* a moment later; (dans l'espace) further on; *et après?* so what©? **II** *prép* (dans le temps, l'espace) after; *après tout* after all; *jour après jour* day after day, day in day out; *après vous!* after you! **III d'après** *loc prép* according to; *d'après la loi* under the law; (adapté de) based on. **IV après que** *loc conj* after.

après-demain /apʀɛdmɛ̃/ *adv* the day after tomorrow.

après-guerre, *pl* **-s** /apʀɛgɛʀ/ *nm ou f* post-war years (*pl*).

après-midi, *pl* **-s** /apʀɛmidi/ *nm ou f* afternoon; *2 heures de l'après-midi* 2 in the afternoon, 2 pm.

après-rasage, *pl* **-s** /apʀɛʀazaʒ/ *adj inv*, *nm* after-shave.

après-ski, *pl* **-s** /apʀɛski/ *nm* snowboot.

après-vente /apʀɛvɑ̃t/ *adj inv* **service après-vente** after-sales service department.

a priori, **à priori** /apʀijɔʀi/ *loc adv* right now; *rejeter a priori une proposition* to reject a proposal out of hand.

à-propos /apʀɔpo/ *nm inv* **agir avec à-propos** to do the right thing.

apte /apt/ *adj* good at; (en état) fit.

aptitude /aptityd/ *nf* aptitude.

aquarelle /akwaʀɛl/ *nf* watercolour[GB].

aqueduc /akdyk/ *nm* aqueduct.

arabe /aʀab/ **I** *adj* Arab. **II** *nm* LING Arabic. **III** *nmf* **Arabe** Arab.

Arabie Saoudite /aʀabisaudit/ *nprf* Saudi Arabia.

arachide /aʀaʃid/ *nf* peanut.

araignée /aʀeɲe/ *nf* spider.

arbitrage /aʀbitʀaʒ/ *nm* arbitration; SPORT *erreur d'arbitrage* wrong decision by the referee.

arbitre /aʀbitʀ/ *nm* JUR arbitrator; SPORT referee; (de base-ball, cricket, tennis) umpire.

arbitrer /aʀbitʀe/ *vtr* [▸différend] to arbitrate in; (football) to referee; (base-ball) to umpire.

arborer /aʀbɔʀe/ *vtr* to sport.

arbre /aʀbʀ/ *nm* tree; *arbre généalogique* family tree; *arbre de transmission* transmission shaft.

arbrisseau, *pl* **-x** /aʀbʀiso/ *nm* small tree.

arbuste /aʀbyst/ *nm* shrub.

arc /aʀk/ *nm* SPORT bow; (courbe) curve; ARCHIT arch.

arcade /aʀkad/ *nf* arcade.
■ **arcade sourcilière** arch of the eyebrow.

arc-en-ciel, *pl* **arcs-en-ciel** /aʀkɑ̃sjɛl/ *nm* rainbow.

archaïque /aʀkaik/ *adj* archaic.

arche /aʀʃ/ *nf* ARCHIT arch.

archéologie /aʀkeɔlɔʒi/ *nf* archaeology.

archéologique /aʀkeɔlɔʒik/ *adj* archaeological.

archéologue /aʀkeɔlɔg/ *nmf* archaeologist.

archer /aʀʃe/ *nm* archer.

archet /aʀʃɛ/ *nm* bow.

archipel /aʀʃipɛl/ *m* archipelago.

architecte /aʀʃitɛkt/ *nmf* architect.

architecture /aʀʃitɛktyʀ/ *nf* architecture.

archives /aʀʃiv/ *nfpl* archives.

arctique /aʀktik/ **I** *adj* Arctic. **II** *nprm* Arctic *l'océan Arctique* the Arctic Ocean.

ardeur /aʀdœʀ/ *nf* enthusiasm (for).

ardoise /aʀdwaz/ *nf* slate; (dette)[◎] debt.

are /aʀ/ *nf* are (100 square metres).

arène /aʀɛn/ *nf* arena.

arête /aʀɛt/ *nf* fishbone; *sans arêtes* boned; (du nez) bridge.

argent /aʀʒɑ̃/ *nm* money; (métal) silver.
■ **argent comptant/liquide** cash; **argent de poche** pocket money.

argenté, **-e** /aʀʒɑ̃te/ *adj* silvery.

argenterie /aʀʒɑ̃tʀi/ *nf* silverware, silver.

argentin, **-e** /aʀʒɑ̃tɛ̃, in/ **I** *adj* Argentinian. **II** *nm,f* **Argentin, -e** Argentinian.

Argentine /aʀʒɑ̃tin/ *nprf* Argentina.

argentique /aʀʒɑ̃tik/ *adj* (photo) traditional.

argot /aʀgo/ *nm* slang.

argotique /aʀgɔtik/ *adj* slang.

argument /aʀgymɑ̃/ *nm* argument.

argumentation /aʀgymɑ̃tasjɔ̃/ *nf* line of argument.

aride /aʀid/ *adj* arid.

aristocrate /aʀistɔkʀat/ *nmf* aristocrat.

arithmétique /aʀitmetik/ **I** *adj* arithmetical. **II** *nf* arithmetic.

arlequin /aʀləkɛ̃/ *nm* harlequin.

armateur /aʀmatœʀ/ *nm* shipowner.

armature /aʀmatyʀ/ *nf* frame; *soutien-gorge à armature* underwired bra.

arme /aʀm/ **I** *nf* weapon. **II** **armes** *nfpl* MIL arms (*pl*); (armoiries) coat (*sg*) of arms.
■ **arme à feu** firearm.

armée /aʀme/ nf army; *armée de terre* army; *armée de l'air* air force.

armement /aʀməmã/ nm arms.

Arménie /aʀmeni/ nprf Armenia.

arménien, -ienne /aʀmenjɛ̃, ɛn/ **I** adj Armenian. **II** nm,f *Arménien, -ienne* Armenian.

armer /aʀme/ **I** vtr GÉN to arm; [▸fusil] to cock. **II s'armer de** vpr to arm oneself (with).

armistice /aʀmistis/ nm armistice.

armoire /aʀmwaʀ/ nf cupboard^{GB}, closet^{US}; *c'est une armoire à glace$^◎$* he's built like a tank.
■ **armoire à pharmacie** medicine cabinet.

armoiries /aʀmwaʀi/ nfpl arms.

armurier, -ière /aʀmyʀje, jɛʀ/ nm,f gunsmith.

arnaque$^◎$ /aʀnak/ nf swindle, rip-off$^◎$; *c'est de l'arnaque* it's a rip-off$^◎$.

arnaqueur$^◎$, -euse /aʀnakœʀ, øz/ nm,f swindler.

arobase /aʀɔbaz/ nf at sign.

aromatique /aʀɔmatik/ adj aromatic.

aromatiser /aʀɔmatize/ vtr to flavour^{GB}.

arôme /aʀom/ nm aroma; (goût) flavouring^{GB}.

arpenter /aʀpɑ̃te/ vtr to pace up and down.

arqué, -e /aʀke/ adj [sourcils] arched; [jambes] bow.

arraché /aʀaʃe/ nm *obtenir qch à l'arraché* to snatch sth; *vol à l'arraché* bag snatching.

arrache-pied: d'arrache-pied /daʀaʃpje/ loc adv *travailler d'arrache-pied* to work flat out.

arracher /aʀaʃe/ **I** vtr [▸légumes] to dig up/out; [▸arbre] to uproot; [▸poil, dent, ongle, clou] to pull [sth] out; [▸affiche] to tear [sth] down; [▸page] to rip [sth] out. **II s'arracher** vpr to fight over; *s'arracher à* to rouse oneself from.

arrangeant, -e /aʀɑ̃ʒɑ̃, ɑ̃t/ adj obliging.

arrangement /aʀɑ̃ʒmɑ̃/ nm agreement.

arranger /aʀɑ̃ʒe/ **I** vtr to arrange; (remettre en ordre) to tidy up; (réparer) to fix; *ça t'arrange* it suits you. **II s'arranger** vpr to improve; *s'arranger avec qn* to arrange it

with sb; *on va s'arranger* we'll sort something out.

arrestation /aʀɛstasjɔ̃/ nf arrest; *en état d'arrestation* under arrest.

arrêt /aʀɛ/ nm stop; *un temps d'arrêt* a pause; *sans arrêt* (sans interruption) nonstop; (toujours) constantly; *à l'arrêt* [train] stationary; *être en arrêt de travail* to be on sick leave; *être aux arrêts* to be under arrest.

arrêté /aʀete/ nm order.
■ **arrêté municipal** bylaw.

arrêter /aʀete/ **I** vtr to stop; *arrêter de fumer* to give up smoking; [▸appareil] to switch off; [▸suspect] to arrest. **II** vi to stop. **III s'arrêter** vpr *s'arrêter (de faire)* to stop (doing); [chemin, etc] to end.

arrhes /aʀ/ nfpl deposit (sg).

arrière /aʀjɛʀ/ **I** adj inv [vitre, roue] rear; [banquette] back. **II** nm back, rear; *en arrière* backward(s); *en arrière de* behind; (au rugby, hockey) fullback; (au football) defender; (au basket) guard; (au volley) back-line player.

arrière-garde, pl **-s** /aʀjɛʀgaʀd/ nf rearguard.

arrière-goût, pl **-s** /aʀjɛʀgu/ nm aftertaste.

arrière-pays /aʀjɛʀpei/ nm inv back country.

arrière-pensée, pl **-s** /aʀjɛʀpɑ̃se/ nf ulterior motive; *sans arrière pensée* without reservation.

arrière-plan, pl **-s** /aʀjɛʀplɑ̃/ nm background.

arrivage /aʀivaʒ/ nm *nouveaux arrivages* new stock.

arrivant, -e /aʀivɑ̃, ɑ̃t/ nm,f *les premiers arrivants* the first to arrive; *nouvel arrivant* newcomer.

arrivée /aʀive/ nf arrival.

arriver /aʀive/ **I** vi to arrive; [pluie] to come; [accident, catastrophe] to happen; *arriver à* [▸niveau, âge, accord] to reach; *arriver à faire* to manage to do; (réussir) to succeed. **II** v impers *qu'est-il arrivé?* what happened?; *il arrive que* it happens that.

arriviste /aʀivist/ nmf upstart.

arroger: s'arroger /aʀɔʒe/ vpr to assume.

arrondi, -e /aʀɔ̃di/ adj rounded.

arrondir /aʀɔ̃diʀ/ **I** vtr [▸chiffre] to round off. **II s'arrondir** vpr to fill out; [yeux] to widen; [fortune] to be growing.

arrondissement /aʀɔ̃dismɑ̃/ *nm* district.

arrosage /aʀozaʒ/ *nm* watering.

arroser /aʀoze/ **I** *vtr* to water; [▸victoire] to drink to. **II s'arroser**⊚ *vpr* **ça s'arrose** that calls for a drink.

arrosoir /aʀozwaʀ/ *nm* watering can.

arsenal, *pl* **-aux** /aʀsənal, o/ *nm* arsenal; **tout un arsenal de** a whole battery of.

art /aʀ/ *nm* art; **l'art de faire qch** a talent for doing sth, the knack of doing sth.
■ **arts ménagers** home economics; **les arts de la rue** street performance ¢.

Artaban /aʀtabɑ̃/ *nprm* **fier comme Artaban** proud as a peacock.

artère /aʀtɛʀ/ *nf* artery.

arthrose /aʀtʀoz/ *nf* osteoarthritis.

artichaut /aʀtiʃo/ *nm* artichoke.
● **avoir un cœur d'artichaut** to be fickle (in love).

article /aʀtikl/ *nm* article; COMM item; (de contrat) clause; **articles de sport** sports equipment; **articles de toilette** toiletries.
● **à l'article de la mort** at death's door.

articulation /aʀtikylasjɔ̃/ *nf* articulation; ANAT joint.

articuler /aʀtikyle/ *vtr* to articulate.

artifice /aʀtifis/ *nm* contrivance.

artificiel, **-ielle** /aʀtifisjɛl/ *adj* artificial.

artisan, **-ane** /aʀtizɑ̃, an/ *nm,f* artisan, (self-employed) craftsman.

artisanal, **-e**, *mpl* **-aux** /aʀtizanal, o/ *adj* [méthode] traditional; **de fabrication artisanale** [objet] hand-crafted; [aliments] home-made.

artisanat /aʀtizana/ *nm* craft industry.
■ **artisanat d'art** arts and crafts.

artiste /aʀtist/ *nmf* artist.
■ **artiste peintre** painter.

artistique /aʀtistik/ *adj* artistic.

as /ɑs/ *nm inv* ace.

ascenseur /asɑ̃sœʀ/ *nm* lift^GB, elevator^US; ORDINAT slider, scroll box.

ascension /asɑ̃sjɔ̃/ *nf* ascent; **faire l'ascension de** to climb.

aseptisé, **-e** /aseptize/ *adj* sanitized.

aseptiser /aseptize/ *vtr* to disinfect.

asiatique /azjatik/ **I** *adj* Asian. **II** *nmf* **Asiatique** Asian.

Asie /azi/ *nprf* Asia.

asile /azil/ *nm* refuge, shelter; **demander l'asile politique** to seek political asylum.

aspect /aspɛ/ *nm* aspect; **changer d'aspect** to change in appearance.

asperge /aspɛʀʒ/ *nf* asparagus.

asperger /aspɛʀʒe/ **I** *vtr* to spray. **II s'asperger** *vpr* **s'asperger d'eau** to splash water on oneself.

asphyxie /asfiksi/ *nf* suffocation, asphyxia.

asphyxier /asfiksje/ **I** *vtr* to asphyxiate. **II s'asphyxier** *vpr* to suffocate to death.

aspirateur /aspiʀatœʀ/ *nm* vacuum cleaner, hoover®^GB.

aspirer /aspiʀe/ **I** *vtr* [▸air] to breathe in; [▸fumée] to inhale; [▸liquide, poussière] to suck up; [▸tapis] to vacuum. **II aspirer à** *vtr ind* to aspire to.

aspirine® /aspiʀin/ *nf* aspirin.

assaillant, **-e** /asajɑ̃, ɑ̃t/ *nm,f* attacker.

assainir /aseniʀ/ *vtr* to clean up.

assaisonnement /asɛzɔnmɑ̃/ *nm* (vinaigrette) dressing; (épices) seasoning.

assaisonner /asɛzɔne/ *vtr* [▸salade] to dress; [▸plat] to season.

assassin /asasɛ̃/ *nm* murderer.

assassinat /asasina/ *nm* murder.

assassiner /asasine/ *vtr* to murder.

assaut /aso/ *nm* attack; **donner l'assaut** to attack; (du froid) onslaught.

assécher /aseʃe/ *vtr* to drain.

assemblage /asɑ̃blaʒ/ *nm* assembly; TECH joint.

assemblée /asɑ̃ble/ *nf* gathering; (réunion) meeting; POL assembly.

assembler /asɑ̃ble/ **I** *vtr* to put [sth] together. **II s'assembler** *vpr* to gather.

asséner /asene/ *vtr* **asséner un coup à qn/qch** to deal sb/sth a blow.

asseoir, **assoir**: **s'asseoir** /aswaʀ/ *vpr* to sit (down); (affermir) to establish.

asservir /asɛʀviʀ/ *vtr* to enslave.

assez /ase/ *adv* enough; **assez de temps** enough time; **en avoir assez (de)**⊚ to be fed up (with)⊚; (suffisamment) quite; **assez jeune** quite young; **je suis assez pressé** I'm in rather a hurry.

assidu, **-e** /asidy/ *adj* [travail] diligent; [soins] constant; [visites] regular.

assiéger /asjeʒe/ *vtr* to besiege.

assiette /asjɛt/ *nf* plate; (à cheval) seat; *assiette (fiscale)* tax base.
■ **assiette anglaise** assorted cold meats (*pl*).
● **ne pas être dans son assiette** to feel out of sorts.

assignation /asiɲasjɔ̃/ *nf* allocation.
■ **assignation en justice** summons to appear before the court; **assignation à résidence** house arrest.

assigner /asiɲe/ **I** *vtr* assigner une tâche à qn to assign a task to sb; [▸crédits] to allocate; *assigner à comparaître* to summons. **II s'assigner** *vpr* assigner un but to set oneself a goal.

assimilation /asimilasjɔ̃/ *nf* (comparaison) likening, comparison; (connaissances) assimilation.

assimiler /asimile/ *vtr* to assimilate.

assis, -e /asi, iz/ **I** *pp* ▸ asseoir. **II** *adj* to be seated; *reste assis* don't get up, remain seated.

assise /asiz/ **I** *nf* (base) basis, foundation. **II** *nfpl* (tribunal) assizes; (congrès) meeting, conference; *envoyer qn aux assises* to send sb for trial.

assistance /asistãs/ *nf* assistance; *assistance judiciaire* legal aid; *Assistance publique* ≈ welfare services; (auditoire) audience.

assistant, -e /asistã, ãt/ *nm,f* assistant.
■ **assistante sociale** social worker.

assisté, -e /asiste/ **I** *adj* [personne] assisted; *assisté par ordinateur* computer-aided; [freins] power. **II** *nm,f* person receiving benefit[GB], welfare[US].

assister /asiste/ **I** *vtr* to assist, to aid. **II assister à** *vtr ind* [▸mariage, spectacle] to be at; [▸réunion, cours] to attend; [▸accident] to witness.

association /asɔsjasjɔ̃/ *nf* association.
■ **association de malfaiteurs** JUR criminal conspiracy; **association sportive** sports association.

associé, -e /asɔsje/ **I** *adj* [membre, professeur] associate; [entreprises] associated. **II** *nm,f* associate, partner.

associer /asɔsje/ **I** *vtr* to bring together; *associer qn/qch à qch* to include sb/sth in sth. **II s'associer** *vpr* to go into partnership; *s'associer à la peine de qn* to share in sb's sorrow; *s'associer à* to join in.

assoiffé, -e /aswafe/ *adj* thirsty; *assoiffé de pouvoir* hungry for power.

assombrir /asɔ̃bʀiʀ/ **I** *vtr* to darken, to make [sth] dark. **II s'assombrir** *vpr* to darken.

assommant[©], -e /asɔmã, ãt/ *adj* deadly boring[©].

assommer /asɔme/ *vtr* to knock [sb] senseless; (ennuyer)[©] to bore [sb] to tears[©].

assorti, -e /asɔʀti/ *adj* matching; *bien/mal assorti* well-/ill-matched; (varié) assorted.

assortiment /asɔʀtimã/ *nm* (de fromages, etc) assortment; (de produits, etc) selection.

assortir /asɔʀtiʀ/ *vtr* to match; COMM to stock. **II s'assortir de** *vpr* to come with.

assoupir: **s'assoupir** /asupiʀ/ *vpr* to doze off.

assouplir /asupliʀ/ *vtr* [▸cuir] to make [sth] supple; [▸linge] to soften; [▸muscles] to loosen; [▸règlement] to relax.

assouplissant /asuplisã/ *nm* fabric softener.

assouplissement /asuplismã/ *nm* faire des exercices d'assouplissement to limber up; (règlement) relaxing.

assourdir /asuʀdiʀ/ *vtr* [▸qn] to deafen; [▸bruit] to muffle.

assourdissant, -e /asuʀdisã, ãt/ *adj* deafening.

assumer /asyme/ *vtr* [▸responsabilité] to take; [▸conséquences] to accept.

assurance /asyʀãs/ *nf* (self-)confidence; (maîtrise, promesse) assurance; *recevoir l'assurance que* to be assured that; (garantie) insurance.
■ **assurance maladie, assurances sociales** social insurance ¢; **assurance tous risques** comprehensive insurance.

assuré, -e /asyʀe/ *adj* confident; (certain) certain; (protégé) insured.

assurément /asyʀemã/ *adv* definitely.

assurer /asyʀe/ **I** *vtr* assurer à qn que to assure sb that; *assurer qn de qch* to assure sb of sth; *assurer qch (contre)* to insure sth (against); [▸service] to provide; [▸victoire] to ensure, to secure; (rendre stable) to steady; (en alpinisme) to belay. **II s'assurer** *vpr* s'assurer de qch/que to make sure of sth/that; *s'assurer contre l'incendie* to take out fire insurance.

astérisque /asteʀisk/ *nm* asterisk.

asthme /asm/ *nm* asthma.

asticot /astiko/ *nm* maggot.

asticoter© /astikɔte/ *vtr* to needle©.

astiquer /astike/ *vtr* to polish.

astreignant, -e /astʀɛɲɑ̃, ɑ̃t/ *adj* demanding.

astreindre /astʀɛ̃dʀ/ *vtr* **astreindre qn à faire qch** to force sb to do sth.

astrologie /astʀɔlɔʒi/ *nf* astrology.

astronaute /astʀɔnot/ *nmf* astronaut.

astronautique /astʀɔnotik/ *nf* astronautics (*sg*).

astronome /astʀɔnɔm/ *nmf* astronomer.

astronomie /astʀɔnɔmi/ *nf* astronomy.

astronomique /astʀɔnɔmik/ *adj* astronomical; FIG **une somme astronomique** a fortune.

astuce /astys/ *nf* (jeu de mots) pun; (plaisanterie) joke; (truc) trick.

astucieux, -ieuse /astysjø, jøz/ *adj* clever.

asymétrique /asimetʀik/ *adj* asymmetrical.

atchoum /atʃum/ *nm* (*also onomat*) atishoo.

atelier /atəlje/ *nm* (local, séance de travail) workshop; (d'artiste) studio.

athée /ate/ **I** *adj* atheistic. **II** *nmf* atheist.

athlète /atlɛt/ *nmf* athlete.

athlétisme /atletism/ *nm* athletics^GB (*sg*), track and field^US.

atlas /atlas/ *nm inv* atlas.

atmosphère /atmɔsfɛʀ/ *nf* atmosphere.

atome /atom/ *nm* atom.

atomique /atɔmik/ *adj* [centrale, arme] nuclear; [bombe] atomic.

atomiseur /atɔmizœʀ/ *nm* spray.

atout /atu/ *nm* asset; JEUX trump.

âtre /atʀ/ *nm* hearth.

atroce /atʀɔs/ *adj* [blessure, nouvelle, personne] dreadful; [douleur] atrocious.

atrocité /atʀɔsite/ *nf* atrocity; **dire des atrocités** to say dreadful things.

attabler: s'attabler /atable/ *vpr* to sit down at (the) table.

attachant, -e /ataʃɑ̃, ɑ̃t/ *adj* charming.

attache /ataʃ/ **I** *nf* (fixation) tie. **II** *nfpl* FIG ties.

attachement /ataʃmɑ̃/ *nm* attachment (to).

attacher /ataʃe/ **I** *vtr* **attacher (à)** to tie (to); [▸chaussure] to do up; [▸ceinture] to fasten; **attacher de l'importance à qch** to think sth is very important. **II** *vi* (coller) to stick. **III s'attacher à** *vpr* **s'attacher à faire** to set out to do; [▸qn, qch] to become attached to.

attaquant, -e /atakɑ̃, ɑ̃t/ *nm,f* MIL attacker; (au football) striker.

attaque /atak/ *nf* GÉN attack; (au football, rugby, en course) break.
■ **attaque cérébrale** stroke; **attaque à main armée** armed raid.

attaquer /atake/ **I** *vtr* to attack; **attaquer qn en justice** to bring an action against sb^GB, to lawsuit sb^US. **II** *vi* (au football, rugby) to break; (au tennis) to drive. **III s'attaquer à** *vpr* to attack; [▸problème] to tackle.

attarder: s'attarder /ataʀde/ *vpr* (traîner) to linger; **s'attarder sur** to dwell on.

atteindre /atɛ̃dʀ/ *vtr* to reach; [▸but] to achieve; [▸cible] to hit; (toucher) to affect.

atteinte /atɛ̃t/ *nf* **hors d'atteinte** out of reach; **porter atteinte à** to attack.

atteler /atle/ **I** *vtr* to harness. **II s'atteler à** *vpr* [▸tâche] to get down to.

attenant, -e /atnɑ̃, ɑ̃t/ *adj* adjacent.

attendre /atɑ̃dʀ/ **I** *vtr* to wait for; **attendre de qn qu'il fasse** to expect sb to do; [bébé] to expect. **II** *vi* to wait; (au téléphone) to hold; **faire attendre qn** to keep sb waiting; **en attendant** in the meantime; (néanmoins) all the same, nonetheless. **III s'attendre à** *vpr* **s'attendre à qch/à faire** to expect sth/to do.

attendrir /atɑ̃dʀiʀ/ **I** *vtr* [▸personne] to touch; [▸viande] to tenderize. **II s'attendrir sur** *vpr* [▸qn] to feel sorry for.

attendrissant, -e /atɑ̃dʀisɑ̃, ɑ̃t/ *adj* touching, moving.

attentat /atɑ̃ta/ *nm* assassination attempt (on); **attentat à la bombe** bomb attack.
■ **attentat-suicide** suicide attack.

attente /atɑ̃t/ *nf* **deux heures d'attente** a two-hour wait; **dans l'attente de vous lire** looking forward to hearing from you; **répondre à l'attente de qn** to come up to sb's expectations.

attenter /atɑ̃te/ *vtr ind* **attenter à** [▸dignité] to cast a slur on; FIG [▸liberté] to violate; **attenter à ses jours** to attempt suicide.

attentif, -ive /atɑ̃tif, iv/ adj [personne] attentive; [examen] close.

attention /atɑ̃sjɔ̃/ **I** nf attention; *à l'attention de X* for the attention of X, attn. X; *avec attention* carefully; *faire attention à qch* (prendre garde) to be careful of sth; (remarquer) to pay attention to; *fais attention à toi* take care of yourself. **II** adv look out!, watch out!; (panneau routier) caution.

attentionné, -e /atɑ̃sjɔne/ adj considerate.

attentivement /atɑ̃tivmɑ̃/ adv [suivre] attentively; [examiner] carefully.

atténuer /atenɥe/ **I** vtr [▸douleur] to ease; [▸effet] to weaken; [▸choc] to soften; [▸couleur, reproche] to tone down. **II s'atténuer** vpr [douleur] to ease; [chagrin] to subside; [bruit] to die down.

atterré, -e /atere/ adj appalled.

atterrir /ateriʀ/ vi to land.

atterrissage /aterisaʒ/ nm landing.

attestation /atɛstasjɔ̃/ nf certificate.

attester /atɛste/ vtr to testify (to/that).

attirail /atiʀaj/ nm gear; *tout un attirail* lots of different things.

attirance /atiʀɑ̃s/ nf attraction; *avoir de l'attirance pour qn/qch* to be attracted to sb/sth.

attirant, -e /atiʀɑ̃, ɑ̃t/ adj attractive.

attirer /atiʀe/ **I** vtr to attract; *attirer l'attention de qn sur qch* to draw sb's attention to sth; (plaire) to appeal to; *attirer des ennuis à qn* to cause sb problems. **II s'attirer** vpr *s'attirer la colère de qn* to incur sb's anger; *s'attirer des ennuis* to get into trouble.

attiser /atize/ vtr [▸feu] to poke; [▸sentiment] to stir up.

attitré, -e /atitʀe/ adj official; *représentant attitré* accredited representative.

attitude /atityd/ nf *attitude (envers)* attitude (to).

attraction /atʀaksjɔ̃/ nf attraction; *attraction terrestre* Earth's attraction, gravitation.

attrait /atʀɛ/ nm *plein d'attrait* very attractive; *sans attrait* unattractive.

attrape-nigaud, pl **-s** /atʀapnigo/ nm *c'est un attrape-nigaud* it's a mug's game.

attraper /atʀape/ vtr to catch, to get; *attraper froid/la grippe* to catch cold ; *se faire*

attraper to get caught; *se faire attraper*© (réprimander) to get told off.

attrayant, -e /atʀɛjɑ̃, ɑ̃t/ adj attractive.

attribuer /atʀibɥe/ **I** vtr [▸bourse] to award; [▸sens] to lend; [▸logement] to allocate. **II s'attribuer** vpr to give oneself.

attrister /atʀiste/ **I** vtr to sadden. **II s'attrister** vpr *s'attrister de qch* to be saddened by sth.

attroupement /atʀupmɑ̃/ nm gathering.

attrouper: **s'attrouper** /atʀupe/ vpr to gather.

au /o/ prép (**à le**) ▸ **à**.

aubaine /obɛn/ nf godsend; (affaire) bargain.

aube /ob/ nf dawn; FIG *à l'aube du XXIᵉ s.* in the early 21st century.

aubépine /obepin/ nf hawthorn.

auberge /obɛʀʒ/ nf inn.
■ **auberge de jeunesse** youth hostel.

aubergine /obɛʀʒin/ nf aubergine, eggplant[US].

aucun, -e /okœ̃, yn/ **I** adj *en aucune façon* in no way; *il n'y a plus aucun espoir* there's no hope left; *sans aucune hésitation* without any hesitation; *aucun homme n'est parfait* nobody is perfect; *je l'aime plus qu'aucune autre* I love her more than anybody. **II** pron *aucun de tes arguments* none of your arguments; *d'aucuns pensent que* some people think that.

audace /odas/ nf boldness; *il ne manque pas d'audace* rather daring!; (effronterie) audacity, nerve©.

audacieux, -ieuse /odasjø, jøz/ adj daring, bold.

au-dedans /odədɑ̃/ adv inside.

au-dehors /odəɔʀ/ adv outside; *ne pas se pencher au-dehors* do not lean out of the window.

au-delà /od(ə)la/ **I** adv beyond. **II au-delà de** loc prép beyond; *au-delà de 2%* over 2%.

au-dessous /odəsu/ **I** adv below; *les enfants de 10 ans et au-dessous* children of 10 (years) and under. **II au-dessous de** loc prép below; *au-dessous de zéro/de la moyenne* below zero/average; *au-dessous de 3 ans* under 3 years old.

au-dessus /odəsy/ **I** *adv* above. **II au-dessus de** *loc prép* above; *au-dessus de zéro/de la moyenne* above zero/average; *au-dessus de 3 ans* over 3 years old.

au-devant: **au-devant de** /odəvãdə/ *loc prép aller au-devant de qn* to go to meet sb; *aller au-devant de qch* to anticipate.

audience /odjãs/ *nf* audience; *lever l'audience* to close the hearing.

audimat® /odimat/ *nm* audience ratings (*pl*).

audio /odjo/ *adj inv* audio.

audioguide /odjogid/ *nm* audio tour.

audiovisuel, **-elle** /odjovisɥɛl/ *adj* audiovisual.

auditeur, **-trice** /oditœʀ, tʀis/ *nm,f* RADIO listener; FIN auditor.

auditif, **-ive** /oditif, iv/ *adj* [nerf] auditory; [troubles] hearing; [mémoire] aural.

audition /odisjɔ̃/ *nf* hearing; (essai) audition.

auditionner /odisjɔne/ *vtr, vi* to audition.

auditoire /oditwaʀ/ *nm* audience.

augmentation /ɔgmãtasjɔ̃/ *nf* increase; *augmentation (de salaire)* pay rise^GB, raise^US.

augmenter /ɔgmãte/ **I** *vtr* to increase (by); [▸durée] to extend (by); [▸salaire] to give a rise^GB, raise^US. **II** *vi* to go up (by).

augure /ogyʀ/ *nm* augur; *être de bon/mauvais augure* to be a good/bad omen.

aujourd'hui /oʒuʀdɥi/ *adv* today; (de nos jours) today, nowadays; *la France d'aujourd'hui* present-day France.

aumône /omon/ *nf faire l'aumône à* to give alms to; *demander l'aumône* to ask for charity.

aumônier /omonje/ *nm* chaplain.

auparavant /opaʀavã/ *adv* before.

auprès: **auprès de** /opʀɛ/ *loc prép* next to, beside; (aux côtés de) with.

auquel ▸ **lequel**.

auriculaire /oʀikylɛʀ/ *nm* little finger, pinkie.

aurore /oʀɔʀ/ *nf* dawn.
■ **aurore australe** aurora australis; **aurore boréale** Northern Lights (*pl*), aurora borealis.

auscultation /ɔskyltasjɔ̃/ *nf* examination.

ausculter /ɔskylte/ *vtr* to examine.

aussi /osi/ **I** *adv* too, as well, also; *moi aussi, j'ai du travail* I have work too; *il sera absent et moi aussi* he'll be away and so will I; (dans une comparaison) *aussi âgé que* as old as; (si, tellement) so. **II** *conj* so, consequently.

aussitôt /osito/ **I** *adv* immediately, straight away; *aussitôt dit aussitôt fait* no sooner said than done. **II aussitôt que** *loc conj* as soon as.

austère /ostɛʀ/ *adj* austere.

austérité /osteʀite/ *nf* austerity.

austral, **-e**, *mpl* **-s** /ostʀal/ *adj* austral; (de l'hémisphère Sud) southern.

Australie /ostʀali/ *nprf* Australia.

australien, **-ienne** /ostʀaljɛ̃, ɛn/ **I** *adj* Australian. **II** *nm,f* **Australien**, **-ienne** Australian.

autant /otã/ **I** *adv il n'a jamais autant plu* it has never rained so much; *je t'aime toujours autant* I still love you as much; *essaie d'en faire autant* try and do the same; *j'aime autant partir* I'd rather leave; *autant que je sache* as far as I know. **II autant de** *dét indéf* (+ dénombrable) *autant de cadeaux/de gens* so many presents/people; *autant de femmes que d'hommes* as many women as men; (+ non dénombrable) *autant d'énergie/d'argent* so much energy/money; *autant de gentillesse* such kindness. **III d'autant que** *loc adv* all the more so in that. **IV pour autant** *loc adv* for all that. **V pour autant que** *loc conj* as far as.

autel /otɛl/ *nm* altar.

auteur /otœʀ/ *nm* author; (de crime) perpetrator.
■ **auteur dramatique** playwright.

authentique /otãtik/ *adj* genuine, true.

auto /oto/ *nf* car.

autobiographie /otobjogʀafi/ *nf* autobiography.

autobiographique /otobjogʀafik/ *adj* autobiographical.

autobus /otobys/ *nm inv* bus.

autocar /otokaʀ/ *nm* coach^GB, bus^US.

autocollant, **-e** /otokɔlã, ãt/ **I** *adj* self-adhesive. **II** *nm* sticker.

autocuiseur /otokɥizœʀ/ *nm* pressure cooker.

autodéfense /otodefɑ̃s/ *nf* self-defence^{GB}.

autodétermination /otodetɛʀminasjɔ̃/ *nf* self-determination.

autodidacte /otodidakt/ *nmf* self-educated person.

auto-école, *pl* **-s** /otoekɔl/ *nf* driving school.

autographe /otɔgʀaf/ *adj, nm* autograph.

automate /otɔmat/ *nm* robot.

automatique /otɔmatik/ *adj, n* automatic.

automatisation /otɔmatizasjɔ̃/ *nf* automation.

automatiser /otɔmatize/ *vtr* to automate.

automatisme /otɔmatism/ *nm* automatism.

automne /otɔn/ *nm* autumn^{GB}, fall^{US}.

automobile /otomɔbil/ *nf* (motor) car^{GB}, automobile^{US}.

automobiliste /otomɔbilist/ *nmf* motorist, driver.

autonome /otɔnɔm/ *adj* autonomous; *région autonome* autonomous/self-governing region; [personne] self-sufficient; ORDINAT [système] off-line.

autonomiste /otɔnɔmist/ *adj, nmf* separatist.

autoportrait /otopɔʀtʀɛ/ *nm* self-portrait.

autopsie /otɔpsi/ *nf* postmortem, autopsy.

autoradio /otoʀadjo/ *nm* car radio.

autorail /otoʀaj/ *nm* rail car.

autorisation /otɔʀizasjɔ̃/ *nf* permission; (officielle) authorization.

autoriser /otɔʀize/ *vtr* [personne] to allow; [autorités] to authorize; *autoriser qn à faire* to give sb permission to do.

autoritaire /otɔʀitɛʀ/ *adj, nmf* authoritarian.

autorité /otɔʀite/ *nf* authority; *faire autorité* (personne) to be an authority; (ouvrage) to be authoritative.

autoroute /otoʀut/ *nf* motorway^{GB}, freeway^{US}.

■ **autoroute de l'information** information superhighway.

auto-stop /otostɔp/ *nm* hitchhiking; *faire de l'auto-stop* to hitchhike.

auto-stoppeur, -euse /otostɔpœʀ, øz/ *nm,f* hitchhiker.

autour /otuʀ/ **I** *adv* (all) around. **II autour de** *loc prép* around, round^{GB}.

autre /otʀ/ **I** *adj indéf* other, another; *l'autre jour* the other day; *un autre jour* some other day; *une autre idée* another idea; *pas d'autre solution* no other solution. **II** *pron indéf* (choses) the other ones; (personnes) the others; *l'un est souriant l'autre est triste* one is smiling the other one is sad; *les uns les autres* each other; *l'un après l'autre* one after the other. **III autre part** *loc adv* somewhere else.

● *à d'autres*©! pull the other one (it's got bells on©)!, tell it to the marines^{©US}!

autrefois /otʀəfwa/ *adv* in the past.

autrement /otʀəmɑ̃/ *adv* [voir, agir] differently, in a different way; [décider] otherwise; *c'est comme ça, et pas autrement* that's just the way it is; *on ne peut pas faire autrement* there's no other way; *autrement dit* in other words.

Autriche /otʀiʃ/ *nprf* Austria.

autrichien, -ienne /otʀiʃjɛ̃, ɛn/ **I** *adj* Austrian. **II** *nm,f* *Autrichien, -ienne* Austrian.

autruche /otʀyʃ/ *nf* ostrich.

● *pratiquer la politique de l'autruche* to bury one's head in the sand.

aux /o/ *prép* (à les) ▶ à.

auxiliaire /ɔksiljɛʀ/ **I** *adj* auxiliary. **II** *nmf* (assistant) auxiliary; *auxiliaire de vie* helper, carer. **III** *nm* LING auxiliary.

auxquels, auxquelles ▶ lequel.

aval /aval/ *nm* (approbation) approval; *en aval (de)* downstream (from).

avalanche /avalɑ̃ʃ/ *nf* avalanche.

avaler /avale/ *vtr* to swallow; *ne pas avaler* not to be taken internally; *j'ai avalé de travers* it went down the wrong way.

avance /avɑ̃s/ **I** *nf* advance; (avantage) lead. **II à l'avance** *loc adv* in advance. **III d'avance** *loc adv* in advance; *avoir cinq minutes d'avance* to be five minutes early. **IV en avance** *loc adv* early; (sur les autres) ahead of.

avancé, -e /avɑ̃se/ *adj* advanced; *je ne suis pas plus avancé*© I'm none the wiser.

avancement /avɑ̃smɑ̃/ *nm* promotion; (des travaux) progress.

avancer /avɑ̃se/ **I** *vtr* [▶départ] to bring forward; *avancer sa montre de cinq minutes* to put one's watch forward (by) five minutes; [▸ argent] to advance; [▸ chiffre] to propose; *avancer que* to suggest that. **II** *vi* [personne, véhicule] to move (forward); [travail] to make good progress; *ça avance©?* how is it coming along?; *avancer de dix minutes* to be ten minutes fast. **III s'avancer vers** *vpr* [▸ qch] to move toward(s); [▸ qn] to go toward(s).

avant¹ /avɑ̃/ **I** *adv* before; *le jour d'avant* the previous day; (d'abord) first. **II** *prép* before; *avant la fin* before the end; *avant le 6 juillet* by 6 July. **III avant de** *loc prép* *avant de faire* before doing. **IV avant que** *loc conj* *avant qu'il (ne) sache* before he knows. **V en avant** *loc adv* forward(s); *en avant la musique©!* off we go! **VI en avant de** *loc prép* ahead of.

avant² /avɑ̃/ **I** *adj inv* [roue, siège] front. **II** *nm* *l'avant* the front; SPORT forward.
• *aller de l'avant* to forge ahead.

avantage, *pl* **-s** /avɑ̃taʒ/ *nm* advantage; *avantages sociaux* benefits; *avantage fiscaux* tax benefits; *avantages en nature* perks©, benefits in kind.

avantager /avɑ̃taʒe/ *vtr* to favour^GB; (embellir) to show off to advantage.

avantageux, -euse /avɑ̃taʒø, øz/ *adj* GÉN favourable^GB, advantageous; [taux, placement] attractive.

avant-bras /avɑ̃brɑ/ *nm inv* forearm.

avant-centre, *pl* **avants-centres** /avɑ̃sɑ̃tr/ *nm* centre^GB forward.

avant-coureur, *pl* **-s** /avɑ̃kurœr/ *adj m* *signes avant-coureurs* early warning signs.

avant-dernier, -ière, *pl* **-s** /avɑ̃dɛrnje, jɛr/ *adj* *l'avant-dernier jour* the last day but one.

avant-garde, *pl* **-s** /avɑ̃gard/ *nf* avant-garde; *à l'avant-garde de* in the vanguard of.

avant-goût, avant-gout *pl* **-s** /avɑ̃gu/ *nm* foretaste.

avant-guerre, *pl* **-s** /avɑ̃gɛr/ *nm ou f* *l'avant-guerre* the prewar period.

avant-hier /avɑ̃tjɛr/ *adv* the day before yesterday.

avant-première, *pl* **-s** /avɑ̃prəmjɛr/ *nf* preview.

avant-propos /avɑ̃prɔpo/ *nm inv* foreword.

avant-scène, *pl* **-s** /avɑ̃sɛn/ *nf* forestage.

avant-veille, *pl* **-s** /avɑ̃vɛj/ *nf* *l'avant-veille* two days before.

avare /avar/ **I** *adj* miserly. **II** *nmf* miser.

avarice /avaris/ *nf* meanness^GB.

avarie /avari/ *nf* damage.

avarié, -e /avarje/ *adj* rotten.

avatar /avatar/ **I** *nm* misfortune.

AVC /avese/ *nm* (*abrév* = **accident vasculaire cérébral**) cerebrovascular accident.

avec /avɛk/ **I** © *adv* *il est parti avec* he went off with it. **II** *prép* with; *et avec cela, que désirez-vous?* what else would you like?

avènement /avɛnmɑ̃/ *nm* advent; (de souverain) accession.

avenir /avnir/ *nm* future; *à l'avenir* in future^GB in the future^US.

aventure /avɑ̃tyr/ **I** *nf* adventure; (amoureuse) affair. **II d'aventure** *loc adv* by chance.

aventurier, -ière /avɑ̃tyrje, jɛr/ *nm,f* adventurer/adventuress.

avenu, -e /avny/ *adj* *nul et non avenu* null and void.

avenue /avny/ *nf* avenue.

avérer: s'avérer /avere/ *vpr* to prove (to be); *il s'avère que* it turns out that.

averse /avɛrs/ *nf* shower.

averti, -e /avɛrti/ *adj* (avisé) informed; (expérimenté) experienced.

avertir /avɛrtir/ *vtr* to inform; (menacer) to warn.

avertissement /avɛrtismɑ̃/ *nm* warning; SPORT caution; (dans un livre) foreword.

avertisseur /avɛrtisœr/ *nm* alarm; AUT horn.

aveu, *pl* **-x** /avø/ *nm* confession; *de son propre aveu* on his/her own admission.

aveugle /avœgl/ **I** *adj* blind. **II** *nmf* blind person.

aveuglément /avœglemɑ̃/ *adv* blindly.

aveugler /avœgle/ *vtr* to blind.

aveuglette: à l'aveuglette /alavœglɛt/ *loc adv* *avancer à l'aveuglette* (à tâtons) to grope one's way along; (au hasard) in an inconsidered way.

aviaire /avjɛr/ *adj*.
■ *grippe aviaire* bird flu.

aviateur, -trice /avjatœr, tris/ *nm,f* *aviateur* airman; *aviatrice* woman pilot.

aviation /avjasjɔ̃/ *nf* aviation; MIL *l'aviation* the air force.

avide /avid/ *adj* greedy; (de pouvoir) avid (for); (d'affection) eager (for).

avion /avjɔ̃/ *nm* (aero)plane^{GB}, airplane^{US}, aircraft (*inv*); *aller en avion* to go by air, to fly; *par avion* air mail.

aviron /avirɔ̃/ *nm* rowing; *faire de l'aviron* to row; (rame) oar.

avis /avi/ *nm* *avis (sur)* opinion (on, about); *à mon avis* in my opinion; *je suis de ton avis* I agree with you; *changer d'avis* to change one's mind; (conseil) advice; (annonce) notice.
■ **avis de coup de vent** gale warning; **avis de passage** calling card.

avisé, -e /avize/ *adj* [personne, conseil] sensible; *être bien/mal avisé* to be well-/ill-advised.

aviser /avize/ **I** *vtr* to notify; (apercevoir) to catch sight of. **II** *vi* to decide later. **III s'aviser** *vpr* *s'aviser que* to realize that; *s'aviser de qch* to notice sth; *ne t'avise pas de recommencer* don't do that again.

avocat¹, -e /avɔka/ *nm,f* lawyer, solicitor^{GB}, attorney(-at-law)^{US}; (au barreau) barrister; *avocat de la défense* counsel for the defence^{GB}; *se faire l'avocat de* to champion.
■ **l'avocat du diable** the devil's advocate.

avocat² /avɔka/ *nm* avocado (pear).

avoine /avwan/ *nf* oats (*pl*).

avoir¹ /avwaʀ/ *vtr* [▸objet, rendez-vous] to get; [▸train, avion] to catch; (porter) to wear, to have [sth] on; *avoir du chagrin* to feel sorrow; *qu'est-ce que tu as?* what's the matter with you?; *on les aura*$^{©}$ we'll get$^{©}$ them; (tromper) *il s'est fait avoir*$^{©}$ he's been had$^{©}$; (âge, sensations physiques) *j'ai 20 ans/faim/froid* I am 20 years old/hungry/cold.

avoir² /avwaʀ/ *nm* credit; (possessions) assets (*pl*), holdings (*pl*).

avoisiner /avwazine/ *vtr* *avoisiner (les) 200 euros* to be close to 200 euros; *avoisiner la forêt* to be near the forest.

avortement /avɔʀtəmɑ̃/ *nm* abortion.
■ **avortement thérapeutique** termination of pregnancy (on medical grounds).

avorter /avɔʀte/ *vi* *(se faire) avorter* to have an abortion; (spontanément) to have a miscarriage; [projet] to be aborted.

avoué, -e /avwe/ **I** *adj* [ennemi, revenu] declared. **II** *nm* JUR ≈ solicitor^{GB}, attorney (-at-law)^{US}.

avouer /avwe/ **I** *vtr* to confess; *avoue que c'est ridicule* you must admit, it's ridiculous. **II** *vi* to confess. **III s'avouer** *vpr* *s'avouer battu* to admit defeat.

avril /avʀil/ *nm* April.

axe /aks/ *nm* axis; TECH axle; (route) major road.

azimut /azimyt/ *nm* *tous azimuts* everywhere, all over the place.

azote /azɔt/ *nm* nitrogen.

azur /azyʀ/ *nm* azure, sky-blue; *l'azur* the sky, the skies.

azyme /azim/ *adj* *pain azyme* unleavened bread.

b

BA /bea/ *nf* (*abrév* = **bonne action**) good deed.

baba[1] /baba/ *adj inv* **en rester baba** to be flabbergasted[.]

baba[2] /baba/ *nm* (*gâteau*) *baba (au rhum)* (rum) baba.

babines /babin/ *nfpl* chops; *se lécher les babines* to lick one's chops.

babiole /babjɔl/ *nf* trinket.

bâbord /babɔʀ/ *nm* *à bâbord* to port.

babouin /babwɛ̃/ *nm* baboon.

baby-foot /babifut/ *nm inv* table football.

bac /bak/ *nm* SCOL[ ] baccalaureate; (*bateau*) ferry.
■ **bac professionnel** ≈ GNVQ (*secondary school vocational diploma*); **bac à sable** sandpit[GB], sandbox[US].

baccalauréat /bakalɔʀea/ *nm* baccalaureate (*school-leaving certificate taken at 17–18*).

bâche /baʃ/ *nf* tarpaulin.

bachelier, -ière /baʃəlje, jɛʀ/ *nm,f* holder of the (French) baccalaureate.

bachotage[ ] /baʃɔtaʒ/ *nm* cramming.

bâcler /bakle/ *vtr* *bâcler son travail* to dash one's work off.

bacon /bekɔn/ *nm* smoked back bacon.

bactérie /bakteʀi/ *nf* bacterium; *des bactéries* bacteria.

badaud, -e /bado, od/ *nm,f* onlooker.

badge /badʒ/ *nm* badge.

badiner /badine/ *vi* to jest.

baffe[ ] /baf/ *nf* slap.

baffle /bafl/ *nm* speaker.

bafouer /bafwe/ *vtr* to scorn.

bafouiller /bafuje/ *vtr, vi* to mumble.

bagage /bagaʒ/ **I** *nm* piece of luggage; *bagage à main* hand luggage; (*diplômes*) qualifications. **II bagages** *nmpl* luggage

¢; *faire/défaire ses bagages* to pack/to unpack.
● **plier bagage**[ ] to pack up and go.

bagarre /bagaʀ/ *nf* fight.

bagarrer: se bagarrer /bagaʀe/ *vpr* to fight.

bagatelle /bagatɛl/ *nf* a little something; (*somme*) trifle.

bagnard /baɲaʀ/ *nm* convict.

bagne /baɲ/ *nm* penal colony.

bagnole[ ] /baɲɔl/ *nf* car.

bague /bag/ *nf* (*anneau*) ring.

baguette /bagɛt/ *nf* (*pain*) baguette; (*bâton*) stick; (*pour manger*) chopstick; (*de chef d'orchestre*) baton; *baguette magique* magic wand; *mener qn à la baguette* to rule sb with a rod of iron.

bahut /bay/ *nm* (*buffet*) sideboard; [ ] (*lycée*) school.

bai, -e /bɛ/ *adj* [*cheval*] bay.

baie /bɛ/ *nf* GÉOG bay; (*fruit*) berry.
■ (*ouverture*) **baie vitrée** picture window.

baignade /bɛɲad/ *nf* swimming.

baigner /beɲe/ **I** *vtr* [▸personne] to give [sb] a bath; [▸œil] to bathe. **II se baigner** *vpr* (*dans la mer*) to have a swim; (*dans une baignoire*) to have a bath.

baigneur, -euse /bɛɲœʀ, øz/ **I** *nm,f* swimmer. **II** *nm* (*poupée*) baby doll.

baignoire /bɛɲwaʀ/ *nf* bath(tub); THÉÂT ground-floor box.

bail, *pl* **baux** /baj, bo/ *nm* lease.

bâillement /bajmɑ̃/ *nm* yawn.

bâiller /baje/ *vi* to yawn.

bailleur, bailleresse /bajœʀ, bajʀɛs/ *nm,f* (*loueur*) lessor.
■ **bailleur de fonds** sleeping partner.

bâillon /bajɔ̃/ *nm* gag.

bâillonner /bajɔne/ *vtr* to gag.

bain /bɛ̃/ *nm* (*dans une baignoire*) bath; (*baignade*) swim.
■ **bain de bouche** mouthwash; **bain de foule** walkabout[GB]; **bain moussant** foam bath.
● **se remettre dans le bain** to get back into the swing of things.

bain-marie, *pl* **bains-marie** /bɛ̃maʀi/ *nm* double boiler, bain-marie.

baïonnette /bajɔnɛt/ *nf* bayonet.

baiser[1] /beze/ *nm* kiss; *bons baisers* love (and kisses).

baiser[2] /beze/ *vtr* [▸main] to kiss; (sexuellement) ⚫ to screw⚫.

baisse /bɛs/ *nf* GÉN fall, drop; (de qualité) decline; *être en baisse* to be going down.

baisser /bese/ **I** *vtr* [▸volet, store] to lower; [▸vitre] to wind [sth] down; [▸pantalon] to pull down; [▸son, volume] to turn down; [▸lumière] to dim. **II** *vi* [qualité] to decline; [prix] to fall; [salaires] to go down; [chômage] to decrease; [vue] to fail. **III** **se baisser** *vpr* to bend down; (pour éviter) to duck.

bal /bal/ *nm* ball.

balade© /balad/ *nf* (à pied) walk, stroll; (à moto, vélo) ride; (en voiture) drive, run.

balader©: **se balader** /balade/ *vpr* (à pied) to go for a walk, stroll; (à moto, vélo) to go for a ride; (en voiture) to go for a drive, run.
● **envoyer qn balader** to send sb packing©.

baladeur /baladœʀ/ *nm* Walkman®, personal stereo.

balafre /balafʀ/ *nf* scar.

balai /balɛ/ *nm* broom.

balai-brosse *pl* **balais-brosses** /balebʀɔs/ *nm* stiff broom.

balance /balãs/ *nf* scales (*pl*).
■ **balance commerciale** balance of trade.

Balance /balãs/ *nprf* Libra.

balancer /balãse/ **I** © *vtr* to throw out. **II** **se balancer** *vpr* [personne, animal] to sway; *se balancer sur sa chaise* to rock on one's chair.
● **s'en balancer**© not to give a damn©.

balancier /balãsje/ *nm* pendulum.

balançoire /balãswaʀ/ *nf* swing; (à bascule) seesaw.

balayer /baleje/ *vtr* to sweep (up).

balayette /balɛjɛt/ *nf* (short-handled) brush.

balayeur -euse /balɛjœʀ, øz/ *nm,f* road sweeper.

balbutier /balbysje/ *vtr, vi* to stammer.

balcon /balkɔ̃/ *nm* balcony; THÉÂT dress circle.

baleine /balɛn/ *nf* whale.
■ **baleine de parapluie** umbrella rib.

baleineau *pl* **-x** /baleno/ *nm* whale calf.

balise /baliz/ *nf* AVIAT, NAUT beacon; RAIL signal; (de sentier, piste de ski) marker; ORDINAT tag.

baliser /balize/ *vtr* AVIAT, NAUT to mark [sth] out with beacons; [▸route] to signpost; ORDINAT to tag.

balivernes /balivɛʀn/ *nfpl* nonsense ¢.

ballade /balad/ *nf* MUS ballade; (chanson) ballad.

ballant, -e /balã, ãt/ *adj* [bras] dangling.

balle /bal/ *nf* ball; *se renvoyer la balle* (se rejeter la responsabilité) to keep passing the buck; (d'arme) bullet; (franc)© franc; (de foin) bale.

ballerine /balʀin/ *nf* ballerina.

ballet /balɛ/ *nm* ballet.

ballon /balɔ̃/ *nm* ball; (dirigeable, jouet) balloon; (verre) wine glass.
■ **ballon de baudruche** balloon.

ballonnement /balɔnmã/ *nm* bloating.

ballot /balo/ *nm* bundle.

ballottage /balɔtaʒ/ *nm* POL runoff.

ballotter /balɔte/ *vi* to jolt.

balnéaire /balneɛʀ/ *adj* *station balnéaire* seaside resort.

balnéothérapie /balneoterapi/ *nf* balneotherapy.

balourd, -e /balur, urd/ *nm,f* oaf.

balustrade /balystʀad/ *nf* railing.

bambin, -e /bãbɛ̃, in/ *nm,f* kid©.

bambou /bãbu/ *nm* bamboo.

ban /bã/ *nm* *publier les bans* to publish the banns.
● **au ban de la société** ostracized.

banal, -e /banal, o/ *adj* (*mpl* **banals**) commonplace, banal; *pas banal* rather unusual.

banaliser /banalize/ *vtr* to make [sth] commonplace; *voiture banalisée* unmarked car.

banalité /banalite/ *nf* banality.

banane /banan/ *nf* banana; (coiffure) French pleat.

bananier /bananje/ *nm* banana tree.

banc /bã/ *nm* bench; (de poissons) shoal.
■ **banc des accusés** dock; **banc d'essai** test bench, test bed.

bancaire /bãkɛʀ/ *adj* [service] banking; [carte, compte, etc] bank.

bancal

bancal, -e /bãkal/ *adj* [meuble] rickety; [raisonnement] shaky.

banco /bãko/ *nm* banco; *gagner le banco* to win the jackpot.

bandage /bãdaʒ/ *nm* bandage.

bande /bãd/ *nf* (de malfaiteurs) gang; (de touristes, d'amis) group, crowd; *bande de crétins*©*!* you bunch of idiots!; GÉN (de tissu, papier, cuir) strip, band; (magnétique) tape.
■ **bande d'arrêt d'urgence** hard shoulder; **bande dessinée, BD**© (dans les journaux) comic strip; (livre) comic book; (genre) comic strips *((pl))*; **bande originale** (de film) original soundtrack.

bande-annonce, *pl* **bandes-annonces** /bãdanɔ̃s/ *nf* trailer.

bandeau, *pl* **-x** /bãdo/ *nm* (pour ne pas voir) blindfold; (sur la tête) headband.

bander /bãde/ *vtr* [▸blessure] to bandage; [▸yeux] to blindfold; [▸arc] to bend; [▸muscles] to tense.

banderole /bãdʀɔl/ *nf* banner.

bande-son, *pl* **bandes-son** /bãdsɔ̃/ *nm* soundtrack.

bandit /bãdi/ *nm* bandit.

banditisme /bãditism/ *nm* **le banditisme** crime.

bandoulière /bãduljɛʀ/ *nf* shoulder strap; *en bandoulière* slung over the shoulder.

banlieue /bãljø/ *nf* **de banlieue** suburban; *la banlieue* the suburbs *(pl)*.

banlieusard, -e /bãljøzaʀ, aʀd/ *nm,f* person from the suburbs, suburbanite.

bannière /banjɛʀ/ *nf* banner.
■ **la bannière étoilée** the star-spangled banner, the Stars and Stripes.
● **c'est la croix et la bannière**© it's hell.

bannir /baniʀ/ *vtr* [▸personne] to banish; [▸sujet] to ban.

banque /bãk/ *nf* bank.
■ **banque de données** data bank.

banqueroute /bãkʀut/ *nf* bankruptcy.

banquet /bãkɛ/ *nm* banquet.

banquette /bãkɛt/ *nf* wall seat, banquette©US; (de train) seat.

banquier /bãkje/ *nm* banker.

banquise /bãkiz/ *nf* ice floe.

baptême /batɛm/ *nm* baptism; (de bateau) christening.
■ **baptême de l'air** first flight.

baptiser /batize/ *vtr* RELIG to baptize; (surnommer) to nickname.

baquet /bakɛ/ *nm* tub.

bar /baʀ/ *nm* bar; (poisson) sea bass.

baragouiner© /baʀagwine/ *vtr* to speak badly.

baraque /baʀak/ *nf* (construction légère) shack; (maison en mauvais état)© dump©.

baraqué©, -e /baʀake/ *adj* hefty.

baraquement /baʀakmã/ *nm* army camp.

baratin© /baʀatɛ̃/ *nm* (pour vendre) sales pitch; (pour séduire) sweet talk.

baratiner© /baʀatine/ *vi* to jabber (on).

baratineur©, -euse /baʀatinœʀ, øz/ *nm,f* (beau parleur) smooth talker©; (menteur) liar.

barbant©, -e /baʀbã, ãt/ *adj* boring.

barbare /baʀbaʀ/ **I** *adj* barbaric; HIST barbarian. **II** *nmf* barbarian.

barbarie /baʀbaʀi/ *nf* barbarity, barbarism.

barbe /baʀb/ *nf* beard; (ennui) *quelle barbe*©*!* what a drag©!
■ **barbe à papa** candyflossGB, cotton candyUS.

Barbe-bleue /baʀbəblø/ *nprm* Bluebeard.

barbelé /baʀbəle/ *nm* barbed wire.

barber©: **se barber** /baʀbe/ *vpr* to be bored stiff©.

barbiche /baʀbiʃ/ *nf* goatee (beard).

barbier /baʀbje/ *nm* barber.

barboter /baʀbɔte/ *vi* [canard] to dabble; [enfant] to paddle.

barbouillage /baʀbujaʒ/ *nm* daub.

barbouiller /baʀbuje/ *vtr* **barbouiller qch de qch** to daub sth with sth; *se sentir barbouillé* to feel queasy.

barbu, -e /baʀby/ *adj* bearded.

barde /baʀd/ *nm* bard.

bardé, -e /baʀde/ *adj* **bardé de qch** covered with sth.

barder /baʀde/ **I** *vtr* to bard. **II** *vi* **ça va barder**© sparks will fly.

barème /baʀɛm/ *nm* (set of) tables; (méthode de calcul) scale; *barème de correction* marking scheme; *barème des prix* price list.

baril /baʀil/ *nm* barrel, cask.

barillet /baʀijɛ/ *nm* cylinder.

bariolé, -e /baʀjɔle/ *adj* multicoloured[GB].

baromètre /baʀɔmɛtʀ/ *nm* barometer.

baron, baronne /baʀɔ̃, baʀɔn/ *nm, f* baron, baroness.

baroque /baʀɔk/ *adj* baroque.

barque /baʀk/ *nf* boat.

barrage /baʀaʒ/ *nm* dam; (de police) road-block.

barre /baʀ/ *nf* GÉN bar; NAUT tiller, helm; (trait écrit) stroke; (pour la danse) barre; MUS *barre de mesure* bar (line).
■ **barre d'espacement** space bar; **barre fixe** horizontal bar; **barre oblique** slash, stroke.

barreau, *pl* -**x** /baʀo/ *nm* *le barreau* (avocats) the Bar; (de cage) bar; (d'échelle) rung.

barrer /baʀe/ *vtr* to block; *route barrée* road closed; (rayer) to cross out; (gouverner) to steer.

barrette /baʀɛt/ *nf* (hair) slide[GB], barrette[US].
■ ORDINAT **barrette de mémoire** memory module.

barricade /baʀikad/ *nf* barricade.

barricader: se - /baʀikade/ *vpr* *se barricader (chez soi)* to lock oneself up.

barrière /baʀjɛʀ/ *nf* fence.
■ **barrière de corail** coral reef.

barrique /baʀik/ *nf* barrel.

bar-tabac, *pl* **bars-tabac** /baʀtaba/ *nm* café (*selling stamps and cigarettes*).

bas, -se /ba, bas/ **I** *adj* [maison, table, prix] low; *à bas prix* cheap; [esprit, vengeance] base. **II** *adv* low; *voir plus bas* see below; [parler] quietly; (mal) *être au plus bas* to be at one's lowest. **III** *nm* bottom; *le bas du visage* the lower part of the face. **IV en bas** *loc adv* (au rez-de-chaussée) downstairs; (en dessous) down below; (sur une page) at the bottom.
■ **bas de gamme** *adj* low-quality;.
● **des hauts et des bas** ups and downs.

bas /ba/ *nm* stocking.
■ **bas de laine** FIG nest egg, savings.

bas-côté, *pl* -**s** /bakote/ *nm* verge[GB], shoulder[US].

bascule /baskyl/ *nf* (balançoire) seesaw; *fauteuil/cheval à bascule* rocking chair/horse.

basculer /baskyle/ *vi* to topple over; *faire basculer l'opinion* to change people's minds.

base /baz/ *nf* base; *sur la base de* on the basis of; *de base* basic; *données de base* source data; *repartir sur de nouvelles bases* to make a fresh start.
■ **base de données** data base; **base de lancement** launching site.

baser /baze/ **I** *vtr* *baser qch sur qch* to base sth on sth. **II se baser** *vpr* *se baser sur qch* to go by sth.

bas-fond, *pl* -**s** /baf5/ **I** *nm* shallows (*pl*). **II bas-fonds** *nmpl* (de société) dregs (of society).

basilic /bazilik/ *nm* basil.

basilique /bazilik/ *nf* basilica.

basique /bazik/ *adj* basic.

basket /baskɛt/ *nm* basketball; (chaussure) trainer[GB], sneaker[US].
● **lâcher les baskets à qn**☺ to give sb a break☺.

basketteur, -euse /baskɛtœʀ, øz/ *nm,f* basketball player.

basse-cour, *pl* **basses-cours** /baskuʀ/ *nf* poultry yard.

bassement /basmɑ̃/ *adv* despicably, basely.

bassesse /basɛs/ *nf* baseness, lowness.

bassin /basɛ̃/ *nm* pond; (de piscine) pool; GÉOG basin; ANAT pelvis.
■ **bassin d'emploi** labour[GB] pool.

bassine /basin/ *nf* bowl.

basson /bas5/ *nm* bassoon.

bastide /bastid/ *nf* country house (*in Provence*).

bastingage /bastɛ̃gaʒ/ *nm* ship's rail.

bastonner: se bastonner® /bastɔne/ *vpr* to fight.

bas-ventre, *pl* -**s** /bavɑ̃tʀ/ *nm* lower abdomen.

bât /ba/ *nm* packsaddle.

bataille /bataj/ **I** *nf* battle; (cartes) ≈ beggar-my-neighbour[GB]. **II en bataille** *loc adj* [cheveux] dishevelled[GB].

batailler /bataje/ *vi* to fight.

bataillon /batajɔ̃/ *nm* battalion.

bâtard /bataʀ/ *nm* (pain) short baguette.

bâtard, -e /bataʀ, aʀd/ *nm,f* (chien) mongrel; (enfant) bastard.

bateau

bateau, pl **-x** /bato/ **I** adj inv hackneyed.
II nm boat; *faire du bateau* to go boating,
sailing; *(trottoir)* dropped kerb^GB, curb^US.
● **mener qn en bateau**© to take sb in.

bateau-mouche, pl **bateaux-mou-
ches** /batomuʃ/ nm large river boat for
sightseeing.

bâti, **-e** /bɑti/ **I** adj (construit) built, con-
structed; *surface bâtie* built area; *bien bâti*
well-built. **II** nm (couture) tacking.

bâtiment /bɑtimɑ̃/ nm building; (métier)
building trade; (navire) ship.

bâtir /bɑtiʀ/ vtr to build; [▸ourlet] to tack.

bâton /bɑtɔ̃/ nm stick; *bâton de rouge (à
lèvres)* lipstick.
■ **bâton de ski** ski stick.
● **à bâtons rompus** about this and that.

bâtonnet /bɑtɔnɛ/ nm stick.
■ **bâtonnet de poisson** fish finger^GB, fish
stick^US.

bâtonnier /bɑtɔnje/ nm ≈ president of the
Bar.

battage© /bataʒ/ nm publicity, hype©.

battant, **-e** /batɑ̃, ɑ̃t/ **I** adj beating.
II © nm,f fighter. **III** nm (de porte, fenêtre)
hinged section; (de cloche) clapper.

batte /bat/ nf bat^GB, paddle^US.

battement /batmɑ̃/ nm (de cœur) beat; (de
pluie, tambour) beating ¢; (de paupières) blinking ¢; (période creuse) gap.

batterie /batʀi/ nf (de jazz, rock) drums (pl);
(artillerie, régiment) battery; AUT battery;
(série) battery; *élevage en batterie* battery
farming.
■ **batterie de cuisine** pots and pans (pl).

batteur /batœʀ/ nm (de jazz, rock) drummer;
CULIN whisk; *batteur électrique* hand
mixer.

battre /batʀ/ **I** vtr [▸adversaire] to beat;
[▸record] to break; [▸œuf] to whisk; [▸cartes]
to shuffle. **II battre de** vtr ind *battre des
mains* to clap (one's hands); *battre des
paupières* to blink. **III** vi [cœur] to beat;
[porte] to bang. **IV se battre** vpr to fight.
● **battre son plein** to be in full swing.

battue /baty/ nf (à la chasse) beat.

baudet© /bodɛ/ nm donkey, ass.

baudroie /bodʀwa/ nf angler fish, monkfish.

baudruche /bodʀyʃ/ nf balloon.

baume /bom/ nm balm, balsam; FIG *mettre du baume au cœur* to hearten.

baux /bo/ ▸ **bail**.

bavard, **-e** /bavaʀ, aʀd/ **I** adj talkative; *il
est trop bavard* he talks too much. **II** nm,f
chatterbox; (indiscret) indiscreet person,
bigmouth©.

bavardage /bavaʀdaʒ/ nm chattering;
(indiscrétions) gossip ¢.

bavarder /bavaʀde/ vi to talk, to chatter.

bave /bav/ nf (de personne) dribble; (d'animal)
slaver; (de crapaud) spittle; (d'escargot) slime.

baver /bave/ vi [personne] to dribble; [animal]
to slaver; [stylo] to leak.
● **en baver**© to have a hard time.

bavette /bavɛt/ nf (pour bébé) bib; (de bœuf)
flank.

baveux, **-euse** /bavø, øz/ adj [omelette]
runny; [enfant, bouche] dribbling.

bavoir /bavwaʀ/ nm bib.

bavure /bavyʀ/ nf (tache) smudge; (erreur)
blunder.

bayer /baje/ vi *bayer aux corneilles* to
gape.

bazar /bazaʀ/ nm general store, bazaar;
(désordre)© mess.

BCBG© /besebeʒe/ adj (abrév = **bon
chic bon genre**) chic and conservative,
preppy^©US.

bd (abrév écrite = **boulevard**) boulevard.

BD© /bede/ nf (abrév = **bande dessinée**)
(dans les journaux) comic strip; (livre) comic
book; (genre) comic strips (pl).

béant, **-e** /beɑ̃, ɑ̃t/ adj gaping.

béat, **-e** /bea, at/ adj *béat d'admiration*
wide-eyed with admiration.

beau (**bel** devant voyelle ou h muet), **belle**, mpl
beaux /bo, bɛl/ **I** adj beautiful; [homme, gar-
çon] handsome; [vêtements, machine, spectacle]
good; [travail, cadeau, effort] nice; [geste, senti-
ment] noble; *belle pagaille* absolute mess.
II nm *le beau* beauty. **III** adv *il fait beau*
the weather is nice. **IV avoir beau** loc verbale *j'ai beau essayer* it's no good my trying; *on a beau dire* no matter what people
say. **V bel et bien** loc adv well and truly.
● **c'est du beau**©! lovely!

beaucoup /boku/ **I** adv (+ verbe) a lot;
(+ interrogatives et négatives) much; *il n'écrit
plus beaucoup* he doesn't write much any
more; (+ adverbe) much; *beaucoup trop* far

too much, much too much; (+ interrogatives et négatives) *il ne reste plus beaucoup de pain* there isn't much bread left; *il n'y a pas beaucoup de monde* there aren't many people. **II de beaucoup** *loc adv* by far.

beau-fils, *pl* **beaux-fils** /bofis/ *nm* (gendre) son-in-law; (fils du conjoint) stepson.

beau-frère, *pl* **beaux-frères** /bofʀɛʀ/ *nm* brother-in-law.

beau-père, *pl* **beaux-pères** /bopɛʀ/ *nm* (de conjoint) father-in-law; (d'enfant) step-father.

beauté /bote/ *nf* beauty; *finir en beauté* to end magnificently.

beaux-arts /bozaʀ/ *nmpl* fine arts and architecture.

beaux-parents /bopaʀɑ̃/ *nmpl* parents-in-law.

bébé /bebe/ *nm* baby.
■ **bébé-éprouvette** test-tube baby.

bec /bɛk/ *nm* (d'animal) beak; (de casserole) lip; (de théière) spout; (d'instrument à vent) mouthpiece.
■ **bec de gaz** gas streetlamp.
● **clouer le bec à qn** to shut sb up©.

bécane© /bekan/ *nf* bike©.

bécarre /bekaʀ/ *nm* natural.

bécasse /bekas/ *nf* (oiseau) woodcock; (personne) featherbrain©.

bécassine /bekasin/ *nf* (oiseau) snipe; (sotte) silly goose©.

bec-de-lièvre, *pl* **becs-de-lièvre** /bɛkdə ljɛvʀ/ *nm* harelip.

bêche /bɛʃ/ *nf* spade.

bêcher /beʃe/ *vtr* to dig [sth] (with a spade).

bêcheur©, **-euse** /beʃœʀ, øz/ *nm,f* stuck-up© person.

bedaine© /bədɛn/ *nf* paunch.

bedeau, *pl* **-x** /bədo/ *nm* verger^GB.

bedonnant©, **-e** /bədɔnɑ̃, ɑ̃t/ *adj* paunchy.

bée /be/ *adj f* *être bouche bée (devant)* to gape (at).

beffroi /befʀwa/ *nm* belfry.

bégayer /begeje/ *vtr, vi* to stammer.

bègue /bɛg/ *adj* *être bègue* to stammer, to be a stammer.

bégueule /begœl/ *adj* prudish.

béguin© /begɛ̃/ *nm* *avoir le béguin pour qn* to have a crush on sb.

beige /bɛʒ/ *adj, nm* beige.

beignet /bɛɲɛ/ *nm* fritter; (à pâte levée) doughnut, donut^US.

bel *adj m* ▸ **beau**.

bêlement /bɛlmɑ̃/ *nm* bleating ₵.

bêler /bɛle/ *vi* to bleat.

belette /bəlɛt/ *nf* weasel.

bélier /belje/ *nm* ram; (poutre) battering ram.

Bélier /belje/ *nprm* Aries.

belge /bɛlʒ/ **I** *adj* Belgian. **II** *nmf* *Belge* Belgian.

Belgique /bɛlʒik/ *nprf* Belgium.

belle /bɛl/ **I** *adj f* ▸ **beau**. **II** *nf* *ma belle* darling, love©^GB, doll©^US; (au jeu) decider. **III** *de plus belle* *loc adv* more than ever.
■ **la Belle au Bois dormant** Sleeping Beauty.

belle-famille, *pl* **belles-familles** /bɛlfamij/ *nf* in-laws (*pl*).

belle-fille, *pl* **belles-filles** /bɛlfij/ *nf* (bru) daughter-in-law; (fille du conjoint) stepdaughter.

belle-mère *pl* **belles-mères** /bɛlmɛʀ/ *nf* (de conjoint) mother-in-law; (d'enfant) step-mother.

belle-sœur, *pl* **belles-sœurs** /bɛlsœʀ/ *nf* sister-in-law.

belliqueux, **-euse** /belikø, øz/ *adj* aggressive.

belote /bəlɔt/ *nf* belote (card game).

belvédère /bɛlvedɛʀ/ *nm* belvedere, gazebo.

bémol /bemɔl/ *nm* *mi bémol* E flat; (atténuation) damper.

bénédiction /benediksjɔ̃/ *nf* blessing; FIG *j'ai sa bénédiction* I have his blessing.

bénéfice /benefis/ *nm* profit; (avantage) advantage; *le bénéfice de l'âge* the prerogative of age.

bénéficiaire /benefisjɛʀ/ *nmf* beneficiary.

bénéficier /benefisje/ *vtr ind* *bénéficier de* to benefit from.

bénéfique /benefik/ *adj* beneficial; *être bénéfique à qn* to do sb good.

bénévole /benevɔl/ **I** *adj* voluntary. **II** *nmf* volunteer.

bénin

bénin, bénigne /benɛ̃, iɲ/ *adj* benign, minor.

bénir /beniʀ/ *vtr* to bless.

bénit, -e /beni, it/ *adj* [cierge] blessed; [eau] holy.

bénitier /benitje/ *nm* holy water font.

benjamin, -e /bɛ̃ʒamɛ̃, in/ *nm,f* (dans une famille) youngest son/daughter; (dans un groupe) youngest member; SPORT ≈ junior (aged 10–11).

benne /bɛn/ *nf* (de chantier) skip^{GB}, Dumpster^{®US}; (de téléphérique) car.
■ **benne à ordures** waste-disposal truck^{GB}, garbage truck^{US}.

béquille /bekij/ *nf* (de marche) crutch; (de moto) kickstand.

berceau, *pl* **-x** /bɛʀso/ *nm* [▸de bébé, civilisation] cradle.

bercer /bɛʀse/ **I** *vtr* to rock. **II se bercer** *vpr* **se bercer d'illusions** to delude oneself.

berceuse /bɛʀsøz/ *nf* lullaby.

béret /beʀɛ/ *nm* beret.

berge /bɛʀʒ/ *nf* bank; **voie sur berge** quayside road.

berger, -ère /bɛʀʒe, ɛʀ/ *nm,f* shepherd/shepherdess.

bergerie /bɛʀʒəʀi/ *nf* sheep barn.

bergeronnette /bɛʀʒəʀɔnɛt/ *nf* wagtail.

berk© /bɛʀk/ *excl* yuk©!

berline /bɛʀlin/ *nf* four-door saloon^{GB}, sedan^{US}.

berlingot /bɛʀlɛ̃go/ *nm* ≈ twisted hard candy.

berlue© /bɛʀly/ *nf* **avoir la berlue** to be seeing things.

berne /bɛʀn/ *nf* **en berne** [drapeau] at halfmast.

berner /bɛʀne/ *vtr* to fool, to deceive.

besogne /bəzɔɲ/ *nf* job; **tu vas vite en besogne!** you don't waste any time!

besoin /bəzwɛ̃/ **I** *nm* need; **en cas de besoin** if need be; **avoir besoin de qn/qch** to need sb/sth; **être dans le besoin** to be in need. **II besoins** *nmpl* needs; **besoins en eau** water requirements; **faire ses besoins**© (personne) to relieve oneself; (animal) to do its business.

bestial, -e, *mpl* **-iaux** /bɛstjal, jo/ *adj* brutish.

bestiaux /bɛstjo/ *nmpl* livestock ¢; (bovins) cattle (*pl*).

bestiole© /bɛstjɔl/ *nf* bug.

bétail /betaj/ *nm* GÉN livestock ¢; (bovins) cattle (*pl*).

bête /bɛt/ **I** *adj* [personne, air, idée, question] stupid; **bête et méchant** nasty; **c'est tout bête** it's quite simple. **II** *nf* animal.
■ **bête à bon dieu** ladybird^{GB}, ladybug^{US}; **bête noire** pet hate; **bête de travail** workaholic.
● **chercher la petite bête**© to nit-pick©; **reprendre du poil de la bête**© to perk up.

bêtise /betiz/ *nf* **la bêtise** stupidity; **faire une bêtise** to do something stupid/a stupid thing; **dire des bêtises** to talk nonsense.

béton /betɔ̃/ **I** *nm* concrete; FIG watertight. **II** *adj inv* **en béton** [alibi, excuse] cast iron.
■ **béton armé** reinforced concrete.

bétonnière /betɔnjɛʀ/ *nf* concrete mixer.

betterave /bɛtʀav/ *nf* beet; **betterave rouge** beetroot.

beugler /bøgle/ *vi* [vache] to moo; [bœuf, taureau] to bellow; [personne]© to yell.

beur© **-ette** /bœʀ, ɛt/ *nmf* second-generation North African (*living in France*).

beurre /bœʀ/ *nm* butter.
■ **beurre doux** unsalted butter; **beurre salé** salted butter.
● **compter pour du beurre**© to count for nothing.

beurrer /bœʀe/ *vtr* to butter.

beurrier /bœʀje/ *nm* butter dish.

beuverie /bœvʀi/ *nf* drinking session.

bévue /bevy/ *nf* blunder.

biais /bjɛ/ **I** *nm* way; **par le biais de qn** through sb; **par le biais de qch** by means of sth. **II en biais** *loc adv* **des regards en biais à qn** sidelong glances at sb.

bibelot /biblo/ *nm* ornament.

biberon /bibʀɔ̃/ *nm* (baby's) bottle^{GB}, (nursing) bottle^{US}.

bible /bibl/ *nf* bible; **la Bible** the Bible.

bibliographie /biblijɔgʀafi/ *nf* bibliography.

bibliothécaire /biblijɔtekɛʀ/ *nmf* librarian.

bibliothèque /biblijɔtɛk/ *nf* library; (meuble) bookcase.

biblique /biblik/ *adj* biblical.

bic® /bik/ *nm* biro^{®GB}.

bilan

bicarbonate /bikaʀbɔnat/ *nm* *bicarbonate (de soude)* bicarbonate (of soda).

bicentenaire /bisãtnɛʀ/ *nm* bicentenary[GB], bicentennial[US].

biceps /bisɛps/ *nm* biceps.

biche /biʃ/ *nf* doe; *ma biche*© my pet[GB], honey[US].

bichonner© /biʃɔne/ *vtr* to pamper.

bicoque© /bikɔk/ *nf* little house, dump©.

bicyclette /bisiklɛt/ *nf* bicycle, bike©; *faire de la bicyclette* to cycle.

bide© /bid/ *nm* (échec) flop; (ventre) stomach.

bidet /bidɛ/ *nm* (de salle de bains) bidet; (cheval) nag.

bidon /bidɔ̃/ **I** © *adj inv* phoney. **II** *nm* (récipient) can; (ventre)© stomach; *c'est du bidon*© it is a load of hogwash©.

bidonner©: **se bidonner** /bidɔne/ *vpr* to split one's sides©.

bidonville /bidɔ̃vil/ *nm* shanty town.

bidule© /bidyl/ *nm* (objet) thingy©; (personne) what's-his-name©, what's-her-name©.

bielle /bjɛl/ *nf* *couler une bielle* to run a big end.

bien /bjɛ̃/ **I** *adj inv* good, nice; *se sentir bien* to feel well. **II** *adv* GÉN well; *ni bien ni mal* so-so; [laver] thoroughly; [remplir, sécher] completely; [lire, regarder] carefully; *bien cuit* well cooked; *bien mieux* much better; *bien entendu* naturally; *bien sûr* of course; *est-ce bien nécessaire?* is it really necessary?; (au moins) at least; (beaucoup) *bien des fois* often, many a time. **III** *nm* good; *le bien et le mal* good and evil; *dire du bien de qn* to speak well of sb; (possession) possession; *des biens considérables* substantial assets. **IV** *excl* *bien!* good! **V** *bien que* *loc conj* although; *bien qu'il le sache* although he knows.
■ **biens de consommation** consumer goods; **biens immobiliers** real estate ¢.

bien-aimé, bien-aimée /bjɛ̃neme/ *nm,f* *ma bien-aimée* my beloved.

bien-être /bjɛ̃nɛtʀ/ *nm* well-being.

bienfaisance /bjɛ̃fəzɑ̃s/ *nf* charity.

bienfaisant, -e /bjɛ̃fəzɑ̃, ɑ̃t/ *adj* [influence] beneficial; [personne] beneficent.

bienfait /bjɛ̃fɛ/ *nm* kind deed; *un bienfait du ciel* a godsend.

bienfaiteur, -trice /bjɛ̃fɛtœʀ, tʀis/ *nm,f* benefactor/benefactress.

bienheureux, -euse /bjɛ̃nøʀø, øz/ *adj* blessed.

biennale /bjenal/ *nf* biennial festival.

bienséance /bjɛ̃seɑ̃s/ *nf* propriety; *les règles de la bienséance* the rules of polite society.

bienséant, -e /bjɛ̃seɑ̃, ɑ̃t/ *adj* seemly, proper.

bientôt /bjɛ̃to/ *adv* soon; *à bientôt* see you soon.

bienveillance /bjɛ̃vɛjɑ̃s/ *nf* *bienveillance (envers)* benevolence (to); *je sollicite de votre haute bienveillance* may I respectfully request.

bienveillant, -e /bjɛ̃vɛjɑ̃, ɑ̃t/ *adj* benevolent.

bienvenu, -e /bjɛ̃vəny/ **I** *adj* welcome. **II** *nm,f* *être le bienvenu* to be welcome.

bienvenue /bjɛ̃vəny/ *nf* welcome; *bienvenue dans notre pays* welcome to our country; *souhaiter la bienvenue à qn* to welcome sb.

bière /bjɛʀ/ *nf* beer; *bière (à la) pression* draught[GB] beer, draft[US] beer; (cercueil) coffin.
■ **bière blonde** lager; **bière brune** ≈ stout.

biffer /bife/ *vtr* to cross out.

bifteck /biftɛk/ *nm* steak; *bifteck haché* extra-lean minced beef[GB], chopped meat[US].

bifurcation /bifyʀkasjɔ̃/ *nf* fork, junction.

bifurquer /bifyʀke/ *vi* [route] to fork; [automobiliste] to turn off.

bigleux©, **-euse** /biglø, øz/ *adj* poor-sighted, cross-eyed.

bigorneau, *pl* **-x** /bigɔʀno/ *nm* winkle.

bigot, -e /bigo, ɔt/ *nm,f* religious zealot.

bigoudi /bigudi/ *nm* roller.

bigrement© /bigʀəmɑ̃/ *adv* awfully.

bijou, *pl* **-x** /biʒu/ *nm* jewel; *leur maison est un vrai bijou* their house is an absolute gem.

bijouterie /biʒutʀi/ *nf* jeweller's[GB], jewelry store[US]; (bijoux) jewellery[GB].

bijoutier, -ière /biʒutje, jɛʀ/ *nm,f* jeweller[GB].

bilan /bilɑ̃/ *nm* balance sheet; *déposer son bilan* to file a petition in bankruptcy; (d'accident) toll; *dresser le bilan de qch* to assess

sth; *bilan de santé* check-up; (compte rendu) report.
■ **bilan de compétences** abilities assessment.

bilboquet /bilbɔkɛ/ *nm* cup-and-ball.

bile /bil/ *nf* bile.
● **se faire de la bile**[☺] to worry.

bileux[☺], **euse** /bilø, øz/ *adj* **être bileux** to be a worrier.

bilingue /bilɛ̃g/ *adj* bilingual.

billard /bijaʀ/ *nm* billiards (*sg*); (table) billiard table.
■ **billard américain** pool; **billard anglais** snooker.

bille /bij/ *nf* GÉN ball; (d'enfant) marble.

billet /bijɛ/ *nm* (argent) (bank)note, bill^{US}; (ticket) ticket; (dans un journal) short article.

billetterie /bijɛtʀi/ *nf* cash dispenser.

billion /biljɔ̃/ *nm* (mille milliards) billion^{GB}, trillion^{US}.

bimensuel /bimɑ̃sɥɛl/ *nm* fortnightly magazine^{GB}, semimonthly^{US}.

biner /bine/ *vtr* to hoe.

binette /binɛt/ *nf* (outil) hoe; (visage)[☺] face.

bio /bjo/ **I** *adj inv* **aliments bio** health foods; *produits bio* organic produce ¢ . **II** *adv* **manger bio** to eat health food.

biochimie /bjɔʃimi/ *nf* biochemistry.

biochimique /bjɔʃimik/ *adj* [arme] biochemical.

biocombustible /bjɔkɔ̃bystibl/ *nm* biofuel.

biodégradable /bjodegʀadabl/ *adj* biodegradable.

biographe /bjɔgʀaf/ *nmf* biographer.

biographie /bjɔgʀafi/ *nf* biography.

biographique /bjɔgʀafik/ *adj* biographical.

biologie /bjɔlɔʒi/ *nf* biology.

biologique /bjɔlɔʒik/ *adj* biological; [produit] organic.

biologiste /bjɔlɔʒist/ *nmf* biologist.

biométrique /bjɔmetʀik/ *adj* biometric; *passeport biométrique* biometric passport.

bioterrorisme /bjɔteʀɔʀism/ *nm* bioterrorism.

bip /bip/ *nm* *après le bip* after the tone.

bis /bis/ **I** *adv* **2 bis** 2 bis. **II** *nm inv* MUS encore.

biscornu, -e /biskɔʀny/ *adj* quirky.

biscotte /biskɔt/ *nf* continental toast.

biscuit /biskɥi/ *nm* (sucré) biscuit^{GB}, cookie^{US}; (salé) biscuit^{GB}, cracker^{US}.

bise /biz/ *nf* (baiser)[☺] kiss; (vent) north wind.

biseau, *pl* **-x** /bizo/ *nm* bevel.

bison /bizɔ̃/ *nm* bison; (d'Amérique) buffalo.

bisou[☺] /bizu/ *nm* kiss.

bissectrice /bisɛktʀis/ *nf* bisector.

bissextile /bisɛkstil/ *adj* **année bissextile** leap year.

bistouri /bisturi/ *nm* bistoury.

bistro(t)[☺] /bistʀo/ *nm* bistro, café.

bit /bit/ *nm* ORDINAT bit.

bitume /bitym/ *nm* asphalt.

bivouac /bivwak/ *nm* bivouac.

bivouaquer /bivwake/ *vi* to bivouac.

bizarre /bizaʀ/ *adj* odd.

bizarrerie /bizaʀʀi/ *nf* (caractère) strangeness; (chose) quirk.

bizut(h)[☺] /bizy/ *nm* fresher^{☺GB}, freshman^{☺US}.

bizuter[☺] /bizyte/ *vtr* to rag^{☺GB}, to haze^{☺US}.

blabla[☺] /blabla/ *nm inv* waffle^{☺GB}, hogwash^{☺US}.

blafard, -e /blafaʀ, aʀd/ *adj* pale.

blague /blag/ *nf* (plaisanterie)[☺] joke; *sans blague!* no kidding[☺]!; (farce)[☺] trick; *faire une blague à qn* to play a trick on sb; *blague (à tabac)* tobacco pouch.

blaguer[☺] /blage/ *vi* to joke.

blagueur[☺], **-euse** /blagœʀ, øz/ *nm,f* joker.

blaireau, *pl* **-x** /blɛʀo/ *nm* (animal) badger; (pour rasage) shaving brush; (personne)[☺] *quel blaireau!* what a bumpkin!

blâme /blɑm/ *nm* criticism; (sanction) official warning.

blâmer /blame/ *vtr* to criticize; *on ne peut pas le blâmer* you can't blame him.

blanc, blanche /blɑ̃, blɑ̃ʃ/ **I** *adj* white; [page] blank. **II** *nm* (couleur) white; (linge) household linen; *un blanc de poulet* a chicken breast; (espace) blank.
■ **blanc d'œuf** egg white.

Blanc, Blanche /blɑ̃, blɑ̃ʃ/ *nm,f* white man/woman.

bohème

blanchâtre /blɑ̃ʃatʀ/ *adj* whitish.

blanche /blɑ̃ʃ/ **I** *adj f* ▶ **blanc**. **II** *nf* MUS minim^GB, half note^US.

Blanche-Neige /blɑ̃ʃnɛʒ/ *nprf* Snow White.

blancheur /blɑ̃ʃœʀ/ *nf* whiteness.

blanchiment /blɑ̃ʃimɑ̃/ *nm* (d'argent) laundering; (de tissu) bleaching.

blanchir /blɑ̃ʃiʀ/ **I** *vtr* [▶chaussures] to whiten; [▶textile] to bleach; [▶légumes] to blanch; (disculper) to clear; [▶argent sale] to launder. **II** *vi* [cheveux] to turn grey^GB. **III se blanchir** *vpr* to clear oneself.

blanchissage /blɑ̃ʃisaʒ/ *nm* laundering.

blanchisserie /blɑ̃ʃisʀi/ *nf* laundry.

blasé, -e /blaze/ *adj* blasé.

blason /blazɔ̃/ *nm* coat of arms.

blasphème /blasfɛm/ *nm* blasphemy ¢.

blatte /blat/ *nf* cockroach.

blé /ble/ *nm* wheat; (argent)^© dough^©, money.

bled^© /blɛd/ *nm* village.

blême /blɛm/ *adj* pale.

blêmir /blemiʀ/ *vi* [personne, visage] to pale.

blessant, -e /blesɑ̃, ɑ̃t/ *adj* [remarque, propos] cutting.

blessé, -e /blese/ *nm,f* (par accident) injured person; (par arme) wounded person; MIL casualty.
■ **un blessé grave** a severely injured/wounded person.

blesser /blese/ **I** *vtr* to hurt; (par arme) to wound; (offenser) to hurt. **II se blesser** *vpr* to hurt oneself; *se blesser au pied* to injure one's foot.

blessure /blesyʀ/ *nf* (lésion) injury; (plaie) wound.

bleu, -e /blø/ **I** *adj* blue; [viande] very rare. **II** *nm* blue; (ecchymose) bruise; (fromage) blue cheese; (nouveau)^© rookie^©; *bleu (de travail)* overalls (*pl*).

bleuet /bløɛ/ *nm* cornflower.

blindé, -e /blɛ̃de/ *adj* [véhicule] armoured^GB; *porte blindée* security door.

blinder /blɛ̃de/ **I** *vtr* (renforcer) to reinforce to armour^GB; FIG^© to harden. **II se blinder** *vpr* FIG to become hardened.

bloc /blɔk/ **I** *nm* block; POL bloc; *faire bloc* to side together; (calepin) notepad. **II**

à bloc *loc adv* [serrer] tightly; [gonfler] fully. **III en bloc** *loc adv* outright.
■ **bloc opératoire** surgical unit.

blocage /blɔkaʒ/ *nm* blocking; *blocage des prix* price freeze; *faire un blocage* to have a mental block.

bloc-note, *pl* **blocs-notes** /blɔknɔt/ *nm* notepad.

blocus /blɔkys/ *nm* blockade.

blog /blɔg/ *nm* blog.

bloguer /blɔge/ *vi* to blog.

blond, -e /blɔ̃, ɔ̃d/ **I** *adj* [cheveux] fair; [personne] fair-haired. **II** *nm,f* (femme) blonde^GB, blond^US; (homme) blond.

blondir /blɔ̃diʀ/ *vi* [cheveux, personne] to go blonde/blond.

bloquer /blɔke/ **I** *vtr* to block; [▶porte] to jam; [▶volant] to lock; [▶salaires] to freeze. **II** *vi* to jam. **III se bloquer** *vpr* [porte] to jam; [volant] to lock; [personne] to freeze to tense up.

blottir: se blottir /blɔtiʀ/ *vpr se blottir contre* to snuggle up (against).

blouse /bluz/ *nf* (tablier) overall; (chemisier) blouse.

blouson /bluzɔ̃/ *nm* blouson; *blouson d'aviateur* bomber jacket.

blue-jean, *pl* **-s** /bludʒin/ *nm* jeans (*pl*).

bluet /blyɛ/ *nmf* cornflower.

bluffer^© /blœfe/ *vtr, vi* to bluff.

BNF /beɛnɛf/ *nf* (*abrév* = **Bibliothèque nationale de France**) national library in Paris.

bobard^© /bɔbaʀ/ *nm* fib^©, tall story.

bobine /bɔbin/ *nf* (de fil, film) reel; (électrique) coil.

bobo^1© /bobo/ *nm* *se faire bobo* to hurt oneself.

bobo² /bobo/ *nmf* (*abrév* = **bourgeois bohème**) bobo bohemian bourgeois.

bocal, *pl* **-aux** /bɔkal, o/ *nm* jar; (aquarium) (fish)bowl.

bœuf /bœf/, *pl* /bø/ *nm* (animal) bullock^GB, steer^US; (de trait) ox; (viande) beef.
● **faire un effet bœuf**^© to make a fantastic impression.

bogue /bɔg/ *nf* bug.

bohème /bɔɛm/ *nf une vie de bohème* a bohemian lifestyle.

bohémien, **-ienne** /bɔemjɛ̃, jɛn/ *nm,f* Bohemian, Romany; (vagabond) tramp.

boire¹ /bwar/ **I** *vtr, vi* to drink; *boire la tasse*© to swallow a mouthful of water while swimming. **II se boire** *vpr se boit frais* to be drunk chilled.

boire² /bwar/ *nm le boire et le manger* food and drink.

bois /bwa/ **I** *nm* wood; *bois de chauffage* firewood; (de construction) timber. **II** *nmpl* (de cerf) antlers.

boisé, **-e** /bwaze/ *adj* wooded.

boiseries /bwazri/ *nfpl* panellingᴳᴮ ¢.

boisson /bwasɔ̃/ *nf* drink.

boîte, **boite** /bwat/ *nf* box; (en métal) tin; (entreprise)© firm.
■ **boîte de conserve** tinᴳᴮ, canᵁˢ; **boîte à gants** glove compartment; **boîte à lettres** post boxᴳᴮ, mailboxᵁˢ; **boîte à lettres électronique** electronic mailbox; **boîte de nuit** nightclub; **boîte à outils** toolbox; **boîte postale, BP** PO Box; **boîte de vitesses** gearbox.
● **mettre qn en boîte**© to tease sb.

boiter /bwate/ *vi* to limp.

boiteux, **-euse** /bwatø, øz/ *adj* [personne] lame; [raisonnement] shaky.

boîtier, **boitier** /bwatje/ *nm* case.

bol /bɔl/ *nm* bowl; *avoir du bol* to be lucky.
■ **bol d'air** breath of fresh air.

bolée /bɔle/ *nf bolée de cidre* bowl of cider.

bolide /bɔlid/ *nm passer comme un bolide* to shoot past.

bombance /bɔ̃bɑ̃s/ *nf faire bombance* to have a feast.

bombardement /bɔ̃bardəmɑ̃/ *nm* (de questions) bombardment; (de bombes) bombing; *bombardement aérien* air raid.

bombarder /bɔ̃barde/ *vtr* (de questions) to bombard; (avec des bombes) to bomb.

bombardier /bɔ̃bardje/ *nm* (avion) bomber; (aviateur) bombardier.

bombe /bɔ̃b/ *nf* bomb; *bombe (aérosol)* spray; (de cavalier) riding hat; *attentat à la bombe* bomb attack.
■ **bombe de peinture** paint spray.

bombé, **-e** /bɔ̃be/ *adj* [front] domed; [forme] rounded.

bomber /bɔ̃be/ **I** *vtr bomber le torse* to thrust out one's chest. **II** *vi* [planche, mur] to bulge out.

bôme /bom/ *nf* NAUT boom.

bon, **bonne** /bɔ̃, bɔn/ **I** *adj* good; *un très bon gâteau* a very good cake; (transaction) *une bonne affaire* a good deal; (objet acheté) a bargain; *il serait bon qu'il le sache* he ought to know; *à quoi bon?* what's the point?; (gentil) kind, nice; (correct) right; *c'est bon* it's OK; (dans les souhaits) *bonne nuit/chance* good night/luck; *bonne journée/soirée!* have a nice day/evening!; *bon anniversaire* happy birthday; *bonne année* happy New Year; *de bonne heure* early. **II** *nm,f les bons et les méchants* good people and bad people. **III** *nm* good thing; (de réduction) coupon. **IV** *excl* good, right, OK; *allons bon!* oh dear! **V** *adv ça sent bon!* that smells good! **VI pour de bon** *loc adv* for good, seriously.
■ **bon de commande** order form; **bon de garantie** guarantee slip; **bon marché** cheap; **bon mot** witticism; **bon à rien** good-for-nothing; **bon sens** common sense; **bonne sœur**© nun.

bonbon /bɔ̃bɔ̃/ *nm* sweetᴳᴮ, candyᵁˢ.

bonbonne /bɔ̃bɔn/ *nf* demijohn; *bonbonne de gaz* gas cylinder.

bond /bɔ̃/ *nm* leap; (dans le temps) jump.
● **faire faux bond à qn** to let sb down.

bonde /bɔ̃d/ *nf* plug.

bondé, **-e** /bɔ̃de/ *adj bondé (de)* packed (with).

bondir /bɔ̃dir/ *vi* to leap; (s'indigner) to react furiously; *cela me fait bondir*© it drives me mad©.

bonheur /bɔnœr/ *nm* happiness; *par bonheur* fortunately; *au petit bonheur (la chance)*© at random.

bonhomme, *pl* **-s**, **bonshommes** /bɔnɔm, bɔzɔm/ **I** *adj* [air] good-natured. **II** © *nm* chapᴳᴮ, guyᵁˢ.
■ **bonhomme de neige** snowman.
● **suivre son bonhomme de chemin** to go peacefully along.

boniment /bɔnimɑ̃/ *nm* sales patter.

bonjour /bɔ̃ʒur/ *nm* hello; (le matin) good morning; (l'après-midi) good afternoon.

bonne /bɔn/ **I** *adj f* ▸ **bon**. **II** *nf* (domestique) maid; (plaisanterie) *une bien bonne* a good joke.

bonnement /bɔnmã/ *adv tout bonnement* quite simply.

bonnet /bɔnɛ/ *nm* hat; (de bébé) bonnet; (de soutien-gorge) cup.
■ **bonnet de bain** bathing cap.

bonshommes ▸ **bonhomme**.

bonsoir /bɔ̃swaʀ/ *nm* (à l'arrivée) good evening, hello; (au départ, au coucher) good night.

bonté /bɔ̃te/ *nf* kindness; *avoir la bonté de faire* to be kind enough to do.

bonus /bɔnys/ *nm* (assurance) no-claims bonus; (dans un DVD) bonus.

bord /bɔʀ/ *nm* GÉN edge; (de route) side; (de cours d'eau) bank; (de tasse, verre) rim; (de chapeau) brim; *au bord de la faillite* on the verge of bankruptcy; *au bord du lac/de la mer* by the lake/the sea; *à bord d'un navire/avion* on board a ship/plane; *par-dessus bord* overboard.

bordeaux /bɔʀdo/ **I** *adj inv* (couleur) burgundy. **II** *nm* (vin) Bordeaux; *bordeaux rouge* claret.

bordel /bɔʀdɛl/ *nm* (maison close)® brothel; (désordre)® mess.

border /bɔʀde/ *vtr* to line (with); *border qn (dans son lit)* to tuck sb in.

bordereau, *pl* -**x** /bɔʀdəʀo/ *nm bordereau de commande* order form.

bordure /bɔʀdyʀ/ **I** *nf* (de terrain, tapis, vêtement) border; (de route, quai) edge; (de trottoir) kerbᴳᴮ, curbᵁˢ. **II en bordure de** *loc prép* *en bordure de la route* on the side of the road; *en bordure de la ville* just outside the town.

borgne /bɔʀɲ/ *adj* one-eyed; [hôtel, rue] seedy; [mur] blind.

borne /bɔʀn/ **I** *nf* *borne (kilométrique)* kilometreᴳᴮ marker; (kilomètre)® kilometreᴳᴮ. **II bornes** *nfpl* limits, boundaries; *dépasser les bornes* to go too far; *sans bornes* boundless.

borné, -**e** /bɔʀne/ *adj* [personne] narrow-minded.

borner: se borner à /bɔʀne/ *vpr* to content oneself with.

bosquet /bɔskɛ/ *nm* grove.

bosse /bɔs/ *nf* (sur le dos) hump; (sur la tête, un terrain) bump; *avoir la bosse de*® to have a gift for; *avoir roulé sa bosse*® to have been around.

bosser® /bɔse/ *vi* to work.

bossu, -**e** /bɔsy/ *nm,f* hunchback.

bot /bo/ *adj m* *pied bot* club foot.

botanique /bɔtanik/ **I** *adj* botanic(al). **II** *nf* botany.
■ **jardin botanique** botanic(al) gardens.

botaniste /bɔtanist/ *nmf* botanist.

botte /bɔt/ *nf* (chaussure) boot; (de fleurs, radis) bunch; (de foin) bale.

botter /bɔte/ *vtr* to kick; *botter le derrière de qn*® to boot sb up the backside®.
● **ça le botte!**® he really digs it®.

bottin® /bɔtɛ̃/ *nm* telephone directory, phone book.

bottine /bɔtin/ *nf* ankle-boot.

bouc /buk/ *nm* billy goat; (barbe) goatee.
■ **bouc émissaire** scapegoat.

boucan® /bukã/ *nm* din, racket®.

bouche /buʃ/ *nm* mouth; *sur la bouche* on the lips.
■ **bouche d'égout** manhole; **bouche de métro** tubeᴳᴮ entrance, subwayᵁˢ entrance.
● **faire la fine bouche devant qch** to turn one's nose up at sth.

bouché, **ée** /buʃe/ *adj* [avenir, filière] oversubscribed; PÉJ [personne] thick, stupid.

bouche-à-bouche /buʃabuʃ/ *nm inv* *faire le bouche-à-bouche à qn* to give mouth-to-mouth resuscitation to sb.

bouche-à-oreille /buʃaɔʀɛj/ *nm inv* *le bouche-à-oreille* word of mouth.

bouchée /buʃe/ *nf* mouthful; *pour une bouchée de pain* for next to nothing.

boucher /buʃe/ **I** *vtr* to block; (avec un bouchon) to cork; (en comblant) to fill. **II se boucher** *vpr* [lavabo] to get blocked; *se boucher le nez* to hold one's nose.
● **en boucher un coin à qn**® to amaze sb.

boucher, -**ère** /buʃe, ɛʀ/ *nm,f* butcher.

boucherie /buʃʀi/ *nf* butcher's (shop); (tuerie) slaughter.

bouche-trou, *pl* -**s** /buʃtʀu/ *nm* stand-in.

bouchon /buʃɔ̃/ *nm* (en liège) cork; (de baignoire) plug; (de bidon) cap; (de la circulation) traffic jam.

boucle /bukl/ *nf* (de ceinture, chaussure) buckle; (de cheveux) curl; (de corde) loop.
■ **boucle d'oreille** earring.

bouclé, -**e** /bukle/ *adj* curly.

boucler /bukle/ **I** *vtr* [▸ceinture] to fasten; (fermer)© to lock; (encercler)© to cordon off; [▸frontière, dossier] to close; [▸enquête] to complete. **II** *vi* [cheveux] to curl.
● **la boucler**© to shut up.

bouclier /buklije/ *nm* shield.
■ **bouclier humain** human shield.

bouder /bude/ *vi* to sulk.

boudin /budɛ̃/ *nm* CULIN ≈ black pudding^{GB}, blood sausage.

boudiné, -e /budine/ *adj* podgy^{GB}, pudgy^{US}.

boudoir /budwaʀ/ *nm* boudoir; (biscuit) ladyfinger.

boue /bu/ *nf* mud; FIG *traîner qn dans la boue* to drag somebody's name through the mud.

bouée /bwe/ *nf* rubber ring; (balise) buoy.
■ **bouée de sauvetage** lifebelt^{GB}, life preserver^{US}.

boueux, -euse /buø, øz/ *adj* muddy.

bouffe© /buf/ *nf* food, grub©.

bouffée /bufe/ *nf* whiff; (de tabac, vapeur) puff; *bouffée d'orgueil* surge of pride.
■ **bouffée de chaleur** MÉD hot flush.

bouffer /bufe/ **I** *vtr* (manger)© to eat. **II** *vi* [vêtement] to billow out.

bouffi, -e /bufi/ *adj* puffy.

bouffon /bufɔ̃/ *nm faire le bouffon* to clown around; (de cour) jester; (de théâtre) buffoon.

bouge /buʒ/ *nm* hovel.

bougeoir /buʒwaʀ/ *nm* candleholder.

bougeotte© /buʒɔt/ *nf avoir la bougeotte* to be restless.

bouger /buʒe/ **I** *vtr* to move. **II** *vi* to move; *ne bougez plus* keep still.

bougie /buʒi/ *nf* (de cire) candle; (de moteur) sparking plug^{GB}, spark plug^{US}.

bougon, -onne /bugɔ̃, ɔn/ *adj* grumpy.

bougonner /bugɔne/ *vi* to grumble.

bouillant, -e /bujɑ̃, ɑ̃t/ *adj* boiling (hot).

bouille© /buj/ *nf* face.

bouillie /buji/ *nf* gruel; (pour bébés) baby cereal; *en bouillie* mushy.

bouillir /bujiʀ/ *vi* to boil; *faire bouillir* to boil.

bouilloire /bujwaʀ/ *nf* kettle.

bouillon /bujɔ̃/ *nm* broth; (concentré) stock; *bouillir à gros bouillons* to bubble.

bouillonner /bujɔne/ *vi* (liquide chaud) to bubble; [eaux] to foam; *bouillonner d'activité* to be bustling with activity.

bouillotte /bujɔt/ *nf* hot-water bottle.

boulanger, -ère /bulɑ̃ʒe, ɛʀ/ *nm,f* baker.

boulangerie /bulɑ̃ʒʀi/ *nf* bakery, baker's.

boule /bul/ *nf* GÉN bowl; (de jeu) boule; *mettre qch en boule* to roll sth up into a ball.
■ **boule puante** stink bomb; **boule Quiès**® earplug; **boule de neige** snowball.
● **perdre la boule**© to go mad; **mettre qn en boule**© to make sb furious.

bouleau, *pl* **-x** /bulo/ *nm* birch.

bouledogue /buldɔg/ *nm* bulldog.

boulet /bulɛ/ *nm boulet (de canon)* cannonball; (de bagnard) ball and chain.

boulette /bulɛt/ *nf* (de pain, etc) pellet; (erreur)© blunder.

boulevard /bulvaʀ/ *nm* boulevard; THÉÂT farce.
■ **boulevard périphérique** ring road^{GB}, beltway^{US}.

bouleversant, -e /bulveʀsɑ̃, ɑ̃t/ *adj* deeply moving.

bouleversement /bulveʀsəmɑ̃/ *nm* upheaval.

bouleverser /bulveʀse/ *vtr* to move [sb] deeply; (désorganiser) to disrupt.

boulimie /bulimi/ *nf* bulimia.

boulon /bulɔ̃/ *nm* bolt.

boulot, -otte /bulo, ɔt/ **I** *adj* tubby. **II** © *nm* work; (emploi) job.

boum[1] /bum/ **I** *nm* bang; *être en plein boum*© to be booming. **II** *excl* bang!

boum[2] /bum/ *nf* party.

bouquet /bukɛ/ *nm bouquet (de fleurs)* bunch (of flowers); (de feu d'artifice) final flourish; (de fines herbes) bunch; (de vin) bouquet.
■ **bouquet numérique** digital channel package.
● **c'est le bouquet**©! that's the limit©!

bouquin© /bukɛ̃/ *nm* book.

bouquiner© /bukine/ *vtr, vi* to read.

bouquiniste /bukinist/ *nmf* secondhand bookseller.

bourbier /buʀbje/ *nm* mire; FIG tangle.

bourde© /buʀd/ *nf* blunder.

bourdon /buʀdɔ̃/ *nm* bumblebee; *avoir le bourdon*© to feel depressed to feel down©; (cloche) tenor bell.

bourdonnement /buʀdɔnmɑ̃/ *nm* (d'insecte) buzzing ¢; (de moteur) hum.

bourdonner /buʀdɔne/ *vi* [insecte] to buzz; [moteur] to hum.

bourg /buʀ/ *nm* market town.

bourgeois, -e /buʀʒwa, az/ **I** *adj* middle-class; *quartier bourgeois* wealthy residential district. **II** *nm,f* middle-class person, bourgeois.

bourgeoisie /buʀʒwazi/ *nf* middle classes (*pl*).

bourgeon /buʀʒɔ̃/ *nm* bud.

bourgeonner /buʀʒɔne/ *vi* to bud, to burgeon.

bourgogne /buʀgɔɲ/ *nm* (vin) Burgundy.

bourlinguer© /buʀlɛ̃ge/ *vi* to sail the seven seas.

bourrade /buʀad/ *nf* shove.

bourrage /buʀaʒ/ *nm* *bourrage de crâne* brainwashing; *bourrage papier* paper jam.

bourrasque /buʀask/ *nf* (de vent) gust; (de neige) flurry.

bourratif, -ive /buʀatif, iv/ *adj* very filling, stodgy.

bourré, -e /buʀe/ *adj* *bourré (de)* [lieu] packed (with); [sac] stuffed (with); *bourré de fric*® stinking rich®; (ivre)® drunk.

bourreau, *pl* **-x** /buʀo/ *nm* executioner.
■ **bourreau d'enfant** child beater; **bourreau de travail** workaholic.

bourrelet /buʀlɛ/ *nm* weather strip; *bourrelet (de graisse)* roll of fat.

bourrer /buʀe/ **I** *vtr* *bourrer qch de* to cram sth with; [▸pipe] to fill; *bourrer le crâne à qn* to brainwash sb. **II** *vi* [aliment]© to be filling. **III se bourrer de** *vpr* to stuff oneself with.

bourrique /buʀik/ *nf* (ânesse) donkey; (entêté)© pig-headed person.

bourru, -e /buʀy/ *adj* gruff.

bourse /buʀs/ *nf* (d'études) grantGB, scholarshipUS; (porte-monnaie) purse; *pour les petites bourses* for limited budgets.

Bourse /buʀs/ *nf* stock exchange.

boursier, -ière /buʀsje, jɛʀ/ **I** *adj* *valeur boursière* security. **II** *nm,f* grant holderGB, scholarship studentUS.

boursouflé, -e /buʀsufle/ *adj* [visage] puffy.

bousculade /buskylad/ *nf* jostling, rush.

bousculer /buskyle/ **I** *vtr* to bump into; (presser) to rush. **II se bousculer** *vpr* (être nombreux) to fall over each other.

bouse /buz/ *nf* *bouse (de vache)* cowpat.

bousiller© /buzije/ *vtr* to wreck.

boussole /busɔl/ *nf* compass.

bout /bu/ *nm* (extrémité, fin) end; *d'un bout à l'autre* throughout; *au bout d'une semaine* after a week; *jusqu'au bout* until the end; *à bout d'arguments* out of arguments; *venir à bout de qch* to overcome sth; (pointe) tip; (morceau) piece; *par petits bouts* little by little, a bit at a time.

boutade /butad/ *nf* witticism.

boute-en-train /butɑ̃trɛ̃/ *nmf inv* live wire.

bouteille /butɛj/ *nf* bottle; *avoir de la bouteille*© to have experience.

boutique /butik/ *nf* shopGB, storeUS.

bouton /butɔ̃/ *nm* button; (à tourner) knob; (sur la peau) spotGB, pimpleUS; (de fleur) bud.
■ **bouton de manchette** cuff link.

bouton-d'or, *pl* **boutons d'or** /butɔ̃dɔʀ/ *nm* buttercup.

boutonner /butɔne/ *vtr, vpr* to button (up).

boutonneux, -euse /butɔnø, øz/ *adj* spottyGB, pimplyUS.

boutonnière /butɔnjɛʀ/ *nf* buttonhole.

bouture /butyʀ/ *nf* cutting.

bouvreuil /buvʀœj/ *nm* bullfinch.

bovin /bɔvɛ̃, in/ *nm* cattle (*pl*).

box /bɔks/ *nm* lock-up garageGB; (pour cheval) stall.
■ **box des accusés** dock.

boxe /bɔks/ *nf* boxing.
■ **boxe française** savate.

boxer /bɔkse/ **I** © *vtr* to punch. **II** *vi* to box.

boxeur /bɔksœʀ/ *nm* boxer.

boyau *nm*, *pl* **-x** /bwajo/ (intestin) gut; (corde) catgut; (pneu) tubeless tyreGB, tireUS.

boycotter /bɔjkɔte/ *vtr* to boycott.

BP (*abrév écrite* = **boîte postale**) PO Box.

bracelet /bʀaslɛ/ nm bracelet.
■ **bracelet de montre** watchstrap; **bracelet électronique** electronic tag.

bracelet-montre nm, pl **bracelets-montres** /bʀaslɛmɔ̃tʀ/ wristwatch.

braconner /bʀakɔne/ vi to poach.

braconnier, -ière /bʀakɔnje, jɛʀ/ nm,f poacher.

brader /bʀade/ **I** vtr to sell [sth] cheaply; *prix bradés* knockdown prices. **II** vi to slash prices.

braderie /bʀadʀi/ nf clearance sale.

braguette /bʀagɛt/ nf flies^GB (pl), fly^US.

braille /bʀaj/ nm Braille.

brailler^© /bʀaje/ vtr, vi to bawl.

braire /bʀɛʀ/ vi to bray.

braise /bʀɛz/ nf live embers (pl).

braiser /bʀeze/ vtr CULIN to braise.

bramer /bʀɑme/ vi to bell.

brancard /bʀɑ̃kaʀ/ nm (civière) stretcher; (de charrette) shaft.

brancardier, -ière /bʀɑ̃kaʀdje, jɛʀ/ nm,f stretcher-bearer.

branchages /bʀɑ̃ʃaʒ/ nmpl (cut/fallen) branches.

branche /bʀɑ̃ʃ/ nf branch; (secteur) field; (de lunettes) arm; *céleri en branches* sticks of celery.

branché^©, **-e** /bʀɑ̃ʃe/ adj trendy^©.

branchement /bʀɑ̃ʃmɑ̃/ nm connection.

brancher /bʀɑ̃ʃe/ vtr [▸télévision, etc] to plug in; [▸eau, gaz, etc] to connect; *brancher qn sur un sujet* to get sb onto a topic; (plaire) *ça ne me branche pas* it doesn't do anything for me.

brandir /bʀɑ̃diʀ/ vtr to brandish.

branlant, -e /bʀɑ̃lɑ̃, ɑ̃t/ adj [meuble] rickety; [dent] loose; [raisonnement] shaky.

branle-bas /bʀɑ̃lbɑ/ nm inv commotion.
■ **branle-bas de combat** action stations.

braquer /bʀake/ **I** vtr *braquer (sur/vers)* to point (at); [▸yeux] to turn (on); [▸volant] to turn; [▸banque]^© to rob. **II** vi AUT to turn the wheel full lock^GB, all the way^US. **III se braquer**^© vpr *se braquer contre qn*^© to turn against sb.

bras /bʀɑ/ nm arm; *bras dessus bras dessous* arm in arm; FIG *baisser les bras* to give up; (de fleuve) branch.
■ **bras droit** right-hand man; **bras de fer** FIG trial of strength.
● **avoir le bras long** to have a lot of influence.

brasier /bʀazje/ nm inferno.

brassard /bʀasaʀ/ nm armband.

brasse /bʀas/ nf SPORT breaststroke.
■ **brasse papillon** butterfly (stroke).

brassée /bʀase/ nf armful.

brasser /bʀase/ vtr [▸bière] to brew; [▸millions] to handle.

brasserie /bʀasʀi/ nf brasserie; (usine) brewery.

brassière /bʀasjɛʀ/ nf (de bébé) baby's vest.

bravade /bʀavad/ nf bravado.

brave /bʀav/ adj (gentil) nice; (courageux) brave.

braver /bʀave/ vtr [▸personne, ordre] to defy; [▸danger] to brave.

bravo /bʀavo/ **I** nm *un grand bravo à* a big cheer for. **II** excl bravo!; (pour féliciter) well done!

bravoure /bʀavuʀ/ nf bravery.

break /bʀɛk/ nm estate car^GB, station wagon^US.

brebis /bʀəbi/ nf ewe.

brèche /bʀɛʃ/ nf gap; MIL breach.

bréchet /bʀeʃɛ/ nm wishbone.

bredouille /bʀəduj/ adj empty-handed.

bredouiller /bʀəduje/ vtr, vi to mumble.

bref, brève /bʀɛf, bʀɛv/ **I** adj brief, short. **II** adv *(en) bref* in short.

brelan /bʀəlɑ̃/ nm *brelan de 10* three tens.

Brésil /bʀezil/ nprm Brazil.

brésilien, -ienne /bʀeziljɛ̃, ɛn/ **I** adj Brazilian. **II** nm,f **Brésilien, -ienne** Brazilian.

bretelle /bʀətɛl/ nf (de robe) strap; (de pantalon) braces^GB, suspenders^US; (d'autoroute) slip road^GB, ramp^US.

breuvage /bʀœvaʒ/ nm beverage.

brève /bʀɛv/ adj f ▶ bref.

brevet /bʀəvɛ/ nm *brevet (d'invention)* patent; *brevet de secourisme* first-aid certificate; *brevet des collèges* certificate of general education; *brevet de techni-*

cien supérieur, BTS advanced vocational diploma.

breveter /bʀəvte/ *vtr* to patent.

bribes /bʀib/ *nfpl* bits and pieces.

bricolage /bʀikɔlaʒ/ *nm* DIY[GB], do-it-yourself.

bricole /bʀikɔl/ *nf* trinket; *des bricoles* bits and pieces.

bricoler© /bʀikɔle/ *vtr* (réparer) to tinker with; (truquer) to fiddle with, to tamper with[US].

bricoleur, -euse /bʀikɔlœʀ, øz/ *nm,f* handyman/handywoman.

bride /bʀid/ *nf* (de cheval) bridle; (de boutonnage) button loop.

bridé, -e /bʀide/ *adj* *yeux bridés* slanting eyes.

brider /bʀide/ *vtr* [▸cheval] to bridle; [▸personne] to control; [▸élan] to curb.

brièvement /bʀijɛvmɑ̃/ *adv* briefly.

brigade /bʀigad/ *nf* brigade; (de police) squad.

brigadier /bʀigadje/ *nm* MIL ≈ corporal; (de sapeurs-pompiers) fire chief.

brigand /bʀigɑ̃/ *nm* brigand, bandit.

briguer /bʀige/ *vtr* to crave (for).

brillant, -e /bʀijɑ̃, ɑ̃t/ **I** *adj* bright; [métal] shiny; (admirable) *brillant en maths* brilliant at maths. **II** *nm* (éclat) shine; (pierre) (cut) diamond, brilliant.

briller /bʀije/ *vi* to shine; [diamant] to sparkle; *briller de propreté* to be sparkling clean.

brimade /bʀimad/ *nf* bullying ¢.

brimer /bʀime/ *vtr* to bully; *se sentir brimé* to feel frustrated.

brin /bʀɛ̃/ *nm* (de muguet, persil) sprig; (de paille) wisp; (d'herbe) blade; (un peu de) *un brin de* a bit of.

brindille /bʀɛ̃dij/ *nf* twig.

bringue© /bʀɛ̃g/ *nf* *faire la bringue* to have a rave©[GB].

brinquebaler /bʀɛ̃kbale/ *vi* to jolt along.

brio /bʀijo/ *nm* brilliance, brio.

brioche /bʀijɔʃ/ *nf* brioche, (sweet) bun; (ventre)© paunch.

brique /bʀik/ *nf* brick; (emballage) carton.

briquer /bʀike/ *vtr* to polish up.

briquet /bʀikɛ/ *nm* lighter.

brise /bʀiz/ *nf* breeze.

brise-glace *pl* **-s** /bʀizglas/ *nm* icebreaker.

brise-lame *pl* **-s** /bʀizlam/ *nm* breakwater.

briser /bʀize/ **I** *vtr* to break; [▸carrière, vie] to wreck. **II se briser** *vpr* to break.

broc /bʀo/ *nm* ewer.

brocante /bʀɔkɑ̃t/ *nf* flea market.

brocanteur, -euse /bʀɔkɑ̃tœʀ, øz/ *nm,f* bric-à-brac trader.

broche /bʀɔʃ/ *nf* brooch; CULIN spit ; *à la broche* spit-roasted; MÉD pin.

broché, -e /bʀɔʃe/ *adj* *livre broché* paperback.

brochet /bʀɔʃɛ/ *nm* pike.

brochette /bʀɔʃɛt/ *nf* skewer; (mets) brochette.

brochure /bʀɔʃyʀ/ *nf* booklet, brochure.

broder /bʀɔde/ *vtr, vi* to embroider.

broderie /bʀɔdʀi/ *nf* embroidery.

broncher /bʀɔ̃ʃe/ *vi* *sans broncher* without a murmur.

bronchite /bʀɔ̃ʃit/ *nf* bronchitis ¢.

bronzage /bʀɔ̃zaʒ/ *nm* tan.

bronze /bʀɔ̃z/ *nm* bronze.

bronzé, -e /bʀɔ̃ze/ *adj* (sun-)tanned.

bronzer /bʀɔ̃ze/ *vi* [personne] to get a tan; [peau] to tan.

brosse /bʀɔs/ *nf* brush; *avoir les cheveux en brosse* to have a crew cut.
■ **brosse à cheveux** hairbrush; **brosse à dents** toothbrush; **brosse à ongles** nailbrush.

brosser /bʀɔse/ **I** *vtr* to brush. **II se brosser** *vpr* *se brosser les dents* to brush one's teeth.

brouette /bʀuɛt/ *nf* wheelbarrow.

brouhaha /bʀuaa/ *nm* hubbub.

brouillard /bʀujaʀ/ *nm* fog.

brouille /bʀuj/ *nf* (momentanée) quarrel; (durable) rift.

brouiller /bʀuje/ **I** *vtr* [▸vue] to blur; [▸signaux, émission] to jam; *brouiller les pistes* to cloud the issue. **II se brouiller** *vpr* [▸avec qn] to fall out (with sb); [vue] to become blurred.

brouillon, -onne /bʁujɔ̃, ɔn/ **I** *adj* (personne) disorganized. **II** *nm* rough draft; *au brouillon* in rough.

broussaille /bʁusaj/ *nf* bushes (*pl*); *cheveux en broussaille* tousled hair.

brousse /bʁus/ *nf* bush.

brouter /bʁute/ *vtr* to graze.

broutille /bʁutij/ *nf* trifle.

broyer /bʁwaje/ *vtr* to grind.
• **broyer du noir** to brood.

bru /bʁy/ *nf* daughter-in-law.

brugnon /bʁyɲɔ̃/ *nm* nectarine.

bruiner /bʁɥine/ *v impers* to drizzle.

bruissement /bʁɥismɑ̃/ *nm* (de feuille, etc) rustle ¢, rustling ¢; (de ruisseau) murmur ¢.

bruit /bʁɥi/ *nm* noise; *on n'entend pas un bruit* you can't hear a sound; *le bruit court que* rumour^GB has it that.

bruitage /bʁɥitaʒ/ *nm* sound effects (*pl*).

brûlant, brulant, -e /bʁylɑ̃, ɑ̃t/ *adj* (burning) hot; *brûlant de fièvre* burning with fever; [liquide] boiling hot; [sujet] red-hot.

brûlé, brulé /bʁyle/ *nm* burning; *ça sent le brûlé* there's a smell of burning.

brûle-pourpoint, brule-pourpoint: **à brûle-pourpoint** /abʁylpuʁpwɛ̃/ *loc adv* point-blank.

brûler, bruler /bʁyle/ **I** *vtr* GÉN to burn; [▸ maison] to set fire to; *j'ai les yeux qui me brûlent* my eyes are stinging; *brûler^© un feu^©* to jump^© the lights. **II** *vi* to burn; [forêt] to be on fire; *brûler (d'envie) de faire* to be longing to do. **III se brûler** *vpr* to burn oneself.

brûlure, brulure /bʁylyʁ/ *nf* burn.
■ **brûlures d'estomac** heartburn ¢.

brume /bʁym/ *nf* mist.

brumeux, -euse /bʁymø, øz/ *adj* (de froid) misty, foggy; (de chaleur) hazy.

brun, -e /bʁœ̃, bʁyn/ **I** *adj* brown, dark; [tabac] black. **II** *nm,f* dark-haired person. **III** *nm* brown.

brune /bʁyn/ **I** *adj f* ▸ **brun**. **II** *nf* (cigarette) black-tobacco cigarette; (bière) ≈ stout^GB.

brunir /bʁyniʁ/ *vi* [personne] to tan; [cheveux] to get darker.

brushing /bʁœʃiŋ/ *nm* blow-dry.

brusque /bʁysk/ *adj* [ton] abrupt; [mouvement] sudden; [virage] sharp.

brusquement /bʁyskəmɑ̃/ *adv* abruptly.

brusquer /bʁyske/ *vtr* *brusquer qn/les choses* to rush sb/things.

brusquerie /bʁyskəʁi/ *nf* brusqueness.

brut, -e /bʁyt/ *adj* [matière] raw; [pétrole] crude; [champagne, cidre] dry, brut; [salaire, poids] gross.

brutal, -e *mpl* **-aux** /bʁytal, o/ *adj* [coup, choc, geste, ton] violent; [mort] sudden; [hausse, chute] dramatic.

brutaliser /bʁytalize/ *vtr* to ill-treat.

brutalité /bʁytalite/ *nf* brutality.

brute /bʁyt/ **I** *adj f* ▸ **brut**. **II** *nf* (personne violente) brute; (personne sans culture) lout.

bruyamment /bʁɥijamɑ̃/ *adv* [rire] loudly; [entrer] noisily.

bruyant, -e /bʁɥijɑ̃, ɑ̃t/ *adj* [conversation] loud; [enfant] noisy.

bruyère /bʁyjɛʁ/ *nf* heather; (racine) briar; *terre de bruyère* heath.

BSR /beɛsɛʁ/ *nm* (abrév = **brevet de sécurité routière**) road safety certificate.

BTS /betɛɛs/ *nm* (abrév = **brevet de technicien supérieur**) *advanced vocational diploma.*

bu, -e /by/ ▸ **boire**.

bûche, buche /byʃ/ *nf* log; *bûche de Noël* yule log.
• **prendre une bûche** to fall (flat on one's face).

bûcher¹, bucher^© /byʃe/ *vi* to slog away^©.

bûcher², bucher /byʃe/ *nm* stake.

bûcheron, bucheron, -onne /byʃʁɔ̃, ɔn/ *nm,f* lumberjack.

budget /bydʒɛ/ *nm* budget.

budgétaire /bydʒetɛʁ/ *adj* [restrictions] budgetary; [année] financial^GB, fiscal^US.

buée /bɥe/ *nf* condensation.

buffet /byfɛ/ *nm* (de salle à manger) sideboard; (de cuisine) dresser; (table garnie) buffet.

buffle /byfl/ *nm* buffalo.

buis /bɥi/ *nm* boxwood.

buisson /bɥisɔ̃/ *nm* bush.

buissonnière /bɥisɔnjɛʁ/ *adj f faire l'école buissonnière* to play truant^GB, hooky^©US.

bulbe /bylb/ *nm* bulb.

bulgare /bylgaʁ/ **I** *adj* Bulgarian. **II** *nmf Bulgare* Bulgarian.

Bulgarie /bylgaʀi/ *nprf* Bulgaria.

bulle /byl/ *nf* bubble; (de bande dessinée) speech bubble; FIG ***bulle Internet*** dot-com bubble.
● **coincer la bulle**☺ to twiddle one's thumbs.

bulletin /byltɛ̃/ *nm* bulletin, report; (de commande, d'abonnement, adhésion) form.
■ **bulletin blanc** blank vote; **bulletin nul** spoiled ballot paper; **bulletin de salaire/paie** payslip; (de vote) ballot paper; **bulletin scolaire/de notes** school report[GB], report card[US].

bulletin-réponse, *pl*/**bulletins-réponse** /byltɛ̃ʀepɔ̃s/ *nm* reply coupon.

bulot /bylo/ *nm* whelk.

buraliste /byʀalist/ *nmf* tobacconist.

bureau, *pl* **-x** /byʀo/ *nm* (meuble) desk; (chez soi) study; (au travail) office; (direction) board.
■ **bureau d'accueil** reception; **bureau de poste** post office; **bureau de tabac** tobacconist's; **bureau de vote** polling station.

bureaucrate /byʀokʀat/ *nmf* bureaucrat.

bureaucratie /byʀokʀasi/ *nf* bureaucracy.

bureautique /byʀotik/ **I** *nf* office automation. **II** *adj* **outils bureautiques** office automation tools.

burette /byʀɛt/ *nf* oilcan.

burlesque /byʀlɛsk/ **I** *adj* [tenue, idée] ludicrous; [film] farcical. **II** *nm* **le burlesque** the burlesque.

bus /bys/ *nm* bus.

buse /byz/ *nf* buzzard.

busqué, -e /byske/ *adj* [nez] hooked.

buste /byst/ *nm* bust.

but /by(t)/ *nm* goal; (intention) aim, purpose; **droit au but** straight to the point.
● **de but en blanc** point-blank.

butane /bytan/ *nm* butane.

buté, -e /byte/ *adj* stubborn, obstinate.

buter /byte/ **I**☺ *vtr* (tuer) to kill. **II** *vi* **buter contre qch** to bump into sth; **buter sur qch** to come up against sth. **III se buter** *vpr* **il va se buter** he'll be even more stubborn.

butin /bytɛ̃/ *nm* (de guerre) spoils (*pl*); (de vol) haul.

butiner /bytine/ **I** *vtr* [▸renseignements] to glean. **II** *vi* to gather pollen.

butoir /bytwaʀ/ *nm* (de train) buffer; (de porte) stopper; **date butoir** deadline.

butte /byt/ *nf* mound.
● **être en butte à qch** to face.

buvable /byvabl/ *adj* drinkable.

buvard /byvaʀ/ *nm* **(papier) buvard** blotting paper ¢.

buvette /byvɛt/ *nf* refreshment area.

C

c /se/ nm inv c, C.

C (abrév écrite = **centigrade**) C.

c' ▶ **ce**.

ça /sa/ pron dém (pour désigner) this; (plus loin) that; (sujet) it; *ça suffit* it's/that's enough; (tournure impersonnelle) *ça sent le brûlé* there's a smell of burning; *aide-moi à plier ça* help me fold this; *à part ça* apart from that; (exclamations) *on dit ça!* that's what they say!; *ça, alors!* well I never!; *ça, non!* absolutely not!; *ça, oui!* definitely!
● **ça va?** how are things?; **ça va** fine; **ça y est** that's it; **sans ça** otherwise.

cabane /kaban/ nf hut.

cabaret /kabaʀɛ/ nm cabaret.

cabillaud /kabijo/ nm cod.

cabine /kabin/ nf (de bateau) cabin; (de camion) cab.
■ **cabine de douche** shower cubicle; **cabine de pilotage** cockpit; **cabine d'essayage** fitting room; **cabine téléphonique** phone box^GB, phone booth.

cabinet /kabinɛ/ nm office; (de médecin, dentiste) surgery^GB, office^US; POL cabinet; *cabinet ministériel* minister's personal staff; (WC) toilet, bathroom^US.
■ **cabinet de toilette** bathroom.

câble /kabl/ nm cable; TV *avoir le câble* to have cable TV.

câbler /kable/ vtr [▸télévision] to cable.

cabosser /kabose/ vtr to dent.

cabrer: se cabrer /kabʀe/ vpr to rear.

cabriole /kabʀijɔl/ nf *faire des cabrioles* to caper about.

cabriolet /kabʀijɔlɛ/ nm AUT convertible, cabriolet.

caca /kaka/ nm ENFANTIN poo^GB, poop^US.

cacahuète /kakawɛt/ nf peanut.

cacao /kakao/ nm cocoa.

cachalot /kaʃalo/ nm sperm whale.

cache¹ /kaʃ/ nm mask.

cache² /kaʃ/ nf *cache d'armes* arms cache.

cache-cache /kaʃkaʃ/ nm inv hide and seek.

cache-col, pl **-s** /kaʃkɔl/ nm scarf.

cachemire /kaʃmiʀ/ nm cashmere; *motif cachemire* paisley pattern.

cache-nez /kaʃne/ nm inv scarf.

cacher /kaʃe/ **I** vtr *cacher qch à qn* to hide sth from sb. **II se cacher** vpr to hide.

cachet /kaʃɛ/ nm (comprimé) tablet; (de cire) seal; *cachet de la poste* postmark; (chic) style; (paie) fee.

cachette /kaʃɛt/ nf hiding place; *en cachette* on the sly.

cachot /kaʃo/ nm (cellule) prison cell; (prison) prison.

cachotterie /kaʃɔtʀi/ nf *faire des cachotteries* to be secretive.

cachottier, -ière /kaʃotje, jɛʀ/ nm,f secretive person.

cacophonie /kakɔfɔni/ nf cacophony.

cactus /kaktys/ nm inv cactus.

c-à-d (abrév écrite = **c'est-à-dire**) i.e.

cadavérique /kadaveʀik/ adj [▸teint] deathly pale.

cadavre /kadavʀ/ nm corpse.

caddie /kadi/ nm (de supermarché)® trolley; (au golf) caddie.

cadeau, pl **-x** /kado/ nm present, gift; *faire un cadeau à qn* to give sb a present.

cadenas /kadna/ nm padlock.

cadence /kadɑ̃s/ nf rhythm; *en cadence* in step; (de travail) rate.

cadet, -ette /kadɛ, ɛt/ nm,f (de deux) younger; (de plus de deux) youngest; *de trente ans mon cadet* thirty years my junior; SPORT *athlete between the ages of 15 and 17*.

cadran /kadʀɑ̃/ nm (de montre, boussole) face; (de compteur) dial; *cadran solaire* sundial.

cadre /kadʀ/ **I** nm frame; (lieu) setting; *en dehors du cadre scolaire* outside a school context; (employé) executive; *les cadres moyens/supérieurs* middle/senior management (pl). **II dans le cadre de** loc prép on the occasion of.
■ **cadre photo** photo frame.

cadrer /kadʀe/ **I** vtr to centre^GB. **II** vi to fit.

cafard /kafaʀ/ nm *avoir le cafard*☺ to be down (in the dumps)☺; (insecte) cockroach.

café /kafe/ nm coffee; *café soluble* instant coffee; *prendre un café* to have a coffee; (établissement) café.
■ **café crème** espresso with milk; **café au lait** coffee with milk; **café noir** black coffee.

cafetière /kaftjɛʀ/ nf coffee pot; (appareil) coffee maker.

cage /kaʒ/ nf cage.
■ **cage d'ascenseur** lift shaft^{GB}, elevator shaft^{US}; **cage d'escalier** stairwell; **cage thoracique** rib cage.

cageot /kaʒo/ nm crate.

cagibi /kaʒibi/ nm storage room.

cagneux, -euse /kaɲø, øz/ adj *avoir les genoux cagneux* to be knock-kneed.

cagnotte© /kaɲɔt/ nf kitty; (de loterie) jackpot.

cagoule /kagul/ nf balaclava.

cahier /kaje/ nm notebook.
■ **cahier de textes** homework notebook; **cahier des charges** specifications (pl).

caille /kaj/ nf quail.

cailler /kaje/ vi, vpr [lait] to curdle; [sang] to congeal.
● *ça caille*© it's freezing.

caillot /kajo/ nm clot.

caillou, pl **-x** /kaju/ nm pebble.

caisse /kɛs/ nf crate; (tambour) drum; (guichet) cash desk; (de supermarché) checkout (counter); (de banque) cashier's desk.
■ **caisse enregistreuse** cash register; **caisse d'épargne** savings bank; **caisse noire** slush fund; **caisse de retraite** pension fund.

caissier, -ière /kesje, jɛʀ/ nm,f cashier.

cajoler /kaʒɔle/ vtr to make a fuss over.

cajou /kaʒu/ nm *noix de cajou* cashew nut.

cake /kɛk/ nm fruit cake.

calamar /kalamaʀ/ nm squid.

calamité /kalamite/ nf disaster, calamity.

calcaire /kalkɛʀ/ **I** adj [eau] hard; [roche] limestone. **II** nm limestone.

calcul /kalkyl/ nm calculation; (matière) arithmetic; *c'est un bon calcul* it's a good move; MÉD stone.

calculatrice /kalkylatʀis/ nf calculator.

calculer /kalkyle/ vtr to calculate, to work out; *tout bien calculé* all things considered.

calculette /kalkylɛt/ nf pocket calculator.

cale /kal/ nf wedge; NAUT (ship's) hold.

calé©, **-e** /kale/ adj bright; *calé en qch* brilliant at sth.

caleçon /kalsɔ̃/ nm boxer shorts, underpants; (féminin) leggings.

calembour /kalɑ̃buʀ/ nm pun.

calendrier /kalɑ̃dʀije/ nm calendar; (programme) schedule.

calepin /kalpɛ̃/ nm notebook.

caler /kale/ **I** vtr [▸roue] to wedge; [▸meuble] to steady; *ça cale l'estomac*© it fills you up. **II** vi [moteur] to stall; *caler sur qch* to get stuck on sth.

calibre /kalibʀ/ nm (d'arme) calibre^{GB}; (de câble) diameter; (d'œufs) size.

califourchon: à califourchon /akalifuʀʃɔ̃/ loc adv *à califourchon sur une chaise* astride a chair.

câlin, -e /kalɛ̃, in/ **I** adj affectionate. **II** nm cuddle.

câliner /kaline/ vtr to cuddle.

calmant /kalmɑ̃/ nm sedative.

calme /kalm/ **I** adj calm, quiet. **II** nm calm(ness); *du calme!* quiet!

calmer /kalme/ **I** vtr [▸personne] to calm [sb/sth] down; [▸inquiétude] to allay; [▸douleur] to ease. **II se calmer** vpr [personne, situation] to calm down; [tempête, colère] to die down; [douleur] to ease.

calomnie /kalɔmni/ nf slander.

calorie /kalɔʀi/ nf calorie.

calotte /kalɔt/ nf skullcap; *calotte glaciaire* ice cap.

calque /kalk/ nm tracing paper; (imitation) replica.

calvaire /kalvɛʀ/ nm (épreuves) ordeal; (monument) wayside cross.

calvitie /kalvisi/ nf baldness.

camarade /kamaʀad/ nmf friend; *camarade d'école, de classe* schoolfriend; *camarade d'atelier* workmate^{GB}, fellow worker^{US}; POL comrade.

camaraderie /kamaʀadʀi/ nf comradeship, camaraderie.

Cambodge /kɑ̃bɔdʒ/ nprm Cambodia.

cambodgien, -ienne /kɑ̃bɔdʒjɛ̃, ɛn/ **I** adj Cambodian. **II** nm LING Cambodian. **III** nm,f **Cambodgien, -ienne** Cambodian.

cambouis /kɑ̃bwi/ nm dirty grease.

cambré, -e /kɑ̃bʀe/ adj arched.

cambriolage /kɑ̃bʀijɔlaʒ/ nm burglary.

cambrioler /kɑ̃bʀijɔle/ vtr to burgle^GB, to burglarize^US.

cambrioleur, -euse /kɑ̃bʀijɔlœʀ, øz/ nm,f burglar.

caméléon /kamele5/ nm chameleon.

camelote© /kamlɔt/ nf junk©.

caméra /kameʀa/ nf camera; **caméra numérique** digital camera.

Cameroun /kamʀun/ nprm Cameroon.

caméscope® /kameskɔp/ nm camcorder.

camion /kamjɔ̃/ nm truck, lorry^GB.
■ **camion-citerne** tanker.

camisole /kamizɔl/ nf **camisole (de force)** straitjacket.

camionnette /kamjɔnɛt/ nf van.

camoufler /kamufle/ **I** vtr MIL to camouflage; (cacher) to conceal. **II se camoufler** vpr to hide.

camp /kɑ̃/ nm camp; (parti) side.
■ **camp de concentration** concentration camp.
● **ficher le camp**© to split©, to leave.

campagnard, -e /kɑ̃paɲaʀ, aʀd/ adj [vie, fête] country; [accent, repas] rustic.

campagne /kɑ̃paɲ/ nf country; (opération) campaign.
■ **pain de campagne** farmhouse loaf.

campanule /kɑ̃panyl/ nf campanula, bellflower.

campement /kɑ̃pmɑ̃/ nm camp.

camper /kɑ̃pe/ **I** vtr [▸ personnage] to portray. **II** vi to camp; **camper sur ses positions** to stand firm. **III se camper** vpr **camper devant qn/qch** to stand squarely in front of sb/sth.

campeur, -euse /kɑ̃pœʀ, øz/ nm,f camper.

camping /kɑ̃piŋ/ nm camping; **faire du camping** to go camping; (lieu) campsite.

camping-car, -s /kɑ̃piŋkaʀ/ nm camper van, motor-home^US.

campus /kɑ̃pys/ nm inv campus.

Canada /kanada/ nprm Canada.

canadien -ienne /kanadjɛ̃, ɛn/ **I** adj Canadian. **II** nm,f **Canadien, -enne** Canadian.

canadienne /kanadjɛn/ nf sheepskin-lined jacket; (tente) ridge tent.

canaille /kanɑj/ nf rascal.

canal, pl **-aux** /kanal, o/ nm channel; (voie navigable) canal; ANAT duct.

canalisation /kanalizasjɔ̃/ nf pipe.

canaliser /kanalize/ vtr to canalize; FIG to channel.

canapé /kanape/ nm sofa; **canapé convertible** sofa bed; CULIN canapé.

canard /kanaʀ/ nm duck; (sucre)© sugar lump dipped in coffee or brandy; (journal)© rag©, newspaper.

canari /kanaʀi/ nm canary.

cancan /kɑ̃kɑ̃/ nm© gossip ¢; (danse) cancan.

cancer /kɑ̃sɛʀ/ nm cancer.

Cancer /kɑ̃sɛʀ/ nprm Cancer.

cancéreux, -euse /kɑ̃seʀø, øz/ **I** adj cancerous. **II** nm,f person with cancer.

cancérigène /kɑ̃seʀiʒɛn/ adj carcinogenic.

cancre /kɑ̃kʀ/ nm dunce.

candidat, -e /kɑ̃dida, at/ nm,f candidate; **être candidat à un poste** to apply for a post.

candidature /kɑ̃didatyʀ/ nf (à une élection) candidacy; (à un poste) application; **poser sa candidature (à)** to apply (for).

cane /kan/ nf (female) duck.

caneton /kant5/ nm duckling.

canette /kanɛt/ nf (bouteille) bottle; (boîte) can.

canevas /kanva/ nm inv canvas.

caniche /kaniʃ/ nm poodle.

canicule /kanikyl/ nf (vague de chaleur) heatwave.

canif /kanif/ nm penknife, pocketknife.

canine /kanin/ nf canine (tooth).

caniveau, pl **-x** /kanivo/ nm gutter.

cannabis /kanabis/ nm cannabis.

canne /kan/ nf (walking) stick.
■ **canne à pêche** fishing rod; **canne à sucre** sugar cane.

cannelle /kanɛl/ nf cinnamon.

cannibale /kanibal/ nmf cannibal.

canoë /kanɔe/ *nm* canoe; (sport) canoeing.

canoë-kayak /kanɔekajak/ *nm* canoeing.

canon /kanɔ̃/ *nm* (big) gun; HIST cannon; (tube d'arme) barrel; MUS canon; (personne)☺ *il/elle est canon* he's/she's gorgeous☺.

cañon ▶ canyon.

canot /kano/ *nm* (small) boat, dinghy; *canot de sauvetage* lifeboat.

cantate /kɑ̃tat/ *nf* cantata.

cantatrice /kɑ̃tatʀis/ *nf* opera singer.

cantine /kɑ̃tin/ *nf* canteen^{GB}, cafeteria; (malle) tin trunk.

cantique /kɑ̃tik/ *nm* canticle.

canton /kɑ̃tɔ̃/ *nm* canton.

cantonade: à la cantonade /alakɑ̃tɔnad/ *loc adv* THÉÂT *parler à la cantonade* to speak off.

cantonal, -e *mpl* **-aux** /kɑ̃tɔnal, o/ *adj* cantonal; *élections cantonales* cantonal elections.

cantonner /kɑ̃tɔne/ **I** *vtr* to confine. **II se cantonner** *vpr se cantonner dans un rôle* to restrict oneself to a role.

canular /kanylaʀ/ *nm* hoax.

canyon /kanjɔ̃/ *nm* canyon.

caoutchouc /kautʃu/ *nm* rubber; (élastique) rubber band; (plante) rubber plant.

caoutchouteux, -euse /kautʃutø, øz/ *adj* rubbery.

cap /kap/ *nm* GÉOG cape; *le cap Horn* Cape Horn; (obstacle) hurdle; *mettre le cap sur* to head for.

CAP /seape/ *nm* (*abrév* = **certificat d'aptitude professionnelle**) *vocational-training qualification*.

capable /kapabl/ *adj* **capable (de faire)** capable (of doing); *il n'est même pas capable de lire* he can't even read.

capacité /kapasite/ *nf* ability; (potentiel) capacity; *capacité de mémoire* ORDINAT memory size.

cape /kap/ *nf* cape; *film de cape et d'épée* swashbuckler; *rire sous cape* to laugh up one's sleeve.

CAPES /kapɛs/ *nm* (*abrév* = **certificat d'aptitude professionnelle à l'enseignement secondaire**) *secondary-school teaching qualification*.

capillaire /kapilɛʀ/ *adj* [lotion, soins] hair; *(vaisseau) capillaire* capillary.

capitaine /kapitɛn/ *nm* captain.

capital, -e, *mpl* **-aux** /kapital, o/ **I** *adj* crucial; *peine capitale* capital punishment. **II** *nm* capital; FIG stock.

■ **capital-risque** venture capital.

capitale /kapital/ *nf* (ville, lettre) capital; *en capitales d'imprimerie* in block capitals.

capitaliste /kapitalist/ *adj, nmf* capitalist.

capituler /kapityle/ *vi capituler (devant)* to capitulate (to).

caporal, *pl* **-aux** /kapɔʀal, o/ *nm* ≈ corporal^{GB}, ≈ sergeant^{US}.

capot /kapo/ *nm* bonnet^{GB}, hood^{US}.

capote /kapɔt/ *nf* (de voiture) hood^{GB}, top; (préservatif)☺ *capote (anglaise)* condom.

câpre /kɑpʀ/ *nf* caper.

caprice /kapʀis/ *nm* whim; *faire un caprice* to throw a tantrum.

capricieux, -ieuse /kapʀisjø, jøz/ *adj* [personne] capricious; [voiture] temperamental.

capricorne /kapʀikɔʀn/ *nm* capricorn beetle.

Capricorne /kapʀikɔʀn/ *nprm* Capricorn.

capsule /kapsyl/ *nf* capsule; (de bouteille) cap.

capter /kapte/ **I** *vtr* [▶émission] to get; [▶attention] to catch. **II** *vi mon téléphone ne capte pas* my phone cannot link to the network.

captif, -ive /kaptif, iv/ *adj, nm,f* captive.

captiver /kaptive/ *vtr* to captivate.

captivité /kaptivite/ *nf* captivity.

capture /kaptyʀ/ *nf* catch; ORDINAT *capture d'écran* screenshot.

capturer /kaptyʀe/ *vtr* to capture.

capuche /kapyʃ/ *nf* hood.

capuchon /kapyʃɔ̃/ *nm* (de vêtement) hood; (de stylo) cap.

capucine /kapysin/ *nf* nasturtium.

Cap-Vert /kapvɛʀ/ *nprm* Cape Verde.

caquet /kakɛ/ *nm* prattle; *rabattre le caquet à qn*☺ to put sb in his/her place.

caqueter /kakte/ *vi* [poule] to cackle; [bavard] to prattle.

car¹ /kaʀ/ *conj* because, for.

car² /kar/ nm coach^{GB}, bus.
■ **car de police** police van; **car (de ramassage) scolaire** school bus.

carabine /karabin/ nf rifle.

carabiné[☺], **-e** /karabine/ adj [rhume] stinking[☺].

Carabosse /karabɔs/ nprf **la fée Carabosse** the wicked fairy.

caractère /karaktɛr/ nm character; *caractères d'imprimerie* block capitals; *en gros caractères* in large print; *en caractères gras* in bold type.
● **avoir bon/mauvais caractère** to be good-natured/bad-tempered.

caractériel, **-elle** /karakterjɛl/ adj disturbed.

caractériser /karakterize/ **I** vtr to characterize. **II se caractériser** vpr to be characterized.

caractéristique /karakteristik/ **I** adj characteristic. **II** nf characteristics (pl).

carafe /karaf/ nf carafe; (pour le vin) decanter; *tomber en carafe*[☺] to break down; *rester en carafe*[☺] to be stuck[☺].

carambolage /karãbɔlaʒ/ nm pile-up.

caramel /karamɛl/ nm caramel; (bonbon) toffee^{GB}, toffy^{US}; *caramel mou* ≈ fudge.

carapace /karapas/ nf shell, carapace.

carat /kara/ nm carat.

caravane /karavan/ nf caravan^{GB}, trailer^{US}; *caravane publicitaire* publicity cars (pl).

carbone /karbɔn/ nm carbon; (papier) carbon paper.

carbonique /karbɔnik/ adj carbonic; *neige carbonique* dry ice.

carbonisé, **-e** /karbɔnize/ adj charred.

carburant /karbyrã/ nm fuel.

carburateur /karbyratœr/ nm carburettor^{GB}, carburetor^{US}.

carcan /karkã/ nm constraints (pl).

carcasse /karkas/ nf carcass; (de véhicule)[☺] shell; (de bâtiment) frame.

cardiaque /kardjak/ adj [ennuis] heart; *être cardiaque* to have a heart condition.

cardinal, **-e** /kardinal/ mpl **cardinaux** adj, nm cardinal.

cardiologue /kardjɔlɔg/ nmf cardiologist.

carême /karɛm/ nm **le carême** Lent.

carence /karãs/ nf MÉD deficiency.

caresse /karɛs/ nf caress, stroke.

caresser /karese/ vtr to stroke, to caress; [▸espoir] to entertain, to cherish.

cargaison /kargɛzɔ̃/ nf cargo.

cargo /kargo/ nm cargo ship.

caricature /karikatyr/ nf caricature; *caricature de procès* mockery of a trial.

carie /kari/ nf cavity.

carié, **-e** /karje/ adj decayed.

carillon /karijɔ̃/ nm bells (pl); (sonnerie) chimes (pl).

caritatif, **-ive** /karitatif, iv/ adj *organisation caritative* charity.

carlingue /karlɛ̃g/ nf AVIAT cabin; NAUT keelson.

carnage /karnaʒ/ nm carnage ¢.

carnassier, **-ière** /karnasje, jɛr/ nm carnivore.

carnaval, pl **-s** /karnaval/ nm carnival.

carnet /karnɛ/ nm notebook; (de tickets) book.
■ **carnet d'adresses** address book; **carnet de chèques** chequebook^{GB}, checkbook^{US}; **carnet de notes** SCOL mark book^{GB}, report card^{US}.

carnivore /karnivɔr/ **I** adj carnivorous. **II** nm carnivore.

carotte /karɔt/ nf carrot.

carpe /karp/ nf carp.

carpette /karpɛt/ nf rug; (personne) PÉJ[☺] doormat[☺].

carré, **-e** /kare/ **I** adj square; *mètre carré* square metre. **II** nm square; *le carré de deux* two squared; (de chocolat) piece; (au poker) *un carré de dix* the four tens.

carreau, pl **-x** /karo/ nm tile; (vitre) windowpane; (motif) square; (sur du tissu) check; (carte) diamonds (pl).

carrefour /karfur/ nm (intersection) junction; (de deux routes, moment) crossroads (sg); FIG meeting point.

carrelage /karlaʒ/ nm tiled floor; (carreaux) tiles (pl).

carrelet /karlɛ/ nm plaice.

carrément /karemã/ adv (purement et simplement) downright; (complètement) completely; (sans hésiter) straight.

carrière /karjɛr/ nf career; (de pierre) quarry.

carriole /karjɔl/ nf cart.

castor

carrossable /kaʀɔsabl/ *adj* suitable for motor vehicles.

carrosse /kaʀɔs/ *nm* (horse-drawn) coach.

carrosserie /kaʀɔsʀi/ *nf* body(work).

carrure /kaʀyʀ/ *nf* shoulders (*pl*); *avoir une carrure imposante* to have broad shoulders; FIG stature.

cartable /kaʀtabl/ *nm* (d'écolier) schoolbag; (avec des bretelles) satchel; (d'adulte) briefcase.

carte /kaʀt/ *nf* GÉN card; *jouer aux cartes* to play cards; GÉOG map; (au restaurant) menu; *donner carte blanche à qn* to give a free hand to sb.

■ **carte d'abonnement** season ticket; **carte bancaire** bank card; **carte de crédit** credit card; **carte d'électeur** polling card[GB], voter registration card[US]; **carte d'étudiant** student card; **carte grise** car registration document; **carte d'identité** identity card, ID card; **carte postale** postcard; **carte de presse** press pass; **carte à puce** smart card; **carte routière** roadmap; **carte de séjour** resident's permit; **carte SIM** SIM card; **carte de téléphone** phonecard; **carte verte** certificate of motor insurance; **carte de visite** GÉN visiting card; (d'affaires) business card; **carte vitale** *national insurance smart card*; **carte de vœux** greetings card.

cartilage /kaʀtilaʒ/ *nm* cartilage.

carton /kaʀtɔ̃/ *nm* cardboard; (boîte) (cardboard) box; (carte) card.

■ **carton d'invitation** invitation card; **carton jaune/rouge** SPORT yellow/red card; **carton ondulé** corrugated cardboard.

● **faire un carton**[©] to do great[©].

cartouche /kaʀtuʃ/ *nf* (chasse, stylo) cartridge; (de gaz) refill; (de cigarettes) carton.

cas /ka/ **I** *nm inv* case; *au cas où* (just) in case; *auquel cas* in which case; *en cas d'incendie* in the event of a fire; *dans le meilleur/pire des cas* at best/worst. **II** *en tout cas, en tous les cas* *loc adv* in any case, at any rate; (du moins) at least.

■ **cas de conscience** moral dilemma; **cas de figure** scenario; **cas social** socially disadvantaged person.

casanier, -ière /kazanje, jɛʀ/ *adj* *être casanier* to be a real stay-at-home.

casaque /kazak/ *nf* (de jockey) jersey.

cascade /kaskad/ *nf* (chute d'eau) waterfall; CIN stunt.

cascadeur, -euse /kaskadœʀ, øz/ *nm,f* stuntman/stuntwoman.

case /kaz/ *nf* (maison) hut, cabin; (de damier) square; *retour à la case départ* back to square one; (sur un formulaire) box.

caser[©] /kaze/ **I** *vtr* (loger) to put up; (trouver un emploi pour) to find a place for. **II se caser** *vpr* to tie the knot[©], to get married.

caserne /kazɛʀn/ *nf* barracks.

■ **caserne de sapeurs-pompiers** fire station.

casier /kazje/ *nm* rack; (pour le courrier) pigeonhole.

■ **casier judiciaire** police record.

casque /kask/ *nm* helmet; AUDIO headphones (*pl*).

■ **Casque bleu** Blue Helmet.

casquette /kaskɛt/ *nf* cap; FIG (fonction) hat.

cassant, -e /kasɑ̃, ɑ̃t/ *adj* [objet] brittle; [ton, personne] curt, abrupt.

casse /kas/ *nf* (objets cassés) breakage; *mettre à la casse* to scrap.

casse-cou, *pl* **-s** /kasku/ *nmf* daredevil.

casse-croûte, **casse-croute**, *pl* **-s** /kaskʀut/ *nm* snack.

casse-noix /kasnwa/ *nm* nutcrackers (*pl*).

casse-pied[©], *pl* **-s** /kaspje/ **I** *adj* *être casse-pied* to be a pain in the neck[©]. **II** *nmf* bore, pain in the neck[©].

casser /kase/ **I** *vtr* to break; [▸noix] to crack; [▸prix] to slash; *casser la figure à qn*[©] to beat sb up[©]; [▸jugement] to quash. **II** *vi* to break. **III se casser** *vpr* to break; *se casser la jambe* to break one's leg.

● **se casser la figure**[©] to fall down, to fail.

casserole /kasʀɔl/ *nf* saucepan, pan.

casse-tête, *pl* **-s** /kastɛt/ *nm* headache; *casse-tête chinois* Chinese puzzle.

cassette /kasɛt/ *nf* tape; (coffret) casket.

■ **cassette vidéo** video (cassette).

casseur /kasœʀ/ *nm* rioting demonstrator.

cassis /kasis/ *nm inv* (fruit) blackcurrant; (bosse) dip.

cassure /kasyʀ/ *nf* split.

castagnettes /kastaɲɛt/ *nfpl* castanets.

castor /kastɔʀ/ *nm* beaver.

cataclysme /kataklism/ nm cataclysm.

catalogue /katalɔg/ nm catalogue; *acheter qch sur catalogue* to buy sth by mail order.

catalyseur /katalizœʀ/ nm CHIMIE catalyst.

catalytique /katalitik/ adj *pot catalytique* catalytic exhaust.

cataracte /kataʀakt/ nf cataract.

catastrophe /katastʀɔf/ nf disaster.
■ **catastrophe naturelle** act of God.

catastrophé, -e /katastʀɔfe/ adj devastated.

catastrophique /katastʀɔfik/ adj disastrous.

catch /katʃ/ nm wrestling.

catcheur, -euse /katʃœʀ, øz/ nm,f wrestler.

catéchisme /kateʃism/ nm catechism.

catégorie /kategɔʀi/ nf category; *de première catégorie* top-grade; *catégorie socio-professionnelle* social and occupational group; SPORT class.

catégorique /kategɔʀik/ adj categoric.

cathédrale /katedʀal/ nf cathedral.

catholique /katɔlik/ adj, nmf (Roman) Catholic.

catimini: en catimini /ɑ̃katimini/ loc adv on the sly.

cauchemar /koʃmaʀ/ nm nightmare.

cauchemardesque /koʃmaʀdesk/ adj nightmarish.

cause /koz/ nf cause; *à cause de/pour cause de* because of; (juridique) case; *être en cause* [fait] to be at issue; [personne] to be involved.
● **en tout état de cause** in any case; **en désespoir de cause** as a last resort.

causer /koze/ I vtr *causer qch à qn* to cause sb sth. II ⊕ vi to talk.

causette⊕ /kozɛt/ nf (little) chat.

caution /kosjɔ̃/ nf COMM deposit; FIN guarantee, security; JUR bail; *sujet à caution* open to doubt.

cavalcade /kavalkad/ nf (de cavaliers) cavalcade; (course bruyante) stampede.

cavale⊕ /kaval/ nf *en cavale* on the run.

cavaler⊕ /kavale/ vi to rush about; *cavaler après qn* to chase after sb.

cavalerie /kavalʀi/ nf cavalry.

cavalier, -ière /kavalje, jɛʀ/ I nm,f MIL cavalryman/cavalrywoman; horseman/horsewoman; (en promenade) horse rider; *un bon cavalier* a good rider; (pour danser) partner. II nm (aux échecs) knight.

cavalièrement /kavaljɛʀmɑ̃/ adv in an offhand manner.

cave /kav/ nf cellar.

caverne /kavɛʀn/ nf cavern.

caviar /kavjaʀ/ nm caviar.

CCP /sesepe/ nm (abrév = **compte chèque postal**) post-office account.

CD /sede/ nm (abrév = **compact disc**) CD.

CD-ROM /sedeʀɔm/ nm inv (abrév = **compact disc read only memory**) CD-ROM.

ce /sə/ (**c'** /s/ devant e, **cet** /sɛt/ devant voyelle ou h muet), **cette** /sɛt/, pl **ces** /se/ I dét dém this; (plus éloigné) that; *ces* these; (plus éloigné) those; *cette nuit* (passée) last night; (à venir) tonight; (marquant le degré) *tu as de ces idées!* you've got some funny ideas! II pron dém (seul) *ce faisant* in so doing; (+ relative) *fais ce que tu veux* do what you like; *ce qui m'étonne, c'est que* what surprises me is that; (+ complétive) *il tient à ce que vous veniez* he's very keen that you should come; (exclamative) *ce que c'est grand!* it's so big!; *qu'est-ce que*⊕ *j'ai faim!* I'm starving!

ceci /səsi/ pron dém this; *à ceci près que* except that.

céder /sede/ I vtr to give up; (vendre) to sell. II vi [personne] to give in; [poignée, branche] to give way; [serrure, porte] to yield.

cédérom /sedeʀɔm/ nm CD-ROM.

cedex /sedɛks/ nm (abrév = **courrier d'entreprise à distribution exceptionnelle**) postal code for corporate users.

cédille /sedij/ nf cedilla.

cèdre /sɛdʀ/ nm cedar.

ceinture /sɛ̃tyʀ/ nf belt; (taille) waist; *boulevard de ceinture* ring road^GB, beltway^US.
■ **ceinture de sauvetage** lifebelt; **ceinture de sécurité** seat belt.

ceinturon /sɛ̃tyʀɔ̃/ nm belt.

cela /səla/ pron dém that; *il y a dix ans de cela* that was ten years ago; *cela dit* having said that; (sujet apparent ou réel) *cela m'inquiète* it worries me.

célébration /selebʀasjɔ̃/ nf celebration.

célèbre /selɛbʀ/ *adj* famous.

célébrer /selebʀe/ *vtr* to celebrate; (vanter) to praise.

célébrité /selebʀite/ *nf* fame; (personnage) celebrity.

céleri, cèleri /sɛlʀi/ *nm* celery.

céleste /selɛst/ *adj* celestial.

célibat /seliba/ *nm* (état) single status.

célibataire /selibatɛʀ/ **I** *adj* single. **II** *nmf* (homme) bachelor, single man; (femme) single woman.

celle ▸ celui.

celle-ci, celles-ci ▸ celui-ci.

celle-là, celles-là ▸ celui-là.

cellulaire /selylɛʀ/ *adj* cellular; *téléphone cellulaire* cellular phone, cell phone.

cellule /selyl/ *nf* cell; (groupe) unit.
■ **cellule souche** stem cell.

cellulite /selylit/ *nf* cellulite.

cellulose /selyloz/ *nf* cellulose.

celui /səlɥi/, **celle** /sɛl/, *mpl* **ceux** /sø/, *fpl* **celles** /sɛl/ *pron dém* the one; *ceux, celles* (personnes) those; (choses) those, the ones.

celui-ci /səlɥisi/, **celle-ci** /sɛlsi/, *mpl* **ceux-ci** /søsi/, *fpl* **celles-ci** /sɛlsi/ *pron dém* this one; *ceux-ci/celles-ci* these.

celui-là /səlɥila/, **celle-là** /sɛlla/, *mpl* **ceux-là** /søla/, *fpl* **celles-là** /sɛlla/ *pron dém* (éloigné) that one; *ceux-là/celles-là* those (ones); (le premier des deux) the former; (l'autre) another; *elle est bien bonne, celle-là!* that's a good one!

cendre /sɑ̃dʀ/ *nf* ash.

cendré, -e /sɑ̃dʀe/ *adj* ash (grey).

Cendrillon /sɑ̃dʀijɔ̃/ *nprf* Cinderella.

cendrier /sɑ̃dʀije/ *nm* ashtray.

censé, -e /sɑ̃se/ *adj être censé faire* to be supposed to do.

censeur /sɑ̃sœʀ/ *nm* SCOL *school official in charge of discipline*; ADMIN censor.

censure /sɑ̃syʀ/ *nf* censorship; *(commission de) censure* board of censors; POL censure.

censurer /sɑ̃syʀe/ *vtr* to censor; *censurer le gouvernement* to pass a vote of censure.

cent /sɑ̃/, **I** *dét* a hundred, one hundred; *deux cents* two hundred. **II pour cent** *loc adj* per cent.

centaine /sɑ̃tɛn/ *nf* (environ cent) about a hundred; *des centaines de...* hundreds of...

centenaire /sɑ̃tnɛʀ/ **I** *adj* [arbre, objet] hundred-year-old; [personne] centenarian. **II** *nm* centenaryGB, centennialUS.

centième /sɑ̃tjɛm/ *adj, nmf* hundredth.

centilitre /sɑ̃tilitʀ/ *nm* centilitreGB.

centime /sɑ̃tim/ *nm* centime; (somme infime) penny, centUS.

centimètre /sɑ̃timɛtʀ/ *nm* centimetreGB; (distance infime) inch; (ruban) tape measure.

central, -e, *mpl* **-aux** /sɑ̃tʀal, o/ **I** *adj* central; ORDINAT *unité centrale* central processing unit. **II** *nm* TÉLÉCOM (telephone) exchange.

centrale /sɑ̃tʀal/ *nf* power station.

centraliser /sɑ̃tʀalize/ *vtr* to centralize.

centre /sɑ̃tʀ/ *nm* centreGB, centerUS.
■ **centre aéré** children's outdoor-activity centre; **centre antipoison** poisons unit; **centre commercial** shopping centreGB, mallUS; **centre hospitalier universitaire, CHU** ≈ teaching hospital; **centre de tri (postal)** sorting office.

centrer /sɑ̃tʀe/ *vtr* to centreGB, centerUS.

centre-ville, *pl* **centres-villes** /sɑ̃tʀəvil/ *nm* town centreGB, downtownUS.

centuple /sɑ̃typl/ *nm le centuple de cent* a hundred times one hundred; *au centuple* a hundredfold.

cep /sɛp/ *nm cep (de vigne)* vine stock.

cépage /sepaʒ/ *nm* grape variety.

cèpe /sɛp/ *nm* cep.

cependant /səpɑ̃dɑ̃/ *conj* yet, however. **II cependant que** *loc conj* whereas, while.

céramique /seʀamik/ *nf* ceramic.

cercle /sɛʀkl/ *nm* circle; *cercle polaire/vicieux* polar/vicious circle; JEUX club.

cercueil /sɛʀkœj/ *nm* coffin.

céréale /seʀeal/ *nf* cereal.

cérébral, -e, *mpl* **-aux** /seʀebʀal, o/ *adj* ANAT, MÉD cerebral; (travail) intellectual.

cérémonie /seʀemɔni/ *nf* ceremony.

cerf /sɛʀ/ *nm* stag.

cerfeuil /sɛʀfœj/ *nm* chervil.

cerf-volant, *pl* **cerfs-volants** /sɛʀvɔlɑ̃/ *nm* kite.

cerise /s(ə)ʀiz/ *adj inv*, *nf* cherry.
● **la cerise sur le gâteau** the icing on the cake.

cerisier /s(ə)ʀizje/ *nm* cherry (tree).

cerne /sɛʀn/ *nm* ring.

cerné, -e /sɛʀne/ *adj* **avoir les yeux cernés** to have rings under one's eyes.

cerneau, *pl* **-x** /sɛʀno/ *nm* **cerneaux de noix** walnut halves.

cerner /sɛʀne/ *vtr* to surround; (définir) to define.

certain, -e /sɛʀtɛ̃, ɛn/ **I** *adj* certain. **II** *dét indéf* **un certain temps** for a while; **un certain nombre d'erreurs** a (certain) number of mistakes; **dans une certaine mesure** to some extent; **d'une certaine manière** in a way. **III** **certains, certaines** *dét indéf pl* some; **à certains moments** sometimes, at times. **IV** *pron indéf pl* some people.

certainement /sɛʀtɛnmɑ̃/ *adv* certainly.

certes /sɛʀt/ *adv* admittedly.

certificat /sɛʀtifika/ *nm* certificate.
■ **certificat d'aptitude professionnelle, CAP** vocational-training qualification; **certificat de scolarité** proof of attendance.

certifié, -e /sɛʀtifje/ *adj* **professeur certifié** fully qualified teacher; **copie certifiée conforme** certified a true copy.

certifier /sɛʀtifje/ *vtr* to certify; **certifier conforme** to authenticate; (affirmer) to assure (that).

certitude /sɛʀtityd/ *nf* **avoir la certitude que** to be certain that.

cérumen /seʀymɛn/ *nm* earwax.

cerveau, *pl* **-x** /sɛʀvo/ *nm* brain; (intelligence) mind.

cervelle /sɛʀvɛl/ *nf* MÉD brain; CULIN brains (*pl*).

ces ▶ **ce**.

césar /sezaʀ/ *nm* César (*film award*).

césarienne /sezaʀjɛn/ *nf* caesarean (section).

cesse /sɛs/ *nf* **sans cesse** constantly.

cesser /sese/ **I** *vtr* **cesser de faire** to stop doing; **cesser de fumer/d'espérer** to give up smoking/hope; **ne pas cesser de** to keep on. **II** *vi* to stop; **faire cesser** to put an end to.

cessez-le-feu /seselfø/ *nm inv* ceasefire.

cession /sesjɔ̃/ *nf* transfer.

c'est-à-dire /setadiʀ/ *loc conj* that is (to say); (pour rectifier) **c'est-à-dire que** well, actually.

cet, cette ▶ **ce**.

ceux ▶ **celui**.

ceux-ci ▶ **celui-ci**.

ceux-là ▶ **celui-là**.

CFDT /seɛfdete/ *nf* (*abrév* = **Confédération française démocratique du travail**) CFDT (*French trade union*).

CFTC /seɛftese/ *nf* (*abrév* = **Confédération française des travailleurs chrétiens**) CFTC (*French trade union*).

CGC /seʒese/ *nf* (*abrév* = **Confédération générale des cadres**) CGC (*French trade union*).

CGT /seʒete/ *nf* (*abrév* = **Confédération générale du travail**) CGT (*French trade union*).

chacal, *pl* **-s** /ʃakal/ *nm* jackal.

chacun, -e /ʃakœ̃, yn/ *pron indéf* each (one); **chacun d'entre nous** each (one) of us, every one of us; (tout le monde) everyone; **chacun son tour** everyone in turn.

chagrin /ʃagʀɛ̃/ *nm* grief; **faire du chagrin à qn** to cause sb grief.

chagriner /ʃagʀine/ *vtr* **cela me chagrine** it upsets me.

chahut /ʃay/ *nm* uproar.

chahuter /ʃayte/ **I** *vtr* [▶professeur] to play up[GB]; [▶orateur] to heckle. **II** *vi* to mess around.

chaîne, chaine /ʃɛn/ *nf* chain; **chaîne de magasins** chain of stores; GÉOG (de montagne) range; (de montage) line; **chaîne de production** production line; **produire (qch) à la chaîne** to mass-produce (sth); (organisation) network; (de télévision) channel; **chaîne thématique** special interest channel; AUDIO **chaîne stéréo** stereo system.

chaînon, chainon /ʃɛnɔ̃/ *nm* link; **chaînon manquant** missing link.

chair /ʃɛʀ/ *nf* flesh ¢; **bien en chair** plump; (de volaille, etc) meat; **en chair et en os** in the flesh.
■ **chair de poule** gooseflesh, goose pimples.

chaire /ʃɛʀ/ *nf* pulpit; (poste) chair; (tribune) rostrum.

chaise /ʃɛz/ *nf* chair.
■ **chaise longue** deckchair; **chaise roulante** wheelchair.

châle /ʃɑl/ *nm* shawl.

chalet /ʃalɛ/ *nm* chalet.

chaleur /ʃalœʀ/ *nf* heat; (douce) warmth; FIG warmth.

chaleureux, -euse /ʃaløʀø, øz/ *adj* warm.

chaloupe /ʃalup/ *nf* (à rames) rowing boat^{GB}, rowboat^{US}.

chalumeau, *pl* **-x** /ʃalymo/ *nm* (outil) blow-torch; (flûte) pipe.

chalutier /ʃalytje/ *nm* trawler.

chamailler©: **se chamailler** /ʃamaje/ *vpr* to squabble.

chambre /ʃɑ̃bʀ/ *nf* room; *chambre pour une personne* single room; *avez-vous une chambre de libre?* have you got any vacancies?; *musique de chambre* chamber music.

∎ **chambre à air** inner tube; **chambre d'amis** guest room; **chambre de commerce et d'industrie** chamber of commerce; **chambre à coucher** bedroom; **chambre forte** strong room; **chambre froide** cold storage room; **chambre à gaz** gas chamber; **chambre d'hôte** ≈ room in a guest house; **chambre noire** darkroom; **Chambre des communes** House of Commons; **Chambre des lords** House of Lords.

chambrer /ʃɑ̃bʀe/ *vtr* [▸vin] to bring [sth] to room temperature; (se moquer de)© to tease.

chameau, *pl* **-x** /ʃamo/ *nm* camel.

chamelle /ʃamɛl/ *nf* she-camel.

chamois /ʃamwa/ *nm* chamois.

champ /ʃɑ̃/ **I** *nm* GÉN field; *avoir le champ libre* to have a free hand. **II à tout bout de champ**© *loc adv* all the time.

∎ **champ de bataille** battlefield; **champ de courses** racetrack.

champêtre /ʃɑ̃pɛtʀ/ *adj* rural.

champignon /ʃɑ̃piɲɔ̃/ *nm* CULIN mushroom; BOT, MÉD fungus.

champion, -ionne /ʃɑ̃pjɔ̃, jɔn/ *nm,f* champion.

championnat /ʃɑ̃pjɔna/ *nm* championship.

chance /ʃɑ̃s/ *nf* (good) luck; *avoir de la chance* to be lucky; (possibilité) chance; (occasion favorable) chance, opportunity.

chanceler /ʃɑ̃sle/ *vi* [personne] to stagger; [santé] to be precarious.

chancelier, -ière /ʃɑ̃səlje, jɛʀ/ *nm,f* GÉN chancellor; (d'ambassade) chancery.

chancellerie /ʃɑ̃sɛlʀi/ *nf* (en France) Ministry of Justice; (en Allemagne, Autriche) Chancellorship.

chanceux, -euse /ʃɑ̃sø, øz/ *adj* lucky.

chandail /ʃɑ̃daj/ *nm* sweater, jumper^{GB}.

chandeleur /ʃɑ̃dlœʀ/ *nf* Candlemas.

chandelier /ʃɑ̃dəlje/ *nm* candlestick; (à plusieurs branches) candelabra.

chandelle /ʃɑ̃dɛl/ *nf* candle; *dîner aux chandelles* candlelit dinner.

change /ʃɑ̃ʒ/ *nm* exchange; *perdre au change* to lose out.

changement /ʃɑ̃ʒmɑ̃/ *nm* change.

changer /ʃɑ̃ʒe/ **I** *vtr* change; *changer des euros en dollars* to change euros into dollars; *changer qch de place* to move sth. **II changer de** *vtr ind* to change; *pour changer* for a change. **IV se changer** *vpr* to get changed; *se changer en* to turn/change into.

chanson /ʃɑ̃sɔ̃/ *nf* song.

chansonnier, -ière /ʃɑ̃sɔnje, jɛʀ/ *nm,f* cabaret artist.

chant /ʃɑ̃/ *nm* singing; (de coq) crow(ing).

chantage /ʃɑ̃taʒ/ *nm* blackmail.

chanter /ʃɑ̃te/ **I** *vtr* to sing. **II chanter à**© *vtr ind* (plaire) *si ça me chante* if I feel like it. **III** *vi* [personne, oiseau] to sing; *faire chanter qn* (chantage) to blackmail sb.

chanteur, -euse /ʃɑ̃tœʀ, øz/ *nm,f* singer.

chantier /ʃɑ̃tje/ *nm* construction site; *en chantier* under construction; (désordre)© mess.

∎ **chantier naval** shipyard.

chantonner /ʃɑ̃tɔne/ *vtr, vi* to hum.

chaos /kao/ *nm inv* chaos.

chaparder© /ʃapaʀde/ *vtr* to pinch©.

chapeau, *pl* **-x** /ʃapo/ **I** *nm* hat. **II** © *excl* well done!

chapelet /ʃaplɛ/ *nm* RELIG rosary; (série) string.

chapelle /ʃapɛl/ *nf* chapel; *chapelle ardente* temporary mortuary.

chapelure /ʃaplyʀ/ *nf* breadcrumbs (*pl*).

chaperon /ʃapʀɔ̃/ *nm* *le Petit Chaperon rouge* Little Red Riding Hood.

chapiteau, *pl* **-x** /ʃapito/ *nm* big top.

chapitre /ʃapitʀ/ *nm* chapter; FIG subject.

chaque /ʃak/ **I** *dét indéf* each, every. **II** *pron* (chacun)© each.

char /ʃaʀ/ *nm* MIL *char (d'assaut)* tank; (de carnaval) float.

charabia© /ʃaʀabja/ *nm* gobbledygook©, double Dutch^GB.

charade /ʃaʀad/ *nf* riddle.

charbon /ʃaʀbɔ̃/ *nm* coal.
■ **charbon de bois** charcoal.

charcuterie /ʃaʀkytʀi/ *nf* cooked pork meats (*pl*); (magasin) pork butcher's; (rayon) delicatessen counter.

charcutier, -ière /ʃaʀkytje, jɛʀ/ *nm,f* pork butcher.

chardon /ʃaʀdɔ̃/ *nm* thistle.

chardonneret /ʃaʀdɔnʀɛ/ *nm* goldfinch.

charge /ʃaʀʒ/ **I** *nf* load; (de navire) cargo, freight; (responsabilité) responsibility; *avoir qn à charge* to be responsible for sb; *se prendre en charge* to take care of oneself; *à la charge du client* payable by the customer; (fonction) office; (preuve) evidence; MIL charge. **II charges** *nfpl* GÉN expenses, costs; (de locataire) service charge^GB (*sg*), maintenance fees^US.
■ **charge de travail** workload; **charges sociales** welfare costs.

chargé, -e /ʃaʀʒe/ *adj* loaded (with); *trop chargé* overloaded; (journée) busy; *être chargé de* (responsable) to be responsible for.
■ **chargé d'affaires** chargé d'affaires; **chargé de cours** UNIV part-time lecturer; **chargé de mission** representative.

chargement /ʃaʀʒəmɑ̃/ *nm* load, loading; (de batterie) charging.

charger /ʃaʀʒe/ **I** *vtr* to load; [▸batterie] to charge; *charger qn de qch* to make sb responsible for sth; *chargé de l'enquête* in charge of the investigation; (attaquer) to charge at. **II** *vi* to charge. **III se charger de** *vpr* to take responsibility for; *je m'en charge* I'll see to it; (d'un poids) to weigh oneself down.

chargeur /ʃaʀʒœʀ/ *nm* (d'arme) magazine; (de batteries) charger.

chariot, charriot /ʃaʀjo/ *nm* trolley^GB, cart^US; (à chevaux) waggon^GB.

charitable /ʃaʀitabl/ *adj charitable (envers/ avec)* charitable (to/toward(s)).

charité /ʃaʀite/ *nf* charity; *faire la charité à* to give money to.

charlatan /ʃaʀlatɑ̃/ *nm* (guérisseur) quack©.

charlotte /ʃaʀlɔt/ *nf* (dessert) charlotte; (bonnet) mobcap.

charmant, -e /ʃaʀmɑ̃, ɑ̃t/ *adj* charming, delightful.

charme /ʃaʀm/ *nm* charm; (sort) spell; (arbre) hornbeam.
● **se porter comme un charme** to be as fit as a fiddle.

charmer /ʃaʀme/ *vtr* to charm.

charmeur, -euse /ʃaʀmœʀ, øz/ **I** *adj* charming, engaging. **II** *nm,f* charmer.

charnel, -elle /ʃaʀnɛl/ *adj* carnal.

charnier /ʃaʀnje/ *nm* mass grave.

charnière /ʃaʀnjɛʀ/ *nf* (de porte) hinge; *époque(-)charnière* transitional period.

charnu, -e /ʃaʀny/ *adj* fleshy.

charogne /ʃaʀɔɲ/ *nf* carrion.

charpente /ʃaʀpɑ̃t/ *nf* framework; (carrure) build.

charpentier /ʃaʀpɑ̃tje/ *nm* carpenter.

charretier /ʃaʀtje/ *nm* carter.

charrette /ʃaʀɛt/ *nf* cart.

charrier /ʃaʀje/ **I** *vtr* to carry; (se moquer de)© to tease. **II** © *vi* to go too far.

charrue /ʃaʀy/ *nf* plough, plow^US.

charte /ʃaʀt/ *nf* charter.

chas /ʃa/ *nm inv* (d'aiguille) eye.

chasse /ʃas/ *nf* hunting; (au fusil) shooting; *chasse au trésor* treasure hunt; *chasse gardée* preserve; (poursuite) chase; *faire la chasse à* to hunt down; *tirer la chasse* to flush the toilet.
■ **chasse à la baleine** whaling; **chasse à l'homme** manhunt; **chasse d'eau** toilet flush; **chasse à courre** hunting.

chassé-croisé, *pl* **chassés-croisés** /ʃas↓ ekʀwaze/ *nm* continual coming and going.

chasse-neige, *pl* **-s** /ʃasnɛʒ/ *nm* snowplough^GB, snowplow^US.

chasser /ʃase/ **I** *vtr* to hunt; (éloigner) to chase away; [▸domestique] to fire; [▸doute] to dispel. **II** *vi* to go hunting.

cheminot

chasseur, **-euse** /ʃasœʀ, øz/ **I** nm,f hunter. **II** nm MIL chasseur; (avion) fighter; (groom) bellboyGB, bellhopUS.
■ **chasseur alpin** soldier trained for mountainous terrain; **chasseur de têtes** headhunter.

châssis /ʃɑsi/ nm (de fenêtre) frame; AUT chassis.

chasteté /ʃastəte/ nf chastity.

chat¹ /ʃa/ nm cat; JEUX **jouer à chat** to play tag/tigGB.
● **donner sa langue au chat** to give in/up.

chat² /tʃat/ nm ORDINAT (conversation) chat; (forum) chatroom.

châtaigne /ʃatɛɲ/ nf (sweet) chestnut.

châtain /ʃatɛ̃/ adj m brown.

château, pl **-x** /ʃato/ nm castle.
■ **château d'eau** water tower; **château fort** fortified castle; **château de sable** sand castle.

châtier /ʃatje/ vtr to punish.

châtiment /ʃatimɑ̃/ nm punishment.

chaton /ʃatɔ̃/ nm (petit chat) kitten; (fleur) catkin.

chatouilles© /ʃatuj/ nfpl **faire des chatouilles** to tickle.

chatouiller /ʃatuje/ vtr to tickle; (exciter) to titillate.

chatouilleux, **-euse** /ʃatujø, øz/ adj ticklish; **chatouilleux (sur)** touchy (about).

chatoyer /ʃatwaje/ vi to shimmer.

châtrer /ʃatʀe/ vtr (▸chat) to neuter; (▸cheval) to geld; (▸taureau) to castrate.

chatte /ʃat/ nf (female) cat.

chatter /tʃate/ vi ORDINAT to chat.

chaud, **-e** /ʃo, ʃod/ **I** adj hot; (modérément) warm; **être chaud pour faire** to be keen on doing. **II** adv **il fait chaud** it's hot, it's warm. **III** nm heat; **avoir chaud** to be warm, hot; **j'ai eu chaud** I had a narrow escape; **se tenir chaud** to keep warm.

chaudière /ʃodjɛʀ/ nf boiler.

chaudron /ʃodʀɔ̃/ nm cauldron.

chauffage /ʃofaʒ/ nm heating; (appareil) heater.
■ **chauffage central** central heating.

chauffard© /ʃofaʀ/ nm reckless driver.

chauffe-eau /ʃofo/ nm inv water-heater.

chauffer /ʃofe/ **I** vtr to heat (up). **II** vi to heat (up); [moteur] to overheat; **ça va chauffer!** there'll be big trouble!; JEUX to get warm.

chauffeur /ʃofœʀ/ nm driver.

chaumière /ʃomjɛʀ/ nf (thatched) cottage.

chaussée /ʃose/ nf road.

chausse-pied, pl **-s** /ʃospje/ nm shoehorn.

chausser /ʃose/ **I** vtr (▸skis, lunettes) to put [sth] on. **II** vi **je chausse du 41** I take a (size) 41. **III se chausser** vpr to put (one's) shoes on.

chaussette /ʃosɛt/ nf sock.

chausson /ʃosɔ̃/ nm slipper; (de bébé) bootee; (de danse) ballet shoe.
■ **chausson aux pommes** apple turnover.

chaussure /ʃosyʀ/ nf shoe; **chaussure de ski** ski boot.
■ **chaussures de sport** sports shoes, trainersGB, sneakersUS.

chauve /ʃov/ adj bald.

chauve-souris, pl **chauves-souris** /ʃovsuʀi/ nf bat.

chauvin, **-e** /ʃovɛ̃, in/ adj chauvinistic.

chaux /ʃo/ nf inv lime.

chavirer /ʃaviʀe/ vi to capsize.

chef /ʃɛf/ nmf (meneur) leader; (dirigeant) head; (supérieur) superior, boss©; MIL sergeant; (d'un service) manager; (cuisinier) chef; (as)© ace.
■ **chef d'accusation** count of indictment; **chef d'État/de gouvernement** head of state/of government; **chef de famille** head of the family; **chef de gare** stationmaster; **chef d'orchestre** conductor.

chef-d'œuvre, pl **chefs-d'œuvre** /ʃedœvʀ/ nm masterpiece.

chef-lieu, pl **chefs-lieux** /ʃɛfljø/ nm administrative centreGB.

chemin /ʃəmɛ̃/ nm (country) road; (direction) way; **sur mon chemin** in my way; **le chemin de la gloire** the path of glory; ORDINAT **chemin d'accès** access path.
■ **chemin de fer** railway, railroadUS.

cheminée /ʃəmine/ nf chimney; (foyer) fireplace; (de bateau, locomotive) funnel, smokestackUS.

cheminer /ʃəmine/ vi to walk (along).

cheminot /ʃəmino/ nm railway workerGB, railroaderUS.

chemise /ʃəmiz/ nf shirt; (dossier) folder.
■ **chemise de nuit** nightgown.

chemisier /ʃəmizje/ nm blouse.

chenapan /ʃənapɑ̃/ nm rascal.

chêne /ʃɛn/ nm oak (tree).

chenil /ʃənil/ nm kennel.

chenille /ʃənij/ nf GÉN caterpillar.

chèque /ʃɛk/ nm cheque^GB, check^US.
■ **chèque emploi-service** bankable money voucher for casual worker which credits their social security records; **chèque postal** ≈ giro cheque^GB; **chèque sans provision** bad cheque; **chèque de voyage** traveller's cheque.

chéquier /ʃekje/ nm chequebook^GB, check-book^US.

cher, chère /ʃɛr/ **I** adj (aimé) **cher à qn** dear to sb; (coûteux) expensive. **II** nm,f **mon cher, ma chère** dear. **III** adv a lot (of money).

chercher /ʃɛrʃe/ vtr to look for; **chercher à faire** to try to do; **aller chercher qn/qch** to go and get sb/sth.

chercheur, -euse /ʃɛrʃœr, øz/ nm,f researcher.
■ **chercheur d'or** gold-digger.

chère /ʃɛr/ **I** adj f ▶ **cher**. **II** nf **faire bonne chère** to eat well.

chèrement /ʃɛrmɑ̃/ adv dearly.

chéri, -e /ʃeri/ **I** adj beloved. **II** nm,f darling.

chérir /ʃerir/ vtr to cherish.

chétif, -ive /ʃetif, iv/ adj puny.

cheval, pl **-aux** /ʃ(ə)val, o/ **I** nm horse; **monter à cheval** to ride a horse; (sport) horseriding. **II à cheval sur** loc prép **être à cheval sur les principes** to be a stickler for principles; **à cheval sur un mur** astride a wall; **à cheval sur deux pays** spanning two countries.
■ **cheval d'arçons** pommel horse; **cheval de course** racehorse; **cheval-vapeur** horsepower; **chevaux de bois** merry-go-round horses.

chevalerie /ʃ(ə)valri/ nf chivalry.

chevalet /ʃ(ə)valɛ/ nm easel.

chevalier /ʃ(ə)valje/ nm knight.

chevalin, -e /ʃ(ə)valɛ̃, in/ adj equine; **boucherie chevaline** horse butcher's.

chevauchée /ʃ(ə)voʃe/ nf ride.

chevaucher, se chevaucher vpr /ʃ(ə)voʃe/ to overlap.

chevelu, -e /ʃəvly/ adj long-haired.

chevelure /ʃəvlyr/ nf hair.

chevet /ʃəvɛ/ nm **être au chevet de qn** to be at sb's bedside; **livre de chevet** bedside book; (d'église) chevet.

cheveu /ʃəvø/ **I** nm hair. **II cheveux** nmpl hair; **avoir les cheveux courts/longs** to have short/long hair.
● **avoir un cheveu sur la langue** to have a lisp; **tiré par les cheveux** far-fetched.

cheville /ʃ(ə)vij/ nf ankle; (pour vis) Rawlplug®; (pour assemblage) peg.
● **être la cheville ouvrière de** to play a key role in.

chèvre¹ /ʃɛvr/ nm (fromage) goat's cheese.

chèvre² /ʃɛvr/ nf goat.

chevreau, pl **-x** /ʃəvro/ nm kid.

chèvrefeuille /ʃɛvrəfœj/ nm honeysuckle.

chevreuil /ʃəvrœj/ nm roe (deer); CULIN venison.

chevron /ʃəvrɔ̃/ nm (poutre) rafter; (motif) **à chevrons** herringbone.

chevronné, -e /ʃəvrɔne/ adj experienced.

chez /ʃe/ prép (au domicile de) **chez qn** at sb's place; **rentre chez toi** go home; **je reste chez moi** I stay at home; (au magasin, cabinet de) **chez l'épicier** at the grocer's; (parmi) among; (dans la personnalité de) **ce que j'aime chez elle** what I like about her; (dans l'œuvre de) in.

chiant⁶, -e /ʃjɑ̃, ɑ̃t/ adj (ennuyeux) boring; (pénible) **il est chiant⁶** he's a pain⊙.

chic /ʃik/ **I** adj chic; (gentil)⊙ nice. **II** nm chic; **avoir le chic pour** to have a knack for. **III** excl **chic (alors)!** great!

chicane /ʃikan/ nf double bend.
● **chercher chicane à qn** to pick a quarrel with sb.

chiche /ʃiʃ/ **I** adj (mesquin) stingy; (capable)⊙ **être chiche de faire qch** to be able to do sth. **II** ⊙ excl **chiche que je le fais!** bet you I can do it!

chichi⊙ /ʃiʃi/ nm **faire des chichis** to make a fuss.

chicorée /ʃikɔre/ nf chicory; (salade) endive^GB, chicory^US.

chien, chienne /ʃjɛ̃, ʃjɛn/ **I** ⊙ adj wretched. **II** nm, f dog; **chien de garde** guard dog. **III**

chouette

de chien© *loc adj* [métier, temps] rotten; *vie de chien* dog's life; *avoir un mal de chien à faire* to have an awful time doing.

chiffon /ʃifɔ̃/ *nm* rag.

chiffonner /ʃifɔne/ **I** *vtr* to crumple; *ça me chiffonne*© it bothers me. **II se chiffonner** *vpr* to crease, to crumple.

chiffre /ʃifʀ/ *nm* figure; *un nombre à six chiffres* a six-digit number; (code) code.
■ **chiffre d'affaires** turnover^GB, sales^US (*pl*); **chiffre arabe/romain** Arabic/Roman numeral.

chiffrer /ʃifʀe/ **I** *vtr* (évaluer) to cost, to assess; [▸message] to encode. **II** © *vi* (coûter cher) to add up. **III se chiffrer** *vpr se chiffrer à* to amount to, to come to.

chignon /ʃiɲɔ̃/ *nm* bun, chignon.

chikungunya /ʃikungunja/ *nm mosquito borne viral fever.*

Chili /ʃili/ *nprm* Chile.

chilien, -ienne /ʃiljɛ̃ ɛn/ **I** *adj* Chilean. **II** *nm,f* **Chilien, -ienne** Chilean.

chimère /ʃimɛʀ/ *nf* wild dream.

chimie /ʃimi/ *nf* chemistry.

chimiothérapie /ʃimjoteʀapi/ *nf* chemotherapy.

chimique /ʃimik/ *adj* chemical.

chimiste /ʃimist/ *nmf* chemist.

chimpanzé /ʃɛ̃pɑ̃ze/ *nm* chimpanzee.

Chine /ʃin/ *nprf* China.

chinois, -e /ʃinwa, az/ **I** *adj* Chinese. **II** *nm* LING Chinese; (passoire) conical strainer. **III** *nm,f* **Chinois, -e** Chinese.
● **pour moi c'est du chinois** it's Greek to me.

chiot /ʃjo/ *nm* puppy, pup.

chiper© /ʃipe/ *vtr* to pinch©.

chipie© /ʃipi/ *nf* pest©.

chipoter /ʃipɔte/ *vtr* (grignoter) to pick at one's food; (discuter) to quibble.

chips /ʃips/ *nf* crisp^GB, potato chip^US.

chiquenaude /ʃiknod/ *nf* flick.

chirurgical, -e, *mpl* **-aux** /ʃiʀyʀʒikal, o/ *adj* surgical.

chirurgie /ʃiʀyʀʒi/ *nf* surgery.
■ **chirurgie esthétique** plastic surgery.

chirurgien, -ienne /ʃiʀyʀʒjɛ̃, jɛn/ *nm,f* surgeon.

chlore /klɔʀ/ *nm* chlorine.

chlorophylle /klɔʀɔfil/ *nf* chlorophyll.

choc /ʃɔk/ **I** *adj inv prix choc* huge reductions. **II** *nm* (commotion) shock; *tenir le choc* to cope; *sous le choc* under the impact.

chocolat /ʃɔkɔla/ *nm* chocolate.
■ **chocolat au lait** milk chocolate; **chocolat noir** plain *ou* dark chocolate.

chœur /kœʀ/ *nm* chorus; ARCHIT, (groupe) choir; *en chœur* in unison.

choir /ʃwaʀ/ *vi* to fall.

choisi, -e /ʃwazi/ *adj* selected; [expressions] carefully chosen.

choisir /ʃwaziʀ/ *vtr* **choisir (de faire)** to choose (to do).

choix /ʃwa/ *nm* choice; (assortiment) selection; *de choix* [candidat] first-rate.

chômage /ʃomaʒ/ *nm* unemployment; *au chômage* unemployed.
■ **chômage technique** layoffs (*pl*).

chômé, -e /ʃome/ *adj fête chômée* national holiday.

chômeur, -euse /ʃomœʀ, øz/ *nm,f* unemployed person.

chope /ʃɔp/ *nf* beer mug.

choquant, -e /ʃɔkɑ̃, ɑ̃t/ *adj* shocking.

choquer /ʃɔke/ *vtr* to shock; (commotionner) to shake.

choral, -e, *mpl* **-s, -aux** /kɔʀal, o/ **I** *adj* choral. **II** (*pl* **chorals**) *nm* chorale.

chorale /kɔʀal/ *nf* choir.

chorégraphie /kɔʀeɡʀafi/ *nf* choreography.

chose /ʃoz/ **I** © *adj se sentir tout chose* to feel out of sorts. **II** *nf* thing; *je pense à une chose* I've thought of something; *en mettant les choses au mieux* at best; *il a bien/mal pris la chose* he took it well/badly; *pas grand-chose* not much.

chou, *pl* **-x** /ʃu/ *nm* cabbage; (pâtisserie) choux bun^GB, pastry shell^US; (personne aimable)© dear.
■ **chou de Bruxelles** Brussels sprout; **chou rouge/vert** red/green cabbage.

chouchou© /ʃuʃu/ *nm* (du professeur) pet; (du public) darling.

chouchouter© /ʃuʃute/ *vtr* to pamper.

choucroute /ʃukʀut/ *nf* sauerkraut.

chouette /ʃwɛt/ **I** © **I** *adj* great©, neat©^US. **II** *nf* (oiseau) owl.

chou-fleur, pl **choux-fleurs** /ʃuflœʀ/ nm cauliflower.

choyer /ʃwaje/ vtr to pamper.

chrétien, -ienne /kʀetjɛ̃, jɛn/ adj, nm,f Christian.

Christ /kʀist/ nprm **le Christ** Christ.

christianisme /kʀistjanism/ nm **le christianisme** Christianity.

chrome /kʀom/ nm chromium.

chromosome /kʀomozom/ nm chromosome.

chronique /kʀonik/ **I** adj chronic. **II** nf PRESSE column, page, review.

chronologie /kʀonɔlɔʒi/ nf chronology.

chronologique /kʀonɔlɔʒik/ adj chronological.

chronomètre /kʀonɔmɛtʀ/ nm stopwatch.

chronométrer /kʀonɔmetʀe/ vtr to time.

chrysanthème /kʀizãtɛm/ nm chrysanthemum.

chu ▶ **choir**.

CHU /seaʃy/ nm (abrév = **centre hospitalier universitaire**) ≈ teaching hospital.

chuchoter /ʃyʃɔte/ vtr, vi to whisper.

chut /ʃyt/ excl shh!, hush!

chute /ʃyt/ nf fall; **chutes de pierres** falling rocks; (cascade) waterfall; (de tissu) offcut; FIG (gouvernement, régime) fall; (économie) collapse; **chute des cours de la Bourse** fall in share prices.
■ **chute libre** free-fall.

chuter /ʃyte/ vi to fall, to drop.

Chypre /ʃipʀ/ nprf Cyprus.

chypriote /ʃipʀiɔt/ **I** adj Cypriot. **II** nmf **Chypriote** Cypriot.

ci /si/ adv (après n) **cette page-ci** this page; **ces mots-ci** these words.

ci-après /siapʀɛ/ adv below.

cible /sibl/ nf target.

cibler /sible/ vtr to target.

ciboulette /sibulɛt/ nf chives (pl).

cicatrice /sikatʀis/ nf scar.

cicatriser /sikatʀize/ vtr, **se cicatriser** vpr to heal.

ci-contre /sikɔ̃tʀ/ adv opposite.

ci-dessous /sidəsu/ adv below.

ci-dessus /sidəsy/ adv above.

cidre /sidʀ/ nm cider.

ciel /sjɛl, sjø/ nm (pl **ciels**) sky; (pl **cieux**) sky; **entre ciel et terre** between heaven and earth; **(juste) ciel!** (good) heavens!

cierge /sjɛʀʒ/ nm candle.

cigale /sigal/ nf cicada.

cigare /sigaʀ/ nm cigar.

cigarette /sigaʀɛt/ nf cigarette.

ci-gît, ci-git /siʒi/ loc verbale here lies.

cigogne /sigɔɲ/ nf stork.

ci-inclus, -e /siɛ̃kly, yz/ adj, adv enclosed.

ci-joint, -e /siʒwɛ̃, ɛ̃t/ adj, adv enclosed.

cil /sil/ nm eyelash.

cime /sim/ nf top.

ciment /simã/ nm cement.

cimenter /simãte/ vtr to cement.

cimetière /simtjɛʀ/ nm cemetery, graveyard.
■ **cimetière de voitures** scrapyard.

ciné© /sine/ nm pictures^{©GB} (pl), movies^{US} (pl).

cinéaste /sineast/ nmf film director.

ciné-club, pl **-s** /sineklœb/ nm film club.

cinéma /sinema/ nm cinema^{GB}, movie theater^{US}; **aller au cinéma** to go to the cinema^{GB}, the movies^{©US}; (art) cinema; (industrie) film industry, motion-picture industry^{US}.
■ **cinéma d'art et d'essai** art films (pl); **le cinéma muet** silent films (pl).

cinémathèque /sinematɛk/ nf film archive; (salle) film theatre.

cinématographique /sinematɔgʀafik/ adj film^{GB}, movie^{US}.

cinéphile /sinefil/ nmf film lover.

cinglant, -e /sɛ̃glã, ãt/ adj [vent] biting; [remarque] scathing.

cinglé©, **-e** /sɛ̃gle/ **I** adj mad©, crazy©. **II** nm,f loony©, nut©; (chauffeur) maniac.

cingler /sɛ̃gle/ **I** vtr [pluie, vent] to sting; (avec un fouet) to lash. **II** vi NAUT to head (for).

cinq /sɛ̃k/ dét, pron, nm inv five.

cinquantaine /sɛ̃kãtɛn/ nf about fifty.

cinquante /sɛ̃kãt/ dét, pron fifty.

cinquantième /sɛ̃kãtjɛm/ adj fiftieth.

cinquième /sɛ̃kjɛm/, **I** adj, nmf fifth. **II** nf SCOL second year of secondary school, age 12–13.

cintre /sɛ̃tʀ/ nm (pour vêtement) hanger; ARCHIT curve.

cintré, -e /sɛ̃tʀe/ adj [manteau] waisted; [chemise] tailored.

cirage /siʀaʒ/ nm (shoe) polish.

circoncision /siʀkɔ̃sizjɔ̃/ nf (male) circumcision.

circonférence /siʀkɔ̃feʀɑ̃s/ nf circumference.

circonflexe /siʀkɔ̃flɛks/ adj *accent circonflexe* circumflex (accent).

circonscription /siʀkɔ̃skʀipsjɔ̃/ nf district.

circonscrire /siʀkɔ̃skʀiʀ/ vtr to contain; (délimiter) to define.

circonspect, -e /siʀkɔ̃spɛ(kt), ɛkt/ adj cautious.

circonspection /siʀkɔ̃spɛksjɔ̃/ nf *faire preuve de circonspection* to be cautious.

circonstance /siʀkɔ̃stɑ̃s/ **I** nf circumstance; *en toute circonstance* in any event. **II de circonstance** loc adj [poème] for the occasion; [blague, programme] topical.
■ **circonstances atténuantes** extenuating circumstances.

circuit /siʀkɥi/ nm circuit; (de tourisme) tour; *circuit économique* economic process; *remettre qch dans le circuit* to put sth back into circulation.

circulaire /siʀkylɛʀ/ adj, nf circular.

circulation /siʀkylasjɔ̃/ nf (de véhicules) traffic; *mettre qch en circulation* to put sth into circulation.

circuler /siʀkyle/ vi to run; (d'un lieu à un autre) to get around; (sans but précis) to move about; (en voiture) to travel; [rumeur, plaisanterie, idée] to circulate.

cire /siʀ/ nf wax.

ciré /siʀe/ nm (vêtement) oilskin.

cirer /siʀe/ vtr to polish.

cirque /siʀk/ nm circus; *arrête ton cirque©!* stop your nonsense!

ciseau, pl **-x** /sizo/ **I** nm chisel. **II ciseaux** nmpl scissors (pl).

citadelle /sitadɛl/ nf citadel.

citadin, -e /sitadɛ̃, in/ **I** nm,f city dweller. **II** nf AUT city car.

citation /sitasjɔ̃/ nf quotation.

cité /site/ nf city; (plus petite) town; (ensemble de logements) housing estate[GB], project[US].
■ **cité universitaire** student halls of residence[GB] (pl), dormitories[US] (pl).

citer /site/ vtr to quote; (mentionner) to name; JUR [▸témoin] to summon; *être cité en justice* to be issued with a summons.

citerne /sitɛʀn/ nf tank.

cithare /sitaʀ/ nf zither.

citoyen, -enne /sitwajɛ̃, ɛn/ nm,f citizen.

citoyenneté /sitwajɛnte/ nf citizenship.

citron /sitʀɔ̃/ nm lemon.
■ **citron vert** lime.

citronnade /sitʀɔnad/ nf lemon squash[GB], lemonade[US].

citronnier /sitʀɔnje/ nm lemon tree.

citrouille /sitʀuj/ nf pumpkin.

civet /sivɛ/ nm ≈ stew; *civet de lièvre* jugged hare.

civière /sivjɛʀ/ nf stretcher.

civil, -e /sivil/ **I** adj (non militaire) civilian; (non religieux) civil. **II** nm civilian.
■ **état civil** (service) registry/register office[GB]; (d'une personne) civil status; **guerre civile** civil war.

civilisation /sivilizasjɔ̃/ nf civilization.

civiliser /sivilize/ **I** vtr to civilize. **II se civiliser** vpr to become civilized.

civique /sivik/ adj civic; *instruction civique* civics (sg).

clair, -e /klɛʀ/ **I** adj [couleur] light; [teint] fair, fresh; [pièce] light; [nuit, temps, eau] clear; *suis-je clair?* do I make myself clear? **II** adv *il fait clair très tard* it stays light very late; *voir clair* to see well. **III** nm *en clair* TV unscrambled ; (pour parler clairement) to put it clearly; *le plus clair de mon temps* most of my time.
■ **clair de lune** moonlight.
● **tirer une affaire au clair** to get to the bottom of things.

clairière /klɛʀjɛʀ/ nf clearing.

clairon /klɛʀɔ̃/ nm bugle.

claironner /klɛʀɔne/ vtr to shout [sth] from the rooftops.

clairsemé, -e /klɛʀsəme/ adj [maisons] scattered; [cheveux, public] thin.

clamer /klame/ vtr *clamer (que)* to proclaim (that).

clameur /klamœʀ/ nf clamour.

clan /klɑ̃/ nm clan; *esprit de clan* clan mentality.

clandestin, -e /klɑ̃dɛstɛ̃, in/ adj [organisation] underground; [immigration] illegal; *passager clandestin* stowaway.

clandestinité /klɑ̃dɛstinite/ nf *dans la clandestinité* [se réfugier] underground; [travailler] illegally; [vivre] in hiding; [opérer] in secret.

claquage /klakaʒ/ nm *se faire un claquage* to pull a muscle.

claque /klak/ nf slap.

claqué©, **-e** /klake/ adj (épuisé) done in©.

claquer /klake/ **I** vtr [▸porte] to slam; (dépenser)© to blow©. **II** vi [porte, volet] to bang; (mourir)© to snuff it©; *claquer des doigts* to snap one's fingers; *il claque des dents* his teeth are chattering.

claquettes /klakɛt/ nfpl tap dancing (sg).

clarifier /klaʀifje/ vtr to clarify.

clarinette /klaʀinɛt/ nf clarinet.

clarté /klaʀte/ nf (lumière) light; (de style) clarity.

classe /klas/ nf (groupe d'élèves) class, form^{GB}; (niveau) year, form^{GB}, grade^{US}; (cours) class, lesson; (salle) classroom; (catégorie, élégance) class; *de première classe* first-class.
■ **classe d'âge** age group.

classement /klasmɑ̃/ nm filing; (in class) *classement trimestriel* termly position^{GB}; *prendre la tête du classement* to go into the lead.

classer /klase/ **I** vtr to file (away); *être classé comme dangereux* to be considered dangerous; [▸bâtiment] to list; [▸élèves] to class; [▸joueur] to rank. **II se classer** vpr to rank.

classeur /klasœʀ/ nm ring binder.

classique /klasik/ **I** adj (gréco-latin) classical; *faire des études classiques* to do classics; [œuvre] classical; [traitement] standard; *c'est classique*©! it's typical! **II** nm (œuvre) classic.

clause /kloz/ nf clause.

clavecin /klavsɛ̃/ nm harpsichord.

clavicule /klavikyl/ nf collarbone.

clavier /klavje/ nm keyboard.

claviste /klavist/ nmf ORDINAT keyboarder.

clé /kle/ **I** nf key; *fermer à clé* to lock; (outil) spanner^{GB}, wrench^{US}; MUS clef. **II (-)clé** (en apposition) *poste/mot/document(-)clé* key post/word/document.
■ **clé anglaise/à molette** adjustable spanner^{GB}, adjustable wrench^{US}; **clé de voûte** keystone; **clé USB** USB key.

clef ▸ **clé.**

clémence /klemɑ̃s/ nf leniency (to); (douceur) mildness.

clémentine /klemɑ̃tin/ nf clementine.

clerc /klɛʀ/ nm clerk.

clergé /klɛʀʒe/ nm clergy.

clic /klik/ nm ORDINAT (action) clicking; *clic droit* right-click button.

cliché /kliʃe/ nm PHOT negative; (lieu commun) cliché.

client, -e /klijɑ̃, ɑ̃t/ nm,f (de magasin) customer; (d'avocat, de notaire) client; (d'hôtel) guest, patron.

clientèle /klijɑ̃tɛl/ nf (de magasin, restaurant) customers (pl); (d'avocat, de notaire) clients (pl); (de médecin) patients (pl).

cligner: cligner de /kliɲe/ vtr ind *cligner des yeux* to screw up one's eyes.

clignotant, -e /kliɲɔtɑ̃, ɑ̃t/ **I** adj flashing. **II** nm AUT (pour tourner) indicator^{GB}, turn signal^{US}.

clignoter /kliɲɔte/ vi [lumière] to flash; [étoile] to twinkle.

climat /klima/ nm climate.

climatisation /klimatizasjɔ̃/ nf air-conditioning.

climatisé, -e /klimatize/ adj air-conditioned.

climatiseur /klimatizœʀ/ nm air-conditioner.

clin /klɛ̃/ nm *clin d'œil* wink; FIG allusion; *en un clin d'œil* in a flash, in the wink of an eye.

clinique /klinik/ nf private hospital.

clinquant, -e /klɛ̃kɑ̃, ɑ̃t/ adj flashy©.

clip /klip/ nm (vidéoclip) pop video; (broche) clip brooch; (boucle d'oreille) clip-on.

cliquable /klikabl/ adj clickable.

clique /klik/ nf clique.
● **prendre ses cliques et ses claques**© to pack up and go.

cliquer /klike/ vi *cliquer (sur)* to click (on).

clivage /klivaʒ/ nm divide.

clochard, -e /klɔʃaʀ, aʀd/ nm,f tramp.

cloche /klɔʃ/ nf bell; (idiot)☺ idiot.
■ **cloche à fromage** cheese cover.
● **se faire sonner les cloches**☺ to get bawled out☺.

cloche-pied: **à cloche-pied** /aklɔʃpje/ loc adv **sauter à cloche-pied** to hop.

clocher[1]☺ /klɔʃe/ vi to go wrong.

clocher[2] /klɔʃe/ nm bell tower.

clochette /klɔʃɛt/ nf (little) bell; (fleur) bell.

cloison /klwazɔ̃/ nf partition; FIG barrier.

cloître, cloitre /klwatʀ/ nm cloister.

clonage /klɔnaʒ/ nm cloning.

clone /klon/ nm clone.

cloner /klɔne/ vtr to clone.

clopinettes☺ /klɔpinɛt/ nfpl **gagner des clopinettes** to earn peanuts☺.

cloque /klɔk/ nf blister.

clore /klɔʀ/ vtr to end (with).

clos, -e /klo, oz/ **I** adj closed. **II** nm inv enclosed field.

clôture /klotyʀ/ nf (barrière) fence; (haie) hedge; (de scrutin) close; (fermeture) closing.

clôturer /klotyʀe/ vtr [▸terrain] to enclose; [▸discours] to end.

clou /klu/ **I** nm nail; (de soirée) high point. **II clous** nmpl (passage pour piétons) pedestrian crossing[GB] (sg), crosswalk[US] (sg).
■ **clou de girofle** clove.

clouer /klue/ vtr [▸caisse] to nail down; [▸pancarte] to nail up; **clouer qn au sol** to pin sb down.
● **être cloué au lit**☺ to be bedridden; **clouer le bec à qn**☺ to shut sb up☺.

clouté, -e /klute/ adj studded; **passage clouté** pedestrian crossing[GB], crosswalk[US].

clown /klun/ nm clown; **faire le clown** to clown about.

club /klœb/ nm club.

cm (abrév écrite = **centimètre**) cm; (moteurs) cc.

CMU /seemy/ nf (abrév = **couverture maladie universelle**) free health care for people on low incomes.

CNED /knɛd/ nm (abrév = **Centre national d'enseignement à distance**) national centre[GB] for distance learning.

CNRS /seenɛʀɛs/ nm (abrév = **Centre national de la recherche scientifique**) national centre[GB] for scientific research.

coaguler /kɔagyle/ vi, **se coaguler** vpr [sang] to coagulate; [lait] to curdle.

coalition /kɔalisjɔ̃/ nf coalition.

coaltar☺ /kɔltaʀ/ nm **être dans le coaltar** to be in a daze.

coasser /kɔase/ vi to croak.

cobaye /kɔbaj/ nm guinea pig.

cocasse /kɔkas/ adj comical.

coccinelle /kɔksinɛl/ nf ladybird, ladybug[US].

coche /kɔʃ/ **1** nm (stage)coach . **2** nf **mettre une coche dans une case** to tick a box.

cocher[1] /kɔʃe/ vtr to tick[GB], to check[US].

cocher[2] /kɔʃe/ nm coachman.

cochon, -onne /kɔʃɔ̃, ɔn/ **I** ☺nm,f (personne) pig☺, slob☺. **II** nm pig, hog; (viande) pork.
■ **cochon d'Inde** guinea pig.

cochonnerie☺ /kɔʃɔnʀi/ nf (chose) junk☺; (saleté) mess ¢; **dire des cochonneries**☺ to say dirty things.

cochonnet /kɔʃɔnɛ/ nm piglet; (de pétanque) jack.

coco /koko/ nm coconut.

cocon /kɔkɔ̃/ nm cocoon.

cocorico /kɔkɔʀiko/ nm cock-a-doodle-doo.

cocotier /kɔkɔtje/ nm coconut palm.

cocotte /kɔkɔt/ nf (récipient) casserole dish[GB], pot.
■ **cocotte en papier** paper hen.

cocotte-minute®, pl **cocottes-minute** /kɔkɔtminyt/ nf pressure cooker.

cocu®, **-e** /kɔky/ nm,f deceived husband/wife.

code /kɔd/ **I** nm code. **II codes** nmpl AUT low beam (sg).
■ **code (à) barres** bar code; **code civil/pénal** civil/penal code; **code confidentiel** PIN number; **code postal** post[GB] code, zip[US] code; **code de la route** highway code[GB], rules (pl) of the road[US].

coder /kɔde/ vtr to code, to encode.

coefficient /kɔefisjɑ̃/ nm SCOL, UNIV weighting factor in an exam; MATH coefficient.

coéquipier, -ière /koekipje, jɛʀ/ nm,f teammate.

cœlioscopie /seljɔskɔpi/ nf coelioscopy.

cœur /kœʀ/ **I** *nm* heart; *il a le cœur malade* he has a heart condition; *en forme de cœur* heart-shaped; *avoir mal au cœur* to feel sick[GB], nauseous[US]; *au cœur de* in the middle of; *mon (petit) cœur* sweetheart; *avoir un coup de cœur pour qch* to fall in love with sth. **II de bon cœur** *loc adv* willingly. **III par cœur** *loc adv* by heart.

● *si le cœur t'en dit* if you feel like it; *avoir qch sur le cœur* to be resentful about sth.

coffre /kɔfʀ/ *nm* chest; (pour valeurs) safe; (de voiture) boot[GB], trunk[US].

coffre-fort, *pl* **coffres-forts** /kɔfʀəfɔʀ/ *nm* safe.

coffret /kɔfʀɛ/ *nm* casket; *coffret à bijoux* jewellery[GB] box; (de disques) set.

cogner /kɔɲe/ **I** *vtr* to knock; (volontairement) to bang. **II** *vi cogner à la porte* to bang on the door. **III se cogner** *vpr* (se heurter) to bump into sth; *se cogner contre qch* to hit sth.

cohabitation /koabitasjɔ̃/ *nf* living with somebody; POL *situation where the French President is in political opposition to the government.*

cohérence /kɔeʀɑ̃s/ *nf* coherence; (d'attitude) consistency.

cohérent, -e /kɔeʀɑ̃, ɑ̃t/ *adj* [raisonnement] coherent; [attitude, programme] consistent.

cohue /kɔy/ *nf* crowd.

coi, -te /kwa, kwat/ *adj rester/se tenir coi* to remain quiet.

coiffe /kwaf/ *nf* headgear; (de religieuse) wimple.

coiffer /kwafe/ **I** *vtr coiffer qn* to do sb's hair; [▸entreprise] to control. **II se coiffer** *vpr* (se peigner) to comb one's hair; *se coiffer de qch* to put sth on.

coiffeur, -euse /kwafœʀ, øz/ *nm,f* hairdresser.

coiffeuse /kwaføz/ *nf* dressing table.

coiffure /kwafyʀ/ *nf* hairstyle; (métier) hairdressing; (chapeau) headgear ¢.

coin /kwɛ̃/ *nm* corner; *au coin du feu* by the fire; (lieu) spot; *laisser dans un coin* leave somewhere; *dans le coin* around here; *le café du coin* the local café.

coincé, -e /kwɛ̃se/ *adj* trapped; (dans des embouteillages) stuck; [personne]ⓒ uptight ⓒ.

coincer /kwɛ̃se/ **I** *vtr* to wedge; [▸clé, ferme-ture] to jam; [▸personne]ⓒ to corner. **II se coincer** *vpr* to get stuck.

coïncidence /kɔɛ̃sidɑ̃s/ *nf* coincidence.

coin-coin /kwɛ̃kwɛ̃/ *nm inv* quack.

coing /kwɛ̃/ *nm* quince.

coït /kɔit/ *nm* intercourse.

coite ▸ coi.

col /kɔl/ *nm* (de vêtement) collar; *col en V* V neckline; (de montagne) pass; (de bouteille, vase) neck.
■ *col du fémur* hip(bone); *col de l'utérus* cervix.

colère /kɔlɛʀ/ *nf* anger; *se mettre en colère (contre)* to get angry (with); (caprice) tantrum; *dans une colère noire* in a rage.

coléreux, -euse /kɔleʀø, øz/ *adj* [personne] quick-tempered; [tempérament] irascible.

colibri /kɔlibʀi/ *nm* hummingbird.

colifichet /kɔlifiʃɛ/ *nm* trinket.

colimaçon /kɔlimasɔ̃/ *nm escalier en colimaçon* spiral staircase.

colin /kɔlɛ̃/ *nm* hake; (lieu noir) coley.

colin-maillard /kɔlɛ̃majaʀ/ *nm jouer à colin-maillard* to play blind man's buff.

colique /kɔlik/ *nf* (diarrhée) diarrhoea[GB].

colis /kɔli/ *nm* parcel[GB], package[US].
■ *colis piégé* parcel bomb[GB], mail/letter bomb[US].

collaborateur, -trice /kɔlabɔʀatœʀ, tʀis/ *nm,f* colleague; (journaliste) contributor; (de l'ennemi) collaborator.

collaboration /kɔlabɔʀasjɔ̃/ *nf* contribution; (avec l'ennemi) collaboration.

collaborer /kɔlabɔʀe/ *vi* to collaborate; *collaborer à* to contribute to.

collant, -e /kɔlɑ̃, ɑ̃t/ **I** *adj* (poisseux) sticky; [personne]ⓒ clinging. **II** *nm* tights[GB] (*pl*), panty hose[US] (*pl*).

collation /kɔlasjɔ̃/ *nf* light meal.

colle /kɔl/ *nf* glue; (retenue)ⓒ detention.
● *poser une colle* to set a poserⓒ.

collecte /kɔlɛkt/ *nf* collection; *faire une collecte* to raise funds.

collectif, -ive /kɔlɛktif, iv/ *adj* collective; [chauffage] shared.

collection /kɔlɛksjɔ̃/ *nf* collection.

collectionner /kɔlɛksjɔne/ *vtr* to collect.

collectionneur, **-euse** /kɔlɛksjɔnœʀ, øz/ nm,f collector.

collectivité /kɔlɛktivite/ nf community; *collectivité locale* local authority.

collège /kɔlɛʒ/ nm (école) *collège (d'enseignement secondaire)* secondary school[GB], junior high school[US]; (assemblée) college.

collégien, **-ienne** /kɔleʒjɛ̃, jɛn/ nm,f schoolboy/schoolgirl.

collègue /kɔlɛg/ nmf colleague.

coller /kɔle/ I vtr to stick, to glue; [▸affiche] to paste up; [▸papier peint] to hang; (flanquer)© to stick©; (à un examen)© to fail. II vi to stick ; (être cohérent)© to tally. III se coller vpr *se coller contre qn/ qch* to press oneself against sb/sth.

collet /kɔlɛ/ nm snare.

collier /kɔlje/ nm necklace; (d'animal) collar; (barbe) beard.

collimateur /kɔlimatœʀ/ nm collimator.
● *avoir qn dans le collimateur*© to have it in for sb©.

colline /kɔlin/ nf hill.

collision /kɔlizjɔ̃/ nf collision; *entrer en collision (avec)* to collide (with); (affrontement) clash.

colloque /kɔlɔk/ nm conference.

collyre /kɔliʀ/ nm eyedrops (pl).

colmater /kɔlmate/ vtr to seal off.

colocataire /kɔlɔkatɛʀ/ nmf cotenant.

colocation /kɔlɔkasjɔ̃/ nf flat sharing.

colombe /kɔlɔ̃b/ nf dove.

Colombie /kɔlɔ̃bi/ nprf Colombia.

colon /kɔlɔ̃/ nm colonist.

colonel /kɔlɔnɛl/ nm MIL ≈ colonel.

colonial, **-e**, mpl **-iaux** /kɔlɔnjal, jo/ adj colonial.

colonie /kɔlɔni/ nf colony; *la colonie grecque* the Greek community.
■ *colonie de vacances* holiday[GB], vacation[US] camp.

coloniser /kɔlɔnize/ vtr to colonize.

colonne /kɔlɔn/ nf column; *en colonne par deux* in double file.
■ *colonne vertébrale* spinal column.

colorant, **-e** /kɔlɔʀɑ̃, ɑ̃t/ nm colouring[GB] (agent).

coloré, **-e** /kɔlɔʀe/ adj [objet] coloured[GB]; [foule] colourful[GB]; [style] lively.

colorer /kɔlɔʀe/ vtr *colorer qch en vert* to colour sth green; [▸photo, cheveux] to tint; (teindre) to dye.

colorier /kɔlɔʀje/ vtr to colour in[GB], to color[US].

coloris /kɔlɔʀi/ nm colour[GB]; (nuance) shade.

colossal, **-e**, mpl **-aux** /kɔlɔsal, o/ adj colossal, huge.

colosse /kɔlɔs/ nm giant.

colporter /kɔlpɔʀte/ vtr [▸ragots] to spread; [▸marchandises] to peddle.

colporteur, **-euse** /kɔlpɔʀtœʀ, øz/ nm,f pedlar.

colza /kɔlza/ nm rape.

COM /kɔm/ nf (abrév = **collectivité d'outre-mer**) French overseas territory.

coma /kɔma/ nm coma.

combat /kɔ̃ba/ nm fighting; (personnel, politique) struggle; SPORT bout.

combatif, **combattif**, **-ive** /kɔ̃batif, iv/ adj eager to fight; [esprit] fighting.

combattant, **-e** /kɔ̃batɑ̃, ɑ̃t/ nm,f combatant.
■ *ancien combattant* veteran.

combattre /kɔ̃batʀ/ vtr, vi to fight.

combien /kɔ̃bjɛ̃/ I adv (prix, quantité) how much; (nombre) how many; (temps) how long; (avec une complétive) how. II nmf inv *le combien sommes-nous?* what's the date today?; (fréquence) *tous les combien?* how often? III **combien de** dét inter (avec un dénombrable) how many; (avec un non dénombrable) how much; *combien de temps faut-il?* how long does it take?

combinaison /kɔ̃binɛzɔ̃/ nf combination; (sous-vêtement) (full-length) slip; (tenue de sport) jumpsuit; (d'ouvrier) overalls[GB] (pl), coveralls[US] (pl).

combine© /kɔ̃bin/ nf trick©.

combiné /kɔ̃bine/ nm handset, receiver.

combiner /kɔ̃bine/ I vtr to combine; (élaborer) to work out. II se combiner vpr to combine (with).

comble /kɔ̃bl/ I adj packed. II nm *le comble de qch* the height of sth; *c'est un/le comble*©! that's the limit!; (sous le toit) roof space; *de fond en comble* from top to bottom. III **combles** nmpl attic (sg).

combler /kɔ̃ble/ *vtr* [▸fossé] to fill (in); [▸perte] to make up for; *combler qn* to fill sb with joy/delight.

combustible /kɔ̃bystibl/ **I** *adj* combustible. **II** *nm* fuel.

comédie /kɔmedi/ *nf* comedy; *faire une comédie*© to make a scene.
■ **comédie musicale** musical.

comédien, -ienne /kɔmedjɛ̃, jɛn/ *nm,f* actor/actress.

comestible /kɔmɛstibl/ *adj* edible.

comète /kɔmɛt/ *nf* comet.

comique /kɔmik/ **I** *adj* comic, funny. **II** *nm* comedy. **III** *nmf* comedian.

comité /kɔmite/ *nm* committee.

commandant /kɔmɑ̃dɑ̃/ *nm* ≈ major.
■ **commandant de bord** captain.

commande /kɔmɑ̃d/ *nf* order; TECH control; ORDINAT command; *être aux commandes* to be at the controls; FIG to be in control.

commandement /kɔmɑ̃dmɑ̃/ *nm* command; *les dix commandements* the Ten Commandments.

commander /kɔmɑ̃de/ **I** *vtr* COMM to order; [▸armée] to command; (actionner) to control. **II** *vi* [personne, chef] to be in command.

comme /kɔm/ **I** *adv* how; *comme il a raison!* how right he is! **II** *conj* (de même que) as, like; *comme toujours* as always; (dans une comparaison) as, like; *comme si* as if; *travailler comme jardinier* to work as a gardener; (puisque) as, since; (au moment où) as.
● **comme ci comme ça**© so-so©.

commémorer /kɔmemɔre/ *vtr* to commemorate.

commencement /kɔmɑ̃smɑ̃/ *nm* beginning, start.

commencer /kɔmɑ̃se/ **I** *vtr* to start, to begin. **II** *vtr ind* **commencer à faire** to begin to do. **III** *vi* to start, to begin. **IV** *v impers* *il commence à neiger* it's starting to snow.

comment /kɔmɑ̃/ *adv* how; (pour faire répéter) sorry?, pardon?, what?; *comment ça se fait*©? how come©?, how is that?; (intensif) *comment donc!* but of course!

commentaire /kɔmɑ̃tɛʀ/ *nm* comment (about); RADIO, TV commentary.

commenter /kɔmɑ̃te/ *vtr* to comment on.

commérage /kɔmeʀaʒ/ *nm* gossip.

commerçant, -e /kɔmɛʀsɑ̃, ɑ̃t/ **I** *adj* [rue] shopping. **II** *nm,f* shopkeeper.

commerce /kɔmɛʀs/ *nm* trade, commerce; *faire du commerce* to be in business.
■ **commerce de détail/gros** retail/wholesale trade; **commerce équitable** fair trade; **commerce en ligne/électronique** e-commerce.

commercial, -e, *mpl* **-iaux** /kɔmɛʀsjal, jo/ **I** *adj* commercial; [accord] trade. **II** *nm,f* sales and marketing person.

commercialisation /kɔmɛʀsjalizasjɔ̃/ *nf* marketing.

commercialiser /kɔmɛʀsjalize/ *vtr* to market.

commère /kɔmɛʀ/ *nf* gossip.

commettre /kɔmɛtʀ/ *vtr* [▸erreur] to make; [▸crime] to commit.

commis /kɔmi/ *nm* assistant.

commissaire /kɔmisɛʀ/ *nm* **commissaire (de police)** ≈ police superintendent; (membre d'une commission) commissioner.

commissaire-priseur, *pl* **commissaires-priseurs** /kɔmisɛʀpʀizœʀ/ *nm* auctioneer.

commissariat /kɔmisaʀja/ *nm* commission; *commissariat (de police)* police station.

commission /kɔmisjɔ̃/ **I** *nf* (groupe) committee; COMM, FIN commission; (mission) errand; (message) message. **II** **commissions**© *nfpl* shopping.

commode /kɔmɔd/ **I** *adj* convenient; [outil] handy; *pas très commode* difficult (to deal with). **II** *nf* chest of drawers.

commodité /kɔmɔdite/ *nf* convenience; *pour plus de commodité* for greater convenience.

commotion /kɔmɔsjɔ̃/ *nf* **commotion cérébrale** concussion.

commun, -e /kɔmœ̃, yn/ **I** *adj* common; [candidat, projet, biens] joint; [pièce, objectifs] shared; *d'un commun accord* by mutual agreement. **II** *nm* **hors du commun** exceptional. **III** **en commun** *loc adv* jointly, together; *transports en commun* public transport.
● **le commun des mortels** ordinary mortals *(pl)*.

communal, **-e**, *mpl* **-aux** /kɔmynal, o/ *adj*
terrain communal common land.

communautaire /kɔmynotɛʀ/ *adj* of a
community; (européen) [budget] EC.

communauté /kɔmynote/ *nf* community;
(collectivité) commune.
■ **Commission européenne, CE** European Commission, EC.

commune /kɔmyn/ **I** *nf* village, town. **II**
communes *nfpl* POL *les Communes* the
(House of) Commons.

communiant, **-e** /kɔmynjɑ̃, ɑ̃t/ *nm,f* com-
municant.

communicatif, **-ive** /kɔmynikatif, iv/ *adj*
[personne] talkative; [gaieté] infectious.

communication /kɔmynikasjɔ̃/ *nf* communication; *voies de communications* communications; (téléphonique) call; *faire une
communication sur* to give a paper on; *j'ai
une communication à vous faire* I have sth
to tell you.

communier /kɔmynje/ *vi* RELIG to receive
Communion.

communion /kɔmynjɔ̃/ *nf* RELIG Communion.

communiqué /kɔmynike/ *nm* communiqué, press release.

communiquer /kɔmynike/ **I** *vtr* to pass
on. **II** *vi* to communicate; [pièces] to be
adjoining.

communiste /kɔmynist/ *adj*, *nmf* commu-
nist.

commutateur /kɔmytatœʀ/ *nm* switch.

compact, **-e** /kɔpakt/ *adj* compact;
[brouillard, foule] dense.

compacter /kɔ̃pakte/ *vtr* [▸données] to compress; [▸ordures] to compact.

compagne /kɔ̃paɲ/ *nf* companion.

compagnie /kɔ̃paɲi/ *nf* company; *en compagnie de* together with.
■ **compagnie aérienne** airline.

compagnon /kɔ̃paɲɔ̃/ *nm* companion.
■ **compagnon de jeu** playmate.

comparable /kɔ̃paʀabl/ *adj* **comparable**
(à) comparable (to).

comparaison /kɔ̃paʀɛzɔ̃/ *nf* comparison.

comparaître, comparaitre /kɔ̃paʀɛtʀ/ *vi*
comparaître (devant) to appear (before).

comparatif, **-ive** /kɔ̃paʀatif, iv/ **I** *adj* comparative. **II** *nm* LING *au comparatif* in the
comparative.

comparé, **-e** /kɔ̃paʀe/ *adj* comparative.

comparer /kɔ̃paʀe/ *vtr* **comparer (à/avec)**
to compare (with).

compartiment /kɔ̃paʀtimɑ̃/ *nm* compartment.

compas /kɔ̃pa/ *nm* compass, pair of compasses[US]; AVIAT, NAUT compass.

compatir /kɔ̃patiʀ/ *vi* to sympathize; *compatir à* to share in.

compatible /kɔ̃patibl/ *adj* compatible.

compatriote /kɔ̃patʀiɔt/ *nmf* compatriot.

compenser /kɔ̃pɑ̃se/ *vtr* [▸défaut] to compensate for; [▸pertes] to offset.

compétence /kɔ̃petɑ̃s/ *nf* ability, competence, skill.

compétent, **-e** /kɔ̃petɑ̃, ɑ̃t/ *adj* competent.

compétitif, **-ive** /kɔ̃petitif, iv/ *adj* competitive.

compétition /kɔ̃petisjɔ̃/ *nf* competition.

compilation /kɔ̃pilasjɔ̃/ *nf* compilation.

complaire: **se complaire dans** /kɔ̃plɛʀ/
vpr to delight in; [▸malheur] to wallow in.

complaisance /kɔ̃plɛzɑ̃s/ *nf* compla-
cency.
■ **pavillon de complaisance** flag of convenience.

complément /kɔ̃plemɑ̃/ *nm* supplement;
complément de formation further training;
LING complement.

complémentaire /kɔ̃plemɑ̃tɛʀ/ *adj* [somme]
supplementary; [information] further.

complet, **-ète** /kɔ̃plɛ, ɛt/ **I** *adj* complete;
[train, salle] full; [hôtel] no vacancies; [théâtre]
sold out; [parking] full. **II** *nm* suit.

complètement /kɔ̃plɛtmɑ̃/ *adv* completely.

compléter /kɔ̃plete/ *vtr* to complete;
[▸somme] to top up; [▸connaissances] to supplement; [▸questionnaire] to fill in.

complexe /kɔ̃plɛks/ *adj*, *nm* complex.

complexé, **-e** /kɔ̃plɛkse/ *adj* **être complexé**
to have a lot of hang-ups[©].

complexer /kɔ̃plɛkse/ *vtr* to give [sb] a
complex.

complication /kɔ̃plikasjɔ̃/ nf complication.

complice /kɔ̃plis/ **I** adj être complice de qch to be a party to sth. **II** nmf accomplice.

complicité /kɔ̃plisite/ nf complicity.

compliment /kɔ̃plimɑ̃/ nm compliment.

complimenter /kɔ̃plimɑ̃te/ vtr to compliment.

compliqué, -e /kɔ̃plike/ adj complicated.

compliquer /kɔ̃plike/ **I** vtr to complicate; *compliquer la vie de qn* to make life difficult for sb. **II se compliquer** vpr to get more complicated.

complot /kɔ̃plo/ nm plot.

comploter /kɔ̃plɔte/ vi to plot.

comportement /kɔ̃pɔʀtəmɑ̃/ nm behaviour^GB.

comporter /kɔ̃pɔʀte/ **I** vtr to include; *comporter des risques* to entail risks. **II se comporter** vpr to behave; to act.

composant /kɔ̃pozɑ̃/ nm component.

composante /kɔ̃pozɑ̃t/ nf element.

composé, -e /kɔ̃poze/ **I** adj [bouquet, style] composite; [salade] mixed. **II** nm compound.

composer /kɔ̃poze/ **I** vtr to compose; [▸numéro] to dial; *composer son code secret* to enter one's PIN number. **II se composer de** vpr se composer de to be made up of.

compositeur, -trice /kɔ̃pozitœʀ, tʀis/ nm,f composer.

composition /kɔ̃pozisjɔ̃/ nf composition; (de gouvernement) formation; *de ma composition* of my invention; *composition florale* flower arrangement; SCOL end-of-term test.

compost /kɔ̃pɔst/ nm compost.

composter /kɔ̃pɔste/ vtr to (date) stamp.

composteur /kɔ̃pɔstœʀ/ nm compost bin.

compote /kɔ̃pɔt/ nf stewed fruit, compote.

compréhensible /kɔ̃pʀeɑ̃sibl/ adj understandable, comprehensible.

compréhensif, -ive /kɔ̃pʀeɑ̃sif, iv/ adj understanding.

compréhension /kɔ̃pʀeɑ̃sjɔ̃/ nf comprehension; *faire preuve de compréhension* to show understanding.

comprendre /kɔ̃pʀɑ̃dʀ/ **I** vtr to understand; *être compris comme* to be interpreted as; *tu comprends,* you see,; (comporter) to consist of; (inclure) to include. **II se comprendre** vpr to be understandable; (l'un l'autre) to understand each other.

compresse /kɔ̃pʀɛs/ nf compress.

comprimé /kɔ̃pʀime/ nm tablet.

comprimer /kɔ̃pʀime/ vtr to compress.

compris, -e /kɔ̃pʀi, iz/ **I** pp ▸ **comprendre**. **II** adj TVA comprise including VAT; *y compris* including.

compromettre /kɔ̃pʀɔmɛtʀ/ **I** vtr [▸chances] to jeopardize; [▸personne] to compromise. **II se compromettre** vpr to compromise oneself.

compromis, -e /kɔ̃pʀɔmi, iz/ nm compromise.

comptabilité /kɔ̃tabilite/ nf accounting.

comptable /kɔ̃tabl/ nmf accountant.

comptant /kɔ̃tɑ̃/ adv *(au) comptant* (for) cash.

compte /kɔ̃t/ **I** nm count; (montant) amount; (considération) *prendre qch en compte* to take sth into account; *compte en banque* bank account; (sujet) *sur ton compte* about you; *compte tenu de* considering; *au bout du compte* in the end; *pour le compte de qn* on behalf of sb; *se rendre compte de* to realize; to notice; *tout compte fait* all things considered. **II à bon compte** loc adv cheap(ly); *s'en tirer à bon compte* to get off lightly.
■ **compte chèques** current account^GB, checking account^US; **compte chèque postal, CCP** post-office account; **compte à rebours** countdown.

compter /kɔ̃te/ **I** vtr to count; *compter faire* to intend to do; (s'attendre à) to expect to; (évaluer) to allow, to reckon. **II** vi to count; *compter (pour qn)* to matter (to sb); *compter sur* to count on, to rely on. **III à compter de** loc prép as from.

compte rendu, pl **comptes rendus** /kɔ̃tʀɑ̃dy/ nm report; (de livre) review.

compteur /kɔ̃tœʀ/ nm meter.

comptine /kɔ̃tin/ nf nursery rhyme.

comptoir /kɔ̃twaʀ/ nm (de café) bar; (de magasin) counter.

comte /kɔ̃t/ nm count; (titre anglais) earl.

comté /kɔ̃te/ nm county.

comtesse /kɔ̃tɛs/ nf countess.

con⬥, -ne /kɔ̃, kɔn/ **I** adj (bête) damn⬥ stupid, bloody®GB stupid. **II** nm,f bloody®GB idiot, stupid jerk®.

concentration /kɔ̃sɑ̃trasjɔ̃/ nf concentration.

concentré, -e /kɔ̃sɑ̃tre/ adj [lait] condensed.

concentrer /kɔ̃sɑ̃tre/ vtr, vpr to concentrate.

concept /kɔ̃sɛpt/ nm concept.

concernant /kɔ̃sɛrnɑ̃/ prép concerning, with regard to.

concerner /kɔ̃sɛrne/ vtr to concern; **en ce qui me concerne** as far as I am concerned.

concert /kɔ̃sɛr/ **I** nm concert. **II de concert** loc adv together.

concertation /kɔ̃sɛrtasjɔ̃/ nf consultation.

concession /kɔ̃sesjɔ̃/ nf concession.

concessionnaire /kɔ̃sesjɔnɛr/ nmf (pour un produit) distributor; AUT dealer.

concevoir /kɔ̃s(ə)vwar/ **I** vtr (imaginer) to conceive ; (comprendre) to understand ; (élaborer) to design. **II se concevoir** vpr to be conceivable.

concierge /kɔ̃sjɛrʒ/ nmf caretakerGB, superintendantUS.

concilier /kɔ̃silje/ **I** vtr to reconcile. **II se concilier** vpr to win over.

concis, -e /kɔ̃si, iz/ adj concise.

concitoyen, -enne /kɔ̃sitwajɛ̃, ɛn/ nm,f fellow citizen.

concluant, -e /kɔ̃klyɑ̃, ɑ̃t/ adj conclusive.

conclure /kɔ̃klyr/ vtr (en conclure (que)) to conclude (that); **marché conclu!** it's a deal!

conclusion /kɔ̃klyzjɔ̃/ nf conclusion.

concombre /kɔ̃kɔ̃br/ nm cucumber.

concordance /kɔ̃kɔrdɑ̃s/ nf concordance. ■**concordance des temps** sequence of tenses.

concorde /kɔ̃kɔrd/ nf harmony, concord.

concorder /kɔ̃kɔrde/ vi to tally.

concourir /kɔ̃kurir/ **I** vi to compete. **II concourir à** vtr ind to help bring about (sth).

concours /kɔ̃kur/ nm competition, competitive examination; (agricole) show; **concours de beauté** beauty contest; (aide) help, assistance. ■**concours de circonstances** combination of circumstances.

concret, -ète /kɔ̃krɛ, ɛt/ adj concrete.

concrétiser: se concrétiser vpr /kɔ̃kretize/ to materialize.

concubin, -e /kɔ̃kybɛ̃, in/ nm,f common-law husband/wife.

concubinage /kɔ̃kybinaʒ/ nm cohabitation; **vivre en concubinage** to live together, to cohabit.

concurrence /kɔ̃kyrɑ̃s/ nf competition; **faire concurrence à** to compete with; **jusqu'à concurrence de** up to a limit of.

concurrencer /kɔ̃kyrɑ̃se/ vtr **concurrencer qn** to compete with sb.

concurrent, -e /kɔ̃kyrɑ̃, ɑ̃t/ **I** adj rival. **II** nm,f competitor.

condamnation /kɔ̃danasjɔ̃/ nf JUR sentence; (critique) condemnation.

condamné, -e /kɔ̃dane/ nm,f convicted prisoner. ■**condamné à mort** condemned man/woman.

condamner /kɔ̃dane/ vtr to condemn; JUR to sentence; (à une amende) to fine sb; **condamner qn à faire** to compel sb to do; [▸porte] to seal up.

condenser /kɔ̃dɑ̃se/ vtr, **se condenser** vpr to condense.

condiment /kɔ̃dimɑ̃/ nm condiment.

condition /kɔ̃disjɔ̃/ **I** nf condition; **imposer ses conditions** to impose one's own terms; **la condition du succès** the requirement for success; **condition sociale** social status. **II à condition de** loc prép provided. **III à condition que** loc conj provided that.

conditionnel, -elle /kɔ̃disjɔnɛl/ **I** adj conditional. **II** nm conditional (tense).

conditionnement /kɔ̃disjɔnmɑ̃/ nm packaging.

conditionner /kɔ̃disjɔne/ vtr to condition; (emballer) to pack.

condoléances /kɔ̃dɔleɑ̃s/ nfpl condolences; **mes condoléances** my deepest sympathy.

conducteur, -trice /kɔ̃dyktœr, tris/ nm,f driver.

conduire /kɔ̃dɥir/ **I** vtr **conduire qn** (à pied) to take sb; (en voiture) to drive sb; **conduire qn au désespoir** to drive sb to despair; [▸moto] to ride; (être à la tête de) to lead; PHYS to conduct. **II se conduire** vpr to behave.

conduit /kɔ̃dɥi/ *nm* duct, pipe; ANAT canal.

conduite /kɔ̃dɥit/ *nf* behaviour^GB; (d'écolier) conduct; (d'entreprise) management; (canalisation) pipe.
■ **conduite accompagnée** driving accompanied by a qualified driver.

cône /kon/ *nm* cone.

confection /kɔ̃fɛksjɔ̃/ *nf* clothing industry; (vêtements) ready-to-wear clothes (*pl*).

confectionner /kɔ̃fɛksjɔne/ *vtr* to make, to prepare.

confédération /kɔ̃federasjɔ̃/ *nf* confederation.
■ **la Confédération helvétique** Switzerland.

conférence /kɔ̃ferɑ̃s/ *nf* lecture, conference.
■ **conférence de presse** press conference; **conférence au sommet** summit meeting.

conférencier, -ière /kɔ̃ferɑ̃sje, jɛʀ/ *nm,f* lecturer.

conférer /kɔ̃fere/ *vtr* to confer.

confesser /kɔ̃fese/ **I** *vtr* to confess. **II se confesser** *vpr* to go to confession; (se confier) *se confesser à un ami* to confide in a friend.

confesseur /kɔ̃fesœʀ/ *nm* confessor.

confession /kɔ̃fesjɔ̃/ *nf* confession.

confiance /kɔ̃fjɑ̃s/ *nf* **confiance (en)** trust (in), confidence (in); *de confiance* trustworthy; *faire confiance à qn* to trust sb; *confiance en soi* (self-)confidence.

confiant, -e /kɔ̃fjɑ̃, ɑ̃t/ *adj* confident.

confidence /kɔ̃fidɑ̃s/ *nf* secret, confidence.

confident, -e /kɔ̃fidɑ̃, ɑ̃t/ *nm,f* confidant.

confidentialité /kɔ̃fidɑ̃sjalite/ *nf* confidentiality.

confidentiel, -ielle /kɔ̃fidɑ̃sjɛl/ *adj* confidential.

confier /kɔ̃fje/ **I** *vtr* [▸ secret] to confide; *confier qch à qn* to entrust sb with sth. **II se confier** *vpr se confier à qn* to confide in sb.

configuration /kɔ̃figyrasjɔ̃/ *nf* configuration.

configurer /kɔ̃figyre/ *vtr* to configure.

confiner /kɔ̃fine/ **I** *vtr* to confine. **II se confiner à/dans** *vpr* to confine oneself in.

confins /kɔ̃fɛ̃/ *nmpl aux confins de* on the borders of.

confirmation /kɔ̃firmasjɔ̃/ *nf* confirmation.

confirmer /kɔ̃firme/ *vtr* to confirm.

confiserie /kɔ̃fizri/ *nf* confectionery.

confiseur, -euse /kɔ̃fizœʀ, øz/ *nm,f* confectioner.

confisquer /kɔ̃fiske/ *vtr* to confiscate.

confit, -e /kɔ̃fi, it/ **I** *adj* [fruits] crystallized. **II** *nm confit de canard* duck conserve.

confiture /kɔ̃fityʀ/ *nf* jam, preserve; (d'agrumes) marmalade.

confit, -e /kɔ̃fi,it/ **I** *adj* [fruits] crystallized. **II** *nm confit de canard* duck conserve.

conflit /kɔ̃fli/ *nm* conflict.
■ **conflit de générations** generation gap.

confondre /kɔ̃fɔ̃dʀ/ **I** *vtr confondre qn/qch avec qn/qch* to mistake sb/sth for sb/sth; (démasquer) to expose. **II** *vi* to get mixed up. **III se confondre** *vpr* to merge; *se confondre en excuses* to apologize profusely.

conforme /kɔ̃fɔʀm/ *adj conforme à* in accordance with.

conformément /kɔ̃fɔʀmemɑ̃/ *adv conformément à* in accordance with.

conformer: se conformer à *vpr* /kɔ̃fɔʀme/ [▸ usage] to conform (to); [▸ norme] to comply (with).

conformité /kɔ̃fɔʀmite/ *nf en conformité avec* in accordance with.

confort /kɔ̃fɔʀ/ *nm* comfort; *confort d'utilisation* user friendliness.

confortable /kɔ̃fɔʀtabl/ *adj* comfortable.

confrère /kɔ̃fʀɛʀ/ *nm* colleague.

confrérie /kɔ̃fʀeʀi/ *nf* brotherhood.

confrontation /kɔ̃fʀɔ̃tasjɔ̃/ *nf* confrontation.

confronter /kɔ̃fʀɔ̃te/ **I** *vtr* to confront. **II se confronter à** *vpr* to be confronted with.

confus, -e /kɔ̃fy, yz/ *adj* confused; (gêné) embarrassed.

confusion /kɔ̃fyzjɔ̃/ *nf* confusion; (gêne) embarrassment; (méprise) mix-up.

congé /kɔ̃ʒe/ nm leave; *congés scolaires* school holidays[GB], vacation[US] (sg); *donner (son) congé à qn* to give sb notice.
■ **congés payés** paid leave; **congé sans solde** unpaid leave.
● **prendre congé** to take leave.

congédier /kɔ̃ʒedje/ vtr to dismiss.

congélateur /kɔ̃ʒelatœʀ/ nm freezer, deep-freeze.

congelé, -e /kɔ̃ʒle/ adj [produits] frozen.

congère /kɔ̃ʒɛʀ/ nf snowdrift.

congestion /kɔ̃ʒɛstjɔ̃/ nf congestion.

congestionner /kɔ̃ʒɛstjɔne/ vtr to congest.

congre /kɔ̃gʀ/ nm conger eel.

congrès /kɔ̃gʀɛ/ nm conference; *le Congrès* Congress.

conjecture /kɔ̃ʒɛktyʀ/ nf conjecture.

conjecturer /kɔ̃ʒɛktyʀe/ vtr to conjecture.

conjoint, -e /kɔ̃ʒwɛ̃, ɛ̃t/ nm,f spouse.

conjonction /kɔ̃ʒɔ̃ksjɔ̃/ nf conjunction.

conjoncture /kɔ̃ʒɔ̃ktyʀ/ nf situation.

conjugaison /kɔ̃ʒygɛzɔ̃/ nf conjugation; *la conjugaison de leurs efforts* their joint efforts.

conjugal, -e, mpl **-aux** /kɔ̃ʒygal, o/ adj conjugal.

conjuguer /kɔ̃ʒyge/ vtr LING to conjugate; (combiner) to unite.

conjuré, -e /kɔ̃ʒyʀe/ nm,f conspirator.

conjurer /kɔ̃ʒyʀe/ vtr *je vous en conjure* I beg you.

connaissance /kɔnɛsɑ̃s/ nf (savoir) knowledge; *en connaissance de cause* with full knowledge of the facts; *sans connaissance* unconscious; *j'ai fait leur connaissance* I met them.

connaisseur, -euse /kɔnɛsœʀ, øz/ nm,f expert, connoisseur.

connaître, connaitre /kɔnɛtʀ/ I vtr to know; *connaître la gloire* to win recognition. II **se connaître** vpr (l'un l'autre) to know each other; *s'y connaître en qch* to know all about sth.

conne ⬦ ▶ **con**.

connerie ® /kɔnʀi/ nf stupidity; *faire une connerie* ® to fuck up ⬦.

connecter /kɔnɛkte/ I vtr *connecter (à)* to connect (to). II **se connecter à** vpr to log on to.

connexion /kɔnɛksjɔ̃/ nf connection.

conquérant, -e /kɔ̃keʀɑ̃, ɑ̃t/ nm,f conqueror.

conquérir /kɔ̃keʀiʀ/ vtr to conquer.

conquête /kɔ̃kɛt/ nf conquest.

conquis, -e /kɔ̃ki, iz/ ▶ **conquérir**.

consacrer /kɔ̃sakʀe/ I vtr *consacrer qch à qch* to devote sth to sth. II **se consacrer** vpr *se consacrer à* to devote oneself to.

conscience /kɔ̃sjɑ̃s/ nf conscience; *conscience professionnelle* conscientiousness; *avoir conscience de* to be aware of; *perdre conscience* to lose consciousness.

consciencieux, -ieuse /kɔ̃sjɑ̃sjø, jøz/ adj conscientious.

conscient, -e /kɔ̃sjɑ̃, ɑ̃t/ adj aware, conscious.

conscrit /kɔ̃skʀi/ nm conscript[GB], draftee[US].

consécutif, -ive /kɔ̃sekytif, iv/ adj consecutive; *consécutif à* resulting from.

conseil /kɔ̃sɛj/ nm advice; *conseils d'entretien* care instructions; (assemblée) council.
■ **conseil d'administration** board of directors; **conseil de discipline** disciplinary committee; **conseil des ministres** council of ministers; (en Grande-Bretagne) Cabinet meeting; **conseil municipal** town council; **Conseil d'État** Council of State.

conseiller[1] /kɔ̃seje/ vtr *conseiller à qn de faire* to advise sb to do.

conseiller[2], **-ère** /kɔ̃seje, ɛʀ/ nm,f adviser[GB]; (diplomate) counsellor[GB]; (d'un conseil) councillor[GB].

consentement /kɔ̃sɑ̃tmɑ̃/ nm consent.

consentir /kɔ̃sɑ̃tiʀ/ I vtr to grant. II **consentir à** vtr ind *consentir à qch/à faire* to agree to sth/to do.

conséquence /kɔ̃sekɑ̃s/ nf consequence; *en conséquence (de quoi)* as a result (of which); *agir en conséquence* to act accordingly.

conséquent, -e /kɔ̃sekɑ̃, ɑ̃t/ I adj (important)© substantial; (cohérent) consistent. II **par conséquent** loc adv therefore, as a result.

conservateur, -trice /kɔ̃sɛʀvatœʀ, tʀis/ I nm,f POL conservative; (de musée) curator. II nm CHIMIE preservative.

conservation /kɔ̃sɛʀvasjɔ̃/ nf (de patrimoine) conservation; (d'aliment) preservation.

conservatoire /kɔ̃sɛʀvatwaʀ/ *nm* (de musique) academy of music.

conserve /kɔ̃sɛʀv/ *nf* canned food, preserve; *en conserve* tinned, canned.

conserver /kɔ̃sɛʀve/ *vtr* to keep; *conserver l'anonymat* to remain anonymous.

considérable /kɔ̃sideʀabl/ *adj* considerable.

considération /kɔ̃sideʀasjɔ̃/ *nf* consideration; *prendre en considération* to take into consideration.

considérer /kɔ̃sideʀe/ *vtr* *considérer qn/ qch comme (étant)* to consider sb/sth to be; (respecter) to esteem.

consigne /kɔ̃siɲ/ *nf* orders (*pl*), instructions (*pl*); *consigne automatique* left-luggage lockers[GB], baggage lockers[US]; (d'emballages) deposit.

consigné, -e /kɔ̃siɲe/ *adj* [bouteille] returnable.

consigner /kɔ̃siɲe/ *vtr* to record, to write [sth] down.

consistance /kɔ̃sistɑ̃s/ *nf* consistency; FIG substance weight.

consister /kɔ̃siste/ *vi* *consister en* to consist of; *consister à faire* to consist in doing.

consolation /kɔ̃sɔlasjɔ̃/ *nf* consolation.

console /kɔ̃sɔl/ *nf* console.
▪ **console de jeux** games console.

consoler /kɔ̃sɔle/ **I** *vtr* *consoler qn (de qch)* to console sb on sth. **II se consoler** *vpr* *se consoler de* to get over.

consolider /kɔ̃sɔlide/ *vtr* to strengthen; FIG to consolidate.

consommateur, -trice /kɔ̃sɔmatœʀ, tʀis/ *nm,f* consumer; (dans un café) customer.

consommation /kɔ̃sɔmasjɔ̃/ *nf* consumption; *faire une grande consommation de* to use a lot of; (boisson) drink.

consommé, -e /kɔ̃sɔme/ **I** *adj* consummate. **II** *nm* consommé.

consommer /kɔ̃sɔme/ *vtr* to consume, to use; (manger) to eat.

consonne /kɔ̃sɔn/ *nf* consonant.

conspirateur, -trice /kɔ̃spiʀatœʀ, tʀis/ *nm,f* conspirator.

conspiration /kɔ̃spiʀasjɔ̃/ *nf* conspiracy.

conspirer /kɔ̃spiʀe/ *vi* *conspirer (contre)* to plot (against).

constamment /kɔ̃stamɑ̃/ *adv* constantly.

constant, -e /kɔ̃stɑ̃, ɑ̃t/ *adj* constant.

constante /kɔ̃stɑ̃t/ *nf* constant.

constat /kɔ̃sta/ *nm* (procès-verbal) official report ; *constat (à l') amiable* accident report drawn up by those involved; (bilan) assessment.

constatation /kɔ̃statasjɔ̃/ *nf* observation; (rapport) *constatations* findings.

constater /kɔ̃state/ *vtr* to note.

constellation /kɔ̃stɛlasjɔ̃/ *nf* constellation.

consternation /kɔ̃stɛʀnasjɔ̃/ *nf* dismay.

consterner /kɔ̃stɛʀne/ *vtr* to dismay.

constipation /kɔ̃stipasjɔ̃/ *nf* constipation.

constipé, -e /kɔ̃stipe/ *adj* constipated; *avoir l'air constipé*[©] to look uptight.

constituer /kɔ̃stitɥe/ **I** *vtr* (être) to be, to constitute; (composer) to make up; [▸équipe] to form. **II se constituer** *vpr* to be formed; *se constituer prisonnier* to give oneself up.

constitution /kɔ̃stitysjɔ̃/ *nf* constitution; (création) setting up.

Constitution /kɔ̃stitysjɔ̃/ *nf* constitution.

constitutionnel, -elle /kɔ̃stitysjɔnɛl/ *adj* constitutional.

constructeur, -trice /kɔ̃stʀyktœʀ, tʀis/ *nm,f* IND manufacturer; CONSTR builder.

constructif, -ive /kɔ̃stʀyktif, iv/ *adj* constructive.

construction /kɔ̃stʀyksjɔ̃/ *nf* (bâtiment) building, construction; *construction navale* shipbuilding; (de phrase) construction.

construire /kɔ̃stʀɥiʀ/ *vtr* to build; *se faire construire une villa* to have a villa built; [▸voitures] to manufacture.

consulat /kɔ̃syla/ *nm* consulate.

consultable /kɔ̃syltabl/ *adj* *consultable à distance* remote-access.

consultant, -e /kɔ̃syltɑ̃, ɑ̃t/ *nm,f* consultant.

consultation /kɔ̃syltasjɔ̃/ *nf* consultation.

consulter /kɔ̃sylte/ **I** *vtr* to consult. **II se consulter** *vpr* to consult together.

consumer /kɔ̃syme/ *vtr* to consume.

contact /kɔ̃takt/ *nm* contact ; *prendre contact avec* to get in touch with; *garder le contact* to keep in touch; AUT ignition.

contacter /kɔ̃takte/ *vtr* to contact.

contagieux, -ieuse /kɔ̃taʒjø, jøz/ *adj* contagious; [rire, etc] infectious.

contagion /kɔ̃taʒjɔ̃/ *nf* contagion.

contamination /kɔ̃taminasjɔ̃/ *nf* contamination.

contaminer /kɔ̃tamine/ *vtr* to contaminate.

conte /kɔ̃t/ *nm* tale, story.

contemplation /kɔ̃tɑ̃plasjɔ̃/ *nf* contemplation.

contempler /kɔ̃tɑ̃ple/ *vtr* [▸ paysage] to contemplate; [▸ personne] to stare at.

contemporain, -e /kɔ̃tɑ̃pɔʀɛ̃, ɛn/ *adj, nm,f* contemporary.

contenance /kɔ̃t(ə)nɑ̃s/ *nf* capacity; *perdre contenance* to lose one's composure.

conteneur /kɔ̃t(ə)nœʀ/ *nm* container.

contenir /kɔ̃t(ə)niʀ/ **I** *vtr* to contain, to hold. **II se contenir** *vpr* to contain oneself.

content, -e /kɔ̃tɑ̃, ɑ̃t/ *adj content (de)* happy with, pleased with; *je suis contente que tu sois là* I'm glad you're here.

contenter /kɔ̃tɑ̃te/ **I** *vtr* to satisfy. **II se contenter de** *vpr* to content oneself with; *il s'est contenté de rire* he just laughed.

contention /kɔ̃tɑ̃sjɔ̃/ *nf* support.

contenu, -e /kɔ̃təny/ *nm* (de récipient) contents (pl); (d'œuvre) content.

conter /kɔ̃te/ *vtr* to tell.

contestable /kɔ̃tɛstabl/ *adj* questionable.

contestataire /kɔ̃tɛstatɛʀ/ *nmf* protester.

contestation /kɔ̃tɛstasjɔ̃/ *nf* protest; *contestation sociale* social unrest; *sujet à contestation* questionable; *sans contestation possible* beyond dispute.

contesté, -e /kɔ̃tɛste/ *adj* controversial.

contester /kɔ̃tɛste/ **I** *vtr* [▸ droit] to contest; [▸ décision] to question; [▸ chiffre] to dispute. **II** *vi* to protest.

conteur, -euse /kɔ̃tœʀ, øz/ *nm,f* storyteller.

contexte /kɔ̃tɛkst/ *nm* context.

contigu, -uë, /-üe /kɔ̃tigy/ *adj* adjoining.

continent /kɔ̃tinɑ̃/ *nm* continent.

continental, -e, mpl -aux /kɔ̃tinɑ̃tal, o/ *adj* continental.

continu, -e /kɔ̃tiny/ *adj* continuous.

continuel, -elle /kɔ̃tinɥɛl/ *adj* continual.

continuer /kɔ̃tinɥe/ *vtr, vi* to continue, to go on.

contorsionner: se contorsionner /kɔ̃tɔʀsjɔne/ *vpr* to wriggle and writhe.

contour /kɔ̃tuʀ/ *nm* outline.

contourner /kɔ̃tuʀne/ *vtr* to bypass, to get round.

contraceptif, -ive /kɔ̃tʀasɛptif, iv/ *adj, nm* contraceptive.

contraception /kɔ̃tʀasɛpsjɔ̃/ *nf* contraception.

contracter /kɔ̃tʀakte/ *vtr* [▸ muscle, maladie] to contract; [▸ emprunt] to take out.

contraction /kɔ̃tʀaksjɔ̃/ *nf* contraction.

contractuel, -elle /kɔ̃tʀaktɥɛl/ **I** *adj* contractual. **II** *nm,f* traffic warden[GB], traffic officer[US].

contracture /kɔ̃tʀaktyʀ/ *nf* contracture.

contradiction /kɔ̃tʀadiksjɔ̃/ *nf* contradiction.

contraignant, -e /kɔ̃tʀɛɲɑ̃, ɑ̃t/ *adj* restrictive.

contraindre /kɔ̃tʀɛ̃dʀ/ **I** *vtr être contraint à* to be forced/compelled to. **II se contraindre** *vpr se contraindre à faire qch* to force oneself to do sth.

contrainte /kɔ̃tʀɛ̃t/ *nf* constraint; *sans contrainte* without restraint.

contraire /kɔ̃tʀɛʀ/ **I** *adj* [effet, sens] opposite; [vent] contrary; [avis] conflicting; *dans le cas contraire* otherwise. **II** *nm le contraire* the opposite; *au contraire* on the contrary; *au contraire de* unlike.

contrarier /kɔ̃tʀaʀje/ *vtr* to annoy; [▸ projet, volonté] to frustrate; (chagriner) to upset.

contrariété /kɔ̃tʀaʀjete/ *nf* annoyance.

contraste /kɔ̃tʀast/ *nm* contrast.

contrat /kɔ̃tʀa/ *nm* contract, agreement.

contravention /kɔ̃tʀavɑ̃sjɔ̃/ *nf* fine; (pour stationnement) parking ticket.

contre /kɔ̃tʀ/ **I** *prép* (+ contact) close to; (+ opposition) against; *dix contre un* ten to one. **II** *adv* against. **III par contre** *loc adv* on the other hand. **IV** *nm le pour et le contre* the pros and cons (pl).

contrebalancer /kɔ̃tʀəbalɑ̃se/ *vtr* to counterbalance, to offset.

contrebande /kɔ̃tʀəbɑ̃d/ *nf* smuggling.

contrebandier, **-ière** /kɔ̃tʀəbɑ̃dje, jɛʀ/ *nm,f* smuggler.

contrebas: **en contrebas** /ɑ̃kɔ̃tʀəba/ *loc adv* (down) below.

contrebasse /kɔ̃tʀəbas/ *nf* double bass.

contrecarrer /kɔ̃tʀəkaʀe/ *vtr* to thwart, to foil.

contrecœur: **à contrecœur** /akɔ̃tʀəkœʀ/ *loc adv* grudgingly, reluctantly.

contrecoup /kɔ̃tʀəku/ *nm* effects (*pl*); *par contrecoup* as a result.

contre-courant, **contrecourant**, *pl* **-s** /kɔ̃tʀəkuʀɑ̃/ *nm* **à contre-courant** against the current.

contredire /kɔ̃tʀədiʀ/ **I** *vtr* to contradict. **II se contredire** *vpr* [témoignages] to conflict.

contrée /kɔ̃tʀe/ *nf* (pays) region; land.

contre-espionnage, **contrespionnage**, *pl* **-s** /kɔ̃tʀɛspjɔnaʒ/ *nm* counter-intelligence.

contrefaçon /kɔ̃tʀəfasɔ̃/ *nf* (de pièces) counterfeiting; (de signature, billet) forgery.

contrefaire /kɔ̃tʀəfɛʀ/ *vtr* [▸pièce, montre] to counterfeit; [▸signature, billet] to forge; [▸voix] to disguise.

contre-indiqué, **contrindiqué**, **-e**, *mpl* **-s** /kɔ̃tʀɛdike/ *adj* contraindicated.

contre-jour, **contrejour**, *pl* **-s** /kɔ̃tʀəʒuʀ/ *nm* **à contre-jour** into the light.

contremaître, **contremaitre**, **-esse** /kɔ̃tʀəmɛtʀ, kɔ̃tʀəmɛtʀɛs/ *nm,f* foreman/forewoman.

contrepartie /kɔ̃tʀəpaʀti/ *nf* **en contrepartie (de)** in compensation (for).

contreplaqué /kɔ̃tʀəplake/ *nm* plywood.

contrer /kɔ̃tʀe/ *vtr* to fend off; (au bridge) to double.

contresens /kɔ̃tʀəsɑ̃s/ *nm* misinterpretation; (en traduisant) mistranslation; *à contresens* the wrong way.

contretemps /kɔ̃tʀətɑ̃/ *nm inv* setback; *à contretemps* at the wrong moment.

contribuable /kɔ̃tʀibɥabl/ *nmf* taxpayer.

contribuer /kɔ̃tʀibɥe/ *vtr ind* **contribuer à** to contribute to.

contribution /kɔ̃tʀibysjɔ̃/ *nf* contribution; *mettre qn à contribution* to call upon sb's services; (impôts) *contributions directes* direct taxes.

contrôle /kɔ̃tʀol/ *nm* **contrôle (de/sur)** control (of/over); *contrôle de police/sécurité* police/security check; *contrôle des billets* ticket inspection; SCOL, UNIV test.
■ **contrôle (continu) des connaissances** (continuous) assessment[GB]; **contrôle des naissances** birth control; AUT **contrôle technique** MOT (test).

contrôler /kɔ̃tʀole/ *vtr* to control; [▸identité] to check; [▸bagage] to inspect.

contrôleur, **-euse** /kɔ̃tʀolœʀ, øz/ *nm,f* inspector.
■ **contrôleur aérien** air-traffic controller; **contrôleur de gestion** financial controller.

contrordre /kɔ̃tʀɔʀdʀ/ *nm* **sauf contrordre** unless I/you hear to the contrary; MIL counter command.

controverse /kɔ̃tʀɔvɛʀs/ *nf* controversy.

controversé, **-e** /kɔ̃tʀɔvɛʀse/ *adj* controversial.

contumace /kɔ̃tymas/ *nf* JUR *par contumace* in absentia.

contusion /kɔ̃tyzjɔ̃/ *nf* bruise.

contusionner /kɔ̃tyzjɔne/ *vtr* to bruise.

convaincant, **-e** /kɔ̃vɛ̃kɑ̃, ɑ̃t/ *adj* convincing.

convaincre /kɔ̃vɛ̃kʀ/ *vtr* **convaincre qn (de/que)** to convince sb (of/that); JUR **convaincre qn de qch** to prove sb guilty of sth.

convaincu, **-e** /kɔ̃vɛ̃ky/ *adj* [partisan] staunch; *d'un ton convaincu* with conviction *être en convalescence* to be convalescing.

convalescence /kɔ̃valesɑ̃s/ *nf* convalescence; *être en convalescence* to be convalescing.

convalescent, **-e** /kɔ̃valesɑ̃, ɑ̃t/ *nm,f* convalescent.

convenable /kɔ̃vnabl/ *adj* suitable, decent.

convenance /kɔ̃vnɑ̃s/ **I** *nf* convenience; *pour convenance personnelle* for personal reasons. **II convenances** *nfpl* (social) conventions.

convenir /kɔ̃vniʀ/ **I** *vtr* **convenir que** to admit that; (s'entendre) to agree that. **II convenir à** *vtr ind* to suit. **III convenir de** *vtr ind* (reconnaître) to acknowledge; [▸date, prix] to agree on. **IV** *v impers il convient que vous fassiez* you ought to do; *il est convenu que* it is agreed that.

convention /kɔ̃vɑ̃sjɔ̃/ nf convention; *convention collective* industrial agreement.

conventionné, -e /kɔ̃vɑ̃sjɔne/ adj [médecin] approved by the Department of Health.

convenu, -e /kɔ̃v(ə)ny/ adj agreed.

converger /kɔ̃vɛʀʒe/ vi *converger (sur/vers)* to converge (on).

conversation /kɔ̃vɛʀsasjɔ̃/ nf conversation.

converser /kɔ̃vɛʀse/ vi to converse.

conversion /kɔ̃vɛʀsjɔ̃/ nf *conversion (à/en)* conversion (to/into).

convertir /kɔ̃vɛʀtiʀ/ **I** vtr *convertir (à/en)* to convert (to/into). **II se convertir à** vpr to convert to.

convertisseur /kɔ̃vɛʀtisœʀ/ nm converter.

conviction /kɔ̃viksjɔ̃/ nf conviction.

convier /kɔ̃vje/ vtr *convier qn à faire* to invite sb to do.

convive /kɔ̃viv/ nmf guest.

convivial, -e, mpl **-iaux** /kɔ̃vivjal, jo/ adj friendly; ORDINAT user-friendly.

convocation /kɔ̃vɔkasjɔ̃/ nf notice to attend.

convoi /kɔ̃vwa/ nm convoy; RAIL train.

convoiter /kɔ̃vwate/ vtr to covet.

convoitise /kɔ̃vwatiz/ nf covetousness.

convoquer /kɔ̃vɔke/ vtr [▸réunion] to convene; [▸témoin] to summon; [▸à un examen] to ask to attend.

convulsion /kɔ̃vylsjɔ̃/ nf convulsion.

cookie /kuki/ nm ORDINAT cookie.

cool© /kul/ adj inv, adv cool©, laidback©.

coopération /kɔɔperasjɔ̃/ nf cooperation.

coopérer /kɔɔpere/ vtr ind, vi *coopérer (à)* to cooperate (at).

coordonnées /kɔɔʀdɔne/ nfpl coordinates; (adresse)© address and telephone number.

coordonner /kɔɔʀdɔne/ vtr to coordinate.

copain©, **copine** /kɔpɛ̃, in/ nm,f friend, pal©; (petit ami) boyfriend, girlfriend.

coparentalité /kɔpaʀãtalite/ nf co-parenting.

copeau, pl **-x** /kɔpo/ nm shaving.

copie /kɔpi/ nf copy; (feuille) sheet of paper; (devoir) paper; *copie de sauvegarde* back-up copy.

copier /kɔpje/ vtr to copy.

copier-coller /kɔpjekɔle/ nm inv copy-and-paste; *faire un copier-coller* to copy and paste.

copieur, -ieuse /kɔpjœʀ, jøz/ **I** nm,f SCOL cheat; (plagiaire) imitator. **II** nm photocopier.

copieux, -ieuse /kɔpjø, jøz/ adj copious, substantial.

copine ▸ copain.

copropriété /kɔpʀɔpʀijete/ nf joint ownership.

coq /kɔk/ nm cockerel, rooster[US]; (de clocher) weathercock.

● **sauter du coq à l'âne** to hop from one subject to another.

coque /kɔk/ nf (de navire) hull; (coquillage) cockle.

coquelet /kɔklɛ/ nm young cockerel.

coquelicot /kɔkliko/ nm poppy.

coqueluche /kɔklyʃ/ nf whooping cough; FIG© idol.

coquet, -ette /kɔkɛ, ɛt/ adj pretty; *être coquet* to be particular about one's appearance.

coquetier /kɔktje/ nm eggcup.

coquetterie /kɔkɛtʀi/ nf coquetry.

coquillage /kɔkijaʒ/ nm shellfish (inv); (coquille) shell.

coquille /kɔkij/ nf shell; (en imprimerie) misprint.

■ **coquille Saint-Jacques** scallop.

coquillettes /kɔkijɛt/ nfpl (small) macaroni.

coquin, -e /kɔkɛ̃, in/ **I** adj mischievous; (osé) naughty, saucy. **II** nm,f scamp.

cor /kɔʀ/ nm horn; (au pied) corn.

● **réclamer qch à cor et à cri** to clamour[GB] for sth.

corail, pl **-aux** /kɔʀaj, o/ nm coral.

corbeau, pl **-x** /kɔʀbo/ nm crow.

corbeille /kɔʀbɛj/ nf basket; THÉÂT dress circle; (à la Bourse) trading floor; ORDINAT bin.

■ **corbeille à papier** wastepaper basket.

corbillard /kɔʀbijaʀ/ nm hearse.

cordage /kɔʀdaʒ/ nm (de navire) rigging; (de raquette) stringing.

corde /kɔʀd/ nf rope; (d'arc, de raquette, d'instrument) string.
■ **corde à linge** clothesline; **corde raide** tightrope; **cordes vocales** vocal cords.
● **pleuvoir des cordes**© to rain cats and dogs©.

cordée /kɔʀde/ nf roped party (of climbers).

cordial, -e, mpl **-iaux** /kɔʀdjal, jo/ adj, nm cordial.

cordialement /kɔʀdjalmɑ̃/ adv warmly; (dans une lettre) yours sincerely.

cordon /kɔʀdɔ̃/ nm string, cord; (de police) cordon; **cordon ombilical** umbilical cord.

cordonnerie /kɔʀdɔnʀi/ nf cobbler's.

cordonnier /kɔʀdɔnje/ nm cobbler.

Corée /kɔʀe/ nprf **Corée du Nord/Sud** North/South Korea.

coréen, -enne /kɔʀeɛ̃, ɛn/ **I** adj Korean. **II** nm LING Korean. **III** nm,f **Coréen du Nord/Sud** North/South Korean.

coriace /kɔʀjas/ adj tough.

coriandre /kɔʀjɑ̃dʀ/ nf coriander.

corne /kɔʀn/ nf horn; (peau durcie) corn.
■ **corne d'abondance** cornucopia.

cornée /kɔʀne/ nf cornea.

cornemuse /kɔʀnəmyz/ nf bagpipes (pl).

corner /kɔʀne/ vtr [▸page] to turn down the corner of; **page cornée** dog-eared page.

cornet /kɔʀnɛ/ nm cone; (instrument) post horn.
■ **cornet à pistons** cornet.

corniaud /kɔʀnjo/ nm (chien) mongrel.

corniche /kɔʀniʃ/ nf cornice; **(route en) corniche** cliff road.

cornichon /kɔʀniʃɔ̃/ nm CULIN gherkin; (idiot)© nitwit©.

cornue /kɔʀny/ nf retort.

corolle, corole /kɔʀɔl/ nf corolla.

coron /kɔʀɔ̃/ nm miners' terraced houses (pl).

corporation /kɔʀpɔʀasjɔ̃/ nf corporation.

corporel, -elle /kɔʀpɔʀɛl/ adj [besoin, fonction] bodily; [châtiment] corporal.

corps /kɔʀ/ nm body; **le corps électoral** the electorate; **corps d'armée** army corps; CHIMIE substance; (d'imprimerie) type size.
■ **corps diplomatique** diplomatic corps; **corps et biens** NAUT with all hands.

corpulence /kɔʀpylɑ̃s/ nf stoutness, corpulence.

corpulent, -e /kɔʀpylɑ̃, ɑ̃t/ adj stout, corpulent.

correct, -e /kɔʀɛkt/ adj (sans erreur) correct, accurate; (convenable) proper; (honnête) fair, correct.

correcteur, -trice /kɔʀɛktœʀ, tʀis/ nm,f examiner^{GB}, grader^{US}; (d'épreuves) proofreader.
■ **correcteur d'orthographe** spellchecker.

correction /kɔʀɛksjɔ̃/ nf GÉN correction; (de manuscrit) proofreading; (notation) marking^{GB}, grading^{US}; (punition) GÉN hiding; **manquer de correction** to have no manners.

correctionnelle /kɔʀɛksjɔnɛl/ nf magistrate's court.

correspondance /kɔʀɛspɔ̃dɑ̃s/ nf correspondence; (dans les transports) connection; **vente par correspondance** mail order selling.

correspondant, -e /kɔʀɛspɔ̃dɑ̃, ɑ̃t/ **I** adj corresponding. **II** nm,f GÉN correspondent; (élève) penfriend^{GB}, pen pal; TÉLÉCOM **votre correspondant** the person you are calling.

correspondre /kɔʀɛspɔ̃dʀ/ vtr ind, vi **correspondre à/avec** to correspond to/with.

corrigé /kɔʀiʒe/ nm SCOL correct version.

corriger /kɔʀiʒe/ **I** vtr to correct; [correcteur] to proofread; [▸manières] to improve; SCOL to mark^{GB}, to grade^{US}; (châtier) to punish. **II** **se corriger** vpr **se corriger de qch** to cure oneself of sth.

corrompre /kɔʀɔ̃pʀ/ vtr to bribe; (pervertir) to corrupt.

corruption /kɔʀypsjɔ̃/ nf bribery.

corsage /kɔʀsaʒ/ nm blouse.

corsaire /kɔʀsɛʀ/ nm corsair.

corsé, -e /kɔʀse/ adj [café] strong; [vin] full-bodied; [sauce] spicy; [facture]© steep.

cortège /kɔʀtɛʒ/ nm procession.

corvée /kɔʀve/ nf chore; MIL fatigue (duty).

cosmétique /kɔsmetik/ adj, nm cosmetic.

cosmique /kɔsmik/ adj cosmic.

cosmonaute /kɔsmɔnot/ nmf cosmonaut.

cosmopolite /kɔsmɔpɔlit/ adj cosmopolitan.

cosse /kɔs/ nf pod.

cossu, -e /kɔsy/ *adj* [intérieur] plush.

costaud, -e☺ /kɔsto, od/ *adj* sturdy.

costume /kɔstym/ *nm* suit; THÉÂT costume.

costumé, -e /kɔstyme/ *adj* *bal costumé* fancy-dress party, costume party[US].

cote /kɔt/ *nf* (de qn, lieu, film) rating; (en Bourse) price; (de voiture) quoted value; *avoir la cote* to be popular.
■ **cote d'alerte** danger level; **cote de crédit** credit rating.

côte /kot/ **I** *nf* coast; (pente) hill; (os) rib; CULIN chop. **II côte à côte** *loc adv* side by side.

côté /kote/ **I** *nm* (partie, aspect) side; (direction, sens) way, direction. **II à côté** *loc adv* nearby; *les voisins d'à côté* the next-door neighbours[GB]; (en comparaison) by comparison. **III à côté de** *loc prép* next to; (en comparaison de) compared to; (en plus de) besides. **IV de côté** *loc adv* side; *faire un pas de côté* to step aside; *mettre qch de côté* to put sth aside. **V du côté de** *loc prép* near; (en ce qui concerne) as for. **VI aux côtés de** *loc prép* beside.

coteau, -x /kɔto/ *nm* hillside; (colline) hill; (vignoble) (sloping) vineyard.

Côte d'Ivoire /kotdivwaʀ/ *nprf* Ivory Coast.

côtelé, -e /kotle/ *adj* *velours côtelé* corduroy.

côtelette /kotlɛt/ *nf* chop.

coter /kɔte/ **I** *vtr* [▸titre] to list; *coté en Bourse* listed on the stock market. **II** *vi* [titre] to be quoted at; [voiture] to be priced at.

côtier, -ière /kotje, jɛʀ/ *adj* coastal.

cotillon /kɔtijɔ̃/ *nm* party accessories.

cotisation /kɔtizasjɔ̃/ *nf* contribution; *cotisation vieillesse* contribution to a pension fund; *cotisations sociales* social security contributions; (à une association) subscription.

cotiser /kɔtize/ **I** *vi* (à une assurance) to pay one's contributions (to); (à une association) to pay one's subscription (to). **II se cotiser** *vpr* to club together[GB], to go in together.

coton /kɔtɔ̃/ *nm* cotton.
■ **coton hydrophile** cotton wool[GB], absorbent cotton[US].

côtoyer /kotwaje/ *vtr* [▸personnes] to mix with; [▸mort, danger] to be in close contact with.

cotte /kɔt/ *nf* *cotte de mailles* coat of mail.

cou /ku/ *nm* neck.

couchage /kuʃaʒ/ *nm* *sac de couchage* sleeping bag.

couchant /kuʃɑ̃/ *adj m, nm* *au (soleil) couchant* at sunset.

couche /kuʃ/ *nf* (de peinture) coat; (de neige) layer; SOCIOL sector; (pour bébés) nappy[GB], diaper[US]; (lit) bed.
● **en tenir une couche**☺ to be really thick☺.

coucher[1] /kuʃe/ **I** *vtr* to put to bed; (allonger) to lay down. **II** *vi* *coucher avec qn/ sous la tente* to sleep with sb/in a tent. **III se coucher** *vpr* (aller dormir) to go to bed; (s'allonger) to lie (down); [soleil] to set, to go down.

coucher[2] /kuʃe/ *nm* bedtime.
■ **coucher de soleil** sunset.

couchette /kuʃɛt/ *nf* couchette, berth.

coucou /kuku/ **I** *nm* (oiseau) cuckoo; (fleur) cowslip; (avion)☺ (old) crate☺; (horloge) cuckoo clock. **II** ☺ *excl* peekaboo!

coude /kud/ *nm* elbow; (courbe) bend; *au coude à coude* (dans compétition) neck and neck.

coudre /kudʀ/ *vtr, vi* to sew (on).

couette /kwɛt/ *nf* (literie) duvet; (coiffure) bunches[GB], pigtails[US].

couffin /kufɛ̃/ *nm* Moses basket[GB].

couiner /kwine/ *vi* [souris, jouet] to squeak; [enfant] to whine.

coulée /kule/ *nf* *coulée de boue/neige* mudslide/snowslide; *coulée de lave* lava flow.

couler /kule/ **I** *vtr* [▸navire] to sink; [▸entreprise]☺ to put [sth] out of business. **II** *vi* to flow; [peinture, nez] to run; [robinet, stylo] to leak; [bateau, projet] to sink; *je coule!* I'm drowning!

couleur /kulœʀ/ *nf* colour[GB], color[US]; (aux cartes) suit; [▸personne] *de couleur* coloured[US], colored[GB]; *en couleurs* colour[GB], color[US].

couleuvre /kulœvʀ/ *nf* grass snake.

coulisse /kulis/ *nf* THÉÂT *les coulisses* the wings; *en coulisse* backstage; *à coulisse* [porte] sliding.

coulisser /kulise/ *vi* to slide.

couloir /kulwaʀ/ *nm* (de bâtiment) corridor[GB], hallway[US]; (aérien, de bus, piscine) lane.

coup /ku/ nm blow, knock; *donner un coup de qch à qn* to hit sb with sth; *sous le coup de la colère* in (a fit of) anger; *au douzième coup de minuit* on the last stroke of midnight; *sur le coup de dix heures*© around ten; (au tennis, etc) stroke; (aux échecs, dames) move; (du pied) kick; (du fusil) shot; (vilain tour) trick©; (manœuvre) move ; *un coup tordu*© a dirty trick; (boisson)© drink; *à chaque coup* every time; *après coup* afterwards, in retrospect; *du premier coup* straight off; *tout à coup* suddenly, all of a sudden.
• **tenir le coup** to cope, to hold on.

coupable /kupabl/ I adj guilty. II nmf culprit, guilty party.

coupant, -e /kupã, ãt/ adj sharp.

coupe /kup/ nf (coiffure) haircut; (en couture) cutting out; (diminution) cut; (trophé) cup; (à fruits) bowl; (à champagne) glass.
■ **coupe en brosse** crew cut.

coupe-ongle, pl **-s** /kupɔ̃gl/ nm nail clippers (pl).

coupe-papier, pl **-s** /kuppapje/ nm paper knife.

couper /kupe/ I vtr to cut; [▸pain] to slice; [▸rôti] to carve; [▸légumes] to chop; (interrompre) to cut off; *couper la journée* to break up the day; [▸vin] to dilute; (au tennis) to slice; (avec un atout) to trump. II vi to cut, to be sharp. III **se couper** vpr to cut oneself; (se croiser) to intersect.
• **tu n'y couperas pas**© you won't get out of it.

couple /kupl/ nm couple; (d'animaux) pair.

couplet /kuplɛ/ nm verse.

coupole /kupɔl/ nf cupola, dome.

coupon /kupɔ̃/ nm (de tissu) remnant; (ticket) voucher.

coupure /kupyʀ/ nf (pause) break; (blessure) cut; (de courant) cut; (billet de banque) (bank) note GB, bill US.
■ **coupure de journal** clipping.

cour /kuʀ/ nf courtyard; (de souverain, tribunal) court; (de souverain, tribunal) *faire la cour à* to court.
■ **cour d'assises** criminal court; **cour martiale** court-martial; **cour de récréation** playground; **Cour de cassation** supreme court of appeal.

courage /kuʀaʒ/ nm courage, bravery; *bon courage!* good luck!

courageux, -euse /kuʀaʒø, øz/ adj courageous, brave.

couramment /kuʀamã/ adv [parler] fluently; [admis] commonly.

courant, -e /kuʀã, ãt/ I adj common, usual; [mois, prix] current. II nm current; *courant d'air* draught GB, draft US; *dans le courant de* during. III **au courant** loc adj *être au courant* to know; *mettre qn au courant (de qch)* to tell sb (about sth).

courbatu, -e /kuʀbaty/ adj stiff.

courbature /kuʀbatyʀ/ nf ache.

courbaturé, -e /kuʀbatyʀe/ adj stiff.

courbe /kuʀb/ I adj curved. II nf curve.
■ **courbe de niveau** contour line.

courber /kuʀbe/ I vtr to bend. II **se courber** vpr to bend down.

courbette /kuʀbɛt/ nf (low) bow.

courbure /kuʀbyʀ/ nf curve.

coureur, -euse /kuʀœʀ, øz/ nm,f runner.
■ **coureur automobile/cycliste** racing driver/cyclist.

courge /kuʀʒ/ nf (vegetable) marrow.

courgette /kuʀʒɛt/ nf courgette GB, zucchini US.

courir /kuʀiʀ/ I vtr [▸épreuve] to run in; [▸monde] to roam; [▸boutiques] to go round; [▸risque] to run; [▸filles, garçons]© to chase after. II vi to run; (à vélo, etc) to race; (se presser) to rush; *faire courir un bruit* to spread a rumour GB.
• **tu peux toujours courir**©! you can go whistle for it©!

couronne /kuʀɔn/ nf crown; *couronne de fleurs* garland; (pour enterrement) wreath.

couronnement /kuʀɔnmã/ nm (de souverain) coronation; (de héros) crowning.

couronner /kuʀɔne/ vtr *couronner (de)* to crown (with).

courre /kuʀ/ vtr *chasse à courre* hunting.

courriel /kuʀjɛl/ nm email.

courrier /kuʀje/ nm mail; (lettre) letter.
■ **courrier électronique** electronic mail, e-mail.

courroie /kuʀwa/ nf strap; (de machine) belt.

cours /kuʀ/ nm (leçon) class, lesson; *suivre un cours* to take a course; *faire cours* to teach; (de denrée) price; (de devise) exchange rate; *avoir cours* [monnaie] to be legal tender; (écoulement) flow; (déroulement) course;

en cours de construction under construction; *en cours de route* along the way.
■ **cours d'eau** watercourse.

course /kuʀs/ *nf* running; (compétition) race; *faire les/des courses* to go shopping.

coursier, -ière /kuʀsje jɛʀ/ *nm, f* courier.

court, -e /kuʀ, kuʀt/ **I** *adj, adv* short. **II** *nm* (de tennis) court.
■ **court métrage** short (film).
● **à court de…** short of…; **prendre qn de court** to catch sb unprepared.

court-circuit, *pl* **-s** /kuʀsiʀkɥi/ *nm* short-circuit.

courtier, -ière /kuʀtje, jɛʀ/ *nm, f* broker.

courtisan /kuʀtizã/ *nm* (flatteur) sycophant; HIST courtier.

courtisane /kuʀtizan/ *nf* courtesan.

courtiser /kuʀtize/ *vtr* to woo.

courtois, -e /kuʀtwa, az/ *adj* courteous.

courtoisie /kuʀtwazi/ *nf* courtesy.

couru, -e /kuʀy/ *adj* popular.

cousin, -e /kuzɛ̃, in/ **I** *nm, f* cousin; *cousin germain* first cousin. **II** *nm* (insecte) mosquito.

coussin /kusɛ̃/ *nm* cushion.
■ **coussin de sécurité** air bag.

coussinet /kusinɛ/ *nm* ZOOL pad.

cousu, -e /kuzy/ ▶ **coudre**.

coût, cout /ku/ *nm* cost.

coûtant, coutant /kutã/ *adj prix coûtant* cost price.

couteau, *pl* **-x** /kuto/ *nm* knife; (coquillage) razor shell[GB], razor clam[US].
■ **couteau à cran d'arrêt** flick knife[GB], switchblade[US].

coûter, couter /kute/ **I** *vi* to cost; *combien ça coûte?* how much is it?; *coûter cher* to be expensive. **II** *v impers coûte que coûte* at all costs.

coûteux, couteux, -euse /kutø, øz/ *adj* costly.

coutume /kutym/ *nf* custom.

couture /kutyʀ/ *nf* sewing; (profession) dressmaking; (bords cousus) seam.

couturier, -ière /kutyʀje, jɛʀ/ *nm, f* couturier.

couvée /kuve/ *nf* (d'enfants) brood; (d'œufs) clutch.

couvent /kuvã/ *nm* (pour femmes) convent; (pour hommes) monastery.

couver /kuve/ **I** *vtr* [▸œufs] to sit on; (protéger) to overprotect; [▸maladie] to be coming down with. **II** *vi* (poule) to brood; [révolte] to brew.

couvercle /kuvɛʀkl/ *nm* lid.

couvert, -e /kuvɛʀ, ɛʀt/ **I** *adj* [piscine, court] indoor; [marché, stade, passage] covered; [ciel, temps] overcast. **II** *nm* (pour un repas) place setting; *mettre le couvert* to lay the table; *des couverts en argent* silver cutlery; (à payer au restaurant) cover charge; (abri) shelter. **IV à couvert** *loc adv* under cover. **V sous le couvert de** *loc prép* under the pretence[GB] of.

couverture /kuvɛʀtyʀ/ *nf* blanket; (protection) cover; (d'un évènement) coverage; (toiture) roof.

couvre-feu, *pl* **-x** /kuvʀəfø/ *nm* curfew.

couvre-lit, *pl* **-s** /kuvʀəli/ *nm* bedspread.

couvrir /kuvʀiʀ/ **I** *vtr couvrir qn de qch* to cover sb with sth. **II se couvrir** *vpr* (s'habiller) to wrap up; [ciel] to become cloudy; *se couvrir de* [▸de plaques, boutons] to become covered with.

covoiturage /kovwatyʀaʒ/ *nm* car sharing, car pooling.

CQFD /sekyɛfde/ (*abrév = ce qu'il fallait démontrer*) QED.

crabe /kʀab/ *nm* crab.

crachat /kʀaʃa/ *nm* spit.

cracher /kʀaʃe/ *vtr, vi* to spit (out).

crachin /kʀaʃɛ̃/ *nm* drizzle.

crack© /kʀak/ *nm* ace.

craie /kʀɛ/ *nf* chalk.

craignos® /kʀeɲos/ *adj inv* crappy®.

craindre /kʀɛ̃dʀ/ *vtr* to fear; *ne craignez rien* don't be afraid; (être sensible à) to be sensitive to.

crainte /kʀɛ̃t/ *nf* fear.

craintif, -ive /kʀɛ̃tif, iv/ *adj* timid.

cramoisi, -e /kʀamwazi/ *adj* crimson.

crampe /kʀãp/ *nf* cramp.

crampon /kʀãpɔ̃/ *nm* crampon.

cramponner: se cramponner /kʀãpɔne/ *vpr* to hold on tightly; *se cramponner à qn/qch* to cling to sb/sth.

cran /kʀã/ *nm* notch; (de ceinture) hole; *avoir du cran*© to have guts©; (en coiffure) wave.

crâne /kʀan/ *nm* skull.

crâner© /krane/ *vi* to show off.

crapaud /krapo/ *nm* toad.

crapule /krapyl/ *nf* crook.

craquement /krakmã/ *nm* creaking, crack.

craquer /krake/ **I** *vtr* [▸allumette] to strike. **II** *vi* [couture] to split; [branche] to crack; [sac] to burst; (faire un bruit) to creak; *qui craque sous la dent* crunchy; (ne pas résister)© to crack (up)©.

crasse /kras/ *nf* grime, filth; (mauvais tour)© dirty trick.

crasseux, -euse /krasø, øz/ *adj* filthy, grimy.

cratère /krater/ *nm* crater.

cravache /kravaʃ/ *nf* whip.

cravate /kravat/ *nf* tie.

crawl /krol/ *nm* crawl.

crayon /krejɔ̃/ *nm* pencil.
■ **crayon de couleur** coloured^GB/colored^US pencil; **crayon feutre** felt-tip pen; **crayon de papier** lead pencil; **crayon optique** light pen.

créateur, -trice /kreatœr, tris/ **I** *adj* creative. **II** *nm,f* creator, designer.

créatif, -ive /kreatif, iv/ *adj* creative.

création /kreasjɔ̃/ *nf* creation.

créature /kreatyr/ *nf* creature.

crèche /krɛʃ/ *nf* crèche^GB, day nursery; (de Noël) crib^GB, crèche^US.

crédit /kredi/ *nm* credit; *faire crédit à qn* to give sb credit; (somme) funds (*pl*); *crédits de la recherche* research budget.

créditer /kredite/ *vtr* **créditer (de)** to credit (with).

crédulité /kredylite/ *nf* gullibility, credulity.

créer /kree/ *vtr* to create.

crémaillère /kremajɛr/ *nf* chimney hook.
● **pendre la crémaillère** to have a house-warming (party).

crémant /kremã/ *nm* sparkling wine.

crématoire /krematwar/ *nm (four) crématoire* crematorium.

crème /krɛm/ **I** © *nm* (café) espresso with milk. **II** *nf* cream.
■ **crème anglaise** ≈ custard; **crème glacée** dairy ice cream; **crème de marrons** chestnut purée.

crémeux, -euse /kremø, øz/ *adj* creamy.

crémier, -ière /kremje, jɛr/ *nm,f* cheese seller.

créneau, *pl* **-x** /kreno/ *nm* (espace) gap, niche; (de tour) crenel; AUT *faire un créneau* to parallel-park.
■ **créneau horaire** time slot.

créole /kreɔl/ *adj, nm* creole.

crêpe¹ /krɛp/ *nm* (tissu) crepe.

crêpe² /krɛp/ *nf* pancake, crêpe.

crépiter /krepite/ *vi* to crackle.

crépu, -e /krepy/ *adj* frizzy.

crépuscule /krepyskyl/ *nm* dusk.

cresson /kresɔ̃, krasɔ̃/ *nm* watercress.

crête /krɛt/ *nf* crest; (de coq) comb.

crétin, -e /kretɛ̃, in/ *nm,f* idiot, moron©.

creuser /krøze/ *vtr* to dig; *creuser l'écart entre* to widen the gap between.
● **se creuser (la tête/la cervelle)**© to rack one's brains.

creuset /krøzɛ/ *nm* melting pot.

creux, -euse /krø, øz/ **I** *adj* hollow; [estomac, discours] empty; [plat] shallow; [jour, période] slack, off-peak^GB. **II** *nm* hollow; *le creux de la main* the palm of the hand; (petite faim)© *avoir un (petit) creux* to have the munchies©.

crevaison /krəvɛzɔ̃/ *nf* puncture^GB, flat (tire)^US.

crevant©, **-e** /krəvã, ãt/ *adj* killing©.

crevasse /krəvas/ *nf* crevasse; (dans la terre, sur un mur) crack, fissure; (sur les lèvres) chapped skin.

crevé, -e /krəve/ *adj* [pneu] punctured, flat^US; (épuisé)© exhausted.

crever /krəve/ **I** *vtr* [▸pneu] to puncture; [▸abcès] to burst; (épuiser)© to wear [sb] out. **II** *vi* to burst; *crever de faim©/froid©* to be starving; *crever d'envie* to be consumed with envy.

crevette /krəvɛt/ *nf* **crevette grise** shrimp; **crevette rose** prawn.

cri /kri/ *nm* cry, shout; (aigu) scream; (appel) call; *pousser un cri* to cry out, to scream.

criant, -e /krijã, ãt/ *adj* [injustice] blatant.

criard, -e /kriar, ard/ *adj* [voix] shrill; [couleur] garish.

crible /kribl/ *nm* screen; *passer au crible* to sift through.

criblé, -e /kʀible/ *adj* **criblé de** (de balles) riddled with; (de dettes) crippled with.

cric /kʀik/ *nm* jack.

cricket /kʀikɛ(t)/ *nm* cricket.

crier /kʀije/ **I** *vtr* to shout; [▸indignation] to proclaim. **II** *vi* to shout (out), to cry (out); *crier après*© *qn* to shout at sb; (de peur) to scream.

crime /kʀim/ *nm* crime; (meurtre) murder.
■ **crime contre l'humanité** crime against humanity.

criminalité /kʀiminalite/ *nf* crime.

criminel, -elle /kʀiminɛl/ *adj, nm,f* criminal.
■ **criminel de guerre** war criminal.

crin /kʀɛ̃/ *nm* horsehair.

crinière /kʀinjɛʀ/ *nf* mane.

crique /kʀik/ *nf* cove.

criquet /kʀikɛ/ *nm* locust.

crise /kʀiz/ *nf* crisis; MÉD attack; *crise de rhumatisme* bout of rheumatism; *crise cardiaque* heart attack; *crise de nerfs* hysterics *(pl)*.

crispation /kʀispɑsjɔ̃/ *nf* (de muscle) tensing; (durcissement) tension.

crisper /kʀispe/ **I** *vtr* to tense; (irriter)© to irritate. **II se crisper** *vpr* [mains, doigts] to clench; [visage, personne] to tense (up).

crisser /kʀise/ *vi* to squeak.

cristal, *pl* **-aux** /kʀistal, o/ *nm* crystal.

cristallin, -e /kʀistalɛ̃, in/ **I** *adj* [roche] crystalline; [eau] crystal clear. **II** *nm* (de l'œil) (crystalline) lens.

critère /kʀitɛʀ/ *nm* criterion.

critique /kʀitik/ **I** *adj* critical. **II** *nmf* critic. **III** *nf* criticism.

critiquer /kʀitike/ *vtr* to criticize.

croasser /kʀɔase/ *vi* to caw.

croate /kʀɔat/ **I** *adj* Croatian. **II** *nm* LING Croatian. **III** *nmf* **Croate** Croat.

Croatie /kʀɔasi/ *nprf* Croatia.

croc /kʀo/ *nm* fang.
● **avoir les crocs**© to be starving.

croche /kʀɔʃ/ *nf* quaver^{GB}, eighth note^{US}.

croche-pied©, *pl* **-s** /kʀɔʃpje/ *nm* **faire un croche-pied à** *qn* to trip sb up.

crochet /kʀɔʃɛ/ *nm* hook; (tricot) crochet; (typographique) *mettre entre crochets* to put [sth] in square brackets; (détour) detour.

crocheter /kʀɔʃte/ *vtr* **crocheter une serrure** to pick a lock.

crochu, -e /kʀɔʃy/ *adj* [bec] hooked; [doigt] clawed.

crocodile /kʀɔkɔdil/ *nm* crocodile.

crocus /kʀɔkys/ *nm* crocus.

croire /kʀwaʀ/ **I** *vtr, vi* to believe; (penser) to think. **II croire à, croire en** *vtr ind* to believe in. **III se croire** *vpr il se croit beau* he thinks he's handsome.

croisade /kʀwazad/ *nf* crusade.

croisé, -e /kʀwaze/ **I** *adj* [veste] double-breasted; [vers] alternate. **II** *nm* HIST crusader.

croisement /kʀwazmɑ̃/ *nm* intersection.

croiser /kʀwaze/ **I** *vtr* [▸jambes, rue, voie] to cross; [▸bras, mains] to fold; *croiser qn/qch* to pass sb/sth. **II** *vi* [navire] to cruise. **III se croiser** *vpr* [piétons] to pass each other; [routes] to cross.

croisière /kʀwazjɛʀ/ *nf* cruise.

croissance /kʀwasɑ̃s/ *nf* growth.

croissant, -e /kʀwasɑ̃, ɑ̃t/ **I** *adj* growing. **II** *nm* CULIN croissant; (forme) crescent.

croître, croitre /kʀwatʀ/ *vi* to grow.

croix /kʀwa/ *nf* cross.

Croix-Rouge /kʀwaʀuʒ/ *nf* **la Croix-Rouge** the Red Cross.

croquant, -e /kʀɔkɑ̃, ɑ̃t/ *adj* crunchy.

croque-madame, *pl* **-s** /kʀɔkmadam/ *nm* toasted ham-and-cheese sandwich topped with a fried egg.

croquemitaine /kʀɔkmitɛn/ *nm* bogeyman.

croque-monsieur, *pl* **-s** /kʀɔkməsjø/ *nm* toasted ham-and-cheese sandwich.

croque-mort©, *pl* **-s** /kʀɔkmɔʀ/ *nm* undertaker.

croquer /kʀɔke/ *vtr* to crunch; (dessiner) to sketch.

croquet /kʀɔkɛ/ *nm* croquet.

croquis /kʀɔki/ *nm* sketch.

crosse /kʀɔs/ *nf* (de fusil) butt.

crotte /kʀɔt/ *nf* dropping; (de chien) mess.
■ **crotte en chocolat** chocolate drop.

crotter /kʀɔte/ *vtr* to muddy.

crottin /kʀɔtɛ̃/ *nm* (de cheval) dung; (fromage) goat's cheese.

crouler /kʀule/ vi to collapse, to crumble.

croupe /kʀup/ nf (de cheval) croup; *monter en croupe* to ride pillion.

croupir /kʀupiʀ/ vi to stagnate.

croustillant, -e /kʀustijɑ̃, ɑ̃t/ adj [pain] crispy; [biscuit] crunchy; FIG [histoire] spicy.

croûte, croute /kʀut/ nf crust; (de fromage) rind; CULIN *en croûte* in pastry; MÉD scab; (tableau)© daub.
● **casser la croûte**© to have a bite to eat.

croûton, crouton /kʀutɔ̃/ nm crust; (frit) crouton.

croyance /kʀwajɑ̃s/ nf belief.

croyant, -e /kʀwajɑ̃, ɑ̃t/ adj *être croyant* to be a believer.

CRS /seeʀɛs/ (abrév = **compagnie républicaine de sécurité**) nm *un CRS* a member of the French riot police.

cru, -e /kʀy/ I adj raw; [pâte] uncooked; [lumière] harsh; [description] blunt; [langage] crude. II nm (vin) vintage.

cruauté /kʀyote/ nf cruelty.

cruche /kʀyʃ/ nf jug(GB), pitcher(US); (niais)© dope©, twit©(GB).

crucial, -e, mpl **-iaux** /kʀysjal, jo/ adj crucial.

cruciverbiste /kʀysivɛʀbist/ nmf crossword fan.

crudités /kʀydite/ nfpl raw vegetables, crudités.

crue /kʀy/ nf flood.

cruel, -elle /kʀyɛl/ adj cruel (to).

crustacé /kʀystase/ nm shellfish (inv).

cryogénisation /kʀijɔʒenizatjɔ̃/ vtr *se faire cryogéniser* to be preserved cryogenically.

cryogéniser /kʀijɔʒenize/ vtr *se faire cryogéniser* to be preserved cryogenically.

crypter /kʀipte/ vtr to encrypt.

Cuba /kyba/ nprf Cuba.

cubain, -e /kybɛ̃, ɛn/ I adj Cuban. II nm,f **Cubain, -e** Cuban.

cube /kyb/ I adj [mètre] cubic. II nm cube.

cucul© /kyky/ adj [histoire] soppy©(GB), schmaltzy©(US).

cueillette /kœjɛt/ nf picking.

cueillir /kœjiʀ/ vtr to pick.

cuiller, cuillère /kɥijɛʀ/ nf spoon.
■ **petite cuiller, cuiller à café** teaspoon; **cuiller à soupe** soupspoon.

cuillerée /kɥijaʀe/ nf spoonful.

cuir /kɥiʀ/ nm leather.
■ **cuir chevelu** scalp.

cuirasse /kɥiʀas/ nf breastplate.

cuirassé /kɥiʀase/ nm battleship.

cuire /kɥiʀ/ I vtr (sur le feu) to cook; (au four) to bake; [▸viande] to roast; (à la vapeur) to steam; (à la poêle) to fry; (au gril) to grill. II vi [aliment, repas] to cook; *on cuit*© it's baking (hot).

cuisine /kɥizin/ nf kitchen; (art) cooking, cookery; *faire la cuisine* to cook.

cuisiner /kɥizine/ vtr, vi to cook; (interroger)© to grill©.

cuisinier, -ière /kɥizinje, jɛʀ/ nm,f cook.

cuisinière /kɥizinjɛʀ/ nf (appareil) cooker(GB), stove(US).

cuisiniste /kɥizinist/ nm,f kitchen manufacturer.

cuisse /kɥis/ nf ANAT thigh; CULIN (de poulet) leg.

cuisson /kɥisɔ̃/ nf cooking.

cuit, -e /kɥi, kɥit/ adj [aliment] cooked; *trop cuit* overdone; *bien cuit* well done.

cuivre /kɥivʀ/ I nm *cuivre (rouge)* copper; *cuivre (jaune)* brass. II **cuivres** nmpl MUS brass section.

cul /ky/ I nm (derrière)© bottom; (de lampe) bottom.

culbute /kylbyt/ nf somersault; (chute) tumble.

cul-cul© ▶ cucul.

cul-de-sac, pl **culs-de-sac** /kydsak/ nm dead end.

culinaire /kylinɛʀ/ adj culinary.

culminant, -e /kylminɑ̃, ɑ̃t/ adj *point culminant* highest point, peak.

culminer /kylmine/ vi *culminer au-dessus de qch* to tower above sth; [inflation, chômage] to reach its peak.

culot /kylo/ nm (audace)© cheek©; TECH [▸d'ampoule, de cartouche] base.

culotte /kylɔt/ nf (sous-vêtement) pants(GB) panties(US) (pl); (pantalon) trousers, pants(US) (pl).
■ **culotte de cheval** riding breeches (pl).

culotté©, **-e** /kylɔte/ adj cheeky.

culpabiliser /kylpabilize/ **I** *vtr* to make [sb] feel guilty. **II** *vi* to feel guilty.

culpabilité /kylpabilite/ *nf* guilt.

culte /kylt/ *nm* cult; (protestant) service.

cultivateur, **-trice** /kyltivatœʀ, tʀis/ *nm,f* farmer.

cultivé, **-e** /kyltive/ *adj* cultivated.

cultiver /kyltive/ *vtr* [▸plante] to grow; [▸champ, amitié] to cultivate.

culture /kyltyʀ/ *nf* culture; *culture classique* classical education; (agriculture) farming.
■ **culture physique** physical education.

culturel, **-elle** /kyltyʀɛl/ *adj* cultural.

culturiste /kyltyʀist/ *nmf* bodybuilder.

cumin /kymɛ̃/ *nm* cumin.

cumuler /kymyle/ *vtr* [▸fonctions] to hold [sth] concurrently; (accumuler) to accumulate.

cupide /kypid/ *adj* grasping.

cure /kyʀ/ *nf* course of treatment.
■ **cure d'amaigrissement** slimming course[GB], reducing treatment[US]; **cure de sommeil** sleep therapy.

curé /kyʀe/ *nm* (parish) priest.

cure-dent, *pl* **-s** /kyʀdɑ̃/ *nm* toothpick.

curer /kyʀe/ *vtr* to clean out.

curieux, **-ieuse** /kyʀjø, jøz/ **I** *adj* inquisitive, curious; (étrange) strange, curious. **II** *nm,f* (passant) onlooker.

curiosité /kyʀjozite/ *nf* curiosity.

curriculum vitae /kyʀikylɔmvite/ *nm inv* curriculum vitae, résumé[US].

curry /kyʀi/ *nm* curry.

curseur /kyʀsœʀ/ *nm* ORDINAT cursor.

customiser /kystɔmize/ *vtr* to customize.

cutané, **-e** /kytane/ *adj* skin.

cuti /kyti/ *nf* skin test.

cutter /kytœʀ/ *nm* Stanley knife®.

cuve /kyv/ *nf* (à vin) vat; (à mazout) tank.

cuvée /kyve/ *nf* vintage.

cuvette /kyvɛt/ *nf* bowl.

CV /seve/ *nm* (*abrév* = **curriculum vitae**) CV, résumé[US]; (*abrév écrite* = **cheval-vapeur**) HP.

cybercafé /sibɛʀkafe/ *nm* cybercafe.

cybercriminalité /sibɛʀkʀiminalite/ *nf* cybercrime, Internet crime.

cyberespace /sibɛʀɛspas/ *nm* cyberspace.

cybernaute /sibɛʀnot/ *nm,f* Netsurfer.

cybernétique /sibɛʀnetik/ *nf* cybernetics (*pl*).

cyclable /siklabl/ *adj piste cyclable* cycle track[GB], bicycle path[US].

cycle /sikl/ *nm* cycle; UNIV *premier cycle* first two years of a degree course leading to a diploma; *deuxième cycle* final two years of a degree course; *troisième cycle* graduate studies.

cyclique /siklik/ *adj* cyclic.

cyclisme /siklism/ *nm* cycling.

cycliste /siklist/ *adj* [club] cycling; [course] cycle; *coureur cycliste* racing cyclist.

cyclomoteur /siklomɔtœʀ/ *nm* moped.

cyclone /siklon/ *nm* cyclone.

cygne /siɲ/ *nm* swan.

cylindre /silɛ̃dʀ/ *nm* cylinder.

cylindrée /silɛ̃dʀe/ *nf* capacity, size.

cylindrique /silɛ̃dʀik/ *adj* cylindrical.

cymbale /sɛ̃bal/ *nf* cymbal.

cynique /sinik/ *adj* cynical.

cyprès /sipʀɛ/ *nm* cypress.

d

d' ▶ de.

d'abord ▶ abord.

dactylo /daktilo/ *nm,f* typist.

dactylographier /daktilɔgRafje/ *vtr* to type (out).

dada© /dada/ *nm* (cheval) horsie©; (passe-temps) hobby.

dadais© /dadɛ/ *nm* clumsy youth.

daigner /deɲe/ *vtr* **daigner faire qch** to deign to do sth.

daim /dɛ̃/ *nm* (fallow) deer; **en daim** suede.

dalle /dal/ *nf* slab.
● **que dalle**© nothing at all, zilch©.

daltonien, -ienne /daltɔnjɛ̃, jɛn/ *nm,f* colour-blind[GB].

dame /dam/ **I** *nf* lady; (aux cartes, échecs) queen; (aux dames) king. **II dames** *nfpl* (jeu) draughts[GB] (*sg*), checkers[US] (*sg*).

damier /damje/ *nm* draughtboard[GB], checkerboard[US]; **en damier** checked.

damné, -e /dɑne/ *adj* © cursed; RELIG damned.

damner /dɑne/ *vtr* to damn.

dandiner: **se dandiner** /dɑ̃dine/ *vpr* to waddle.

danger /dɑ̃ʒe/ *nm* danger; **être en danger** to be in danger; **sans danger** safe.

dangereux, -euse /dɑ̃ʒRØ, øz/ *adj* dangerous.

Danemark /danmaRk/ *nprm* Denmark.

danois, -e /danwa, az/ **I** *adj* Danish. **II** *nm* LING Danish; (chien) Great Dane. **III** *nm,f* **Danois, -e** Dane.

dans /dɑ̃/ *prép* (lieu fixe) in; **dans les affaires** in business; (+ mouvement) to, into; **monter dans un avion** to get on a plane; (temps) in; **dans deux heures** in two hours; **dans la journée** during the day; (approximation) **dans les 30 euros** about 30 euros.

danse /dɑ̃s/ *nf* dance; (activité) dancing.

danser /dɑ̃se/ *vtr, vi* to dance.

danseur, -euse /dɑ̃sœR, øz/ *nm,f* dancer.

dard /daR/ *nm* sting.

darne /daRn/ *nf* (de saumon) steak.

date /dat/ *nf* date; **date limite** deadline.

dater /date/ **I** *vtr* to date; **à dater de** as from. **II** *vi* **dater de** to date from; (être démodé) to be dated.

datte /dat/ *nf* date.

dauphin /dofɛ̃/ *nm* dolphin.

daurade /dɔRad/ *nf* **daurade (royale)** gilt-head bream.

davantage /davɑ̃taʒ/ **I** *adv* more; (plus longtemps) longer. **II** *dét indéf* **davantage de** more.

DDASS /das/ *nf* (abrév = **Direction départementale des affaires sanitaires et sociales**) ≈ regional social-services department.

de (**d'** *devant voyelle ou h muet*) /də, d/ *prép* (origine) from; (progression) **de 8 à 10** from 8 to 10; (destination) to; (cause) **mourir de soif** to die of thirst; **trembler de froid** to shiver with cold; (manière) in, with; (moyen) with, on; **vivre de pain** to live on bread; (agent) by; **un poème de Victor Hugo** a poem by Victor Hugo; (durée) **travailler de nuit/de jour** to work at night/during the day; (complément du nom) of; **le toit de la maison** the roof of the house; (dimension, mesure) **un livre de 200 pages** a 200-page book; **10 euros de l'heure** 10 euros an hour; (avec attribut) **deux heures de libres** two hours free; (après un superlatif) of, in; (dans une comparaison chiffrée) **plus/moins de 10** more/less than 10.

dé /de/ *nm* dice (*inv*); **couper en dés** to dice; (pour coudre) thimble.

dealer¹© , **dealeur, -euse** /dilœR, øz/ *nm,f* pusher© (drug) dealer.

dealer²© /dile/ *vtr, vi* to deal (in drugs).

déambuler /deɑ̃byle/ *vi* to wander (about).

débâcle /debɑkl/ *nf* GÉOG breaking up; MIL rout; FIG collapse.

déballer /debale/ *vtr* [▶cadeau] to open; [▶marchandise] to display.

débandade /debɑ̃dad/ *nf* disarray.

débarbouiller: **se débarbouiller** /debaRbuje/ *vpr* to wash one's face.

décalage

débarcadère /debaʀkadɛʀ/ *nm* landing stage, jetty.

débardeur /debaʀdœʀ/ *nm* sleeveless tee-shirt.

débarquement /debaʀkəmã/ *nm* MIL landing.

débarquer /debaʀke/ *vi* [▸marchandises] to disembark; [▸du train] to get off; MIL to land; *débarquer (chez qn)*© to turn up© (at sb's place).

débarras /debaʀa/ *nm* (endroit) junk room; *bon débarras*©! good riddance!

débarrasser /debaʀase/ **I** *vtr* to clear; *débarrasser qn de qch* to take sth from sb. **II se débarrasser de** *vpr* to get rid of; [▸déchets] to dispose of.

débat /deba/ *nm* debate.

débattre /debatʀ/ **I** *vtr* to negotiate. **II** *vtr ind* **débattre de/sur** to debate. **III se débattre** *vpr* **se débattre (contre)** to struggle (with).

débauche /deboʃ/ *nf* debauchery; (profusion) profusion.

débaucher /deboʃe/ *vtr* to debauch; (licencier) to lay off.

débile /debil/ **I** © *adj* moronic. **II** *nmf* **débile mental** retarded person.

débit /debi/ *nm* debit; (de liquide) flow; (ventes) turnover.
■ **débit de boissons** bar; ORDINAT **haut débit** broadband.

débiter /debite/ *vtr* [▸compte] to debit; *débiter des bêtises* to talk a lot of nonsense; (découper) to cut up.

débiteur, **-trice** /debitœʀ, tʀis/ *nm,f* debtor.

déblayer /debleje/ *vtr* to clear (away).

débloquer /deblɔke/ **I** *vtr* [▸frein] to release; [▸volant, téléphone] to unlock; [▸mécanisme] to unjam; [▸salaires] to unfreeze. **II** *vi* © to be off one's rocker©.

déboires /debwaʀ/ *nmpl* disappointments.

déboiser /debwaze/ *vtr* to clear [sth] of trees.

déboîter, **déboiter** /debwate/ **I** *vi* to pull out. **II se déboîter** *vpr* **se déboîter le genou** to dislocate one's knee.

débordé, **-e** /debɔʀde/ *adj* **débordé (de)** overloaded (with).

déborder /debɔʀde/ **I** **déborder de** *vtr ind* (plein de) to be full of; [▸joie, amour] to be brimming over with. **II** *vi* [rivière] to overflow; (en bouillant) to boil over; (dépasser) to go beyond.

débouché /debuʃe/ *nm* outlet; (perspective d'avenir) job opportunity.

déboucher /debuʃe/ **I** *vtr* [▸évier] to unblock a sink; [▸bouteille] to open. **II** *vi* **déboucher (de/sur/dans)** to come out (from/onto/into); [études] to lead to.

débourser /debuʀse/ *vtr* to pay out.

déboussoler© /debusɔle/ *vtr* to confuse.

debout /dəbu/ **I** *adv, adj inv* standing; *se mettre debout* to stand up; (réveillé) up. **II** *excl* get up!

déboutonner /debutɔne/ *vtr* to unbutton.

débraillé, **-e** /debʀaje/ *adj* sloppy.

débrancher /debʀãʃe/ *vtr* [▸prise] to unplug; [▸téléphone] to disconnect.

débrayer /debʀeje/ *vi* AUT to declutch; (cesser le travail) to stop work.

débris /debʀi/ **I** *nm* fragment. **II** *nmpl* scraps; (d'un empire) remnants.

débrouillard, **-e** /debʀujaʀ, aʀd/ *adj* resourceful.

débrouiller /debʀuje/ **I** *vtr* [▸énigme] to solve. **II se débrouiller** *vpr* [▸avec qn] to sort it out; *se débrouiller pour que* to arrange it so that; [▸en langue, etc] to get by (in); *débrouille-toi tout seul* you'll have to manage on your own.

début /deby/ *nm* beginning, start; *au début* at first; *début mars* early in March.

débutant, **-e** /debytã, ãt/ *adj, nm,f* beginner.

débuter /debyte/ *vtr, vi* **débuter (avec/par/sur)** to begin (with), to start (with); [acteur] to make one's debut.

déca© /deka/ *nm* decaf©.

deçà: **en deçà de** /ãdəsadə/ *loc prép* on this side of; (en dessous de) below.

décacheter /dekaʃte/ *vtr* to unseal.

décade /dekad/ *nf* 10-day period.

décadence /dekadãs/ *nf* decadence.

décaféiné, **-e** /dekafeine/ *adj* decaffeinated.

décalage /dekalaʒ/ *nm* gap; (désaccord) discrepancy.
■ **décalage horaire** time difference.

décalcomanie /dekalkɔmani/ nf transfer^{GB}, decal^{US}.

décaler /dekale/ vtr (avancer) [▸ date] to bring [sth] forward; (reculer) to put^{GB}, move^{US} [sth] back.

décalquer /dekalke/ vtr to trace.

décamper[☺] /dekãpe/ vi to clear off[☺].

décanter /dekãte/ **I** vtr [▸ liquide] to allow to settle. **II se décanter** vpr FIG to become clearer.

décapant, -e /dekapã, ãt/ **I** adj [humour] caustic. **II** nm (pour peinture) paint stripper.

décaper /dekape/ vtr to strip.

décapiter /dekapite/ vtr to behead.

décapotable /dekapɔtabl/ adj, nf convertible.

décapsuleur /dekapsylœr/ nm bottle opener.

décéder /desede/ vi to die.

déceler /des(ə)le/ vtr (découvrir) to detect; (indiquer) to reveal.

décembre /desãbr/ nm December.

décence /desãs/ nf decency.

décennie /deseni/ nf decade.

décent, -e /desã, ãt/ adj decent.

décentraliser /desãtralize/ vtr to decentralize.

déception /desɛpsjɔ̃/ nf disappointment.

décerner /deserne/ vtr to award.

décès /desɛ/ nm death.

décevant, -e /desəvã, ãt/ adj disappointing.

décevoir /desəvwar/ vtr to disappoint.

déchaîné, déchainé, -e /deʃene/ adj [mer] raging; [foule] wild.

déchaîner, déchainer: se déchaîner /deʃene/ vpr [vent] to rage; [foule] to go wild; [personne] to fly into a rage.

décharge /deʃarʒ/ nf (d'ordures) rubbish^{GB}, garbage^{US} dump; (électrique) shock; (d'accusé) acquittal; JUR discharge.

déchargement /deʃarʒəmã/ nm unloading.

décharger /deʃarʒe/ **I** vtr to unload; [▸ arme] to fire; **décharger qn de qch** to relieve sb of sth. **II se décharger** vpr **se décharger de qch (sur qn)** to off-load sth (onto sb); [batterie] to run down.

déchausser: se déchausser /deʃose/ vpr to take off one's shoes.

dèche[☺] /dɛʃ/ nf **dans la dèche** broke[☺], stony-broke^{☺GB}.

déchéance /deʃeãs/ nf decline.

déchet /deʃɛ/ **I** nm scrap. **II déchets** nmpl waste; **déchets nucléaires/radioactifs** nuclear waste ¢.

déchetterie /deʃɛtri/ nf waste-reception centre^{GB}.

déchiffrer /deʃifre/ vtr to decipher; [▸ partition] to sight-read.

déchiqueter /deʃikte/ vtr to tear [sth] to shreds.

déchirant, -e /deʃirã, ãt/ adj heart-rending.

déchirer /deʃire/ **I** vtr to tear [sth] up. **II se déchirer** vpr to tear; [personnes] to tear each other apart.

déchirure /deʃiryr/ nf tear.

déchu, -e /deʃy/ adj [monarque] deposed; [ange] fallen.

de-ci /dəsi/ adv **de-ci de-là** here and there.

décibel /desibɛl/ nm decibel.

décidé, -e /deside/ adj [personne, allure] determined; **c'est décidé** it's settled.

décidément /desidemã/ adv really.

décider /deside/ **I** vtr to decide; **décider qn à faire qch** to persuade sb to do sth. **II décider de** vtr ind to decide on, to fix. **III se décider** vpr to make up one's mind.

décimal, -e, mpl -aux /desimal, o/ adj decimal.

décimale /desimal/ nf decimal.

décisif, -ive /desizif, iv/ adj decisive.

décision /desizjɔ̃/ nf decision.

déclaration /deklarasjɔ̃/ nf statement; (officielle) declaration; (de naissance) registration; (de vol) report; **déclaration d'impôts** tax return.

déclarer /deklare/ **I** vtr to declare; **déclarer à qn que** to tell sb that; **déclarer qn coupable** to find sb guilty; **déclarer forfait** FIG to give up; SPORT to withdraw. **II se déclarer** vpr [incendie] to break out; [fièvre] to start; **se déclarer pour qch** to come out for sth; **se déclarer à qn** to declare one's love to sb.

déclencher /deklãʃe/ **I** vtr to launch; [▸ mécanisme] to set off. **II se déclencher** vpr [alarme] to go off; [douleur] to start.

déclencheur /deklãʃœr/ nm PHOT shutter release.

déclic /deklik/ nm (mécanisme) trigger; (bruit) click.

déclin /deklɛ̃/ nm decline.

déclinaison /deklinɛzɔ̃/ nf declension.

décliner /dekline/ **I** vtr to decline; [▸responsabilité] to disclaim; [▸identité] to give. **II** vi to fade, to wane.

décoder /dekɔde/ vtr to decode.

décodeur /dekɔdœʀ/ nm decoder.

décoincer /dekwɛ̃se/ vtr, vpr [▸mécanisme] to unjam.

décollage /dekɔlaʒ/ nm take-off.

décoller /dekɔle/ **I** vtr to remove. **II** vi *décoller (de)* to take off (from).

décolleté, -e /dekɔlte/ **I** adj low-cut. **II** nm low neckline.

décolorer /dekɔlɔʀe/ **I** vtr to bleach. **II se décolorer** vpr to fade.

décombres /dekɔ̃bʀ/ nmpl rubble ⊄.

décommander /dekɔmɑ̃de/ vtr, vpr to cancel.

décomposer /dekɔ̃poze/ **I** vtr to break down. **II se décomposer** vpr to decompose.

décompresser© /dekɔ̃pʀese/ vi to unwind.

décompte /dekɔ̃t/ nm discount, count.

déconcerter /dekɔ̃sɛʀte/ vtr to disconcert.

décongeler /dekɔ̃ʒle/ vtr, vi to defrost.

décongestionner /dekɔ̃ʒɛstjɔne/ vtr, vpr to relieve congestion in.

déconnecter /dekɔnɛkte/ vtr to disconnect.

déconseillé, -e /dekɔ̃seje/ adj inadvisable.

déconseiller /dekɔ̃seje/ vtr *déconseiller qch à qn* to advise sb against sth.

décontenancer /dekɔ̃tnɑ̃se/ vtr to disconcert.

décontracté, -e /dekɔ̃tʀakte/ adj relaxed; [mode] casual.

décontracter /dekɔ̃tʀakte/ vtr, **se décontracter** vpr to relax.

déconvenue /dekɔ̃vny/ nf disappointment.

décor /dekɔʀ/ nm decor, setting; (d'objet) decoration.

décorateur, -trice /dekɔʀatœʀ, tʀis/ nm,f interior decorator; THÉÂT set designer.

décoratif, -ive /dekɔʀatif, iv/ adj decorative.

décoration /dekɔʀasjɔ̃/ nf decoration.

décorer /dekɔʀe/ vtr to decorate (with).

décortiquer /dekɔʀtike/ vtr [▸noix, crabe] to shell; [▸crevette] to peel; [▸graine] to hull, to husk; FIG to dissect.

découler /dekule/ vi *découler de* to result from.

découpage /dekupaʒ/ nm cut-out.

découper /dekupe/ vtr to cut up; [▸article] to cut out; [▸territoire] to divide up.

décourager /dekuʀaʒe/ **I** vtr *décourager qn de faire* to discourage sb from doing. **II se décourager** vpr to get discouraged.

décousu, -e /dekuzy/ adj [ourlet] undone; [histoire] rambling.

découvert, -e /dekuvɛʀ, ɛʀt/ **I** adj [terrain] open. **II** nm (bancaire) overdraft. **III à découvert** loc adv [compte] overdrawn; [agir] openly.

découverte /dekuvɛʀt/ nf discovery.

découvrir /dekuvʀiʀ/ vtr to discover; (montrer) to show.

décrépit, -e /dekʀepi, it/ adj (personne, bâtiment) decrepit.

décrépitude /dekʀepityd/ nf decrepitude decay; *tomber en décrépitude* to crumble.

décret /dekʀɛ/ nm decree.

décréter /dekʀete/ vtr *décréter que* to decree that.

décrire /dekʀiʀ/ vtr to describe.

décrocher /dekʀɔʃe/ **I** vtr to take down; [▸téléphone] to pick up; [▸contrat]© to get. **II** © vi to give up.

décroissance /dekʀwasɑ̃s/ nf ÉCON decline, fall.

décroître, décroitre /dekʀwatʀ/ vi to go down, to get shorter.

décrypter /dekʀipte/ vtr to decipher.

déçu, -e /desy/ adj [personne] disappointed.

décupler /dekyple/ vtr, vi to increase tenfold.

dédaigner /dedeɲe/ vtr to despise.

dédain /dedɛ̃/ nm contempt (for).

dédale /dedal/ nm maze, labyrinth.

dedans /dədɑ̃/ adv *(en) dedans* inside.

dédicace /dedikas/ nf dedication.

dédicacer /dedikase/ vtr to sign.

dédier /dedje/ vtr to dedicate.

dédire: **se dédire** /dediʀ/ vpr to back out.

dédommagement /dedɔmaʒmɑ̃/ *nm* compensation.

dédommager /dedɔmaʒe/ *vtr* **dédommager (de)** to compensate (for).

dédouaner /dedwane/ *vtr* to clear [sth] through customs.

dédoubler: se dédoubler /deduble/ *vpr* to split in two.

déductible /dedyktibl/ *adj* deductible; **déductible des impôts** tax-deductible.

déduction /dedyksjɔ̃/ *nf* deduction.

déduire /dedɥiʀ/ *vtr* to deduct; **déduire que** to conclude that.

déesse /deɛs/ *nf* goddess.

défaillance /defajɑ̃s/ *nf* failure; (faiblesse) weakness.

défaillir /defajiʀ/ *vi* to faint; [mémoire] to fail.

défaire /defɛʀ/ **I** *vtr* to undo; [▸nœud] to untie; [▸valise] to unpack; [▸adversaire] to defeat. **II se défaire** *vpr* to come undone; **se défaire de qch** to get rid of sth.

défaite /defɛt/ *nf* defeat.

défaitiste /defetist/ *adj, nmf* defeatist.

défalquer /defalke/ *vtr* to deduct.

défaut /defo/ **I** *nm* defect; (moral) fault; **faire défaut** to be lacking; **par défaut** in one's absence. **II à défaut de** *loc prép* failing which.
■**défaut de paiement** non-payment; **défaut de prononciation** speech impediment.

défavorable /defavɔʀabl/ *adj* unfavourable[GB].

défavorisé, -e /defavɔʀize/ *adj* [personne] underprivileged; [pays] disadvantaged.

défavoriser /defavɔʀize/ *vtr* to discriminate against.

défection /defɛksjɔ̃/ *nf* **faire défection** to defect.

défectueux, -euse /defɛktɥø, øz/ *adj* faulty.

défendre /defɑ̃dʀ/ **I** *vtr* (interdire) **défendre qch à qn** to forbid sb sth; (protéger) to defend; [▸droit] to fight for. **II se défendre** *vpr* to defend oneself; (se débrouiller)[©] to get by; **se défendre d'être** to deny being; **se défendre de faire** to refrain from doing.

défense /defɑ̃s/ *nf* (interdiction) prohibition; **défense de pêcher/fumer** no fishing/smoking; **défense d'entrer** no entry; (protection) defence[GB], defense[US]; **sans défense** help-less; (de l'environnement) protection; (d'éléphant) tusk.

défenseur /defɑ̃sœʀ/ *nm* defender.

défensive /defɑ̃siv/ *nf* **sur la défensive** on the defensive.

déferlement /defɛʀləmɑ̃/ *nm* flood; [▸de violence] upsurge (in).

déferler /defɛʀle/ *vi* [vague] to break.

défi /defi/ *nm* challenge.

défiance /defjɑ̃s/ *nf* distrust, mistrust.

défibrillateur /defibʀilatœʀ/ *nm* defibrillator.

déficience /defisjɑ̃s/ *nf* deficiency.

déficit /defisit/ *nm* deficit.

déficitaire /defisitɛʀ/ *adj* showing a deficit loss-making.

défier /defje/ *vtr* **défier qn de faire** to defy sb to do.

défigurer /defigyʀe/ *vtr* to disfigure.

défilé /defile/ *nm* (de fête) parade; GÉOG gorge.
■**défilé de mode** fashion show.

défiler /defile/ **I** *vi* (pour manifester) to march; (se succéder) to come and go; (pour célébrer) to parade; [minutes, kilomètres] to add up; ORDINAT [texte] **défiler (vers le bas/vers le haut)** to scroll (down/up). **II se défiler**[©] *vpr* to cop out.

défini, -e /defini/ *adj* **(bien) défini** clearly defined; [article] definite.

définir /definiʀ/ *vtr* to define.

définitif, -ive /definitif, iv/ **I** *adj* [accord] final. **II en définitive** *loc adv* finally.

définition /definisjɔ̃/ *nf* definition; (de mots croisés) clue.

définitivement /definitivmɑ̃/ *adv* for good.

déflation /deflasjɔ̃/ *nf* deflation.

défoncer /defɔ̃se/ **I** *vtr* [▸porte] to break down; [▸voiture] to smash in. **II se défoncer**[©] *vpr* (se donner du mal) to give one's all.

déformation /defɔʀmasjɔ̃/ *nf* distortion; (du pied) deformity; **c'est de la déformation professionnelle** it's a habit that comes from the job.

déformer /defɔʀme/ **I** *vtr* [▸image, traits, faits] to distort. **II se déformer** *vpr* to lose its shape.

défouler: se défouler© *vpr* /defule/ to let off steam.

défragmenter /defʁagmɑ̃te/ *vtr* ORDINAT to defragment.

défrayer /defʁeje/ *vtr* (payer) to pay the expenses of.
● **défrayer la chronique** to be the talk of the town.

défricher /defʁiʃe/ *vtr* to clear.

défunt, -e /defœ̃, œ̃t/ **I** *adj* late. **II** *nm,f* deceased.

dégagé, -e /degaʒe/ *adj* [vue, route, ciel] clear; [air] casual.

dégager /degaʒe/ **I** *vtr* (libérer) to free; *dégager qn de qch* to release sb from sth; [▸route, passage] to clear; [▸idée] to bring out; [▸odeur] to emit; [▸bronches] to clear. **II se dégager** *vpr* to free oneself/itself; [ciel] to clear.

dégainer /degene/ *vtr* [▸arme] to draw.

dégarnir /degaʁniʁ/ **I** *vtr* to empty. **II se dégarnir** *vpr* [front] to go bald.

dégât /dega/ *nm* damage ¢.

dégel /deʒɛl/ *nm* thaw.

dégeler /deʒle/ *vi, vpr* to thaw (out).

dégénéré, -e /deʒenere/ *adj, nm,f* degenerate.

dégivrer /deʒivʁe/ *vtr* [▸pare-brise] to de-ice; [▸réfrigérateur] to defrost.

déglinguer© /deglɛ̃ge/ **I** *vtr* to bust©, to break. **II se déglinguer** *vpr* [appareil] to break down.

dégonfler /degɔ̃fle/ **I** *vtr* to deflate. **II** *vi* [cheville] to go down. **III se dégonfler** *vpr* [bouée] to deflate; [pneu] to go down; [personne]© to chicken out©.

dégot(t)er© /degɔte/ *vtr* to find.

dégouliner /deguline/ *vi* to trickle.

dégourdi, -e /deguʁdi/ *adj* smart.

dégourdir: se dégourdir /deguʁdiʁ/ *vpr* *se dégourdir (les jambes)* to stretch one's legs.

dégoût, dégout /degu/ *nm* disgust.

dégoûtant, dégoutant, -e /degutɑ̃, ɑ̃t/ *adj* disgusting.

dégoûter, dégouter /degute/ **I** *vtr* to disgust. **II se dégoûter** *vpr* *se dégoûter de qch* to get tired of sth.

dégradation /degʁadasjɔ̃/ *nf* damage ¢; (usure) deterioration (in).

dégrader /degʁade/ **I** *vtr* to degrade, to damage; [▸officier] to cashier. **II se dégrader** *vpr* to deteriorate.

dégrafer /degʁafe/ *vtr* to undo.

dégraisser /degʁese/ *vtr* to dry-clean; [▸effectifs]© to streamline.

degré /dəgʁe/ *nm* degree; (d'échelle) step; *par degrés* gradually; [comprendre] *au premier/second degré* literally/between the lines.

dégressif, -ive /degʁesif, iv/ *adj* *tarifs dégressifs* tapering charges.

dégrèvement /degʁɛvmɑ̃/ *nm* *dégrèvement fiscal* tax deduction.

dégriffé, -e /degʁife/ *adj* [habit] marked-down.

dégringoler© /degʁɛ̃gɔle/ *vi* to tumble (down).

dégroupage /degʁupaʒ/ *nm* TÉLÉCOM unbundling ¢.

déguenillé, -e /degənije/ *adj* ragged.

déguerpir /degɛʁpiʁ/ *vi* to leave.

dégueulasse® /degœlas/ *adj* (sale) disgusting; [personne] rotten; [nourriture] disgusting lousy©.

déguisement /degizmɑ̃/ *nm* costume; (pour duper) disguise.

déguiser /degize/ *vtr, vpr* *déguiser qn (en)* to dress sb up (as); [▸voix, écriture] to disguise.

dégustation /degystasjɔ̃/ *nf* tasting.

déguster /degyste/ *vtr* to savour(GB).

dehors /dəɔʁ/ **I** *adv* outside, out; *passer la nuit dehors* to spend the night outdoors. **II** *excl* get out! **III** *nm inv* outside. **IV en dehors** *loc adv* outside. **V en dehors de** *loc prép* outside, beyond; (à part) apart from.

déjà /deʒa/ *adv* (dès maintenant) already; (précédemment) before, already; *c'est combien, déjà?*© how much was it again?

déjanté©, -e /deʒɑ̃te/ *adj* *il est déjanté* he's off his trolley©.

déjeuner[1] /deʒœne/ *adj vi* (à midi) to have lunch; (le matin) to have breakfast.

déjeuner[2] /deʒœne/ *nm* (à midi) lunch; (le matin) breakfast.

déjouer /deʒwe/ *vtr* to foil.

de-là /dəla/ *adv* *de-ci de-là* here and there.

délabré, -e /delabʀe/ adj [maison] dilapidated; [santé] damaged.

délabrer: se délabrer /delabʀe/ vpr [maison] to become run-down; [santé] to deteriorate.

délacer /delase/ vtr to undo.

délai /delɛ/ nm (temps limité) deadline; (attente) wait; *sans délai* immediately; (prolongation) extension; *dans les plus brefs délais* as soon as possible.

délaisser /delese/ vtr to neglect.

délasser: se délasser /delase/ *se délasser (en faisant qch)* to relax (by doing sth).

délation /delasjɔ̃/ nf informing.

délavé, -e /delave/ adj faded.

délayer /deleje/ vtr to mix (with); FIG to drag out.

délecter: se délecter /delɛkte/ vpr *se délecter à faire* to delight in doing.

délégation /delegasjɔ̃/ nf delegation.

délégué, -e /delege/ **I** adj [directeur] acting. **II** nm,f delegate; *délégué syndical* union representative.

déléguer /delege/ vtr to delegate.

délestage /delɛstaʒ/ nm (d'axe routier) diversion^{GB}, detour^{US}; (de courant) power cut.

délester /delɛste/ **I** vtr [▸ route] to divert^{GB}, detour^{US} traffic away from a road. **II se délester de** vpr to get rid of.

délibération /deliberasjɔ̃/ nf deliberation.

délibéré, -e /delibere/ adj deliberate.

délibérer /delibere/ **I** vtr ind *délibérer de/ sur* to discuss. **II** vi to be in session.

délicat, -e /delika, at/ adj delicate; [mission] tricky.

délicatesse /delikatɛs/ nf delicacy; (précaution) care.

délice /delis/ nm delight.

délicieux, -ieuse /delisjø, jøz/ adj [repas] delicious; [souvenir] delightful.

délier /delje/ vtr to untie.

délimiter /delimite/ vtr to mark (off).

délinquance /delɛ̃kɑ̃s/ nf delinquency.

délinquant, -e /delɛ̃kɑ̃, ɑ̃t/ nm,f offender.

délirant, -e /deliʀɑ̃, ɑ̃t/ adj delirious; [accueil] ecstatic; [soirée][☺] crazy[☺]; [prix] outrageous.

délire /deliʀ/ nm MÉD delirium; *c'est du délire!* it's crazy[☺]!

délirer /deliʀe/ vi MÉD to be delirious; [☺] to be off one's rocker[☺].

délit /deli/ nm offence^{GB}, offense^{US}.

délivrance /delivʀɑ̃s/ nf relief; (d'ordonnance) issue; (de diplôme) award.

délivrer /delivʀe/ vtr to liberate; *délivrer qn de* to free sb from; [▸ obligation] to release sb from; [▸ souci] to relieve sb of; [▸ document] to issue; [▸ diplôme] to award.

déloger /delɔʒe/ vtr to evict (from).

déloyal, -e /delwajal, o/ adj mpl **-aux** disloyal (to); [concurrence] unfair.

deltaplane /dɛltaplan/ nm hang-glider.

déluge /delyʒ/ nm downpour, deluge; (de coups, d'insultes) hail.

déluré, -e /delyʀe/ adj smart.

démagogie /demagɔʒi/ nf demagogy.

demain /dəmɛ̃/ adv tomorrow; *à demain* see you tomorrow.

demande /dəmɑ̃d/ nf request; (d'emploi) application; ÉCON demand.
■ **demandes d'emploi** situations wanted; **demande en mariage** marriage proposal.

demandé, -e /dəmɑ̃de/ adj popular, in demand.

demander /dəmɑ̃de/ **I** vtr [▸ conseil, argent, aide] to ask for; *demander l'asile politique* to apply for political asylum; *on demande un plombier* plumber wanted; [▸ effort] to require; [▸ attention] to need. **II se demander** vpr *se demander si/pourquoi* to wonder whether/why.

demandeur, -euse /dəmɑ̃dœʀ, øz/ nm,f applicant.
■ **demandeur d'asile** asylum-seeker; **demandeur d'emploi** job-seeker.

démangeaison /demɑ̃ʒɛzɔ̃/ nf itch ¢.

démanger /demɑ̃ʒe/ vtr *ça me démange* I'm itchy.

démanteler /demɑ̃tle/ vtr to break up.

démaquillant, -e /demakijɑ̃, ɑ̃t/ **I** adj cleansing. **II** nm make-up remover.

démaquiller: se démaquiller /demakije/ vpr to remove one's make-up.

démarchage /demaʀʃaʒ/ nm door-to-door selling; *démarchage électoral* canvassing.

démarche /demaʀʃ/ *nf* walk; *faire des démarches pour* to take steps to; (raisonnement) approach.

démarquer /demaʀke/ **I** *vtr* to mark down. **II se démarquer** *vpr* *se démarquer de qn/qch* to distance oneself from sb/sth.

démarrage /demaʀaʒ/ *nm* starting up.

démarrer /demaʀe/ *vtr, vi* [▸moteur] to start (up); [▸projet] to get off the ground.

démarreur /demaʀœʀ/ *nm* starter.

démasquer /demaske/ **I** *vtr* [▸traître] to unmask; [▸hypocrisie] to expose. **II se démasquer** *vpr* to betray oneself.

dématérialisation /demateʀjalizasjɔ̃/ *vtr* FIN dematerialization.

démêlé /demele/ *nm* *avoir des démêlés avec la justice* to get into trouble with the law.

démêler /demele/ *vtr* [▸pelote] to disentangle; [▸cheveux] to untangle; [▸affaire] to sort out.

déménagement /demenaʒmɑ̃/ *nm* move; (transport) removal.

déménager /demenaʒe/ **I** *vtr* to move. **II** *vi* (changer de domicile) to move (house)GB.

déménageur, **-euse** /demenaʒœʀ, øz/ *nm,f* removal manGB, moving manUS.

démence /demɑ̃s/ *nf* madness, insanity.

démener: se démener /dem(ə)ne/ *vpr* to thrash about.

dément, **-e** /demɑ̃, ɑ̃t/ **I** *adj* mad, insane; [spectacle]☺ terrific☺; [prix] outrageous. **II** *nm,f* mentally ill person.

démenti /demɑ̃ti/ *nm* denial.

démentiel☺, **-ielle** /demɑ̃sjɛl/ *adj* [rythme] insane; [prix] outrageous.

démentir /demɑ̃tiʀ/ *vtr* to deny; [▸prévision] to contradict.

démerder®, **se démerder** /demɛʀde/ *vpr* (se débrouiller) to manage; (se dépêcher) to hurry.

démesuré, **-e** /deməzyʀe/ *adj* excessive.

démettre /demɛtʀ/ **I** *vtr* *démettre qn de ses fonctions* to relieve sb of his/her duties. **II se démettre** *vpr* [▸épaule] to dislocate; (démissionner) to resign.

demeurant: au demeurant /odəmœʀɑ̃/ *loc adv* for all that.

demeure /dəmœʀ/ **I** *nf* residence; *mise en demeure* demand. **II à demeure** *loc adv* permanently.

demeuré, **-e** /dəmœʀe/ **I** *adj* retarded. **II** *nm,f* simpleton.

demeurer /dəmœʀe/ **I** *vi* (résider) to reside; (rester) to remain. **II** *v impers* to remain.

demi, **-e** /dəmi/ **I et demi**, **et demie** *loc adj* and a half; *trois et demi pour cent* three and a half per cent; *il est trois heures et demie* it's half past three. **II** *nm,f* half. **III** *nm* (verre de bière) glass of beer, ≈ half-pintGB; SPORT half. **IV à demi** *loc adv* half.

demi-cercle, *pl* **-s** /dəmisɛʀkl/ *nm* semicircle.

demi-douzaine, *pl* **-s** /dəmiduzɛn/ *nf* half a dozen.

demie /d(ə)mi/ **I** ▸ **demi**. **II** *nf* (d'heure) *à la demie* at half past.

demi-écrémé, **-e**, *mpl* **-s** /dəmiekʀeme/ *adj* semi-skimmed.

demi-finale, *pl* **-s** /dəmifinal/ *nf* semifinal.

demi-fond, *pl* **-s** /dəmifɔ̃/ *nm* middle-distance running.

demi-frère, *pl* **-s** /dəmifʀɛʀ/ *nm* half-brother.

demi-heure, *pl* **-s** /dəmijœʀ/ *nf* half an hour.

demi-journée, *pl* **-s** /dəmiʒuʀne/ *nf* half a day.

démilitariser /demilitaʀize/ *vtr* to demilitarize.

demi-litre, *pl* **-s** /dəmilitʀ/ *nm* half a litreGB.

déminer /demine/ *vtr* to clear [sth] of mines.

demi-pension /dəmipɑ̃sjɔ̃/ *nf* half board; (à l'école) *être en demi-pension* to have school lunches.

demi-pensionnaire, *pl* **-s** /dəmipɑ̃sjɔnɛʀ/ *nmf* pupil who has school lunches.

démis, **-e** /demi, iz/ **I** *pp* ▸ **démettre**. **II** [▸articulation] dislocated.

demi-sel /dəmisɛl/ *adj inv* slightly salted.

demi-sœur, *pl* **-s** /dəmisœʀ/ *nf* half-sister.

démission /demisjɔ̃/ *nf* resignation; *donner sa démission* to hand in one's resignation.

démissionner /demisjɔne/ *vi* *démissionner (de)* to resign from.

demi-tarif, pl **-s** /dəmitaʀif/ **I** adj inv, adv half-price. **II** nm (billet) half-price ticket; *voyager à demi-tarif* to travel half-fare.

demi-tour, pl **-s** /dəmituʀ/ nm AUT U-turn; MIL about-turn[GB], about-face[US]; *faire demi-tour* to turn back.

démobiliser /demɔbilize/ vtr MIL to demobilize; [▸partisan] to demotivate.

démocrate /demɔkʀat/ **I** adj democratic; (aux États-Unis) [parti] Democratic. **II** nmf democrat; (aux États-Unis) Democrat.

démocratie /demɔkʀasi/ nf democracy.

démocratique /demɔkʀatik/ adj democratic.

démocratiser: **se démocratiser** /demɔkʀatize/ vpr to become more democratic.

démodé, -e /demɔde/ adj old-fashioned.

démoder: **se démoder** /demɔde/ vpr to go out of fashion.

démographie /demɔgʀafi/ nf demography.

démographique /demɔgʀafik/ adj demographic.

demoiselle /d(ə)mwazɛl/ nf young lady; (célibataire) single lady; (libellule) damselfly. ■ **demoiselle d'honneur** bridesmaid.

démolir /demɔliʀ/ vtr to demolish.

démolisseur, -euse /demɔlisœʀ, øz/ nm,f demolition worker.

démon /demɔ̃/ nm devil.

démoniaque /demɔnjak/ adj fiendish.

démonstration /demɔ̃stʀasjɔ̃/ nf demonstration.

démonter /demɔ̃te/ **I** vtr to dismantle, to take [sth] to pieces; FIG to disconcert. **II se démonter** vpr to become flustered.

démontrer /demɔ̃tʀe/ vtr to demonstrate.

démoraliser /demɔʀalize/ vtr to demoralize.

démordre: **ne pas démordre de** /demɔʀdʀ/ vtr ind to stick by (sth).

démouler /demule/ vtr to turn out (from).

démuni, -e /demyni/ adj (pauvre) penniless; (vulnérable) helpless.

dénaturer /denatyʀe/ vtr [▸faits] to distort; [▸goût] to alter.

dénicher /denife/ vtr (faire sortir) to flush out; (découvrir)© to dig out©.

dénier /denje/ vtr to deny.

dénigrer /denigʀe/ vtr to denigrate.

dénivellation /denivɛlasjɔ̃/ nf gradient, slope; *dénivellation de 100 m* 100 m drop.

dénombrable /denɔ̃bʀabl/ adj countable; *non dénombrable* uncountable.

dénombrer /denɔ̃bʀe/ vtr to count.

dénominateur /denɔminatœʀ/ nm *dénominateur commun* common denominator.

dénomination /denɔminasjɔ̃/ nf designation.

dénommer /denɔme/ vtr to name.

dénoncer /denɔ̃se/ **I** vtr to denounce; [▸contrat] to break. **II se dénoncer** vpr to give oneself up.

dénonciation /denɔ̃sjasjɔ̃/ nf denunciation.

dénoter /denɔte/ vtr to denote, to show.

dénouement /denumã/ nm (d'une pièce) denouement; (d'un conflit) outcome.

dénouer /denwe/ vtr to undo; [▸intrigue] to unravel.

dénoyauter /denwajote/ vtr to stone[GB], to pit[US].

denrée /dãʀe/ nf *denrée de base* staple (food); *denrées alimentaires* foodstuffs.

dense /dãs/ adj dense.

densité /dãsite/ nf density.

dent /dã/ nf tooth; *dent de lait/sagesse* milk/wisdom tooth; *rage de dents* toothache; *en dents de scie* serrated.

dentaire /dãtɛʀ/ adj dental.

denté, -e /dãte/ adj [roue] toothed.

dentelle /dãtɛl/ nf lace.

dentier /dãtje/ nm dentures (pl).

dentifrice /dãtifʀis/ nm toothpaste.

dentiste /dãtist/ nmf dentist.

dénudé, -e /denyde/ adj bare.

dénuder /denyde/ **I** vtr [▸câble] to strip. **II se dénuder** vpr to strip (off).

dénué, -e /denɥe/ adj *dénué de* lacking in.

dénuement /denymã/ nm destitution.

déodorant /deɔdɔʀã/ nm deodorant.

déontologie /deɔ̃tɔlɔʒi/ nf ethics (pl), code of practice[GB].

dépannage /depanaʒ/ nm repair.

dépanner /depane/ vtr [▸appareil] to fix; (remorquer) to tow away; (aider)© *dépanner qn* to help sb out.

dépanneur, **-euse** /depanœʀ, øz/ *nm,f* repairman, repairwoman.

dépanneuse /depanøz/ *nf* breakdown truck^GB, tow truck^US.

dépareillé, **-e** /depaʀeje/ *adj* odd.

départ /depaʀ/ *nm* departure; *avant ton départ* before you leave; *le départ en retraite* retirement; (début) start; *au départ* at first.

départager /depaʀtaʒe/ *vtr* [▸candidats] to decide between.

département /depaʀtəmɑ̃/ *nm* department (*French territorial division*); (secteur) department.

départemental, **-e**, *mpl* **-aux** /depaʀtəmɑ̃tal, o/ *adj* local, regional.

départementale /depaʀtəmɑ̃tal/ *nf* secondary road; ≈ B road^GB.

dépassé, **-e** /depase/ *adj* outdated; (vieux jeu) out-of-date; (débordé)^© overwhelmed.

dépassement /depasmɑ̃/ *nm* (sur route) overtaking^GB, passing^US; (de budget) overrun.

dépasser /depase/ **I** *vtr* to overtake^GB, to pass^US; [▸cible, lieu] to go past; [▸espérances, attributions] to exceed; *dépasser les bornes* to go too far; *ça me dépasse^©!* it's beyond me! **II** *vi* (sortir) to stick out; (se faire voir) to show.

dépaysé, **-e** /depeize/ *adj* disorientated.

dépêche /depɛʃ/ *nf* dispatch.

dépêcher /depeʃe/ **I** *vtr* to dispatch. **II se dépêcher** *vpr* to hurry up.

dépeindre /depɛ̃dʀ/ *vtr* to depict.

dépendance /depɑ̃dɑ̃s/ *nf* dependence; (bâtiment) outbuilding.

dépendre: **dépendre de** /depɑ̃dʀ/ *vtr ind* to depend on; (avoir besoin de) to be dependent on; *ça dépend de toi* it's up to you.

dépens: **aux dépens de** /depɑ̃/ *nmpl* *aux dépens d'autrui* at someone else's expense; *apprendre à ses dépens* to learn to one's cost.

dépense /depɑ̃s/ *nf* expense; (d'essence) consumption.

■ **dépenses courantes** running costs.

dépenser /depɑ̃se/ **I** *vtr* to spend; [▸tissu, papier] to use. **II se dépenser** *vpr se dépenser pour* to put a lot of energy into.

dépensier, **-ière** /depɑ̃sje, jɛʀ/ *adj* extravagant.

dépérir /depeʀiʀ/ *vi* [personne, animal] to waste away; [plante] to wilt; [économie] to be on the decline.

dépêtrer: **se dépêtrer** /depetʀe/ *vtr se dépêtrer de* to extricate oneself from.

dépeupler /depœple/ **I** *vtr* to depopulate. **II se dépeupler** *vpr* to become depopulated.

déphasé^© **-e** /defaze/ *adj* out of step.

dépilatoire /depilatwaʀ/ *adj* depilatory hair-removing.

dépistage /depistaʒ/ *nm* (de maladie) screening; *dépistage précoce* early detection.

dépister /depiste/ *vtr* [▸criminel] to track down; [▸maladie] to detect.

dépit /depi/ **I** *nm* bitter disappointment; *par dépit* out of pique. **II en dépit de** *loc prép* in spite of.

● **en dépit du bon sens** in a very illogical way.

déplacé, **-e** /deplase/ *adj* [population] displaced; [geste] inappropriate.

déplacement /deplasmɑ̃/ *nm* trip; (de population) displacement.

déplacer /deplase/ **I** *vtr* [▸objet, personne, réunion] to move; [▸problème] to shift; [▸population] to displace. **II se déplacer** *vpr* to move, to travel.

déplaire /deplɛʀ/ **I déplaire à** *vtr ind cela m'a déplu* I didn't like it. **II** *v impers il ne me déplairait pas si* I'd be quite happy if.

déplaisant, **-e** /deplɛzɑ̃, ɑ̃t/ *adj* unpleasant.

dépliant /deplijɑ̃/ *nm* leaflet.

déplier /deplije/ *vtr*, *vpr* to unfold.

déploiement /deplwamɑ̃/ *nm* deployment; (démonstration) display; (d'ailes) spreading.

déplorable /deplɔʀabl/ *adj* regrettable.

déplorer /deplɔʀe/ *vtr* to deplore.

déployer /deplwaje/ **I** *vtr* [▸troupes] to deploy; [▸talent] to display; [▸ailes] to spread. **II se déployer** *vpr* [policiers] to fan out.

déportation /depɔʀtasjɔ̃/ *nf* (dans un camp de concentration) internment in a concentration camp; (bannissement) deportation.

déporté, **-e** /depɔʀte/ *nm,f* (dans un camp de concentration) prisoner interned in a concentration camp; (personne bannie) transported convict.

déporter /depɔʀte/ **I** *vtr* (interner) to send [sb] to a concentration camp; (bannir) to deport. **II se déporter** *vpr* to swerve.

déposer /depoze/ **I** *vtr* to put down; [▸ordures] to dump; [▸gerbe] to lay; *déposer les armes* to lay down one's arms; [▸objet, lettre] to leave, to drop off; [▸argent] to deposit; [▸dossier, offre] to submit; [▸amendement] to propose; [▸projet de loi] to introduce; [▸plainte] to lodge; *déposer son bilan* to file a petition in bankruptcy. **II** *vi* (devant un juge) to testify; (au commissariat) to make a statement. **III se déposer** *vpr* [poussière] to settle.

dépositaire /depozitɛʀ/ *nmf* COMM agent.

déposition /depozisjɔ̃/ *nf* deposition.

déposséder /deposede/ *vtr* *déposséder qn de qch* to dispossess sb of sth.

dépôt /depo/ *nm* (entrepôt) warehouse, store; (ferroviaire) depot; (d'argent, sédiment) deposit.
■ **dépôt légal** registration.

dépotoir /depɔtwaʀ/ *nm* dump.

dépouille /depuj/ *nf* (d'animal) skin, hide; (cadavre) body; *dépouille (mortelle)* mortal remains (*pl*).

dépouillé, -e /depuje/ *adj* bare.

dépouiller /depuje/ **I** *vtr* *dépouiller qn de ses biens* to strip sb of his/her possessions; [▸courrier] to open; [▸scrutin] to count. **II se dépouiller de** *vpr* to shed.

dépourvu, -e /depuʀvy/ **I** *adj* *dépourvu de* without. **II** *nm* *au dépourvu* by surprise.

dépravé, -e /depʀave/ *adj* depraved.

déprécier: se - /depʀesje/ *vpr* to depreciate.

dépressif, -ive /depʀesif, iv/ *adj, nm,f* depressive.

dépression /depʀesjɔ̃/ *nf* depression; *dépression nerveuse* nervous breakdown.

déprimant, -e /depʀimɑ̃, ɑ̃t/ *adj* depressing.

déprime© /depʀim/ *nf* depression.

déprimer /depʀime/ **I** *vtr* to depress. **II** © *vi* to be depressed.

depuis /dəpɥi/ **I** *adv* since. **II** *prép* (marquant le point de départ) since; *depuis quand vis-tu là-bas?* how long have you been living there?; *depuis ta naissance* since you were born; *depuis le début* from start; (marquant la durée) for; *il pleut depuis trois jours* it's

been raining for three days; *depuis long-temps* for a long time; (marquant le lieu) from; *depuis ma fenêtre* from my window; (dans une série) from; *depuis le premier jusqu'au dernier* from first to last. **III depuis que** *loc conj* (ever) since.

député, -e /depyte/ *nm,f* POL deputy; *député britannique/au Parlement européen* (British) Member of Parliament/Member of the European Parliament; *député européen* Euro-MP.

déraciner /deʀasine/ *vtr* to uproot.

déraillement /deʀajmɑ̃/ *nm* derailment.

dérailler /deʀaje/ *vi* RAIL to be derailed; (perdre l'esprit)© to lose one's marbles©.

dérailleur /deʀajœʀ/ *nm* derailleur.

déraisonnable /deʀɛzɔnabl/ *adj* unreasonable.

dérangement /deʀɑ̃ʒmɑ̃/ *nm* trouble, inconvenience; *en dérangement* [ascenseur, etc] out of order.

déranger /deʀɑ̃ʒe/ **I** *vtr* to disturb; *ne pas déranger* do not disturb; [bruit, fumée] to bother; [▸habitudes, estomac] to upset; [▸esprit] to affect. **II se déranger** *vpr* (changer de place) to move; (faire un effort) to put oneself out.

dérapage /deʀapaʒ/ *nm* skid; (des prix) escalation.

déraper /deʀape/ *vi* (voiture) to skid; (prix) to get out of control.

déréglé, -e /deʀegle/ *adj* [mécanisme] (that is) not running properly; [estomac] upset.

dérégler /deʀegle/ **I** *vtr* [▸mécanisme] to disturb; [▸estomac, temps] to upset. **II se dérégler** *vpr* [▸mécanisme] to go wrong; [▸estomac, temps] to become upset.

dérider /deʀide/ **I** *vtr* to cheer [sb] up. **II se dérider** *vpr* to start smiling.

dérision /deʀizjɔ̃/ *nf* derision; *tourner qch en dérision* to ridicule sth.

dérisoire /deʀizwaʀ/ *adj* trivial, derisory.

dérivatif /deʀivatif/ *nm* way of escape.

dérive /deʀiv/ *nf* drift; NAUT centreboard[GB]; *aller à la dérive* to drift.

dérivé, -e /deʀive/ **I** *adj* *corps/mot dérivé* derivative. **II** *nm* (produit) by-product.

dériver /deʀive/ **II** *vtr ind* *dériver de* to be derived from. **III** *vi* [barque] to drift.

dériveur /deʀivœʀ/ *nm* (sailing) dinghy.

descendre

dermatologie /dɛʁmatɔlɔʒi/ *nf* dermatology.

dernier, -ière /dɛʁnje, jɛʁ/ **I** *adj* last; (le plus récent) latest; *un dernier mot* a final word; *ces dernier temps* recently. **II** *nmf* last; *ce dernier* the latter. **III en dernier** *loc adv* last.
■ **dernier cri** latest fashion.

dernier-né, dernière-née, *mpl* **derniers-nés** /dɛʁnjene, dɛʁnjɛʁne/ *nm,f* (enfant) youngest; (modèle) latest model.

dernièrement /dɛʁnjɛʁmɑ̃/ *adv* recently.

dérobé, -e /deʁɔbe/ **I** *adj* [porte, escalier] concealed. **II à la dérobée** *loc adv* furtively.

dérober /deʁɔbe/ **I** *vtr* to steal. **II se dérober** *vpr* to be evasive; *se dérober à* [▸devoir] to shirk; [▸justice] to evade; [sol] to give way.

dérogation /deʁɔgasjɔ̃/ *nf* (special) dispensation.

déroger /deʁɔʒe/ *vtr ind* **déroger à** to depart from.

déroulement /deʁulmɑ̃/ *nm* (des évènements) sequence; (d'intrigue) unfolding.

dérouler /deʁule/ **I** *vtr* [▸tapis] to unroll; [▸fil] to unwind. **II se dérouler** *vpr* [histoire] to take place; [négociations] to proceed.

déroute /deʁut/ *nf* (débandade) rout; (défaite) crushing defeat.

dérouter /deʁute/ *vtr* [▸personne] to puzzle; [▸avion] to divert.

derrière[1] /dɛʁjɛʁ/ **I** *prép* behind. **II** *adv* (à l'arrière) behind; (dans le fond) at the back; (dans une voiture) in the back.

derrière[2] /dɛʁjɛʁ/ *nm* back; *de derrière* [chambre, porte] back; (de personne, d'animal)© behind©, backside©.

des /de/ ▸ **un I**.

dès /dɛ/ **I** *prép* from; *dès (l'âge de) huit ans* from the age of eight; *dès le départ/début* (right) from the start; *dès mon arrivée* as soon as I arrive. **II dès que** *loc conj* as soon as; *dès que possible* as soon as possible.

désabonner: se désabonner *vpr* ORDINAT to unsubscribe.

désabusé, -e /dezabyze/ *adj* [personne] disillusioned.

désaccord /dezakɔʁ/ *nm* disagreement; *être en désaccord (sur qch)* to disagree (over sth).

désaccordé, -e /dezakɔʁde/ *adj* [instrument] out-of-tune (*épith*).

désaffecté, -e /dezafɛkte/ *adj* disused.

désagréable /dezagʁeabl/ *adj* unpleasant.

désagréger: se désagréger /dezagʁeʒe/ *vpr* (se décomposer) to disintegrate, to break up.

désagrément /dezagʁemɑ̃/ *nm* annoyance, inconvenience.

désaltérant, -e /dezalteʁɑ̃, ɑ̃t/ *adj* thirst-quenching.

désaltérer: se désaltérer /dezalteʁe/ *vpr* to quench one's thirst.

désamorcer /dezamɔʁse/ *vtr* [▸obus, conflit] to defuse.

désapprobateur, -trice /dezapʁɔbatœʁ, tʁis/ *adj* disapproving.

désapprobation /dezapʁɔbasjɔ̃/ *nf* disapproval.

désapprouver /dezapʁuve/ *vtr* to disapprove of.

désarçonner /dezaʁsɔne/ *vtr* to take [sb] aback.

désarmé, -e /dezaʁme/ *adj* helpless.

désarmement /dezaʁməmɑ̃/ *nm* disarmament.

désarmer /dezaʁme/ *vtr* [▸personne] to disarm.

désarroi /dezaʁwa/ *nm* confusion.

désastre /dezastʁ/ *nm* disaster.

désastreux, -euse /dezastʁø, øz/ *adj* disastrous.

désavantage /dezavɑ̃taʒ/ *nm* (inconvénient) drawback, disadvantage.

désavantager /dezavɑ̃taʒe/ *vtr* to put [sb/sth] at a disadvantage.

désavantageux, -euse /dezavɑ̃taʒø, øz/ *adj* disadvantageous.

désaveu, -x /dezavø/ *nm* (reniement) denial; (condamnation) rejection.

désavouer /dezavwe/ *vtr* [▸propos] to deny; [▸personne] to disown.

désaxé, -e /dezakse/ *adj* [personne] deranged.

descendant, -e /desɑ̃dɑ̃, ɑ̃t/ *nm,f* descendant.

descendre /desɑ̃dʁ/ **I** *vtr* to take, to bring [sb/sth] down; *descends le store* put the blind down; (parcourir) to go, to come down; (en venant) to come down; (éliminer)© [▸personne] to bump off©; (boire)© to down. **II** *vi* (se déplacer) to go, to come down; [nuit] to fall (over); *tu es descendu à pied?* did you walk down?; *descendre de* [▸trottoir] to step off; *descends de là!* get down from there!; *descendre d'une voiture* to get out of a car; *descendre d'un train/bus/avion* to get off a train/bus/plane; [marée] to go out; *descendre dans un hôtel* to stay at a hotel ; *descendre dans la rue* (pour manifester) to take to the streets; (être issu) *descendre de* to come from.

descente /desãt/ *nf* descent; *freiner dans les descentes* (en allant) to brake going downhill; (sortie) *à ma descente du train* when I got off the train; (épreuve en ski) downhill (event); (de police) raid.

descriptif, -ive /deskʁiptif, iv/ **I** *adj* descriptive. **II** *nm* description.

description /deskʁipsjɔ̃/ *nf* description.

désemparé, -e /dezãpaʁe/ *adj* [personne] distraught, at a loss.

désendettement /dezãdɛtmã/ *nm* reduction of the debt.

déséquilibre /dezekilibʁ/ *nm* (social) imbalance; *être en déséquilibre* [table] to be unstable; [personne] to be off balance; *souffrir de déséquilibre nerveux* to be mentally ill.

déséquilibrer /dezekilibʁe/ *vtr* [▸personne] to make [sb] lose their balance; [▸barque] to make [sth] unstable; [▸pays] to destabilize.

désert, -e /dezɛʁ, ɛʁt/ **I** *adj* deserted; (inhabité) uninhabited; *île déserte* desert island. **II** *nm* desert.

déserter /dezɛʁte/ *vtr* to desert.

déserteur /dezɛʁtœʁ/ *nm* deserter.

désertique /dezɛʁtik/ *adj* desert.

désespérant, -e /dezɛspeʁã, ãt/ *adj* hopeless, heartbreaking.

désespéré, -e /dezɛspeʁe/ *adj* desperate; [situation, cas] hopeless; [regard, geste] despairing.

désespérer /dezɛspeʁe/ **I** *vtr* to drive [sb] to despair. **II désespérer de** *vtr ind désespérer de qn/qch* to despair of sb/sth. **III** *vi* to despair, to lose hope. **IV se désespérer** *vpr* to despair.

désespoir /dezɛspwaʁ/ *nm* despair; *en désespoir de cause* in desperation.

déshabillé, -e /dezabije/ **I** *adj* undressed. **II** *nm* (tenue) négligee.

déshabiller, se déshabiller /dezabije/ *vtr, vpr* to undress.

désherber /dezɛʁbe/ *vtr* to weed.

déshérité, déshéritée /dezeʁite/ **I** *adj*, [personne] underprivileged; [pays] disadvantaged. **II** *nm,f* **les déshérités** the underprivileged.

déshériter /dezeʁite/ *vtr* to disinherit.

déshonneur /dezɔnœʁ/ *nm* disgrace.

déshonorant, -e /dezɔnɔʁã, ãt/ *adj* degrading.

déshonorer /dezɔnɔʁe/ **I** *vtr* to bring disgrace on. **II se déshonorer** *vpr* to disgrace oneself.

déshydrater /dezidʁate/ **I** *vtr* to dehydrate. **II se déshydrater** *vpr* [person] to dehydrate; [peau] to dry out.

désigner /deziɲe/ *vtr* (montrer) to point out, to indicate; (en nommant) to name; (choisir) to designate, to appoint; *être tout désigné pour* to be just right for.

désinence /dezinãs/ *nf* ending.

désinfectant, -e /dezɛ̃fɛktã, ãt/ *adj, nm* disinfectant.

désinfecter /dezɛ̃fɛkte/ *vtr* to disinfect.

désinstaller /dezɛ̃stale/ *vtr* ORDINAT to uninstall.

désintégrer /dezɛ̃tegʁe/ *vtr*, **se désintégrer** *vpr* to disintegrate.

désintéressé, -e /dezɛ̃teʁese/ *adj* [personne, acte] selfless, unselfish; [conseil] disinterested.

désintérêt /dezɛ̃teʁe/ *nm désintérêt (pour)* lack of interest (in).

désintoxiquer /dezɛ̃tɔksike/ *vtr* to detoxify.

désinvolte /dezɛ̃vɔlt/ *adj* casual.

désinvolture /dezɛ̃vɔltyʁ/ *nf* casual manner; *avec désinvolture* casually.

désir /deziʁ/ *nm* desire.

désirer /deziʁe/ *vtr* to want; *effets non désirés* unwanted effects; *que désirez-vous?* what would you like?

désireux, -euse /deziʁø, øz/ *adj être désireux de faire qch* to be anxious to do sth.

désistement /dezistəmã/ *nm* withdrawal.

destiner

désister: **se désister** /dezizte/ *vpr* to withdraw.

désobéir /dezɔbeiʀ/ *vtr ind* **désobéir à qn/à un ordre** to disobey sb/an order.

désobéissance /dezɔbeisɑ̃s/ *nf* desobedience.

désobéissant, -e /dezɔbeisɑ̃, ɑ̃t/ *adj* disobedient.

désobligeant, -e /dezɔbliʒɑ̃, ɑ̃t/ *adj* disagreeable.

désodorisant, -e /dezɔdɔʀizɑ̃, ɑ̃t/ *nm* (pour le corps) deodorant; (pour la maison) air freshener.

désodoriser /dezɔdɔʀize/ *vtr* to freshen.

désœuvré, -e /dezœvʀe/ *adj* idle.

désolant, -e /dezɔlɑ̃, ɑ̃t/ *adj* appalling.

désolation /dezɔlasjɔ̃/ *nf* desolation; (affliction) grief.

désolé, -e /dezɔle/ *adj* **être désolé que** to be sorry that; [village, plaine] desolate.

désoler /dezɔle/ *vtr* to upset; **ça me désole** I think it's unfortunate.

désolidariser: **se désolidariser** /desɔlidaʀize/ *vpr* **se désolidariser de** to dissociate oneself from.

désopilant, -e /dezɔpilɑ̃, ɑ̃t/ *adj* hilarious.

désordonné, -e /dezɔʀdɔne/ *adj* untidy.

désordre /dezɔʀdʀ/ *nm* mess; **laisser tout en désordre** to leave everything in a mess; **désordres sociaux** social disorder.

désorienté, -e /dezɔʀjɑ̃te/ *adj* confused.

désormais /dezɔʀmɛ/ *adv* (au présent) from now on, henceforth; (au passé) from then on, henceforth.

désosser /dezɔse/ *vtr* to bone.

despote /dɛspɔt/ *nm* despot.

desquelles, desquels /dɛkɛl/ ▸ **lequel**.

dessaisir: **se dessaisir de** /deseziʀ/ *vpr* to relinquish sth.

dessécher /deseʃe/ **I** *vtr* to dry [sth] out. **II se dessécher** *vpr* to become dry; [végétation] to wither.

dessein /desɛ̃/ *nm* design; **avoir le dessein de faire** to have the intention of doing; **à dessein** deliberately.

desserré, -e /deseʀe/ *adj* loose.

desserrer /deseʀe/ *vtr* [▸col, vis] to loosen; [▸frein] to release; **desserrer les rangs** to break ranks.

• **il n'a pas desserré les dents** he never once opened his mouth.

dessert /desɛʀ/ *nm* dessert, pudding^GB.

desserte /desɛʀt/ *nf* (transport) service; (meuble) sideboard.

desservir /desɛʀviʀ/ *vtr* [▸banlieue] to provide service to; **quartier bien/mal desservi** well/badly served district.

dessin /desɛ̃/ *nm* drawing; **faire du dessin** to draw; (motif) pattern.

■ **dessin animé** cartoon.

dessinateur, -trice /desinatœʀ, tʀis/ *nm,f* ART draughtsman^GB, draftsman^US; (concepteur) designer.

dessiner /desine/ **I** *vtr* [▸dessin] to draw; [▸décor] to design; **dessiner les grandes lignes de** to outline. **II se dessiner** *vpr* to take shape; **se dessiner à l'horizon** to appear on the horizon.

dessous¹ /dəsu/ **I** *adv* underneath; **(par) en dessous** underneath. **II en dessous de** *loc prép* below; **en dessous de zéro/de la fenêtre** below zero/the window.

dessous² /dəsu/ **I** *nm inv* (d'un objet) underside; (des bras) inside (part); **le dessous du pied** the sole of the foot; **drap du dessous** bottom sheet; **l'étage du dessous** the floor below. **II** *nmpl* (sous-vêtements) underwear ¢; **on ignore les dessous de l'affaire** we don't know what's behind this affair.

dessous-de-plat /dəsudpla/ *nm inv* table mat.

dessous-de-table /dəsudətabl/ *nm inv* bribe, backhander^©GB.

dessus¹ /dəsy/ *adv* on top; [passer] over it; **un gâteau avec du chocolat dessus** a cake with chocolate on top; [travailler, marquer] on it.

dessus² /dəsy/ *nm inv* top; **l'étage du dessus** the floor above; **le drap de dessus** the top sheet.

dessus-de-lit /d(ə)sydli/ *nm inv* bedspread.

déstabiliser /destabilize/ *vtr* to destabilize, to unsettle.

destin /dɛstɛ̃/ *nm* fate, destiny.

destinataire /dɛstinatɛʀ/ *nmf* addressee.

destination /dɛstinasjɔ̃/ **I** *nf* destination. **II à destination de** *loc prép* to, bound for.

destinée /dɛstine/ *nf* destiny.

destiner /dɛstine/ **I** *vtr* **destiner qch à qn** to intend sth for sb. **II se destiner** *vpr* *se destiner à une carrière de juriste* to be decided on a legal career.

destituer /dɛstitɥe/ *vtr* [▸officier] to discharge.

destruction /dɛstryksjɔ̃/ *nf* destruction ℂ.

désuet, -ète /dezɥɛ, ɛt/ *adj* obsolete.

désuétude /dezɥetyd/ *nf tomber en désuétude* to become obsolete.

détachant /detaʃɑ̃/ *nm* stain remover.

détaché, -e /detaʃe/ *adj* detached.

détachement /detaʃmɑ̃/ *nm* detachment; *détachement (auprès de)* transfer (to).

détacher /detaʃe/ **I** *vtr* to untie; [▸ceinture] to unfasten; [▸chaussure, corde] to undo; [▸chèque] to tear [sth] off; [▸syllabe] to articulate; *détacher les yeux de qch* to take one's eyes off sth; (affecter) to transfer; *détacher un vêtement* to get the stains out of a garment. **II se détacher** *vpr* [lien] to come undone; [affiche] to come away; *se détacher de qn* to grow away from sb; (ressortir) *se détacher dans/sur* to stand out in/against.

détail /detaj/ *nm* detail; *entrer dans les détails* to go into detail; *acheter/vendre (qch) au détail* to buy/sell (sth) retail.

détaillant, -e /detajɑ̃, ɑ̃t/ *nm,f* retailer.

détaillé, -e /detaje/ *adj* [plan] detailed; [facture] itemized.

détailler /detaje/ *vtr* [▸projet] to detail; [▸personne, objet] to scrutinize.

détaler© /detale/ *vi* [personne] to decamp.

détartrant /detartrɑ̃/ *nm* descaler.

détartrer /detartre/ *vtr* to scale.

détaxe /detaks/ *nf* tax refund.

détecter /detɛkte/ *vtr* to detect.

détective /detɛktiv/ *nm* detective.

déteindre /detɛ̃dʀ/ *vi* (au soleil) to fade; (dans l'eau) to run; *déteindre sur qn* to rub off on sb.

détendre /detɑ̃dʀ/ **I** *vtr* [▸ressort] to slacken; [▸muscle] to relax; [▸atmosphère] to calm. **II** *vi* to be relaxing. **III se détendre** *vpr* to relax.

détendu, -e /detɑ̃dy/ *adj* relaxed.

détenir /det(ə)niʀ/ *vtr* to hold; *détenir la vérité* to possess the truth; [▸criminel] to detain.

détente /detɑ̃t/ *nf* relaxation; (d'arme) trigger; *être dur à la détente*© to be slow on the uptake.©

détenteur, -trice /detɑ̃tœʀ, tʀis/ *nm,f* holder.

détention /detɑ̃sjɔ̃/ *nf* (d'actions, de drogue) holding; (d'armes, de secret) possession; (privation de liberté) detention.

■ **détention provisoire** custody.

détenu, -e /detəny/ *nm,f* prisoner.

détergent /detɛʀʒɑ̃/ *nm* detergent.

détérioration /deteʀjɔʀasjɔ̃/ *nf* deterioration (in).

détériorer /deteʀjɔʀe/ **I** *vtr* to damage. **II se détériorer** *vpr* to deteriorate.

déterminant, -e /detɛʀminɑ̃, ɑ̃t/ *adj* **I** *adj* decisive. **II** *nm* LING determiner.

détermination /detɛʀminasjɔ̃/ *nf* determination.

déterminé, -e /detɛʀmine/ *adj* determined; [durée, objectif] given.

déterminer /detɛʀmine/ *vtr* [▸raison, choix] to determine; *déterminer qn à faire* to make sb decide to do.

déterrer /detere/ *vtr* to dig up.

détestable /detɛstabl/ *adj* [caractère, temps] foul.

détester /detɛste/ **I** *vtr* to detest, to loathe; *détester faire* to hate doing. **II se détester** *vpr* to hate oneself each other.

détonation /detɔnasjɔ̃/ *nf* detonation.

détoner /detɔne/ *vi* to go off, to detonate.

détonner /detɔne/ *vi détonner (au milieu de)* to be out of place (among).

détour /detuʀ/ *nm* detour; *il me l'a dit sans détours* he told me straight.

détourné, -e /deturne/ *adj* indirect; *d'une façon détournée* in a roundabout way.

détournement /deturnəmɑ̃/ *nm* (d'avion, etc) hijacking; (de circulation) diversion^{GB}, detour^{US}.

■ **détournement de fonds** embezzlement.

détourner /deturne/ **I** *vtr* to divert; [▸circulation] to divert^{GB}, to detour^{US}; [▸conversation] to change; [▸avion, etc] to hijack; [▸fonds] to embezzle; *détourner de* [▸objectif] to distract [sb] from. **II se détourner** *vpr* to look away; *se détourner de* to turn away from.

détraquer© /detʀake/ **I** *vtr* to break, to bust©. **II se détraquer** *vpr* [machine] to go wrong.

devoir

détresse /detʀɛs/ *nf* distress; *en détresse* in distress.

détriment: **au détriment de** /odetʀimãdə/ *loc prép* to the detriment of.

détritus /detʀity(s)/ *nmpl* rubbish^{GB} ¢, garbage^{US} ¢.

détroit /detʀwa/ *nm* straits (*pl*).

détromper /detʀɔ̃pe/ **I** *vtr* to set [sb] right. **II se détromper** *vpr détrompe-toi!* you'd better think again!

détruire /detʀyiʀ/ *vtr* to destroy.

dette /dɛt/ *nf* debt; *avoir des dettes envers qn* to be indebted to sb.

deuil /dœj/ *nm* (décès) bereavement; (douleur) mourning ¢, grief; *porter le deuil* to be in mourning; *faire son deuil de qch* to give sth up as lost.

deux /dø/ **I** *dét* two; *prendre qch à deux mains* to take sth with both hands; *deux fois* twice; *des deux côtés* on both sides; *tous les deux jours* every other day, every two days. **II** *pron* both. **III** *nm inv* two.

deuxième /døzjɛm/ *adj* second.

deuxièmement /døzjɛmmã/ *adv* secondly, second.

deux-points /døpwɛ̃/ *nm inv* colon.

deux-roues /døʀu/ *nm inv* two-wheeled vehicle.

dévaler /devale/ *vtr dévaler la pente* to hurtle down the slope; *dévaler les escaliers* to rush downstairs.

dévaliser /devalize/ *vtr* to rob.

dévaloriser: **se dévaloriser** /devalɔʀize/ *vpr* to lose value.

dévaluation /devalɥasjɔ̃/ *nf* devaluation.

dévaluer /devalɥe/ **I** *vtr* to devalue. **II se dévaluer** *vpr* to become devalued.

devancer /dəvãse/ *vtr* to be ahead of; [▸question] to forestall.

devant[1] /dəvã/ **I** *prép devant qn/qch* in front of sb/sth; *passer devant* to go past; *je jure devant Dieu* I swear before God; *fuir devant le danger* to run away from danger; *la voiture devant nous* the car ahead of us. **II** *adv je passe devant* I'll go first; (au théâtre) at the front; (dans une voiture) in the front.

devant[2] /dəvã/ *nm* front.

• **prendre les devants** to take the initiative.

devanture /dəvãtyʀ/ *nf* (façade de) front, frontage; (vitrine) shop window.

dévaster /devaste/ *vtr* to lay waste to.

développement /devlɔpmã/ *nm* development; *pays en voie de développement* developing countries.

■ **développement durable** sustainable development.

développer /devlɔpe/ **I** *vtr* to develop. **II se développer** *vpr* to develop; [entreprise] to grow, to expand; [usage] to become widespread.

devenir[1] /dəvniʀ/ *vi* to become; *devenir réalité* to become a reality; *que vais-je devenir?* what is to become of me?

devenir[2] /dəvniʀ/ *nm* future.

dévergondé, -e /devɛʀgɔ̃de/ *adj* debauched.

déverser /devɛʀse/ **I** *vtr* [▸liquide] to pour; [▸bombes] to drop; [▸ordures] to dump. **II se déverser** *vpr se déverser dans qch* [rivière] to flow into sth; [égout, foule] to pour into sth.

dévêtir /devetiʀ/ **I** *vtr* to undress. **II se dévêtir** *vpr* to get undressed.

déviation /devjasjɔ̃/ *nf* diversion^{GB}, detour^{US}.

dévier /devje/ **I** *vtr* [▸circulation] to divert^{GB}, to detour^{US}. **II** *vi* to deviate from; *dévier d'une trajectoire* to veer off course.

devin /dəvɛ̃/ *nm* soothsayer, seer.

deviner /dəvine/ *vtr* [▸secret] to guess, to foresee.

devinette /dəvinɛt/ *nf* riddle.

devis /d(ə)vi/ *nm* estimate.

dévisager /devizaʒe/ *vtr* to stare at.

devise /dəviz/ *nf* (monnaie) currency; (maxime) motto.

dévisser /devise/ **I** *vtr* to unscrew. **II** *vi* (en alpinisme) to fall.

dévitaliser /devitalize/ *vtr dévitaliser une dent* to do root-canal work on a tooth.

dévoiler /devwale/ *vtr* [▸statue] to unveil; [▸intentions] to reveal.

devoir[1] /dəvwaʀ/ **I** *v aux* (recommandation, hypothèse) must; *tu dois te brosser les dents* you must brush your teeth; *tu devrais lui dire* you should tell him; (obligation) *il a dû accepter* he had to accept; (hypothèse) to have to; he must have accepted; *cela devait arriver* it was bound to happen. **II** *vtr devoir qch à qn* to owe sb sth. **III se devoir de** *vpr je me dois de le faire* it's my duty to do it.

devoir² /dəvwaʀ/ nm duty; SCOL (en classe) test; (à la maison) homework ¢.

dévorer /devɔʀe/ vtr to devour.

dévoué, -e /devwe/ adj devoted; *sentiments dévoués* yours truly.

dévouement /devumɑ̃/ nm devotion.

dévouer: se dévouer /devwe/ vpr *se dévouer à qch* to devote oneself to sth.

dextérité /dɛksteʀite/ nf dexterity, skill.

diabète /djabɛt/ nm diabetes.

diabétique /djabetik/ adj, nmf diabetic.

diable /djabl/ nm devil.
● *habiter au diable* to live miles from anywhere; *qu'il aille au diable*®! he can go to the devil!

diabolo /djabɔlo/ nm *diabolo menthe* mint cordial and lemonade.

diadème /djadɛm/ nm tiara.

diagnostic /djagnɔstik/ nm diagnosis.

diagnostiquer /djagnɔstike/ vtr to diagnose.

diagonale /djagɔnal/ nf diagonal.

diagramme /djagʀam/ nm (graphique) graph.

dialecte /djalɛkt/ nm dialect.

dialogue /djalɔg/ nm dialogue^GB, dialog^US; *dialogue en ligne* online chat.

dialoguer /djalɔge/ vi to have talks.

diamant /djamɑ̃/ nm diamond.

diamètre /djamɛtʀ/ nm diameter.

diapason /djapazɔ̃/ nm tuning fork.

diapositive /djapozitiv/ nf slide.

diarrhée /djaʀe/ nf diarrhoea^GB.

dictateur /diktatœʀ/ nm dictator.

dictature /diktatyʀ/ nf dictatorship.

dictée /dikte/ nf dictation.

dicter /dikte/ vtr *dicter qch à qn* to dictate sth to sb.

dictionnaire /diksjɔnɛʀ/ nm dictionary.

dicton /diktɔ̃/ nm saying.

didacticiel /didaktisjɛl/ nm educational software program.

dièse /djɛz/ adj, nm sharp.

diesel /djezɛl/ nm diesel.

diète /djɛt/ nf diet.

diététicien, -ienne /djetetisjɛ̃, jɛn/ nm,f dietician.

diététique /djetetik/ nf dietetics (sg); *magasin de diététique* health-food shop.

dieu, pl **-x** /djø/ nm god.

Dieu /djø/ nm God; *mon Dieu!* my God!; *bon Dieu*®! for God's sake!®; *Dieu seul le sait* goodness only knows.

diffamation /difamasjɔ̃/ nf (par écrit) libel; (oralement) slander.

diffamatoire /difamatwaʀ/ adj [écrit] libellous^GB; [propos] slanderous.

différé, -e /difeʀe/ I adj postponed. II nm *en différé* recorded.

différemment /difeʀamɑ̃/ adv differently.

différence /difeʀɑ̃s/ nf difference; *à la différence de* unlike.

différencier /difeʀɑ̃sje/ I vtr *différencier qch de qch* to differentiate sth from sth. II **se différencier** vpr *se différencier de* to differentiate oneself from; (devenir différent) to become different from.

différend /difeʀɑ̃/ nm *différend (à propos de)* disagreement (over).

différent, -e /difeʀɑ̃, ɑ̃t/ adj *différent (de)* different (from); *à différents moments* at various times.

différer /difeʀe/ I vtr [▸départ] to postpone; [▸paiement] to defer. II vi *différer (de)* to differ (from).

difficile /difisil/ adj difficult; *faire le difficile* to be fussy.

difficilement /difisilmɑ̃/ adv with difficulty.

difficulté /difikylte/ nf difficulty; *être en difficulté* to be in trouble; *faire des difficultés* to raise objections.

diffus, -e /dify, yz/ adj diffuse.

diffuser /difyze/ I vtr RADIO, TV to broadcast; [▸nouvelle] to spread; [▸produit] to distribute; [▸parfum] to diffuse. II **se diffuser** vpr to spread.

diffusion /difyzjɔ̃/ nf RADIO, TV broadcasting; PRESSE circulation.

digérer /diʒeʀe/ vtr to digest; [▸mensonge] to swallow.

digeste /diʒɛst/ adj digestible.

digestif /diʒɛstif/ nm liqueur; (eau-de-vie) brandy.

digestion /diʒɛstjɔ̃/ nf digestion.

digital, -e, mpl **-aux** /diʒital, o/ adj (numérique) CONTROV digital.

digne /diɲ/ adj [attitude] dignified; *digne de foi* reliable; *digne d'être souligné* noteworthy; [▸d'admiration] worthy (of).

dignité /diɲite/ nf dignity; *avoir sa dignité* to have one's pride.

digression /digʀesjɔ̃/ nf digression.

digue /dig/ nf dykeᴳᴮ, dikeᵁˢ; (au bord de la mer) sea wall.

dilapider /dilapide/ vtr to squander.

dilater: se dilater /dilate/ vpr to dilate; [gaz] to expand.

dilemme /dilɛm/ nm dilemma.

dilettante /dilɛtɑ̃t/ nmf amateur.

diligence /diliʒɑ̃s/ nf (véhicule) stagecoach; (empressement) haste.

diluer /dilɥe/ vtr to dilute.

diluvien, -ienne /dilyvjɛ̃, jɛn/ adj *pluies diluviennes* torrential rain.

dimanche /dimɑ̃ʃ/ nm Sunday.

dimension /dimɑ̃sjɔ̃/ nf MATH, PHYS dimension; (taille, grandeur) size; *de dimensions standard* standard-size.

diminuer /diminɥe/ **I** vtr *diminuer (de)* to reduce (by); *diminuer la TVA de 2%* to cut VAT by 2 percent; *diminuer l'enthousiasme de qn* to dampen sb's enthusiasm. **II** vi [chômage, fièvre, prix] to go down; [réserves, volume] to decrease; [production, demande] to tail off; [bruit, flamme, colère] to die down; [forces, capacités] to diminish; *les jours diminuent* the days are getting shorter.

diminutif /diminytif/ nm diminutive; (familier) pet name.

diminution /diminysjɔ̃/ nf *diminution (de)* reduction (in), decrease (in); *être en diminution de 7%* to be down by 7%.

dinde /dɛ̃d/ nf turkey.

dindon /dɛ̃dɔ̃/ nm turkey (cock).

dîner¹, diner /dine/ vi to have dinner; *dîner d'une soupe* to have soup for dinner.

dîner², diner /dine/ nm dinner.

dînette, dinette /dinɛt/ nf doll's tea set; *jouer à la dînette* to play at tea parties.

dingo© /dɛ̃go/ adj inv crazy©.

dingue© /dɛ̃g/ **I** adj crazy©; *c'est dingue!* it's amazing! **II** nmf nutcase©, loony©.

dinosaure /dinozɔʀ/ nm dinosaur.

dioxygène /djɔksiʒɛn/ nm dioxygen.

diphtongue /diftɔ̃g/ nf diphthong.

diplomate /diplɔmat/ nmf diplomat.

diplomatie /diplɔmasi/ nf diplomacy.

diplomatique /diplɔmatik/ adj diplomatic.

diplôme /diplom/ nm certificate, diploma; *il n'a aucun diplôme* he hasn't got any qualifications; (d'université) degree.

diplômé, -e /diplome/ adj *être diplômé de* to be a graduate of; *être diplômé en droit* to have a degree in law; *une infirmière diplômée* a qualified nurse.

dire¹ /diʀ/ **I** vtr to say; *on dit que...* it is said that...; *si l'on peut dire* if one might say so; *disons, demain* let's say tomorrow; *sans mot dire* without saying a word; *dire des bêtises* to talk nonsense; (faire savoir) *dire qch à qn* to tell sb sth; *vouloir dire* to mean; *qch me dit que* sth tells me that; (demander) *dire à qn de faire* to tell sb to do; (penser) to think; *que dites-vous?* what do you think?; *que diriez-vous d'une promenade?* how about a walk?; *on dirait qu'il va pleuvoir* it looks as if it's going to rain; (inspirer) *ça ne me dit rien de faire* I don't feel like doing; *à vrai dire* actually; *autrement dit* in other words; *dis donc!* hey!; *pour ainsi dire* so to speak. **II se dire** vpr (penser) *se dire (que)* to tell oneself (that); [▸insultes, mots doux] to exchange; *se dire adieu* to say goodbye to each other; (se prétendre) to claim to be; *ça ne se dit pas* you can't say that.

dire² /diʀ/ nm *au dire de/selon les dires de* according to.

direct /diʀɛkt/ **I** adj direct; *train direct* through train. **II** nm RADIO, TV live broadcasting ¢; *en direct de* live from; (en boxe) jab; (train) express (train).

directement /diʀɛktəmɑ̃/ adv [aller] straight; [concerner] directly.

directeur, -trice /diʀɛktœʀ, tʀis/ **I** adj [principe] guiding; *les lignes directrices de* the guidelines of. **II** nm,f (d'école) headmaster/headmistressᴳᴮ, principalᵁˢ; (d'entreprise, etc) manager/manageress; (administrateur) director; (chef) head.

direction /diʀɛksjɔ̃/ nf direction; *en direction de* toward(s); *demander la direction de* to ask the way to; (gestion) management; (de parti) leadership; *orchestre sous la direction de* orchestra conducted by; *direction assistée* power steering.

directive /diʀɛktiv/ nf directive.

directrice

directrice /diʀɛktʀis/ ▶ directeur.

dirigeable /diʀiʒabl/ nm dirigible, airship.

dirigeant, -e /diʀiʒɑ̃, ɑ̃t/ I adj [classe] ruling. II nm leader.

diriger /diʀiʒe/ I vtr [▸ personnes] to be in charge of; [▸ service, école, pays] to run; [▸ entreprise] to manage; [▸ discussion, enquête] to lead; [▸ opération, acteur, attaques] to direct; [▸ recherches] to supervise; [▸ orchestre] to conduct. II **se diriger vers** vpr to make for.

discernement /disɛʀnəmɑ̃/ nm judgment, discernment.

discerner /disɛʀne/ vtr to make out; *discerner le vrai du faux* to discriminate between truth and untruth.

disciple /disipl/ nmf disciple, follower.

discipline /disiplin/ nf discipline; SCOL subject.

discipliner, se discipliner /disipline/ vtr, vpr to discipline (oneself).

disco /disko/ adj inv, nm disco.

discompteur /diskɔ̃tœʀ/ nm discounter.

discontinu, -e /diskɔ̃tiny/ I adj [effort] intermittent; [ligne] broken. II nm **en discontinu** intermittently.

discordant, -e /diskɔʀdɑ̃, ɑ̃t/ adj [couleurs] clashing; [son] discordant; [opinions] conflicting.

discorde /diskɔʀd/ nf discord, dissension.

discothèque /diskɔtɛk/ nf (de prêt) music library; (boîte de nuit) discotheque.

discourir /diskuʀiʀ/ vi **discourir de/sur qch** to hold forth on sth.

discours /diskuʀ/ nm speech (on).

discrédit /diskʀedi/ nm disrepute.

discréditer /diskʀedite/ I vtr to discredit. II **se discréditer** vpr to discredit oneself.

discret, -ète /diskʀɛ, ɛt/ adj [sourire, signe, etc] discreet; [vêtement, couleur] sober.

discrètement /diskʀɛtmɑ̃/ adv [agir] discreetly; [se vêtir] soberly.

discrétion /diskʀesjɔ̃/ I nf discretion. II **à discrétion** loc adj [vin, pain] unlimited.

discrimination /diskʀiminasjɔ̃/ nf discrimination (against); *subir des discriminations* to suffer discrimination.

■**discrimination positive** positive discrimination.

discriminatoire /diskʀiminatwaʀ/ adj discriminatory.

disculper /diskylpe/ I vtr to exculpate. II **se disculper** vpr to vindicate oneself.

discussion /diskysjɔ̃/ nf discussion (about); (dispute) argument.

discutable /diskytabl/ adj questionable.

discuté, -e /diskyte/ adj [programme] controversial; [question] vexed.

discuter /diskyte/ I vtr [▸ problème] to discuss; (contester) to question. II **discuter de** vtr ind to discuss. III vi **discuter (avec qn)** to talk (to sb); (protester) to argue. IV **se discuter** vpr **ça se discute** that's debatable.

disette /dizɛt/ nf famine, food shortage.

disgrâce /disgʀas/ nf **tomber en disgrâce** to fall into disgrace.

disgracieux, -ieuse /disgʀasjø, jøz/ adj ugly, unsightly.

disjoncteur /disʒɔ̃ktœʀ/ nm circuit breaker.

disloquer : se disloquer /dislɔke/ vpr to break up; *se disloquer l'épaule* to dislocate one's shoulder.

disparaître, disparaitre /dispaʀɛtʀ/ vi to disappear; (soudainement) to vanish; *disparaissez!* out of my sight!; (manquer) to be missing; [tache] to come out; (mourir) to die.

disparate /dispaʀat/ adj ill-assorted.

disparition /dispaʀisjɔ̃/ nf GÉN disappearance; (mort) death; *en voie de disparition* endangered.

disparu, -e /dispaʀy/ adj lost; (enlevé, etc) missing; MIL **porté disparu** missing in action; [espèce] extinct; (mort) dead.

dispensaire /dispɑ̃sɛʀ/ nm clinic.

dispense /dispɑ̃s/ nf exemption (from).

dispenser /dispɑ̃se/ I vtr (distribuer) to dispense; *dispenser qn de (faire) qch* to excuse sb from (doing) sth; *se faire dispenser d'un cours* to be excused from a lesson. II **se dispenser** vpr *se dispenser de (faire) qch* to spare oneself (the trouble of doing) sth; *se dispenser des services de qn* to dispense with sb's services.

disperser /dispɛʀse/ I vtr to scatter; [▸ foule, fumée] to disperse. II **se disperser** vpr to disperse; [rassemblement] to break up; (éparpiller ses efforts) to spread oneself too thin.

disponibilité /dispɔnibilite/ nf GÉN availability; ADMIN temporary leave of absence.

distraire

disponible /dispɔnibl/ *adj* available.

dispos, -e /dispo, oz/ *adj frais et dispos* fresh as a daisy.

disposé, -e /dispoze/ *adj disposé à faire qch* willing to do sth; *bien/mal disposé l'égard de qn* well-/ill-disposed toward(s) sb.

disposer /dispoze/ **I** *vtr* [▸objets] to arrange; [▸personnes] to position. **II disposer de** *vtr ind* to have. **III se disposer** *vpr se disposer à faire* to be about to do; *se disposer en cercle* to form a circle.

dispositif /dispozitif/ *nm* (mécanisme) device; (mesures) operation.

disposition /dispozisjɔ̃/ *nf* arrangement; (d'appartement) layout; (possibilité d'utiliser) disposal; *se tenir à la disposition de qn* to be at sb's disposal; *à la disposition du public* for public use; *avoir des dispositions pour* to have an aptitude for; *dans de bonnes dispositions* in a good mood.

disproportion /disprɔpɔrsjɔ̃/ *nf* lack of proportion.

disproportionné, -e /disprɔpɔrsjɔne/ *adj* disproportionate.

dispute /dispyt/ *nf* argument.

disputer /dispyte/ **I** *vtr* [▸épreuve] to compete in; [▸match] to play; [▸course] to run; (réprimander)Ⓖ to tell [sb] off. **II se disputer** *vpr se disputer (pour qch)* to argue (over sth); [▸héritage, os] to fight over; [▸place] to compete for; (avoir lieu) to take place.

disquaire /diskɛr/ *nmf* record dealer.

disqualifier /diskalifje/ *vtr* to disqualify.

disque /disk/ *nm* MUS record; (sport) discus; (objet rond) disc; ORDINAT disk.
■ **disque compact** compact disc; **disque dur** hard disk.

disquette /diskɛt/ *nf* diskette, floppy disk.

disséminer /disemine/ **I** *vtr* to spread. **II se disséminer** *vpr* [personnes] to scatter; [germe, idée] to spread.

disséquer /diseke/ *vtr* to dissect.

dissertation /disɛrtasjɔ̃/ *nf* essay.

disserter /disɛrte/ *vi* to speak (on).

dissident, -e /disidɑ̃, ɑ̃t/ *adj, nm,f* dissident.

dissimulation /disimylasjɔ̃/ *nf* (de sentiment) dissimulation; (d'information) concealment.

dissimuler /disimyle/ **I** *vtr dissimuler qch (à qn)* to conceal sth (from sb). **II se dissimuler** *vpr* to hide.

dissiper /disipe/ **I** *vtr* [▸doute, illusion, fatigue] to dispel; [▸malentendu] to clear up; [▸fumée] to disperse. **II se dissiper** *vpr* [illusion, doute, malaise] to vanish; [malentendu] to be cleared up; [brume] to clear; [élève] to behave badly.

dissocier /disɔsje/ *vtr dissocier (de)* to separate (from).

dissolu, -e /disɔly/ *adj* [vie] dissolute.

dissolvant /disɔlvɑ̃/ *nm* nail varnish remover.

dissoudre /disudr/ **I** *vtr* to dissolve. **II se dissoudre** *vpr* to dissolve; [groupe] to disband.

dissuader /disɥade/ *vtr dissuader qn de faire* to dissuade sb from doing.

dissuasion /disɥazjɔ̃/ *nf* dissuasion; *force de dissuasion* deterrent force.

distance /distɑ̃s/ *nf* distance; *à quelle distance est-ce?* how far is it?; *prendre ses distances avec* to distance oneself from; *à distance* [agir] from a distance; [commande] remote.

distancer /distɑ̃se/ *vtr* to outdistance; *se faire/se laisser distancer* to get left behind.

distant, -e /distɑ̃, ɑ̃t/ *adj* distant; *distant de trois km* three km away.

distendre /distɑ̃dr/ *vtr* to distend.

distiller /distile/ *vtr* to distilGB.

distillerie /distilri/ *nf* distillery.

distinct, -e /distɛ̃, ɛ̃kt/ *adj* distinct (from); [voix] clear; [société] separate.

distinctement /distɛ̃ktəmɑ̃/ *adv* clearly.

distinctif, -ive /distɛ̃ktif, iv/ *adj* [trait] distinctive; [signe] distinguishing.

distinction /distɛ̃ksjɔ̃/ *nf* distinction; *sans distinction* [récompenser] without discrimination; *distinction honorifique* award; (élégance) distinction.

distingué, -e /distɛ̃ge/ *adj* distinguished.

distinguer /distɛ̃ge/ **I** *vtr distinguer A de B* to distinguish A from B; (percevoir) to make out; (faire apparaître) to bring out. **II se distinguer** *vpr se distinguer de* to differ from; (s'illustrer) to distinguish oneself.

distraction /distraksjɔ̃/ *nf* leisure ¢, entertainment ¢; (étourderie) absent-mindedness ¢.

distraire /distrɛr/ **I** *vtr* (en amusant) to amuse; (en occupant) to entertain; (déconcentrer) to distract. **II se distraire** *vpr* to amuse oneself, to enjoy oneself.

distrait, -e /distʀɛ, ɛt/ *adj* absent-minded.

distrayant, -e /distʀɛjã, ãt/ *adj* entertaining.

distribuer /distʀibɥe/ *vtr* to hand out, to distribute; [▶ cartes] to deal; [▶ courier] to deliver.

distributeur, -trice /distʀibytœʀ, tʀis/ **I** *nm,f* distributor. **II** *nm* (de monnaie) dispenser; *distributeur automatique* vending machine; *distributeur de tickets* ticket machine; *distributeur de billets (de banque)* cash dispenser.

distribution /distʀibysjɔ̃/ *nf* (secteur) retailing; (commercialisation) distribution; (d'eau, électricité) supply; CIN, THÉÂT casting.

district /distʀikt/ *nm* district.

diurne /djyʀn/ *adj* [animal] diurnal; [activité] daytime.

divaguer /divage/ *vi* to ramble.

divan /divã/ *nm* (siège) divan, couch.

divergence /divɛʀʒãs/ *nf* divergence.

diverger /divɛʀʒe/ *vi* to diverge.

divers, -e /divɛʀ, ɛʀs/ *adj* various; *frais divers* miscellaneous expenses.

diversion /divɛʀsjɔ̃/ *nf* diversion.

diversité /divɛʀsite/ *nf* diversity, variety.

divertir: **se divertir** /divɛʀtiʀ/ *vpr* to enjoy oneself; *pour se divertir* for fun.

divertissement /divɛʀtismã/ *nm* entertainment ¢.

dividende /dividãd/ *nm* dividend.

divin, -e /divɛ̃, in/ *adj* divine.

divinité /divinite/ *nf* deity.

diviser /divize/ **I** *vtr* to divide. **II se diviser** *vpr se diviser en deux catégories* to be divided into two categories.

division /divizjɔ̃/ *nf* division.

divorce /divɔʀs/ *nm* divorce.

divorcé, -e /divɔʀse/ **I** *adj* divorced. **II** *nm,f* divorcee.

divorcer /divɔʀse/ *vi* to get divorced.

divulguer /divylge/ *vtr* to disclose.

dix /dis/ *(mais devant consonne* /di/ *et devant voyelle et h muet* /diz/*) dét, pron* ten.

dix-huit /dizɥit/ *dét, pron* eighteen.

dixième /dizjɛm/ *adj* tenth.

dix-neuf /diznœf/ *dét, pron* nineteen.

dix-sept /dis(s)ɛt/ *dét, pron* seventeen.

dizaine /dizɛn/ *nf* (environ dix) about ten; *des dizaines de personnes* dozens of people.

djihad /dʒiad/ *nm* jihad.

do /do/ *nm inv* (note) C; (en solfiant) doh.

docile /dɔsil/ *adj* docile.

docilité /dɔsilite/ *nf* obedience docility.

dock /dɔk/ *nm* dock.

docteur /dɔktœʀ/ *nm* doctor.

doctorat /dɔktɔʀa/ *nm* PhD, doctorate.

doctrine /dɔktʀin/ *nf* doctrine.

document /dɔkymã/ *nm* document; *faux documents* false documents/papers[GB].
■ **document sonore** audio material ¢.

documentaire /dɔkymãtɛʀ/ *nm* documentary.

documentaliste /dɔkymãtalist/ *nmf* (d'entreprise) information officer; (d'école) (school) librarian.

documentation /dɔkymãtasjɔ̃/ *nf* information; *centre de documentation* resource centre[GB].

documenter: **se documenter sur** /dɔkymãte/ *vpr* to research sth.

dodo☺ /dodo/ *nm faire dodo* to sleep.

dodu, -e /dɔdy/ *adj* plump.

dogue /dɔg/ *nm* mastiff.

dogme /dɔgm/ *nm* dogma.

doigt /dwa/ *nm* finger; *petit doigt* little finger[GB], pinkie[US]; *doigt de pied* toe; *bout des doigts* fingertips (*pl*); *croiser les doigts* to keep one's fingers crossed; *sur le bout des doigts* off pat.
● **à deux doigts de** a hair's breadth away from.

doigté /dwate/ *nm* tact; (adresse manuelle) light touch.

doléances /dɔleãs/ *nfpl* grievances.

dollar /dɔlaʀ/ *nm* dollar.

DOM /dɔm/ *nm inv* (*abrév =* **département d'outre-mer**) *French overseas (administrative) department.*

domaine /dɔmɛn/ *nm* estate; (spécialité) field, domain; ORDINAT *nom de domaine* domain name.
■ **domaine public** public domain.

dôme /dom/ *nm* dome.

domestique /dɔmɛstik/ **I** *adj* domestic. **II** *nmf* servant.

domestiquer /dɔmɛstike/ *vtr* to domesticate.

domicile /dɔmisil/ *nm* (d'une personne) place of residence, domicile; *à domicile* at home.

domicilié, -e /dɔmisilje/ *adj* être domicilié *à Paris* to live in Paris.

dominante /dɔminɑ̃t/ *nf* main colourᴳᴮ; UNIV main subject, majorᵁˢ.

dominateur, -trice /dɔminatœr, tris/ *adj* domineering.

domination /dɔminasjɔ̃/ *nf* domination.

dominer /dɔmine/ **I** *vtr* to dominate; [▸langue, technique] to master; *dominer la situation* to be in control of the situation. **II** *vi* to prevail. **III se dominer** *vpr* to control oneself.

dominical, -e, *mpl* **-aux** /dɔminikal, o/ *adj* Sunday (*épith*).

domino /dɔmino/ *nm* domino.

dommage /dɔmaʒ/ *nm* **dommage!** what a pity!; *c'est vraiment dommage* it's a great pity; (dégât) damage ¢; JUR tort.
■ **dommages et intérêts** damages.

dompter /dɔ̃te/ *vtr* [▸fauve, nature] to tame.

dompteur, -euse /dɔ̃tœr, øz/ *nm,f* tamer.

DOM-COM /dɔmtɔm/ *nmpl* (*abrév = départements et collectivités d'outremer*) *French overseas (administrative) departments and territories*.

don /dɔ̃/ *nm* (charité) donation; (talent) gift.

donateur, -trice /dɔnatœr, tris/ *nm,f* donor.

donation /dɔnasjɔ̃/ *nf* donation.

donc /dɔ̃k/ *conj* so, therefore; *je pense donc je suis* I think, therefore I am; (après interruption) so; *nous disions donc?* so, where were we?; *tais-toi donc!* be quiet, will you?; *entrez donc!* do come in!; *allons donc!* come on!

donjon /dɔ̃ʒɔ̃/ *nm* keep, donjon.

donné, -e /dɔne/ **I** *adj* [quantité] given; *à un moment donné* at one point, all of a sudden; (bon marché) cheap. **II étant donné** *loc adj* given. **III étant donné que** *loc conj* given that.

donnée /dɔne/ *nf* fact, element; *les données informatiques* computer data.

donner /dɔne/ **I** *vtr* *donner qch à qn* to give sth to sb, to give sb sth; *donner l'heure à qn* to tell sb the time; *donner froid/faim à qn* to make sb feel cold/hungry; *donner*

lieu à to give rise to to cause. **II** *vi* *donner sur* [chambre] to overlook; [porte] to give onto; *donner au nord/sud* to face north/south. **III se donner** *vpr* *se donner à qch* to devote oneself to sth; *se donner le temps de faire* to give oneself time to do; *se donner rendez-vous* to arrange to meet; *se donner du mal* to go to a lot of trouble.

dont /dɔ̃/ *pron rel* (objet indirect) (personne) (of/from) whom; *un enfant dont je suis fier* a child of whom I am proud; (chose) (of/from) which; *le livre dont tu m'as parlé* the book you told me about; (complément de nom) *la manière dont elle s'habille* the way (in which) she dresses; *une personne dont il prétend être l'ami* a person whose friend he claims to be; *deux personnes dont toi* two people, one of whom is you.

dopage /dɔpaʒ/ *nm* GÉN doping; SPORTS illegal drug-taking.

doper /dɔpe/ **I** *vtr* to dope. **II se doper** *vpr* SPORT to take drugs.

dorade /dɔrad/ *nf* sea bream.

doré, -e /dɔre/ *adj* [peinture] gold; [cadre] gilt; [coupole] gilded; [cheveux, lumière] golden.

dorénavant /dɔrenavɑ̃/ *adv* henceforth.

dorer /dɔre/ **I** *vtr* *dorer qch à l'or fin* to gild sth with gold leaf; CULIN to glaze. **II se dorer** *vpr* *se dorer au soleil* to sunbathe.

dorloter /dɔrlɔte/ *vtr* to pamper.

dormir /dɔrmir/ *vi* to sleep; [argent] to lie idle.
● **une histoire à dormir debout** a cock-and-bull story.

dortoir /dɔrtwar/ *nm* dormitory.

dos /do/ *nm* GÉN back; *mal de dos* backache; *de dos* to see sb from behind; *au dos de* on the back of.

dosage /dozaʒ/ *nm* amount.

dos-d'âne /dodɑn/ *nm inv* hump.

dose /doz/ *nf* dose.

doser /doze/ *vtr* to measure (out).

dosette /dozɛt/ *nf* [▸de café] stick; (pharmacie) single dose.

dossard /dosar/ *nm* number (worn by an athlete).

dossier /dosje/ *nm* GÉN file; *dossier médical/scolaire* medical/school records; *dossier d'inscription* registration form; (de chaise) back.
■ **dossier de presse** press pack.

dot /dɔt/ nf dowry.

doter /dote/ **I** vtr être doté de to have. **II se doter de** vpr to acquire.

douane /dwan/ nf customs (sg) /pl).

douanier, -ière /dwanje, jɛʀ/ **I** adj customs (épith). **II** nm, f customs officer.

doublage /dublaʒ/ nm CIN dubbing.

double /dubl/ **I** adj double; *rue à double sens* two-way street; *mouchoirs double épaisseur* two-ply tissues; *double nationalité* dual citizenship; *en double exemplaire* in duplicate. **II** adv double. **III** nm double; *30 est le double de 15* 30 is twice 15; (de document) copy; (de personne) double; *avoir un double des clés* to have a spare set of keys; SPORT doubles (pl).

double-clic, pl **doubles-clics** /dubləklik/ nm double-click.

double-cliquer /dubləklike/ vi *double-cliquer (sur)* to double click (on).

double-peine, pl **doubles-peines** /dublə pɛn/ nf deportation of a foreign national upon completion of a prison sentence.

doubler /duble/ vtr to double; *doubler le pas* to quicken one's pace; [▸manteau] to line (with); [▸film] to dub; (en voiture) to overtake^GB, to pass^US.

doublure /dublyʀ/ nf (de vêtement) lining; CIN double.

douce ▸ doux.

doucement /dusmã/ adv (sans brusquer) gently; *marcher doucement* to walk softly; *doucement avec le vin!* go easy on the wine!; *doucement, les enfants!* calm down, children!; (sans bruit) quietly; (lentement) slowly.

douceur /dusœʀ/ **I** nf softness, smoothness; (de climat) mildness; (de visage) gentleness; (friandise) sweet^GB, candy^US.

douche /duʃ/ nf shower.

doucher: se doucher /duʃe/ vpr to take a shower.

douchette /duʃɛt/ nf (pomme) shower head; (scanneur) hand-held scanner.

doudoune^© /dudun/ nf down jacket.

doué, -e /dwe/ adj gifted, talented.

douille /duj/ nf (de cartouche) cartridge (case); (d'ampoule) socket.

douillet, -ette /dujɛ, ɛt/ adj [personne] soft^©; [appartement] cosy^GB, cozy^US.

douleur /dulœʀ/ nf pain; *médicament contre la douleur* painkiller; (de deuil) grief; *nous avons la douleur de vous faire part du décès de* it is with great sorrow that we have to inform you of the death of.

douloureux, -euse /duluʀø, øz/ adj [sensation] painful; [tête] aching.

doute /dut/ **I** nm doubt; *mettre qch en doute* to call sth into question. **II sans doute** loc adv probably; *sans aucun/nul doute* without any doubt.

douter /dute/ **I** vtr to doubt (that). **II douter de** vtr ind to have doubts about. **III se douter de/que** vpr *se douter de qch* to suspect sth.

douteux, -euse /dutø, øz/ adj [résultat] uncertain; [hygiène] dubious.

doux, douce /du, dus/ adj [peau, lumière, voix] soft; [vin] sweet; [fromage, piment, shampooing] mild; [climat] mild; [pente, personne, etc] gentle.
● **en douce**^© on the sly^©.

douzaine /duzɛn/ nf dozen, about twelve.

douze /duz/ dét, pron twelve.

douzième /duzjɛm/ adj, nmf twelfth.

doyen, -enne /dwajɛ̃, ɛn/ nm,f *doyen (d'âge)* oldest person; RELIG, UNIV dean.

Dr (abrév écrite = docteur) Dr.

dragée /dʀaʒe/ nf sugared almond; (pilule) sugar-coated pill.

dragon /dʀagɔ̃/ nm dragon.

draguer /dʀage/ **I** vtr [▸personne]^© to come on to^©; [▸étang] to dredge; (pour fouiller) to drag. **II** ^© vi to go out on the make.

dragueur^©, **-euse** /dʀagœʀ, øz/ nm,f flirt.

drainer /dʀene/ vtr to drain.

dramatique /dʀamatik/ adj dramatic.

dramatiser /dʀamatize/ vtr to dramatize.

dramaturge /dʀamatyʀʒ/ nmf playwright.

drame /dʀam/ nm tragedy; (genre) drama.

drap /dʀa/ nm sheet.
● **se mettre dans de beaux draps** to land oneself in a fine mess.

drapeau, pl **-x** /dʀapo/ nm flag.

drap-housse, pl **draps-housses** /dʀaus/ nm fitted sheet.

dresser /dʀese/ **I** vtr [▸animal] to train; [▸cheval] to break in; [▸tente] to put up; [▸tête, queue] to raise; [▸oreille] to prick up; [▸inventaire, contrat] to draw up; [▸procès-verbal] to

dynastie

write out; [▸table] to lay, to set. **II se dres-ser** *vpr* to stand up.

drogue /drɔg/ *nf* drug.

drogué, -e /drɔge/ *nm,f* drug addict.

droguer: **se droguer** /drɔge/ *vpr* to take drugs.

droguerie /drɔgri/ *nf* hardware shop.

droit, -e /drwa, at/ **I** *adj* straight; [main, pied] right. **II** *adv* [aller] straight; *continuez tout droit* carry^{GB} straight on. **III** *nm* (prérogative) right; *des droits sur qn/qch* rights over sb/ sth; *avoir droit à* to be entitled to; *avoir le droit de faire* to be allowed to do, to have the right to do; *à qui de droit* to whom it may concern; (lois) law; (redevance) fee.
■ **droits d'auteur** royalties; **les droits de l'homme** human rights.

droite /drwat/ *nf* right; MATH straight line.

droitier, -ière /drwatje, jɛʀ/ *nm,f* right-hander.

droiture /drwatyʀ/ *nf* uprightness.

drôle /drol/ *adj* (bizarre) funny, odd; *faire (tout) drôle à qn* to give sb a funny feel-ing; (amusant) funny, amusing; *un drôle^{©} de courage* a lot of courage.

drôlement^{©} /drolmã/ *adv* (très, beaucoup) really.

dromadaire /drɔmadɛʀ/ *nm* dromedary.

dru, -e /dry/ **I** *adj* [cheveux, blés] thick; [averse] heavy. **II** *adv* [pleuvoir] heavily.

du /dy/ ▸ **de**.

dû, due, *mpl* **dus** /dy/ **I** *pp* ▸ **devoir**[1]. **II** *adj* (à payer) due; *en bonne et due forme* in due form; (attribuable) *c'est dû à qch* it's because of sth. **III** *nm* due.

duc /dyk/ *nm* duke.

duché /dyʃe/ *nm* duchy.

duchesse /dyʃɛs/ *nf* duchess.

duel /dɥɛl/ *nm* duel.

dûment, dument /dymã/ *adv* duly.

dune /dyn/ *nf* dune.

duo /dyo, dɥo/ *nm* MUS duet; THÉÂT double act^{GB}, duo^{US}.

dupe /dyp/ *nf* dupe; *un marché de dupes* a fool's bargain.

duper /dype/ *vtr* to fool.

duplex /dyplɛks/ *nm inv* maisonette^{GB}, duplex apartment^{US}; RADIO duplex.

duplicata /dyplikata/ *nm* duplicate.

duquel ▸ **lequel**.

dur, -e /dyr/ **I** *adj* [matériau, travail, etc] hard; [viande, concurrence, etc] tough; [pinceau, etc] stiff; [son, lumière] harsh; *être dur d'oreille^{©}* to be hard of hearing. **II** *nm,f* tough nut^{©}. **III** *adv* hard. **IV** *nm* permanent structure. **V à la dure** *loc adv* the hard way.
● **avoir la tête dure** (être entêté) to be stub-born.

durable /dyrabl/ *adj* durable; [amitié, impres-sion] lasting; [développement] sustainable.

durant /dyrã/ *prép* during; *durant des heu-res* for hours.

durcir /dyrsir/ **II** *vt, vi* to harden. **III se durcir** *vpr* to harden; [conflit] to intensify.

durée /dyre/ *nf* (période) length, duration; (de contrat) term; (de CD) playing time; *pile longue durée* long-life battery; MUS (de note) value.

durer /dyre/ *vi* to last.

dureté /dyrte/ *nf* (de matériau, visage) hard-ness; (de ton, métier, climat) harshness; (de regard) severity.

durillon /dyrijɔ̃/ *nm* callus.

DUT /deyte/ *nm* (abrév = **diplôme univer-sitaire de technologie**) *two-year diploma from a university institute of technology*.

duvet /dyvɛ/ *nm* (plumes, poils) down; (sac de couchage) sleeping bag.

DVD /devede/ *nm inv* (abrév = **digital ver-satile disc**) DVD.

dynamique /dinamik/ **I** *adj* dynamic. **II** *nf* dynamics (*sg*).

dynamisme /dinamism/ *nm* dynamism.

dynamite /dinamit/ *nf* dynamite.

dynamiter /dinamite/ *vtr* to dynamite.

dynastie /dinasti/ *nf* dynasty.

e

eau, pl **-x** /o/ nf water; **eau de mer** seawater; **eau douce/plate** fresh/plain water; **l'eau de source/du robinet** spring/tap water.
■ **eau de Javel** bleach.

eau-de-vie, pl **-x-de-vie** /odvi/ nf brandy, eau de vie.

ébahir /ebaiʀ/ vtr to astound; **j'en étais tout ébahi** I was astounded.

ébauche /eboʃ/ nf preliminary sketch; **l'ébauche d'un sourire** a hint of a smile.

ébaucher /eboʃe/ vtr [▸tableau, solution] to sketch out; [▸roman, projet] to draft.

ébène /ebɛn/ nf ebony.

ébéniste /ebenist/ nmf cabinetmaker.

éblouir /ebluiʀ/ vtr to dazzle.

éblouissement /ebluismã/ nm dazzle ₵; (vertige) dizzy spell.

éboueur /ebuœʀ/ nm dustman^GB, garbage-man^US.

ébouillanter /ebujãte/ vtr to scald.

éboulement /ebulmã/ nm landslide.

ébouriffer /eburife/ vtr to ruffle.

ébranler /ebʀãle/ **I** vtr to shake; [▸régime] to undermine. **II s'ébranler** vpr [convoi, train] to move off.

ébrécher /ebʀeʃe/ vtr to chip.

ébriété /ebʀijete/ nf **en état d'ébriété** under the influence.

ébruiter /ebʀuite/ **I** vtr to divulge. **II s'ébruiter** vpr to get out.

EBS / bees/ nf (abrév = **encéphalite bovine spongiforme**) BSE.

ébullition /ebylisjɔ̃/ nf **porter à ébullition** to bring to the boil.
● **être en ébullition** to be in a ferment.

écaille /ekaj/ nf (de poisson) scale; (d'huître) shell; (pour peignes) tortoiseshell; **lunettes en écaille** horn-rimmed glasses.

écarlate /ekaʀlat/ adj scarlet.

écarquiller /ekaʀkije/ vtr **écarquiller les yeux (devant qch)** to open one's eyes wide (at sth).

écart /ekaʀ/ **I** nm distance, gap; (entre des versions) difference; **faire un écart** [cheval] to shy; (faute) lapse. **II à l'écart** loc adv [être] isolated; [se tenir] to stand apart; **mettre qn à l'écart** to ostracize sb. **III à l'écart de** loc prép away from.

écarté, -e /ekaʀte/ adj [doigts] spread; [bras] wide apart; [jambes] apart; [lieu] isolated.

écarter /ekaʀte/ **I** vtr [▸rideaux] to open; [▸bras, jambes, doigts] to spread; [▸chaise] to move [sth] aside; [▸personne] to push [sb] aside; [▸risque, concurrent] to eliminate; [▸idée] to reject. **II s'écarter** vpr **s'écarter (de)** to move away (from); **s'écarter de son sujet** to digress.

échafaud /eʃafo/ nm scaffold.

échafaudage /eʃafodaʒ/ nm scaffolding ₵.

échafauder /eʃafode/ vtr to put [sth] together.

échalote /eʃalɔt/ nf shallot.

échancré, -e /eʃãkʀe/ adj [robe] low-cut.

échange /eʃãʒ/ nm exchange; **en échange** in exchange, in return; **échanges commerciaux** trade ₵.

échanger /eʃãʒe/ vtr **échanger qch contre qch** to exchange sth for sth.

échangeur /eʃãʒœʀ/ nm AUT interchange.

échantillon /eʃãtijɔ̃/ nm sample.

échappatoire /eʃapatwaʀ/ nf way out.

échappée /eʃape/ nf break.

échappement /eʃapmã/ nm **(tuyau d')échappement** exhaust (pipe).

échapper /eʃape/ **I** vtr ind **échapper à** to get away from; [▸mort] to escape; **échapper de** to slip out; **échapper à la règle** to be an exception to the rule; FIG **cela m'a échappé** it just slipped out. **II s'échapper** vpr **s'échapper (de)** to escape (from), to run away (from).
● **l'échapper belle** to have a narrow escape.

écharde /eʃaʀd/ nf splinter.

écharpe /eʃaʀp/ nf scarf; **en écharpe** in a sling.

échauffement /eʃofmã/ nm warm-up.

échéance /eʃeãs/ nf date, deadline; **à longue/brève échéance** in the long/short term;

économiseur

de lourdes échéance heavy financial commitments.

échec /eʃɛk/ **I** *nm* failure; JEUX *échec au roi* check; *échec et mat* checkmate. **II échecs** *nmpl* chess.

échelle /eʃɛl/ *nf* ladder; (de plan, maquette, gradation) scale.

échelon /eʃlɔ̃/ *nm* (d'échelle) rung; ADMIN grade; *à l'échelon ministériel* at ministerial level.

échine /eʃin/ *nf* CULIN ≈ spare rib.

échiquier /eʃikje/ *nm* chessboard.

Échiquier /eʃikje/ *nprm* *l'Échiquier* the Exchequer[GB].

écho /eko/ *nm* echo.

échographie /ekɔgrafi/ *nf* scan.

échoir /eʃwar/ **I** *vi* [loyer] to fall due; [traite] to be payable. **II échoir à** *vtr ind* *échoir à qn* to fall to sb's lot.

échouer /eʃwe/ **I échouer à** *vtr ind* [▸ examen] to fail. **II** *vi* [personne, tentative] to fail; [bateau] to run aground.

éclabousser /eklabuse/ *vtr* to splash.

éclair /eklɛr/ **I** *adj inv* *visite éclair* flying visit; *attaque éclair* lightning strike. **II** *nm* flash of lightning; (gâteau) éclair.

éclairage /eklɛraʒ/ *nm* (manière d'éclairer) lighting; (lumière) light; (explication) explanations *(pl)*.

éclaircie /eklɛrsi/ *nf* sunny interval.

éclaircir /eklɛrsir/ **I** *vtr* [▸ mystère] to shed light on. **II s'éclaircir** *vpr* [horizon, gorge] to clear; [situation] to become clearer.

éclaircissement /eklɛrsismɑ̃/ *nm* explanation.

éclairer /eklere/ **I** *vtr* to light (up); *éclairer qn (sur qch)* to enlighten sb (as to sth). **II** *vi* to give light. **III s'éclairer** *vpr* [visage] to light up; [situation] to become clearer.

éclaireur, -euse /eklerœr, øz/ *nm,f* (garçon) scout[GB], Boy Scout[US]; (fille) (Girl) Guide[GB], Girl Scout[US].

éclat /ekla/ *nm* (de verre) splinter; (de lumière) brightness; (de cheveux, meuble) shine; (du teint, sourire) radiance.

● *rire aux éclats* to roar with laughter.

éclatant, -ante /eklatɑ̃, ɑ̃t/ *adj* [couleur] bright; [soleil] dazzling.

éclater /eklate/ *vi* [pneu] to burst; [pétard] to explode; [scandale, nouvelle] to break; [vérité]

to come out; [guerre] to break out; *faire éclater* [▸ ballon] to burst; [▸ pétard] to let off; *éclater de rire* to burst out laughing.

éclipse /eklips/ *nf* eclipse.

éclipser /eklipse/ **I** *vtr* to outshine. **II s'éclipser©** *vpr* to slip away.

éclore /eklɔr/ *vi* [poussin, œuf] to hatch; [fleur] to bloom.

écluse /eklyz/ *nf* lock.

écobilan /ekobilɑ̃/ *nm* life cycle assessment.

écocitoyen, -enne /ekositwajɛ̃, jɛn/ *adj, nm,f* eco-citizen.

écœurant, -e /ekœrɑ̃, ɑ̃t/ *adj* sickening.

écœurer /ekœre/ *vtr* to make [sb] feel sick.

écolabel /ekolabɛl/ *nm* eco-label.

école /ekɔl/ *nf* school; *être à l'école* to be at school.

■ *école* **élémentaire** primary school; *école* **libre** (établissement) independent school; (système) independent education; *école* **maternelle** nursery school; *école* **normale, EN** primary-teacher[GB] training college; *école* **primaire** primary school; *école* **publique** (établissement) state school[GB], public school[US]; (système) state education[GB], public education[US]; **École nationale d'administration, ENA** *Grande École* for top civil servants; **École normale supérieure, ENS** *Grande École* from which the educational élite is recruited.

écolier, -ière /ekɔlje, jɛr/ *nm,f* schoolboy/schoolgirl.

écologie /ekɔlɔʒi/ *nf* ecology.

écologique /ekɔlɔʒik/ *adj* ecological; [produit] environment-friendly.

écologiste /ekɔlɔʒist/ *nmf* ecologist, environmentalist; (candidat) Green.

écomusée /ekomyze/ *nm* ≈ open-air museum.

économe /ekɔnɔm/ **I** *adj* thrifty. **II** *nmf* bursar.

économie /ekɔnɔmi/ **I** *nf* economy; (discipline) economics *(sg)*; (somme) saving. **II économies** *nfpl* savings; *faire des économies* to save up.

économique /ekɔnɔmik/ *adj* [crise] economic; (peu coûteux) cheap.

économiser /ekɔnɔmize/ *vtr* to save (up).

économiseur /ekɔnɔmizœr/ *nm* *économiseur d'écran* screen saver.

économiste /ekɔnɔmist/ *nmf* economist.

écorce /ekɔʀs/ *nf* bark; (de fruit) peel; (terrestre) crust.

écorcher /ekɔʀʃe/ **I** *vtr* [▸mot] to mispronounce. **II s'écorcher** *vpr* **s'écorcher les mains/genoux** to graze one's hands/knees.

écorchure /ekɔʀʃyʀ/ *nf* graze.

écossais, -e /ekɔsɛ, ɛz/ **I** *adj* [personne, paysage] Scottish; [whisky] Scotch; [langue] Scots; [jupe] tartan; [chemise, veste] plaid. **II** *nm* LING Scots; (tissu) tartan (cloth). **III** *nm,f* **Écossais, -e** Scot.

Écosse /ekɔs/ *nprf* Scotland.

écosser /ekɔse/ *vtr* to shell.

écotaxe /ekɔtaks/ *nf* ecological taxation, ecotax.

écotourisme /ekɔtuʀism/ *nm* ecotourism.

écouler /ekule/ **I** *vtr* [▸stock] to sell. **II s'écouler** *vpr* [temps, vie] to pass; [eau] to flow.

écourter /ekuʀte/ *vtr* to cut short.

écoute /ekut/ *nf* **à l'écoute de qn** listening to sb; **heure de grande écoute** RADIO peak listening time; **écoutes téléphoniques** phone tapping ¢.

écouter /ekute/ *vtr* to listen to; **écouter aux portes** to eavesdrop.

écouteur /ekutœʀ/ *nm* (de téléphone) earpiece; (de baladeur) earphones, headphones (*pl*).

écrabouiller© /ekʀabuje/ *vtr* to squash.

écran /ekʀɑ̃/ *nm* screen; **le petit écran** TV. ■ **écran à cristaux liquides** liquid crystal display, LCD; **(téléviseur) écran plat** flat screen TV; **(crème) écran total** sun block (cream).

écrasant, -e /ekʀazɑ̃, ɑ̃t/ *adj* [défaite, dette] crushing; [supériorité] overwhelming.

écraser /ekʀaze/ **I** *vtr* [▸insecte] to squash; [▸piéton, animal] to run over; [▸cigarette] to stub out; [▸légumes] to mash; [▸équipe] to thrash©; [chagrin, remords] to overwhelm. **II s'écraser** *vpr* **s'écraser contre qch** to crash into sth; (se taire)© to shut up©.

écrémé, -e /ekʀeme/ *adj* skimmed; **demi-écrémé** semi-skimmed.

écrémer /ekʀeme/ *vtr* to skim.

écrevisse /ekʀəvis/ *nf* crayfish^GB, crawfish^US.

écrier: s'écrier /ekʀije/ *vpr* to exclaim.

écrin /ekʀɛ̃/ *nm* case.

écrire /ekʀiʀ/ *vtr* (rédiger) to write; (orthographier) to spell.

écrit, -e /ekʀi, it/ **I** *adj* written. **II** *nm* work, piece of writing; **par écrit** in writing; (examen) written examination.

écriteau, *pl* **-x** /ekʀito/ *nm* sign.

écriture /ekʀityʀ/ **I** *nf* writing. **II écritures** *nfpl* accounts.

Écriture /ekʀityʀ/ *nf* Scripture.

écrivain, -e /ekʀivɛ̃, ɛn/ *nm,f* writer.

écrou /ekʀu/ *nm* nut.

écrouer /ekʀue/ *vtr* JUR to commit [sb] to prison.

écrouler: s'écrouler /ekʀule/ *vpr* to collapse.

écru, -e /ekʀy/ *adj* [toile] unbleached; [soie] raw.

écueil /ekœj/ *nm* reef; (danger) pitfall.

écuelle /ekɥɛl/ *nf* (récipient) bowl.

écume /ekym/ *nf* foam; (de bouillon) scum.

écumoire /ekymwaʀ/ *nf* skimmer.

écureuil /ekyʀœj/ *nm* squirrel.

écurie /ekyʀi/ *nf* stable; (lieu sale) pigsty; (sport automobile) stable.

écusson /ekysɔ̃/ *nm* badge.

écuyer, -ère /ekɥije, ɛʀ/ **I** *nm,f* horseman/horsewoman; (de cirque) bareback rider. **II** *nm* (gentilhomme) squire.

eczéma, exéma /egzema/ *nm* eczema ¢.

édifice /edifis/ *nm* building.

édifier /edifje/ *vtr* to build; [▸qn] to edify.

éditer /edite/ *vtr* [▸livre] to publish; [▸disque] to release; ORDINAT to edit.

éditeur, -trice /editœʀ, tʀis/ **I** *nm,f* editor, publisher. **II** *nm* ORDINAT editor.

édition /edisjɔ̃/ *nf* (de livre) publication; (de disque) release; (texte, livre, gravure) edition; (de journal) edition.

éditorial, -e, *mpl* **-iaux** /editɔʀjal, jo/ **I** *adj* editorial. **II** *nm* editorial, leader.

édredon /edʀ dɔ̃/ *nm* eiderdown.

éducateur, -trice /edykatœʀ, tʀis/ *nm,f* **éducateur (spécialisé)** youth worker.

éducatif, -ive /edykatif, iv/ *adj* educational.

éducation /edykasjɔ̃/ *nf* education; (bonnes manières) manners (*pl*).

■ **Éducation nationale, EN** (ministère) Ministry of Education; (système) state educa-

égoutter

tion; **éducation physique** physical education, PE[GB], phys ed[©US].

édulcorant /edylkɔʀɑ̃/ nm sweetener.

éduquer /edyke/ vtr to educate.

effacer /efase/ **I** vtr (avec une gomme, un chiffon) to rub out; ORDINAT to delete; [▸cassette, traces) to erase; [▸tableau noir) to clean; [▸souvenir, image) to blot out. **II s'effacer** vpr to disappear; (pour laisser passer) to step aside.

effaceur /efasœʀ/ nm **effaceur (d'encre)** correction pen.

effarant, -e /efaʀɑ̃, ɑ̃t/ adj astounding.

effarer /efaʀe/ vtr to alarm.

effaroucher /efaʀuʃe/ vtr to frighten [sb/sth] away.

effectif, -ive /efɛktif, iv/ **I** adj [aide] real, actual. **II** nm (d'école) number of pupils; (d'entreprise) workforce.

effectivement /efɛktivmɑ̃/ adv indeed.

effectuer /efɛktɥe/ vtr [▸calcul, travail] to do; [▸paiement, choix] to make; [▸visite, voyage] to complete.

efféminé, -e /efemine/ adj effeminate.

effervescent, -e /efɛʀvesɑ̃, ɑ̃t/ adj effervescent.

effet /efɛ/ **I** nm effect; **faire de l'effet** to work; **faire bon/mauvais effet** to make a good/bad impression; **faire un drôle d'effet** to make one feel strange; **sous l'effet de** under the influence of. **II en effet** loc adv indeed.

efficace /efikas/ adj [action] effective; [personne] efficient.

efficacité /efikasite/ nf (d'action) effectiveness; (de personne) efficiency.

effigie /efiʒi/ nf effigy.

effilocher: s'effilocher /efilɔʃe/ vpr to fray.

effleurer /eflœʀe/ vtr to brush (against); [idée] to cross sb's mind.

effondrement /efɔ̃dʀəmɑ̃/ nm collapse.

effondrer: s'effondrer /efɔ̃dʀe/ vpr to collapse; **effondré par la nouvelle** distraught at the news.

efforcer: s'efforcer /efɔʀse/ vpr **s'efforcer de faire qch** to try hard to do sth.

effort /efɔʀ/ nm effort.

effraction /efʀaksjɔ̃/ nf **entrer par effraction** to break into.

effrayant, -e /efʀɛjɑ̃, ɑ̃t/ adj frightening, dreadful.

effrayer /efʀeje/ vtr to frighten.

effréné, -e /efʀene/ adj frenzied.

effriter: s'effriter /efʀite/ vpr to crumble (away).

effroi /efʀwa/ nm terror.

effronté, -e /efʀɔ̃te/ adj cheeky.

effronterie /efʀɔ̃tʀi/ nf cheek.

effroyable /efʀwajabl/ adj dreadful.

effusion /efyzjɔ̃/ nf **effusion de sang** bloodshed.

égal, -e, mpl **-aux** /egal, o/ **I** adj **égal (à)** equal (to); (régulier) even; **ça m'est égal** I don't care. **II** nm,f equal; **à l'égal de qn** just like sb.

également /egalmɑ̃/ adv also, too; (au même degré) equally.

égaler /egale/ vtr [▸somme, record] to equal; [▸personne] to be as good as.

égaliser /egalize/ **I** vtr to level (out). **II** vi SPORT to equalize[GB], to tie[US].

égalité /egalite/ nf equality; SPORT **être à égalité** to be level[GB], to be tied[US]; **égalité!** (au tennis) deuce!

égard /egaʀ/ nm (considération) consideration ¢; **à l'égard de qn** toward(s) sb; **à l'égard de qch** regarding sth; **par égard pour** out of consideration for.

égarer /egaʀe/ **I** vtr to mislay. **II s'égarer** vpr to get lost.

égayer /egeje/ vtr [▸conversation] to enliven; [▸vie] to brighten.

églantine /eglɑ̃tin/ nf wild rose, dog rose.

église /egliz/ nf church.
■ **l'Église catholique/protestante** the (Roman) Catholic/Protestant Church.

égoïsme /egɔism/ nm selfishness.

égoïste /egɔist/ **I** adj selfish. **II** nmf selfish man/woman.

égorger /egɔʀʒe/ vtr **égorger qn** to cut sb's throat.

égout /egu/ nm sewer.

égoutter /egute/ **I** vtr [▸vaisselle, riz, etc] to drain; [▸linge] to hang up [sth] to drip dry. **II s'égoutter** vpr [vaisselle, etc] to drain; [linge] to drip dry.

égouttoir /egutwaʀ/ nm draining rack[GB], (dish) drainer[US].

égratigner: s'égratigner /egʀatiɲe/ vpr to scratch oneself; (par frottement) to graze oneself; *s'égratigner le genou* to graze one's knee.

égratignure /egʀatiɲyʀ/ nf scratch.

Égypte /eʒipt/ nprf Egypt.

égyptien, -ienne /eʒipsjɛ̃, ɛn/ I adj Egyptian. II nmf *Égyptien, -ienne* Egyptian.

eh /e/ excl hey; *eh bien* well.

éjectable /eʒɛktabl/ adj *siège éjectable* ejector seat[GB], ejection seat[US].

éjecter /eʒɛkte/ vtr to eject; *éjecter qn© (de)* to chuck© sb out (of).

élaborer /elabɔʀe/ vtr to work out.

élan /elɑ̃/ nm *prendre son élan* to take one's run-up; *élan de colère* surge of anger; (animal) elk.

élancé, -e /elɑ̃se/ adj slender.

élancer: s'élancer /elɑ̃se/ vpr to dash forward.

élargir /elaʀʒiʀ/ I vtr to widen; [▸connaissances] to broaden. II **s'élargir** vpr [écart] to increase; [vêtement] to stretch.

élastique /elastik/ I adj elastic; [horaire] flexible. II nm rubber band; (en mercerie) elastic; *jouer à l'élastique* to play elastics; *sauter à l'élastique* to do a bungee jump.

électeur, -trice /elɛktœʀ, tʀis/ nm,f voter.

élection /elɛksjɔ̃/ nf election.

électoral, -e, mpl **-aux** /elɛktɔʀal, o/ adj [programme] electoral; [victoire, campagne] election (épith), electoral.

électorat /elɛktɔʀa/ nm electorate, voters (pl).

électricien, -ienne /elɛktʀisjɛ̃, jɛn/ nm,f electrician.

électricité /elɛktʀisite/ nf electricity.

électrique /elɛktʀik/ adj [appareil] electric; [installation] electrical.

électrocardiogramme /elɛktʀokaʀdjɔgʀam/ nm electrocardiogram.

électrocuter: s'électrocuter /elɛlktʀɔkyte/ vpr to be electrocuted.

électroménager /elɛktʀomenaʒe/ adj m *appareil électroménager* household appliance.

électron /elɛktʀɔ̃/ nm electron; FIG *c'est un électron libre* he's his own man.

électronique /elɛktʀɔnik/ I adj electronic; [microscope] electron (épith). II nf electronics (sg).

électrophone /elɛktʀɔfɔn/ nm record player.

élégance /elegɑ̃s/ nf elegance.

élégant, -e /elegɑ̃, ɑ̃t/ adj elegant; [solution] neat, elegant; [attitude] decent.

élément /elemɑ̃/ nm element; (d'appareil) component; *(premiers) éléments* basics.

élémentaire /elemɑ̃tɛʀ/ adj elementary; [principe] basic.

éléphant /elefɑ̃/ nm elephant.

élevage /elvaʒ/ nm livestock farming; *d'élevage* [poisson] farmed; (installation) farm.

élève /elɛv/ nmf GÉN student; SCOL pupil.

élevé, -e /elve/ adj high; *moins élevé* lower; [idéal] lofty; [langage] elevated; *enfant bien/mal élevé* well/badly brought up child.

élever /elve/ I vtr [▸taux, niveau, objection] to raise; [▸mur] to put up; [▸statue] to erect; [▸enfant] to bring up; [▸bétail] to rear; [▸abeilles, volaille] to keep. II **s'élever** vpr to rise; *s'élever à* to come to; *s'élever contre qch* to protest against sth.

éleveur, -euse /elvœʀ, øz/ nm,f breeder.

éligible /eliʒibl/ adj eligible for office.

élimé, -e /elime/ adj threadbare.

élimination /eliminasjɔ̃/ nf elimination; (en sport) disqualification.

éliminatoire /eliminatwaʀ/ I adj [question, match] qualifying (épith); [note] eliminatory. II nf qualifier.

éliminer /elimine/ vtr to eliminate.

élire /eliʀ/ vtr to elect.

élite /elit/ nf *l'élite* the élite; *d'élite* élite (épith), crack.

elle, -s /ɛl/ pron pers f (personne, animal familier, sujet) she; (objet, concept, pays, animal) it; *elles* they; (dans une comparaison) her; *plus jeune qu'elle* younger than she is/than her; (après une préposition) (personne, animal familier) her; (objet, animal) it; *le bol bleu est à elle* the blue bowl is hers.

elle-même, pl **elles-mêmes** /ɛlmɛm/ pron pers f (personne) herself; *elles-mêmes* themselves; (objet, idée, concept) itself.

élocution /elɔkysjɔ̃/ nf diction.

éloge /elɔʒ/ nm praise; *faire l'éloge de qn/ qch* to sing the praises of sb/sth.

élogieux, -ieuse /elɔʒjø, jøz/ adj [article] laudatory.

éloigné, -e /elwaɲe/ adj distant; *éloigné de tout* remote; *parent éloigné* distant relative.

éloignement /elwaɲmɑ̃/ nm distance; (dans le temps) remoteness.

éloigner /elwaɲe/ **I** vtr to move [sb/sth] away; *éloigner un danger* to remove a danger. **II s'éloigner** vpr *s'éloigner (de)* to move away (from); *s'éloigner du sujet* to get off the subject.

éloquence /elɔkɑ̃s/ nf eloquence ¢.

éloquent, -e /elɔkɑ̃, ɑ̃t/ adj eloquent.

élu, -e /ely/ nm,f POL elected representative; *l'élu de mon cœur* the one I love; (choisi par Dieu) elect.

élucider /elyside/ vtr [▸ circonstances] to clarify; [▸ problème] to solve.

élucubrations /elykybʁasjɔ̃/ nfpl rantings.

éluder /elyde/ vtr to evade.

Élysée /elize/ nprm POL *(palais de l')Élysée* Élysée Palace (the official residence of the French President); MYTHOL Elysium.

e-mail, pl **-s** /imɛl/ nm (adresse, message) email; *envoyer un e-mail à qn* to email sb.

émail, pl **-aux** /emaj, o/ nm enamel.

émanciper: s'émanciper /emɑ̃sipe/ vpr to become emancipated.

émaner /emane/ vi *émaner de* to come from.

émaux ▸ **émail**.

emballage /ɑ̃balaʒ/ nm packaging; (souple) wrapping.

emballer /ɑ̃bale/ **I** vtr to pack; (envelopper) to wrap; *cette idée m'emballe*© I am really taken with this idea. **II s'emballer** vpr [cheval] to bolt; *s'emballer*© *pour qn/qch* to get carried away by sb/sth; [moteur] to race.

embarcadère /ɑ̃baʁkadɛʁ/ nm pier.

embarcation /ɑ̃baʁkasjɔ̃/ nf boat.

embardée /ɑ̃baʁde/ nf swerve; *faire une embardée* to swerve.

embargo /ɑ̃baʁgo/ nm embargo *(contre/ sur)* embargo (on).

embarquement /ɑ̃baʁkəmɑ̃/ nm boarding; *port d'embarquement* port of embarkation.

embarquer /ɑ̃baʁke/ **I** vtr [▸ marchandises] to load; [▸ passager] to take on board; (emmener)© [▸ objet] to take; [▸ malfaiteur] to pick up; *embarquer qn dans un projet* to get sb involved in a project. **II** vi to board. **III s'embarquer** vpr to board; *s'embarquer dans des explications* to launch into an explanation.

embarras /ɑ̃baʁa/ nm embarrassment; *embarras financiers* financial difficulties; *tirer qn d'embarras* to get sb out of a difficult situation; *être dans l'embarras* to be in a quandary; *n'avoir que l'embarras du choix* to be spoiled for choice.
■ **embarras gastrique** stomach upset.

embarrassé, -e /ɑ̃baʁase/ adj [personne, silence] embarrassed; [explication] confused; *embarrassé de qch* [pièce] cluttered with.

embarrasser /ɑ̃baʁase/ **I** vtr to embarrass; (encombrer) to clutter up. **II s'embarrasser de** vpr [▸ paquet, personne] to burden oneself with; [▸ détails] to worry about.

embauche /ɑ̃boʃ/ nf appointmentGB, hiringUS; *la situation de l'embauche* the job situation.

embaucher /ɑ̃boʃe/ vtr to hire.

embaumer /ɑ̃bome/ **I** vtr *embaumer la lavande* to smell of lavender; [▸ cadavre] to embalm. **II** vi to be fragrant.

embellir /ɑ̃bɛliʁ/ **I** vtr [▸ ville] to improve; [▸ récit] to embellish. **II** vi to become more attractive.

emberlificoté©, -e /ɑ̃bɛʁlifikɔte/ adj confused.

embêtant, -e /ɑ̃bɛtɑ̃, ɑ̃t/ adj annoying; *c'est très embêtant ça!* that's a real nuisance!

embêtement /ɑ̃bɛtmɑ̃/ nm problem.

embêter /ɑ̃bɛte/ **I** vtr to bother. **II s'embêter** vpr to be bored.

emblée: d'emblée /dɑ̃ble/ loc adv straight away.

emblème /ɑ̃blɛm/ nm emblem.

emboîter, emboiter /ɑ̃bwate/ **I** vtr to fit together; FIG *emboîter le pas à qn* to follow suit. **II s'emboîter** vpr *s'emboîter (dans)* to fit (into).

embonpoint /ɑ̃bɔ̃pwɛ̃/ nm *avoir de l'embonpoint* to be stout.

embouchure /ɑ̃buʃyʁ/ nf mouth.

embouteillage /ɑ̃butɛjaʒ/ nm traffic jam.

emboutir /ɑ̃butiʀ/ vtr [▸véhicule] to crash into.

embranchement /ɑ̃bʀɑ̃ʃmɑ̃/ nm junction; BOT, ZOOL branch.

embraser /ɑ̃bʀaze/ **I** vtr to set [sth] ablaze. **II s'embraser** vpr to catch fire.

embrassade /ɑ̃bʀasad/ nf hugging and kissing ₵.

embrasser /ɑ̃bʀase/ **I** vtr to kiss; *je t'embrasse* (en fin de lettre) lots of love; (étreindre) to hug; [▸cause] to embrace. **II s'embrasser** vpr to kiss (each other).

embrayage /ɑ̃bʀɛjaʒ/ nm clutch.

embrayer /ɑ̃bʀeje/ vi to engage the clutch.

embrouille© /ɑ̃bʀuj/ nf shady goings-on© (pl).

embrouiller /ɑ̃bʀuje/ **I** vtr [▸fils] to tangle; [▸affaire, personne] to confuse. **II s'embrouiller** vpr [fils] to become tangled; [affaire, personne] to become confused; *s'embrouiller dans* [▸comptes] to get into a muddle with.

embruns /ɑ̃bʀœ̃/ nmpl spray ₵.

embryon /ɑ̃bʀijɔ̃/ nm embryo.

embûche, embuche /ɑ̃byʃ/ nf trap; (difficulté) pitfall.

embuer: s'embuer /ɑ̃bɥe/ vpr [vitre] to mist up, to fog up[US]; [yeux] to mist over.

embuscade /ɑ̃byskad/ nf ambush.

embusquer: s'embusquer /ɑ̃byske/ vpr to lie in ambush.

émeraude /emʀod/ nf emerald.

émergent, -e /emɛʀʒɑ̃, ɑ̃t/ adj emergent; *les marchés émergents* emerging markets.

émerger /emɛʀʒe/ vi to emerge; (se réveiller)© to surface.

émerveiller /emɛʀveje/ **I** vtr *émerveiller qn* to fill sb with wonder. **II s'émerveiller** vpr *s'émerveiller de/devant qch* to marvel at sth.

émetteur /emetœʀ/ nm transmitter.

émettre /emɛtʀ/ vtr [▸avis] to express; [▸cri] to utter; [▸son, chaleur] to produce; [▸timbre, monnaie] to issue; [▸programme] to broadcast; [▸signal] to send out; [▸radiation] to emit.

émeute /emøt/ nf riot.

émietter /emjete/ vtr to crumble.

émigrant, -e /emigʀɑ̃, ɑ̃t/ nm,f emigrant.

émigration /emigʀasjɔ̃/ nf emigration.

émigré, -e /emigʀe/ nm,f emigrant.

émigrer /emigʀe/ vi [personne] to emigrate; [oiseau] to migrate.

émincer /emɛ̃se/ vtr to slice [sth] thinly.

éminence /eminɑ̃s/ nf hillock.

éminent, -e /eminɑ̃, ɑ̃t/ adj distinguished.

émirat /emiʀa/ nm emirate.

émis ▸ **émettre**.

émission /emisjɔ̃/ nf programme[GB]; (de document, timbre) issue; (d'ondes) emission.

emmagasiner /ɑ̃magazine/ vtr to store.

emmanchure /ɑ̃mɑ̃ʃyʀ/ nf armhole.

emmêler /ɑ̃mɛle/ **I** vtr [▸cheveux, fils] to tangle; [▸affaire] to confuse. **II s'emmêler** vpr [fils] to get tangled up.

emménager /ɑ̃menaʒe/ vi to move in.

emmener /ɑ̃mne/ vtr *emmener (à/jusqu'à)* to take (to); *emmener qn faire des courses/promener* to take sb shopping/for a walk; *emmener qn en voiture* to give sb a lift[GB], a drive[US]; (emporter)© CONTROV [▸parapluie, livre] to take.

emmerder® /ɑ̃mɛʀde/ **I** vtr to annoy, to hassle©; *tu m'emmerdes* you're a pain©. **II s'emmerder** vpr to be bored (stiff)©; *s'emmerder à faire* to go to the trouble of doing.

emmitoufler: s'emmitoufler /ɑ̃mitufle/ vpr to wrap (oneself) up warmly.

émoi /emwa/ nm agitation; *mettre qn en émoi* to throw sb into a state of confusion.

émoticône /emɔtikon/ nf smiley.

émotif, -ive /emɔtif, iv/ adj emotional.

émotion /emosjɔ̃/ nf emotion; *donner des émotions*© *à qn* to give sb a fright.

émouvoir /emuvwaʀ/ **I** vtr to move, to touch; *émouvoir l'opinion* to cause a stir. **II s'émouvoir** vpr to be touched; *sans s'émouvoir* to reply calmly.

empailler /ɑ̃paje/ vtr to stuff.

empaqueter /ɑ̃pakte/ vtr to package.

emparer: s'emparer de /ɑ̃paʀe/ vpr [▸ville, record] to take over; [▸pouvoir] to seize.

empâter: s'empâter /ɑ̃pɑte/ vpr to put on weight.

empêchement /ɑ̃pɛʃmɑ̃/ nm *elle a eu un empêchement* she's been detained.

empêcher /ɑ̃peʃe/ **I** vtr to prevent, to stop; *empêcher qn de faire* to prevent sb from doing. **II s'empêcher** *vpr je n'ai pu m'empêcher de faire* I couldn't help doing. **III** *v impers il n'empêche que* the fact remains that.

empereur /ɑ̃pʀœʀ/ *nm* emperor.

empester /ɑ̃pɛste/ *vi* to stink.

empêtrer: s'empêtrer /ɑ̃petʀe/ *vpr s'empêtrer dans* [▸cordes] to get entangled in; [▸affaire] to get mixed up in.

empiéter /ɑ̃pjete/ *vtr ind empiéter sur* to encroach upon.

empiffrer©**: s'empiffrer** /ɑ̃pifʀe/ *vpr s'empiffrer (de)* to stuff oneself (with).

empiler /ɑ̃pile/ **I** *vtr* [▸sth] up. **II s'empiler** *vpr* to pile up.

empire /ɑ̃piʀ/ *nm* empire; *sous l'empire de la colère* in a fit of anger.

empirer /ɑ̃piʀe/ *vi* to get worse.

emplacement /ɑ̃plasmɑ̃/ *nm* site; (de stationnement) parking space.

emplette /ɑ̃plɛt/ *nf* purchase.

emploi /ɑ̃plwa/ *nm* job; *sans emploi* unemployed; (utilisation) use; LING usage.
■ **emploi du temps** timetable.

employé, -e /ɑ̃plwaje/ *nm,f* employee.
■ **employé de banque/de bureau** bank/office clerk; **employé de maison** domestic employee.

employer /ɑ̃plwaje/ **I** *vtr* [▸personne] to employ; [▸mot] to use. **II s'employer** *vpr* [produit, mot] to be used; *s'employer à faire* to apply oneself to doing.

employeur, -euse /ɑ̃plwajœʀ, øz/ *nm,f* employer.

empocher /ɑ̃pɔʃe/ *vtr* to pocket.

empoignade© /ɑ̃pwaɲad/ *nf* scrap©.

empoigner /ɑ̃pwaɲe/ **I** *vtr* to grab. **II s'empoigner** *vpr s'empoigner avec qn* to grapple with sb.

empoisonnement /ɑ̃pwazɔnmɑ̃/ *nm* poisoning ℂ.

empoisonner /ɑ̃pwazɔne/ *vtr* to poison; *empoisonner la vie de qn* to make sb's life a misery.

emporté, -e /ɑ̃pɔʀte/ *adj* [personne] quick-tempered.

emportement /ɑ̃pɔʀtəmɑ̃/ *nm* fit of anger.

emporter /ɑ̃pɔʀte/ **I** *vtr* to take; [pizzas] takeaway^GB, to go^US; *se laisser emporter*

par son élan to get carried away; *l'emporter* [bon sens] to prevail; *l'emporter sur qn* to beat sb; *l'emporter sur qch* to overcome sth. **II s'emporter** *vpr* to lose one's temper.

empoté©, -e /ɑ̃pɔte/ *nm,f* clumsy oaf©.

empreinte /ɑ̃pʀɛ̃t/ *nf* print; (d'animal) track; (de milieu, culture) stamp.
■ **empreintes digitales** fingerprints.

empressement /ɑ̃pʀɛsmɑ̃/ *nm* (hâte) eagerness; (prévenance) attentiveness.

empresser: s'empresser /ɑ̃pʀese/ *vpr s'empresser de faire* to hasten to do; *s'empresser autour/auprès de qn* to fuss over sb.

emprise /ɑ̃pʀiz/ *nf* influence; *sous l'emprise de* under the influence of.

emprisonnement /ɑ̃pʀizɔnmɑ̃/ *nm* imprisonment; *peine d'emprisonnement* prison sentence.

emprisonner /ɑ̃pʀizɔne/ *vtr* to imprison.

emprunt /ɑ̃pʀœ̃/ *nm* loan; (mot étranger) borrowing.

emprunté, -e /ɑ̃pʀœ̃te/ *adj* (embarrassé) awkward.

emprunter /ɑ̃pʀœ̃te/ *vtr emprunter qch (à qn)* to borrow sth (from sb); [▸route] to take.

emprunteur, -euse /ɑ̃pʀœ̃tœʀ, øz/ *nm,f* borrower.

ému, -e /emy/ **I** *pp* ▸ **émouvoir**. **II** *adj* [paroles, regard] full of emotion (*après n*); [souvenir] fond.

émulation /emylasjɔ̃/ *nf* emulation; *créer de l'émulation* to encourage a competitive spirit.

émule /emyl/ *nmf* imitator.

en /ɑ̃/ **I** *prép* (lieu où l'on est) in; *vivre en France/ville* to live in France/town; (le domaine, la discipline) in; *en politique/affaires* in politics/business; (lieu d'où l'on vient) from; (lieu où l'on va) to; *aller en Allemagne* to go to Germany; (mouvement vers l'intérieur) into; *monter en voiture* to get into a car; (temps) in; *en hiver/2010* in winter/2010; *en semaine* during the week; (moyen de transport) by; *en train/voiture* by train/car; (manière, état) *tout en vert* all in green; *en vers/français* a work in verse/French; (en qualité de) as; *en ami* as a friend; (comme) like; *en traître* like a traitor; (transformation) into; *traduire en anglais* to translate into English; (matière) made of; (mesures, dimensions) in; **en secondes** in seconds; (+ gérondif) (simultanéité) **en sortant** as I was leaving; (antériorité) **en la voyant, il rougit** when he saw/on seeing her he blushed; (manière) **elle travaille en chantant** she sings while she works; (explication, cause) **il s'est tordu le pied en tombant** he twisted his foot when/ as he fell. **II** *pron* (moyen) with it, with them **fais-en de la confiture** make jam with it/them; (complément d'objet indirect) **j'en connais qui seraient contents** I know some who would be pleased.

ENA /ena/ *nf* (abrév = **École nationale d'administration**) *Grande École for top civil servants*.

énarque /enaʀk/ *nmf* graduate of the ENA.

encadrement /ākadʀəmā/ *nm* (de personnel) supervision; (de tableau) framing.

encadrer /ākadʀe/ *vtr* [▸personnel] to supervise; [▸tableau] to frame.

encaisser /ākese/ *vtr* [▸somme] to cash; [▸coup]© to take; **je ne peux pas l'encaisser**© I can't stand him.

encart /ākaʀ/ *nm* insert.

en-cas /āka/ *nm inv* snack.

encastrer /ākastʀe/ *vtr* [▸four] to build in.

enceinte /āsɛ̃t/ **I** *adj f* [femme] pregnant. **II** *nf* surrounding wall; **enceinte (acoustique)** speaker.

encens /āsā/ *nm* incense ¢.

encercler /āsɛʀkle/ *vtr* to surround.

enchaînement,   enchainement /āʃɛnmā/ *nm* (suite) sequence; MUS, SPORT transition.

enchaîner, enchainer /āʃene/ **I** *vtr* [▸personne, animal] to chain up; [▸idées, mots] to put [sth] together. **II** *vi* to go on. **III s'enchaîner** *vpr* [plans, séquences] to follow on.

enchantement /āʃātmā/ *nm* delight; **comme par enchantement** as if by magic.

enchanter /āʃāte/ *vtr* to please, to thrill; **enchanté (de faire votre connaissance)!** nice to meet you!

enchère /āʃɛʀ/ **I** *nf* bid. **II enchères** *nfpl* **vente aux enchères** auction.

enchérir /āʃeʀiʀ/ *vi* to bid.

enchevêtrer /āʃ(ə)vetʀe/ **I** *vtr* [▸intrigue] to muddle, to complicate. **II s'enchevêtrer** *vpr* [fils] to get tangled.

enclave /āklav/ *nf* enclave.

enclencher /āklāʃe/ **I** *vtr* [▸mécanisme] to engage. **II s'enclencher** *vpr* [processus, cycle] to get under way.

enclin, -e /āklɛ̃, in/ *adj* **enclin à (faire)** inclined to (do).

enclos /āklo/ *nm* enclosure.

enclume /āklym/ *nf* anvil.

encoche /ākɔʃ/ *nf* notch.

encoignure /ākwaɲyʀ/ *nf* corner.

encolure /ākɔlyʀ/ *nf* neck; (dimension) collar size.

encombrant, -e /ākɔ̃bʀā, āt/ **I** *adj* [paquet] cumbersome; [personne] troublesome. **II les encombrants** *nmpl* unwanted bulky household items picked up by refuse collection services.

encombre: sans encombre /sāzākɔ̃bʀ/ *loc adv* without a hitch.

encombré, -e /ākɔ̃bʀe/ *adj* [route] congested; [standard] jammed.

encombrement /ākɔ̃bʀəmā/ *nm* congestion; (volume) bulk.

encombrer /ākɔ̃bʀe/ **I** *vtr* [▸pièce, mémoire] to clutter up; [▸route] to obstruct. **II s'encombrer** *vpr* **s'encombrer de** to burden oneself with.

encontre: à l'encontre de /alākɔ̃tʀədə/ *loc prép* against.

encore /ākɔʀ/ **I** *adv* (toujours) still; **je m'en souviens encore** I still remember; **pas encore** not yet; (de nouveau) again; **encore toi!** you again!; **encore une fois** once more; (davantage) more; **j'en veux encore** I want some more; **c'est encore mieux/moins** it's even better/less; (en plus) **encore un gâteau?** another cake?; **que dois-je prendre encore?** what else shall I take?; (toutefois) **encore heureux que...** it's lucky that...; (seulement) only, just; **il y a encore trois mois** only three months ago. **II encore que** *loc conj* even though.

encouragement /ākuʀaʒmā/ *nm* encouragement ¢.

encourager /ākuʀaʒe/ *vtr* **encourager à faire qch** to encourage to do sth; (de la voix) [▸équipe, sportif] to cheer [sb] on.

encourir /ākuʀiʀ/ *vtr* to incur.

encre /ākʀ/ *nf* ink.
■ **encre de Chine** Indian ink.

encrier /ākʀije/ *nm* inkwell.

engendrer

encroûter©, **encrouter**: **s'encroûter** /ãkrute/ *vpr* to get in a rut.

encyclopédie /ãsiklɔpedi/ *nf* encyclopedia.

endettement /ãdɛtmã/ *nm* debt.

endetter: **s'endetter** /ãdete/ *vpr* to get into debt.

endeuiller /ãdœje/ *vtr* to plunge [sb] into mourning.

endiablé, -e /ãdjable/ *adj* furious.

endiguer /ãdige/ *vtr* to dam, FIG to curb.

endimanché, -e /ãdimãʃe/ *adj* in one's Sunday best.

endive /ãdiv/ *nf* chicory^GB ¢, endive^US.

endolori, -e /ãdɔlɔri/ *adj* aching.

endommager /ãdɔmaʒe/ *vtr* to damage.

endormi, -e /ãdɔrmi/ *adj* [personne, animal] sleeping, asleep; [village, yeux] sleepy.

endormir /ãdɔrmir/ **I** *vtr* to send [sb] to sleep; [▸soupçon] to allay. **II s'endormir** *vpr* to fall asleep.

endosser /ãdose/ *vtr* [▸vêtement] to put on; (assumer) to take on; [▸chèque] to endorse.

endroit /ãdrwa/ **I** *nm* place; *à quel endroit?* where?; (de tissu) right side. **II à l'endroit** *loc adv* the right way up.

enduire /ãdɥir/ *vtr* **enduire de qch** to coat with sth.

endurci, -e /ãdyrsi/ *adj* tough; [célibataire] confirmed; [criminel] hardened.

endurcir /ãdyrsir/ **I** *vtr* to harden. **II s'endurcir** *vpr* to become hardened.

endurer /ãdyre/ *vtr* to endure.

énergétique /enɛrʒetik/ *adj* **besoins énergétiques** energy requirements.

énergie /enɛrʒi/ *nf* energy.
■ **énergie nucléaire** nuclear power; **énergie renouvelable** renewable energy.

énergique /enɛrʒik/ *adj* [personne] energetic; [main] vigorous.

énergumène /enɛrgymɛn/ *nmf* oddball.

énervé, -e /enɛrve/ *adj* irritated; [enfant] overexcited.

énerver /enɛrve/ **I** *vtr* **énerver qn** to get on sb's nerves. **II s'énerver** *vpr* **s'énerver (pour)** to get worked up (over).

enfance /ãfãs/ *nf* childhood; *la petite enfance* infancy.

enfant /ãfã/ *nmf* child.
■ **enfant de chœur** altar boy.

enfantillage /ãfãtijaʒ/ *nm* childishness.

enfantin, -e /ãfãtɛ̃, in/ *adj* (digne d'un enfant) childish; (pour enfant) children's; (facile) simple, easy.

enfer /ãfɛr/ *nm* Hell; **vision d'enfer** vision of hell; **soirée d'enfer**© hell of a party©.

enfermer /ãfɛrme/ **I** *vtr* [▸animal] to shut [sth] in; [▸criminel] to lock [sb] up. **II s'enfermer** *vpr* to lock oneself in.

enfilade /ãfilad/ *nf* row.

enfiler /ãfile/ *vtr* to slip on; [▸aiguille] to thread.

enfin /ãfɛ̃/ *adv* finally; (dans une énumération) lastly; **enfin et surtout** last but not least; (de soulagement) at last; **enfin seuls!** alone at last!; (en d'autres termes) in short, in other words; (introduit un correctif) well, that is.

enflammer /ãflame/ **I** *vtr* [▸objet] to set fire to; [▸opinion] to inflame. **II s'enflammer** *vpr* to catch fire.

enflé, -e /ãfle/ *adj* swollen.

enfler /ãfle/ *vi* to swell (up).

enfoncer /ãfɔ̃se/ **I** *vtr* [▸bouchon] to push in; [▸clou] to knock in; [▸porte] to break open; [▸aile de voiture] to smash in. **II s'enfoncer** *vpr* **s'enfoncer dans** to sink in(to); **s'enfoncer dans le brouillard** to disappear into the fog.

enfouir /ãfwir/ *vtr* to bury.

enfourcher /ãfurʃe/ *vtr* to mount.

enfreindre /ãfrɛ̃dr/ *vtr* to infringe, to break.

enfuir: **s'enfuir** /ãfɥir/ *vpr* **s'enfuir (de)** to run away (from), to escape (from).

enfumé, -e /ãfyme/ *adj* filled with smoke; **une pièce enfumée** a smoke-filled room.

engagé, -e /ãgaʒe/ *adj* committed.

engagement /ãgaʒmã/ *nm* commitment; (action politique) involvement; (combat) engagement.

engager /ãgaʒe/ **I** *vtr* [▸personnel] to hire; (obliger) to bind; (introduire) **engager qch dans** to put sth in; **engager qn à faire** to urge sb to do. **II s'engager** *vpr* **s'engager à faire qch** to promise to do sth; (s'impliquer) to get involved; (commencer, pénétrer) to go into; (se faire recruter) to join.

engelure /ãʒlyr/ *nf* chilblain.

engendrer /ãʒãdre/ *vtr* FIG to cause.

engin /ãʒɛ̃/ nm (machine, bombe) device; (véhicule) vehicle; (missile) missile.

englober /ãglɔbe/ vtr to include.

engloutir /ãglutiʀ/ vtr to engulf, to swallow up; (dépenser) to squander.

engouement /ãgumã/ nm passion.

engouffrer: s'engouffrer /ãgufʀe/ vpr s'engouffrer dans to rush in.

engourdi, -e /ãguʀdi/ adj numb.

engourdir /ãguʀdiʀ/ I vtr to make numb; [▸personne, esprit] to make [sb/sth] drowsy. II **s'engourdir** vpr to go numb; [cerveau] to grow dull.

engrais /ãgʀɛ/ nm fertilizer.

engraisser /ãgʀese/ vi to get fat.

engrenage /ãgʀənaʒ/ nm (mécanique) gears (pl); FIG spiral.

engueuler® /ãgœle/ I vtr to give (sb) an earful©. II **s'engueuler** vpr to have a row.

énième /ɛnjɛm/ adj umpteenth.

énigmatique /enigmatik/ adj enigmatic.

énigme /enigm/ nf enigma, mystery; parler par énigmes to speak in riddles.

enivrer: s'enivrer /ãnivʀe/ vpr to get drunk.

enjambée /ãʒãbe/ nf stride.

enjamber /ãʒãbe/ vtr [▸obstacle] to step over; [▸rivière] to span.

enjeu, pl **-x** /ãʒø/ nm stake; (ce qui est en jeu) what is at stake.

enjoliver /ãʒɔlive/ vtr to embellish.

enjoliveur /ãʒɔlivœʀ/ nm hubcap.

enjoué, -e /ãʒwe/ adj cheerful.

enlacer /ãlase/ vtr, vpr to embrace.

enlaidir /ãlediʀ/ I vtr to make [sb/sth] look ugly. II vi to become ugly.

enlèvement /ãlɛvmã/ nm (délit) abduction; (de colis, d'ordures) collection.

enlever /ãlve/ I vtr GÉN to remove; [▸vêtement] to take [sth] off; [▸véhicule] to move; [▸enfant] to kidnap. II **s'enlever** vpr [vernis] to come off; [tache] to come out.

enliser: s'enliser /ãlize/ vpr [véhicule] to get stuck; [enquête] to drag on.

enneigé, -e /ãneʒe/ adj snowy.

enneigement /ãnɛʒmã/ nm bulletin d'enneigement snow report.

ennemi, -e /ɛnmi/ adj, nm,f enemy.

ennui /ãnɥi/ nm boredom; (problème) problem; s'attirer des ennuis to run into trouble.

ennuyé, -e /ãnɥije/ adj embarrassed.

ennuyer /ãnɥije/ I vtr to bore; (déranger) to bother; si ça ne vous ennuie pas trop if you don't mind; (irriter) to annoy. II **s'ennuyer** vpr to be bored.

ennuyeux, -euse /ãnɥijø, øz/ adj boring; (agaçant) annoying.

énoncé /enɔ̃se/ nm wording.

énoncer /enɔ̃se/ vtr [▸faits, principes] to set out, to state; [▸théorie] to expound.

énorme /enɔʀm/ adj huge; [succès, effort] tremendous.

énormément /enɔʀmemã/ adv a lot.

enquérir: s'enquérir /ãkeʀiʀ/ vpr s'enquérir de qch to inquire about sth.

enquête /ãkɛt/ nf enquête (sur) inquiry, investigation (into); (sondage) survey (of).

enquêter /ãkete/ vi enquêter (sur) to carry out an investigation (into).

enquêteur, -trice /ãkɛtœʀ, tʀis/ nm,f investigator.

enragé, -e /ãʀaʒe/ adj (passionné) fanatical; MÉD rabid.

enrager /ãʀaʒe/ vi to be furious; faire enrager qn to tease sb.

enrayer /ãʀeje/ I vtr [▸épidémie] to check; [▸inflation] to curb; (bloquer) to jam. II **s'enrayer** vpr to get jammed.

enregistrement /ãʀəʒistʀəmã/ nm recording; (de bagages) check-in.

enregistrer /ãʀəʒistʀe/ vtr [▸disque, film, hausse, données] to record; [▸progrès] to note; [▸déclaration] to register; [▸bagages] to check in.

enrhumer: s'enrhumer /ãʀyme/ vpr to catch a cold; être enrhumé to have a cold.

enrichir /ãʀiʃiʀ/ vtr [▸personne] to make [sb] rich; enrichir (de) to enrich (with).

enrichissant, -e /ãʀiʃisã, ãt/ adj [expérience] rewarding.

enrober /ãʀɔbe/ vtr enrober (de) to coat (with).

enrôler /ãʀole/ vtr to recruit; MIL to enlist.

enroué, -e /ãʀwe/ adj hoarse.

enrouler /ãʀule/ vtr to wind; (tapis) to roll up.

ENS /œɛnɛs/ nf (abrév = École normale supérieure) Grande École from which the educational élite is recruited.

ensanglanté, **-e** /ɑ̃sɑ̃glɑ̃te/ adj blood-stained.

enseignant, **-e** /ɑ̃seɲɑ̃, ɑ̃t/ **I** adj *corps enseignant* teaching profession. **II** nm,f SCOL teacher.

enseigne /ɑ̃seɲ/ nf sign; (drapeau) ensign.

enseignement /ɑ̃seɲmɑ̃/ nm education; *l'enseignement supérieur* higher education; (activité) teaching; (formation) instruction.

enseigner /ɑ̃seɲe/ vtr *enseigner qch à qn* to teach sth to sb, to teach sb sth.

ensemble /ɑ̃sɑ̃bl/ **I** adv together; (simultanément) at the same time. **II** nm group, set; *l'ensemble des élèves* all the pupils (pl) in the class; *une vue d'ensemble* an overall view; *dans l'ensemble* by and large; *dans son/leur ensemble* as a whole; (formation musicale) ensemble; (vêtements) suit.

ensevelir /ɑ̃səvəliʀ/ vtr to bury.

ensoleillé, **-e** /ɑ̃sɔleje/ adj sunny.

ensommeillé, **-e** /ɑ̃sɔmeje/ adj sleepy.

ensorceler /ɑ̃sɔʀsəle/ vtr to bewitch.

ensuite /ɑ̃sɥit/ adv (après) then; (ultérieurement) later, subsequently; (en second lieu) secondly.

ensuivre: **s'ensuivre** /ɑ̃sɥivʀ/ vpr to follow.
● **et tout ce qui s'ensuit** and all the rest of it.

entaille /ɑ̃taj/ nf notch.

entamer /ɑ̃tame/ vtr [▸journée, dessert] to start; [▸bouteille, négociation] to open; [▸économies] to eat into.

entasser /ɑ̃tase/ **I** vtr *entasser (dans)* to pile (into). **II** **s'entasser** vpr [objets] to pile up; [personnes] to crowd (into).

entendement /ɑ̃tɑ̃dmɑ̃/ nm understanding; *ça dépasse l'entendement* it's beyond belief.

entendre /ɑ̃tɑ̃dʀ/ **I** vtr (percevoir, écouter) to hear; *elle ne veut rien entendre* she won't listen; (comprendre) to understand; *qu'entends-tu par là?* what do you mean by that? **II** **s'entendre** vpr *s'entendre (avec qn)* to get along (with sb); *s'entendre (sur qch)* to agree (on sth); *s'y entendre en qch* to know about sth.

entendu, **-e** /ɑ̃tɑ̃dy/ **I** adj agreed, settled; *entendu!* OK[☺]!; *un air entendu* a knowing look. **II** **bien entendu** loc adv of course.

entente /ɑ̃tɑ̃t/ nf arrangement; *en bonne entente* on good terms.

enterrement /ɑ̃teʀmɑ̃/ nm burial.

enterrer /ɑ̃teʀe/ vtr to bury.

en-tête, pl **-s** /ɑ̃tɛt/ nm heading; *papier à en-tête* headed writing paper.

entêté, **-e** /ɑ̃tete/ adj stubborn, obstinate.

entêtement /ɑ̃tɛtmɑ̃/ nm stubbornness, obstinacy.

entêter: **s'entêter** /ɑ̃tete/ vpr *s'entêter à faire qch* to persist in doing sth.

enthousiasme /ɑ̃tuzjasm/ nm enthusiasm ¢.

enthousiasmer /ɑ̃tuzjasme/ **I** vtr to fill with enthusiasm. **II** **s'enthousiasmer** vpr *s'enthousiasmer pour qch* to get enthusiastic about sth.

enthousiaste /ɑ̃tuzjast/ adj enthusiastic.

enticher: **s'enticher** /ɑ̃tiʃe/ vpr *s'enticher de qn* to become infatuated with sb.

entier, **-ière** /ɑ̃tje, jɛʀ/ **I** adj whole, entire; *le pays tout entier* the whole country, the entire country; [lait] full-fat^{GB}, whole; [réussite] complete; [responsabilité] full; [réputation] intact. **II** nm *le pays dans son entier* the entire country; *en entier* completely.

entièrement /ɑ̃tjɛʀmɑ̃/ adv entirely, completely; *entièrement équipé* fully equipped.

entonnoir /ɑ̃tɔnwaʀ/ nm funnel.

entorse /ɑ̃tɔʀs/ nf MÉD sprain; *se faire une entorse à la cheville* to sprain one's ankle.

entourage /ɑ̃tuʀaʒ/ nm entourage.

entourer /ɑ̃tuʀe/ vtr to surround; *entouré de* surrounded by; *entourer qch de qch* to put sth around sth; *les gens qui nous entourent* the people around us; (soutenir) to rally round^{GB}, around^{US} sb.

entracte /ɑ̃tʀakt/ nm intermission.

entraide /ɑ̃tʀɛd/ nf mutual aid.

entraider: **s'entraider** /ɑ̃tʀede/ vpr to help each other.

entrailles /ɑ̃tʀaj/ nfpl entrails; (profondeurs) bowels.

entrain /ɑ̃tʀɛ̃/ nm *plein d'entrain* full of life.

entraînement, **entrainement** /ɑ̃tʀɛnmɑ̃/ nm (formation) training; (habitude) practice.

entraîner, **entrainer** /ɑ̃tʀene/ **I** vtr (provoquer) to lead to; (emporter) to carry [sb/sth] away; *entraîner qn à faire qch* to make sb do sth; (former) to train; [▸équipe] to coach. **II s'entraîner** *vpr* [équipe] to train; *s'entraîner à faire* to practise^GB doing.

entraîneur, entraineur, -euse /ɑ̃tʀɛnœʀ, øz/ *nm,f* coach; (de cheval) trainer.

entrave /ɑ̃tʀav/ *nf* hindrance.

entraver /ɑ̃tʀave/ *vtr* to hinder.

entre /ɑ̃tʀ/ *prép* between; *entre nous* between you and me; (parmi) among; *une soirée entre amis* a party among friends; *chacune d'entre elles* each of them.

entrebâiller /ɑ̃tʀəbaje/ *vtr* to half-open.

entrecôte /ɑ̃tʀəkot/ *nf* entrecôte (steak).

entrée /ɑ̃tʀe/ *nf entrée (de)* entrance (to); (d'autoroute) (entry) slip road^GB, on-ramp^US; (vestibule) hall; (admission, accueil) admission (to); *entrée libre* admission free; *entrée interdite* no admittance, no entry; (place) ticket; (de véhicule, marchandises) entry; (plat) starter; ORDINAT input ¢; LING (de dictionnaire) entry.
■ **entrée en matière** introduction.

entrefaites: sur ces entrefaites /syʀ↓ sezɑ̃tʀəfɛt/ *loc adv* with that.

entrefilet /ɑ̃tʀəfilɛ/ *nm* brief article.

entrejambe /ɑ̃tʀəʒɑ̃b/ *nm* crotch.

entremets /ɑ̃tʀəmɛ/ *nm* dessert.

entremetteur, -euse /ɑ̃tʀəmɛtœʀ, øz/ *nm,f* go-between.

entreposer /ɑ̃tʀəpoze/ *vtr* to store.

entrepôt /ɑ̃tʀəpo/ *nm* warehouse.

entreprendre /ɑ̃tʀəpʀɑ̃dʀ/ *vtr entreprendre de faire* to undertake to do.

entrepreneur, -euse /ɑ̃tʀəpʀənœʀ, øz/ *nm,f* (de travaux) contractor.

entreprise /ɑ̃tʀəpʀiz/ *nf* firm, business; *petites et moyennes entreprises* small and medium enterprises.

entrer /ɑ̃tʀe/ **I** *vtr* [▸données] to enter. **II** *vi* to get in, to enter, to go in, to come in; *défense d'entrer* no entry; *fais-la entrer* show her in; *entrer en guerre* to go to war; (tenir, s'adapter) to fit.

entresol /ɑ̃tʀəsɔl/ *nm* mezzanine.

entre-temps, entretemps /ɑ̃tʀətɑ̃/ *adv* meanwhile, in the meantime.

entretenir /ɑ̃tʀətniʀ/ **I** *vtr* [▸route, machine] to maintain; [▸famille] to support; [▸feu, conversation] to keep [sth] going; *entretenir qn de qch* to speak to sb about sth. **II s'entretenir** *vpr s'entretenir de qch* to discuss sth.

entretien /ɑ̃tʀətjɛ̃/ *nm* (de maison, etc) upkeep; (de voiture, etc) maintenance; (conversation) discussion; PRESSE interview; POL talks (*pl*).

entre-tuer, entretuer, s'entre-tuer /ɑ̃tʀətɥe/ *vpr* to kill each other.

entrevoir /ɑ̃tʀəvwaʀ/ *vtr* to catch a glimpse of; (présager) to foresee.

entrevue /ɑ̃tʀəvy/ *nf* meeting.

entrouvert, -e /ɑ̃tʀuvɛʀ/ *adj* half open.

entrisme /ɑ̃tʀism/ *nm* entryism infiltration.

énumération /enymeʀasjɔ̃/ *nf* enumeration listing.

énumérer /enymeʀe/ *vtr* to list.

envahir /ɑ̃vaiʀ/ *vtr* [troupes, foule] to invade; *envahir le marché* to flood the market.

envahissant, -e /ɑ̃vaisɑ̃, ɑ̃t/ *adj* [personne] intrusive; [musique, plante] invasive.

envahisseur /ɑ̃vaisœʀ/ *nm* invader.

enveloppe /ɑ̃vlɔp/ *nf* envelope; *enveloppe budgétaire* budget.

envelopper /ɑ̃vlɔpe/ *vtr* [personne] to wrap [sb/sth] (up); [brouillard, silence] to envelop.

envenimer /ɑ̃vnime/ **I** *vtr* [▸situation] to aggravate. **II s'envenimer** *vpr* to worsen.

envergure /ɑ̃vɛʀgyʀ/ *nf* (d'ailes) wingspan; (de personne) stature; (de projet, d'entreprise) scale; *d'envergure internationale* of international scope; *sans envergure* of no account.

envers[1] /ɑ̃vɛʀ/ *prép* towards.
● **envers et contre tous** in spite of everyone.

envers[2] /ɑ̃vɛʀ/ **I** *nm inv* (de tissu) wrong side; (de monnaie) reverse. **II à l'envers** *loc adv* the wrong way; (le haut en bas) upside down.

envie /ɑ̃vi/ *nf* longing, desire; *envie (de faire)* urge (to do); (de choses à manger) *envie de qch* craving for sth; *avoir envie de qch* to feel like sth; *avoir envie de faire* to feel like doing, to want to do; (convoitise) envy.

envier /ɑ̃vje/ *vtr* to envy.

envieux, -ieuse /ɑ̃vjø, jøz/ *adj* envious.

environ /ɑ̃viʀɔ̃/ *adv* about.

environnant, -e /ɑ̃viʀɔnɑ̃, ɑ̃t/ *adj* surrounding.

environnement /ɑ̃viʀɔnmɑ̃/ nm environment; *la protection de l'environnement* protection of the environment.

environs /ɑ̃viʀɔ̃/ nmpl *être des environs* to be from the area; *aux environs de* (dans l'espace) in the vicinity of; (dans le temps) around.

envisager /ɑ̃vizaʒe/ vtr *envisager (de faire) qch* to plan (to do) sth; [▶hypothèse, possibilité] to envisage.

envoi /ɑ̃vwa/ nm sending, dispatch; *date d'envoi* dispatch date[GB], mailing date[US]; *frais d'envoi* postage; (paquet) parcel; SPORT *coup d'envoi* kick-off.

envol /ɑ̃vɔl/ nm flight; (d'avion) take-off.

envolée /ɑ̃vɔle/ nf *envolée des prix* surge in prices.

envoler: s'envoler /ɑ̃vɔle/ vpr [oiseau] to fly off; [avion] to take off; [papier, chapeau] to be blown away.

envoûter, envouter /ɑ̃vute/ vtr to bewitch.

envoyé, -e /ɑ̃vwaje/ nm,f envoy; *envoyé spécial* special correspondent.

envoyer /ɑ̃vwaje/ **I** vtr *envoyer qch à qn* to send sb sth; *envoyer qch (sur)* to throw (at); (transmettre) to send. **II s'envoyer** vpr (échanger) to exchange; (avaler)© to gulp.
• *envoyer qn promener*© to send sb packing©.

éolienne /eɔljɛn/ nf wind turbine.

épagneul /epaɲœl/ nm spaniel.

épais, épaisse /epɛ, ɛs/ adj thick; [nuit, silence] deep.

épaisseur /epɛsœʀ/ nf thickness; (couche) layer.

épaissir /epesiʀ/ vtr, vi to thicken.

épancher: s'épancher /epɑ̃ʃe/ vpr *s'épancher (auprès de qn)* to open one's heart (to sb).

épanoui, -e /epanwi/ adj [fleur] in full bloom; [sourire, visage] beaming.

épanouir: s'épanouir /epanwiʀ/ vpr [fleur] to bloom; [visage] to light up; [personne] to blossom.

épanouissement /epanwismɑ̃/ nm blooming; (de personne) development; (de talent) flowering.

épargnant, -e /epaʀɲɑ̃, ɑ̃t/ nm,f saver.

épargne /epaʀɲ/ nf savings (pl); *un compte (d')épargne* a savings account.

épargner /epaʀɲe/ **I** vtr to save; *épargner qch à qn* to spare sb sth. **II** vi to save.

éparpiller /epaʀpije/ vtr to scatter.

épars, -e /epaʀ, aʀs/ adj scattered.

épatant©, -e /epatɑ̃, ɑ̃t/ adj marvellous[GB].

épaté, -e /epate/ adj *nez épaté* pug nose, flat nose; (surpris)© amazed.

épater© /epate/ vtr to impress, to amaze.

épaule /epol/ nf shoulder.

épaulette /epolɛt/ nf shoulder pad; (de soldat) epaulette.

épave /epav/ nf wreck.

épée /epe/ nf sword.

épeler /eple/ vtr to spell.

éperdu, -e /epɛʀdy/ adj [besoin, désir] overwhelming; [amour, reconnaissance] boundless.

éperdument /epɛʀdymɑ̃/ adv madly; *je m'en moque éperdument©* I couldn't care less about it.

éperon /epʀɔ̃/ nm spur.

épervier /epɛʀvje/ nm sparrowhawk.

éphémère /efemɛʀ/ adj [bonheur] fleeting; [insecte] short-lived.

épi /epi/ nm (de blé, d'avoine) ear; (mèche) tuft of hair[GB], cowlick[US].
■ **épi de maïs** corn cob.

épice /epis/ nf spice.

épicé, -e /epise/ adj spicy.

épicerie /episʀi/ nf grocer's[GB], grocery store[US]; *à l'épicerie* at the grocer's; (produits) groceries (pl).

épicier, -ière /episje, jɛʀ/ nm,f grocer.

épidémie /epidemi/ nf epidemic.

épiderme /epidɛʀm/ nm skin.

épier /epje/ vtr to spy on.

épiler: s'épiler /epile/ vpr to remove superfluous hair (from); (à la cire) to wax; *s'épiler les sourcils* to pluck one's eyebrows.

épilogue /epilɔg/ nm epilogue[GB]; (d'aventure) outcome.

épinard /epinaʀ/ nm spinach ¢.

épine /epin/ nf thorn.
■ **épine dorsale** ANAT spine; FIG backbone.

épineux, -euse /epinø, øz/ adj [situation] tricky.

épingle /epɛ̃gl/ nf pin.
■ **épingle à cheveux** hairpin; **épingle à nourrice, épingle de sûreté** safety pin.
● **être tiré à quatre épingles**© to be immaculately dressed.

épingler /epɛ̃gle/ vtr [▸affiche] to pin; (arrêter)© to collar©.

épisode /epizɔd/ nm episode.

épisodique /epizɔdik/ adj episodic, sporadic.

épithète /epitɛt/ nf attributive adjective.

éploré, -e /eplɔʀe/ adj grief-stricken.

épluche-légume, pl **-s** /eplyʃlegym/ nm potato peeler.

éplucher /eplyʃe/ vtr to peel; [▸document] to scrutinize.

épluchure /eplyʃyʀ/ nf peelings.

éponge /epɔ̃ʒ/ nf sponge.

éponger /epɔ̃ʒe/ **I** vtr to mop (up); [▸dettes] to pay off. **II s'éponger** vpr s'éponger le front to mop one's brow.

épopée /epɔpe/ nf epic.

époque /epɔk/ nf time; (historique) era; (période stylistique) period; à l'époque at the time; d'époque period.

épouse /epuz/ nf wife.

épouser /epuze/ vtr to marry; [▸cause] to adopt.

épousseter /epuste/ vtr to dust.

époustouflant©, **-e** /epustuflɑ̃, ɑ̃t/ adj stunning, amazing.

épouvantable /epuvɑ̃tabl/ adj dreadful.

épouvantail /epuvɑ̃taj/ nm scarecrow.

épouvante /epuvɑ̃t/ nf terror; film d'épouvante horror film.

épouvanter /epuvɑ̃te/ vtr to terrify.

époux /epu/ nm husband.

EPR /əpeɛʀ/ nm (abrév = European pressurized reactor) pressurized water reactor.

éprendre: s'éprendre de /epʀɑ̃dʀ/ vpr to fall in love with.

épreuve /epʀœv/ nf (malheur) ordeal; (essai) test; mettre qn/qch à l'épreuve to put sb/sth to the test; à toute épreuve unfailing; (examen) examination; (photo, d'imprimerie) proof.

épris, -e /epʀi, iz/ adj épris de qn in love with sb.

éprouvant, -e /epʀuvɑ̃, ɑ̃t/ adj trying.

éprouver /epʀuve/ vtr [▸regret, amour] to feel; (tester) to test; (toucher) to distress.

éprouvette /epʀuvɛt/ nf test tube.

épuisant, -e /epɥizɑ̃, ɑ̃t/ adj exhausting.

épuisé, -e /epɥize/ adj (fatigué) exhausted, worn out; [livre] out of print; [article] out of stock.

épuisement /epɥizmɑ̃/ nm exhaustion.

épuiser /epɥize/ vtr to exhaust.

épuisette /epɥizɛt/ nf landing net.

épuration /epyʀasjɔ̃/ nf (d'eaux) treatment; (politique) purge.

équateur /ekwatœʀ/ nm equator.

Équateur /ekwatœʀ/ nprm Ecuador.

équation /ekwasjɔ̃/ nf equation.

équerre /ekɛʀ/ nf set square; (en T) flat T-bracket.

équestre /ekɛstʀ/ adj equestrian.

équilibre /ekilibʀ/ nm (stabilité) balance; (harmonie) balance; être en équilibre [personne] to balance; [objet] to be balanced.

équilibré, -e /ekilibʀe/ adj [caractère, personne] well-balanced.

équilibrer /ekilibʀe/ **I** vtr to balance. **II s'équilibrer** vpr [facteurs, coûts] to balance each other.

équilibriste /ekilibʀist/ nmf acrobat.

équipage /ekipaʒ/ nm crew.

équipe /ekip/ nf team; (en usine) shift; (de rameurs, télévision) crew.

équipé, -e /ekipe/ adj équipé de/pour equipped with/for; cuisine équipée fitted kitchen.

équipement /ekipmɑ̃/ nm equipment; (de sportif) kit; équipements collectifs public facilities.

équipementier, -ière /ekipmɑ̃tje, jɛʀ/ nm,f equipment manufacturer.

équiper /ekipe/ **I** vtr équiper (de) to equip (with). **II s'équiper de** vpr to equip oneself (with).

équipier, -ière /ekipje, jɛʀ/ nm,f team member; (rameur, marin) crew member.

équitable /ekitabl/ adj fair; commerce équitable fair trade.

équitation /ekitasjɔ̃/ nf (horse)riding.

équivalence /ekivalɑ̃s/ nf equivalence; UNIV demander une équivalence to ask

espérer

for recognition of one's qualifications[GB], to ask for advanced standing[US].

équivalent, -e /ekivalɑ̃, ɑ̃t/ *adj, nm* equivalent.

équivaloir /ekivalwaʀ/ *vtr ind* **équivaloir à** to be equivalent to.

équivoque /ekivɔk/ **I** *adj* ambiguous; [réputation] dubious. **II** *nf* ambiguity.

érable /eʀabl/ *nm* maple.

érafler /eʀafle/ *vtr* to scratch.

éraflure /eʀaflyʀ/ *nf* scratch.

ère /ɛʀ/ *nf* era; **100 ans avant notre ère** 100 years BC.

éreinter /eʀɛ̃te/ *vtr* to exhaust.

ergonomie /ɛʀgɔnɔmi/ *nf* ergonomics.

ergonomique /ɛʀgɔnɔmik/ *adj* ergonomic.

ériger /eʀiʒe/ **I** *vtr* [▸statue, bâtiment] to erect. **II s'ériger en** *vpr* to set oneself up as.

ermite /ɛʀmit/ *nm* hermit.

érosion /eʀozjɔ̃/ *nf* erosion.

érotique /eʀɔtik/ *adj* erotic.

errer /eʀe/ *vi* to wander.

erreur /eʀœʀ/ *nf* mistake; **vous faites erreur** you are mistaken; **par erreur** by mistake.
■ **erreur judiciaire** miscarriage of justice.

erroné, -e /eʀɔne/ *adj* incorrect.

érudit, -e /eʀydi, it/ *nm,f* scholar.

éruption /eʀypsjɔ̃/ *nf* eruption; MÉD rash.

Érythrée /eʀitʀe/ *nprf* Eritrea.

ès /ɛs/ *prép* **licence ès lettres** arts degree, BA (degree).

escabeau, *pl* **-x** /ɛskabo/ *nm* stepladder.

escadron /ɛskadʀɔ̃/ *nm* squadron.

escalade /ɛskalad/ *nf* climbing; (intensification) escalation.

escalader /ɛskalade/ *vtr* to climb.

escale /ɛskal/ *nf* NAUT port of call; AVIAT stopover; **sans escale** nonstop; **faire escale à** (avion) to stop over at; (navire) to call at.

escalier /ɛskalje/ *nm* staircase; (marches) stairs (*pl*); **monter l'escalier** to go upstairs.
■ **escalier mécanique/roulant** escalator.

escalope /ɛskalɔp/ *nf* escalope.

escamoter /ɛskamɔte/ *vtr* (cacher) to cover up; (éluder) to avoid; (voler) to pinch[©GB].

escapade /ɛskapad/ *nf* escapade.

escargot /ɛskaʀgo/ *nm* snail.

escarmouche /ɛskaʀmuʃ/ *nf* skirmish.

escarpé, -e /ɛskaʀpe/ *adj* steep.

escarpement /ɛskaʀpəmɑ̃/ *nm* steep slope.

escarpin /ɛskaʀpɛ̃/ *nm* court shoe[GB], pump[US].

escient /ɛsjɑ̃/ *nm* **à bon escient** wittingly, advisedly.

esclaffer: s'esclaffer /ɛsklafe/ *vpr* to guffaw.

esclandre /ɛsklɑ̃dʀ/ *nm* scene.

esclavage /ɛsklavaʒ/ *nm* slavery.

esclave /ɛsklav/ *adj, nmf* slave.

escompter /ɛskɔ̃te/ *vtr* [▸somme] to discount; **escompter faire** to count on doing.

escorte /ɛskɔʀt/ *nf* escort.

escorter /ɛskɔʀte/ *vtr* to escort.

escrime /ɛskʀim/ *nf* fencing.

escrimer©: s'escrimer /ɛskʀime/ *vpr* **s'escrimer à faire** to wear oneself out trying to do.

escroc /ɛskʀo/ *nm* swindler, crook.

escroquer /ɛskʀɔke/ *vtr* **escroquer qch à qn** to swindle sb out of sth.

escroquerie /ɛskʀɔkʀi/ *nf* fraud, swindle.

espace /ɛspas/ *nm* space; **il y a de l'espace** there's enough room.
■ **espaces verts** gardens and parks.

espacement /ɛspasmɑ̃/ *nm* (dans un texte) spacing; **barre d'espacement** space bar.

espacer /ɛspase/ **I** *vtr* to space [sth] out. **II s'espacer** *vpr* to become less frequent.

espadon /ɛspadɔ̃/ *nm* swordfish.

espadrille /ɛspadʀij/ *nf* espadrille.

Espagne /ɛspaɲ/ *nprf* Spain.

espagnol, -e /ɛspaɲɔl/ **I** *adj* Spanish. **II** *nm* LING Spanish. **III** *nm,f* **Espagnol, -e** Spaniard.

espèce /ɛspɛs/ **I** *nf* species; **l'espèce humaine** mankind; (type) kind; **des espèces de colonnes** some kind of columns; **espèce d'idiot!** you idiot! **II espèces** *nfpl* **en espèces** in cash.

espérance /ɛspeʀɑ̃s/ **I** *nf* hope. **II espérances** *nfpl* expectations.
■ **espérance de vie** life expectancy.

espérer /ɛspeʀe/ **I** *vtr* **espérer qch** to hope for sth; **espérer faire** to hope to do; (escompter) to expect. **II** *vi* to hope.

espiègle /ɛspjɛgl/ adj mischievous.

espion, -ionne /ɛspjɔ̃, jɔn/ nm,f spy.

espionnage /ɛspjɔnaʒ/ nm espionage, spying.

espionner /ɛspjɔne/ vtr to spy on.

espoir /ɛspwaʀ/ nm hope; *c'est sans espoir* it's hopeless; *dans l'espoir de qch/de faire qch* in the hope of sth/of doing sth.

esprit /ɛspʀi/ nm mind; *garder qch à l'esprit* to keep sth in mind; (humour) wit; *avoir de l'esprit* to be witty; (humeur) mood; *je n'ai pas l'esprit à faire* I'm in no mood for doing; PHILOS, RELIG spirit; *croire aux esprits* to believe in ghosts.
● **reprendre ses esprits** to regain consciousness.

esquimau, -aude /ɛskimo, od/ **I** adj Eskimo. **II** nm LING Eskimo; (glace)® chocolate-covered ice lolly^GB, ice-cream bar^US.

esquinter® /ɛskɛ̃te/ **I** vtr to damage. **II s'esquinter** vpr *s'esquinter à faire qch* to wear oneself out doing sth.

esquisse /ɛskis/ nf sketch.

esquisser /ɛskise/ **I** vtr [▸portrait] to sketch; [▸programme] to outline. **II s'esquisser** vpr to emerge.

esquiver /ɛskive/ **I** vtr to dodge. **II s'esquiver** vpr to slip away.

essai /ɛsɛ/ nm (expérimentation) trial; (expérience) test; *un coup d'essai* a try; *à l'essai* on trial; (texte) essay; (en athlétisme) attempt; (au rugby) try.

essaim /ɛsɛ̃/ nm swarm.

essayage /ɛsɛjaʒ/ nm *cabine d'essayage* fitting room.

essayer /ɛseje/ vtr to try; [▸vêtement] to try on.

essence /ɛsɑ̃s/ nf petrol^GB, gasoline, gas^US; (extrait) essential oil; (espèce d'arbre) tree species; *essence sans plomb* unleaded petrol.

essentiellement /ɛsɑ̃sjɛlmɑ̃/ adv essentially.

essieu, pl **-x** /ɛsjø/ nm axle.

essor /ɛsɔʀ/ nm *prendre son essor* [oiseau] to fly off; [entreprise] to take off; *être en plein essor* to be booming.

essorer /ɛsɔʀe/ vtr (à la main) to wring; (à la machine) to spin-dry; [▸salade] to spin.

essoreuse /ɛsɔʀøz/ nf (pour le linge) spindrier.
■ **essoreuse à salade** salad spinner.

essouffler /ɛsufle/ **I** vtr to leave [sb] breathless; *être essoufflé* to be out of breath. **II s'essouffler** vpr [personne] to get breathless; [économie, projet] to run out of steam.

essuie-glace, pl **-s** /ɛsɥiglas/ nm windscreen^GB wiper, windshield^US wiper.

essuie-main, pl **-s** /ɛsɥimɛ̃/ nm hand towel.

essuie-tout /ɛsɥitu/ nm inv kitchen roll.

essuyer /ɛsɥije/ **I** vtr [▸verre, mains, enfant] to dry; [▸table] to wipe; [▸défaite, pertes, affront] to suffer. **II s'essuyer** vpr to dry oneself; *s'essuyer les mains* to dry one's hands.

est /ɛst/ **I** adj inv (façade, versant, côte) east; [frontière, zone] eastern. **II** nm east; *l'Est* the East; *de l'Est* [ville, accent] eastern.

estafette® /ɛstafɛt/ nf AUT van; MIL dispatch rider.

estampe /ɛstɑ̃p/ nf print.

est-ce ▸ être^1.

esthéticienne /ɛstetisjɛn/ nf beautician.

esthétique /ɛstetik/ **I** adj aesthetic. **II** nf aesthetics (sg).

estimation /ɛstimasjɔ̃/ nf estimate; (de valeur) valuation; (de dégâts) assessment.

estime /ɛstim/ nf respect.

estimer /ɛstime/ **I** vtr *estimer que* to consider (that); *estimer qn* to think highly of sb; [▸tableau, propriété] to value; [▸dégâts] to assess. **II s'estimer** vpr *estimez-vous heureux* think yourself lucky.

estival, -e, mpl **-aux** /ɛstival, o/ adj summer (épith).

estivant, -e /ɛstivɑ̃, ɑ̃t/ nm,f summer visitor.

estomac /ɛstɔma/ nm stomach.

estomaquer® /ɛstɔmake/ vtr to flabbergast.

Estonie /ɛstɔni/ nprf Estonia.

estonien, -ienne /ɛstɔnjɛ̃, ɛn/ **I** adj Estonian. **II** nm LING Estonian. **III** nm,f *Estonien, -ienne* Estonian.

estrade /ɛstʀad/ nf platform.

estragon /ɛstʀagɔ̃/ nm tarragon.

estropié, -e /ɛstʀɔpje/ adj crippled.

estuaire /ɛstɥɛʀ/ nm estuary.

esturgeon /ɛstyrʒɔ̃/ nm sturgeon.

et /e/ conj and; *moi j'y vais, et toi?* I'm going, what about you?; *et alors?, et après?* so what?

étable /etabl/ nf cowshed.

établi /etabli/ nm workbench.

établir /etablir/ **I** vtr (instituer, prouver) to establish; (fixer) to set (up); [▸liste, plan, budget, etc] to draw up. **II s'établir** vpr (se fixer) to settle; *s'établir (comme) antiquaire* to set up as an antique dealer; (s'instituer) to develop.

établissement /etablismɑ̃/ nm organization, establishment.
■**établissement privé** private school; **établissement scolaire** school.

étage /etaʒ/ nm floor; *le premier étage* the first floor^GB, the second floor^US; *à l'étage* upstairs; (de fusée) stage.

étagère /etaʒɛr/ nf shelf; (meuble) shelving unit.

étain /etɛ̃/ nm (métal) tin; (matière) pewter.

étalage /etalaʒ/ nm window display; (de luxe, richesses) display; *faire étalage de qch* to flaunt sth.

étalagiste /etalaʒist/ nmf window dresser.

étaler /etale/ **I** vtr to spread (over); [▸départs] to stagger (over); [▸richesse, savoir] to flaunt; *étaler qch au grand jour* to bring sth out into the open. **II s'étaler** vpr *s'étaler sur* [programme, paiement] to be spread (over); [départs] to be staggered (over); (tomber)© to go sprawling©; *s'étaler de tout son long* to fall flat on one's face.

étalon /etalɔ̃/ nm stallion; (modèle) standard.

étanche /etɑ̃ʃ/ adj [montre] waterproof; [embarcation] watertight.

étancher /etɑ̃ʃe/ vtr *étancher sa soif* to quench one's thirst.

étang /etɑ̃/ nm pond.

étape /etap/ nf stage, stop; *franchir une nouvelle étape* to reach a new stage.

état /eta/ **I** nm (condition) state; *être/ne pas être en état de faire* to be in a/no fit state to do; *dans l'état actuel des choses* in the present state of affairs; (de voiture, livre, etc) condition; *en bon/mauvais état* in good/poor condition; *hors d'état de marche* out of order. **II faire état de** loc verbale to mention, to cite.
■**état d'âme** qualm; **état civil** registry office; **état d'esprit** state of mind.

État /eta/ nm state, State.

état-major, pl **états-majors** /etamaʒɔr/ nm MIL staff (pl); (lieu) headquarters; POL closest advisors (pl).

États-Unis d'Amérique /etazyni damerik/ nprm United States of America.

étau, pl **-x** /eto/ nm TECH vice^GB, vise^US.

État-voyou, pl **États-voyous** /etatvwaju/ nm rogue state.

étayer /eteje/ vtr to prop up.

été /ete/ nm summer.
■**été indien** Indian summer.

éteindre /etɛ̃dr/ **I** vtr [▸feu, cigare, etc] to put out; [▸bougie] to blow out; [▸lampe, téléviseur, etc] to switch off; [▸gaz] to turn off. **II s'éteindre** vpr [feu, lumière] to go out; [radio] to go off; (mourir) to pass away; [désir, passion] to fade.

éteint, -e /etɛ̃, ɛ̃t/ **I** pp ▸ **éteindre**. **II** adj [regard] dull; [astre, volcan] extinct.

étendard /etɑ̃dar/ nm standard, flag.

étendre /etɑ̃dr/ **I** vtr [▸bras, jambe] to stretch; [▸nappe, peinture] to spread (out); [▸linge] to hang out; *étendre à* to extend to. **II s'étendre** vpr [ville] to grow; *s'étendre sur* to stretch over; [grève, etc] *s'étendre (à)* to spread (to); [loi] to apply to; (se coucher) to lie down; *s'étendre sur* [▸sujet, point] to dwell on.

étendu, -e /etɑ̃dy/ adj [ville] sprawling; [connaissances] extensive.

étendue /etɑ̃dy/ nf (de terrain) expanse; (de pays, collection) size; (de dégâts) scale, extent; (de connaissances) range.

éternel, -elle /etɛrnɛl/ adj eternal.

Éternel /etɛrnɛl/ nm Eternal; *l'Éternel* the Lord.

éterniser: **s'éterniser** /etɛrnize/ vpr to drag on; (s'attarder) to stay for ages©.

éternité /etɛrnite/ nf eternity.

éternuement /etɛrnymɑ̃/ nm sneeze.

éternuer /etɛrnɥe/ vi to sneeze.

Éthiopie /etjopi/ nprf Ethiopia.

éthique /etik/ **I** adj ethical. **II** nf PHILOS ethics (sg).

ethnie /ɛtni/ nf ethnic group.

ethnologie /ɛtnɔlɔʒi/ nf ethnology.

éthologie /etɔlɔʒi/ nf ethology.

étincelant, -e /etɛ̃slɑ̃, ɑ̃t/ adj sparkling.

étinceler /etɛ̃sle/ vi [étoile] to twinkle; [soleil, diamant, métal] to sparkle; [yeux] *étinceler (de)* to flash (with).

étincelle /etɛ̃sɛl/ nf spark.

étiqueter /etikte/ vtr to label.

étiquette /etikɛt/ nf (à coller) label; (à attacher) tag; (protocole) etiquette; FIG (politique) colour.

étirer /etire/ vtr, vpr to stretch.

étoffe /etɔf/ nf fabric; FIG *l'étoffe d'un héros* the makings of a hero.

étoffer /etɔfe/ I vtr to expand. II **s'étoffer** vpr to fill out.

étoile /etwal/ nf star.
■ **étoile filante/polaire** shooting/pole star; **étoile de mer** starfish.
● **à la belle étoile** in the open.

étoilé, -e /etwale/ adj starry.

étonnant, -e /etɔnɑ̃, ɑ̃t/ adj surprising; (extraordinaire) amazing; *pas étonnant qu'il soit malade*© no wonder he's ill.

étonnement /etɔnmɑ̃/ nm surprise.

étonner /etɔne/ I vtr to surprise. II **s'étonner** vpr s'étonner de qch/que to be surprised at sth/that.

étouffant, -e /etufɑ̃, ɑ̃t/ adj stifling.

étouffée /etufe/ nf à l'étouffée braised.

étouffer /etufe/ I vtr [carrière, création, etc] to stifle; (asphyxier) to suffocate. II vi to feel stifled. III **s'étouffer** vpr to choke.

étourderie /eturdəri/ nf une étourderie a silly mistake.

étourdi, -e /eturdi/ I adj [personne] absent-minded; [réponse] unthinking. II nm,f scatterbrain©.

étourdir /eturdir/ vtr to stun, to daze; *étourdir qn* to make sb's head spin.

étourdissant, -e /eturdisɑ̃, ɑ̃t/ adj [bruit] deafening; [réussite] stunning.

étourdissement /eturdismɑ̃/ nm dizzy spell.

étourneau, pl **-x** /eturno/ nm starling.

étrange /etrɑ̃ʒ/ adj strange.

étranger, -ère /etrɑ̃ʒe, ɛr/ I adj foreign; [personne, voix] unfamiliar. II nm,f (d'un autre pays) foreigner; (d'un autre groupe) outsider; (inconnu) stranger. III nm *l'étranger* foreign countries (pl); *à l'étranger* abroad.

étrangeté /etrɑ̃ʒte/ nf strangeness.

étrangler /etrɑ̃gle/ I vtr to strangle; *étranglé par la colère* to be choked with rage; [▸presse] to stifle. II **s'étrangler** vpr s'étrangler de to choke with.

être¹ /ɛtr/ I vi (+ aux avoir) (+ attribut) *l'eau est froide* the water is cold; *qu'en est-il de...?* what about...?; *je suis à vous* I'm all yours. II v aux (du passif) to be; *la voiture est réparée* your car has been repaired; (du passé) to have; *elles sont tombées* they have fallen. III vi (+ aux avoir) (= aller) *il a été voir son ami* he's gone to see his friend. IV v impers *il est midi* it's noon; *il est facile de critiquer* it's easy to criticize; *il est bon que* it's good that. V **c'est**, **est-ce** loc impers *c'est grave* it's serious; *c'est moi* it's me; *c'est à moi* it's mine; *est-ce leur fils/voiture?* is it their son/car?

être² /ɛtr/ nm being; *être humain* human being.

étreindre /etrɛ̃dr/ vtr [▸ami] to embrace, to hug; [▸adversaire] to clasp.

étrennes /etrɛn/ nfpl New Year's day gift, ≈ Christmas box^GB.

étrier /etrije/ nm stirrup.

étroit, -e /etrwa, at/ I adj narrow; *avoir l'esprit étroit* to be narrow-minded; [rapport, surveillance] close (épith). II **à l'étroit** loc adv être à l'étroit to be a bit cramped.

étroitement /etrwatmɑ̃/ adv closely.

étude /etyd/ I nf étude (sur) study (on); (enquête) étude (sur) survey (of); *à l'étude* under consideration; (de notaire) office; SCOL (salle) study room^GB, study hall^US. II **études** nfpl studies; *faire des études de médecine* to study medicine; *études primaires* primary education ₵.
■ **étude de marché** market research.

étudiant, -e /etydjɑ̃, ɑ̃t/ adj, nm,f student.

étudier /etydje/ vtr to study.

étui /etɥi/ nm case.

étuve /etyv/ nf steam room.

étymologie /etimɔlɔʒi/ nf etymology.

étymologique /etimɔlɔʒik/ adj etymological.

euphémisme /øfemism/ nm euphemism.

euphorie /øfɔri/ nf euphoria.

euro /øro/ nm euro.

eurodéputé, -e /ørodepyte/ nm,f Euro-MP.

Europe /ørɔp/ nprf Europe; *l'Europe communautaire* the European community.

européaniser /øʀɔpeanize/ **I** vtr to Euro-
peanize. **II s'européaniser** vpr [pays] to
become Europeanized.

européen, -enne /øʀɔpeɛ̃, ɛn/ **I** adj European. **II** nm,f **Européen, -enne** European.

eurosceptique /øʀɔsɛptik/ adj, nmf euro-
sceptic.

euthanasie /øtanazi/ nf euthanasia.

eux /ø/ pron pers (sujet) they; **ce sont eux** it's
them; (objet ou après une préposition) them; **à
cause d'eux** because of them; **des amis à
eux** friends of theirs; **c'est à eux** it's theirs,
it belongs to them; **c'est à eux de (jouer)**
it's their turn (to play).

eux-mêmes /ømɛm/ pron pers themselves.

évacuer /evakɥe/ vtr [▸ personne, lieu] to evacuate; [▸ eaux usées] to drain off.

évadé, -e /evade/ nm,f escapee.

évader: s'évader /evade/ vpr s'évader
(de) to escape (from).

évaluation /evalɥasjɔ̃/ nf valuation; (de
coûts, dégâts) (action) assessment; (résultat)
estimate; (d'employé) appraisal.

évaluer /evalɥe/ vtr [▸ grandeur, durée] to estimate; [▸ risques, coût, capacité] to assess; [▸ meuble, patrimoine] to value.

Évangile /evɑ̃ʒil/ nm Gospel.

évanouir: s'évanouir /evanwiʀ/ vpr to
faint; **évanoui** unconscious; **s'évanouir
dans la nature** to vanish into thin air.

évanouissement /evanwismɑ̃/ nm blackout.

évaporer: s'évaporer /evapɔʀe/ vpr
[liquide] to evaporate; [personne]☺ to vanish.

évaser: s'évaser /evaze/ vpr [jupe] to be
flared.

évasif, -ive /evazif, iv/ adj evasive.

évasion /evazjɔ̃/ nf escape.
■ **évasion fiscale** tax avoidance.

évêché /eveʃe/ nm diocese.

éveil /evɛj/ nm awakening; **être en éveil** to
be on the look-out.

éveiller /eveje/ **I** vtr [▸ intérêt, etc] to arouse;
[▸ conscience, goût] to awaken; **sans éveiller
l'attention** without attracting attention. **II
s'éveiller** vpr [personne] to awake (to); [ima-
gination] to start to develop.

évènement, événement /evenmɑ̃/ nm
event; **dépassé par les évènements**☺ overwhelmed.

évènementiel, événementiel, -ielle
/evenmɑ̃sjɛl/ **I** adj factual. **II l'évènementiel** nm special event management.

éventail /evɑ̃taj/ nm fan; (gamme) range.

éventer /evɑ̃te/ **I** vtr to fan; [▸ secret] to give
away. **II s'éventer** vpr to fan oneself; [par-
fum] to go stale.

éventualité /evɑ̃tɥalite/ nf possibility;
dans l'éventualité de in the event of; **prêt
à toute éventualité** ready for any eventuality.

éventuel, -elle /evɑ̃tɥɛl/ adj possible.

éventuellement /evɑ̃tɥɛlmɑ̃/ adv (peut-
être) possibly; (si nécessaire) if necessary.

évêque /evɛk/ nm bishop.

évertuer: s'évertuer /evɛʀtɥe/ vpr s'éver-
tuer à faire qch to try one's best to do sth.

éviction /eviksjɔ̃/ nf eviction.

évidemment /evidamɑ̃/ adv of course.

évidence /evidɑ̃s/ nf obvious fact; **se rendre à l'évidence** to face the facts; **à l'évidence** obviously; **mettre en évidence** to
highlight.

évident, -e /evidɑ̃, ɑ̃t/ adj GÉN obvious; **ce
n'est pas évident** it's not so easy.

évier /evje/ nm sink.

évincer /evɛ̃se/ vtr to oust.

éviter /evite/ vtr [▸ obstacle, erreur] to avoid;
éviter de faire qch to avoid doing sth;
[▸ balle, coup] to dodge; **éviter qch à qn** to
save sb sth.

évocateur, -trice /evɔkatœʀ, tʀis/ adj
evocative.

évocation /evɔkasjɔ̃/ nf evocation.

évolué, -e /evɔlɥe/ adj [personne]☺ bright;
[pays, peuple] civilized; [espèces] evolved.

évoluer /evɔlɥe/ vi to evolve, to change;
[situation] to develop; [danseurs] to glide;
[avion] to wheel.

évolution /evɔlysjɔ̃/ nf evolution; (de langue, situation) development; (de la science)
advancement; (d'enquête, étude) progress; (de
maladie) progression.

évoquer /evɔke/ vtr [▸ lieu, moment] to evoke;
[▸ passé, amis] to recall; [▸ problème, question] to
bring up.

ex☺ /ɛks/ nmf inv ex; (ancien membre) ex-mem-
ber.

ex- /ɛks/ préf **ex-champion** former champion.

exact, -e /εgza(kt), akt/ adj correct; (précis) exact; (ponctuel) punctual.

exactement /εgzaktəmɑ̃/ adv exactly.

exactitude /εgzaktityd/ nf accuracy; (ponctualité) punctuality.

ex æquo /εgzeko/ **I** adj inv equally placed. **II** adv ils sont premiers/deuxièmes ex æquo they've tied for first/second place.

exagération /εgzaʒeRasjɔ̃/ nf exaggeration.

exagéré, -e /εgzaʒeRe/ adj excessive.

exagérer /εgzaʒeRe/ **I** vtr to exaggerate. **II** vi to go too far.

exalté, -e /εgzalte/ **I** adj impassioned. **II** nm,f fanatic.

examen /εgzamɛ̃/ nm SCOL, UNIV examination, exam©; MÉD examination.
■ **examen blanc** mock (exam©); **examen de conscience** self-examination.

examinateur, -trice /εgzaminatœR, tRis/ nm,f examiner.

examiner /εgzamine/ vtr to examine.

exaspérer /εgzaspeRe/ vtr to exasperate.

exaucer /εgzose/ vtr (▶ prière) to grant.

excédent /εksedɑ̃/ nm surplus; **excédent de bagages** excess baggage.

excédentaire /εksedɑ̃tεR/ adj excess, surplus.

excéder /εksede/ vtr **excéder (de)** to exceed (by); (irriter) to infuriate.

excellence /εksεlɑ̃s/ nf excellence.

Excellence /εksεlɑ̃s/ nf **Son Excellence** His/ Her Excellency.

excellent, -e /εksεlɑ̃, ɑ̃t/ adj excellent.

exceller /εksele/ vi **exceller à/dans** to excel at/in.

excentricité /εksɑ̃tRisite/ nf eccentricity.

excentrique /εksɑ̃tRik/ **I** adj (personne) eccentric; (quartier) outlying. **II** nmf eccentric.

excepté, -e /εksεpte/ adj, prép except.

excepter /εksεpte/ vtr **si l'on excepte** except for, apart from.

exception /εksεpsjɔ̃/ nf exception; **à l'exception de** except for; **faire exception** to be an exception.
■ **exception culturelle** cultural exception.

exceptionnel, -elle /εksεpsjɔnεl/ adj exceptional.

excès /εksε/ nm excess; **faire des excès de boisson** to drink too much.
■ **excès de vitesse** speeding.

excessif, -ive /εksesif, iv/ adj excessive.

excitant, -e /εksitɑ̃, ɑ̃t/ **I** adj (substance) stimulating; (perspective) exciting; (roman) thrilling. **II** nm stimulant.

excitation /εksitasjɔ̃/ nf excitement; (sexuelle) arousal; (stimulation) stimulation.

excité, -e /εksite/ **I** adj excited, thrilled; (sexuellement) (personne, sens) aroused. **II** nm,f rowdy.

exciter /εksite/ **I** vtr (▶ colère) to stir up; (▶ désir) to kindle; (▶ personne) to arouse; (▶ enfant) to get (sb) excited; (alcool) to excite. **II s'exciter** vpr to get excited.

exclamatif, -ive /εksklamatif, iv/ adj exclamatory.

exclamation /εksklamasjɔ̃/ nf cry, exclamation; **point d'exclamation** exclamation mark.

exclamer: s'exclamer /εksklame/ vpr to exclaim.

exclure /εksklyR/ vtr (▶ personne) **exclure (de)** to exclude (from); (▶ hypothèse, possibilité) to rule out; **c'est tout à fait exclu!** it's absolutely out of the question!; (▶ membre de groupe) **exclure (de)** to expel (from); (▶ étudiant) to send (sb) (down); **se sentir exclu** to feel left out.

exclusion /εksklyzjɔ̃/ **I** nf **exclusion (de)** exclusion (from). **II à l'exclusion de** loc prép with the exception of.

exclusivement /εksklyzivmɑ̃/ adv exclusively.

exclusivité /εksklyzivite/ nf exclusive rights (pl); **film en exclusivité** new release, first-run movie©; (dans un journal) exclusive.

excroissance /εkskRwasɑ̃s/ nf MÉD growth.

excursion /εkskyRsjɔ̃/ nf excursion, trip; (▶ à pied) hike.

excuse /εkskyz/ nf excuse; **faire des excuses à qn** to offer one's apologies to sb; **mille excuses** I'm terribly sorry.

excuser /εkskyze/ **I** vtr (▶ erreur, absence) to forgive; (▶ faute) to pardon; **excusez-moi** I'm sorry; (justifier) to excuse. **II s'excuser** vpr **excuser (auprès de/de/d'avoir fait)** to apologize to/for/for doing; **je m'excuse de vous déranger** I'm sorry to disturb you.

exécrable /ɛgzekʀabl/ adj dreadful.

exécrer /ɛgzekʀe/ vtr to loathe.

exécutant, **-e** /ɛgzekytã, ãt/ nm,f MUS performer; (agent) subordinate.

exécuter /ɛgzekyte/ **I** vtr [▸tâche, travaux] to carry out; [▸exercice] to do; [▸promesse, contrat] to fulfil^GB; [▸commande] to fill; [▸condamné, instruction] to execute; MUS [▸morceau] to perform; ORDINAT [▸programme] to run. **II s'exécuter** vpr to comply.

exécutif, **-ive** /ɛgzekytif, ive/ adj, nm executive.

exécution /ɛgzekysjɔ̃/ nf execution; MUS performance; (de menace) carrying out ¢.

exemplaire /ɛgzãplɛʀ/ **I** adj exemplary. **II** nm copy; **en deux exemplaires** in duplicate.

exemple /ɛgzãpl/ **I** nm example; **prendre qn en exemple** to take sb as a model. **II par exemple** loc adv for example.

exempt, **-e** /ɛgzã, ãt/ adj **exempt (de)** exempt (from); **exempt d'impôt** tax-free.

exempter /ɛgzãte/ vtr **exempter de (faire)** to exempt from (doing).

exercer /ɛgzɛʀse/ **I** vtr **exercer (sur)** [▸droit] to exercise (over); [▸autorité] to exert (on); [▸effet] to have (on); [▸profession, corps] to exercise. **II** vi [médecin, etc] to practise^GB. **III s'exercer** vpr [athlète] to train; [musicien] to practise^GB; **s'exercer sur** [force] to be exerted on.

exercice /ɛgzɛʀsis/ nm GÉN exercise; MIL drill; **dans l'exercice de ses fonctions** while on duty; **en exercice** [fonctionnaire] in office; [médecin] in practice; [ministre] incumbent.

exhaler /ɛgzale/ **I** vtr [▸parfum] to exhale. **II s'exhaler** vpr **s'exhaler (de)** to waft (from).

exhaustif, **-ive** /ɛgzostif, iv/ adj exhaustive.

exhiber /ɛgzibe/ **I** vtr [▸toilettes, richesse] to flaunt; [▸animal] to show; [▸partie du corps] to expose. **II s'exhiber** vpr to flaunt oneself; (indécemment) to expose oneself.

exhibitionniste /ɛgzibisjɔnist/ adj, nmf exhibitionist.

exhorter /ɛgzɔʀte/ vtr **exhorter qn à faire** to urge sb to do.

exigeant, **-e** /ɛgziʒã, ãt/ adj demanding; **être exigeant avec qn** to demand a lot of sb.

exigence /ɛgziʒãs/ nf demand; (obligation) requirement; **d'une grande exigence** very demanding.

exiger /ɛgziʒe/ vtr to demand; **exiger de qn qu'il fasse** to demand that sb do; **comme l'exige la loi** as required by law; (nécessiter) to require.

exigible /ɛgziʒibl/ adj due (après n).

exigu, **-uë/-üe** /ɛgzigy/ adj [pièce] cramped.

exil /ɛgzil/ nm exile.

exilé, **-e** /ɛgzile/ **I** adj exiled. **II** nm,f exile.

existence /ɛgzistãs/ nf existence.

exister /ɛgziste/ **I** vi to exist; **existe en trois tailles** available in three sizes. **II** v impers to be; **il existe un lieu/des lieux où…** there is a place/there are places where…

exorciser /ɛgzɔʀsize/ vtr to exorcize.

exode /ɛgzɔd/ nm exodus.
■ **exode rural** rural depopulation.

exonérer /ɛgzɔneʀe/ vtr **exonérer de qch** to exempt from sth.

exorbitant, **-e** /ɛgzɔʀbitã, ãt/ adj exorbitant.

exotique /ɛgzɔtik/ adj exotic.

expansif, **-ive** /ɛkspãsif, iv/ adj [personne] outgoing.

expansion /ɛkspãsjɔ̃/ nf (d'économie) growth; (de pays) expansion.

expatrier: **s'expatrier** /ɛkspatʀije/ vpr to emigrate.

expectative /ɛkspɛktativ/ nf **rester dans l'expectative** to wait and see.

expédient /ɛkspedjã/ nm expedient; **vivre d'expédients** to live by one's wits.

expédier /ɛkspedje/ vtr GÉN to send; [▸importun] to get rid of; [▸travail, repas] to polish off; **expédier les affaires courantes** to deal with daily business.

expéditeur, **-trice** /ɛkspeditœʀ, tʀis/ nm,f sender.

expéditif, **-ive** /ɛkspeditif, iv/ adj [méthode] cursory.

expédition /ɛkspedisjɔ̃/ nf dispatching, sending; (mission) expedition.

expérience /ɛkspeʀjãs/ nf experience; (essai) experiment.

expérimental, **-e**, pl **-aux** /ɛkspeʀimãtal, o/ adj experimental.

expérimenté, **-e** /ɛkspeʀimãte/ adj experienced.

expérimenter /ɛkspeʀimãte/ vtr [▸médicament] to test; [▸méthode] to try out.

expert, -e /ɛkspɛʀ, ɛʀt/ nm,f expert.
■ **expert-comptable** chartered accountant^{GB}, certified public accountant^{US}.

expertise /ɛkspɛʀtiz/ nf valuation^{GB}, appraisal^{US}; (de dégâts) assessment; (compétence) expertise.

expertiser /ɛkspɛʀtize/ vtr [▸objet précieux] to value^{GB}, to appraise^{US}; [▸dégâts] to assess.

expier /ɛkspje/ vtr to atone for, to expiate.

expiration /ɛkspiʀasjɔ̃/ nf exhalation; (échéance) **date d'expiration** expiry date^{GB}, expiration date^{US}.

expirer /ɛkspiʀe/ vi to expire; (souffler) to breathe out.

explicatif, -ive /ɛksplikatif, iv/ adj explanatory.

explication /ɛksplikasjɔ̃/ nf explanation (for).
■ **explication de texte** textual analysis.

expliciter /ɛksplisite/ vtr to clarify, to explain.

expliquer /ɛksplike/ **I** vtr **expliquer qch à qn** to explain sth to sb; [▸texte] to analyze. **II s'expliquer** vpr **s'expliquer qch** to understand sth; **tout finira par s'expliquer** everything will become clear; (exposer sa pensée) to explain; (se justifier) **s'expliquer (auprès de/devant)** to explain (oneself) (to); (résoudre un conflit) to talk things through.

exploit /ɛksplwa/ nm feat.

exploitant, -e /ɛksplwatɑ̃, ɑ̃t/ nm,f **exploitant (agricole)** farmer; (de cinéma) cinema owner.

exploitation /ɛksplwatasjɔ̃/ nf exploitation; (ferme) **exploitation (agricole)** farm; (de réseau) operation; ORDINAT **système d'exploitation** operating system.

exploiter /ɛksplwate/ vtr to exploit; [▸mine] to work; [▸ferme] to run.

explorateur, -trice /ɛksplɔʀatœʀ, tʀis/ nm,f explorer.

exploration /ɛksplɔʀasjɔ̃/ nf exploration.

explorer /ɛksplɔʀe/ vtr to explore.

exploser /ɛksploze/ vi [bombe] to explode; [véhicule] to blow up; **laisser exploser sa colère** to give vent to one's anger; [ventes] to boom.

explosif, -ive /ɛksplozif, iv/ adj, nm explosive.

explosion /ɛksplozjɔ̃/ nf explosion; **explosion démographique** population boom.

exportateur, -trice /ɛkspɔʀtatœʀ, tʀis/ **I** adj [pays] exporting; [société] export (épith). **II** nm,f exporter.

exportation /ɛkspɔʀtasjɔ̃/ nf export.

exporter /ɛkspɔʀte/ vtr to export.

exposant, -e /ɛkspozɑ̃, ɑ̃t/ **I** nm,f exhibitor. **II** nm MATH exponent.

exposé, -e /ɛkspoze/ **I** adj **exposé au sud** south-facing; **maison bien exposée** house with a good aspect; (dans une exposition) on show; (dans un magasin) on display. **II** nm account; (conférence) **exposé (sur)** talk (on).

exposer /ɛkspoze/ **I** vtr [▸œuvre] to exhibit; [▸marchandise] to display; [▸faits] to state; [▸situation] to explain; PHOT to expose. **II s'exposer (à)** vpr to expose oneself (to).

exposition /ɛkspozisjɔ̃/ nf show; (d'œuvres) exhibition; (orientation) aspect; PHOT exposure.

exprès¹ /ɛkspʀɛ/ adv deliberately, on purpose; (spécialement) specially.

exprès², -esse /ɛkspʀɛs/ **I** adj express. **II exprès** adj inv **lettre exprès** special-delivery letter.

express /ɛkspʀɛs/ **I** adj inv express. **II** nm inv (train) express; (café) espresso.

expressif, -ive /ɛkspʀɛsif, iv/ adj expressive.

expression /ɛkspʀɛsjɔ̃/ nf expression.

exprimer /ɛkspʀime/ **I** vtr to express. **II s'exprimer** vpr to express oneself.

expulser /ɛkspylse/ vtr **expulser (de)** [▸locataire] to evict (from); [▸immigré] to deport (from); [▸élève, membre] to expel (from); [▸joueur] to send [sb] off.

expulsion /ɛkspylsjɔ̃/ nf **expulsion (de)** (de locataire) eviction (from); (d'immigré) deportation (from); (d'élève, etc) expulsion (from); SPORT sending-off (from).

exquis, -e /ɛkski, iz/ adj GÉN exquisite; [personne] delightful.

extase /ɛkstɑz/ nf ecstasy.

extasier: s'extasier /ɛkstazje/ vpr **s'extasier devant/sur** to go into raptures over.

extensible /ɛkstɑ̃sibl/ adj [tissu] stretch; [garantie] that can be extended.

extension /ɛkstɑ̃sjɔ̃/ nf stretching; **prendre de l'extension** [industrie] to expand; [grève] to spread.

exténuer: **s'exténuer** /ɛkstenɥe/ *vpr* *s'exténuer à faire qch* to wear oneself out doing sth.

extérieur, -e /ɛksteʁjœʁ/ **I** *adj* outside; [couche, mur] outer; [commerce, relations] foreign; [joie, calme] outward. **II** *nm* outside; *à l'extérieur de qch* outside sth.

extérioriser /ɛksteʁjɔʁize/ *vtr* to show, to externalize.

extermination /ɛkstɛʁminasjɔ̃/ *nf* extermination.

exterminer /ɛkstɛʁmine/ *vtr* to exterminate.

externaliser /ɛkstɛʁnalize/ *vtr* to outsource.

externe /ɛkstɛʁn/ **I** *adj* [cause, problème] external; [partie] exterior. **II** *nmf* SCOL day pupil; MÉD, UNIV *externe (des hôpitaux)* non-residential medical student[GB], extern[US].

extincteur /ɛkstɛ̃ktœʁ/ *nm* fire extinguisher.

extinction /ɛkstɛ̃ksjɔ̃/ *nf* extinction; *en voie d'extinction* endangered; *après l'extinction des feux* after lights out; *avoir une extinction de voix* to have lost one's voice.

extorquer /ɛkstɔʁke/ *vtr* *extorquer qch à qn* to extort sth from sb.

extra /ɛkstʁa/ **I** *adj inv* ☺ (remarquable) great☺; COMM extra, top-quality. **II** *nm inv* (dépense) extra; *s'offrir un petit extra* to have a little treat; *faire des extra* (petits travaux) to do bits and pieces; (personne) extra worker.

extraction /ɛkstʁaksjɔ̃/ *nf* extraction.

extrader /ɛkstʁade/ *vtr* to extradite.

extradition /ɛkstʁadisjɔ̃/ *nf* extradition.

extraire /ɛkstʁɛʁ/ *vtr* *extraire (de)* to extract (from).

extrait /ɛkstʁɛ/ *nm* extract, excerpt; (substance) essence, extract.

extraordinaire /ɛkstʁaɔʁdinɛʁ/ *adj* extraordinary.

extraterrestre /ɛkstʁatɛʁɛstʁ/ *adj, nmf* extraterrestrial, alien.

extravagance /ɛkstʁavagɑ̃s/ *nf* extravagance.

extravagant, -e /ɛkstʁavagɑ̃, ɑ̃t/ *adj* extravagant.

extrême /ɛkstʁɛm/ **I** *adj* (le plus distant) furthest; (très grand) extreme. **II** *nm* *pousser la logique à l'extrême* to take logic to extremes; *courageux à l'extrême* extremely brave; *à l'autre extrême* at the other extreme.

extrêmement /ɛkstʁɛmmɑ̃/ *adv* extremely.

Extrême-Orient /ɛkstʁɛmɔʁjɑ̃/ *nprm* *l'Extrême-Orient* the Far East.

extrémiste /ɛkstʁemist/ *adj, nmf* extremist.

extrémité /ɛkstʁemite/ *nf* extremity, end; *aux deux extrémités* at both ends.

f

f, F /ɛf/ *nm inv* **F3** 2-bedroom flat[GB]; (*abrév écrite = franc*) **50 F** 50 F.

fa /fa/ *nm inv* F, fa.

fable /fɑbl/ *nf* fable.

fabricant /fabʀikɑ̃/ *nm* manufacturer.

fabrication /fabʀikasjɔ̃/ *nf* GÉN making; (pour le commerce) manufacture.

fabriquer /fabʀike/ *vtr* GÉN to make; (industriellement) to manufacture; (faire) *qu'est-ce que tu fabriques*[©] *ici?* what are you doing here?

fabuleux, -euse /fabylø, øz/ *adj* fabulous.

fac[©] /fak/ *nf* university.

façade /fasad/ *nf* (de maison) front; (apparence) façade.

face /fas/ **I** *nf* (visage) face; *face à face* face to face; (de monnaie) head; (côté, aspect) side; *se faire face* [personnes] to face each other; [maisons] to be opposite one another; *faire face à* [▸ adversaire, défi, accusation] to face. **II de face** *loc* from the front. **III en face de** *loc prép* opposite; *en face de moi* opposite me; *en face des enfants* in front of the children.

fâché, -e /fɑʃe/ *adj* *fâché (contre)* angry (with); *être fâché avec qn* to have fallen out with sb.

fâcher: se fâcher /fɑʃe/ *vpr* *se fâcher (contre qn/pour qch)* to get angry (with sb/about sth); (se brouiller) *se fâcher avec qn/pour qch* to fall out with sb/over sth.

fâcheux, -euse /fɑʃø, øz/ *adj* unfortunate.

facile /fasil/ **I** *adj* easy; [personne] easy-going; [remarque] facile. **II** [©] *adv* easily.

facilement /fasilmɑ̃/ *adv* easily.

facilité /fasilite/ **I** *nf* easiness; (d'utilisation, entretien) ease; (d'expression) fluency. **II facilités** *nfpl* (capacités) aptitude; *facilités (de paiement)* easy terms.

faciliter /fasilite/ *vtr* to make easier.

façon /fasɔ̃/ **I** *nf* way; *de toute façon* anyway; *à la façon de* like; *de façon à faire* in order to do; *façon de parler* so to speak; *de quelle façon...?* how...?; *un peigne façon ivoire* an imitation ivory comb. **II façons** *nfpl* behaviour[GB]; *faire des façons* to stand on ceremony; *sans façons* informal. **III de (telle) façon que, de façon (à ce) que** *loc conj* so that.

fac-similé, facsimilé, *pl* **-s** /faksimile/ *nm* facsimile.

facteur, -trice /faktœʀ, tʀis/ *nm,f* postman/ postwoman; MATH, (élément) factor.

facture /faktyʀ/ *nf* bill, invoice; (technique) craftsmanship.

facturer /faktyʀe/ *vtr* to invoice.

facturette /faktyʀɛt/ *nf* credit card slip.

facultatif, -ive /fakyltatif, iv/ *adj* optional.

faculté /fakylte/ *nf* faculty; (physique) ability; *faculté de faire qch* option of doing sth; UNIV faculty.

fadaises /fadɛz/ *nfpl* *dire des fadaises* to talk nonsense.

fade /fad/ *adj* bland; [œuvre, personne] dull.

faible /fɛbl/ **I** *adj* GÉN weak; [vue, résultat] poor; [coût, revenu] low; [moyens, portée] limited; [bruit, lueur, vibrations] faint; [vent, pluie] light; [score, vitesse] low; *de faible importance* of little importance. **II** *nmf* weak-willed person. **III** *nm avoir un faible pour qch* to have a weakness for sth.
■ **faible d'esprit** feeble-minded.

faiblesse /fɛblɛs/ *nf* GÉN weakness; *avoir la faiblesse de faire* to be weak enough to do.

faiblir /fɛbliʀ/ *vi* to weaken; [mémoire, vue] to fail; [pluie] to abate.

faïence /fajɑ̃s/ *nf* earthenware.

faillir /fajiʀ/ *vi* GÉN *il a failli mourir* he almost died, he nearly died; (manquer) *faillir à ses engagements* to fail in one's commitments.

faillite /fajit/ *nf* bankruptcy; *faire faillite* to go bankrupt.

faim /fɛ̃/ *nf* hunger; *avoir faim* to be hungry.

fainéant, -e /feneɑ̃, ɑ̃t/ **I** *adj* lazy. **II** *nm,f* lazybones *(sg)*.

faire /fɛʀ/ **I** *vtr* (composer, fabriquer, réaliser, transformer) [▸ soupe, thé] to make; (s'occuper, se livrer à une activité) [▸ licence, vaisselle, trajet] to do; (souffrir de)[©] [▸ tension, etc] to have; (user, disposer de) to do; *qu'as-tu fait du billet?* what have you done with the ticket?; *pour quoi faire?* what for?; (avoir un effet) *ça ne m'a rien fait* it didn't affect me at all; *ça ne fait rien!* it doesn't matter!; (causer) *faire des jaloux* to make some people jealous; *l'explosion a fait 12 morts* the explosion left 12 people dead; *faire d'un garage un atelier* to make a garage into a workshop; (proclamer) *faire qn général* to make sb a general; (dire) to say; *oui, fit-il* yes, he said. **II** *vi* (agir) to do, to act; (paraître) to look; *faire jeune* to look young; (imiter) *faire le courageux* to pretend to be brave; (durer) to last; *faire avec⊚* to make do with; (temps) *il fait chaud* it's hot. **III se faire** *vpr* [▸café, etc] to make oneself; (+ adj) (devenir) to get, to become; (+ inf) *se faire comprendre* to make oneself understood; *se faire faire qch par qn* to have sth done by sb; (s'inquiéter) *s'en faire* to worry; (s'habituer) *se faire à* to get used to; (être d'usage) *ça ne se fait pas* it's not the done thing; *ça ne se fait plus* it's out of fashion; (être fait) *le pont se fera bien un jour* the bridge will be built one day; (emploi impersonnel) *comment se fait-il que…?* how is it that…?

faire-part /fɛʀpaʀ/ *nm inv* announcement.

faisable /fəzabl/ *adj* feasible.

faisan /fəzɑ̃/ *nm* (cock) pheasant.

faisceau, *pl* **-x** /fɛso/ *nm* beam.

fait, **-e** /fɛ, fɛt/ **I** *pp* ▸ faire. **II** *adj* (réalisé, accompli) *bien/mal fait* well/badly done; *c'est bien fait (pour toi)⊚!* it serves you right!; (constitué) *fait d'or* made of gold; *fait de trois éléments* made up of three elements; *idée toute faite* ready-made idea; (adapté) *fait pour qch/pour faire* meant for sth/to do; (programme, dispositif) designed; (fromage) ripe. **III** *nm* fact; *le fait d'avoir* the fact of having; (cause) *de ce fait* because of that; *du fait de qch* due to sth; (événement) event; *au moment des faits* at the time of (the) events; (sujet) *aller droit au fait* to go straight to the point; (exploit) *les hauts faits* heroic deeds. **IV au fait** /ofɛt/ *loc adv* by the way. **V en fait** *loc adv* in fact, actually.
■ **fait divers** (short) news item.
● **sur le fait** in the act.

faîte, **faite** /fɛt/ *nm* [▸de toit] rooftop; [▸de montagne] top; FIG (apogée) peak.

falaise /falɛz/ *nf* cliff.

falloir /falwaʀ/ **I** *v impers il faut qch/qn* we need sth/sb; (sans bénéficiaire) sth/sb is needed; *ce qu'il faut* what is needed; *il leur faut faire* they have to do, they must do; *il faut dire que* one must say that; *il faut vous dire que* you should know that; *s'il le faut* if necessary; *il ne fallait pas!* (politesse) you shouldn't have!; *il faut que tu fasses* (obligation) you must do, you've got to do, you have to do; (conseil) you should do; *comme il faut* [manger] properly; [personne] respectable, proper. **II s'en falloir** *vpr elle a perdu, mais il s'en est fallu de peu* she lost, but only just.

falsifier /falsifje/ *vtr* to falsify.

famé, **-e** /fame/ *adj un quartier mal famé* a seedy area.

fameux, **-euse** /famø, øz/ *adj* famous; (très bon) first-rate; *pas fameux* not great.

familial, **-e**, *mpl* **-iaux** /familjal, o/ *adj* family (épith).

familiariser /familjaʀize/ **I** *vtr familiariser (avec)* to familiarize (with). **II se familiariser** *vpr* to familiarize oneself.

familiarité /familjaʀite/ *nf* familiarity ¢.

familier, **-ière** /familje, jɛʀ/ **I** *adj* [visage, etc] familiar; [mot, style] informal, colloquial; *animal familier* pet. **II** *nm* (habitué) regular.

famille /famij/ *nf* family; *ne pas avoir de famille* to have no relatives; *en famille* with one's family.
■ **famille d'accueil** host family; **famille nombreuse** large family; **famille recomposée** reconstituted family.

famine /famin/ *nf* famine.

fanatique /fanatik/ *nmf* fanatic.

faner /fane/ *vi*, *vpr* to wither.

fanfare /fɑ̃faʀ/ *nf* brass band; (air) fanfare.

fanfaron, **-onne** /fɑ̃faʀɔ̃, ɔn/ *nm,f* boaster, swaggerer.

fanfreluches /fɑ̃fʀəlyʃ/ *nfpl* frills and flounces.

fanion /fanjɔ̃/ *nm* pennant.

fantaisie /fɑ̃tɛzi/ **I** *adj inv* novelty. **II** *nf* (qualité) imagination; (caprice) whim; *vivre selon sa fantaisie* to do as one pleases.

fantaisiste /fɑ̃tɛzist/ *adj* [horaires] unreliable; [personne] eccentric.

fantasme /fɑ̃tasm/ *nm* fantasy.

fantasmer /fɑ̃tasme/ *vi fantasmer (sur)* to fantasize (about).

fantastique /fɑ̃tastik/ **I** adj fantastic; *le cinéma fantastique* fantasy films (*pl*). **II** nm *le fantastique* fantasy.

fantôme /fɑ̃tom/ **I** nm ghost. **II (-)fantôme** (*en composition*) *cabinet-fantôme* shadow cabinet.

faon /fɑ̃/ nm fawn.

FAQ /fak/ɛfaky/ nf (*abrév* = **foire aux questions**) FAQ, Frequently Asked Questions.

faramineux©, **-euse** /faraminø, øz/ adj [prix, somme] colossal.

farce /faRs/ nf practical joke; *farces et attrapes* joke shop^{GB}, novelty store^{US}; THÉÂT farce; CULIN stuffing.

farceur, **-euse** /faRsœR, øz/ nm,f practical joker.

farcir /faRsiR/ **I** vtr *farcir (de)* to stuff (with). **II se farcir**© vpr (accomplir) to get stuck with©; (ingurgiter) to polish off©.

fard /faR/ nm make-up.
■ **fard à joues/paupières** blusher/eyeshadow.

fardeau, *pl* **-x** /faRdo/ nm burden.

farder /faRde/ **I** vtr [▸vérité] to disguise. **II se farder** vpr [acteur] to make up; [femme] (tous les jours) to use make-up; (un jour) to put on make-up.

farfelu©, **-e** /faRfəly/ adj [projet, idée] harebrained©; [personne] scatterbrained©; [spectacle] bizarre.

farfouiller© /faRfuje/ vi to rummage.

farine /faRin/ nf flour.
■ **farine de blé/complète** wheat/wholemeal flour; **farine animale** meat and bone meal.

farouche /faRuʃ/ adj [personne, animal] timid, shy; [adversaire, regard] fierce.

fart /faRt/ nm (ski-)wax.

fascicule /fasikyl/ nm (brochure) booklet.

fascinant, **-e** /fasinɑ̃, ɑ̃t/ adj fascinating.

fasciner /fasine/ vtr to fascinate.

fascisme /faʃism/ nm fascism.

faste /fast/ **I** adj auspicious. **II** nm pomp.

fastidieux, **-ieuse** /fastidjø, jøz/ adj tedious.

fastoche© /fastɔʃ/ adj easy-peasy©.

fatal, **-e** /fatal/ adj fatal; (inévitable) inevitable.

fatalité /fatalite/ nf *la fatalité* fate.

fatigant, **-e** /fatigɑ̃, ɑ̃t/ adj tiring; [personne] tiresome.

fatigue /fatig/ nf tiredness.

fatigué, **-e** /fatige/ adj [personne] tired; [visage, yeux] weary.

fatiguer /fatige/ **I** vtr (intellectuellement) to tire [sb] out; (ennuyer) *tu me fatigues* you're wearing me out; [▸yeux] to strain. **II** vi [personne] to get tired; [moteur] to labour. **III se fatiguer** vpr to get tired, to tire oneself out; *se fatiguer à faire* to bother doing.

fatras /fatra/ nm jumble.

faubourg /fobuR/ nm HIST part of a town outside its walls or former walls; (artère) faubourg.

fauché©, **-e** /foʃe/ adj **I** broke©.

faucher /foʃe/ vtr to mow, to cut; (renverser) [▸piéton] to mow down; (voler)© to pinch©^{GB}, to steal.

faucille /fosij/ nf sickle.

faucon /fokɔ̃/ nm falcon, hawk^{US}.

faudra /fodRa/ ▸ **falloir**.

faufiler: se faufiler /fofile/ vpr *se faufiler à travers* to thread one's way through.

faune¹ /fon/ nm faun.

faune² /fon/ nf wildlife, fauna.

faussaire /foseR/ nmf forger.

fausse ▸ **faux¹**.

fausser /fose/ vtr [▸résultat] to distort; [▸clé] to bend.
● **fausser compagnie à qn** to give sb the slip.

fausseté /foste/ nf duplicity.

faut /fo/ ▸ **falloir**.

faute /fot/ nf mistake, error; (action coupable) misdemeanour^{GB}; *faute de frappe* typing error; *faute professionnelle* professional misconduct Ȼ; *prendre qn en faute* to catch sb out; *c'est (de) ma faute* it's my fault; *par la faute de qn* because of sb; *faute de temps* through lack of time; *faute de mieux* for want of anything better; *faute de quoi* otherwise, failing which; *sans faute* without fail; SPORT foul.

fauteuil /fotœj/ nm armchair; CIN, THÉÂT seat.
■ **fauteuil roulant** wheelchair.

fautif, **-ive** /fotif, iv/ **I** adj [personne] guilty, at fault; (erroné) faulty. **II** nm,f culprit.

fauve /fov/ **I** adj tan. **II** nm wild animal; (félin) big cat.

fauvette /fovɛt/ nf warbler.

faux¹, fausse /fo, fos/ I *adj* [résultat, numéro, idée] wrong; *c'est faux!* that's wrong!; [départ, nez, porte, impression, promesse] false; (pour tromper) fake (*épith*); [billet, document] forged. II *adv* [chanter] out of tune; *sonner faux* [rire, parole] to have a hollow ring. III *nm inv* (objet, tableau) fake; (document) forgery. ■ **fausse couche** miscarriage; **faux frais** extras; **faux jeton**© two-faced person.

faux² /fo/ *nf* scythe.

faux-filet, *pl* -**s** /fofilɛ/ *nm* sirloin.

faux-monnayeur, *pl* -**s** /fomɔnɛjœʀ/ *nm* forger, counterfeiter.

faux-sens /fosɑ̃s/ *nm inv* mistranslation.

faveur /favœʀ/ I *nf* favour^GB; *de faveur* preferential. II **en faveur de** *loc prép* in favour^GB of.

favorable /favɔʀabl/ *adj* favourable^GB.

favori, -ite /favɔʀi, it/ *adj, nm,f, nm* favourite^GB.

favoriser /favɔʀize/ *vtr* *favoriser qn par rapport à qn* to favour^GB sb over sb.

fax /faks/ *nm inv* fax.

faxer /fakse/ *vtr* to fax.

fayot©, -**otte** /fajo, ɔt/ I *nm,f* creep©, crawler©. II *nm* CULIN bean.

fébrile /febʀil/ *adj* feverish.

fécond, -e /fekɔ̃, ɔ̃d/ *adj* fertile.

fécondation /fekɔ̃dasjɔ̃/ *nf* fertilization. ■ **fécondation in vitro** in vitro fertilization.

fécondité /fekɔ̃dite/ *nf* fertility.

féculent /fekylɑ̃/ *nm* starchy food ¢.

fédéral, -e, *mpl* -**aux** /federal, o/ *adj* federal.

fédération /federasjɔ̃/ *nf* federation.

fée /fe/ *nf* fairy.

féerique, féérique /fe(e)ʀik/ *adj* [beauté, vision] enchanting; [monde, paysage, moment] enchanted.

feindre /fɛ̃dʀ/ I *vtr* to feign; *feindre de faire/d'être* to pretend to do/to be. II *vi* to pretend.

feint, -e /fɛ̃, ɛ̃t/ *adj* feigned; *non feint* genuine.

feinte /fɛ̃t/ *nf* feint.

feinter /fɛ̃te/ I *vtr* to trick. II *vi* to make a feint; (en boxe) to feint.

fêler /fɛle/ *vtr, vpr* to crack.

félicitations /felisitasjɔ̃/ *nfpl* *félicitations (pour)* congratulations (on).

féliciter /felisite/ I *vtr* *féliciter (pour)* to congratulate (on). II **se féliciter** *vpr* *se féliciter de qch* to be very pleased about sth.

félin, -e /felɛ̃, in/ *adj, nm* feline.

femelle /fəmɛl/ *adj, nf* female.

féminin, -e /feminɛ̃, in/ I *adj* [sexe, population] female; [magazine, lingerie] women's; [allure, nom, rime] feminine. II *nm* LING feminine.

féministe /feminist/ *adj, nmf* feminist.

femme /fam/ *nf* woman; (épouse) wife. ■ **femme d'affaires** businesswoman; **femme au foyer** housewife; **femme de ménage** cleaning lady.

fémur /femyʀ/ *nm* thighbone.

fendre /fɑ̃dʀ/ I *vtr* to split; [▸mur, pierre] to crack; *à fendre l'âme* heartbreaking. II **se fendre** *vpr* to crack; *tu ne t'es pas fendu°!* that didn't break the bank!; *se fendre la poire*© to split one's sides©.

fenêtre /fənɛtʀ/ *nf* window.

fenouil /fənuj/ *nm* fennel.

fente /fɑ̃t/ *nf* (pour insérer une pièce, etc) slot; (de veste) vent; (fissure) crack.

féodal, -e, *mpl* -**aux** /feɔdal, o/ *adj* feudal.

fer /fɛʀ/ *nm* iron. ■ **fer à cheval** horseshoe; **fer forgé** wrought iron; **fer à repasser** iron.

fer-blanc /fɛʀblɑ̃/ *nm* tinplate.

férié, -e /feʀje/ *adj* *jour férié* public holiday^GB, holiday^US.

ferme¹ /fɛʀm/ I *adj* firm; [blanc d'œuf] stiff. II *adv* *tenir ferme* to stand one's ground; *s'ennuyer ferme* to be bored stiff.

ferme² /fɛʀm/ *nf* farm.

fermé, -e /fɛʀme/ *adj* *visage fermé* inscrutable face; (élitiste) exclusive; [porte] closed.

fermement /fɛʀməmɑ̃/ *adv* firmly.

ferment /fɛʀmɑ̃/ *nm* ferment.

fermenté, -e /fɛʀmɑ̃te/ *adj* fermented.

fermenter /fɛʀmɑ̃te/ *vi* to ferment.

fermer /fɛʀme/ I *vtr* to close, to shut; [▸robinet, gaz, radio] to turn off; [▸électricité] to switch off; *fermer à clé* to lock (up); (définitivement) [▸entreprise] to close down. II *vi, vpr* to close.

fermeté /fɛʀməte/ *nf* firmness.

fermeture /fɛʀmətyʀ/ *nf* closing, closure; (définitive) closing down; *fermeture automatique* automatic locking system.
■ *fermeture éclair*® zip^GB, zipper^US; *fermeture centralisée* central locking.

fermier, -ière /fɛʀmje, jɛʀ/ *nm,f* farmer.

fermoir /fɛʀmwaʀ/ *nm* clasp.

féroce /feʀɔs/ *adj* ferocious; [personne, air] fierce, cruel.

ferraille /feʀɑj/ *nf* scrap iron; (monnaie)© small change.

ferrer /feʀe/ *vtr* [▸ cheval] to shoe.

ferroviaire /feʀɔvjɛʀ/ *adj* *trafic ferroviaire* rail traffic; *compagnie ferroviaire* railway^GB, railroad^US company.

fertile /fɛʀtil/ *adj* fertile; *fertile en* filled with.

féru, -e /feʀy/ *adj* *être féru de qch* to be very keen on sth.

fervent, -e /fɛʀvɑ̃, ɑ̃t/ *adj* [prière] fervent; [amour] ardent.

fesse /fɛs/ *nf* buttock.

fessée /fese/ *nf* spanking.

festin /fɛstɛ̃/ *nm* feast.

festival /fɛstival/ *nm* festival.

festivités /fɛstivite/ *nfpl* festivities.

festoyer /fɛstwaje/ *vi* to feast.

féta /feta/ *nf* feta.

fête /fɛt/ *nf* public holiday^GB, holiday^US; (jour du saint patron) *c'est ma fête* it's my name-day; (religieuse) festival; (privée) party; *fête de famille* family gathering; *faire la fête* to live it up©; (foire, kermesse) fair; (réjouissances officielles) celebrations (*pl*).
■ *fête des Mères/Pères* Mothers'/Fathers' Day; *fête des Rois* Epiphany twelfth night; *fête foraine* funfair; *fêtes de fin d'année* the Christmas season; *fête nationale* national holiday; (en France) Bastille Day; *fête du Travail* May Day.

fêter /fete/ *vtr* to celebrate.

fétiche /fetiʃ/ *nm* fetish.

feu¹, -e /fø/ *adj* late; *feu le roi* the late king.

feu², pl -x /fø/ *nm* GÉN fire; *au feu!* fire!; *avez-vous du feu?* have you got a light?; (lumière, signal) light; (à un carrefour) traffic light; *feu orange* amber^GB, yellow^US light; (de cuisinière) ring^GB, burner^US; *à feu doux/vif* on a low/high heat; (enthousiasme) *avec*

feu with passion; (tir) fire; *faire feu (sur)* to fire (at); *coup de feu* shot.
■ *feu d'artifice* firework; *feu de joie* bonfire; *feux de croisement* dipped^GB/dimmed^US headlights.

feuillage /fœjaʒ/ *nm* leaves (*pl*).

feuille /fœj/ *nf* leaf; (de papier, etc) sheet; (de métal, plastique) (plaque mince) sheet; (d'aluminium) foil ©; (formulaire) form.
■ *feuille de paie* payslip^GB, pay stub^US; *feuille de route* road map.

feuillet /fœjɛ/ *nm* page.

feuilleté, -e /fœjte/ **I** *adj* *pâte feuilletée* puff pastry. **II** *nm* CULIN pasty.

feuilleter /fœjte/ *vtr* to leaf through.

feuilleton /fœjtɔ̃/ *nm* serial.

feutre /føtʀ/ *nm* felt ©; (chapeau) felt hat; (stylo) felt-tip (pen).

feutré, -e /føtʀe/ *adj* felted; *marcher à pas feutrés* to pad along.

fève /fɛv/ *nf* broad bean.

février /fevʀije/ *nm* February.

fg (*abrév écrite* = **faubourg**).

fiable /fjabl/ *adj* reliable.

fiançailles /fjɑ̃saj/ *nfpl* engagement (*sg*).

fiancé, -e /fjɑ̃se/ *nm,f* fiancé/fiancée.

fiancer: se fiancer /fjɑ̃se/ *vpr* *se fiancer (à/avec)* to get engaged (to).

fibre /fibʀ/ *nf* fibre^GB.

fibrome /fibʀom/ *nm* fibroid.

ficeler /fisle/ *vtr* to tie (up).

ficelle /fisɛl/ *nf* string; (astuce) trick; (pain) thin baguette.

fiche /fiʃ/ *nf* index card; (prise) plug.
■ *fiche de paie* payslip^GB, pay stub^US.

ficher¹ /fiʃe/ *vtr* to open a file on.

ficher²© /fiʃe/ (*pp* ▸ **fichu¹**) **I** *vtr* (faire) to do; (mettre) to put; *ficher la paix à qn* to leave sb alone. **II se ficher** *vpr* *se ficher dedans* to screw up©; *se ficher de qn* to make fun of sb; (être indifférent) *je m'en fiche* I don't give a damn©.

fichier /fiʃje/ *nm* file.

fichu¹© /fiʃy/ **I** *pp* ▸ **ficher²**. **II** *adj* (détestable) rotten©, lousy©; (hors d'usage) done for©; *être mal fichu* (malade) to feel lousy©; (capable) able (of).

fichu² /fiʃy/ *nm* (châle) shawl.

fictif, -ive /fiktif, iv/ *adj* fictitious.

fiction /fiksjɔ̃/ nf fiction.

fidèle /fidɛl/ **I** adj faithful. **II** nmf loyal supporter; RELIG **les fidèles** the faithful.

fidélité /fidelite/ nf fidelity.

Fidji /fidʒi/ nprfpl Fiji; **les îles Fidji** the Fiji Islands.

fief /fjɛf/ nm HIST fief.

fier¹, fière /fjɛʀ/ adj **fier de** proud of.

fier²: se fier à /fje/ vpr to trust (sb/sth).

fierté /fjɛʀte/ nf pride.

fièvre /fjɛvʀ/ nf fever; **avoir de la fièvre** to have a temperature; (agitation) frenzy.
■ **fièvre aphteuse** foot and mouth disease; **fièvre de cheval**© raging fever.

fiévreux, -euse /fjevʀø, øʒ/ adj feverish.

figer /fiʒe/ vtr, vpr to freeze.

figue /fig/ nf fig.

figuier /figje/ nm fig tree.

figurant, -e /figyʀɑ̃, ɑ̃t/ nm,f CIN extra.

figure /figyʀ/ nf face; **faire figure de** to look like; (schéma) figure.

figuré, -e /figyʀe/ adj [sens] figurative.

figurer /figyʀe/ **I** vi [nom, chose] to appear; **faire figurer qch** to include sth. **II se figurer** vpr to imagine.

fil /fil/ nm thread; (métallique) wire; (de pêche) line; **sans fil** [téléphone] cordless; **coup de fil**© (phone) call; **haricots sans fils** stringless beans; (du rasoir) edge. **II au fil de** loc prép **au fil de l'enquête** in the course of the investigation.
■ **fil dentaire** dental floss.

filature /filatyʀ/ nf textile mill; (surveillance) tailing ¢.

file /fil/ nf **file (d'attente)** queueᴳᴮ, lineᵁˢ; **à la file** in a row; (sur une chaussée) lane; **se garer en double file** to double-park.
■ **file indienne** single file.

filer /file/ **I** vtr [▸laine] to spin; [▸collant] to get a run in; (suivre) to follow; (donner)© to give. **II** vi [collant] to ladderᴳᴮ, to runᵁˢ; (s'éloigner)© to leave; [personne] to dash off; **file!**© clear off!©; (passer vite) [temps] to fly past.

filet /filɛ/ nm net; (de viande, poisson) fillet; (d'eau) trickle; **filet de citron** dash of lemon juice.
■ **filet à bagages** luggage rack; **filet à provisions** string bag.

filiale /filjal/ nf subsidiary.

filière /filjɛʀ/ nf (d'activité) field; (de la drogue) **filière (clandestine)** ring.

filigrane /filigʀan/ nm watermark; **en filigrane**; [lire] between the lines; [contenir] implicitly.

fille /fij/ nf girl; (parente) daughter.

fillette /fijɛt/ nf little girl.

filleul, -e /fijœl/ nm, f godson, goddaughter, godchild.

film /film/ nm film; (de cinéma) film, movieᵁˢ.

filmer /filme/ vtr to film.

filon /filɔ̃/ nm seam; **avoir trouvé le bon filon** to be on to a good thing.

filou /filu/ nm crook.

fils /fis/ nm son; **Alexandre Dumas fils** Alexandre Dumas the younger; **Dupont fils** Dupont Junior.

filtre /filtʀ/ nm filter; **cigarette avec filtre** filter-tip cigarette; **filtre ADSL** DSL filter.
■ **filtre solaire** sun screen.

filtrer /filtʀe/ **I** vtr to filter; [▸appels] to screen. **II** vi to filter through.

fin¹, -e /fɛ̃, fin/ **I** adj [fil, sable, pluie, etc] fine; [taille] slender; [esprit] shrewd; [allusion] subtle; [odorat] keen; **au fin fond de** in the remotest part of; **fines herbes** (fresh) herbs. **II** adv **fin prêt** all set; [moudre] finely. **III** nm **le fin du fin de qch** the ultimate in sth.

fin² /fɛ̃/ nf end; (de livre, film) ending; **en fin de matinée** late in the morning; **en fin de compte** all things considered; **mettre fin à** to put an end to; **prendre fin** to come to an end; **sans fin** endless; **à la fin**©! for God's sake!; (but) end, aim, purpose; **arriver à ses fins** to achieve one's aims.
■ **fin de semaine** weekend.

final, -e , mpl **-aux** /final, o/ adj final.

finale /final/ nf SPORT final.

finalement /finalmɑ̃/ adv finally.

finaliste /finalist/ adj, nmf finalist.

finance /finɑ̃s/ **I** nf (activité) **la finance** finance. **II finances** nfpl **moyennant finances** for a consideration; **mes finances sont à sec**© I'm broke©; **les Finances** (ministère) the Ministry (sg) of Finance.

financement /finɑ̃smɑ̃/ nm financing ¢.

financer /finɑ̃se/ vtr to finance.

financier, -ière /finɑ̃sje, jɛʀ/ **I** adj financial. **II** nm financier.

finesse /finɛs/ nf fineness; (de couche, papier) thinness; (de parfum, d'aliment) delicacy; (de taille) slenderness; (subtilité) perceptiveness; (d'odorat, ouïe) sharpness; (de la langue) subtlety.

fini, -e /fini/ **I** adj finished; *produit fini* finished product ; *c'est fini* it's over, it's finished. **II** nm finish.

finir /finiR/ **I** vtr [▸tâche] to finish (off), to complete; [▸journée, discours] to end; [▸provisions] to use up; [▸plat] to finish; *finir de faire* to finish doing; *tu n'as pas fini d'en entendre parler!* you haven't heard the last of it! **II** vi to finish, to end; *il a fini par se décider* he eventually made up his mind; *finissons-en!* let's get it over with!; *en finir avec qch* to put an end to sth; *à n'en plus finir* endless.

finition /finisjɔ̃/ nf finish.

finlandais, -e /fɛ̃lɑ̃dɛ, ɛz/ **I** adj Finnish. **II** nm,f *Finlandais, -e* Finnish.

Finlande /fɛ̃lɑ̃d/ nprf Finland.

finnois /finwa, az/ adj,nm Finnish.

fioul /fjul/ nm fuel oil.

firme /fiRm/ nf firm.

fisc /fisk/ nm tax office.

fiscal, -e /fiskal, o/ adj, mpl **-aux** fiscal, tax.

fissurer: se - /fisyRe/ vpr to crack.

fiston© /fistɔ̃/ nm sonny©, son.

FIV /fiv, ɛfive/ nf (abrév = *fécondation in vitro*) IVF treatment.

fixation /fiksasjɔ̃/ nf fastening; (de ski) binding; PSYCH fixation; *faire une fixation sur qn/qch* to be fixated on sb/sth.

fixe /fiks/ **I** adj fixed; [résidence] permanent; *prix fixe* fixed price. **II** nm basic salaryGB, base payUS.

fixer /fikse/ **I** vtr *fixer (à/sur)* to fix (to/on); [▸date, prix, etc] to set; *fixer son choix sur* to decide on; *au jour fixé* on the appointed day; [▸frontières] to establish; [▸attention] to focus; (observer) to stare at. **II se fixer** vpr [▸but, limite] to set oneself; (s'installer) to settle.

flacon /flakɔ̃/ nm (small) bottle.

flagrant, -e /flagRɑ̃, ɑ̃t/ adj flagrant; [erreur, exemple] glaring.
■ *prendre qn en flagrant délit* to catch sb red-handed.

flair /flɛR/ nm nose; (intuition) intuition.

flairer /fleRe/ vtr to sniff; [▸danger] to scent danger.

flamand, -e /flamɑ̃, ɑ̃d/ **I** adj Flemish. **II** nm Flemish. **III** nm,f *un Flamand/une Flamande* a Flemish man/woman; *les Flamands* the Flemish.

flamant /flamɑ̃/ nm flamingo; *flamant (rose)* pink flamingo.

flambant /flɑ̃bɑ̃/ adv *flambant neuf* brand new.

flambeau, pl **-x** /flɑ̃bo/ nm torch.

flambée /flɑ̃be/ nf fire; (de violence) outbreak (of); (des prix) surge (in).

flamber /flɑ̃be/ **I** vtr [▸crêpe] to flambé. **II** vi to blaze; [prix] to soar.

flamboyant, -e /flɑ̃bwajɑ̃, ɑ̃t/ adj [lumière] blazing; [couleur] flaming; ARCHIT Flamboyant Gothic.

flamme /flam/ nf flame; *en flammes* on fire; (passion) love; (ardeur) fervourGB.

flan /flɑ̃/ nm ≈ custard.

flanc /flɑ̃/ nm side; (d'animal, armée) flank.

flancher© /flɑ̃ʃe/ vi to give out.

Flandre /flɑ̃dR/ nprf Flanders (+ v sg).

flâner /flane/ vi to stroll.

flanquer /flɑ̃ke/ vtr *flanquer qch de qch* to flank sth by sth; [▸coup, peur, etc]© to give; *flanquer*© *qch par terre* to throw sth on the ground; *flanquer à la porte* to fire.

flaque /flak/ nf puddle.

flash /flaʃ/ nm PHOT flash; RADIO, TV *flash (d'information)* news (headlines) (pl).
■ *flash publicitaire* commercial.

flasher© /flaʃe/ vi *flasher sur* to fall in love with.

flatter /flate/ **I** vtr to flatter; [▸animal] to pat. **II se flatter** vpr (prétendre) to flatter oneself (that); (tirer vanité) to pride oneself (on doing).

flatterie /flatRi/ nf flattery ¢.

flatteur, -euse /flatœR, øz/ adj flattering.

fléau, pl **-x** /fleo/ nm (calamité) scourge; (outil) flail.

flèche /flɛʃ/ nf arrow; *monter en flèche* [prix] to soar; (d'église) spire.

fléché, -e /fleʃe/ adj signposted.

flécher /fleʃe/ vtr to signpost.

fléchette /fleʃɛt/ nf dart; (sport) *fléchettes* darts (sg).

fléchir /fleʃiR/ **I** vtr to bend; (ébranler) to sway. **II** vi to bend; [volonté] to weaken.

foncé

flemmard©, **-e** /flemaʀ, aʀd/ *nm,f* lazy devil©.

flemme© /flɛm/ *nf* laziness; *j'ai la flemme de faire* I'm too lazy to do.

flétan /fletɑ̃/ *nm* halibut.

flétrir /fletʀiʀ/ *vtr, vpr* to fade.

fleur /flœʀ/ *nf* flower; *en fleurs* in flower, in blossom; *à fleurs* flowery; *à fleur d'eau* just above the water; *dans la fleur de l'âge* in the prime of life.
● *faire une fleur à qn*© to do sb a favour[GB].

fleuret /flœʀɛ/ *nm* foil.

fleuri, **-e** /flœʀi/ *adj* [jardin] full of flowers; [arbre] in blossom; [style, papier] flowery.

fleurir /flœʀiʀ/ **I** *vtr* [▸tombe] to put flowers on. **II** *vi* [rosier] to flower, to bloom; [cerisier] to blossom; FIG to spring up.

fleuriste /flœʀist/ *nmf* (commerçant) florist.

fleuve /flœv/ **I** *nm* river. **II** **(-)fleuve** (*en composition*) [discours] interminable.

flexible /flɛksibl/ *adj* flexible.

flexion /flɛksjɔ̃/ *nf* flexing; LING inflection.

flic© /flik/ *nm* cop©.

flipper[1] /flipœʀ/ *nm* pinball (machine).

flipper[2]© /flipe/ *vi* to freak out©; *ça me fait flipper* it gives me the creeps©.

flirt /flœʀt/ *nm* flirting; (personne) boyfriend/ girlfriend.

flirter /flœʀte/ *vi* to flirt.

flocon /flɔkɔ̃/ *nm* flake; *purée en flocons* instant mashed potatoes; *pl.*

flonflons /flɔ̃flɔ̃/ *nmpl* brass band music ₵.

flop© /flɔp/ *nm* *faire un flop* to flop.

flopée© /flɔpe/ *nf* *une flopée de* masses of.

floraison /flɔʀɛzɔ̃/ *nf* flowering, blooming.

flore /flɔʀ/ *nf* flora.

florilège /flɔʀilɛʒ/ *nm* anthology.

florissant, **-e** /flɔʀisɑ̃, ɑ̃t/ *adj* [activité, etc] thriving; [personne] he's blooming.

flot /flo/ **I** *nm* flood, stream. **II** **à flot** *loc adv* [couler] freely. **III** **flots** *nmpl* billows.

flotte /flɔt/ *nf* fleet; (eau)© water; (pluie)© rain.

flottement /flɔtmɑ̃/ *nm* (indécision) wavering ₵.

flotter /flɔte/ **I** *vi* to float; [drapeau] to fly; [parfum] to drift; *il flotte dans ses vêtements* his clothes are hanging off him. **II** © *v impers* to rain.

flotteur /flɔtœʀ/ *nm* (de ligne) float.

flou, **-e** /flu/ *adj* blurred; [explication] vague.

flouter /flute/ *vtr* to blur out.

fluet, **-ette** /flyɛ, ɛt/ *adj* frail.

fluide /flɥid/ *adj, nm* fluid.

fluor /flyɔʀ/ *nm* fluorine.

flûte /flyt/ **I** *nf* (instrument, verre) flute. **II** © *excl* damn©!

flux /fly/ *nm* flow.

FMI /ɛfɛmi/ *nm* (*abrév* = **Fonds monétaire international**) International Monetary Fund, IMF.

foc /fɔk/ *nm* jib.

fœtus /fetys/ *nm* foetus.

foi /fwa/ *nf* faith; (confiance) faith; *en toute bonne foi* in all sincerity; *la bonne/mauvaise foi* good/bad faith; *qui fait foi* authentic.

foie /fwa/ *nm* liver; *crise de foie* indigestion.
■ **foie gras** foie gras.

foin /fwɛ̃/ *nm* hay ₵.

foire /fwaʀ/ *nf* fair; (confusion)© bedlam.

fois /fwa/ **I** *nf* time; *une fois, deux fois, trois fois* once, twice, three times; *deux ou trois fois* two or three times; *deux fois et demie* two and a half times; *quatre fois trois font douze* four times three is twelve; *deux fois plus cher* twice as expensive; *il était une fois* once upon a time there was; *une (bonne) fois pour toutes* once and for all; *une fois sur deux* half the time; *toutes les fois que* every time (that); *pour la énième fois* for the hundredth time. **II** **à la fois** *loc adv* at the same time; *à la fois grand et fort* she's both tall and strong. **III** **des fois**© *loc adv* sometimes.

folichon, **-onne** /fɔliʃɔ̃, ɔn/ *adj* *pas folichon* far from brilliant.

folie /fɔli/ *nf* (déraison) madness; *faire des folies* to be extravagant.

folklore /fɔlklɔʀ/ *nm* folklore.

folklorique /fɔlklɔʀik/ *adj* [musique] folk (*épith*); [personnage]© eccentric.

folle ▸ fou.

follement /fɔlmɑ̃/ *adv* terribly.

foncé, **-e** /fɔ̃se/ *adj* dark.

foncer /fɔ̃se/ vi (aller très vite)© to tear along©; *foncer sur qch* to make a dash for sth; *foncer sur qn* to charge at sb; (s'assombrir) to go darker.

foncier, -ière /fɔ̃sje, jɛʀ/ adj [impôt] land; *propriétaire foncier* landowner.

fonction /fɔ̃ksjɔ̃/ nf (poste) post; (activité) duties (pl); *en fonction de* according to; *être fonction de* to vary according to; (rôle) function; *faire fonction de* to serve as; *fonction publique* civil service; *voiture de fonction* company car; TECH function.

fonctionnaire /fɔ̃ksjɔnɛʀ/ nmf civil servant.

fonctionnel, -elle /fɔ̃ksjɔnɛl/ adj functional.

fonctionnement /fɔ̃ksjɔnmɑ̃/ nm functioning; (d'équipement) working.

fonctionner /fɔ̃ksjɔne/ vi to work.

fond /fɔ̃/ **I** nm bottom; *au fond du verre* in the bottom of the glass; (partie reculée) back; *la chambre du fond* the back bedroom; *de fond en comble* from top to bottom; *les problèmes de fond* the basic problems; *au fond/dans le fond* in fact; (de texte) content; *le fond et la forme* form and content; (arrière-plan) background; SPORT *épreuve de fond* long-distance event; (de pantalon) seat. **II à fond** loc adv totally; *respirer à fond* to breathe deeply; (vite)© at top speed.
■ **fond de teint** foundation^{GB}, make-up base^{US}.

fondamental, -e, mpl **-aux** /fɔ̃damɑtal, o/ **I** adj fundamental, basic. **II les fondamentaux** nmpl the basics.

fondant, -e /fɔ̃dɑ̃, ɑ̃t/ adj [neige] melting; [biscuit] which melts in the mouth.

fondateur, -trice /fɔ̃datœʀ, tʀis/ nm,f founder.

fondation /fɔ̃dasjɔ̃/ nf foundation.

fondé, -e /fɔ̃de/ adj well-founded, legitimate.
■ **fondé de pouvoir** proxy; (de société) authorized representative.

fondement /fɔ̃dmɑ̃/ nm foundation.

fonder /fɔ̃de/ **I** vtr [▶ville, etc] to found; [▶entreprise] to establish; *fonder ses espoirs sur qn/qch* to place one's hopes in sb/sth. **II se fonder sur** vpr to be based on.

fondre /fɔ̃dʀ/ **I** vtr to melt down. **II** vi [neige, beurre] to melt; [économies] to melt away; [sucre] to dissolve; *fondre sur* to swoop down on; *fondre en larmes* to burst into tears.

fonds /fɔ̃/ **I** nm fund; *fonds de commerce* business. **II** nmpl funds.

fondue /fɔ̃dy/ nf fondue.

fontaine /fɔ̃tɛn/ nf fountain.
■ **fontaine à eau** water dispenser.

fonte /fɔ̃t/ nf (de fer) cast iron; (de neige) thawing.

foot© /fut/ nm ▶ **football**.

football /futbol/ nm football^{GB}, soccer.

footballeur, -euse /futbolœʀ, øz/ nm,f football player^{GB}, soccer player.

footing /futiŋ/ nm jogging.

forain, -aine /fɔʀɛ̃, ɛn/ **I** adj *fête foraine* funfair. **II** nm stallkeeper.

forçat /fɔʀsa/ nm convict.

force /fɔʀs/ **I** nf strength; (d'argument, accusation, expression, de conviction) force; *avoir de la force* to be strong; *de/en force* by/in force; *d'importantes forces de police* large numbers of police; *dans la force de l'âge* in the prime of life. **II à force de** loc prép *à force d'économiser* by saving very hard.
■ **forces armées** armed forces; **forces de l'ordre** forces of law and order.

forcé, -e /fɔʀse/ adj forced; *c'est forcé*©! there's no way around it©!

forcément /fɔʀsemɑ̃/ adv inevitably; *pas forcément* not necessarily.

forcené, -e /fɔʀsəne/ nm,f maniac.

forcer /fɔʀse/ **I** vtr to force; *forcer qn à faire qch* to force sb to do sth; *forcer la dose*© to overdo it. **II se forcer** vpr *se forcer (à faire)* to force oneself (to do).

forer /fɔʀe/ vtr to drill.

forestier, -ière /fɔʀɛstje, jɛʀ/ adj forest (épith).

foret /fɔʀɛ/ nm drill.

forêt /fɔʀɛ/ nf forest.

forfait /fɔʀfɛ/ nm (prix) fixed rate; TÉLÉCOM *forfait 2h/illimité* 2-hour/unlimited plan; (de joueur) withdrawal; (crime) crime.

forfaitaire /fɔʀfɛtɛʀ/ adj [prix] flat.

forge /fɔʀʒ/ nf forge.

forgé, -e /fɔʀʒe/ adj wrought.

forger /fɔʀʒe/ **I** vtr to forge. **II se forger** vpr [▶alibi] to invent.

forgeron /fɔʀʒəʀɔ̃/ nm blacksmith.

formaliser: se formaliser /fɔʀmalize/ *vpr* *se formaliser de qch* to take offence^GB to sth.

formalité /fɔʀmalite/ *nf* formality.

format /fɔʀma/ *nm* size, format; ORDINAT format.

formatage /fɔʀmataʒ/ *nm* ORDINAT formatting.

formater /fɔʀmate/ *vtr* ORDINAT to format.

formateur, -trice /fɔʀmatœʀ, tʀis/ **I** *adj* formative. **II** *nm,f* tutor training officer.

formation /fɔʀmasjɔ̃/ *nf* education, training; (apparition, ensemble) formation.
■ **formation continue/permanente** adult continuing education.

forme /fɔʀm/ *nf* (concrète) shape; (abstraite) form; (abstraite) form; *en bonne et due forme* in due form; *en pleine forme* in great shape; *dans les formes* in the correct manner.

formel, -elle /fɔʀmɛl/ *adj* [promesse] definite; [ordre] strict; (pour la forme) formal.

former /fɔʀme/ **I** *vtr* to form; [▸personnel] to train; [▸intelligence] to develop. **II se former** *vpr* to form; *se former à qch* to train in sth.

formidable /fɔʀmidabl/ *adj* tremendous, great; (incroyable)^© incredible.

formulaire /fɔʀmylɛʀ/ *nm* form.

formule /fɔʀmyl/ *nf* (expression; (méthode) method; (en science) formula.
■ **formule de politesse** polite phrase; (à la fin d'une lettre) letter ending.

formuler /fɔʀmyle/ *vtr* to express.

fort, -e /fɔʀ, fɔʀt/ **I** *adj* strong; [bruit] loud; [lumière] bright; [chaleur, pression] intense; [taux, fièvre] high; [épice] hot; [différence] big, great; *c'est un peu fort*^©*!* that's a bit much^©! **II** *adv* very; (beaucoup) very much; (avec force) hard; [parler, crier] loudly; [sentir] strongly; *y aller un peu fort*^© to go a bit too far. **III** *nm* fort; (domaine d'excellence) strong point.
● **c'est plus fort que moi** I just can't help it.

forteresse /fɔʀtəʀɛs/ *nf* stronghold.

fortifiant, -e /fɔʀtifjɑ̃, ɑ̃t/ *nm* tonic.

fortifier /fɔʀtifje/ *vtr* to strengthen, to fortify.

fortuit, -e /fɔʀtɥi, it/ *adj* chance, fortuitous.

fortune /fɔʀtyn/ *nf* fortune; *de fortune* makeshift (*épith*).

fortuné, -e /fɔʀtyne/ *adj* wealthy.

forum /fɔʀɔm/ *nm* forum.

fosse /fos/ *nf* pit; (tombe) grave.
■ **fosse septique** septic tank.

fossé /fose/ *nm* ditch; (de château) moat; (écart) gap.

fossette /fosɛt/ *nf* dimple.

fossile /fosil/ *adj, nm* fossil.

fou (**fol** *devant voyelle ou h muet*), **folle** /fu, fɔl/ **I** *adj* mad, crazy; *attraper le fou rire* to get the giggles; *fou de joie* wild with joy; *fou de qn* crazy about sb; *avoir un mal fou à faire* to find it incredibly difficult to do; *mettre un temps fou pour faire* to take an incredibly long time to do, . **II** *nm,f* madman/madwoman. **III** *nm* HIST fool, court jester; (aux échecs) bishop.
● **plus on est de fous plus on rit**^© the more the merrier.

foudre /fudʀ/ *nf* lightning; *coup de foudre* love at first sight.

foudroyer /fudʀwaje/ *vtr* [orage] to strike; [maladie] to strike down.

fouet /fwɛ/ *nm* whip; CULIN whisk.

fouetter /fwɛte/ *vtr* to whip.

fougère /fuʒɛʀ/ *nf* fern.

fougue /fug/ *nf* enthusiasm.

fougueux, -euse /fugø, øz/ *adj* ardent, fiery.

fouille /fuj/ *nf* search; (en archéologie) excavation.

fouiller /fuje/ **I** *vtr* to search. **II** *vi* [▸mémoire] to search; *fouiller dans* to rummage through.

fouillis /fuji/ *nm* mess, jumble.

fouine /fwin/ *nf* stone marten.

fouiner /fwine/ *vi* to poke one's nose into.

fouineur, -euse /fwinœʀ, øz/ *nm,f* (curieux) inquisitive; (indiscret) nosey^GB.

foulard /fulaʀ/ *nm* scarf.

foule /ful/ *nf* GÉN crowd; (menaçante) mob; *une foule de détails* a mass of details.

foulée /fule/ *nf* stride; *dans la foulée il a…* while he was at it, he…

fouler /fule/ **I** *vtr* *fouler le sol de Mars* to set foot on Mars; *fouler qch aux pieds* to trample sth underfoot. **II se fouler** *vpr* *se fouler le poignet* to sprain one's wrist; (se fatiguer)^© to kill oneself^©.

foulure /fulyʀ/ nf sprain.

four /fuʀ/ nm oven.
■ **four crématoire** crematory; **four (à) micro-ondes** microwave oven.

fourbu, -e /fuʀby/ adj exhausted.

fourche /fuʀʃ/ nf fork.

fourchette /fuʀʃɛt/ nf fork; (de prix, etc) range; (de revenus) bracket.

fourgon /fuʀgɔ̃/ nm van.
■ **fourgon mortuaire** hearse.

fourmi /fuʀmi/ nf ant.
● **avoir des fourmis dans les jambes** to have pins and needles in one's legs.

fourmilière /fuʀmiljɛʀ/ nf ant hill.

fourmiller /fuʀmije/ **I fourmiller de** vtr ind [▸visiteurs] to be swarming with; [▸bestioles] to be teeming with. **II** vi to abound.

fournaise /fuʀnɛz/ nf furnace.

fourneau, pl **-x** /fuʀno/ nm stove.

fournée /fuʀne/ nf batch.

fourni, -e /fuʀni/ adj [barbe] bushy; *magasin bien fourni* well-stocked shop.

fournir /fuʀniʀ/ **I** vtr to supply (with), to provide (with); [▸exemple, travail] to give. **II se fournir** vpr *se fournir chez qn* to get [sth] from.

fournisseur /fuʀnisœʀ/ nm supplier; *fournisseur d'accès à Internet* Internet service provider.

fourniture /fuʀnityʀ/ nf supply ¢.
■ **fournitures de bureau/scolaires** office/school stationery ¢.

fourrage /fuʀaʒ/ nm forage.

fourré, -e /fuʀe/ **I** adj CULIN *fourré (à)* filled (with); (de fourrure) fur-lined; (d'étoffe, de peau) *fourré (de/en)* lined (with); *où étais-tu fourré®?* where have you been hiding? **II** nm thicket.

fourrer /fuʀe/ **I** vtr *fourrer® qch dans la tête de qn* to put sth into sb's head; (en cuisine) *fourrer (avec/de)* to fill (with); [▸vêtement] to line. **II se fourrer®** vpr *se fourrer dans un coin* to get into a corner; *ne plus savoir où se fourrer* not to know where to put oneself.

fourre-tout /fuʀtu/ nm inv (trousse) pencil case; (sac) holdall^{GB}, carryall^{US}.

fourreur /fuʀœʀ/ nm furrier.

fourrière /fuʀjɛʀ/ nf pound.

fourrure /fuʀyʀ/ nf fur.

foutoir® /futwaʀ/ nm complete chaos.

foutre® /futʀ/ **I** vtr (faire) to do; *qu'est-ce qu'il fout?* what the hell's he doing?®; *n'en avoir rien à foutre* not to give a damn®; (mettre) to stick®. **II se foutre** vpr *se foutre en colère* to get furious; *je m'en fous* I don't give a damn®.

foutu®, -e /futy/ adj bloody awful®^{GB}, damned®^{US}; *être mal foutu* to feel lousy®.

foyer /fwaje/ nm home; (famille) household; (résidence) hostel; (de cheminée) hearth; (de résistance) pocket; (d'incendie) seat; (optique) focus.

fracas /fʀaka/ nm crash.

fracasser /fʀakase/ vtr to smash.

fraction /fʀaksjɔ̃/ nf fraction.

fracture /fʀaktyʀ/ nf fracture; *fracture du poignet* fractured wrist.
■ **fracture sociale** FIG social divide.

fracturer /fʀaktyʀe/ **I** vtr to break. **II se fracturer** vpr *se fracturer la cheville* to break one's ankle.

fragile /fʀaʒil/ adj fragile; [constitution] frail; [verre, personne] fragile.

fragilité /fʀaʒilite/ nf fragility.

fragment /fʀagmã/ nm fragment; (de conversation) snatch.

fragmenter /fʀagmãte/ vtr to split, to fragment.

fraîche, fraiche ▸ **frais**.

fraîcheur, fraicheur /fʀɛʃœʀ/ nf coldness; (agréable) coolness; (d'aliment) freshness.

fraîchir, fraichir /fʀeʃiʀ/ vi [temps] to become colder.

frais, fraîche, fraiche /fʀɛ, fʀɛʃ/ **I** adj cool; (trop froid) cold; (récent) fresh; [peinture] wet; *frais et dispos* fresh as a daisy. **II** nm *mettre qch au frais* to put sth in a cool place. **III** nmpl (dépenses) expenses; *partager les frais* to share the cost; *faire les frais de qch* to bear the brunt of sth; (d'un service professionnel) fees; (d'un service commercial) charges.
■ **frais de port** postage ¢.

fraise /fʀɛz/ nf strawberry; *fraise des bois* wild strawberry; (de dentiste) drill.

fraisier /fʀezje/ nm strawberry plant; (gâteau) strawberry gateau.

framboise /fʀãbwaz/ raspberry.

framboisier /fʀɑ̃bwazje/ *nm* raspberry bush.

franc¹, **franche** /fʀɑ̃, fʀɑ̃ʃ/ *adj* frank, straight.

franc² /fʀɑ̃/ *nm* franc.

français, -e /fʀɑ̃sɛ, ɛz/ **I** *adj*, French. **II** *nm* LING French. **III** *nm,f* **Français, -e** Frenchman/Frenchwoman.

France /fʀɑ̃s/ *nprf* France.

franche ▸ **franc¹**.

franchement /fʀɑ̃ʃmɑ̃/ *adv* [parler, dire] frankly; (complètement) really; (exclamatif) really, honestly.

franchir /fʀɑ̃ʃiʀ/ *vtr* [▸ seuil, montagne] to cross; [▸ mur] to get over; [▸ distance] to cover.

franchise /fʀɑ̃ʃiz/ *nf* frankness, sincerity; (en assurance) excess^GB, deductible^US; COMM franchise.
■ **franchise de bagages** baggage allowance; **franchise postale** postage paid.

franc-jeu, *pl* **francs-jeux** /fʀɑ̃ʒø/ *nm* fair play.

franc-maçon, -onne, *pl* **francs-maçons, franc-maçonnes** /fʀɑ̃masɔ̃, ɔn/ *nm,f* Freemason.

franco /fʀɑ̃ko/ *adv* **franco de port** postage paid.

francophone /fʀɑ̃kɔfɔn/ **I** *adj* [pays, personne] French-speaking. **II** *nmf* French speaker.

francophonie /fʀɑ̃kɔfɔni/ *nf* French-speaking world.

franc-parler, *pl* **francs-parlers** /fʀɑ̃paʀle/ *nm* **elle a son franc-parler** she speaks her mind.

franc-tireur, *pl* **francs-tireurs** /fʀɑ̃tiʀœʀ/ *nm* sniper.

frange /fʀɑ̃ʒ/ *nf* fringe.

franquette^☺ : **à la bonne franquette** /alabɔnfʀɑ̃kɛt/ *loc adv* informal.

frappant, -e /fʀapɑ̃, ɑ̃t/ *adj* striking.

frappe /fʀap/ *nf* (texte) typing.
■ **frappe aérienne** air strike.

frapper /fʀape/ **I** *vtr* GÉN to hit, to strike. **II** *vi* to hit, to strike; (à la porte) to knock (on).

fraternel, -elle /fʀatɛʀnɛl/ *adj* fraternal, brotherly.

fraternité /fʀatɛʀnite/ *nf* fraternity, brotherhood.

fraude /fʀod/ *nf* GÉN fraud ¢; **en fraude** illegally.
■ **fraude fiscale** tax evasion.

frauder /fʀode/ *vi* (à un examen) to cheat.

frauduleux -euse /fʀodylø, øz/ *adj* fraudulent.

frayer /fʀeje/ **I** *vi* to mix (with). **II se frayer** *vpr* **se frayer un chemin dans** to make one's way through.

frayeur /fʀejœʀ/ *nf* fear, fright.

fredonner /fʀədɔne/ *vtr* to hum.

free-lance, freelance, *pl* **-s** /fʀilɑ̃s/ **I** *nmf* freelance. **II** *nm* **travailler en free-lance** to work freelance.

frein /fʀɛ̃/ *nm* brake; **mettre un frein à qch** to curb sth.

freiner /fʀene/ **I** *vtr* to impede; [▸ envie, projet] to curb. **II** *vi* to brake.

frelaté, -e /fʀəlate/ *adj* [alcool, huile] adulterated.

frêle /fʀɛl/ *adj* frail.

frelon /fʀəlɔ̃/ *nm* hornet.

frémir /fʀemiʀ/ *vi* **frémir (de)** to quiver (with); [liquide] to simmer.

frêne /fʀɛn/ *nm* ash (tree).

frénésie /fʀenezi/ *nf* frenzy.

frénétique /fʀenetik/ *adj* frenzied.

fréquemment /fʀekamɑ̃/ *adv* frequently.

fréquence /fʀekɑ̃s/ *nf* frequency.

fréquent, -e /fʀekɑ̃, ɑ̃t/ *adj* frequent, common.

fréquentation /fʀekɑ̃tasjɔ̃/ *nf* **avoir de mauvaises fréquentations** to keep bad company; **fréquentation des théâtres** theatre^GB audiences.

fréquenté, -e /fʀekɑ̃te/ *adj* [rue] busy; **lieu bien/mal fréquenté** place that attracts the right/wrong sort of people.

fréquenter /fʀekɑ̃te/ **I** *vtr* to see; (sortir avec) to go out with; [▸ école] to attend. **II se fréquenter** *vpr* [amis] to see one another.

frère /fʀɛʀ/ *nm* brother; **pays frère** fellow nation.

fresque /fʀɛsk/ *nf* ART fresco.

fret /fʀɛt/ *nm* freight.

frétiller /fʀetije/ *vi* [poisson] to wriggle; **frétiller d'aise** to be quivering with pleasure.

friable /fʀijabl/ *adj* crumbly.

friand, -e /fʀijɑ̃, ɑ̃d/ **I** *adj* **friand de qch** very fond of sth. **II** *nm* CULIN puff.

friandise /fʀijɑ̃diz/ *nf* sweet^{GB}, candy^{US}.

fric© /fʀik/ *nm* dough©, money.

friche /fʀiʃ/ *nf* waste land; **en friche** waste. ■ **friche industrielle** industrial wasteland.

friction /fʀiksjɔ̃/ *nf* friction.

frictionner /fʀiksjɔne/ *vtr* [▸personne] to give [sb] a rub; [▸pieds] to rub.

frigidaire® /fʀiʒidɛʀ/ *nm* refrigerator.

frigo© /fʀigo/ *nm* fridge©.

frigorifié, -e /fʀigɔʀifje/ *adj* frozen.

frigorifique /fʀigɔʀifik/ *adj* refrigerated.

frileux, -euse /fʀilø, øz/ *adj* sensitive to the cold; [attitude] cautious.

frime© /fʀim/ *nf* **pour la frime** for show; **c'est de la frime** it's all an act.

frimer© /fʀime/ *vi* to show off©.

frimousse© /fʀimus/ *nf* (visage) face; ORDI-NAT smiley.

fringale© /fʀɛ̃gal/ *nf* **j'ai la fringale** I'm absolutely starving©.

fringues® /fʀɛ̃g/ *nfpl* clothes.

fripé, -e /fʀipe/ *adj* crumpled.

fripon, -onne /fʀipɔ̃, ɔn/ *nm,f* rascal.

fripouille© /fʀipuj/ *nf* crook©.

frire /fʀiʀ/ *vtr, vi* to fry; **faire frire** to fry.

frisé, -e /fʀize/ *adj* curly.

frisée /fʀize/ *nf* curly endive, frisée.

friser /fʀize/ **I** *vtr* [▸cheveux] to curl; [▸inso-lence] to border on; **cela frise les 10%** it's approaching 10%. **II** *vi* [cheveux] to curl.

frisquet©, **-ette** /fʀiskɛ, ɛt/ *adj* chilly.

frisson /fʀisɔ̃/ *nm* shiver; (de peur) shudder.

frissonner /fʀisɔne/ *vi* **frissonner (de)** to shiver (with); (de peur) to shudder (with); [eau] to simmer.

frite /fʀit/ *nf* chip^{GB}, French fry^{US}.
● **avoir la frite**© FIG to be full of beans©.

friteuse /fʀitøz/ *nf* chip pan^{GB}, deep-fat fryer^{US}.

friture /fʀityʀ/ *nf* (aliment) fried food.

frivole /fʀivɔl/ *adj* frivolous.

froid, -e /fʀwa, fʀwad/ **I** *adj* cold. **II** *nm* cold; **il fait froid** it's cold; **avoir froid** to be cold; **attraper/prendre froid** to catch

a cold; (distance) coldness; **jeter un froid (dans/sur)** to cast a chill (over).

froidement /fʀwadmɑ̃/ *adv* coolly; **abat-tre qn froidement** to shoot sb down in cold blood; (calmement) with a cool head; **regarder les choses froidement** to look at things coolly.

froideur /fʀwadœʀ/ *nf* coolness.

froisser /fʀwase/ **I** *vtr* to crease, to crum-ple; [▸personne] to hurt. **II se froisser** *vpr* to crease; **se froisser de qch** to be hurt by sth.

frôler /fʀole/ *vtr* to brush; (passer près) to miss narrowly; **frôler le mauvais goût** to border on bad taste.

fromage /fʀɔmaʒ/ *nm* cheese.

fromager, -ère /fʀɔmaʒe, ɛʀ/ *nm,f* cheese-maker.

fromagerie /fʀɔmaʒʀi/ *nf* cheese shop.

froment /fʀɔmɑ̃/ *nm* wheat.

fronce /fʀɔ̃s/ *nf* gather.

froncer /fʀɔ̃se/ *vtr* to gather; **froncer les sourcils** to frown.

fronde /fʀɔ̃d/ *nf* sling.

front /fʀɔ̃/ **I** *nm* forehead; MIL, POL front; **faire front (à)** to face up (to). **II de front** *loc adv* head-on.

frontal, -e, *mpl* **-ux** /fʀɔ̃tal, o/ *adj* [attaque] frontal; [choc] head-on.

frontalier, -ière /fʀɔ̃talje, jɛʀ/ **I** *adj* border (épith). **II** *nm,f* person living near the bor-der.

frontière /fʀɔ̃tjɛʀ/ *nf* frontier, border.

fronton /fʀɔ̃tɔ̃/ *nm* pediment.

frotter /fʀɔte/ **I** *vtr* to rub; [▸peau, linge] to scrub. **II** *vi* to rub. **III se frotter** *vpr* **se frotter les yeux** to rub one's eyes; **se frotter les mains** to scrub one's hands.

frottis /fʀɔti/ *nm* **frottis vaginal** cervical smear.

froussard©, **-e** /fʀusaʀ, aʀd/ *nm,f* chicken©, coward.

frousse© /fʀus/ *nf* **avoir la frousse** to be scared.

fructifier /fʀyktifje/ *vi* [capital] to yield a profit; [entreprise] to flourish; **faire fructifier son argent** to make one's money grow.

fructueux, -euse /fʀyktɥø, øz/ *adj* fruitful, productive.

frugal, -e, *mpl* **-aux** /fʀygal, o/ *adj* frugal.

fruit /fʀɥi/ *nm* fruit ¢; *voulez-vous un fruit?* would you like some fruit?
■ **fruits de mer** seafood ¢; **fruits rouges** soft fruit ¢GB, berriesUS.

fruité, -e /fʀɥite/ *adj* fruity.

fruitier, -ière /fʀɥitje, jɛʀ/ *adj* fruit.

fruste /fʀyst/ *adj* unsophisticated.

frustrant, -e /fʀystʀɑ̃, ɑ̃t/ *adj* frustrating.

frustration /fʀystʀasjɔ̃/ *nf* frustration.

frustré, -e /fʀystʀe/ *adj* frustrated.

frustrer /fʀystʀe/ *vtr* *frustrer qn de qch* to deprive sb of sth; PSYCH to frustrate.

fuel /fjul/ *nm* fuel oil.

fugitif, -ive /fyʒitif, iv/ **I** *adj* fleeting. **II** *nm,f* fugitive.

fugue /fyg/ *nf* *faire une fugue* to run away; MUS fugue.

fuir /fɥiʀ/ **I** *vtr* to flee (from); [▸ responsabilité, personne] to avoid. **II** *vi* to flee, to run away; *faire fuir qn* to scare sb off; [robinet, etc] to leak.

fuite /fɥit/ *nf* (départ) flight, escape; *prendre la fuite* to flee; [prisonnier] to escape; *fuite de capitaux* outflow of capital; (d'information, d'eau) leak.

fulgurant, -e /fylgyʀɑ̃, ɑ̃t/ *adj* [attaque] lightning; [progression] dazzling; [douleur] searing.

fulminer /fylmine/ *vi* *fulminer contre qn/ qch* to fulminate against sb/sth.

fumé, -e /fyme/ *adj* [viande, verre] smoked; [vitre, lunettes] tinted.

fumée /fyme/ *nf* smoke.

fumer /fyme/ *vtr, vi* to smoke.

fumeur, -euse /fymœʀ, øz/ *nm,f* smoker; *zone non fumeurs* non-smoking zone.

fumier /fymje/ *nm* manure; (salaud)⊗ bastard.

fumiste /fymist/ *nm,f* © layabout©.

fumisterie /fymistəʀi/ *nf* © lousy job©; (profession) stove fitting.

funambule /fynɑ̃byl/ *nmf* tightrope walker.

funèbre /fynɛbʀ/ *adj* (funéraire) funeral; (lugubre) gloomy.

funérailles /fyneʀaj/ *nfpl* funeral (*sg*).

funéraire /fyneʀɛʀ/ *adj* funeral.

funeste /fynɛst/ *adj* [erreur, conseil] fatal; [jour] fateful.

funiculaire /fynikylɛʀ/ *nm* funicular.

fur: au fur et à mesure /ofyʀeaməzyʀ/ **I** *loc adv* *je le ferai au fur et à mesure* I'll do it as I go along. **II** *au fur et à mesure de* *loc prép* *au fur et à mesure de leurs besoins* as and when they need it. **III** *au fur et à mesure que* *loc conj* as.

furet /fyʀɛ/ *nm* ferret.

fureter /fyʀte/ *vi* to rummage.

fureur /fyʀœʀ/ *nf* rage, fury; *faire fureur* to be all the rage.

furie /fyʀi/ *nf* fury.

furieux, -ieuse /fyʀjø, jøz/ *adj* furious; [tempête] raging.

furoncle /fyʀɔ̃kl/ *nm* boil.

fusain /fyzɛ̃/ *nm* spindle tree; ART charcoal.

fuseau, *pl* **-x** /fyzo/ *nm* spindle; (pantalon) ski pants (*pl*).
■ **fuseau horaire** time zone.

fusée /fyze/ *nf* rocket.

fusible /fyzibl/ *nm* fuse.

fusil /fyzi/ *nm* *fusil (de chasse)* shotgun; MIL rifle; *coup de fusil* gunshot.

fusillade /fyzijad/ *nf* gunfire ¢.

fusiller /fyzije/ *vtr* to shoot.

fusion /fyzjɔ̃/ *nf* melting; *fusion nucléaire* nuclear fusion; *fusion (entre)* (entreprises) merger (between); (cultures) fusion (of).
■ **fusion-acquisition** merger.

fusionner /fyzjɔne/ *vtr, vi* to merge.

fût, fut /fy/ *nm* cask, barrel.

futé, -e /fyte/ *adj* [personne] wily, crafty, clever; [sourire, réponse] crafty.

futile /fytil/ *adj* futile.

futilité /fytilite/ *nf* superficiality.

futon /fytɔ̃/ *nm* futon.

futur, -e /fytyʀ/ *adj, nm* future.

fuyant, -e /fɥijɑ̃, ɑ̃t/ *adj* [regard] shifty; [point] receding.

fuyard, -e /fɥijaʀ, aʀd/ *nm,f* runaway.

g

g, G /ʒe/ nm inv (abrév écrite = **gramme**).

gabarit /gabaʀi/ nm size; **hors gabarit** oversize.

Gabon /gabɔ̃/ nprm Gabon.

gâcher /ɡɑʃe/ vtr to waste; [▸plaisir] to spoil.

gâchette /ɡɑʃɛt/ nf **appuyer sur la gâchette** to pull the trigger.

gâchis /ɡɑʃi/ nm waste ¢.

gadget /gadʒɛt/ nm gadget.

gaffe[©] /gaf/ nf **faire une gaffe** to make a blunder; **faire gaffe (à)** to watch out (for).

gaffeur, -euse /gafœʀ, øz/ nm,f blunderer.

gag /gag/ nm gag.

gage /gaʒ/ nm security ¢, surety ¢; **mettre qch en gage** to pawn sth; **un gage de sa réussite** a guarantee of his success; JEUX forfeit; (d'amour, etc) pledge; **tueur à gages** hired killer.

gagnant, -e /gaɲɑ̃, ɑ̃t/ **I** adj winning (épith). **II** nm,f winner.

gagne-pain, pl **-s** /gaɲpɛ̃/ nm livelihood.

gagner /gaɲe/ **I** vtr [▸compétition, etc] to win; [▸salaire] to earn; **il gagne bien sa vie** he makes a good living; [▸réputation, avantage, terrain] to gain; [▸temps, espace] to save time; (atteindre) [▸lieu] to get to; (s'emparer de) [peur, émotion, découragement] to overcome. **II** vi to win; **y gagner à faire qch** to come off better doing sth.

gai, -e /gɛ/ adj happy; [caractère, regard] cheerful; [couleur] bright.

gaieté /gete/ nf gaiety, cheerfulness.

gaillard, -e /gajaʀ, aʀd/ **I** adj [chanson] ribald. **II**[©] nm **un drôle de gaillard** an odd customer[©].

gain /gɛ̃/ nm earnings (pl); (profit) gain; (de temps) saving.

gaine /gɛn/ nf (étui) sheath; (sous-vêtement) girdle.

galant, -e /galɑ̃, ɑ̃t/ adj courteous; **soyez galant** be a gentleman.

galanterie /galɑ̃tʀi/ nf gallantry.

galaxie /galaksi/ nf galaxy.

gale /gal/ nf scabies ¢.

galère /galɛʀ/ nf (vaisseau) galley; **c'est (la) galère!**[©] it's a real pain[©]!

galérer[©] /galeʀe/ vi to slave away.

galerie /galʀi/ nf gallery; AUT roof rack.
■ **galerie marchande** shopping arcade, mall[US].

galet /galɛ/ nm pebble.

galette /galɛt/ nf plain round flat cake.
■ **galette des Rois** marzipan-filled pastry containing favour or lucky charm.

galipette[©] /galipɛt/ nf somersault.

gallicisme /galisism/ nm gallicism.

gallois, -e /galwɑ, az/ adj, nm Welsh.

galon /galɔ̃/ nm braid ¢; MIL stripe; **prendre du galon**[©] to be promoted.

galop /galo/ nm gallop; **cheval au galop** galloping horse; **s'enfuir au galop** to run off doublequick.
■ **galop d'essai** trial run.

galoper /galɔpe/ vi to gallop; (se dépêcher) to dash (around).

galopin /galɔpɛ̃/ nm rascal.

gambader /gɑ̃bade/ vi to run about play fully.

Gambie /gɑ̃bi/ nprf Gambia.

gamelle /gamɛl/ nf (de soldat) dixie[GB], mess kit; (de campeur) billycan[GB], tin dish; (d'ouvrier) lunchbox; (d'animal) dish.

gamin, -e /gamɛ̃, in/ **I** adj childish. **II** nm,f kid[©].

gamme /gam/ nf MUS scale; (série) range; **produit (de) bas de gamme** cheaper product; **modèle (de) haut de gamme** upmarket model.

gammée /game/ adj f **croix gammée** swastika.

ganglion /gɑ̃glijɔ̃/ nm ganglion.

gangrène /gɑ̃gʀɛn/ nf gangrene.

gant /gɑ̃/ nm glove.
■ **gant de toilette** ≈ flannel[GB], washcloth[US].

garage /gaʀaʒ/ nm garage.

garagiste /gaʀaʒist/ nm,f (propriétaire) garage owner; (ouvrier) car mechanic.

garant, -e /gaʀɑ̃, ɑ̃t/ **I** adj **être/se porter garant de qch/qn** to vouch for sth/sb. **II** nm,f guarantor.

gâteux

garantie /garãti/ *nf* COMM guarantee, warranty; (en assurance) cover ¢.

garantir /garãtir/ *vtr garantir (à qn qch)* to guarantee (sb sth); [▸sécurité, droit] to safeguard.

garçon /garsõ/ *nm* boy; (jeune homme) young man; *brave/gentil garçon* nice chapGB, nice guyUS; *être beau garçon* to be good-looking; (célibataire) bachelor; *garçon (de café)* waiter.
■ **garçon d'honneur** best man; **garçon manqué** tomboy.

garçonnière /garsɔnjɛr/ *nf* bachelor flatGB, apartmentUS.

garde¹ /gard/ *nm* guard.
■ **garde champêtre** ≈ local policeman (*appointed by the municipality*); **garde du corps** bodyguard; **garde forestier** forest warden, forest ranger; **Garde des Sceaux** French Minister of Justice.

garde² /gard/ *nf* nurse; (groupe, surveillance) guard; *de garde* [médecin] to be on call; [pharmacie] dutyGB, emergencyUS; *mettre en garde* to warn sb; *prendre garde (à)* to watch out (for); (d'épée) hilt; *(page de) garde* endpaper.
■ **garde d'enfant** childminderGB, day-care sitterUS; **garde à vue** police custody.

garde-à-vous /gardavu/ *nm inv se mettre au garde-à-vous* to stand to attention.

garde-boue, *pl* **-s** /gardəbu/ *nm* mudguard.

garde-chasse, *pl* **-s** /gardəʃas/ *nm* (de domaine privé) gamekeeper.

garde-côte, *pl* **-s** /gardəkot/ *nm* coastguard ship.

garde-fou, *pl* **-s** /gardəfu/ *nm* parapet; FIG safeguard.

garde-malade, *pl* **gardes-malades** /gardmalad/ *nmf* home nurse.

garde-meuble, *pl* **-s** /gardəmœbl/ *nm* furniture-storage warehouse.

garder /garde/ **I** *vtr* [▸argent, objet] to keep; [▸vêtement] to keep [sth] on; *garder le lit/la chambre* to stay in bed/in one's room; [gardien] to guard; [personne] to look after. **II se garder** *vpr se garder de faire* to be careful not to do; [aliment] to keep.

garderie /gardəri/ *nf* day nurseryGB, day care centerUS.

garde-robe, *pl* **-s** /gardərɔb/ *nf* wardrobe.

gardien, -ienne /gardjɛ̃, jɛn/ *nm,f* (de locaux) security guard; (d'immeuble) caretakerGB, janitorUS; (de prison) warderGB; (de musée, parking) attendant; *se faire le gardien des traditions* to set oneself up as a guardian of tradition.
■ **gardien de but** goalkeeper; **gardien de nuit** night watchman; **gardien de la paix** police officer.

gardiennage /gardjɛnaʒ/ *nm* (d'immeuble) caretaking; *société de gardiennage* security firm.

gardon /gardõ/ *nm* (poisson) roach.

gare /gar/ **I** *nf* (railway)GB station. **II** *excl gare (à toi)!* watch out!; (pour menacer) *gare à toi!* careful!, watch it☺!
■ **gare routière** coach stationGB, bus depotUS.
● **sans crier gare** without any warning.

garer /gare/ **I** *vtr* to park. **II se garer** *vpr* to park; (s'écarter) to pull over.

gargariser: se gargariser /gargarize/ *vpr* to gargle; *se gargariser de qch*☺ to revel in sth.

gargarisme /gargarism/ *nm* mouthwash.

gargouille /garguj/ *nf* (sculptée) gargoyle.

gargouiller /garguje/ *vi* to gurgle; [ventre] to rumble.

garnement /garnəmã/ *nm* rascal.

garni, -e /garni/ *adj bien garni* [portefeuille] full; *plat garni* dish served with trimmings.

garnir /garnir/ *vtr* to fill; [▸rayons] to stock; [▸viande, poisson] to garnish.

garnison /garnizõ/ *nf* garrison.

garniture /garnityr/ *nf* (accompagnement) side dish; (de viande, poisson) garnish; TECH trimming.

gars☺ /ga/ *nm inv* chap☺GB, guy☺US.

gasoil ▸ gazole.

gaspillage /gaspijaʒ/ *nm* waste; *c'est du gaspillage* it's wasteful.

gaspiller /gaspije/ *vtr* to waste.

gastronome /gastrɔnɔm/ *nmf* gourmet, gastronome.

gastronomie /gastrɔnɔmi/ *nf* gastronomy.

gâteau, *pl* **-x** /gato/ **I** *adj inv papa gâteau* doting father. **II** *nm* cake.
■ **gâteau sec** biscuitGB, cookieUS.

gâter /gate/ **I** *vtr* to spoil; *enfant gâté* spoiled child. **II se gâter** *vpr* [viande] to go bad; [fruit, dent] to rot; (se détériorer) to get worse.

gâterie /gatri/ *nf* little treat.

gâteux, -euse /gato, øz/ **I** *adj* senile. **II** *nm,f vieux gâteux*☺ old dodderer☺.

gauche /goʃ/ **I** *adj* left; *le côté gauche de qch* the left-hand side of sth; (maladroit) awkward. **II** *nf* **la gauche** the left; *de gauche* [page, mur, file] left-hand; [parti] left-wing.

gaucher, -ère /goʃe, ɛʀ/ *nm,f* left-handed person.

gauchiste /goʃist/ *adj, nmf* leftist.

gaufre /gofʀ/ *nf* waffle.

gaufrette /gofʀɛt/ *nf* wafer.

Gaule /gol/ *nprf* Gaul.

gaver /gave/ **I** *vtr* [▸oies] to force-feed; *gaver qn*© to stuff sb with food. **II se gaver** *vpr se gaver (de)* to stuff oneself (with).

gaz /gaz/ *nm* gas; (flatulence) wind (*sg*)
■ **gaz carbonique** carbon dioxide; **gaz d'échappement** exhaust fumes; **gaz lacrymogène** tear gas.

gaze /gaz/ *nf* gauze.

gazelle /gazɛl/ *nf* gazelle.

gazer© /gaze/ *v impers* **ça gaze?** how's things©?

gazette /gazɛt/ *nf* newspaper.

gazeux, -euse /gazø, øz/ *adj* [boisson] fizzy; [eau] (naturelle) sparkling; (gazéifiée) carbonated.

gazoduc /gazodyk/ *nm* gas pipeline.

gazole /gazɔl/ *nm* diesel (oil).

gazon /gazɔ̃/ *nm* grass, lawn.

gazouiller /gazuje/ *vi* [oiseau] to twitter; [bébé, source] to babble.

geai /ʒɛ/ *nm* jay.

géant, -e /ʒeã, ãt/ **I** *adj* giant. **II** *nm,f* giant/ giantess.
● **c'est géant!**© it's brilliant!

geindre /ʒɛ̃dʀ/ *vi* to moan, to groan.

gel /ʒɛl/ *nm* MÉTÉO frost; ÉCON freeze (on); (produit) gel.

gélatine /ʒelatin/ *nf* gelatine[GB], gelatin[US].

gelé, -e /ʒəle/ *adj* [eau, sol, prix] frozen; [orteil] frostbitten.

gelée /ʒəle/ *nf* jelly; *œuf en gelée* egg in aspic; (cosmétique) gel; MÉTÉO frost.
■ **gelée blanche** hoarfrost.

geler /ʒəle/ **I** *vtr, vi, vpr* to freeze. **II** *v impers il/ça gèle* it's freezing.

gélule /ʒelyl/ *nf* capsule.

Gémeaux /ʒemo/ *nprmpl* Gemini.

gémir /ʒemiʀ/ *vi* to moan, to groan.

gémissement /ʒemismã/ *nm* moaning.

gênant, -e /ʒɛnã, ãt/ *adj* [meuble] cumbersome; [bruit] annoying; [question] embarrassing; *c'est gênant* it's awkward.

gencive /ʒãsiv/ *nf* gum.

gendarme /ʒãdaʀm/ *nm* gendarme.
■ **gendarme couché** sleeping policeman[GB], speed bump[US].

gendarmerie /ʒãdaʀm(ə)ʀi/ *nf* police station; *gendarmerie (nationale)* gendarmerie.

gendre /ʒãdʀ/ *nm* son-in-law.

gène /ʒɛn/ *nm* gene.

gêne /ʒɛn/ *nf* embarrassment; (physique) discomfort; (nuisance) inconvenience; (pauvreté) poverty.

gêné, -e /ʒene/ *adj* embarrassed; (désargenté) short of money.

généalogie /ʒenealɔʒik/ *f* genealogy.

gêner /ʒene/ **I** *vtr* to disturb, to bother; *ça te gêne si...* do you mind if...; [caillou, ceinture] to hurt; [question] to embarrass; [▸circulation] to block; [▸respiration] to restrict; [▸discussion, progrès] to get in the way of. **II se gêner** *vpr* to get in each other's way; *ne vous gênez pas pour moi* don't mind me.

général, -e , *mpl* **-aux** /ʒeneʀal, o/ **I** *adj* general; *en général* generally, in general; *en règle générale* as a rule. **II** *nm* MIL general.

générale /ʒeneʀal/ *nf* THÉÂT dress rehearsal.

généralisation /ʒeneʀalizasjɔ̃/ *nf* generalization.

généraliser /ʒeneʀalize/ **I** *vtr, vi* to generalize. **II se généraliser** *vpr* [technique] to become standard; [grève] to become widespread.

généraliste /ʒeneʀalist/ **I** *adj* non-specialized. **II** *nmf* (médecin) general practitioner, GP.

généralité /ʒeneʀalite/ *nf* generality.

génération /ʒeneʀasjɔ̃/ *nf* generation.

généreux, -euse /ʒeneʀø, øz/ *adj* *généreux (avec/envers)* generous (to).

générique /ʒeneʀik/ **I** *adj* [médicament, terme] generic. **II** *nm* (de film) credits (*pl*).

générosité /ʒeneʀɔzite/ *nf* *générosité (avec/envers)* generosity (to, toward(s)).

genèse /ʒənɛz/ *nf* genesis; BIBLE *la Genèse* Genesis.

genêt /ʒənɛ/ *nm* broom.

génétique /ʒenetik/ **I** *adj* genetic. **II** *nf* genetics (*sg*).

genévrier /ʒənevʀije/ *nm* juniper.

génial, -e , *mpl* **-iaux** /ʒenjal, jo/ *adj* brilliant; [spectacle, livre]© brilliant^{©GB}, great©; [personne] great©.

génie /ʒeni/ *nm* genius; *avoir du génie* to be a genius; *idée de génie* brainwave; (ingénierie) engineering.

genièvre /ʒənjɛvʀ/ *nm* juniper.

génisse /ʒenis/ *nf* heifer.

génital, -e, *mpl* **-aux** /ʒenital, o/ *adj* genital.

génitif /ʒenitif/ *nm* genitive (case).

génocide /ʒenɔsid/ *nm* genocide.

génoise /ʒenwaz/ *nf* sponge cake.

génotype /ʒenɔtip/ *nm* genotype.

genou, *pl* **-x** /ʒ(ə)nu/ *nm* knee; *se mettre à genoux* to kneel down.

genouillère /ʒənujɛʀ/ *nf* knee pad.

genre /ʒɑ̃ʀ/ *nm* kind; (style) style; *c'est bien son genre* it's just like him/her; LING gender; LITTÉRAT genre.
■ **le genre humain** mankind.

gens /ʒɑ̃/ *nmpl* people.

gentil, -ille /ʒɑ̃ti, ij/ *adj* gentil (avec) kind, nice (to); *c'est gentil, à vous* that's very kind of you,; *sois gentil, réponds au téléphone* do me a favour^{GB}, answer the phone; (obéissant) good.

gentillesse /ʒɑ̃tijɛs/ *nf* gentillesse (avec/ envers) kindness (to); *faites-moi la gentillesse de…* would you do me the favour^{GB} of…?

gentiment /ʒɑ̃timɑ̃/ *adv* kindly; (sagement) quietly.

géode /ʒeɔd/ *nf* geode.

géographe /ʒeɔɡʀaf/ *nmf* geographer.

géographie /ʒeɔɡʀafi/ *nf* geography.

géologie /ʒeɔlɔʒi/ *nf* geology.

géomètre /ʒeɔmɛtʀ/ *nmf* land surveyor.

géométrie /ʒeɔmetʀi/ *nf* geometry.

géométrique /ʒeɔmetʀik/ *adj* geometric.

Géorgie /ʒeɔʀʒi/ *nprf* Georgia.

gérance /ʒeʀɑ̃s/ *nf* management.

gérant, -e /ʒeʀɑ̃, ɑ̃t/ *nm,f* manager.
■ **gérant d'immeuble** property manager.

gerbe /ʒɛʀb/ *nf* (mortuaire) wreath; (d'eau) spray; (de blé) sheaf.

gercer /ʒɛʀse/ *vi* to become chapped.

gerçure /ʒɛʀsyʀ/ *nf* crack.

gérer /ʒeʀe/ *vtr* [▸ production, temps, entreprise] to manage; [▸ pays] to run; [▸ situation, information] to handle.

germain, -e /ʒɛʀmɛ̃, ɛn/ *adj (cousin) germain* first cousin; HIST Germanic.

germe /ʒɛʀm/ *nm* germ; (de pomme de terre) sprout; *germe de blé* wheat germ; *germes de soja* bean sprouts; (début) seed.

germer /ʒɛʀme/ *vi* [idée, soupçon] to form; [blé] to germinate.

gérondif /ʒeʀɔ̃dif/ *nm* gerund.

gésier /ʒezje/ *nm* gizzard.

gestation /ʒɛstasjɔ̃/ *nf* gestation.

geste /ʒɛst/ *nm* movement; (mouvement expressif) gesture; *faire un geste de la main* to wave; *pas un geste!* don't move!; *un geste désespéré* a desperate act.

gesticuler /ʒɛstikyle/ *vtr* to gesticulate.

gestion /ʒɛstjɔ̃/ *nf* management.

gestionnaire /ʒɛstjɔnɛʀ/ *nmf* administrator.
■ **gestionnaire de fichiers** ORDINAT file-management system; **gestionnaire de portefeuille** FIN portfolio manager.

Ghana /ɡana/ *nprm* Ghana.

ghetto /ɡeto/ *nm* ghetto.

gibecière /ʒibsjɛʀ/ *nf* (de chasseur) gamebag.

gibet /ʒibɛ/ *nm* gallows *(sg)*.

gibier /ʒibje/ *nm* game.

giboulée /ʒibule/ *nf* shower; *les giboulées de mars* ≈ April showers.

giclée /ʒikle/ *nf* (d'eau, de sang) spurt; (d'encre) squirt.

gicler /ʒikle/ *vi* [sang, eau] *gicler (de)* to spurt (from); [jus] *gicler (sur)* to squirt (onto).

gicleur /ʒiklœʀ/ *nm* jet.

gifle /ʒifl/ *nf* slap in the face.

gifler /ʒifle/ *vtr* to slap.

GIG /ʒeiʒe/ *nm* (*abrév* = **grand invalide de guerre**) ex-serviceman who is registered severely disabled.

gigantesque /ʒiɡɑ̃tɛsk/ *adj* huge, gigantic.

gigaoctet /ʒiɡaɔktɛ/ *nm* gigabyte.

GIGN /ʒeiʒeɛn/ *nm* (*abrév* = **Groupe d'intervention de la gendarmerie nationale**) branch of the police specialized in cases of armed robbery, terrorism, etc.

gigogne /ʒiɡɔɲ/ *adj* *lit gigogne* hideaway bed; *tables gigognes* nest of tables.

gigot /ʒiɡo/ *nm* (d'agneau) leg of lamb.

gigoter[©] /ʒiɡɔte/ *vi* to wriggle, to fidget.

gilet /ʒilɛ/ *nm* cardigan; *gilet sans manches* waistcoat[GB], vest[US].
■ **gilet de sauvetage** lifejacket.

gin /dʒin/ *nm* gin.

gingembre /ʒɛ̃ʒɑ̃bʀ/ *nm* ginger.

girafe /ʒiʀaf/ *nf* giraffe.

giratoire /ʒiʀatwaʀ/ *adj* gyratory; *sens giratoire* roundabout[GB], traffic circle[US].

girofle /ʒiʀɔfl/ *nm* (*clou de*) *girofle* clove.

giroflée /ʒiʀɔfle/ *nf* wallflower.

girolle, **girole** /ʒiʀɔl/ *nf* chanterelle.

giron /ʒiʀɔ̃/ *nm* lap.

girouette /ʒiʀwɛt/ *nf* weather vane; *c'est une vraie girouette* he/she is very capricious.

gisement /ʒizmɑ̃/ *nm* deposit.

gitan, **-e** /ʒitɑ̃, an/ *nm,f* gypsy.

gîte, **gite** /ʒit/ *nm* shelter; *le gîte et le couvert* board and lodging; *gîte rural* self-catering cottage[GB]; (en boucherie) ≈ top rump.

givre /ʒivʀ/ *nm* frost.

givré, **-e** /ʒivʀe/ *adj* frosty; (fou)[©] crazy.

glaçage /ɡlasaʒ/ *nm* glazing; (au sucre) icing.

glace /ɡlas/ *nf* ice; (dessert) ice cream; (miroir) mirror; (vitre) window.

glacé, **-e** /ɡlase/ *adj* frozen; [douche, boisson] ice-cold; [mains] frozen; [personne] freezing; *thé/café glacé* iced tea/coffee; [accueil, atmosphère] frosty, icy; [papier] glossy.

glacer /ɡlase/ **I** *vtr* [personne, regard] to intimidate; *glacer qn d'effroi* to make sb's blood run cold; *mettre qch à glacer* to chill sth. **II se glacer** *vpr* to freeze.

glaciaire /ɡlasjɛʀ/ *adj* *calotte glaciaire* icecap.

glacial, **-e**, *mpl* **-s** /**-iaux** /ɡlasjal, jo/ *adj* icy.

glacier /ɡlasje/ *nm* GÉOG glacier; (fabricant) ice-cream maker.

glacière /ɡlasjɛʀ/ *nf* coolbox[GB], cooler, ice chest[US].

glaçon /ɡlasɔ̃/ *nm* ice cube; *avec des/sans glaçons* with/without ice.

glaïeul /ɡlajœl/ *nm* gladiolus.

glaise /ɡlɛz/ *nf* clay.

glaive /ɡlɛv/ *nm* sword.

gland /ɡlɑ̃/ *nm* acorn; ANAT glans; (décoration) tassel.

glande /ɡlɑ̃d/ *nf* gland.

glaner /ɡlane/ *vtr* to glean.

glapir /ɡlapiʀ/ *vi* [chiot] to yap; [renard] to bark; [personne] to shriek; [haut-parleur, radio] to blare.

glas /ɡlɑ/ *nm* toll, knell.

glauque /ɡlok/ *adj* [lumière] murky; [hôtel, rue] squalid.

glissade /ɡlisad/ *nf* slide; (dérapage) skid.

glissant, **-e** /ɡlisɑ̃, ɑ̃t/ *adj* slippery.

glisse /ɡlis/ *nf* (ski) skiing; *sports de glisse* boardsports.

glissement /ɡlismɑ̃/ *nm* sliding; (de sens) shift; (d'électorat, opinion) swing; (de prix) fall.
■ **glissement de terrain** landslide.

glisser /ɡlise/ **I** *vtr* *glisser qch dans qch* to slip sth into sth. **II** *vi* [route, savon] to be slippery; [ski, tiroir, cloison] to slide; [personne] (involontairement) to slip; (volontairement) to slide; [véhicule] to skid; *glisser des mains de qn* to slip out of sb's hands; *une tuile a glissé du toit* a tile fell off the roof. **III se glisser** *vpr* *se glisser (dans)* to slip into; (furtivement) to sneak into; [erreur] creep (into).

glissière /ɡlisjɛʀ/ *nf* (d'autoroute) crash barrier; *porte à glissière* sliding door.

global, **-e**, *mpl* **-aux** /ɡlɔbal, o/ *adj* global, total.

globalement /ɡlɔbalmɑ̃/ *adv* as a whole.

globe /ɡlɔb/ *nm* Earth, globe; (de lampe) round glass lampshade.
■ **globe oculaire** eyeball.

globule /ɡlɔbyl/ *nm* blood cell; *globule blanc/rouge* white/red cell.

gloire /ɡlwaʀ/ *nf* glory, fame; (personne) celebrity.

glorieux, **-ieuse** /ɡlɔʀjø, jøz/ *adj* glorious.

glorifier /ɡlɔʀifje/ **I** *vtr* to glorify. **II se glorifier** *vpr* *se glorifier de qch* to boast about sth.

glose /ɡloz/ *nf* gloss.

glossaire /ɡlɔsɛʀ/ *nm* glossary.

glotte /ɡlɔt/ *nf* glottis.

glouglou[©] /ɡluɡlu/ *nm* (de liquide) gurgling sound; (du dindon) gobbling sound.

glouglouter[©] /ɡluɡlute/ *vi* [liquide] to gurgle; [dindon] to gobble.

glousser /ɡluse/ *vi* [poule] to cluck; *glousser de plaisir* to chuckle with delight.

glouton, **-onne** /ɡlutɔ̃, ɔn/ *nm,f* glutton.

glu /ɡly/ *nf* glue.

gluant, **-e** /ɡlyɑ̃, ɑ̃t/ *adj* sticky.

glucide /glysid/ *nm* carbohydrate.

glycérine /gliserin/ *nf* glycerin.

glycine /glisin/ *nf* wisteria.

gnon© /ɲɔ̃/ *nm* bruise; *prendre un gnon* to get hit.

go /go/ **I** *nm* JEUX go. **II tout de go** *loc adv* straight out.

goal© /gol/ *nm* goalkeeper, goalie©.

gobelet /gɔblɛ/ *nm* tumbler; (en métal) beaker; *gobelet en carton* paper cup.

gober /gɔbe/ *vtr* [▸œuf] to suck; (croire)© to swallow.

godasse© /gɔdas/ *nf* shoe.

godet /gɔdɛ/ *nm* pot.

godille /gɔdij/ *nf* steering oar; (à skis) wedeln.

goéland /gɔelɑ̃/ *nm* gull.

goélette /gɔelɛt/ *nf* schooner.

gogo© /gogo/ **I** *nm* (dupe) sucker©. **II à gogo** *loc adv vin à gogo* wine galore; *de l'argent à gogo* loads of money.

goguenard, -e /gɔgnar, ard/ *adj* quietly ironic.

goinfre© /gwɛ̃fr/ *nmf* greedy pig©.

goinfrer©: **se goinfrer** /gwɛ̃fre/ *vpr se goinfrer (de)* to stuff oneself© (with).

goitre /gwatr/ *nm* goitre^GB.

golden© /gɔldɛn/ *nf inv* (fruit) Golden Delicious (apple).

golf /gɔlf/ *nm* golf; (terrain) golf course.

golfe /gɔlf/ *nm* gulf.

golfeur, -euse /gɔlfœr, øz/ *nm,f* golfer.

gomme /gɔm/ **I** *nf* eraser, rubber^GB; (substance) gum. **II à la gomme**© *loc adj* [projet] hopeless.

gommer /gɔme/ *vtr* to erase.

gond /gɔ̃/ *nm* hinge; *sortir de ses gonds* [porte] to come off its hinges; [personne] to fly off the handle©.

gondole /gɔ̃dɔl/ *nf* gondola.

gondoler: **se gondoler** /gɔ̃dɔle/ *vpr* [bois] to warp; (rire)© to laugh.

gonflable /gɔ̃flabl/ *adj* inflatable.

gonflé, -e /gɔ̃fle/ *adj* [pneu, ballon] inflated; [veine, bras] swollen; [yeux, visage] puffy; *être gonflé*© (courageux) to have guts©; (imprudent) to have a nerve©.

gonfler /gɔ̃fle/ **I** *vtr* [▸ballon] to blow up; [▸pneu] to inflate; [▸effectifs] to increase; [▸prix] to push up; [▸importance] to exaggerate; [▸moteur, voiture] to soup up. **II** *vi* to swell (up).

gorge /gɔrʒ/ *nf* throat; *avoir mal à la gorge* to have a sore throat; (poitrine) breast; GÉOG gorge.

gorgée /gɔrʒe/ *nf* sip; (grande) gulp.

gorger: **se gorger de** /gɔrʒe/ *vpr* to gorge oneself; *la terre se gorge d'eau* the soil soaks up water.

gorille /gɔrij/ *nm* gorilla; (garde du corps)© bodyguard.

gosier /gozje/ *nm* throat, gullet.

gosse© /gɔs/ *nmf* kid©, child.

gothique /gɔtik/ *adj, nm* Gothic.

gouache /gwaʃ/ *nf* gouache.

goudron /gudrɔ̃/ *nm* CHIMIE tar; (pour revêtement) asphalt.

goudronner /gudrɔne/ *vtr* to asphalt.

gouffre /gufr/ *nm* abyss.

goujat /guʒa/ *nm* boor.

goujon /guʒɔ̃/ *nm* (poisson) gudgeon.

goulot /gulo/ *nm* (de bouteille) neck; *boire au goulot* to drink from the bottle.

goulu, -e /guly/ *adj* greedy.

gourde /gurd/ *nf* flask; (sot)© dope©.

gourdin /gurdɛ̃/ *nm* bludgeon, cudgel.

gourer©: **se gourer** /gure/ *vpr* to make a mistake.

gourmand, -e /gurmɑ̃, ɑ̃d/ *adj* greedy; *il est gourmand (de sucreries)* he has a sweet tooth; *gourmand en énergie* energy-guzzling.

gourmandise /gurmɑ̃diz/ **I** *nf* greed. **II gourmandises** *nfpl* sweets^GB, candies^US.

gourmet /gurmɛ/ *nm* gourmet.

gourmette /gurmɛt/ *nf* chain bracelet.

gousse /gus/ *nf* pod; *gousse d'ail* clove of garlic.

goût, gout /gu/ *nm* taste; *agréable au goût* pleasant-tasting; *avoir mauvais goût* to taste unpleasant; *de bon/mauvais goût* in good/bad taste (après n); *avoir du goût* to have taste; *avec/sans goût* tastefully/tastelessly; *un goût sucré* a sweet taste; *avoir le mauvais goût de faire* to be tactless enough to do; *avoir du goût pour qch* to have a liking for sth; *être au goût du jour* to be trendy.

goûter¹, **gouter** /gute/ **I** *vtr* to taste, to try; (apprécier) to enjoy. **II** *vtr ind* **goûter à** [▶aliment] to try; [▶liberté] to have a taste of. **III** **goûter de** *vtr ind* to have a taste of. **IV** *vi* to have one's mid-afternoon snack.

goûter², **gouter** /gute/ *nm* snack; (réunion d'enfants) children's party.

goutte /gut/ *nf* (de liquide) drop; *goutte de pluie* raindrop; *goutte à goutte* drop by drop; *couler/tomber goutte à goutte* to drip; (maladie) gout.

goutte-à-goutte /gutagut/ *nm inv* drip.

gouttelette /gutlɛt/ *nf* droplet.

gouttière /gutjɛʀ/ *nf* (de toit) gutter.

gouvernail /guvɛʀnaj/ *nm* NAUT rudder; FIG helm.

gouvernante /guvɛʀnɑ̃t/ *nf* governess.

gouvernement /guvɛʀnəmɑ̃/ *nm* government.

gouvernemental, -e, *mpl* **-aux** /guvɛʀnəmatal, o/ *adj* government; *l'équipe gouvernementale* the government.

gouverner /guvɛʀne/ *vtr* to govern; [▶navire] to steer.

gouverneur /guvɛʀnœʀ/ *nm* governor.

goyave /gɔjav/ *nf* guava.

GPS /ʒepeɛs/ *nm* (abrév = **Global Positioning System**) GPS, satnav.

grâce /gʀɑs/ **I** *nf* grace; *de bonne/mauvaise grâce* willingly/grudgingly; (faveur) favourᴳᴮ; *les bonnes grâces de qn* sb's favourᴳᴮ; *de grâce* please; *le coup de grâce* the final stroke; (pardon) mercy; *je vous fais grâce des détails* I'll spare you the details. **II grâce à** *loc prép* thanks to.

gracier /gʀasje/ *vtr* to pardon.

gracieusement /gʀasjøzmɑ̃/ *adv* [donner] free of charge; [danser] gracefully.

gracieux, -ieuse /gʀasjø, jøz/ *adj* graceful.

gradation /gʀadasjɔ̃/ *nf* gradation.

grade /gʀad/ *nm* rank; *monter en grade* to be promoted.

gradé, -e /gʀade/ *nm,f* noncommissioned officer.

gradin /gʀadɛ̃/ *nm* (de salle) tier; (d'arène) terrace.

gradué, -e /gʀadɥe/ *adj* graded, graduated; *verre gradué* measuring jug.

graff /gʀaf/ *nm* street mural.

graffiti /gʀafiti/ *nmpl* graffiti.

grain /gʀɛ̃/ *nm* (de sel, sable) grain; (de café) bean; (de moutarde) seed; *grain de poivre* peppercorn; *grain de raisin* grape; *grain de beauté* beauty spot, mole; (de poussière) speck; *un grain de folie* a touch of madness; NAUT squall.
● **avoir un grain**◎ to be not quite right.

graine /gʀɛn/ *nf* seed; FIG *c'est de la graine de* [▶héros, voyou] he has the makings of (a).

graissage /gʀɛsaʒ/ *nm* lubrication.

graisse /gʀɛs/ *nf* fat; (lubrifiant) grease.

grammaire /gʀamɛʀ/ *nf* grammar.

grammatical, -e, *mpl* **-aux** /gʀamatikal, o/ *adj* grammatical.

gramme /gʀam/ *nm* gram.

grand, -e /gʀɑ̃, gʀɑ̃d/ **I** *adj* (en hauteur) tall; (en longueur, durée) long; (en largeur) wide; (en étendue, volume) big; (nombreux, abondant) large, big; *pas grand monde* not many people; (important, remarquable) great; [bruit] loud; *d'une grande timidité* very shy; *un grand merci* a big thank you. **II** *adv* wide; *voir grand* to think big; *grand ouvert* wide open. **III** *nm* *les grands de ce monde* the great and the good; *les cinq grands* the Big Five; *pour les grands et les petits* for old and young alike. **IV en grand** *loc adv* on a large scale.

grand-angle, *pl* **grands-angles** /gʀɑ̃tɑ̃gl, gʀɑ̃zɑ̃gl/ *nm* wide-angle lens.

grand-chose /gʀɑ̃ʃoz/ *pron indéf* *pas grand-chose* not much.

grandeur /gʀɑ̃dœʀ/ *nf* size; (élévation, gloire) greatness; *folie des grandeurs* delusions of grandeur.

grandir /gʀɑ̃diʀ/ **I** *vtr* to make [sb] look taller. **II** *vi* to grow (up); (en importance) to expand.

grand-mère, *pl* **grands-mères** /gʀɑ̃mɛʀ/ *nf* grandmother.

grand-messe, *pl* **-s** /gʀɑ̃mɛs/ *nf* High Mass.

grand-père, *pl* **grands-pères** /gʀɑ̃pɛʀ/ *nm* grandfather.

grand-route, *pl* **-s** /gʀɑ̃ʀut/ *nf* main road.

grand-rue, *pl* **-s** /gʀɑ̃ʀy/ *nf* High Streetᴳᴮ, Main Streetᵁˢ.

grands-parents /gʀɑ̃paʀɑ̃/ *nmpl* grandparents.

grange /gʀɑ̃ʒ/ *nf* barn.

granulé /gʀanyle/ *nm* granule.

graphique /gʀafik/ **I** *adj* graphic. **II** *nm* graph.

graphologie /gʀafɔlɔʒi/ nf graphology.

grappe /gʀap/ nf (de fruits) bunch; (de fleurs) cluster.

grappiller /gʀapije/ vtr [▸fruits] to pick up; [▸renseignements] to glean.

grappin /gʀapɛ̃/ nm grappling irons (pl).

gras, grasse /gʀɑ, gʀɑs/ **I** adj [substance] fatty; [poisson] oily; [papier, cheveux] greasy; **en caractères gras** in bold(face). **II** nm grease; (de viande) fat.

gratifiant, -e /gʀatifjɑ̃, ɑ̃t/ adj rewarding.

gratification /gʀatifikasjɔ̃/ nf gratification, bonus.

gratifier /gʀatifje/ vtr **gratifier qn de qch** to give sb sth.

gratin /gʀatɛ̃/ nm **macaroni au gratin** macaroni cheese^GB, macaroni and cheese^US; (élite) **le gratin**© the upper crust.

gratiné, -e /gʀatine/ adj CULIN au gratin (après n); [problème]© mind-bending©.

gratis /gʀatis/ adj inv, adv free.

gratitude /gʀatityd/ nf gratitude (to).

gratte-ciel, pl **-s** /gʀatsjɛl/ nm skyscraper.

gratter /gʀate/ **I** vtr to scratch; (pour nettoyer) to scrape; (démanger) **ça me gratte** I'm itching. **II** vi [▸à la porte] to scratch (at). **III se gratter** vpr to scratch.

gratuit, -e /gʀatɥi, it/ adj free, [violence, remarque] gratuitous.

gratuité /gʀatɥite/ nf **la gratuité de l'enseignement** free education.

gratuitement /gʀatɥitmɑ̃/ adv for free; (sans motif) gratuitously.

gravats /gʀava/ nmpl rubble ¢.

grave /gʀav/ **I** adj [problème, blessure] serious; [air] grave, solemn; [note] low. **II graves** nmpl (d'amplificateur) bass (sg).

gravement /gʀavmɑ̃/ adv gravely, solemnly; **gravement blessé** seriously injured.

graver /gʀave/ vtr **graver qch (sur qch)** to engrave sth (on sth); [▸bois] to carve; [▸CD, DVD] to burn.

graveur, -euse /gʀavœʀ, øz/ **I** nm,f engraver. **II** nm [▸de CD, DVD] burner.

gravier /gʀavje/ nm gravel ¢.

gravillon /gʀavijɔ̃/ nm grit ¢.

gravir /gʀaviʀ/ vtr to climb up.

gravité /gʀavite/ nf seriousness; PHYS gravity.

graviter /gʀavite/ vi to revolve; **graviter autour du Soleil** to orbit the sun.

gravure /gʀavyʀ/ nf engraving; **une gravure sur bois** a woodcut.

gré /gʀe/ nm **contre le gré de qn** against sb's will; **de plein gré** willingly; **de mon/ton plein gré** of my/your own free will; **de bon gré** gladly; **bon gré mal gré** willy-nilly; **savoir gré à qn de qch** to be grateful to sb for sth; **au gré des circonstances** as circumstances dictate.

grec, grecque /gʀɛk/ **I** adj Greek. **II** nm LING Greek. **III** nm,f **Grec, Grecque** Greek.

Grèce /gʀɛs/ nprf Greece.

greffe /gʀɛf/ nf (d'organe) transplant; (de peau) graft.

greffer /gʀefe/ **I** vtr [▸organe] to transplant; [▸tissu] to graft. **II se greffer sur qch** to come along on top of sth.

greffier, -ière /gʀefje, jɛʀ/ nm,f clerk of the court^GB, court clerk^US.

grêle /gʀɛl/ **I** adj [jambes] spindly; [voix] reedy. **II** nf MÉTÉO hail ¢.

grêler /gʀɛle/ v impers to hail; **il grêle** it's hailing.

grêlon /gʀɛlɔ̃/ nm hailstone.

grelot /gʀəlo/ nm small bell.

grelotter, greloter /gʀəlɔte/ vi **grelotter (de froid)** to shiver (with cold).

grenade /gʀənad/ nf MIL grenade; (fruit) pomegranate.

Grenade /gʀənad/ nprf **la Grenade** Grenada.

grenat /gʀəna/ nm garnet.

grenier /gʀənje/ nm attic; (grange) loft.

grenouille /gʀənuj/ nf frog.

grenouillère /gʀənujɛʀ/ nf stretch suit^GB, creepers^US (pl).

grès /gʀɛ/ nm sandstone.

grésil /gʀezil/ nm hail.

grésiller /gʀezije/ **I** vi [radio] to crackle; [huile] to sizzle. **II** v impers to hail.

grève /gʀɛv/ nf strike; **être en grève** to be on strike; (rivage) shore.
■ **grève du zèle** work-to-rule.

gréviste /gʀevist/ nmf striker.

gribouiller© /gʀibuje/ **I** vtr to scribble. **II** vi to doodle.

grief /gʀijɛf/ nm grievance; **je ne t'en fais pas grief** I don't hold it against you.

grièvement /gʀijɛvmɑ̃/ *adv* seriously.

griffe /gʀif/ *nf* claw; (marque) label; *coup de griffe* scratch.

griffer /gʀife/ *vtr* to scratch.

griffonner /gʀifɔne/ *vtr* to scrawl.

grignoter /gʀiɲɔte/ *vtr, vi* to nibble.

gril /gʀil/ *nm* grill^{GB}, broiler^{US}.

grillade /gʀijad/ *nf* grilled meat ¢.

grillage /gʀijaʒ/ *nm* (pour clôture) wire netting.

grille /gʀij/ *nf* (de mots croisés, d'horaires) grid; RADIO, TV programme^{GB}; ADMIN scale; (de parc) railings; (portail) gate; (de prison) bars (*pl*).
■ **grille d'aération** ventilation grille; **grille de départ** starting grid; **grille de loto** lottery card; **grille des salaires** salary scale.

grille-pain, *pl* **-s** /gʀijpɛ̃/ *nm* toaster.

griller /gʀije/ **I** *vtr* [▸viande] to grill, to broil^{US}; [▸pain] to toast; [▸amandes] to roast; [▸appareil électrique] to burn out; [▸ampoule] to blow; [▸feu rouge]$^{©}$ to jump$^{©}$; [▸priorité]$^{©}$ to ignore. **II** *vi* [ampoule] to blow.

grillon /gʀijɔ̃/ *nm* cricket.

grimace /gʀimas/ *nf* (de douleur, dégoût) grimace; (comique) funny face; *faire la grimace* to pull a face; *faire des grimaces* to make faces.

grimpant, -e /gʀɛ̃pɑ̃, ɑ̃t/ *adj* [plante] climbing.

grimper /gʀɛ̃pe/ *vtr, vi* to climb (up).

grimpeur, -euse /gʀɛ̃pœʀ, øz/ *nm,f* rock climber.

grinçant, -e /gʀɛ̃sɑ̃, ɑ̃t/ *adj* [serrure] creaking; [plaisanterie] caustic; [rire] nasty.

grincement /gʀɛ̃smɑ̃/ *nm* (de porte) creaking ¢; (de craie) squeaking ¢; [▸des grincements de dents] gnashing ¢ of teeth.

grincer /gʀɛ̃se/ *vi* [porte] to creak; [craie] to squeak; *grincer des dents* to grind one's teeth.

grincheux, -euse /gʀɛ̃ʃø, øz/ **I** *adj* grumpy^{GB}, grouchy$^{©}$. **II** *nm,f* (old) misery$^{©GB}$, grouch$^{©}$.

gringalet /gʀɛ̃galɛ/ *nm* runt.

griotte /gʀijɔt/ *nf* morello cherry.

grippe /gʀip/ *nf* flu ¢; *avoir la grippe* to have (the) flu.
■ **grippe aviaire** avian influenza, bird flu.
● **prendre qn/qch en grippe**$^{©}$ to take a sudden dislike to sb/sth.

grippé, -e /gʀipe/ *adj être grippé* to have flu^{GB}, to have the flu.

gris, -e /gʀi, iz/ **I** *adj* grey^{GB}, gray^{US}; [existence] dull; (ivre) tipsy. **II** *nm inv* grey^{GB}, gray^{US}.

grisaille /gʀizaj/ *nf la grisaille quotidienne* the daily grind; (temps gris) greyness^{GB}, grayness^{US}.

grisant, -e /gʀizɑ̃, ɑ̃t/ *adj* [vitesse] exhilarating; [succès] intoxicating.

griser /gʀize/ *vtr* [vitesse] to exhilarate; [succès] to intoxicate.

grisonnant, -e /gʀizɔnɑ̃, ɑ̃t/ *adj* greying^{GB}.

grive /gʀiv/ *nf* thrush.

grivois, -e /gʀivwa, az/ *adj* [chanson] bawdy.

Groenland /gʀɔɛnlɑ̃d/ *nprm* Greenland.

grogne$^{©}$ /gʀɔɲ/ *nf* discontent.

grognement /gʀɔɲəmɑ̃/ *nm* grunt; (de chien, lion, d'ours) growl.

grogner /gʀɔɲe/ *vi* to groan; [ours, chien, lion] to growl.

grognon, -onne /gʀɔɲɔ̃, ɔn/ *adj* grumpy.

groin /gʀwɛ̃/ *nm* snout.

grommeler /gʀɔmle/ *vtr, vi* to grumble (about), to mutter.

grondement /gʀɔ̃dmɑ̃/ *nm* (de canon) rumble; (d'animal) growl.

gronder /gʀɔ̃de/ **I** *vtr gronder qn* to tell sb off. **II** *vi* [tonnerre] to rumble; [machine, vent] to roar; [révolte] to be brewing.

groom /gʀum/ *nm* bellboy, bellhop^{US}.

gros, grosse /gʀo, gʀos/ **I** *adj* big, large; (épais) thick; (gras) fat; (grave) serious, big; [déception, défaut] big, major; (fort) [rhume] bad; [temps, mer] rough; [pluie, buveur, fumeur] heavy. **II** *nm,f* fat man/woman. **III** *adv* [écrire] big; [gagner] a lot (of money). **IV** *nm inv le gros de* most of; COMM *le gros* wholesale trade; *la pêche au gros* game fishing. **V en gros** *loc adv* roughly; COMM wholesale; [écrire] in big letters.

groseille /gʀozɛj/ *nf* redcurrant.
■ **groseille à maquereau** gooseberry.

grossesse /gʀosɛs/ *nf* pregnancy.

grosseur /gʀosœʀ/ *nf* size; (kyste) lump.

grossier, -ière /gʀosje, jɛʀ/ *adj* [personne, geste] rude; [esprit, traits] coarse; [copie, travail] crude; [idée, estimation] rough; [erreur] glaring.

grossièrement /gʀosjɛʀmɑ̃/ *adv* (sommairement) roughly; (vulgairement) coarsely.

grossièreté /gʀosjɛʀte/ *nf* rudeness; *dire des grossièretés* to talk dirty.

grossir /gʀosiʀ/ **I** *vtr* [▸image] to enlarge; [▸effectifs] to increase; [▸incident] to exaggerate; *gros-*

sir qn to make sb look fat. **II** *vi **grossir de cinq kilos*** to put on five kilos; *ça fait grossir* it's fattening; [fleuve] to swell; [rumeur] to grow.

grossissant, **-e** /gʀosisɑ̃, ɑ̃t/ *adj* [verre] magnifying.

grossiste /gʀosist/ *nmf* wholesaler.

grotesque /gʀɔtɛsk/ *adj* ridiculous, ludicrous.

grotte /gʀɔt/ *nf* cave, grotto.

grouiller /gʀuje/ **I** *vi **grouiller de*** to be swarming with. **II se grouiller**© *vpr* to get a move on©.

groupe /gʀup/ *nm* group.
■ **groupe électrogène** generating set; **groupe sanguin** blood group; **groupe scolaire** school; **groupe des Huit, G8** Group of Eight, G8 countries (*pl*); **groupe de travail** working party.

groupement /gʀupmɑ̃/ *nm* association, group.

grouper /gʀupe/ *vtr, vpr* to group (together).

grue /gʀy/ *nf* crane; (oiseau) crane.

grumeau, *pl* **-x** /gʀymo/ *nm* lump.

gruyère /gʀyɛʀ/ *nm* gruyere.

Guatémala /gwatemala/ *nprm* Guatemala.

gué /ge/ *nm* ford; *passer un ruisseau à gué* to ford a stream.

guenille /gənij/ *nf* rag.

guenon /gənɔ̃/ *nf* female monkey.

guépard /gepaʀ/ *nm* cheetah.

guêpe /gɛp/ *nf* wasp.

guêpier /gepje/ *nm* wasps' nest; (situation difficile) tight corner.

guère /gɛʀ/ *adv* hardly; *guère mieux* hardly any better.

guéridon /geʀidɔ̃/ *nm* pedestal table.

guérilla /geʀija/ *nf* (combat) guerrilla warfare; (groupe) guerrillas (*pl*).

guérir /geʀiʀ/ **I** *vtr **guérir qn de qch*** to cure sb of sth; [▸blessure] to heal. **II** *vi* to recover, to get well; *guérir de qch* to recover from sth.

guérison /geʀizɔ̃/ *nf* recovery.

guérisseur, **-euse** /geʀisœʀ, øz/ *nm,f* healer.

guerre /gɛʀ/ *nf* war; *être en guerre* to be at war; *les pays en guerre* the warring nations; *faire la guerre (à)* to wage war (against).
■ **guerre mondiale** world war; **Première/ Seconde Guerre mondiale** World War I/ II, First/Second World War; **guerre froide** Cold War; **guerre du Golfe** Gulf War.

guerrier, **-ière** /geʀje, jɛʀ/ **I** *adj* war. **II** *nm,f* warrior.

guet /gɛ/ *nm **faire le guet*** to be on the lookout; MIL to be on watch.

guet-apens, *pl* **guets-apens** /gɛtapɑ̃/ *nm* ambush; FIG trap.

guetter /gete/ *vtr* [▸signe] to watch out for; [▸qn] to look out for.

gueule /gœl/ *nf* (d'animal, de canon) mouth; (d'humain)© face.
■ **gueule de bois**© hangover.
● **casser la gueule**® *à qn* to beat sb up; *faire la gueule*® to be sulking.

gueuler® /gœle/ *vtr, vi* to yell.

gui /gi/ *nm* mistletoe.

guichet /giʃɛ/ *nm* window; (de banque) counter; (de stade, musée, gare) ticket office.
■ **guichet automatique** automatic teller machine, ATM.

guide /gid/ **I** *nmf* guide. **II** *nm* (livre) guidebook.

guider /gide/ **I** *vtr* to guide; *guider qn (vers)* to show sb the way (to). **II se guider** *vpr **se guider sur qch*** to set one's course by sth.

guidon /gidɔ̃/ *nm* handlebars (*pl*).

guignol /giɲɔl/ *nm* puppet show, ≈ Punch and Judy show; *faire le guignol* to clown around.

guillemets /gijmɛ/ *nmpl* inverted commas[GB], quotation marks.

guilleret, **-ette** /gijʀɛ, ɛt/ *adj* perky.

guillotine /gijɔtin/ *nf* (de fenêtre) sash.

guimauve /gimov/ *nf* (marsh)mallow.

guimbarde /gɛ̃baʀd/ *nf* Jew's harp; (voiture)© old banger©[GB], crate©.

guindé, **-e** /gɛ̃de/ *adj* formal.

Guinée /gine/ *nprf* Guinea.

guirlande /giʀlɑ̃d/ *nf* garland; (de Noël) tinsel.

guise /giz/ *nf à votre guise* just as you please; *en guise de* by way of.

guitare /gitaʀ/ *nf* guitar.

guitariste /gitaʀist/ *nmf* guitarist.

Guyana /ɡɥijana/ /*nprf* Guyana.

gymnase /ʒimnɑz/ *nm* gymnasium.

gymnastique /ʒimnastik/ *nf* gymnastics.

gynécologue /ʒinekɔlɔg/ *nmf* gynaecologist[GB].

gyrophare /ʒiʀɔfaʀ/ *nm* flashing light.

h

h, H /aʃ/ nm inv (abrév écrite = **heure**) *9 h 10* 9.10; *l'heure H* zero hour.

ha (abrév écrite = **hectare**) ha.

habile /abil/ adj (adroit) clever; (intelligent) skilful[GB].

habileté /abilte/ nf skill.

habillé, -e /abije/ adj [soirée] formal.

habillement /abijmã/ nm clothing.

habiller /abije/ **I** vtr to dress. **II s'habiller** vpr to get dressed; *s'habiller long/court* to wear long/short clothes; (élégamment) to dress up; (se travestir) *s'habiller en* to dress up as.

habit /abi/ **I** nm costume. **II habits** nmpl clothes.

habitable /abitabl/ adj habitable; *surface habitable* living space.

habitant, -e /abitã, ãt/ nm,f inhabitant; (d'immeuble) resident.

habitat /abita/ nm [▸ rural, urbain] settlement; (logement) housing.

habitation /abitasjɔ̃/ nf house.
■ **habitation à loyer modéré, HLM** ≈ council flat[GB], low-rent apartment[US].

habiter /abite/ vtr, vi to live in.

habitude /abityd/ **I** nf habit; *par habitude* out of habit; *suivant leur habitude* as they usually do; *avoir l'habitude de* to be used to; *c'est l'habitude en Chine* it's the way they do it in China. **II d'habitude** loc adv usually; *comme d'habitude* as usual.

habitué, -e /abitye/ nm,f regular.

habituel, -elle /abityɛl/ adj usual.

habituellement /abityɛlmã/ adv usually.

habituer /abitye/ **I** vtr *habituer qn à qch* to get sb used to sth; *habituer qn à faire qch* to teach sb to do sth. **II s'habituer à** vpr to get used to.

hache /ʼaʃ/ nf axe[GB].

haché, -e /ʼaʃe/ adj [viande] mince[GB], ground[US] meat; [style] disjointed.

hacher /ʼaʃe/ vtr [▸ viande] to mince[GB], to grind[US]; [▸ oignon] to chop.

hachette /ʼaʃɛt/ nf hatchet.

hachis /ʼaʃi/ nm *hachis Parmentier* shepherd's pie.

hachoir /ʼaʃwaʀ/ nm mincer[GB]; *hachoir électrique* electric mincer[GB], grinder[US]; (couteau) chopper.

hachish, haschisch /ʼaʃiʃ/ nm hashish.

haddock /ʼadɔk/ nm smoked haddock.

haie /ʼɛ/ nf BOT hedge; (en athlétisme) hurdle; (en hippisme) fence; (de personnes) line.

haillons /ʼajɔ̃/ nmpl rags.

haine /ʼɛn/ nf hatred.

haïr /ʼaiʀ/ vtr to hate.

Haïti /aiti/ nprm Haïti.

halage /ʼalaʒ/ nm towing.

hâle /ʼal/ nm (sun)tan.

hâlé, -e /ʼale/ adj tanned.

haleine /alɛn/ nf breath; *hors d'haleine* out of breath; *tenir qn en haleine* to keep sb in suspense; *un travail de longue haleine* a long-drawn-out job.

haletant, -e /ʼaltã, ãt/ adj panting, breathless.

haleter /ʼalte/ vi to pant.

hall /ʼol/ nm hall; (d'hôtel) entrance hall[GB], lobby[US]; *hall (de gare)* concourse.

halle /ʼal/ **I** nf market hall. **II halles** nfpl covered market.

hallucinant⊚, -e /alysinã, ãt/ adj astounding.

hallucination /alysinasjɔ̃/ nf hallucination.

halluciner⊚ /alysine/ vi *ça me fait halluciner* it blows my mind.

halo /ʼalo/ nm halo.

halogène /alɔʒɛn/ adj halogen.

halte /ʼalt/ **I** nf stop; *faire une halte* to stop somewhere. **II** excl stop!; MIL halt!

haltère /altɛʀ/ nm barbell.

hamac /ʼamak/ nm hammock.

hameau, pl **-x** /ʼamo/ nm hamlet.

hameçon /amsɔ̃/ nm hook.
● **mordre à l'hameçon** to take the bait.

hanche /ʼãʃ/ nf hip.

handball /ʼãdbal, ʼãdbol/ nm handball.

handballeur, **-euse** /'ādbalœʀ, øz/ *nm,f* handball player.

handicap /'ādikap/ *nm* handicap.

handicapé, **-e** /'ādikape/ **I** *adj* disabled, handicapped. **II** *nm,f* disabled person; *handicapé moteur* person with motor disability.

handicaper /'ādikape/ *vtr* to handicap.

handisport /ādispɔʀ/ *nm* disabled sport.

hangar /'āgaʀ/ *nm* (large) shed; (d'aviation) hangar.

hanneton /'antɔ̃/ *nm* cockchafer[GB], June bug[US].

hanter /'āte/ *vtr* to haunt.

hantise /'ātiz/ *nf* *avoir la hantise de qch* to dread sth.

happer /'ape/ *vtr* to catch.

haranguer /'aʀāge/ *vtr* to harangue.

haras /'aʀa/ *nm* stud farm.

harasser /'aʀase/ *vtr* to exhaust.

harcèlement /'aʀsɛlmā/ *nm* harassment; *harcèlement moral* psychological harassment.

harceler /'aʀsəle/ *vtr* [▸personne] to pester, to hassle☺; [▸ennemi] to harass.

hardi, **-e** /'aʀdi/ *adj* bold.

hardiesse /'aʀdjɛs/ *nf* boldness.

hareng /'aʀā/ *nm* herring.

hargne /'aʀɲ/ *nf* (aggressive) bad temper.

hargneux, **-euse** /'aʀɲø, øz/ *adj* aggressive.

haricot /'aʀiko/ *nm* bean.
■ **haricot vert** French bean[GB], string bean[US].

harmonica /aʀmɔnika/ *nm* mouth organ, harmonica.

harmonie /aʀmɔni/ *nf* harmony.

harmonieux, **-ieuse** /aʀmɔnjø, jøz/ *adj* harmonious.

harmoniser /aʀmɔnize/ **I** *vtr* to harmonize. **II** *s'harmoniser* *vpr* *bien s'harmoniser* to go together well.

harnacher /'aʀnaʃe/ *vtr* to harness.

harnais /'aʀnɛ/ *nm* harness.

harpe /'aʀp/ *nf* harp.

harpon /'aʀpɔ̃/ *nm* harpoon.

harponner /'aʀpɔne/ *vtr* to harpoon; [▸malfaiteur] to nab☺.

hasard /'azaʀ/ *nm* chance; *par hasard* by chance; *au hasard* [choisir] at random; [marcher] aimlessly; *à tout hasard* just in case.

hasarder /'azaʀde/ *vtr* [▸réponse] to give a tentative explanation/answer. **II** *se hasarder à* *vpr* to venture to.

hasardeux, **-euse** /'azaʀdø, øz/ *adj* risky.

hâte /'ɑt/ *nf* haste; *à la hâte* hastily; *j'ai hâte de partir* I can't wait to leave.

hâter /'ɑte/ **I** *vtr* to hasten; *hâter le pas* to quicken one's step. **II** *se hâter* *vpr* to hurry.

hâtif, **-ive** /'ɑtif, iv/ *adj* hasty.

hausse /'os/ *nf* rise (in); *en hausse* rising.

haussement /'osmā/ *nm* *haussement d'épaules* shrug.

hausser /'ose/ **I** *vtr* [▸épaules] to shrug; [▸prix, sourcils, ton] to raise. **II** *se hausser* *vpr* *se hausser sur la pointe des pieds* to stand on tiptoe.

haut, **-e** /'o, 'ot/ **I** *adj* [montagne, mur, talon] high; [arbre, monument] tall; [▸la partie haute* de the top part of; *à haute voix* loudly; [dirigeant] senior, high-ranking; *la haute Égypte* Upper Egypt. **II** *adv* [monter] high; *de haut* from above; (dans un texte) *plus haut* above; *tout haut* out loud. **III** *nm* top; *l'étagère du haut* the top shelf; *les pièces du haut* the upstairs rooms; *50 m de haut* 50 m high. **IV** *en haut* *loc adv* at the top; (à l'étage) upstairs. **V** *hauts* *nmpl* GÉOG heights.
● *tomber de haut* to be dumbfounded; *des hauts et des bas* ups and downs; *haut les mains!* hands up!

hautain, **-e** /'otɛ̃, ɛn/ *adj* haughty.

hautbois /'obwa/ *nm* oboe.

haute(-)fidélité /'otfidelite/ *nf, adj inv* hi-fi, high fidelity.

hautement /'otmā/ *adv* highly.

hauteur /'otœʀ/ **I** *nf* height; (arrogance) haughtiness; FIG *être à la hauteur* to measure up, to be up to it. **II** *à hauteur de* *loc prép* *à hauteur des yeux* at eye level.

haut-parleur, *pl* **-s** /'opaʀlœʀ/ *nm* loudspeaker.

havre /'avʀ/ *nm* haven; *un havre de paix* a haven of peace.

hebdomadaire /ɛbdomadɛʀ/ *adj*, *nm* [magazine] weekly.

hébergement /ebɛʀʒəmā/ *nm* accommodation.

héberger /ebɛʀʒe/ *vtr* to put [sb] up, to accommodate; ORDINAT to host.

hébergeur /ebɛʀʒœʀ/ *nm* ORDINAT host.

hébreu, *pl* **-x** /ebʀø/ *adj m, nm* Hebrew.

Hébreu, *pl* **-x** /ebʀø/ *nm* Hebrew.

HEC /aʃəse/ *nf* (*abrév* = **Hautes études commerciales**) *major business school*.

hécatombe /ekatɔ̃b/ *nf* massacre, slaughter.

hectare /ɛktaʀ/ *nm* hectare.

hein© /'ɛ̃/ *excl* what©?, sorry?

hélas /'elas/ *excl* alas.

héler /ele/ *vtr* [▸taxi] to hail.

hélice /elis/ *nf* propeller.

hélicoptère /elikɔptɛʀ/ *nm* helicopter.

héliporté, -e /elipɔʀte/ *adj* helicopter-borne.

helvétique /ɛlvetik/ *adj* Helvetic, Swiss; *la Confédération helvétique* Switzerland.

hématome /ematom/ *nm* bruise.

hémisphère /emisfɛʀ/ *nm* hemisphere.

hémorragie /emɔʀaʒi/ *nf* bleeding ₵.

hémorroïdes /emɔʀɔid/ *nfpl* piles, haemorrhoids.

hennir /'eniʀ/ *vi* to neigh.

hennissement /'enismɑ̃/ *nm* neigh.

hépatite /epatit/ *nf* hepatitis.

herbe /ɛʀb/ **I** *nf* grass; *mauvaise herbe* weed. **II en herbe** *loc adj* [blé] in the blade; (jeune) budding.

herbivore /ɛʀbivɔʀ/ *adj* herbivorous.

herboriste /ɛʀbɔʀist/ *nmf* herbalist.

Hercule /ɛʀkyl/ *nprm* Hercules; *un travail d'Hercule* a Herculean task.

héréditaire /eʀeditɛʀ/ *adj* hereditary.

hérédité /eʀedite/ *nf* heredity.

hérisser /'eʀise/ **I** *vtr* to bristle; FIG to ruffle; *ça me hérisse!*© it gets my back up©. **II se hérisser** *vpr* [▸cheveux, poils] to stand on end; (s'irriter)© to bristle.

hérisson /'eʀisɔ̃/ *nm* hedgehog.

héritage /eʀitaʒ/ *nm* inheritance; (abstrait) heritage, legacy.

hériter /eʀite/ *vtr, vi* to inherit.

héritier, -ière /eʀitje, jɛʀ/ *nm,f* heir/heiress.

hermétique /ɛʀmetik/ *adj* airtight; [milieu] impenetrable.

hermine /ɛʀmin/ *nf* stoat; (fourrure) ermine.

hernie /'ɛʀni/ *nf* hernia; *hernie discale* herniated disc.

héroïne /eʀɔin/ *nf* heroine; (drogue) heroin.

héroïque /eʀɔik/ *adj* heroic.

héron /'eʀɔ̃/ *nm* heron.

héros /'eʀo/ *nm* hero.

hésitant, -e /ezitɑ̃, ɑ̃t/ *adj* hesitant; [pas, voix] faltering.

hésitation /ezitasjɔ̃/ *nf* hesitation ₵.

hésiter /ezite/ *vi* *hésiter (devant/sur/entre)* to hesitate (before/over/between); *j'hésite* I can't make up my mind.

hétérogène /eteʀɔʒɛn/ *adj* mixed, heterogeneous.

hétérosexuel, -elle /eteʀosɛksɥɛl/ *adj, nm,f* heterosexual.

hêtre /'ɛtʀ/ *nm* beech (tree).

heure /œʀ/ *nf* hour; *d'heure en heure* by the hour; *toutes les heures* every hour; *60 km à l'heure* 60 km per hour; *payé à l'heure* paid by the hour; *la semaine de 35 heures* the 35-hour week; (moment) time; *se tromper d'heure* to get the time wrong; *quelle heure est-il?* what time is it?; *il est 10 heures* it's 10 (o'clock); *mettre sa montre à l'heure* to set one's watch; *être à l'heure* to be on time; *de bonne heure* early; *à l'heure actuelle* at the present time; *à l'heure du thé* teatime; *à la bonne heure!* finally!; *à l'heure des satellites* in the satellite era.
▪ *heure d'été* summer time^GB, daylight saving(s) time; *heure d'hiver* winter time^GB, standard time; *heure de pointe* rush hour; *heures supplémentaires* overtime.

heureusement /œʀøzmɑ̃/ *adv* fortunately.

heureux, -euse /œʀø, øz/ *adj* happy; *très heureux de faire votre connaissance* (very) pleased to meet you; *l'heureux gagnant* the lucky winner.

heurt /'œʀ/ *nm* conflict; (accrochage) clash; *sans heurt* smoothly.

heurter /'œʀte/ **I** *vtr* to hit, to bump into; [▸morale] to offend. **II se heurter** *vpr se heurter contre qn/qch* to bump into sb/sth; *se heurter à qn* to clash with sb.

hexagone /ɛgzagon/ *nm* MATH hexagon; (France métropolitaine)© *l'Hexagone* France.

hiberner /ibɛʀne/ *vi* to hibernate.

hibou, *pl* **-x** /'ibu/ *nm* owl.

hideux, -euse /'idø, øz/ *adj* hideous.

hier /jɛʀ/ *adv* yesterday.

hiérarchie /'jeʀaʀʃi/ *nf* hierarchy.

hi-fi, hifi /'ifi/ *adj inv*, *nf* hi-fi.

hilare /ilaʀ/ *adj* cheerful.

hindou, -e /ɛ̃du/ *adj, nm,f* Hindu.

hippique /ipik/ *adj concours hippique* showjumping event[GB], horse show[US]; *club hippique* riding school.

hippisme /ipism/ *nm* equestrianism.

hippocampe /ipɔkɑ̃p/ *nm* sea horse.

hippodrome /ipɔdʀom/ *nm* racecourse[GB], racetrack[US].

hippopotame /ipɔpɔtam/ *nm* hippopotamus.

hirondelle /iʀɔ̃dɛl/ *nf* swallow.

hisser /'ise/ **I** *vtr* to hoist. **II se hisser** *vpr* to heave oneself up.

histoire /istwaʀ/ *nf* history; (récit) story; (aventure) *histoire d'amour* love affair; *histoire de famille* family matter; (ennuis) trouble ¢; *ça va faire des histoires* it will cause trouble.

historien, -ienne /istɔʀjɛ̃, jɛn/ *nm,f* historian.

historique /istɔʀik/ **I** *adj* [roman, film] historical; [évènement] historic; *présent historique* historic present. **II** *nm* history.

hiver /ivɛʀ/ *nm* winter.

hivernal, -e, *mpl* **-aux** /ivɛʀnal, o/ *adj* [temps] winter; [jour] wintry.

hiverner /ivɛʀne/ *vi* to winter.

HLM /aʃɛlɛm/ *nm/f* (abrév = **habitation à loyer modéré**) ≈ council flat[GB], low-rent apartment[US].

hocher /'ɔʃe/ *vtr hocher la tête* (de haut en bas) to nod; (de droite à gauche) to shake one's head.

hochet /'ɔʃɛ/ *nm* rattle.

hockey /'ɔkɛ/ *nm* hockey.

holà /'ɔla/ *excl* hey (there)!

hold-up /'ɔldœp/ *nm inv* hold-up.

hollandais, -e /'ɔlɑ̃dɛ, ɛz/ **I** *adj* Dutch. **II** *nm* LING Dutch. **III** *nm,f Hollandais, -e* Dutchman/Dutchwoman; *les Hollandais* the Dutch.

Hollande /'ɔlɑ̃d/ *nprf* Holland, the Netherlands.

holocauste /ɔlɔkost/ *nm* (génocide) holocaust.

hologramme /ɔlɔgʀam/ *nm* hologram.

homard /'ɔmaʀ/ *nm* lobster.

homéopathie /ɔmeopati/ *nf* homeopathy.

homicide /ɔmisid/ *nm* homicide.

■ **homicide volontaire/involontaire** intentional/unintentional manslaughter.

hommage /ɔmaʒ/ **I** *nm* tribute; *rendre hommage à qn/qch* to pay tribute to sb/ sth. **II hommages** *nmpl* respects.

homme /ɔm/ *nm* man; (genre humain) mankind; (être humain) human being.
■ **homme d'affaires** businessman; **homme politique** politician.

homme-grenouille, *pl* **hommes-grenouilles** /ɔmgʀənuj/ *nm* frogman.

homogène /ɔmɔʒɛn/ *adj* homogeneous.

homologue /ɔmɔlɔg/ *nmf* counterpart, opposite number.

homologuer /ɔmɔlɔge/ *vtr* [▸produit] to approve; [▸record] to recognize officially.

homonyme /ɔmɔnim/ *nm* LING homonym; (personne) namesake.

homophobe /ɔmɔfɔb/ **I** *adj* homophobic. **II** *nmf* homophobe.

homosexualité /omosɛksyalite/ *nf* homosexuality.

homosexuel, -elle /omosɛksyɛl/ *adj, nm,f* homosexual.

Honduras /'ɔ̃dyʀas/ *nprm* Honduras.

Hongrie /'ɔ̃gʀi/ *nprf* Hungary.

hongrois, e /'ɔ̃gʀwa, az/ **I** *adj* Hungarian. **II** *nm* LING Hungarian. **III** *nm,f Hongrois, -e* Hungarian.

honnête /ɔnɛt/ *adj* honest; [arbitre, prix] fair; (honorable) decent.

honnêtement /ɔnɛtmɑ̃/ *adv* [gérer, dire] honestly; [répondre] frankly; *gagner honnêtement sa vie* to earn a decent living.

honnêteté /ɔnɛtte/ *nf* honesty.

honneur /ɔnœʀ/ *nm* honour[GB] ¢; *ce fut tout à leur honneur* it was all credit to them; *j'ai l'honneur de vous informer que* I beg to inform you that; *entrée/escalier d'honneur* main entrance/staircase; *rendre honneur à qn* to honour[GB] sb; *faire honneur à un repas* to do justice to a meal.

honnir /'ɔniʀ/ *vtr* to execrate.

honorable /ɔnɔʀabl/ *adj* honourable[GB]; [classement] creditable.

honoraire /ɔnɔʀɛʀ/ **I** *adj* honorary. **II honoraires** *nmpl* fee (*sg*).

honorer /ɔnɔʀe/ *vtr* to honour^GB; *votre courage vous honore* your bravery does you credit.

honte /'ɔt/ *nf* shame; *avoir honte de* to be ashamed of; *faire honte à qn* to make sb ashamed.

honteux, -euse /'ɔtø, øz/ *adj* disgraceful; *honteux (de qn/qch)* ashamed of sb/sth.

hôpital, *pl* **-aux** /ɔpital, o/ *nm* hospital.

hoquet /'ɔkɛ/ *nm* *avoir le hoquet* to have hiccups.

horaire /ɔʀɛʀ/ **I** *adj* *tranche horaire* time slot; [salaire] hourly; [tarif] per hour. **II** *nm* timetable^GB, schedule^US.

horizon /ɔʀizɔ̃/ *nm* horizon; FIG outlook.

horizontal, -e, *mpl* **-aux** /ɔʀizɔ̃tal, o/ *adj* horizontal.

horloge /ɔʀlɔʒ/ *nf* clock.
▪ **horloge biologique** biological clock.

horloger, -ère /ɔʀlɔʒe, ɛʀ/ *nm,f* watchmaker.

horlogerie /ɔʀlɔʒʀi/ *nf* (industrie) watchmaking; (boutique) watchmaker's (shop).

hormis /'ɔʀmi/ *prép* save, except (for).

hormonal, -e, *mpl* **-aux** /ɔʀmɔnal, o/ *adj* hormonal, hormone.

hormone /ɔʀmɔn/ *nf* hormone.

horodateur /ɔʀodatœʀ/ *nm* parking-ticket machine.

horoscope /ɔʀɔskɔp/ *nm* horoscope.

horreur /ɔʀœʀ/ *nf* horror; *quelle horreur!* how horrible!; *avoir horreur de qn/qch* to loathe sb/sth; *avoir horreur de faire* to hate doing.

horrible /ɔʀibl/ *adj* horrible; [douleur, bruit, etc] terrible.

horrifier /ɔʀifje/ *vtr* to horrify.

hors /'ɔʀ/ **I** *prép* apart from, save. **II hors de** *loc prép* (position fixe) outside; (avec mouvement) out of; *hors d'ici!* get out of here!
● *être hors de soi* to be beside oneself.

hors-bord, *pl* **-s** /'ɔʀbɔʀ/ *nm* powerboat, speedboat.

hors-d'œuvre /'ɔʀdœvʀ/ *nm inv* starter, hors d'oeuvre.

hors-jeu, *pl* **-x** /'ɔʀʒø/ *nm* offside.

hors-la-loi /'ɔʀlalwa/ *nm inv* outlaw.

hors-piste, *pl* **-s** /'ɔʀpist/ *nm* off-piste skiing.

hortensia /ɔʀtɑ̃sja/ *nm* hydrangea.

horticulteur, -trice /ɔʀtikyltœʀ, tʀis/ *nm,f* horticulturist.

hospice /ɔspis/ *nm* (asile) home; *hospice de vieillards* old people's home.

hospitalier, -ière /ɔspitalje, jɛʀ/ *adj* *centre hospitalier* hospital; *soins hospitaliers* hospital care; (accueillant) hospitable.

hospitaliser /ɔspitalize/ *vtr* to hospitalize.

hospitalité /ɔspitalite/ *nf* hospitality.

hostie /ɔsti/ *nf* Host.

hostile /ɔstil/ *adj* hostile (to).

hostilité /ɔstilite/ *nf* hostility (to); *reprendre les hostilités* to resume hostilities.

hôte /ot/ **I** *nm* host. **II** *nmf* guest.

hôtel /otɛl/ *nm* hotel.
▪ **hôtel particulier** town house; **hôtel de ville** town hall, city hall^US.

hôtelier, -ière /otəlje, jɛʀ/ *adj* [industrie, chaîne] hotel.

hôtellerie /otɛlʀi/ *nf* hotel business.

hôtesse /otɛs/ *nf* hostess.
▪ **hôtesse d'accueil** receptionist; **hôtesse de l'air** stewardess.

hotte /'ɔt/ *nf* basket (*carried on the back*); (de cheminée) hood; (du père Noël) sack.

houblon /'ublɔ̃/ *nm* hop.

houille /'uj/ *nf* coal.

houle /'ul/ *nf* swell.

houleux, -euse /'ulø, øz/ *adj* rough, stormy.

houppette /'upɛt/ *nf* powder puff.

hourra /'uʀa/ **I** *nm* cheer; *pousser des hourras* to cheer. **II** *excl* hurrah!

housse /'us/ *nf* cover.
▪ **housse de couette** duvet cover, quilt cover.

houx /'u/ *nm* holly.

HT (*abrév écrite* = **hors taxes**) exclusive of tax.

hublot /'yblo/ *nm* porthole.

huées /'ɥe/ *nfpl* booing ₵.

huer /'ɥe/ *vtr* to boo.

huile /ɥil/ *nf* oil.

huiler /ɥile/ *vtr* to oil.

huileux, -euse /ɥilø, øz/ *adj* oily.

huis /'ɥi/ *nm* *à huis clos* JUR in camera.

huissier /ɥisje/ nm **huissier (de justice)** bailiff; (portier) porter; (de tribunal) usher.

huit /'ɥit, mais devant consonne 'ɥi/ **I** dét eight; **huit jours** a week; **mardi en huit** a week on^GB, from^US Tuesday. **II** pron, nm inv eight.

huitaine /'ɥitɛn/ nf about a week; (environ huit) about eight.

huitième /'ɥitjɛm/ adj eighth.

huître, huitre /ɥitʀ/ nf oyster.

hululer /ylyle/ vi to hoot.

humain, -e /ymɛ̃, ɛn/ **I** adj [personne] human; [solution, régime] humane. **II** nm human being.

humanitaire /ymanitɛʀ/ adj humanitarian.

humanité /ymanite/ nf humanity.

humble /œ̃bl/ adj humble.

humecter /ymɛkte/ vtr to moisten.

humer /'yme/ vtr [▸air] to sniff; [▸parfum] to smell.

humeur /ymœʀ/ nf mood; **être de bonne/ mauvaise humeur** to be in a good/bad mood; **d'humeur égale** even-tempered.

humide /ymid/ adj damp, wet.

humidité /ymidite/ nf dampness; (de climat) humidity.

humiliant, -e /ymiljɑ̃, ɑ̃t/ adj humiliating.

humiliation /ymiljasjɔ̃/ nf humiliation.

humilier /ymilje/ vtr to humiliate.

humilité /ymilite/ nf humility.

humoriste /ymɔʀist/ nmf humorist.

humoristique /ymɔʀistik/ adj humorous.

humour /ymuʀ/ nm humour^GB; **ne pas avoir d'humour^GB** to have no sense of humour^GB.

hurlement /'yʀləmɑ̃/ nm howl; (de sirène) wail, wailing ¢.

hurler /'yʀle/ **I** vtr [personne] to yell; [radio] to blare out. **II** vi [sirène] to wail; [radio] to blare; **hurler de douleur** to howl with pain; **hurler de rire** to roar with laughter.

hurluberlu, -e /yʀlybɛʀly/ nm,f eccentric, oddball^©.

hutte /'yt/ nf hut.

hybride /ibʀid/ adj hybrid.

hydratant, -e /idʀatɑ̃, ɑ̃t/ adj moisturizing.

hydrate /idʀat/ nm **hydrate de carbone** carbohydrate.

hydrater /idʀate/ vtr to moisturize.

hydravion /idʀavjɔ̃/ nm seaplane, hydroplane.

hydrogène /idʀɔʒɛn/ nm hydrogen.

hydroglisseur /idʀɔglisœʀ/ nm hydroplane.

hydromel /idʀɔmɛl/ nm mead.

hydrophile /idʀɔfil/ adj absorbent.

hyène /'jɛn/ nf hyena.

hygiène /iʒjɛn/ nf hygiene.

hygiénique /iʒjenik/ adj hygienic.

hymne /imn/ nm hymn; **hymne national** national anthem.

hypermarché /ipɛʀmaʀʃe/ nm large supermarket.

hypersensible /ipɛʀsɑ̃sibl/ adj hypersensitive.

hypertension /ipɛʀtɑ̃sjɔ̃/ nf **hypertension (artérielle)** high blood pressure, hypertension.

hypnotiser /ipnɔtize/ vtr to hypnotize.

hypoallergénique /ipoalɛʀʒenik/ adj hypoallergenic.

hypocalorique /ipɔkalɔʀik/ adj low in calories (jamais épith), low-calorie (épith).

hypocrisie /ipɔkrizi/ nf hypocrisy.

hypocrite /ipɔkʀit/ **I** adj hypocritical. **II** nmf hypocrite.

hypokhâgne /ipɔkaɲ/ nf first-year preparatory class in humanities for entrance to École normale supérieure.

hypotaupe /ipɔtop/ nf first-year preparatory class in mathematics and science for entrance to Grandes Écoles.

hypotension /ipɔtɑ̃sjɔ̃/ nf **hypotension (artérielle)** low blood pressure, hypotension.

hypoténuse /ipɔtenyz/ nf hypotenuse.

hypothèque /ipɔtɛk/ nf mortgage.

hypothéquer /ipɔteke/ vtr to mortgage.

hypothèse /ipɔtɛz/ nf hypothesis; **l'hypothèse de l'accident** the possibility of an accident.

hypothétique /ipɔtetik/ adj hypothetical.

hystérie /isteʀi/ nf hysteria.

i

i, I /i/ nm inv **mettre les points sur les i** to dot the i's and cross the t's.

iceberg /ajsbɛʀg, isbɛʀg/ nm iceberg.

ici /isi/ adv here; **par ici la sortie** this way out; **ici Tim** this is Tim; **je vois ça d'ici!** I can just picture it!; **jusqu'ici** (au présent) until now; (dans le passé) until then; **d'ici peu** shortly; **d'ici demain/là** by tomorrow/then.

icône /ikon/ nf icon.

idéal nm, adj **-e**, pl **-aux** /ideal, o/ ideal.

idée /ide/ nf idea; **avoir l'idée de faire** to plan to do; **se faire des idées** to imagine things; **changer d'idée** to change one's mind; **il ne leur viendrait jamais à l'idée de faire** it would never occur to them to do.
■ **idée fixe** obsession; **idée reçue** conventional opinion.

identifiant /idɑ̃tifjɑ̃/ nm identifier.

identification /idɑ̃tifikasjɔ̃/ nf identification.

identifier /idɑ̃tifje/ vtr **identifier (à/avec)** to identify (with).

identique /idɑ̃tik/ adj identical.

identitaire /idɑ̃titɛʀ/ adj [crise] identity.

identité /idɑ̃tite/ nf identity.

idéologie /ideɔlɔʒi/ nf ideology.

idiomatique /idjɔmatik/ adj idiomatic.

idiome /idjom/ nm idiom.

idiot, -e /idjo, ɔt/ **I** adj stupid. **II** nm idiot.

idiotie /idjɔsi/ nf stupid thing; (caractère) stupidity.

idole /idɔl/ nf idol.

idylle /idil/ nf love affair; (poème) idyll.

if /if/ nm yew (tree).

IFOP /ifɔp/ nm (abrév = **Institut français d'opinion publique**) French institute for opinion polls.

ignoble /iɲɔbl/ adj vile, revolting.

ignorance /iɲɔʀɑ̃s/ nf ignorance.

ignorant, -e /iɲɔʀɑ̃, ɑ̃t/ **I** adj ignorant. **II** nm,f ignoramus, ignorant person.

ignorer /iɲɔʀe/ vtr not to know; **ignorer tout de qch** to know nothing about sth; **tu n'as qu'à l'ignorer** just ignore him/her.

il /il/ **I** pron pers m (personne) he; **ils** they; (objet, concept, animal) it; **ils** they. **II** pron pers neutre it; **il pleut** it's raining.

île, ile /il/ nf island.

illégal, -e, mpl **-aux** /ilegal, o/ adj illegal.

illégalité /ilegalite/ nf **être dans l'illégalité** to be in breach of the law.

illégitime /ileʒitim/ adj illegitimate.

illettré, -e /iletʀe/ adj, nm,f illiterate.

illicite /ilisit/ adj illicit; JUR unlawful.

illimité, -e /ilimite/ adj unlimited.

illisible /ilizibl/ adj [écriture] illegible; [œuvre] unreadable.

illuminé, -e /ilymine/ **I** adj [monument] floodlit; [regard] radiant. **II** nm,f visionary.

illuminer /ilymine/ **I** vtr to illuminate; (avec des projecteurs) to floodlight. **II** **s'illuminer** vpr to light up.

illusion /ilyzjɔ̃/ nf illusions (pl); **se faire des illusions** to delude oneself.

illusionniste /ilyzjɔnist/ nmf conjuror.

illustrateur, -trice /ilystʀatœʀ, tʀis/ nm,f illustrator.

illustration /ilystʀasjɔ̃/ nf illustration.

illustre /ilystʀ/ adj illustrious; **un illustre inconnu**© a perfect nobody.

illustré /ilystʀe/ nm comic.

illustrer /ilystʀe/ **I** vtr **illustrer qch (de qch)** to illustrate sth (with sth). **II** **s'illustrer** vpr to distinguish oneself.

îlot, ilot /ilo/ nm islet; **îlot de paix** haven of peace; (habitations) block.

îlotier, ilotier, -ière /ilɔtje, jɛʀ/ nm,f community police officer.

ils ▶ il.

image /imaʒ/ nf picture; (reflet) image.

imaginaire /imaʒinɛʀ/ adj imaginary.

imagination /imaʒinasjɔ̃/ nf imagination; **déborder d'imagination** to have a vivid imagination; **un enfant plein d'imagination** a very imaginative child; **des chiffres qui dépassent l'imagination** mind-boggling© figures.

imaginer /imaʒine/ **I** *vtr* to imagine, to picture; (supposer) to suppose; (inventer) to devise. **II s'imaginer** *vpr* *s'imaginer que* to think that.

imbattable /ɛ̃batabl/ *adj* unbeatable.

imbécile /ɛ̃besil/ *nmf* fool.

imbécillité, **imbécilité** /ɛ̃besilite/ *nf* stupidity.

imbiber /ɛ̃bibe/ *vtr* *imbiber (de)* to soak (in).

imbriquer: **s'imbriquer** /ɛ̃brike/ *vpr* [questions] to be interlinked; [pièces] to interlock.

imbu, **-e** /ɛ̃by/ *adj* *il est imbu de lui-même* he's full of himself.

imbuvable /ɛ̃byvabl/ *adj* [liquide] undrinkable; [personne]© unbearable.

imitateur, **-trice** /imitatœʀ, tʀis/ *nm,f* (comédien) impressionist.

imitation /imitasjɔ̃/ *nf* imitation.

imiter /imite/ *vtr* [▸geste, cri] to imitate; [▸signature] to forge.

immaculé, **-e** /imakyle/ *adj* immaculate.

immangeable /ɛ̃mɑ̃ʒabl/ *adj* inedible.

immatriculation /imatʀikylasjɔ̃/ *nf* registration.

immatriculer /imatʀikyle/ *vtr* to register.

immédiat, **-e** /imedja, at/ **I** *adj* immediate. **II** *nm* *dans l'immédiat* for the time being.

immédiatement /imedjatmɑ̃/ *adv* immediately.

immense /imɑ̃s/ *adj* huge, immense.

immensité /imɑ̃site/ *nf* immensity.

immerger /imɛʀʒe/ *vtr* to immerse.

immeuble /imœbl/ *nm* building; *immeuble de bureaux* office building.

immigrant, **-e** /imigʀɑ̃, ɑ̃t/ *nm,f* immigrant.

immigration /imigʀasjɔ̃/ *nf* immigration.

immigré, **-e** /imigʀe/ *nm,f* immigrant.

immigrer /imigʀe/ *vi* to immigrate.

imminent, **-e** /iminɑ̃, ɑ̃t/ *adj* imminent.

immiscer: **s'immiscer** /imise/ *vpr* to interfere.

immobile /imɔbil/ *adj* motionless.

immobilier, **-ière** /imɔbilje, jɛʀ/ **I** *adj* [secteur, crédit, annonce] property^{GB}, real-estate^{US}; *agence immobilière* estate agents^{GB} (*pl*), real-estate agency^{US}. **II** *nm* *l'immobilier* property^{GB}, real estate^{US}.

immobiliser /imɔbilize/ *vtr* to stop, to bring [sth] to a standstill.

immobilité /imɔbilite/ *nf* immobility, stillness.

immodéré, **-e** /imɔdeʀe/ *adj* immoderate.

immonde /imɔ̃d/ *adj* filthy.

immondices /imɔ̃dis/ *nfpl* refuse ¢^{GB}, trash ¢^{US}.

immoral, **-e**, *mpl* **-aux** /imɔʀal, o/ *adj* immoral.

immortel, **-elle** /imɔʀtɛl/ *adj* immortal.

immuniser /imynize/ *vtr* to immunize.

immunité /imynite/ *nf* immunity.

immunodéficience /imynodefisjɑ̃s/ *nf* immunodeficiency.

immunodépresseur /imynodepʀesœʀ/ *nm* immunosuppressant.

impact /ɛ̃pakt/ *nm* impact.

impair, **-e** /ɛ̃pɛʀ/ **I** *adj* [nombre] odd. **II** *nm* indiscretion, faux pas.

impardonnable /ɛ̃paʀdɔnabl/ *adj* unforgivable.

imparfait, **-e** /ɛ̃paʀfɛ, ɛt/ *adj, nm* imperfect.

impartial, **-e**, *mpl* **-iaux** /ɛ̃paʀsjal, jo/ *adj* impartial.

impasse /ɛ̃pas/ *nf* dead end; (situation) deadlock.

impassible /ɛ̃pasibl/ *adj* impassive.

impatience /ɛ̃pasjɑ̃s/ *nf* impatience.

impatient, **-e** /ɛ̃pasjɑ̃, ɑ̃t/ *adj* impatient.

impatienter: **s'impatienter** /ɛ̃pasjɑ̃te/ *vpr* to get impatient.

impayé, **-e** /ɛ̃peje/ **I** *adj* unpaid. **II** *nm* outstanding debt.

impeccable /ɛ̃pɛkabl/ *adj* [travail] perfect; [vêtement] impeccable.

impensable /ɛ̃pɑ̃sabl/ *adj* unthinkable.

imper© /ɛ̃pɛʀ/ *nm* raincoat, mac©^{GB}.

impératif, **-ive** /ɛ̃peʀatif, iv/ *nm* constraint; LING imperative.

impérativement /ɛ̃peʀativmɑ̃/ *adv* *il faut impérativement faire* it is imperative to do.

impératrice /ɛ̃peʀatʀis/ *nf* empress.

imperfection /ɛ̃pɛʀfɛksjɔ̃/ *nf* flaw.

impérialisme /ɛ̃peʀjalism/ *nm* imperialism.

imperméable /ɛpɛʀmeabl/ **I** adj waterproof. **II** nm raincoat.

impersonnel, **-elle** /ɛpɛʀsɔnɛl/ adj impersonal.

impertinence /ɛpɛʀtinɑ̃s/ nf impertinence.

impertinent, **-e** /ɛpɛʀtinɑ̃, ɑ̃t/ adj impertinent.

imperturbable /ɛpɛʀtyʀbabl/ adj unruffled.

impétueux, **-euse** /ɛpetɥø, øz/ adj impetuous.

impitoyable /ɛpitwajabl/ adj merciless; [sélection] ruthless.

implanter /ɛplɑ̃te/ **I** vtr [▸usine] to open. **II s'implanter** vpr [entreprise] to set up business.

implication /ɛplikasjɔ̃/ nf involvement.

implicitement /ɛplisit/ adj implicit.

impliquer /ɛplike/ **I** vtr to implicate; (faire participer) to involve; (signifier) to mean. **II s'impliquer** vpr to get involved.

implorer /ɛplɔʀe/ vtr to implore.

impoli, **-e** /ɛpɔli/ adj rude.

impolitesse /ɛpɔlitɛs/ nf rudeness.

impopulaire /ɛpɔpylɛʀ/ adj unpopular.

importance /ɛpɔʀtɑ̃s/ nf importance; *sans importance* unimportant; *quelle importance?* what does it matter?; (taille) size; (d'effort) amount; (de dégâts) extent.

important, **-e** /ɛpɔʀtɑ̃, ɑ̃t/ adj important; [hausse, baisse] significant; [nombre, effort] considerable; [ville] large.

importateur, **-trice** /ɛpɔʀtatœʀ, tʀis/ nm,f importer.

importation /ɛpɔʀtasjɔ̃/ nf *d'importation* [quotas] import (épith); [produit] imported; *importations de luxe* luxury imports.

importer /ɛpɔʀte/ **I** vtr to import. **II** v impers to matter; *peu importe (que)...* it doesn't matter (if)...; *n'importe lequel* any; *n'importe quel enfant* any child; *n'importe où/quand/qui/quoi* anywhere/anytime/anybody/anything; *dire n'importe quoi* to talk nonsense.

import-export /ɛpɔʀɛkspɔʀ/ nm inv import-export trade.

importuner /ɛpɔʀtyne/ vtr to bother.

imposable /ɛpozabl/ adj [personne] liable to tax; [revenu] taxable.

imposant, **-e** /ɛpozɑ̃, ɑ̃t/ adj imposing.

imposer /ɛpoze/ **I** vtr *imposer qch (à qn)* to impose sth (on sb). **II en imposer** vtr ind *en imposer à qn* to impress sb. **III s'imposer** vpr [solution] to be obvious; [prudence] to be called for; *s'imposer qch* to force oneself to make a sacrifice; *s'imposer à qn* to impose on sb.

impossibilité /ɛpɔsibilite/ nf impossibility; *être dans l'impossibilité de faire* to be unable to do.

impossible /ɛpɔsibl/ **I** adj impossible; *il est impossible qu'il soit ici* he cannot possibly be here; *cela m'est impossible* I really can't; *impossible!* out of the question! **II** nm *faire/tenter l'impossible* to do everything one can.

imposteur /ɛpɔstœʀ/ nm impostor.

impôt /ɛpo/ nm tax; *impôt sur le revenu* income tax.

impotent, **-ente** /ɛpɔtɑ̃, ɑ̃t/ **I** adj disabled. **II** nm,f person with impaired mobility.

impraticable /ɛpʀatikabl/ adj [voie] impassable.

imprécis, **-e** /ɛpʀesi, iz/ adj imprecise.

imprenable /ɛpʀənabl/ adj [citadelle] impregnable; *avec vue imprenable* unspoilt protected view.

imprésario /ɛpʀesaʀjo/ nm agent, impresario.

impression /ɛpʀesjɔ̃/ nf impression; *j'ai l'impression que* I've got a feeling that; (de textes) printing.

impressionnant, **-e** /ɛpʀesjɔnɑ̃, ɑ̃t/ adj impressive.

impressionner /ɛpʀesjɔne/ vtr to impress.

impressionnisme /ɛpʀesjɔnism/ nm Impressionism.

imprévisible /ɛpʀevizibl/ adj unpredictable.

imprévu, **-e** /ɛpʀevy/ **I** adj unforeseen. **II** nm hitch; *sauf imprévu* barring accidents.

imprimante /ɛpʀimɑ̃t/ nf printer.

imprimé, **-e** /ɛpʀime/ **I** adj printed. **II** nm form; POSTES *imprimés* printed matter.

imprimer /ɛpʀime/ vtr to print; *imprimer son style à qch* to give one's style to sth.

imprimerie /ɛpʀimʀi/ nf printing; (entreprise) printing works (sg).

imprimeur /ɛpʀimœʀ/ nm printer.

improbable /ɛpʀɔbabl/ adj unlikely.

impropre /ɛ̃prɔpR/ *adj* [terme] incorrect; *impropre à la consommation* unfit for human consumption.

improvisation /ɛ̃prɔvizasjɔ̃/ *nf* improvisation.

improviser /ɛ̃prɔvize/ **I** *vtr*, *vi* to improvise. **II s'improviser** *vpr* *s'improviser cuisinier/avocat* to act as a cook/lawyer.

improviste: à l'improviste /alɛ̃prɔvist/ *loc adv* unexpectedly.

imprudence /ɛ̃pRydɑ̃s/ *nf* carelessness; *avoir l'imprudence de faire* to be foolish enough to do.

imprudent, -e /ɛ̃pRydɑ̃, ɑ̃t/ *adj* [personne, parole] careless; [action] rash.

impuissant, -e /ɛ̃pɥisɑ̃, ɑ̃t/ *adj* *impuissant (à faire)* powerless (to do); MÉD impotent.

impulsif, -ive /ɛ̃pylsif, iv/ *adj* impulsive.

impulsion /ɛ̃pylsjɔ̃/ *nf* (mouvement) impulse; FIG (élan) impetus; PSYCH drive ¢.

impunément /ɛ̃pynemɑ̃/ *adv* with impunity.

impuni, -e /ɛ̃pyni/ *adj* unpunished.

impunité /ɛ̃pynite/ *nf* impunity.

impur, -e /ɛ̃pyR/ *adj* impure.

impureté /ɛ̃pyRte/ *nf* impurity.

imputable /ɛ̃pytabl/ *adj* *imputable à* attributable to.

imputer /ɛ̃pyte/ *vtr* *imputer à* to attribute to.

inabordable /inabɔRdabl/ *adj* [personne] unapproachable; [prix] prohibitive.

inacceptable /inaksɛptabl/ *adj* unacceptable.

inaccessible /inaksesibl/ *adj* [lieu] inaccessible; [personne] unapproachable.

inactif, -ive /inaktif, iv/ *adj* idle.

inaction /inaksjɔ̃/ *nf* inactivity.

inadapté, -e /inadapte/ *adj* [enfant] maladjusted; [moyen] inappropriate; [système] ill-adapted.

inadmissible /inadmisibl/ *adj* intolerable.

inadvertance: par inadvertance /parinadvɛRtɑ̃s/ *loc adv* inadvertently.

inanimé, -e /inanime/ *adj* unconscious; (sans vie) lifeless.

inanition /inanisjɔ̃/ *nf* *mourir d'inanition* to die of starvation.

inaperçu, -e /inapɛRsy/ *adj* *passer inaperçu* to go unnoticed.

inapte /inapt/ *adj* *inapte à/à faire* unfit for/ to do.

inaptitude /inaptityd/ *nf* unfitness.

inattendu, -e /inatɑ̃dy/ *adj* unexpected.

inattention /inatɑ̃sjɔ̃/ *nf* *moment d'inattention* lapse of concentration; *faute d'inattention* careless mistake.

inauguration /inogyRasjɔ̃/ *nf* unveiling; (de route, bâtiment) inauguration; (de congrès) opening.

inaugurer /inogyRe/ *vtr* [▸statue] to unveil; [▸musée] to open.

inavouable /inavwabl/ *adj* shameful.

incapable /ɛ̃kapabl/ **I** *adj* *incapable de faire qch* (par nature) incapable of doing sth; (temporairement) unable to do sth; (incompétent) incompetent. **II** *nmf* incompetent.

incapacité /ɛ̃kapasite/ *nf* *être dans l'incapacité de faire* to be unable to do.

incarcération /ɛ̃kaRseRasjɔ̃/ *nf* imprisonment.

incarner /ɛ̃kaRne/ *vtr* [▸espoir] to embody; [▸personnage] to portray.

incassable /ɛ̃kasabl/ *adj* unbreakable.

incendiaire /ɛ̃sɑ̃djɛR/ **I** *adj* [bombe] incendiary; [déclaration] inflammatory. **II** *nmf* arsonist.

incendie /ɛ̃sɑ̃di/ *nm* fire; *incendie criminel* arson.

incendier /ɛ̃sɑ̃dje/ *vtr* to burn down.

incertain, -e /ɛ̃sɛRtɛ̃, ɛn/ *adj* [date, origine] uncertain; [contours] blurred; [couleur] indeterminate; [temps] unsettled; [pas, voix] hesitant.

incertitude /ɛ̃sɛRtityd/ *nf* uncertainty.

incessamment /ɛ̃sesamɑ̃/ *adv* very shortly.

incessant, -e /ɛ̃sesɑ̃, ɑ̃t/ *adj* constant.

inceste /ɛ̃sɛst/ *nm* incest.

incidence /ɛ̃sidɑ̃s/ *nf* effect.

incident /ɛ̃sidɑ̃/ *nm* incident; *en cas d'incident* if anything should happen.

incinérateur /ɛ̃sineRatœR/ *nm* (de déchets) incinerator; (de corps) cremator furnace.

incinérer /ɛ̃sineRe/ *vtr* [▸déchets] to incinerate; [▸corps] to cremate.

incisive /ɛ̃siziv/ *nf* incisor.

inciter /ɛ̃site/ vtr [personne, situation] to encourage; *inciter vivement* to urge.

inclinaison /ɛ̃klinɛzɔ̃/ nf angle; (de toit) slope.

incliner /ɛ̃kline/ **I** vtr to tilt; *incliner le buste* to lean forward. **II s'incliner** vpr to lean forward; (par politesse) to bow; (accepter) *s'incliner devant qch* to accept sth, to give in.

inclure /ɛ̃klyʀ/ vtr to include; (joindre) to enclose.

inclus, -e /ɛ̃kly, yz/ adj including; *jusqu'à jeudi inclus* up to and including Thursday; [taxe] included; (joint) enclosed.

incohérence /ɛ̃kɔeʀɑ̃s/ nf incoherence ¢; (contradiction) discrepancy.

incohérent, -e /ɛ̃kɔeʀɑ̃, ɑ̃t/ adj incoherent.

incollable /ɛ̃kɔlabl/ adj unbeatable; [riz] easy-cook.

incolore /ɛ̃kɔlɔʀ/ adj colourlessᴳᴮ; [vernis, verre] clear.

incomber /ɛ̃kɔ̃be/ vtr ind *incomber à* to fall to.

incommoder /ɛ̃kɔmɔde/ vtr to bother.

incomparable /ɛ̃kɔ̃paʀabl/ adj incomparable.

incompatible /ɛ̃kɔ̃patibl/ adj incompatible.

incompétent, -e /ɛ̃kɔ̃petɑ̃, ɑ̃t/ **I** adj incompetent. **II** nm,f incompetent person.

incomplet, -ète /ɛ̃kɔ̃plɛ, ɛt/ adj incomplete.

incompréhensible /ɛ̃kɔ̃pʀeɑ̃sibl/ adj incomprehensible.

incompris, -e /ɛ̃kɔ̃pʀi, iz/ nm,f *être un incompris* to be misunderstood.

inconcevable /ɛ̃kɔ̃səvabl/ adj inconceivable.

inconditionnel, -elle /ɛ̃kɔ̃disjɔnɛl/ **I** adj unconditional. **II** nm,f fan.

inconfortable /ɛ̃kɔ̃fɔʀtabl/ adj uncomfortable house.

incongru, -e /ɛ̃kɔ̃gʀy/ adj unseemly.

inconnu, -e /ɛ̃kɔny/ **I** adj unknown. **II** nm,f unknown (person); (étranger) stranger.

inconnue /ɛ̃kɔny/ nf MATH unknown.

inconsciemment /ɛ̃kɔ̃sjamɑ̃/ adv unconsciously.

inconscience /ɛ̃kɔ̃sjɑ̃s/ nf *faire preuve d'inconscience* to be reckless.

inconscient, -e /ɛ̃kɔ̃sjɑ̃, ɑ̃t/ **I** adj MÉD unconscious; *être inconscient de* to be unaware of. **II** nm,f irresponsible. **III** nm PSYCH unconscious.

inconséquence /ɛ̃kɔ̃sekɑ̃s/ nf inconsistency; *conduite d'une grave inconséquence* irresponsible conduct.

inconsistant, -e /ɛ̃kɔ̃sistɑ̃, ɑ̃t/ adj [argumentation] flimsy; [personne] characterless.

inconsolable /ɛ̃kɔ̃sɔlabl/ adj inconsolable.

inconstant, -e /ɛ̃kɔ̃stɑ̃, ɑ̃t/ adj fickle.

incontestable /ɛ̃kɔ̃tɛstabl/ adj unquestionable.

incontournable /ɛ̃kɔ̃tuʀnabl/ adj that cannot be ignored.

incontrôlable /ɛ̃kɔ̃tʀolabl/ adj unverifiable.

inconvenant, -e /ɛ̃kɔ̃vnɑ̃, ɑ̃t/ adj improper.

inconvénient /ɛ̃kɔ̃venjɑ̃/ nm drawback; *si vous n'y voyez pas d'inconvénient* if you have no objection.

incorporer /ɛ̃kɔʀpɔʀe/ vtr to incorporate; MIL to enlist.

incorrect, -e /ɛ̃kɔʀɛkt/ adj incorrect; *être incorrect avec qn* to be rude to sb.

incorrection /ɛ̃kɔʀɛksjɔ̃/ nf (de conduite) impropriety; (faute) inaccuracy.

incorrigible /ɛ̃kɔʀiʒibl/ adj incorrigible.

incrédule /ɛ̃kʀedyl/ adj [person] incredulous; [air] of disbelief.

increvable /ɛ̃kʀəvabl/ adj [personne]© tireless; [pneu] puncture-proof.

incriminer /ɛ̃kʀimine/ vtr [preuve] to incriminate.

incroyable /ɛ̃kʀwajabl/ adj incredible; *incroyable mais vrai* strange but true.

incruster /ɛ̃kʀyste/ **I** vtr *incruster (de)* to inlay (with). **II s'incruster**© vpr to stay forever.

inculpation /ɛ̃kylpasjɔ̃/ nf charge.

inculpé, -e /ɛ̃kylpe/ nm,f accused.

inculper /ɛ̃kylpe/ vtr *inculper (de)* to charge (with).

inculquer /ɛ̃kylke/ vtr *inculquer (à)* to instilᴳᴮ (in).

inculte /ɛ̃kylt/ adj [terre] uncultivated; [personne] uneducated.

incurable /ɛ̃kyʀabl/ adj, nmf incurable.

Inde /ɛ̃d/ nprf India.

indéboulonnable© /ɛ̃debulɔnabl/ *adj* who cannot be unseated.

indécent, -e /ɛ̃desɑ̃, ɑ̃t/ *adj* indecent.

indéchiffrable /ɛ̃deʃifʀabl/ *adj* indecipherable.

indécis, -e /ɛ̃desi, iz/ *adj* indecisive.

indéfini, -e /ɛ̃defini/ *adj* [tristesse] undefined; [durée, article] indefinite.

indéfiniment /ɛ̃definimɑ̃/ *adv* indefinitely.

indéfinissable /ɛ̃definisabl/ *adj* undefinable.

indélicat, -e /ɛ̃delika, at/ *adj* tactless.

indemne /ɛ̃dɛmn/ *adj* unharmed.

indemnisation /ɛ̃dɛmnizasjɔ̃/ *nf* compensation ¢.

indemniser /ɛ̃dɛmnize/ *vtr* to compensate.

indemnité /ɛ̃dɛmnite/ *nf* compensation ¢.
■ **indemnité de chômage** unemployment benefit.

indéniable /ɛ̃denjabl/ *adj* unquestionable.

indépendamment /ɛ̃depɑ̃damɑ̃/ *adv* independently; **indépendamment de** regardless of.

indépendance /ɛ̃depɑ̃dɑ̃s/ *nf* independence.

indépendant, -e /ɛ̃depɑ̃dɑ̃, ɑ̃t/ **I** *adj* independent; [chambre] separate; [maison] detached. **II** *nm,f* self-employed person.

indépendantiste /ɛ̃depɑ̃dɑ̃tist/ *adj* [mouvement] (pro-)independence.

indescriptible /ɛ̃dɛskʀiptibl/ *adj* indescribable.

indésirable /ɛ̃deziʀabl/ *adj, nmf* undesirable.

indestructible /ɛ̃dɛstʀyktibl/ *adj* indestructible.

indéterminé, -e /ɛ̃detɛʀmine/ *adj* indeterminate, unspecified.

index /ɛ̃dɛks/ *nm* index; **mettre qn/qch à l'index** to blacklist sb/sth; (doigt) forefinger.

indicateur /ɛ̃dikatœʀ/ **I** *adj m* **panneau/ poteau indicateur** signpost. **II** *nm* informer; (de rues) directory; (d'horaires) timetable, schedule; (de niveau) gauge.

indicatif /ɛ̃dikatif/ *nm* (mode) indicative; **indicatif (téléphonique)** dialling^GB, dial^US code; **indicatif de pays** country code; (d'émission) theme tune.

indication /ɛ̃dikasjɔ̃/ *nf* indication; **sauf indication contraire** unless otherwise indicated; **suivre les indications** to follow the instructions.

indice /ɛ̃dis/ *nm* (dans une enquête) clue; ÉCON, FIN index; (évaluation) rating.

indien, -ienne /ɛ̃djɛ̃, jɛn/ *adj* (de l'Inde) Indian; (d'Amérique) (North American) Indian, Native American.

indifférence /ɛ̃difeʀɑ̃s/ *nf* indifference.

indifférent, -e /ɛ̃difeʀɑ̃, ɑ̃t/ *adj* indifferent.

indigence /ɛ̃diʒɑ̃s/ *nf* destitution.

indigent, -e /ɛ̃diʒɑ̃, ɑ̃t/ *nm,f* pauper; **les indigents** the poor, the destitute.

indigène /ɛ̃diʒɛn/ *adj, nmf* local, native.

indigeste /ɛ̃diʒɛst/ *adj* indigestible.

indigestion /ɛ̃diʒɛstjɔ̃/ *nf* indigestion ¢.

indignation /ɛ̃diɲasjɔ̃/ *nf* indignation.

indigne /ɛ̃diɲ/ *adj* **indigne (de qn)** unworthy (of sb).

indigner: **s'indigner** /ɛ̃diɲe/ *vpr* **s'indigner de qch** to be indignant about sth.

indiqué, -e /ɛ̃dike/ *adj* [traitement] recommended; **à l'heure indiquée** at the specified time; **le village est mal indiqué** the village is badly signposted.

indiquer /ɛ̃dike/ *vtr* (montrer) to point to, to show; (être un indice de) to suggest; (dire) to tell.

indirect, -e /ɛ̃diʀɛkt/ *adj* indirect.

indirectement /ɛ̃diʀɛktəmɑ̃/ *adv* indirectly.

indiscipliné, -e /ɛ̃disipline/ *adj* unruly.

indiscret, -ète /ɛ̃diskʀe, ɛt/ *adj* [question] indiscreet; [personne] inquisitive.

indiscrétion /ɛ̃diskʀesjɔ̃/ *nf* indiscretion.

indiscutable /ɛ̃diskytabl/ *adj* indisputable.

indispensable /ɛ̃dispɑ̃sabl/ *adj* essential; **indispensable à** indispensable to.

indisponible /ɛ̃dispɔnibl/ *adj* unavailable.

indisposé, -e /ɛ̃dispoze/ *adj* unwell.

individu /ɛ̃dividy/ *nm* individual.

individuel, -elle /ɛ̃dividɥɛl/ *adj* [portion, cours] individual; [voiture] private; [chambre] single.

indolence /ɛ̃dɔlɑ̃s/ *nf* apathy.

indolore /ɛ̃dɔlɔʀ/ *adj* painless.

indu, -e /ɛ̃dy/ *adj* [heure] ungodly©, unearthly.

induire /ɛ̃dμiʀ/ *vtr* **induire qn en erreur** to mislead sb.

indulgence /ɛ̃dylʒɑ̃s/ *nf* indulgence.

indulgent, -e /ɛ̃dylʒɑ̃, ɑ̃t/ *adj* indulgent.

industrialiser /ɛ̃dystʀialize/ **I** *vtr* to industrialize. **II s'industrialiser** *vpr* to become industrialized.

industrie /ɛ̃dystʀi/ *nf* industry.

industriel, -ielle /ɛ̃dystʀijɛl/ **I** *adj* industrial. **II** *nm,f* industrialist.

inébranlable /inebʀɑ̃labl/ *adj* unshakeable.

inédit, -e /inedi, it/ *adj* unpublished; (original) (totally) new.

inefficace /inefikas/ *adj* [traitement, mesure] ineffective; [méthode] inefficient.

inégal, -e, *mpl* **-aux** /inegal, o/ *adj* [force, partage] unequal; [partie] uneven.

inégalable /inegalabl/ *adj* incomparable.

inégalité /inegalite/ *nf* inequality; (de terrain) unevenness.

inéluctable /inelyktabl/ *adj* inescapable.

ineptie /inɛpsi/ *nf* nonsense.

inépuisable /inepɥizabl/ *adj* inexhaustible.

inerte /inɛʀt/ *adj* inert; FIG apathetic.

inertie /inɛʀsi/ *nf* inertia; FIG apathy.

inespéré, -e /inɛspeʀe/ *adj* unexpected.

inestimable /inɛstimabl/ *adj* priceless.

inévitable /inevitabl/ *adj* inevitable.

inexact, -e /inegza, akt/ *adj* inaccurate.

inexactitude /inegzaktityd/ *nf* inaccuracy.

inexcusable /inɛkskyzabl/ *adj* inexcusable.

inexpérimenté, -e /inɛkspeʀimɑ̃te/ *adj* inexperienced.

inexplicable /inɛksplikabl/ *adj* inexplicable.

inexprimable /inɛkspʀimabl/ *adj* inexpressible.

infaillible /ɛ̃fajibl/ *adj* infallible.

infaisable /ɛ̃fəzabl/ *adj* unfeasible.

infâme /ɛ̃fɑm/ *adj* revolting; [individu] despicable.

infanterie /ɛ̃fɑ̃tʀi/ *nf* infantry.

infantile /ɛ̃fɑ̃til/ *adj* [maladie] childhood; [mortalité] infant; [protection] child.

infarctus /ɛ̃faʀktys/ *nm* **infarctus (du myocarde)** heart attack.

infatigable /ɛ̃fatigabl/ *adj* tireless.

infect, -e /ɛ̃fɛkt/ *adj* [temps, odeur, humeur] foul; [personne, attitude] horrible.

infecter: s'infecter /ɛ̃fɛkte/ *vpr* to become infected.

infectieux, -ieuse /ɛ̃fɛksjø, jøz/ *adj* infectious.

infection /ɛ̃fɛksjɔ̃/ *nf* infection.

inférieur, -e /ɛ̃feʀjœʀ/ **I** *adj* **inférieur (à)** lower (than); [taille] smaller (than); **inférieur à la moyenne** below average; [travail, qualité] substandard. **II** *nm,f* inferior.

infériorité /ɛ̃feʀjɔʀite/ *nf* inferiority.

infernal, -e, *mpl* **-aux** /ɛ̃fɛʀnal, o/ *adj* infernal.

infesté, -e /ɛ̃fɛste/ *adj* **infesté de rats/ requins** rat-/shark-infested.

infichu©, -e /ɛ̃fiʃy/ *adj* **il est infichu de (faire)** he's incapable of (doing).

infidèle /ɛ̃fidɛl/ *adj* [mari] unfaithful; [ami] disloyal.

infidélité /ɛ̃fidelite/ *nf* infidelity; **faire des infidélités à** to be unfaithful to.

infime /ɛ̃fim/ *adj* tiny.

infini, -e /ɛ̃fini/ **I** *adj* infinite. **II** *nm* infinity; **à l'infini** endlessly.

infiniment /ɛ̃finimɑ̃/ *adv* infinitely.

infinité /ɛ̃finite/ *nf* **une infinité de** an endless number of.

infinitif /ɛ̃finitif/ *nm* infinitive.

infirme /ɛ̃fiʀm/ **I** *adj* disabled. **II** *nmf* disabled person.

infirmerie /ɛ̃fiʀməʀi/ *nf* infirmary; (d'école) sickroom.

infirmier /ɛ̃fiʀmje/ *nm* male nurse.

infirmière /ɛ̃fiʀmjɛʀ/ *nf* nurse.

infirmité /ɛ̃fiʀmite/ *nf* disability.

inflammable /ɛ̃flamabl/ *adj* flammable.

inflation /ɛ̃flasjɔ̃/ *nf* inflation.

inflexible /ɛ̃flɛksibl/ *adj* inflexible.

infliger /ɛ̃fliʒe/ *vtr* **infliger (à)** [▸défaite] to inflict (on); [▸amende] to impose (on).

influençable /ɛ̃flyɑ̃sabl/ *adj* impressionable.

influence /ɛ̃flyɑ̃s/ *nf* influence.

influencer /ɛ̃flyɑ̃se/ *vtr* to influence.

influent, -e /ɛ̃flyɑ̃, ɑ̃t/ *adj* influential.

influer /ɛ̃flye/ vtr ind **influer sur** to have an influence on.

infographie /ɛ̃fɔgrafi/ nf computer graphics.

infographiste /ɛ̃fɔgrafist/ nmf computer graphics designer.

informaticien, -ienne /ɛ̃fɔʀmatisjɛ̃, jɛn/ nm,f computer scientist.

information /ɛ̃fɔʀmasjɔ̃/ nf information ¢; **une information** a piece of information; (nouvelle) news item; **écouter les informations** to listen to the news; **information judiciaire** judicial inquiry.

informatique /ɛ̃fɔʀmatik/ **I** adj computer. **II** nf computer science.

informatiser /ɛ̃fɔʀmatize/ vtr to computerize.

informe /ɛ̃fɔʀm/ adj shapeless.

informer /ɛ̃fɔʀme/ **I** vtr **informer (de/que)** to inform (about/that). **II s'informer** vpr **s'informer de qch** to inquire about sth; **s'informer sur qn** to make inquiries about sb.

infortuné, -e /ɛ̃fɔʀtyne/ adj ill-fated.

infraction /ɛ̃fraksjɔ̃/ nf offence^GB; **infraction à** [▸loi, règlement] breach of.

infranchissable /ɛ̃frɑ̃ʃisabl/ adj [obstacle] insurmountable; [frontière] impassable.

infrarouge /ɛ̃fraruʒ/ adj, nm infrared.

infrastructure /ɛ̃frastryktyr/ nf facilities (pl); ÉCON infrastructure.

infusion /ɛ̃fyzjɔ̃/ nf herbal tea.

ingénier: s'ingénier /ɛ̃ʒenje/ vpr **s'ingénier à faire** to do one's utmost to do.

ingénierie /ɛ̃ʒeniri/ nf engineering.

ingénieur, -e /ɛ̃ʒenjœr/ nm,f engineer.

ingénieux, -ieuse /ɛ̃ʒenjø, jøz/ adj ingenious.

ingéniosité /ɛ̃ʒenjozite/ nf ingenuity.

ingénu, -e /ɛ̃ʒeny/ nm,f **un ingénu** an ingenuous man; **une ingénue** an ingénue.

ingérence /ɛ̃ʒerɑ̃s/ nf interference ¢.

ingérer /ɛ̃ʒere/ **I** vtr to ingest. **II s'ingérer** vpr **s'ingérer dans** to interfere in.

ingrat, -e /ɛ̃gra, at/ adj [personne] ungrateful; [métier, rôle] thankless.

ingratitude /ɛ̃gratityd/ nf **ingratitude (envers)** ingratitude (to).

ingrédient /ɛ̃gredjɑ̃/ nm ingredient.

ingurgiter /ɛ̃gyrʒite/ vtr [▸aliment] to gulp down; [▸médicament] to swallow.

inhabitable /inabitabl/ adj uninhabitable.

inhabité, -e /inabite/ adj uninhabited.

inhabituel, -elle /inabitɥɛl/ adj **inhabituel** unusual.

inhaler /inale/ vtr to inhale.

inhumain, -e /inymɛ̃, ɛn/ adj inhuman.

inhumation /inymasjɔ̃/ nf burial.

inhumer /inyme/ vtr to bury.

inimaginable /inimaʒinabl/ adj unimaginable.

inimitable /inimitabl/ adj inimitable.

ininterrompu, -e /inɛ̃tɛʀɔ̃py/ adj uninterrupted, continuous.

initial, -e, mpl **-iaux** /inisjal, jo/ adj initial.

initiale /inisjal/ nf initial.

initialiser /inisjalize/ vtr ORDINAT to format.

initiation /inisjasjɔ̃/ nf **initiation à l'anglais** introduction to English; **rites d'initiation** initiation rites.

initiative /inisjativ/ nf initiative; **prendre l'initiative (de faire)** to take the initiative (of doing).

initier /inisje/ **I** vtr **initier qn (à)** to initiate sb (into). **II s'initier** vpr **s'initier à qch** to learn sth.

injection /ɛ̃ʒɛksjɔ̃/ nf injection.

injure /ɛ̃ʒyʀ/ nf abuse ¢.

injurier /ɛ̃ʒyʀje/ vtr to swear at.

injurieux, -ieuse /ɛ̃ʒyʀjø, jøz/ adj offensive.

injuste /ɛ̃ʒyst/ adj unfair (to).

injustice /ɛ̃ʒystis/ nf injustice.

injustifiable /ɛ̃ʒystifjabl/ adj unjustifiable.

injustifié, -e /ɛ̃ʒystifje/ adj unjustified.

inné, -e /inne/ adj innate.

innocence /inɔsɑ̃s/ nf innocence.

innocent, -e /inɔsɑ̃, ɑ̃t/ adj, nm,f innocent.

innocenter /inɔsɑ̃te/ vtr to clear.

innombrable /innɔ̃brabl/ adj countless, vast.

innovation /inɔvasjɔ̃/ nf innovation.

innover /inɔve/ vi to innovate.

inoccupé, -e /inɔkype/ adj unoccupied.

inodore /inɔdɔʀ/ adj [substance] odourless^GB; [fleur] scentless.

inoffensif, -ive /inɔfɑ̃sif, iv/ *adj* harmless.

inondation /inɔ̃dasjɔ̃/ *nf* flood; (action) flooding.

inonder /inɔ̃de/ *vtr* to flood; *être inondé de qch* to be flooded with sth; *inondé de sueur* bathed in sweat.

inopiné, -e /inɔpine/ *adj* unexpected.

inopportun, -e /inɔpɔʀtœ̃, yn/ *adj* inappropriate.

inoubliable /inublijabl/ *adj* unforgettable.

inouï, -e /inwi/ *adj* unprecedented, unheard of.

inox /inɔks/ *nm* stainless steel.

inoxydable /inɔksidabl/ *adj* *acier inoxydable* stainless steel.

inqualifiable /ɛ̃kalifjabl/ *adj* unspeakable.

inquiet, -iète /ɛ̃kjɛ, jɛt/ *adj* anxious; worried (about).

inquiétant, -e /ɛ̃kjetɑ̃, ɑ̃t/ *adj* worrying.

inquiéter /ɛ̃kjete/ **I** *vtr* to worry; *inquiéter son adversaire* to threaten one's opponent; [policier, douanier] to bother; *sans être inquiété* without any trouble. **II s'inquiéter** *vpr* to worry (about).

inquiétude /ɛ̃kjetyd/ *nf* anxiety, concern; *être un sujet d'inquiétude* to give cause for concern.

insaisissable /ɛ̃sɛzisabl/ *adj* [personne, animal] elusive; [nuance] imperceptible.

insalubre /ɛ̃salybʀ/ *adj* unhealthy; [logement] unfit for habitation.

insanité /ɛ̃sanite/ *nf* rubbish ¢.

insatisfait, -e /ɛ̃satisfɛ, ɛt/ *adj* [personne] dissatisfied; [désir] unsatisfied.

inscription /ɛ̃skʀipsjɔ̃/ *nf* registration; (chose écrite) inscription.

inscrire /ɛ̃skʀiʀ/ **I** *vtr* to register; *inscrire qn sur une liste* to enter sb's name on a list; (écrire) to write down. **II s'inscrire** *vpr* to register; *s'inscrire au* to register as unemployed; [▸à un club] to join; [▸à un examen] to enter for.

insecte /ɛ̃sɛkt/ *nm* insect.

insecticide /ɛ̃sɛktisid/ *nm* insecticide.

insécurité /ɛ̃sekyʀite/ *nf* insecurity ¢.

insensé, -e /ɛ̃sɑ̃se/ *adj* insane.

insensible /ɛ̃sɑ̃sibl/ *adj* impervious; (indifférent) *insensible (à)* insensitive (to).

inséparable /ɛ̃sepaʀabl/ *adj* inseparable.

insérer /ɛ̃seʀe/ **I** *vtr* to insert. **II s'insérer** *vpr* to fit into.

insertion /ɛ̃sɛʀsjɔ̃/ *nf* insertion; *insertion sociale* social integration.

insigne /ɛ̃siɲ/ *nm* badge; *les insignes* [▸d'une fonction] insignia *(pl)*.

insignifiant, -e /ɛ̃siɲifjɑ̃, ɑ̃t/ *adj* insignificant.

insinuation /ɛ̃sinɥasjɔ̃/ *nf* insinuation.

insinuer /ɛ̃sinɥe/ **I** *vtr* to insinuate (that). **II s'insinuer** *vpr* [personne] to slip; [idée] to creep (into).

insipide /ɛ̃sipid/ *adj* insipid.

insistance /ɛ̃sistɑ̃s/ *nf* insistence.

insister /ɛ̃siste/ *vi* to insist; *insister sur* to stress.

insolation /ɛ̃sɔlasjɔ̃/ *nf* sunstroke ¢.

insolence /ɛ̃sɔlɑ̃s/ *nf* insolence.

insolent, -e /ɛ̃sɔlɑ̃, ɑ̃t/ *adj* [enfant, ton] insolent, cheeky; [luxe] unashamed.

insolite /ɛ̃sɔlit/ *adj*, *nm* unusual.

insolvable /ɛ̃sɔlvabl/ *adj* insolvent.

insomniaque /ɛ̃sɔmnjak/ *adj, nmf* insomniac.

insomnie /ɛ̃sɔmni/ *nf* insomnia ¢; (nuit sans sommeil) sleepless night.

insonoriser /ɛ̃sɔnɔʀize/ *vtr* to soundproof.

insouciant, -e /ɛ̃susjɑ̃, ɑ̃t/ *adj* carefree.

insoumis, -e /ɛ̃sumi, iz/ **I** *adj* unsubdued. **II** *nm,f* MIL draft dodger.

insoupçonnable /ɛ̃supsɔnabl/ *adj* beyond suspicion (*après n*).

insoupçonné, -e /ɛ̃supsɔne/ *adj* unsuspected.

insoutenable /ɛ̃sutnabl/ *adj* unbearable; [opinion] untenable.

inspecter /ɛ̃spɛkte/ *vtr* to inspect.

inspecteur, -trice /ɛ̃spɛktœʀ, tʀis/, *nm,f* inspector.

inspection /ɛ̃spɛksjɔ̃/ *nf* inspection.

inspiration /ɛ̃spiʀasjɔ̃/ *nf* inspiration.

inspirer /ɛ̃spiʀe/ **I** *vtr* to inspire; *inspirer la méfiance à qn* to inspire distrust in sb. **II** *vi* to breathe in. **III s'inspirer** *vpr* *s'inspirer de qch* to draw one's inspiration from sth; *s'inspirer de qn* to follow sb's example.

instable /ɛ̃stabl/ *adj* [monnaie, personne] unstable; [construction] unsteady; [temps] unsettled.

installation /ɛ̃stalasjɔ̃/ **I** nf (mise en place) installation; (usine) plant; (arrivée) moving in; ART installation. **II installations** nfpl facilities.

installer /ɛ̃stale/ **I** vtr to install; [▸étagère] to put up; [▸gaz, téléphone] to connect; [▸logiciel] to install; [▸usine] to set up; **on va t'installer en haut** we'll put you upstairs; *installer qn à un poste* to appoint sb to a post. **II s'installer** vpr to settle; (professionnellement) to set oneself up in business; (pour vivre) to settle; *partir s'installer à l'étranger* to go and live abroad; [régime] to become established; [morosité, récession] to set in.

instamment /ɛ̃stamɑ̃/ adv insistently.

instance /ɛ̃stɑ̃s/ nf authority; *céder aux instances de qn* to yield to sb's entreaties; JUR proceedings (pl); *en seconde instance* on appeal; *en instance* [affaire] pending.

instant /ɛ̃stɑ̃/ nm moment, instant; *à tout instant* all the time; *pour l'instant* for the moment; *d'un instant à l'autre* any minute (now); *à l'instant (même)* this minute.

instantané, -e /ɛ̃stɑ̃tane/ **I** adj instantaneous; [café] instant. **II** nm snapshot.

instar: à l'instar de /alɛ̃staʀdə/ loc prép following the example of.

instaurer /ɛ̃stɔʀe/ vtr to institute.

instinct /ɛ̃stɛ̃/ nm instinct.

instituer /ɛ̃stitɥe/ vtr to institute.

institut /ɛ̃stity/ nm institute; *institut de beauté* beauty parlour^{GB}, beauty salon^{US}.

instituteur, -trice /ɛ̃stitytœʀ, tʀis/ nm,f (primary-school^{GB}) teacher.

institution /ɛ̃stitysjɔ̃/ nf institution; (école privée) private school.

institutrice ▸ instituteur.

instructeur, -trice /ɛ̃stʀyktœʀ, tʀis/ nm,f instructor.

instructif, -ive /ɛ̃stʀyktif, iv/ adj instructive.

instruction /ɛ̃stʀyksjɔ̃/ nf (formation) education ¢; *avoir de l'instruction* to be well-educated; MIL training; (ordre) directive; JUR preparation of a case for eventual judgment; (mode d'emploi) *les instructions* instructions.

instruire /ɛ̃stʀɥiʀ/ **I** vtr [▸enfant] to teach; [▸soldats] to train; JUR *instruire une affaire* to prepare a case for judgment. **II s'instruire** vpr to learn.

instruit, -e /ɛ̃stʀɥi, it/ adj educated.

instrument /ɛ̃stʀymɑ̃/ nm instrument; (outil) tool.

insu: à l'insu de /alɛ̃sydə/ loc prép *à mon/ leur insu* without my/their knowing.

insuffisance /ɛ̃syfizɑ̃s/ nf insufficiency, shortage; (lacune) shortcoming.

insuffisant, -e /ɛ̃syfizɑ̃, ɑ̃t/ adj insufficient; (qualitativement) inadequate.

insulaire /ɛ̃sylɛʀ/ **I** adj insular. **II** nmf islander.

insuline /ɛ̃sylin/ nf insulin.

insultant, -e /ɛ̃syltɑ̃, ɑ̃t/ adj insulting.

insulte /ɛ̃sylt/ nf insult.

insulter /ɛ̃sylte/ vtr to insult.

insupportable /ɛ̃sypɔʀtabl/ adj unbearable.

insurgé, -e /ɛ̃syʀʒe/ adj, nm,f insurgent.

insurger: s'insurger /ɛ̃syʀʒe/ vpr to rise up, to protest.

insurrection /ɛ̃syʀɛksjɔ̃/ nf uprising.

intact, -e /ɛ̃takt/ adj intact (jamais épith).

intarissable /ɛ̃taʀisabl/ adj inexhaustible.

intégral, -e, mpl **-aux** /ɛ̃tegʀal, o/ **I** adj [paiement] full, in full (après n); [texte] complete, unabridged; *version intégrale* uncut version; *casque intégral* full-face helmet. **II l'intégrale** nf *l'intégrale de Bach* the complete Bach collection.

intégralité /ɛ̃tegʀalite/ nf *l'intégralité de leur salaire* their entire salary; *dans son intégralité* in full.

intégration /ɛ̃tegʀasjɔ̃/ nf integration (into).

intègre /ɛ̃tɛgʀ/ adj honest.

intégrer /ɛ̃tegʀe/ **I** vtr to insert (into); (assimiler) to integrate. **II s'intégrer** vpr (socialement) to integrate (with).

intégrisme /ɛ̃tegʀism/ nm fundamentalism.

intégriste /ɛ̃tegʀist/ nmf fundamentalist.

intellectuel, -elle /ɛ̃telɛktɥɛl/ adj, nm,f intellectual.

intelligence /ɛ̃teliʒɑ̃s/ nf intelligence.

intelligent, -e /ɛ̃teliʒɑ̃, ɑ̃t/ adj clever, intelligent.

intelligible /ɛ̃teliʒibl/ adj intelligible.

intempéries /ɛ̃tɑ̃peʀi/ nfpl bad weather ¢.

intempestif, -ive /ɛ̃tɑ̃pɛstif, iv/ adj [arrivée] untimely; [zèle] misplaced.

intenable /ɛ̃t(ə)nabl/ adj [odeur, situation] unbearable; [position] untenable.

intendance /ɛ̃tɑ̃dɑ̃s/ nf SCOL bursar's office.

intendant, **-e** /ɛ̃tɑ̃dɑ̃, ɑ̃t/ nm,f SCOL bursar.

intense /ɛ̃tɑ̃s/ adj intense.

intensif, **-ive** /ɛ̃tɑ̃sif, iv/ adj intensive.

intensifier /ɛ̃tɑ̃sifje/ vtr, **s'intensifier** vpr to intensify.

intensité /ɛ̃tɑ̃site/ nf intensity; (électrique) current.

intenter /ɛ̃tɑ̃te/ vtr **intenter un procès à qn** to sue sb.

intention /ɛ̃tɑ̃sjɔ̃/ nf intention; **avoir l'intention de faire** to intend to do; **à l'intention de qn** for sb.

intentionné, **-e** /ɛ̃tɑ̃sjɔne/ adj **bien/mal intentionné** well-/ill-intentioned.

intentionnel, **-elle** /ɛ̃tɑ̃sjɔnɛl/ adj intentional.

interactif, **-ive** /ɛ̃tɛʀaktif, iv/ adj interactive.

interaction /ɛ̃tɛʀaksjɔ̃/ nf interaction.

intercalaire /ɛ̃tɛʀkalɛʀ/ nm insert.

intercaler /ɛ̃tɛʀkale/ vtr to insert (into).

intercéder /ɛ̃tɛʀsede/ vi **intercéder auprès de qn/en faveur de qn** to intercede with sb/on sb's behalf.

intercepter /ɛ̃tɛʀsɛpte/ vtr to intercept.

interchangeable /ɛ̃tɛʀʃɑ̃ʒabl/ adj interchangeable.

interclasse /ɛ̃tɛʀklas/ nm break (between classes).

interdiction /ɛ̃tɛʀdiksjɔ̃/ nf **interdiction de fumer** no smoking; **lever une interdiction** to lift a ban.

interdire /ɛ̃tɛʀdiʀ/ vtr to ban; **interdire à qn de faire** to forbid sb to do; **il est interdit de faire qch** it is forbidden to do sth.

interdisciplinaire /ɛ̃tɛʀdisiplinɛʀ/ adj cross-curricular(GB).

interdit, **-e** /ɛ̃tɛʀdi, it/ **I** adj prohibited, forbidden; (stupéfait) dumbfounded. **II** nm taboo.

intéressant, **-e** /ɛ̃teʀɛsɑ̃, ɑ̃t/ **I** adj interesting; (avantageux) attractive. **II** nm,f **faire l'intéressant** to show off.

intéressé, **-e** /ɛ̃teʀese/ **I** adj **être intéressé par qch** to be interested in sth; **toute personne intéressée** all those interested (pl); [personne, démarche] self-interested (épith). **II** nm,f **les intéressés** people concerned.

intéresser /ɛ̃teʀese/ **I** vtr to interest; (concerner) to concern. **II s'intéresser à** vpr to be interested in; (en s'engageant) to take an interest in.

intérêt /ɛ̃teʀɛ/ nm interest; **digne d'intérêt** worthwhile; **il y a intérêt©!** you bet©!; **par intérêt** [agir] out of self-interest.

interface /ɛ̃tɛʀfas/ nf ORDINAT interface.

intérieur, **-e** /ɛ̃teʀjœʀ/ **I** adj [cour, escalier, température] interior, inner; [poche] inside; [frontière] internal; [vol] domestic. **II** nm inside; **à l'intérieur (de)** inside; (de pays, voiture, etc) interior; **à l'intérieur du pays/des terres** inland; **d'intérieur** [jeu, plante] indoor.

intérim /ɛ̃teʀim/ nm interim (period); **président par intérim** acting president; (travail temporaire) temporary work.

intérimaire /ɛ̃teʀimɛʀ/ **I** adj [personnel] temporary. **II** nmf temp©.

interjection /ɛ̃tɛʀʒɛksjɔ̃/ nf interjection.

interligne /ɛ̃tɛʀliɲ/ nm line space.

interlocuteur, **-trice** /ɛ̃tɛʀlɔkytœʀ, tʀis/ nm,f interlocutor; **mon interlocuteur** the person I am/was talking to.

interloquer /ɛ̃tɛʀlɔke/ vtr to take [sb] aback.

interlude /ɛ̃tɛʀlyd/ nm interlude.

intermède /ɛ̃tɛʀmɛd/ nm interlude.

intermédiaire /ɛ̃tɛʀmedjɛʀ/ **I** adj intermediate. **II** nmf go-between; (dans l'industrie) middleman. **III** nm **sans intermédiaire** direct; **par l'intermédiaire de** through.

interminable /ɛ̃tɛʀminabl/ adj endless.

intermittence /ɛ̃tɛʀmitɑ̃s/ nf **par intermittence** on and off.

intermittent, **-e** /ɛ̃tɛʀmitɑ̃, ɑ̃t/ **I** adj [tirs, bruit] sporadic ; [travail] periodic. **II** nm,f **les intermittents du spectacle** contract workers in show business.

internat /ɛ̃tɛʀna/ nm boarding school.

international, **-e**, mpl **-aux** /ɛ̃tɛʀnasjɔnal, o/ adj, nm,f international.

internaute /ɛ̃tɛʀnot/ nmf Netsurfer, Internet user.

interne /ɛ̃tɛʀn/ **I** adj internal. **II** nmf SCOL boarder(GB); **interne (en médecine)** houseman(GB), intern(US).

internement /ɛ̃tɛʀnəmɑ̃/ nm internment.

interner /ɛ̃tɛʀne/ vtr [▸prisonnier] to intern; [▸malade] to commit.

Internet /ɛ̃tɛʀnɛt/ nm Internet ; *sur Internet* on the Internet.

interpellation /ɛ̃tɛʀpelasjɔ̃/ nf questioning ¢.

interpeller /ɛ̃tɛʀpəle/ vtr to shout at; (interroger) to question; (emmener au poste) to take [sb] in for questioning.

interphone® /ɛ̃tɛʀfɔn/ nm intercom.

interposer: s'interposer /ɛ̃tɛʀpoze/ vpr to intervene.

interprétariat /ɛ̃tɛʀpretaʀja/ nm interpreting.

interprétation /ɛ̃tɛʀpretasjɔ̃/ nf interpretation.

interprète /ɛ̃tɛʀpʀɛt/ nmf (traducteur) interpreter; MUS, CIN, THÉÂT performer.

interpréter /ɛ̃tɛʀpʀete/ vtr to interpret ; (jouer) to play; (chanter) to sing.

interrogateur, -trice /ɛ̃tɛʀɔgatœʀ, tʀis/ adj inquiring.

interrogatif, -ive /ɛ̃tɛʀɔgatif, iv/ adj interrogative.

interrogation /ɛ̃tɛʀɔgasjɔ̃/ nf questioning; LING question; SCOL test; *interrogation orale/écrite* oral/written test.

interrogatoire /ɛ̃tɛʀɔgatwaʀ/ nm questioning.

interrogeable /ɛ̃tɛʀɔʒabl/ adj *répondeur interrogeable à distance* remote-access answering machine.

interroger /ɛ̃tɛʀɔʒe/ **I** vtr to ask (about); *interroger (sur)* to question (about); SCOL to test (on). **II s'interroger** vpr *s'interroger sur* to wonder about.

interrompre /ɛ̃tɛʀɔ̃pʀ/ vtr to interrupt; [▸ relations] to break off.

interrupteur /ɛ̃tɛʀyptœʀ/ nm switch.

interruption /ɛ̃tɛʀypsjɔ̃/ nf break; *sans interruption* continuously, nonstop.
■ **interruption volontaire de grossesse, IVG** termination of pregnancy.

intersection /ɛ̃tɛʀsɛksjɔ̃/ nf intersection.

interstice /ɛ̃tɛʀstis/ nm crack, chink.

interurbain, -e /ɛ̃tɛʀyʀbɛ̃, ɛn/ adj [transports] city-to-city; [appel] long distance.

intervalle /ɛ̃tɛʀval/ nm interval; *dans l'intervalle* meanwhile, in the meantime.

intervenir /ɛ̃tɛʀvəniʀ/ vi [changements] to take place; [accord] to be reached; [armée, etc] to intervene; (prendre la parole) to speak;

intervenir auprès de qn to intercede with sb.

intervention /ɛ̃tɛʀvɑ̃sjɔ̃/ nf intervention; *intervention (chirurgicale)* operation.

intervertir /ɛ̃tɛʀvɛʀtiʀ/ vtr to invert ; [▸ rôles] to reverse.

interviewer /ɛ̃tɛʀvjuve/ vtr to interview.

intestin /ɛ̃tɛstɛ̃/ nm bowel, intestine.

intestinal, -e, mpl **-aux** /ɛ̃tɛstinal, o/ adj intestinal.

intime /ɛ̃tim/ **I** adj [vie, journal] private; [ami, rapports] intimate; [hygiène] personal. **II** nmf close friend, intimate.

intimider /ɛ̃timide/ vtr to intimidate.

intimité /ɛ̃timite/ nf intimacy; (privé) privacy.

intitulé /ɛ̃tityle/ nm title, heading.

intituler /ɛ̃tityle/ **I** vtr to call. **II s'intituler** vpr to be called, to be entitled.

intolérable /ɛ̃tɔleʀabl/ adj intolerable.

intolérance /ɛ̃tɔleʀɑ̃s/ nf intolerance; MÉD *intolérance à* allergy to.

intolérant, -e /ɛ̃tɔleʀɑ̃, ɑ̃t/ adj intolerant.

intonation /ɛ̃tɔnasjɔ̃/ nf intonation.

intoxication /ɛ̃tɔksikasjɔ̃/ nf poisoning.

intoxiquer /ɛ̃tɔksike/ **I** vtr to poison; (abrutir) to brainwash. **II s'intoxiquer** vpr to poison oneself.

intraduisible /ɛ̃tʀadɥizibl/ adj untranslatable; [sentiment] inexpressible.

intraitable /ɛ̃tʀɛtabl/ adj inflexible.

intra-muros /ɛ̃tʀamyʀos/ loc adj *Paris intra-muros* Paris itself.

intranet /ɛ̃tʀanɛt/ nm intranet.

intransigeant, -e /ɛ̃tʀɑ̃ziʒɑ̃, ɑ̃t/ adj intransigent.

intransitif, -ive /ɛ̃tʀɑ̃zitif, iv/ adj intransitive.

intraveineux, -euse /ɛ̃tʀavɛnø, øz/ adj intravenous.

intrépide /ɛ̃tʀepid/ adj bold.

intrigant, -e /ɛ̃tʀigɑ̃, ɑ̃t/ nm,f schemer.

intrigue /ɛ̃tʀig/ nf intrigue; LITTÉRAT plot.

intriguer /ɛ̃tʀige/ vtr to intrigue.

introduction /ɛ̃tʀɔdyksjɔ̃/ nf [▸ texte, œuvre, mesure] introduction; (d'un objet, d'une clause) insertion.

introduire /ɛ̃tʀɔdɥiʀ/ **I** vtr to introduce; (insérer) to insert. **II s'introduire** vpr s'introduire dans to get into.

introuvable /ɛ̃tʀuvabl/ adj le voleur reste introuvable the thief has still not been found.

introverti, -e /ɛ̃tʀɔvɛʀti/ **I** adj introverted. **II** nm,f introvert.

intrus, -e /ɛ̃tʀy, yz/ nm,f intruder.

intrusion /ɛ̃tʀyzjɔ̃/ nf intrusion (into); (ingérence) interference (in).

intuition /ɛ̃tɥisjɔ̃/ nf intuition.

inusable /inyzabl/ adj hardwearing.

inusité, -e /inyzite/ adj not used, uncommon.

inutile /inytil/ adj [objet, personne] useless; [travail, discussion] pointless; [crainte] needless; *(il est) inutile de faire* there's no point in doing.

inutilisable /inytilizabl/ adj unusable.

inutilité /inytilite/ nf uselessness; (de dépense) pointlessness.

invalide /ɛ̃valid/ **I** adj disabled. **II** nmf disabled person; *invalide de guerre* registered disabled ex-serviceman.

invariable /ɛ̃vaʀjabl/ adj invariable.

invasif, -ive /ɛ̃vazif, iv/ adj invasive.

invasion /ɛ̃vazjɔ̃/ nf invasion.

invendable /ɛ̃vɑ̃dabl/ adj unsaleable.

invendu /ɛ̃vɑ̃dy/ nm unsold item.

inventaire /ɛ̃vɑ̃tɛʀ/ nm (liste) stocklist[GB], inventory[US]; *faire l'inventaire* to do the stocktaking[GB], to take inventory[US]; (de valise) list of contents.

inventer /ɛ̃vɑ̃te/ vtr to invent; *histoire inventée* made-up story.

inventeur, -trice /ɛ̃vɑ̃tœʀ, tʀis/ nm,f inventor.

inventif, -ive /ɛ̃vɑ̃tif, iv/ adj inventive.

invention /ɛ̃vɑ̃sjɔ̃/ nf invention.

inverse /ɛ̃vɛʀs/ **I** adj opposite, in reverse order. **II** nm *l'inverse* the opposite.

inversement /ɛ̃vɛʀsəmɑ̃/ adv conversely; *et inversement* and vice versa.

inverser /ɛ̃vɛʀse/ vtr to reverse.

inversion /ɛ̃vɛʀsjɔ̃/ nf inversion.

invertébré, -e /ɛ̃vɛʀtebʀe/ adj, nm invertebrate.

investigation /ɛ̃vɛstigasjɔ̃/ nf investigation.

investir /ɛ̃vɛstiʀ/ vtr to invest.

investissement /ɛ̃vɛstismɑ̃/ nm investment.

investiture /ɛ̃vɛstityʀ/ nf [▸candidat] nomination; [▸président] investiture.

invétéré, -e /ɛ̃veteʀe/ adj inveterate.

invincible /ɛ̃vɛ̃sibl/ adj invincible.

invisible /ɛ̃vizibl/ adj invisible.

invitation /ɛ̃vitasjɔ̃/ nf invitation.

invité, -e /ɛ̃vite/ nm,f guest.

inviter /ɛ̃vite/ vtr to invite; *inviter à faire* to invite to do; (payer) *inviter qn à déjeuner* to take sb out for lunch.

invivable /ɛ̃vivabl/ adj impossible.

involontaire /ɛ̃vɔlɔ̃tɛʀ/ adj involuntary; [faute] unintentional; [témoin, héros] unwitting.

invoquer /ɛ̃vɔke/ vtr to invoke.

invraisemblable /ɛ̃vʀɛsɑ̃blabl/ adj unlikely, improbable; (inouï)[©] incredible.

iode /jɔd/ nm iodine.

ion /jɔ̃/ nm ion.

Irak /iʀak/ nprm Iraq.

irakien, -ienne /iʀakjɛ̃, ɛn/ **I** adj Iraqi. **II** *Irakien, -ienne* Iraqi.

Iran /iʀɑ̃/ nprm Iran.

iranien, -ienne /iʀanjɛ̃, ɛn/ **I** adj Iranian. **II** LING Iranian. **III** *Iranien, -ienne* Iranian.

iris /iʀis/ nm iris.

Irlande /iʀlɑ̃d/ nprf Ireland; *la République d'Irlande* the Republic of Ireland, Éire; *l'Irlande du Nord* Northern Ireland.

irlandais, -e I adj Irish. **II** nm,f *Irlandais, -e* Irishman/Irishwoman; *les Irlandais* the Irish; *les Irlandais du Nord* the Northern Irish.

IRM /iɛʀɛm/ nf (abrév = **imagerie par résonance magnétique**) MRI, magnetic resonance imaging ; *passer un IRM* to have/undergo an MRI scan.

ironie /iʀɔni/ nf irony.

ironique /iʀɔnik/ adj ironic.

ironiser /iʀɔnize/ vi *ironiser sur* to be ironic about.

irradiation /iʀadjasjɔ̃/ nf radiation.

irréalisable /iʀealizabl/ adj impossible.

irréductible /iʀedyktibl/ **I** adj indomitable. **II** nmf diehard.

irréel, **-elle** /iʀeɛl/ adj unreal.

irréfléchi, **-e** /iʀefleʃi/ adj ill-considered.

irréfutable /iʀefytabl/ adj irrefutable.

irrégularité /iʀegylaʀite/ nf irregularity.

irrégulier, **-ière** /iʀegylje, jɛʀ/ adj irregular; [sol] uneven.

irrégulièrement /iʀegyljɛʀmã/ adv irregularly; [répartir] unevenly; JUR illegally.

irrémédiable /iʀemedjabl/ adj irreparable.

irréparable /iʀepaʀabl/ adj irreparable.

irréprochable /iʀepʀɔʃabl/ adj irreproachable.

irrésistible /iʀezistibl/ adj irresistible.

irrespirable /iʀɛspiʀabl/ adj unbreathable.

irresponsable /iʀɛspɔ̃sabl/ adj irresponsible.

irréversible /iʀevɛʀsibl/ adj irreversible.

irrévocable /iʀevɔkabl/ adj irrevocable.

irriguer /iʀige/ vtr to irrigate.

irritable /iʀitabl/ adj irritable.

irritation /iʀitasjɔ̃/ nf irritation.

irriter /iʀite/ vtr to irritate.

irruption /iʀypsjɔ̃/ nf **faire irruption dans** to burst into.

islam /islam/ nm **l'islam** Islam.

islamique /islamik/ adj Islamic.

islamisme /islamism/ nm Islamism.

islamiste /islamist/ adj Islamist, Islamic; nmf Islamist.

isocèle /izosɛl/ adj **triangle isocèle** isosceles triangle.

isolation /izɔlasjɔ̃/ nf insulation; **isolation acoustique** soundproofing.

isolant **-e** /izɔlã, ãt/ **I** adj [matériau, bouteille, pouvoir] insulating. **II** nm insulating material.

isolé, **-e** /izɔle/ adj isolated; **tireur isolé** lone gunman.

isolement /izɔlmã/ nm isolation.

isoler /izɔle/ **I** vtr to isolate (from); [▸ contre le bruit] to soundproof; [▸ contre la chaleur, le froid] to insulate (against). **II s'isoler (de)** vpr to isolate oneself (from).

isoloir /izɔlwaʀ/ nm voting booth.

Israël /izʀaɛl/ nprm Israel.

israélien, **ienne** /izʀaeljɛ̃, ɛn/ **I** adj Israeli. **II** nm,f **Israélien**, **-ienne** Israeli.

israélite /izʀaelit/ **I** adj Jewish. **II** nmf HIST Israelite; (juif) Jew.

issu, **-e** /isy/ adj **être issu de** to come from.

issue /isy/ nf exit; **sans issue** no exit; (solution) solution; (dénouement) outcome; **à l'issue de** at the end of.

Italie /itali/ nprf Italia.

italien, **-ienne** /italjɛ̃, ɛn/ **I** adj Italian. **II** LING Italian. **III Italien**, **-ienne** Italian.

italique /italik/ nm italics (pl).

itinéraire /itineʀɛʀ/ nm route, itinerary.

IUT /iyte/ nm (abrév = **institut universitaire de technologie**) university institute of technology.

IVG /iveʒe/ nf (abrév = **interruption volontaire de grossesse**) termination of pregnancy.

ivoire /ivwaʀ/ nm ivory.

ivoirien, **-ienne** /ivwãʀjɛ̃, ɛn/ **I** adj of the Ivory Coast. **II Ivoirien**, **-ienne** native of the Ivory Coast.

ivre /ivʀ/ adj drunk.

ivresse /ivʀɛs/ nf intoxication.

ivrogne /ivʀɔɲ/ nmf drunkard.

j

j, J /ʒi/ *nm* *le jour J* D-day.

j' ▶ **je**.

jabot /ʒabo/ *nm* (d'un oiseau) crop; (de chemise) jabot.

jacasser /ʒakase/ *vi* to chatter.

jacinthe /ʒasɛ̃t/ *nf* hyacinth.

jacquet /ʒakɛ/ *nm* backgammon.

jadis /ʒadis/ *adv* in the past.

jaguar /ʒagwaʀ/ *nm* jaguar.

jaillir /ʒajiʀ/ *vi* *jaillir (de)* [liquide, gaz] to gush out (of); [larmes] to flow (from); [personne, animal] to spring up (from); [rires, cris] to burst out (from); [idée, vérité] to emerge (from).

jais /ʒɛ/ *nm* jet; *(noir) de jais* jet-black.

jalon /ʒalɔ̃/ *nm* marker; *jalon important* milestone; *poser des jalons (pour)* to take the first steps (for), to prepare the way (for).

jalonner /ʒalɔne/ *vtr* [▸ vie, parcours] to punctuate; (delimiter) [▸ terrain] to mark (out).

jalouser /ʒaluze/ *vtr* to be jealous of.

jalousie /ʒaluzi/ *nf* jealousy ⊄; (store) blind.

jaloux, -ouse /ʒalu, uz/ *adj* jealous; *avec un soin jaloux* with meticulous care.

jamaïcain, -e /ʒamaikɛ̃, ɛn/ **I** *adj* Jamaican. **II** *nm,f* *Jamaïcain, -e* Jamaican.

Jamaïque /ʒamaik/ *nprf* Jamaica.

jamais /ʒamɛ/ *adv* never; *il n'écrit jamais* he never writes; *n'écrit-il jamais?* doesn't he ever write?; *jamais de la vie!* never!; (à tout moment) ever; *si jamais* if ever; *à (tout) jamais* forever.

jambe /ʒɑ̃b/ *nf* leg.
● *prendre ses jambes à son cou* to take to one's heels.

jambière /ʒɑ̃bjɛʀ/ *nf* (de hockey) pad.

jambon /ʒɑ̃bɔ̃/ *nm* ham; *jambon de Paris* cooked ham.

jambonneau, *pl* **-x** /ʒɑ̃bɔno/ *nm* knuckle of ham.

jante /ʒɑ̃t/ *nf* rim.

janvier /ʒɑ̃vje/ *nm* January.

Japon /ʒapɔ̃/ *nprm* Japan.

japonais, -e /ʒapɔnɛ, ɛz/ **I** *adj* Japanese. **II** *nm* LING Japanese. **III** *Japonais, -e* Japanese.

jappement /ʒapmɑ̃/ *nm* yapping ⊄.

japper /ʒape/ *vi* to yap.

jaquette /ʒakɛt/ *nf* morning coat; (de livre) dust jacket.

jardin /ʒaʀdɛ̃/ *nm* garden^GB, yard^US; *jardin public* park.

jardinage /ʒaʀdinaʒ/ *nm* gardening.

jardinier, -ière /ʒaʀdinje, jɛʀ/ *nm,f* gardener.

jardinière /ʒaʀdinjɛʀ/ *nf* *jardinière (de légumes)* jardinière; (bac à fleurs) jardinière.

jargon /ʒaʀgɔ̃/ *nm* jargon.

jarretelle /ʒaʀtɛl/ *nf* suspender^GB, garter^US.

jars /ʒaʀ/ *nm* gander.

jaser /ʒaze/ *vi* to gossip (about).

jasmin /ʒasmɛ̃/ *nm* jasmine.

jatte /ʒat/ *nf* bowl, basin.

jauge /ʒoʒ/ *nf* gauge; *jauge d'huile* dipstick.

jaunâtre /ʒonɑtʀ/ *adj* yellowish.

jaune /ʒon/ **I** *adj* yellow. **II** *nm* yellow; *jaune (d'œuf)* (egg) yolk; (briseur de grève) scab.
● *rire jaune*© to give a forced laugh.

jaunir /ʒoniʀ/ *vi* to go yellow.

jaunisse /ʒonis/ *nf* jaundice.

java /ʒava/ *nf popular dance*; *faire la java*© to rave it up©GB.

Javel /ʒavɛl/ *npr, nf* *(eau de) Javel* bleach.

javelot /ʒavlo/ *nm* javelin.

jazz /dʒaz/ *nm* jazz.

J-C (abrév écrite = **Jésus-Christ**) *avant J-C* BC; *après J-C* AD.

je (**j'** devant voyelle ou h muet) /ʒ(ə)/ *pron pers* I.

jean /dʒin/ *nm* jeans (*pl*); *un jean* a pair of jeans; (tissu) denim.

je-ne-sais-quoi /ʒənsɛkwa/ *nm inv* *avoir un je-ne-sais-quoi* to have a certain something.

jersey /ʒɛʀzɛ/ *nm* jersey; (point) stocking stitch.

Jésus /ʒezy/ *nprm* Jesus.

jet¹ /ʒɛ/ *nm* throw; (de liquide, vapeur) jet; *d'un seul jet* in one go.
■ **jet d'eau** fountain.

jet² /dʒɛt/ *nm* jet.

jetable /ʒətabl/ *adj* disposable.

jeté, -e /ʒəte/ **I** *adj*ⓒ crazy. **II** *nm* **jeté de lit** bedspread.

jetée /ʒəte/ *nf* pier.

jeter /ʒəte/ **I** *vtr* **jeter (qch à qn)** to throw (sth to sb); **jeter qch (à la poubelle)** to throw sth out; **jeter qn en prison** to throw sb in jail; **jeter un coup d'œil** to have a look; [▸cri] to give. **II se jeter** *vpr* **se jeter (dans)** to throw oneself (into); **se jeter sur** [▸adversaire] to fall upon; [▸proie, journal] to pounce on; (être jetable) to be disposable; [fleuve] to flow into.

jeton /ʒ(ə)tɔ̃/ *nm* token; (de jeu) counter; (au casino) chip.

jeu, *pl* **-x** /ʒø/ *nm* **le jeu** GÉN play ₵; **un jeu** a game; (avec de l'argent) gambling ₵; (matériel) (d'échecs, de dames) set; (de cartes) deck; (d'acteur) acting ₵; (série) set; *par jeu* for fun; *être en jeu* to be at stake; TECH *il y a du jeu* it's loose.
■ **jeu de mots** pun; **jeu à XIII** rugby league; **jeux Olympiques, JO** Olympic Games, Olympics.

jeudi /ʒødi/ *nm* Thursday.

jeun: à jeun /aʒœ̃/ *loc adv* [partir] on an empty stomach; *soyez à jeun* don't eat or drink anything.

jeune /ʒœn/ **I** *adj* young; [industrie] new; [allure, coiffure] youthful; [fils, fille, etc] younger; *jeunes mariés* newlyweds. **II** *nmf* young person; *les jeunes* young people.

jeûne /ʒøn/ *nm* fast, fasting.

jeûner, jeuner /ʒøne/ *vi* to fast.

jeunesse /ʒœnɛs/ *nf* youth; (les jeunes) young people (*pl*).

JO /ʒio/ **I** *nm* (abrév = **Journal officiel**) *government publication listing new acts, laws, etc*. **II** *nmpl* (abrév = **Jeux olympiques**) Olympic Games.

joaillerie /ʒɔajʀi/ *nf* jeweller's shopᴳᴮ, jewelry storeᵁˢ.

joaillier, joailler, -ière, /-ère /ʒɔalje, jɛʀ/ *nm,f* jewellerᴳᴮ.

Joconde /ʒɔkɔ̃d/ *nprf* **la Joconde** the Mona Lisa.

joggeur, -euse /dʒɔgœʀ, øz/ *nm,f* jogger.

joie /ʒwa/ *nf* joy.

joindre /ʒwɛ̃dʀ/ **I** *vtr* [▸mains] to put together; **joindre qn** to get hold of sb; **joindre qn au téléphone** to get sb on the phone; **joindre qch à qch** (dans un paquet) to enclose sth with sth; (en agrafant) to attach sth to sth; (relier) to link sth with sth; (mettre ensemble) to put together. **II se joindre** *vpr* **se joindre à qn** to join sb; **se joindre à qch** to join in; [mains] to join.
● **joindre les deux bouts**ⓒ to make ends meet.

joint /ʒwɛ̃/ *nm* TECH joint; (de robinet) washer; (d'étanchéité) seal; (drogue)ⓒ jointⓒ, spliffⓒ.

jointure /ʒwɛ̃tyʀ/ *nf* joint.

joli, -e /ʒɔli/ *adj* nice, lovely; (et délicat) pretty; *c'est bien joli, mais* that is all very well but.

jonc /ʒɔ̃/ *nm* rush.

joncher /ʒɔ̃ʃe/ *vtr* to be strewn over; *être jonché de* to be strewn with.

jonction /ʒɔ̃ksjɔ̃/ *nf* link-up.

jongler /ʒɔ̃gle/ *vi* to juggle.

jongleur, -euse /ʒɔ̃glœʀ, øz/ *nm,f* juggler.

jonquille /ʒɔ̃kij/ *nf* daffodil.

Jordanie /ʒɔʀdani/ *nprf* Jordan.

joue /ʒu/ *nf* cheek; *en joue!* aim!

jouer /ʒwe/ **I** *vtr* to play; [▸argent] to stake; [▸réputation, vie] to risk. **II jouer à** *vtr ind* [▸tennis, échecs, roulette] to play. **III jouer de** *vtr ind* **jouer du violon** to play the violin. **IV** *vi* to play; *à toi de jouer!* your turn!; *j'en ai assez, je ne joue plus!* I've had enough, count me out!

jouet /ʒwɛ/ *nm* toy; FIG plaything, victim.

joueur, -euse /ʒwœʀ, øz/ **I** *adj* playful; *être joueur* to like gambling. **II** *nm,f* player; (qui joue de l'argent) gambler.

joufflu, -e /ʒufly/ *adj* [personne] chubby-cheeked.

joug /ʒu/ *nm* yoke.

jouir /ʒwiʀ/ **I jouir de** *vtr ind* to enjoy; [▸climat, vue] to have. **II** *vi* (sexuellement) to have an orgasm.

jouissance /ʒwisɑ̃s/ *nf* use; (plaisir) pleasure.

joujou© , pl **-x** /ʒuʒu/ nm toy; *faire joujou* to play.

jour /ʒuʀ/ nm day; *jour après jour* day after day, little by little; *quel jour sommes-nous?* what day is it today?; *à ce jour* to date; *à jour* up to date; *mise à jour* updating; *de nos jours* nowadays; *au lever/point du jour* at daybreak; *le petit jour* the early morning; *donner le jour (à)* to give birth (to); *se lever avec le jour* to get up at the crack of dawn; *il fait jour* it's daylight; *sous ton meilleur/pire jour* at your best/worst; (ouverture) gap.
● **être dans un bon jour** to be in a good mood.

journal, pl **-aux** /ʒuʀnal, o/ nm newspaper, paper; RADIO, TV news bulletin, news ¢; LITTÉRAT journal.
■ **journal de bord** logbook; **journal intime** diary; **Journal officiel, JO** *government publication listing new acts, laws, etc.*

journalier, **-ière** /ʒuʀnalje, jɛʀ/ adj daily.

journalisme /ʒuʀnalism/ nm journalism.

journaliste /ʒuʀnalist/ nmf journalist.

journalistique /ʒuʀnalistik/ adj journalistic; *style journalistique* journalese.

journée /ʒuʀne/ nf day; *la journée d'hier* yesterday.

joute /ʒut/ nf HIST joust.

jovial, **-e**, mpl **-s /-iaux** /ʒɔvjal, jo/ adj jovial.

joyau, pl **-x** /ʒwajo/ nm gem.

joyeux, **-euse** /ʒwajø, øz/ adj cheerful; *joyeux anniversaire!* happy birthday!; *joyeux Noël!* Merry Christmas!

jubilé /ʒybile/ nm jubilee.

jubiler /ʒybile/ vi to be jubilant.

jucher /ʒyʃe/ **se jucher** vpr *se jucher sur* to perch on.

judaïsme /ʒydaism/ nm Judaism.

judas /ʒyda/ nm peephole.

judiciaire /ʒydisjɛʀ/ adj judicial.

judicieux, **-ieuse** /ʒydisjø, jøz/ adj wise, judicious.

judo /ʒydo/ nm judo.

juge /ʒyʒ/ nm, judge.
■ **juge d'instruction** examining magistrate; **juge de paix** justice of the Peace; **juge de proximité** *magistrate dealing with petty crime and civil disputes*; **juge de touche** linesman.

jugé: **au jugé** /oʒyʒe/ loc adv by guesswork.

jugement /ʒyʒmɑ̃/ nm judgment; (pour un délit) judgment, decision; *passer en jugement* to come to court.

jugeote© /ʒyʒɔt/ nf common sense.

juger /ʒyʒe/ **I** vtr to judge; JUR to try. **II juger de** vtr ind [▸valeur] to assess; *jugez de ma colère* imagine my anger.

juif, **juive** /ʒɥif, ʒɥiv/ **I** adj Jewish. **II** nm,f Jew, Jewess.

juillet /ʒɥijɛ/ nm July; *le 14 juillet* Bastille Day.

juin /ʒɥɛ̃/ nm June.

juive ▶ **juif**.

jumeau, **-elle**, mpl **-x** /ʒymo, ɛl/ adj, nm,f twin.

jumelé, **-e** /ʒymle/ adj *villes jumelées* twinned towns.

jumelles /ʒymɛl/ nfpl binoculars (pl).

jument /ʒymɑ̃/ nf mare.

jungle /ʒœ̃gl/ nf jungle.

junior /ʒynjɔʀ/ adj inv, nmf junior.

junte /ʒœ̃t/ nf junta.

jupe /ʒyp/ nf skirt.

jupon /ʒypɔ̃/ nm petticoat.

juré, **-e** /ʒyʀe/ **I** adj [ennemi] sworn. **II** nm,f JUR juror; SPORT judge.

jurer /ʒyʀe/ **I** vtr to swear; *jurer de faire qch* to swear to do something. **II** vi (pester) to swear; *ne jurer que par* to swear by; [couleurs] to clash (with); [détail] to look out of place (in). **III se jurer** vpr *se jurer fidélité* to promise to be faithful; *se jurer de faire* to vow to do.

juridiction /ʒyʀidiksjɔ̃/ nf jurisdiction.

juridique /ʒyʀidik/ adj legal.

jurisprudence /ʒyʀispʀydɑ̃s/ nf *faire jurisprudence* to set a legal precedent.

juriste /ʒyʀist/ nmf lawyer.

juron /ʒyʀɔ̃/ nm swearword.

jury /ʒyʀi/ nm JUR jury; ART, SPORT panel of judges; UNIV board of examiners.

jus /ʒy/ nm juice; (sauce servie) gravy; (électricité)© juice©, electricity.

jusqu'au-boutiste, pl **-s** /ʒyskobutist/ nmf hardliner.

jusque (**jusqu'** *devant voyelle*) /ʒysk/ **I** *prép* (+ lieu) as far as, all the way to; *jusqu'où comptez-vous aller?* how do you intend to go?; (+ temps) until, till; *jusqu'à huit heures* until eight o'clock; (+ limite supérieure) up to; (+ limite inférieure) down to. **II jusqu'à ce que** *loc conj* until.

jusque-là /ʒyskəla/ *adv* until then; (dans l'espace) up to here, there.

juste /ʒyst/ **I** *adj* [personne, règlement, partage] fair; [récompense, sanction, cause] just; *un juste milieu* a happy medium; (adéquat) right; (exact) correct; *l'heure juste* the correct time; [voix] in tune; [vêtement] tight. **II** *adv* [chanter] in tune; [sonner] true; [deviner] right; *elle a vu juste* she was right; (précisément) just; *c'est un peu juste* (en quantité) it's a bit short, it's stretching it a bit. **III au juste** *loc adv* exactly. **IV** *nm* righteous man; *les justes* the righteous.

justement /ʒystəmɑ̃/ *adv* precisely, exactly; (à l'instant) just.

justesse /ʒystɛs/ **I** *nf* accuracy. **II de justesse** *loc adv* only just.

justice /ʒystis/ *nf* JUR justice; (équité) fairness; *la justice* (lois) the law; *poursuivre qn en justice* to sue sb.

justicier, -ière /ʒystisje, jɛʀ/ *nm,f* righter of wrongs.

justificatif, -ive /ʒystifikatif, iv/ *nm* documentary evidence ¢; *justificatif de domicile* proof of domicile; *justificatif de frais* receipt.

justification /ʒystifikasjɔ̃/ *nf* justification.

justifier /ʒystifje/ **I** *vtr* to justify. **II se justifier** *vpr* (devant un tribunal) to clear oneself; (être explicable) to be justified.

juteux, -euse /ʒytø, øz/ *adj* [fruit] juicy; [affaire]© profitable, juicy©.

juvénile /ʒyvenil/ *adj* [sourire] youthful; [délinquance] juvenile.

juxtaposer /ʒykstapoze/ *vtr* to juxtapose.

k

kaki /kaki/ **I** adj inv khaki. **II** nm (fruit) persimmon; (couleur) khaki.

kaléidoscope /kaleidɔskɔp/ nm kaleidoscope.

kangourou /kãguʀu/ nm kangaroo.

karaté /kaʀate/ nm karate.

karité /kaʀite/ nm shea.

karting /kaʀtiŋ/ nm go-karting.

kasher /kaʃɛʀ/ adj inv kosher.

kayak /kajak/ nm kayak; *faire du kayak* to go canoeing.

Kenya /kenja/ nprm Kenya.

képi /kepi/ nm kepi.

kermesse /kɛʀmɛs/ nf fête.

kérosène /keʀɔzɛn/ nm kerosene.

kg (abrév écrite = **kilogramme**) kg.

kidnapper /kidnape/ vtr to kidnap.

kidnappeur, -euse /kidnapœʀ, øz/ nm,f kidnapper^{GB}.

kifer©, **kiffer** /kife/ **I** vtr to like. **II** vi *ça la fait kiffer* she gets a kick© out of it.

kilo /kilo/ nm (abrév = **kilogramme**) kilo.

kiloeuro /kiloøʀo/ nm 1,000 euros.

kilogramme /kilɔgʀam/ nm kilogram.

kilométrage /kilɔmetʀaʒ/ nm mileage.

kilomètre /kilɔmɛtʀ/ nm kilometre^{GB}.

kilomètre-heure, pl **kilomètres-heure** /kilɔmetʀœʀ/ kilometre^{GB} per hour.

kilooctet /kilɔɔktɛ/ nm kilobyte.

kinésithérapeute /kineziteʀapøt/ nmf physiotherapist.

kiosque /kjɔsk/ nm kiosk; *kiosque à musique* bandstand.

kit /kit/ nm kit; *en kit* in kit form; *kit mains libres* hands-free headset.

kiwi /kiwi/ nm (fruit, oiseau) kiwi.

klaxon® /klaksɔn/ nm (car) horn.

klaxonner /klaksɔne/ vi to use the horn.

kleptomane /klɛptɔman/ adj, nmf kleptomaniac.

km (abrév écrite = **kilomètre**) km.

Ko (abrév écrite = **kilooctet**) KB.

KO /kao/ adj inv (abrév = **knocked out**) SPORT KO'd©; (épuisé)© exhausted.

koala /kɔala/ nm koala (bear).

Koweït /kɔwet/ nprm Kuwait.

krach /kʀak/ nm crash.

kraft /kʀaft/ adj inv, nm *(papier) kraft* brown paper.

kW (abrév écrite = **kilowatt**) kW.

K-way® /kawɛ/ nm windcheater^{GB}, windbreaker^{US}.

kyrielle /kiʀjɛl/ nf *une kyrielle de* a string of.

kyste /kist/ nm cyst.

I

l (*abrév écrite* = **litre**) **20 l** 20 l.

l' ▶ **le**.

la /la/ **I** ▶ **le**. **II** *nm* MUS A; (en solfiant) lah.

là /la/ *adv* (lieu) there; (ici) here; *là où j'habite* where I live; *je vais par là* I go this way; (temps) *d'ici là* between now and then; *ce jour-là* that day.

là-bas /labɑ/ *adv* over there.

label /labɛl/ *nm* seal, label.

labelliser /labelize/ *vtr* to label.

laboratoire /labɔʀatwaʀ/ *nm* laboratory.

laborieux, -ieuse /labɔʀjø, jøz/ *adj* arduous; *classes laborieuses* working classes.

labourer /labuʀe/ *vtr* to plough^GB, to plow^US.

labyrinthe /labiʀɛ̃t/ *nm* labyrinth, maze.

lac /lak/ *nm* lake.

lacer /lase/ *vtr* to lace up.

lacet /lasɛ/ *nm* lace; *route en lacets* twisting road.

lâche /lɑʃ/ **I** *adj* [personne] cowardly; [ceinture] loose; [règlement] lax. **II** *nmf* coward.

lâcher[1] /lɑʃe/ **I** *vtr* [▶ ami, activité, objet] to drop; [▶ corde, main] to let go of; [▶ personne, animal] to let [sb/sth] go; *lâche-moi* let go of me; FIG© give me a break©, leave me alone; *lâcher prise* to lose one's grip; [▶ cri] to let out; [▶ juron, phrase] to come out with. **II** *vi* [nœud] to give way; [freins] to fail.

lâcher[2] /lɑʃe/ *nm* release.

lâcheté /lɑʃte/ *nf* cowardice ¢.

lacrymogène /lakʀimɔʒɛn/ *adj* [grenade, bombe] teargas.

lacté, -e /lakte/ *adj* [produit, alimentation] milk.

lacune /lakyn/ *nf* gap.

là-dedans /lad(ə)dɑ̃/ *adv* in here, in there.

là-dessous /lad(ə)su/ *adv* under here, under there.

là-dessus /lad(ə)sy/ *adv* on here; (sur ce sujet) about that; (alors) at that point.

lagon /lagɔ̃/ *nm* lagoon.

lagune /lagyn/ *nf* lagoon.

là-haut /lao/ *adv* up here, up there; *là-haut dans le ciel* up in the sky; (à l'étage) upstairs.

laïc, laïque /laik/ *nm,f* layman.

laid, -e /lɛ, lɛd/ *adj* ugly.

laideur /lɛdœʀ/ *nf* ugliness.

lainage /lɛnaʒ/ *nm* woollen^GB garment.

laine /lɛn/ *nf* wool; *de/en laine* woollen^GB, wool.

laïque /laik/ **I** *adj* [école, enseignement] nondenominational^GB, public^US; [État, esprit] secular. **II** *nmf* layman/laywoman; *les laïques* lay people.

laisse /lɛs/ *nf* lead^GB, leash^US; *tenir en laisse* to keep on a lead/on the leash.

laissé-pour-compte, laissée-pour-compte, *mpl* **laissés-pour-compte** /lesepuʀkɔ̃t/ *nm,f* second-class citizen.

laisser /lese/ **I** *vtr* to leave; *laisser qch à qn* to leave sb sth; *je te laisse* I must go; *je te laisse à tes occupations* I'll let you get on; *cela me laisse sceptique* I'm sceptical^GB. **II** *v aux laisser qn/qch faire* to let sb/sth do; *laisse-moi faire* (ne m'aide pas) let me do it; (je m'en occupe) leave it to me. **III** *se laisser* *vpr* *se laisser bercer par les vagues* to be lulled by the waves; *il se laisse insulter* he puts up with insults; *se laisser faire* to be pushed around; *il ne veut pas se laisser faire* (coiffer, laver, etc) he won't let you touch him; *se laisser aller* to let oneself go.

laisser-aller /leseale/ *nm inv* sloppiness.

laissez-passer /lesepase/ *nm inv* pass.

lait /lɛ/ *nm* milk.
 ■ **lait concentré** evaporated milk.

laitage /lɛtaʒ/ *nm* dairy product.

laitance /lɛtɑ̃s/ *nf* soft roe.

laitier, -ière /lɛtje, jɛʀ/ **I** *adj* [produit] dairy (*épith*); [vache] milk. **II** *nm,f* milkman/milkwoman.

laiton /lɛtɔ̃/ *nm* brass.

laitue /lɛty/ *nf* lettuce.

laïus© /lajys/ *nm* speech.

lama /lama/ *nm* llama.

lambda /lɑ̃bd/ **I**© *adj inv* [individu] average. **II** *nm* lambda.

lambeau, pl **-x** /lɑ̃bo/ nm (de papier) strip; (de chair) bit; **en lambeaux** in shreds.

lambris /lɑ̃bʀi/ nm panelling^{GB} ¢.

lame /lam/ nf blade; **lame de rasoir** razor blade; (de métal, etc) strip; (vague) breaker; **lame de fond** NAUT ground swell; FIG upheaval.

lamelle /lamɛl/ nf small strip; **découper en fines lamelles** to slice thinly.

lamentable /lamɑ̃tabl/ adj [résultat] pathetic; [accident] terrible.

lamentation /lamɑ̃tasjɔ̃/ nf wailing ¢.

lamenter: **se lamenter** /lamɑ̃te/ vpr to moan.

lampadaire /lɑ̃padɛʀ/ nm standard lamp^{GB}, floor lamp^{US}; (de rue) streetlight.

lampe /lɑ̃p/ nf lamp, light; (ampoule) bulb.
■ **lampe de chevet** bedside lamp; **lampe électrique/de poche** (pocket) torch^{GB}, flashlight^{US}.

lampion /lɑ̃pjɔ̃/ nm paper lantern.

lance /lɑ̃s/ nf spear.
■ **lance d'incendie** fire-hose nozzle.

lance-flamme, pl **-s** /lɑ̃sflam/ nm flame-thrower.

lancement /lɑ̃smɑ̃/ nm launching.

lance-pierre, pl **-s** /lɑ̃spjɛʀ/ nm catapult^{GB}, slingshot^{US}.

lancer[1] /lɑ̃se/ **I** vtr to throw; [▸ satellite, fusée, projet, enquête, produit] to launch; [▸ flèche, missile] to fire; [▸ bombe] to drop; [▸ ultimatum] to issue; [▸ invitation] to send out. **II se lancer** vpr **se lancer dans qch** to launch into; **se lancer dans les affaires** to go into business; **se lancer des pierres** to throw stones at each other.

lancer[2] /lɑ̃se/ nm **lancer du disque** discus event.

lance-roquette, pl **-s** /lɑ̃sʀɔkɛt/ nm rocket launcher.

lancinant, -e /lɑ̃sinɑ̃, ɑ̃t/ adj [douleur] shooting; [musique] insistent.

landau /lɑ̃do/ nm pram^{GB}, baby carriage^{US}.

lande /lɑ̃d/ nf moor.

langage /lɑ̃gaʒ/ nm language.

lange /lɑ̃ʒ/ nm swaddling clothes (pl).

langouste /lɑ̃gust/ nf spiny lobster.

langoustine /lɑ̃gustin/ nf langoustine.

langue /lɑ̃g/ nf ANAT tongue; **tirer la langue (à qn)** to stick out one's tongue (at sb); LING language; **en langue familière** in informal speech; **langue de bois** political cant; **langue maternelle** mother tongue; **mauvaise langue** malicious gossip; **sur le bout de la langue** on the tip of one's tongue.
■ **langue morte/vivante** dead/modern language.

languette /lɑ̃gɛt/ nf tongue.

languir /lɑ̃giʀ/ **I** vi [conversation] to languish; **je languis de vous revoir** I'm longing to see you. **II se languir** vpr **se languir (de qn)** to pine (for sb).

lanière /lanjɛʀ/ nf strap.

lanterne /lɑ̃tɛʀn/ nf lantern; AUT side-light^{GB}, parking light^{US}.

Laos /laɔs/ nprm Laos.

lapalissade /lapalisad/ nf truism.

laper /lape/ vtr to lap (up).

lapin /lapɛ̃/ nm rabbit; **lapin de garenne** wild rabbit.
● **poser un lapin à qn**[☺] to stand sb up; **le coup du lapin** whiplash injury.

lapine /lapin/ nf doe rabbit.

laps /laps/ nm **laps de temps** period of time.

lapsus /lapsys/ nm slip.

laquais /lakɛ/ nm lackey.

laque /lak/ nf hairspray; (vernis) lacquer; (peinture) gloss paint.

laquelle ▸ lequel.

larbin /laʀbɛ̃/ nm servant; FIG flunkey.

larcin /laʀsɛ̃/ nm **commettre un larcin** to steal something.

lard /laʀ/ nm streaky bacon^{GB}.

lardon /laʀdɔ̃/ nm bacon cube; (enfant)[☺] child.

large /laʀʒ/ **I** adj [épaules, hanches] broad; [avenue, choix] wide; **large de trois mètres** three metres^{GB} wide; [pantalon] loose; [geste] sweeping; [sens, sourire, coalition] broad; [extrait, majorité] large; **être large d'esprit** to be broad-minded. **II** adv **calculer large** to err on the generous side. **III** nm **faire quatre mètres de large** to be four metres^{GB} wide; NAUT open sea; **au large** offshore; **prendre le large** NAUT to sail; FIG to clear off[☺].

largement /laʁʒəmɑ̃/ *adv* [ouvrir] widely; *cela suffit largement* that's plenty; [payer] generously; [vivre] comfortably.

largesse /laʁʒɛs/ **I** *nf* generosity. **II** *nfpl* *largesses* generous gifts.

largeur /laʁʒœʁ/ *nf* width; *dans le sens de la largeur* widthwise; *largeur d'esprit* broadmindedness.

largué, -e /laʁge/ *adj* lost.

larguer /laʁge/ *vtr* [▸bombe] to drop; *larguer les amarres* LIT to cast off; [▸études, appartement]© to give up; [▸petit ami] to chuck©, to leave.

larme /laʁm/ *nf* tear; *une larme de gin* a drop of gin.

larmoyant, -e /laʁmwajɑ̃, ɑ̃t/ *adj* [ton] whining; [discours] maudlin.

larve /laʁv/ *nf* larva.

larvé, -e /laʁve/ *adj* latent.

las, lasse /lɑ, lɑs/ *adj* weary.

lascar© /laskaʁ/ *nm* fellow.

laser /lazɛʁ/ *nm* laser.

lasser /lɑse/ **I** *vtr* to bore, to weary. **II se lasser** *vpr* to grow tired.

lassitude /lasityd/ *nf* weariness.

lasure /lazyʁ/ *nf* timber preservative.

latéral, -e /lateʁal, o/ *adj* side.

latin, o /latɛ̃, in/ *adj, nm* Latin.

latitude /latityd/ *nf* latitude.

latte /lat/ *nf* board.

lauréat, -e /lɔʁea, at/ *nm,f* winner.

laurier /lɔʁje/ *nm* laurel; *feuille de laurier* bay leaf.

lavable /lavabl/ *adj* washable.

lavabo /lavabo/ *nm* washbasin.

lavage /lavaʒ/ *nm* washing; *un lavage* a wash.
∎ **lavage de cerveau** brainwashing.

lavande /lavɑ̃d/ *adj inv, nf* lavender.

lave /lav/ *nf* lava ¢.

lave-glace, pl -s /lavglas/ *nm* windscreen^GB, windshield^US washer.

lave-linge, pl -s /lavlɛ̃ʒ/ *nm* washing machine.

lave-main, -s /lavmɛ̃/ *nm* wash-hand basin.

laver /lave/ **I** *vtr* to wash; *laver le linge/la vaisselle* to do the washing/the dishes; (innocenter) to clear. **II se laver** *vpr* to

wash; *se laver les dents* to brush one's teeth; *se laver en machine* to be machine washable.

laverie /lavʁi/ *nf* *laverie (automatique)* launderette, Laundromat^®US.

lavette /lavɛt/ *nf* dishcloth; (personne)© wimp©.

laveur, -euse /lavœʁ, øz/ *nm,f* cleaner.

lave-vaisselle, pl -s /lavvɛsɛl/ *nm* dishwasher.

laxatif, -ive /laksatif, iv/ *adj, nm* laxative.

layette /lɛjɛt/ *nf* baby clothes (*pl*).

le, la (**l'** *devant voyelle ou h muet*), *pl* **les** /lə, la, l, lɛ/ *art déf* *la table de la cuisine* the kitchen table; *elle s'est cogné le bras* she banged her arm; (+ nom d'espèce) *l'homme préhistorique* prehistoric man; *aimer les chevaux* to like horses; (+ nom propre) *les Dupont* the Duponts; (+ préposition et nombre) *dans les 20 euros* about 20 euros; (pour donner un prix, une fréquence etc) a, an; *5 euros le kilo* 5 euros a kilo. **II** *pron pers* *je ne le/la/les comprends pas* I don't understand him/her/them. **III** *pron neutre* *je le savais* I knew (it); *c'est lui qui le dit* he says so.

lèche-botte©, *pl* **-s** /lɛʃbɔt/ *nm* bootlicker©.

lécher /leʃe/ **I** *vtr* to lick. **II se lécher** *vpr* *se lécher les doigts* to lick one's fingers.

lécheur©, **-euse** /leʃœʁ, øz/ *nm,f* crawler©

lèche-vitrine, *pl* **-s** /lɛʃvitʁin/ *nm* *faire du lèche-vitrine* to go window-shopping.

leçon /ləsɔ̃/ *nf* lesson; *faire la leçon à qn* to lecture sb.

lecteur, -trice /lɛktœʁ, tʁis/ **I** *nm,f* reader; UNIV teaching assistant. **II** *nm* *lecteur optique* optical scanner; *lecteur de DVD* DVD player.

lecture /lɛktyʁ/ *nf* reading.

légal, -e, mpl -aux /legal, o/ *adj* [âge] legal; [activité] lawful.

légalement /legalmɑ̃/ *adv* legally; (sans enfreindre la loi) lawfully.

légaliser /legalize/ *vtr* to legalize.

légalité /legalite/ *nf* legality; *dans la légalité* within the law.

légendaire /leʒɑ̃dɛʁ/ *adj* legendary.

légende /leʒɑ̃d/ *nf* legend; (d'illustration) caption; (de carte) key.

léger, -ère /leʒe, ɛʁ/ **I** *adj* light; [blessure, progrès, baisse, faute] slight; [crainte, condamnation] mild; [blessure] minor; *c'est un peu léger*© it's a bit skimpy; [café, etc] weak. **II** adv *voyager léger* to travel light. **III à la légère** loc adv not seriously.

légèrement /leʒɛʀmã/ adv [trembler, blessé, teinté] slightly; [manger] lightly; [agir, parler] without thinking.

légèreté /leʒɛʀte/ nf lightness; (dans la conduite) irresponsibility.

légion /leʒjɔ̃/ nf legion.
■ **Légion d'honneur** Legion of Honour^GB (*Highest decoration awarded in France for meritorious achievements*).

législateur, -trice /leʒislatœʀ, tʀis/ nm,f legislator.

législatif, -ive /leʒislatif, iv/ adj legislative; *élections législatives* general election (sg).

législature /leʒislatyʀ/ nf term of office.

légiste /leʒist/ nmf jurist.

légitime /leʒitim/ adj legitimate.
■ **légitime défense** self-defence^GB.

legs /lɛg/ nm legacy; (à une fondation) bequest.

léguer /lege/ vtr *léguer qch à qn* to leave sth to sb.

légume /legym/ nm vegetable; *légumes secs* pulses.

lendemain /lãd(ə)mɛ̃/ nm *le lendemain* the following day; *le lendemain de* the day after; FIG future.

lent, -e /lã, ãt/ adj slow.

lentement /lãt(ə)mã/ adv slowly.

lenteur /lãtœʀ/ nf slowness.

lentille /lãtij/ nf BOT, CULIN lentil; (optique) lens.

léopard /leɔpaʀ/ nm leopard.

lèpre /lɛpʀ/ nf leprosy.

lépreux, -euse /lepʀø, øz/ **I** adj [▸ mur] flaking. **II** nm,f leper.

lequel /ləkɛl/, **laquelle** /lakɛl/, **lesquels** mpl, **lesquelles** fpl /lekɛl/, **auquel, auxquels** mpl, **auxquelles** fpl /okɛl/, **duquel** /dykɛl/, **desquels** mpl, **desquelles** fpl /dekɛl/ **I** pron rel (sujet) (représentant qn) who; (dans les autres cas) which; (objet) (représentant qn) whom; (dans les autres cas) which. **II** pron inter which; *lesquels sont les plus petits?* which are smallest?; *j'ai vu un film mais lequel?* I saw a film but which one?

les ▸ **le**.

lesbienne /lɛsbjɛn/ nf lesbian.

léser /leze/ vtr to wrong.

lésiner /lezine/ vi *lésiner sur* [▸ moyens, quantité] to skimp on; *ne pas lésiner sur* to be liberal with.

lessive /lesiv/ nf washing powder^GB; (linge) washing^GB, laundry^US; *faire la lessive* to do the washing^GB, the laundry^US.

lessiver /lesive/ vtr to wash; *être lessivé*© to be washed out©.

lest /lɛst/ nm ballast; *lâcher du lest* FIG to make concessions.

leste /lɛst/ adj [pas] nimble.

letton, -onne /letɔ̃, ɔn/ **I** adj Latvian. **II** nm LING Latvian. **III** nm,f **Letton, -onne** Latvian, Lett.

Lettonie /letoni/ nprf Latvia.

lettre /lɛtʀ/ **I** nf letter; *en toutes lettres* in black and white; *à la lettre, au pied de la lettre* to the letter, literally. **II lettres** nfpl UNIV arts^GB, humanities^US.

leucémie /løsemi/ nf leukaemia^GB.

leur /lœʀ/ **I** pron pers inv their; *il leur a fallu faire* they had to do. **II leur, leurs** dét poss their; *un de leurs amis* a friend of theirs. **III le leur, la leur, les leurs** pron poss theirs; *c'est le leur* that's theirs.

leurre /lœʀ/ nm illusion; (à la chasse) lure.

levain /ləvɛ̃/ nm leaven^GB, sourdough^US.

levant /ləvã/ nm east.

levé, -e /ləve/ adj *voter à main levée* to vote by a show of hands; (hors du lit) up.

levée /ləve/ nf (fin) lifting, ending; (de séance) close, suspension; (de courrier) collection; (aux cartes) trick.
■ **levée de boucliers** outcry.

lever¹ /ləve/ **I** vtr [▸ siège, capitaux, bras] to raise; *lever les yeux sur* to look up at; (soulever) to lift; *lever les enfants* to get the children up; [▸ embargo] to lift; [▸ séance] to close; [▸ impôt, troupes] to levy. **II** vi [pâte] to rise. **III se lever** vpr to get up; to stand up; (s'insurger) *se lever contre* to rise up against; [brume] to clear; [temps] to clear up.

lever² /ləve/ nm *lever du jour* daybreak; *lever de rideau* curtain up; *lever du soleil* sunrise.

levier /ləvje/ nm lever; *levier de vitesse* gear lever^GB, gearshift^US.

lèvre /lɛvʀ/ nf lip.

lifting

lévrier /levʀije/ *nm* greyhound.

levure /ləvyʀ/ *nf* yeast; *levure chimique* baking powder.

lexique /lɛksik/ *nm* glossary; (bilingue) vocabulary.

lézard /lezaʀ/ *nm* lizard.

lézarde /lezaʀd/ *nf* crack.

liaison /ljɛzɔ̃/ *nf* link; *liaison ferroviaire* rail link; *liaison radio* radio contact; (logique) connection; (amoureuse) affair; LING liaison; *être en liaison avec* to be in contact with.

liane /ljan/ *nf* creeper.

liasse /ljas/ *nf* wad; (de lettres) bundle.

Liban /libã/ *nprm* Lebanon.

libanais, -e /libanɛ, ɛz/ **I** *adj* Lebanese. **II** *nm,f* **Libanais, -e** Lebanese.

libeller /libɛle/ *vtr* *libeller un chèque à l'ordre de qn* to make out a cheque^GB, check^US to sb.

libellule /libɛlyl/ *nf* dragonfly.

libéral, -e, *mpl* **-aux** /liberal, o/ **I** *adj* liberal; *profession libérale* profession; POL Liberal. **II** *nm,f* POL Liberal.

libéraliser /liberalize/ *vtr* to liberalize.

libéralisme /liberalism/ *nm* liberalism.

libérateur, -trice /liberatœr, tris/ **I** *adj* liberating. **II** *nm,f* liberator.

libération /liberasjɔ̃/ *nf* (de prisonnier, d'énergie) release; (de pays) liberation; (de prix) deregulation.

libérer /libere/ **I** *vtr* *libérer (de)* [▸pays] to liberate (from); [▸détenu] to release (from); [▸esclave, animal] to free (from); [▸soldat] to discharge (from); [▸appartement] to vacate; [▸passage] to clear; *libérer la chambre avant midi* to check out before noon; [▸économie] to liberalize; [▸prix] to deregulate. **II** *se* **libérer (de)** *vpr* to free oneself (from).

liberté /libɛrte/ *nf* freedom ₵; *Statue de la liberté* Statue of Liberty; *liberté, égalité, fraternité* Liberty, Equality, Fraternity; *être en liberté* to be free; *être en liberté conditionnelle* to be on parole; *prendre la liberté de faire* to take the liberty of doing.

libraire /librɛr/ *nmf* bookseller.

librairie /librɛri/ *nf* bookshop^GB, bookstore^US.

libre /libr/ *adj* *libre (de faire)* free (to do); *libre de qch* free from sth; [voie] clear; [personne, chambre] available; [place] free; [poste, toilettes] vacant.

libre-échange /librefãʒ/ *nm* free trade.

libre-service, *pl* **libres-services** /librə sɛrvis/ *nm* self-service.

Libye /libi/ *nprf* Libya.

licence /lisãs/ *nf* UNIV (bachelor's) degree; *licence en droit* law degree; COMM, JUR licence^GB; (liberté) licence^GB.

licencié, -e /lisãsje/ **I** *adj* [employé] sacked^☺. **II** *nm,f* laid-off worker; UNIV graduate^GB, college graduate^US; SPORT *member of a sports federation*.

licenciement /lisãsimã/ *nm* dismissal.

licencier /lisãsje/ *vtr* to sack^☺.

licite /lisit/ *adj* lawful.

licorne /likɔrn/ *nf* unicorn.

lie /li/ *nf* (de vin) dregs (*pl*).

Liechtenstein /liʃtənʃtɛn/ *nprm* Liechtenstein.

liège /ljɛʒ/ *nm* cork.

liégeois, -e /ljeʒwa, az/ *adj* *café/chocolat liégeois* ≈ coffee/chocolate ice cream with whipped cream.

lien /ljɛ̃/ *nm* strap; FIG bond; (rapport) link, connection; *liens de parenté* family ties.

lier /lje/ **I** *vtr* to tie [sb/sth] up; (unir) to bind; *ils sont très liés* they are very close. **II** *se* **lier** *vpr* *se lier avec qn* to make friends with sb.

lierre /ljɛr/ *nm* ivy.

liesse /ljɛs/ *nf* jubilation.

lieu¹ /ljø/ *nm* *lieu noir* coley; *lieu (jaune)* yellow pollock.

lieu², *pl* **-x** /ljø/ **I** *nm* place; *en lieu sûr* in a safe place; *lieu de vente* point of sale; *lieu de travail* workplace; *en premier/dernier lieu* firstly/lastly; *avoir lieu* to take place; *tenir lieu de* to serve as; *donner lieu à* to cause. **II au lieu de** *loc prép* instead of. **III lieux** *nmpl* *sur les lieux* at the scene; *vider les lieux* to vacate the premises.

■ *lieu commun* commonplace; *lieu public* public place; *lieu saint* holy place.

lieue /ljø/ *nf* league.

lieutenant /ljøtnã/ *nm* lieutenant.

lièvre /ljɛvr/ *nm* hare.

lifting /liftiŋ/ *nm* face-lift.

ligne /liɲ/ nf line; *à la ligne!* (dans une dictée) new paragraph!; (de bus, bateau, d'avion) service; (de métro, train, téléphone) line; (silhouette) figure; (rangée) row; *en ligne* ORDINAT on line; (au téléphone) on the phone.
● **entrer en ligne de compte** to be taken into account.

lignée /liɲe/ nf line of descent.

ligoter /ligɔte/ vtr to truss [sb] up.

ligue /lig/ nf league.

liguer: se liguer /lige/ vpr to join forces.

lilas /lila/ adj inv, nm lilac.

limace /limas/ nf slug.

limande /limɑ̃d/ nf dab.

lime /lim/ nf file.

limer /lime/ vtr to file.

limier /limje/ nm bloodhound; (détective) sleuth.

limitation /limitasjɔ̃/ nf *limitation des prix* price control C; *limitation de vitesse* speed limit.

limite /limit/ **I** nf border; *à la limite de* on the verge of; (de terrain) boundary; *dépasser les limites* to go too far; *dans une certaine limite* up to a point; *dans la limite du possible* as far as possible. **II** (-)limite *date(-)limite* deadline; *date(-)limite de vente* sell-by date.

limité, -e /limite/ adj limited.

limiter /limite/ **I** vtr to limit. **II se limiter à** vpr to limit oneself to, to be limited to.

limiteur /limitœʀ/ nm [▸ vitesse] limiter.

limitrophe /limitʀɔf/ adj [pays] adjacent; [ville] border.

limon /limɔ̃/ nm silt.

limonade /limɔnad/ nf lemonade[GB], lemon soda[US].

limousine /limuzin/ nf limousine.

limpide /lɛ̃pid/ adj clear.

lin /lɛ̃/ nm flax; (tissu) linen.

linceul /lɛ̃sœl/ nm shroud.

linge /lɛ̃ʒ/ nm linen; (lessive) washing; *linge (de corps)* underwear.

lingerie /lɛ̃ʒʀi/ nf linen room; (linge de corps) lingerie.

lingette /lɛ̃ʒɛt/ nf wipe.

lingot /lɛ̃go/ nm ingot.

linguistique /lɛ̃gɥistik/ **I** adj linguistic. **II** nf linguistics (sg).

linotte /linɔt/ nf linnet; *tête de linotte* scatterbrain.

linteau, pl **-x** /lɛ̃to/ nm lintel.

lion /ljɔ̃/ nm lion.

Lion /ljɔ̃/ nprm Leo.

lionceau, pl **-x** /ljɔ̃so/ nm lion cub.

lionne /ljɔn/ nf lioness.

liquéfier: se liquéfier /likefje/ vpr to liquefy.

liqueur /likœʀ/ nf liqueur.

liquidation /likidasjɔ̃/ nf liquidation; (de dettes) settlement.

liquide /likid/ **I** adj liquid; *argent liquide* cash. **II** nm liquid; (argent) cash.

liquider /likide/ vtr to liquidate; [▸ problème]© to settle; [▸ témoin]© to liquidate©.

lire[1] /liʀ/ vtr to read.

lire[2] /liʀ/ nf lira.

lis /lis/ nm lily.

lisible /lizibl/ adj [écriture] legible; [roman, disque] readable.

lisière /lizjɛʀ/ nf edge; (de village) outskirts.

lisse /lis/ adj smooth.

lisser /lise/ vtr to smooth; [▸ plumes] to preen.

liste /list/ nf list.
■ **liste d'attente** waiting list; **liste électorale** register of voters.
● **être sur (la) liste rouge** to be ex-directory[GB], to have an unlisted number[US].

lit /li/ nm bed; *lit d'enfant* cot[GB], crib[US]; *se mettre au lit* to go to bed; *au lit!* bedtime!

literie /litʀi/ nf bedding.

lithographie /litɔgʀafi/ nf lithography; (estampe) lithograph.

litière /litjɛʀ/ nf litter; (de chevaux) bedding.

litige /litiʒ/ nm dispute.

litre /litʀ/ nm litre[GB].

littéraire /liteʀɛʀ/ adj [œuvre] literary; [études] arts.

littéral, -e, mpl **-aux** /literal, o/ adj literal.

littéralement /literalmɑ̃/ adv [traduire] literally; [citer] verbatim.

littérature /literatyʀ/ nf literature.

littoral, pl **-aux** /litɔʀal, o/ nm coast.

Lituanie /lityani/ *nprf* Lithuania.

lituanien, **-ienne** /lityanjɛ̃, ɛn/ **I** *adj* Lithuanian. **II** *nm* LING Lithuanian. **III** *nm,f* **Lituanien**, **-ienne** Lithuanian.

livide /livid/ *adj* livid.

livraison /livʀɛzɔ̃/ *nf* delivery.

livre[1] /livʀ/ *nm* book.
■ **livre de bord** logbook; **livre électronique** e-book; **livre d'or** visitors' book; **livre de poche**® paperback; **livre scolaire** schoolbook; **livre à succès** bestseller.

livre[2] /livʀ/ *nf* (monnaie, poids) pound.

livrée /livʀe/ *nf* livery.

livrer /livʀe/ **I** *vtr* to deliver (to); *se faire livrer qch* to have sth delivered; [▸complice, secret] to betray. **II se livrer** *vpr se livrer à un trafic* to engage in trafficking; *se livrer à la justice* to give oneself up; *se livrer à un ami* to confide in a friend.
● **livrer bataille (à qn)** to fight (sb).

livret /livʀɛ/ *nm* booklet; (d'opéra) libretto.
■ **livret de caisse d'épargne** savings book; **livret de famille** family record book (*of births, marriages and deaths*); **livret scolaire** school report book.

livreur, **-euse** /livʀœʀ, øz/ *nm,f* delivery man/woman.

lobe /lɔb/ *nm* lobe.

local, **-e**, *pl* **-aux** /lɔkal, o/ **I** *adj* local; [douleur, averses] localized. **II** *nm* place; *locaux* offices, premises.

localisation /lɔkalizasjɔ̃/ *nf* location.

localiser /lɔkalize/ *vtr* to locate; (circonscrire) to localize.

localité /lɔkalite/ *nf* locality.

locataire /lɔkatɛʀ/ *nmf* tenant; *être locataire* to be renting.

location /lɔkasjɔ̃/ *nf* renting; *agence de location* rental agency; *donner en location* to rent out; *location de voitures* car hire[GB], car rental; (de spectacle) booking; *guichet de location* box office.

locomotive /lɔkɔmɔtiv/ *nf* engine, locomotive.

locution /lɔkysjɔ̃/ *nf* idiom, phrase.

loge /lɔʒ/ *nf* lodge; (d'artiste) dressing room; (de spectateur) box; *aux premières loges* FIG in an ideal position.

logé, **-e** /lɔʒe/ *adj* housed; *être logé et nourri, blanchi* to have bed and board.

logement /lɔʒmɑ̃/ *nm* accommodation ₵; (appartement) flat[GB], apartment[US]; *la crise du logement* the housing crisis.

loger /lɔʒe/ **I** *vtr* [▸client] to accommodate; [▸ami] to put up. **II** *vi* to live; (temporairement) to stay. **III se loger** *vpr* to find accommodation; (payer) to pay for accommodation; *se loger dans qch* to get stuck in sth; [balle] *se loger dans* to lodge in.

logeur, **-euse** /lɔʒœʀ, øz/ *nm,f* lodger.

logiciel /lɔʒisjɛl/ *nm* software ₵.

login /lɔgin/ *nm* **login de connection** user name.

logique /lɔʒik/ **I** *adj* logical. **II** *nf* logic.

logis /lɔʒi/ *nm* home.

logistique /lɔʒistik/ *nf* logistics (*sg*).

logo /lɔgo/ *nm* logo.

loguer, **se loguer** /lɔge/ *vpr* to log on.

loi /lwa/ *nf* law.

loin /lwɛ̃/ **I** *adv* **loin (de)** far (from); *c'est loin* it's a long way; *plus loin* further away; *vu de loin* seen from a distance; *voir plus loin* (dans un texte) see below; *on est loin d'avoir fini* we're far from finished; *c'est de loin le meilleur* it's by far the best; *pas loin de 100 euros* almost 100 euros. **II au loin** *loc adv* in the distance. **III de loin en loin** *loc adv* here and there; (dans le temps) every now and then.

lointain, **-e** /lwɛ̃tɛ̃, ɛn/ **I** *adj* distant; [ressemblance] remote. **II** *nm* **dans le lointain** in the distance.

loir /lwaʀ/ *nm* (edible) dormouse.

loisir /lwaziʀ/ *nm* spare time ₵; *à loisir* at leisure.

long, **longue** /lɔ̃, lɔ̃g/ **I** *adj* long; *un tuyau long de trois mètres* a pipe three metres[GB] long. **II** *adv* *en dire long* to say a lot; *s'habiller long* to wear longer skirts. **III** *nm* *un câble de six mètres de long* a cable six metres[GB] long; *en long* [fendre] lengthwise; *en long et en large* [raconter] in great detail; *en dire long sur* to say a lot about; *marcher de long en large* to pace up and down; *tomber de tout son long* to fall flat. **IV à la longue** *loc adv* in the end.
■ **long métrage** feature-length film.

long-courrier, *pl* **-s** /lɔ̃kuʀje/ *nm* long-haul aircraft.

longer /lɔ̃ʒe/ *vtr* [▸forêt, côte] to go along; [▸rivière] to follow.

longiligne /lɔ̃ʒiliɲ/ adj lanky.

longitude /lɔ̃ʒityd/ nf longitude.

longtemps /lɔ̃tɑ̃/ adv [attendre, dormir, etc] (for) a long time; (avec négation, dans une question) (for) long; *longtemps avant/après* long before/after; *avant longtemps* before long; *plus longtemps* longer; *une lettre longtemps attendue* a long-awaited letter; [il y a, depuis, cela fait] (for) a long time, (for) long; *il ne travaille pas ici depuis longtemps* he hasn't worked here (for) long.

longue ▶ long.

longuement /lɔ̃gmɑ̃/ adv [hésiter, cuire] for a long time; [expliquer] at length.

longueur /lɔ̃gœʀ/ **I** nf length; *dans (le sens de) la longueur* lengthways^GB, lengthwise^US; *un câble de trois mètres de longueur* a cable three metres^GB long; *le saut en longueur* the long jump; *traîner en longueur* to go on forever. **II longueurs** nfpl overlong passages. **III à longueur de** loc prép *à longueur d'année* all year round; *à longueur de temps* all the time.
■ **longueur d'onde** wavelength.

longue-vue, pl **longues-vues** /lɔ̃gvy/ nf telescope.

lopin /lɔpɛ̃/ nm *lopin (de terre)* patch of land, plot.

loque /lɔk/ **I** nf *loque (humaine)* (human) wreck. **II loques** nfpl rags.

loquet /lɔkɛ/ nm latch.

lorgner^© /lɔʀɲe/ vtr [▶qn] to give (sb) the eye^©; [▶poste] to have one's eye on.

lors /lɔʀ/ **lors de** loc prép during; (au moment de) at the time of.

lorsque (**lorsqu'** devant voyelle ou h muet) /lɔʀsk(ə)/ conj when.

losange /lɔzɑ̃ʒ/ nm rhomb, lozenge; *en losange* diamond-shaped.

lot /lo/ nm share; (à la loterie) prize; *gagner le gros lot* to hit the jackpot.

loterie /lɔtʀi/ nf lottery.

loti, **-e** /lɔti/ adj *bien/mal loti* well/badly off.

lotion /losjɔ̃/ nf lotion.

lotissement /lɔtismɑ̃/ nm housing estate^GB, housing development.

loto /lɔto/ nm (jeu de société) lotto; (loterie) *le loto* the lottery.

lotte /lɔt/ nf monkfish.

louable /luabl/ adj praiseworthy.

louange /luɑ̃ʒ/ nf praise.

loubard^© /lubaʀ/ nm hooligan.

louche /luʃ/ **I** adj shady; *il y a qch de louche* there is sth fishy. **II** nf ladle; *à la louche*^© approximately.

loucher /luʃe/ **I** vi to have a squint. **II loucher sur**^© vtr ind [▶filles] to eye; [▶héritage] to have one's eye on.

louer /lue/ **I** vtr [propriétaire] [▶maison] to let^GB, to rent out; *à louer* for rent, to let^GB; [locataire] [▶maison] to rent; [▶équipement, film] to hire^GB, to rent; (embaucher) to hire; (approuver) to praise; *Dieu soit loué* thank God. **II se louer** vpr to be rented; *se louer d'avoir fait* to congratulate oneself on doing.

loufoque^© /lufɔk/ adj crazy^©.

loukoum /lukum/ nm Turkish delight ¢.

loup /lu/ nm wolf; *à pas de loup* stealthily; (poisson) *loup (de mer)* (sea) bass; (masque) domino, eye mask.

loupe /lup/ nf magnifying glass.

louper^© /lupe/ **I** vtr [▶train, etc] to miss; [▶examen] to flunk^©; [▶sauce] to screw up^©. **II** vi *tout faire louper* to mess everything up.

loupiote^© /lupjɔt/ nf lamp.

lourd, **-e** /luʀ, luʀd/ **I** adj heavy; [erreur] serious; *lourd de* [▶conséquences] fraught with. **II** adv heavy; MÉTÉO *il fait lourd* it's close; (beaucoup) *il n'en fait/sait pas lourd*^© he doesn't do/know a lot.

loutre /lutʀ/ nf otter; (fourrure) otterskin.

louve /luv/ nf she-wolf.

louveteau, pl **-x** /luvto/ nm wolf cub.

louvoyer /luvwaje/ vi NAUT to tack; (biaiser) to manoeuvre^GB, to maneuver^US.

lover: **se lover** /lɔve/ vpr [serpent] to coil itself up; [personne] to curl up.

loyal, **-e**, mpl **-aux** /lwajal, o/ adj loyal, faithful; [concurrence] fair.

loyauté /lwajote/ nf loyalty (to); honesty.

loyer /lwaje/ nm rent.

lubie /lybi/ nf whim.

lubrifiant /lybʀifjɑ̃/ nm lubricant.

lubrifier /lybʀifje/ vtr to lubricate.

lucarne /lykaʀn/ nf (de toit) skylight.

lucide /lysid/ adj lucid.

lucratif, **-ive** /lykʀatif, iv/ adj lucrative; *à but non lucratif* non profit-making.

lys

ludique /lydik/ *adj* play (*épith*).

ludothèque /lydɔtɛk/ *nf* toy library.

lueur /lɥœʀ/ *nf* (faint) light; *lueur d'espoir* glimmer of hope; *à la lueur d'une bougie* by candlelight.

luge /lyʒ/ *nf* sledge^{GB}, sled^{US}; *faire de la luge* to go tobogganing.

lugubre /lygybʀ/ *adj* gloomy.

lui /lɥi/ *pron pers* **I** *pron pers m* (sujet) (personne, animal familier) *lui seul a…* he alone has…; *c'est lui* it's him; (dans une comparaison) him; *plus que lui* more than him; (après une préposition) him; *après lui* after him; *c'est à lui de choisir* it's up to him to choose. **II** *pron pers mf* (objet, concept, animal, plante) it (complément) (personne, animal familier) him, her; *je lui ai dit* I told him/her.

lui-même /lɥimɛm/ *pron pers* (personne) himself; (objet, idée, concept) itself.

luire /lɥiʀ/ *vi* [soleil, surface polie] to shine; [braises, espoir] to glow.

luisant, -e /lɥizɑ̃, ɑ̃t/ *adj* [surface polie] shining; [yeux] gleaming.

lumière /lymjɛʀ/ **I** *nf* light; *la lumière du jour* daylight; *à la lumière des récents évènements* in the light of recent events; *mettre qch en lumière* to highlight sth; *faire toute la lumière sur une affaire* to clear a matter up. **II lumières** *nfpl* (de véhicule) lights; (connaissances) *j'ai besoin de vos lumières*[☺] I need to pick your brains.

lumineux, -euse /lyminø, øz/ *adj* [corps, point] luminous; [explication] clear; *idée lumineuse* brilliant idea, brainwave[☺]; [teint, regard] radiant.

luminosité /lyminozite/ *nf* brightness.

lunaire /lynɛʀ/ *adj* lunar.

lunatique /lynatik/ *adj* moody.

lundi /lœ̃di/ *nm* Monday.

lune /lyn/ *nf* moon.
■ **lune de miel** honeymoon.
● **être dans la lune**[☺] to have one's head in the clouds.

luné, -e /lyne/ *adj* *bien luné* cheerful; *mal luné* grumpy.

lunette /lynɛt/ **I** *nf* [▸ de toilette] seat. **II lunettes** *nfpl* glasses.
■ **lunette arrière** AUT rear window; **lunette astronomique** telescope; **lunettes de ski/de natation** skiing/swimming goggles; **lunettes de soleil** sunglasses.

lurette[☺] /lyʀɛt/ *nf* *il y a belle lurette que…* it's been ages[☺] since…

luron /lyʀɔ̃/ *nm* *gai/joyeux luron* jolly fellow.

lustre /lystʀ/ **I** *nm* ceiling light; (éclat) sheen. **II lustres** *nmpl* *depuis des lustres* for a long time.

lustrer /lystʀe/ *vtr* to polish.

luth /lyt/ *nm* lute.

luthérien, -ienne /lyteʀjɛ̃, jɛn/ *adj, nm,f* Lutheran.

lutin /lytɛ̃/ *nm* goblin.

lutte /lyt/ *nf* struggle, fight; (sport) wrestling.
■ **lutte armée** armed conflict; **lutte de classes** class struggle.

lutter /lyte/ *vi* to struggle; *lutter contre qn* to fight against sb.

lutteur, -euse /lytœʀ, øz/ *nm,f* SPORT fighter, wrestler.

luxe /lyks/ *nm* luxury; *de luxe* luxury.

Luxembourg /lyksɑ̃buʀ/ *nprm* Luxembourg.

luxembourgeois, -e /lyksɑ̃buʀʒwa, az/ **I** *adj* of Luxembourg. **II** *nm,f* **Luxembourgeois, -e** native of Luxembourg.

luxer /lykse/ *vtr* *se luxer l'épaule* to dislocate one's shoulder.

luxueux, -euse /lyksɥø, øz/ *adj* luxurious.

luzerne /lyzɛʀn/ *nf* alfalfa.

lycée /lise/ *nm* secondary school (*school preparing students aged 15–18 for the baccalaureate*).

lycéen, -enne /liseɛ̃, ɛn/ *nm,f* secondary-school student.

lynx /lɛ̃ks/ *nm* lynx.

lyophilisé, -e /ljɔfilize/ *adj* freeze-dried.

lyre /liʀ/ *nf* lyre.

lyrique /liʀik/ *adj* [poème] lyric; [élan] lyrical.

lys /lis/ *nm* lily.

m

m (*abrév écrite* = **mètre**) *3 m* 3 m.

m' ▶ **me**.

M. (*abrév écrite* = **Monsieur**) Mr.

ma ▶ **mon**.

macabre /makabʀ/ *adj* macabre.

macadam /makadam/ *nm* tarmac®GB, asphaltUS.

macaque /makak/ *nm* macaque.

macaron /makaʀɔ̃/ *nm* (gâteau) macaroon; (insigne) lapel badge.

macédoine /masedwan/ *nf macédoine (de légumes)* mixed vegetables (*pl*); *macédoine de fruits* fruit cocktail.

Macédoine /masedwan/ *nprf* Macedonia.

macérer /maseʀe/ *vtr, vi* to soak; (dans du vinaigre) to pickle.

mâche /maʃ/ *nf* lamb's lettuce.

mâcher /maʃe/ *vtr* to chew.
● **ne pas mâcher ses mots** not to mince one's words.

machin© /maʃɛ̃/ *nm* what's-its-name©.

Machin©, **-e** /maʃɛ̃, in/ *nm,f* what's-his-name©/what's-her-name©; *la mère Machin* Mrs whatsit.

machinal, -e, *mpl* **-aux** /maʃinal, o/ *adj* mechanical.

machine /maʃin/ *nf* machine; NAUT engine.
■ **machine à calculer** calculating machine; **machine à coudre** sewing machine; **machine à écrire** typewriter; **machine à laver** washing machine; **machine à laver la vaisselle** dishwasher; **machine à sous** slot machine; **machine-outil** machine tool.

machiniste /maʃinist/ *nmf* driver; THÉÂT stagehand.

macho© /matʃo/ *nm* macho man.

mâchoire /maʃwaʀ/ *nf* jaw.

maçon /masɔ̃/ *nm* bricklayer, mason.

maçonnerie /masɔnʀi/ *nf* (travaux) building (work); (ouvrage) masonry work.

Madagascar /madagaskaʀ/ *nprm* Madagascar.

madame, *pl* **mesdames** /madam, medam/ *nf* (titre) (dans une lettre) Dear Madam; *Madame, Monsieur* Dear Sir or Madam; *bonsoir madame* good evening; *mesdames et messieurs bonsoir* good evening ladies and gentlemen; (si on connaît son nom) *bonjour, madame* good morning, Ms/Mrs Bon.

madeleine /madlɛn/ *nf* (gâteau) madeleine.

mademoiselle, *pl* **mesdemoiselles** /madmwazɛl, medmwazɛl/ *nf* (titre) (dans une lettre) Dear Madam; *bonjour, mademoiselle* good morning; *mesdames, mesdemoiselles, messieurs* ladies and gentlemen; (si on connaît son nom) Ms Bon, Miss Bon; *Chère Mademoiselle* (dans une lettre) Dear Ms/Miss Bon.

magasin /magazɛ̃/ *nm* shopGB, storeUS; *grand magasin* department store; *faire les magasins* to go shopping; *en magasin* in stock.

magazine /magazin/ *nm* magazine.

mage /maʒ/ *nm les rois mages* the (Three) Wise Men.

maghrébin, -e /magʀebɛ̃, in/ *adj* North African, Maghrebi.

magicien, -ienne /maʒisjɛ̃, ɛn/ *nm,f* magician.

magie /maʒi/ *nf* magic.

magique /maʒik/ *adj* magical.

magistral, -e, *mpl* **-aux** /maʒistʀal, o/ *adj* [ton] magisterial; (remarquable) brilliant; *cours magistral* lecture.

magistrat, -ate /maʒistʀa, at/ *nm,f* magistrate.

magistrature /maʒistʀatyʀ/ *nf* magistracy.

magnat /magna/ *nm* tycoon.

magnétique /maɲetik/ *adj* magnetic.

magnétophone /maɲetɔfɔn/ *nm* tape recorder.

magnétoscope /maɲetɔskɔp/ *nm* video recorder, VCR.

magnifique /maɲifik/ *adj* magnificent, splendid.

magot© /mago/ *nm* money.

magouille© /maguj/ *nf* wangling©.

magret /magʀɛ/ *nm* (de canard) breast.

Mahomet /maɔme/ *nprm* Mohammed.

mai /mɛ/ *nm* May; *le premier mai* May Day.

maigre /mɛgʀ/ *adj* [personne] thin, skinny; [viande] lean; [fromage] low-fat; [résultat] poor.

maigreur /mɛgʀœʀ/ *nf* thinness.

maigrir /mɛgʀiʀ/ *vi* to lose weight.

mail /mɛl/ *nm* e-mail.

maille /maj/ *nf* (de tricot) stitch; (de filet) mesh.

maillet /majɛ/ *nm* mallet.

maillon /majɔ̃/ *nm* link.

maillot /majo/ *nm maillot (de corps)* vest^{GB}, undershirt^{US}; *maillot (de bain)* swimsuit.

main /mɛ̃/ *nf* hand; *fait main* handmade; *avoir le coup de main* to have the knack; *donner un coup de main (à qn)* to give (sb) a hand; *en mains propres* in person.

mainate /mɛnat/ *nm* mynah bird.

main-d'œuvre, *pl* **mains-d'œuvre** /mɛ̃dœvʀ/ *nf* labour^{GB} ₵.

mainmise /mɛ̃miz/ *nf avoir la mainmise sur qch* to have control over sth.

maint, -e /mɛ̃, mɛ̃t/ *dét indéf* many (+ *pl*), many a (+ *sg*); *à maintes reprises* many times.

maintenance /mɛ̃tnɑ̃s/ *nf* maintenance.

maintenant /mɛ̃t(ə)nɑ̃/ *adv* now; (de nos jours) nowadays.

maintenir /mɛ̃t(ə)niʀ/ **I** *vtr* to maintain; *maintenir que* to maintain that; [▸paix, prix, secret] to keep; (soutenir) to support. **II se maintenir** *vpr* to persist, to remain stable.

maintien /mɛ̃tjɛ̃/ *nm* maintaining; (allure) deportment.

maire /mɛʀ/ *nm,f* mayor.

mairie /meʀi/ *nf* town hall^{GB}, city hall^{US}; (administration) town council^{GB}, city council.

mais /mɛ/ *conj* but; *mais oui* of course.

maïs /mais/ *nm inv* maize^{GB}, corn^{US}.

maison /mɛzɔ̃/ **I** *adj inv* homemade. **II** *nf* house; (domicile familial) home; (société) firm, company.
■ **maison de campagne** house in the country; **maison des jeunes et de la culture, MJC** youth club; **maison de**

retraite old people's/retirement home; **la Maison Blanche** the White House.

maisonnée /mɛzɔne/ *nf* household.

maître, -esse, maitre /mɛtʀ, ɛs/ **I** *adj être maître de soi* to have self-control; *maître de qch* master of sth; [idée] key; [qualité] main. **II** *nm,f* teacher; (de maison) master/mistress; (d'animal) owner. **III** *nm* master; *coup de maître* masterstroke.
■ **maître-chanteur** blackmailer; **maître-chien** dog handler; **maître d'hôtel** maître d'hôtel, maître d'^{US}; **maître-nageur** swimming instructor.

maîtresse, maitresse /mɛtʀɛs/ **I** *adj f* ▶ **maître**. **II** *nf* mistress.

maîtrise, maitrise /mɛtʀiz/ *nf* mastery ₵; *maîtrise (de soi)* self-control ₵; UNIV master's degree.

maîtriser, maitriser /mɛtʀize/ **I** *vtr* [▸sentiment, personne] to control; [▸incendie] to bring [sth] under control; [▸adversaire] to overcome; [▸technique] to master. **II se maîtriser** *vpr* to have self-control.

majesté /maʒɛste/ *nf* majesty; *Sa Majesté* His/Her Majesty.

majestueux, -euse /maʒɛstɥø, øz/ *adj* majestic.

majeur, -e /maʒœʀ/ **I** *adj* [personne] of age; [cause, défi] main, major. **II** *nm* middle finger.

major /maʒɔʀ/ *nm* UNIV *major de sa promotion* first in one's year^{GB}, top of one's class^{US}.

majoration /maʒɔʀasjɔ̃/ *nf* increase.

majorer /maʒɔʀe/ *vtr* to increase.

majoritaire /maʒɔʀitɛʀ/ *adj* majority (épith).

majorité /maʒɔʀite/ *nf* majority; *la majorité de la population* most of the population.

majuscule /maʒyskyl/ **I** *adj* capital. **II** *nf* capital (letter).

mal, *mpl* **maux** /mal, mo/ **I** *adj inv* (répréhensible) wrong; (mauvais) bad; *un film pas mal*© a rather good film. **II** *nm* trouble, difficulty; *sans mal* easily; *avoir du mal à faire* to have trouble doing; (douleur) pain; *faire mal* to hurt; *j'ai mal* it hurts; (maladie) illness, disease; *avoir mal à la tête/à la gorge* to have a headache/a sore throat; *être en mal de qch* to be short of sth; harm; *dire du mal de qn* to speak ill of sb; RELIG *le mal* evil. **III** *adv* [fait, écrit, se conduire, s'habiller] badly; [fonctionner] not properly, not very well; [éclairé, payé] poorly; *j'avais mal compris* I had misunderstood; *mal informé* ill-informed; *aller mal* [personne] not to be well; [affaires] to go badly; [vêtement] not to fit well; *se trouver mal* to faint; *être mal avec qn* to be on bad terms with sb. **IV pas mal**© *loc adv pas mal d'amis* quite a few friends; *pas mal violent* rather violent.

■ *mal de l'air/de mer* airsickness/seasickness; *avoir le mal de l'air/de mer* to feel airsick/seasick.

malade /malad/ **I** *adj* ill, sick; [plante, œil] diseased; *tomber malade* to fall ill, to get sick^{US}; (fou) crazy. **II** *nmf* sick man/woman, patient; *c'est un malade mental* he's mentally ill.

maladie /maladi/ *nf* illness, disease; (manie)© mania.

■ *maladie d'amour* lovesickness; *maladie orpheline* orphan disease; *maladie sexuellement transmissible, MST* sexually transmitted disease, STD.

maladif, -ive /maladif, iv/ *adj* sickly; [jalousie, peur] pathological.

maladresse /maladʀɛs/ *nf* clumsiness; (bévue) blunder.

maladroit, -e /maladʀwa, wat/ *adj* clumsy.

malaise /malɛz/ *nm* *avoir un malaise* to feel faint; (crise) *malaise*; (gêne) uneasiness.

malaisé, -e /maleze/ *adj* difficult.

Malaisie /malɛzi/ *nprf* Malaysia.

malappris, -e /malapʀi, iz/ *nm,f* lout.

malaxer /malakse/ *vtr* to mix.

malbouffe© /malbuf/ *nf* unhealthy eating.

malchance /malʃɑ̃s/ *nf* bad luck, misfortune.

malchanceux, -euse /malʃɑ̃sø, øz/ *adj* unlucky.

mâle /mɑl/ *adj, nm* male.

malédiction /malediksjɔ̃/ *nf* curse.

maléfique /malefik/ *adj* evil.

malencontreux, -euse /malɑ̃kɔ̃tʀø, øz/ *adj* unfortunate.

malentendant, -e /malɑ̃tɑ̃dɑ̃, ɑ̃t/ *nm,f les malentendants* the hearing-impaired.

malentendu /malɑ̃tɑ̃dy/ *nm* misunderstanding.

malfaçon /malfasɔ̃/ *nf* defect.

malfaisant, -e /malfəzɑ̃, ɑ̃t/ *adj* harmful.

malfaiteur /malfɛtœʀ/ *nm* criminal.

malformation /malfɔʀmasjɔ̃/ *nf* malformation.

malgré /malgʀe/ *prép* in spite of, despite; *malgré cela, malgré tout* nevertheless; *malgré qn* against sb's wishes.

malhabile /malabil/ *adj* clumsy.

malheur /malœʀ/ *nm* misfortune; (coup du sort) misfortune; *porter malheur* to be bad luck; *faire un malheur*© to be a big hit.

malheureusement /malœʀøzmɑ̃/ *adv* unfortunately.

malheureux, -euse /malœʀø, øz/ **I** *adj* unhappy, miserable; *c'est malheureux que* it's a pity that. **II** *nm,f le malheureux!* poor man!; (indigent) poor person.

malhonnête /malɔnɛt/ *adj* dishonest.

malhonnêteté /malɔnɛtte/ *nf* dishonesty.

Mali /mali/ *nprm* Mali.

malice /malis/ *nf* mischief.

malicieux, -ieuse /malisjø, jøz/ *adj* mischievous.

malin, maligne /malɛ̃, maliɲ/ **I** *adj* clever; (méchant) malicious; [tumeur] malignant. **II** *nm,f c'est un malin* he's a crafty one; *jouer au plus malin*© to play the wise guy©.

malle /mal/ *nf* trunk; *malle (arrière)* boot^{GB}, trunk^{US}.

mallette /malɛt/ *nf* briefcase.

malmener /malməne/ *vtr* [▸personne] to manhandle; [▸langue] to misuse.

malnutrition /malnytʀisjɔ̃/ *nf* malnutrition.

malodorant, -e /malɔdɔʀɑ̃, ɑ̃t/ *adj* foulsmelling.

malotru, -e /malɔtʀy/ *nm,f* boor.

malpoli, -e /malpɔli/ *adj* rude.

malpropre /malpʀɔpʀ/ *adj* dirty.

malsain, -e /malsɛ̃, ɛn/ *adj* unhealthy.

malt /malt/ *nm* malt.

Malte /malt/ *nprf* Malta.

maltraiter /maltʀete/ *vtr* [▸personne, animal] to mistreat; [▸langue] to misuse.

malveillant, -e /malvɛjɑ̃, ɑ̃t/ *adj* malicious.

malversation /malvɛʀsasjɔ̃/ *nf* embezzlement ¢.

malvoyant, **-e** /malvwajɑ̃, ɑ̃t/ *nm,f* partially sighted person.

maman /mamɑ̃/ *nf* mum^{GB}, mom^{US}.

mamelle /mamɛl/ *nf* GÉN teat; (pis) udder.

mamelon /mamlɔ̃/ *nm* ANAT nipple.

mamie© /mami/ *nf* granny©.

mammifère /mamifɛʀ/ *nm* mammal.

mammouth /mamut/ *nm* mammoth.

mamy ▸ mamie

manager[1] /manadʒœʀ/ manageur.

manager[2] /manaʒe/ *vtr* to manage.

manageur /manaʒœʀ/ *nm* manager.

manche[1] /mɑ̃ʃ/ *nm* handle; (de violon) neck.
■ **manche à balai** LIT broomhandle; (de sorcière) broomstick; AVIAT joystick.

manche[2] /mɑ̃ʃ/ *nf* sleeve; *à manches longues* long-sleeved; (en compétition) round; (au tennis) set; *faire la manche*© to beg.

Manche /mɑ̃ʃ/ *nprf* **la Manche** the (English) Channel.

manchette /mɑ̃ʃɛt/ *nf* double cuff; (titre) headline.

manchot, **-otte** /mɑ̃ʃo, ɔt/ **I** *adj* one-armed. **II** *nm* penguin.

mandarin /mɑ̃daʀɛ̃/ *nm* LING Mandarin (Chinese).

mandarine /mɑ̃daʀin/ *nf* mandarin, tangerine.

mandat /mɑ̃da/ *nm* **mandat (postal)** money order; *exercer son mandat* to be in office; (pouvoir) mandate.
■ **mandat d'arrêt** (arrest) warrant.

mandataire /mɑ̃datɛʀ/ *nmf* agent.

mandat-lettre, *pl* **mandats-lettres** /mɑ̃dalɛtʀ/ *nm* postal order^{GB}, money order.

mandoline /mɑ̃dɔlin/ *nf* mandolin.

manège /manɛʒ/ *nm* merry-go-round; (centre équestre) riding school; (manœuvre) scheme.

manette /manɛt/ *nf* lever; (de jeu) joystick.

manga /mɑ̃ga/ *nm* manga.

mangeable /mɑ̃ʒabl/ *adj* edible.

mangeoire /mɑ̃ʒwaʀ/ *nf* manger.

manger /mɑ̃ʒe/ **I** *vtr* to eat; (oublier) [▸commission] to forget. **II** *vi* to eat; *donner à manger à qn* to feed sb; *faire à manger* to cook.
● *ça ne mange pas de pain*© it doesn't cost a thing.

mangue /mɑ̃g/ *nf* mango.

maniable /manjabl/ *adj* easy to handle.

maniaque /manjak/ **I** *adj* fussy; MÉD manic. **II** *nmf* fusspot^{GB}, fussbudget^{US}; *être maniaque de* to be obsessive about; (détraqué) maniac.

manie /mani/ *nf* habit; (marotte) quirk; MÉD mania.

maniement /manimɑ̃/ *nm* handling.

manier /manje/ *vtr* to handle.

manière /manjɛʀ/ **I** *nf* way; *d'une manière ou d'une autre* in one way or another; *de manière à faire* so as to do; *de quelle manière?* how?; *de toute manière* anyway; *à la manière de qn/qch* in the style of sb/sth. **II manières** *nfpl* manners; *faire des manières* to stand on ceremony. **III de telle manière que** *loc conj* in such a way that.

manifestant, **-e** /manifɛstɑ̃, ɑ̃t/ *nm,f* demonstrator.

manifestation /manifɛstasjɔ̃/ *nf* demonstration; (évènement) event; (de phénomène) appearance; (de sentiment) expression, manifestation.

manifeste /manifɛst/ **I** *adj* obvious. **II** *nm* (programme) manifesto.

manifester /manifɛste/ **I** *vtr* to show, to express. **II** *vi* to demonstrate. **III se manifester** *vpr* to appear, to show; (répondre à un appel) to come forward.

manigance /manigɑ̃s/ *nf* little scheme.

manigancer /manigɑ̃se/ *vtr* **manigancer qch** to be up to sth.

manipuler /manipyle/ *vtr* [▸objet] to handle; [▸opinion, personne, bouton] to manipulate.

manivelle /manivɛl/ *nf* handle.

mannequin /mankɛ̃/ *nm* model; (de vitrine) dummy.

manœuvre[1] /manœvʀ/ *nm* unskilled worker.

manœuvre[2] /manœvʀ/ *nf* manoeuvre^{GB}; (d'appareil) operation; (pour obtenir qch) tactic.

manœuvrer /manœvʀe/ *vtr* to manoeuvre^{GB}; [▸machine] to operate; [▸personne] to manipulate.

manoir /manwaʀ/ *nm* manor (house), country house.

manquant, **-e** /mɑ̃kɑ̃, ɑ̃t/ *adj* missing.

manque /mãk/ *nm* lack; (de personnel) shortage; (lacune) gap; (besoin) need; *manque à gagner* loss of earnings.

manqué, -e /mãke/ *adj* [tentative] failed; [occasion] missed; *garçon manqué* tomboy.

manquer /mãke/ **I** *vtr* to miss; *manquer son coup*® to fail. **II manquer à** *vtr ind ma tante me manque* I miss my aunt; *manquer à sa promesse* to fail to keep one's promise; *manquer à sa parole* to break one's word. **III manquer de** *vtr ind* to lack; *je n'y manquerai pas* I won't forget; *il a manqué de le casser* he almost broke it. **IV** *vi* [personne] to be absent; [vivres] to run out/short; [courage] to fail. **V** *v impers il en manque deux* two are missing; *il nous manque deux joueurs* we're two players short; *il ne manquerait plus que ça*®*!* that would be the last straw!

mansarde /mãsaʀd/ *nf* attic (room).

manteau, *pl* **-x** /mãto/ *nm* coat.

manucure /manykyʀ/ *nmf* manicurist.

manuel, -elle /manɥɛl/ **I** *adj* manual. **II** *nm* textbook.

manufacture /manyfaktyʀ/ *nf* (entreprise) factory; (fabrication) manufacture.

manufacturé, -e /manyfaktyʀe/ *adj produits manufacturés* manufactured goods.

manuscrit, -e /manyskʀi, it/ **I** *adj* [lettre] handwritten. **II** *nm* manuscript.

manutention /manytãsjɔ̃/ *nf* handling.

mappemonde /mapmɔ̃d/ *nf* map of the world.

maquereau, *pl* **-x** /makʀo/ *nm* mackerel; ® pimp®.

maquette /makɛt/ *nf* (scale) model; (mise en page) layout.

maquillage /makijaʒ/ *nm* make-up.

maquiller /makije/ **I** *vtr* to make [sb] up; [▸ document] to doctor. **II se maquiller** *vpr* to put make-up on.

maquis /maki/ *nm inv* GÉOG, HIST maquis.

maraîcher, maraicher, -ère /maʀɛʃe, ɛʀ/ **I** *adj* market-garden, truck farming[US]. **II** *nm,f* market gardener[GB], truck farmer[US].

marais /maʀɛ/ *nm* marsh, swamp.
■ **marais salant** saltern.

marasme /maʀasm/ *nm* stagnation.

marathon /maʀatɔ̃/ *nm* marathon.

marâtre /maʀɑtʀ/ *nf* cruel mother.

marbre /maʀbʀ/ *nm* marble.

marc /maʀ/ *nm* marc; (de café) grounds *(pl)*.

marcassin /maʀkasɛ̃/ *nm* young wild boar.

marchand, -e /maʀʃã, ãd/ **I** *adj* [économie] trade; [valeur] market. **II** *nm,f* trader; (négociant) dealer, merchant; (de boutique) shopkeeper[GB], storekeeper[US].
■ **marchand de journaux** newsagent.

marchander /maʀʃãde/ **I** *vtr* to haggle over. **II** *vi* to bargain.

marchandise /maʀʃãdiz/ *nf* goods.

marche /maʀʃ/ *nf* walking; (trajet) walk; MIL march; (de véhicule) progress; *en état de marche* in working order; *mettre en marche* [▸ téléviseur, ordinateur] to switch on; *marche à suivre* procedure; (d'escalier, de train, bus) step; *les marches* the stairs; MUS march.
■ **marche arrière/avant** AUT reverse/forward.

marché /maʀʃe/ *nm* COMM market; *faire son marché* to do one's shopping; (arrangement) deal; *marché conclu!* it's a deal!; *bon marché* cheap.
■ **marché noir** black market; **marché aux puces** flea market; **marché de l'emploi** job market; **marché unique** single market.

marchepied /maʀʃəpje/ *nm* step; (escabeau) steps *(pl)*.

marcher /maʀʃe/ *vi* to walk; *marcher sur les pieds de qn* to tread on sb's toes; [mécanisme, etc] to work; (aller) *marcher (bien)/marcher mal*® to go well/not to go well; *ça marche!* (d'accord) it's a deal!; (croire naïvement)® to fall for it; *faire marcher*® *qn* to pull sb's leg®.

marcheur, -euse /maʀʃœʀ, øz/ *nm,f* walker.

mardi /maʀdi/ *nm* Tuesday; *mardi gras* Shrove Tuesday.

mare /maʀ/ *nf* pond, pool.

marécage /maʀekaʒ/ *nm* LIT marsh; (sous les tropiques) swamp; FIG quagmire.

marécageux, -euse /maʀekaʒø, øz/ *adj* [sol] marshy, swampy; [faune, flore] marsh (épith).

maréchal, *pl* **-aux** /maʀeʃal, o/ *nm* marshal.
■ **maréchal-ferrant** blacksmith.

marée /maʀe/ nf tide; *à marée haute/basse* at high/low tide.
■ **marée noire** oil slick.

marelle /maʀɛl/ nf hopscotch.

margarine /maʀgaʀin/ nf margarine.

marge /maʀʒ/ **I** nf margin; (écart) leeway; *marge de manœuvre* room for manoeuvre^GB, maneuver^US. **II en marge de** loc prép *en marge de la société* on the fringes of society.

margelle /maʀʒɛl/ nf rim.

marginal, -e, mpl **-aux** /maʀʒinal, o/ **I** adj (secondaire) marginal; (non conformiste) fringe. **II** nm,f dropout.

marginaliser /maʀʒinalize/ **I** vtr to marginalize. **II se marginaliser** vpr to put oneself on the fringe.

marguerite /maʀgəʀit/ nf daisy.

mari /maʀi/ nm husband.

mariage /maʀjaʒ/ nm marriage; (cérémonie) wedding.

Marianne /maʀjan/ nprf Marianne (*female figure personifying the French Republic*).

marié, -e /maʀje/ **I** adj *marié (à/avec)* married (to). **II** nm,f *le marié* the groom; *la mariée* the bride; *les mariés* the newlyweds.

marier /maʀje/ **I** vtr *marier (à/avec)* to marry (to). **II se marier** vpr *se marier (avec qn)* to get married (to sb).

marin, -e /maʀɛ̃, in/ **I** adj [courant] marine; [air, sel] sea. **II** nm sailor; *marin pêcheur* fisherman.

marine¹ /maʀin/ adj inv navy (blue).

marine² /maʀin/ nf MIL, NAUT navy.

mariner /maʀine/ vtr, vi to marinate; *harengs marinés* pickled herrings; *faire mariner qn*© to let sb stew©.

marionnette /maʀjɔnɛt/ nf puppet.

maritime /maʀitim/ adj maritime; [région] coastal; [compagnie] shipping.

mark /maʀk/ nm mark.

marmelade /maʀməlad/ nf marmalade.

marmite /maʀmit/ nf pot.

marmonner /maʀmɔne/ vtr to mumble.

marmot© /maʀmo/ nm brat©.

marmotte /maʀmɔt/ nf marmot.

Maroc /maʀɔk/ nprm Morocco.

marocain, -e /maʀɔkɛ̃, ɛn/ **I** adj Moroccan. **II** nm,f *Marocain, -e* Moroccan.

maroquinerie /maʀɔkinʀi/ nf leather shop.

marotte /maʀɔt/ nf pet hobby.

marquant, -e /maʀkɑ̃, ɑ̃t/ adj memorable.

marque /maʀk/ nf brand; (de machine, etc) make; *produits de marque* branded goods; *marque déposée* registered trademark; (trace) mark; (indice) sign; *marque de pas* footprint; *personnage de marque* eminent person; JEUX, SPORT score; *à vos marques!* on your marks!

marque-page, pl **-s** /maʀkəpaʒ/ nm bookmark.

marquer /maʀke/ vtr [▸article] to mark; [▸emplacement, limite] to mark out; [▸bétail] to brand; [▸début, rupture] to signal; [▸renseignement] to write [sth] (down); (indiquer) *l'horloge marque dix heures* the clock says ten o'clock; SPORT [▸but] to score.

marqueur /maʀkœʀ/ nm marker (pen).

marquis, -e /maʀki, iz/ nm,f marquis/marchioness.

marraine /maʀɛn/ nf RELIG godmother; (d'enfant défavorisé) sponsor.

marrant©, **-e** /maʀɑ̃, ɑ̃t/ adj funny; *il n'est pas marrant* he's a real pain©; (bizarre) funny, odd.

marre© /maʀ/ adv *en avoir marre (de qch/de faire)* to be fed up© (with sth/with doing).

marrer©: **se marrer** /maʀe/ vpr to have a great time.

marron /maʀɔ̃/ **I** adj inv brown. **II** nm *marron (d'Inde)* horse chestnut; (châtaigne) chestnut; (couleur) brown.

marronnier /maʀɔnje/ nm chestnut (tree).

mars /maʀs/ nm inv March.

Marseillaise /maʀsɛjɛz/ nprf Marseillaise (*French national anthem*).

marsouin /maʀswɛ̃/ nm porpoise.

marteau, pl **-x** /maʀto/ **I** © adj cracked©. **II** nm hammer.
■ **marteau piqueur** pneumatic drill.

marteler /maʀtəle/ vtr to hammer; (scander) to rap out.

martial, -e, mpl **-iaux** /maʀsjal, jo/ adj military; [art] martial.

martien, -ienne /maʀsjɛ̃, jɛn/ *adj, nm,f* Martian.

martinet /maʀtinɛ/ *nm* (oiseau) swift; (fouet) whip.

martin-pêcheur, *pl* **martins-pêcheurs** /maʀtɛ̃pɛʃœʀ/ *nm* kingfisher.

martyr, -e /maʀtiʀ/ **I** *adj* [enfant] battered. **II** *nm,f* martyr.

martyre /maʀtiʀ/ *nm* **souffrir le martyre** to suffer agony.

martyriser /maʀtiʀize/ *vtr* to torment; [▸ enfant] to batter.

marxisme /maʀksism/ *nm* Marxism.

mas /ma(s)/ *nm* farmhouse (*in Provence*).

mascarade /maskaʀad/ *nf* masquerade.

mascarpone /maskaʀpɔn/ *nm* mascarpone.

mascotte /maskɔt/ *nf* mascot.

masculin, -e /maskylɛ̃, in/ **I** *adj* masculine; [sexe, population] male; [équipe, revue] men's. **II** *nm* LING masculine.

masochisme /mazɔʃism/ *nm* masochism.

masque /mask/ *nm* mask; *masque de beauté* face pack.

masquer /maske/ *vtr* [▸ défaut] to conceal; [▸ paysage] to hide; [▸ sentiment, odeur] to mask.

massacre /masakʀ/ *nm* massacre ¢, slaughter ¢.

massacrer /masakʀe/ *vtr* to massacre, to slaughter; [▸ travail] to botch.

massage /masaʒ/ *nm* massage.

masse /mas/ *nf* mass; (grande quantité) *une masse de* a lot of; *venir en masse* to come in droves; (peuple) *la masse* the masses (*pl*); (maillet) sledgehammer.

massepain /maspɛ̃/ *nm* marzipan.

masser /mase/ **I** *vtr* [▸ troupes] to mass; (frictionner) to massage. **II se masser** *vpr* to mass; (se frictionner) to massage.

masseur, -euse /masœʀ, øz/ *nm,f* masseur/masseuse.

massif, -ive /masif, iv/ **I** *adj* [attaque, dose, foule, publicité] massive; [licenciements] mass (*épith*); [or, bois] solid. **II** *nm* massif; (de fleurs) bed.

massue /masy/ *nf* club.

master /mastɛʀ/ *nm* UNIV *Master's degree.*

mastic /mastik/ *nm* (pour vitres) putty; (pour trou) filler.

mastiquer /mastike/ *vtr* to chew.

masturber /mastyʀbe/ *vtr*, **se -** *vpr* to masturbate.

m'as-tu-vu◎ /matyvy/ *nmf inv* show-off.

masure /mazyʀ/ *nf* hovel.

mat, -e /mat/ **I** *adj* [peinture] matt; [son] dull. **II** *nm* *échec et mat!* checkmate!

mât /ma/ *nm* pole; NAUT mast.

match /matʃ/ *nm* match; *faire match nul* to draw^GB, to tie^US.

matelas /matla/ *nm* mattress; *matelas pneumatique* air bed.

matelassé, -e /matlase/ *adj* quilted.

matelot /matlo/ *nm* seaman, sailor.

mater /mate/ *vtr* to subdue; (regarder)◎ to ogle.

matérialiser /mateʀjalize/ **I** *vtr* [▸ rêve] to realize; [▸ route] to mark. **II se matérialiser** *vpr* to materialize.

matérialisme /mateʀjalism/ *nm* materialism.

matériau, *pl* **-x** /mateʀjo/ *nm* material; *matériaux de construction* building materials.

matériel, -ielle /mateʀjɛl/ **I** *adj* [conditions, biens] material; [problème] practical. **II** *nm* equipment; *matériel informatique* hardware.

maternel, -elle /matɛʀnɛl/ *adj* [instinct] maternal; [amour] motherly; *conseils maternels* mother's advice ¢.

maternelle /matɛʀnɛl/ *nf* nursery school.

maternité /matɛʀnite/ *nf* motherhood; (grossesse) pregnancy; (établissement) maternity hospital.

mathématicien, -ienne /matematisjɛ̃, jɛn/ *nm,f* mathematician.

mathématique /matematik/ *adj* mathematical.

mathématiques /matematik/ *nfpl* mathematics (*sg*).

maths◎ /mat/ *nfpl* maths◎GB (*sg*), math◎US (*sg*).

matière /matjɛʀ/ *nf* matter; (matétiau) material; SCOL subject.
■ **matières grasses** fat ¢; **matière grise** grey^GB matter; **matière noire** dark matter; **matière première** raw material.

Matignon /matiɲɔ̃/ *nprm* POL **Hôtel Matignon** *offices of the French Prime Minister.*

matin /matɛ̃/ *nm* morning; *5 heures du matin* 5 (o'clock) in the morning, 5 am; *de bon matin* early in the morning.

matinal, -e, *mpl* **-aux** /matinal, o/ *adj* [lever, marche] morning; *être matinal* to be an early riser.

matinée /matine/ *nf* morning; CIN, THÉÂT matinée.

● *faire la grasse matinée* to sleep late.

matou /matu/ *nm* tomcat.

matraque /matʀak/ *nf* truncheon.

matraquer /matʀake/ *vtr* to club; *matraquer le public (de)* to bombard the public (with).

matricule /matʀikyl/ *nm* (service) number.

matrimonial, -e, *mpl* **-iaux** /matʀimɔnjal, jo/ *adj* matrimonial; *agence matrimoniale* marriage bureau.

maturité /matyʀite/ *nf* maturity.

maudire /modiʀ/ *vtr* to curse.

maudit, -e /modi, it/ *adj* cursed; (satané)© blasted©.

maugréer /mogʀee/ *vi* *maugréer (contre)* to grumble (about).

Maurice /mɔʀis/ *nprf* *l'île Maurice* Mauritius.

maussade /mosad/ *adj* [voix, humeur] sullen; [temps] dull.

mauvais, -e /mɔvɛ, ɛz/ **I** *adj* bad; (faux) wrong; (faible) poor; (méchant) nasty; [mer] rough. **II** *adv* bad; *sentir mauvais* to smell (bad).

mauve[1] /mov/ *adj, nm* mauve.

mauve[2] /mov/ *nf* mallow.

mauviette© /movjɛt/ *nf* wimp©.

maux ▶ mal.

maximal, -e, *mpl* **-aux** /maksimal, o/ *adj* maximum.

maxime /maksim/ *nf* maxim.

maximum, *pl* **-s** /maksima/ **maxima** /maksimɔm, maksima/ **I** *adj* maximum. **II** *nm* maximum; *au grand maximum* at the very most; *faire le maximum* to do one's utmost.

mayonnaise /majɔnɛz/ *nf* mayonnaise.

mazout /mazut/ *nm* (fuel) oil.

me (**m'** *devant voyelle ou h muet*) /m(ə)/ *pron pers* (objet) me; (pronom réfléchi) myself.

Me (*abrév écrite* = **Maître**) Maître.

méandre /meɑ̃dʀ/ *nm* meander; FIG maze.

mec© /mɛk/ *nm* guy©.

mécanicien, -ienne /mekanisjɛ̃, jɛn/ *nm,f* (garagiste) mechanic; RAIL engine driver; AVIAT, NAUT engineer.

mécanique /mekanik/ **I** *adj* [geste, panne] mechanical; [hachoir, tondeuse] hand (*épith*); [jouet] clockwork (*épith*). **II** *nf* mechanics (*sg*).

mécanisme /mekanism/ *nm* mechanism.

mécénat /mesena/ *nm* patronage, sponsorship.

mécène /mesɛn/ *nm* patron, sponsor.

méchamment /meʃamɑ̃/ *adv* [faire, parler, sourire] maliciously; [traiter] badly; (très)© *on est méchamment en retard* we're terribly late.

méchanceté /meʃɑ̃ste/ *nf* nastiness; *dire des méchancetés* to say nasty things.

méchant, -e /meʃɑ̃, ɑ̃t/ *adj* nasty, malicious; *avoir l'air méchant* to look mean; *chien méchant!* beware of the dog!

mèche /mɛʃ/ *nf* lock; (colorée) streak; (de bougie, etc) wick; (d'explosif) fuse; *de mèche avec* in league with; (outil) (drill) bit.

méchoui /meʃwi/ *nm* spit-roast lamb.

méconnaissable /mekɔnɛsabl/ *adj* unrecognizable.

méconnu, -e /mekɔny/ *adj* unrecognized.

mécontent, -e /mekɔ̃tɑ̃, ɑ̃t/ **I** *adj* dissatisfied. **II** *nm,f* malcontent.

mécontenter /mekɔ̃tɑ̃te/ *vtr* to annoy.

Mecque /mɛk/ *nprf* *la Mecque* Mecca.

médaille /medaj/ *nf* medal; (bijou) medallion.

médaillon /medajɔ̃/ *nm* locket; ART, CULIN medallion.

médecin /mɛdsɛ̃/ *nm* doctor; *aller chez le médecin* to go to the doctor's.

médecine /mɛdsin/ *nf* medicine; *médecines douces/parallèles* alternative medicine ¢.

médias /medja/ *nmpl* *les médias* the media.

médiateur, -trice /medjatœʀ, tʀis/ *nm,f* mediator.

médiathèque /medjatɛk/ nf multimedia library.

médiation /medjasjɔ̃/ nf mediation.

médiatique /medjatik/ adj [exploitation] by the media; [succès] media; [personne] media-conscious.

médiatiser /medjatize/ vtr to give [sth] publicity in the media.

médical, -e, mpl **-aux** /medikal, o/ adj medical.

médicament /medikamɑ̃/ nm medicine, drug; *prendre un médicament* to take medicine.

médicinal, -e, mpl **-aux** /medisinal, o/ adj medicinal.

médicolégal, -e, mpl **-aux** /medikolegal, o/ adj forensic.

médiéval, -e, mpl **-aux** /medjeval, o/ adj medieval.

médiocre /medjɔkʀ/ adj mediocre.

médiocrité /medjɔkʀite/ nf mediocrity.

médire /medir/ vtr ind *médire de qn* to speak ill of sb.

médisance /medizɑ̃s/ nf malicious gossip ℂ.

méditer /medite/ I vtr *méditer de faire* to contemplate doing; [▸ parole, conseil] to mull over. II vi *méditer sur* to meditate on.

Méditerranée /mediteʀane/ nprf *la (mer) Méditerranée* the Mediterranean (Sea).

méditerranéen, -éenne /mediteʀaneɛ̃, ɛɛn/ adj Mediterranean.

méduse /medyz/ nf jellyfish.

méduser /medyze/ vtr to dumbfound.

méfait /mefɛ/ nm misdemeanour^GB; (du tabac, etc) harmful effect.

méfiance /mefjɑ̃s/ nf mistrust, suspicion.

méfiant, -e /mefjɑ̃, ɑ̃t/ adj suspicious.

méfier: se méfier /mefje/ vpr *se méfier de qn/qch* not to trust sb/sth; (faire attention) to be careful.

méga /mega/ préf mega; *mégaoctet* megabyte.

mégarde: par mégarde /paʀmegaʀd/ loc adv inadvertently.

mégère /meʒɛʀ/ nf shrew.

mégot /mego/ nm cigarette butt.

meilleur, -e /mɛjœʀ/ I adj *meilleur (que)* better (than); (superlatif) best. II nm,f *le*

meilleur, la meilleure the best one; *le meilleur de* the best of. III adv better. IV nm the best; *pour le meilleur et pour le pire* for better or for worse.

mélancolie /melɑ̃kɔli/ nf melancholy.

mélancolique /melɑ̃kɔlik/ adj melancholy.

mélange /melɑ̃ʒ/ nm (d'alcools, huiles) blend; (de couleurs, sentiments) mixture.

mélanger /melɑ̃ʒe/ I vtr [▸ couleurs, etc) to mix; [▸ alcools, etc) to blend; [▸ cartes) to shuffle; (confondre) to mix up. II **se mélanger** vpr to get mixed up.

mélasse /melas/ nf molasses (pl).

mêlée /mele/ nf *mêlée générale* free-for-all; *en dehors de la mêlée* out of the fray; (au rugby) scrum.

mêler /mele/ I vtr [▸ produits, couleurs) to mix; [▸ ingrédients, cultures) to blend; *être mêlé à qch* to be involved in sth. II **se mêler** vpr [cultures) to mix; *se mêler à* to join in; *se mêler de* to meddle in; *mêle-toi de tes affaires*© mind your own business.

méli-mélo, pl **mélis-mélos** /melimelo/ nm jumble.

mélodie /melɔdi/ nf melody.

mélodieux, -ieuse /melɔdjø, jøz/ adj melodious.

mélodrame /melɔdʀam/ nm melodrama.

mélomane /melɔman/ nmf music lover.

melon /məlɔ̃/ nm melon; (chapeau) bowler^GB, derby^US.

membrane /mɑ̃bʀan/ nf membrane.

membre /mɑ̃bʀ/ nm member; (partie du corps) limb; *pays membres* member states.

même /mɛm/ I adj same; *en même temps* at the same time; [bonté, dévouement] itself; (exact) *à l'heure même où* at the very moment when. II adv (pour renchérir) even; *même pas toi* not even you; (précisément) very; *aujourd'hui même* this very day; *c'est cela même* that's exactly. III **de même** loc adv *agir de même* to do the same; *de même, nous pensons que...* similarly, we think that... IV **de même que** loc conj as well as. V **à même de** loc prép *être à même de faire* to be in a position to do. VI **même si** loc conj even if. VII pron indéf *le/ la même* the same (one).

mémé© /meme/ nf granny©.

mémento /memɛ̃to/ nm guide.

mer

mémère© /memɛʀ/ *nf* old granny©.

mémo© /memo/ *nm* note.

mémoire¹ /memwaʀ/ *nm* (thèse) dissertation.

mémoire² /memwaʀ/ *nf* memory; *si j'ai bonne mémoire* if I remember rightly; *pour mémoire* for the record; ORDINAT (espace) memory; (unité fonctionnelle) storage; *mettre en mémoire* to input.
■ **mémoire morte** read-only memory, ROM; **mémoire vive** random access memory, RAM.

mémorable /memɔʀabl/ *adj* memorable.

mémoriser /memɔʀize/ *vtr* to memorize.

menaçant, -e /mənasɑ̃, ɑ̃t/ *adj* threatening.

menace /mənas/ *nf* threat; *tenir qn sous la menace de* to threaten sb with.

menacer /mənase/ *vtr* **menacer qn (de)** to threaten sb (with); **menacer (de faire)** to threaten (to do); *être menacé* to be at risk.

ménage /menaʒ/ *nm* (foyer) household; (couple) couple; (entretien) housework; *faire le ménage* to do the cleaning.

ménagement /menaʒmɑ̃/ *nm* care; *avec ménagements* gently; *sans ménagement* [dire] bluntly; [jeter] roughly.

ménager¹ /menaʒe/ **I** *vtr* to handle [sb/sth] carefully; *ménager sa santé* to look after one's health; [▸forces] to save; [▸efforts] to spare; (installer) to make. **II se ménager** *vpr* to take it easy.

ménager², **-ère** /menaʒe, ɛʀ/ *adj* [tâches] domestic; [équipement] household.

ménagère /menaʒɛʀ/ *nf* housewife; (couverts) canteen of cutlery^{GB}.

ménagerie /menaʒʀi/ *nf* menagerie.

mendiant, -e /mɑ̃djɑ̃, ɑ̃t/ *nm,f* beggar.

mendier /mɑ̃dje/ *vtr, vi* to beg.

mener /məne/ **I** *vtr* **mener qn quelque part** to take sb somewhere; [▸hommes, pays, vie] to lead; *mener à bien* to carry out; [▸enquête] to hold. **II** *vi* to be in the lead.

meneur, -euse /mənœʀ, øz/ *nm,f* leader.

méninge /menɛ̃ʒ/ *nf* ANAT meninx; *se creuser les méninges* to rack one's brains.

méningite /menɛ̃ʒit/ *nf* meningitis.

menotte /mənɔt/ **I** *nf* tiny hand. **II menottes** *nfpl* handcuffs.

mensonge /mɑ̃sɔ̃ʒ/ *nm* lie.

mensonger, -ère /mɑ̃sɔ̃ʒe, ɛʀ/ *adj* false.

mensualiser /mɑ̃syalize/ *vtr* to pay monthly.

mensualité /mɑ̃syalite/ *nf* monthly installment^{GB}.

mensuel, -elle /mɑ̃syɛl/ **I** *adj* monthly. **II** *nm* monthly magazine.

mensurations /mɑ̃syʀasjɔ̃/ *nfpl* measurements.

mental, -e, *mpl* **-aux** /mɑ̃tal, o/ *adj* mental; *malade mental* mentally ill person.

mentalité /mɑ̃talite/ *nf* mentality.

menteur, -euse /mɑ̃tœʀ, øz/ *nm,f* liar.

menthe /mɑ̃t/ *nf* mint.

mention /mɑ̃sjɔ̃/ *nf* mention; *rayer la mention inutile* delete as appropriate; SCOL, UNIV *réussir avec mention* to pass with distinction.

mentionner /mɑ̃sjɔne/ *vtr* to mention.

mentir /mɑ̃tiʀ/ *vi* to lie, to tell lies.

menton /mɑ̃tɔ̃/ *nm* chin.

menu, -e /məny/ **I** *adj* small, tiny; [frais, soucis] minor. **II** *adv* finely. **III** *nm* (carte) menu; (repas) meal; ORDINAT *menu déroulant* pull-down menu. **IV par le menu** *loc adv* in (great) detail.

menuiserie /mənɥizʀi/ *nf* joinery^{GB}; (discipline, passe-temps) woodwork^{GB}, carpentry.

menuisier, -ière /mənɥizje, jɛʀ/ *nm,f* joiner^{GB}.

méprendre: se méprendre /mepʀɑ̃dʀ/ *vpr* **se méprendre sur** to be mistaken (about).

mépris /mepʀi/ *nm* **mépris (de)** contempt (for); *avoir du mépris pour* to despise; *au mépris de qch* regardless of sth.

méprisable /mepʀizabl/ *adj* despicable.

méprisant, -e /mepʀizɑ̃, ɑ̃t/ *adj* [geste] contemptuous; [personne] disdainful.

méprise /mepʀiz/ *nf* mistake.

mépriser /mepʀize/ *vtr* to despise; [▸danger, conseils] to scorn.

mer /mɛʀ/ *nf* sea; *au bord de la mer* by the sea; *en pleine mer* out at sea; *être en (pleine) mer* to be (out) at sea; *eau de mer* seawater; *mer du Nord* North Sea; *aller à la mer* to go to the seaside; *la mer monte* the tide is coming in.
● *ce n'est pas la mer à boire*© it's not all that difficult.

mercenaire /mɛʀsənɛʀ/ adj, nmf mercenary.

mercerie /mɛʀsəʀi/ nf haberdasher's shop^GB, notions store^US.

merci¹ /mɛʀsi/ **I** nm dire merci to thank; *mille mercis* thank you so much. **II** excl thank you, thanks^©; *Dieu merci* thank God.

merci² /mɛʀsi/ nf mercy; *sans merci* merciless; *à leur merci* at their mercy.

mercredi /mɛʀkʀədi/ nm Wednesday; *Mercredi des Cendres* Ash Wednesday.

mercure /mɛʀkyʀ/ nm mercury.

merde^© /mɛʀd/ excl shit^®!

mère /mɛʀ/ nf mother.
■ **mère de famille** mother; (ménagère) housewife.

merguez /mɛʀgɛz/ nf spicy sausage.

méridien /meʀidjɛ̃/ nm meridian.

méridional, -e /mpl **-aux** /meʀidjɔnal, o/ **I** adj Southern; [versant, côte] southern. **II** nm,f Southerner.

meringue /məʀɛ̃g/ nf meringue.

mérite /meʀit/ nm merit; *avoir du mérite à faire qch* to deserve credit for doing sth.

mériter /meʀite/ vtr to deserve; *mériter le détour* to be worth the detour.

merlan /mɛʀlɑ̃/ nm whiting.

merle /mɛʀl/ nm blackbird.

merlu /mɛʀly/ nm hake.

merveille /mɛʀvɛj/ **I** nf marvel, wonder. **II à merveille** loc adv wonderfully.

merveilleux, -euse /mɛʀvɛjø, øz/ adj wonderful.

mes ▶ mon.

mésange /mezɑ̃ʒ/ nf tit.

mésaventure /mezavɑ̃tyʀ/ nf misadventure, mishap.

mesdames ▶ madame.

mesdemoiselles ▶ mademoiselle.

mesquin, -e /mɛskɛ̃, in/ adj mean^GB, cheap^©US.

mesquinerie /mɛskinʀi/ nf meanness.

mess /mɛs/ nm MIL mess.

message /mesaʒ/ nm message; *message électronique* e-mail.

messager, -ère /mesaʒe, ɛʀ/ nm,f messenger.

messagerie /mesaʒʀi/ nf *messagerie vocale/électronique* voice messaging, voice mail/e-mail.

messe /mɛs/ nf mass; *messes basses*^©! whispering.

messie /mesi/ nm Messiah.

messieurs ▶ monsieur.

mesure /məzyʀ/ nf measure; *prendre des mesures* to take measures, steps; *par mesure de sécurité* as a safety precaution; (dimension) measurement; *fait sur mesure* made-to-measure; (modération) moderation; *dépasser la mesure* to go too far; MUS bar; *battre la mesure* to beat time; (situation) *être en mesure de faire* to be in a position to do; *dans une certaine mesure* to some extent; *dans la mesure où* insofar as; *sans aucune mesure* without any moderation.

mesurer /məzyʀe/ **I** vtr to measure; [▸ conséquences] to consider; *mesurer ses paroles* to weigh one's words. **II** vi *elle mesure 1,50 m* she's 5 feet tall. **III se mesurer à** vpr to pit one's strength against.

métal, pl -aux /metal, o/ nm metal.

métallique /metalik/ adj metal (épith); (ressemblant au métal) metallic.

métallurgie /metalyʀʒi/ nf metallurgy; (industrie) metalworking industry.

métamorphoser /metamɔʀfoze/ **I** vtr *métamorphoser qn en qch* to turn sb into sth. **II se métamorphoser** vpr *se métamorphoser en* to metamorphose into.

métaphore /metafɔʀ/ nf metaphor.

météo /meteo/ nf Met Office^GB, Weather Service^US; (prévisions) weather forecast.

météore /meteɔʀ/ nm meteor.

météorologie /meteɔʀɔlɔʒi/ nf meteorology.

météorologique /meteɔʀɔlɔʒik/ adj meteorological; *conditions météorologiques* weather conditions.

méthode /metɔd/ nf method; (de langues) course book^GB, textbook^US; (système) way.

méthodique /metɔdik/ adj methodical.

méticuleux, -euse /metikylø, øz/ adj meticulous.

métier /metje/ nm (intellectuel) profession; (manuel) trade; (artisanal) craft; *c'est mon métier* it's my job; *avoir du métier* to be experienced; *métier à tisser* weaving loom.

métis, -isse /metis/ **I** adj [personne] mixed-race (épith). **II** nm,f person of mixed race.

mètre /mɛtr/ nm metreGB; (instrument) (metreGB) ruleGB, yardstickUS.

■ **mètre carré/cube** square/cubic metreGB.

métrique /metrik/ adj metric.

métro /metro/ nm undergroundGB, subwayUS; **le dernier métro** the last train.

métropole /metrɔpɔl/ nf metropolis; (France métropolitaine) Metropolitan France.

mets /mɛ/ nm dish.

metteur /mɛtœr/ nm **metteur en scène** director.

mettre /mɛtr/ **I** vtr to put; **on m'a mis devant** they put me at the front; (sur le corps) to put on; (porter habituellement) to wear; (dans le corps) to put in; (placer, disposer, faire fonctionner) to put (in/on); (du temps) **il a mis une heure** it took me an hour; [▸note] to give; (dire) **mettons© à dix heures** let's say at ten; (supposer) **mettons© qu'il vienne** supposing he comes; [femelle] **mettre bas** to give birth. **II se mettre** vpr to put oneself; **se mettre au lit** to go to bed; **se mettre debout** to stand up; **se mettre près de qn** to stand next to sb; **ne plus savoir où se mettre** not to know where to put oneself; [▸veste, fard] to put on; **se mettre en jaune** to wear yellow; (commencer) **se mettre à (faire) qch** to start(doing) sth; **se mettre à l'aise** to make oneself comfortable; **se mettre en colère** to get angry; (se grouper) **ils s'y sont mis à dix** there were ten of them.

meuble /mœbl/ **I** adj [sol] loose. **II** nm **un meuble** a piece of furniture; **des meubles** furniture ₵.

meublé, -e /mœble/ adj furnished; **non meublé** unfurnished.

meubler /mœble/ **I** vtr to furnish. **II se meubler** vpr to furnish one's home.

meuf© /mœf/ nf woman; (petite amie) girlfriend.

meugler /mœgle/ vi to moo.

meuh /mø/ excl moo.

meule /mœl/ nf (pour moudre) millstone; (pour aiguiser) grindstone; **meule de foin** haystack.

meunier, -ière /mønje, jɛr/ nm,f miller.

meurtre /mœrtr/ nm murder.

meurtrier, -ière /mœrtrije, jɛr/ **I** adj [combats] bloody; [accident] fatal. **II** nm,f murderer.

meurtrir /mœrtrir/ vtr to bruise; (moralement) to wound.

meute /møt/ nf pack.

Mexique /mɛksik/ nprm Mexico.

Mgr (abrév écrite = **Monseigneur**) Mgr.

mi /mi/ nm inv E; (en solfiant) mi, me.

mi- /mi/ préf mid; **à la mi-mai** in mid-May; **à mi-course/mi-chemin** halfway.

miam-miam© /mjammjam/ excl yum-yum©!, yummy©!

miaou /mjau/ excl miaowGB, meow.

miauler /mjole/ vi to miaowGB, to meow.

mi-bas /miba/ nm inv knee sock.

mi-carême /mikarɛm/ nf: Thursday of the third week in Lent.

miche /miʃ/ nf round loaf.

micmac /mikmak/ nm mess©.

micro¹ /mikro/ préf micro; **microchirurgie** microsurgery.

micro² /mikro/ nm microphone, mike©; **micro caché** bug; (micro-ordinateur)© micro©, microcomputer.

micro³ /mikro/ nf microcomputing.

microbe /mikrɔb/ nm germ.

microcrédit /mikrokredi/ nm microcredit.

micro-informatique /mikroɛ̃fɔrmatik/ nf microcomputing.

micro-ondes /mikroɔ̃d/ nm inv microwave©.

micro-ordinateur, pl **-s** /mikroɔrdinatœr/ nm microcomputer.

microphone /mikrɔfɔn/ nm microphone.

microprocesseur /mikroprɔsesœr/ nm microprocessor.

microscope /mikrɔskɔp/ nm microscope.

midi /midi/ nm twelve o'clock, midday, noon; (heure du déjeuner) lunchtime; (point cardinal) south.

Midi /midi/ nm **le Midi (de la France)** the South (of France).

mie /mi/ nf bread without the crusts; **de la mie (de pain)** fresh breadcrumbs (pl).

■ **pain de mie** sandwich loaf.

miel /mjɛl/ nm honey.

mielleux, -euse /mjelø, øz/ adj unctuous.

mien, mienne /mjɛ̃, mjɛn/ **I** *dét poss* my, mine. **II le mien, la mienne, les miens, les miennes** *pron poss* mine; *les miens* my family (*sg*).

miette /mjɛt/ *nf* crumb; *réduire en miettes* to smash [sth] to bits.

mieux /mjø/ **I** *adj inv* better *le mieux des deux* the better one; *le/la/les mieux* (de plusieurs) the best; (de caractère) the nicest. **II** *adv* better; *elle va mieux* she is better; *j'aime mieux rester ici* I'd rather stay here; (superlatif) (de plusieurs) the best; (de deux) the better; *de mieux en mieux* better and better. **III** *nm inv* *le mieux est de refuser* the best thing is to refuse; *il y a du mieux* there is some improvement; *il n'y a pas mieux* it's the best there is; *fais pour le mieux* do whatever is best.

mièvre /mjɛvʀ/ *adj* insipid.

mignon, -onne /miɲɔ̃, ɔn/ *adj* cute; (gentil) sweet, kind.

migraine /migʀɛn/ *nf* migraine.

migrateur, -trice /migʀatœʀ, tʀis/ *adj* migratory.

mijoter /miʒɔte/ **I** *vtr* (manigancer) to cook up©. **II** *vi* CULIN to simmer.

mil /mil/ *dét inv* (dans une date) one thousand.

milan /milɑ̃/ *nm* kite.

milice /milis/ *nf* militia.

milieu, *pl* -x /miljø/ **I** *nm* middle; *un juste milieu* a happy medium; (environnement) environment; (origine sociale) background, milieu; (groupe) circle; *le milieu* (pègre) the underworld. **II au milieu de** *loc prép* among; *être au milieu de ses amis* to be with one's friends; (entouré de) surrounded; *au milieu du désastre* in the midst of disaster.

■ **milieu de terrain** (joueur) midfield player.

militaire /militɛʀ/ **I** *adj* military; [vie, camion] army (épith). **II** *nm* serviceman; *être militaire* to be in the army.

militant, -e /militɑ̃, ɑ̃t/ **I** *adj* militant. **II** *nm,f* active member, activist.

militer /milite/ *vi* *militer pour/contre* to militate in favour of/against; POL to be a political activist.

mille /mil/ **I** *dét inv* a thousand, one thousand; *deux/trois mille* two/three thousand.

II *nm inv* **taper dans le mille** to hit the bull's-eye. **III** *nm* (mesure) mile.

millefeuille /milfœj/ *nm* millefeuille (*small layered cake made of puff pastry filled with custard and cream*).

millénaire /milenɛʀ/ **I** *adj* *un arbre millénaire* a one-thousand-year-old tree. **II** *nm* millennium.

millepatte /milpat/ *nm* centipede, millipede.

millésime /milezim/ *nm* vintage, year; (de monnaie) date.

milliard /miljaʀ/ *nm* thousand million[GB], billion[US].

milliardaire /miljaʀdɛʀ/ *nmf* multimillionaire, billionaire.

millième /miljɛm/ *adj* thousandth.

millier /milje/ *nm* *un millier* about a thousand.

millimètre /milimɛtʀ/ *nm* millimetre[GB].

million /miljɔ̃/ *nm* million.

millionnaire /miljɔnɛʀ/ *adj, nmf* millionaire.

mime /mim/ *nm* mime.

mimer /mime/ *vtr* to mimic.

mimi© /mimi/ *adj* cute.

mimique /mimik/ *nf* funny face.

mimosa /mimoza/ *nm* mimosa.

minable© /minabl/ **I** *adj* pathetic; [logement] crummy©. **II** *nmf* loser©.

minauder /minode/ *vi* to simper.

mince /mɛ̃s/ **I** *adj* slim, slender; FIG small, meagre[GB]. **II** © *excl* **mince (alors)!** wow©!

minceur /mɛ̃sœʀ/ **I** *adj inv* **cuisine minceur** low-calorie dishes (*pl*). **II** *nf* slimness, slenderness.

mincir /mɛ̃siʀ/ **I** *vi* to get slimmer. **II** *vtr* *ça te mincit* it makes you look slimmer.

mine /min/ *nf* look, appearance; *avoir mauvaise mine* to look tired; *faire mine d'accepter* to pretend to accept; (de crayon) lead; (gisement, explosif) mine.

miner /mine/ *vtr* [▸moral] to sap; [▸santé] to undermine; MIL to mine.

minerai /minʀɛ/ *nm* ore.

minéral, -e, *mpl* -aux /mineʀal, o/ **I** *adj* [huile, eau] mineral; [chimie] inorganic. **II** *nm* mineral.

minéralogique /mineralɔʒik/ *adj* *plaque minéralogique* number^{GB} plate, license^{US} plate.

minet /minɛ/ *nm* pussycat; (jeune dandy)© pretty boy©.

minette /minɛt/ *nf* pussycat; (jeune fille)© cool chick©.

mineur, -e /minœʀ/ **I** *adj* minor; JUR underage. **II** *nm,f* JUR minor. **III** *nm* miner; *mineur de fond* pit worker.

mini /mini/ *adj inv* tiny.

mini- /mini/ *préf* mini.

miniature /minjatyʀ/ *adj, nf* miniature.

minidisque /minidisk/ *nm* minidisc.

minier, -ière /minje, jɛʀ/ *adj* mining.

minima ▶ **minimum**.

minimal, -e, *mpl* **-aux** /minimal, o/ *adj* minimal, minimum.

minime /minim/ **I** *adj* negligible. **II** *nmf* SPORT junior (*7 to 13 years old*).

minimessage /minimesaʒ/ *nm* text message, SMS (message).

minimiser /minimize/ *vtr* to play down.

minimum, *pl* **-s** /**minima** /minimɔm, minima/ **I** *adj* minimum. **II** *nm* minimum; *en faire un minimum* to do as little as possible; *au minimum deux heures* at least two hours.

■ **minimum vital** subsistence level.

ministère /ministɛʀ/ *nm* ministry; (au Royaume-Uni, aux États-Unis) department; (équipe gouvernementale) cabinet, government; *ministère public* public prosecutor's office.

ministériel, -ielle /ministeʀjɛl/ *adj* ministerial.

ministre /ministʀ/ *nm* GÉN minister; (au Royaume-Uni) Secretary of State; (aux États-Unis) Secretary.

Minitel® /minitɛl/ *nm* Minitel (*terminal linking phone users to a database*).

minoritaire /minɔʀitɛʀ/ *adj* minority (épith).

minorité /minɔʀite/ *nf* minority.

minou /minu/ *nm* pussycat©; (terme d'affection) sweetie©.

minuit /minɥi/ *nm* midnight.

minus© /minys/ *nmf* moron©.

minuscule /minyskyl/ **I** *adj* tiny; [lettre] lower-case. **II** *nf* small letter; (en imprimerie) lower-case letter.

minutage /minytaʒ/ *nm* timing.

minute /minyt/ **I** *nf* minute; (court moment) minute, moment; *d'une minute à l'autre* any minute; JUR record, minute. **II (-)minute** (en composition) *clés-minute* keys cut while you wait.

minuter /minyte/ *vtr* to time.

minuterie /minytʀi/ *nf* time-switch.

minuteur /minytœʀ/ *nm* timer.

minutie /minysi/ *nf* meticulousness.

minutieux, -ieuse /minysjø, jøz/ *adj* [personne, travail] meticulous; [étude] detailed.

mioche© /mjɔʃ/ *nmf* kid©.

mirabelle /miʀabɛl/ *nf* mirabelle (*small yellow plum*).

miracle /miʀakl/ *nm* miracle; *par miracle* miraculously.

miraculeux, -euse /miʀakylø, øz/ *adj* miraculous.

mirador /miʀadɔʀ/ *nm* watchtower.

mirage /miʀaʒ/ *nm* mirage.

mirobolant©, **-e** /miʀɔbɔlɑ̃, ɑ̃t/ *adj* fabulous©.

miroir /miʀwaʀ/ *nm* mirror.

miroiter /miʀwate/ *vi* *faire miroiter qch (à qn)* to hold out the prospect of sth (to sb).

mis, -e /mi, miz/ **I** *pp* ▶ **mettre**. **II** *adj* *être bien mis* to be well-dressed.

mise /miz/ *nf* stake.

■ **mise de fonds** investment; **mise en plis** set.

miser /mize/ **I** *vtr* to bet (on). **II** *vi* to put money on; *miser sur qn/qch* to count on sb/sth.

misérable /mizeʀabl/ **I** *adj* [personne] destitute; [vie] wretched. **II** *nmf* pauper; (personne méprisable) scoundrel.

misère /mizeʀ/ *nf* destitution; (détresse) misery, wretchedness; (somme dérisoire) pittance; (plante) wandering Jew.

miséricorde /mizeʀikɔʀd/ *nf* mercy.

misogyne /mizɔʒin/ *adj* misogynous.

misogynie /mizɔʒini/ *nf* misogyny.

missel /misɛl/ *nm* missal.

missile /misil/ *nm* missile.

mission

mission /misjɔ̃/ nf mission, task.

missionnaire /misjɔnɛʀ/ adj, nmf missionary.

missive /misiv/ nf missive.

mistral /mistʀal/ nm (vent) mistral.

mite /mit/ nf moth.

mi-temps¹ /mitɑ̃/ nm inv part-time job.

mi-temps² /mitɑ̃/ nf inv SPORT (arrêt) half-time; (moitié de match) half.

miteux, -euse /mitø, øz/ adj shabby.

mitigé, -e /mitiʒe/ adj [accueil] lukewarm; [conclusions] ambivalent.

mitonner /mitɔne/ vtr [▸plat] to cook [sth] lovingly.

mitoyen, -enne /mitwajɛ̃, ɛn/ adj [haie] dividing; [mur] party.

mitrailler /mitʀaje/ vtr MIL to machine-gun; *mitrailler© qn de questions* to fire questions at sb; *se faire mitrailler© par les photographes* to be besieged by photographers.

mitraillette /mitʀajɛt/ nf submachine gun.

mitrailleuse /mitʀɑjøz/ nf machine gun.

mi-voix: à mi-voix /amivwa/ loc adv in a low voice.

mixage /miksaʒ/ nm sound mixing.

mixer¹ /mikse/ vtr to mix.

mixer², mixeur /miksœʀ/ nm mixeur.

mixité /miksite/ nf coeducation.

mixte /mikst/ adj [école] coeducational; [classe] mixed.

mixture /mikstyʀ/ nf concoction; (en pharmacie) mixture.

MJC /ɛmʒise/ nf (abrév = **maison des jeunes et de la culture**) youth club.

Mlle (abrév écrite = **Mademoiselle**), pl **Mlles** (abrév écrite = **Mesdemoiselles**) Ms, Miss.

mm (abrév écrite = **millimètre**) mm.

MM. (abrév écrite = **Messieurs**) Messrs.

Mme (abrév écrite = **Madame**), pl **Mmes** (abrév écrite = **Mesdames**) Ms, Mrs.

Mo (abrév écrite = **mégaoctet**) Mb, MB.

mobile /mɔbil/ **I** adj mobile, movable; [feuillet] loose. **II** nm motive; ART mobile; (téléphone) mobile (phone).

mobilier, -ière /mɔbilje, jɛʀ/ **I** adj *valeurs mobilières* securities. **II** nm furniture.

mobiliser /mɔbilize/ **I** vtr to mobilize; *mobiliser l'attention* to catch the attention. **II se mobiliser** vpr to rally.

mobilité /mɔbilite/ nf mobility; *mobilité réduite* restricted mobility.

mobylette® /mɔbilɛt/ nf moped.

mocassin /mɔkasɛ̃/ nm moccasin.

moche© /mɔʃ/ adj (laid) ugly; (triste) dreadful.

modalités /mɔdalite/ nfpl terms; *modalités de financement* methods of funding.

mode¹ /mɔd/ nm way, mode; LING mood.
■ **mode d'emploi** directions for use (pl); **mode de paiement** method of payment; **mode de vie** way of life; **mode opératoire** operating process, modus operandi.

mode² /mɔd/ nf fashion; *à la mode* fashionable; *être à la mode* to be in fashion.

modèle /mɔdɛl/ **I** adj model. **II** nm model; (taille) size; *modèle familial* family-size; *construit sur le même modèle* built to the same design; (type d'article) style; *modèle de conjugaison* conjugation pattern.
■ **modèle réduit** scale model.

modeler /mɔdle/ vtr to model.

modéliste /mɔdelist/ nmf (dress) designer; (de maquettes) model-maker.

modem /mɔdɛm/ nm modem.

modérateur, -trice /mɔdeʀatœʀ, tʀis/ **I** adj *ticket modérateur* patient's contribution towards cost of medical treatment. **II** nm,f (sur Internet) moderator.

modération /mɔdeʀasjɔ̃/ nf moderation.

modéré, -e /mɔdeʀe/ adj, nm,f moderate.

modérer /mɔdeʀe/ **I** vtr [▸propos] to moderate; [▸vitesse] to reduce. **II se modérer** vpr to exercise self-restraint.

moderne /mɔdɛʀn/ adj modern.

moderniser /mɔdɛʀnize/ vtr to modernize.

modeste /mɔdɛst/ adj modest; [milieu] humble.

modestie /mɔdɛsti/ nf modesty.

modification /mɔdifikasjɔ̃/ nf modification; (d'un texte) amendment.

modifier /mɔdifje/ vtr to change; to modify; [▸texte] to amend.

modique /mɔdik/ adj modest.

modiste /mɔdist/ *nmf* milliner.

modulation /mɔdylasjɔ̃/ *nf* modulation.

module /mɔdyl/ *nm* module.

moduler /mɔdyle/ *vtr* to adjust.

moelle /mwal/ *nf* marrow; *moelle épinière* spinal cord; *moelle osseuse* bone marrow.

moelleux, -euse /mwalø, øz/ *adj* [tissu] soft; [vin] mellow.

mœurs /mœʀ(s)/ *nfpl* customs; (de milieu social) lifestyle (*sg*); *l'évolution des mœurs* the change in attitudes; (habitudes) habits; (moralité) morals; *la police des mœurs* the vice squad.

moi /mwa/ *pron pers* (sujet) I, me; *c'est moi* it's me; *c'est moi qui l'ai cassé* I was the one who broke it; (objet, après préposition) me; *pour moi* for me; *des amis à moi* friends of mine; *une pièce à moi* a room of my own.

moignon /mwaɲɔ̃/ *nm* stump.

moi-même /mwamɛm/ *pron pers* myself.

moindre /mwɛ̃dʀ/ *adj* lesser; *dans une moindre mesure* to a lesser extent; (superlatif) *le moindre* the least; *la moindre des choses* the least I/you (etc) could do; *pas la moindre idée* not the slightest idea.

moine /mwan/ *nm* monk.

moineau, *pl* **-x** /mwano/ *nm* sparrow.

moins /mwɛ̃/ **I** *nm inv* MATH minus. **II** *prép* (dans un calcul) minus; (pour dire l'heure) to; *il est huit heures moins dix* it's ten (minutes) to eight. **III** *adv* (+ verbe) (comparatif) less; *ils sortent moins* they go out less often; (superlatif) *le film qui m'a le moins plu* the film I liked the least; (+ adjectif) (comparatif) less; (superlatif) *le moins, la moins, les moins* (de deux) the less; (de plus de deux) the least; (+ adverbe) (comparatif) less; (superlatif) *le moins* least. **IV moins de** *dét indéf moins de livres* fewer books; *moins de sucre/bruit* less sugar/noise; *avec moins de hargne* less aggressively; (avec un numéral) *moins de trois heures* less than three hours; *il est moins de 3 heures* it's not quite 3 o'clock; *les moins de 20 ans* people under 20. **V à moins de** *loc prép* unless. **VI à moins que** *loc conj* unless. **VII au moins** *loc adv* at least. **VIII de moins** *loc adv deux heures de moins* two hours less; *25% de voix de moins* 25% fewer votes. **IX du moins** *loc adv* at least. **X en moins** *loc adv* without; *deux points en moins* two

points taken off. **XI pour le moins** *loc adv* to say the least.

■**moins que rien** good-for-nothing, nobody.

mois /mwa/ *nm* month.

moisi /mwazi/ *nm* mould^GB, mold^US.

moisir /mwaziʀ/ *vi* [aliment] to go mouldy^GB, moldy^US; [personne]© to stagnate.

moisson /mwasɔ̃/ *nf* harvest; FIG haul.

moissonner /mwasɔne/ *vtr* to harvest; FIG to gather.

moissonneur, -euse /mwasɔnœʀ, øz/ *nm,f* harvester.

moissonneuse /mwasɔnøz/ *nf* reaper.

moite /mwat/ *adj* [chaleur] muggy; [peau] sweaty.

moitié /mwatje/ *nf* half; *à moitié vide* half empty; *s'arrêter à la moitié* to stop halfway through.

moitié-moitié /mwatjemwatje/ *adv* half-and-half.

moka /mɔka/ *nm* mocha.

molaire /mɔlɛʀ/ *nf* molar.

molécule /mɔlekyl/ *nf* molecule.

molester /mɔlɛste/ *vtr* to manhandle.

molière /mɔljɛʀ/ *nm* French theatrical award.

molle ▶ **mou**.

mollement /mɔlmɑ̃/ *adv* [travailler] without much enthusiasm; [protester] half-heartedly; [tomber] softly.

mollesse /mɔlɛs/ *nf* weakness; *répondre avec mollesse* to reply unenthusiastically.

mollet /mɔlɛ/ **I** *adj m œuf mollet* soft-boiled egg. **II** *nm* calf.

mollir /mɔliʀ/ *vi* [enthousiasme] to cool; [résistance] to grow weaker; [vent] to die down.

molosse /mɔlɔs/ *nm* huge dog.

môme© /mom/ *nm* kid©.

moment /mɔmɑ̃/ *nm* moment; *en ce moment* at the moment; *d'un moment à l'autre* any minute now; *à un moment donné* at some point; *sur le moment* at first; *au moment où il quittait son domicile* as he was leaving his home; *jusqu'au moment où* until; *du moment que* (si) if; (puisque) since; *pour le moment* for the time being; *ça va prendre un moment* it will take a while; *par moments* at times; *à mes moments perdus* in my spare time.

momentané, **-e** /mɔmɑ̃tane/ *adj* temporary.

momie /mɔmi/ *nf* mummy.

mon, **ma**, *pl* **mes** /mɔ̃, ma, mɛ/ *dét poss* my; *un de mes amis* a friend of mine; *pendant mon absence* while I was away.

monarchie /mɔnaʀʃi/ *nf* monarchy.

monarchiste /mɔnaʀʃist/ *adj*, *nmf* monarchist.

monarque /mɔnaʀk/ *nm* monarch.

monastère /mɔnastɛʀ/ *nm* monastery.

monceau, *pl* **-x** /mɔ̃so/ *nm* pile.

mondain, **-e** /mɔ̃dɛ̃, ɛn/ **I** *adj* [vie] society (*épith*). **II** *n,mf* socialite.

mondanités /mɔ̃danite/ *nfpl* society events.

monde /mɔ̃d/ *nm* world; *parcourir le monde* to travel the world; *pas le moins du monde* not in the least; *se porter le mieux du monde* to be absolutely fine; *ce n'est pas le bout du monde!* it's not such a big deal!; *comme le monde est petit!* it's a small world!; *je n'étais pas encore au monde* I wasn't yet born; *le beau monde* high society; *le monde animal* the animal kingdom; (gens) people; *il n'y a pas grand monde* there aren't many people; *tout le monde* everybody.

mondial, **-e**, *mpl* **-iaux** /mɔ̃djal, jo/ **I** *adj* [record, etc] world (*épith*); [problème, etc] worldwide; *Seconde Guerre mondiale* Second World War. **II** *nm* SPORT world cup.

mondialement /mɔ̃djalmɑ̃/ *adv* all over the world.

mondialisation /mɔ̃djalizasjɔ̃/ *nf* globalization.

mondovision /mɔ̃dɔvizjɔ̃/ *nf* satellite broadcasting.

monétaire /mɔnetɛʀ/ *adj* [système] monetary; [marché] money.

mongolien, **-ienne** /mɔ̃gɔljɛ̃, jɛn/ *nm,f* Down's syndrome child.

moniteur, **-trice** /mɔnitœʀ, tʀis/ **I** *n,mf* instructor; (de centre de vacances) group leader[GB], counselor[US]. **II** *nm* ORDINAT monitor.

monnaie /mɔnɛ/ *nf* currency; (pièces et billets) change; *faire de la monnaie* to get

some change; (pièce) coin; *(l'hôtel de) la Monnaie* the Mint.

monnayer /mɔneje/ *vtr* to capitalize on.

mono- /mono/ *préf* mono.

monocle /mɔnɔkl/ *nm* monocle.

monologue /mɔnɔlɔg/ *nm* monologue.

monoparental, **-e**, *mpl* **-aux** /mɔnɔpaʀɑ̃tal, o/ *adj* *famille monoparentale* single-parent family.

monophonie /monɔfɔni/ *nf* monophony.

monopole /mɔnɔpɔl/ *nm* monopoly.

monopoliser /mɔnɔpɔlize/ *vtr* to monopolize.

monotone /mɔnɔtɔn/ *adj* monotonous.

monotonie /mɔnɔtɔni/ *nf* monotony.

Monseigneur, *pl* **Messeigneurs** /mɔ̃sɛɲœʀ, mesɛɲœʀ/ *nm* (prince) Your Highness; (membre de la famille royale) Your Royal Highness; (cardinal) Your Eminence; (duc, archevêque) Your Grace; (évêque) Your Lordship.

monsieur, *pl* **messieurs** /məsjø, mesjø/ *nm* (titre) (dans une lettre) Dear Sir; *bonjour, monsieur* good morning; (si on connaît son nom) *bonjour, monsieur* good morning, Mr Bon; *cher Monsieur* (dans une lettre) Dear Mr Bon.

■ **monsieur Tout le Monde** the man in the street.

monstre /mɔ̃stʀ/ **I** © *adj* huge. **II** *nm* monster.

monstrueux, **-euse** /mɔ̃stʀyø, øz/ *adj* monstrous, hideous; (hideux); (énorme) colossal.

monstruosité /mɔ̃stʀyozite/ *nf* (objet) monstrosity.

mont /mɔ̃/ *nm* mountain; *le mont Blanc* Mont Blanc; *le mont Everest* Mount Everest.

● *être toujours par monts et par vaux* to be always on the move.

montage /mɔ̃taʒ/ *nm* set-up; (de machine) assembly; (de film) editing.

montagnard, **-e** /mɔ̃taɲaʀ, aʀd/ *nm,f* mountain dweller.

montagne /mɔ̃taɲ/ *nf* mountain; FIG *une montagne de qch* an enormous heap of sth.

■ **montagnes russes** roller coaster (*sg*).

montagneux, **-euse** /mɔ̃taɲø, øz/ *adj* mountainous.

montant, **-e** /mɔ̃tɑ̃, ɑ̃t/ **I** *adj* [col] high; *chaussures montantes* ankle boots. **II** *nm* sum; *montant global* total; (de porte) upright.

mont-de-piété, *pl* **monts-de-piété** /mɔ̃dpjete/ *nm* pawnshop.

monte-charge, *pl* **-s** /mɔ̃tʃaʀʒ/ *nm* goods lift^{GB}, goods elevator^{US}.

montée /mɔ̃te/ *nf* climb; (de montagne) ascent; *la montée des voyageurs* boarding passengers; (des eaux) rise.

monter /mɔ̃te/ **I** *vtr* to take [sb/sth] up(stairs); (placer plus haut) to put [sth] up; [▸escalier, rue] to go up; [▸volume, thermostat] to turn up; [▸mayonnaise] to beat, to whisk; [▸cheval] to ride; [▸meuble, appareil] to assemble; [▸tente] to put up; [▸pierre précieuse] to mount; [▸pièce] to stage. **II** *vi* [personne] to go up; (à l'étage) to go upstairs; [avion] to climb; [soleil] to rise; [marée] to come in; *monter sur* [▸trottoir] to get onto; [▸mur] to climb onto; [▸cheval, bicyclette, tracteur] to get on; *monter dans une voiture/à bord* to get in a car/on board; *monter dans un train/bus/avion* to get on a train/bus/plane; [terrain] to rise; *monter en lacets* [route] to wind its way up; (atteindre) to come up to; (augmenter) to go up; *monter à cheval* to ride; *monter à bicyclette/moto* to ride a bicycle/motorbike; [colère] to mount. **III se monter à** *vpr* to amount to.

monteur, **-euse** /mɔ̃tœʀ, øz/ *nm,f* IND production worker; CIN editor.

montgolfière /mɔ̃ɡɔlfjɛʀ/ *nf* hot-air balloon.

montre /mɔ̃tʀ/ *nf* watch; *à ma montre* by my watch; *montre en main* exactly; *course contre la montre* race against the clock; *faire montre de* to show.

montrer /mɔ̃tʀe/ **I** *vtr* to show; *montrer qch à qn* to show sb sth; *montrer que* to show that; *montrer qch du doigt* to point sth out; *montrer qn du doigt* to point at sb. **II se montrer** *vpr* [personne] to show oneself to be; [choses] to prove (to be); [soleil] to come out.

monture /mɔ̃tyʀ/ *nf* mount; (de lunettes) frames (*pl*).

monument /mɔnymɑ̃/ *nm* monument; *monument aux morts* war memorial.

monumental, **-e**, *mpl* **-aux** /mɔnymɑ̃tal, o/ *adj* monumental.

moquer: **se moquer de** /mɔke/ *vpr* to make fun of; (être indifférent) not to care about.

moquerie /mɔkʀi/ *nf* mockery.

moquette /mɔkɛt/ *nf* fitted carpet^{GB}, wall-to-wall carpet.

moqueur, **-euse** /mɔkœʀ, øz/ *adj* mocking.

moral, **-e**, *mpl* **-aux** /mɔʀal, o/ **I** *adj* moral. **II** *nm* morale; *garder le moral* to keep up one's morale; *avoir bon moral*, *avoir le moral* to be in good spirits; *remonter le moral de qn* to cheer sb up.

morale /mɔʀal/ *nf* **la morale** morality, ethics; *contraire à la morale* immoral; *la morale de tout ceci* the moral of all this; *faire la morale à qn* to give sb a lecture.

moralisateur, **-trice** /mɔʀalizatœʀ, tʀis/ *adj* moralizing, moralistic.

moralité /mɔʀalite/ *nf* morality; (leçon) moral.

morbide /mɔʀbid/ *adj* morbid.

morceau, *pl* **-x** /mɔʀso/ *nm* (fragment) piece, bit; *couper en morceaux* to cut into pieces; *mettre en morceaux* to smash to bits; *morceau de sucre* sugar cube; *manger un morceau*© to have a snack; *morceaux choisis* extracts.

morceler /mɔʀsəle/ *vtr* to divide up, to split up.

mordant, **-e** /mɔʀdɑ̃, ɑ̃t/ **I** *adj* biting. **II** *nm* vigour, energy.

mordiller /mɔʀdije/ *vtr* to nibble at.

mordoré, **-e** /mɔʀdɔʀe/ *adj* golden brown.

mordre /mɔʀdʀ/ **I** *vtr* to bite; *se faire mordre* to be bitten. **II** *vi* [poisson] to bite; *mordre sur* [▸ligne blanche] to go over; [▸territoire] to encroach on.

mordu©, **-e** /mɔʀdy/ **I** *adj* *être mordu de qch* to be mad about sth©. **II** *nm,f* fan.

morfondre: **se morfondre** /mɔʀfɔ̃dʀ/ *vpr* to pine (for).

morgue /mɔʀɡ/ *nf* morgue; (attitude) arrogance.

moribond, **-e** /mɔʀibɔ̃, ɔ̃d/ *adj* dying.

morille /mɔʀij/ *nf* morel (mushroom).

morne /mɔʀn/ *adj* [personne, attitude] gloomy; [lieu, existence] dreary; [temps] dismal.

morose /mɔʀoz/ adj morose, gloomy.

morosité /mɔʀozite/ nf gloom.

morphine /mɔʀfin/ nf morphine.

morphologie /mɔʀfɔlɔʒi/ nf morphology.

morpion /mɔʀpjɔ̃/ nm (jeu) noughts and crosses[GB], tick-tack-toe[US].

mors /mɔʀ/ nm bit.

morse /mɔʀs/ nm (animal) walrus; *(code) morse* Morse code.

morsure /mɔʀsyʀ/ nf bite.

mort[1] /mɔʀ/ nf *la mort* death; *je leur en veux à mort*© I'll never forgive them.

● *la mort dans l'âme* with a heavy heart.

mort[2], **-e** /mɔʀ, mɔʀt/ **I** pp ▶ **mourir**. **II** adj dead; *je suis mort de froid* I'm freezing to death; (très fatigué) half-dead; *eaux mortes* stagnant water ¢. **III** nm,f dead person, dead man/woman; *les morts* the dead; *jour des morts* All Souls' Day. **IV** nm fatality; *il n'y a pas eu de morts* nobody was killed; (cadavre) body; *faire le mort* to play dead.

mortalité /mɔʀtalite/ nf mortality; *taux de mortalité* death rate.

mortel, -elle /mɔʀtɛl/ adj [coup, maladie] fatal; [poison] lethal; [angoisse] mortal; [spectacle] deadly boring.

mort-né, -e, mpl **-s** /mɔʀne/ adj stillborn; FIG abortive.

morue /mɔʀy/ nf cod.

morve /mɔʀv/ nf nasal mucus.

morveux, -euse /mɔʀvø, øz/ **I** adj PÉJ snotty-nosed®. **II** nm,f© (enfant) kid©; PEJ (little) upstart.

mosaïque /mɔzaik/ nf mosaic.

mosquée /mɔske/ nf mosque.

mot /mo/ nm word; (petite lettre) note.

■ *mot d'esprit* witticism; *mot d'ordre* watchword; *mot de passe* password; *mots croisés* crossword ¢.

motard, -e /mɔtaʀ, aʀd/ **I** © nm,f motorcyclist, biker©. **II** nm police motorcyclist.

mot-clé, pl **mots-clés** /mokle/ nm key word.

moteur, -trice /mɔtœʀ, tʀis/ **I** adj driving; *à quatre roues motrices* with four-wheel drive; MÉD motor. **II** nm motor, engine; FIG driving force (behind); *moteur de recherche* search engine.

motif /mɔtif/ nm *motifs (de)* motive, grounds (for); (cause) *motifs (de)* reasons (for); (dessin) pattern; (thème) motif.

motion /mɔsjɔ̃/ nf motion.

motivation /mɔtivasjɔ̃/ nf motivation; (raison) motive.

motiver /mɔtive/ vtr *motiver qn* to motivate sb; *motivé par* caused by.

moto /mɔto/ nf (motor)bike.

motocross /mɔtokʀɔs/ nm motocross.

motocyclette /mɔtosiklɛt/ nf motorcycle.

motocycliste /mɔtosiklist/ nmf motorcyclist.

motoneige /mɔtonɛʒ/ nf snowmobile.

motoriser /mɔtɔʀize/ vtr to motorize; *être motorisé*© to have transport[GB], transportation[US].

motrice /mɔtʀis/ **I** adj f ▶ **moteur**. **II** nf (locomotive) engine.

motte /mɔt/ nf *motte (de terre)* clod (of earth); *motte (de beurre)* slab of butter.

motus© /mɔtys/ excl *motus (et bouche cousue)!* keep it under your hat!

mou, molle /mu, mɔl/ **I** adj [personne, coussin] soft; [trait du visage] weak; [résistance] feeble. **II** nm *donner du mou* to let out a bit.

mouchard, -e /muʃaʀ, aʀd/ nm,f grass©[GB]; (à l'école) sneak©[GB], tattletale[US].

mouche /muʃ/ nf fly; (de cible) *faire mouche* to hit the bull's-eye.

moucher /muʃe/ **I** vtr [▶chandelle] to snuff (out). **II se moucher** vpr to blow one's nose.

moucheron /muʃʀɔ̃/ nm midge.

moucheté, -e /muʃte/ adj speckled.

mouchoir /muʃwaʀ/ nm handkerchief; (en papier) tissue.

moudre /mudʀ/ vtr to grind.

moue /mu/ nf pout; *faire la moue* to pout.

mouette /mwɛt/ nf (sea) gull.

moufle /mufl/ nf mitten.

mouiller /muje/ **I** vtr *mouiller qch* to wet sth; (involontairement) to get sth wet. **II** vi NAUT to drop anchor. **III se mouiller** vpr LIT to get wet; (prendre des risques)© to stick one's neck out©.

mouillette© /mujɛt/ nf soldier©[GB], finger of bread.

moulage /mulaʒ/ nm casting.

moulant, **-e** /mulã, ãt/ adj [vêtement] skin-tight.

moule[1] /mul/ nm mould[GB], mold[US]; (à gâteau) tin, pan[US].

■ **moule à gaufre** waffle iron.

moule[2] /mul/ nf mussel.

mouler /mule/ vtr to mould[GB], to mold[US]; [vêtement] to hug.

moulin /mulɛ̃/ nm mill; **moulin à café** coffee grinder; **moulin à paroles**© chatterbox; **moulin à poivre** pepper mill.

moulinet /mulinɛ/ nm reel; (mouvement) **faire des moulinets avec les bras** to wave one's arms about.

moulinette® /mulinɛt/ nf vegetable mill[GB], food mill[US].

moulu, **-e** /muly/ I pp ▶ moudre. II adj [café, poivre] ground; **moulu (de fatigue)** worn out.

moulure /mulyʁ/ nf moulding.

mourant, **-ante** /muʁã, ãt/ I adj dying. II nm,f dying person.

mourir /muʁiʁ/ vi mourir (de) to die (of); **je meurs d'envie de faire** I'm dying to do. II **se mourir** vpr to be dying.

mousquetaire /muskətɛʁ/ nm musketeer.

moussant, **-e** /musã, ãt/ adj foaming (épith).

mousse[1] /mus/ nm NAUT ship's apprentice.

mousse[2] /mus/ nf BOT moss; GÉN foam; **mousse à raser** shaving foam; (de savon) lather; (sur la bière) head; CULIN mousse; (pour coussin) foam rubber.

mousseline /muslin/ nf muslin.

mousser /muse/ vi [bière] to foam; [savon] to lather.

mousseux, **-euse** /musø, øz/ nm sparkling wine.

mousson /musɔ̃/ nf monsoon.

moustache /mustaʃ/ nf moustache[GB], mustache[US]; (d'animal) **moustaches** whiskers.

moustachu, **-e** /mustaʃy/ adj with a moustache[GB].

moustiquaire /mustikɛʁ/ nf mosquito net.

moustique /mustik/ nm mosquito.

moutarde /mutaʁd/ nf mustard.

● **la moutarde me monte au nez**©! I'm beginning to see red!

mouton /mutɔ̃/ I nm sheep; (viande) mutton; (peau) sheepskin; (personne) sheep. II **moutons** nmpl (poussière) fluff ¢.

mouvant, **-e** /muvã, ãt/ adj [sol] unstable; [situation] changing; **reflets mouvants** shimmering reflections; **électorat mouvant** floating voters (pl).

mouvement /muvmã/ nm movement; **faire un mouvement** to move; (élan) impulse, reaction; **un mouvement de colère/pitié** a surge of anger/pity; **en mouvement** changing.

mouvementé, **-e** /muvmãte/ adj [vie] eventful, hectic; [terrain] rough.

mouvoir /muvwaʁ/ I vtr to move. II **se mouvoir** vpr to move.

moyen, **-enne** /mwajɛ̃, ɛn/ I adj [taille] medium; [ville] medium-sized; [prix] moderate; [résultat] average. II nm means (sg), way; **il y a moyen de faire** there's a way of doing; **par tous les moyens** by every possible means; (d'investigation) method. III **au moyen de** loc prép by means of, by using. IV nm pl means; (matériels) resources; **se débrouiller par ses propres moyens** to manage on one's own; (intellectuels) powers.

■ **moyen de transport** means of transport[GB], transportation[US]; **Moyen Âge** Middle Ages (pl).

moyenâgeux, **-euse** /mwajɛnaʒø, øz/ adj medieval.

moyen-courrier, pl **-s** /mwajɛ̃kuʁje/ nm medium-haul airliner.

moyennant /mwajɛnã/ prép [▶ somme] for; **moyennant finances** for a fee.

moyenne /mwajɛn/ nf average; **en moyenne** on average; SCOL half marks[GB], a passing grade[US]; (vitesse) average speed.

Moyen-Orient /mwajɛ̃nɔʁjã/ nprm Middle East.

MST /ɛmɛste/ nf (abrév = **maladie sexuellement transmissible**) sexually transmitted disease, STD.

mû ▶ mouvoir.

mucoviscidose /mykovisidoz/ nf cystic fibrosis.

mue /my/ nf metamorphosis; (de serpent) sloughing of the skin; (de voix) breaking of voice.

muer /mɥe/ **I** vi [serpent] to slough its skin; *sa voix mue* his voice is breaking. **II se muer en** vpr to be transformed into.

muesli, musli /mysli/ nm muesli.

muet, -ette /mɥɛ, ɛt/ **I** adj dumb; *muet de surprise* speechless with surprise; [film] silent. **II** nm,f MÉD mute; *les muets* the dumb (pl).

mufle /myfl/ nm boor.

mugir /myʒiʀ/ vi [vache] to low; [taureau] to bellow; [vent] to howl.

mugissement /myʒismɑ̃/ nm lowing ¢; (de taureau) bellowing ¢; (de vent) howling ¢.

muguet /mygɛ/ nm lily of the valley.

mule /myl/ nf female mule; (pantoufle) mule.

mulet /mylɛ/ nm (équidé) (male) mule; (poisson) grey mullet GB, mullet US.

mulot /mylo/ nm fieldmouse.

multi- /mylti/ préf multi.

multicolore /myltikɔlɔʀ/ adj multicoloured GB, multicolored US.

multimédia /myltimedja/ adj, nm multimedia.

multinationale /myltinasjɔnal/ nf multinational (company).

multiple /myltipl/ **I** adj [raisons, etc] numerous, many; [naissances] multiple. **II** nm multiple.

multiplex /myltiplɛks/ nm TV *en multiplex* multiplex.

multiplexe /myltiplɛks/ nm (cinéma) multiplex.

multiplication /myltiplikasjɔ̃/ nf MATH multiplication.

multiplier /myltiplije/ **I** vtr MATH to multiply; [▸ risques] to increase; (faire en grand nombre) *multiplier les excuses* to give endless excuses. **II se multiplier** vpr to multiply.

multirisque /myltiʀisk/ adj [assurance] comprehensive.

multitude /myltityd/ nf *une multitude de* a lot of, many.

municipal, -e, mpl **-aux** /mynisipal, o/ adj municipal; [conseil, conseiller] town GB, city.

municipales /mynisipal/ nfpl local elections.

municipalité /mynisipalite/ nf municipality; town, city council GB.

munir /myniʀ/ **I** vtr *munir qn de qch* to provide sb with sth. **II se munir de** vpr (apporter) to bring, (emporter) to take; *se munir de patience* to summon up one's patience.

munitions /mynisjɔ̃/ nfpl ammunition ¢, munitions.

muqueuse /mykøz/ nf mucous membrane.

mur /myʀ/ nm wall.
■ **mur du son** sound barrier.

mûr, -e /myʀ/ adj [fruit, blé] ripe; (intellectuellement) mature.

muraille /myʀaj/ nf great wall.

mural, -e, mpl **-aux** /myʀal, o/ adj wall; *peinture murale* mural, wall painting.

mûre, mure /myʀ/ nf blackberry.

murer /myʀe/ **I** vtr to wall, to block up. **II se murer** vpr *se murer chez soi* to shut oneself away; *se murer dans la solitude* to retreat into isolation.

mûrier, murier /myʀje/ nm mulberry tree.

mûrir, murir /myʀiʀ/ vi [fruit] to ripen; [idée, personne] to mature.

murmure /myʀmyʀ/ nm murmur.

murmurer /myʀmyʀe/ vtr, vi to murmur.

muscade /myskad/ nf *(noix) muscade* nutmeg.

muscle /myskl/ nm muscle.

musclé, -e, mpl /myskle/ adj muscular; [discours] tough.

muscler: se muscler /myskle/ vpr to develop one's muscles.

musculaire /myskylɛʀ/ adj muscular.

musculation /myskylasjɔ̃/ nf *(exercices de) musculation* bodybuilding.

musculature /myskylatyʀ/ nf musculature, muscles.

muse /myz/ nf muse.

museau, pl **-x** /myzo/ nm (de chien) muzzle; (de porc) snout; (visage)© face.

musée /myze/ nm museum; (d'art) art gallery GB, art museum US.

museler /myzle/ vtr to muzzle.

muselière /myzəljɛʀ/ nf muzzle.

mythologie

muséum /myzeɔm/ *nm* natural history museum.

musical, -e, *mpl* **-aux** /myzikal, o/ *adj* musical; [revue] music.

music-hall, *pl* **-s** *nm* /mysikol/ music hall.

musicien, -ienne /myzisjɛ̃, jɛn/ *nm,f* musician.

musique /myzik/ *nf* music; *musique de film* film score.

musulman, -e /myzylmɑ̃, an/ *adj, nm,f* Muslim.

mutation /mytasjɔ̃/ *nf* transformation; [▸ génétique] mutation; [▸ d'un employé] transfer.

muter /myte/ *vtr* to transfer.

mutilation /mytilasjɔ̃/ *nf* mutilation.

mutilé, -e /mytile/ *nm,f* disabled person.

mutiler /mytile/ *vtr* to mutilate.

mutiner: **se mutiner** /mytine/ *vpr* [marins] to mutiny; [prisonniers] to riot.

mutinerie /mytinʀi/ *nf* (de marins) mutiny; (de prisonniers) riot.

mutisme /mytism/ *nm* silence.

mutualiste /mytɥalist/ *nmf member of a mutual insurance company.*

mutuel, -elle /mytɥɛl/ *adj* mutual.

mutuelle /mytɥɛl/ *nf* mutual insurance company.

myopathie /mjɔpati/ *nf* myopathy.

myope /mjɔp/ *adj* short-sighted.

myopie /mjɔpi/ *nf* short-sightedness.

myosotis /mjɔzɔtis/ *nm* forget-me-not.

myrtille /miʀtij/ *nf* bilberry, blueberry.

mystère /mistɛʀ/ *nm* mystery.

mystérieux, -ieuse /misteʀjø, jøz/ *adj* mysterious.

mystification /mistifikasjɔ̃/ *nf* hoax.

mystifier /mistifje/ *vtr* to fool.

mystique /mistik/ **I** *adj* mystic(al). **II** *nmf* mystic.

mythe /mit/ *nm* myth.

mythique /mitik/ *adj* mythical.

mythologie /mitɔlɔʒi/ *nf* mythology.

n, **N** /ɛn/ **I** (*abrév écrite* = **numéro**) n° no. **II** *nf* (*abrév* = **nationale**) *sur la N7* on the N7.

n' ▶ **ne.**

nacre /nakʀ/ *nf* mother-of-pearl.

nacré, -e /nakʀe/ *adj* pearly.

nage /naʒ/ *nf* swimming; *regagner la rive à la nage* to swim back to shore.
● **être en nage** to be in a sweat.

nageoire /naʒwaʀ/ *nf* fin.

nager /naʒe/ **I** *vtr* to swim. **II** *vi* to swim; (mal comprendre)© to be absolutely lost.

nageur, -euse /naʒœʀ, øz/ *nm,f* swimmer.

naïf, naïve /naif, naiv/ *adj* naïve.

nain, -e /nɛ̃, nɛn/ *adj, nm,f* dwarf.

naissance /nɛsɑ̃s/ *nf* birth; *donner naissance à* to give birth to.

naître, naitre /nɛtʀ/ *vi* to be born; *il est né le 5 juin* he was born on 5 June^GB, on June 5US; [soupçon] to arise; *faire naître* to give rise to.

naïve ▶ **naïf.**

naïveté /naivte/ *nf* naivety.

Namibie /namibi/ *nprf* Namibia.

nanomètre /nanɔmɛtʀ/ *nm* nanometre.

nanotechnologie /nanotɛknɔlɔʒi/ *nf* nanotechnology.

nanti, -e /nɑ̃ti/ *adj* well-off.

naphtaline /naftalin/ *nf* mothballs (*pl*).

nappe /nap/ *nf* tablecloth; (de brouillard) layer; (d'eau) sheet; *nappe phréatique* ground water.

napperon /napʀɔ̃/ *nm* doily.

narcisse /naʀsis/ *nm* narcissus; (vaniteux) narcissist.

narco(-) /naʀko/ *préf narco-dollars* drug money.

narcotique /naʀkɔtik/ *adj, nm* narcotic.

narguer /naʀge/ *vtr* [▶personne] to taunt; [▶autorités] to flout.

narine /naʀin/ *nf* nostril.

narrateur, -trice /naʀatœʀ, tʀis/ *nm,f* narrator.

narration /naʀasjɔ̃/ *nf* narration.

narrer /naʀe/ *vtr* to relate.

nasal, -e, *mpl* **-aux** /nazal, o/ *adj* nasal.

naseau, *pl* **-x** /nazo/ *nm* nostril.

natal, -e, *mpl* **-s** /natal/ *adj* native.

natalité /natalite/ *nf (taux de) natalité* birthrate.

natation /natasjɔ̃/ *nf* swimming.

natif, -ive /natif, iv/ *adj natif de* native of.

nation /nasjɔ̃/ *nf* nation.
■ **les Nations unies** the United Nations.

national, -e, *mpl* **-aux** /nasjɔnal, o/ **I** *adj* national. **II nationaux** *nmpl* nationals.

nationale /nasjɔnal/ *nf* ≈ A road^GB, highway^US.

nationaliser /nasjɔnalize/ *vtr* to nationalize.

nationalisme /nasjɔnalism/ *nm* nationalism.

nationalité /nasjɔnalite/ *nf* nationality; *avoir la double nationalité* to have dual citizenship.

natte /nat/ *nf* plait; (sur le sol) mat.

naturalisation /natyʀalizasjɔ̃/ *nf* naturalization.

naturaliser /natyʀalize/ *vtr* JUR to naturalize.

nature /natyʀ/ **I** *adj inv* natural; [omelette] plain. **II** *nf* nature; *de nature à faire* likely to do; *en nature* [payer] in kind.
■ **nature morte** still life.

naturel, -elle /natyʀɛl/ **I** *adj* natural. **II** *nm* nature; *avec le plus grand naturel* in the most natural way.

naturellement /natyʀɛlmɑ̃/ *adv* naturally; (bien sûr) of course.

naufrage /nofʀaʒ/ *nm* shipwreck; *faire naufrage* to be wrecked.

naufragé, -e /nofʀaʒe/ *nm,f* castaway.

nauséabond, -e /nozeabɔ̃, ɔ̃d/ *adj* nauseating.

nausée /noze/ *nf* nausea ¢.

nautique /notik/ *adj sports nautiques* water sports; *ski nautique* water skiing.

naval, -e, *mpl* **-s** /naval/ *adj* [industrie] shipbuilding; MIL naval; *chantier naval* shipyard.

Népal

navet /navɛ/ *nm* turnip; (film) rubbishy film^{GB}, turkey^{©US}.

navette /navɛt/ *nf* shuttle; (liaison) shuttle (service); *navette spatiale* space shuttle; (de tissage) shuttle.

navigateur, -trice /navigatœʀ, tʀis/ **I** *nm,f* navigator. **II** *nm* ORDINAT browser.

navigation /navigasjɔ̃/ *nf* navigation; ORDINAT browsing.
∎ **navigation de plaisance** (en voilier) sailing.

naviguer /navige/ *vi* NAUT to sail; (voler) to fly; ORDINAT to surf.

navire /naviʀ/ *m* ship.

navré, -e /navʀe/ *adj* **je suis vraiment navré** I am terribly sorry.

navrer /navʀe/ *vtr* to upset.

nazi, -e /nazi/ *adj, nm,f* Nazi.

NDLR (*abrév écrite* = **note de la rédaction**) editor's note.

ne /nə/ (**n'** *devant voyelle ou h muet*) *adv de négation* ▶ **pas**, ▶ **jamais**, ▶ **guère**, ▶ **rien**, ▶ **aucun**, ▶ **personne**; not; *je n'ai que 10 euros* I've only got 10 euros.

né, -e /ne/ **I** *pp* ▶ **naître**. **II** *adj* born; *Madame A née B* Mrs A née B. **III** (**-**)**né** (en composition) *écrivain(-)né* born writer.

néanmoins /neɑ̃mwɛ̃/ *adv* nevertheless.

néant /neɑ̃/ *nm* **le néant** nothingness; *réduire à néant* to negate.

nébuleux, -euse /nebylø, øz/ *adj* [ciel] cloudy; [explications] nebulous.

nécessaire /neseseʀ/ **I** *adj* **nécessaire (à)** necessary (for); *il est nécessaire que tu y ailles* you have to go. **II** *nm* **faire le nécessaire** to do what needs to be done; *manquer du nécessaire* to lack the essentials.
∎ **nécessaire de couture** sewing kit; **nécessaire à ongles** manicure set; **nécessaire de toilette** toiletries (*pl*).

nécessairement /neseseʀmɑ̃/ *adv* necessarily.

nécessité /nesesite/ *nf* necessity; (pauvreté) need; *de première nécessité* vital.

nécessiter /nesesite/ *vtr* to require.

nécrologie /nekʀɔlɔʒi/ *nf* obituary column.

néerlandais, -e /neɛʀlɑ̃dɛ, ɛz/ **I** *adj* Dutch. **II** *nm* LING Dutch. **III** *nm,f* **Néerlandais, -e**

Dutchman/Dutchwoman; *les Néerlandais* the Dutch.

nef /nɛf/ *nf* ARCHIT nave; (embarcation) ship.

néfaste /nefast/ *adj* harmful.

négatif, -ive /negatif, iv/ *adj, nm* negative.

négation /negasjɔ̃/ *nf* negation; LING negative.

négative /negativ/ *nf* **par la négative** in the negative; *dans la négative* if not.

négligé, -e /negliʒe/ **I** *adj* [personne] sloppy, scruffy©; [maison] neglected; [travail] careless. **II** *nm* negligee.

négligeable /negliʒabl/ *adj* negligible.

négligemment /negliʒamɑ̃/ *adv* nonchalantly.

négligence /negliʒɑ̃s/ *nf* negligence ¢.

négligent, -e /negliʒɑ̃, ɑ̃t/ *adj* careless; [geste] casual.

négliger /negliʒe/ **I** *vtr* [▶ santé, travail, personne] to neglect; [▶ résultat, règle] to ignore; *négliger de faire* to fail to do. **II se négliger** *vpr* to neglect oneself.

négoce /negɔs/ *nm* trade.

négociant, -e /negɔsjɑ̃, ɑ̃t/ *nm,f* merchant.

négociateur, -trice /negɔsjatœʀ, tʀis/ *nm,f* negotiator.

négociation /negɔsjasjɔ̃/ *nf* negotiation.

négocier /negɔsje/ *vtr, vi* to negotiate.

nègre /nɛgʀ/ **I** *adj* [art, musique] Negro. **II** *nm* HIST, INJURE RACISTE Negro; (auteur)© ghostwriter.

négresse /negʀɛs/ *nf* HIST, INJURE RACISTE Negress.

neige /nɛʒ/ *nf* snow; *blancs battus en neige* stiffly beaten eggwhites.

neiger /nɛʒe/ *v impers* to snow; *il neige* it's snowing.

nénuphar /nenyfaʀ/ *nm* water lily.

néo /neo/ *préf* neo.

néologisme /neɔlɔʒism/ *nm* neologism.

néon /neɔ̃/ *nm* neon; (tube) neon light.

néonatal -e /neonatal/ *adj* neonatal.

néo-zélandais, -e /neozelɑ̃dɛ, ɛz/ **I** *adj* New Zealand. **II** *nm,f* **Néo-Zélandais, -e** New Zealander.

Népal /nepal/ *nprm* Nepal.

nerf /nɛʀ/ *nm* nerve; *du nerf®!* buck up®!; *être sur les nerfs* to be on edge.

nerveux, -euse /nɛʀvø, øz/ *adj* nervous; [style, écriture] vigorous; [voiture] responsive; [cellule, centre] nerve.

nervosité /nɛʀvozite/ *nf* nervousness.

nervure /nɛʀvyʀ/ *nf* rib.

n'est-ce pas /nɛspa/ *adv c'est joli, n'est-ce pas?* it's pretty, isn't it?; *tu es d'accord, n'est-ce pas?* you agree, don't you?; (pour renforcer) of course.

net, nette /nɛt/ **I** *adj* [prix, salaire] net; [changement] marked; [tendance, odeur] distinct; [victoire, souvenir] clear; [mains] clean. **II** *adv* [s'arrêter] dead; [refuser] flatly; [dire] straight out.

netéconomie /nɛtekɔnɔmi/ *nf* e-economy.

nétiquette /netikɛt/ *nf* netiquette.

nettement /nɛtmɑ̃/ *adv* [préférer] definitely; *nettement meilleur* decidedly better; [voir, dire] clearly; [se souvenir] distinctly.

netteté /nɛtte/ *nf* cleanness.

nettoyage /netwajaʒ/ *nm* cleaning ¢; *nettoyage à sec* dry-cleaning; (de la peau) cleansing ¢.

nettoyer /netwaje/ *vtr* to clean.

neuf¹ /nœf/ *dét, pron, nm inv* nine.

neuf², neuve /nœf, nœv/ *adj, nm inv* new; *quoi de neuf?* what's new?

neurologie /nøʀɔlɔʒi/ *nf* neurology.

neurologue /nøʀɔlɔg/ *nmf* neurologist.

neutraliser /nøtʀalize/ *vtr* to neutralize.

neutralité /nøtʀalite/ *nf* neutrality; (d'individu) impartiality.

neutre /nøtʀ/ **I** *adj* neutral; LING neuter. **II** *nm* LING *le neutre* the neuter.

neuvième /nœvjɛm/ *adj* ninth.

neveu, *pl* **-x** /n(ə)vø/ *nm* nephew.

névrose /nevʀoz/ *nf* nevrosis.

névrosé, -e /nevʀoze/ *adj, nm,f* neurotic.

nez /ne/ *nm* nose; *rire au nez de qn* to laugh in sb's face.

NF /ɛnɛf/ *adj, nf* (abrév = *norme française*) French manufacturing standard.

ni /ni/ *conj sans rire ni parler* without laughing or talking; *ni...ni* neither...nor; *ni l'un ni l'autre* neither of them.

niais, -e /njɛ, njɛz/ *adj* stupid.

Nicaragua /nikaʀagwa/ *nprm* Nicaragua.

niche /niʃ/ *nf* kennel; (de statue) niche; COMM niche market.
■ **niche écologique** ecological niche.

nichée /niʃe/ *nf* (d'oisillons, enfants) brood; (de souris) litter.

nicher /niʃe/ **I** *vi* to nest. **II se nicher** *vpr* to lodge.

nickel /nikɛl/ **I** ® *adj* spotless, spick-and-span. **II** *nm* nickel.

nicotine /nikɔtin/ *nf* nicotine.

nid /ni/ *nm* nest.

nid-de-poule, *pl* **nids-de-poule** /nidpul/ *nm* pot-hole.

nièce /njɛs/ *nf* niece.

nier /nje/ *vtr* to deny.

nigaud, -e /nigo, od/ *nm,f* silly person.

Niger /niʒɛʀ/ *nprm* Niger.

Nigeria /niʒɛʀja/ *nprm* Nigeria.

nitouche® /nituʃ/ *nf sainte nitouche* goody-goody®.

niveau, *pl* **-x** /nivo/ *nm* level.
■ **niveau de langue** register; **niveau social** social status; **niveau de vie** living standards (*pl*).

niveler /nivle/ *vtr* [▸sol] to level; [▸revenus] to bring [sth] to the same level; *niveler par le bas/haut* to level down/up.

noble /nɔbl/ **I** *adj* noble. **II** *nmf* nobleman/noblewoman.

noblesse /nɔblɛs/ *nf* nobility; *la petite noblesse* the gentry.

noce /nɔs/ *nf* wedding; *faire la noce*® to live it up®.

nocif, -ive /nɔsif, iv/ *adj* noxious, harmful.

nocturne¹ /nɔktyʀn/ *adj* [spectacle] night (épith); [animal] nocturnal.

nocturne² /nɔktyʀn/ *nf* evening fixture^GB; (de magasin) late-night opening.

Noé /noe/ *nprm* Noah.

noël /nɔɛl/ *nm* (chant) Christmas carol.

Noël /nɔɛl/ *nm* Christmas; *Joyeux Noël* Merry Christmas.

nœud /nø/ *nm* knot; *faire un nœud de cravate* to tie a tie; (pour orner) bow; NAUT knot; *nœuds marins* sailors' knots; (point essentiel) crux; *avoir un nœud à l'estomac* to have butterflies (in one's stomach).
■ **nœud coulant** slipknot; **nœud papillon** bow tie.

noir, **-e** /nwaʀ/ **I** *adj* black; [yeux, rue] dark; *il fait noir* it's dark; [année] bad, bleak; [idée] gloomy, dark. **II** *nm* black; (obscurité) dark; *vendre au noir* to sell on the black market; (café) *un (petit) noir*© an espresso.

Noir, **-e** /nwaʀ/ *nm,f* black man/woman.

noircir /nwaʀsiʀ/ **I** *vtr* to blacken; *noircir la situation* to paint a black picture of the situation. **II** *vi* [banane] to go black; [mur] to get dirty. **III se noircir** *vpr* [ciel] to darken.

noire /nwaʀ/ **I** *adj f* ▶ **noir**. **II** *nf* MUS crotchet[GB], quarter note[US].

noisetier /nwaztje/ *nm* hazel (tree).

noisette /nwazɛt/ *nf* hazelnut; (de beurre) knob.

noix /nwa/ *nf* walnut; *à la noix*© crummy©; (de beurre) knob.

■ **noix de coco** coconut.

nom /nɔ̃/ **I** *nm* name; (nom propre) name; (de famille) surname, second name; *nom et prénom* full name; LING noun. **II au nom de** *loc prép* on behalf of.

■ **nom commercial** corporate name; **nom déposé** registered trademark; **nom de domaine** ORDINAT domain name; **nom d'emprunt** pseudonym; **nom de jeune fille** maiden name; **nom propre** proper noun.

nomade /nɔmad/ *nmf* nomad.

nombre /nɔ̃bʀ/ *nm* number; *un nombre à deux chiffres* a two-digit number; *ils sont au nombre de 30* there are 30 of them; *un certain nombre de* some; *bon nombre de* a good many.

nombreux, **-euse** /nɔ̃bʀø, øz/ *adj* large; *de nombreux* [▸ jours, amis, etc] many, numerous.

nombril /nɔ̃bʀil/ *nm* navel.

nominal, **-e**, *mpl* **-aux** /nɔminal, o/ *adj* nominal; *liste nominale* list of names.

nomination /nɔminasjɔ̃/ *nf* appointment.

nommer /nɔme/ **I** *vtr* (pour une fonction) to appoint; (appeler) to name, to call. **II se nommer** *vpr* to be called.

non /nɔ̃/ **I** *adv* no; (remplace une proposition) *je pense que non* I don't think so; *il paraît que non* apparently not; (interrogatif, exclamatif) *c'est difficile, non?* it's difficult, isn't it?; (avec adjectif) non; *non alcoolisé* nonalcoholic. **II** *nm inv* no. **III non plus** *loc adv je n'en veux pas non plus* I don't want it either; *il n'a pas aimé, moi non plus* he didn't like it and neither did I. **IV non(-)** (en composition) *non-fumeur* nonsmoker.

non-assistance /nɔnasistɑ̃s/ *nf non-assistance à personne en danger* failure to render assistance.

non-droit /nɔ̃dʀwa/ *nm zone de non-droit* lawless zone.

non-lieu, *pl* **-x** /nɔ̃ljø/ *nm* dismissal (of a charge).

nonne /nɔn/ *nf* nun.

non-sens /nɔ̃sɑ̃s/ *nm inv* nonsense ¢; (dans une traduction) meaningless phrase.

non-voyant, **-e**, *mpl* **-s** /nɔ̃vwajɑ̃, ɑ̃t/ *nm,f* visually handicapped person.

nord /nɔʀ/ **I** *adj inv* [façade] north; [frontière] northern. **II** *nm* north; *le nord de l'Europe* northern Europe; *le Nord* the North; *du Nord* [accent] northern.

● *ne pas perdre le nord*© FIG to have one's head screwed on (the right way)©.

nord-africain, **-e**, *mpl* **-s** /nɔʀafʀikɛ̃, ɛn/ *adj* North African.

nord-est /nɔʀ(d)ɛst/ *adj inv*, *nm* north-east; *vent de nord-est* north-easterly wind.

nordique /nɔʀdik/ *adj* Scandinavian.

nord-ouest /nɔʀ(d)wɛst/ *adj inv*, *nm* north-west; *vent de nord-ouest* north-westerly wind.

normal, **-e**, *mpl* **-aux** /nɔʀmal, o/ *adj* normal.

normale /nɔʀmal/ *nf* norm.

normaliser /nɔʀmalize/ *vtr* to normalize.

Normand, **-e** /nɔʀmɑ̃, ɑ̃d/ *nm,f* Norman.

norme /nɔʀm/ *nf* norm; *normes de sécurité* safety standards.

Norvège /nɔʀvɛʒ/ *nprf* Norway.

Norvégien, **-ienne** /nɔʀveʒjɛ̃, ɛn/ **I** *adj* Norwegian. **II** *nm* LING Norwegian. **III** *nm,f* **Norvégien**, **-ienne** Norwegian.

nos ▶ **notre**.

nosocomial, **-e**, *mpl* **-iaux** /nozɔkɔmjal, jo/ *adj* hospital-acquired.

nostalgie /nɔstalʒi/ *nf* nostalgia; *avoir la nostalgie de* to be nostalgic for.

nostalgique /nɔstalʒik/ *adj* nostalgic.

notable /nɔtabl/ **I** *adj* significant, notable. **II** *nm* notable.

notaire /nɔtɛʀ/ *nm* ≈ solicitor, lawyer.

notamment /nɔtamɑ̃/ adv more particularly.

notation /nɔtasjɔ̃/ nf marking[GB], grading[US].

note /nɔt/ nf (à payer) bill; MUS note; (évaluation) mark[GB], grade[US]; (texte) note; *une note d'originalité* a touch of originality; *note en bas de page* footnote.
■ **note de frais** expenses (pl) ; **note de service** memorandum.

noter /nɔte/ vtr to note down; [▸changement, etc] to notice; [▸devoir] to mark[GB], to grade[US].

notice /nɔtis/ nf instructions (pl).

notifier /nɔtifje/ vtr *notifier qch à qn* to notify sb of sth.

notion /nɔsjɔ̃/ nf notion; *notions (élémentaires)* basic knowledge ⊄.

notoire /nɔtwaʀ/ adj [fait] well-known; [escroc] notorious.

notre, pl **nos** /nɔtʀ, no/ dét poss our; *pendant notre absence* while we were away.

nôtre /notʀ/ I dét poss our (own). II **le nôtre, la nôtre, les nôtres** pron poss ours; *soyez des nôtres!* won't you join us?; *les nôtres* our people.

nouer /nwe/ I vtr [▸lacets, cravate] to tie; *avoir l'estomac noué* to have a knot in one's stomach; [▸relations] to establish; [▸dialogue] to engage in. II **se nouer** vpr [dialogue] to begin.

noueux, -euse /nuø, øz/ adj gnarled.

nougat /nuga/ nm nougat.

nouille /nuj/ nf *des nouilles* noodles, pasta ⊄; (niais)◎ silly noodle◎.

nounou◎ /nunu/ nf nanny[GB], nurse.

nounours◎ /nunuʀs/ nm teddy bear.

nourrice /nuʀis/ nf wet nurse; (qui garde) childminder[GB].

nourrir /nuʀiʀ/ I vtr to feed; [▸peau] to nourish; *bien nourri* well-fed; [▸projet] to nurture; [▸discussion] to fuel. II **se nourrir** vpr [personne] to eat; *se nourrir de qch* to live on sth.

nourrissant, -e /nuʀisɑ̃, ɑ̃t/ adj nourishing.

nourrisson /nuʀisɔ̃/ nm infant.

nourriture /nuʀityʀ/ nf food.

nous /nu/ pron pers (sujet) we; (objet) us.

nous-même, pl **nous-mêmes** /numɛm/ pron pers ourselves, we.

nouveau (**nouvel** devant voyelle ou h muet), **nouvelle**, mpl **-x** /nuvo, nuvɛl/ I adj new; *tout nouveau* brand-new; *un nouveau venu* a newcomer. II nm,f (à l'école) new student; (dans une entreprise) new employee; (à l'armée) new recruit. III nm *j'ai du nouveau pour toi* I've got some news for you; *il nous faut du nouveau* we want something new. IV **à nouveau, de nouveau** loc adv (once) again.

nouveau-né, -e, mpl **-s** /nuvone/ nm,f newborn baby.

nouveauté /nuvote/ nf novelty; *ce n'est pas une nouveauté!* that's nothing new!; (livre) new publication; (disque) new release.

nouvel ▸ **nouveau**.

nouvelle /nuvɛl/ I adj f ▸ **nouveau**. II nf news ⊄; *une nouvelle* a piece of news; LITTÉRAT short story. III **nouvelles** nfpl news (sg); *il m'a demandé de tes nouvelles* he asked after you.

Nouvelle-Guinée /nuvɛlgine/ nprf New Guinea.

Nouvelle-Zélande /nuvɛlzelɑ̃d/ nprf New Zealand.

novembre /nɔvɑ̃bʀ/ nm November.

novice /nɔvis/ nmf novice.

noyade /nwajad/ nf drowning ⊄.

noyau, pl **-x** /nwajo/ nm stone[GB], pit[US]; (d'atome) nucleus; [▸de la Terre, d'un groupe] core.

noyé, -e /nwaje/ I adj *ils sont noyés◎ en algèbre* they are out of their depth in algebra; *visage noyé de larmes* face bathed in tears. II nm,f drowned person.

noyer[1] /nwaje/ I vtr to drown; [▸village, champ, moteur] to flood. II **se noyer** vpr to drown; (volontairement) to drown oneself.
● **se noyer dans un verre d'eau** to make a mountain out of a molehill.

noyer[2] /nwaje/ nm walnut (tree).

nu, -e /ny/ I adj [corps] naked; [partie du corps, pièce, arbre] bare; *la vérité toute nue* the plain truth. II nm nude. III **à nu** loc adv *mettre à nu* to expose.

nuage /nɥaʒ/ nm cloud.

nuageux, -euse /nɥaʒø, øz/ adj cloudy.

nuance /nɥɑ̃s/ nf shade; (de sens) nuance.

nucléaire /nykleeʀ/ I adj nuclear. II nm nuclear energy.

nudité /nydite/ nf nudity; (de lieu) bareness.

nuée /nye/ *nf* swarm; (de personnes) horde.

nues /ny/ *nfpl* **les nues** (cieux) the heavens; (nuages) the clouds.
● **tomber des nues**© to be flabbergasted©.

nuire /nɥiʀ/ *vtr ind* **nuire à qn** to harm sb; **nuire à qch** to be harmful to sth.

nuisance /nɥizɑ̃s/ *nf* source of irritation.

nuisible /nɥizibl/ *adj* harmful; **insecte nui-sible** (insect) pest.

nuit /nɥi/ *nf* night; **cette nuit** (ce soir) tonight; (la nuit dernière) last night; **de nuit** by night; **il fait nuit** it's dark; **nuit blanche** sleepless night.

nul, nulle /nyl/ **I** *adj* [personne]© hope-less, useless; [travail] worthless; [film, roman] trashy©; JUR [contrat, mariage] void; **match nul** tie, draw^{GB}. **II** *dét indéf* **nul homme/pays** no man/country; **nul autre que vous** no-one else but you; **sans nul doute** without any doubt. **III** *pron indéf* **nul** no-one; **nul n'ignore que** everyone knows that. **V nul part** *loc adv* nowhere.

nullement /nylmɑ̃/ *adv* not at all.

nullité /nylite/ *nf* invalidity; (personne incapable)© idiot©.

numération /nymeʀasjɔ̃/ *nf* **numération globulaire** blood count.

numérique /nymeʀik/ *adj* TECH digital; **pavé numérique** keypad; **appareil photo numérique** digital camera.

numérisation /nymeʀizasjɔ̃/ *nf* digitiza-tion, digitalization.

numéro /nymeʀo/ *nm* number; (de journal, magazine) issue; (dans un spectacle) act; **quel numéro**©**!** what a character!
■ **numéro d'appel gratuit, numéro vert** freefone number^{GB}, toll-free number^{US}.

numéroter /nymeʀɔte/ *vtr* to number.

nu-pied, *pl* **-s** /nypje/ *nm* (open) sandal.

nuque /nyk/ *nf* nape (of the neck).

nurse /nœʀs/ *nf* nanny^{GB}, nurse.

nu-tête /nytɛt/ *adj, adv* bareheaded.

nutriment /nytʀimɑ̃/ *nm* nutriment.

nutritif, -ive /nytʀitif, iv/ *adj* nutritious.

nylon® /nilɔ̃/ *nm* nylon.

O

oasis /ɔazis/ *nf* oasis.

obéir /ɔbeiʀ/ *vtr ind, vi* **obéir à qch/qn** to obey sth/sb.

obéissant, -e /ɔbeisɑ̃, ɑ̃t/ *adj* obedient.

obélisque /ɔbelisk/ *nm* obelisk.

obèse /ɔbɛz/ *adj* obese.

objecter /ɔbʒɛkte/ *vtr* to object.

objecteur /ɔbʒɛktœʀ/ *nm* **objecteur de conscience** conscientious objector.

objectif, -ive /ɔbʒɛktif, iv/ **I** *adj* objective. **II** *nm* objective; (d'appareil photo) lens.

objection /ɔbʒɛksjɔ̃/ *nf* objection.

objectivité /ɔbʒɛktivite/ *nf* objectivity.

objet /ɔbʒɛ/ *nm* object, thing; (sujet) **faire l'objet de** [▸enquête, recherche] to be the subject of; [▸haine, lutte] to be the object of; (but) purpose, object; **sans objet** [inquiétude] groundless; LING **objet direct/indirect** direct/indirect object.
■ **objets trouvés** lost property^{GB} ¢, lost and found^{US} ¢; **objet volant non identifié, ovni** unidentified flying object, UFO.

obligation /ɔbligasjɔ̃/ *nf* obligation, responsibility; (légal) obligation, duty; **se voir/trouver dans l'obligation de** to be forced to; FIN bond.

obligatoire /ɔbligatwaʀ/ *adj* compulsory.

obligé, -e /ɔbliʒe/ *adj* **je suis obligé de partir** I must go now, I have to go now; **vous n'êtes pas obligé d'accepter** you don't have to accept.

obligeance /ɔbliʒɑ̃s/ *nf* **auriez-vous l'obligeance de** would you be kind enough to.

obliger /ɔbliʒe/ *vtr* **obliger qn à** to force sb to, to compel sb to; (rendre service à) to oblige.

oblique /ɔblik/ *adj* [trait] slanting; [regard] sidelong; **en oblique** diagonally.

obliquer /ɔblike/ *vi* **obliquer vers la droite/gauche** to bear right/left.

oblitérer /ɔbliteʀe/ *vtr* to cancel.

obnubilé, -e /ɔbnybile/ *adj* **être obnubilé par** to be obsessed by.

obscène /ɔpsɛn/ *adj* obscene.

obscur, -e /ɔpskyʀ/ *adj* dark; (mystérieux) obscure.

obscurcir /ɔpskyʀsiʀ/ **I** *vtr* to cloud; **obscurcir une pièce** to make a room dark. **II s'obscurcir** *vpr* to darken.

obscurité /ɔpskyʀite/ *nf* darkness; **dans l'obscurité** in the dark.

obsédant, -e /ɔpsedɑ̃, ɑ̃t/ *adj* haunting.

obsédé, -e /ɔpsede/ *nm,f* **obsédé (sexuel)** sex maniac; **un obsédé© du vélo/du ski** a cycling/ski freak©.

obséder /ɔpsede/ *vtr* [souvenir] to haunt; [idée] to obsess.

obsèques /ɔpsɛk/ *nfpl* funeral (*sg*).

observateur, -trice /ɔpsɛʀvatœʀ, tʀis/ **I** *adj* observant. **II** *nm,f* observer.

observation /ɔpsɛʀvasjɔ̃/ *nf* observation; **l'observation des oiseaux** bird-watching; (sur un devoir) comment.

observatoire /ɔpsɛʀvatwaʀ/ *nm* observatory.

observer /ɔpsɛʀve/ *vtr* to watch, to observe; (remarquer) to notice; **faire observer qch à qn** to point sth out to sb; [▸régime] to keep to.

obsession /ɔpsesjɔ̃/ *nf* obsession.

obsolète /ɔpsɔlɛt/ *adj* obsolete.

obstacle /ɔpstakl/ *nm* obstacle; **faire obstacle à** to stand in the way of; (en équitation) fence.

obstétrique /ɔpstetʀik/ *nf* obstetrics.

obstiné, -e /ɔpstine/ *adj* stubborn; [efforts] dogged.

obstiner: s'obstiner /ɔpstine/ *vpr* **s'obstiner dans/à faire** to persist in/in doing; **s'obstiner à ne pas faire qch** to refuse obstinately to do sth; **s'obstiner dans une opinion** to cling stubbornly to an opinion.

obstruction /ɔpstʀyksjɔ̃/ *nf* obstruction; (de conduit) blockage.

obstruer /ɔpstʀye/ *vtr* to block.

obtempérer /ɔptɑ̃peʀe/ *vtr ind* **obtempérer (à)** to comply (with).

obtenir /ɔptəniʀ/ *vtr* [▸total] to arrive at; **obtenir qch de qn** to get sth from sb; **obtenir de qn qu'il fasse qch** to get sb to do sth.

obtention /ɔptɑ̃sjɔ̃/ *nf* obtaining.

obtus, -e /ɔpty, yz/ *adj* obtuse.

obus /ɔby/ *nm* shell.

occasion /ɔkazjɔ̃/ *nf* occasion; (moment favorable) opportunity, chance; *à l'occasion* some time; *à l'occasion de* on the occasion of; *avoir l'occasion de faire* to have the opportunity to do; (bonne affaire) bargain; *d'occasion* second-hand.

occasionner /ɔkazjɔne/ *vtr* to cause.

occident /ɔksidɑ̃/ *nm* west; *l'Occident* the West.

occidental, -e, *mpl* **-aux** /ɔksidɑ̃tal, o/ *adj* GÉOG western; POL Western.

Occidental, -e, *mpl* **-aux** /ɔksidɑ̃tal, o/ *nm,f* Westerner.

occulte /ɔkylt/ *adj* occult; *sciences occultes* black arts.

occulter /ɔkylte/ *vtr* to conceal.

occupant, -e /ɔkypɑ̃, ɑ̃t/ **I** *adj* occupying. **II** *nm,f* occupier. **III** *nm* *l'occupant* MIL the occupying forces.

occupation /ɔkypasjɔ̃/ *nf* occupation, job; *mes occupations professionnelles* my professional activities; (d'un lieu) occupancy; MIL occupation.

occupé, -e /ɔkype/ *adj* [personne, vie] busy; [siège] taken; [téléphone] engaged^GB, busy; [pays] occupied.

occuper /ɔkype/ **I** *vtr* to occupy; [▸maison] to live in; [▸siège] to sit in; [▸espace] to take up; *occuper son temps à faire* to spend one's time doing; *ça m'occupe!* it keeps me busy!; [▸emploi] to have. **II s'occuper** *vpr* to keep oneself busy; *s'occuper de* to take care of; *occupe-toi de tes affaires*© mind your own business©!

occurrence /ɔkyRɑ̃s/ *nf* *en l'occurrence* as it happens/happened.

océan /ɔseɑ̃/ *nm* ocean; *l'Océan Atlantique* the Atlantic; FIG *un océan de* a sea of.

océanique /ɔseanik/ *adj* oceanic.

océanographe /ɔseanɔgraf/ *nmf* oceanographer.

ocre /ɔkR/ *adj inv, nm* ochre^GB, ocher^US.

octet /ɔktɛt/ *nm* ORDINAT byte.

octobre /ɔktɔbR/ *nm* October.

octogénaire /ɔktɔʒenɛR/ *nmf* octogenarian.

octogone /ɔktɔgɔn/ *nm* octogon.

octroyer /ɔktRwaje/ *vtr* *octroyer qch à qn* to grant sb sth.

oculaire /ɔkylɛR/ *adj* ocular, eye; *témoin oculaire* eyewitness.

oculiste /ɔkylist/ *nmf* oculist.

odeur /ɔdœR/ *nf* *(bonne) odeur* nice smell; *(mauvaise) odeur* smell.

odieux, -ieuse /ɔdjø, jøz/ *adj* horrible; *odieux (avec qn)* obnoxious (to sb).

odorant, -e /ɔdɔrɑ̃, ɑ̃t/ *adj* sweet-smelling.

odorat /ɔdɔra/ *nm* sense of smell.

œil, *pl* **yeux** /œj, jø/ *nm* eye; *avoir de bons yeux* to have good eyesight; *ouvrir l'œil* to keep one's eyes open; *visible à l'œil nu* visible to the naked eye; *jeter un œil sur qch* to have a quick look at sth; *lever les yeux sur qch* to look up at sth; *je l'ai sous les yeux* I have it in front of me; *aux yeux de tous* openly; *coup d'œil* glance; *voir qch d'un mauvais œil* to take a dim view of sth; *à mes yeux* in my opinion.
● *mon œil*©! my eye©, my foot©; *à l'œil*© [manger] for nothing, for free; *tourner de l'œil*© to faint; *sauter aux yeux* to be obvious.

œil-de-bœuf, *pl* **œils-de-bœuf** /œjdə bœf/ *nm* bull's-eye.

œillade /œjad/ *nf* wink.

œillère /œjɛR/ *nf* blinker, blinder^US.

œillet /œjɛ/ *nm* (plante) carnation; (trou) eyelet.

œsophage /ezɔfaʒ/ *nm* oesophagus^GB.

œuf /œf, *pl* ø/ *nm* egg; *œufs de cabillaud* cod's roe ₵.
■ *œuf à la coque/dur/mollet/sur le plat* boiled/hard-boiled/soft-boiled/fried egg; *œufs brouillés* scrambled eggs.

œuvre /œvR/ *nf* (d'artiste, d'artisan) work; *une œuvre d'art* a work of art; (travail) *se mettre à l'œuvre* to get down to work; *mettre en œuvre* to implement; *tout mettre en œuvre pour faire* to make every effort to do.
■ *œuvre de bienfaisance* charity.

offense /ɔfɑ̃s/ *nf* insult.

offenser /ɔfɑ̃se/ **I** *vtr* to offend. **II s'offenser de** *vpr* to take offence^GB at.

offensif, -ive /ɔfɑ̃sif, iv/ *adj* offensive.

offensive /ɔfɑ̃siv/ *nf* offensive; *l'offensive du froid* the onslaught of the cold.

office /ɔfis/ **I** nm **remplir son office** [objet] to fulfil^{GB} its purpose; [employé] to carry out one's duty; **faire office de table** to serve as a table; (prières) office; (salle) butlery. **II d'office** loc adv out of hand.
■ **office du tourisme** tourist information office.

officialiser /ɔfisjalize/ vtr to make [sth] official.

officiel, -ielle /ɔfisjɛl/ adj, nm official.

officier¹ /ɔfisje/ vi to officiate.

officier² /ɔfisje/ nm officer.

officieux, -ieuse /ɔfisjø, jøz/ adj unofficial; [information] off-the-record.

offrande /ɔfrɑ̃d/ nf offering.

offre /ɔfr/ nf offer; **offre d'emploi** situation vacant^{GB}, help wanted^{US}; ÉCON supply; **l'offre et la demande** supply and demand.
■ **offre publique d'achat, OPA** takeover bid.

offrir /ɔfrir/ **I** vtr (donner) to give; to offer; (présenter) to show, to have. **II s'offrir** vpr **s'offrir qch** to buy oneself sth, to treat oneself to; [solution] to present itself.

offusquer /ɔfyske/ **I** vtr to offend. **II s'offusquer de** vpr to be offended (by).

ogive /ɔʒiv/ nf ARCHIT rib; **ogive nucléaire** nuclear warhead.

OGM /ozeɛm/ nm (abrév = **organisme génétiquement modifié**) GMO, genetically modified organism.

ogre, ogresse /ɔgr, ɔgrɛs/ nm, f ogre; (gros mangeur) big eater.

oh /o/ excl oh!; **oh hisse!** heave-ho!

oie /wa/ nf goose.

oignon /ɔɲɔ̃/ nm onion; (de fleur) bulb.
● **ce n'est pas tes oignons**[☺] it's none of your business[☺].

oiseau, pl **-x** /wazo/ nm bird; **oiseau de nuit** night owl; **un drôle d'oiseau**[☺] an oddball[☺].

oiseux, -euse /wazø, øz/ adj [propos] idle; [dispute] pointless.

oisif, -ive /wazif, iv/ adj idle.

oisillon /wazijɔ̃/ nm fledgling.

oisiveté /wazivte/ nf idleness.

olive /ɔliv/ nf olive.

olivier /ɔlivje/ nm olive tree.

OLP /ɔɛlpe/ nm (abrév = **Organisation de libération de la Palestine**) PLO.

olympique /ɔlɛ̃pik/ adj Olympic.

ombrage /ɔ̃braʒ/ nm shade; **porter ombrage à qn** to damage sb's reputation.

ombre /ɔ̃br/ nf shade; **à l'ombre de** in the shade of; (forme portée) shadow; (pénombre) darkness; **agir dans l'ombre** to operate behind the scenes; **rester dans l'ombre** to remain in obscurity; **l'ombre d'un reproche** a hint of reproach; **sans l'ombre d'un doute** without a shadow of a doubt.
■ **ombre à paupières** eye shadow.

ombrelle /ɔ̃brɛl/ nf parasol.

omelette /ɔmlɛt/ nf omelette.
■ **omelette norvégienne** baked Alaska.

omettre /ɔmɛtr/ vtr to leave out, to omit.

omission /ɔmisjɔ̃/ nf omission.

omnibus /ɔmnibys/ nm slow train^{GB}, local (train)^{US}.

omnisports /ɔmnispɔr/ adj inv **salle omnisports** sports hall.

omnivore /ɔmnivɔr/ **I** adj omnivorous. **II** nmf omnivore.

omoplate /ɔmɔplat/ nf shoulder blade.

OMS /ɔɛmɛs/ nf (abrév = **Organisation mondiale de la santé**) WHO.

on /ɔ̃/ pron pers (sujet indéfini) **on a refait la route** the road was resurfaced; **on a prétendu que** it was claimed that; **comme on dit** as they say; (nous) we; **on va en Afrique** we're going to Africa; (tu, vous) you; **on se calme!** calm down!; (quelqu'un) **on t'appelle** someone's calling you; (n'importe qui) **on peut le dire** you can say that.

once /ɔ̃s/ nf ounce; **pas une once de** FIG without an ounce of.

oncle /ɔ̃kl/ nm uncle; **l'oncle Robert** Uncle Robert.

onctueux, -euse /ɔ̃ktɥø, øz/ adj [mélange] smooth, creamy; [manière] unctuous.

onde /ɔ̃d/ nf wave; **sur les ondes** on the air.

ondée /ɔ̃de/ nf shower.

on-dit /ɔ̃di/ nm inv **les on-dit** hearsay ¢.

ondulation /ɔ̃dylasjɔ̃/ nf curves (pl); (de chevelure) wave.

ondulé, -e /ɔ̃dyle/ adj [cheveux] wavy; [tôle] corrugated.

onduler /ɔ̃dyle/ vi [chevelure] to fall in waves; [corps] to sway.

onéreux, -euse /ɔneʀø, øz/ *adj* costly.

ONG /oɛnʒe/ *nf* (*abrév* = **organisation non gouvernementale**) NGO.

ongle /ɔ̃gl/ *nm* nail; (de quadrupède) claw; (de rapace) talon; *ongles des mains* fingernails.

onglet /ɔ̃glɛ/ *nm* **avec onglets** [dictionnaire] with thumb index; ORDINAT tab; CULIN prime cut of beef.

onomatopée /ɔnɔmatɔpe/ *nf* onomatopoeia.

ONU /ɔny, oɛny/ *nf* (*abrév* = **Organisation des Nations unies**) UN.

onze /ɔ̃z/ *dét inv, pron* eleven.

onzième /ɔ̃zjɛm/ *adj* eleventh.

OPA /opea/ *nf* (*abrév* = **offre publique d'achat**) takeover bid.

opaque /ɔpak/ *adj* opaque.

opéra /ɔpeʀa/ *nm* opera; (salle) opera house.

opérateur, -trice /ɔpeʀatœʀ, tʀis/ *nm,f* operator; *opérateur de saisie* keyboarder.

opération /ɔpeʀasjɔ̃/ *nf* operation; *opération boursière* stock transaction.

opératoire /ɔpeʀatwaʀ/ *adj* [technique] surgical; *les suites opératoires* the after-effects of surgery; *bloc opératoire* surgical unit; (qui fonctionne) operative.

opérer /ɔpeʀe/ **I** *vtr* *opérer qn* to operate on sb; *se faire opérer* to have an operation; [▸choix] to make; [▸restructuration] to carry out. **II** *vi* to operate; [remède] to work. **III s'opérer** *vpr* to take place.

opérette /ɔpeʀɛt/ *nf* operetta.

opiner /ɔpine/ *vi* *opiner de la tête* to nod in agreement.

opiniâtre /ɔpinjɑtʀ/ *adj* tenacious.

opinion /ɔpinjɔ̃/ *nf* opinion; *se faire une opinion* to form an opinion.

opportun, -e /ɔpɔʀtœ̃, yn/ *adj* timely, opportune.

opposant, -e /ɔpozɑ̃, ɑ̃t/ *nm,f* *opposant (à)* opponent (of).

opposé, -e /ɔpoze/ **I** *adj* [direction, avis] opposite; [partis] opposing; [intérêts] conflicting; *être opposé à qch* to be opposed to sth. **II** *nm* opposite (of); *à l'opposé* in the wrong direction; *à l'opposé de qch* in contrast to sth.

opposer /ɔpoze/ **I** *vtr* [▸résistance] to put up; [▸deux équipes] to bring together; (séparer) to divide; [▸deux pays] to set against (each other); (comparer) *opposer (à)* to compare (with). **II s'opposer (à)** *vpr* [personnes] to disagree, to conflict; [équipes] to compete; *s'opposer à qch* to be opposed to sth, to oppose sth; (contraster) *s'opposer (à)* to contrast (with).

opposition /ɔpozisjɔ̃/ *nf* opposition; *être en opposition avec* to be in opposition to; *opposition de couleurs* contrast in colours^GB; *par opposition à* in contrast to; *faire opposition à un chèque* to stop a cheque.

oppresser /ɔpʀese/ *vtr* to oppress.

oppresseur /ɔpʀesœʀ/ *nm* oppressor.

oppression /ɔpʀesjɔ̃/ *nf* oppression.

opprimer /ɔpʀime/ *vtr* to oppress.

opter /ɔpte/ *vi* *opter pour* to opt for.

opticien, -ienne /ɔptisjɛ̃, jɛn/ *nm,f* optician.

optimiser /ɔptimize/ *vtr* to optimize.

optimisme /ɔptimism/ *nm* optimism; *faire preuve d'un optimisme prudent* to be cautiously optimistic.

optimiste /ɔptimist/ **I** *adj* optimistic. **II** *nmf* optimist.

option /ɔpsjɔ̃/ *nf* option; *en option* optional.

optionnel, -elle /ɔpsjɔnɛl/ *adj* optional.

optique /ɔptik/ **I** *adj* ANAT optic; PHYS, TECH optical. **II** *nf* optics (sg); *dans cette optique* from this perspective.

opulent, -e /ɔpylɑ̃, ɑ̃t/ *adj* [pays] opulent, wealthy; [poitrine] ample.

or¹ /ɔʀ/ *conj* but, and yet; (pour récapituler) now.

or² /ɔʀ/ *nm* gold ¢; *en or* [dent, bague] gold (*épith*); [occasion] golden; [patron, mari] marvellous^GB; (de cadre) gilding ¢; (couleur) *cheveux d'or* golden hair (sg); *rouler sur l'or* to be rolling in money.
■ **or bleu** blue gold, water; **or noir** oil.

orage /ɔʀaʒ/ *nm* storm.

orageux, -euse /ɔʀaʒø, øz/ *adj* stormy.

oral, -e, *mpl* **-aux** /ɔʀal, o/ **I** *adj* oral. **II** *nm* oral (examination).

oralement /ɔʀalmɑ̃/ *adv* orally.

orange /ɔʀɑ̃ʒ/ **I** *adj inv, nm* orange; [feu] amber^GB, yellow^US. **II** *nf* orange.

orangeade /ɔʀɑ̃ʒad/ *nf* orangeade.

oranger /ɔʀɑ̃ʒe/ nm orange tree; *fleur d'oranger* orange blossom.

orateur, -trice /ɔʀatœʀ, tʀis/ nm,f speaker; (tribun) orator.

orbite /ɔʀbit/ nf orbit; *mettre un satellite sur orbite* to put a satellite into orbit; (des yeux) eye socket.

orchestre /ɔʀkɛstʀ/ nm orchestra; *orchestre de jazz* jazz band.

orchidée /ɔʀkide/ nf orchid.

ordinaire /ɔʀdinɛʀ/ **I** adj ordinary, normal; *peu ordinaire* unusual; *très ordinaire* [vin] very average; [personne] very ordinary; (coutumier) usual. **II** nm *sortir de l'ordinaire* to be out of the ordinary. **III à l'ordinaire, d'ordinaire** loc adv usually.

ordinateur /ɔʀdinatœʀ/ nm computer; *ordinateur portable* laptop (computer); *assisté par ordinateur* computer-aided.

ordonnance /ɔʀdɔnɑ̃s/ nf prescription; *médicament vendu sans ordonnance* over-the-counter medicine; JUR ruling.

ordonné, -e /ɔʀdɔne/ adj tidy.

ordonner /ɔʀdɔne/ vtr to put [sth] in order; *ordonner à qn de faire qch* to order sb to do sth.

ordre /ɔʀdʀ/ nm order; *par ordre alphabétique* in alphabetical order; (fait d'être rangé) tidiness, orderliness; *en ordre* [maison] tidy; [comptes] in order; *rappeler qn à l'ordre* to reprimand sb; *tout est rentré dans l'ordre* everything is back to normal; *l'ordre (public)* law and order; *de premier/second ordre* first-rate/second-rate; *c'est du même ordre* it's the same kind of thing; *un ordre de grandeur* an approximate idea; *jusqu'à nouvel ordre* until further notice; RELIG *entrer dans les ordres* to take (holy) orders; *à l'ordre de X* [chèque] payable to X. ■ **à l'ordre du jour** on the agenda.

ordure /ɔʀdyʀ/ **I** ® nf bastard●. **II ordures** nfpl refuseᴳᴮ ℂ, garbageᵁˢ ℂ; (grossièretés) filth ℂ.

ordurier, -ière /ɔʀdyʀje, jɛʀ/ adj filthy.

orée /ɔʀe/ nf *à l'orée du bois* at the edge of the wood.

oreille /ɔʀɛj/ nf ear.

oreiller /ɔʀeje/ nm pillow.

oreillette /ɔʀɛjɛt/ nf ANAT auricle; (de casquette) earflap; (pour écouter) earphone.

oreillons /ɔʀɛjɔ̃/ nmpl mumps.

ores: d'ores et déjà /dɔʀzedeʒa/ loc adv already.

orfèvre /ɔʀfɛvʀ/ nmf goldsmith.

organe /ɔʀgan/ nm organ.

organigramme /ɔʀganigʀam/ nm organization chart.

organique /ɔʀganik/ adj organic.

organisateur, -trice /ɔʀganizatœʀ, tʀis/ nm,f organizer.

organisation /ɔʀganizasjɔ̃/ nf organization.

organiser /ɔʀganize/ **I** vtr to organize. **II s'organiser** vpr to get organized, to be organized.

organiseur /ɔʀganizœʀ/ nm organizer.

organisme /ɔʀganism/ nm body, organism; (organisation) organization.

orge /ɔʀʒ/ nf barley.

orgie /ɔʀʒi/ nf orgy.

orgue /ɔʀg/ **I** nm organ; *orgue de Barbarie* barrel organ. **II orgues** nfpl *(grandes) orgues* organ *(sg)*.

orgueil /ɔʀgœj/ nm pride.

orgueilleux, -euse /ɔʀgœjø, øz/ adj overproud.

orient /ɔʀjɑ̃/ nm east; *l'Orient* the East.

oriental, -e, mpl **-aux** /ɔʀjɑ̃tal, o/ adj [côte] eastern; [civilisation] oriental.

Oriental, -e, mpl **-aux** /ɔʀjɑ̃tal, o/ nm,f Asian; *les Orientaux* Asians.

orientation /ɔʀjɑ̃tasjɔ̃/ nf (de maison) aspect; (de projecteur, de recherche) direction; SCOL *l'orientation* curriculum counsellingᴳᴮ.

orienter /ɔʀjɑ̃te/ **I** vtr [▸lampe] to direct; [▸enquête] to focus; (conseiller) to give [sb] some career advice. **II s'orienter** vpr to find one's bearings; *s'orienter vers* to move toward(s); [conversation] to turn to.

orifice /ɔʀifis/ nm orifice, opening.

origan /ɔʀigɑ̃/ nm oregano.

originaire /ɔʀiʒinɛʀ/ adj *originaire de* native to.

original, -e, mpl **-aux** /ɔʀiʒinal, o/ **I** adj, nm original. **II** nm,f eccentric, oddball●.

originalité /ɔʀiʒinalite/ nf originality.

origine /ɔʀiʒin/ nf origin; *à l'origine* originally; *d'origine* [pièce] original.

originel, -elle /ɔʀiʒinɛl/ adj original.

orme /ɔʀm/ *nm* elm (tree).

ornement /ɔʀnəmɑ̃/ *nm* ornament.

orner /ɔʀne/ *vtr* **orner (de)** to decorate (with); [▸vêtement] to trim (with).

ornière /ɔʀnjɛʀ/ *nf* rut.

orphelin, -e /ɔʀfəlɛ̃, in/ *adj, nm,f* orphan; *maladie orpheline* orphan disease.

orphelinat /ɔʀfəlina/ *nm* orphanage.

orque /ɔʀk/ *nm ou f* killer whale.

orteil /ɔʀtɛj/ *nm* toe; *gros orteil* big toe.

orthodoxe /ɔʀtɔdɔks/ **I** *adj* orthodox. **II** *nm,f* Orthodox.

orthographe /ɔʀtɔgʀaf/ *nf* spelling.

orthographier /ɔʀtɔgʀafje/ *vtr* to spell.

orthophoniste /ɔʀtɔfɔnist/ *nmf* speech therapist.

ortie /ɔʀti/ *nf* (stinging) nettle.

os /ɔs, *pl* o/ *nm* bone.
- **os à moelle** marrowbone.

osciller /ɔsile/ *vi* to swing; *osciller entre* to vacillate between.

osé, -e /oze/ *adj* daring.

oseille /ozɛj/ *nf* sorrel; (argent)© dough©, money.

oser /oze/ *vtr* to dare; *je n'ose pas demander* I daren't[GB] ask, I don't dare ask; *si j'ose dire* if I may say so.

osier /ozje/ *nm* wicker.

ossature /ɔsatyʀ/ *nf* skeleton.

osselets /ɔslɛ/ *nmpl* (jeu) jacks.

ossements /ɔsmɑ̃/ *nmpl* remains.

osseux, -euse /ɔsø, øz/ *adj* [visage] bony; [maladie] bone (*épith*).

otage /ɔtaʒ/ *nm* hostage; *prise d'otages* hostage-taking.

OTAN /ɔtɑ̃/ *nf* (*abrév* = **Organisation du traité de l'Atlantique Nord**) NATO.

otarie /ɔtaʀi/ *nf* eared seal, otary.

ôter /ote/ *vtr* to take off; [▸tache] to remove; *ôter qch à qn* to take sth away from sb.

otite /ɔtit/ *nf* inflammation of the ear; *avoir une otite* to have earache[GB].

oto-rhino-laryngologiste, *pl* **-s** /otoʀinolaʀɛ̃gɔlɔʒist/ *nmf* ear, nose and throat specialist.

ou /u/ *conj* or; *ou alors, ou bien* or else; *ou bien il est timide, ou il est impoli* he's either shy or rude.

où /u/ **I** *adv inter* where; *où vas-tu?* where are you going? **II** *pron rel* where; *le quartier où nous habitons* the area where we live, the area we live in, the area in which we live; *où qu'ils aillent* wherever they go; *d'où l'on peut conclure que* from which we can conclude that; (temporel) when; *il fut un temps où* there was a time when; *le matin où je l'ai rencontré* the morning I met him.

ouate /wat/ *nf* cotton wool[GB], cotton[US]; *doublé d'ouate* wadded.

oubli /ubli/ *nm* omission; *tomber dans l'oubli* to sink into oblivion.

oublier /ublije/ *vtr* to forget (about); [▸clé] to leave.

ouest /wɛst/ **I** *adj inv* [versant] west; [frontière] western. **II** *nm* west; *l'Ouest* the West.

ouf /uf/ *excl* phew!

Ouganda /ugɑ̃da/ *nprm* Uganda.

oui /wi/ **I** *adv* yes; *mais oui!* yes!; *découvrir si oui ou non* to discover whether or not; *faire oui de la tête* to nod; *eh oui, c'est comme ça!* well, that's just the way it is!; *je crois que oui* I think so. **II** *nm inv* yes; (vote positif) yes vote.

ouï-dire /widiʀ/ *nm inv par ouï-dire* by hearsay.

ouïe /wi/ *nf* hearing ¢; *être tout ouïe* to be all ears; (de poisson) gill.

ouragan /uʀagɑ̃/ *nm* hurricane.

ourlet /uʀlɛ/ *nm* hem.

ours /uʀs/ *nm inv* bear.
- **ours blanc/brun** polar/brown bear; **ours en peluche** teddy bear.

ourse /uʀs/ *nf* she-bear.

Ourse /uʀs/ *nprf la Grande Ourse* the Plough[GB], the Big Dipper[US]; *la Petite Ourse* the Little Bear[GB], the Little Dipper[US].

oursin /uʀsɛ̃/ *nm* (sea) urchin.

ourson /uʀsɔ̃/ *nm* bear cub.

outil /uti/ *nm* tool.

outillage /utijaʒ/ *nm* tools (*pl*).

outrage /utʀaʒ/ *nm* insult.

outrager /utʀaʒe/ *vtr* to offend.

outrance /utʀɑ̃s/ *nf* excess; *à outrance* excessively.

outre[1] /utʀ/ **I** *prép* in addition to. **II** *adv* *passer outre à qch* to disregard sth. **III outre**

mesure *loc adv* unduly. **IV en outre** *loc adv* in addition.

outre² /utʀ/ *nf* goatskin.

outré, -e /utʀe/ *adj* (indigné) offended; (exagéré) extravagant.

outre-Atlantique /utʀatlãtik/ *adv* across the Atlantic; *d'outre-Atlantique* American.

outre-Manche /utʀəmãʃ/ *adv* across the Channel, in Britain; *d'outre-Manche* British.

outremer /utʀəmɛʀ/ *adj inv, nm* ultramarine.

outre-mer /utʀəmɛʀ/ *adv* overseas.

outrepasser /utʀəpase/ *vtr* [▸droits] to exceed; [▸limites] to overstep.

outrer /utʀe/ *vtr* to outrage.

ouvert, -e /uvɛʀ, ɛʀt/ **I** *pp* ▸ **ouvrir**. **II** *adj* open; *ouvert à* open to; [gaz] on; [robinet] running.

ouvertement /uvɛʀtəmã/ *adv* openly.

ouverture /uvɛʀtyʀ/ *nf* opening; *ouverture d'esprit* open-mindedness; MUS overture.

ouvrable /uvʀabl/ *adj* [jour] working; [heure] business.

ouvrage /uvʀaʒ/ *nm* (travail, livre, œuvre) work; *se mettre à l'ouvrage* to get down to work; (d'un artisan) piece of work.

ouvragé, -e /uvʀaʒe/ *adj* finely wrought.

ouvre-boîte, ouvre-boite, *pl* **-s** /uvʀəbwat/ *nm* tin-opener^{GB}, can-opener^{US}.

ouvre-bouteille, *pl* **-s** /uvʀəbutɛj/ *nm* bottle-opener.

ouvreur, -euse /uvʀœʀ, jøz/ *nm,f* usher/usherette.

ouvrier, -ière /uvʀije, jɛʀ/ **I** *adj* *classe ouvrière* working class; *syndicat ouvrier* trade union. **II** *nm,f* worker.

ouvrir /uvʀiʀ/ **I** *vtr* to open; [▸passage] to open up; *ouvrir une route* to build a road; [▸radio] to turn on. **II** *vi* to open; *va ouvrir* go and open the door; *ouvrez!* open up!; *ouvrir sur* to open onto. **III** *s'ouvrir* *vpr* to open; [pays, voie] to open up; *s'ouvrir à qn* to open one's heart to sb; *s'ouvrir le genou* to cut one's knee (open); *s'ouvrir les veines* to slash one's wrists.

ovaire /ɔvɛʀ/ *nm* ovary.

ovale /ɔval/ *adj, nm* oval.

ovation /ɔvasjɔ̃/ *nf* ovation.

ovin, -e /ɔvɛ̃, in/ **I** *adj* ovine. **II** *nm* sheep.

ovni /ɔvni/ *nm* (abrév = **objet volant non identifié**) unidentified flying object, UFO.

ovule /ɔvyl/ *nm* ANAT ovum; MÉD pessary.

oxyde /ɔksid/ *nm* oxide.

oxyder /ɔkside/ *vtr*, **s'-** *vpr* to oxidize.

oxygène /ɔksiʒɛn/ *nm* oxygen.

oxygéné, -e /ɔksiʒene/ *adj* *cheveux oxygénés* peroxide (blond) hair; *eau oxygénée* hydrogen peroxide.

oxygéner: s' /ɔksiʒene/ *vpr* to get some fresh air.

oyez /ɔje/ ▸ **ouïr**.

ozone /ozon/ *nf* ozone; *la couche d'ozone* the ozone layer.

p

pacifier /pasifje/ *vtr* to pacify.

pacifique /pasifik/ *adj* peaceful.

Pacifique /pasifik/ *nprm l'océan Pacifique* the Pacific (Ocean).

pacotille /pakɔtij/ *nf de pacotille* cheap.

PACS /paks/ *nm* (abrév = **pacte civil de solidarité**) contract of civil union.

pacser: se pacser /pakse/ *vpr* to sign a PACS.

pacte /pakt/ *nm* pact.

pactiser /paktize/ *vi* to make peace (with).

pactole /paktɔl/ *nm* gold mine.

pagaie /pagɛ/ *nf* paddle.

pagaille© /pagaj/ *nf* mess.

pagayer /pageje/ *vi* to paddle.

page¹ /paʒ/ *nm* page (boy).

page² /paʒ/ *nf* page; *mise en page* layout; *tourner la page* FIG to turn over a new leaf.
■ **page d'accueil** ORDINAT homepage.
● **être à la page** to be up to date.

paie /pɛ/ *nf* pay.

paiement /pɛmɑ̃/ *nm* payment.

païen, -ienne /pajɛ̃, jɛn/ *adj, nm,f* pagan.

paillasse /pajas/ *nf* straw mattress; (d'évier) draining board.

paillasson /pajasɔ̃/ *nm* doormat.

paille /pɑj/ *nf* straw.
● **être sur la paille**© to be penniless.

paillette /pajɛt/ *nf* sequin, spangle^US; *savon en paillettes* soap flakes (pl).

pain /pɛ̃/ *nm* bread; *un petit pain* a (bread) roll; (de cire) bar.
■ **pain complet** wholemeal^GB, wholewheat^US bread; **pain d'épices** gingerbread; **pain grillé** toast; **pain aux raisins** currant^GB, raisin^US bun.

pair, -e /pɛʀ/ **I** *adj* even. **II** *nm* (égal) peer; *hors pair* excellent; *aller de pair avec* to

go hand in hand with; *jeune fille au pair* au pair (girl).

paire /pɛʀ/ *nf* pair.

paisible /pezibl/ *adj* peaceful, quiet.

paître, paitre /pɛtʀ/ *vi* to graze; *envoyer paître qn*© to send sb packing©.

paix /pɛ/ *nf* peace; *laisser qn en paix* to leave sb alone; *la paix*©! be quiet!

palace /palas/ *nm* luxury hotel.

palais /palɛ/ *nm* ANAT palate; ARCHIT palace; *palais de justice* law courts (pl).

pale /pal/ *nf* blade.

pâle /pɑl/ *adj* pale.

Palestine /palɛstin/ *nprf* Palestine.

palet /palɛ/ *nm* puck; (à la marelle) hopscotch stone.

palette /palɛt/ *nf* palette.

pâleur /pɑlœʀ/ *nf* pallor.

palier /palje/ *nm* landing; (stade) level; *par paliers* by stages.

pâlir /pɑliʀ/ *vi* [photo] to fade; [personne] to turn pale.

palissade /palisad/ *nf* fence.

pâlissant, -e /pɑlisɑ̃, ɑ̃t/ *adj* fading.

pallier /palje/ *vtr* to compensate for.

palmarès /palmaʀɛs/ *nm* (lauréats) list of winners; (victoires) record of achievements.

palme /palm/ *nf* palm leaf; (pour nager) flipper; (prix) prize.

palmier /palmje/ *nm* palm (tree); (pâtisserie) palmier.

palombe /palɔ̃b/ *nf* wood pigeon.

pâlot©, **-otte** /palo, ɔt/ *adj* rather pale.

palourde /paluʀd/ *nf* clam.

palper /palpe/ *vtr* to feel.

palpitant, -e /palpitɑ̃, ɑ̃t/ *adj* thrilling.

palpiter /palpite/ *vi* [cœur] to beat; (trembler) to flutter.

paludisme /palydism/ *nm* malaria.

pamplemousse /pɑ̃pləmus/ *nm* grapefruit.

pan /pɑ̃/ **I** *nm* section; (de vie) part; *pan de chemise* shirttail. **II** *excl* bang!

panaché, -e /panaʃe/ **I** *adj* mixed. **II** *nm* shandy^GB.

panaris /panaʀi/ *nm* whitlow.

pancarte /pɑ̃kaʀt/ *nf* notice^GB, sign^US.

pané, -e /pane/ *adj* breaded.

panier /panje/ nm basket; *mettre au panier* to throw out.

panier-repas, pl **paniers-repas** /panjerəpa/ nm packed lunch^{GB}, box lunch^{US}.

panique /panik/ **I** adj *peur panique* terror. **II** nf panic.

paniquer© /panike/ vi to panic.

panne /pan/ nf breakdown; (d'électricité) failure; *tomber en panne* (mécanique) to break down; (d'essence) to run out of (petrol^{GB}/gas^{US}).

panneau, pl **-x** /pano/ nm sign; (planche) panel.
■ **panneau solaire** solar panel; **panneau d'affichage** notice board^{GB}, bulletin board; **panneau publicitaire** billboard.

panoplie /panɔpli/ nf (pour se déguiser) outfit; (d'objets usuels) array.

panorama /panɔrama/ nm panorama.

panoramique /panɔramik/ adj panoramic.

panse /pɑ̃s/ nf paunch.

pansement /pɑ̃smɑ̃/ nm dressing; *pansement adhésif* plaster^{GB}, Band-Aid®.

panser /pɑ̃se/ vtr (▸plaie) to dress.

pantacourt /pɑ̃takuR/ nm cropped trousers.

pantalon /pɑ̃talɔ̃/ nm trousers^{GB} (pl), pants^{US} (pl).

panthère /pɑ̃tɛR/ nf panther.

pantin /pɑ̃tɛ̃/ nm puppet.

pantomime /pɑ̃tɔmim/ nf mime; (spectacle) mime show.

pantoufle /pɑ̃tufl/ nf slipper.

PAO /peao/ nf (abrév = **publication assistée par ordinateur**) desktop publishing, DTP.

paon /pɑ̃/ nm peacock.

papa /papa/ nm dad©, daddy©.

pape /pap/ nm pope.

paperasse© /papRas/ nf PÉJ bumph^{©GB} ¢.

papeterie, **papèterie** /papɛtRi/ nf (commerce) stationery shop^{GB}; (articles) stationery.

papetier, -ière /paptje, jɛR/ nm,f stationer.

papier /papje/ nm paper; *papiers d'identité* (identity) papers.
■ **papier (d')aluminium** foil; **papier cadeau** gift wrap, wrapping paper; **papier-calque** tracing paper; **papier peint** wallpaper; **papier de verre** sandpaper.

papille /papij/ nf *papilles gustatives* taste buds.

papillon /papijɔ̃/ nm butterfly.

papillote /papijɔt/ nf CULIN foil parcel^{GB}.

papoter© /papɔte/ vi to chatter.

pâque /pɑk/ nf *la pâque juive* Passover.

paquebot /pakbo/ nm liner.

pâquerette /pakRɛt/ nf daisy.

Pâques /pɑk/ nm Easter.

paquet /pakɛ/ nm (emballage) packet^{GB}, package^{US}; (de cigarettes, café) packet^{GB}, pack^{US}; (colis) parcel^{GB}, package^{US}.
■ **paquet-cadeau** gift-wrapped present.

par /paR/ prép (agent, moyen) by; (lieu) [passer] through; *arriver par la gauche* to come from the left; *par endroits* in places; (temps) *par le passé* in the past; *par une belle journée* on a beautiful day; *par ce froid* in this cold weather; (répartition) *un par jour* one a day; *par personne* per person; *par groupes* in groups; *par ennui* out of boredom.

parabole /paRabɔl/ nf (récit) parable; MATH parabola; (antenne) satellite dish, satellite receiver.

parachute /paRaʃyt/ nm parachute; *parachute doré* golden parachute.

parachuter /paRaʃyte/ vt (▸soldats, ravitaillement] to drop, to parachute.

parachutiste /paRaʃytist/ nm,f SPORT parachutist; MIL paratrooper.

parade /paRad/ nf parade; (défense) parry.

paradis /paRadi/ nm paradise; RELIG heaven; *paradis fiscal* tax haven.

paradoxe /paRadɔks/ nm paradox.

parages /paRaʒ/ nmpl *dans les parages* around.

paragraphe /paRagraf/ nm paragraph.

paraître, paraitre /paRɛtR/ **I** vi to come out, to be published; *faire paraître* to publish; (avoir l'air) to look, to seem; (devenir visible) to appear. **II** v impers *il paraît qu'il/elle* apparently he/she; *il me paraît inutile de faire* it seems useless to me to do.

parallèle¹ /paRalɛl/ adj, nm parallel; *faire le parallèle* to make a connection.

parallèle² /paRalɛl/ nf MATH parallel line.

parallèlement /paRalɛlmɑ̃/ adv at the same time.

parfois

parallélisme /paralelism/ *nm* parallel.

paralyser /paralize/ *vtr* to paralyze.

paralysie /paralizi/ *nf* paralysis.

paramédical, -e, *mpl* **-aux** /paramedikal, o/ *adj* paramedical.

paramètre /parametr/ *nm* parameter.

parapente /parapɑ̃t/ *nm* paragliding.

parapharmacie /parafarmasi/ *nf* products of care and hygiene sold over the counter.

parapher /parafe/ *vtr* to initial; (avec sa signature) to sign.

paraphrase /parafrɑz/ *nf* paraphrase.

parapluie /paraplɥi/ *nm* umbrella.

parascolaire /paraskɔlɛr/ *adj* extracurricular.

parasite /parazit/ *nm* parasite; (brouillage) interference ¢.

parasol /parasɔl/ *nm* sun umbrella.

paratonnerre /paratɔnɛr/ *nm* lightning rod.

paravent /paravɑ̃/ *nm* screen.

parc /park/ *nm* park; (pour enfant) playpen; *parc automobile* fleet of cars.
■ **parc d'attractions** amusement park; **parc de loisirs** theme park; **parc de stationnement** car park.

parce que /parsəkə/ *loc conj* because.

parcelle /parsɛl/ *nf* fragment, particle; (terrain) plot (of land).

parchemin /parʃəmɛ̃/ *nm* parchment.

par-ci /parsi/ *adv* *par-ci par-là* here and there.

parcmètre /parkmetr/ *nm* parking meter.

parcourir /parkurir/ *vtr* [▸distance] to cover; [▸lettre] to glance through; [▸pays] to run across.

parcours /parkur/ *nm* (d'autobus) route; (de fleuve) course; *sur mon parcours* on my way; *parcours de golf* round of golf.

par-delà /pardəla/ *prép* beyond.

par-derrière /parderjer/ *adv* [passer] round the back; [attaquer] from behind; [critiquer] behind sb's back.

par-dessous /pardəsu/ *prép, adv* underneath.

pardessus /pardəsy/ *nm* overcoat.

par-dessus /pardəsy/ **I** *adv* over, on top. **II** *prép* *saute par-dessus qch* jump over sth; *par-dessus bord* overboard; *par-dessus tout* above all.

par-devant /pardəvɑ̃/ *adv* in front; (par l'avant) by the front.

pardon /pardɔ̃/ *nm* forgiveness; RELIG pardon; *je te demande pardon* I'm sorry; *tu lui as demandé pardon?* did you apologize?; *pardon!* sorry!; *pardon madame…* excuse me please…

pardonner /pardɔne/ **I** *vtr* *pardonner qch à qn* to forgive sb sth; *pardonnez-moi, mais…* excuse me, but… **II** *vi* *ça ne pardonne pas* it's fatal.

pare-balle, -s /parbal/ *adj* bulletproof.

pare-brise, -s /parbriz/ *nm* windscreen[GB], windshield[US].

pare-choc, -s /parʃɔk/ *nm* bumper.

pareil, -eille /parɛj/ **I** *adj* *être pareil(s)* to be the same; *une robe pareille à la tienne* a dress like yours; *c'est pareil* it's the same thing; (tel) such; *par un temps pareil* in weather like this. **II** *adv* the same (way).

parent, -e /parɑ̃, ɑ̃t/ **I** *adj* related (to). **II** *nm,f* relative, relation. **III** *nm* parent.

parental, -e, *mpl* **-aux** /parɑ̃tal, o/ *adj* parental; *congé parental* parental leave, parent leave.

parenté /parɑ̃te/ *nf* *les liens de parenté* family ties.

parenthèse /parɑ̃tɛz/ *nf* *entre parenthèses* in brackets[GB], parenthesis[US]; *ouvrir une parenthèse* to digress; *(soit dit) entre parenthèses* incidentally.

parer /pare/ **I** *vtr* (esquiver) to ward off; (orner) *parer (de)* to adorn (with). **II** *parer à* *vtr ind* *parer au plus pressé* to deal with the most urgent matters first. **III** *se parer* *vpr* *se parer de* to adorn oneself with.

paresse /parɛs/ *nf* laziness.

paresser /parɛse/ *vi* to laze.

paresseux, -euse /parɛsø, øz/ *adj* lazy.

parfaire /parfɛr/ *vtr* to complete, to perfect.

parfait, -e /parfɛ, ɛt/ *adj* perfect.

parfaitement /parfɛtmɑ̃/ *adv* perfectly; [égal] absolutely; [faux] totally.

parfois /parfwa/ *adv* sometimes.

parfum /paʀfœ̃/ nm perfume; (de fleur, forêt) scent; (goût) flavour^{GB}.

● **être au parfum**[☺] to be in the know[☺]; **mettre qn au parfum**[☺] to put sb in the picture[☺].

parfumé, -e /paʀfyme/ adj [thé] flavoured^{GB}; [savon] scented; [air] fragrant; **parfumé à la lavande** lavender-scented.

parfumer /paʀfyme/ **I** vtr to put scent (in); (aromatiser) to flavour^{GB} (with). **II se parfumer** vpr to put perfume on.

parfumerie /paʀfymʀi/ nf perfumery.

pari /paʀi/ nm bet.

parier /paʀje/ vtr to bet (on).

parisien, -ienne /paʀizjɛ̃, jɛn/ adj [accent, vie] Parisian; [banlieue, région] Paris.

parité /paʀite/ nf parity; POL male-female parity.

parjure /paʀʒyʀ/ nm perjury ¢.

parking /paʀkiŋ/ nm car park^{GB}, parking lot^{US}.

par-là /paʀla/ adv ▶ **par-ci**.

parlant, -e /paʀlɑ̃, ɑ̃t/ adj convincing, eloquent; **un film parlant** a talking picture, a talkie[☺]; **horloge parlante** speaking clock.

Parlement /paʀləmɑ̃/ nm Parliament.

parlementaire /paʀləmɑ̃tɛʀ/ **I** adj parliamentary. **II** nm,f Member of Parliament.

parlementer /paʀləmɑ̃te/ vi to negotiate.

parler /paʀle/ **I** vtr **parler (l')italien** to speak Italian; **parler affaires** to talk (about) business. **II parler à** vtr ind to talk to. **III parler de** vtr ind to talk about; [film, livre] to be about; **on m'a beaucoup parlé de vous** I've heard a lot about you. **IV** vi [enfant, perroquet] to talk; **parler vite/en russe** to speak fast/loudly/in Russian; **tu parles si je viens**[☺]! you bet I'm coming[☺]!

parme /paʀm/ adj inv, nm mauve.

parmi /paʀmi/ prép among.

paroi /paʀwa/ nf wall; (de montagne) rock face.

paroisse /paʀwas/ nf parish.

paroissien, -ienne /paʀwasjɛ̃, jɛn/ nm,f parishioner.

parole /paʀɔl/ nf speech; **prendre la parole** to speak; (mot) word; **donner sa parole** to give one's word; **paroles** (de chanson) words, lyrics.

paroxysme /paʀɔksism/ nm climax.

parquer /paʀke/ vtr [▶ bestiaux] to pen; [▶ personnes] to coop up; [▶ voiture] to park.

parquet /paʀkɛ/ nm parquet (floor); JUR **le parquet** the prosecution.

parrain /paʀɛ̃/ nm godfather; (de candidat, etc) sponsor.

parrainer /paʀene/ vtr to sponsor.

parsemer /paʀsəme/ vtr to sprinkle over; **parsemé d'obstacles** strewn with obstacles.

part /paʀ/ **I** nf portion; (de viande, riz) helping, portion; (d'héritage) share; **pour une grande part** to a large extent; (contribution) share; **prendre part à** to take part in; **faire part de qch** to let know about sth; (partie) **de toute(s) part(s)** from all sides; **de part et d'autre** on both sides; **d'une part..., d'autre part...** on the one hand..., on the other hand...; **d'autre part** moreover. **II à part** loc [ranger] separately; **prendre qn à part** to take sb aside; **un cas à part** a special case; (excepté) apart from; **à part que** apart from the fact that. **III de la part de** loc prép from sb; **c'est de la part de qui?** who's calling, please?

partage /paʀtaʒ/ nm distribution.

partagé, -e /paʀtaʒe/ adj [avis] divided; [sentiments] mixed; **être partagé entre** to be torn between.

partager /paʀtaʒe/ **I** vtr to share; (diviser) to divide, to split. **II se partager** vpr to share; (être divisé) to be divided.

partance /paʀtɑ̃s/ nf **en partance** departing; **être en partance pour** to be bound for.

partant[☺], **-e** /paʀtɑ̃, ɑ̃t/ adj **je suis partant** I'm game[☺].

partenaire /paʀtənɛʀ/ nm,f partner.

partenariat /paʀtənaʀja/ nm partnership; **en partenariat avec** in partnership with.

parterre /paʀtɛʀ/ nm bed; (au théâtre) stalls^{GB} (pl), orchestra^{US}.

parti /paʀti/ nm party; (solution) option; **prendre parti** to commit oneself; **prendre le parti de qn** to side with sb; **il a pris le parti de faire** he decided to do; **bon parti** good match.

● **tirer parti de qch** to take advantage of sth.

partial, -e, mpl **-iaux** /paʀsjal, jo/ adj biased.

partialité /paʀsjalite/ *nf* bias.

participant, -e /paʀtisipɑ̃, ɑ̃t/ *nm,f* participant.

participation /paʀtisipasjɔ̃/ *nf* participation (in); (à un complot) involvement (in); *participation aux frais* (financial) contribution.

participe /paʀtisip/ *nm* participle.

participer /paʀtisipe/ **participer à** *vtr ind* to take part in, to be involved in; *participer aux frais* to share in the cost.

particularité /paʀtikylaʀite/ *nf* special feature.

particule /paʀtikyl/ *nf* particle.

particulier, -ière /paʀtikylje, jɛʀ/ **I** *adj* [droits, rôle, jour] special; [exemple, objectif] specific; [voiture] private; [cas] unusual; *rien de particulier* nothing special. **II en particulier** *loc adv* (en privé) in private; (séparément) individually; (notamment) particularly. **III** *nm (simple) particulier* private individual; *loger chez des particuliers* to stay with a family.

particulièrement /paʀtikyljɛʀmɑ̃/ *adv* particularly.

partie /paʀti/ *nf* (portion) part; *la majeure partie de* most of; *en partie* partly; *en grande partie* to a large extent; *faire partie de* to be among; JEUX, SPORT game; JUR party.
• *prendre qn à partie* to take sb to task.

partiel, -ielle /paʀsjɛl/ **I** *adj* [paiement] part; [destruction, accord] partial. **II** *nm* UNIV term examᴳᴮ.

partir /paʀtiʀ/ **I** *vi* to leave, to go (away); (pour une destination) to go; *partir pour le Mexique* to leave for Mexico; *partir à la guerre* to go off to war; (se déclencher) to go off; *partir de rien* to start from nothing; [tache] to come out; [bouton, peinture] to come off. **II à partir de** *loc prép* from; *à partir de maintenant* from now on.

partisan, -e /paʀtizɑ̃, an/ *nm,f* supporter, partisan.

partitif, -ive /paʀtitif, iv/ *adj, nm* partitive.

partition /paʀtisjɔ̃/ *nf* MUS score; (partage) partition.

partout /paʀtu/ *adv* everywhere; *partout où je vais* wherever I go.

parure /paʀyʀ/ *nf* (ensemble) set.

parution /paʀysjɔ̃/ *nf* publication.

parvenir /paʀvəniʀ/ **parvenir à** *vtr ind* to reach; *parvenir à faire* to manage to do; *faire parvenir* to send.

parvenu, -e /paʀvəny/ *nm,f* upstart.

pas¹ /pa/ *adv* **pas de sucre** no sugar; *ce n'est pas un ami* he isn't a friend; *je ne pense pas* I don't think so; *pas du tout* not at all; *pas mal©* (beaucoup) a lot.

pas² /pa/ *nm* (enjambée) step; *à deux pas (de)* a stone's throw away (from); *rouler au pas* to move very slowly; *le premier pas* the first move; *pas à pas* step by step; (allure) pace; *d'un bon pas* at a brisk pace; (bruit) footstep; (de danse) step.
■ **pas de la porte** doorstep; **pas de vis** thread.

pas-de-porte /padpɔʀt/ *nm inv* key money.

passable /pasabl/ *adj* [film] fairly good; SCOL fair.

passage /pasaʒ/ **I** *nm* passage; (circulation) traffic; (séjour) visit; *passage interdit* no entry; (petite rue) alley; (de film) sequence. **II au passage** *loc adv* on the way.
■ **passage à niveau** level crossingᴳᴮ, grade crossingᵁˢ; **passage (pour) piétons** pedestrian crossing, crosswalkᵁˢ; **passage souterrain** underpass, subway.

passager, -ère /pasaʒe, ɛʀ/ **I** *adj* temporary. **II** *nm,f* passenger.
■ **passager clandestin** stowaway.

passant, -e /pasɑ̃, ɑ̃t/ **I** *adj* [rue] busy. **II** *nm,f* passerby. **III** *nm* (anneau de ceinture, etc) loop.

passe¹© /pas/ *nm* (clé) master key; (laissez-passer) pass.
■ **passe Navigo®** season ticket (*for public transport in the Paris region*).

passe² /pas/ *nf* pass; *une mauvaise passe* a bad patch; *être en passe de (gagner/devenir)* to be on the way to (winning/becoming).

passé, -e /pase/ **I** *adj* (révolu) past; *passé de mode* dated; [an, semaine] last; [couleur, tissu] faded. **II** *nm* past. **III** *prép* after.

passe-droit, *pl* **-s** /pasdʀwa/ *nm* preferential treatment.

passe-montagne, *pl* **-s** /pasmɔ̃taɲ/ *nm* balaclava.

passe-partout /paspaʀtu/ **I** *adj inv* [formule, réponse] catch-all; [vêtement] for all occasions. **II** *nm inv* master key.

passeport /paspɔʀ/ nm passport.

passer /pase/ **I** vtr (franchir) to go through; *passer qch (à) qn* to give sth to sb; [▸ examen] to take; (réussir) to pass; [▸ temps] to spend; [▸ disque] to play; [▸ film] to show. **II** vi to go past; (venir) to come; (traverser) to go through; *passer dans la classe supérieure* to go up a year; *faire passer qch avant qch* to put sth before sth; *laisser passer une occasion* to miss an opportunity; *soit dit en passant* incidentally; *passer pour un imbécile* to look a fool; *se faire passer pour malade* to pretend to be ill; [artiste, groupe] to be appearing; [film, musique] to be playing; *la santé passe avant tout* health comes first; (disparaître) *où étais-tu passé?*⊗ where were you?; [temps] to pass, to go by; *tout mon argent y passe* all my money goes into it; (mourir) *y passer*⊗ to die; [teinte, tissu] to fade; JEUX PASSE to pass. **III se passer** vpr to happen; *se passer de* to do without; *se passer de commentaires* to speak for itself; *se passer la main sur le front* to put a hand to one's forehead.

passerelle /pasʀɛl/ nf footbridge; NAUT gangway; AVIAT (escalier) steps (pl).

passe-temps /pastɑ̃/ nm inv pastime, hobby.

passible /pasibl/ adj *passible de* liable to.

passif, -ive /pasif, iv/ adj, nm passive.

passion /pasjɔ̃/ nf passion.

passionnant, -e /pasjɔnɑ̃, ɑ̃t/ adj exciting, fascinating.

passionné, -e /pasjɔne/ **I** adj passionate; [débat] impassioned. **II** nm,f enthusiast.

passionnel, -elle /pasjɔnɛl/ adj [crime] of passion.

passionner /pasjɔne/ **I** vtr to fascinate. **II se passionner pour** vpr to have a passion for.

passivité /pasivite/ nf passivity.

passoire /paswaʀ/ nf (pour légumes) colander; (pour infusion) strainer.

pastel /pastɛl/ adj inv, nm pastel.

pastèque /pastɛk/ nf watermelon.

pasteur /pastœʀ/ nm minister; (berger) shepherd.

pasteuriser /pastœʀize/ vtr to pasteurize.

pastille /pastij/ nf pastille, lozenge.

patate⊗ /patat/ nf spud⊗; (idiot) blockhead⊗, idiot.

patatras⊗ /patatʀa/ excl crash⊗!

patauger /patoʒe/ vi to splash about; (s'embrouiller) to flounder.

pâte /pɑt/ **I** nf (à tarte) pastry; (levée) dough; (à crêpes) batter; (substance) paste. **II pâtes** nfpl pasta ¢.

■ **pâte d'amandes** marzipan; **pâte à modeler** modelling^GB clay.

pâté /pɑte/ nm CULIN pâté; *pâté en croûte* pie^GB; *pâté de maisons* block (of houses); (tache d'encre) blot; (à la plage) sandcastle.

pâtée /pɑte/ nf food.

patent, -e /patɑ̃, ɑ̃t/ adj manifest, obvious.

patente /patɑ̃t/ nf licence^GB.

paternel, -elle /patɛʀnɛl/ adj paternal; (affectueux) fatherly.

paternité /patɛʀnite/ nf paternity.

pâteux, -euse /pɑtø, øz/ adj mushy; [voix] thick.

pathétique /patetik/ adj moving.

patience /pasjɑ̃s/ nf patience.

patient, -e /pasjɑ̃, ɑ̃t/ adj, nm,f patient.

patienter /pasjɑ̃te/ vi to wait.

patin /patɛ̃/ nm (de patineur) skate.

■ **patin à glace/roulettes** ice/roller skate.

patinage /patinaʒ/ nm skating; *patinage sur glace* ice-skating.

patiner /patine/ vi SPORT to skate; [roue] to spin; [embrayage] to slip.

patinette /patinɛt/ nf (child's) scooter.

patineur, -euse /patinœʀ, øz/ nm,f skater.

patinoire /patinwaʀ/ nf ice rink.

pâtisserie /pɑtisʀi/ nf cake shop^GB, bakery^US, pâtisserie; (gâteau) pastry, cake.

pâtissier, -ière /pɑtisje, jɛʀ/ nm,f confectioner, pastry cook.

patois /patwa/ nm patois.

patrie /patʀi/ nf homeland, country.

patrimoine /patʀimwan/ nm heritage.

patriote /patʀijɔt/ nm,f patriot.

patriotique /patʀijɔtik/ adj patriotic.

patriotisme /patʀijɔtism/ nm patriotism.

patron, -onne /patʀɔ̃, ɔn/ **I** nm,f manager, owner, boss⊗; (saint) patron saint. **II** nm pattern.

patronage /patʀɔnaʒ/ nm patronage.

peigner

patronal, **-e**, *mpl* **-aux** /patʀɔnal, o/ *adj* employers'.

patronat /patʀɔna/ *nm* employers (*pl*).

patronner /patʀɔne/ *vtr* to sponsor.

patrouille /patʀuj/ *nf* patrol.

patrouiller /patʀuje/ *vi* to be on patrol.

patte /pat/ *nf* (de mammifère) paw; (d'oiseau) foot; (jambe)© leg; (pied)© foot; (main)© hand; *marcher à quatre pattes* to walk on all fours; (de col) tab.
■ **pattes d'éléphant** (de pantalon) flares.

pâturage /pɑtyʀaʒ/ *nm* pasture.

paume /pom/ *nf* palm (of the hand).

paumé©, **-e** /pome/ *adj* lost; (inadapté) mixed up^{GB}, out of it^{US}.

paumer© /pome/ **I** *vtr, vi* to lose. **II se paumer** *vpr* to get lost.

paupière /popjɛʀ/ *nf* eyelid.

pause /poz/ *nf* break; (période calme) pause.

pauvre /povʀ/ **I** *adj* poor. **II** *nm,f* poor person.

pauvreté /povʀəte/ *nf* poverty.

pavaner: **se pavaner** /pavane/ *vpr* to strut about.

pavé /pave/ *nm* cobblestone.

paver /pave/ *vtr* **paver (de)** to pave (with).

pavillon /pavijɔ̃/ *nm* (detached) house; (d'exposition) pavilion; (d'oreille) auricle; NAUT flag.

pavoiser /pavwaze/ *vi* to crow.

pavot /pavo/ *nm* poppy.

payant, **-e** /pɛjɑ̃, ɑ̃t/ *adj* *entrée payante* charge for admission; (avantageux) lucrative, profitable.

paye /pɛj/ ▶ **paie**.

payement /pɛjmɑ̃/ ▶ **paiement**.

payer /peje/ **I** *vtr* to pay (for); *faire payer qch* to charge sth; *payer*© *qch à qn* to buy sb sth; *il me le paiera!* I'll make him pay for this! **II** *vi* to pay off. **III se payer** *vpr* [▶ rhume]© to get; *se payer la tête de qn*© to make fun of sb, to poke fun at sb.

pays /pei/ *nm* country; (région) region.

paysage /peizaʒ/ *nm* landscape; *le paysage politique* the political scene.

paysan, **-anne** /peizɑ̃, an/ **I** *adj* [vie] rural; [allure] peasant; [pain] country. **II** *nm,f* farmer; (campagnard) peasant.

Pays-Bas /peiba/ *nmpl* **les Pays-Bas** the Netherlands.

PC /pese/ *nm* (*abrév* = **personal computer**) PC.

PCV /peseve/ *nm* (*abrév* = **paiement contre vérification**) reverse charge call^{GB}, collect call^{US}.

PDG /pedeʒe/ *nm* (*abrév* = **président-directeur général**) chairman and managing director^{GB}, chief executive officer, CEO.

péage /peaʒ/ *nm* toll; (lieu) tollgate.

peau, **-x** /po/ *nf* skin; (fourrure) pelt; (de fruit, etc) peel ¢; *être bien/mal dans sa peau* to be/not to be at ease with oneself.

pêche /pɛʃ/ *nf* (fruit) peach; (activité) fishing.
● **avoir la pêche**© to be feeling great.

péché /peʃe/ *nm* sin; *péché mignon* (little) weakness.

pécher /peʃe/ *vi* to sin.

pêcher^1 /peʃe/ **I** *vtr* to go fishing for; [▶ idée]© to get. **II** *vi* to fish; *pêcher à la mouche* to fly-fish; *pêcher à la ligne* to angle.

pêcher^2 /peʃe/ *nm* peach tree.

pécheur /peʃœʀ/ *nm* sinner.

pêcheur, **-euse** /peʃœʀ, øz/ *nm,f* fisherman.

pécuniaire /pekynjɛʀ/ *adj* financial.

pédagogie /pedagɔʒi/ *nf* education, pedagogy.

pédagogique /pedagɔʒik/ *adj* [système] education; [méthode] teaching.

pédagogue /pedagɔg/ *nm,f* educator.

pédale /pedal/ *nf* pedal.

pédaler /pedale/ *vi* to pedal.

pédalo® /pedalo/ *nm* pedal boat.

pédant, **-e** /pedɑ̃, ɑ̃t/ *adj* pedantic.

pédestre /pedɛstʀ/ *adj* *sentier pédestre* pedestrian footpath; *randonnée pédestre* hike, ramble.

pédiatre /pedjatʀ/ *nm,f* paediatrician^{GB}.

pédicure /pedikyʀ/ *nm,f* chiropodist^{GB}, podiatrist^{US}.

pédophile /pedɔfil/ *adj, nm,f* paedophile.

pédophilie /pedɔfili/ *nf* paedophilia.

pègre /pɛgʀ/ *nf* **la pègre** the underworld.

peigne /pɛɲ/ *nm* comb.

peigner /peɲe/ **I** *vtr* to comb. **II se peigner** *vpr* to comb one's hair.

peignoir /pɛɲwaʀ/ *nm* dressing gown[GB], robe[US]; *peignoir de bain* bathrobe.

peindre /pɛ̃dʀ/ *vtr* to paint; [▸situation] to depict.

peine /pɛn/ **I** *nf* sorrow, grief; *avoir de la peine* to feel sad; (effort) effort, trouble; *ce n'est pas la peine de faire* there's no need to do; *valoir la peine* to be worth it; *sans peine* easily; JUR penalty, sentence. **II à peine** *loc adv* hardly, barely.
■ **peine capitale** capital punishment; **peine de mort** death penalty; **peine de prison** prison sentence.

peiner /pene/ *vtr* to upset.

peintre /pɛ̃tʀ/ *nm,f* painter.

peinture /pɛ̃tyʀ/ *nf* paint; (art, tableau) painting.
■ **peinture à l'eau** water-based paint; **peinture acrylique** acrylic paint, emulsion; **peinture à l'huile** (matière) oil paint; (tableau) oil painting.

péjoratif, **-ive** /peʒɔʀatif, iv/ *adj* pejorative.

pelage /pəlaʒ/ *nm* coat, fur.

pêle-mêle /pɛlmɛl/ *adv* topsy-turvy.

peler /pəle/ *vtr, vi* to peel.

pèlerin, **-e** /pɛlʀɛ̃, in/ *nm,f* pilgrim.

pèlerinage /pɛlʀinaʒ/ *nm,f* pilgrimage.

pélican /pelikã/ *nm* pelican.

pelle /pɛl/ *nf* shovel; (jouet) spade.

pelleteuse /pɛltøz/ *nf* mechanical digger.

pellicule /pelikyl/ **I** *nf* film. **II pellicules** *nfpl* dandruff ¢.

pelote /p(ə)lɔt/ *nf* ball.

peloton /p(ə)lɔtɔ̃/ *nm* MIL platoon; *peloton d'exécution* firing squad; (en cyclisme) pack.

pelotonner: se pelotonner /pəlɔtɔne/ *vpr* to snuggle up.

pelouse /p(ə)luz/ *nf* lawn; SPORT pitch[GB], field[US].

peluche /p(ə)lyʃ/ *nf* plush; *jouet en peluche* cuddly toy[GB], stuffed animal[US]; (sur un lainage) fluff.

pelure /p(ə)lyʀ/ *nf* (de fruit) peel ¢; (d'oignon) skin.

pénal, **-e**, *mpl* **-aux** /penal, o/ *adj* criminal.

pénaliser /penalize/ *vtr* to penalize.

pénalité /penalite/ *nf* penalty.

penchant /pãʃã/ *nm* tendency, inclination.

pencher /pãʃe/ **I** *vtr* **pencher qch** to tilt sth. **II** *vi* to be leaning; [bateau] to list. **III se pencher** *vpr* **se pencher en avant** to lean forward; (se baisser) to bend down; (analyser) to look into.

pendaison /pãdɛzɔ̃/ *nf* hanging.

pendant¹ /pãdã/ **I** *prép* for; *pendant des heures* for hours; *avant la guerre et pendant* before and during the war; *pendant ce temps(-là)* meanwhile. **II pendant que** *loc conj* while; *pendant que tu y es* while you're at it.

pendant², **-e** /pãdã, ãt/ **I** *adj* hanging; *les jambes pendantes* with one's legs dangling. **II** *nm* **pendant (d'oreille)** drop earring; *le pendant de* (l'équivalent) the counterpart of.

pendentif /pãdãtif/ *nm* pendant.

penderie /pãdʀi/ *nf* walk-in cupboard[GB], walk-in closet[US].

pendre /pãdʀ/ **I** *vtr* to hang; [▸clé] to hang up. **II** *vi* [bras] to dangle; [mèche] to hang down. **III se pendre** *vpr* to hang oneself.

pendule¹ /pãdyl/ *nm* pendulum.

pendule² /pãdyl/ *nf* clock.

pénétrer /penetʀe/ **I** *vtr* [▸secret] to fathom. **II** *vi* **pénétrer dans** to get into.

pénible /penibl/ *adj* painful; [travail] hard; [personne] tiresome.

péniche /peniʃ/ *nf* barge.

péninsule /penɛ̃syl/ *nf* peninsula.

pénitence /penitãs/ *nf* RELIG *faire pénitence* to do penance; (punition) punishment.

pénitencier /penitãsje/ *nm* prison, penitentiary[US].

pénitentiaire /penitãsjɛʀ/ *adj* penal.

pénombre /penɔ̃bʀ/ *nf* half-light.

pense-bête, *pl* /pãsbɛt/ *nm* reminder.

pensée /pãse/ *nf* thought; *en pensée* in one's mind; (manière de penser) thinking; (fleur) pansy.

penser /pãse/ **I** *vtr* to think; *je pense bien!* for sure!; *ça me fait penser que* that reminds me that. **II penser à** *vtr ind* to think about; (se souvenir) to remember; (rappeler) to remind. **III** *vi* to think.

pensif, -ive /pãsif, iv/ adj pensive.

pension /pãsjɔ̃/ nf pension; (hôtel) boarding house; (école) boarding school.
■ **pension alimentaire** alimony; **pension complète** full board; **pension de famille** family hotel.

pensionnaire /pãsjɔnɛʀ/ nm,f (d'hôtel) resident; (d'école) boarder.

pensionnat /pãsjɔna/ nm boarding school.

pente /pãt/ nf slope; *en pente* sloping.

Pentecôte /pãtkot/ nf (fête) Pentecost; (période) Whitsun.

pénurie /penyri/ nf shortage.

pépé© /pepe/ nm grandpa©.

pépier /pepje/ vi to chirp.

pépin /pepɛ̃/ nm BOT pip; (ennui)© slight problem, hitch; (parapluie)© umbrella.

pépinière /pepinjɛʀ/ nf nursery.

pépite /pepit/ nf nugget.

perçant, -e /pɛʀsã, ãt/ adj [cri, regard] piercing; [vue] sharp.

percée /pɛʀse/ nf opening; FIG breakthrough.

percepteur, -trice /pɛʀsɛptœʀ, tris/ nm,f tax inspector.

percer /pɛʀse/ **I** vtr [▸ corps, silence, surface] to pierce; [▸ nuages] to break through; [▸ route, tunnel] to build; [▸ trou] to make; [▸ secret] to penetrate. **II** vi [soleil] to break through; [dent] to come through; [inquiétude] to show.

perceuse /pɛʀsøz/ nf drill.

percevoir /pɛʀsəvwaʀ/ vtr [▸ impôt] to collect; [▸ loyer] to receive; [▸ odeur, etc] to perceive; [▸ vibration] to feel.

perche /pɛʀʃ/ nf pole; (poisson) perch.

percher /pɛʀʃe/ vtr, vi, vpr to perch.

perchoir /pɛʀʃwaʀ/ nm perch; POL© Speaker's chair.

percolateur /pɛʀkɔlatœʀ/ nm (espresso) coffee machine.

percussions /pɛʀkysjɔ̃/ nfpl drums.

percuter /pɛʀkyte/ **I** vtr to hit. **II** vi to crash (into); (comprendre)© to understand, to get it©.

perdant, -e /pɛʀdã, ãt/ **I** adj losing. **II** nm,f loser.

perdre /pɛʀdʀ/ **I** vtr to lose; *perdre qn/qch de vue* to lose sight of sb/sth; [▸ occasion] to miss; [▸ temps] to waste. **II** vi to lose. **III se perdre** vpr to get lost; [tradition] to die out.

perdreau, pl **-x** /pɛʀdʀo/ nm young partridge.

perdrix /pɛʀdri/ nf partridge.

perdu, -e /pɛʀdy/ **I** pp ▸ **perdre**. **II** adj lost; [balle, chien] stray; [occasion] wasted; *à mes moments perdus* in my spare time; [endroit] remote, isolated.

père /pɛʀ/ nm father.
■ **le père Noël** Santa Claus.

péremption /perãpsjɔ̃/ nf *date de péremption* use-by date.

perfection /pɛʀfɛksjɔ̃/ nf perfection.

perfectionné, -e /pɛʀfɛksjɔne/ adj advanced.

perfectionnement /pɛʀfɛksjɔnmã/ nm improvement.

perfectionner /pɛʀfɛksjɔne/ **I** vtr to perfect. **II se perfectionner** vpr to improve.

perfide /pɛʀfid/ adj treacherous.

perforer /pɛʀfɔʀe/ vtr to perforate.

performance /pɛʀfɔʀmãs/ nf result, performance.

performant, -e /pɛʀfɔʀmã, ãt/ adj [personne] efficient; [entreprise] competitive.

perfusion /pɛʀfyzjɔ̃/ nf drip; *sous perfusion* on a drip.

péricliter /periklite/ vi to be going downhill.

péridurale /peridyral/ nf epidural; *sous péridurale* under epidural anaesthesia.

péril /peril/ nm peril, danger; *à tes risques et périls* at your own risk.

périlleux, -euse /perijø, øz/ adj dangerous.

périmé, -e /perime/ adj [passeport, billet] expired; [idée] outdated.

périmètre /perimɛtʀ/ nm perimeter; (espace) area.

période /perjɔd/ nf period; *en période de crise* at times of crisis.

périodique /perjɔdik/ **I** adj periodic; *serviette périodique* sanitary towel. **II** nm periodical.

péripétie /peripesi/ nf event, incident.

périphérie /periferi/ nf periphery.

périphérique /periferik/ **I** adj peripheral. **II** nm ring road[GB], beltway[US]; ORDINAT peripheral.

périple /peripl/ nm journey.

périr /periʀ/ vi to die, to perish.

périscope /periskɔp/ nm periscope.

périssable /perisabl/ adj perishable.

Péritel® /peritɛl/ nf *prise Péritel®* (femelle) scart socket; (mâle) scart plug.

perle /pɛʀl/ nf pearl; (de bois, etc) bead; (personne) gem; (erreur grossière)☺ howler☺.

permanence /pɛʀmanɑ̃s/ **I** nf permanence; *assurer une permanence* to be on duty; SCOL private study room[GB], study hall[US]. **II en permanence** loc adv permanently, constantly.

permanent, -e /pɛʀmanɑ̃, ɑ̃t/ **I** adj permanent; [spectacle, formation] continuous. **II** nm,f permanent employee/member.

permanente /pɛʀmanɑ̃t/ nf perm.

permettre /pɛʀmɛtʀ/ **I** vtr *permettre à qn de faire qch* to allow sb to do sth; (donner les moyens) to enable sb to do sth; *permets-moi de te dire* let me tell you; *vous permettez que j'ouvre la fenêtre?* do you mind if I open the window? **II se permettre** vpr *se permettre de faire* to take the liberty of doing; *je ne peux pas me permettre de l'acheter* I can't afford to buy it; *puis-je me permettre de vous raccompagner?* may I take you home?

permis, -e /pɛʀmi, iz/ **I** pp ▶ **permettre**. **II** adj permitted. **III** nm permit, licence[GB], license[US].
■ **permis de conduire** driving licence[GB], driver's license[US]; **permis de construire** planning permission[GB], building permit[US]; **permis de séjour/de travail** residence/ work permit.

permission /pɛʀmisjɔ̃/ nf permission ₵; MIL leave ₵.

Pérou /peru/ nprm Peru.

perpendiculaire /pɛʀpɑ̃dikylɛʀ/ adj, nf perpendicular.

perpétuel, -elle /pɛʀpetɥɛl/ adj perpetual; [réclusion] life.

perpétuité /pɛʀpetɥite/ nf *à perpétuité* life; [concession] in perpetuity.

perplexe /pɛʀplɛks/ adj perplexed.

perquisition /pɛʀkizisjɔ̃/ nf search.

perquisitionner /pɛʀkizisjɔne/ **I** vtr to search. **II** vi to carry out a search.

perron /pɛʀɔ̃/ nm flight of steps.

perroquet /pɛʀɔkɛ/ nm parrot.

perruche /peryʃ/ nf budgerigar[GB], parakeet[US].

perruque /peryk/ nf wig.

persécuter /pɛʀsekyte/ vtr to persecute.

persévérer /pɛʀsevere/ vi to persevere.

persienne /pɛʀsjɛn/ nf shutter.

persil /pɛʀsi(l)/ nm parsley.

persistance /pɛʀsistɑ̃s/ nf persistence.

persistant, -e /pɛʀsistɑ̃, ɑ̃t/ adj [symptôme] persistent; *arbre à feuilles persistantes* evergreen.

persister /pɛʀsiste/ vi to persist (in).

personnage /pɛʀsɔnaʒ/ nm (fictif) character; (personne importante) person, figure.

personnalité /pɛʀsɔnalite/ nf personality; (personne influente) important person.

personne¹ /pɛʀsɔn/ pron indéf *personne n'est parfait* nobody is perfect; *je n'ai parlé à personne* I didn't talk to anybody.

personne² /pɛʀsɔn/ nf person; *dix personnes* ten people; *les personnes âgées* the elderly; *en personne* personally; *c'est la bonté en personne* he/she is kindness personified.

personnel, -elle /pɛʀsɔnɛl/ **I** adj [ami] personal; [adresse] private. **II** nm workforce; (de compagnie) employees (pl), personnel; (d'hôpital, hôtel) staff.

personnellement /pɛʀsɔnɛlmɑ̃/ adv personally, in person.

personnifier /pɛʀsɔnifje/ vtr to personify.

perspective /pɛʀspɛktiv/ nf perspective; (vue) view; (éventualité) prospect.

perspicace /pɛʀspikas/ adj perceptive.

perspicacité /pɛʀspikasite/ nf insight.

persuader /pɛʀsɥade/ vtr to persuade.

persuasif, -ive /pɛʀsɥazif, iv/ adj persuasive.

persuasion /pɛʀsɥazjɔ̃/ nf persuasion.

perte /pɛʀt/ nf loss; *à perte* at a loss; *à perte de vue* as far as the eye can see; (gaspillage) waste.

pertinent, -e /pɛʀtinɑ̃, ɑ̃t/ adj relevant.

perturbateur, -trice /pɛʀtyʀbatœʀ, tʀis/ nm,f troublemaker.

perturbation /pɛʀtyʀbasjɔ̃/ nf disturbance; (politique) upheaval.

pharaon

perturber /pɛʀtyʀbe/ *vtr* [▸ordre, etc] to disrupt; *être perturbé* to be disturbed.

pervenche /pɛʀvɑ̃ʃ/ *nf* periwinkle.

pervers, -e /pɛʀvɛʀ, ɛʀs/ **I** *adj* [idée, personne] twisted; [effet] pernicious. **II** *nm,f* pervert.

pervertir /pɛʀvɛʀtiʀ/ *vtr* to corrupt.

pesant, -e /pəzɑ̃, ɑ̃t/ *adj* heavy.

pesanteur /pəzɑ̃tœʀ/ *nf* heaviness; PHYS gravity.

pèse-lettre, *pl* **-s** /pɛzlɛtʀ/ *nm* letter scales (*pl*).

pèse-personne, *pl* **-s** /pɛzpɛʀsɔn/ *nm* bathroom scales (*pl*).

peser /pəze/ **I** *vtr* to weigh; *tout bien pesé* all things considered; *peser le pour et le contre* to weigh up the pros and cons. **II** *vi* to weigh; *peser dans/sur une qch* to influence sth; *peser sur* FIG to bear upon. **III** **se peser** *vpr* to weigh oneself.

pessimisme /pesimism/ *nm* pessimism.

pessimiste /pesimist/ **I** *adj* pessimistic. **II** *nm,f* pessimist.

peste /pɛst/ *nf* MÉD plague; (personne insupportable)© pest©.

pester /pɛste/ *vi* *pester contre qn/qch* to curse sb/sth.

pesticide /pɛstisid/ *nm* pesticide.

pet© /pɛ/ *nm* fart©.

pétale /petal/ *nm* petal.

pétanque /petɑ̃k/ *nf* petanque.

pétant©, **-e** /petɑ̃, ɑ̃t/ *adj* *à dix heures pétantes* at ten on the dot; [couleur] flashy.

pétarader /petaʀade/ *vi* to sputter.

pétard /petaʀ/ *nm* banger^{GB}, firecracker^{US}; (hachish)© joint©; *être en pétard*© (colère) to be raging mad©.

péter /pete/ **I** *vtr* [▸appareil] to bust©. **II** *vi* to fart©; [appareil] to bust©.

pétillant, -e /petijɑ̃, ɑ̃t/ *adj* sparkling.

pétiller /petije/ *vi* [champagne] to fizz; [yeux, regard] to sparkle.

petit, -e /p(ə)ti, it/ **I** *adj* small, little; *une toute petite pièce* a tiny room; (en durée) short; (en âge) young, little; [détail, route] minor; (mesquin) petty, mean. **II** *nm,f* little boy/girl, child; *pauvre petit!* poor thing! **III** *adv* *petit à petit* little by little.
■**petit ami/petite amie** boyfriend/girlfriend; **petit déjeuner** breakfast; **petit**

pois (garden) pea, petit pois; **petites et moyennes entreprises, PME** small and medium enterprises, SMEs.

petit-beurre, *pl* **petits-beurre(s)** /p(ə)tibœʀ/ *nm* petit beurre biscuit.

petite-fille, *pl* **petites-filles** /p(ə)titfij/ *nf* granddaughter.

petit-fils, *pl* **petits-fils** /p(ə)tifis/ *nm* grandson.

pétition /petisjɔ̃/ *nf* petition.

petit-lait, *pl* **petits-laits** /p(ə)tilɛ/ *nm* whey.

petit-nègre© /p(ə)tinɛgʀ/ *nm* pidgin French.

petits-enfants /p(ə)tizɑ̃fɑ̃/ *nmpl* grandchildren.

petit-suisse, *pl* **petits-suisses** /p(ə)tisɥis/ *nm* petit-suisse, individual fromage frais.

pétoncle /petɔ̃kl/ *nm* small scallop.

pétrifier /petʀifje/ *vtr* to petrify.

pétrin /petʀɛ̃/ *nm* dough trough.
● *être dans le pétrin* to be in a fix©.

pétrir /petʀiʀ/ *vtr* to knead.

pétrole /petʀɔl/ *nm* oil.

pétrolier, -ière /petʀɔlje, jɛʀ/ **I** *adj* oil. **II** *nm* oil tanker.

peu /pø/ **I** *adv* not much; *gagner très peu* to earn very little; *si peu que ce soit* however little; *ça importe peu* it doesn't really matter; *c'est peu dire* to say the least; (modifiant un adjectif) not very. **II** *pron indéf* not many people. **III** **peu de** *dét indéf* (+ dénombrable) *peu de mots* few words; (+ non dénombrable) *peu de temps* little time; *c'est peu de chose* it's not much. **IV** *nm* *un peu de thé* some tea; *un peu de patience* a bit of patience; *le peu de* [▸confiance] the little; [▸livres] the few. **V** **un peu** *loc adv* a little, a bit; *reste encore un peu* stay a little longer. **VI** **peu à peu** *loc adv* gradually, little by little. **VII** **pour un peu** *loc adv* nearly. **VIII** **pour peu que** *loc conj* if.

peuple /pœpl/ *nm* people.

peupler /pœple/ *vtr* to populate.

peuplier /pøplije/ *nm* poplar.

peur /pœʀ/ *nf* fear; (soudaine) fright, scare; *avoir peur* to be afraid; *j'en ai bien peur* I'm afraid so; *faire peur à qn* to frighten sb.

peut-être /pøtɛtʀ/ *adv* perhaps, maybe.

pharaon /faʀaɔ̃/ *nm* pharaoh.

phare /faʀ/ *nm* lighthouse; AUT headlight, headlamp.

pharmacie /faʀmasi/ *nf* chemist's (shop)GB, drugstoreUS; (discipline) pharmacy.

pharmacien, -ienne /faʀmasjɛ̃, jɛn/ *nm,f* pharmacist.

phase /faz/ *nf* stage, phase.

phénomène /fenɔmɛn/ *nm* phenomenon; *c'est un phénomène*© he's/she's quite a character.

philatéliste /filatelist/ *nm,f* stamp collector.

philharmonique /filaʀmɔnik/ *adj* philharmonic.

philo© /filo/ *nf* *la philo* philosophy.

philosophe /filɔzɔf/ **I** *adj* philosophical. **II** *nm,f* philosopher.

philosophie /filɔzɔfi/ *nf* philosophy.

phobie /fɔbi/ *nf* phobia.

phonétique /fɔnetik/ **I** *adj* phonetic. **II** *nf* phonetics (*sg*).

phonographe /fɔnɔgʀaf/ *nm* gramophoneGB, phonographUS.

phoque /fɔk/ *nm* seal.

phosphate /fɔsfat/ *nm* phosphate.

phosphore /fɔsfɔʀ/ *nm* phosphorus.

photo /foto/ *nf* photo; *prendre qn en photo* to take a photo/picture of sb.
● **(il n')y a pas photo**© it's clear-cut.

photocopie /fotokɔpi/ *nf* photocopy, xerox®.

photocopier /fotokɔpje/ *vtr* to photocopy, to xerox®.

photocopieuse /fotokɔpjøz/ *nf* photocopier, xerox® machine.

photographe /fotɔgʀaf/ *nm,f* photographer.

photographie /fotɔgʀafi/ *nf* photography; (image) photograph, picture.

photographier /fotɔgʀafje/ *vtr* to photograph, to take a photo of.

photographique /fotɔgʀafik/ *adj* photographic.

photomaton® /fotomatɔ̃/ *nm* photo booth.

phrase /fʀaz/ *nf* sentence.

physicien, -ienne /fizisjɛ̃, jɛn/ *nm,f* physicist.

physionomie /fizjɔnɔmi/ *nf* face; FIG appearance, look.

physique¹ /fizik/ **I** *adj* physical. **II** *nm* physical appearance.

physique² /fizik/ *nf* physics (*sg*).

piaffer /pjafe/ *vi* [cheval] to paw the ground; [personne] to be impatient.

piailler /pjaje/ *vi* [oiseau] to chirp; [personne]© to squeal.

pianiste /pjanist/ *nm,f* pianist.

piano /pjano/ *nm* piano.
■ **piano à queue** grand piano.

pianoter /pjanɔte/ *vi* (sur un ordinateur) to tap; (sur une table) to drum one's fingers.

pic /pik/ **I** *nm* peak; (outil) pick; *pic de pollution* pollution alert. **II à pic** *loc adj* [falaise] sheer; [ravin] very steep. **III à pic** *loc adv* sheer; *couler à pic* to go straight down; *tomber à pic*© to come just at the right time.

pichet /piʃɛ/ *nm* jugGB, pitcher.

picorer /pikɔʀe/ *vi* [oiseau] to peck about; [personne] to nibble.

picoter /pikɔte/ *vi* [gorge] to tickle; [yeux] to sting.

pie /pi/ *nf* magpie; (bavard)© chatterbox©.

pièce /pjɛs/ *nf* room; (monnaie) coin; THÉÂT play; MUS piece; (morceau) *en pièces* in bits; (élément) part; *pièces jointes* enclosures; *juger sur pièces* to judge on the actual evidence; (unité, objet) piece.
■ **pièce à conviction** exhibit; **pièce détachée** spare part; **pièce d'identité** identity papers (*pl*); **pièce montée** layer cake.

pied /pje/ *nm* foot; [▸de meuble] leg; [▸de lampe] base; [▸de verre] stem; *à pied* on foot; *au pied de la lettre* literally; *des pieds à la tête* from head to foot; *donner un coup de pied (à qn)* to kick (sb); *marcher (les) pieds nus* to walk about barefoot; *mettre sur pied* to set up.
■ **pied de lampe** lampstand; **pied de vigne** vine.
● **pied à pied** inch by inch; **perdre pied** to lose ground; **s'y prendre comme un pied**© to make a mess of it.

pied-de-poule /pjedpul/ *adj inv* houndstooth.

piédestal, *pl* **-aux** /pjedɛstal, o/ *nm* pedestal.

pied-noir©, *pl* **pieds-noirs** /pjenwaʀ/ *nm,f* pied(-)noir (*French colonial born in Algeria*).

piège /pjɛʒ/ nm trap; *pris au piège* trapped; (difficulté) pitfall.

piégé, -e /pjeʒe/ adj [lettre] bomb.

piéger /pjeʒe/ vtr to trap.

pierre /pjɛʀ/ nf stone; *pierre précieuse* precious stone; *pierre tombale* tombstone.

pierreries /pjɛʀʀi/ nfpl gems.

piété /pjete/ nf piety.

piétiner /pjetine/ **I** vtr to trample (on). **II** vi to trample; [enquête] to make no headway; *je piétine* I'm not getting anywhere.

piéton, -onne /pjetɔ̃, ɔn/ adj, nm,f pedestrian.

piétonnier, -ière /pjetɔnje, jɛʀ/ adj pedestrian.

piètre /pjɛtʀ/ adj very poor.

pieu, pl **-x** /pjø/ nm stake.

pieuvre /pjœvʀ/ nf octopus.

pieux, pieuse /pjø, pjøz/ adj pious.

pif© /pif/ nm (nez) nose, conk©GB, schnozzle©US; (flair) intuition; *au pif* roughly.

pige /piʒ/ nf *travailler à la pige* to do freelance work.

pigeon /piʒɔ̃/ nm pigeon; (naïf)© sucker©.

piger© /piʒe/ vtr to understand.

pigiste /piʒist/ nm,f freelance(s).

pignon /piɲɔ̃/ nm (sur rue) gable; (roue) cogwheel; (fruit) pine kernel.

pile¹© /pil/ adv *s'arrêter pile* to stop dead; *à 10 heures pile* at ten sharp.

pile² /pil/ nf pile, stack; *pile (électrique)* battery; *jouer à pile ou face* to play heads or tails.

piler /pile/ **I** vtr [▸ noix] to grind; [▸ ail] to crush. **II** © vi to stop suddenly.

pilier /pilje/ nm pillar; (au rugby) prop forward; *pilier de bar*© barfly©.

pillard, -e /pijaʀ, aʀd/ nm,f looter.

piller /pije/ vtr to loot; [▸ réfrigérateur] to ransack.

pilon /pilɔ̃/ nm (outil) pestle; (de volaille) drumstick.

pilonner /pilɔne/ vtr to bombard; [▸ livre] to pulp.

pilotage /pilɔtaʒ/ nm piloting; *pilotage automatique* automatic piloting system.

pilote /pilɔt/ nm,f pilot; AUT driver.

piloter /pilɔte/ vtr to pilot; [▸ voiture] to drive; [▸ personne] to show [sb] around.

pilule /pilyl/ nf pill.

piment /pimɑ̃/ nm capsicum; (condiment) hot pepper; FIG spice.

pimenté, -e /pimɑ̃te/ adj CULIN hot, spicy; FIG spiced up.

pimpant, -e /pɛ̃pɑ̃, ɑ̃t/ adj spruce.

pin /pɛ̃/ nm pine (tree).

pince /pɛ̃s/ nf (de plombier) pliers (pl); (en couture) dart; (de crabe) pincer, claw.
■ **pince à cheveux** hair grip; **pince à épiler** tweezers (pl); **pince à linge** clothes peg.

pinceau, pl **-x** /pɛ̃so/ nm brush.

pincée /pɛ̃se/ nf pinch.

pincer /pɛ̃se/ **I** vtr to pinch; [froid] to nip; (attraper)© to catch; MUS [▸ corde] to pluck. **II** **se pincer** vpr to catch oneself.

pince-sans-rire /pɛ̃ssɑ̃ʀiʀ/ adj inv *être pince-sans-rire* to be deadpan, to have a deadpan sense of humour.

pincette /pɛ̃sɛt/ nf fire tongs (pl).

pinçon /pɛ̃sɔ̃/ nm pinch mark.

pinède /pinɛd/ nf pine forest.

pingouin /pɛ̃gwɛ̃/ nm auk; penguin.

ping-pong®, **pingpong**, pl **ping-pongs** /piŋpɔ̃ŋ/ nm table tennis, ping-pong®.

pingre© /pɛ̃gʀ/ adj, nm,f stingy.

pinson /pɛ̃sɔ̃/ nm chaffinch.

pintade /pɛ̃tad/ nf guinea fowl.

pioche /pjɔʃ/ nf mattock.

piocher /pjɔʃe/ **I** vtr to dig [sth] over; [▸ carte] to take. **II** vi to dig; *piocher dans la caisse* to have one's hand in the till.

piolet /pjɔlɛ/ nm ice axeGB, ice axUS.

pion, pionne /pjɔ̃, pjɔn/ **I** © nm,f SCOL person paid to supervise pupils. **II** nm (aux échecs) pawn; (aux dames) draughtGB, checkerUS; FIG pawn.

pionnier, -ière /pjɔnje, jɛʀ/ adj, nm,f pioneer.

pipe /pip/ nf pipe.

pipeau, pl **-x** /pipo/ nm (reed-)pipe.
● *c'est pas du pipeau*© it's for real©.

pipi© /pipi/ nm (langage enfantin) *faire pipi* to pee©.

piquant, -e /pikã, ãt/ **I** *adj* [rose] prickly; [moutarde] hot. **II** *nm* prickle; (d'histoire) spiciness, piquancy.

pique¹ /pik/ *nm* (carte) spade.

pique² /pik/ *nf* cutting remark; (arme) pike.

piqué, -e /pike/ *adj* [miroir, fruit] spotted; (fou)© nuts©.

pique-assiette©, *pl* **-s** /pikasjɛt/ *nm,f* sponger©, freeloader©.

pique-nique, piquenique, *pl* **-s** /piknik/ *nm* picnic.

pique-niquer, piqueniquer /piknike/ *vi* to have a picnic.

piquer /pike/ **I** *vtr* [guêpe] to sting; [moustique, serpent] to bite; [rosier] to prick; MÉD to give [sb] an injection; (voler) *piquer*© (qch à qn) to steal (sth from sb); (surprendre)© to catch; [▸ curiosité, intérêt] to arouse; *piquer*© *un fou rire* to have a fit of the giggles. **II** *vi* [barbe] to be bristly; [laine] to be scratchy; [yeux] to sting; [froid] to be biting; [moutarde] to be hot; [avion] to dive; (voler)© to steal things.

piquet /pikɛ/ *nm* stake, peg; (pour slalom) gate pole.
■ **piquet de grève** picket line.

piqûre, piqure /pikyʀ/ *nf* injection, shot; (d'épingle) prick; (d'abeille) sting; (de moustique) bite; (couture) stitching.

piratage /piʀrataʒ/ *nm* [▸ disque, logiciel] software piracy, computer hacking.

pirate /piʀat/ *adj* pirate.
■ **pirate de l'air** hijacker; **pirate informatique** computer hacker.

pirater /piʀate/ *vtr* to hack.

pire /piʀ/ **I** *adj pire (que)* worse (than); (superlatif) worst. **II** *nm le pire* the worst; *au pire* at the very worst.

pirogue /piʀɔg/ *nf* dugout canoe.

pirouette /piʀwɛt/ *nf* pirouette; *s'en tirer par une pirouette* to dodge the question.

pis /pi/ **I** *adj inv, adv* worse. **II** *nm* (de vache) udder; *aller de mal en pis* to go from bad to worse; *le pis* the worst.

pis-aller /pizale/ *nm inv* lesser evil.

piscine /pisin/ *nf* swimming pool.

pissenlit /pisãli/ *nm* dandelion.

pisser© /pise/ *vi* to pee©.

pistache /pistaʃ/ *nf* pistachio.

piste /pist/ *nf* trail, track; (de stade, CD) track; (de cirque) ring; (de ski) slope; (de désert) trail; AVIAT runway; *piste cyclable* cycle lane.

pistolet /pistɔlɛ/ *nm* pistol, gun.

piston /pistɔ̃/ *nm* TECH piston; (relations)© contacts (*pl*); MUS valve.

pistonner© /pistɔne/ *vtr* to pull strings for.

piteux, -euse /pitø, øz/ *adj* pitiful.

pitié /pitje/ *nf* pity, mercy; *avoir pitié de qn* to take pity on sb.

pitoyable /pitwajabl/ *adv* pitiful.

pitre /pitʀ/ *nm* clown, buffoon.

pittoresque /pitɔʀɛsk/ *adj* picturesque.

pivert /pivɛʀ/ *nm* green woodpecker.

pivoine /pivwan/ *nf* peony.

pivot /pivo/ *nm* TECH pivot; FIG linchpin.

pivoter /pivɔte/ *vi* to pivot; [porte] to revolve; [fauteuil] to swivel.

PJ /peʒi/ *nf* (*abrév* = **police judiciaire**) detective division of the French police force.

placard /plakaʀ/ *nm* cupboard; (affiche) poster, bill.

placarder /plakaʀde/ *vtr* to post, to stick.

place /plas/ **I** *nf* (espace) room, space; (emplacement) place; (assise) seat; (pour se garer) parking space; (dans un ordre) position; (dans une ville) square; *la place du marché* the marketplace; (emploi) job. **II à la place de** *loc prép* instead of, in place of. **III à la place** *loc adv* instead. **IV sur place** *loc adv* [arriver] on the scene; [étudier] on the spot.

placement /plasmã/ *nm* FIN investment; (de personnel) finding employment.

placer /plase/ **I** *vtr* to put, to place; [▸ personne] to seat; FIN to invest. **II se placer** *vpr* to put oneself; *se placer près de* (debout) to stand next to; (assis) to sit next to; (dans une hiérarchie) to come.

plafond /plafɔ̃/ *nm* ceiling.

plafonner /plafɔne/ *vi* to reach a ceiling.

plage /plaʒ/ *nf* beach; *plage de prix* price range; *plage horaire* time slot; (de disque) track.

plagiat /plaʒja/ *nm* plagiarism.

plagiste /plaʒist/ *nm,f* beach attendant.

plaider /plede/ **I** *vtr* to plead. **II** *vi plaider (pour qn)* to plead (on sb's behalf).

platine

plaidoirie /plɛdwaʁi/ nf plea.

plaidoyer /plɛdwaje/ nm JUR speech for the defence[GB].

plaie /plɛ/ nf wound; (calamité) scourge.

plaignant, -e /plɛɲã, ãt/ nm,f plaintiff.

plaindre /plɛ̃dʁ/ **I** vtr to pity, to feel sorry for. **II se plaindre** vpr *se plaindre (de qn/ qch)* to complain (about sb/sth).

plaine /plɛn/ nf plain.

plain-pied: de plain-pied /dəplɛ̃pje/ **I** loc adj at the same level as. **II** loc adv straight.

plainte /plɛ̃t/ nf complaint; (de malade) moan.

plaintif, -ive /plɛ̃tif, iv/ adj plaintive.

plaire /plɛʁ/ **I plaire à** vtr ind *il m'a plu* **I** liked him; *mon travail me plaît* **I** like my new job. **II** v impers *s'il te plaît* please.

plaisance /plɛzɑ̃s/ nf *la navigation de plaisance* boating, yachting.

plaisancier, -ière /plɛzɑ̃sje, jɛʁ/ nm,f sailing enthusiast.

plaisant, -e /plɛzɑ̃, ɑ̃t/ adj pleasant.

plaisanter /plɛzɑ̃te/ vi to joke.

plaisanterie /plɛzɑ̃tʁi/ nf joke.

plaisantin /plɛzɑ̃tɛ̃/ nm practical joker.

plaisir /plɛziʁ/ nm pleasure; *avoir (du) plaisir à faire* to enjoy doing; *faire plaisir à qn* to please sb.

plan, -e /plɑ̃, plan/ **I** adj flat, even; PHYS plane. **II** nm (de ville) map; (schéma directeur) blueprint; PHYS plane; (de dissertation) plan; (niveau) level; *sur le plan politique* from a political point of view; (projet) plan, programme[GB]; *au premier plan* (en importance) at the forefront; CIN in the foreground; *au second plan* (en importance) in the background, second-rate; CIN in the middle distance.
● *laisser qch en plan*[©] to leave sth unfinished.

planche /plɑ̃ʃ/ nf plank; (à dessin, voile) board; (illustration) plate.

plancher[1][©] /plɑ̃ʃe/ vi ARGOT, SCOL to work.

plancher[2] /plɑ̃ʃe/ nm floor; *prix-plancher* bottom price.

planer /plane/ vi (avion, oiseau) to glide; [tristesse, menace] to hang; [rêveur][©] to have one's head in the clouds.

planétaire /planetɛʁ/ adj planetary, global.

planète /planɛt/ nf planet.

planeur /planœʁ/ nm glider.

planifier /planifje/ vtr to plan.

planque[©] /plɑ̃k/ nf hideout.

planquer[©] /plɑ̃ke/ vtr, vpr to hide.

plant /plɑ̃/ nm seedling.

plantation /plɑ̃tasjɔ̃/ nf plantation; (de fleurs) bed; (de légumes) patch.

plante /plɑ̃t/ nf plant; *plante verte* houseplant; (du pied) sole.

planter /plɑ̃te/ vtr [▸tomates] to plant; [▸clou] to knock in; [▸tente] to pitch; [▸décor] to set; *il m'a planté*[©] *là* he left me standing there.

planton /plɑ̃tɔ̃/ nm sentry.

plaque /plak/ nf patch; (sur la peau) blotch; (de verre, métal) plate; *plaque d'immatriculation* number plate; (de policier) badge.

plaqué, -e /plake/ adj *plaqué or* goldplated.

plaquer /plake/ **I** vtr *plaquer sa main sur* to put one's hand on; (abandonner)[©] to chuck; (au rugby) to tackle. **II se plaquer** vpr *se plaquer contre qch* to flatten oneself against sth.

plaquette /plakɛt/ nf bar; (de beurre) packet; (de pilules) blister strip; (de métal) small plate; [▸de frein] brake pad; (dans le sang) platelet.

plastic /plastik/ nm plastic explosive.

plastique /plastik/ nm, adj plastic.

plastiquer /plastike/ vtr to carry out a bomb attack on.

plat, -e /pla, plat/ **I** adj flat; [mer] smooth. **II** nm dish; (partie d'un repas) course; (partie plate) flat. **III à plat** loc adv flat; *à plat ventre* flat on one's stomach; [personne][©] run down.
■ *plat du jour* today's special.

platane /platan/ nm plane tree.

plateau, pl -x /plato/ nm tray; *plateau(-)télé*[©] TV dinner; THÉÂT stage; CIN, TV set; GÉOG plateau.
■ *plateau de fromages* cheeseboard; *plateau de fruits de mer* seafood platter.

plate-bande, platebande, pl plates-bandes/platebandes /platbɑ̃d/ nf border, flower bed.

plate-forme, plateforme, pl plates-formes/plateformes /platfɔʁm/ nf platform; *plate-forme pétrolière* oil rig.

platine[1] /platin/ adj inv, nm platinum.

platine² /platin/ *nf* turntable.

platiné, -e /platine/ *adj* [cheveux] platinum blond.

plâtre /plɑtʀ/ *nm* plaster; ART, MÉD plaster cast.

plâtrer /plɑtʀe/ *vtr* **plâtrer le bras de qn** to put sb's arm in a cast.

plébiscite /plebisit/ *nm* plebiscite.

plein, -e /plɛ̃, plɛn/ **I** *adj* **plein (de)** full (of); [brique] solid; [pouvoir, lune] full; [confiance] complete; (entier) whole, full; **en plein milieu** right in the middle. **II** ⊕ *prép* **il a des idées plein la tête** he's full of ideas. **III** *nm* **faire le plein** to fill it up. **IV plein de**⊕ *dét indéf* lots of, loads of⊕. **V tout plein** *loc adv* really.

plein-air /plɛnɛʀ/ *nm inv* outdoor activities (*pl*).

plein-temps /plɛ̃tɑ̃/ *nm* full-time job.

pleurer /plœʀe/ **I** *vtr* **pleurer qn** to mourn sb. **II** *vi* to cry, to weep.

pleurnicher⊕ /plœʀniʃe/ *vi* to snivel.

pleurs /plœʀ/ *nmpl* tears; **en pleurs** in tears.

pleuvoir /pløvwaʀ/ **I** *v impers* to rain; **il pleut des cordes** it's pouring. **II** *vi* [coups] to rain down.

pli /pli/ *nm* fold; (de pantalon) crease; (de jupe) pleat; *(faux) pli* crease; (lettre) letter; **il faut prendre le pli** (habitude) you have to get used to it.

pliant, -e /plijɑ̃, ɑ̃t/ *adj* folding.

plier /plije/ **I** *vtr* to fold; (courber) to bend. **II** *vi* to bend; **faire plier qn** to make sb give in. **III se plier** *vpr* to fold; **se plier à des exigences** to bow to necessity.

plinthe /plɛ̃t/ *nf* skirting board.

plissé, -e /plise/ *adj* [jupe] pleated.

plisser /plise/ **I** *vtr* **plisser les yeux** to screw up one's eyes. **II** *vi* [bas] to wrinkle; [jupe, veste] to be creased.

plomb /plɔ̃/ *nm* lead; **sans plomb** unleaded; (de chasse) lead shot ¢; (fusible) fuse.

plombage /plɔ̃baʒ/ *nm* filling.

plombé, -e /plɔ̃be/ *adj* [dent] with a filling; + *épith, après n* [ciel] leaden.

plomberie /plɔ̃bʀi/ *nf* plumbing.

plombier /plɔ̃bje/ *nm* plumber.

plonge⊕ /plɔ̃ʒ/ *nf* washing up^GB, dishwashing^US.

plongée /plɔ̃ʒe/ *nf* (skin) diving; (avec tube) snorkelling^GB; **plongée sous-marine** deep-sea diving.

plongeoir /plɔ̃ʒwaʀ/ *nm* diving board.

plongeon /plɔ̃ʒɔ̃/ *nm* dive.

plonger /plɔ̃ʒe/ **I** *vtr* to plunge. **II** *vi* to take a dive; FIG **être plongé dans son travail** to be buried in one's work; **être plongé dans un sommeil profond** to be in a deep sleep; **être plongé dans ses pensées** to be deep in thought. **III se plonger** *vpr* **se plonger dans qch** to bury oneself in sth.

plongeur, -euse /plɔ̃ʒœʀ, øz/ *nm,f* SPORT diver; (laveur de vaisselle) dishwasher.

plouc⊕ /pluk/ *nm* local yokel⊕.

plouf /pluf/ *nm inv, excl* splash.

pluie /plɥi/ *nf* rain.

plume /plym/ *nf* feather; (pour écrire) (pen) nib.

plumer /plyme/ *vtr* [▸oiseau] to pluck; [▸personne]⊕ to fleece⊕.

plumier /plymje/ *nm* pencil box.

plupart: la plupart /laplypaʀ/ *quantif* **la plupart des gens/oiseaux** most people/birds; **la plupart d'entre eux** most of them; **la plupart du temps** most of the time.

pluriel, -elle /plyʀjɛl/ **I** *adj* plural; (composé) composite; **la gauche plurielle** the broad Left. **II** *nm* plural.

plus¹ /ply, plys, plyz/ **I** *prép* **8 plus 3 égale 11** 8 plus 3 equals 11; **un dessert plus du café** a dessert and coffee (as well); **plus 10°** plus 10°. **II** *adv* (comparatif) more; **de plus en plus (difficile)** more and more (difficult); **faire plus** to do more; (superlatif) **le plus** the most; **plus ça va** as time goes on. **III** *adv de négation* **il ne fume plus** he doesn't smoke any more, he no longer smokes; **plus jamais ça!** never again!; **il n'y a plus d'œufs** there are no more eggs, there aren't any eggs left. **IV plus de** *dét indéf* (+ dénombrable) **deux fois plus de livres** twice as many books; (+ non dénombrable) **plus de crème** more cream; (avec un numéral) **elle n'a pas plus de 50 euros** she has no more than 50 euros; **les gens de plus de 60 ans** people over 60. **V au plus** *loc adv* at the most. **VI de plus** *loc adv* furthermore, moreover, what's more; **une fois de plus** once more, once again.

pointer

plus² /plys/ *nm* MATH plus; (avantage)© plus©.

plusieurs /plyzjœʀ/ **I** *adj* several. **II** *pron indéf* several people.

plus-que-parfait /plyskəpaʀfɛ/ *nm inv* pluperfect.

plus-value, *pl* **-s** /plyvaly/ *nf* FIN capital gain; ÉCON surplus value.

plutôt /plyto/ *adv* rather; (au lieu de) instead.

pluvieux, -ieuse /plyvjø, jøz/ *adj* wet, rainy.

PME /peɛmə/ *nfpl* (abrév = **petites et moyennes entreprises**) small and medium enterprises, SMEs.

PMI /peɛmi/ *nfpl* (abrév = **petites et moyennes industries**) small and medium-sized industries.

PMU /peɛmy/ *nm* (abrév = **Pari mutuel urbain**) *French state-controlled betting system.*

pneu /pnø/ *nm* tyre^GB, tire^US.

pneumatique /pnømatik/ *adj* pneumatic; (gonflable) inflatable.

pneumonie /pnømɔni/ *nf* pneumonia.

poche¹ /pɔʃ/ *nm* (livre) paperback; (format) pocket size.

poche² /pɔʃ/ *nf* pocket; (sac) bag; (de kangourou, pélican) pouch; *couteau de poche* pocket knife; *lampe de poche* pocket torch^GB, flashlight^US.
● *c'est dans la poche*© it's in the bag©.

pocher /pɔʃe/ *vtr* CULIN to poach; *pocher un œil à qn* to give sb a black eye.

pochette /pɔʃɛt/ *nf* (trousse) case; (de document) folder; (de disque) sleeve; (d'allumettes) book; *vendu sous pochette plastique* sold in a plastic cover; (mouchoir) pocket handkerchief; (sac à main) clutch bag.
■ *pochette surprise* child's novelty consisting of several small surprise items in a cone.

pochoir /pɔʃwaʀ/ *nm* stencil.

podium /pɔdjɔm/ *nm* podium.

poêle¹ /pwal/ *nm* stove.

poêle² /pwal/ *nf* frying pan.

poème /pɔɛm/ *nm* poem.

poésie /pɔezi/ *nf* poetry; (poème) poem.

poète /pɔɛt/ *nm,f* poet.

poétique /pɔetik/ *adj* poetic.

poids /pwɑ/ *nm* weight; *de poids* weighty; (sport) *le lancer du poids* the shot put.
■ *poids lourd* (camion) heavy goods vehicle^GB, heavy truck.

poignard /pwaɲaʀ/ *nm* dagger; *coup de poignard* stab.

poignarder /pwaɲaʀde/ *vtr* to stab.

poigne /pwaɲ/ *nf avoir de la poigne* to be firm-handed.

poignée /pwaɲe/ *nf* (quantité) handful; (de porte, tiroir, sac) handle; (de sabre) hilt.
■ *poignée de main* handshake.

poignet /pwaɲɛ/ *nm* wrist; (de chemise) cuff.

poil /pwal/ *nm* hair; (pelage) fur; *à poil*© stark naked; *à un poil*© *près* by a whisker; (de brosse) bristle.
● *de bon/mauvais poil*© in a good/bad mood.

poilu, -e /pwaly/ **I** *adj* hairy. **II** *nm* (de la guerre)© French soldier in World War I.

poinçon /pwɛ̃sɔ̃/ *nm* (outil) awl; (marque) hallmark.

poinçonner /pwɛ̃sɔne/ *vtr* [▸billet] to punch.

poing /pwɛ̃/ *nm* fist; *coup de poing* punch.

point /pwɛ̃/ **I** *nm* point; *sur le point de faire* just about to do; *au plus haut point* intensely; *au point que* to the extent that; *douloureux au point que* so painful that; *jusqu'à un certain point* up to a (certain) point; (à l'ordre du jour) item, point; (marque visible) dot; (en ponctuation) full stop^GB, period^US; (en couture, tricot) stitch. **II** *adv* not; *tu ne tueras point* thou shalt not kill. **III** *à point loc adv* just in time; *(cuit) à point* medium rare. **IV** *au point loc adv mettre au point* to adjust.
■ *point de côté* stitch; *point d'exclamation/d'interrogation* exclamation/question mark; *point fort/faible* strong/weak point; *point de repère* landmark; *point de vue* point of view.

pointe /pwɛ̃t/ **I** *nf* (extrémité) point, end; (d'ail) touch; (d'accent) hint; (clou) nail; (critique) remark; *de pointe* advanced; *heure de pointe* rush hour. **II** *pointes nfpl* (en danse) points.
■ *pointe d'asperge* asparagus tip; *pointe du pied* tiptoe.

pointer /pwɛ̃te/ **I** *vtr* to tick off^GB, to check; *pointer le doigt vers* to point at. **II** *vi* [employé] to clock in/out; *pointer à l'ho-*

rizon to rise up on the horizon. **III se pointer**© *vpr* to turn up.

pointeur /pwɛ̃tœʀ/ *nm* ORDINAT pointer.

pointillé /pwɛ̃tije/ *nm* dotted line.

pointilleux, -euse /pwɛ̃tijø, øz/ *adj* fussy.

pointu, -e /pwɛ̃ty/ *adj* [forme] pointed; [secteur] highly specialized; [voix] piercing.

pointure /pwɛ̃tyʀ/ *nf* size.

point-virgule, *pl* **points-virgules** /pwɛ̃viʀgyl/ *nm* semicolon.

poire /pwaʀ/ *nf* pear; (personne naïve)© mug©ᴳᴮ, sucker©.

poireau, *pl* **-x** /pwaʀo/ *nm* leek.

poirier /pwaʀje/ *nm* pear (tree).

pois /pwa/ *nm* pea; *petit pois* (garden) pea, petit pois; (motif) dot.
■ **pois cassé** split pea; **pois chiche** chickpea; **pois de senteur** sweet pea.

poison /pwazɔ̃/ *nm* poison.

poisse© /pwas/ *nf* rotten luck©.

poisseux, -euse /pwasø, øz/ *adj* sticky.

poisson /pwasɔ̃/ *nm* fish.
■ **poisson d'avril** April fool's joke; **poisson rouge** goldfish.

poissonnerie /pwasɔnʀi/ *nf* fishmonger's (shop)ᴳᴮ, fish seller'sᵁˢ.

poissonnier, -ière /pwasɔnje, jɛʀ/ *nm,f* fishmongerᴳᴮ, fish sellerᵁˢ.

Poissons /pwasɔ̃/ *nprmpl* Pisces.

poitrine /pwatʀin/ *nf* chest; (seins) breasts (*pl*); CULIN breast.
■ **poitrine fumée/salée** ≈ smoked/ unsmoked streaky bacon.

poivre /pwavʀ/ *nm* pepper.

poivré, -e /pwavʀe/ *adj* peppery.

poivrier /pwavʀije/ *nm* pepper potᴳᴮ, shakerᵁˢ.

poivron /pwavʀɔ̃/ *nm* sweet pepper.

poker /pɔkɛʀ/ *nm* poker.

polaire /pɔlɛʀ/ **I** *adj* polar. **II** *nf* (veste) fleece.

polar© /pɔlaʀ/ *nm* detective novel/film.

pôle /pol/ *nm* pole; *au pôle Nord/Sud* at the North/South Pole.

polémique /pɔlemik/ **I** *adj* polemical. **II** *nf* debate.

poli, -e /pɔli/ **I** *pp* polished. **II** *adj* *poli (avec qn)* polite (to sb).

police /pɔlis/ *nf* police (*pl*); *faire la police* to keep order; (d'assurance) policy; (en typographie) font.
■ **police judiciaire, PJ** detective division of the French police force; **police secours** emergency services (*pl*).

polichinelle /pɔliʃinɛl/ *nm* Punch.

policier, -ière /pɔlisje, jɛʀ/ **I** *adj* police; [film, roman] detective. **II** *nm* (personne) policeman; *femme policier* policewoman; © detective film/novel.

polir /pɔliʀ/ *vtr* to polish.

politesse /pɔlitɛs/ *nf* politeness; (parole) polite remark.

politicien, -ienne /pɔlitisjɛ̃, jɛn/ *nm,f* politician.

politique¹ /pɔlitik/ *adj* political.

politique² /pɔlitik/ *nf* politics (*sg*); (ligne de conduite) policy.

politiquement /pɔlitikmɑ̃/ *adv* politically.

politiser /pɔlitize/ *vtr* to politicize.

pollen /pɔlɛn/ *nm* pollen.

polluer /pɔlɥe/ *vtr* to pollute.

pollueur, -euse /pɔlɥœʀ, øz/ **I** *adj* polluting. **II** *nm,f* polluter.

pollution /pɔlysjɔ̃/ *nf* pollution ₵.

polo /pɔlo/ *nm* (vêtement) polo shirt; (sport) polo.

Pologne /pɔlɔɲ/ *nprf* Poland.

polonais, -e /pɔlɔnɛ, ɛz/ **I** *adj* Polish. **II** *nm* LING Polish. **III** *nm,f* *Polonais, -e* Pole.

poltron, -onne /pɔltʀɔ̃, ɔn/ **I** *adj* cowardly. **II** *nm,f* coward.

polygame /pɔligam/ **I** *adj* polygamous. **II** *nm,f* polygamist.

polyglotte /pɔliglɔt/ *nm,f* polyglot.

polytechnicien, -ienne /pɔlitɛknisjɛ̃, jɛn/ *nm,f* graduate of the École Polytechnique.

Polytechnique /pɔlitɛknik/ *nf* Grande École of Science and Technology.

polyvalent, -e /pɔlivalɑ̃, ɑ̃t/ *adj* varied; [personne] versatile.

pommade /pɔmad/ *nf* ointment.

pomme /pɔm/ *nf* apple.
■ **pomme de pin** pine cone; **pomme de terre** potato; **pommes frites** chipsᴳᴮ, (French) fries.
● **tomber dans les pommes**© to faint.

pommette /pɔmɛt/ *nf* cheekbone.

pommier /pɔmje/ nm apple tree.

pompe /pɔ̃p/ nf (appareil) pump; (chaussure)⊗ shoe; (apparat) pomp; *pompes funèbres* undertaker'sᴳᴮ, funeral homeᵁˢ (sg).

pomper /pɔ̃pe/ vtr to pump; *pomper⊕ (sur)* to copy (from).

pompier, -ière /pɔ̃pje, jɛʀ/ nm fireman, firefighter.

pompiste /pɔ̃pist/ nm,f petrolᴳᴮ, gasᵁˢ, pump attendant.

pompon /pɔ̃pɔ̃/ nm bobble.

pomponner: se pomponner /pɔ̃pɔne/ vpr to get dolled up.

ponce /pɔ̃s/ adj *pierre ponce* pumice stone.

poncer /pɔ̃se/ vtr to sand.

ponctualité /pɔ̃ktɥalite/ nf punctuality.

ponctuation /pɔ̃ktɥasjɔ̃/ nf punctuation.

ponctuel, -elle /pɔ̃ktɥɛl/ adj [personne] punctual; [problème] isolated.

ponctuer /pɔ̃ktɥe/ vtr to punctuate.

pondérer /pɔ̃dere/ vtr to balance.

pondre /pɔ̃dʀ/ vtr [▸œuf] to lay; (travail)⊕ to produce.

poney /pɔnɛ/ nm pony.

pont /pɔ̃/ nm bridge; (vacances) extended weekend; (de navire) deck.
■ **pont aérien** airlift.

pont-levis, pl **ponts-levis** /pɔ̃ləvi/ nm drawbridge.

ponton /pɔ̃tɔ̃/ nm pontoon.

populaire /pɔpylɛʀ/ adj [quartier] working-class; [langue, roman] popular; [tradition] folk; *populaire (chez/parmi)* popular (with).

popularité /pɔpylarite/ nf popularity.

population /pɔpylasjɔ̃/ nf population.

porc /pɔʀ/ nm pig, hogᵁˢ; (viande) pork.

porcelaine /pɔʀsəlɛn/ nf porcelain, china.

porcelet /pɔʀsəlɛ/ nm piglet.

porc-épic, pl **-s** /pɔʀkepik/ nm porcupine.

porche /pɔʀʃ/ nm porch.

porcherie /pɔʀʃəri/ nf pigsty.

pore /pɔʀ/ nm pore.

pornographie /pɔʀnɔgʀafi/ nf pornography.

port /pɔʀ/ nm (pour les bateaux) port, harbourᴳᴮ; *à bon port* safely; *port d'armes*
carrying arms; (démarche) bearing; (par la poste) postage.

portable /pɔʀtabl/ **I** adj portable; (mettable) wearable. **II** nm (ordinateur) laptop computer; (téléphone) mobile.

portail /pɔʀtaj/ nm gate, main door; (sur Internet) portal.

portant, -e /pɔʀtɑ̃, ɑ̃t/ adj *bien portant* in good health; *à bout portant* at point-blank range.

portatif, -ive /pɔʀtatif, iv/ adj portable.

porte /pɔʀt/ nf door; (de parc, ville, etc) gate.
■ **porte d'entrée** front door; **porte de sortie** exit.
● **prendre la porte** to leave.

porte-à-faux /pɔʀtafo/ nm inv *en porte-à-faux* [mur] out of plumb; [personne] in an awkward position.

porte-à-porte /pɔʀtapɔʀt/ nm inv door-to-door selling.

porte-avion, pl **-s** /pɔʀtavjɔ̃/ nm aircraft carrier.

porte-bagage, pl **-s** /pɔʀt(ə)bagaʒ/ nm (sur un vélo) carrier; (dans un train) luggage rack.

porte-bonheur, pl **-s** /pɔʀt(ə)bɔnœʀ/ nm lucky charm.

porte-clef, **porte-clé**, pl **-s** /pɔʀt(ə)kle/ nm key ring.

porte-document, pl **-s** /pɔʀt(ə)dɔkymɑ̃/ nm inv briefcase.

portée /pɔʀte/ nf range; *hors de portée* out of reach; *à portée de la main* within reach; (effet) impact; (d'animaux) litter; MUS staff, staveᴳᴮ.

portefeuille /pɔʀt(ə)fœj/ nm wallet; POL, FIN portfolio.

portemanteau, pl **-x** /pɔʀt(ə)mɑ̃to/ nm coat stand.

porte-monnaie, pl **-s** /pɔʀt(ə)mɔnɛ/ nm purseᴳᴮ.

porte-parole, pl **-s** /pɔʀt(ə)paʀɔl/ nm spokesperson, spokesman/spokeswoman.

porte-plume, pl **-s** /pɔʀt(ə)plym/ nm penholder.

porter /pɔʀte/ **I** vtr to carry; *porter qch quelque part* to take sth somewhere; [▸vêtement] to wear; [▸moustache, date] to have; [▸fruit] to bear; *porté disparu* reported missing. **II porter sur** vtr ind to be about; [interdiction] to apply to. **III** vi to hit. **IV se porter** vpr *se porter bien/mal* to be well/

ill; [soupçon] *se porter sur* to fall on; [candidat] to stand for.

porte-savon, *pl* **-s** /pɔʀt(ə)savɔ̃/ *nm* soap-dish.

porte-serviette, *pl* **-s** /pɔʀt(ə)sɛʀvjɛt/ *nm* towel rail.

porteur, **-euse** /pɔʀtœʀ, øz/ *nm,f* holder, bearer; (de bagages) porter.

portier /pɔʀtje/ *nm* porter[GB], doorman[US].

portière /pɔʀtjɛʀ/ *nf* door.

portillon /pɔʀtijɔ̃/ *nm* gate.

portion /pɔʀsjɔ̃/ *nf* portion; (servie) helping; (dans un partage) share; (de territoire) part.

portique /pɔʀtik/ *nm* ARCHIT portico; (pour enfants) swing frame.

Porto Rico /pɔʀtoriko/ *nprf* Puerto Rico.

portrait /pɔʀtʀɛ/ *nm* portrait.

portrait-robot, *pl* **portraits-robots** /pɔʀtʀɛʀɔbo/ *nm* Photofit® (picture), Identikit®.

portuaire /pɔʀtɥɛʀ/ *adj* port.

portugais, **-e** /pɔʀtygɛ, ɛz/ **I** *adj* Portuguese. **II** *nm* LING Portuguese. **III** *nm,f* **Portugais**, **-e** Portuguese.

Portugal /pɔʀtygal/ *nprm* Portugal.

pose /poz/ *nf* (de moquette) laying; (de rideau) hanging; putting up; (manière de se tenir) pose; PHOT exposure.

posé, **-e** /poze/ *adj* composed, controlled.

poser /poze/ **I** *vtr* *poser qch* to put (down) sth; [▸radiateur] to install; [▸carrelage] to lay; [▸bombe] to plant; [▸moquette] to fit; *poser sa candidature à* to apply for; [▸question] to ask. **II** *vi* to pose. **III** *se poser* *vpr* [oiseau] to alight; [avion] to land; [question] to arise; [yeux] *se poser sur* to fall on.

positif, **-ive** /pozitif, iv/ *adj*, *nm* positive.

position /pozisjɔ̃/ *nf* position; *prendre position* to take a stand.

posologie /pozɔlɔʒi/ *nf* dosage.

posséder /posede/ *vtr* to own, to have.

possessif, **-ive** /posesif, iv/ *adj*, *nm* possessive.

possession /posesjɔ̃/ *nf* possession.

possibilité /posibilite/ *nf* possibility; (occasion) opportunity.

possible /posibl/ **I** *adj* possible; *le plus possible* as far/much as you can. **II** *nm*

possibility; *faire (tout) son possible* to do one's best.

postal, **-e**, *mpl* **-aux** /postal, o/ *adj* postal.

poste[1] /pɔst/ *nm* post; *suppression de poste* job cut; *poste de travail* work station; RADIO, TV set; (téléphonique) extension.
■ **poste de pilotage** cockpit; **poste de police** police station; **poste de secours** first-aid station.

poste[2] /pɔst/ *nf* post office; *par la poste* by post[GB], to mail[US].
■ **poste aérienne** airmail; **poste restante** poste restante, general delivery.

poster[1] /poste/ *vtr* to post[GB], to mail[US]; [▸soldat] to post.

poster[2] /postɛʀ/ *nm* poster.

postérieur, **-e** /posterjœʀ/ *adj* later; *postérieur à* after; [pattes] hind.

posthume /postym/ *adj* posthumous.

postiche /postiʃ/ *adj* false.

postier, **-ière** /postje, jɛʀ/ *nm,f* postal worker.

postillonner© /postijɔne/ *vi* to spit.

postuler /postyle/ *vtr* *postuler (à) un emploi* to apply for a job.

post-scriptum, **postscriptum**, *pl* **-s** /postskriptɔm/ *nm* postscript.

pot /po/ *nm* pot; (pichet) jug; *un pot de peinture* a tin[GB], can[US] of paint; *prendre un pot*© to have a drink; *avoir du pot*© to be lucky.
■ **pot d'échappement** exhaust pipe; **pot de fleurs** flowerpot, plantpot.

potable /pɔtabl/ *adj* [eau] drinking.

potage /pɔtaʒ/ *nm* soup.

potager, **-ère** /pɔtaʒe, ɛʀ/ *adj*, *nm* *(jardin) potager* kitchen, vegetable garden.

potasser© /pɔtase/ *vi* to swot©[GB], to bone up©[US].

pot-au-feu /pɔtofø/ *nm inv* beef stew.

pot-de-vin, *pl* **pots-de-vin** /podvɛ̃/ *nm* bribe.

poteau, *pl* **-x** /pɔto/ *nm* post; (au football, rugby) goalpost.
■ **poteau indicateur** signpost.

potelé, **-e** /pɔtle/ *adj* chubby.

potence /pɔtɑ̃s/ *nf* gallows (sg).

potentiel, **-ielle** /pɔtɑ̃sjɛl/ *adj*, *nm* potential.

poterie /pɔtʀi/ *nf* pottery.

potier, -ière /pɔtje, jɛʀ/ *nm,f* potter.

potin© /pɔtɛ̃/ *nm* gossip ¢.

potion /posjɔ̃/ *nf* potion.

potiron /pɔtiʀɔ̃/ *nm* pumpkin.

pot-pourri, *pl* **pots-pourris** /popuʀi/ *nm* potpourri; MUS medley.

pou, *pl* **-x** /pu/ *nm* louse; *chercher des poux à qn* to find fault with sb.

poubelle /pubɛl/ *nf* dustbin^GB, garbage can^US; *avion poubelle* junk plane; *plage poubelle* toxic beach.

pouce /pus/ **I** *nm* (de la main) thumb; (du pied) big toe; (mesure) inch; *manger sur le pouce*© to have a quick bite to eat. **II** *excl* pax!^GB, truce!

poudre /pudʀ/ *nf* powder; *en poudre* [lait] powdered; [chocolat] drinking.

poudreuse /pudʀøz/ *nf* powdery snow.

poudrier /pudʀije/ *nm* powder compact.

pouf /puf/ *nm* (siège) pouf(fe); (en tombant) thud.

pouffer /pufe/ *vi pouffer (de rire)* to burst out laughing.

poulailler /pulaje/ *nm* henhouse.

poulain /pulɛ̃/ *nm* colt; (protégé) protégé.

poule /pul/ *nf* hen; CULIN fowl.
  ■ **poule mouillée**© wimp©.

poulet /pulɛ/ *nm* chicken; (policier)© cop©.

pouliche /puliʃ/ *nf* filly.

poulie /puli/ *nf* pulley.

poulpe /pulp/ *nm* octopus.

pouls /pu/ *nm* pulse.

poumon /pumɔ̃/ *nm* lung.

poupe /pup/ *nf* stern.
  ● *avoir le vent en poupe* to have the wind in one's sails.

poupée /pupe/ *nf* doll.

poupon /pupɔ̃/ *nm* baby; (jouet) baby doll.

pour[1] /puʀ/ **I** *prép* for; *pour toujours* forever; (en ce qui concerne) as for; (+ durée, cause, but) *j'en ai encore pour deux heures* it'll take another two hours; *dix pour cent* ten per cent; *pour une large part* to a large extent. **II pour que** *conj* so that (+ *subj*); *pour autant que je sache* as far as I know.

pour[2] /puʀ/ *nm le pour et le contre* pros and cons (*pl*).

pourboire /puʀbwaʀ/ *nm* tip.

pourcentage /puʀsɑ̃taʒ/ *nm* percentage.

pourparlers /puʀpaʀle/ *nmpl* talks.

pourpre[1] /puʀpʀ/ *adj, nm* crimson.

pourquoi[1] /puʀkwa/ *adv, conj* why; *dis-moi pourquoi* tell me why; *c'est pourquoi* so, that's why.

pourquoi[2] /puʀkwa/ *nm inv le pourquoi et le comment* the why and the wherefore.

pourri, -e /puʀi/ *adj* rotten.

pourriel /puʀjɛl/ *nm* spam.

pourrir /puʀiʀ/ *vi* to go bad, to rot.

pourriture /puʀityʀ/ *nf* rot, decay.

poursuite /puʀsɥit/ *nf* chase; (en cyclisme) pursuit; (suite) continuation; JUR *abandonner les poursuites* to drop the charges.

poursuivant, -e /puʀsɥivɑ̃, ɑ̃t/ *nm,f* pursuer.

poursuivre /puʀsɥivʀ/ **I** *vtr* to chase; [▸chemin, efforts] to continue; [▸but] to pursue; JUR *poursuivre qn (en justice)* to sue sb. **II** *vi* to continue.

pourtant /puʀtɑ̃/ *adv* yet, though.

pourvoi /puʀvwa/ *nm* appeal.

pourvoir /puʀvwaʀ/ **I** *vtr pourvoir qn de qch* to give sb sth; *poste à pourvoir* available position. **II pourvoir à** *vtr ind* to provide for.

pourvu: pourvu que /puʀvyk(ə)/ *loc conj* provided (that), as long as.

pousse-café, *pl* **-s** /puskafe/ *nm* (after-dinner) liqueur.

poussée /puse/ *nf* pressure; (coup) push; (de violence) upsurge.

pousser /puse/ **I** *vtr* to push; *pousser qn à faire qch* to urge sb to do sth; [▸recherches] to pursue; *pousser un cri* to shout. **II** *vi* [enfant, plante] to grow; (exagérer)© to overdo it.

poussette /pusɛt/ *nf* pushchair^GB, stroller^US.

poussière /pusjɛʀ/ *nf* dust.

poussiéreux, -euse /pusjeʀø, øz/ *adj* dusty.

poussin /pusɛ̃/ *nm* chick.

poutre /putʀ/ *nf* beam.

pouvoir[1] /puvwaʀ/ **I** *v aux* (être capable de) to be able to; *dès que je pourrai* as soon as I can; *puis-je m'asseoir?* may I sit down?; *est-ce qu'on peut fumer ici?* is smoking allowed here?; *je n'en peux plus* I am

exhausted. **II** vtr *que puis-je pour vous?*
what can I do for you? **III** v impers *il peut
faire très froid* it can get very cold. **IV il
se peut** vpr impers *il se peut qu'il vienne*
he might come.

pouvoir² /puvwaʀ/ nm power.
■ **pouvoirs publics** authorities.

praire /pʀɛʀ/ nf clam.

prairie /pʀeʀi/ nf meadow.

praline /pʀalin/ nf sugared almond.

praticable /pʀatikabl/ adj passable.

praticien, -ienne /pʀatisjɛ̃, jɛn/ nm,f practitioner.

pratiquant, -e /pʀatikɑ̃, ɑ̃t/ adj RELIG prac-
tising.

pratique /pʀatik/ **I** adj practical. **II** nf prac-
tise^GB; (expérience) practical experience.

pratiquer /pʀatike/ vtr, vpr [▸tennis] to play;
[▸yoga] to do; [▸langue, religion] to practise^GB;
[▸greffe] to carry out.

pré /pʀe/ nm meadow.

préalable /pʀealabl/ **I** adj prior, preliminary. **II** nm precondition (for). **III au
préalable** loc adv first, beforehand.

préambule /pʀeɑ̃byl/ nm preamble.

préau, pl **-x** /pʀeo/ nm covered playground.

préavis /pʀeavi/ nm advance notice.

précaire /pʀekɛʀ/ adj precarious.

précarité /pʀekaʀite/ nf (conditions de vie)
precariousness, precarity; (d'emploi) insecurity.

précaution /pʀekosjɔ̃/ nf precaution; *principe de précaution* precautionary principle.

précédent, -e /pʀesedɑ̃, ɑ̃t/ **I** adj previous.
II nm precedent.

précéder /pʀesede/ vtr to precede.

précepte /pʀesɛpt/ nm precept.

précepteur, -trice /pʀesɛptœʀ, tʀis/ nm,f
(private) tutor.

prêcher /pʀeʃe/ vtr, vi to preach.

précieux, -ieuse /pʀesjø, jøz/ adj precious.

précipice /pʀesipis/ nm precipice.

précipitamment /pʀesipitamɑ̃/ adv in a
hurry.

précipitation /pʀesipitasjɔ̃/ **I** nf haste. **II
précipitations** nfpl rainfall ¢.

précipiter /pʀesipite/ **I** vtr [▸départ] to hasten; *précipiter les choses* to rush things;
(jeter) to throw. **II se précipiter** vpr to
rush, to hurry; (dans le vide) to jump off.

précis, -e /pʀesi, iz/ **I** adj [critère] specific,
definite; [personne, geste, horaire] precise; [chif-
fre] accurate. **II** nm handbook.

préciser /pʀesize/ **I** vtr [▸lieu, date] to specify;
[▸idées] to clarify. **II se préciser** vpr to
become clearer.

précision /pʀesizjɔ̃/ nf precision, accuracy.

précoce /pʀekɔs/ adj [enfant] precocious;
[saison] early.

préconiser /pʀekɔnize/ vtr to recommend.

précurseur /pʀekyʀsœʀ/ nm pioneer.

prédiction /pʀediksjɔ̃/ nf prediction.

prédilection /pʀedilɛksjɔ̃/ nf preference;
de prédilection favourite^GB, favorite^US.

prédire /pʀediʀ/ vtr to predict.

préfabriqué, -e /pʀefabʀike/ **I** adj prefabricated. **II** nm (bâtiment) prefabricated building, prefab^©.

préface /pʀefas/ nf preface.

préfecture /pʀefɛktyʀ/ nf main city of a
department.
■ **préfecture de police** police headquarters in some large French cities.

préférable /pʀefeʀabl/ adj preferable.

préféré, -e /pʀefeʀe/ adj, nm,f favourite^GB.

préférence /pʀefeʀɑ̃s/ nf preference; *de
préférence* preferably.

préférer /pʀefeʀe/ vtr to prefer; *je préfère
pas*^© I'd rather not.

préfet, -ète /pʀefɛ, ɛt/ nm,f prefect; *préfet
de police* prefect of police, police chief.

préfixe /pʀefiks/ nm prefix.

préhistoire /pʀeistwaʀ/ nf prehistory.

préhistorique /pʀeistɔʀik/ adj prehistoric.

préinscription /pʀeɛ̃skʀipsjɔ̃/ nf preregis-
tration.

préjudice /pʀeʒydis/ nm harm ¢, damage ¢; *porter préjudice à* to harm.

préjugé /pʀeʒyʒe/ nm bias.

prélasser: se prélasser /pʀelase/ vpr to
lounge.

prélavage /pʀelavaʒ/ nm prewash.

prélèvement /pʀelɛvmɑ̃/ nm (de sang) sample; (sur un compte) debit.

prélever /pʀelve/ vtr [▸sang] to take a sample of; *prélever (sur)* [▸compte] to withdraw (from).

préliminaire /pʀeliminɛʀ/ **I** adj preliminary. **II préliminaires** nmpl preliminaries.

prélude /pʀelyd/ nm prelude.

prématuré, -e /pʀematyʀe/ adj premature.

préméditation /pʀemeditasjɔ̃/ nf premeditation; *avec/sans préméditation* premeditated/unpremeditated.

préméditer /pʀemedite/ vtr to premeditate.

premier, -ière /pʀəmje, jɛʀ/ **I** adj first; *livre premier* book one; *de premier ordre* first-rate; *premiers tarifs* cheapest rates. **II** nm,f *le premier* the first (one). **III** nm first floorᴳᴮ, second floorᵁˢ.
■ **Premier ministre** prime minister; **premiers secours** first aid.

première /pʀəmjɛʀ/ nf *première mondiale* world first; THÉÂT première; SCOL sixth year of secondary school, age 16–17; AUT first (gear); *billet de première* first class ticket.

premièrement /pʀəmjɛʀmɑ̃/ adv firstly.

prendre /pʀɑ̃dʀ/ **I** vtr to take; [▸accent] to pick up; [▸habitude] to develop; [▸repas] to have; (faire payer) to charge; (aller chercher, acheter, etc) to get; (attraper) to catch; (noter) to take down; [▸contrôle, poste] to assume; [▸poids] to put on; *qu'est-ce qui te prend?* what's the matter with you? **II** vi [feu,] to catch; [glace, ciment] to set; [teinture, greffe] to take; *ça ne prend© pas!* it won't work! **III se prendre** vpr to be taken; (se considérer) *pour qui te prends-tu?* who do you think you are?; *s'en prendre à* to attack; *savoir s'y prendre avec qn* to have a way with sb.

preneur, -euse /pʀənœʀ, øz/ nm,f buyer; *être preneur* to be willing to buy.

prénom /pʀenɔ̃/ nm first name; ADMIN forename, given name.

prénommer: se prénommer /pʀenɔme/ vpr to be called.

préoccupation /pʀeɔkypasjɔ̃/ nf worry, concern.

préoccupé, -e /pʀeɔkype/ adj worried, concerned.

préoccuper /pʀeɔkype/ **I** vtr to worry. **se préoccuper de** vpr [▸situation] to be concerned about; [▸avenir] to think about.

préparatifs /pʀepaʀatif/ nmpl preparations (for).

préparation /pʀepaʀasjɔ̃/ nf preparation.

préparatoire /pʀepaʀatwaʀ/ adj [travail] preliminary; *classe préparatoire* preparatory class for entrance to prestigious higher education institutions.

préparer /pʀepaʀe/ **I** vtr to prepare; *plat préparé* ready-cooked meal. **II se préparer** vpr to get ready; *se préparer à qch* to prepare for sth; *qch se prépare* something is going on; [▸thé] to make oneself (sth).

préposé, -e /pʀepoze/ nm,f attendant; (facteur) postmanᴳᴮ/postwomanᴳᴮ.

préposition /pʀepozisjɔ̃/ nf preposition.

prérempli, -e /pʀeʀɑ̃pli/ adj precompleted.

préretraite /pʀeʀətʀɛt/ nf early retirement.

près /pʀɛ/ **I** adv close. **II près de** loc prép near, close to; (presque) nearly, almost. **III de près** loc adv closely; *regarder de plus près* to take a closer look. **IV à… près** loc adv *à une exception près* with only one exception; *à deux voix près* by two votes. **V à peu près** loc adv about.

présage /pʀezaʒ/ nm omen.

présager /pʀezaʒe/ vtr to predict; *laisser présager* to suggest.

presbyte /pʀɛsbit/ longsighted personᴳᴮ, farsighted personᵁˢ.

presbytère /pʀɛsbitɛʀ/ nm presbytery.

prescription /pʀɛskʀipsjɔ̃/ nf prescription; JUR limitation.

prescrire /pʀɛskʀiʀ/ vtr to prescribe.

préséance /pʀeseɑ̃s/ nf precedence.

présélectionner /pʀeselɛksjɔne/ vtr to shortlistᴳᴮ.

présence /pʀezɑ̃s/ nf presence; *en présence de* in front of.

présent, -e /pʀezɑ̃, ɑ̃t/ **I** adj present. **II** nm,f *la liste des présents* the list of those present. **III** nm present. **IV à présent** loc adv at present, now.

présentateur, -trice /pʀezɑ̃tatœʀ, tʀis/ nm,f presenter.

présentation /pʀezɑ̃tasjɔ̃/ nf introduction, presentation; *sur présentation de* on production of.

présenter /pʀezɑ̃te/ **I** vtr *présenter qn à qn* to introduce sb to sb; [▸ticket] to show; [▸collection, facture] to present. **II se présenter** vpr *se présenter à un examen* to take an exam; (chez qn) to show up; (à qn) to introduce oneself; [occasion] to arise; *l'affaire se présente bien/mal* things are looking good/bad.

préservatif /pʀezɛʀvatif/ nm condom.

préserver /pʀezɛʀve/ **I** vtr to preserve. **II se préserver de** vpr to protect oneself against.

présidence /pʀezidɑ̃s/ nf presidency; (d'entreprise) chairmanship.

président, -e /pʀezidɑ̃/ nm,f president; (d'entreprise) chairman, chairwoman, chairperson.

présidentiel, -ielle /pʀezidɑ̃sjɛl/ adj presidential.

présidentielles /pʀezidɑ̃sjɛl/ nfpl presidential elections.

présider /pʀezide/ vtr to chair; [▸association] to be the president of.

présomption /pʀezɔ̃psjɔ̃/ nf presumption.

présomptueux, -euse /pʀezɔ̃ptɥø, øz/ adj presumptuous.

presque /pʀɛsk/ adv almost, nearly; *il n'y a presque personne* there's hardly anyone there.

presqu'île, presqu'ile /pʀɛskil/ nf peninsula.

pressant, -e /pʀesɑ̃, ɑ̃t/ adj pressing.

presse /pʀɛs/ nf press, magazines (pl).

pressé, -e /pʀese/ adj [personne] in a hurry; [air] hurried; [affaire] urgent; (agrume) freshly squeezed.

presse-citron, pl **-s** /pʀɛsitʀɔ̃/ nm inv lemon squeezer.

pressentiment /pʀesɑ̃timɑ̃/ nm premonition.

pressentir /pʀesɑ̃tiʀ/ vtr to have a premonition (about).

presse-papier, pl **-s** /pʀɛspapje/ nm paperweight; ORDINAT clipboard.

presser /pʀese/ **I** vtr *presser qn de faire* to urge sb to do; [▸cadence] to increase; *presser le pas* to hurry; [▸bouton] to press; [▸orange] to squeeze. **III vi** to be pressing, urgent. **III se presser** vpr *se presser sur/contre* to press oneself against; *se presser de faire* to hurry up and do.

pressing /pʀesiŋ/ nm dry-cleaner's.

pression /pʀesjɔ̃/ nf *pression artérielle* blood pressure; *mettre la pression (sur)* to put pressure (on); (bouton) press stud^{GB}, snap (fastener).

pressoir /pʀeswaʀ/ nm press.

pressuriser /pʀesyʀize/ vtr to pressurize.

prestance /pʀɛstɑ̃s/ nf (imposing) presence.

prestataire /pʀɛstatɛʀ/ nm *prestataire de service* (service) contractor.

prestation /pʀɛstasjɔ̃/ nf benefit; *prestation (de service)* service; performance.

prestidigitateur, -trice /pʀɛstidiʒitatœʀ, tʀis/ nm,f conjuror.

prestige /pʀɛstiʒ/ nm prestige.

prestigieux, -ieuse /pʀɛstiʒjø, jøz/ adj prestigious.

présumer /pʀezyme/ **I** vtr to presume; *le père présumé* the putative father; *le présumé coupable* the alleged culprit. **II présumer de** vtr ind to overestimate.

prêt, -e /pʀɛ, pʀɛt/ **I** adj ready; *être prêt à faire* to be prepared to do. **II** nm lending; (somme) loan.

prêt-à-porter, pl **prêts-à-porter** /pʀɛtapɔʀte/ nm ready-to-wear, ready-to-wear clothes (pl).

prétendant, -e /pʀetɑ̃dɑ̃, ɑ̃t/ **I** nm,f candidate (for); (royal) pretender. **II** nm suitor.

prétendre /pʀetɑ̃dʀ/ vtr, vtr ind, vpr to claim.

prétendu, -e /pʀetɑ̃dy/ adj [coupable] alleged; [crise] so-called; [artiste] would-be.

prétentieux, -ieuse /pʀetɑ̃sjø, jøz/ adj pretentious.

prétention /pʀetɑ̃sjɔ̃/ nf conceit, pretension; *avoir la prétention de faire* to claim to do; *sans prétention* unpretentious, unassuming.

prêter /pʀete/ **I** vtr to lend; *prêter attention à* to pay attention to. **II prêter à** vtr ind [▸confusion, rire] to give rise to, to cause. **III se prêter** vpr *se prêter à qch* to take part in sth.

prêteur, -euse /pʀetœʀ, øz/ nm,f lender; *prêteur sur gages* pawnbroker.

prétexte /pʀetɛkst/ nm excuse, pretext; *sous aucun prétexte* on any account.

prétexter /pʀetɛkste/ *vtr* to use [sth] as an excuse.

prêtre /pʀɛtʀ/ *nm* priest.

preuve /pʀœv/ *nf* proof ₵; *une preuve* a piece of evidence; *faire preuve de* to show.

prévaloir /pʀevalwaʀ/ **I** *vi* to prevail. **II se prévaloir** *vpr se prévaloir de qch* to boast of sth.

prévenance /pʀevnɑ̃s/ *nf* consideration.

prévenir /pʀevniʀ/ *vtr prévenir qn (que)* to tell sb (that); [▸police] to call; (avertir) to warn; (éviter) to prevent; (aller au-devant de) to anticipate.

préventif, -ive /pʀevɑ̃tif, iv/ *adj* preventive.

prévention /pʀevɑ̃sjɔ̃/ *nf* prevention; *prévention routière* road safety.

prévenu, -e /pʀevny/ *nm,f* defendant.

prévisible /pʀevizibl/ *adj* predictable.

prévision /pʀevizjɔ̃/ *nf* prediction; ÉCON, FIN, MÉTÉO forecast; *en prévision de* in anticipation of.

prévoir /pʀevwaʀ/ *vtr* [▸changement] to predict; [▸échec] to foresee; [▸conséquence] to anticipate; [▸temps] to forecast; (planifier) to plan, to arrange; *prévoir trois heures* to allow three hours; *comme prévu* as planned.

prévoyant, -e /pʀevwajɑ̃, ɑ̃t/ *adj* far-sighted.

prier /pʀije/ *vtr prier qn de faire* to ask sb to do; *être prié de…* to be kindly requested to…; *je vous en prie* please; RELIG to pray to.

prière /pʀijɛʀ/ *nf* RELIG prayer; (demande) request, plea, entreaty; *prière de fermer la porte* please close the door.

primaire /pʀimɛʀ/ *adj, nm* primary.

prime /pʀim/ **I** *adj de prime abord* at first, initially; MATH prime. **II** *nf* (récompense) bonus; (cadeau) free gift; (indemnité) allowance; (d'assurance) premium.

primer /pʀime/ **I** *vtr* to prevail over; *film primé* award-winning film. **II** *vi* to come first.

primeur /pʀimœʀ/ **I** *nf avoir la primeur de qch* to be the first to hear sth. **II primeurs** *nfpl* fresh fruit and vegetables, early produce ₵.

primevère /pʀimvɛʀ/ *nf* primrose.

primitif, -ive /pʀimitif, iv/ **I** *adj*, original; [société, art] primitive. **II** *nm, f* Primitive.

primordial, -e, *mpl* **-iaux** /pʀimɔʀdjal, jo/ *adj* essential.

prince /pʀɛ̃s/ *nm* prince.

princesse /pʀɛ̃sɛs/ *nf* princess.

princier, -ière /pʀɛ̃sje, jɛʀ/ *adj* princely.

principal, -e, *mpl* **-aux** /pʀɛ̃sipal, o/ **I** *adj* main, major; [commissaire] chief. **II** *nm* **le principal** the main thing; (directeur) principal.

principale /pʀɛ̃sipal/ *nf* LING main clause; (directrice) principal.

principe /pʀɛ̃sip/ **I** *nm* principle; *partir du principe que* to work on the assumption that. **II en principe** *loc adv* as a rule; (probablement) probably.

printanier, -ière /pʀɛ̃tanje, jɛʀ/ *adj* [soleil] spring; [temps] springlike.

printemps /pʀɛ̃tɑ̃/ *nm* spring; *mes 60 printemps©* my 60 summers.

priori ▸ a priori.

prioritaire /pʀijɔʀitɛʀ/ *adj* priority; [voiture] *être prioritaire* to have right of way.

priorité /pʀijɔʀite/ *nf* priority; (en voiture) right of way; *en priorité* first.

pris, -e /pʀi, pʀiz/ **I** *pp* ▸ **prendre**. **II** *adj* (occupé) busy; [place] taken; [bronches] congested; *pris de panique* panic-stricken.

prise /pʀiz/ *nf* catch; (au judo, catch) hold; *avoir prise sur qn* to have a hold over sb; *prise (électrique)* (femelle) socket^{GB}, outlet^{US}; (mâle) plug; (en électronique) (femelle) jack; (mâle) plug.
■ **prise multiple** (multiplug) adapter; **prise d'otages** hostage-taking ₵; **prise de position** stand; **prise de pouvoir** takeover; **prise de sang** blood test; **prise de vue** CIN shooting ₵; PHOT shot.

prisé, -e /pʀize/ *adj* popular.

prison /pʀizɔ̃/ *nf* prison.

prisonnier, -ière /pʀizɔnje, jɛʀ/ *adj, nm,f* prisoner.

privation /pʀivasjɔ̃/ *nf souffrir de privations* to suffer from want.

privatiser /pʀivatize/ *vtr* to privatize.

privé, -e /pʀive/ **I** *adj* private; *à titre privé* unofficially. **II** *nm* **le privé** the private sector; *en privé* in private.

priver /pʀive/ **I** vtr *priver qn/qch de* to deprive sb/sth of. **II se priver** vpr *se priver de qch/de faire* to go without sth/doing.

privilège /pʀivilɛʒ/ nm privilege.

privilégié, **-e** /pʀivileʒje/ **I** adj privileged; [traitement] preferential. **II** nm,f *les privilégiés* the privileged.

privilégier /pʀivileʒje/ vtr to favour^GB.

prix /pʀi/ nm price; *prix de revient* cost price; *cela n'a pas de prix* it's priceless; *à tout prix* at all costs; (honneur) prize.

probabilité /pʀɔbabilite/ nf probability.

probable /pʀɔbabl/ adj probable.

probablement /pʀɔbabləmɑ̃/ adv probably.

probant, **-e** /pʀɔbɑ̃, ɑ̃t/ adj convincing.

probité /pʀɔbite/ nf probity.

problème /pʀɔblɛm/ nm problem; (sujet) issue.

procédé /pʀɔsede/ nm process.

procéder /pʀɔsede/ **I** *procéder à* vtr ind to carry out, to undertake. **II** vi to go about things.

procédure /pʀɔsedyʀ/ nf proceedings (pl); (méthode) procedure.

procès /pʀɔsɛ/ nm (pénal) trial; (civil) lawsuit; *intenter un procès à qn* to sue sb.

processeur /pʀɔsesœʀ/ nm processor.

procession /pʀɔsesjɔ̃/ nf procession.

processus /pʀɔsesys/ nm process.

procès-verbal, pl **-aux** /pʀɔsɛvɛʀbal, o/ nm minutes (pl); (amende) fine.

prochain, **-e** /pʀɔʃɛ̃, ɛn/ **I** adj next; *à la prochaine©!* see you©!; (imminent) forthcoming. **II** nm fellow man.

prochainement /pʀɔʃɛnmɑ̃/ adv soon.

proche /pʀɔʃ/ **I** adj *proche de* close to, near; (dans le futur) imminent, near; (récent) recent; *(plus) proche parent* next of kin. **II** *de proche en proche* loc adv gradually. **III** nm close relative; (ami) close friend.

Proche-Orient /pʀɔʃɔʀjɑ̃/ nprm *le Proche-Orient* the Near East.

proclamation /pʀɔklamasjɔ̃/ nf proclamation.

proclamer /pʀɔklame/ vtr to proclaim; [▸ intention] to declare.

procuration /pʀɔkyʀasjɔ̃/ nf proxy; *par procuration* by proxy.

procurer /pʀɔkyʀe/ **I** vtr [▸ sensation] to bring; [▸ argent] to give; *procurer qch à qn* to get sb sth. **II se procurer** vpr to obtain.

procureur /pʀɔkyʀœʀ/ nm prosecutor; *procureur de la République* state prosecutor; *procureur général* public prosecutor.

prodige /pʀɔdiʒ/ **I** nm (génie) prodigy; *faire des prodiges* to work wonders; *prodige technique* technical miracle. **II** adj [enfant, musicien] prodigy.

prodigieux, **-ieuse** /pʀɔdiʒjø, jøz/ adj prodigious.

prodigue /pʀɔdig/ adj wasteful.

prodiguer /pʀɔdige/ vtr [▸ affection] to lavish; [▸ conseils] to give lots of.

producteur, **-trice** /pʀɔdyktœʀ, tʀis/ **I** adj producing. **II** nm,f producer.

productif, **-ive** /pʀɔdyktif, iv/ adj productive.

production /pʀɔdyksjɔ̃/ nf production; (produits) products.

productivité /pʀɔdyktivite/ nf productivity.

produire /pʀɔdɥiʀ/ **I** vtr to produce; [▸ sensation, émotion] to cause, to create. **II se produire** vpr to occur; (donner un spectacle) to perform.

produit /pʀɔdɥi/ nm product.
■ **produits alimentaires** foodstuffs; **produit chimique** chemical; **produit d'entretien** cleaning product, household product.

proéminent, **-e** /pʀɔeminɑ̃, ɑ̃t/ adj prominent.

profane /pʀɔfan/ **I** adj secular; (non initié) ignorant. **II** nm,f layman/laywoman. **III** nm profane.

profaner /pʀɔfane/ vtr [▸ tombe] to desecrate; [▸ mémoire] to defile.

proférer /pʀɔfeʀe/ vtr to utter, to make.

professeur /pʀɔfesœʀ/ nm (de collège, lycée) teacher; (titre) professor.

profession /pʀɔfesjɔ̃/ nf profession; (métier) occupation.
■ **profession de foi** declaration of faith; **profession libérale** profession.

professionnel, **-elle** /pʀɔfesjɔnɛl/ **I** adj professional; [formation] vocational; *activité* *professionnelle* occupation. **II** *nm,f* professional.

profil /pʀɔfil/ *nm* profile; *de profil* sideways.

profiler: **se profiler** /pʀɔfile/ *vpr* **se profiler (contre/sur)** to stand out (against); [problème] to emerge.

profit /pʀɔfi/ **I** *nm* (gains) profit; benefit, advantage; *tirer profit de qch* to make the most of sth. **II au profit de** *loc prép* in favour[GB], for.

profitable /pʀɔfitabl/ *adj* profitable; (utile) beneficial.

profiter /pʀɔfite/ **I profiter à** *vtr ind* *profiter à qn* to benefit sb. **II profiter de** *vtr ind* *profiter de* to use, to take advantage of.

profond, -e /pʀɔfɔ̃, ɔ̃d/ **I** *adj* deep; *peu profond* shallow; [joie] overwhelming; [sommeil] deep; [mépris] profound; *la France profonde* provincial France. **II** *adv* deeply.

profondément /pʀɔfɔ̃demɑ̃/ *adv* [creuser, convaincu] deeply; [affecté] profoundly.

profondeur /pʀɔfɔ̃dœʀ/ *nf* depth; *en profondeur* in-depth.

profusion /pʀɔfyzjɔ̃/ *nf* profusion; *à profusion* in abundance.

progéniture /pʀɔʒenityʀ/ *nf* offspring.

progiciel /pʀɔʒisjɛl/ *nm* software package.

programmable /pʀɔɡʀamabl/ *adj* programmable.

programmateur, -trice /pʀɔɡʀamatœʀ, tʀis/ *nm,f* programme[GB] planner.

programmation /pʀɔɡʀamasjɔ̃/ *nf* programming.

programme /pʀɔɡʀam/ *nm* programme[GB]; (projet) plan; ORDINAT program; SCOL [▸ d'une matière] syllabus; (d'un cycle d'études) curriculum.

programmer /pʀɔɡʀame/ *vtr* [▸ émission] to schedule; [▸ vacances] to plan; ORDINAT to program.

programmeur, -euse /pʀɔɡʀamœʀ, øz/ *nm,f* (computer) programmer.

progrès /pʀɔɡʀɛ/ *nm* progress ℂ; *il y a du progrès*[©] things are improving; (de maladie) progression; (d'armée) advance.

progresser /pʀɔɡʀese/ *vi* to progress; [connaissances] to increase; *progresser de 3%* to rise by 3%; [maladie] to spread.

progressif, -ive /pʀɔɡʀesif, iv/ *adj* progressive.

progression /pʀɔɡʀesjɔ̃/ *nf* (d'ennemi) advance; (d'épidémie) spread; (de criminalité) increase.

prohiber /pʀɔibe/ *vtr* to prohibit.

prohibitif, -ive /pʀɔibitif, iv/ *adj* prohibitive.

prohibition /pʀɔibisjɔ̃/ *nf* prohibition.

proie /pʀwa/ *nf* prey; *être en proie à* to be prey to.

projecteur /pʀɔʒɛktœʀ/ *nm* (de lumière) floodlight; *sous les projecteurs* in the spotlight; (d'images) projector.

projectile /pʀɔʒɛktil/ *nm* missile.

projection /pʀɔʒɛksjɔ̃/ *nf* show; *salle de projection* projection room; *projection privée* private screening.

projectionniste /pʀɔʒɛksjɔnist/ *nm,f* projectionist.

projet /pʀɔʒɛ/ *nm* plan, project; (esquisse) (rough) draft.
■ **projet de loi** (draft) bill.

projeter /pʀɔʒte/ *vtr* [▸ cailloux] to throw; [▸ de l'eau] to splash; *projeter une ombre (sur)* to cast (a) shadow (on); [▸ film, diapositives] to show; *projeter (de faire) qch* to plan (to do) sth.

prolétaire /pʀɔletɛʀ/ *adj, nm,f* proletarian.

proliférer /pʀɔlifeʀe/ *vi* to proliferate.

prologue /pʀɔlɔɡ/ *nm* prologue.

prolongation /pʀɔlɔ̃ɡasjɔ̃/ *nf* extension; SPORT extra time[GB], overtime[US].

prolongement /pʀɔlɔ̃ʒmɑ̃/ *nm* extension.

prolonger /pʀɔlɔ̃ʒe/ **I** *vtr* [▸ séjour] to extend; [▸ séance, vie] to prolong. **II se prolonger** *vpr* to go on.

promenade /pʀɔmnad/ *nf* (à pied) walk; (à cheval, moto, bicyclette) ride; (en voiture) drive; (lieu aménagé) walkway.

promener /pʀɔmne/ **I** *vtr* *promener qn* to take sb out. **II se promener** *vpr* *(aller) se promener* to go for a walk, a drive, a ride.

promesse /pʀɔmɛs/ *nf* promise; *promesse de vente* agreement to sell.

prometteur, -euse /pʀɔmɛtœʀ, øz/ *adj* promising.

promettre /pʀɔmɛtʀ/ **I** *vtr* *promettre qch à qn* to promise sb sth. **II** *vi* *ça promet*[©]!

promo

that's going to be fun! **III se promettre** *vpr* **se promettre de faire** to resolve to do.

promo© /pʀɔmo/ *nf* (prix spécial) (special) offer; UNIV year.

promoteur, -trice /pʀɔmɔtœʀ, tʀis/ *nm,f* **promoteur (immobilier)** (property) developer.

promotion /pʀɔmɔsjɔ̃/ *nf* promotion; COMM (special) offer; UNIV year.

promouvoir /pʀɔmuvwaʀ/ *vtr* to promote.

prompt, -e /pʀɔ̃, pʀɔ̃t/ *adj* swift, sudden.

promulguer /pʀɔmylge/ *vtr* to promulgate.

prôner /pʀone/ *vtr* **prôner (de faire)** to advocate (doing).

pronom /pʀɔnɔ̃/ *nm* pronoun.

pronominal, -e, *mpl* **-aux** /pʀɔnɔminal, o/ *adj* pronominal.

prononcer /pʀɔnɔ̃se/ **I** *vtr* to pronounce, to say; **prononcer le divorce** to grant a divorce. **II se prononcer** *vpr* **se prononcer contre qch** to declare oneself against sth; **se prononcer sur qch** to give one's opinion on sth.

prononciation /pʀɔnɔ̃sjasjɔ̃/ *nf* pronunciation.

pronostic /pʀɔnɔstik/ *nm* forecast; (médical) prognosis.

pronostiquer /pʀɔnɔstike/ *vtr* to forecast.

propagande /pʀɔpagɑ̃d/ *nf* propaganda.

propager /pʀɔpaʒe/ *vtr, vpr* to spread.

prophète, -étesse /pʀɔfɛt, etɛs/ *nm,f* prophet.

prophétie /pʀɔfesi/ *nf* prophecy.

propice /pʀɔpis/ *adj* **propice (à)** favourable^GB (for); **le moment propice** the right moment.

proportion /pʀɔpɔʀsjɔ̃/ *nf* proportion; **une proportion de cinq contre un** a ratio of five to one; **toutes proportions gardées** relatively speaking.

proportionné, -e /pʀɔpɔʀsjɔne/ *adj* **bien/mal proportionné** well-/badly proportioned.

proportionnel, -elle /pʀɔpɔʀsjɔnɛl/ *adj* proportional.

proportionnelle /pʀɔpɔʀsjɔnɛl/ *nf* POL proportional representation.

propos /pʀɔpo/ **I** *nm* **à quel propos?** what about?; **à ce propos** in this connection. **II** *nmpl* comments, remarks. **III à propos de** *loc prép* about. **IV à propos** *loc adv* by the way; (au bon moment) at the right moment.

proposer /pʀɔpoze/ **I** *vtr* to suggest; **proposer qch à qn** to offer sb sth. **II se proposer** *vpr* **se proposer pour faire** to offer to do; **se proposer de faire** to intend to do.

proposition /pʀɔpozisjɔ̃/ *nf* proposal, offer; LING clause.

propre /pʀɔpʀ/ **I** *adj* clean; (soigné) tidy; (personnel) own; **propre à** peculiar to; (adapté) appropriate for; **propre à la consommation** fit for consumption; **énergie/véhicule propre** clean energy/vehicle. **II** *nm* **ça sent le propre** it smells nice and clean; **mettre qch au propre** to make a fair copy of sth.

proprement /pʀɔpʀəmɑ̃/ **I** *adv* neatly; (véritablement) really, literally. **II à proprement parler** *loc adv* strictly speaking. **III proprement dit** *loc adj* **le procès proprement dit** the actual trial.

propreté /pʀɔpʀəte/ *nf* cleanliness.

propriétaire /pʀɔpʀijetɛʀ/ *nm,f* owner; (qui loue) landlord/landlady.

propriété /pʀɔpʀijete/ *nf* property; (droit) ownership.

propulser /pʀɔpylse/ *vtr* to propel.

proroger /pʀɔʀɔʒe/ *vtr* [▸contrat] to defer; [▸passeport] to extend.

proscrire /pʀɔskʀiʀ/ *vtr* to ban.

proscrit, -e /pʀɔskʀi, it/ *nm,f* outcast.

prose /pʀoz/ *nf* prose.

prospecter /pʀɔspɛkte/ *vtr* to prospect.

prospectus /pʀɔspɛktys/ *nm* leaflet.

prospère /pʀɔspɛʀ/ *adj* flourishing, thriving.

prospérer /pʀɔspere/ *vi* to thrive.

prosterner: se prosterner /pʀɔstɛʀne/ *vpr* to prostrate oneself.

prostituer: se prostituer /pʀɔstitɥe/ *vpr* to prostitute oneself.

protagoniste /pʀɔtagɔnist/ *nm,f* protagonist.

protecteur, -trice /pʀɔtɛktœʀ, tʀis/ **I** *adj* protective. **II** *nm,f* protector.

publier

protection /pʀɔtɛksjɔ̃/ nf protection; *de protection* protective.
■ **protection civile** civil defence^{GB}; **protection sociale** social welfare system.

protéger /pʀɔteʒe/ **I** vtr to protect; [▸artiste, écrivain] to patronize. **II se protéger** vpr to protect oneself.

protéine /pʀɔtein/ nf protein.

protestant, -e /pʀɔtɛstɑ̃, ɑ̃t/ adj, nm,f Protestant.

protestation /pʀɔtɛstasjɔ̃/ nf protest.

protester /pʀɔtɛste/ vtr ind, vi to protest.

prothèse /pʀɔtɛz/ nf prosthesis; (dentier) dentures (pl); *prothèse auditive* hearing aid.

protocole /pʀɔtɔkɔl/ nm protocol; *protocole d'accord* draft agreement.

proue /pʀu/ nf prow, bow(s).

prouesse /pʀuɛs/ nf feat.

prouver /pʀuve/ vtr to prove.

provenance /pʀɔvnɑ̃s/ nf origin; *en provenance de* from.

provenir /pʀɔvniʀ/ vtr ind *provenir de* to come from.

proverbe /pʀɔvɛʀb/ nm proverb.

providence /pʀɔvidɑ̃s/ nf providence; *État(-)providence* welfare state.

province /pʀɔvɛ̃s/ nf province; *vivre en province* to live in the provinces; *ville de province* provincial town.

provincial, -e, mpl **-iaux** /pʀɔvɛ̃sjal, jo/ adj, nm,f provincial.

proviseur /pʀɔvizœʀ/ nm headteacher^{GB}, principal^{US}.

provision /pʀɔvizjɔ̃/ nf supply; (sur un compte) credit (balance); *faire ses provisions* to go food shopping.

provisoire /pʀɔvizwaʀ/ adj provisional, temporary.

provisoirement /pʀɔvizwaʀmɑ̃/ adv provisionally.

provocant, -e /pʀɔvɔkɑ̃, ɑ̃t/ adj provocative.

provocateur, -trice /pʀɔvɔkatœʀ, tʀis/ adj provocative. **II** nm,f agitator.

provocation /pʀɔvɔkasjɔ̃/ nf provocation.

provoquer /pʀɔvɔke/ vtr to cause; [▸curiosité] to arouse; [▸réaction] to provoke.

proxénète /pʀɔksenɛt/ nm,f procurer, pimp®.

proximité /pʀɔksimite/ nf proximity; *à proximité* nearby; *à proximité de* near.

prude /pʀyd/ adj prudish.

prudemment /pʀydamɑ̃/ adv carefully.

prudence /pʀydɑ̃s/ nf caution; *par prudence* as a precaution.

prudent, -e /pʀydɑ̃, ɑ̃t/ adj careful; *ce n'est pas prudent de faire* it isn't safe/wise to do.

prune /pʀyn/ nf plum.

pruneau, pl **-x** /pʀyno/ nm prune.

prunelle /pʀynɛl/ nf (de l'œil) pupil.

prunier /pʀynje/ nm plum (tree).

PS /peɛs/ nm (abrév = **post-scriptum**) PS.

pseudo- /psødo/ préf pseudo.

pseudonyme /psødɔnim/ nm pseudonym.

psy© /psi/ nm,f shrink©, therapist.

psychanalyste /psikanalist/ nm,f psychoanalyst.

psychiatre /psikjatʀ/ nm,f psychiatrist.

psychiatrie /psikjatʀi/ nf psychiatry.

psychiatrique /psikjatʀik/ adj psychiatric.

psychique /psiʃik/ adj mental.

psychologie /psikɔlɔʒi/ nf psychology.

psychologique /psikɔlɔʒik/ adj psychological.

psychologue /psikɔlɔg/ nm,f psychologist.

psychothérapie /psikoteʀapi/ nf psychotherapy.

puant, -e /pɥɑ̃, ɑ̃t/ adj stinking; *boule puante* stink bomb.

puanteur /pɥɑ̃tœʀ/ nf stench.

pub© /pyb/ nf *la pub* advertising; *une pub* an advert.

puberté /pybɛʀte/ nf puberty.

public, -ique /pyblik/ **I** adj public; [enseignement] state^{GB}, public^{US}. **II** nm public; *en public* in public; *interdit au public* no admittance; (spectateurs) audience.

publication /pyblikasjɔ̃/ nf publication.
■ **publication assistée par ordinateur, PAO** desktop publishing, DTP.

publicitaire /pyblisitɛʀ/ adj [campagne] advertising; [vente] promotional.

publicité /pyblisite/ nf advertising; (annonce) advertisement, advert^{©GB}, ad©; (diffusion) publicity, commercial.

publier /pyblije/ vtr to publish; [▸communiqué] to issue.

publireportage /pyblirəpɔrtaʒ/ nm advertorial.

puce /pys/ I nf flea; ORDINAT chip. **II les puces** nfpl (marché) flea market.

puceron /pysʀɔ̃/ nm aphid.

pudding /pudiŋ/ nm heavy fruit sponge.

pudeur /pydœʀ/ nf sense of modesty.

pudique /pydik/ adj modest.

puer /pɥe/ I vtr to stink of. **II** vi to stink.

puériculteur, -trice /pɥeʀikyltœʀ, tʀis/ nm,f paediatric nurse.

puériculture /pɥeʀikyltyʀ/ nf childcare.

puéril, ile /pɥeʀil/ adj puerile.

puis /pɥi/ adv then; **et puis** and; **et puis?** then what?

puiser /pɥize/ vtr **puiser qch (dans qch)** to draw, to get sth (from sth).

puisque (**puisqu'** devant voyelle ou h muet) /pɥisk(ə)/ conj since.

puissance /pɥisɑ̃s/ nf power; **en puissance** potential; **une grande puissance** a superpower.

puissant, -e /pɥisɑ̃, ɑ̃t/ adj powerful.

puits /pɥi/ nm well; (de mine) shaft.

pull-over /pylɔvɛʀ/ nm sweater.

pulsation /pylsasjɔ̃/ nf beat.

pulvérisateur /pylveʀizatœʀ/ nm spray.

pulvériser /pylveʀize/ vtr to spray; [▸ ennemi] to pulverize; [▸ record] to shatter.

punaise /pynɛz/ nf drawing pin^GB, thumbtack^US; (insecte) bug.

punch¹ /pɔ̃ʃ/ nm (boisson) punch.

punch² /pœnʃ/ nm **avoir du punch** to have drive.

punir /pyniʀ/ vtr to punish.

punition /pynisjɔ̃/ nf punishment.

pupille¹ /pypij/ nm,f ward; **pupille de la Nation** war orphan.

pupille² /pypij/ nf (de l'œil) pupil.

pupitre /pypitʀ/ nm (de musicien) stand; (bureau) desk; (d'orateur) lectern.

pur, -e /pyʀ/ adj pure; [alcool] straight; **pur et simple** outright.

purée /pyʀe/ nf purée; **purée (de pommes de terre)** mashed potatoes.

pureté /pyʀte/ nf purity.

purgatoire /pyʀgatwaʀ/ nm **le purgatoire** purgatory.

purge /pyʀʒ/ nf MÉD purgative; POL purge; [▸ de radiateur] bleeding.

purger /pyʀʒe/ vtr **purger une peine** to serve a sentence; MÉD to purge; [▸ radiateur] to bleed.

purifier /pyʀifje/ vtr to purify.

purin /pyʀɛ̃/ nm slurry.

puritain, -e /pyʀitɛ̃, ɛn/ adj puritanical; RELIG Puritan.

pur-sang /pyʀsɑ̃/ nm inv thoroughbred, purebred.

pus /py/ nm pus.

putain♦ /pytɛ̃/ I nf whore®. **II** excl shit!®.

putois /pytwa/ nm polecat.

puzzle /pœzl, pyzl/ nm jigsaw puzzle.

PV© /peve/ nm (abrév = **procès-verbal**) fine.

pyjama /piʒama/ nm pyjamas^GB (pl), pajamas^US (pl).

pylône /pilon/ nm pylon.

pyramide /piʀamid/ nf pyramid.

pyromane /piʀɔman/ nm,f arsonist.

python /pitɔ̃/ nm python.

q

Qatar /katar/ *nprm* Qatar.

qcm /kyseɛm/ *nm* (*abrév* = **questionnaire à choix multiple**) multiple-choice question-naire, mcq.

QG /kyʒe/ *nm* (*abrév* = **quartier général**) HQ.

QI /kyi/ *nm* (*abrév* = **quotient intellectuel**) intelligence quotient, IQ.

qu' ▶ **que**.

quad /kwad/ *nm* quad bike.

quadragénaire /kwadraʒenɛr/ *nmf* man/woman in his/her forties.

quadrillage /kadrijaʒ/ *nm* criss-cross.

quadrillé, -e /kadrije/ *adj* squared.

quadriller /kadrije/ *vtr* [police] to spread one's net over.

quadrupède /kwadrypɛd/ *nm* quadruped.

quadruple /k(w)adrypl/ **I** *adj* quadruple. **II** *nm* **le quadruple** four times more.

quai /kɛ/ *nm* quay; (aménagé) embankment; (de gare) platform.
■ **Quai des Orfèvres** *criminal investigation department of the French police force*; **Quai d'Orsay** *French Foreign Office*.

qualificatif, -ive /kalifikatif, iv/ *adj* **adjectif qualificatif** qualifying adjective.

qualification /kalifikasjɔ̃/ *nf* qualification; (compétence professionnelle) skills (+ *pl*).

qualifier /kalifje/ **I** *vtr* **qualifier de** to describe as; LING to qualify. **II se qualifier** *vpr* to qualify.

qualité /kalite/ *nf* quality; **de bonne qualité** good-quality (*épith*); (fonction) position, capacity.

quand /kɑ̃, kɑ̃t/ **I** *conj* when; **quand il arrivera** when he gets here; (toutes les fois que) whenever; (même si) even if. **II** *adv* when; **quand arrive-t-il?** when does he arrive?; **depuis quand habitez-vous ici?** how long have you been living here? **III quand même** *loc adv* still; **j'irai quand même**

I'm still going; **tu ne vas pas faire ça quand même?** you're not going to do that, are you?

quant: **quant à** /kɑ̃ta/ *loc prép* as for; (au sujet de) about.

quantifier /kɑ̃tifje/ *vtr* to quantify.

quantité /kɑ̃tite/ *nf* quantity, amount; **en grande quantité** in large quantities; **des quantités de choses** a lot of things; **du pain/vin en quantité** plenty of bread/wine.

quarantaine /karɑ̃tɛn/ *nf* about forty; MÉD quarantine.

quarante /karɑ̃t/ *dét inv, pron* forty.

quarantième /karɑ̃tjɛm/ *adj* fortieth.

quart /kar/ *nm* quarter; **un quart d'heure** a quarter of an hour; **les trois quarts des gens**© most people; NAUT **être de quart** to be on watch; **quart de tour** ninety-degree turn; **au quart de tour** immediately.
● **un mauvais quart d'heure** a hard time.

quartier /kartje/ *nm* area, district; (portion) slice; **un quartier d'orange** an orange segment; (en astronomie) quarter; **avoir quartier libre** MIL to be off duty.
■ **quartier général** headquarters (*pl*); **Quartier latin** Latin Quarter.

quart-monde, *pl* **quarts-mondes** /karmɔ̃d/ *nm* underclass.

quartz /kwarts/ *nm* quartz.

quasi /kazi/ *adv* almost.

quasiment© /kazimɑ̃/ *adv* practically.

quatorze /katɔrz/ *dét inv, pron* fourteen.

quatorzième /katɔrzjɛm/ *adj* fourteenth.

quatre /katr/ *dét inv, pron, nm inv* four.

quatre-cent-vingt-et-un /katsɑ̃vɛ̃teœ̃/ *nm inv* game of dice.

quatre-heures /katrœr/ *nm inv* afternoon snack.

quatre-quarts /kat(rə)kar/ *nm inv* pound cake.

quatre-quatre /katkatr/ *nm ou f inv* four-wheel drive, four-by-four.

quatre-vingt(s) /katrəvɛ̃/ *dét, pron* eighty.

quatre-vingt-dix /katrəvɛ̃dis/ *dét inv, pron* ninety.

quatre-vingt-dixième /katrəvɛ̃dizjɛm/ *adj* ninetieth.

quatre-vingtième /katrəvɛ̃tjɛm/ *adj* eightieth.

quatrième /katʀijɛm/ **I** adj fourth. **II** nf SCOL third year of secondary school, age 13–14; AUT fourth gear.

● **en quatrième vitesse**© in double-quick time©.

quatuor /kwatyɔʀ/ nm quartet.

que (**qu'** devant voyelle ou h muet) /kə/ **I** conj that; **je crains que tu (ne) fasses une bêtise** I'm worried (that) you might do something silly; (pour l'impératif) **qu'il vienne!** let him come!; **que vous le vouliez ou non** whether you like it or not; **que je sache** as far as I know. **II** pron inter what; **qu'est-ce que tu dis?** what are you saying?; **je ne sais pas ce qu'il a dit** I don't know what he said. **III** pron rel (= une personne) whom; **Pierre, que je n'avais pas vu** Pierre, whom I had not seen; (= attribut) that; **la vieille dame qu'elle est devenue** the old lady she is today; (= chose ou animal) that; **je n'aime pas la voiture que tu as achetée** I don't like the car (that) you've bought. **IV** adv **que vous êtes jolie!** how pretty you are!; **que c'est joli!** it's so pretty!; ▶ **ne**.

quel, **quelle** /kɛl/ **I** dét inter who; **quel est cet homme?** who is that man?; what; **quel livre?** what book; (entre deux) which book?; **quelle heure est-il?** what time is it? **II** dét excl what; **quel imbécile!** what an idiot!; **quelle horreur!** how dreadful! **III** **quel que** loc pron **quel que soit le vainqueur** whoever the winner may be; **quel que soit l'endroit** wherever.

quelconque /kɛlkɔ̃k/ **I** adj ordinary. **II** dét indéf any; **pour une raison quelconque** for some reason or other.

quelle ▶ **quel**.

quelque /kɛlk/ **I** dét indéf (dans les phrases affirmatives) (au singulier) some; (au pluriel) some, a few; **quelques mots/instants** a few words/moments; (dans les phrases interrogatives) any; **est-ce qu'il vous reste quelques cartons?** do you have any boxes left? **II** adv **quelque 300 euros** about 300 euros; (si) however; **quelque admirable que soit son attitude** however admirable his/her attitude may be. **III** **quelque chose** pron indéf inv something; **quelque chose comme 200 euros** about 200 euros. **IV** **quelque part** loc adv somewhere. **V** **quelque peu** loc adv somewhat.

quelquefois /kɛlkəfwa/ adv sometimes.

quelques-uns, **quelques-unes** /kɛlkəzœ̃, yn/ pron indéf pl some, a few.

quelqu'un /kɛlkœ̃/ pron indéf (dans les phrases affirmatives) someone, somebody; **quelqu'un d'autre** somebody else, someone else; (dans les phrases interrogatives et conditionnelles) **il y a quelqu'un?** is there anybody here?; **quelqu'un pourrait répondre?** could somebody answer?

quémander /kemɑ̃de/ vtr to beg for.

qu'en-dira-t-on /kɑ̃diʀatɔ̃/ nm inv gossip.

quenelle /kənɛl/ nf: dumpling made of flour and egg, flavoured^GB with meat or fish.

querelle /kəʀɛl/ nf quarrel.

quereller: **se quereller** /kəʀəle/ vpr to quarrel.

question /kɛstjɔ̃/ nf question (sur) question (about); **pose-leur la question** ask them; (sujet) matter, question; (ensemble de problèmes) issue, question; **question d'habitude!** it's a matter of habit; **en question** at issue; **(re)mettre en question** to reassess; **la question n'est pas là** that's not the point; **pas question**©! no way©!

questionnaire /kɛstjɔnɛʀ/ nm questionnaire.

questionner /kɛstjɔne/ vtr to question.

quête /kɛt/ nf (d'aumônes) collection; (recherche) search; **être en quête de qch** to be looking for sth.

quêter /kete/ vtr to seek.

quetsche /kwɛtʃ/ nf (sweet purple) plum.

queue /kø/ nf (d'animal, d'avion) tail; (de feuille) stem; (de cerise) stalk^GB, stem^US; (de casserole) handle; (de billard) cue; (de train) rear, back; (file d'attente) queue^GB, line^US; **faire la queue** to stand in a queue^GB, in line^US.

● **faire une queue de poisson à qn** to cut in front of sb.

queue-de-cheval, pl **queues-de-cheval** /kødʃəval/ nf ponytail.

qui /ki/ **I** pron inter (sujet) who; **qui es-tu?** who are you?; (complément) who, whom; **qui veut-elle voir?** who does she want to speak to?; **à qui est ce sac?** whose bag is this? **II** pron rel (= une personne) who; (autres cas) that, which; **celui qui a pris le livre...** whoever took the book...; **qui que vous soyez** whoever you are; **qui que ce soit** anybody.

quiche /kiʃ/ *nf* quiche.

quiconque /kikɔ̃k/ *pron* (sujet) whoever; (complément) anyone, anybody.

quignon /kiɲɔ̃/ *nm* crusty end (of a loaf).

quille /kij/ *nf* (de jeu) skittle; NAUT keel.

quincaillerie /kɛ̃kajʀi/ *nf* hardware shop, ironmonger'sᴳᴮ; (articles) hardware.

quincaillier, quincailler, -ière, /-ère /kɛ̃kaje, jɛʀ/ *nm,f* ironmongerᴳᴮ.

quinquagénaire /kɛ̃kaʒenɛʀ/ *nmf* man/ woman in his/her fifties.

quinquennal, -e, *mpl* **-aux** /kɛ̃kenal, o/ *adj* [plan] five-year (*épith*).

quintal, *pl* **-aux** /kɛ̃tal, o/ *nm* quintal.

quinte /kɛ̃t/ *nf* **quinte (de toux)** coughing fit.

quintette /kɛ̃tɛt/ *nm* quintet.

quintuple /kɛ̃typl/ **I** *adj* quintuple. **II** *nm* **le quintuple** five times more.

quinzaine /kɛ̃zɛn/ *nf* about fifteen; (deux semaines) fortnightᴳᴮ, two weeks.

quinze /kɛ̃z/ *dét inv, pron* fifteen.

quinzième /kɛ̃zjɛm/ *adj* fifteenth.

quiproquo /kipʀɔko/ *nm* misunderstanding.

quittance /kitɑ̃s/ *nf* receipt.

quitte /kit/ **I** *adj* **nous sommes quittes** we're quits; **en être quitte pour un rhume** to get off with a cold. **II quitte à** *loc prép* **quitte à faire qch** if it means doing sth.

■**quitte ou double** double or quitsᴳᴮ, double or nothingᵁˢ.

quitter /kite/ **I** *vtr* to leave; **quitter l'enseignement** to give up teaching; **il ne l'a pas quittée des yeux** he didn't take his eyes off her; [▸route] to come off; [▸vêtement] to take off. **II** *vi* **ne quittez pas** hold the line, please. **III se quitter** *vpr* to part.

qui-vive /kiviv/ *nm inv* **être sur le qui-vive** to be on the alert.

quoi /kwa/ **I** *pron inter* what; **quoi? je n'ai pas entendu** what? I didn't hear; **à quoi penses-tu?** what are you thinking about?; **à quoi bon recommencer?** what's the point of starting again?; **pour quoi faire?** what for? **II** *pron rel* **à quoi il a répondu** to which he replied; (il n'y a) **pas de quoi!** not at all, you're welcomeᵁˢ; **il n'y a pas de quoi crier** there's no reason to shout; **il a de quoi être satisfait** he's got good reason to feel satisfied. **III** *pron indéf* **quoi qu'elle puisse en dire** whatever she may say; **si je peux faire quoi que ce soit pour vous** if I can do anything for you; **je ne m'étonne plus de quoi que ce soit** nothing surprises me any more; **quoi qu'il en soit** in any case.

quoique (**quoiqu'** *devant voyelle ou h muet*) /kwak(ə)/ *conj* even though.

quota /kɔta/ *nm* quota.

quote-part, *pl* **quotes-parts** /kɔtpaʀ/ *nf* share.

quotidien, -ienne /kɔtidjɛ̃, jɛn/ **I** *adj* daily. **II** *nm* everyday life; (journal) daily (paper).

quotient /kɔsjɑ̃/ *nm* quotient.

■**quotient intellectuel, QI** intelligence quotient, IQ.

r

rabâcher /ʀabaʃe/ vtr to keep repeating.

rabais /ʀabɛ/ nm discount.

rabaisser /ʀabese/ **I** vtr to belittle. **II se rabaisser** vpr to run oneself down.

rabat /ʀaba/ nm flap.

rabat-joie /ʀabaʒwa/ nmf inv killjoy.

rabattre /ʀabatʀ/ **I** vtr to shut; [▸tablette] to fold. **II se rabattre** vpr to shut; [automobiliste] to pull back in; **se rabattre sur** to make do with.

rabbin /ʀabɛ̃/ nm rabbi.

rabot /ʀabo/ nm plane.

raboter /ʀabɔte/ vtr to plane.

rabougri, -e /ʀabugʀi/ adj stunted.

raccommoder /ʀakɔmɔde/ **I** vtr to mend; [▸personnes]© to reconcile. **II se raccommoder**© vpr to make it up©.

raccompagner /ʀakɔ̃paɲe/ vtr to walk/drive [sb] (back) home.

raccord /ʀakɔʀ/ nm link; [▸papier peint] join; [▸peinture] touch-up.

raccordement /ʀakɔʀdəmɑ̃/ nm connection.

raccorder /ʀakɔʀde/ vtr to connect.

raccourci /ʀakuʀsi/ nm shortcut.
■ **raccourci clavier** hot key, keyboard shortcut.

raccourcir /ʀakuʀsiʀ/ **I** vtr to shorten (by). **II** vi to get shorter.

raccrocher /ʀakʀɔʃe/ **I** vi to hang up. **II se raccrocher à** vpr to grab hold of, to cling to.

race /ʀas/ nf race; ZOOL breed; **chien de race** pedigree (dog).

racheter /ʀaʃte/ **I** vtr to buy [sth] back/again; [▸usine] to buy out. **II se racheter** vpr to redeem oneself.

racial, -e /ʀasjal, jo/ adj racial.

racine /ʀasin/ nf root; **racine carrée/cubique** square/cube root.

racisme /ʀasism/ nm racism.

raciste /ʀasist/ adj, nmf racist.

racket /ʀakɛt/ nm racketeering.

racketter /ʀakɛte/ vtr to extort money from; **se faire racketter** to be the victim of extortion.

raclée© /ʀakle/ nf hiding©.

racler: se racler /ʀakle/ vpr **se racler la gorge** to clear one's throat.

racoler /ʀakɔle/ vtr **racoler les clients** to tout for business.

raconter /ʀakɔ̃te/ vtr to tell; **on raconte que** they say that.

radar /ʀadaʀ/ nm radar; **marcher au radar**© to be on autopilot.

rade /ʀad/ nf roads (pl).

radeau, pl **-x** /ʀado/ nm raft.

radiateur /ʀadjatœʀ/ nm radiator; **radiateur électrique** electric heater.

radiation /ʀadjasjɔ̃/ nf radiation ¢.

radical, -e, mpl **-aux** /ʀadikal, o/ adj, nm,f radical.

radieux, -ieuse /ʀadjø, jøz/ adj dazzling; [temps, matinée] glorious; [visage, air] radiant.

radin©, **-e** /ʀadɛ̃, in/ adj stingy©.

radio /ʀadjo/ nf radio; (radiographie) X-ray.

radioactivité /ʀadjoaktivite/ nf radioactivity.

radiocassette /ʀadjokasɛt/ nm cassette player.

radiodiffuser /ʀadjodifyze/ vtr to broadcast.

radiodiffusion /ʀadjodifyzjɔ̃/ nf broadcasting.

radiographie /ʀadjɔgʀafi/ nf radiography, X-ray photography.

radiographier /ʀadjɔgʀafje/ vtr to X-ray.

radioguidage /ʀadjogidaʒ/ nm radio control.

radio-réveil, pl **radios-réveils** /ʀadjoʀevɛj/ nm clock radio.

radis /ʀadi/ nm radish; **radis noir** black radish.
● **ne pas avoir un radis**© to be stonybroke©.

radoter /ʀadɔte/ vi to repeat oneself; (dire des bêtises) to talk drivel©.

radoucir /ʀadusiʀ/ vtr, vpr to soften up.

radoucissement /ʀadusismɑ̃/ nm milder weather.

rafale /ʀafal/ nf gust; (de mitraillette) burst.

raffermir /ʀafɛʀmiʀ/ **I** vtr [▸musculature] to tone up; [▸position] to strengthen. **II se raffermir** vpr to become firmer.

raffinement /ʀafinmɑ̃/ nm refinement.

raffiner /ʀafine/ vtr to refine.

raffinerie /ʀafinʀi/ nf refinery.

raffoler /ʀafɔle/ vtr ind **raffoler de** to love, to be crazy about©.

raffut© /ʀafy/ nm racket©.

rafistoler© /ʀafistɔle/ vtr to fix.

rafle /ʀafl/ nf raid.

rafler© /ʀafle/ vtr to swipe©.

rafraîchir, rafraichir /ʀafʀeʃiʀ/ **I** vtr to cool. **II se rafraîchir** vpr [temps] to get cooler; [personne] to refresh oneself.

rafraîchissant, rafraichissant, -e /ʀafʀeʃisɑ̃, ɑ̃t/ adj refreshing.

rafraîchissement, rafraichissement /ʀafʀeʃismɑ̃/ nm drop in temperature; (boisson) refreshment.

rage /ʀaʒ/ nf rage; MÉD rabies.
■ **rage de dents** raging toothache.

rageant©, **-e** /ʀaʒɑ̃, ɑ̃t/ adj infuriating.

ragot© /ʀaɡo/ nm (malicious) gossip ¢.

ragoût, ragout /ʀaɡu/ nm stew, ragout.

raid /ʀɛd/ nm MIL, FIN raid; SPORT trek.

raide /ʀɛd/ adj stiff; [cheveux] straight; [corde] taut; [pente, escalier] steep; (exagéré)© steep©.

raideur /ʀɛdœʀ/ nf stiffness.

raidir /ʀediʀ/ vtr, vpr to tense up, to stiffen.

raie /ʀɛ/ nf parting^GB, part^US; (éraflure) scratch; (poisson) skate.

rail /ʀaj/ nm rail.

raillerie /ʀajʀi/ nf mockery ¢.

rainure /ʀenyʀ/ nf groove.

raisin /ʀezɛ̃/ nm grapes (pl); **un grain de raisin** a grape.
■ **raisin sec** raisin.

raison /ʀezɔ̃/ nf reason; **en raison de** owing to; **avoir raison** to be right; **perdre la raison** to lose one's mind; **se faire une raison de qch** to resign oneself to sth; **à raison de** at the rate of.
■ **raison sociale** company name.

raisonnable /ʀezɔnabl/ adj reasonable; [consommation, etc] moderate; (sensée) sensible.

raisonnement /ʀezɔnmɑ̃/ nm reasoning ¢.

raisonner /ʀezɔne/ **I** vtr to reason. **II** vi to think.

rajeunir /ʀaʒœniʀ/ **I** vtr **rajeunir qn** to make sb look, feel younger; [▸bâtiment] to brighten up; [▸secteur] to modernize. **II** vi to look, look younger.

rajouter /ʀaʒute/ vtr **rajouter qch à qch** to add sth to sth; **en rajouter** to overdo it, to exaggerate.

ralenti /ʀalɑ̃ti/ nm CIN slow motion; AUT idle; **tourner au ralenti** to tick over, to idle.

ralentir /ʀalɑ̃tiʀ/ vtr, vi, **se ralentir** vpr to slow down.

ralentissement /ʀalɑ̃tismɑ̃/ nm slowing down.

ralentisseur /ʀalɑ̃tisœʀ/ nm speed bump.

râler /ʀɑle/ vi **râler**© **(contre)** to moan© (about); **ça me fait râler**© it bugs© me; [mourant] to give the death rattle.

râleur©, **-euse** /ʀɑlœʀ, øz/ nm,f moaner©.

rallier /ʀalje/ **I** vtr to rally; [▸opposants] to win over; [▸groupe, poste] to rejoin. **II se rallier à** vpr to come round^GB to.

rallonge /ʀalɔ̃ʒ/ nf extension cord; (de table) leaf; (de temps) extension; (d'argent)© additional sum.

rallonger /ʀalɔ̃ʒe/ **I** vtr to extend, to make longer. **II** vi [jour] to be drawing out.

rallumer /ʀalyme/ **I** vtr to relight. **II se rallumer** vpr [querelles, etc] to flare up again.

ramassage /ʀamasaʒ/ nm collecting; picking up; (d'ordures ménagères) collection; (d'enfants) collection^GB, picking up; **car de ramassage** (pour employés) company bus; (scolaire) school bus, busing^US.

ramasser /ʀamase/ vtr to collect; [▸écoliers] to collect^GB, to pick up; [▸objets, jouets] to pick up; **se faire ramasser**© to get nicked©.

rambarde /ʀɑ̃baʀd/ nf guard rail.

rame /ʀam/ nf oar; (de papier) ream; (métro, train) train.

rameau, pl **-x** /ʀamo/ nm branch.

Rameaux /ʀamo/ nmpl Palm Sunday.

ramener /ʀamne/ **I** vtr [▸qch] to bring back; [▸qn] to take home; (réduire) to reduce to;

ramer

[▸ paix] to restore. **II se ramener à** *vpr* to come down to.

ramer /ʀame/ *vi* to row.

rameur, -euse /ʀamœʀ, øz/ *nm,f* rower; SPORT oarsman/oarswoman.

ramifier: se ramifier /ʀamifje/ *vpr* to divide.

ramollir /ʀamɔliʀ/ *vtr, vpr* to soften.

ramoner /ʀamɔne/ *vtr* to sweep.

ramoneur, -euse /ʀamɔnœʀ øz/ *nm,f* chimney sweep.

rampe /ʀɑ̃p/ *nf* banister; (fixée au mur) handrail; (plan incliné) ramp; THÉÂT footlights. ■ **rampe d'accès** AUT slip road; (bâtiment) ramp; **rampe de lancement** launchpad.

ramper /ʀɑ̃pe/ *vi* to crawl.

rancard® /ʀɑ̃kaʀ/ *nm* date.

rancart© /ʀɑ̃kaʀ/ *nm* **au rancart** aside.

rance /ʀɑ̃s/ *adj* rancid.

rancœur /ʀɑ̃kœʀ/ *nf* resentment ¢.

rançon /ʀɑ̃sɔ̃/ *nf* ransom.

rancune /ʀɑ̃kyn/ *nf* grudge, resentment; *sans rancune!* no hard feelings!

rancunier , -ière /ʀɑ̃kynje, jɛʀ/ *adj* vindictive.

randonnée /ʀɑ̃dɔne/ *nf* hike; *randonnée équestre* pony trek[GB].

randonneur, -euse /ʀɑ̃dɔnœʀ, øz/ *nm,f* hiker, rambler[GB]; (à bicyclette) cyclist.

rang /ʀɑ̃/ *nm* row, line; *se mettre en rang* to line up; MIL rank; *de second rang* second-rate; *de très haut rang* high-ranking.

rangé, -e /ʀɑ̃ʒe/ *adj* orderly; [personne] well-behaved.

rangée /ʀɑ̃ʒe/ *nf* row.

rangement /ʀɑ̃ʒmɑ̃/ *nm* (espace) storage space ¢; (action) tidying (up).

ranger¹ /ʀɑ̃ʒe/ **I** *vtr* to tidy; (à sa place) to put away; (classer) to arrange. **II se ranger** *vpr* to settle down.

ranger² /ʀɑ̃dʒɛʀ/ *nm* heavy-duty boot.

ranimer /ʀanime/ *vtr* to resuscitate, to rekindle.

rap /ʀap/ *nm* rap (music).

rapace /ʀapas/ **I** *adj* greedy. **II** *nm* ZOOL bird of prey.

rapatrier /ʀapatʀije/ *vtr* to repatriate.

râpe /ʀɑp/ *nf* grater.

râpé, -e /ʀɑpe/ *adj* CULIN grated; [vêtement] worn.

râper /ʀɑpe/ *vtr* to grate.

rapetisser /ʀap(ə)tise/ *vi* to shrink.

rapide /ʀapid/ **I** *adj* fast; [personne, esprit] quick, swift; [rythme, pouls] fast, rapid; [musique, danse] fast. **II** *nm* rapids (*pl*); (train) express.

rapidité /ʀapidite/ *nf* speed.

rapiécer /ʀapjese/ *vtr* to patch.

rappel /ʀapɛl/ *nm* reminder; *rappel à l'ordre* call to order; (de salaire) back pay; (de réservistes) call-up; (d'acteurs) curtain call; (de vaccination) booster.

rappeler /ʀaple/ **I** *vtr* to say; *rappeler qch à qn* to remind sb of sth; (ressembler) to remind (of); (téléphoner) to call back; (à revenir) to call [sb] back; [▸ ambassadeur] to recall. **II se rappeler** *vpr* *se rappeler qch* to remember sth.

rappeur, rapeur, -euse /ʀapœʀ, øz/ *nm,f* rapper.

rapport /ʀapɔʀ/ **I** *nm* connection, link; *en rapport avec qn* in touch with sb; (compte rendu) report; MATH ratio. **II rapports** *nmpl* relations; *sous tous les rapports* in every respect, in every way; *rapports sexuels* (sexual) intercourse. **III par rapport à** *loc prép* against, compared with; (vis-à-vis de) with regard to, toward(s).

rapporter /ʀapɔʀte/ **I** *vtr* to bring, take back; (relater) to repeat, to tell. **II** *vi* to bring in money, to be lucrative; (moucharder)© to tell tales.

rapporteur, -euse /ʀapɔʀtœʀ, øz/ **I** *nm,f*© telltale[GB], tattletale[US]. **II** *nm* (instrument) protractor.

rapprochement /ʀapʀɔʃmɑ̃/ *nm* reconciliation; POL rapprochement; (comparaison) parallel.

rapprocher /ʀapʀɔʃe/ **I** *vtr* to move, to bring together; (apparenter) to compare. **II se rapprocher** *vpr* to get closer (to).

rapt /ʀapt/ *nm* abduction.

raquette /ʀakɛt/ *nf* racket; (de tennis de table) bat[GB], paddle[US].

rare /ʀaʀ/ *adj* rare; [denrée, main-d'œuvre, etc] scarce; [voitures, passants, etc] few; [maîtrise, intelligence, énergie, courage] exceptional; [bêtise, impudence, inconséquence] singular; (clairsemé) sparse.

raréfier: se raréfier /ʀaʀefje/ *vpr* to become scarce, rare.

rarement /ʀaʀmɑ̃/ *adv* rarely, seldom.

ras, -e /ʀɑ, ʀɑz/ *I adj* [herbe, poil] short; *en rase campagne* in (the) open country; *à ras bord* to the brim. **II** *adv (à) ras* very short. **III au ras de** *loc prép* just above.
• **en avoir ras le bol**⊕ to be fed up⊕.

RAS /ɛʀɑɛs/ (*abrév* = **rien à signaler**) nothing to report.

raser /ʀɑze/ **I** *vtr* to shave; (abattre) to flatten; (ennuyer)⊕ to bore [sb] stiff⊕. **II se raser** *vpr* to shave.

raseur⊕, **-euse** /ʀɑzœʀ, øz/ *nm,f* bore, killjoy.

rasoir /ʀɑzwaʀ/ **I** ⊕ *adj inv* boring. **II** *nm* razor; *rasoir électrique* electric shaver.

rassasier: se rassasier /ʀasazje/ *vpr* to eat one's fill.

rassemblement /ʀasɑ̃bləmɑ̃/ *nm* rally; (attroupement) gathering; (organisé) meeting.

rassembler /ʀasɑ̃ble/ **I** *vtr* to get [sb/sth] together; [▸informations] to gather; [▸courage, forces] to summon up. **II se rassembler** *vpr* to gather, to assemble.

rassis, -e /ʀasi, iz/ *adj* stale.

rassurant, -e /ʀasyʀɑ̃, ɑ̃t/ *adj* reassuring.

rassurer /ʀasyʀe/ **I** *vtr* to reassure. **II se rassurer** *vpr* *rassure-toi* don't worry; *je suis rassuré* I'm relieved.

rat /ʀa/ *nm* rat.

ratatiner: se ratatiner /ʀatatine/ *vpr* to shrivel; [visage, personne] to become wizened.

rate /ʀat/ *nf* female rat; ANAT spleen.

raté, -e /ʀate/ **I** *adj* failed; [vie] wasted; [occasion] missed. **II** *nm,f* failure. **III ratés** *nmpl* *avoir des ratés* [moteur, voiture] to backfire, to misfireᴳᴮ.

râteau, *pl* **-x** /ʀɑto/ *nm* rake.

rater /ʀate/ **I** *vtr* to miss; [▸examen] to fail; *rater son coup*⊕ to blow it⊕. **II** *vi* to fail; *faire rater qch* to spoil sth. **III se rater** *vpr* (ne pas se voir) to miss each other.

ratifier /ʀatifje/ *vtr* to ratify.

ration /ʀasjɔ̃/ *nf* ration.

rationaliser /ʀasjɔnalize/ *vtr* to rationalize.

rationnel, -elle /ʀasjɔnɛl/ *adj* rational.

rationnement /ʀasjɔnmɑ̃/ *nm* rationing.

rationner /ʀasjɔne/ *vtr* to ration.

ratisser /ʀatise/ *vtr* [▸feuilles] to rake up; [▸région] to comb.

rattacher /ʀataʃe/ **I** *vtr* to retie, to fasten [sth] again. **II se rattacher à** *vpr* to be linked to, to relate to.

rattrapage /ʀatʀapaʒ/ *nm* [▸salaire] adjustment; *cours/classe de rattrapage* remedial lesson/class.

rattraper /ʀatʀape/ **I** *vtr* to catch up with; [▸fugitif] to catch; [▸temps perdu] to make up for. **II se rattraper** *vpr* to redeem oneself; (compenser) to make up for it; (atteindre le niveau requis) to catch up; *se rattraper à qch* to cath hold of sth.

rature /ʀatyʀ/ *nf* crossing-out.

rauque /ʀok/ *adj* husky, hoarse.

ravages /ʀavaʒ/ *nmpl* ravages; *faire des ravages* [incendie] to wreak havoc; [épidémie] to take a terrible toll.

ravager /ʀavaʒe/ *vtr* to devastate.

ravageur, -euse /ʀavaʒœʀ, øz/ *adj* devastating; [désir, passion] all-consuming; [humour] crushing.

ravalement /ʀavalmɑ̃/ *nm* sandblasting; (de façades crépies) refacing.

ravaler /ʀavale/ *vtr* [▸bâtiment] to renovate; [▸colère] to swallow.

ravi, -e /ʀavi/ *adj* delighted.

ravin /ʀavɛ̃/ *nm* ravine.

ravir /ʀaviʀ/ *vtr* to delight; [▸personne] to abduct; [▸bien] to steal.

raviser: se raviser /ʀavize/ *vpr* to change one's mind.

ravissant, -e /ʀavisɑ̃, ɑ̃t/ *adj* lovely.

ravissement /ʀavismɑ̃/ *nm* rapture; (rapt) abduction.

ravisseur, -euse /ʀavisœʀ, øz/ *nm,f* abductor.

ravitaillement /ʀavitajmɑ̃/ *nm* food.

ravitailler /ʀavitaje/ **I** *vtr* *ravitailler qn en qch* to supply sb with sth; [▸avion, navire] to refuel. **II se ravitailler** *vpr* to get provisions.

raviver /ʀavive/ *vtr* to rekindle, to revive; [▸souvenir] to bring back.

rayé, -e /ʀeje/ *adj* striped.

rayer /ʀeje/ *vtr* to cross [sth] out; *rayer la mention inutile* delete as appropriate;

la ville a été rayée de la carte the town was wiped off the map; [▸meuble, disque] to scratch.

rayon /rɛjɔ̃/ *nm* radius; *rayon d'action* range; (de lumière) ray; *rayon laser* laser beam; *les rayons X* X-rays; (de roue) spoke; (d'étagère) shelf; (de magasin) department.

• **en connaître un rayon**© to know one's stuff©.

rayonne /rɛjɔn/ *nf* rayon.

rayonnement /rɛjɔnmɑ̃/ *nm* radiation; (éclat) radiance; (influence) influence.

rayonner /rɛjɔne/ *vi* [lumière, chaleur] to radiate; [astre] to shine; (de joie) to glow (with); (d'intelligence) to sparkle (with).

rayure /rɛjyr/ *nf* stripe; *à rayures* striped; (éraflure) scratch.

raz-de-marée /rɑdmare/ *nm inv* tidal wave.

ré /re/ *nm inv* D; (en solfiant) re.

réacteur /reaktœr/ *nm* reactor; (d'avion) jet engine.

réaction /reaksjɔ̃/ *nf* reaction; *avion à réaction* jet aircraft.

réactionnaire /reaksjɔnɛr/ *adj, nmf* reactionary.

réagir /reaʒir/ *vi* to react (to).

réalisable /realizabl/ *adj* feasible.

réalisateur, -trice /realizatœr, tris/ *nm,f* director.

réalisation /realizasjɔ̃/ *nf* fulfilment[GB]; *en cours de réalisation* project in progress; (fruit d'un effort) achievement; (de film) direction.

réaliser /realize/ **I** *vtr* to fulfil[GB]; [▸équilibre] to achieve; [▸meuble] to make; [▸projet] to carry out; [▸film] to direct. **II se réaliser** *vpr* to come true.

réalisme /realism/ *nm* realism.

réaliste /realist/ **I** *adj* realistic. **II** *nmf* realist.

réalité /realite/ *nf* reality; *en réalité* in reality.

réanimation /reanimasjɔ̃/ *nf* *service de réanimation* intensive-care unit; (technique) resuscitation.

rébarbatif, -ive /rebarbatif, iv/ *adj* off-putting; [visage] forbidding.

rebelle /rəbɛl/ **I** *adj* rebel; *rebelle à* resistant to; [adulte, enfant] rebellious; [mèche] stray; [fièvre] persistent. **II** *nmf* rebel.

rebeller: **se rebeller** /rəbɛle/ *vpr* to rebel.

rébellion /rebɛljɔ̃/ *nf* rebellion.

rebond /rəbɔ̃/ *nm* bounce.

rebondir /rəbɔ̃dir/ *vi* [balle] to bounce (off); [procès, intrigue] to take a new turn.

rebondissement /rəbɔ̃dismɑ̃/ *nm* (d'affaire) new development.

rebord /rəbɔr/ *nm* edge; (de fenêtre) ledge.

reboucher /rəbuʃe/ *vtr* to put the lid back on; [▸stylo, tube] to put the top back on; [▸trou] to fill (up) a hole.

rebours: **à rebours** /arəbur/ *loc adv* backward(s).

rebrousse-poil: **à rebrousse-poil** /a rəbruspwal/ *loc adv* the wrong way.

rebrousser /rəbruse/ *vtr* *rebrousser chemin* to turn back.

rebut /rəby/ *nm* *mettre au rebut* to throw [sth] on the scrap heap.

rebutant, -e /rəbytɑ̃, ɑ̃t/ *adj* off-putting.

recaler© /r(ə)kale/ *vtr* to fail.

récapituler /rekapityle/ *vtr* to sum up.

receler /rəsəle/ *vtr* to contain.

receleur, -euse /rəsəlœr, øz/ *nm,f* receiver of stolen goods, fence©.

récemment /resamɑ̃/ *adv* recently.

recensement /rəsɑ̃smɑ̃/ *nm* census; (inventaire) inventory.

recenser /rəsɑ̃se/ *vtr* to take a census of; [▸objets] to list.

récent, -e /resɑ̃, ɑ̃t/ *adj* recent.

récépissé /resepise/ *nm* receipt.

récepteur /reseptœr/ *nm* receiver.

réceptif, -ive /reseptif, iv/ *adj* receptive.

réception /resepsjɔ̃/ *nf* reception; (manière d'accueillir) reception, welcome; (après un saut) landing; (de ballon) catching.

réceptionniste /resepsjɔnist/ *nmf* receptionist.

récession /resesjɔ̃/ *nf* recession.

recette /rəsɛt/ *nf* CULIN recipe; (méthode) formula, recipe; *les recettes et (les) dépenses* receipts and expenses.

recevable /ʀəsəvabl/ *adj* acceptable; [preuve] admissible.

receveur, -euse /ʀəsəvœʀ, øz/ *nm,f* conductor.

■ **receveur des postes** postmaster.

recevoir /ʀəsəvwaʀ/ *vtr* **recevoir (qch de qn)** to receive (sth from sb), to get (sth from sb); [▸invités] to welcome, to receive; [▸patients] to see; **être reçu à un examen** to pass an exam.

rechange: **de rechange** /dəʀəʃɑ̃ʒ/ *loc adj* spare; alternative.

réchapper /ʀeʃape/ *vtr ind* **réchapper de qch** to come through qth.

recharge /ʀəʃaʀʒ/ *nf* refill.

rechargeable /ʀəʃaʀʒabl/ *adj* refillable; [pile] rechargeable.

recharger /ʀəʃaʀʒe/ **I** *vtr* to reload; [▸stylo, briquet] to refill; [▸pile, téléphone] to recharge. **II se recharger** *vpr* to be rechargeable; [stylo] to be refillable; [pile] to recharge.

réchaud /ʀeʃo/ *nm* stove.

réchauffement /ʀeʃofmɑ̃/ *nm* warming (up); **le réchauffement de la planète** global warming.

réchauffer /ʀeʃofe/ **I** *vtr* [▸personne] to warm up; [▸pièce] to heat up, to warm up. **II** *vi* **faire réchauffer qch** to heat sth up. **III se réchauffer** *vpr* to warm oneself up; [air, temps] to warm up.

rêche /ʀɛʃ/ *adj* rough.

recherche /ʀəʃɛʀʃ/ *nf* search, research ₵; **recherche d'emploi** job-hunting; **être à la recherche de** to be looking for; (affectation) affectation.

recherché, -e /ʀəʃɛʀʃe/ *adj* in demand (*après n*); [style] carefully studied; [but] intended.

rechercher /ʀ(ə)ʃɛʀʃe/ *vtr* to search out, to look for; [▸bonheur, paix] to seek.

rechute /ʀəʃyt/ *nf* relapse; **faire une rechute** to have a relapse.

rechuter /ʀəʃyte/ *vi* to relapse.

récidiver /ʀesidive/ *vi* JUR to commit a second offence[GB]; (recommencer) to do it again.

récidiviste /ʀesidivist/ *nmf* JUR recidivist; FIG backslider.

récif /ʀesif/ *nm* reef.

récipient /ʀesipjɑ̃/ *nm* container.

réciprocité /ʀesipʀɔsite/ *nf* reciprocity.

réciproque /ʀesipʀɔk/ **I** *adj* reciprocal, mutual. **II** *nf* reverse.

réciproquement /ʀesipʀɔkmɑ̃/ *adv* [se repecter] one another, mutually; **et réciproquement** and vice versa.

récit /ʀesi/ *nm* story, tale; (genre) narrative.

récitation /ʀesitasjɔ̃/ *nf* **apprendre une récitation** to learn a text (off) by heart.

réciter /ʀesite/ *vtr* to recite.

réclamation /ʀeklamasjɔ̃/ *nf* complaint.

réclame /ʀeklɑm/ *nf* advertisement; **en réclame** on offer.

réclamer /ʀeklame/ **I** *vtr* to ask for; [▸réforme, silence] to call for; [▸dû] to claim; [▸justice] to demand. **II** *vi* to complain.

reclus, -use /ʀəkly, yz/ **I** *adj* reclusive. **II** *nm,f* recluse.

réclusion /ʀeklyzjɔ̃/ *nf* imprisonment; **réclusion à perpétuité** life sentence.

récolte /ʀekɔlt/ *nf* harvesting; (produits) crop, harvest.

récolter /ʀekɔlte/ *vtr* to harvest; [▸pommes de terre] to dig up; [▸fruits] to pick; [▸argent] to collect, to get.

recommandation /ʀəkɔmɑ̃dasjɔ̃/ *nf* recommendation.

recommandé, -e /ʀəkɔmɑ̃de/ *adj* [lettre] registered; **envoyer en recommandé** to send by registered post.

recommander /ʀəkɔmɑ̃de/ *vtr* to recommend.

recommencer /ʀəkɔmɑ̃se/ **I** *vtr* to do [sth] again; **recommencer à faire** to start doing again. **II** *vi* to do again.

récompense /ʀekɔ̃pɑ̃s/ *nf* reward; (honorifique) award.

récompenser /ʀekɔ̃pɑ̃se/ *vtr* to reward (for/with).

réconcilier /ʀekɔ̃silje/ **I** *vtr* to reconcile. **II se réconcilier** *vpr* to make up.

reconduire /ʀəkɔ̃dɥiʀ/ *vtr* to see [sb] out; **reconduire qn chez lui** to take sb home; **reconduire à la frontière** to escort back to the border; [▸grève] to extend; [▸accord] to renew.

reconduite /ʀəkɔ̃dɥit/ *nf* **reconduite à la frontière** deportation.

réconfort /ʀekɔ̃fɔʀ/ *nm* comfort.

réconforter /Rekɔ̃fɔRte/ **I** vtr to comfort. **II se réconforter** vpr to restore one's strength.

reconnaissable /Rəkɔnɛsabl/ adj recognizable.

reconnaissance /Rəkɔnɛsɑ̃s/ nf gratitude; *un signe de reconnaissance* a sign of recognition; (de droit, d'un État) recognition; MIL reconnaissance.

reconnaissant, -e /Rəkɔnɛsɑ̃, ɑ̃t/ adj grateful; *je vous serais reconnaissant de bien vouloir faire* I should be grateful if you would do.

reconnaître, reconnaitre /RəkɔnɛtR/ **I** vtr to recognize, to identify; [▸ vérité, torts] to admit, to acknowledge; [▸ lieux] MIL to reconnoitre^{GB}. **II se reconnaître** vpr to recognize oneself/each other.

reconstituer /Rəkɔ̃stitɥe/ vtr to reconstruct; [▸ décor] to recreate; [▸ armée] to re-form.

reconstruction /Rəkɔ̃stRyksjɔ̃/ nf reconstruction; (de société) rebuilding.

reconstruire /Rəkɔ̃stRɥiR/ vtr to reconstruct, to rebuild.

reconvertir /Rəkɔ̃vɛRtiR/ **I** vtr reconvertir *(en)* to convert (into). **II se reconvertir** vpr to switch to.

reconversion /Rəkɔ̃vɛRsjɔ̃/ nf [▸ de salarié] redeployment; [▸ de bâtiment] conversion.

recopier /Rəkɔpje/ vtr to copy out; [▸ devoir] to write up.

record /RəkɔR/ adj inv, nm record.

recoucher: se recoucher /Rəkuʃe/ vpr to go back to bed.

recouper: se recouper /Rəkupe/ vpr to tally.

recourbé, -e /RəkuRbe/ adj [cils] curved.

recourir /RəkuRiR/ vtr ind recourir à [▸ remède] to use; [▸ violence] to resort to; [▸ parent, ami] to turn to; [▸ expert] to go to; *recourir à la justice* to go to court.

recours /RəkuR/ nm *avoir recours à* to turn to; *en dernier recours* as a last resort; JUR appeal.

recouvrir /RəkuvRiR/ **I** vtr to cover (with); (masquer) to conceal. **II se recouvrir** vpr to become covered (with).

récréation /RekReasjɔ̃/ nf playtime^{GB}, recess^{US}; (dans le secondaire) break^{GB}, recess^{US}; (loisir) recreation.

récrier: se récrier /Rekrije/ vpr to exclaim.

recroqueviller: se recroqueviller /Rəkrɔkvije/ vpr to huddle up.

recru, -e /RəkRy/ adj recru *(de fatigue)* exhausted.

recrudescence /RəkRydesɑ̃s/ nf fresh upsurge; (de demandes) new wave; (d'incendies) renewed outbreak.

recrue /RəkRy/ nf recruit.

recrutement /RəkRytmɑ̃/ nm recruitment.

recruter /RəkRyte/ vtr to recruit.

rectangle /Rɛktɑ̃gl/ nm rectangle.

rectangulaire /Rɛktɑ̃gylɛR/ adj rectangular.

recteur /RɛktœR/ nm chief education officer^{GB}, superintendent (of schools)^{US}.

rectificatif /Rɛktifikatif/ nm correction.

rectification /Rɛktifikasjɔ̃/ nf correction.

rectifier /Rɛktifje/ vtr to correct, to rectify.

recto /Rɛkto/ nm front; *recto verso* on both sides.

rectorat /RɛktɔRa/ nm local education authority^{GB}, board of education^{US}.

reçu, -e /Rəsy/ **I** pp ▶ recevoir. **II** nm receipt.

recueil /Rəkœj/ nm collection; (d'auteurs) anthology; (de lois) compendium.

recueillir /RəkœjiR/ **I** vtr to take in; [▸ renseignements] to gather, to collect; [▸ voix] to get; [▸ déposition] to take down. **II se recueillir** vpr to meditate.

recul /Rəkyl/ nm retreat; *être en recul* to be on the decline; *avec le recul* with hindsight, in retrospect; (baisse) *recul (de)* drop (in); (de date) postponement.

reculé, -e /Rəkyle/ adj remote.

reculer /R(ə)kyle/ **I** vtr to move back, to put back. **II** vi to move back, to stand back; [monnaie, etc] to fall; *faire reculer le chômage* to reduce unemployment; (céder) to back down.

reculons: à reculons /aRəkylɔ̃/ loc adv backward(s).

récupération /RekypeRasjɔ̃/ nf *matériaux de récupération* salvaged materials; *capacité de récupération* recuperative power; (d'argent) recovery; (d'idées) appropriation.

récupérer /RekypeRe/ **I** vtr to recover; [▸ ferraille] to salvage; [▸ heures de travail] to make up. **II** vi to recover.

récurer /ʀekyʀe/ vtr to scour.

récuser /ʀekyze/ **I** vtr to challenge. **II se récuser** vpr to declare oneself incompetent.

recyclage /ʀ(ə)siklaʒ/ nm recycling; (de personnel) retraining.

recycler /ʀ(ə)sikle/ **I** vtr to recycle. **II se recycler** vpr to update one's skills.

rédacteur, -trice /ʀedaktœʀ, tʀis/ nm,f writer; (de journal, etc) editor.

rédaction /ʀedaksjɔ̃/ nf writing; (dans l'édition) editorial staff; (travail scolaire) essay^GB, theme^US.

reddition /ʀɛdisjɔ̃/ nf surrender.

redémarrer /ʀədemaʀe/ vi (voiture) to move off again; [économie] to take off again; [ordinateur] to reboot.

redevable /ʀədəvabl/ adj être redevable de qch à qn to be indebted to sb for sth.

redevance /ʀədəvɑ̃s/ nf charge; (de TV) licence^GB fee.

rédhibitoire /ʀedibitwaʀ/ adj prohibitive.

rediffuser /ʀədifyze/ vtr to repeat.

rédiger /ʀediʒe/ vtr to write; [▸contrat] to draft.

redire /ʀədiʀ/ vtr to repeat, to tell again; trouver qch à redire à to find fault with.

redondant, -ante /ʀədɔ̃dɑ̃, ɑ̃t/ adj superfluous.

redonner /ʀədɔne/ vtr (donner encore) to give again, more; (rendre) to give back; [▸confiance] to restore.

redoublant, -e /ʀədublɑ̃, ɑ̃t/ nm,f pupil repeating a year.

redoublement /ʀədubləmɑ̃/ nm intensification; (à l'école) repeating year.

redoubler /ʀəduble/ **I** vtr, vi redoubler (une classe) to repeat a year. **II redoubler de** vtr ind redoubler de prudence to be twice as careful; redoubler d'efforts to redouble one's efforts.

redoutable /ʀədutabl/ adj formidable; [mal] dreadful.

redouter /ʀədute/ vtr to fear; [▸avenir] to dread.

redressement /ʀədʀɛsmɑ̃/ nm (reprise) recovery.

■ **redressement judiciaire** receivership; **redressement fiscal** tax adjustment.

redresser /ʀədʀese/ **I** vtr to straighten; redresser la tête to lift one's head up; redresser la situation to put the situation right; [▸injustice] to redress; redresser les torts to right (all) wrongs. **II se redresser** vpr to stand up straight; [industrie, etc] to pick up again, to recover; [compagnie] to get back on its feet.

réduction /ʀedyksjɔ̃/ nf (de prix) discount, reduction; réduction étudiants special price for students; (de subventions) cut (in); réduction d'impôts tax cut.

réduire /ʀedɥiʀ/ **I** vtr to reduce; réduire qn au silence to reduce sb to silence; [▸dépenses, etc] to cut down on; [▸émeute] to crush. **II se réduire** vpr to narrow; se réduire à to consist merely of; ça se réduit à peu de chose it doesn't amount to very much.

réduit, -e /ʀedɥi, it/ **I** adj reduced, lower; [délai] shorter; [choix] limited. **II** nm cubbyhole.

rééditer /ʀeedite/ vtr to reissue.

rééducation /ʀeedykasjɔ̃/ nf physiotherapy; (de handicapé, délinquant) rehabilitation.

rééduquer /ʀeedyke/ vtr to rehabilitate.

réel, réelle /ʀeɛl/ adj real.

réellement /ʀeɛlmɑ̃/ adv really.

réexpédier /ʀeɛkspedje/ vtr to return, send back.

refaire /ʀəfɛʀ/ vtr to do [sth] again, to redo; [▸voyage, erreur] to make again.

réfectoire /ʀefɛktwaʀ/ nm refectory.

référence /ʀefeʀɑ̃s/ nf reference.

référer /ʀefeʀe/ **I** vtr ind en référer à to consult. **II se référer à** vpr to refer to, to consult.

référendum /ʀefeʀɛ̃dɔm/ nm referendum.

réfléchi, -e /ʀefleʃi/ adj [personne] reflective; [regard] thoughtful; tout bien réfléchi all things considered; [verbe] reflexive.

réfléchir /ʀefleʃiʀ/ **I** vtr to reflect. **II réfléchir à** vtr ind to think about. **III** vi to think. **IV se réfléchir** vpr to be reflected.

reflet /ʀəflɛ/ nm reflection; (lueur) glint; (nuance de couleur) sheen.

refléter /ʀəflete/ vtr, vpr to reflect.

réflexe /ʀeflɛks/ nm reflex.

réflexion /ʀeflɛksjɔ̃/ nf thought, reflection; (remarque) remark, criticism.

refluer

266

refluer /Rəflye/ vi to flow back; (foule) to retreat; (inflation) to go down.

reflux /Rəfly/ nm ebb tide; (de chômage, devise) decline.

réformateur, -trice /Reformatœr, tris/ nm,f reformer.

réforme /Reform/ nf reform; RELIG Reformation.

réformé, -e /Reforme/ RELIG **I** adj Reformed. **II** nm,f Calvinist.

réformer /Reforme/ **I** vtr to reform; MIL to declare [sb] unfit for service. **II se réformer** vpr to mend one's ways.

refouler /Rəfule/ vtr [▸tendance] to repress; [▸larmes] to hold back; [▸ennemi] to push back; [▸immigrant] to turn back.

refrain /R(ə)fRɛ̃/ nm (recurring) refrain; **le même refrain** the same old story.

réfréner /Refrene/ vtr to curb.

réfrigérateur /RefriʒeRatœr/ nm refrigerator, fridge©GB.

refroidir /RəfRwadiR/ **I** vtr to cool down; [▸ardeur] to dampen. **II** vi, vpr to get cold.

refroidissement /RəfRwadismɑ̃/ nm cooling; MÉTÉO drop in temperature; MÉD chill.

refuge /Rəfyʒ/ nm refuge.

réfugié, -e /Refyʒje/ nm,f refugee.

réfugier: se réfugier /Refyʒje/ vpr to take refuge.

refus /Rəfy/ nm refusal; **ce n'est pas de refus**© I wouldn't say no©.

refuser /Rəfyze/ vtr to refuse; [▸proposition] to reject; [▸candidat] to turn down.

regagner /Rəgaɲe/ vtr to get back to; [▸estime] to regain.

regain /Rəgɛ̃/ nm **un regain de** a renewal/revival of.

régal, pl **-s** /Regal/ nm treat, delight.

régaler: se régaler /Regale/ vpr to have a great time.

regard /RəgaR/ nm look; **jeter un regard rapide sur qch** to glance at sth; **au regard de la loi** in the eyes of the law.

regardant, -ante /Rəgardɑ̃, ɑ̃t/ adj **peu regardant (sur)** not fussy (about).

regarder /Rəgarde/ **I** vtr **regarder qn/qch** to look at sb/sth; [▸film] to watch; **regarder longuement** to gaze at; (consulter) to look up (in); **ça ne te regarde**© **pas** it's none of your business; (moins poli). **II regarder à** vtr ind to look closely at. **III** vi **regarder (en l'air/par terre)** to look (up/down). **IV se regarder** vpr to look at each other.

régate /Regat/ nf regatta.

régie /Reʒi/ nf TV control room; THÉÂT stage management.

régime /Reʒim/ nm diet; POL system (of government), regime; **régime de retraite** pension scheme; [▸de moteur] speed; **à plein régime** at top speed; (de bananes) bunch.

régiment /Reʒimɑ̃/ nm regiment.

région /Reʒjɔ̃/ nf region.

régional, -e, mpl **-aux** /Reʒjɔnal, o/ adj regional.

régir /ReʒiR/ vtr to govern.

régisseur, -euse /ReʒisœR, øz/ nm,f manager; (de théâtre) stage manager.

registre /RəʒistR/ nm register.

réglable /Reglabl/ adj adjustable.

réglage /Reglaʒ/ nm (de moteur) tuning; (de pression, etc) adjustment.

règle /Regl/ **I** nf (instrument) ruler, rule; (consigne) rule; **en règle générale** as a (general) rule. **II règles** nfpl period(s). **III en règle** loc adj, loc adv [papiers] in order.

règlement /Reglamɑ̃/ nm regulations, rules (pl); (paiement) payment; (résolution) settlement; **règlement à l'amiable** amicable settlement; **règlement de comptes** settling of scores.

réglementation /Reglamɑ̃tasjɔ̃/ nf rules, regulations (pl).

règlementer, réglementer /Reglamɑ̃te/ vtr to regulate.

régler /Regle/ vtr [▸détails] to settle; [▸facture] to pay (for); **régler son compte à qn**© to sort sb out©GB; [▸micro, etc] to adjust; [▸moteur] to tune; [▸montre] to set.

réglisse /Reglis/ nf liquorice GB, licorice US.

règne /Rɛɲ/ nm reign; (animal, végétal) kingdom.

régner /Reɲe/ vi to reign; (l'emporter) to prevail.

régresser /Regrese/ vi to recede.

regret /RəgRɛ/ nm regret; **à regret** with regret; **j'apprends avec regret que** I'm sorry to hear that.

regretter /ʀəgʀete/ vtr to regret; *je le regrette* I'm sorry; *je regrette de partir* I'm sorry to be leaving; (ressentir l'absence de) to miss.

regrouper /ʀəgʀupe/ vtr, vpr to gather.

régulariser /ʀegylaʀize/ vtr to sort out.

régularité /ʀegylaʀite/ nf regularity; (légalité) legality.

régulier, -ière /ʀegylje, jɛʀ/ adj regular; [effort] steady; [surface] even.

régulièrement /ʀegyljɛʀmã/ adv regularly; [élu] duly.

réhausseur /ʀeosœʀ/ nm booster seat, booster cushion.

réimpression /ʀeɛ̃pʀesjɔ̃/ nf reprint.

rein /ʀɛ̃/ I nm kidney. II **reins** nmpl small of the back; *mal aux reins* backache.

reine /ʀɛn/ nf queen; *la reine mère* queen mother.

reine-claude, pl **reines-claudes** /ʀɛnklod/ nf greengage.

réinsertion /ʀeɛ̃sɛʀsjɔ̃/ nf reintegration (into).

réitérer /ʀeiteʀe/ vtr to repeat.

rejaillir /ʀəʒajiʀ/ vi *rejaillir sur qn* to affect sb adversely.

rejet /ʀəʒɛ/ nm rejection; (de plainte) dismissal; *les rejets polluants* pollutants.

rejeter /ʀəʒəte/ I vtr to reject; [▸offre] to turn down; [▸plainte] to dismiss; *rejeter les torts sur qn* to shift the blame onto sb. II **se rejeter** vpr *se rejeter la responsabilité de qch* to blame each other for sth.

rejeton© /ʀəʒətɔ̃/ nm offspring (inv).

rejoindre /ʀəʒwɛ̃dʀ/ I vtr to meet up with; (rattraper) to catch up with; (se joindre à) to join; (aller à) to get to. II **se rejoindre** vpr to meet up; [routes] to meet; *nos goûts se rejoignent* we have similar tastes; *la musique et la poésie se rejoignent* music and poetry merge.

réjoui, -e /ʀeʒwi/ adj joyful; *avoir la mine réjouie* to look cheerful.

réjouir /ʀeʒwiʀ/ I vtr to delight. II **se réjouir** vpr to rejoice; *se réjouir de qch/de faire* to be delighted at sth/to do.

réjouissances /ʀeʒwisãs/ nfpl celebrations.

relâche /ʀəlɑʃ/ nf *faire relâche* to close, to be closed; *sans relâche* relentlessly.

relâcher /ʀəlɑʃe/ I vtr [▸lien, etc] to loosen; [▸discipline] to relax; [▸efforts] to let up; (libérer) to release. II **se relâcher** vpr to loosen; [discipline] to slacken.

relais /ʀəlɛ/ nm *prendre le relais (de qn)* to take over (from sb); SPORT relay; (intermédiaire) intermediary.

relance /ʀəlãs/ nf (d'économie) reflation.

relancer /ʀəlãse/ vtr to restart; [▸économie] to reflate.

relatif, -ive /ʀəlatif, iv/ adj relative; *relatif à* relating to.

relation /ʀəlasjɔ̃/ I nf acquaintance; (personne puissante) connection; *en relation avec qn* in touch with sb; (lien) relationship. II **relations** nfpl relations.

■ **relations extérieures** POL foreign affairs.

relationnel -elle /ʀəlasjɔnɛl/ I adj relational. II nm interpersonal skills (pl).

relativiser /ʀəlativize/ vtr to put (sth) into perspective.

relativité /ʀəlativite/ nf relativity.

relaxer /ʀəlakse/ vtr, vpr to relax.

relayer /ʀəleje/ I vtr *relayer qn* to take over from sb; [▸émission] to relay. II **se relayer** vpr to take turns (doing sth).

reléguer /ʀəlege/ vtr to relegate.

relent /ʀəlã/ nm stink; FIG whiff.

relève /ʀəlɛv/ nf *prendre la relève* to take over.

relevé, -e /ʀəlve/ I adj spicy; [propos] refined. II nm *faire le relevé des erreurs* to list the errors; *faire le relevé du compteur* to read the meter; *relevé bancaire* bank statement; *relevé de gaz* gas bill.

relèvement /ʀəlɛvmã/ nm increase.

relever /ʀəlve/ I vtr [▸manette, etc] to raise; [▸erreur] to note; [▸nom] to take down; [▸copies] to take in; [▸plat] to spice up; (libérer) to release. II **relever de** vtr ind to come within; (se rétablir) to be recovering from. III **se relever** vpr to get up (again).

relief /ʀəljɛf/ nm relief; *mettre en relief* to highlight.

relier /ʀəlje/ vtr to connect, to link; [▸livre] to bind.

religieuse /ʀəliʒjøz/ nf round éclair.

religieux, -ieuse /ʀəliʒjø, jøz/ **I** *adj* religious; [école, mariage] (chrétien) church; [musique] sacred. **II** *nm,f* monk/nun.

religion /ʀəliʒjɔ̃/ *nf* religion.

reliquat /ʀəlika/ *nm* remainder.

relire /ʀəliʀ/ *vtr* to reread.

reliure /ʀəljyʀ/ *nf* binding.

reluisant, -e /ʀəlyizɑ̃, ɑ̃t/ *adj* shining.

remaniement /ʀəmanimɑ̃/ *nm* revision; *remaniement ministériel* cabinet reshuffle.

remanier /ʀəmanje/ *vtr* to modify; [▸équipe] to reorganize; [▸cabinet] to reshuffle.

remarquable /ʀəmaʀkabl/ *adj* remarkable.

remarque /ʀəmaʀk/ *nf* remark.

remarquer /ʀəmaʀke/ **I** *vtr* to notice; *se faire remarquer* to draw attention to oneself; *remarque... mind you...; faire remarquer* to point out that. **II se remarquer** *vpr* to show.

remblai /ʀɑ̃blɛ/ *nm* embankment.

rembourrer /ʀɑ̃buʀe/ *vtr* to stuff; [▸vêtement] to pad.

remboursement /ʀɑ̃buʀsəmɑ̃/ *nm* refund.

rembourser /ʀɑ̃buʀse/ *vtr* to repay, to pay back; [▸article] to refund the price of; [▸employé] to reimburse.

remède /ʀəmɛd/ *nm* medicine, remedy.

remédier /ʀəmedje/ *vtr ind* **remédier à** to remedy.

remerciement /ʀəmɛʀsimɑ̃/ *nm* thanks (*pl*).

remercier /ʀəmɛʀsje/ *vtr* to thank; (congédier) to dismiss.

remettre /ʀəmɛtʀ/ **I** *vtr* to put back; (donner) to hand [sth] in; (différer) to put off; (ajouter) to add (some more/another); (se souvenir de) *remettre qn* to remember sb; (recommencer)⊚ *remettre ça* to start again; *remettre en cause/en question* to call into question. **II se remettre** *vpr* to pull oneself together; *se remettre de* to recover from, to get over; *se remettre à faire qch* to start doing sth again; *s'en remettre à qn* to leave it to sb.

remise /ʀəmiz/ *nf* discount; *remise de peine* remission; (dépôt d'argent) remittance; (bâtiment) shed.

remontant /ʀəmɔ̃tɑ̃/ *nm* tonic.

remontée /ʀəmɔ̃te/ *nf* climb up; (de prix, etc) rise.

■ **remontée mécanique** ski lift.

remonte-pente, *pl* **-s** /ʀəmɔ̃tpɑ̃t/ *nm* ski tow.

remonter /ʀəmɔ̃te/ **I** *vtr* to take (sb/sth) back up; [▸store] to raise; [▸manches] to roll up; [▸col] to turn up; [▸chaussettes] to pull up; [▸pente] to go back up; (réconforter) to cheer up. **II** *vi* to go back up; [mer] to come in again; [prix, etc] to rise again; *remonter dans le temps* to go back in time; *remonter à* to date back to.

remontoir /ʀəmɔ̃twaʀ/ *nm* winder.

remontrance /ʀəmɔ̃tʀɑ̃s/ *nf* reprimand.

remords /ʀəmɔʀ/ *nm* remorse ¢; *avoir des remords* to feel remorse.

remorque /ʀəmɔʀk/ *nf* trailer.

remorquer /ʀəmɔʀke/ *vtr* to tow.

remorqueur /ʀəmɔʀkœʀ/ *nm* tug (boat).

rémoulade /ʀemulad/ *nf* mayonnaise-type dressing.

remous /ʀəmu/ *nm* backwash; FIG turmoil.

rempart /ʀɑ̃paʀ/ *nm* rampart.

remplaçant, -e /ʀɑ̃plasɑ̃, ɑ̃t/ *nm,f* substitute, replacement; (professeur, instituteur) supplyᴳᴮ, substituteᵁˢ teacher; SPORT substitute, reserve.

remplacement /ʀɑ̃plasmɑ̃/ *nm* replacement; (d'enseignant) supplyᴳᴮ, substituteᵁˢ teaching; (intérimaire) temporary work; *produit de remplacement* substitute.

remplacer /ʀɑ̃plase/ *vtr* to replace; *remplacer qn* to stand in for sb; (définitivement) to replace sb.

remplir /ʀɑ̃pliʀ/ *vtr* to fill (up) with; [▸formulaire] to fill in; [▸rôle] to carry out; [▸devoir] to fulfilᴳᴮ; [▸conditions] to meet.

remporter /ʀɑ̃pɔʀte/ *vtr* to win.

remuant, -e /ʀəmyɑ̃, ɑ̃t/ *adj* rowdy; [enfant] boisterous.

remue-ménage, *pl* **-s** /ʀəmymenaʒ/ *nm* commotion ¢; (agitation) bustle ¢.

remuer /ʀəmɥe/ **I** *vtr* to move; [▸oreille] to wiggle; [▸café] to stir; [▸salade] to toss; [▸terre] to turn over; [▸passé] to rake up; (émouvoir) to move. **II** *vi* to move. **III se remuer**⊚ *vpr* to get a move on⊚.

rémunération /ʀemyneʀasjɔ̃/ *nf* payment.

rémunérer /ʀemyneʀe/ *vtr* to pay (for).

renaissance /ʀənɛsɑ̃s/ *nf* revival.

renard /ʀənaʀ/ *nm* fox.

renchérir /ʀɑ̃ʃeʀiʀ/ *vi* to add, to go one step further; (dans une vente) to raise the bidding.

rencontre /ʀɑ̃kɔ̃tʀ/ *nf* meeting; *rencontre inattendue* (unexpected) encounter; SPORT match^{GB}, game^{US}.

rencontrer /ʀɑ̃kɔ̃tʀe/ **I** *vtr* [▸personne] to meet; [▸mot] to come across. **II se rencontrer** *vpr* to meet.

rendement /ʀɑ̃dmɑ̃/ *nm* (agricole) yield; (de machine, travailleur) output ¢; (d'usine) productivity ¢.

rendez-vous /ʀɑ̃devu/ *nm inv* appointment; *prendre rendez-vous (avec)* to make an appointment (with); (avec un être cher) date; (avec des collègues) meeting.

rendormir: se rendormir /ʀɑ̃dɔʀmiʀ/ *vpr* to go back to sleep.

rendre /ʀɑ̃dʀ/ **I** *vtr* to give back, to return; (redonner) to restore; *rendre qn heureux* to make sb happy; [▸devoir] to hand in; [▸jugement] to pronounce. **II** *vi* to be sick. **III se rendre** *vpr* to go; (devenir) *se rendre malade* to make oneself ill; [criminel] to give oneself up; [armée] to surrender.
● *rendre l'âme* to pass away.

rêne /ʀɛn/ *nf* rein.

renfermé /ʀɑ̃fɛʀme/ *nm ça sent le renfermé* it smells musty.

renfermer /ʀɑ̃fɛʀme/ **I** *vtr* to contain. **II se renfermer** *vpr* to become withdrawn.

renflouer /ʀɑ̃flue/ *vtr* [▸entreprise] to bail out.

renfoncement /ʀɑ̃fɔ̃smɑ̃/ *nm* recess; *renfoncement de porte* doorway.

renforcer /ʀɑ̃fɔʀse/ *vtr* to reinforce, to strengthen.

renfort /ʀɑ̃fɔʀ/ *nm* support ¢; *à grand renfort de qch* with a lot of sth; MIL reinforcements.

renfrogné, -e /ʀɑ̃fʀɔɲe/ *adj* sullen.

rengaine /ʀɑ̃gɛn/ *nf* old song, old tune.

renier /ʀənje/ *vtr* to renounce; [▸enfant, œuvre] to disown.

renifler /ʀənifle/ *vtr, vi* to sniff.

renne /ʀɛn/ *nm* reindeer.

renom /ʀənɔ̃/ *nm* renown, reputation.

renommé, -e /ʀənɔme/ *adj* famous.

renommée /ʀənɔme/ *nf* fame.

renoncement /ʀənɔ̃smɑ̃/ *nm* renunciation.

renoncer /ʀənɔ̃se/ *vtr ind* **renoncer à** to give up.

renouer /ʀənwe/ **I** *vtr* to retie. **II** *vtr ind* **renouer avec qn** (après dispute) to make up with sb; (après perte de contact) to get back in touch with sb; to get back in touch with sb; (après une dispute) to make up with sb.

renouveau, *pl* **-x** /ʀənuvo/ *nm* renewal.

renouvelable /ʀənuvlabl/ *adj* renewable.

renouveler /ʀənuvle/ **I** *vtr* to renew; [▸promesse] to repeat. **II se renouveler** *vpr* [exploit] to happen again.

renouvellement, **renouvèlement** /ʀənuvɛlmɑ̃/ *nm* renewal.

rénovation /ʀenɔvasjɔ̃/ *nf* renovation.

rénover /ʀenɔve/ *vtr* to renovate.

renseignement /ʀɑ̃sɛɲəmɑ̃/ *nm* information ¢, piece of information; *renseignements téléphoniques* directory enquiries^{GB}, directory assistance^{US}; MIL intelligence.

renseigner /ʀɑ̃seɲe/ **I** *vtr* **renseigner qn (sur qch)** to give information to sb (about sth). **II se renseigner** *vpr* to enquire (from sb/about sth).

rentabiliser /ʀɑ̃tabilize/ *vtr* to make [sth] profitable.

rentable /ʀɑ̃tabl/ *adj* profitable.

rente /ʀɑ̃t/ *nf* private income; (contrat financier) annuity.

rentier, -ière /ʀɑ̃tje, jɛʀ/ *nm,f* person of private means.

rentrée /ʀɑ̃tʀe/ *nf* (general) return; *rentrée (des classes)* start of the school year; *rentrée (d'argent)* income ¢; (de vaisseau, capsule) re-entry; *faire sa rentrée* to make a comeback.

rentrer /ʀɑ̃tʀe/ **I** *vtr* [▸griffes] to draw in; [▸ventre] to hold in; [▸chemise] to tuck in. **II** *vi* to come back (from); (tenir) to fit; [argent] to come in; (aller percuter)© to hit; *rentrer dans l'ordre* to go back to normal.

renversant, -e /ʀɑ̃vɛʀsɑ̃, ɑ̃t/ *adj* astounding, astonishing.

renverse: à la renverse /ʀɑ̃vɛʀs/ *loc adv* backwards; FIG astounded.

renversement /ʀɑ̃vɛʀsəmɑ̃/ *nm* reversal; (de gouvernement) overthrow.

renverser /ʀɑ̃vɛʀse/ **I** *vtr* [▸piéton] to knock down; [▸liquide] to spill; [▸tête] to tilt back; [▸situation] to reverse; [▸régime] to overthrow, to topple; (stupéfier)© to astound. **II se**

renverser *vpr* to overturn; [bateau] to capsize; [bouteille] to fall over.

renvoi /ʀɑ̃vwa/ *nm* (définitif) expulsion; (temporaire) suspension; (d'employé) dismissal; (d'immigrés) repatriation; (à l'expéditeur) return; (report) postponement; (dans un dictionnaire) cross-reference; *avoir un renvoi* to belch.

renvoyer /ʀɑ̃vwaje/ *vtr* [▸balle] to throw [sth] back; [▸lumière] to reflect; [▸courrier] to return; [▸qn] to send [sb] back (home); [▸employé] to dismiss (from); [▸débat] to postpone (until); *renvoyer à* to refer to.

réorganiser /ʀeɔʀɡanize/ *vtr* to reorganize.

réouverture /ʀeuvεʀtyʀ/ *nf* reopening.

repaire /ʀəpεʀ/ *nm* den; (de trafiquants) hideout.

répandre /ʀepɑ̃dʀ/ *vtr*, *vpr* to spread; [▸liquide] to spill; [▸déchets] to scatter.

répandu, -e /ʀepɑ̃dy/ *adj* widespread.

réparateur, -trice /ʀepaʀatœʀ, tʀis/ *nm,f* engineer^{GB}, repairman^{US}.

réparation /ʀepaʀasjɔ̃/ *nf* repairing; (d'habit) mending; (de tort) compensation.

réparer /ʀepaʀe/ *vtr* to repair; [▸erreur] to put [sth] right; [▸oubli] to make up for.

répartie, repartie /ʀepaʀti/ *nf* *l'esprit de répartie* a quick wit; *elle a de la répartie* she always has a ready reply.

repartir /ʀəpaʀtiʀ/ *vi* to leave again, to go back; *repartir sur de nouvelles bases* to start all over again.

répartir /ʀepaʀtiʀ/ *vtr*, *vpr* to share [sth] out, to split; [▸poids] to distribute.

répartition /ʀepaʀtisjɔ̃/ *nf* distribution.

repas /ʀəpɑ/ *nm* meal.

repassage /ʀəpɑsaʒ/ *nm* ironing.

repasser /ʀəpɑse/ *vtr* [▸linge] to iron; [▸examen écrit] to retake; [▸virus][ⓒ] to pass on.

repêchage /ʀəpεʃaʒ/ *nm* *examen de repêchage* resit^{GB}, retest^{US}; [question] supplementary.

repentir[1] /ʀəpɑ̃tiʀ/ *nm* repentance.

repentir[2]: **se repentir de** /ʀəpɑ̃tiʀ/ *vpr* to regret (sth); RELIG to repent (of sth).

répercussion /ʀepεʀkysjɔ̃/ *nf* repercussion.

répercuter /ʀepεʀkyte/ **I** *vtr* to send back. **II se répercuter** *vpr* to echo; *se répercuter sur* to have repercussions on.

repère /ʀəpεʀ/ *nm* marker, landmark.

repérer /ʀəpeʀe/ **I** *vtr* to spot, to locate. **II se repérer** *vpr* to get one's bearings.

répertoire /ʀepεʀtwaʀ/ *nm* notebook (with thumb index); (de téléphone, d'ordinateur) directory; (d'adresses) address book; (musical) repertoire.

répertorier /ʀepεʀtɔʀje/ *vtr* to index.

répéter /ʀepete/ **I** *vtr* to repeat, to tell; [▸pièce, concert] to rehearse. **II se répéter** *vpr* to repeat oneself; to happen again.

répétition /ʀepetisjɔ̃/ *nf* repetition; MUS, THÉÂT rehearsal.

repiquer /ʀəpike/ *vtr* to transplant; [▸disque] to copy.

répit /ʀepi/ *nm* respite.

replacer /ʀəplase/ *vtr* to put back.

repli /ʀəpli/ *nm* fold; *(mouvement de) repli* withdrawal.

replier /ʀəplije/ **I** *vtr* to fold up; [▸jambes] to tuck in. **II se replier** *vpr* to withdraw.

réplique /ʀeplik/ *nf* reply; *sans réplique* irrefutable; THÉÂT line; (copie) replica.

répliquer /ʀeplike/ **I** *vtr* to retort. **II répliquer à** *vtr ind* to respond to. **III** *vi* to answer back.

répondeur /ʀepɔ̃dœʀ/ *nm* *répondeur (téléphonique)* answering machine, answerphone^{GB}.

répondre /ʀepɔ̃dʀ/ **I** *vtr* to answer, to reply. **II répondre à** *vtr ind* [▸besoin] to meet; [▸appel, attaque] to respond to. **III répondre de** *vtr ind* to answer for; *répondre de qn* to vouch for sb. **IV** *vi* to answer, to reply; (être insolent) to talk back; (réagir) to respond.

réponse /ʀepɔ̃s/ *nf* answer, reply; (réaction) response.

report /ʀəpɔʀ/ *nm* postponement.

reportage /ʀəpɔʀtaʒ/ *nm* article, report.

reporter[1] /ʀəpɔʀte/ **I** *vtr* *reporter (à)* to postpone (until); [▸nom] to copy out; [▸marchandise] to take [sth] back; *reporter (sur)* to transfer (to). **II se reporter à** *vpr* to refer to.

reporter[2] /ʀəpɔʀtεʀ/ *nm* reporter.

repos /ʀəpo/ *nm* rest; *jour de repos* day off.

reposant, -e /ʀəpozɑ̃, ɑ̃t/ *adj* peaceful, restful.

réserver

reposer /ʀəpoze/ **I** *vtr* to rest; [▸verre, etc] to put [sth] down; [▸question] to ask [sth] again. **II** *vi* to rest; (sur une tombe) *ici repose…* here lies… **III se reposer** *vpr* to have a rest, to rest; *se reposer sur qn* to rely on sb.

repoussant, -e /ʀəpusɑ̃, ɑ̃t/ *adj* repulsive.

repousser /ʀəpuse/ **I** *vtr* to push back; [▸attaque] to repel; [▸argument] to dismiss; [▸départ] to postpone. **II** *vi* to grow again.

reprendre /ʀ(ə)pʀɑ̃dʀ/ **I** *vtr* (récupérer) to take back; *reprendre du pain* to have some more bread; [▸récit] to resume; [▸travail] to go back to; [▸commerce] to take over; [▸argument] to repeat. **II** *vi* to start again, to resume; [plante] to recover; (dire) to continue. **III se reprendre** *vpr* to correct oneself; (se ressaisir) to pull oneself together; *s'y reprendre à trois fois* to make three attempts.

représailles /ʀəpʀezaj/ *nfpl* retaliation ⊄.

représentant, -e /ʀəpʀezɑ̃tɑ̃, ɑ̃t/ *nm,f* representative.

représentation /ʀəpʀezɑ̃tasjɔ̃/ *nf* representation; THÉÂT performance.

représenter /ʀəpʀezɑ̃te/ **I** *vtr* to represent, to show; (signifier) to mean; THÉÂT to perform. **II se représenter** *vpr* to imagine; [occasion] to arise again.

répression /ʀepʀesjɔ̃/ *nf* repression.

réprimande /ʀepʀimɑ̃d/ *nf* reprimand.

réprimer /ʀepʀime/ *vtr* to repress; [▸révolte] to suppress.

repris /ʀəpʀi/ *nm repris de justice* ex-convict.

reprise /ʀəpʀiz/ *nf* resumption; *à deux reprises* on two occasions, twice; (de demande) increase (in).

réprobation /ʀepʀɔbasjɔ̃/ *nf* disapproval.

reproche /ʀəpʀɔʃ/ *nm* reproach; *faire des reproches* to find fault with.

reprocher /ʀəpʀɔʃe/ **I** *vtr reprocher qch à qn* to criticize/reproach sb for sth. **II se reprocher** *vpr* to blame oneself for.

reproduction /ʀəpʀɔdyksjɔ̃/ *nf* reproduction.

reproduire /ʀəpʀɔdyiʀ/ **I** *vtr* to reproduce. **II se reproduire** *vpr* BIOL to reproduce; [phénomène] to recur.

reptile /ʀɛptil/ *nm* reptile.

repu, -e /ʀəpy/ *adj* full.

républicain, -e /ʀepyblikɛ̃, ɛn/ *adj, nm,f* republican.

république /ʀepyblik/ *nf* republic.

République tchèque /ʀepybliktʃɛk/ *nprf* Czech Republic.

répudier /ʀepydje/ *vtr* to repudiate; JUR to renounce.

répugnance /ʀepyɲɑ̃s/ *nf* repugnance.

répugnant, -e /ʀepyɲɑ̃, ɑ̃t/ *adj* revolting, loathsome.

répugner /ʀepyɲe/ *vtr ind répugner à faire qch* to be loath to do sth.

répulsion /ʀepylsjɔ̃/ *nf* repulsion.

réputation /ʀepytasjɔ̃/ *nf* reputation.

réputé, -e /ʀepyte/ *adj* renowned.

requérir /ʀəkeʀiʀ/ *vtr* to require.

requête /ʀəkɛt/ *nf* request.

requin /ʀəkɛ̃/ *nm* shark.

requis, -e /ʀəki, iz/ **I** *pp* ▸ **requérir**. **II** *adj* required.

réquisitionner /ʀekizisjɔne/ *vtr* to requisition.

réquisitoire /ʀekizitwaʀ/ *nm réquisitoire (contre)* indictment (of).

RER /ɛʀəɛʀ/ *nm* (abrév = *réseau express régional*) rapid-transit rail system serving Greater Paris.

rescapé, -e /ʀɛskape/ *nm,f rescapé (de)* survivor (from).

rescousse: **à la rescousse** /alaʀɛskus/ *loc adv appeler qn à la rescousse* to call to sb for help.

réseau, *pl* **-x** /ʀezo/ *nm* network.
■ **réseau express régional, RER** rapid-transit rail system serving Greater Paris.

réservation /ʀezɛʀvasjɔ̃/ *nf* reservation, booking.

réserve /ʀezɛʀv/ *nf* reservation; (provision) stock; (local de stockage) stockroom; (section de musée) storerooms (*pl*); (territoire protégé) reserve; (territoire alloué) reservation; MIL *officier de réserve* reserve officer.

réservé, -e /ʀezɛʀve/ *adj* reserved.

réserver /ʀezɛʀve/ **I** *vtr* to reserve, to book; [▸marchandise] to put aside; (destiner) to give. **II se réserver** *vpr se réserver qch* to save sth for oneself; *se réserver le droit de faire* to reserve the right to do.

réservoir

réservoir /ʀezɛʀvwaʀ/ *nm* tank; (lac artificiel) reservoir.

résidence /ʀezidɑ̃s/ *nf* residence; *en résidence surveillée* under house arrest; (immeubles) block of flats[GB], apartment complex[US].

■ **résidence principale/secondaire** main/second home; **résidence universitaire** (university) hall of residence[GB], residence hall[US].

résident, -e /ʀezidɑ̃, ɑ̃t/ *nm,f* resident.

résidentiel, -ielle /ʀezidɑ̃sjɛl/ *adj* residential.

résider /ʀezide/ *vi* to reside, to live; (se trouver) to lie (in).

résidu /ʀezidy/ *nm* residue ¢.

résigner: se résigner /ʀeziɲe/ *vpr se résigner à (faire)* to resign oneself to (doing).

résilier /ʀezilje/ *vtr* to terminate.

résille /ʀezij/ *nf* hairnet; *collants résille* fishnet tights.

résine /ʀezin/ *nf* resin.

résistance /ʀezistɑ̃s/ *nf* resistance.

résistant, -e /ʀezistɑ̃, ɑ̃t/ **I** *adj* [matériau] resistant; [personne] tough, resilient. **II** *nm,f* HIST resistance fighter.

résister /ʀeziste/ *vi* to resist; *résister à* to withstand, to stand up to.

résolu, -e /ʀezɔly/ **I** *pp* ▸ **résoudre. II** *adj* determined.

résolution /ʀezɔlysjɔ̃/ *nf* (décision, fermeté) resolution, determination; (d'un problème) solving; ORDINAT resolution.

résonner /ʀezɔne/ *vi* to resound; (renvoyer un bruit) to echo.

résorber /ʀezɔʀbe/ **I** *vtr* to reduce. **II se résorber** *vpr* [▸ déficit] to be reduced; [▸ chômage] to be coming down; MÉD to be resorbed.

résoudre /ʀezudʀ/ **I** *vtr* [▸ problème] to solve; [▸ crise] to resolve; (décider) to decide. **II se résoudre** *vpr* to decide to; *résolu à faire* determined to do; (se résigner) to bring oneself to.

respect /ʀɛspɛ/ *nm* respect; *le respect de soi* self-respect.

respectable /ʀɛspɛktabl/ *adj* respectable.

respecter /ʀɛspɛkte/ *vtr* to respect; *faire respecter* [▸ loi, décision] to enforce.

respectueux, -euse /ʀɛspɛktɥø, øz/ *adj* respectful; *respectueux de l'environnement* environmentally friendly; *salutations respectueuses* (dans une lettre) yours faithfully, yours sincerely.

respiration /ʀɛspiʀasjɔ̃/ *nf* breathing; *retenir sa respiration* to hold one's breath.

respiratoire /ʀɛspiʀatwaʀ/ *adj* respiratory, breathing.

respirer /ʀɛspiʀe/ **I** *vtr* to breathe in; [▸ parfum] to smell; [▸ enthousiasme] to exude. **II** *vi* to breathe.

resplendir /ʀɛsplɑ̃diʀ/ *vi resplendir (de)* to shine (with).

resplendissant, -e /ʀɛsplɑ̃disɑ̃, ɑ̃t/ *adj* radiant.

responsabilité /ʀɛspɔ̃sabilite/ *nf* responsibility; (légale) liability.

responsable /ʀɛspɔ̃sabl/ **I** *adj* responsible. **II** *nmf* person in charge; (coupable) person responsible (for).

resquilleur©, -euse /ʀɛskijœʀ, øz/ *nm,f* fare dodger; (dans une queue) queue-jumper[GB], person who cuts in line[US].

ressaisir: se ressaisir /ʀəseziʀ/ *vpr* to pull oneself together.

ressasser /ʀəsase/ *vtr* to brood over.

ressemblance /ʀəsɑ̃blɑ̃s/ *nf* resemblance, likeness.

ressemblant, -ante /ʀəsɑ̃blɑ̃, ɑ̃t/ *adj être ressemblant* [portrait] to be a good likeness.

ressembler /ʀ(ə)sɑ̃ble/ **I ressembler à** *vtr ind ressembler à qn/qch* to look like sb/sth, to be like sb/sth. **II se ressembler** *vpr* to be alike.

ressemeler /ʀəsəmle/ *vtr* to resole.

ressentiment /ʀəsɑ̃timɑ̃/ *nm* resentment.

ressentir /ʀəsɑ̃tiʀ/ *vtr* to feel.

resserrer /ʀəseʀe/ **I** *vtr* to tighten; [▸ relation] to strengthen. **II se resserrer** *vpr* to narrow; [amitié] to become stronger; [piège] to tighten.

resservir /ʀəseʀviʀ/ **I** *vi* to be used again. **II se resservir** *vpr* to take another helping.

ressort /ʀəsɔʀ/ *nm* spring; *du ressort de qn* within sb's competence; *en premier/dernier ressort* in the first/last resort.

ressortir /ʀəsɔʀtiʀ/ **I** *vtr* to come out again; [▸ disque, film] to re-release. **II** *vi* to go out again; (se distinguer) to stand out; *faire ressortir que* to bring out the fact that. **III** *v impers* *il ressort que* it emerges that.

ressortissant, **-e** /ʀəsɔʀtisɑ̃, ɑ̃t/ *nm,f* national.

ressources /ʀ(ə)suʀs/ *nfpl* resources; (argent) means.
■ **ressources humaines** human resources.

ressusciter /ʀesysite/ *vi* **II** to rise from the dead; [ville] to come back to life.

restant, **-e** /ʀɛstɑ̃, ɑ̃t/ **I** *adj* remaining. **II** *nm* rest.

restaurant /ʀɛstɔʀɑ̃/ *nm* restaurant.
■ **restaurant d'entreprise** staff canteen[GB]; **restaurant universitaire** university canteen[GB], cafeteria.

restaurateur, **-trice** /ʀɛstɔʀatœʀ, tʀis/ *nm,f* restaurant owner; ART restorer.

restauration /ʀɛstɔʀasjɔ̃/ *nf* catering; *restauration rapide* fast-food industry; ART restoration.

restaurer /ʀɛstɔʀe/ **I** *vtr* to restore. **II se restaurer** *vpr* to have something to eat.

reste /ʀɛst/ **I** *nm* rest; MATH remainder. **II restes** *nmpl* remains; (de repas) leftovers. **III au reste, du reste** *loc adv* besides.

rester /ʀɛste/ **I** *vi* to stay, to remain; *en rester à* to go no further than. **II** *v impers* there is, there are still; *il reste que* the fact remains that.

restituer /ʀɛstitɥe/ *vtr* to give back.

restreindre /ʀɛstʀɛ̃dʀ/ **I** *vtr* to restrict. **II se restreindre** *vpr* (dans les dépenses) to cut back.

restreint, **-e** /ʀɛstʀɛ̃, ɛ̃t/ *adj* limited.

restriction /ʀɛstʀiksjɔ̃/ *nf* restriction.

résultat /ʀezylta/ *nm* result.

résulter /ʀezylte/ **I résulter de** *vtr ind* to result from. **II** *v impers* *il en résulte que* as a result.

résumé /ʀezyme/ *nm* summary; *en résumé* to sum up.

résumer /ʀezyme/ **I** *vtr* to summarize, to sum up. **II se résumer à** *vpr* to come down to.

résurrection /ʀezyʀɛksjɔ̃/ *nf* resurrection.

rétablir /ʀetabliʀ/ **I** *vtr* to restore. **II se rétablir** *vpr* to recover.

rétablissement /ʀetablismɑ̃/ *nm* [▸paix, loi, relations] restoration; [▸malade] recovery.

retard /ʀətaʀ/ *nm* delay; *être en retard* to be late; (dans ses études) to be behind.

retardataire /ʀətaʀdatɛʀ/ *nmf* latecomer.

retardé, **-e** /ʀətaʀde/ *adj* retarded.

retardement: **à retardement** /a ʀətaʀdəmɑ̃/ *loc adj* *bombe à retardement* time bomb.

retarder /ʀətaʀde/ **I** *vtr* to postpone sth; *retarder qn* to hold sb up; [évènement] to delay sth. **II** *vi* to be slow.

retenir /ʀətəniʀ/ **I** *vtr retenir qn* to keep sb; (retarder) to hold sb up; [▸larmes] to hold back; [▸table] to reserve; *retenir (sur)* [▸somme] to deduct (from); *retiens bien ceci* remember this; [▸argument] to accept. **II se retenir** *vpr* to hang on to; (réprimer une envie) to stop oneself.

rétention /ʀetɑ̃sjɔ̃/ *nf* MÉD, GÉOG retention; [▸informations] withholding.

retentir /ʀətɑ̃tiʀ/ *vi* to ring out, to resound; (affecter) to have an impact on.

retentissant, **-e** /ʀətɑ̃tisɑ̃, ɑ̃t/ *adj* resounding.

retentissement /ʀətɑ̃tismɑ̃/ *nm* effect; (d'artiste) impact.

retenue /ʀətəny/ *nf* restraint; (prélèvement) deduction (from); (punition) detention.

réticence /ʀetisɑ̃s/ *nf* reluctance, reticence ⊄.

réticent, **-e** /ʀetisɑ̃, ɑ̃t/ *adj* reluctant (to do).

rétine /ʀetin/ *nf* retina.

retiré, **-e** /ʀətiʀe/ *adj* secluded; [endroit] remote.

retirer /ʀətiʀe/ **I** *vtr* [▸vêtement, bijou] to take off; *retirer (de)* to remove (from); [▸argent, troupes] to withdraw; (recueillir) to get (out of). **II se retirer** *vpr* to withdraw, to leave; *retiré des affaires* retired from business.

retombées /ʀətɔ̃be/ *nfpl* fallout ⊄.

retomber /ʀətɔ̃be/ *vi* to fall (again); [intérêt] to wane; *retomber sur qn* to fall on sb.

retouche /ʀətuʃ/ *nf* alteration; (de photo, tableau) retouch.

retoucher /ʀətuʃe/ *vtr* to make alterations to; [▸photographie] to touch up.

retour /ʀətuʀ/ *nm* return; *au retour* on the way back; *être de retour* to be back.
■ **retour en arrière** flashback.

retourner /ʀətuʀne/ **I** vtr to turn (over); [▸situation] to reverse; [▸colis, lettre] to send back, to return; [▸compliment, critique] to return. **II** vi to go back, to return; *retourner chez soi* to go (back) home. **III** *se retourner* vpr to turn around; *se retourner contre qn* to turn against sb; [situation] to backfire on sb; [voiture] to overturn; (repartir) *s'en retourner* to go back. **IV** v impers *de quoi il retourne*©? what's going on?

retracer /ʀətʀase/ vtr to recount.

retrait /ʀətʀɛ/ I nm (de bagages) collection; (bancaire) withdrawal; (de permis) disqualification. **II en retrait** loc adv *se tenir en retrait* to stand back.

retraite /ʀətʀɛt/ nf retirement; (pension) pension; *prendre sa retraite* to retire; MIL, (lieu retiré) retreat.

retraité, **-e** /ʀətʀete/ **I** adj retired. **II** nm,f retired person.

retrancher /ʀətʀɑ̃ʃe/ **I** vtr to cut out (from); [▸frais] to deduct (from). **II se retrancher** vpr MIL to entrench oneself; *se retrancher dans* [▸silence] to take refuge in.

retransmission /ʀətʀɑ̃smisjɔ̃/ nf broadcast.

rétrécir /ʀetʀesiʀ/ vi to shrink.

rétribuer /ʀetʀibɥe/ vtr to remunerate.

rétribution /ʀetʀibysjɔ̃/ nf payment.

rétroactif, **-ive** /ʀetʀoaktif, iv/ adj retroactive.

rétrograder /ʀetʀogʀade/ **I** vtr to demote. **II** vi AUT to change down[GB], to downshift[US].

rétrospectivement /ʀetʀɔspɛktivmɑ̃/ adv in retrospect.

retroussé, **-e** /ʀ(ə)tʀuse/ adj turned up.

retrousser /ʀətʀuse/ vtr to roll up.

retrouver /ʀətʀuve/ **I** vtr to find (again); [▸force, santé] to get back, to regain; [▸nom, air] to remember; (revoir) *retrouver qn* to meet sb again. **II se retrouver** vpr to meet (again); (être) to find oneself, to be; (s'orienter) to find one's way.

rétroviral, **-e**, mpl **-aux** /ʀetʀoviʀal, o/ adj retroviral.

rétroviseur /ʀetʀovizœʀ/ nm rear-view mirror.

réunion /ʀeynjɔ̃/ nf meeting.

réunir /ʀeyniʀ/ **I** vtr [▸personnes] to bring together; [organisateur] to get [sb] together; [▸fonds] to raise; [▸documents] to gather; (relier) to connect. **II se réunir** vpr to meet, to get together.

réussi, **-e** /ʀeysi/ adj successful.

réussir /ʀeysiʀ/ **I** vtr to achieve, to make a success of; [▸examen] to pass. **II réussir à** vtr ind *réussir à faire* to succeed in doing, to manage to do; [aliment, repos] to do sb good. **III** vi to succeed.

réussite /ʀeysit/ nf success; (jeu) patience ¢ [GB], solitaire ¢ [US].

revaloriser /ʀəvaləʀize/ vtr to increase; [▸travail] to reassert the value of.

revanche /ʀəvɑ̃ʃ/ **I** nf revenge; JEUX return game. **II en revanche** loc adv on the other hand.

rêve /ʀɛv/ nm dream.

rêvé, **-e** /ʀeve/ adj ideal, perfect.

réveil /ʀevɛj/ nm waking (up); (de la conscience) awakening; (pendule) alarm clock.

réveille-matin, pl **-s** /ʀevɛjmatɛ̃/ nm alarm clock.

réveiller /ʀeveje/ **I** vtr to wake up; [▸sentiment] to awaken; [▸curiosité, etc] to arouse. **II se réveiller** vpr to wake up.

réveillon /ʀevɛjɔ̃/ nm *réveillon de Noël/du Nouvel An* Christmas Eve/New Year's Eve party.

réveillonner /ʀevɛjɔne/ vi to have a Christmas Eve/New Year's Eve party.

révélation /ʀevelasjɔ̃/ nf revelation.

révéler /ʀevele/ **I** vtr to reveal, to disclose. **II se révéler** vpr [faux] to turn out to be.

revenant, **-e** /ʀəvənɑ̃, ɑ̃t/ nm,f ghost.

revendeur, **-euse** /ʀəvɑ̃dœʀ, øz/ nm,f retailer; (de drogue) dealer.

revendication /ʀəvɑ̃dikasjɔ̃/ nf demand, claim.

revendiquer /ʀəvɑ̃dike/ vtr to claim, to demand.

revendre /ʀəvɑ̃dʀ/ vtr to sell; *avoir de l'énergie à revendre* to have energy to spare.

revenir /ʀəvəniʀ/ **I** vi to come back, to get back, to go back; *je n'en reviens pas*©! I can't get over it!; *revenir à qn* to go to sb; *revenir à 100 euros* to cost 100 euros. **II**

v impers **il te revient de décider** it is for you to decide.

● **revenir à soi** to regain consciousness; **il ne me revient pas**[☺] I don't like the look of him.

revenu /ʁəvəny/ *nm* income; (de l'État) revenue ⊄.

rêver /ʁeve/ *vtr, vi* to dream.

réverbère /ʁeveʁbɛʁ/ *nm* streetlamp.

révérence /ʁeveʁɑ̃s/ *nf* bow; **avec révérence** respectfully.

rêverie /ʁɛvʁi/ *nf* reverie.

revers /ʁəvɛʁ/ *nm* back, reverse; (de veste) lapel; (de pantalon) turn-up^{GB}, cuff^{US}; (au tennis) backhand (stroke); (échec) setback; **le revers de la médaille** the downside[☺].

revêtement /ʁəvɛtmɑ̃/ *nm* (au tennis) surface.

■ **revêtement de sol** floor covering.

revêtir /ʁəvɛtiʁ/ *vtr* to cover; [▸vêtement] to put on; (avoir) to assume, to take.

rêveur, -euse /ʁɛvœʁ, øz/ **I** *adj* dreamy. **II** *nm,f* dreamer.

revient /ʁəvjɛ̃/ *nm* **prix de revient** cost price.

revirement /ʁəviʁmɑ̃/ *nm* turnaround.

réviser /ʁevize/ *vtr* to revise; [▸procès] to review.

révision /ʁevizjɔ̃/ *nf* revision; (de procès) review; (de machine) service.

revivre /ʁəvivʁ/ **I** *vi* to come alive again. **II** *vtr* to relive.

révocation /ʁevɔkasjɔ̃/ *nf* [▸décret, testament] repeal, revocation; [▸fonctionnaire] dismissal.

revoir¹ /ʁəvwaʁ/ **I** *vtr* to see again; [▸méthode] to review; [▸compte] to check through; (réviser) to revise^{GB}, to review; [▸leçon] to go over. **II se revoir** *vpr* to see each other again.

revoir²: **au revoir** /ɔʁəvwaʁ/ *loc nom* goodbye, bye[☺].

révolte /ʁevɔlt/ *nf* revolt.

révolté, -e /ʁevɔlte/ **I** *adj* rebel, rebellious; (indigné) appalled. **II** *nm,f* rebel.

révolter /ʁevɔlte/ **I** *vtr* to appal^{GB}. **II se révolter** *vpr* to rebel.

révolu, -e /ʁevɔly/ *adj* over; **avoir 18 ans révolus** to be over 18 years of age.

révolution /ʁevɔlysjɔ̃/ *nf* revolution.

révolutionnaire /ʁevɔlysjɔnɛʁ/ *adj, nmf* revolutionary.

révolutionner /ʁevɔlysjɔne/ *vtr* to revolutionize.

révolver /ʁevɔlvɛʁ/ *nm* revolver.

révoquer /ʁevɔke/ *vtr* [▸décret, testament] to repeal, to revoke; [▸fonctionnaire] to dismiss.

revue /ʁəvy/ *nf* magazine; (parade) parade; (inspection) review; (spectacle) revue.

rez-de-chaussée /ʁedʃose/ *nm inv* ground floor^{GB}, first floor^{US}.

RF (*abrév écrite* = **République française**) French Republic.

rhinocéros /ʁinɔseʁɔs/ *nm* rhinoceros.

rhubarbe /ʁybaʁb/ *nf* rhubarb.

rhum /ʁɔm/ *nm* rum.

rhumatisme /ʁymatism/ *nm* rheumatism.

rhume /ʁym/ *nm* cold.

■ **rhume des foins** hay fever.

ricaner /ʁikane/ *vi* to snigger.

riche /ʁiʃ/ **I** *adj* rich, wealthy, well-off. **II** *nmf* rich man/woman; **les riches** the rich.

richesse /ʁiʃɛs/ *nf* wealth; (de faune, vocabulaire) richness. **II richesses** *nfpl* wealth ⊄.

ricin /ʁisɛ̃/ *nf* **huile de ricin** castor oil.

ricocher /ʁikɔʃe/ *vi* to rebound (off).

ricochet /ʁikɔʃɛ/ *nm* ricochet; **par ricochet** on the rebound.

ride /ʁid/ *nf* wrinkle; (sur l'eau) ripple.

rideau, *pl* **-x** /ʁido/ *nm* curtain.

■ **rideau de douche** shower curtain; **rideau de fer** HIST Iron Curtain; **rideau métallique** shutter.

rider /ʁide/ *vtr, vpr* to wrinkle; [▸eau] to ripple.

ridicule /ʁidikyl/ **I** *adj* ridiculous. **II** *nm* **tourner qn en ridicule** to make sb look ridiculous.

ridiculiser /ʁidikylize/ **I** *vtr* to ridicule. **II se ridiculiser** *vpr* to make a fool of oneself.

rien /ʁjɛ̃/ **I** *nm* nothing; **les petits riens** the little things; **un rien**[☺] **de** a touch of; (personne) **un/une rien du tout** a nobody. **II** *pron indéf* nothing; **il n'a rien fait** he hasn't done anything; **merci—de rien** thank you—you're welcome/not at all; (seulement) **rien que** only; (quoi que ce soit) anything. **III**

☺ **un rien** *loc adv* a bit. **V en rien** *loc adv* at all, in any way.

● **rien à faire!** it's no use! no way☺!

rieur, -euse /Rijœʀ, øz/ *adj* cheerful; [yeux] laughing.

rigide /Riʒid/ *adj* rigid.

rigole /Rigɔl/ *nf* gutter, channel.

rigoler☺ /Rigɔle/ *vi* to laugh, to have fun; *pour rigoler* as a joke.

rigolo☺, **-ote** /Rigɔlo, ɔt/ **I** *adj* funny. **II** *nm,f* joker.

rigoureux, -euse /RiguRø, øz/ *adj* strict; [climat] harsh; [analyse] rigorous.

rigueur /RigœR/ **I** *nf* strictness; (de climat, répression) harshness; (de recherche) rigourGB; ÉCON austerity. **II de rigueur** *loc adj* obligatory. **III à la rigueur** *loc adv* if necessary.

rillettes /Rijɛt/ *nfpl* potted meatGB ₵.

rime /Rim/ *nf* rhyme.

rimer /Rime/ *vi* to rhyme.

● **cela ne rime à rien** it makes no sense.

rimmel® /Rimɛl/ *nm* mascara.

rinçage /Rɛ̃saʒ/ *nm* rinse; (action) rinsing.

rincer /Rɛ̃se/ *vtr* to rinse.

ringard☺, **-e** /Rɛ̃gaʀ, aʀd/ *adj* dated.

riposte /Ripɔst/ *nf* reply.

riposter /Ripɔste/ *vtr, vi* to retort; MIL to return fire.

rire¹ /RiR/ *vi* to laugh, to have fun; *pour rire* as a joke.

rire² /RiR/ *nm* laugh, laughter.

ris /Ri/ *nm* sweetbread.

risée /Rize/ *nf* **être la risée de** to be the laughing stock of.

risible /Rizibl/ *adj* ridiculous.

risque /Risk/ *nm* risk.

■ **les risques du métier** occupational hazards.

risqué, -e /Riske/ *adj* risky; [hypothèse] daring.

risquer /Riske/ **I** *vtr* to risk; [▸vie, emploi] to jeopardize; [▸regard] to venture. **II risquer de** *vtr ind* **tu risques de te brûler** you might burn yourself; *risquer de perdre qch* to risk losing sth. **III se risquer à** *vpr* to venture. **IV** *v impers* **il risque de pleuvoir** it might rain.

ristourne /RistuRn/ *nf* discount.

rite /Rit/ *nm* rite.

rituel, -elle /Rituɛl/ *adj, nm* ritual.

rivage /Rivaʒ/ *nm* shore.

rival, -e, *mpl* **-aux** /Rival, o/ *adj, nm,f* rival.

rivaliser /Rivalize/ *vi* **rivaliser avec** to compete with.

rivalité /Rivalite/ *nf* rivalry.

rive /Riv/ *nf* bank; (de mer, lac) shore.

river /Rive/ *vtr* **avoir les yeux rivés sur** to have one's eyes riveted on.

riverain, -e /RivRɛ̃, ɛn/ *nm,f* resident.

rivière /RivjeR/ *nf* river.

■ **rivière de diamants** diamond necklace.

rixe /Riks/ *nf* brawl.

riz /Ri/ *nm* rice.

■ **riz cantonnais** egg fried rice; **riz complet** whole rice.

rizière /RizjeR/ *nf* paddy field.

RMI /ɛRɛmi/ *nm* (*abrév* = **revenu minimum d'insertion**) *minimum benefit paid to those with no other source of income*.

RMIste /ɛRɛmist/ *nmf* person receiving minimum benefit payment.

RN /ɛRɛn/ *nf* (*abrév* = **route nationale**) A roadGB, highwayUS.

robe /Rɔb/ *nf* dress; (d'avocat) gown; (de cheval) coat; (de vin) colourGB.

■ **robe de chambre** dressing gown, robeUS.

robinet /Rɔbinɛ/ *nm* tapGB, faucetUS.

robot /Rɔbo/ *nm* robot; (de cuisine) food processor.

robuste /Rɔbyst/ *adj* robust, sturdy.

roc /Rɔk/ *nm* rock.

rocade /Rɔkad/ *nf* bypass.

rocaille /Rɔkaj/ *nf* loose stones (*pl*); (de jardin) rockery, rock garden.

rocailleux, -euse /Rɔkajø, øz/ *adj* stony; [voix] harsh.

roche /Rɔʃ/ *nf* rock.

rocher /Rɔʃe/ *nm* rock; (en chocolat) praline chocolate.

rocheux, -euse /Rɔʃø, øz/ *adj* rocky.

rock /Rɔk/ *nm* rock (music).

rodage /Rɔdaʒ/ *nm* running inGB, breaking inUS.

roder /Rɔde/ *vtr* to run inGB, to break inUS; *être (bien) rodé* to be running smoothly.

rôder /Rode/ *vi* to prowl.

rôdeur, **-euse** /Rodœr, øz/ *nm,f* prowler.

rogne☺ /Rɔɲ/ *nf* anger; *en rogne* in a temper.

rogner /Rɔɲe/ *vtr* to trim; [▸ongles] to clip; *rogner sur* to cut into.

rognon /Rɔɲɔ̃/ *nm* kidney.

roi /Rwa/ *nm* king.
■ **les rois mages** the (three) wise men, the three kings, the Magi.
● **tirer les Rois** to eat Twelfth Night cake.

roitelet /Rwatlɛ/ *nm* wren.

rôle /Rol/ *nm* part, role; *à tour de rôle* to do sth in turn.

romain, **-e** /Rɔmɛ̃, ɛn/ *adj* Roman; (en typographie) roman.

romaine /Rɔmɛn/ *nf* cos lettuce^{GB}, romaine (lettuce)^{US}.

roman, **-e** /Rɔmã, an/ **I** *adj* [langue] Romance; ARCHIT Romanesque. **II** *nm* novel.
■ **roman d'amour** love story; **roman policier** detective novel.

romance /Rɔmãs/ *nf* love song.

romancer /Rɔmãse/ *vtr* to fictionalize.

romancier, **-ière** /Rɔmãsje, jɛR/ *nm,f* novelist.

romanesque /Rɔmanɛsk/ *adj* fictional; *œuvre romanesque* work of fiction.

roman-feuilleton, *pl* **romans-feuilletons** /Rɔmãfœjtɔ̃/ *nm* serial.

romantique /Rɔmãtik/ *adj, nmf* romantic.

romantisme /Rɔmãtism/ *nm* Romanticism; (sentimentalisme) romanticism.

romarin /RɔmaRɛ̃/ *nm* rosemary.

rompre /Rɔ̃pR/ *vtr, vi, vpr* to break, to break off.

rompu, **-e** /Rɔ̃py/ *adj rompu à* well-versed in; (fatigué) worn-out.

ronce /Rɔ̃s/ *nf* bramble.

rond, **-e** /Rɔ̃, Rɔ̃d/ **I** *adj* round; [bébé] chubby☺; (ivre)☺ drunk. **II** *nm* circle; (de serviette, fumée) ring.
● **il n'a pas un rond**☺ he hasn't got a penny.

ronde /Rɔ̃d/ **I** *nf* round dance; (de policiers) patrol; (de soldats) watch. **II à la ronde** *loc adv* around.

rondelle /Rɔ̃dɛl/ *nf* slice; TECH washer.

rondement /Rɔ̃dmã/ *adv* promptly.

rondeur /Rɔ̃dœR/ *nf* curve.

rondin /Rɔ̃dɛ̃/ *nm* log.

rond-point, *pl* **ronds-points** /Rɔ̃pwɛ̃/ *nm* roundabout^{GB}, traffic circle^{US}.

ronflement /Rɔ̃fləmã/ *nm* snore; (de moteur) purr ₵.

ronfler /Rɔ̃fle/ *vi* to snore; [moteur] to purr.

ronger /Rɔ̃ʒe/ **I** *vtr* to gnaw; [rouille] to eat away at; [maladie] to wear down. **II se ronger** *vpr se ronger les ongles* to bite one's nails.

rongeur /Rɔ̃ʒœR/ *nm* rodent.

ronronner /Rɔ̃Rɔne/ *vi* to purr.

roquer /Rɔke/ *vi* to castle.

roquette /Rɔkɛt/ *nf* rocket.

rosace /Rozas/ *nf* (figure) rosette; (vitrail) rose window; (au plafond) rose.

rosaire /RozɛR/ *nm* rosary.

rosbif /Rɔsbif/ *nm* roast beef.

rose /Roz/ **I** *adj, nm* pink. **II** *nf* rose.
■ **rose des sables** gypsum flower; **rose des vents** compass rose.

rosé, **-e** /Roze/ **I** *adj* pinkish; [vin] rosé. **II** *nm* rosé.

roseau, *pl* **-x** /Rozo/ *nm* reed.

rosée /Roze/ *nf* dew.

rosier /Rozje/ *nm* rosebush, rose.

rosir /RoziR/ *vi* to turn pink.

rosser☺ /Rɔse/ *vtr* [▸animal] to beat; [▸équipe] to thrash☺.

rossignol /Rɔsiɲɔl/ *nm* nightingale.

rot☺ /Ro/ *nm* belch.

rotatif, **-ive** /Rɔtatif, iv/ *adj* rotary.

roter☺ /Rɔte/ *vtr* to burp☺, to belch.

rôti, **-e** /Roti/ *nm* joint; (cuit) roast.

rotin /Rɔtɛ̃/ *nm* rattan.

rôtir /RotiR/ *vtr, vi* to roast.

rôtissoire /RotiswaR/ *nf* roasting spit.

rotule /Rɔtyl/ *nf* kneecap; *être sur les rotules* to be on one's last legs.

rouage /Rwaʒ/ *nm* wheel; (d'administration) machinery ₵.

roucouler /Rukule/ *vi* to coo; [amoureux] to bill and coo.

roue /Ru/ *nf* wheel; *roue de secours* spare wheel.

rouer /Rwe/ vtr **rouer qn de coups** to beat sb up.

rouge /Ruʒ/ **I** adj red. **II** nm red; (à joues) blusher, rouge; (à lèvres) lipstick; (signal) red light; **un coup de rouge**◎ a glass of red wine.

rouge-gorge, pl **rouges-gorges** /RuʒgɔRʒ/ nm robin.

rougeole /Ruʒɔl/ nf measles (sg).

rouget /Ruʒɛ/ nm red mullet.

rougeur /RuʒœR/ nf redness; (tache) red blotch.

rougir /RuʒiR/ vi to blush (with); [peau, visage] to go red; [fruit] to turn red.

rouille /Ruj/ nf rust.

rouiller /Ruje/ **I** vi to rust, to go rusty. **II se rouiller** vpr [muscle] to lose tone; [mémoire] to get rusty.

roulant, -e /Rulɑ̃, ɑ̃t/ adj rolling; **table roulante** trolley^{GB}.

rouleau, pl **-x** /Rulo/ nm roll; (vague) breaker, roller; (bigoudi) roller, curler; (pour peindre) roller.
■ **rouleau compresseur** steamroller; **rouleau à pâtisserie** rolling pin; **rouleau de printemps** spring roll.

roulement /Rulmɑ̃/ nm rumble; (de tambour) roll; (alternance) rotation.

rouler /Rule/ **I** vtr to roll; [▸tapis, manche] to roll up; [▸boulette, cigarette] to roll; **rouler**◎ **qn** to cheat sb. **II** vi to roll; [véhicule] to go, to run; [conducteur] to drive; [tonnerre] to rumble. **III se rouler** vpr to roll; **se rouler en boule** to curl up in a ball; **se rouler dans qch** to wrap oneself in sth.

roulette /Rulɛt/ nf caster; (jeu) roulette; (de dentiste) drill; **comme sur des roulettes** very smoothly.

roulis /Ruli/ nm rolling.

roulotte /Rulɔt/ nf caravan^{GB}, trailer^{US}.

roumain, -e /Rumɛ̃, ɛn/ **I** adj Romanian. **II** nm LING Romanian. **III** nm,f **Roumain, -e** Romanian.

Roumanie /Rumani/ nprf Romania.

rouquin◎**, -ine** /Rukɛ̃, in/ **I** adj (personne) red-haired; (cheveux) red. **II** nm,f redhead.

rouspéter◎ /Ruspete/ vi **rouspéter (contre)** to grumble (about).

rousse ▸ **roux**.

rousseur /RusœR/ nf **tache de rousseur** freckle.

routard◎**, -e** /RutaR, aRd/ nm,f backpacker.

route /Rut/ **I** nf road; (d'avion) route; (voyage) journey; (en voiture) drive; (trajectoire) path. **II en route** loc adj, loc adv [personne] on one's way; [projet] underway; **se mettre en route** to set off; **en route!** let's go!; **en (cours de) route** [s'arrêter] on the way, halfway.
■ **route nationale, RN** A road^{GB}, highway^{US}.
● **faire fausse route** to be wrong.

routier, -ière /Rutje, jɛR/ **I** adj road. **II** nm lorry driver^{GB}, truck driver; (restaurant) transport café^{GB}, truck stop^{US}.

routine /Rutin/ nf routine.

rouvrir /RuvRiR/ vtr, vi, vpr to pen again, to reopen.

roux, rousse /Ru, Rus/ **I** adj red; [personne] red-haired; **II** nm,f red-haired person, redhead.

royal, -e, mpl **-aux** /Rwajal, o/ adj royal; [paix] blissful.

royaliste /Rwajalist/ adj, nmf royalist.

royaume /Rwajom/ nm kingdom.

royauté /Rwajote/ nf kingship; (régime) monarchy.

RSVP (abrév écrite = **répondez s'il vous plaît**) RSVP.

RTT /ɛRtete/ nf (abrév = **réduction du temps de travail**) reduction in working hours.

ruban /Rybɑ̃/ nm ribbon.
■ **ruban adhésif** adhesive tape, sticky tape^{GB}.

rubéole /Rybeɔl/ nf German measles (sg).

rubis /Rybi/ nm ruby; (de montre) jewel.

rubrique /RybRik/ nf section, category; (de journal) column.

ruche /Ryʃ/ nf beehive, hive.

rude /Ryd/ adj hard, tough; [barbe, peau] rough; [voix] harsh; [adversaire] tough.

rudement /Rydmɑ̃/ adv roughly, harshly; (très)◎ really; **c'est rudement mieux!** it's much better!

rudesse /Rydɛs/ nf harshness.

rudiments /Rydimɑ̃/ nmpl rudiments.

rudimentaire /Rydimɑ̃tɛR/ adj basic.

rue /Ry/ nf street.

ruée /Rɥe/ nf rush.

ruelle /ʀɥɛl/ nf alleyway, back street.

ruer /ʀɥe/ **I** vi to kick. **II se ruer** vpr to rush; **se ruer sur** to pounce on.

rugby /ʀygbi/ nm rugby; *rugby à treize* rugby league; *rugby à quinze* rugby union.

rugbyman, pl **-s/rugbymen** /ʀygbiman, mɛn/ nm rugby player.

rugir /ʀyʒiʀ/ vi to roar; [vent] to howl.

rugissement /ʀyʒismã/ nm roar; (de vent) howling.

rugueux, -euse /ʀygø, øz/ adj rough.

ruine /ʀɥin/ nf ruin; *en ruines* in ruins.

ruiner /ʀɥine/ **I** vtr to ruin; [▸santé] to wreck. **II se ruiner** vpr to ruin oneself.

ruineux, -euse /ʀɥinø, øz/ adj exorbitant.

ruisseau, pl **-x** /ʀɥiso/ nm stream, brook.

ruisseler /ʀɥisle/ vi to stream; [graisse] to drip.

rumeur /ʀymœʀ/ nf rumour[GB] (nouvelle); (son) murmur, hum.

ruminant /ʀyminã/ nm ruminant.

ruminer /ʀymine/ vtr to ruminate; [▸malheur]© to brood on; [▸idée, projet] to chew over©.

rupture /ʀyptyʀ/ nf breaking-off; (de couple) break-up; (de barrage) breaking; (de muscle) rupture; (d'organe) failure.
■ **rupture de contrat** breach of contract; **rupture de stock** stock shortage.

rural, -e, mpl **-aux** /ʀyʀal, o/ adj rural; [chemin, vie] country.

ruse /ʀyz/ nf trick, ruse.

rusé, -e /ʀyze/ adj cunning, crafty.

russe /ʀys/ **I** adj Russian. **II** nm LING Russian. **III** nmf *Russe* Russian.

Russie /ʀysi/ nprf Russia.

rustique /ʀystik/ adj rustic.

rustre /ʀystʀ/ nm lout.

Rwanda /ʀwãda/ nprm Rwanda.

rythme /ʀitm/ nm rhythm; (d'accroissement) rate; (de vie) pace.

S

s' ▶ se; ▶ si¹.

sa ▶ son¹.

sabbat /saba/ nm RELIG Sabbath.

sabbatique /sabatik/ adj [année] sabbatical.

sable /sabl/ nm sand.
■ **sables mouvants** quicksands.

sablé /sable/ nm shortbread biscuit^{GB}, cookie^{US}.

sablier /sablije/ nm hourglass; CULIN egg timer.

sabord /sabɔʀ/ nm scuttle.

saborder /sabɔʀde/ vtr to scuttle.

sabot /sabo/ nm clog; (d'animal) hoof.
■ **sabot de Denver**® wheel clamp.

sabotage /sabɔtaʒ/ nm sabotage; (action) (act of) sabotage.

saboter /sabɔte/ vtr to sabotage; [▶travail]© to botch©.

sabre /sabʀ/ nm sabre^{GB}.

sac /sak/ nm bag; (grossier, en toile) sack; *mettre à sac* [▶ville] to sack; [▶maison] to ransack.
■ **sac de couchage** sleeping bag; **sac à dos** rucksack, backpack; **sac à main** handbag, purse^{US}; **sac à provisions** shopping bag, carryall^{US}.

saccade /sakad/ nf jerk.

saccadé, -e /sakade/ adj jerky.

saccager /sakaʒe/ vtr [▶site] to wreck; [▶bâtiment] to vandalize.

sachet /saʃɛ/ nm packet; (d'aromates) sachet; (de bonbons, thé) bag.

sacoche /sakɔʃ/ nf bag; (de vélo, moto) pannier^{GB}, saddlebag^{US}; (avec bretelles) satchel.

sacquer© /sake/ vtr to sack©.

sacre /sakʀ/ nm coronation; (d'évêque) consecration.

sacré, -e /sakʀe/ adj [art, droit, lieu] sacred; *un sacré© menteur* a hell of a liar©.

sacrement /sakʀəmã/ nm sacrament.

sacrément© /sakʀemã/ adv incredibly.

sacrer /sakʀe/ vtr to crown; [▶évêque] to consecrate.

sacrifice /sakʀifis/ nm sacrifice.

sacrifier /sakʀifje/ I vtr to sacrifice. II se **sacrifier** vpr to sacrifice oneself (for sb).

sacrilège /sakʀilɛz/ I nm sacrilege. II adj sacrilegious.

sacristain /sakʀistɛ̃/ nm sexton.

sacristie /sakʀisti/ nf sacristy; (de temple protestant) vestry.

sadique /sadik/ I adj sadistic. II nmf sadist.

safari /safaʀi/ nm safari.

safran /safʀã/ nm saffron.

sage /saʒ/ I adj wise, sensible; [enfant] good. II nm wise man.

sage-femme, pl **sages-femmes** /saʒfam/ nf midwife.

sagement /saʒmã/ adv wisely; (docilement) quietly.

sagesse /saʒɛs/ nf wisdom.

Sagittaire /saʒitɛʀ/ nprm Sagittarius.

saignant, -e /sɛɲã, ãt/ adj rare.

saignement /sɛɲ(ə)mã/ nm bleeding ¢.

saigner /seɲe/ vi to bleed; *saigner du nez* to have a nosebleed.

saillant, -e /sajã, ãt/ adj prominent; [angle, fait] salient.

saillie /saji/ nf projection; (pointe d'esprit) sally.

sain, -e /sɛ̃, sɛn/ adj [personne, vie] healthy; [affaire] sound; (d'esprit) sane; *sain et sauf* safe and sound.

saindoux /sɛ̃du/ nm lard.

saint, -e /sɛ̃, sɛ̃t/ I adj holy; *vendredi saint* Good Friday; *saint Paul* Saint Paul; (vertueux) good, godly. II nm,f saint.
■ **sainte nitouche** goody-goody©.

Saint-Cyr /sɛ̃siʀ/ nprm French military academy.

Saint-Esprit /sɛ̃tɛspʀi/ nprm Holy Spirit.

saint-glinglin©: **à la saint-glinglin** /alasɛ̃glɛ̃glɛ̃/ loc adv *jusqu'à la saint-glinglin* till the cows come home©.

Saint-Jacques /sɛ̃ʒak/ nf *coquille Saint-Jacques* scallop.

Saint-Jean /sɛ̃ʒã/ nf Midsummer Day.

Saint-Sylvestre /sɛ̃silvɛstʀ/ *nf la Saint-Sylvestre* New Year's Eve.

Saint-Valentin /sɛ̃valɑ̃tɛ̃/ *nf* (St) Valentine's Day.

saisie /sezi/ *nf* seizure; *saisie de données* data capture.

saisir /seziʀ/ **I** *vtr* [▸bras] to grab; [▸occasion] to seize; [▸conversation] to catch; [▸drogue, biens] to seize; ORDINAT [▸données] to capture; [▸texte] to keyboard. **II se saisir de** *vpr* to catch.

saisissant, -e /sezisɑ̃, ɑ̃t/ *adj* striking.

saison /sɛzɔ̃/ *nf* season; *la haute/morte saison* the high/slack season; TV (television) season.

saisonnier, -ière /sɛzɔnje, jɛʀ/ *adj* seasonal.

salade /salad/ *nf* salad.
• **raconter des salades**© to spin yarns©.

saladier /saladje/ *nm* salad bowl.

salaire /salɛʀ/ *nm* salary; (à l'heure, etc) wage.
■ **salaire minimum interprofessionnel de croissance, SMIC** guaranteed minimum wage.

salarié, -e /salaʀje/ *nm,f* wage earner; (employé) salaried employee.

salaud® /salo/ *nm* bastard®.

sale /sal/ *adj* dirty; [menteur, tour]© dirty; [bête, affaire] nasty.

salé, -e /sale/ *adj* [beurre, eau, plat] salted; [mets, amuse-gueule] savoury^GB; [poisson, viande] salt (épith); [propos] spicy; [note] exorbitant.

saler /sale/ *vtr* to salt; [▸route] to grit^GB, to salt^US.

saleté /salte/ *nf* dirtiness; (crasse) dirt; (aliment) junk food ¢; (personne)© bitch®; *saleté© d'ordinateur!* damn computer©!

salière /saljɛʀ/ *nf* saltcellar, saltshaker^US.

salir /saliʀ/ **I** *vtr* to dirty; [▸mémoire] to sully. **II se salir** *vpr* to get dirty.

salissant, -e /salisɑ̃, ɑ̃t/ *adj* [travail] dirty.

salive /saliv/ *nf* saliva.

saliver /salive/ *vi* salivate; *saliver devant qch* to drool over sth.

salle /sal/ *nf* room; (de palais, etc) hall.
■ **salle d'attente** waiting room; **salle de bains** bathroom; **salle de classe** classroom; **salle de concert** concert hall; **salle d'embarquement** departure lounge;

salle à manger/de séjour dining/living room; **salle d'opération** operating theatre^GB, room^US.

salon /salɔ̃/ *nm* lounge^GB, living room; (professionnel) (trade) show; (grand public) fair; (artistique) exhibition.
■ **salon de beauté/coiffure** beauty/hairdressing salon; **salon de thé** tearoom.

salope® /salɔp/ *nf* bitch®.

saloperie® /salɔpʀi/ *nf* muck©; (objet) junk© ¢; (procédé) dirty trick.

salopette /salɔpɛt/ *nf* dungarees^GB (*pl*), overalls^US (*pl*).

saltimbanque /saltɛ̃bɑ̃k/ *nmf* (street) acrobat.

salubre /salybʀ/ *adj* healthy.

saluer /salɥe/ *vtr saluer qn* to greet sb; (de la main) to wave (at); (de la tête) to nod (to); *saluez-la de ma part* say hello to her from me; [▸héros] to salute.

salut /saly/ *nm* greeting; (de la main) wave; (de la tête) nod; (bonjour)© hello!, hi©!; (au revoir)© bye©!; (secours) salvation.

salutaire /salytɛʀ/ *adj* salutary, beneficial.

salutation /salytasjɔ̃/ *nf* greeting; *sincères salutations* yours sincerely, yours faithfully.

salve /salv/ *nf* salvo; (d'applaudissements) burst.

samedi /samdi/ *nm* Saturday.

SAMU /samy/ *nm* (abrév = **Service d'assistance médicale d'urgence**) mobile accident unit^GB, emergency medical service^US.

sanction /sɑ̃ksjɔ̃/ *nf* penalty, sanction; SCOL punishment.

sanctionner /sɑ̃ksjɔne/ *vtr* to punish.

sanctuaire /sɑ̃ktɥɛʀ/ *nm* shrine.

sandale /sɑ̃dal/ *nf* sandal.

sandow® /sɑ̃do/ *nm* luggage elastic.

sandwich, *pl* **-s** ou **-es** /sɑ̃dwitʃ/ *nm* sandwich.

sandwicherie /sɑ̃dwi(t)ʃʀi/ *nf* sandwich bar.

sang /sɑ̃/ *nm* blood.
• **se faire du mauvais sang**© to worry.

sang-froid /sɑ̃fʀwɑ/ *nm inv* composure; *perdre son sang-froid* to lose one's composure; *garde ton sang-froid!* keep calm!;

faire qch de sang-froid to do sth in cold blood.

sanglant, -e /sɑ̃glɑ̃, ɑ̃t/ *adj* bloody.

sangle /sɑ̃gl/ *nf* strap.

sanglier /sɑ̃glije/ *nm* wild boar.

sanglot /sɑ̃glo/ *nm* sob.

sangloter /sɑ̃glɔte/ *vi* to sob.

sangsue /sɑ̃sy/ *nf* leech.

sanguin, -e /sɑ̃gɛ̃, in/ *adj* [examen] blood; [visage] ruddy; *orange sanguine* blood orange.

sanguinaire /sɑ̃gineʀ/ *adj* [régime] bloody; [personne] bloodthirsty.

sanguine /sɑ̃gin/ *nf* blood orange; (dessin) red-chalk drawing.

sanitaire /saniteʀ/ **I** *adj* [personnel] health; [conditions] sanitary. **II sanitaires** *nmpl* bathroom (*sg*).

sans /sɑ̃/ **I** *adv* without; *faire sans* to do without. **II** *prép* without; *chocolat sans sucre* sugar-free chocolate; *sans cela* otherwise; *sans plus tarder* without further delay; *sans les taxes* not including taxes. **III sans que** *loc conj* without.
■ **sans domicile fixe, SDF** *adj* homeless; *nmf* homeless person; *les SDF* the homeless.

sans-abri, *pl* - ou **-s** /sɑ̃zabʀi/ *nmf un sans-abri* a homeless person; *les sans-abri* the homeless.

sans-emploi, *pl* - ou **-s** /sɑ̃zɑ̃plwa/ *nmf* unemployed person; *les sans-emploi* the unemployed.

sans-fil /sɑ̃fil/ **I** *adj* (technologie) wireless. **II** *nm* (téléphone) cordless telephone; ORDINAT, TÉLÉCOM wireless telecommunications.

sans-gêne, *pl* - ou **-s** /sɑ̃ʒɛn/ **I** *adj inv* cheeky (*épith*). **II** *nmf* bad-mannered person.

sans-papiers /sɑ̃papje/ *nmf inv* illegal immigrant.

santé /sɑ̃te/ *nf* health; *à votre santé!* cheers!

saoudien, -ienne /saudjɛ̃, ɛn/ **I** *adj* Saudi (Arabian). **II** *nm,f* **Saoudien, -ne** Saudi (Arabian).

saoul, -e ▸ **soûl**.

sape /sap/ *nf le travail de sape* sabotage; (vêtement)© *sapes* clothes.

saper /sape/ *vtr* to undermine.

sapeur-pompier, *pl* **sapeurs-pompiers** /sapœʀpɔ̃pje/ *nm* fireman.

sapin /sapɛ̃/ *nm* fir tree; (bois) deal.

saquer© ▸ **sacquer**.

sarbacane /saʀbakan/ *nf* blowpipe.

sarcasme /saʀkasm/ *nm* sarcasm.

sarcophage /saʀkɔfaʒ/ *nm* sarcophagus.

sardine /saʀdin/ *nf* sardine; (pour la tente) peg.

sarrasin /saʀazɛ̃/ *nm* buckwheat.

sas /sas/ *nm* airlock; (d'écluse) lock.

satané©, -e /satane/ *adj* damned©.

satellite /satɛlit/ *nm* satellite.

satiété /sasjete/ **I** *nf* satiation, satiety. **II à satiété** *loc adv* *manger à satiété* to eat one's fill.

satin /satɛ̃/ *nm* satin.

satiné, -e /satine/ *adj* [peau] silky; [peinture] satin-finish.

satire /satiʀ/ *nf* satire.

satisfaction /satisfaksjɔ̃/ *nf* satisfaction ¢.

satisfaire /satisfɛʀ/ **I** *vtr* [▸personne, curiosité] to satisfy; [▸client] to please; [▸aspiration, exigence] to fulfil^GB. **II satisfaire à** *vtr ind* to fulfil^GB; [▸norme] to meet. **III se satisfaire de** *vpr* to be satisfied with.

satisfaisant, -e /satisfəzɑ̃, ɑ̃t/ *adj* satisfactory.

satisfait, -e /satisfɛ, ɛt/ *adj* satisfied.

saturé, -e /satyʀe/ *adj* *saturé (de)* saturated (with); [équipement] overloaded.

saturer /satyʀe/ *vtr* *saturer (de)* to saturate (with).

satyre /satiʀ/ *nm* satyr; FIG lecher.

sauce /sos/ *nf* sauce.

saucer /sose/ *vtr* to wipe a dish with a piece of bread.

saucière /sosjɛʀ/ *nf* sauceboat.

saucisse /sosis/ *nf* sausage.

saucisson /sosisɔ̃/ *nm* (slicing) sausage.

sauf¹ /sof/ **I** *prép* except; *sauf avis contraire* unless otherwise stated; *sauf erreur de ma part* if I'm not mistaken. **II sauf que** *loc conj* except that. **III sauf si** *loc conj* unless.

sauf², sauve /sof, sov/ *adj* safe; [honneur] intact.

sauge /soʒ/ *nf* sage.

saugrenu, -e /sogʀəny/ *adj* [idée] silly; [proposition] harebrained.

saule /sol/ *nm* willow; **saule pleureur** weeping willow.

saumon /somɔ̃/ **I** *adj inv* salmon (pink). **II** *nm* salmon.

saupoudrer /sopudʀe/ *vtr* **saupoudrer (de)** to sprinkle (with).

saut /so/ *nm* jump; (sport) jumping; **faire un saut chez qn** to pop in and see sb; ORDINAT **saut de page** page break.
■ **saut à la corde** skipping; **saut périlleux** somersault.

saute /sot/ *nf* **saute d'humeur** mood swing.

saute-mouton, *pl* **-s** /sotmutɔ̃/ *nm* leapfrog.

sauter /sote/ **I** *vtr* to jump (over); [▸repas] to skip; [▸mot, ligne] to miss; [▸classe] to skip. **II** *vi* to jump; **sauter du lit** to jump out of bed; (à la corde) to skip; **sauter sur qn** to pounce on sb; **faire sauter une réunion** to cancel a meeting; [bombe] to blow up; **faire sauter une crêpe** to toss a pancake.
● **sauter aux yeux** to be blindingly obvious.

sauterelle /sotʀɛl/ *nf* grasshopper.

sautiller /sotije/ *vi* to hop around; [enfant] to skip about.

sauvage /sovaʒ/ **I** *adj* wild; [tribu] primitive; [mœurs, usage] (illégal) illegal. **II** *nmf* savage; (timide) loner.

sauvagement /sovaʒmɑ̃/ *adv* savagely.

sauve ▸ **sauf²**.

sauvegarde /sovgaʀd/ *nf* protection; ORDINAT **copie de sauvegarde** back-up copy.

sauvegarder /sovgaʀde/ *vtr* to safeguard; ORDINAT to save; (recopier) to back [sth] up.

sauve-qui-peut /sovkipø/ *nm inv* stampede.

sauver /sove/ **I** *vtr* to save; (secourir) to rescue. **II se sauver** *vpr* **se sauver (de)** to escape (from); [▸parents] to run away (from); (s'en aller)© to rush off.
● **sauve qui peut!** run for your life!

sauvetage /sovtaʒ/ *nm* rescue.

sauveteur, -euse /sovtœʀ, øz/ *nm,f* rescuer.

sauvette: à la sauvette /alasovɛt/ *loc adv* in a rush, hastily; (à la dérobée) on the sly.

sauveur, -euse /sovœʀ, øz/ *nmf* saviourGB.

savane /savan/ *nf* savannah.

savant, -e /savɑ̃, ɑ̃t/ **I** *adj* learned, erudite. **II** *nm,f* scholar.

saveur /savœʀ/ *nf* flavourGB.

savoir¹ /savwaʀ/ **I** *vtr* to know; **sans le savoir** without knowing (it); **je ne sais qui** somebody or other. **II** *v aux* **savoir faire** to be able to do, to know how to do; **savoir comment faire** to know how to do; **je sais conduire/nager** I can drive/swim; **il ne sait pas dire non** he can't say no. **III à savoir** *loc adv* that is to say.

savoir² /savwaʀ/ *nm* learning.

savoir-faire /savwaʀfɛʀ/ *nm inv* know-how©.

savoir-vivre /savwaʀvivʀ/ *nm inv* manners (pl).

savon /savɔ̃/ *nm* soap.
● **passer un savon à qn**© to give sb a telling-off.

savonner /savɔne/ *vtr* to wash with soap; [▸enfant] to soap [sb] all over.

savonnette /savɔnɛt/ *nf* cake of soap.

savourer /savuʀe/ *vtr* to savourGB.

savoureux, -euse /savuʀø, øz/ *adj* tasty.

saxophone /saksɔfɔn/ *nm* saxophone.

scandale /skɑ̃dal/ *nm* scandal; **la presse à scandale** the gutter press; **c'est un scandale!** it's outrageous!

scandaleux, -euse /skɑ̃dalø, øz/ *adj* outrageous.

scandaliser /skɑ̃dalize/ **I** *vtr* to shock. **II se scandaliser** *vpr* **se scandaliser (de)** to be shocked (by).

scander /skɑ̃de/ *vtr* [▸poème] to scan; [▸slogan] to chant.

scaphandre /skafɑ̃dʀ/ *nm* deep-sea diving suit; (d'astronaute) spacesuit.

scaphandrier /skafɑ̃dʀije/ *nm* deep-sea diver.

scarabée /skaʀabe/ *nm* beetle.

sceau, *pl* **-x** /so/ *nm* seal.

scélérat, -e /seleʀa, at/ *nm,f* villain.

scellé /sele/ *nm* seal; **sous scellés** sealed.

sceller /sele/ *vtr* to seal; (fixer) to fix [sth] securely.

scénario /senaʀjo/ *nm* scenario.

scénariste /senaʀist/ *nmf* scriptwriter.

scène /sɛn/ nf (au théâtre) stage; (subdivision, action) scene; (esclandre) *scène de ménage* domestic dispute.

scepticisme /sɛptisism/ nm scepticism.

sceptique /sɛptik/ **I** adj sceptical^GB, skeptical^US. **II** nmf sceptic^GB, skeptic^US.

schéma /ʃema/ nm diagram.

schématique /ʃematik/ adj diagrammatic; (sommaire) sketchy.

scie /si/ nf saw.

sciemment /sjamɑ̃/ adv knowingly.

science /sjɑ̃s/ nf science.

■ **sciences économiques** economics (+ v sg); **sciences naturelles** natural sciences; **sciences politiques** political science (sg); **sciences de la Terre** Earth sciences; **Sciences Po**© *Institute of Political Science.*

science-fiction /sjɑ̃sfiksjɔ̃/ nf science fiction.

scientifique /sjɑ̃tifik/ **I** adj scientific. **II** nmf scientist.

scier /sje/ vtr to saw; (abasourdir)© to stun.

scierie /siʀi/ nf sawmill.

scinder /sɛ̃de/ vtr, vpr to split (up).

scintiller /sɛ̃tije/ vi to sparkle; [œil, étoile] to twinkle.

scission /sisjɔ̃/ nf split.

sciure /sjyʀ/ nf sawdust.

sclérose /skleʀoz/ nf sclerosis; *sclérose en plaques* multiple sclerosis.

scolaire /skɔlɛʀ/ adj school; [réforme] educational; [échec] academic; *établissement scolaire* school.

scolarisation /skɔlaʀizasjɔ̃/ nf schooling, education.

scolarité /skɔlaʀite/ nf schooling; *durant ma scolarité* when I was at school; *la scolarité obligatoire* compulsory education.

scooter /skutɛʀ/ nm (motor) scooter.

score /skɔʀ/ nm SPORT score; POL result.

scorpion /skɔʀpjɔ̃/ nm scorpion.

Scorpion /skɔʀpjɔ̃/ nprm Scorpio.

scotch, pl **-s**, **-es** /skɔtʃ/ nm Scotch (whisky); (ruban adhésif)® Sellotape®^GB, Scotch® tape^US.

scout, -e /skut/ **I** adj scout. **II** nm,f boy scout/girl scout.

script /skʀipt/ nm *écrire en script* to print; (d'émission, de film) script.

scripte /skʀipt/ nmf continuity man/girl.

scrupule /skʀypyl/ nm scruple.

scrupuleux, -euse /skʀypylø, øz/ adj scrupulous.

scruter /skʀyte/ vtr to scan.

scrutin /skʀytɛ̃/ nm ballot; (élections) polls (pl); *mode de scrutin* electoral system.

sculpter /skylte/ vtr to sculpt, to carve.

sculpteur, -trice /skyltœʀ, tʀis/ nm,f sculptor.

sculpture /skyltyʀ/ nf sculpture.

SDF /ɛsdeɛf/ nmf (abrév = **sans domicile fixe**) homeless person.

se (**s'** devant voyelle ou h muet) /sə, s/ pron pers *l'écart se creuse* the gap is widening; (verbe à valeur passive) *se vend sans ordonnance* available over the counter; (avec un verbe impersonnel) *comment se fait-il que…?* how come…?, how is it that…?

séance /seɑ̃s/ nf session; (de comité) meeting; *séance tenante* immediately; (de cinéma) show.

seau, pl **-x** /so/ nm bucket, pail.

sec, sèche /sɛk, sɛʃ/ **I** adj dry; [fruit] dried; [communiqué] terse; [ton] curt; [bruit] sharp; (sans eau) straight. **II** adv *se briser sec* to snap; [pleuvoir, boire]© a lot.
● **être à sec**© to be broke©.

sécateur /sekatœʀ/ nm clippers (pl).

sèche ▶ sec.

sèche-cheveu, **sèche-cheveux**, pl **-x** /sɛʃʃəvø/ nm hairdrier^GB, blow-dryer.

sèche-linge, pl **-s** /sɛʃlɛ̃ʒ/ nm tumble-drier^GB, tumble-dryer.

sèchement /sɛʃmɑ̃/ adv drily, curtly.

sécher /seʃe/ **I** vtr to dry; *sécher*© *un cours* to skip a class. **II** vi to dry; *fleur/viande/boue séchée* dried flower/meat/mud; (ne pas savoir répondre) to dry up.

sécheresse, sécheresse /seʃʀɛs/ nf drought; (de climat) dryness ¢; (de personne) curt manner.

séchoir /seʃwaʀ/ nm clothes horse; (machine) tumble-drier^GB, tumble-dryer.

second, -e /səgɔ̃, ɔ̃d/ **I** adj second; *chapitre second* chapter two; *en second lieu* secondly; *au second degré* not literally; *de second ordre* second-rate; *de second plan* minor. **II** *nm,f* *le second, la seconde* the second one. **III** *nm* second floor^{GB}, third floor^{US}.

secondaire /sǝgɔ̃dɛʀ/ **I** *adj* minor. **II** *nm* secondary school.

seconde /sǝgɔ̃d/ *nf* second; *en une fraction de seconde* in a split second; SCOL (classe) *fifth year of secondary school, age 15–16*; (en train, etc) second class; (vitesse) second gear.

seconder /sǝgɔ̃de/ *vtr* to assist.

secouer /sǝkwe/ **I** *vtr* to shake. **II se secouer** *vpr* to wake up, to get moving®.

secourir /sǝkuʀiʀ/ *vtr* to help; [▸marin] to rescue; [▸accidenté] to give first aid to.

secouriste /sǝkuʀist/ *nmf* first-aid worker.

secours /sǝkuʀ/ **I** *nm* help; *au secours!* help!; *de secours* [▸roue] spare; [▸sortie] emergency; [▸trousse] first-aid; [▸équipe] rescue. **II** *nmpl* rescuers, rescue team (*sg*); (vivres, médicaments) relief supplies; *secours humanitaires* humanitarian aid ₵; *premiers secours* first aid ₵.

secousse /sǝkus/ *nf* jolt; (en voiture, avion) bump; *secousse (sismique)* (earth) tremor.

secret, -ète /sǝkʀɛ, ɛt/ **I** *adj* GÉN secret; [personne] secretive. **II** *nm* secret; *secret professionnel* professional confidentiality.

secrétaire /sǝkʀetɛʀ/ *nmf, nm* secretary. ▪ **secrétaire de direction** personal assistant; **secrétaire d'État** junior minister.

secrétariat /sǝkʀetaʀja/ *nm* secretarial work; (lieu) secretariat.

secte /sɛkt/ *nf* sect.

secteur /sɛktœʀ/ *nm* sector, industry; (territoire) area, territory; *dans le secteur®* in the neighbourhood^{GB}; (électrique) the mains (*pl*); *panne de secteur* power failure.

section /sɛksjɔ̃/ *nf* section.

sectionner /sɛksjɔne/ *vtr* to sever.

sécurisé, -e /sekyʀize/ *adj* [paiement] secure.

sécurité /sekyʀite/ *nf* security; (objective) safety; *en sécurité* (psychologiquement) secure; (physiquement) safe. ▪ **sécurité routière** road safety; **sécurité sociale** French national health and pensions organization.

sédatif /sedatif/ *nm* sedative.

sédentaire /sedɑ̃tɛʀ/ *adj* sedentary.

séducteur, -trice /sedyktœʀ, tʀis/ **I** *adj* seductive. **II** *nm,f* charmer.

séduction /sedyksjɔ̃/ *nf* seduction; (charme naturel) charm.

séduire /seduiʀ/ *vtr* to charm.

séduisant, -e /seduizɑ̃, ɑ̃t/ *adj* attractive; [projet, idée] appealing.

ségrégation /segʀegasjɔ̃/ *nf* segregation.

seiche /sɛʃ/ *nf* cuttlefish.

seigle /sɛgl/ *nm* rye.

seigneur /sɛɲœʀ/ *nm* lord.

Seigneur /sɛɲœʀ/ **I** *nm* Lord. **II** *excl* Good Lord!

sein /sɛ̃/ **I** *nm* breast; *les seins nus* topless; *nourrir au sein* to breast-feed. **II au sein de** *loc prép* within.

séisme /seism/ *nm* earthquake.

seize /sɛz/ *dét inv, pron* sixteen.

seizième /sɛzjɛm/ *adj* sixteenth.

séjour /seʒuʀ/ *nm* stay; *séjour linguistique* language-study period; (pièce) living room.

séjourner /seʒuʀne/ *vi* to stay.

sel /sɛl/ *nm* salt; (esprit) savour.

sélectif, -ive /selɛktif, iv/ *adj* selective.

sélection /selɛksjɔ̃/ *nf* selection; (équipe) team.

sélectionner /selɛksjɔne/ *vtr* to select; ORDINAT to highlight.

selle /sɛl/ **I** *nf* saddle. **II selles** *nfpl* MÉD stools.

seller /sele/ *vtr* to saddle.

sellette /selɛt/ *nf* *sur la sellette* in the hot seat.

selon /sǝlɔ̃/ **I** *prép* according to; [▸heure, etc] depending on. **II selon que** *loc conj* depending on whether.

semaine /sǝmɛn/ *nf* week; *en semaine* during the week.

sémantique /semɑ̃tik/ *nf* semantics (+ *v sg*).

semblable /sɑ̃blabl/ **I** *adj* similar; (identique) identical; (tel) such. **II** *nmf* fellow creature.

semblant /sɑ̃blɑ̃/ *nm* *faire semblant d'être...* to pretend to be...; *il fait semblant* he's only pretending; *un semblant de qch* a semblance of sth.

sembler /sɑ̃ble/ **I** *vi* to seem; *tout semble possible* it seems anything is possible. **II** *v* *impers il semble que* it would seem that; *il me semble que...* I think I...

semelle /səmɛl/ *nf* sole.

semence /səmɑ̃s/ *nf* seed.

semer /səme/ *vtr* to sow; *semé de fautes* riddled with errors; [▸ confusion] to spread; [▸ poursuivant]© to shake off.

semestre /səmɛstʀ/ *nm* half-year; (universitaire) semester.

semestriel, -ielle /səmɛstʀijɛl/ *adj* biannual, half-yearly.

semeur, -euse /səmœʀ, øz/ *nm,f* sower; *semeur de troubles* troublemaker.

séminaire /seminɛʀ/ *nm* seminar; (institution) seminary.

semi-remorque, *pl* **-s** /səmiʀəmɔʀk/ *nm* articulated lorry^GB, tractor-trailer^US.

semis /səmi/ *nm* (jeune plant) seedling; (terrain) seedbed.

semonce /səmɔ̃s/ *nf* reprimand; *coup de semonce* warning shot.

semoule /səmul/ *nf* semolina.

sénat /sena/ *nm* senate.

sénateur, -trice /senatœʀ, tʀis/ *nm,f* senator.

Sénégal /senegal/ *nprm* Senegal.

sénile /senil/ *adj* senile.

sénior /senjɔʀ/ *nmf* SPORT senior; (personne âgée) senior citizen.

sens /sɑ̃s/ *nm* direction, way; *sens dessus dessous* upside down; (très troublé) very upset; (signification) meaning; *les cinq sens* the five senses; *avoir le sens pratique* to be practical.
■ *sens interdit/unique* one-way street.
● *tomber sous le sens* to be patently obvious.

sensation /sɑ̃sasjɔ̃/ *nf* feeling; *on a la sensation de flotter* you feel as if you're floating; *aimer les sensations fortes* to like one's thrills; *la décision a fait sensation* the decision caused a sensation; *presse à sensation* gutter press.

sensationnel, -elle /sɑ̃sasjɔnɛl/ *adj* sensational.

sensé, -e /sɑ̃se/ *adj* sensible.

sensibiliser /sɑ̃sibilize/ *vtr sensibiliser le public à un problème* to increase public awareness of an issue.

sensibilité /sɑ̃sibilite/ *nf* sensibility; MÉD, PHOT sensitivity.

sensible /sɑ̃sibl/ *adj* sensitive; [hausse] appreciable.

sensiblement /sɑ̃sibləmɑ̃/ *adv* [augmenter] noticeably; [différent] perceptibly; [pareil] roughly.

sensualité /sɑ̃syalite/ *nf* sensuousness, sensuality.

sensuel, -elle /sɑ̃syɛl/ *adj* sensual.

sentence /sɑ̃tɑ̃s/ *nf* sentence; (maxime) maxim.

sentencieux, -ieuse /sɑ̃tɑ̃sjø, jøz/ *adj* sententious.

senteur /sɑ̃tœʀ/ *nf* scent.

senti, -e /sɑ̃ti/ *adj bien senti* [remarques] well-chosen; [réponse] blunt.

sentier /sɑ̃tje/ *nm* path, track.

sentiment /sɑ̃timɑ̃/ *nm* feeling; *j'ai le sentiment que...* I've got a feeling that...; *sentiments amicaux* best wishes; *veuillez croire à mes sentiments les meilleurs* yours faithfully, yours sincerely.

sentimental, -e, *mpl* **-aux** /sɑ̃timɑ̃tal, o/ **I** *adj* sentimental; [vie] love. **II** *nm,f* sentimental person.

sentinelle /sɑ̃tinɛl/ *nf* sentry.

sentir /sɑ̃tiʀ/ **I** *vtr* to smell; [▸ importance] to be conscious of; [▸ beauté, force] to feel; [▸ difficulté] to appreciate; [▸ danger, désapprobation] to sense. **II** *vi* to smell. **III** **se sentir** *vpr se sentir (mieux)* to feel (better); *ne plus se sentir*© (de joie) to be overjoyed; [effet] to be felt.
● *je ne peux pas le sentir*© I can't stand him.

séparation /sepaʀasjɔ̃/ *nf* separation; *mur de séparation* dividing wall.

séparatiste /sepaʀatist/ *adj, nmf* separatist.

séparé, -e /sepaʀe/ *adj* separated, apart; *vivre séparés* to live apart; (distinct) separate.

séparément /sepaʀemɑ̃/ *adv* separately.

séparer /sepaʀe/ **I** *vtr* to separate; [▸ problèmes]© to distinguish between; *séparer qch en deux* to divide sth in two; *tout les sépare* they are worlds apart. **II** **se séparer** *vpr* [invités] to part, to leave each other; [conjoints, amants] to split up; [manifestants] to disperse, to split up; [▸ objet personnel] to part with.

servir

sept /sɛt/ dét inv, pron, nm inv seven.

septante /sɛptɑ̃t/ dét inv, pron ᴮ, ᴴ seventy.

septembre /sɛptɑ̃bʀ/ nm September.

septennat /sɛptena/ nm seven-year term (of office).

septentrional, -e, mpl **-aux** /sɛptɑ̃tʀijɔnal, o/ adj northern.

septième /sɛtjɛm/ adj seventh.

septuagénaire /sɛptɥaʒenɛʀ/ nm,f person in his/her seventies.

sépulture /sepyltyʀ/ nf burial.

séquelle /sekɛl/ nf after-effect; FIG aftermath.

séquence /sekɑ̃s/ nf sequence.

séquestrer /sekɛstʀe/ vtr [▸ personne] to detain; [▸ biens] to sequestrate.

serbe /sɛʀb/ I adj Serbian. II nm LING Serbian. III nmf **Serbe** Serb.

Serbie /sɛʀbi/ nprf Serbia.

serein, -e /səʀɛ̃, ɛn/ adj clear; [personne] serene.

sérénité /seʀenite/ nf serenity.

sergent /sɛʀʒɑ̃/ nm sergeant.

série /seʀi/ nf series (+ v sg); **production en série** mass production; **hors série** special issue; (collection) set; **série (télévisée)** series (+ v sg); SPORT division.
■ **série noire®** thriller.

sérieusement /seʀjøzmɑ̃/ adv seriously.

sérieux, -ieuse /seʀjø, jøz/ I adj serious; (digne de confiance) reliable; [effort, besoin] real; [progrès] considerable. II nm seriousness; **se prendre au sérieux** to take oneself seriously.

serin /səʀɛ̃/ nm canary.

seringue /səʀɛ̃g/ nf syringe.

serment /sɛʀmɑ̃/ nm oath.

sermon /sɛʀmɔ̃/ nm sermon; **faire un sermon à qn** to give sb a lecture.

séropositif, -ive /seʀopozitif, iv/ I adj HIV positive. II nm,f HIV-positive person.

serpent /sɛʀpɑ̃/ nm snake; **serpent à sonnette** rattlesnake; BIBLE serpent.

serpenter /sɛʀpɑ̃te/ vi to wind.

serpentin /sɛʀpɑ̃tɛ̃/ nm streamer.

serpillière, serpillère /sɛʀpijɛʀ/ nf floorcloth^{GB}, mop^{US}.

serre /sɛʀ/ nf greenhouse; (de rapace) claw.

serré, -e /seʀe/ adj [budget, vis, jupe] tight; [écriture] small; [gestion] strict; [lutte] hard; [partie, match] close; [virage] sharp; [café] very strong.

serrer /seʀe/ I vtr to tighten; [▸ livres, tables, objets] to push [sth] closer together; **serrer qn/qch dans ses bras** to hug sb/sth; **serrer la main de qn** to shake hands with sb; **serrer les poings** to clench one's fists. II **se serrer** vpr to squeeze up; **se serrer la main** to shake hands; **avoir le cœur qui se serre** to feel deeply upset.

serre-tête, pl **-s** /sɛʀtɛt/ nm hairband.

serrure /seʀyʀ/ nf lock.

serrurier, -ière /seʀyʀje, jɛʀ/ nm,f locksmith.

sertir /sɛʀtiʀ/ vtr to set.

sérum /seʀɔm/ nm serum.

servante /sɛʀvɑ̃t/ nf maidservant.

serveur, -euse /sɛʀvœʀ, øz/ I nm,f waiter/waitress. II nm ORDINAT server.

serviable /sɛʀvjabl/ adj obliging.

service /sɛʀvis/ nm service; **rendre service** to help; **service de bus** bus service; **être de/en service** to be on duty; (faveur) favour^{GB}; **être au service de qn** to serve sb; **prendre qn à son service** to take sb on; **à votre service!** don't mention it!, not at all!; **12% pour le service** 12% service charge; **faire le service** to serve; **pharmacie de service** duty chemist^{GB}; **en service** [ascenseur] working; [autoroute] open; [bus] running; **hors service** [ascenseur] out of order; (dans un hôpital) **service des urgences** casualty department^{GB}, emergency room^{US}; **service (militaire)** military service; (vaisselle) set; RELIG service.

serviette /sɛʀvjɛt/ nf (de toilette) towel; (de table) (table) napkin; (cartable) briefcase.
■ **serviette hygiénique** sanitary towel.

serviette-éponge, pl **serviettes-éponges** /sɛʀvjɛtepɔ̃ʒ/ nf terry towel.

servile /sɛʀvil/ adj servile.

servir /sɛʀviʀ/ I vtr to serve; **servir qch à qn** to serve sb (with) sth. II **servir à** vtr ind **servir à qch** to be used for sth. III **servir de** vtr ind to act as. IV vi to serve; (aux cartes) to deal; (être utilisé) to be useful. V **se servir** vpr to help oneself; (dans un magasin) to serve oneself; **se servir de qn/qch** to use sb/sth. VI v impers **cela ne sert à rien** it's useless; *il ne sert à rien de crier* there's no point in shouting.

serviteur /sɛʀvitœʀ/ nm servant.

ses ► son¹.

session /sɛsjɔ̃/ nf session.

seuil /sœj/ nm doorstep; FIG threshold; *au seuil de* (de carrière) at the beginning of.

seul, -e /sœl/ adj alone, on one's own; *seul à seul* in private; (sans aide) by oneself, on one's own; (unique) only one; *pour cette seule raison* for this reason alone; (solitaire) lonely; (seulement) only; (seule personne) *le seul, la seule* the only one.

seulement /sœlmɑ̃/ adv only.

sève /sɛv/ nf sap.

sévère /sevɛʀ/ adj [personne] strict, severe; [sélection] rigorous; [jugement] harsh.

sévérité /severite/ nf harshness; (d'un régime) severity; (de personne) *être d'une grande sévérité* to be very strict.

sévir /sevir/ vi *sévir (contre qn/qch)* to clamp down (on sb/sth); [guerre] to rage.

sevrer /səvʀe/ vtr to wean.

sexagénaire /sɛksaʒenɛʀ/ nmf person in his/her sixties.

sexe /sɛks/ nm sex.

sexiste /sɛksist/ adj, nmf sexist.

sexualité /sɛksɥalite/ nf sexuality.

sexuel, -elle /sɛksɥɛl/ adj sexual.

seyant, -e /sɛjɑ̃, ɑ̃t/ adj becoming.

SF /ɛsɛf/ nf (abrév = **science-fiction**) sci-fi©.

shampo(o)ing /ʃɑ̃pwɛ̃/ nm shampoo.

shérif /ʃeʀif/ nm sheriff.

short /ʃɔʀt/ nm shorts (pl).

si¹ /si/ **I** adv yes; *tu ne veux pas?—si!* don't you want to?—yes, I do!; (intensif) so. **II** conj (**s'** devant il ou ils) if; *si j'avais su!* if only I'd known!; *si tu venais avec moi?* how about coming with me?; (complétive) if, whether; *je me demande s'il viendra* I wonder if/whether he'll come. **III** *si... que* loc conj so... that.

si² /si/ nm inv B; (en solfiant) ti.

sida /sida/ nm (abrév = **syndrome d'immunodéficience acquise**) Aids (+ v sg).

sidérer© /sidere/ vtr to stagger; *ça me sidère* I'm staggered.

sidérurgie /sideʀyʀʒi/ nf steel industry.

siècle /sjɛkl/ nm century; (époque) age; *vivre avec son siècle* move with the times.

siège /sjɛʒ/ nm seat; (d'entreprise) *siège (social)* head office; (d'organisation) headquarters (pl); (de ville, forteresse) siege.

siéger /sjeʒe/ vi to sit.

sien, sienne /sjɛ̃, sjɛn/ **I** dét poss his/hers. **II** *le sien, la sienne, les siens, les siennes* pron poss his/hers/its; *parmi les siens* with one's family.

sieste /sjɛst/ nf nap; *faire la sieste* to take a nap.

sifflement /sifləmɑ̃/ nm whistle.

siffler /sifle/ **I** vtr to whistle; [▸ mauvais acteur] to hiss, to boo. **II** vi to whistle; [oiseau] to chirp; [serpent] to hiss.

sifflet /siflɛ/ nm whistle; (de désapprobation) hiss, boo.

sigle /sigl/ nm acronym.

signal, pl **-aux** /siɲal, o/ nm signal.
■ **signal sonore** tone.

signalement /siɲalmɑ̃/ nm description.

signaler /siɲale/ **I** vtr *signaler qch à qn* to point sth out to sb; (faire savoir) to inform sb of sth; (rappeler) to remind. **II** *se signaler* vpr *se signaler par qch* to distinguish oneself by sth.

signalisation /siɲalizasjɔ̃/ nf signalling^GB; (réseau) signals (pl).
■ **signalisation routière** roadsigns and markings (pl).

signataire /siɲatɛʀ/ adj, nmf signatory.

signature /siɲatyʀ/ nf signature.

signe /siɲ/ nm sign; *signe distinctif/particulier* distinguishing feature; *c'était un signe du destin* it was fate; *signes de ponctuation* punctuation marks; *marquer qch d'un signe* to put a mark against sth; *faire de grands signes à qn* to gesticulate to sb; *faire signe à qn de commencer* to motion sb to start.

signer /siɲe/ **I** vtr to sign. **II** *se signer* vpr to cross oneself.

signet /siɲɛ/ nm (pour livre, Internet) bookmark.

significatif, -ive /siɲifikatif, iv/ adj significant.

signification /siɲifikasjɔ̃/ nf meaning.

signifier /siɲifje/ vtr to mean; *signifier qch à qn* to inform sb of sth.

silence /silɑ̃s/ nm silence; *passer qch sous silence* to say nothing about sth; *garder le silence* to keep silent.

silencieux, -ieuse /silɑ̃sjø, jøz/ I adj silent; [moteur] quiet. II nm (de voiture) silencer[GB], muffler[US].

silex /silɛks/ nm flint.

silhouette /silwɛt/ nf silhouette; (dans le lointain) outline.

sillage /sijaʒ/ nm wake.

sillon /sijɔ̃/ nm furrow; (de disque) groove.

sillonner /sijɔne/ vtr [▸pays] to go up and down.

similaire /similɛʀ/ adj similar.

similitude /similityd/ nf similarity.

simple /sɛ̃pl/ I adj simple, plain; [glace, nœud] single. II nm SPORT singles (pl).

simplement /sɛ̃pləmɑ̃/ adv just; (mais) but; [se vêtir, vivre] simply.

simplicité /sɛ̃plisite/ nf simplicity; (de personne) lack of pretention; (de choses) simplicity; *en toute simplicité* informally.
■ **simplicité d'esprit** simple-mindedness.

simplification /sɛ̃plifikasjɔ̃/ nf simplification.

simplifier /sɛ̃plifje/ I vtr to simplify. II **se simplifier** vpr *se simplifier la vie* to make life easier for oneself.

simpliste /sɛ̃plist/ adj simplistic.

simulacre /simylakʀ/ nm sham; *simulacre de procès* mock trial.

simulateur, -trice /simylatœʀ, tʀis/ I nm,f shammer, faker. II nm simulator.

simulation /simylasjɔ̃/ nf simulation.

simuler /simyle/ vtr to simulate.

simultané, -e /simyltane/ adj simultaneous.

sincère /sɛ̃sɛʀ/ adj sincere; [ami] true.

sincèrement /sɛ̃sɛʀmɑ̃/ adv sincerely.

sincérité /sɛ̃seʀite/ nf sincerity.

Singapour /sɛ̃gapuʀ/ nprm Singapore.

singe /sɛ̃ʒ/ nm monkey; (sans queue) ape.

singer /sɛ̃ʒe/ vtr to mimic, to ape.

singulariser: se singulariser /sɛ̃gylaʀize/ vpr to call attention to oneself.

singulier, -ière /sɛ̃gylje, jɛʀ/ I adj peculiar; [combat] single combat. II nm LING singular.

singulièrement /sɛ̃gyljɛʀmɑ̃/ adv oddly; (beaucoup) radically.

sinistre /sinistʀ/ I adj sinister, ominous. II nm (incendie) blaze; (accident) accident.

sinistré, -e /sinistʀe/ I adj stricken (épith); [région] disaster. II nm,f disaster victim.

sinon /sinɔ̃/ I conj otherwise, or else; (à part) except, apart from; (pour ne pas dire) not to say; *difficile sinon impossible* it has become difficult if not impossible. II **sinon que** loc conj except that.

sinueux, -euse /sinɥø, øz/ adj winding; FIG [raisonnement] tortuous.

sinus /sinys/ nm ANAT sinus; MATH sine.

sirène /siʀɛn/ nf siren; (de mythologie) mermaid.

sirop /siʀo/ nm syrup[GB], sirup[US]; (boisson) cordial.

siroter© /siʀɔte/ vtr to sip.

sis, -e /si, siz/ adj located.

site /sit/ nm site; *site Internet* website; *site touristique* place of interest; *les sites d'Égypte* Egypt's historic sites; *les merveilleux sites de la Côte d'Azur* the splendours[GB] of the Côte d'Azur; *site archéologique* archeological site; *site classé* conservation area.

sitôt /sito/ I adv *sitôt après* immediately after; (peu de temps) soon after. II conj *sitôt que* as soon as.
● **sitôt dit, sitôt fait** no sooner said than done.

situation /sitɥasjɔ̃/ nf situation; (emploi) job, position; (emplacement) location.
■ **situation de famille** marital status; **situation militaire** status as regards military service.

situer /sitɥe/ I vtr to locate; (dans le temps) to place. II **se situer** vpr *se situer à Paris* to be set in Paris.

six /sis, si, siz/ dét inv, pron, nm inv six.

sixième /sizjɛm/ I adj sixth. II nf SCOL first year of secondary school, age 11–12.

sketch, pl **-s, -es** /skɛtʃ/ nm sketch.

ski /ski/ nm ski; *faire du ski* to ski, to go skiing.
■ **ski de fond** cross-country skiing; **ski nautique** water skiing; **ski de piste** downhill skiing.

skier /skje/ vi to ski.

skieur, -ieuse /skjœʀ, jøz/ nm,f skier.

slalom /slalɔm/ nm slalom.

slip /slip/ nm (d'homme) underpants (pl), briefs (pl), underwear ⊄; (de femme) knickers^{GB} (pl), pants^{GB} (pl), panties^{US} (pl).
■ **slip de bain** bathing trunks (pl).

slogan /slɔgã/ nm slogan.

slovaque /slovak/ I adj Slovak. II nmf **Slovaque** Slovak.

Slovaquie /slovaki/ nprf Slovakia.

slovène /slɔvɛn/ I adj Slovene, Slovenian. II nm LING Slovene, Slovenian. III nmf **Slovène** Slovene.

Slovénie /sloveni/ nprf Slovenia.

SMIC /smik/ nm (abrév = **salaire minimum interprofessionnel de croissance**) guaranteed minimum wage.

SMS /ɛsɛmɛs/ nm (abrév = **short message service**) SMS.

SNCF /ɛsɛnseɛf/ nf (abrév = **Société nationale des chemins de fer français**) French national railway company.

snob /snɔb/ I adj stuck-up☺; [restaurant] posh. II nmf snob.

snobisme /snɔbism/ nm snobbery.

sobre /sɔbʁ/ adj abstemious; (mesuré, simple) sober.

sobriété /sɔbʁijete/ nf sobriety.

sociable /sɔsjabl/ adj sociable.

social, -e, mpl **-iaux** /sɔsjal, jo/ adj social; **conflit social** industrial dispute.

socialisme /sɔsjalism/ nm socialism.

socialiste /sɔsjalist/ adj, nmf socialist.

société /sɔsjete/ nf society; (compagnie, entreprise) company.

sociologie /sɔsjɔlɔʒi/ nf sociology.

socle /sɔkl/ nm (de construction) base; (d'appareil) stand.

socquette /sɔkɛt/ nf ankle sock.

soda /sɔda/ nm (sucré) fizzy drink^{GB}, soda^{US}.

sœur /sœʁ/ nf sister.

soi /swa/ pron pers **autour de soi** around one; **maîtrise de soi** self-control; **cela va de soi** it goes without saying.

soi-disant /swadizã/ I adj inv so-called. II adv supposedly.

soie /swa/ nf silk; (poil) bristle.

soif /swaf/ nf thirst; **avoir soif** to be thirsty; **donner soif** to make one thirsty; **soif d'argent/de pouvoir** hunger for money/power.

soigné, -e /swaɲe/ adj [personne] tidy, careful; [travail] meticulous.

soigner /swaɲe/ I vtr to treat; [▸ personne, animal, client] to look after; [▸ tenue, présentation] to take care over. II **se soigner** vpr to take care of oneself.

soigneusement /swaɲøzmã/ adv carefully.

soigneux, -euse /swaɲø, øz/ adj tidy; [examen] careful.

soi-même /swamɛm/ pron pers oneself.

soin /swɛ̃/ I nm care; **avec soin** carefully; **sans soin** carelessly; **prendre soin de qch** to take care of sth; **aux bons soins de** care of, c/o. II **soins** nmpl treatment ⊄; care ⊄; **premiers soins** first aid ⊄.

soir /swaʁ/ nm evening; **à ce soir!** see you tonight!

soirée /swaʁe/ nf evening; (réception) party; (spectacle) evening performance/show.

soit¹ /swa/ I ▸ **être**¹. II conj **soit, soit** either, or; (à savoir) that is, ie.

soit² /swat/ adv very well.

soixantaine /swasãtɛn/ nf about sixty.

soixante /swasãt/ dét inv, pron sixty.

soixante-dix /swasãtdis/ dét inv, pron seventy.

soixante-dixième /swasãtdizjɛm/ adj seventieth.

soixantième /swasãtjɛm/ adj sixtieth.

soja /sɔʒa/ nm soya bean^{GB}, soybean^{US}; **sauce de soja** soy sauce; **pousses de soja** bean sprouts.

sol /sɔl/ nm ground; (de maison) floor; (terrain, territoire) soil; (note) G; (en solfiant) soh.

solaire /sɔlɛʁ/ adj [calendrier] solar; [moteur] solar-powered; [lumière, crème] sun.

soldat /sɔlda/ nm soldier, serviceman.

solde¹ /sɔld/ I nm balance. II **en solde** loc adv at sale price^{GB}, on sale^{US}. III **soldes** nmpl sales.

solde² /sɔld/ nf pay.

solder /sɔlde/ I vtr to sell off, to clear; [▸ compte] to settle the balance of. II **se solder** vpr **se solder par** to end in.

solderie /sɔldəʁi/ nf discount shop.

soldeur, -euse /sɔldœʁ, øz/ nm,f discount trader.

sole /sɔl/ nf sole.

soleil /sɔlɛj/ *nm* sun; *il y a du soleil* it's sunny.

solennel, -elle /sɔlanɛl/ *adj* solemn.

solennité /sɔlanite/ *nf* solemnity.

solfège /sɔlfɛʒ/ *nm* music theory.

solidaire /sɔlidɛʀ/ *adj* [groupe] united; *être solidaire de qn* to be behind sb; *économie solidaire* solidarity economy; [pièces] interdependent.

solidariser: **se solidariser avec** /sɔlidaʀize/ *vpr* to stand by.

solidarité /sɔlidaʀite/ *nf* solidarity.

solide /sɔlid/ **I** *adj* sturdy; [personne, lien] strong; [qualités] solid; *aliments solides* solids. **II** *nm* solid.

solidité /sɔlidite/ *nf* solidity.

solidifier /sɔlidifje/ *vtr, vpr* to solidify.

solitaire /sɔlitɛʀ/ **I** *adj* [vieillesse] lonely; [navigateur] lone; [maison, hameau] isolated. **II** *nmf* solitary person, loner; *course en solitaire* solo race. **III** *nm* JEUX solitaire.

solitude /sɔlityd/ *nf* solitude.

sollicitation /sɔlisitasjɔ̃/ *nf* appeal, request.

solliciter /sɔlisite/ *vtr* to request; [▸client] to canvass.

sollicitude /sɔlisityd/ *nf* concern.

soluble /sɔlybl/ *adj* soluble.

solution /sɔlysjɔ̃/ *nf* solution.

solvable /sɔlvabl/ *adj* solvent.

solvant /sɔlvɑ̃/ *nm* solvent.

sombre /sɔ̃bʀ/ *adj* dark; [air] sombreᴳᴮ.

sombrer /sɔ̃bʀe/ *vi* *sombrer (dans)* to sink (into).

sommaire /sɔmɛʀ/ **I** *adj* [jugement, procès] summary. **II** *nm* contents (*pl*).

sommation /sɔmasjɔ̃/ *nf* (de policier) warning.

somme[1] /sɔm/ *nm* (sommeil) nap.

somme[2] /sɔm/ **I** *nf* sum. **II en somme**, **somme toute** *loc adv* in other words.

sommeil /sɔmɛj/ *nm* sleep ⊄; *avoir sommeil* to feel sleepy.

sommeiller /sɔmeje/ *vi* to doze; [désir] to lie dormant.

sommelier, -ière /sɔməlje, jɛʀ/ *nm,f* sommelier.

sommer /sɔme/ *vtr* to summon.

sommet /sɔmɛ/ *nm* GÉOG peak, summit; (d'arbre, etc) top; (de gloire, etc) height; *conférence au sommet* summit meeting; (de triangle) apex.

sommier /sɔmje/ *nm* (bed) baseᴳᴮ, bed-springᵁˢ.

sommité /sɔmite/ *nf* leading expert.

somnambule /sɔmnɑ̃byl/ *nmf* sleep-walker.

somnifère /sɔmnifɛʀ/ *nm* sleeping pill.

somnolence /sɔmnɔlɑ̃s/ *nf* drowsiness.

somnolent, -e /sɔmnɔlɑ̃, ɑ̃t/ *adj* drowsy.

somnoler /sɔmnɔle/ *vi* to drowse.

somptueux, -euse /sɔ̃ptɥø, øz/ *adj* sumptuous.

son[1], **sa**, *pl* **ses** /sɔ̃, sa, sɛ/ *dét poss* his, her; *ses enfants* his, her children; *un de ses amis* a friend of his/hers.

son[2] /sɔ̃/ *nm* (bruit) sound; *baisser le son* to turn the volume down; (du blé) bran.

sondage /sɔ̃daʒ/ *nm* survey; *sondage d'opinion* opinion poll.

sonde /sɔ̃d/ *nf* [▸de forage] drill; MÉD [▸d'évacuation] catheter; [▸d'examen] probe.

sonder /sɔ̃de/ *vtr* to poll; [▸groupe] to survey; [▸intentions] to sound out.

sondeur, -euse /sɔ̃dœʀ, øz/ *nm,f* pollster.

songe /sɔ̃ʒ/ *nm* dream.

songer /sɔ̃ʒe/ *vtr ind* *songer à qn/qch* to think of sb/sth.

songeur, -euse /sɔ̃ʒœʀ, øz/ *adj* pensive.

sonnant, -e /sɔnɑ̃, ɑ̃t/ *adj* *à trois heures sonnantes* on the stroke of three.

sonné, -e☺ /sɔne/ *adj* groggy; (fou) nuts☺.

sonner /sɔne/ **I** *vtr* to ring; [▸heure] to strike; [▸alarme] to sound; [nouvelle]☺ to stagger. **II sonner de** *vtr ind* to sound, to play. **III** *vi* to ring; [heure] to strike; [réveil] to go off; [trompette] to sound.

sonnerie /sɔnʀi/ *nf* ringing; *déclencher une sonnerie* to set off an alarm.

sonnet /sɔnɛ/ *nm* sonnet.

sonnette /sɔnɛt/ *nf* bell; (de porte) door-bell.

sonore /sɔnɔʀ/ *adj* resounding.

sonorité /sɔnɔʀite/ *nf* (d'instrument, de voix) tone; (d'une chaîne hi-fi) sound quality.

sophistiqué, -e /sɔfistike/ *adj* sophisticated.

sorbet /sɔʀbɛ/ nm sorbet^GB, sherbet^US.

sorcellerie /sɔʀsɛlʀi/ nf witchcraft.

sorcier /sɔʀsje/ **I** ^© adj m *ce n'est pas sorcier!* it's dead easy^©GB! **II** nm (maléfique) sorcerer; (guérisseur) witch doctor.

sorcière /sɔʀsjɛʀ/ nf witch.

sordide /sɔʀdid/ adj squalid, sordid.

sornettes /sɔʀnɛt/ nfpl tall stories.

sort /sɔʀ/ nm (destin) fate ₵; *tirer (qch) au sort* to draw lots (for sth).
● **jeter un sort à qn** to put a curse on sb.

sorte /sɔʀt/ **I** nf sort, kind. **II de la sorte** loc adv in this way. **III de sorte que** loc conj so that. **IV en quelque sorte** loc adv in a way.

sortie /sɔʀti/ nf exit; *à la sortie de la ville* (extra-muros) on the outskirts of the town; *la sortie de la crise* the end of the crisis; (activité) outing; (commercialisation) launching ₵; (de film) release; (de livre) publication; (de collection) showing; (déclaration)^© remark; ÉLECTROTECH, ORDINAT output; *sortie sur imprimante* printing.

sortilège /sɔʀtilɛʒ/ nm spell.

sortir /sɔʀtiʀ/ **I** vtr to take [sb/sth] out; [▸livre] to bring out; [▸film] to release; [▸blague]^© to crack. **II** vi (+ v être) to go out, to come out; *sortir de* to leave; (quitter un état) to emerge; *faire sortir* [▸cassette] to eject; ORDINAT to exit. **III se sortir** vpr to get out of it; *s'en sortir* to get over it; (financièrement) to cope; (intellectuellement, etc) to manage.

SOS /ɛsoɛs/ nm SOS; *SOS médecins* emergency medical service.

sosie /sɔzi/ nm double.

sot, sotte /so, sɔt/ adj silly.

sottise /sɔtiz/ nf foolishness; (parole) silly remark; *faire une sottise* to do something silly.

sou /su/ nm penny^GB, cent^US; *sans un sou* without a penny; *être sans le sou* to be penniless; *c'est une affaire de gros sous* there's big money involved; (petite quantité) *pas un sou de bon sens* not a scrap of common sense.

soubresaut /subʀəso/ nm (sudden) start.

souche /suʃ/ nf (tree) stump; (de vigne) stock; (origine) stock; (de carnet) stub.

souci /susi/ nm worry; *se faire du souci* to worry; *avoir des soucis* to have problems; (fleur) marigold.

soucier: **se soucier de** /susje/ vpr to care about.

soucieux, -ieuse /susjø, jøz/ adj worried, concerned about; *être soucieux de faire* to be anxious to do.

soucoupe /sukup/ nf saucer.
■ **soucoupe volante** flying saucer.

soudain, -e /sudɛ̃, ɛn/ **I** adj sudden, unexpected. **II** adv suddenly.

Soudan /sudɑ̃/ nprm Sudan.

soude /sud/ nf soda.

souder /sude/ **I** vtr to solder; (à la chaleur) to weld. **II se souder** vpr [os] to knit together; [équipe] to become united.

soudoyer /sudwaje/ vtr to bribe.

souffle /sufl/ nm breath; *(en) avoir le souffle coupé* to be winded; *à bout de souffle* out of breath; (brise) breeze; (esprit) spirit; (force) inspiration; (d'explosion) blast.

soufflé, -e /sufle/ **I** ^© adj flabbergasted. **II** nm soufflé.

souffler /sufle/ **I** vtr to blow (out); JEUX [▸pièce] to huff; (stupéfier)^© to flabbergast. **II** vi to blow; *ça souffle* it's windy; (respirer difficilement) to puff; [▸réponse] to tell; *on ne souffle pas!* no prompting!

souffleur, -euse /suflœʀ, øz/ nm,f (au théâtre) prompter.

souffrance /sufʀɑ̃s/ nf suffering ₵; *en souffrance* [lettre] outstanding.

souffrant, -e /sufʀɑ̃, ɑ̃t/ adj unwell.

souffre-douleur, pl **-s** /sufʀədulœʀ/ nm punchbag^GB, punching bag^US.

souffrir /sufʀiʀ/ **I** vtr to stand. **II** vi *souffrir (de qch)* to suffer (from sth); *est-ce qu'il souffre?* is he in pain? **III se souffrir** vpr *ils ne peuvent pas se souffrir* they can't stand each other.

soufre /sufʀ/ nm sulphur^GB.

souhait /swɛ/ nm wish; *à souhait* incredibly.
● **à vos souhaits!** bless you!

souhaitable /swɛtabl/ adj desirable.

souhaiter /swete/ vtr to hope for; *souhaiter que* to hope that; *souhaiter qch à qn* to wish sb sth.

souiller /suje/ vtr [▸vêtements] to get [sth] dirty; [▸réputation] to sully.

souk /suk/ nm souk; (désordre)^© mess.

soûl, soul, -e /su, sul/ **I** *adj* drunk. **II tout son soûl** *loc adv* one's fill.

soulagement /sulaʒmɑ̃/ *nm* relief.

soulager /sulaʒe/ *vtr* **soulager (de)** to relieve (of).

soûler, souler /sule/ **I** *vtr* to get [sb] drunk; [odeur, etc] to intoxicate; **ça me soûle!**© it makes my head spin. **II se soûler** *vpr* to get drunk (on).

soulèvement /sulɛvmɑ̃/ *nm* uprising.

soulever /sulve/ **I** *vtr* **soulever (de terre)** [▸objet] to lift; [▸enthousiasme] to arouse; [▸foule] to stir up; [▸protestations] to give rise to; [▸problème, difficultés] to raise. **II se soulever** *vpr* to rise up (against).

soulier /sulje/ *nm* shoe.

souligner /suliɲe/ *vtr* to underline; [▸yeux] to outline; [▸remarque] to emphasize.

soumettre /sumɛtR/ **I** *vtr* **soumettre qn/qch à** to subject sb/sth to; (montrer) to submit; [▸ennemi] to subdue. **II se soumettre** *vpr* to submit; **se soumettre à** to accept.

soumis, -e /sumi, iz/ *adj* submissive.

soumission /sumisjɔ̃/ *nf* submission.

soupape /supap/ *nf* valve.

soupçon /supsɔ̃/ *nm* suspicion; (de lait, vin) drop; (de sel) pinch.

soupçonner /supsɔne/ *vtr* to suspect.

soupçonneux, -euse /supsɔnø, øz/ *adj* mistrustful.

soupe /sup/ *nf* soup.
■ **soupe populaire** soup kitchen.

souper /supe/ *vi* **I** *vi* to have late dinner. **II** *nm* late dinner, supper.

soupeser /supəze/ *vtr* to judge the weight of; FIG to weigh up.

soupière /supjɛR/ *nf* soup tureen.

soupir /supiR/ *nm* sigh; **pousser un soupir** to sigh.

soupirer /supire/ *vi* to sigh.

souple /supl/ *adj* [corps] supple; [tige, horaire] flexible; [cheveux, matière] soft.

souplesse /suplɛs/ *nf* flexibility; (de cheveux, matière) softness.

source /suRs/ *nf* spring; (origine) source; **de source sûre** from a reliable source.

sourcil /suRsi/ *nm* eyebrow.

sourciller /suRsije/ *vi* to raise one's eyebrows.

sourd, -e /suR, suRd/ **I** *adj* deaf; **sourd à qch** (insensible) deaf to sth; [bruit, douleur] dull; [plainte] faint, muted. **II** *nm,f* deaf person.
● **faire la sourde oreille** to turn a deaf ear.

sourdine /suRdin/ *nf* **en sourdine** softly; **mettre une sourdine à** to tone down.

sourd-muet, sourde-muette, *pl* **sourds-muets, sourdes-muettes** /suRmɥɛ, suRdmɥɛt/ **I** *adj* deaf and dumb. **II** *nm,f* deaf-mute.

souricière /suRisjɛR/ *nf* mousetrap; (pour malfaiteur) trap.

sourire /suRiR/ **I** *vi* to smile. **II** *nm* smile.

souris /suRi/ *nf* ZOOL, ORDINAT mouse.

sournois, -e /suRnwa, az/ *adj* sly, underhand. **II** *nm,f* sly person, underhand person.

sous /su/ *prép* under; **sous la pluie** in the rain; **sous peu** before long.

sous-alimenté, -e /suzalimɑ̃te/ *adj* undernourished.

sous-bois /subwa/ *nm* undergrowth ¢.

sous-chef, *pl* **-s** /suʃɛf/ *nm* second-in-command.

souscripteur, -trice /suskRiptœR, tRis/ *nm,f* subscriber.

souscription /suskRipsjɔ̃/ *nf* subscription.

souscrire /suskRiR/ **I** *vtr* to take out, to sign. **II souscrire à** *vtr ind* to subscribe to.

sous-développé, -e, *mpl* **-s** /sudevlɔpe/ *adj* underdeveloped.

sous-directeur, -trice, *mpl* **-s** /sudiRɛktœR, tRis/ *nm,f* assistant manager.

sous-direction, *pl* **-s** /sudiRɛksjɔ̃/ *nf* division.

sous-entendu, *pl* **-s** /suzɑ̃tɑ̃dy/ *nm* innuendo.

sous-estimer /suzɛstime/ *vtr* to underestimate.

sous-jacent, -e /suzasɑ̃, ɑ̃t/ *adj* underlying.

sous-louer /sulwe/ *vtr* to sublet.

sous-marin, -e, *mpl* **-s** /sumaRɛ̃, in/ **I** *adj* submarine, underwater. **II** *nm* submarine.

sous-officier, *pl* **-s** /suzɔfisje/ *nm* noncommissioned officer.

sous-préfecture, *pl* **-s** /supRefɛktyR/ *nf* administrative subdivision of a department in France.

sous-produit, pl **-s** /supʀɔdɥi/ nm by-product.

soussigné, -e /susiɲe/ adj, nm,f **je soussigné...** I, the undersigned.

sous-sol, pl **-s** /susɔl/ nm basement.

sous-titre, pl **-s** /sutitʀ/ nm subtitle.

soustraction /sustʀaksjɔ̃/ nf subtraction.

soustraire /sustʀɛʀ/ **I** vtr MATH to subtract (from); (voler) to steal (from). **II se soustraire à** vpr to escape (from); *se soustraire à une tâche* to get out of a job.

sous-traitance, pl **-s** /sutʀɛtɑ̃s/ nf subcontracting.

sous-verre, pl **-s** /suvɛʀ/ nm frame; (image) framed picture.

sous-vêtement, pl **-s** /suvɛtmɑ̃/ nm underwear ¢.

soute /sut/ nf hold.

soutenir /sutniʀ/ vtr to support; *soutenir que* to maintain that; [▸choc] to withstand; [▸comparaison] to bear.

soutenu, -e /sutny/ adj sustained; [style] formal.

souterrain, -e /suteʀɛ̃, ɛn/ **I** adj underground. **II** nm underground passage.

soutien /sutjɛ̃/ nm support; *soutien en anglais* extra help in English.

soutien-gorge, pl **soutiens-gorge** /sutjɛ̃gɔʀʒ/ nm bra.

soutirer /sutiʀe/ vtr to extract [sth] from sb.

souvenir /suvniʀ/ **I se souvenir** vpr *se souvenir de qn/qch* to remember sb/sth. **II** nm memory; *boutique de souvenirs* souvenir shop; *en souvenir de* in memory of.

souvent /suvɑ̃/ adv often.

souverain, -e /suvʀɛ̃, ɛn/ adj, nm,f sovereign.

souveraineté /suvʀɛnte/ nf sovereignty.

soviétique /sɔvjetik/ adj Soviet.

soyeux, -euse /swajø, øz/ adj silky.

spacieux, -ieuse /spasjø, jøz/ adj spacious.

sparadrap /spaʀadʀa/ nm surgical tape; (pansement) plaster^GB, Band-Aid®.

spatial, -e, mpl **-iaux** /spasjal, jo/ adj spatial; [navette] space; *vaisseau spatial* spaceship.

speaker, -ine /spikœʀ, spikʀin/ nm,f announcer.

spécial, -e, mpl **-iaux** /spesjal, jo/ adj special.

spécialement /spesjalmɑ̃/ adv specially; (surtout) especially.

spécialiser: se spécialiser /spesjalize/ vpr to specialize.

spécialiste /spesjalist/ nmf specialist.

spécialité /spesjalite/ nf speciality^GB, specialty^US.

spécifier /spesifje/ vtr to specify.

spécifique /spesifik/ adj specific (to).

spécimen /spesimɛn/ nm specimen, sample.

spectacle /spɛktakl/ nm sight; (organisé) show.

spectaculaire /spɛktakylɛʀ/ adj spectacular.

spectateur, -trice /spɛktatœʀ, tʀis/ nm,f spectator.

spectre /spɛktʀ/ nm spectre^GB.

spéculateur, -trice /spekylatœʀ, tʀis/ nm,f speculator.

spéculation /spekylasjɔ̃/ nf speculation.

spéculer /spekyle/ vi to speculate (in).

spéléologue /speleɔlɔg/ nmf speleologist.

spermatozoïde /spɛʀmatɔzɔid/ nm spermatozoon.

sperme /spɛʀm/ nm sperm.

sphère /sfɛʀ/ nf sphere.

spirale /spiʀal/ nf spiral.

spirituel, -elle /spiʀitɥɛl/ adj spiritual; (amusant) witty.

splendeur /splɑ̃dœʀ/ nf splendour^GB.

splendide /splɑ̃did/ adj splendid.

spongieux, -ieuse /spɔ̃ʒjø, jøz/ adj spongy.

sponsoriser /spɔ̃sɔʀize/ vtr to sponsor.

spontané, -e /spɔ̃tane/ adj spontaneous.

sport /spɔʀ/ nm sport; *voiture de sport* sports car.

■ **sport automobile** car racing; **sports d'hiver** winter sports.

sportif, -ive /spɔʀtif, iv/ **I** adj [rencontre] sports; [allure] athletic. **II** nm,f sportsman/ sportswoman.

spot /spɔt/ nm spotlight, spot; (publicitaire) commercial.

square /skwaʀ/ nm small public garden.

squatter /skwate/ *vtr* to squat in.

squelette /skəlɛt/ *nm* skeleton.

squelettique /skəletik/ *adj* skeletal.

stabiliser /stabilize/ *vtr* to stabilize.

stable /stabl/ *adj* stable.

stade /stad/ *nm* stadium; (étape) stage.

stage /staʒ/ *nm* training course.

stagiaire /staʒjɛʀ/ *nmf* trainee.

stagner /stagne/ *vi* to stagnate.

stand /stɑ̃d/ *nm* stand, stall.

standard /stɑ̃daʀ/ **I** *adj inv* standard. **II** *nm* switchboard.

standardiste /stɑ̃daʀdist/ *nmf* switchboard operator.

standing /stɑ̃diŋ/ *nm* **de (grand) standing** luxury; (niveau de vie) standard of living.

starter /staʀtɛʀ/ *nm* choke.

station /stasjɔ̃/ *nf* station; **station d'autobus** bus stop; **station balnéaire** seaside resort; **station de taxi** taxi rank; **station verticale** upright position.

stationnaire /stasjɔnɛʀ/ *adj* stationary.

stationnement /stasjɔnmɑ̃/ *nm* parking; (de troupes) stationing.

stationner /stasjɔne/ *vi* to park.

station-service, *pl* **stations-service** /stasjɔsɛʀvis/ *nf* service station.

statistique /statistik/ **I** *adj* statistical. **II** *nf* statistics (+ v sg); (donnée) statistic.

statue /staty/ *nf* statue.

statuette /statyɛt/ *nf* statuette.

stature /statyʀ/ *nf* stature.

statut /staty/ *nm* statute; (situation) status.

steak /stɛk/ *nm* steak.

stéréo /steʀeo/ *adj inv*, *nf* stereo.

stéréotype /steʀeɔtip/ *nm* stereotype.

stérile /steʀil/ *adj* sterile; [sol] barren.

stérilet /steʀilɛ/ *nm* coil, IUD.

stériliser /steʀilize/ *vtr* to sterilize.

stimulant, **-e** /stimylɑ̃, ɑ̃t/ **I** *adj* [bain] invigorating; [climat] bracing; [paroles] stimulating. **II** *nm* (mental) stimulus; (médicament) tonic.

stimuler /stimyle/ *vtr* to stimulate.

stipuler /stipyle/ *vtr* to stipulate.

stock /stɔk/ *nm* stock.

stocker /stɔke/ *vtr* to stock; [▸données] to store.

stoïque /stɔik/ **I** *adj* stoical. **II** *nm,f* stoic.

stop /stɔp/ **I** *nm* stop sign; (feu arrière) brake light; (auto-stop)© hitchhiking. **II** *excl* stop!

stopper /stɔpe/ *vtr, vi* to stop.

store /stɔʀ/ *nm* blind.

strabisme /stʀabism/ *nm* squint.

strapontin /stʀapɔ̃tɛ̃/ *nm* foldaway seat.

stratagème /stʀataʒɛm/ *nm* stratagem.

stratégie /stʀatezi/ *nf* strategy.

stratégique /stʀatezik/ *adj* strategic.

stressant, **-e** /stʀɛsɑ̃, ɑ̃t/ *adj* stressful.

stresser /stʀɛse/ *vtr* to put [sb] under stress.

strict, **-e** /stʀikt/ *adj* strict; [tenue] severe; *le strict minimum* the bare minimum.

strictement /stʀiktəmɑ̃/ *adv* strictly.

strident, **-e** /stʀidɑ̃, ɑ̃t/ *adj* shrill.

strier /stʀije/ *vtr* **strier (de)** to streak (with).

strophe /stʀɔf/ *nf* stanza.

structure /stʀyktyʀ/ *nf* structure.

studieux, **-ieuse** /stydjø, jøz/ *adj* [élève] studious; [vacances] study.

studio /stydjo/ *nm* studio flat[GB], studio apartment[US]; (atelier) studio.

stupéfaction /stypefaksjɔ̃/ *nf* amazement.

stupéfait, **-e** /stypefɛ, ɛt/ *adj* astounded, dumbfounded.

stupéfiant, **-e** /stypefjɑ̃, ɑ̃t/ **I** *adj* stunning, astounding. **II** *nm* narcotic.

stupéfier /stypefje/ *vtr* to astound, to stun.

stupeur /stypœʀ/ *nf* astonishment; (torpeur) stupor.

stupide /stypid/ *adj* stupid.

stupidité /stypidite/ *nf* stupidity.

style /stil/ *nm* style; *style de vie* lifestyle; LING *style direct/indirect* direct/indirect speech.

stylé, **-e** /stile/ *adj* stylish.

styliste /stilist/ *nmf* fashion designer.

stylo /stilo/ *nm* pen.
■ **stylo (à) bille/encre** ballpoint/fountain pen; **stylo feutre** felt-tip pen.

su /sy/ *nm* *au vu et au su de tous* openly.

suave /sɥav/ *adj* sweet.

subalterne /sybaltɛʀn/ *adj, nmf* subordinate.

subconscient /sypkɔ̃sjã/ *nm* subconscious.

subdiviser /sybdivize/ *vtr* to subdivide (into).

subir /sybiʀ/ *vtr* [▸dégâts] to suffer; [▸changements] to undergo.

subit, -e /sybi, it/ *adj* sudden.

subitement /sybitmã/ *adv* suddenly.

subjectif, -ive /sybʒɛktif, iv/ *adj* subjective.

subjonctif /sybʒɔ̃ktif/ *nm* subjunctive.

subjuguer /sybʒyge/ *vtr* to enthral^{GB}.

sublime /syblim/ *adj* sublime.

submerger /sybmɛʀʒe/ *vtr* to submerge; *submergé par l'émotion* overwhelmed with emotion.

subordination /sybɔʀdinasjɔ̃/ *nf* subordination.

subordonné, -e /sybɔʀdɔne/ *nm,f* subordinate.

subordonnée /sybɔʀdɔne/ *nf* subordinate clause.

subordonner /sybɔʀdɔne/ *vtr* to subordinate to; *subordonné à qch* subject to sth.

subsidiaire /sybzidjɛʀ/ *adj* subsidiary; *question subsidiaire* tiebreaker.

subsistance /sybzistãs/ *nf* subsistence.

subsister /sybziste/ *vi* to subsist; [coutume] to survive.

substance /sypstãs/ *nf* substance.

substantiel, -elle /sypstãsjɛl/ *adj* substantial.

substantif /sypstãtif/ *nm* noun, substantive.

substituer /sypstitɥe/ **I** *vtr* *substituer qch à qch* to substitute sth for sth. **II se substituer** *vpr* *se substituer à qn* to stand in for sb; (pour remplacer) to take the place of sb.

substitut /sypstity/ *nm* deputy public prosecutor; (remplacement) substitute.

substitution /sypstitysjɔ̃/ *nf* substitution.

subtil, -e /syptil/ *adj* subtle.

subtiliser /syptilize/ *vtr* to steal.

subtilité /syptilite/ *nf* subtlety.

subvenir /sybvəniʀ/ *vtr ind* *subvenir à* to provide for.

subvention /sybvãsjɔ̃/ *nf* subsidy.

subventionner /sybvãsjɔne/ *vtr* to subsidize.

suc /syk/ *nm* juice.

succédané /syksedane/ *nm* substitute.

succéder /syksede/ **I** *succéder à* *vtr ind* to succeed. **II se succéder** *vpr* to follow one another.

succès /syksɛ/ *nm* success; *à succès* successful.

successeur /syksesœʀ/ *nm* successor.

successif, -ive /syksesif, iv/ *adj* successive.

succession /syksesjɔ̃/ *nf* succession; *prendre la succession de qn* to take over from sb.

succinct, -e /syksɛ̃, ɛ̃t/ *adj* succinct.

succomber /sykɔ̃be/ *vi* to die; *succomber à* to succumb to.

succulent, -e /sykylã, ãt/ *adj* delicious.

succursale /sykyʀsal/ *nf* branch.

sucer /syse/ *vtr* to suck.

sucette /sysɛt/ *nf* lollipop.

sucre /sykʀ/ *nm* sugar; *chocolat sans sucre* sugar-free chocolate.
- **sucre en poudre/semoule** loose/caster^{GB} sugar.

sucré, -e /sykʀe/ *adj* [goût] sweet; [lait condensé] sweetened.

sucrer /sykʀe/ *vtr* to put sugar in.

sucrerie /sykʀəʀi/ **I** *nf* sugar refinery. **II sucreries** *nfpl* sweets.

sucrier, -ière /sykʀije, jɛʀ/ **I** *adj* sugar. **II** *nm* sugar bowl.

sud /syd/ **I** *adj inv* [côté] south; [zone] southern. **II** *nm* south; *le sud de la France* the south of France; *le sud de l'Europe* southern Europe; *le Sud* the South.

sud-est /sydɛst/ **I** *adj inv* [versant] south-east; [zone] south-eastern. **II** *nm* south-east; *le Sud-Est asiatique* South-east Asia.

sudiste /sydist/ *adj, nmf* Confederate.

sudoku /sydoky/ *nm* sudoku.

sud-ouest /sydwɛst/ **I** *adj inv* [versant] south-west; [zone] south-western. **II** *nm* south-west.

Suède /sɥɛd/ *nprf* Sweden.

suédois, -oise /sɥedwa, az/ **I** *adj* Swedish. **II** *nm* LING Swedish. **III** *nm,f* *Suédois, -e* Swede.

suer /sɥe/ *vi* to sweat.
- **faire suer qn**© to be a nuisance.

sueur /sɥœʀ/ nf sweat; *en sueur* covered in sweat.

suffire /syfiʀ/ **I** vi to be enough. **II** v impers *il suffit de le leur dire* all you have to do is tell them; *il suffit d'une seconde* it only takes a second; *ça suffit* that's enough.

suffisamment /syfizamã/ adv enough.

suffisant, -e /syfizã, ãt/ adj sufficient, enough; [personne] self-important.

suffixe /syfiks/ nm suffix.

suffoquer /syfɔke/ **I** vtr to stagger⊚. **II** vi to suffocate, to choke.

suffrage /syfʀaʒ/ nm vote; *suffrage universel* universal suffrage.

suggérer /sygʒeʀe/ vtr to suggest.

suggestion /sygʒɛstjõ/ nf suggestion.

suicidaire /sɥisidɛʀ/ adj suicidal.

suicide /sɥisid/ nm suicide.

suicider: se suicider /sɥiside/ vpr to commit suicide.

suie /sɥi/ nf soot.

suinter /sɥɛ̃te/ vi [mur] to sweat; [plaie] to ooze.

suisse /sɥis/ **I** adj Swiss. **II** nmf *Suisse* Swiss.

Suisse /sɥis/ nprf Switzerland.

Suissesse /sɥisɛs/ nf Swiss woman.

suite /sɥit/ **I** nf rest; (de récit) continuation; *suite page 10* continued on page 10; *les suites* (de décision) the consequences; (de maladie) the after-effects; (d'incidents) series (+ v sg); (d'hôtel, de musique) suite. **II de suite** loc adv in succession, in a row; *et ainsi de suite* and so on. **III par la suite** loc adv afterwards. **IV par suite de** loc prép due to. **V à la suite de** loc prép following.

suivant¹ /sɥivã/ prép [▸axe, pointillé] along; [▸carte, instructions] according to.

suivant², -e /sɥivã, ãt/ **I** adj following, next. **II** nm,f *le suivant* the next one; *(au) suivant!* next!

suivi, -e /sɥivi/ **I** adj steady; [effort] sustained; [correspondance] regular; [émission] popular. **II** nm monitoring.

suivre /sɥivʀ/ **I** vtr to follow; [▸actualité] to keep up with; [▸cours] to take; (aller) to go to class. **II** vi to follow; *(prière de) faire suivre* please forward.

sujet, -ette /syʒɛ, ɛt/ **I** adj *sujet à* [▸rhumes, etc] prone to. **II** nm subject; *au sujet*

de about; (question à traiter) question; (raison) cause.

summum /sɔmɔm/ nm height.

super /sypɛʀ/ **I** ⊚ adj inv great⊚. **II** nm four-star (petrol)GB, super, high-octane gasolineUS. **III** ⊚ excl great⊚!

superbe /sypɛʀb/ adj superb.

supercherie /sypɛʀʃəʀi/ nf hoax.

supérette /sypeʀɛt/ nf minimarket.

superficie /sypɛʀfisi/ nf area.

superficiel, -ielle /sypɛʀfisjɛl/ adj superficial.

superflu, -e /sypɛʀfly/ **I** adj superfluous. **II** nm surplus.

supérieur, -e /sypeʀjœʀ/ **I** adj [qualité, ton] superior; [membre, niveau] upper; *supérieur (à)* [vitesse, etc] higher (than); *supérieur à la moyenne* above average. **II** nm,f superior. **III** nm UNIV higher education.

supériorité /sypeʀjɔʀite/ nf superiority.

superlatif, -ive /sypɛʀlatif, iv/ adj, nm superlative.

supermarché /sypɛʀmaʀʃe/ nm supermarket.

superposer /sypɛʀpoze/ vtr to stack (up); *lits superposés* bunk beds.

superpuissance /sypɛʀpɥisãs/ nf superpower.

superstitieux, -ieuse /sypɛʀstisjø, jøz/ adj superstitious.

superstition /sypɛʀstisjõ/ nf superstition.

superviser /sypɛʀvize/ vtr to supervise.

supplanter /syplãte/ vtr to supplant (in).

suppléant, -e /sypleã, ãt/ nm,f (de juge) deputy; (d'enseignant) supplyGB, substituteUS teacher; (de médecin) stand-in (doctor); *poste de suppléant* temporary replacement post.

suppléer /syplee/ vtr ind *suppléer à* to make up for.

supplément /syplemã/ nm extra charge; *supplément d'information* additional information; *en supplément* extra; (magazine) supplement.

supplémentaire /syplemãtɛʀ/ adj additional, extra; *un obstacle supplémentaire* another obstacle.

supplice /syplis/ nm torture.

supplier /syplije/ *vtr* *supplier qn de faire qch* to beg sb to do sth.

support /sypɔʀ/ *nm* support; (console) stand; (aide) backup; *support audiovisuel* audio-visual aid.

supportable /sypɔʀtabl/ *adj* bearable.

supporter[1] /sypɔʀte/ *vtr* [▸édifice] to support; [▸dépenses] to bear; [▸privations, sarcasme] to put up with; [▸souffrance] to endure; [▸chaleur, voyage] to stand.

supporter[2] /sypɔʀtœʀ/ *nmf* supporter.

supposer /sypoze/ *vtr* to suppose; (tenir pour probable) to assume; *cela suppose que* this presupposes that.

supposition /sypozisjɔ̃/ *nf* supposition, assumption.

suppositoire /sypozitwaʀ/ *nm* suppository.

suppression /sypʀesjɔ̃/ *nf* (de preuves, faits) suppression; (de chômage, défauts) elimination; (de mot) deletion; (de produits) discontinuation; *suppressions d'emplois* job cuts.

supprimer /sypʀime/ **I** *vtr* to cut; [▸contrôle, censure] to lift, to abolish; [▸effet, cause, obstacle, mur] to remove; [▸mot, ligne] to delete; [▸liberté] to take [sth] away; (tuer) to eliminate. **II se supprimer** *vpr* to do away with oneself.

suprématie /sypʀemasi/ *nf* supremacy.

suprême /sypʀɛm/ *adj* supreme.

sur /syʀ/ *prép* on; (au-dessus de) over; *un pont sur la rivière* a bridge across the river; (dans) *sur toute la France* all over France; (par) by; *un mètre sur deux* one metre[GB] by two; [débat, thèse] on; [étude, poème] about; (parmi) *un sur dix* one out of ten; *un mardi sur deux* every other Tuesday; *coup sur coup* in a row; *sur le moment* at the time; (pendant) over; *sur trois ans* over three years; *sur ce, je pars* with that, I must go.

sûr, -e /syʀ/ **I** *adj* reliable; [avis, investissement] sound; (sans danger) safe; (convaincu) sure; *j'en suis sûr et certain* I'm positive (about it); *sûr de soi* self-confident. **II** *adv* *bien sûr (que oui)* of course; *bien sûr que non* of course not.

surbrillance /syʀbʀijɑ̃s/ *nf* ORDINAT highlight, inverse video.

surcharge /syʀʃaʀʒ/ *nf* excess load, overload.

surchargé, -e /syʀʃaʀʒe/ *adj* surchargé *(de)* overloaded (with).

surcharger /syʀʃaʀʒe/ *vtr* surcharger *(de)* to overload (with); (accabler) to overburden (with).

surclasser /syʀklase/ *vtr* to outclass.

surcroît, surcroit /syʀkʀwɑ/ *nm de surcroît* moreover.

surdité /syʀdite/ *nf* deafness.

surdoué, -e /syʀdwe/ *adj* exceptionally gifted.

surélever /syʀelve/ *vtr* to raise.

sûrement, surement /syʀmɑ̃/ *adv* most probably; *il est sûrement malade* he must be ill; (bien sûr) certainly; (sans risque) safely.

sûreté, sureté /syʀte/ *nf* safety; (d'investissement) soundness; (de pays) security; *en sûreté* safe.

surévaluer /syʀevalɥe/ *vtr* [▸œuvre] to overvalue; [▸coût] to overestimate.

surexcité, -e /syʀɛksite/ *adj* excited.

surf /sœʀf/ *nm* surfing; *surf des neiges* snowboard.

surface /syʀfas/ *nf* surface; *refaire surface* to resurface.

surfait, -e /syʀfɛ, ɛt/ *adj* overrated.

surfer /sœʀfe/ *vi* to go surfing; *surfer sur Internet* to surf the Internet.

surgelé, -e /syʀʒəle/ **I** *adj* deep-frozen. **II** *nm les surgelés* frozen food ⊄.

surgir /syʀʒiʀ/ *vi* surgir *(de)* to appear suddenly (from).

sur-le-champ /syʀləʃɑ̃/ *adv* right away.

surlendemain /syʀlɑ̃dəmɛ̃/ *nm le surlendemain* two days later.

surligner /syʀliɲe/ *vtr* to highlight.

surligneur /syʀliɲœʀ/ *nm* highlighter (pen).

surmédicaliser /syʀmedikalize/ *vtr* to overmedicalize.

surmenage /syʀmənaʒ/ *nm* overwork.

surmener /syʀməne/ **I** *vtr* to overwork. **II se surmener** *vpr* to push oneself too hard.

surmonter /syʀmɔ̃te/ *vtr* to overcome.

surnaturel, -elle /syʀnatyʀɛl/ *adj* supernatural.

surnom /syʀnɔ̃/ *nm* nickname.

surnommer /syʀnɔme/ *vtr* to nickname.

surnombre /syʀnɔ̃bʀ/ *nm* ***nous sommes en surnombre*** there are too many of us.

surpasser /syʀpase/ **I** *vtr* to surpass, to outdo. **II se surpasser** *vpr* to surpass oneself.

surpeuplé, **-e** /syʀpœple/ *adj* [pays] over-populated; [train, rue] overcrowded.

surplomber /syʀplɔ̃be/ *vtr* to overhang.

surplus /syʀply(s)/ *nm* surplus.

surprenant, **-e** /syʀpʀənɑ̃, ɑ̃t/ *adj* surprising, amazing.

surprendre /syʀpʀɑ̃dʀ/ *vtr* [▸personne] to surprise; [▸conversation] to overhear; [▸regard] to intercept.

surprise /syʀpʀiz/ *nf* surprise; ***voyage surprise*** unexpected trip; ***grève surprise*** lightning strike.

surréaliste /syʀ(ʀ)ealist/ *adj* [œuvre, auteur] surrealist; [vision] surreal.

sursaut /syʀso/ *nm* ***en sursaut*** with a start; (d'énergie) sudden burst; (d'orgueil) flash.

sursauter /syʀsote/ *vi* to jump, to start.

sursis /syʀsi/ *nm* respite; JUR suspended sentence; ***deux ans avec sursis*** a two-year suspended sentence.

surtaxe /syʀtaks/ *nf* surcharge.

surtitre /syʀtitʀ/ *nm* subheading.

surtout /syʀtu/ *adv* above all; ***surtout pas!*** certainly not!

surveillance /syʀvɛjɑ̃s/ *nf* watch; (contrôle) supervision; (par la police) surveillance.

surveillant, **-e** /syʀvɛjɑ̃, ɑ̃t/ *nm,f* supervisor; ***surveillant de prison*** prison guard; (dans un magasin) store detective.

surveiller /syʀveje/ *vtr* to watch, to keep an eye on; [▸travail] to supervise, to oversee; [▸classe] to supervise; [▸machine] to man, to monitor.

survenir /syʀvəniʀ/ *vi* to arrive unexpectedly; [personne] to turn up; [difficulté] to arise.

survêtement /syʀvɛtmɑ̃/ *nm* tracksuit.

survie /syʀvi/ *nf* survival.

survivance /syʀvivɑ̃s/ *nf* survival.

survivant, **-e** /syʀvivɑ̃, ɑ̃t/ *nm,f* survivor.

survivre /syʀvivʀ/ *vtr ind* ***survivre à*** to survive; ***survivre à qn*** to outlive sb, to survive sb; [œuvre] to outlast sb.

survol /syʀvɔl/ *nm* flying over; (de sujet) brief account.

survoler /syʀvɔle/ *vtr* to fly over; [▸livre] to skim through.

survolté©, **-e** /syʀvɔlte/ *adj* overexcited.

sus: **en sus** /ɑ̃sy/ *loc adv* ***être en sus*** to be extra; ***en sus de*** on top of.

susceptibilité /sysɛptibilite/ *nf* touchiness.

susceptible /sysɛptibl/ *adj* touchy; ***susceptible de*** likely to.

susciter /sysite/ *vtr* [▸intérêt] to arouse; [▸problème] to create.

suspect, **-e** /syspɛ, ɛkt/ **I** *adj* suspicious; [information] dubious; [aliment] suspect. **II** *nm,f* suspect.

suspecter /syspɛkte/ *vtr* to suspect.

suspendre /syspɑ̃dʀ/ **I** *vtr* (accrocher) to hang up; [▸fonctionnaire, relations, paiement] to suspend; [▸diffusion] to stop. **II se suspendre** *vpr* to hang (from).

suspens: **en suspens** /ɑ̃syspɑ̃/ *loc adv* [problème] outstanding; (dans l'expectative) in suspense.

suspense /syspɛns/ *nm* suspense.

suspension /syspɑ̃sjɔ̃/ *nf* suspension; (d'enquête) adjournment; (éclairage) pendant.

suspicion /syspisjɔ̃/ *nf* suspicion.

suture /sytyʀ/ *nf* ***point de suture*** stitch.

svelte /svɛlt/ *adj* slender.

SVP (*abrév écrite* = **s'il vous plaît**) please.

syllabe /sillab/ *nf* syllable.

symbole /sɛ̃bɔl/ *nm* symbol.

symbolique /sɛ̃bɔlik/ *adj* symbolic.

symétrie /simetʀi/ *nf* symmetry.

symétrique /simetʀik/ *adj* symmetrical.

sympa© /sɛ̃pa/ *adj inv* nice.

sympathie /sɛ̃pati/ *nf* ***avoir de la sympathie pour qn*** to like sb; (compassion) sympathy.

sympathique /sɛ̃patik/ *adj* nice, likeable; [endroit] nice, pleasant.

sympathisant, **-e** /sɛ̃patizɑ̃, ɑ̃t/ *nm,f* sympathizer.

sympathiser /sɛ̃patize/ *vi* ***sympathiser avec qn*** to take to sb.

symphonie /sɛ̃fɔni/ *nf* symphony.

symphonique /sɛ̃fɔnik/ *adj* symphonic.

symptomatique /sɛ̃ptɔmatik/ adj symptomatic.

symptôme /sɛ̃ptom/ nm symptom.

synagogue /sinagɔg/ nf synagogue.

syndic /sɛ̃dik/ nm property manager.

syndical, -e, mpl **-aux** /sɛ̃dikal, o/ adj union (épith); ***droit syndical*** (trade) union law.

syndicalisme /sɛ̃dikalism/ nm trade unionism; (activité) union activities (pl).

syndicaliste /sɛ̃dikalist/ nmf union activist.

syndicat /sɛ̃dika/ nm trade union^GB, labor union^US; (d'employeurs) association.
■ **syndicat d'initiative** tourist information office.

syndiqué, -e /sɛ̃dike/ nm,f union member.

syndiquer /sɛ̃dike/ **I** vtr to unionize. **II se syndiquer** vpr to join a union.

syndrome /sɛ̃dʀom/ nm syndrome.

synergie /sinɛʀzi/ nf synergy.

synonyme /sinɔnim/ **I** adj ***synonyme (de)*** synonymous (with). **II** nm synonym.

syntaxe /sɛ̃taks/ nf syntax.

synthèse /sɛ̃tɛz/ nf summary; (en chimie) synthesis; ORDINAT ***images de synthèse*** computer-generated images.

synthétique /sɛ̃tetik/ **I** adj synthetic. **II** nm synthetic material.

synthétiseur /sɛ̃tetizœʀ/ nm MUS synthesizer.

Syrie /siʀi/ nprf Syria.

systématique /sistematik/ adj systematic.

système /sistɛm/ nm system; ***système D***^© resourcefulness; ORDINAT ***système d'exploitation*** operating system.

t

T /te/ *nm* **en (forme de)** *T* T-shaped.

t' ▶ **te.**

ta ▶ **ton¹.**

tabac /taba/ *nm* tobacco; (magasin) tobacconist's^GB, smoke shop^US.
● **faire un tabac**© to be a big hit.

tabasser® /tabase/ *vtr* to beat up; **se faire tabasser** to get a beating.

table /tabl/ *nf* table.
■ **table basse** coffee table; **table de chevet** bedside table^GB, nightstand^US; **table d'écoute** wiretapping set; **table des matières** (table of) contents; **table à repasser** ironing board; **table roulante** trolley^GB.

tableau, *pl* -**x** /tablo/ *nm* picture; (peinture) painting; (graphique) table, chart; **tableau (noir)** blackboard; RAIL indicator board; **tableau horaire** timetable.
■ **tableau d'affichage** notice board^GB; **tableau de bord** AUT dashboard; AVIAT instrument panel; **tableau d'honneur** honours board^GB, honor roll^US.

tablette /tablɛt/ *nf* bar; (de chewing-gum) stick; (étagère) shelf.

tableur /tablœʀ/ *nm* spreadsheet.

tablier /tablije/ *nm* apron; (de pont) roadway.

tabou /tabu/ *adj, nm* taboo.

tabouret /tabuʀɛ/ *nm* stool.

tac /tak/ *nm* **du tac au tac** as quick as a flash.

tache /taʃ/ *nf* stain; (sur un fruit) mark; (sur la peau) blotch, mark; (de couleur) (petite) spot; (plus grande) patch.
■ **taches de rousseur** freckles.

tâche /taʃ/ *nf* task, job; (ménagère) chore.

tacher /taʃe/ **I** *vtr, vi* to stain. **II se tacher** *vpr* to get oneself dirty.

tâcher /taʃe/ *vtr ind* **tâcher de faire** to try to do.

tacot© /tako/ *nm* banger©^GB, crate©^US.

tact /takt/ *nm* tact.

tactique /taktik/ **I** *adj* tactical. **II** *nf* tactics *(pl)*; **une tactique** a tactic.

taf© /taf/ *nm* work.

taie /tɛ/ *nf* **taie (d'oreiller)** pillowcase.

taille /taj/ *nf* (partie du corps, de vêtement) waist, waistline; (volume, importance) size; **être de taille à faire** to be capable of doing; (de vêtement) size; **taille unique** one size; (hauteur) height; **de petite taille** short.

taille-crayon, *pl* -**s** /tajkʀɛjɔ̃/ *nm* pencil sharpener.

tailler /taje/ **I** *vtr* to cut; (▶crayon) to sharpen; (▶arbre) to prune; (▶cheveux, barbe) to trim. **II se tailler** *vpr* (▶empire) to carve out [sth] for oneself; (▶part de marché) to corner; (s'enfuir)® to beat it®.

tailleur /tajœʀ/ *nm* (woman's) suit; (personne) tailor; **assis en tailleur** sitting cross-legged.

taillis /taji/ *nm* undergrowth ¢.

taire /tɛʀ/ **I** *vtr* (▶vérité) to hush up. **II se taire** *vpr* to be silent; **se taire sur qch** to keep quiet about sth; **tais-toi!** be quiet!

Taiwan /tajwan/ *nprm* Taiwan.

talc /talk/ *nm* talc, talcum powder.

talent /talɑ̃/ *nm* talent; **de talent** talented, gifted.

talentueux, -**euse** /talɑ̃tɥø, øz/ *adj* talented, gifted.

taliban /talibɑ̃/ *nm* Taliban, Taleban.

talon /talɔ̃/ *nm* heel; **talon aiguille** stiletto heel; (de carnet) stub; (aux cartes) pile.

talonner /talɔne/ *vtr* **talonner qn** to be hot on sb's heels.

talus /taly/ *nm* embankment.

tamanoir /tamanwaʀ/ *nm* anteater.

tambour /tɑ̃buʀ/ *nm* drum.
● **tambour battant** briskly.

tambouriner /tɑ̃buʀine/ *vi* to drum on.

tamis /tami/ *nm* sieve.

Tamise /tamiz/ *nprf* **la Tamise** the Thames.

tampon /tɑ̃pɔ̃/ *nm* stamp; **tampon (encreur)** (ink) pad; (pour frotter) pad; (pour boucher) plug.
■ **tampon hygiénique** tampon.

tamponner

tamponner /tɑ̃pɔne/ *vtr* [▸plaie] to swab; [▸front] to mop; [▸document] to stamp; [▸véhicule] to crash into.

tamponneuse /tɑ̃pɔnøz/ *adj f* **auto tamponneuse** bumper car, dodgem.

tam-tam, *pl* **-s** /tamtam/ *nm* tomtom.

tandem /tɑ̃dɛm/ *nm* (vélo) tandem; (duo) duo.

tandis: **tandis que** /tɑ̃di(s)kə/ *loc conj* while.

tangage /tɑ̃gaʒ/ *nm* pitching.

tango /tɑ̃go/ *nm* tango.

tanguer /tɑ̃ge/ *vi* to pitch; [personne] to be unsteady on one's feet.

tanière /tanjɛʀ/ *nf* den.

tank /tɑ̃k/ *nm* tank.

tanner /tane/ *vtr* to tan; (lasser)© to badger©.

tant /tɑ̃/ **I** *adv* so much; (+ participe passé) much; (remplaçant un nombre) **gagner tant par mois** to earn so much a month. **II tant de** *dét indéf* so many; (+ non dénombrable) so much. **III** (dans des locutions) **tant pis** too bad; **tant mieux** so much the better; **en tant que mère** as a mother; **tant que ça**©? (+ dénombrable) that many?; (+ non dénombrable ou verbe) that much? **IV tant que** *loc conj* so much that; (comparaison) so much as; (temps) as long as, while.

tante /tɑ̃t/ *nf* aunt; **tante Julie** aunt Julie.

tantôt /tɑ̃to/ *adv* **tantôt... tantôt** sometimes…, (and) sometimes.

Tanzanie /tɑ̃zani/ *nprf* Tanzania.

taon /tɑ̃/ *nm* horsefly.

tapage /tapaʒ/ *nm* din, racket©; **tapage médiatique** media hype©.
■ **tapage nocturne** ≈ disturbance of the peace by night.

tapageur, **-euse** /tapaʒœʀ, øz/ *adj* [luxe] showy; [propos] ostentatious.

tapante /tapɑ̃t/ *adj f* **à trois heures tapantes** at three o'clock sharp.

tape /tap/ *nf* pat; (forte) slap.

tape-à-l'œil /tapalœj/ *adj inv* flashy.

taper /tape/ **I** *vtr* to hit; (à la machine) to type. **II taper sur** *vtr ind* to hit; (critiquer)© to badmouth©. **III** *vi* (des mains) to clap; (des pieds) to stamp; (à la porte) to knock at; **taper dans un ballon** to kick a ball around. **IV se taper** *vpr* (l'un l'autre) **se taper**© **dessus**

to knock each other about ; [▸corvée]© to get stuck with©; (consommer)© to have.

tapir: **se tapir** /tapiʀ/ *vpr* to hide, to crouch.

tapis /tapi/ *nm* carpet, rug.
■ **tapis de bain(s)** bathmat; **tapis roulant** moving walkway; (pour bagages) carousel; (pour marchandises) conveyor belt.

tapisser /tapise/ *vtr* **tapisser (de)** [▸mur] to decorate (with); [▸fauteuil] to cover (with).

tapisserie /tapisʀi/ *nf* tapestry; (papier peint) wallpaper.
● **faire tapisserie** to be a wallflower.

tapissier, **-ière** /tapisje, jɛʀ/ *nm,f* upholsterer; (artiste) tapestry maker.

tapoter /tapɔte/ *vtr* to tap; [▸joues, dos] to pat.

taquin, **-e** /takɛ̃, in/ **I** *adj* tease; **il est très taquin** he's a great tease. **II** *nm,f* tease(r).

taquiner /takine/ *vtr* to tease.

taquinerie /takinʀi/ *nf* teasing ¢.

tarabiscoté©, **-e** /taʀabiskɔte/ *adj* [esprit, style] convoluted.

taratata© /taʀatata/ *excl* nonsense!

tard /taʀ/ **I** *adv* late; **plus tard** later; **au plus tard** at the latest. **II sur le tard** *loc adv* late in life.

tarder /taʀde/ **I** *vi* **tarder à faire qch** (être lent) to take a long time doing sth; (différer) to put off doing sth; **trop tarder à** to wait too long; **sans tarder** immediately. **II** *v impers* **il me tarde de la voir** I'm longing to see her.

tardif, **-ive** /taʀdif, iv/ *adj* late; [excuses] belated.

tare /taʀ/ *nf* tare; MÉD defect.

taré, **-e** /taʀe/ *adj* MÉD with a defect; (fou)© INJUR crazy©.

tarif /taʀif/ *nm* rate; (de transport) fare; (de consultation) fee; (liste des prix) price list; **plein tarif** full price.

tarir /taʀiʀ/ **I** *vi* **ne pas tarir sur qn/qch** to talk endlessly about sb/sth. **II se tarir** *vpr* to dry up.

tarte /taʀt/ **I** © *adj* daft©GB, daffy©US; ridiculous. **II** *nf* tart; **tarte aux pommes** apple tart; (gifle)© wallop©.
■ **tarte à la crème** stereotype; (gag) slapstick.
● **c'est pas de la tarte**© it's no picnic©.

tartelette /taʀtəlɛt/ *nf* tart.

tartine /taʀtin/ *nf* slice of bread; *tartine de beurre* slice of bread and butter; *il y en a une tartine*©! there's reams of it!

tartiner /taʀtine/ *vtr* to spread.

tartre /taʀtʀ/ *nm* (dans une bouilloire) scale, fur[GB]; (sur les dents) tartar.

tas /tɑ/ **I** *nm* heap, pile; (beaucoup) *un tas (de), des tas (de)* lots (of), loads© (of). **II dans le tas** *loc adv* [police] indiscriminately. **III sur le tas** *loc adv* [apprendre] on the job; *grève sur le tas* sit-down strike.

tasse /tɑs/ *nf* cup; *tasse à thé* teacup.

tasser /tɑse/ **I** *vtr* to pack, to press down. **II se tasser** *vpr* (se serrer) to squash up; [conflit]© to die down, to settle down.

tata© /tata/ *nf* auntie.

tâter /tate/ **I** *vtr* to feel. **II tâter de** *vtr ind* to try out. **III se tâter** *vpr* to think about it.
● **tâter le terrain** to put out feelers.

tatillon, -onne /tatijɔ̃, ɔn/ *adj* nit-picking.

tâtonnement /tatɔnmɑ̃/ *nm* groping around in the dark; *dix années de tâtonnements* ten years of trial and error.

tâtonner /tatɔne/ *vi* to grope around.

tâtons: **à tâtons** /atatɔ̃/ *loc adv* *avancer à tâtons* to feel one's way along.

tatouage /tatwaʒ/ *nm* tattoo; (procédé) tattooing.

tatouer /tatwe/ *vtr* to tattoo.

taudis /todi/ *nm* hovel.

taule® /tol/ *nf* prison, nick©[GB].

taupe /top/ *nf* mole; PÉJ *une vieille taupe*© an old bag© PÉJ; (espion)© mole.

taureau, pl -x /tɔro/ *nm* bull.

Taureau /tɔro/ *nprm* Taurus.

taux /to/ *nm* rate; (d'albumine) level.

taxe /taks/ *nf* tax; *hors taxes* duty-free.
■ **taxe à la valeur ajoutée** value-added tax.

taxer /takse/ *vtr* to tax; *taxer qn de qch* to accuse sb of.

taxi /taksi/ *nm* taxi, cab[US].

taxiphone /taksifɔn/ *nm* payphone.

tchador /tʃadɔʀ/ *nm* chador.

tchao© /tʃao/ *excl* bye©!, see you©!

tchin(-tchin)© /tʃin(tʃin)/ *excl* cheers!

TD /tede/ *nmpl* (*abrév* = **travaux dirigés**) practical[GB] (*sg*).

te (**t'** *devant voyelle ou h muet*) /t(ə)/ *pron pers* you; (pron réfléchi) yourself.

té /te/ *nm* T-square; *en té* T-shaped.

technicien, -ienne /tɛknisjɛ̃, ɛn/ *nm,f* technician.

technique /tɛknik/ **I** *adj* technical. **II** *nf* technique; IND technology ¢.

techno /tɛkno/ *adj, nf* MUS techno.

technocrate /tɛknɔkrat/ *nmf* technocrat.

technologie /tɛknɔlɔʒi/ *nf* technology.

technopole /tɛknɔpɔl/ *nf* science park.

teck /tɛk/ *nm* teak.

teckel /tekɛl/ *nm* dachshund.

tee-shirt, pl -s /tiʃœʀt/ *nm* T-shirt.

teindre /tɛ̃dʀ/ **I** *vtr* to dye; [▸ bois] to stain. **II se teindre** *vpr* *se teindre les cheveux (en vert)* to dye one's hair (green).

teint /tɛ̃/ *nm* complexion.

teinte /tɛ̃t/ *nf* shade; (couleur) colour[GB].

teinté, -e /tɛ̃te/ *adj* [lunettes, verre] tinted; [bois] stained; FIG [sentiment, couleur] *teinté de* tinged with.

teinter /tɛ̃te/ **I** *vtr* to tint; [▸ bois] to stain. **II se teinter de** *vpr* to become tinged with.

teinture /tɛ̃tyʀ/ *nf* dye; *teinture d'iode* tincture of iodine; *se faire une teinture* to dye one's hair.

teinturerie /tɛ̃tyʀʀi/ *nf* (dry-)cleaner's.

teinturier, -ière /tɛ̃tyʀje, jɛʀ/ *nm,f* dry-cleaner.

tel, -le /tɛl/ **I** *adj* such; *un tel homme* such a man, a man like that. **II** *pron indéf* some. **III tel que** *loc conj* as; (conséquence) such... that, so... that. **IV de telle façon/manière/sorte que** *loc conj* so that; (de conséquence) in such a way that.

télé© /tele/ *adj inv, nf* TV.

téléachat /teleaʃa/ *nm* teleshopping.

téléassistance /teleasistɑ̃s/ *nf* remote support, hotline.

téléboutique /telebutik/ *nf* phone shop[GB], phone store[US].

télécabine /telekabin/ *nf* cable car.

télécarte /telekaʀt/ *nf* phonecard[GB].

téléchargement /teleʃaʀzəmã/ nm downloading.

télécharger /teleʃaʀze/ vtr to download.

télécommande /telekɔmãd/ nf remote control.

télécommander /telekɔmãde/ vtr [▸ appareil, dispositif, véhicule] to operate [sth] by remote control; *voiture télécommandée* remote-controlled car; [▸ opération] to mastermind.

télécommunications /telekɔmynikasjɔ̃/ nfpl telecommunications.

téléconférence /telekɔ̃feʀãs/ nf (système) teleconferencing; (séance) conference call.

télécopie /telekɔpi/ nf fax.

télécopier /telekɔpie/ vtr to fax.

télécopieur /telekɔpjœʀ/ nm fax machine, fax.

téléenseignement /teleãsɛɲəmã/ nm distance learning.

téléfilm /telefilm/ nm TV film, TV movie.

télégramme /telegʀam/ nm telegram, cable[US].

télégraphier /telegʀafje/ vtr to telegraph, to send a telegram[GB], a cable[US].

téléguider /telegide/ vtr to control [sth] by radio.

télématique /telematik/ n telematics (sg).

téléobjectif /teleɔbzɛktif/ nm telephoto lens.

télépaiement /telepɛmã/ nm remote payment.

téléphérique /teleferik/ nm cable car.

téléphone /telefɔn/ nm phone; *téléphone à carte* cardphone.
■ **téléphone portable** mobile; **le téléphone rouge** the hotline.

téléphoner /telefɔne/ vtr, vi, vpr to phone.

téléphonie /telefɔni/ nf telephony.
■ **téléphonie mobile** mobile/cellular telephony.

téléphonique /telefɔnik/ adj (tele)phone.

téléréalité /telerealite/ nf reality TV.

télescopage /telɛskɔpaʒ/ nm collision.

télescope /telɛskɔp/ nm telescope.

télescoper /telɛskɔpe/ vtr, vpr to collide (with).

téléscripteur /teleskʀiptœʀ/ nm teleprinter[GB], teletypewriter[US].

télésiège /telesjɛʒ/ nm chair lift.

téléski /teleski/ nm ski tow.

téléspectateur, -trice /telespɛktatœʀ, tʀis/ nm,f viewer.

télésurveillance /telesyʀvɛjãs/ nf electronic surveillance.

télétransmission /teletʀãsmisjɔ̃/ nf teletransmission.

télévente /televãt/ nf telesales (pl).

télévisé, -e /televize/ adj [programme] television; [débat] televised.

téléviseur /televizœʀ/ nm television (set).

télévision /televizjɔ̃/ nf television, TV.

tellement /tɛlmã/ **I** adv so; (+ verbe ou un comparatif) so much. **II** conj so. **III** **tellement de** dét indéf so many; (+ non dénombrable) so much. **IV** **tellement que** loc conj so… that.

téméraire /temeʀɛʀ/ adj reckless; [jugement] rash.

témoignage /temwaɲaʒ/ nm (au cours d'une enquête) evidence ¢; (déposition) evidence ¢, testimony; (compte rendu) account; *en témoignage de* as a token of.

témoigner /temwaɲe/ **I** vtr JUR to testify; (montrer) to show. **II** **témoigner de** vtr ind *témoigner de* to show; (se porter garant de) to vouch for. **III** vi JUR to give evidence.

témoin /temwɛ̃/ nm witness; *témoin oculaire* eyewitness; (voyant lumineux) indicator light; (dans une course de relais) baton.

tempe /tãp/ nf temple; *appuyer un pistolet sur la tempe de qn* to hold a gun to sb's head.

tempérament /tãpeʀamã/ nm disposition; *à tempérament* by instalments[GB].

température /tãpeʀatyʀ/ nf temperature.

tempérer /tãpeʀe/ vtr to temper.

tempête /tãpɛt/ nf MÉTÉO (sans pluie) gale; (avec pluie) storm; (agitation) uproar.

tempêter /tãpete/ vi *tempêter (contre)* to rage (against).

temple /tãpl/ nm temple; (protestant) church.

temporaire /tãpɔʀɛʀ/ adj temporary.

temporel, -elle /tãpɔʀɛl/ adj temporal; *biens temporels* worldly goods.

temporiser /tãpɔʀize/ vi to stall.

temps /tã/ *nm* MÉTÉO weather ¢; (durée, moment, époque) time; *dans quelque temps* in a while; (phase) stage; *dans un premier/ dernier temps* first/finally; LING (de verbe) tense; (de moteur) stroke.

● **se payer du bon temps**© to have a whale of a time©.

tenable /tənabl/ *adj* bearable; (défendable) tenable.

tenace /tənas/ *adj* stubborn; [brume, toux] persistent.

ténacité /tenasite/ *nf* tenacity.

tenaille /tənɑj/ *nf* pincers (*pl*).

tenailler /tənɑje/ *vtr* **tenaillé par le remords** racked with remorse.

tendance /tãdãs/ *nf* tendency; *avoir tendance à faire* to tend to do; (mode) trend.

tendancieux, -ieuse /tãdãsjø, jøz/ *adj* biased, tendentious.

tendeur /tãdœʀ/ *nm* guy rope; (de porte-bagages, galerie) elastic strap.

tendon /tãdɔ̃/ *nm* tendon.

tendre[1] /tãdʀ/ **I** *vtr* [▸corde] to tighten; [▸élastique] to stretch; [▸ressort] to extend; *tendre le cou* to crane one's neck; (offrir) *tendre qch à qn* to hold sth out to sb; *tendre l'oreille* to prick up one's ears. **II tendre à** vu lnd to strive for; (avoir tendance à) to tend to. **III** *vi* **tendre vers** to strive for; (se rapprocher) *tendre vers* [▸valeur, chiffre] to approach; [▸zéro, infini] to tend to. **IV se tendre** *vpr* to tighten; (devenir conflictuel) to become strained.

tendre[2] /tãdʀ/ *adj* [peau, etc] tender; [ami] dear.

tendrement /tãdʀəmã/ *adv* tenderly.

tendresse /tãdʀɛs/ *nf* tenderness.

tendu, -e /tãdy/ **I** *pp* ▸ **tendre**[1]. **II** *adj* tight; [personne, réunion] tense.

ténèbres /tenɛbʀ/ *nfpl* **les ténèbres** darkness ¢.

teneur /tənœʀ/ *nf* content; (d'un discours) tenor.

tenir /təniʀ/ **I** *vtr* to hold; (considérer) *tenir qn/qch pour responsable* to hold sb/ sth responsible; [▸maison, promesse, journal] to keep; [▸standard] to be in charge of. **II tenir à** *vtr ind* to be fond of, to like; [▸réputation, vie] to value; (vouloir) to want; (être dû à) to be due to. **III tenir de** *vtr ind* to take after; (savoir) to know from. **IV** *vi* [attache,

corde] to hold (out); [timbre, colle] to stick; (ne pas céder) to hang on; (durer) to last; [alibi] to stand up; *tenir (dans)* [personnes, objets] to fit (into). **V se tenir** *vpr* (s'accrocher) to hold on; (demeurer) to be, to stay; (se comporter) to behave; [manifestation, exposition] to be held; [raisonnement, œuvre] to hold together; *se tenir pour* to consider oneself to be; *s'en tenir à* to keep to. **VI** *v impers* **il ne tient qu'à toi de faire** it's up to you if you do. **VII tiens** *excl* **tiens tiens (tiens)!** well, well!

tennis /tenis/ **I** *nm* tennis; *tennis de table* table tennis. **II** *nm/f* tennis shoe, sneaker[US].

tension /tãsjɔ̃/ *nf* tension; *tension (artérielle)* blood pressure; *être sous tension* to be under stress.

tentacule /tãtakyl/ *nm* tentacle.

tentant, -e /tãtã, ãt/ *adj* tempting.

tentation /tãtasjɔ̃/ *nf* temptation.

tentative /tãtativ/ *nf* attempt.

tente /tãt/ *nf* tent.

tenter /tãte/ *vtr* to attempt, to try; *tenter sa chance* to try one's luck; (attirer) to tempt.

tenture /tãtyʀ/ *nf* **tentures** (décoratif) draperies; (aux murs) fabric wall covering.

tenu, -e /təny/ *adj* *bien/mal tenu* well/ badly kept; *tenu de faire* required to do; *tenu à* bound by.

tenue /təny/ *nf* (vestimentaire) dress ¢, clothes (*pl*); *avoir de la tenue* to have good manners; (posture) posture ¢.

■ **tenue de cérémonie** ceremonial dress ¢; **tenue de route** roadholding ¢.

ter /tɛʀ/ *adv* ter, three times.

térébenthine /teʀebãtin/ *nf (essence de) térébenthine* turpentine.

tergal® /tɛʀgal/ *nm* Terylene®.

terme /tɛʀm/ **I** *nm* term; (échéance) end; (date de paiement du loyer) due date; *à long/ court terme* long-/short-term. **II termes** *nmpl* (relations) terms; *en bons termes* on good terms.

● **trouver un moyen terme** (équilibre) to find a happy medium; (compromis) to find a compromise.

terminaison /tɛʀminɛzɔ̃/ *nf* ending.

terminal, -e, *mpl* **-aux** /tɛʀminal, o/ **I** *adj* terminal, final. **II** *nm* terminal.

terminale /tɛʀminal/ *nf* SCOL final year (*of secondary school*).

terminer /tɛʀmine/ **I** *vtr* to finish; (conclure) to end. **II** *vi* to finish; *en terminer avec* to be through with. **III se terminer** *vpr se terminer (par)* to end (with).

terminus /tɛʀminys/ *nm* end of the line; (de bus) terminus.

termite /tɛʀmit/ *nm* termite.

terne /tɛʀn/ *adj* dull; [couleur] drab.

ternir /tɛʀniʀ/ *vtr*, *vpr* [▸métal, réputation] to tarnish.

terrain /tɛʀɛ̃/ *nm* ground; (parcelle) plot of land; (étendue) land ¢; (de jeu, sport) ground; (champ de recherche) field.
▪ **terrain d'aviation** airfield; **terrain de camping** campsite; **terrain de jeu(x)** playground; **terrain vague** wasteland ¢.

terrasse /tɛʀas/ *nf* terrace; *à la terrasse (d'un café)* outside (a café).

terrasser /tɛʀase/ *vtr* to knock down; [maladie] to strike down.

terre /tɛʀ/ **I** *nf* (sol) ground; *sous terre* underground; (matière) earth; AGRIC soil; (région, campagne) land; *la terre entière* the whole world. **II terre à terre** *loc adj inv* basic; [personne] down-to-earth. **III par terre** *loc adv* on the ground; (dedans) on the floor.

Terre /tɛʀ/ *nf* Earth.

terreau, *pl* **-x** /tɛʀo/ *nm* compost.

terre-plein, *pl* **terres-pleins** /tɛʀplɛ̃/ *nm* platform; (de route) central reservation[GB], median strip[US].

terrer: **se terrer** /tɛʀe/ *vpr* to disappear into its burrow; [fugitif] to hide.

terrestre /tɛʀɛstʀ/ *adj* of the Earth (*après n*); [animaux, transport] land (*épith*); *le paradis terrestre* heaven on earth.

terreur /tɛʀœʀ/ *nf* terror.

terrible /tɛʀibl/ *adj* terrible; [soif, envie] tremendous; (remarquable)© terrific©; *pas terrible*© not great.

terriblement /tɛʀibləmɑ̃/ *adv* terribly.

terrien, **-ienne** /tɛʀjɛ̃, jɛn/ *adj propriétaire terrien* landowner.

Terrien, **-ienne** /tɛʀjɛ̃, jɛn/ *nm,f* earthman/earthwoman.

terrier /tɛʀje/ *nm* hole; (de renard) a fox's earth; (chien) terrier.

terrifiant, **-e** /tɛʀifjɑ̃, ɑ̃t/ *adj* terrifying.

terrifier /tɛʀifje/ *vtr* to terrify.

territoire /tɛʀitwaʀ/ *nm* territory; *les territoires occupés* the Occupied territories.

terroir /tɛʀwaʀ/ *nm* region; *vin du terroir* local wine.

terroriser /tɛʀɔʀize/ *vtr* to terrorize.

terrorisme /tɛʀɔʀism/ *nm* terrorism.

terroriste /tɛʀɔʀist/ *adj*, *nmf* terrorist.

tertiaire /tɛʀsjɛʀ/ *adj* [secteur] service.

tes ▸ **ton¹**.

test /tɛst/ *nm* test.

testament /tɛstamɑ̃/ *nm* will; *l'Ancien Testament* the Old Testament.

tester /tɛste/ *vtr* to test.

têtard /tɛtaʀ/ *nm* tadpole.

tête /tɛt/ *nf* head; (visage) face; (esprit) mind; *de tête* from memory; [calculer] in one's head; *tenir tête à qn* to stand up to sb; (direction) leader; (de train) front; (d'arbre, de liste) top; (au football) header; (d'enregistrement, effacement) head.
▪ **tête en l'air** scatterbrain; **tête de chapitre** chapter heading.

tête-à-tête /tɛtatɛt/ *nm inv* tête-à-tête; (de politiciens) private meeting.

tête-bêche /tɛtbɛʃ/ *adv* top-to-tail; (pour des objets) head-to-tail.

tétée /tete/ *nf* feed.

téter /tete/ **I** *vtr* to suck at. **II** *vi* to suckle.

tétine /tetin/ *nf* (de biberon) teat[GB], nipple[US]; (sucette) dummy[GB], pacifier[US].

têtu, **-e** /tety/ *adj* stubborn.

teuf© /tœf/ *nf* party.

texte /tɛkst/ *nm* text; (rôle à apprendre) lines (*pl*), part.

textile /tɛkstil/ *adj*, *nm* textile.

texto¹© /tɛksto/ ▸ **textuellement**.

texto®² /tɛksto/ *nm* text message.

textuellement /tɛkstɥɛlmɑ̃/ *adv* word for word.

TGV /teʒeve/ *nm* (*abrév* = **train à grande vitesse**) TGV, high-speed train.

thaï, **-e** /taj/ **I** *adj* Thai. **II** *nm* LING Thai. **III** *nm,f Thaï*, **-e** Thai.

thaïlandais, **-e** /tajlɑ̃dɛ, ɛz/ *adj nm,f* Thai.

Thaïlande /tajlɑ̃d/ *nprf* Thailand.

thé /te/ *nm* tea.

théâtral, **-e**, *mpl* **-aux** /teatʀal, o/ *adj* [œuvre] dramatic; [saison, compagnie] theatre[GB].

théâtre /teatʀ/ *nm* theatre^GB; (lieu d'une action) scene.

théière /tejɛʀ/ *nf* teapot.

thème /tɛm/ *nm* topic, subject; (musical, de discours) theme; (traduction) prose.

théologie /teɔlɔʒi/ *nf* theology.

théorème /teɔʀɛm/ *nm* theorem.

théoricien, -ienne /teɔʀisjɛ̃, jɛn/ *nm,f* theoretician.

théorie /teɔʀi/ *nf* theory.

théorique /teɔʀik/ *adj* theoretical.

théoriquement /teɔʀikmɑ̃/ *adv* theoretically, in theory.

thérapeute /teʀapøt/ *nmf* therapist.

thérapie /teʀapi/ *nf* therapy.

thermique /tɛʀmik/ *adj* thermal.

thermomètre /tɛʀmɔmɛtʀ/ *nm* thermometer.

thermostat /tɛʀmɔsta/ *nm* thermostat.

thèse /tɛz/ *nf* thesis^GB, dissertation^US; (point de vue) thesis, argument.

thon /tɔ̃/ *nm* tuna.

thym /tɛ̃/ *nm* thyme.

tibia /tibja/ *nm* shinbone.

tic /tik/ *nm* (contraction) tic, twitching.

ticket /tikɛ/ *nm* ticket.
■ **ticket de caisse** till receipt^GB, sales slip^US.

ticket-restaurant®, *pl* **tickets-restaurant** /tikɛʀɛstɔʀɑ̃/ *nm* luncheon voucher^GB.

tic-tac /tiktak/ *nm inv* (aussi onomat) ticktock; *faire tic-tac* to tick.

tiède /tjɛd/ *adj* [eau, accueil] lukewarm; [air, nuit] warm; [température] mild; *servez tiède* serve warm.

tiédir /tjediʀ/ *vi* to warm (up).

tien, -ne /tjɛ̃, tjɛn/ **I** *dét poss* yours. **II le tien, la tienne, les tiens, les tiennes** *pron poss* yours; *à la tienne!* cheers!

tiens /tjɛ̃/ ▶ **tenir VII**.

tiercé /tjɛʀse/ *nm* system of betting on three placed horses; *jouer au tiercé* to bet on the horses.

tiers, tierce /tjɛʀ, tjɛʀs/ **I** *adj* third. **II** *nm* MATH third; (inconnu) outsider; JUR third party.

tiers-monde /tjɛʀmɔ̃d/ *nm* Third World.

tige /tiʒ/ *nf* BOT stem, stalk; (en fer) rod; (en bois) stick.

tignasse© /tiɲas/ *nf* mop of hair.

tigre /tigʀ/ *nm* tiger.

tigré, -e /tigʀe/ *adj* striped.

tigresse /tigʀɛs/ *nf* tigress.

tilleul /tijœl/ *nm* lime (tree); (tisane) lime-blossom tea.

timbale /tɛ̃bal/ *nf* metal tumbler; MUS kettledrum.

timbre /tɛ̃bʀ/ *nm* stamp; (de voix) tone, timbre; (sonnette) bell.

timbré, -e /tɛ̃bʀe/ *adj* [enveloppe] stamped; (fou)© crazy©.

timbre-poste, *pl* **timbres-poste** /tɛ̃bʀə pɔst/ *nm* postage stamp.

timbrer /tɛ̃bʀe/ *vtr* to stamp.

timide /timid/ **I** *adj* shy, timid. **II** *nmf* shy person.

timidité /timidite/ *nf* shyness.

timoré, -e /timɔʀe/ *adj* timorous.

tintamarre /tɛ̃tamaʀ/ *nm* din.

tintement /tɛ̃tmɑ̃/ *nm* (de sonnette) ringing; (verre) clinking.

tinter /tɛ̃te/ *vi* [sonnette] to ring; [verre] to clink.

tique /tik/ *nf* tick.

tir /tiʀ/ *nm* fire ¢; (sport) shooting ¢; (action de tirer) firing ¢; (avec ballon, boule) shot; *tir au but* shot; (à la chasse) shooting ¢.
■ **tir à l'arc** archery.

tirade /tiʀad/ *nf* passage.

tirage /tiʀaʒ/ *nm* (au sort) draw; (impression) impression; (d'un livre) run; (d'un journal) circulation; ORDINAT hard copy; (de négatif) print.

tiraillement /tiʀajmɑ̃/ *nm* nagging pain.

tirailler /tiʀaje/ *vtr* *être tiraillé entre* to be torn between.

tire-bouchon, *pl* **-s** /tiʀbuʃɔ̃/ *nm* corkscrew.

tirelire /tiʀliʀ/ *nf* piggy bank.

tirer /tiʀe/ **I** *vtr* to pull; [▶trait, loterie] to draw; [▶balle] to fire off; [▶flèche] to shoot; [▶penalty] to take; [▶livre] to print; [▶langue] to stick out. **II** *vi* *tirer sur qch* to pull on sth; (avec une arme) to fire at; (au football) to shoot; (au handball, basket-ball) to take a shot; *tirer au sort* to draw lots. **III se tirer** *vpr* *se tirer de* to come through; (partir)® to push off@GB, to split@US. **IV s'en tirer** *vpr* (se débrouiller)® to cope, to manage; (échapper à) [▸accident] to escape.

tiret /tiʀɛ/ *nm* dash.

tireur, -euse /tiʀœʀ, øz/ *nm,f* gunman; *tireur isolé* sniper; *tireur d'élite* marksman.

tiroir /tiʀwaʀ/ *nm* drawer.

tiroir-caisse, *pl* **tiroirs-caisses** /tiʀwaʀ kɛs/ *nm* cash register.

tisane /tizan/ *nf* herbal tea, tisane.

tisonnier /tizɔnje/ *nm* poker.

tissage /tisaʒ/ *nm* weaving ₵.

tisser /tise/ *vtr* to weave; *métier à tisser* weaving loom; *tissé à la main* hand-woven; *récit tissé de mensonges* story riddled with lies; [araignée] to spin.

tisserand, -e /tisʀɑ̃, ɑ̃d/ *nm,f* weaver.

tissu /tisy/ *nm* material, fabric; (ensemble) (d'intrigues) web; *tissu social* social fabric; *un tissu de mensonges* a pack of lies.

titre /titʀ/ *nm* title; (de chapitre) heading; (de journal) headline; *titre de gloire* claim to fame; *à plus d'un titre* in many respects; (valeur boursière) security.
■ *titre de propriété* title deed; **titre de séjour** residence permit; *titre de transport* ticket.

titré, -e /titʀe/ *adj* titled.

tituber /titybe/ *vi* to stagger.

titulaire /titylɛʀ/ *adj* être titulaire de [▸permis] to hold.

TNT /teɛnte/ *nf* (abrév = **télévision numérique terrestre**) digital terrestrial television, DTT.

toast /tost/ *nm* toast ₵; *trois toasts* three pieces of toast; *porter un toast à qch/en l'honneur de qn* to toast sth/sb.

toboggan /tɔbɔgɑ̃/ *nm* slide; AUT flyover.

toc¹ /tɔk/ **I** ® *nm inv* **du toc** a fake. **II** *excl* (also onomat); *toc! toc!* knock! knock!

TOC² /tɔk/ *nm* (abrév = **trouble obsessionnel compulsif**) obsessive-compulsive disorder, OCD.

tocsin /tɔksɛ̃/ *nm* alarm (bell).

toge /tɔʒ/ *nf* gown.

toi /twa/ *pron pers* you; *c'est à toi* it's yours, it's your turn; (réfléchi) yourself.

toile /twal/ *nf* cloth; (de peintre) canvas; (tableau) painting; *la Toile* the Web.
● **se faire une toile**® (cinéma) to go to see a film.
■ **toile d'araignée** spider's web; (dans une maison) cobweb; **toile cirée** oilcloth.

toilette /twalɛt/ **I** *nf* **faire sa toilette** [personne] to have a wash^GB; [animal] to wash itself; (vêtements) outfit. **II toilettes** *nfpl* toilet^GB (sg), bathroom^US (sg); (dans un lieu public) toilets, restroom^US (sg).

toiletter /twalete/ *vtr* to groom.

toi-même /twamɛm/ *pron pers* yourself.

toise /twaz/ *nf* height gauge.

toiser /twaze/ *vtr* **toiser qn** to look sb up and down.

toison /twazɔ̃/ *nf* (de mouton) fleece; (chevelure) mane.

toit /twa/ *nm* roof.
■ **toit ouvrant** sunroof.

toiture /twatyʀ/ *nf* roof.

tôle /tol/ *nf* (plaque) metal sheet; *tôle ondulée* corrugated iron; (prison)® prison.

tolérance /tɔleʀɑ̃s/ *nf* tolerance.

tolérant, -e /tɔleʀɑ̃, ɑ̃t/ *adj* tolerant.

tolérer /tɔleʀe/ *vtr* to tolerate.

tomate /tɔmat/ *nf* tomato.

tombe /tɔ̃b/ *nf* grave; (dalle) gravestone.

tombeau, *pl* **-x** /tɔ̃bo/ *nm* tomb.

tombée /tɔ̃be/ *nf* **à la tombée du jour** at close of day; *à la tombée de la nuit* at nightfall.

tomber /tɔ̃be/ *vi* GÉN to fall; [fièvre] to come down; [vent] to drop; [conversation] to die down; *faire tomber* [▸prix] to bring down; [opposition] to subside; [épaules] to slope; [nouvelle] to break; (rencontrer) *tomber sur* [▸qch] to come across; [▸qn] to run into; *laisser tomber* [▸emploi, activité] to give up; [▸sujet] to drop; *laisse tomber!* forget it!; *laisser tomber qn* to drop sb; (ne plus aider) to let sb down.

tombola /tɔ̃bɔla/ *nf* raffle.

tome /tom/ *nm* volume; (division) part, book.

ton¹, ta, *pl* **tes** /tɔ̃, ta, te/ *dét poss* your.

ton² /tɔ̃/ *nm* (de voix) pitch; *donner le ton* to set the tone; *de bon ton* in good taste, tasteful; (couleur) shade, tone.

tonalité /tɔnalite/ *nf* MUS key; (de téléphone) dialling tone, dial tone[GB].

tondeuse /tɔ̃dœz/ *nf* clippers (*pl*); (de jardin) lawnmower.

tondre /tɔ̃dʀ/ *vtr* to shear; [▸chien] to clip; [▸gazon] to mow.

tondu, -e /tɔ̃dy/ *adj* [mouton] shorn; [chien] clipped; [crâne] shaven[GB], shaved.

tonifier /tɔnifje/ *vtr* to tone up; [air] to invigorate.

tonique /tɔnik/ *adj* tonic; [air] invigorating; *lotion tonique* toning lotion.

tonitruer /tɔnitʀɥe/ *vi* to thunder.

tonne /tɔn/ *nf* tonne, metric ton; *des tonnes de choses à faire*[GB] tons of things to do.

tonneau, *pl* **-x** /tɔno/ *nm* barrel; (en voiture) somersault.

tonnelle /tɔnɛl/ *nf* arbour[GB].

tonnerre /tɔnɛʀ/ *nm* MÉTÉO thunder; *coup de tonnerre* clap of thunder; FIG thunderbolt.

tonton[GB] /tɔ̃tɔ̃/ *nm* uncle.

tonus /tɔnys/ *nm* energy, dynamism.

top /tɔp/ **I** *nm* (son) beep; *être au top niveau* to be the best, to be at the top. **II** *adj*[GB] great.

topographie /tɔpɔɡʀafi/ *nf* topography.

toquade[GB] /tɔkad/ *nf* *toquade (pour)* (un objet) passion (for); (pour une personne) crush[GB] (on).

toque /tɔk/ *nf* (de juge, cuisinier) hat; (de jockey) cap.

toqué[GB], **-e** /tɔke/ *adj* crazy[GB].

torche /tɔʀʃ/ *nf* torch; *torche électrique* torch[GB], flashlight.

torcher[GB] /tɔʀʃe/ *vtr* to wipe; [▸article, rapport] to dash off[GB].

torchon /tɔʀʃɔ̃/ *nm* cloth; (pour la vaisselle) tea towel[GB], dishtowel[US]; (journal)[GB] rag[GB]; (travail mal présenté)[GB] messy piece of work.

tordant[GB], **-e** /tɔʀdɑ̃, ɑ̃t/ *adj* hilarious.

tordre /tɔʀdʀ/ **I** *vtr* to twist; [▸cou] to wring; [▸clou, barre] to bend. **II se tordre** *vpr* [▸cheville] to twist; [▸de douleur] to writhe (in); *se tordre de rire* to split one's sides.

tordu, -e /tɔʀdy/ *adj* crooked; [branches] twisted; [idée] weird; [logique, esprit] twisted.

tornade /tɔʀnad/ *nf* tornado.

torpeur /tɔʀpœʀ/ *nf* torpor.

torpille /tɔʀpij/ *nf* torpedo.

torpilleur /tɔʀpijœʀ/ *nm* torpedo boat.

torréfier /tɔʀefje/ *vtr* to roast.

torrent /tɔʀɑ̃/ *nm* torrent.

torride /tɔʀid/ *adj* torrid.

torsade /tɔʀsade/ *nf* twist.

torse /tɔʀs/ *nm* chest.

tort /tɔʀ/ **I** *nm* *avoir tort* to be wrong; *donner tort à qn* to blame sb; *faire du tort à* to harm. **II à tort** *loc adv* wrongly; *à tort ou à raison* rightly or wrongly; *à tort et à travers* [dépenser] wildly.

torticolis /tɔʀtikɔli/ *nm* stiff neck.

tortillard[GB] /tɔʀtijaʀ/ *nm* slow train.

tortiller /tɔʀtije/ **I** *vtr* to twiddle. **II se tortiller** *vpr* to wriggle.

tortillon /tɔʀtijɔ̃/ *nm* twist.

tortionnaire /tɔʀsjɔnɛʀ/ *nmf* torturer.

tortue /tɔʀty/ *nf* turtle; (terrestre) tortoise, turtle[US]; *tortue marine* turtle.

tortueux, -euse /tɔʀtɥø, øz/ *adj* [chemin] winding; [langage] convoluted; [esprit] tortuous.

torture /tɔʀtyʀ/ *nf* torture ¢.

torturer /tɔʀtyʀe/ **I** *vtr* to torture; [pensée] to torment. **II se torturer** *vpr* to torment oneself.

tôt /to/ *adv* early; (bientôt, vite) soon, early; *ce n'est pas trop tôt!* about time too!

total, -e, *mpl* **-aux** /tɔtal, o/ **I** *adj* complete, total. **II** *nm* total. **III au total** *loc adv* altogether.

totalement /tɔtalmɑ̃/ *adv* totally, completely.

totaliser /tɔtalize/ *vtr* to total, to add up; [▸buts, votes] to have a total of.

totalitaire /tɔtalitɛʀ/ *adj* totalitarian.

totalitarisme /tɔtalitaʀism/ *nm* totalitarianism.

totalité /tɔtalite/ *nf* *la totalité du personnel* all the staff, the whole staff; *la totalité des dépenses* the total expenditure; *en totalité* in full.

toubib /tubib/ *nm* doctor, doc[GB].

touchant, -e /tuʃɑ̃, ɑ̃t/ *adj* moving; (attendrissant) touching; *touchant de simplicité* touchingly simple.

touche /tuʃ/ *nf* key; (de vidéo) button; (coup de pinceau) stroke; (style) touch; (tache de peinture) dash, touch; (en escrime) hit; *(ligne de) touche* touchline.

● **mettre qn sur la touche** to push sb aside; **faire une touche**© to score©.

toucher[1] /tuʃe/ **I** *vtr* GÉN to touch; [▸argent] to receive; [▸chèque] to cash; [▸retraite] to get. **II toucher à** *vtr ind* to touch; (concerner) to concern; (porter atteinte à) [▸droit] to infringe on; (modifier) to change. **III se toucher** *vpr* to touch.

toucher[2] /tuʃe/ *nm* touch.

touffe /tuf/ *nf* (de poils) tuft; (de genêts, d'arbres) clump.

touffu, -e /tufy/ *adj* bushy; [discours, style] dense.

toujours /tuʒuʀ/ *adv* always; (encore) still; (de toute façon) anyway; *viens toujours* come anyway; *toujours est-il que* the fact remains that.

toupet© /tupɛ/ *nm* cheek©, nerve©.

toupie /tupi/ *nf* top.

tour[1] /tuʀ/ *nm* GÉN turn; (autour d'un axe) revolution; (circonférence) circumference; (à pied) walk, stroll; (à bicyclette) ride; (en voiture) drive; *tour de piste* lap (de compétition, tournoi, coupe) round; *scrutin à deux tours* two-round ballot; *c'est mon tour de* it's my turn to; (ruse) trick.

■ **tour de force** feat; **tour de main** knack.

tour[2] /tuʀ/ *nf* GÉN tower; (immeuble) tower block^{GB}, high rise^{US}; (aux échecs) rook.

■ **tour de contrôle** control tower.

tourbe /tuʀb/ *nf* peat.

tourbillon /tuʀbijɔ̃/ *nm* whirlwind; (d'eau) whirlpool.

tourisme /tuʀism/ *nm* tourism; *faire du tourisme* to go sightseeing.

touriste /tuʀist/ *nmf* tourist.

touristique /tuʀistik/ *adj* tourist (épith); [afflux] of tourists; [ville, région] which attracts tourists.

tourment /tuʀmɑ̃/ *nm* torment.

tourmente /tuʀmɑ̃t/ *nf* (tempête) storm; (trouble) turmoil.

tourmenter /tuʀmɑ̃te/ **I** *vtr* to worry; (faire souffrir) to torment. **II se tourmenter** *vpr* to worry.

tournage /tuʀnaʒ/ *nm* shooting ¢, filming ¢.

tournant, -e /tuʀnɑ̃, ɑ̃t/ **I** *adj* [mouvement] turning; [porte] revolving. **II** *nm* bend;

(moment) turning point; *au tournant du siècle* at the turn of the century.

tournée /tuʀne/ *nf* round; (de chanteur) tour.

tourner /tuʀne/ **I** *vtr* GÉN to turn; [▸film, scène] to shoot; [▸difficulté, loi] to get around; [▸sauce] to stir. **II** *vi* GÉN to turn; [planète, hélice] to rotate; [toupie, danseur] to spin; *faire tourner* to turn; *tourner autour de qch* to turn around sth; *tourner autour de qn* to hang around sb; [planète, étoile] to revolve around sth; [moteur, usine] to run; (évoluer) *bien/mal tourner* to turn out well/badly; [réalisateur] to shoot, to film; [lait, sauce, viande] to go off. **III se tourner** *vpr se tourner vers qn/qch* to turn to sb/sth.

tournesol /tuʀnəsɔl/ *nm* sunflower.

tournevis /tuʀnəvis/ *nm* screwdriver.

tourniquet /tuʀnikɛ/ *nm* turnstile; (présentoir) revolving stand; (d'arrosage) sprinkler.

tournoi /tuʀnwa/ *nm* tournament.

tournoyer /tuʀnwaje/ *vi* to whirl.

tournure /tuʀnyʀ/ *nf* turn; *prendre tournure* to take shape; (formulation) turn of phrase.

■ **tournure d'esprit** frame of mind.

tourte /tuʀt/ *nf* pie.

tourteau, *pl* **-x** /tuʀto/ *nm* crab; (pour animaux) oil cake.

tourterelle /tuʀtəʀɛl/ *nf* turtle dove.

tous ▸ **tout**.

Toussaint /tusɛ̃/ *nf* All Saints' Day.

tousser /tuse/ *vi* to cough; [moteur] to splutter.

tout /tu/, **-e** /tut/, *mpl* **tous** /dét tu, pron tus/, *fpl* **toutes** /tut/ **I** *pron indéf* **tout** everything; (n'importe quoi) anything; (l'ensemble) all. **II** *dét* all; the whole; *tout le monde* everything else; (n'importe quel) any; all, every (+ *sg*); (chaque) **tous/toutes les** every; *tous les jours* every day. **III** *adv* (généralement invariable, mais s'accorde en genre et en nombre avec les adjectifs féminins commençant par consonne ou h aspiré) very, quite; (entièrement) all; (devant un nom) *veste tout cuir* all-leather jacket; *c'est tout le contraire* it's the very opposite; (d'avance) *tout prêt* ready-made; (en même temps) while; (bien que) although. **IV du tout** *loc adv* (pas) *du tout* not at all. **V** *nm* a whole; (l'essentiel) the main thing.

■ **tout à coup/d'un coup** suddenly; **tout à fait** quite, absolutely; **tout à l'heure** in a moment; (peu avant) a little while ago, just now; *à tout à l'heure!* see you later!; **tout de suite** at once, straight away.

toutefois /tutfwa/ *adv* however.

toutou© /tutu/ *nm* doggie©, dog.

tout-petit, *pl* **-s** /tupəti/ *nm* (enfant) toddler.

tout-puissant, **toute-puissante** /tupɥisɑ̃, tutpɥisɑ̃t/ *adj* all-powerful.

tout-terrain /tuterɛ̃/ *adj inv* all-terrain.

toux /tu/ *nf* cough.

toxicomane /tɔksikɔman/ *nmf* drug addict.

toxicomanie /tɔksikɔmani/ *nf* drug addiction.

toxique /tɔksik/ *adj* toxic, poisonous.

TP /tepe/ *nmpl* (abrév = **travaux pratiques**) practical work ¢.

trac© /trak/ *nm* (sur scène) stage fright; *avoir le trac* to feel nervous.

traçabilité /trasabilite/ *nf* traceability.

tracas /traka/ *nm* trouble; *se faire du tracas* to worry about.

tracasser /trakase/ **I** *vtr* to bother. **II se tracasser** *vpr* to worry (about).

tracasserie /trakasri/ *nf* problem.

trace /tras/ *nf* trail; (empreinte) track; *traces de pas* footprints, footmarks; (de brûlure, peinture) mark; (indice) sign.

tracé /trase/ *nm* line.

tracer /trase/ *vtr* to draw; [▸mot] to write.

trachée /traʃe/ *nf* windpipe.

tract /trakt/ *nm* pamphlet, tract.

tractation /traktasjɔ̃/ *nf* negotiation.

tracteur /traktœr/ *nm* tractor.

traction /traksjɔ̃/ *nf* traction; (exercices) pull-ups; (effort mécanique) tension.

tradition /tradisjɔ̃/ *nf* tradition.

traditionnel, **-elle** /tradisjɔnɛl/ *adj* traditional.

traducteur, **-trice** /tradyktœr, tris/ *nm,f* translator.

traduction /tradyksjɔ̃/ *nf* translation.

traduire /tradɥir/ **I** *vtr* to translate; [violence] to be the expression of; *traduire qn en justice* to bring sb to justice. **II se traduire** *vpr* [joie, peur] to show; [crise, action] *se traduire (par)* to result (in).

trafic /trafik/ *nm* (commerce, circulation) traffic.

trafiquant, **-e** /trafikɑ̃, ɑ̃t/ *nm,f* trafficker, dealer.

trafiquer /trafike/ *vtr* to fiddle with.

tragédie /traʒedi/ *nf* tragedy.

tragique /traʒik/ *adj* tragic.

trahir /trair/ *vtr* to betray; [▸promesse] to break.

trahison /traizɔ̃/ *nf une trahison* a betrayal; *la trahison* treason ¢.

train /trɛ̃/ **I** *nm* train; (série) series; (allure) pace. **II en train** *loc* full of energy; *se mettre en train* to get going; *être en train de faire qch* to be doing sth.
■ **train d'atterrissage** undercarriage; **train de banlieue** suburban train; **train de vie** lifestyle.

traîne, **traine** /trɛn/ *nf* train; *à la traîne* behind.

traîneau, **traineau**, *pl* **-x** /trɛno/ *nm* sleigh.

traînée, **trainée** /trɛne/ *nf* streak; *se répandre comme une traînée de poudre* to spread like wildfire.

traîner, **trainer** /trɛne/ **I** *vtr* to drag (sb/sth along). **II** *vi* to hang around; *faire/laisser traîner (les choses)* to let things drag on; *ta jupe traîne par terre* your skirt is trailing on the ground. **III se traîner** *vpr* to drag oneself along; [voiture, escargot] to crawl along.
● **traîner la jambe/la patte**© to limp.

train(-)train© /trɛ̃trɛ̃/ *nm inv* daily round.

traire /trɛr/ *vtr* to milk.

trait /trɛ/ *nm* line; (dessiné) stroke; (particularité) feature; (de personne) trait; *trait de génie* stroke of genius; *avoir trait à* to relate to; *boire d'un trait* to drink in one gulp.
■ **trait d'union** hyphen; FIG link.

traite /trɛt/ **I** *nf* (bancaire) draft; (commerce) trade; (des vaches) milking. **II d'une (seule) traite** *loc adv* in one go; [conduire] nonstop.

traité /trɛte/ *nm* JUR treaty; (ouvrage) treatise.

traitement /trɛtmɑ̃/ *nm* treatment ¢; (salaire) salary; ORDINAT processing ¢.
■ **traitement de faveur** special treatment; **traitement de texte** ORDINAT (logiciel) word processor.

traiter /tʀɛte/ **I** vtr to treat; [▸question] to deal with; ORDINAT [▸données] to process; *traiter qn de menteur* to call sb a liar. **II traiter de** vtr ind to deal with.

traiteur /tʀɛtœʀ/ nm caterer.

traître, traitre, -esse /tʀɛtʀ, tʀɛtʀɛs/ **I** adj treacherous. **II** nm,f *traître (à)* traitor (to).

traîtrise, traitrise /tʀɛtʀiz/ nf treachery.

trajectoire /tʀaʒɛktwaʀ/ nf trajectory; path.

trajet /tʀaʒɛ/ nm (voyage) journey; (itinéraire) route.

trame /tʀam/ nf framework; (de tissu) weft.

tramer /tʀame/ **I** vtr to hatch. **II se tramer** vpr to be hatched.

tramway /tʀamwɛ/ nm tram^{GB}, streetcar^{US}.

tranchant, -e /tʀɑ̃ʃɑ̃, ɑ̃t/ **I** adj sharp; FIG cutting. **II** nm cutting edge; *à double tranchant* two-edged.

tranche /tʀɑ̃ʃ/ nf slice; (de lard) rasher; (de livre, pièce) edge.
■ *tranche d'âge* age bracket.

tranché, -e /tʀɑ̃ʃe/ adj [opinion] clear-cut; [pain] sliced.

tranchée /tʀɑ̃ʃe/ nf trench.

trancher /tʀɑ̃ʃe/ **I** vtr to slice; [▸nœud] to cut through; [▸litige] to settle. **II** vi *trancher sur* to stand out against; (décider) to come to a decision.

tranquille /tʀɑ̃kil/ adj quiet, calm; [sommeil, vacances] peaceful; *laisse-le tranquille* leave him alone.

tranquillisant /tʀɑ̃kilizɑ̃/ nm tranquillizer.

tranquilliser /tʀɑ̃kilize/ vtr to reassure.

tranquillité /tʀɑ̃kilite/ nf calm, quiet; *tranquillité d'esprit* peace of mind.

transat[1] /tʀɑ̃zat/ nm deckchair.

transat[2] /tʀɑ̃zat/ nf transatlantic race.

transatlantique /tʀɑ̃zatlɑ̃tik/ adj transatlantic.

transcription /tʀɑ̃skʀipsjɔ̃/ nf transcription; (copie) transcript.

transcrire /tʀɑ̃skʀiʀ/ vtr to transcribe.

transe /tʀɑ̃s/ nf trance.

transférer /tʀɑ̃sfeʀe/ vtr to transfer; [▸courriel] to forward; [▸usine] to relocate.

transfert /tʀɑ̃sfɛʀ/ nm transfer; *transfert d'appel* call diversion^{GB}.

transfigurer /tʀɑ̃sfigyʀe/ vtr to transform.

transformateur /tʀɑ̃sfɔʀmatœʀ/ nm transformer.

transformation /tʀɑ̃sfɔʀmasjɔ̃/ nf transformation.

transformer /tʀɑ̃sfɔʀme/ **I** vtr to change, to transform; *transformer en* to turn into; (au rugby) *transformer un essai* to convert a try. **II se transformer** vpr to transform oneself; *se transformer en* to turn into.

transfusion /tʀɑ̃sfyzjɔ̃/ nf transfusion.

transgénique /tʀɑ̃szenik/ adj transgenic.

transgresser /tʀɑ̃sgʀese/ vtr [▸loi] to break; [▸interdiction] to defy.

transi, -e /tʀɑ̃zi/ adj chilled.

transiger /tʀɑ̃ziʒe/ vi to compromise.

transistor /tʀɑ̃zistɔʀ/ nm transistor.

transit /tʀɑ̃zit/ nm transit.

transiter /tʀɑ̃zite/ vi to go via.

transitif, -ive /tʀɑ̃zitif, iv/ adj LING, MATH transitive.

transition /tʀɑ̃zisjɔ̃/ nf transition (between/ to).

transitoire /tʀɑ̃zitwaʀ/ adj transitional.

transmanche /tʀɑ̃smɑ̃ʃ/ adj inv cross-Channel.

transmetteur /tʀɑ̃smɛtœʀ/ nm transmitter.

transmettre /tʀɑ̃smɛtʀ/ vtr to pass [sth] on (to), to convey (to); *transmets-leur mes amitiés* give them my regards; [▸programme, signaux, maladie] to transmit.

transmission /tʀɑ̃smisjɔ̃/ nf GÉN transmission.
■ *transmission de pensées* thought transference.

transparaître, transparaitre /tʀɑ̃spaʀɛtʀ/ vi to show (through).

transparence /tʀɑ̃spaʀɑ̃s/ nf transparency.

transparent, -e /tʀɑ̃spaʀɑ̃, ɑ̃t/ **I** adj transparent. **II** nm transparency.

transpercer /tʀɑ̃spɛʀse/ vtr to pierce; [balle] to go through.

transpiration /tʀɑ̃spiʀasjɔ̃/ nf sweat, perspiration.

transpirer /tʀɑ̃spiʀe/ vi to sweat, to perspire.

transplanter /tʀɑ̃splɑ̃te/ vtr BOT, MÉD to transplant.

transport /tʀɑ̃spɔʀ/ nm transport, transportation^{US}; *transports en commun* public transport, transportation^{US}.

transporter /tʀɑ̃spɔʀte/ vtr to carry; (avec un véhicule) to transport.

transversal, -e, mpl **-aux** /tʀɑ̃sversal, o/ adj cross; *rue transversale* side street.

trapèze /tʀapɛz/ nm trapeze; (figure) trapezium^{GB}, trapezoid^{US}.

trapéziste /tʀapezist/ nmf trapeze artist.

trappe /tʀap/ nf trapdoor.

trappeur /tʀapœʀ/ nm trapper.

trapu, -e /tʀapy/ adj stocky, thickset.

traquenard /tʀaknaʀ/ nm trap.

traquer /tʀake/ vtr to track down.

traumatisant, -e /tʀomatizɑ̃, ɑ̃t/ adj traumatic.

traumatiser /tʀomatize/ vtr to traumatize.

traumatisme /tʀomatism/ nm trauma.

travail, pl **-aux** /tʀavaj, o/ **I** nm work; *un travail* a job; (d'accouchement) labour^{GB}. **II travaux** nmpl work ¢.
■ **travaux dirigés, TD** practical^{GB} (sg); **travaux manuels** handicrafts; **travaux pratiques, TP** practical work ¢; **travaux publics** civil engineering ¢.

travailler /tʀavaje/ **I** vi to work on; [▸ instrument, chant] to practise^{GB}; [▸ bois, terre] to work. **II travailler à** vtr ind to work on. **III** vi to work; [bois] to warp.

travailleur, -euse /tʀavajœʀ, øz/ **I** adj hardworking; [classes] working. **II** nm,f worker.

travailliste /tʀavajist/ adj, nmf Labour^{GB}.

travée /tʀave/ nf row.

travelling /tʀavliŋ/ nm tracking shot.

travers /tʀavɛʀ/ **I** nm mistake; *travers de porc* spare rib. **II à travers** loc adv, loc prép through. **III de travers** loc adv askew; (de façon inexacte) wrong, wrongly; *comprendre de travers* to misunderstand. **IV en travers de** loc prép across.

traverse /tʀavɛʀs/ nf *chemin de traverse* shortcut.

traversée /tʀavɛʀse/ nf crossing.

traverser /tʀavɛʀse/ vtr to cross, to go across; [▸ forêt, tunnel] to go through; [▸ guerre, occupation] to live through.

traversin /tʀavɛʀsɛ̃/ nm bolster.

travesti /tʀavɛsti/ nm transvestite.

travestir /tʀavɛstiʀ/ **I** vtr to distort. **II se travestir** vpr to cross-dress.

trébucher /tʀebyʃe/ vi to stumble (against/ on).

trèfle /tʀɛfl/ nm clover; (aux cartes) clubs (pl); (symbole de l'Irlande) shamrock.

treille /tʀɛj/ nf (vigne) climbing vine.

treillis /tʀeji/ nm trellis; *treillis métallique* wire mesh ¢; (tenue militaire) fatigues (pl).

treize /tʀɛz/ dét inv, pron thirteen.

treizième /tʀɛzjɛm/ adj thirteenth.

tréma /tʀema/ nm diaeresis^{GB}.

tremblant, -e /tʀɑ̃blɑ̃, ɑ̃t/ adj shaking, trembling.

tremble /tʀɑ̃bl/ nm (arbre) aspen.

tremblement /tʀɑ̃bləmɑ̃/ nm shaking ¢, trembling ¢.
■ **tremblement de terre** earthquake.

trembler /tʀɑ̃ble/ vi to shake, to tremble; (pour qn) to fear for.

trémousser: se trémousser /tʀemuse/ vpr to wiggle around.

trempe /tʀɑ̃p/ nf *qn de votre trempe* someone of your calibre^{GB}; *avoir la trempe d'un dirigeant* to have the makings of a leader; (coups)© hiding©.

tremper /tʀɑ̃pe/ **I** vu to soak; (rapidement) to dip; [▸ acier] to temper. **II** vi [linge, lentilles] to soak; *tremper dans qch* to be mixed up in sth. **III se tremper** vpr to go for a dip.

tremplin /tʀɑ̃plɛ̃/ nm springboard; (de ski) ski jump.

trentaine /tʀɑ̃tɛn/ nf *une trentaine* about thirty.

trente /tʀɑ̃t/ dét inv, pron thirty.

trente-et-un /tʀɑ̃teœ̃/ nm *être sur son trente-et-un*© to be dressed up to the nines©.

trente-trois /tʀɑ̃ttʀwa/ dét inv, pron thirty-three.
■ **trente-trois tours** LP.

trentième /tʀɑ̃tjɛm/ adj thirtieth.

trépidant, -e /tʀepidɑ̃, ɑ̃t/ adj [vie] hectic.

trépied /tʀepje/ nm tripod.

trépigner /tʀepiɲe/ vi *trépigner (de)* to stamp one's feet (with).

très /tʀɛ/ adv very; *très bientôt* very soon; *très amoureux* very much in love.

trésor /tʀezɔʀ/ nm treasure ¢; **le Trésor public** department in charge of public finance.

trésorerie /tʀezɔʀʀi/ nf funds (pl); (en liquide) cash ¢; (comptabilité) accounts.

trésorier, -ière /tʀezɔʀje, jɛʀ/ nm,f treasurer; (de l'État) paymaster.

tressaillement /tʀesajmã/ nm start; (de plaisir) quiver; (de douleur) wince.

tressaillir /tʀesajiʀ/ vi (de plaisir) to quiver; (de douleur) to wince.

tresse /tʀɛs/ nf plait, braid US.

tresser /tʀese/ vtr to plait, to braid US.

tréteau, pl **-x** /tʀeto/ nm trestle.

treuil /tʀœj/ nm winch.

trêve /tʀɛv/ nf MIL truce; (répit) respite; **trêve de plaisanteries** that's enough joking.

tri /tʀi/ nm sorting; **tri (sélectif) des ordures** household-waste sorting.

triangle /tʀijãgl/ nm triangle.

tribord /tʀibɔʀ/ nm **à tribord** to starboard.

tribu /tʀiby/ nf tribe.

tribunal, pl **-aux** /tʀibynal, o/ nm court.

tribune /tʀibyn/ nf stand; (d'église) gallery; (estrade) platform; (pour une personne) rostrum; (lieu de débat) forum.

tribut /tʀiby/ nm tribute.

tributaire /tʀibytɛʀ/ adj **tributaire de qch** dependent on sth.

triche© /tʀiʃ/ nf **c'est de la triche** that's cheating.

tricher /tʀiʃe/ vi to cheat.

tricherie /tʀiʃʀi/ nf cheating; (acte) trick.

tricheur, -euse /tʀiʃœʀ, øz/ nm,f cheat.

tricolore /tʀikɔlɔʀ/ adj tricolour GB, three-coloured GB; **feux tricolores** traffic lights; (français)© French.

tricot /tʀiko/ nm knitting; (étoffe) knitwear; (pull) sweater.

tricoter /tʀikɔte/ vtr, vi to knit.

trier /tʀije/ vtr to sort.

trilingue /tʀilɛ̃g/ adj trilingual.

trimbal(l)er© /tʀɛ̃bale/ **I** vtr to lug [sth] around. **II se trimbal(l)er** vpr to trail around.

trimer© /tʀime/ vi to slave away.

trimestre /tʀimɛstʀ/ nm term GB; (financier) quarter.

trimestriel, -ielle /tʀimɛstʀijɛl/ adj quarterly; **examen trimestriel** end-of-term GB exam.

tringle /tʀɛ̃gl/ nf rail.

trinité /tʀinite/ nf trinity.

trinquer /tʀɛ̃ke/ vi to clink glasses; **trinquer à qch** to drink to sth; (subir)© to pay the price.

triomphal, -e, mpl **-aux** /tʀijɔ̃fal, o/ adj triumphant.

triomphe /tʀijɔ̃f/ nm triumph.

triompher /tʀijɔ̃fe/ **I** vtr ind **triompher de** to triumph over; [▸crainte] to overcome. **II** vi to triumph, to be triumphant.

tripes /tʀip/ nf tripe ¢; (de personne) guts©.

triperie /tʀipʀi/ nf butcher's GB specializing in offal.

triple /tʀipl/ **I** adj triple (épith). **II** nm three times as much.

triplé, -e /tʀiple/ nm,f triplet.

tripler /tʀiple/ vtr, vi [▸somme] to treble; [▸volume] to treble, to triple.

tripot /tʀipo/ nm dive©.

tripoter© /tʀipɔte/ vtr to fiddle with.

trique /tʀik/ nf stick.

trisomique /tʀizɔmik/ nmf Down's syndrome person.

triste /tʀist/ adj sad; [maison, existence] dreary, depressing; [temps] gloomy.

tristesse /tʀistɛs/ nf sadness.

trithérapie /tʀiteʀapi/ nf triple-drug therapy.

triturer /tʀityʀe/ vtr [▸bouton]© to fiddle with©; [▸pâte] to knead.

trivial, -e, mpl **-iaux** /tʀivjal, jo/ adj coarse, crude.

troc /tʀɔk/ nm barter.

troène /tʀɔɛn/ nm privet ¢.

trognon /tʀɔɲɔ̃/ nm (de pomme) core.

trois /tʀɑ/ dét inv, pron, nm inv three; **trois-D** 3-D.

troisième /tʀwazjɛm/ **I** adj third. **II** nf SCOL fourth year of secondary school, age 14–15.

■ **le troisième âge** the Third Age.

troisièmement /tʀwazjɛmmã/ adv thirdly.

trombe /tʀɔ̃b/ nf **trombes d'eau** downpour ¢.

● **partir en trombe** to go hurtling off.

trombine© /tʀɔ̃bin/ *nf* mug©.

trombone /tʀɔ̃bɔn/ *nm* trombone; (de bureau) paperclip.

trompe /tʀɔ̃p/ *nf* trunk; (instrument) horn.

tromper /tʀɔ̃pe/ **I** *vtr* to deceive, to trick; [▸électeurs] to mislead; [▸mari, femme] to deceive. **II se tromper** *vpr* to be mistaken; *se tromper sur qn* to be wrong about sb; (concrètement) to make a mistake.

tromperie /tʀɔ̃pʀi/ *nf* deceit ¢.

trompette¹ /tʀɔ̃pɛt/ *nm* trumpet (player); (dans une fanfare) trumpeter.

trompette² /tʀɔ̃pɛt/ *nf* trumpet.

trompeur, -euse /tʀɔ̃pœʀ, øz/ *adj* [chiffre] misleading; [apparence] deceptive.

tronc /tʀɔ̃/ *nm* trunk; (dans une église) collection box.
■ **tronc commun** UNIV core curriculum.

tronçon /tʀɔ̃sɔ̃/ *nm* section.

tronçonneuse /tʀɔ̃sɔnøz/ *nf* chain saw.

trône /tʀon/ *nm* throne.

trôner /tʀone/ *vi* [person] to hold court among; [photo] to have pride of place.

tronquer /tʀɔ̃ke/ *vtr* to truncate.

trop /tʀo/ **I** *adv* too; (modifiant un verbe) too much; *nous sommes trop nombreux* there are too many of us. **II trop de** *dét indéf* (+ dénombrable) too many; (+ non dénombrable) too much. **III de trop, en trop** *loc adv un de trop* one too many; *se sentir de trop* to feel one is in the way.

trophée /tʀofe/ *nm* trophy.

tropical, -e, *pl* **-aux** /tʀɔpikal, o/ *adj* tropical.

tropique /tʀɔpik/ *nm* tropic.

trop-plein, *pl* **-s** /tʀoplɛ̃/ *nm* excess; (de lavabo) overflow.

troquer /tʀɔke/ *vtr* to swap.

troquet© /tʀɔkɛ/ *nm* bar.

trot /tʀo/ *nm* trot; *au trot!* trot on!

trotte© /tʀɔt/ *nf ça fait une trotte* it's a fair walk, it's quite a walk.

trotter /tʀɔte/ *vi* to trot.

trottiner /tʀɔtine/ *vi* to scurry along.

trottinette /tʀɔtinɛt/ *nf* scooter.

trottoir /tʀɔtwaʀ/ *nm* pavementGB, sidewalkUS.
■ **trottoir roulant** moving walkway, travelator.

trou /tʀu/ *nm* hole; (lacune) gap; (déficit)© shortfall; *un trou dans le budget* a budget deficit, a shortfall in the budget; (petite localité)© *trou (perdu)* dump©; *faire son trou* to carve out a niche for oneself.
■ **trou de mémoire** memory lapse.

troublant, -e /tʀublɑ̃, ɑ̃t/ *adj* [problème, anecdote] disturbing.

trouble /tʀubl/ **I** *adj* [image, photo] blurred; [sentiment] confused; [affaire] shady. **II** *nm troubles* unrest ¢, disturbances; (confusion) confusion; *jeter le trouble* to stir up trouble; (maladie) disorder.

trouble-fête, *pl* **-s** /tʀubləfɛt/ *nmf* spoilsport.

troubler /tʀuble/ *vtr* [▸image] to blur; [▸silence] to disturb; [▸réunion] to disrupt; (déconcerter) to trouble.

trouée /tʀue/ *nf* gap, opening; MIL breach.

trouer /tʀue/ *vtr* to make a hole in.

trouille© /tʀuj/ *nf* fear.

troupe /tʀup/ *nf* troops (*pl*); (de théâtre) company; (qui voyage) troupe; (de touristes) troop.

troupeau, *pl* **-x** /tʀupo/ *nm* herd; (de moutons) flock; RELIG flock.

trousse /tʀus/ *nf* (little) case; (contenu) kit.
● **aux trousses de qn**© on sb's heels.

trousseau, *pl* **-x** /tʀuso/ *nm* (de clés) bunch; (de mariée) trousseau.

trouvaille /tʀuvaj/ *nf* find; (invention) invention; (idée originale) bright idea, brainwave.

trouver /tʀuve/ **I** *vtr* GÉN to find. **II se trouver** *vpr* to be; to find oneself; [▸raison] to come up with. **III** *v impers il se trouve que je le sais* I happen to know it.

truand /tʀyɑ̃/ *nm* gangster.

truc© /tʀyk/ *nm* (procédé) knack; (chose, fait)© thing; (dont on a oublié le nom) thingummy©GB, whatsit©; *il y a un truc* there's something; (savoir-faire) trick.

trucage /tʀykaʒ/ *nm* special effect; (d'élections) rigging, fixing©.

truelle /tʀyɛl/ *nf* trowel.

truffe /tʀyf/ *nf* (champignon, chocolat) truffle; (de chien) nose.

truffer /tʀyfe/ *vtr* [▸dinde] to stuff [sth] with truffles; *truffé© de fautes* riddled with mistakes.

truie /tʀyi/ *nf* sow.

truite /tʀyit/ *nf* trout.

truquage = **trucage**.

truquer /tʀyke/ vtr [▸élections] to rig.

tsar /tsaʀ/ nm tsar, czar.

TTC (abrév écrite = **toutes taxes comprises**) inclusive of tax.

tu /ty/ pron pers you.

tuba /tyba/ nm MUS tuba; SPORT snorkel.

tube /tyb/ nm tube, pipe; (chanson)© hit.

tuberculose /tybɛʀkyloz/ nf tuberculosis.

tué, -e /tɥe/ nm,f person killed.

tuer /tɥe/ **I** vtr to kill; (épuiser) to wear out. **II se tuer** vpr to be killed; (se suicider, s'épuiser) to kill oneself.

tuerie /tyʀi/ nf massacre.

tue-tête: **à tue-tête** /atytɛt/ loc adv at the top of one's voice.

tueur, -euse /tɥœʀ, øz/ nm,f killer.

tuile /tɥil/ nf tile; (ennui)© blow.

tulipe /tylip/ nf tulip.

tuméfié, -e /tymefje/ adj swollen.

tumeur /tymœʀ/ nf tumour[GB].

tumulte /tymylt/ nm uproar; *s'achever dans le tumulte* to end in uproar; (agitation) turmoil.

tumultueux, -euse /tymyltɥø, øz/ adj turbulent.

tunique /tynik/ nf tunic.

Tunisie /tynizi/ nprf Tunisia.

tunisien, -ienne /tynizjɛ̃, ɛn/ **I** adj Tunisian. **II** nm,f **Tunisien, -ienne** Tunisian.

tunnel /tynɛl/ nm tunnel.

turbo /tyʀbo/ nm AUT turbo.
● **mettre le turbo**© to go into overdrive.

turbulence /tyʀbylãs/ nf turbulence ⊄.

turbulent, -e /tyʀbylã, ãt/ adj rowdy, unruly.

turc, turque /tyʀk/ **I** adj Turkish. **II** nm LING Turkish. **III** nm,f **Turc, turque** Turkish.

turfiste /tœʀfist/ nmf racegoer.

Turquie /tyʀki/ nprf Turkey.

turquoise /tyʀkwaz/ adj inv, nf turquoise.

tutelle /tytɛl/ nf *sous tutelle* in the care of a guardian.

tuteur, -trice /tytœʀ, tʀis/ **I** nm,f guardian; (enseignant) tutor. **II** nm stake, support.

tutoiement /tytwamã/ nm use of the 'tu' form.

tutoyer /tytwaje/ vtr to address [sb] using the 'tu' form.

tuyau, pl **-x** /tɥijo/ nm pipe; (information)© tip.

tuyauterie /tɥijotʀi/ nf piping ⊄.

TVA /tevea/ nf (abrév = **taxe à la valeur ajoutée**) VAT.

tympan /tɛ̃pã/ nm eardrum.

type /tip/ **I** nm type, kind; (représentant) (classic) example; (homme)© guy©, chap©[GB]. **II** (-)**type** (en composition) typical, classic.

typhon /tifɔ̃/ nm typhoon.

typique /tipik/ adj typical.

typiquement /tipikmã/ adv typically.

typographe /tipɔgʀaf/ nmf typographer.

tyran /tiʀã/ nm tyrant.

tyrannie /tiʀani/ nf tyranny.

u

U /y/ nm inv **en (forme de) U** U-shaped.

ubiquité /ybikyite/ nf ubiquity.

UE (abrév écrite = **Union européenne**) EU.

Ukraine /ykʀɛn/ nprf Ukraine.

ulcère /ylsɛʀ/ nm ulcer.

ULM /yɛlɛm/ nm inv (abrév = **ultraléger motorisé**) microlight; (sport) microlighting.

ultérieur, -e /ylteʀjœʀ/ adj later.

ultérieurement /ylteʀjœʀmɑ̃/ adv later.

ultimatum /yltimatɔm/ nm ultimatum.

ultime /yltim/ adj final.

ultrasecret, -ète /yltʀasəkʀɛ, ɛt/ adj top secret.

ultraviolet /yltʀavjɔlɛ/ nm PHYS ultraviolet ray.

ululer /ylyle/ vi to hoot.

un, une /œ̃(n), yn/ **I** art indéf (pl **des**) a, an; **un pied, un bras** a foot, an arm; (au pluriel) **des amis** friends. **II** pron (pl **uns, unes**) **(l')un de nous** one of us; **les uns pensent que...** some think that... **III** adj numéral, nm one. **IV** ° adv firstly, for one thing.

unanime /ynanim/ adj **unanime (à faire)** unanimous (in doing).

unanimité /ynanimite/ nf unanimity; **à l'unanimité** unanimously.

une /yn/ nf **la une** the front page.

UNESCO /ynɛsko/ nf (abrév = **United Nations Educational, Scientific and Cultural Organization**) UNESCO.

uni, -e /yni/ adj [couple] close; [peuple] united; [tissu] plain; [surface] smooth, even.

UNICEF /ynisɛf/ nf (abrév = **United Nations Children's Fund**) UNICEF.

unième /ynjɛm/ adj **vingt et unième** twenty-first.

unifier /ynifje/ vtr to unify.

uniforme /ynifɔʀm/ adj, nm uniform.

uniformiser /ynifɔʀmize/ vtr to standardize.

uniformité /ynifɔʀmite/ nf uniformity.

unijambiste /yniʒɑ̃bist/ nmf one-legged person.

unilatéral, -e, mpl **-aux** /ynilateʀal, o/ adj unilateral; [stationnement] on one side only.

unilingue /ynilɛ̃g/ adj unilingual, monolingual.

union /ynjɔ̃/ nf union.
■ **union libre** cohabitation; **Union européenne, UE** European Union, EU.

unique /ynik/ adj only; (seul pour tous) single; **monnaie unique** single currency; (remarquable) unique.

uniquement /ynikmɑ̃/ adv only.

unir /yniʀ/ **I** vtr to unite; (combiner) to combine, to join. **II s'unir** vpr (se marier) to marry.

unisson /ynisɔ̃/ nm **à l'unisson** in unison.

unitaire /ynitɛʀ/ adj [manifestation] common.

unité /ynite/ nf unity; (élément, ensemble) unit; **2 euros l'unité** 2 euros each.
■ **unité centrale** ORDINAT central processing unit, CPU.

univers /ynivɛʀ/ nm universe; (monde) world.

universel, -elle /ynivɛʀsɛl/ adj universal; **remède universel** all-purpose remedy.

universitaire /ynivɛʀsitɛʀ/ **I** adj [échange] university; [niveau] academic. **II** nmf academic.

université /ynivɛʀsite/ nf university, college^US.
■ **université d'été** UNIV summer school; POL party conference; **université du troisième âge** ≈ higher education courses for senior citizens.

Untel, Unetelle /œ̃tɛl, yntɛl/ nm,f so-and-so.

uranium /yʀanjɔm/ nm uranium.

urbain, -e /yʀbɛ̃, ɛn/ adj urban; [vie] city.

urbaniser /yʀbanize/ vtr to urbanize.

urbanisme /yʀbanism/ nm town planning^GB, city planning^US.

urbaniste /yʀbanist/ nmf town planner^GB, city planner^US.

urgence /yʀʒɑ̃s/ nf (cas urgent) emergency; (caractère) urgency; **d'urgence** immediately;

dans l'urgence urgently; *les urgences* (hôpital) casualty (department) (*sg*).

urgent, -e /yʀʒɑ̃, ɑ̃t/ *adj* urgent.

urine /yʀin/ *nf* urine.

uriner /yʀine/ *vi* to urinate.

urinoir /yʀinwaʀ/ *nm* urinal.

urne /yʀn/ *nf* (électorale) ballot box; (vase) urn.

urticaire /yʀtikɛʀ/ *nf* hives.

us /y(s)/ *nmpl* **les us et coutumes** the ways and customs.

usage /yzaʒ/ *nm* use; *à l'usage* with use; *hors d'usage* out of order; (dans une langue) usage; (pratique courante) custom, practice.

usagé, -e /yzaʒe/ *adj* worn (out), used.

usager, -ère /yzaʒe, ɛʀ/ *nm,f* user; (de langue) speaker.

USB /yɛsbe/ *adj inv* (abrév = **universal serial bus**) *port/clé USB* USB port/key.

usé, -e /yze/ *adj* [vêtement] worn; [personne] worn-down; [yeux] worn-out; [sujet] hackneyed.

user /yze/ **I** *vtr* [▸vêtement] to wear out; [▸personne] to wear down; [▸santé] to ruin. **II user de** *vtr ind* to use. **III s'user** *vpr* to wear out.

usine /yzin/ *nf* factory.
■ **usine sidérurgique** steelworks (*pl*).

usité, -e /yzite/ *adj* common.

ustensile /ystɑ̃sil/ *nm* utensil.

usuel, -elle /yzɥɛl/ **I** *adj* common. **II** *nm* reference book.

usure /yzyʀ/ *nf* wear and tear; (de forces) wearing down.

usurier, -ière /yzyʀje, jɛʀ/ *nm,f* usurer.

usurper /yzyʀpe/ *vtr* to usurp.

ut /yt/ *nm* MUS C.

utérus /yteʀys/ *nm* womb, uterus.

utile /ytil/ *adj* useful; *être utile* to be helpful; *il est utile de* it's worth.

utilisateur, -trice /ytilizatœʀ, tʀis/ *nm,f* user.

utilisation /ytilizasjɔ̃/ *nf* use.

utiliser /ytilize/ *vtr* to use.

utilitaire /ytilitɛʀ/ *adj* **I** *adj* utilitarian; [objet] functional; [véhicule] commercial. **II** *nm* ORDINAT utility.

utilité /ytilite/ *nf* usefulness; (utilisation) use.

utopie /ytɔpi/ *nf* Utopia; (idée) wishful thinking ¢.

utopique /ytɔpik/ *adj* utopian.

UV /yve/ *nmpl* (abrév = **ultraviolets**) ultraviolet rays.

va /va/ ▸ **aller**[1].

vacance /vakãs/ **I** *nf* vacancy. **II vacances** *nfpl* holiday^{GB} (sg), vacation^{US} (sg); **en vacances** on holiday; **grandes vacances** summer holidays.

vacancier, -ière /vakãsje, jɛʀ/ *nm,f* holidaymaker^{GB}, vacationer^{US}.

vacant, -e /vakã, ãt/ *adj* vacant.

vacarme /vakaʀm/ *nm* roar.

vacataire /vakatɛʀ/ *nmf* temporary employee.

vaccin /vaksɛ̃/ *nm* vaccine.

vaccination /vaksinasjɔ̃/ *nf* vaccination.

vacciner /vaksine/ *vtr* to vaccinate.

vache /vaʃ/ **I** ☺ *adj* mean, nasty. **II** *nf* cow.

vachement☺ /vaʃmã/ *adv* really, a lot.

vacherie☺ /vaʃʀi/ *nf* meanness, nastiness; (acte) dirty trick.

vaciller /vasije/ *vi* [personne, objet] to sway; [lumière] to flicker.

vadrouiller☺ /vadʀuje/ *vi* to wander around.

va-et-vient /vaevjɛ̃/ *nm inv* comings and goings (pl); (électrique) two-way switch.

vagabond, -e /vagabɔ̃, ɔ̃d/ **I** *adj* wandering. **II** *nm,f* vagrant.

vagabondage /vagabɔ̃daʒ/ *nm* JUR vagrancy.

vagabonder /vagabɔ̃de/ *vi* to wander (through).

vagin /vaʒɛ̃/ *nm* vagina.

vague[1] /vag/ **I** *adj* vague. **II** *nm* **regarder dans le vague** to stare into space; **il est resté dans le vague** he was vague about it.

vague[2] /vag/ *nf* wave.
- **vague de froid** cold spell.

vaillant, -e /vajã, ãt/ *adj* courageous.

vain, -e /vɛ̃, vɛn/ **I** *adj* vain. **II en vain** *loc adv* in vain.

vaincre /vɛ̃kʀ/ **I** *vtr* [▸adversaire] to defeat; [▸préjugés] to overcome; [▸maladie] to beat. **II** *vi* to win.

vaincu, -e /vɛ̃ky/ *adj* defeated.

vainqueur /vɛ̃kœʀ/ *nm* victor; (d'élections, match) winner.

vaisseau, *pl* **-x** /vɛso/ *nm* vessel; (de guerre) warship.
- **vaisseau sanguin** blood vessel; **vaisseau spatial** spaceship.

vaisselle /vɛsɛl/ *nf* dishes (pl); **faire la vaisselle** to do the washing-up^{GB}, to do the dishes.

val, *pl* **-s** /**vaux** /val, vo/ *nm* valley.

valable /valabl/ *adj* valid; (intéressant)☺ worthwhile.

valet /valɛ/ *nm* manservant; (aux cartes) jack.

valeur /valœʀ/ *nf* value; (de personne) worth; (d'œuvre, de méthode) value; **mettre qch en valeur** to emphasize, to highlight; (en Bourse) **valeur (mobilière)** security; **objets de valeur** valuables.

valide /valid/ *adj* valid; (en forme) fit.

valider /valide/ *vtr* to validate.

validité /validite/ *nf* validity.

valise /valiz/ *nf* suitcase; **faire ses valises** to pack.

vallée /vale/ *nf* valley.

vallon /valɔ̃/ *nm* dale, small valley.

valoir /valwaʀ/ **I** *vtr* **valoir à qn** to bring sb. **II** *vi* to be worth; **rien ne vaut la soie** nothing beats silk; (s'appliquer) to apply to; **faire valoir** to point out, to emphasize; **se faire valoir** to push oneself forward. **III se valoir** *vpr* to be the same. **IV** *v impers* **il vaut mieux faire, mieux vaut faire** it's better to do.

valoriser /valɔʀize/ *vtr* [▸région] to develop; [▸diplôme] to put [sth] to good use.

valse /vals/ *nf* waltz.

valser /valse/ *vi* to waltz.

vampire /vãpiʀ/ *nm* vampire.

vandale /vãdal/ *nmf* vandal.

vanille /vanij/ *nf* vanilla.

vanillé, -e /vanije/ *adj* vanilla-flavoured^{GB}.

vanité /vanite/ *nf* vanity.

vaniteux, -euse /vanitø, øz/ *adj* vain, conceited.

vanne /van/ *nf* gate; (d'écluse) sluice gate; joke, dig☺.

vantard, -e /vãtaʀ, aʀd/ *nm,f* braggart.

vanter /vɑ̃te/ **I** *vtr* to praise, to extol[GB]. **II se vanter** *vpr* *se vanter (de)* to brag (about).

va-nu-pieds /vanypje/ *nmf inv* down-and-out.

vapeur /vapœʀ/ *nf* (d'eau) steam; *faire cuire à la vapeur* to steam; *à vapeur* steam (épith); (d'essence) fumes.

vaporisateur /vapɔʀizatœʀ/ *nm* spray.

vaporiser /vapɔʀize/ *vtr* to spray.

vaquer /vake/ *vtr ind* *vaquer à* to attend to.

varappe /vaʀap/ *nf* rock climbing.

varech /vaʀɛk/ *nm* kelp.

variable /vaʀjabl/ **I** *adj* variable; [ciel] changeable. **II** *nf* variable.

variante /vaʀjɑ̃t/ *nf* variant.

variation /vaʀjasjɔ̃/ *nf* variation, change.

varicelle /vaʀisɛl/ *nf* chicken pox.

varié, -e /vaʀje/ *adj* varied; [choix] wide; [choses] different.

varier /vaʀje/ *vtr, vtr* to vary.

variété /vaʀjete/ **I** *nf* variety; *une grande variété de* a wide range of; (espèce) sort. **II variétés** *nfpl* variety show, vaudeville[US].

variole /vaʀjɔl/ *nf* smallpox.

vas /va/ ▶ **aller**[1].

vase[1] /vɑz/ *nm* vase.

vase[2] /vɑz/ *nf* silt, sludge.

vaseux, -euse /vazø, øz/ *adj* muddy; (peu cohérent)© woolly[GB].

vaste /vast/ *adj* vast, huge; [sujet] wide-ranging.

vaudeville /vodvil/ *nm* light comedy; *tourner au vaudeville* to turn into a farce.

vaudou /vodu/ *adj inv*, *nm* voodoo.

vaurien, -ienne /voʀjɛ̃, jɛn/ *nm,f* rascal.

vautour /votuʀ/ *nm* vulture.

vautrer: se vautrer /votʀe/ *vpr* to sprawl; (s'affaler) to loll; (se rouler) to wallow.

va-vite: à la va-vite /alavavit/ *loc adv* PÉJ in a rush.

veau, *pl* **-x** /vo/ *nm* (animal) calf; (viande) veal; (cuir) calfskin.

vecteur /vɛktœʀ/ *nm* MATH vector.

vécu, -e /veky/ **I** *pp* ▶ **vivre**. **II** *adj* real-life (épith). **III** *nm* real life.

vedette /vədɛt/ *nf* star; *en vedette* in the limelight; (bateau) launch.

végétal, -e, *mpl* **-aux** /veʒetal, o/ **I** *adj* plant; [huile] vegetable (épith). **II** *nm* vegetable, plant.

végétalien, -ienne /veʒetaljɛ̃, jɛn/ *adj, nm,f* vegan.

végétarien, -ienne /veʒetaʀjɛ̃, jɛn/ *adj, nm,f* vegetarian.

végétation /veʒetasjɔ̃/ **I** *nf* vegetation. **II végétations** *nfpl* adenoids.

véhicule /veikyl/ *nm* vehicle; *véhicule de tourisme* private car.

véhiculer /veikyle/ *vtr* to carry, to transport.

veille /vɛj/ *nf* *la veille* the day before; *la veille de Noël* Christmas Eve; (état éveillé) waking; *être en état de veille* to be awake. ■ **veille technologique** (technology) watch.

veillée /veje/ *nf* evening; (près d'un malade) vigil.

veiller /veje/ **I** *vtr* to watch over. **II** *vtr ind* *veiller à* to see to; *veiller à ce que* to make sure that; *veiller sur qn* to watch over sb. **III** *vi* to stay up; (auprès de qn) to sit up; (être vigilant) to be watchful.

veilleur, -euse /vɛjœʀ, øz/ *nm,f* *veilleur de nuit* night watchman.

veilleuse /vɛjøz/ *nf* night light; (d'appareil) pilot light; (de véhicule) side light[GB], parking light[US]. ● *mettre qch en veilleuse* to put sth on the back burner.

veinard©, -e /venaʀ, aʀd/ *nm,f* lucky devil©.

veine /vɛn/ *nf* vein; (inspiration) inspiration; (chance)© luck.

véliplanchiste /veliplɑ̃ʃist/ *nmf* windsurfer.

vélo© /velo/ *nm* bike©; (sport) cycling; *faire du vélo* to cycle, to go cycling. ■ **vélo tout-terrain**, **VTT** mountain bike.

vélo-cross /velokʀɔs/ *nm inv* cyclo-cross bike.

vélomoteur /velomɔtœʀ/ *nm* moped.

velours /vəluʀ/ *nm* velvet; (à côtes) corduroy.

velouté, -e /vəlute/ **I** *adj* velvety; [sauce] smooth. **II** *nm* (potage) cream; (au toucher) softness; (au goût) smoothness.

velu, -e /vəly/ *adj* hairy.

vendange /vɑ̃dɑ̃ʒ/ *nf* grape harvest.

vendeur, -euse /vɑ̃dœʀ, øz/ *nm,f* shop assistant[GB], salesperson; (dans une transaction) seller.

vendre /vɑ̃dʀ/ **I** *vtr* to sell; *à vendre* for sale. **II se vendre** *vpr* to sell well/badly; *se vendre au poids* to be sold by weight.

vendredi /vɑ̃dʀədi/ *nm* Friday; *vendredi saint* Good Friday.

vendu, -e /vɑ̃dy/ **I** *pp* ▶ **vendre**. **II** *adj* bribed. **III** *nm,f* traitor.

vénéneux, -euse /venenø, øz/ *adj* poisonous.

vénérable /veneʀabl/ *adj* venerable.

vénérer /veneʀe/ *vtr* to venerate.

Venezuela /venezɥela/ *nprm* Venezuela.

vengeance /vɑ̃ʒɑ̃s/ *nf* revenge.

venger /vɑ̃ʒe/ **I** *vtr* to avenge. **II se venger de** *vpr* to take one's revenge for.

vengeur, vengeresse /vɑ̃ʒœʀ, vɑ̃ʒʀɛs/ *adj* vengeful.

venimeux, -euse /vənimø, øz/ *adj* venomous.

venin /vənɛ̃/ *nm* venom.

venir /vəniʀ/ **I** *v aux* *venir faire* come to do; *viens me dire* come and tell me; *venir de faire* to have just done. **II** *vi* to come; *faire venir qn* to call sb; *faire venir qch* to order sth; *en venir à faire* to get to the point of doing; *venons-en à l'ordre du jour* let's get down to the agenda; *où veut-il en venir?* what's he driving at?; *en venir aux mains* to come to blows.

vent /vɑ̃/ *nm* wind; *en coup de vent* in a rush. • *du vent*©! get lost©!; *être dans le vent* to be trendy.

vente /vɑ̃t/ *nf* sale; *en vente* for sale. ■ *vente par correspondance* mail-order selling; *vente aux enchères* auction (sale).

venter /vɑ̃te/ *v impers* to be windy.

ventilateur /vɑ̃tilatœʀ/ *nm* fan.

ventilation /vɑ̃tilasjɔ̃/ *nf* ventilation; (répartition) distribution.

ventiler /vɑ̃tile/ *vtr* (aérer) to ventilate; (distribuer) to break down.

ventouse /vɑ̃tuz/ *nf* suction pad^{GB}, suction cup^{US}; (pour déboucher) plunger.

ventre /vɑ̃tʀ/ *nm* stomach, tummy©, belly; *avoir mal au ventre* to have (a) stomach ache.

venu, -e /vəny/ **I** *pp* ▶ **venir**. **II** *adj* *bien venu* apt; *mal venu* badly timed. **III** *nm,f* *nouveau venu* newcomer.

venue /vəny/ *nf* visit; *venue au monde* birth.

ver /vɛʀ/ *nm* worm; (dans la nourriture) maggot; ORDINAT (computer) worm; *ver luisant* glowworm; *ver à soie* silkworm; *ver solitaire* tapeworm; *ver de terre* earthworm.

véracité /veʀasite/ *nf* truthfulness, veracity.

véranda /veʀɑ̃da/ *nf* veranda, porch^{US}.

verbal, -e, *mpl* **-aux** /vɛʀbal, o/ *adj* verbal.

verbaliser /vɛʀbalize/ *vi* to record an offence^{GB}.

verbe /vɛʀb/ *nm* verb.

verdâtre /vɛʀdɑtʀ/ *adj* greenish.

verdict /vɛʀdikt/ *nm* verdict.

verdir /vɛʀdiʀ/ *vi* to turn green.

verdure /vɛʀdyʀ/ *nf* greenery.

véreux, -euse /veʀø, øz/ *adj* worm-eaten; [avocat] crooked.

verge /vɛʀʒ/ *nf* penis; (pour battre) switch, birch.

verger /vɛʀʒe/ *nm* orchard.

verglacé, -e /vɛʀglase/ *adj* icy.

verglas /vɛʀgla/ *nm* black ice.

vergogne: sans vergogne /sɑ̃vɛʀgɔɲ/ *loc adv* shamelessly.

vergue /vɛʀg/ *nf* yard.

véridique /veʀidik/ *adj* [détail] true; [description] truthful.

vérification /veʀifikasjɔ̃/ *nf* (d'appareil) check (on); (d'alibi) verification (of); *vérification d'identité* identity check.

vérifier /veʀifje/ *vtr* to verify, to check.

véritable /veʀitabl/ *adj* true, real; [cuir] genuine.

véritablement /veʀitabləmɑ̃/ *adv* really.

vérité /veʀite/ *nf* truth; *à la vérité* to tell the truth; (de sentiment) sincerity.

verlan /vɛʀlɑ̃/ *nm* French slang formed by inverting syllables.

vermeil, -eille /vɛʀmɛj/ **I** *adj* bright red. **II** *nm* vermeil.

vermicelle /vɛʀmisɛl/ *nm* vermicelli ¢.

vermillon /vɛʀmijɔ̃/ *adj inv, nm* vermilion.

vermine /vɛʀmin/ *nf* vermin.

vermoulu, -e /vɛʀmuly/ *adj* worm-eaten; [institutions] moth-eaten.

verni, -e /vɛʀni/ *adj* varnished; [chaussures] patent-leather (épith); (chanceux)© lucky.

vernir /vɛʀniʀ/ *vtr* to varnish; [▶ faïence, poterie] to glaze.

vernis

vernis /vɛʀni/ *nm* varnish; (sur céramique) glaze.
■ **vernis à ongles** nail polish.

vernissage /vɛʀnisaʒ/ *nm* (exposition) preview.

vernissé, -e /vɛʀnise/ *adj* glazed; [feuilles] glossy.

verre /vɛʀ/ *nm* glass; *verre à pied* stemmed glass; (contenu) glass, glassful; *prendre un verre* to have a drink; (de vue) lens.
■ **verre de contact** contact lens.

verrière /vɛʀjɛʀ/ *nf* glass roof; (panneau) glass wall.

verrine /vɛʀin/ *nf* verrine.

verroterie /vɛʀɔtʀi/ *nf* glass jewellery^GB.

verrou /vɛʀu/ *nm* bolt.

verrouillage /vɛʀujaʒ/ *nm* [▸fenêtre, porte] bolting; [▸arme, voiture] locking.
■ **verrouillage centralisé** central locking.

verrouiller /vɛʀuje/ *vtr* to bolt.

verrue /vɛʀy/ *nf* wart; *verrue plantaire* verruca.

vers¹ /vɛʀ/ *prép* (direction) toward(s); (lieu) near, around; (temps) around.

vers² /vɛʀ/ *nm* line (of verse); *en vers* poem in verse.

versant /vɛʀsɑ̃/ *nm* side.

versatile /vɛʀsatil/ *adj* unpredictable, volatile.

verse: **à verse** /avɛʀs/ *loc adv il pleut à verse* it's pouring down.

Verseau /vɛʀso/ *nprm* Aquarius.

versement /vɛʀsəmɑ̃/ *nm* payment.

verser /vɛʀse/ *vtr* [▸liquide] to pour; [▸argent] to pay; [▸larme, sang] to shed; *verser dans* FIG to lapse into.

verset /vɛʀsɛ/ *nm* verse.

version /vɛʀsjɔ̃/ *nf* version; (traduction) translation (*into one's own language*).

verso /vɛʀso/ *nm* back; *au verso* over(leaf).

vert, -e /vɛʀ, vɛʀt/ **I** *adj* green; [fruit] green, unripe; [réprimande] sharp, stiff. **II** *nm* green. **III** **verts** *nmpl* (écologistes) the Greens.
● **se mettre au vert**© to take a break in the country.

vertébral, -e, *mpl* **-aux** /vɛʀtebʀal, o/ *adj colonne vertébrale* spine, backbone.

vertèbre /vɛʀtɛbʀ/ *nf* vertebra, disc.

vertement /vɛʀtəmɑ̃/ *adv* sharply.

vertical, -e, *mpl* **-aux** /vɛʀtikal, o/ *adj* vertical.

verticale /vɛʀtikal/ *nf* vertical; *à la verticale* upright.

verticalement /vɛʀtikalmɑ̃/ *adv* vertically; (dans les mots croisés) down.

vertige /vɛʀtiʒ/ *nm* dizziness; (dû à la hauteur) vertigo.

vertigineux, -euse /vɛʀtiʒinø, øz/ *adj* dizzy; [somme] staggering.

vertu /vɛʀty/ **I** *nf* virtue; (de plante) property. **II** **en vertu de** *loc prép* in accordance with.

verve /vɛʀv/ *nf* eloquence.

verveine /vɛʀvɛn/ *nf* verbena.

vésicule /vezikyl/ *nf* vesicle.
■ **vésicule biliaire** gall bladder.

vessie /vesi/ *nf* bladder.

veste /vɛst/ *nf* jacket.
● **prendre une veste**© to come a cropper©; **retourner sa veste** to change sides.

vestiaire /vɛstjɛʀ/ *nm* changing room^GB, locker room; (au musée) cloakroom.

vestibule /vɛstibyl/ *nm* hall.

vestige /vɛstiʒ/ *nm* vestige.

veston /vɛstɔ̃/ *nm* jacket.

vêtement /vɛtmɑ̃/ *nm* garment; *des vêtements* clothes, clothing ¢; *vêtements de sport* sportswear.

vétéran /veterɑ̃/ *nm* veteran.

vétérinaire /veteʀinɛʀ/ *nmf* veterinary surgeon^GB, veterinarian^US.

vêtir /vetiʀ/ *vtr, vpr* to dress.

véto, veto /veto/ *nm* veto.

vêtu, -e /vety/ **I** *pp* ▸ **vêtir**. **II** *adj* dressed.

vétuste /vetyst/ *adj* dilapidated.

veuf, veuve /vœf, vœv/ **I** *adj* widowed. **II** *nm,f* widower/widow.

vexer /vɛkse/ **I** *vtr* to offend. **II** **se vexer** *vpr* to take offence^GB.

viable /vjabl/ *adj* viable; [projet] feasible.

viaduc /vjadyk/ *nm* viaduct.

viager /vjaʒe/ *nm* JUR life annuity.

viande /vjɑ̃d/ *nf* meat.

vibration /vibʀasjɔ̃/ *nf* vibration.

vibrer /vibʀe/ *vi* to vibrate; *faire vibrer* [▸âme, foule] to stir.

vibreur /vibʀœʀ/ *nm* [▸d'un téléphone] vibrator.

vicaire /vikɛʀ/ *nm* curate.

vice /vis/ *nm* vice; (défaut) defect; (de procédure) irregularity.

vicieux, -ieuse /visjø, jøz/ **I** *adj* perverted; *cercle vicieux* vicious circle. **II** *nm,f* pervert.

vicinal, -e, *mpl* **-aux** /visinal, o/ *adj* *chemin vicinal* byroad.

vicomte /vikɔ̃t/ *nm* viscount.

vicomtesse /vikɔ̃tɛs/ *nf* viscountess.

victime /viktim/ *nf* victim.

victoire /viktwaʀ/ *nf* victory.

victorieux, -ieuse /viktɔʀjø, jøz/ *adj* [pays] victorious; [équipe] winning.

victuailles /viktɥɑj/ *nfpl* provisions.

vidange /vidɑ̃ʒ/ *nf* emptying; (de moteur) oil change; (de lave-linge) waste pipe.

vidanger /vidɑ̃ʒe/ *vtr* to empty, to drain.

vide /vid/ **I** *adj* empty; *vide de* devoid of. **II** *nm* gap, empty space; *emballé sous vide* vacuum packed.

vidéaste /videast/ *nmf* video director.

vide-grenier, *pl* **-s** /vidgʀənje/ *nm* bric-a-brac sale.

vidéo /video/ *adj inv*, *nf* video.

vidéocassette /videokasɛt/ *nf* videocassette.

vidéoclip /videoklip/ *nm* music video.

vidéoclub /videoklœb/ *nm* video shop.

vidéoconférence /videokɔ̃feʀɑ̃s/ *nf* (système) videoconferencing; (séance) videoconference.

vidéodisque /videodisk/ *nm* videodisc.

vide-ordure, vide-ordures, *pl* **-s/- **/vidɔʀdyʀ/ *nm inv* rubbish chute[GB], garbage chute[US].

vidéosurveillance /videosyʀvejɑ̃s/ *nf* videosurveillance.

vidéothèque /videotɛk/ *nf* video library.

vider /vide/ *vtr* to empty; [▸poisson] to gut; [▸volaille] to draw; *vider* *qn* to throw sb out.

videur©, **-euse** /vidœʀ, øz/ *nm,f* bouncer.

vie /vi/ *nf* life; *à vie/pour la vie* for life; *donner la vie à* to give birth to; *en vie* alive; *mener la vie dure à qn* to give sb a hard time; *vie chère* high cost of living.

vieil ▸ **vieux**.

vieillard, -e /vjɛjaʀ, aʀd/ *nm,f* old man/ woman.

vieille ▸ **vieux**.

vieillerie /vjɛjʀi/ *nf* old thing.

vieillesse /vjɛjɛs/ *nf* old age.

vieilli, -e /vjɛji/ *adj* (out)dated.

vieillir /vjɛjiʀ/ **I** *vtr* to age. **II** *vi* to get old, to be older; [vin] to mature; [œuvre] to become outdated.

vieillissement /vjɛjismɑ̃/ *nm* ageing.

vieillot, -otte /vjɛjo, ɔt/ *adj* quaint, old-fashioned.

viennoiserie /vjɛnwazʀi/ *nf* Viennese pastry.

vierge /vjɛʀʒ/ **I** *adj* virgin (*épith*); [cd] blank; [pellicule] unused; [casier judiciaire] clean; [laine] new; [huile, neige] virgin. **II** *nf* virgin.

Vierge /vjɛʀʒ/ *nprf* *la (Sainte) Vierge* the (Blessed) Virgin; (signe) Virgo.

Viêt-Nam /vjɛtnam/ *nprm* Vietnam.

vietnamien, -ienne /vjɛtnamjɛ̃, jɛn/ **I** *adj* Vietnamese. **II** *nm* LING Vietnamese. **III** *nm,f* *Vietnamien, -ienne* Vietnamese.

vieux (vieil *devant voyelle ou h muet*), **vieille** /vjø, vjɛj/ **I** *adj* old. **II** *nm,f* old person; *les vieux* old people; *pauvre vieux*© you poor old thing. **III** *adv* old.

vif, vive /vif, viv/ *adj* [couleur] bright; [personne] lively; [protestations] heated; [contraste, arête] sharp; [intérêt] keen; [crainte, douleur] acute; [rythme, geste] brisk; *à feu vif* at high heat; *mort ou vif* dead or alive; *de vive voix* in person.

● *sur le vif* [entretien] live.

vigie /viʒi/ *nf* lookout.

vigilance /viʒilɑ̃s/ *nf* vigilance.

vigile /viʒil/ *nm* night watchman; (garde) security guard.

vigne /viɲ/ *nf* vine; (terrain planté) vineyard.

■ *vigne vierge* Virginia creeper.

vigneron, -onne /viɲʀɔ̃, ɔn/ *nm,f* wine-grower.

vignette /viɲɛt/ *nf* (étiquette) label; (de BD) vignette; (de voiture) tax disc[GB].

vignoble /viɲɔbl/ *nm* vineyard.

vigoureux, -euse /viguʀø, øz/ *adj* vigorous.

vigueur /vigœʀ/ **I** *nf* vigour[GB]. **II en vigueur** *loc adj* in force; *entrer en vigueur* to come into force.

VIH /veiaʃ/ *nm* (*abrév = virus immunodéficitaire humain*) HIV.

vil, -e /vil/ *adj* vile, base.

vilain, -e /vilɛ̃, ɛn/ **I** adj (laid) ugly; (méchant) nasty; [garçon, fille] naughty; [mot] dirty. **II** nm,f naughty boy/girl.

villa /vila/ nf detached house.

village /vilaʒ/ nm village.

villageois, -e /vilaʒwa, az/ nm,f villager.

ville /vil/ nf town; (de grande importance) city.

ville-dortoir, pl **villes-dortoirs** /vildɔʀtwaʀ/ nf dormitory town^{GB}, bedroom community^{US}.

vin /vɛ̃/ nm wine; *grand vin* fine wine.
■ **vin rouge/blanc/pétillant** red/white/sparkling wine; **vin doux/sec/demi-sec** sweet/dry/medium-dry wine; **vin d'honneur** reception.

vinaigre /vinɛgʀ/ nm vinegar.
● *tourner au vinaigre* to turn sour.

vinaigrette /vinɛgʀɛt/ nf vinaigrette, French dressing.

vindicatif, -ive /vɛ̃dikatif, iv/ adj vindictive.

vingt /vɛ̃, vɛ̃t/ dét inv, pron, nm twenty.

vingtaine /vɛ̃tɛn/ nf about twenty.

vingtième /vɛ̃tjɛm/ adj, pron twentieth.

viol /vjɔl/ nm rape; (de loi, temple) violation.

violation /vjɔlasjɔ̃/ nf violation; (d'accord) breach.

violemment /vjɔlamɑ̃/ adv violently.

violence /vjɔlɑ̃s/ nf violence.

violent, -e /vjɔlɑ̃, ɑ̃t/ adj violent; [poison] powerful; [désir] overwhelming.

violer /vjɔle/ vtr to rape; [▸tombe] to desecrate, to violate; [▸loi] to infringe.

violet, -ette /vjɔlɛ, ɛt/ adj, nm purple.

violette /vjɔlɛt/ nf violet.

violeur /vjɔlœʀ/ nm rapist.

violon /vjɔlɔ̃/ nm violin; *jouer du violon* to play the violin.
■ **violon d'Ingres** true passion, thing©.

violoncelle /vjɔlɔ̃sɛl/ nm cello.

violoncelliste /vjɔlɔ̃selist/ nmf cellist.

violoniste /vjɔlɔnist/ nmf violinist.

vipère /vipɛʀ/ nf viper, adder.

virage /viʀaʒ/ nm bend; (changement) change of direction; *virage à 180 degrés* U-turn; (en ski) turn; FIG change of course.

virée© /viʀe/ nf trip; (à moto) ride.

virement /viʀmɑ̃/ nm transfer; *virement automatique* standing order^{GB}.

virer /viʀe/ **I** vtr [▸argent] to transfer; [▸employé]© to fire, to sack©; [▸élève]© to expel. **II** vi to turn; *virer de bord* NAUT to go about; FIG to do a U-turn; [couleur] to change. **III virer à** vtr ind to turn.

virginité /viʀʒinite/ nf virginity.

virgule /viʀgyl/ nf comma; (dans un nombre) (decimal) point.

viril, -e /viʀil/ adj manly, virile.

virtuel, -elle /viʀtɥɛl/ adj [marché] potential; [réalité] virtual.

virtuose /viʀtɥoz/ adj, nmf virtuoso.

virulent, -e /viʀylɑ̃, ɑ̃t/ adj MÉD virulent; [personne, propos] virulent, scathing.

virus /viʀys/ nm virus.

vis /vis/ nf screw.

visa /viza/ nm visa.

visage /vizaʒ/ nm face.

vis-à-vis /vizavi/ **I** nm inv opposite; (adversaire) opponent; (rencontre) meeting. **II vis-à-vis de** loc prép toward(s).

visée /vize/ nf aim; *avoir des visées sur* to have designs on.

viser /vize/ **I** vtr, vtr ind *viser (à)* to aim at; [remarque, allusion] to be meant for. **II** vi to aim.

viseur /vizœʀ/ nm viewfinder; (d'arme) sight.

visibilité /vizibilite/ nf visibility.

visible /vizibl/ adj visible.

visière /vizjɛʀ/ nf eyeshade, visor; (de casquette) peak.

vision /vizjɔ̃/ nf eyesight, vision; (conception) view; (spectacle) sight.

visionnaire /vizjɔnɛʀ/ adj, nmf visionary.

visionner /vizjɔne/ vtr to view.

visionneuse /vizjɔnøz/ nf viewer.

visite /vizit/ nf visit; (rapide) call; *rendre visite à qn* to pay sb a call, to call on sb; *avoir de la visite* to have visitors.
■ **visite guidée** guided tour; **visite médicale** medical (examination).

visiter /vizite/ vtr to visit.

visiteur, -euse /vizitœʀ, øz/ nm,f visitor.

vison /vizɔ̃/ nm mink.

visser /vise/ vtr to screw on; *vissé sur sa chaise* glued to one's chair.

visualisation /vizɥalizasjɔ̃/ nf visualization; ORDINAT display.

visualiser /vizɥalize/ vtr to visualize.

voilier

visuel, -elle /vizɥɛl/ *adj* visual.

vital, -e, *mpl* **-aux** /vital, o/ *adj* vital.

vitalité /vitalite/ *nf* vitality, energy.

vitamine /vitamin/ *nf* vitamin.

vitaminé, -e /vitamine/ *adj* with added vitamins.

vite /vit/ *adv* quickly; (peu après le début) soon; *c'est vite dit!* that's easy to say!; *faire vite* to be quick.

vitesse /vitɛs/ *nf* speed; *en vitesse* quickly, in a rush; (engrenage, rapport) gear.

viticole /vitikɔl/ *adj* [industrie] wine; [région] wine-producing.

viticulteur, -trice /vitikyltœr, tris/ *nm,f* winegrower.

vitrail, *pl* **-aux** /vitraj, o/ *nm* stained-glass window.

vitre /vitr/ *nf* pane, windowpane; (fenêtre) window.

vitrier, -ière /vitrije, jɛr/ *nm,f* glazier.

vitrine /vitrin/ *nf* window; *faire les vitrines* to go window-shopping; (de musée) (show) case.

vivable /vivabl/ *adj* bearable.

vivace /vivas/ *adj* perennial; [haine] undying.

vivacité /vivasite/ *nf* vivacity; (d'intelligence) keenness; (de réaction) swiftness; (de souvenir) vividness.

vivant, -e /vivɑ̃, ɑ̃t/ **I** *adj* living; *être vivant* to be alive; *un homard vivant* a live lobster; (récit, style) lively; [description] vivid. **II** *nm* **les vivants** the living; *de mon vivant* in my lifetime; *un bon vivant* a bon viveur.

vive /viv/ *excl* *vive le roi!* long live the king!; *vive les vacances!* three cheers for the holidays^{GB}/vacation^{US}!

vivement /vivmɑ̃/ *adv* [réagir] strongly; [regretter] deeply; [attaquer] fiercely; *vivement dimanche!* I can't wait for Sunday!

vivier /vivje/ *nm* fishpond.

vivifier /vivifje/ *vtr* to invigorate.

vivoter$^{©}$ /vivɔte/ *vi* to struggle along.

vivre /vivr/ **I** *vtr* [▸époque] to live through; [▸enfer] to go through; [▸passion] to experience. **II** *vi* to live; *se laisser vivre* to take things easy; *je vais t'apprendre à vivre*$^{©}$ I'll teach you some manners$^{©}$.

• **qui vivra verra** what will be will be.

vivres /vivr/ *nmpl* food, supplies.

vo /veo/ *nf* (abrév = **version originale**) original version.

vocabulaire /vɔkabylɛr/ *nm* vocabulary.

vocal, -e, *mpl* **-aux** /vɔkal, o/ *adj* vocal.

vocation /vɔkasjɔ̃/ *nf* vocation, calling; (d'institution) purpose.

vocifération /vɔsiferasjɔ̃/ *nf* clamour^{GB} ℂ.

vociférer /vɔsifere/ *vtr, vi* to curse and rave.

vœu, *pl* **-x** /vø/ *nm* (souhait) wish; (de Nouvel An) New Year's greetings; (promesse) vow.

■ **vœu pieux** wishful thinking ℂ.

vogue /vɔg/ *nf* fashion, vogue; *en vogue* fashionable.

voguer /vɔge/ *vi* [navire] to sail; [esprit] to wander.

voici /vwasi/ *adv* *voici un mois* a month ago; *me voici* here I am; *voici ma fille* this is my daughter; *voici où je voulais en venir* that's the point I wanted to make; *nous y voici* (à la maison) here we are; (au cœur du sujet) now we're getting there.

voie /vwa/ *nf* way; *sur la voie* on the way; *être en bonne voie* to be progressing; (moyen) *par voie de presse* through the press; (route) road; (rue) street; *route à trois voies* three-lane road; *voie à sens unique* one-way street; (rails) track; *voie 2* platform 2.

■ **voie express/rapide** expressway; **voie ferrée** railway track^{GB}, railroad track^{US}; (ligne) railway^{GB}, railroad^{US}; **Voie lactée** Milky Way; **voie sans issue** dead end; **voies respiratoires** respiratory tract (sg).

voilà /vwala/ *adv* *voilà un mois* a month ago; *et voilà qu'elle refuse* and then she refused; *voici ton parapluie et voilà le mien* this is your umbrella and here's mine; *voilà tout* that's all; *voilà comment* that's how; *nous y voilà* now we're getting there; *en voilà assez!* that's enough!

voile^1 /vwal/ *nm* veil.

■ **voile islamique** yashmak.

voile^2 /vwal/ *nf* sail; *faire voile vers* to sail toward(s); (sport) sailing.

• **mettre les voiles**$^{©}$ to clear off$^{©GB}$, out$^{©US}$.

voilé, -e /vwale/ *adj* veiled; [ciel] hazy; [regard] misty.

voiler /vwale/ **I** *vtr* to veil; [▸roue] to buckle. **II se voiler** *vpr* to cloud over; *se voiler le visage* to veil one's face.

voilier /vwalje/ *nm* sailing boat^{GB}, sailboat^{US}.

voilure /vwalyʀ/ nf (ensemble des voiles) sails.

voir /vwaʀ/ **I** vtr to see; *faire voir* to show sb sth; *c'est beau à voir* it's beautiful to look at; *ce n'est pas beau à voir* it's not a pretty sight; *je vois ça d'ici* I can just imagine; *se faire bien voir* to make a good impression; *essaie de voir si* try to find out if. **II voir à** vtr ind to see to. **III** vi to see; *voir grand* to think big; *on verra bien* well, we'll see; *voyons!* come on now! **IV se voir** vpr to see oneself; [tache, défaut] to show; (se trouver) *se voir obligé de* to find oneself forced to; (se fréquenter) to see each other.

● *ça n'a rien à voir* that has nothing to do with it.

voire /vwaʀ/ adv or even, not to say.

voirie /vwaʀi/ nf road, rail and waterways network.

voisin, -e /vwazɛ̃, in/ **I** adj [rue, pays] neighbouring[GB]; [forêt] nearby; [pièce, table, maison] next; [idées] similar; *voisin de* close to. **II** nm,f neighbour[GB].

voisinage /vwazinaʒ/ nm neighbourhood[GB], neighbours[GB] (pl); *dans le voisinage de* close to.

voiture /vwatyʀ/ nf car; (wagon) carriage[GB], car[US]; *en voiture!* all aboard!

voix /vwa/ nf voice; *voix blanche* expressionless voice; *à voix haute* out loud; *à voix basse* in a whisper; (élections) vote.

vol /vɔl/ nm (aérien) flight; *à vol d'oiseau* as the crow flies; (délit) theft, robbery.

■ *vol à main armée* armed robbery; *vol à voile* gliding.

volage /vɔlaʒ/ adj fickle.

volaille /vɔlaj/ nf *la volaille* poultry; *une volaille* a fowl.

volant, -e /vɔlɑ̃, ɑ̃t/ **I** adj flying. **II** nm steering wheel; (de vêtement) flounce, tier; (réserve) margin, reserve; (de badminton) shuttlecock.

volatile /vɔlatil/ nm fowl; (oiseau) bird.

volatiliser: *se volatiliser* /vɔlatilize/ vpr to volatilize.

volcan /vɔlkɑ̃/ nm volcano.

volcanique /vɔlkanik/ adj volcanic.

volée /vɔle/ **I** nf flock, flight; (d'enfants) swarm; (de coups) volley; (correction) hiding. **II à toute volée** loc adv *sonner à toute volée* to peal out. **III à la volée** loc adv in flight, in mid-air.

voler /vɔle/ **I** vtr *voler (qch à qn)* to steal (sth from sb); *se faire voler qch* to have sth stolen; *tu ne l'as pas volé*[©]! it serves you right! **II** vi to fly.

volet /vɔlɛ/ nm shutter; (de politique) constituent; (de dépliant) (folding) section.

● *trié sur le volet* hand-picked.

voleter /vɔlte/ vi to flutter.

voleur, -euse /vɔlœʀ, øz/ nm,f thief; *au voleur!* stop thief!; *jouer au gendarme et au voleur* to play cops and robbers.

volière /vɔljɛʀ/ nf aviary.

volley(-ball) /vɔlɛ(bol)/ nm volleyball.

volontaire /vɔlɔ̃tɛʀ/ **I** adj [départ] voluntary; [abus] deliberate; [personne] determined. **II** nmf volunteer.

volontairement /vɔlɔ̃tɛʀmɑ̃/ adv [renoncer, partir] voluntarily; [provoquer, faire mal] intentionally.

volontariat /vɔlɔ̃tarja/ nm voluntary service.

volonté /vɔlɔ̃te/ **I** nf will; *bonne/mauvaise volonté* goodwill/ill-will; *à force de volonté* by sheer willpower. **II à volonté** loc adv unlimited.

volontiers /vɔlɔ̃tje/ adv gladly, certainly.

volt /vɔlt/ nm volt.

voltage /vɔltaʒ/ nm voltage.

volte-face /vɔltəfas/ nf inv *faire volte-face* to turn around.

voltiger /vɔltiʒe/ vi to flutter.

volume /vɔlym/ nm volume; *faire du volume* to be bulky.

volumineux, -euse /vɔluminø, øz/ adj voluminous, bulky.

volupté /vɔlypte/ nf voluptuousness.

vomi[©] /vɔmi/ nm vomit.

vomir /vɔmiʀ/ **I** vtr to bring up, to vomit; [▸lave] to spew out. **II** vi to be sick, to vomit.

vomissement /vɔmismɑ̃/ nm vomiting.

vorace /vɔʀas/ adj voracious.

vos ▸ votre.

votant, -e /vɔtɑ̃, ɑ̃t/ nm,f voter.

vote /vɔt/ nm voting, vote; (d'une loi) passing of a bill.

■ *vote sanction* protest vote; *vote utile* tactical vote.

voter /vɔte/ **I** vtr to vote; [▸projet de loi] to pass. **II** vi to vote.

votre, pl **vos** /vɔtʀ, vo/ dét poss your; *un de vos amis* a friend of yours.

vôtre /votʀ/ **I** dét poss yours; *amicalement vôtre* best wishes. **II le vôtre, la vôtre, les vôtres** pron poss yours; *à la vôtre*©! cheers!

vouer /vwe/ **I** vtr [▸sentiment] to nurse; *voué à l'échec* doomed to failure, bound to fail. **II se vouer** vpr *se vouer à* to devote oneself to.

vouloir¹ /vulwaʀ/ **I** vtr to want; *comme tu veux* as you wish; *sans le vouloir* by accident; *je ne vous veux aucun mal* I don't wish you any harm; *voulez-vous fermer la fenêtre?* would you mind closing the window?; *veuillez attendre* please wait; *veux-tu te taire!* will you be quiet!; *vouloir dire* to mean. **II en vouloir à** vtr ind *en vouloir à qn* to be angry at sb. **III s'en vouloir de** vpr to regret.

vouloir² /vulwaʀ/ nm will.

voulu, -e /vuly/ adj [compétences] required; *en temps voulu* in time; (intentionnel) deliberate.

vous /vu/ pron pers (sujet, objet) you; *après vous* after you; *des amis à vous* friends of yours; *c'est à vous* it's yours; (vous-même) yourself; (vous-mêmes) yourselves.

vous-même, pl **vous-mêmes** /vumɛm/ pron pers yourself; *vous verrez par vous-mêmes* you'll see for yourselves.

voûte, voute /vut/ nf vault.

voûté, vouté, -e /vute/ adj [personne] stooping; [dos] bent.

vouvoiement /vuvwamã/ nm use of the 'vous' form.

vouvoyer /vuvwaje/ vtr, vpr to address sb using the vous form.

voyage /vwajaʒ/ nm trip; (déplacement) journey; *aimer les voyages* to love travelling©GB.
  ∎ **voyage d'affaires** business trip; **voyage de noces** honeymoon; **voyage organisé** package tour.

voyager /vwajaʒe/ vi to travel.

voyageur, -euse /vwajaʒœʀ, øz/ nm,f passenger; (pour l'aventure) traveller©GB.
  ∎ **voyageur de commerce** travelling©GB salesman.

voyagiste /vwajaʒist/ nmf tour operator.

voyant, -e /vwajã, ãt/ **I** adj loud. **II** nm,f clairvoyant. **III** nm **voyant (lumineux)** light.

voyelle /vwajɛl/ nf vowel.

voyou /vwaju/ nm lout, yobbo©GB, hoodlum©US.

vrac: en vrac /ãvʀak/ loc adj [riz] loose. **II** loc adv [acheter] loose; [mettre] haphazardly, as it comes.

vrai, -e /vʀɛ/ **I** adj true; *la vraie raison* the real reason; (authentique) real, genuine; (intensif) real, veritable; *c'est un vrai régal* it's a real delight. **II** nm truth; *être dans le vrai* to be in the right; *pour de vrai* for real; *à vrai dire* to tell the truth.

vraiment /vʀɛmã/ adv really.

vraisemblable /vʀɛsãblabl/ adj convincing, plausible; (probable) likely.

vraisemblablement /vʀɛsãblabləmã/ adv probably.

vraisemblance /vʀɛsãblãs/ nf *selon toute vraisemblance* in all likelihood, in all probability; (dans un récit) verisimilitude.

vrombir /vʀɔ̃biʀ/ vi to roar.

VRP /veɛʀpe/ nm (abrév = **voyageur représentant placier**) representative, rep©GB.

VTC /vetese/ nm inv (abrév = **vélo tout chemin**) hybrid bike.

VTT /vetete/ nm (abrév = **vélo tout terrain**) mountain bike.

vu, -e /vy/ **I** adj *bien/mal vu* [personne] well thought of/unpopular; (jugé) *bien vu!* good point! **II** prép *vu les circonstances* in view of the situation. **III vu que** loc conj in view of the fact that.

vue /vy/ nf (vision) eyesight, sight; (regard) sight; *à première vue* at first sight; (panorama) view; (spectacle) sight; *en vue* [personnalité] prominent; (dessin, photo) view; (façon de voir) view; *en vue de (faire) qch* with a view to (doing) sth.

vulgaire /vylgɛʀ/ adj vulgar, coarse; (individu) ordinary; [esprit, opinion] common.

vulgariser /vylgaʀize/ **I** vtr to popularize. **II se vulgariser** vpr [expression] to come into general use.

vulgarité /vylgaʀite/ nf vulgarity.

vulnérable /vylneʀabl/ adj vulnerable.

W-X-Y-Z

W (*abrév écrite* = **watt**) W.

wagon /vagɔ̃/ *nm* carriage^{GB}, car^{US}.
■ **wagon à bestiaux** cattle truck^{GB}, cattle car^{US}; **wagon de marchandises** goods wagon^{GB}, freight car^{US}.

wagon-lit, *pl* **wagons-lits** /vagɔ̃li/ *nm* sleeper, sleeping car^{US}.

wagon-restaurant, *pl* **wagons-restaurants** /vagɔ̃RɛstɔRɑ̃/ *nm* restaurant^{GB} car, dining^{US} car.

waters© /watɛR/ *nmpl* toilets.

watt /wat/ *nm* watt.

WC /(dublə)vese/ *nmpl* toilet, bathroom^{US}.

webcam /wɛbkam/ *nf* webcam.

webmestre /wɛbmɛstR/ *nmf* webmaster.

week-end, *pl* **-s** /wikɛnd/ *nm* **partir en week-end** to go away for the weekend.

whisky, *pl* **-s/whiskies** /wiski/ *nm* (écossais) whisky, Scotch; (irlandais, américain) whiskey.

x, **X** /iks/ *nm inv* **porter plainte contre X** to take an action against person unknown.

xénophobe /gzenɔfɔb/ **I** *adj* xenophobic. **II** *nmf* xenophobe.

xérès /kseRɛs/ *nm* sherry.

xylophone /ksilofɔn/ *nm* xylophone.

Y /igRɛk/ *nm inv* **en (forme de)** Y Y-shaped.

y /i/ *pron* (à ça) **rien n'y fait** it's no use; **j'y pense** I think about it; **tu t'y attendais?** were you expecting it?; **il n'y peut rien** there's nothing he can do about it; **j'y viens** I'm coming to that; **tu y crois?** do you believe it?; (là) there; **n'y va pas** don't go; (avec le verbe avoir) **des pommes? il n'y en a plus** apples? there are none left; **il n'y a qu'à téléphoner** just phone.

yaourt /'jauR(t)/ *nm* yoghurt.

yoga /'jɔga/ *nm* yoga.

yoghourt /'jɔguR(t)/ ▶ **yaourt**.

youpi /'jupi/ *excl* yippee!

yo-yo® /'jojo/ *nm inv* yo-yo®.

Zambie /zɑ̃bi/ *nprf* Zambia.

Zimbabwe /zimbabwe/ *nprm* Zimbabwe.

zapper© /zape/ *vi* to channel-surf.

zèbre /zɛbR/ *nm* zebra.

zébré /zebRe/ *adj* zebra-striped; **zébré de** streaked with.

zébu /zeby/ *nm* zebu.

zèle /zɛl/ *nm* zeal; **faire du zèle** to be over-zealous, to overdo it.

zéro /zero/ **I** *dét inv* (avant nom) **les enfants de zéro à six ans** children from nought^{GB} to six years old; SCOL **j'ai fait zéro faute** I didn't make a single mistake; (après nom) zero; **niveau zéro** zero level. **II** *nm* GÉN zero, nought^{GB}; (en sport) GÉN nil^{GB}, nothing; **gagner trois (buts) à zéro** to win three nil^{GB}; (au tennis) love; **l'emporter par deux sets à zéro** to win by two sets to love.
● **partir de zéro** to start from scratch.

zeste /zɛst/ *nm* (de citron) zest, peel.

zézayer /zezeje/ *vi* to lisp.

zigoto© /zigɔto/ *nm* guy©; **faire le zigoto** to clown around.

zigzag /zigzag/ *nm* zigzag; **une route en zigzag** a winding road.

zinc /zɛ̃g/ *nm* (métal) zinc; (comptoir)© counter, bar.

zinzin© /zɛ̃zɛ̃/ **I** *adj inv* (fou) cracked©. **II** *nm* (chose) thingummy^{GB©}, thingumajig©.

zizanie /zizani/ *nf* **semer la zizanie** to stir up ill-feeling, to sow discord.

zizi© /zizi/ *nm* willy^{©GB}, wiener^{©US}.

zodiaque /zɔdjak/ *nm* zodiac.

zone /zon/ *nf* zone, area; (banlieue pauvre) **la zone** the slum belt; **de seconde zone** second-rate.
■ **zone bleue** restricted parking zone; **zone industrielle** industrial estate^{GB}.

zoo /zo/ *nm* zoo.

zoologie /zɔɔlɔʒi/ *nf* zoology.

zoom /zum/ *nm* zoom lens; **faire un zoom avant/arrière** to zoom in/out.

zouave /zwav/ *nm* **faire le zouave**© to play the fool.

zut /zyt/ *excl* damn©!

ENGLISH - FRENCH

a

a /ə, eɪ/ (avant voyelle ou h muet **an** /æn, ən/) det un/une; *a tree, a flower* un arbre, une fleur; (referring to occupation or status) *she's a teacher* elle est professeur; *he's a widower* il est veuf; (with price, measure, etc) *two euros a kilo* deux euros le kilo; *twice a day* deux fois par jour.

A /eɪ/ m MUS la m.

A2 levelGB n SCOL (abrév = **second stage of an Advanced level**) ≈ baccalauréat m (dans une matière).

aback /ə'bæk/ adv **to be taken aback** être déconcerté.

abandon /ə'bændən/ vtr [▸person, hope] abandonner; [▸activity, claim] renoncer à.

abbey /'æbɪ/ n abbaye f.

ABC n (alphabet) alphabet m; (basics) *the ABC of* le b.a. ba de.

abdomen /'æbdəmən/ n abdomen m.

abduct /əb'dʌkt/ vtr enlever.

abductor /əb'dʌktə(r)/ n (kidnapper) ravisseur/-euse m/f.

abide /ə'baɪd/ vi **to abide by** [▸rule] respecter.

ability /ə'bɪlətɪ/ **I** n capacité f; **to have/not to have the ability to do sth** être capable/incapable de faire qch. **II abilities** npl compétences fpl; (of pupils) aptitudes fpl.

ablaze /ə'bleɪz/ adj en feu, en flammes.

able /'eɪbl/ adj **to be able to (do)** pouvoir (faire); *he's still not able to read* il ne sait toujours pas lire; [professional] compétent; [child] doué.

abnormal /æb'nɔːml/ adj anormal.

aboard /ə'bɔːd/ adv, prep à bord; *all aboard!* tout le monde à bord!; *aboard the aircraft* à bord de l'avion.

abode /ə'bəʊd/ n SOUT demeure f; *of no fixed abode* sans domicile fixe.

abolish /ə'bɒlɪʃ/ vtr abolir.

abolition /æbə'lɪʃn/ n (of law, right, tax, penalty) abolition f; (of subsidy, service, allowance) suppression f.

abortion /ə'bɔːʃn/ n avortement m.

abortive /ə'bɔːtɪv/ adj (épith) [raid] manqué.

about /ə'baʊt/ **I** adj (expressing intention) **to be about to do** être sur le point de faire; *I'm not about to do* je ne suis pas près de faire. **II** adv (approximately) environ, à peu près; *it's about the same* c'est à peu près pareil; *at about 6 pm* vers 18 h, à environ 18 h; (almost) presque; *that seems about right* ça a l'air d'aller; *I've had just about enough!* j'en ai plus qu'assez!; (around) *there is a lot of flu about* il y a beaucoup de grippes; *to be somewhere about* être dans les parages. **III** prep (concerning) *it's about my son* c'est au sujet de mon fils; *a book about...* un livre sur...; *what's it about?* (of book) ça parle de quoi?; *it's about...* il s'agit de...; (in personality) *what I like about her is* ce que j'aime chez elle c'est; (occupied with) *while you're about it...* tant que tu y es..., par la même occasion...; *and be quick about it!* et fais vite!; (around) *to wander about the streets* errer dans les rues; (in invitations, suggestions) *how/what about some tea?* et si on prenait un thé?; *how about it?* ça te dit?; *what about you?* et toi?

● **it's about time (that)** il serait temps que (+ subj).

above /ə'bʌv/ **I** pron *the above* (people) les personnes susnommées. **II** prep GÉN au-dessus de; *the door and the window above it* la porte et la fenêtre (qui est) au-dessus; *he thinks he's above us* il se croit supérieur à nous; (in preference to) par-dessus; *above all others/else* par-dessus tout; (beyond) *above suspicion* au-dessus de tout soupçon. **III** adv (higher up) *the apartment above* l'appartement du dessus; *the view from above* la vue d'en haut; (in the sky) *the stars above* les étoiles; (in a text) ci-dessus; *see above* voir ci-dessus; (more) *12 and above* 12 ans et plus. **IV above all** adv phr surtout.

abreast /ə'brest/ adv de front; **to keep abreast of** se tenir au courant de.

abroad /ə'brɔːd/ adv [go, live] à l'étranger.

abrupt /ə'brʌpt/ adj brusque.

abruptly /ə'brʌptlɪ/ adv (suddenly) brusquement; (curtly) avec brusquerie.

absence /ˈæbsəns/ n absence f; (of thing) manque m; *in the absence of* [▸ evidence, alternative] faute de.

absent /ˈæbsənt/ adj absent (de); *absent without leave* en absence illégale.

absentee /æbsənˈtiː/ n absent/-e m/f.

absent-minded adj distrait.

absent-mindedly adv [behave, speak] distraitement; [stare] d'un air absent; [forget] par inadvertance.

absolute /ˈæbsəluːt/ adj absolu; *absolute beginner* vrai débutant; [chaos, idiot] véritable (*before n*).

absolutely /ˈæbsəluːtlɪ/ adv absolument; [mad] complètement; *absolutely not!* pas du tout!

absorb /əbˈzɔːb/ vtr absorber.

absorbed /əbˈzɔːbd/ adj absorbé.

abstain /əbˈsteɪn/ vi s'abstenir (de).

abstract /ˈæbstrækt/ **I** n *in the abstract* dans l'abstrait; (summary) résumé m. **II** adj abstrait.

absurd /əbˈsɜːd/ adj ridicule; *it is absurd that* il est absurde que (+ subj).

abuse I /əˈbjuːs/ n mauvais traitement m; *(sexual) abuse* sévices (sexuels); (misuse) abus m; *drug abuse* usage de stupéfiants; (insults) injures fpl. **II** /əˈbjuːz/ vtr maltraiter; (pervert) abuser de.

abusive /əˈbjuːsɪv/ adj (rude) [▸ person] grossier/-ière (**to** envers); (insulting) [▸ words] injurieux/-ieuse; [▸ relationship] de maltraitance.

abysmal /əˈbɪzml/ adj épouvantable.

a/c n (abrév écrite = **account**) compte m.

academic /ækəˈdemɪk/ **I** adj [career, post] universitaire; [year] académique; [achievement, reputation] intellectuel/-elle; [question] théorique. **II** n universitaire mf.

academy /əˈkædəmɪ/ n académie f; (place of learning) école f.

accelerate /əkˈseləreɪt/ vi accélérer, s'accélérer.

accent /ˈæksent, -sənt/ n accent m.

accentuate /ækˈsentʃʊeɪt/ vtr accentuer, souligner.

accept /əkˈsept/ **I** vtr accepter; (tolerate) admettre. **II accepted** /əkˈseptɪd/ pp adj admis; [sense] habituel.

acceptance /əkˈseptəns/ n (of invitation) acceptation f; (of proposal) approbation f.

access /ˈækses/ **I** n accès m; *No access* accès interdit. **II** in compounds [door, mode, point] d'accès. **III** vtr accéder à.

access provider n ORDINAT fournisseur m d'accès.

accessible /əkˈsesəbl/ adj accessible; [▸ price] abordable.

accident /ˈæksɪdənt/ n accident m; (chance) hasard m; *by accident* accidentellement, par hasard.

accidental /æksɪˈdentl/ adj accidentel/-elle; [meeting, mistake] fortuit.

accidentally /æksɪˈdentəlɪ/ adv accidentellement; (by chance) par hasard.

accommodate /əˈkɒmədeɪt/ vtr loger; (hold) contenir; (adapt to) s'adapter à; (satisfy) satisfaire.

accommodation /əkɒməˈdeɪʃn/ n *(living) accommodation* logement; *accommodation to let*ᴳᴮ location.

accompany /əˈkʌmpənɪ/ vtr accompagner.

accomplish /əˈkʌmplɪʃ, əˈkɒm-ᵁˢ/ vtr accomplir; [▸ objective] réaliser.

accomplishment /əˈkʌmplɪʃmənt, əˈkɒm-ᵁˢ/ n réussite f; *that's quite an accomplishment!* c'est remarquable!

accord /əˈkɔːd/ n accord m; *of my own accord* de moi-même; *with one accord* d'un commun accord.

accordance /əˈkɔːdəns/ n *in accordance with* prep phr conformément à.

according /əˈkɔːdɪŋ/: *according to* prep phr [▸ law, principles] selon; *according to plan* comme prévu; [▸ newspaper, person] d'après.

accordingly /əˈkɔːdɪŋlɪ/ adv en conséquence.

accordion /əˈkɔːdɪən/ n accordéon m.

account /əˈkaʊnt/ **I** n (in bank, post office) compte m; (bill) facture f ; *to settle an account* régler une facture/note; *to take sth into account* tenir compte de qch; (description) compte rendu m; *on account of sth* à cause de qch; *on this/that account* pour cette raison; *on no account* sous aucun prétexte; *on my/his account* à cause de moi/lui. **II accounts** npl comptabilité f, comptes mpl.

■ **account for** [▸ fact] expliquer; [▸ expense] justifier; [▸ missing people] retrouver; [▸ percentage] représenter.

accountable /əˈkaʊntəbl/ *adj* responsable.

accountant /əˈkaʊntənt/ *n* comptable *mf*.

account manager *n* COMM responsable *m/f* de clientèle.

accumulate /əˈkjuːmjʊleɪt/ **I** *vtr* [▸possessions, debts] accumuler; [▸wealth] amasser; [▸evidence] rassembler. **II** *vi* s'accumuler.

accuracy /ˈækjərəsɪ/ *n* (of figures) justesse *f*; (of map) précision *f*; (of diagnosis) exactitude *f*.

accurate /ˈækjərət/ *adj* [figures] juste; [map] précis; [diagnosis] exact; [assessment] correct.

accurately /ˈækjərətlɪ/ *adv* exactement, précisément; [report] avec exactitude.

accusation /ækjuːˈzeɪʃn/ *n* accusation *f*.

accuse /əˈkjuːz/ **I** *vtr* **to accuse sb of sth** accuser qn de qch. **II** *pp n* **the accused** l'accusé/-e *m/f*, les accusés/-ées.

accustomed /əˈkʌstəmd/ *adj* **to be accustomed to sth/to doing** avoir l'habitude de qch/de faire; **to become accustomed to sth/to doing** s'habituer à qch/à faire; [route] habituel/-elle.

ace /eɪs/ *n* (in cards) as *m*; (in tennis) ace *m*, as.

ache /eɪk/ **I** *n* douleur *f*; **aches and pains** douleurs *fpl*. **II** *vi* [person] avoir mal; **to ache all over** avoir mal partout; [limb, back] faire mal.

achieve /əˈtʃiːv/ *vtr* [▸aim] atteindre; [▸consensus] arriver à; [▸success, result] obtenir; [▸ambition] réaliser.

achievement /əˈtʃiːvmənt/ *n* réussite *f*.

aching /ˈeɪkɪŋ/ *adj* douloureux/-euse.

acid /ˈæsɪd/ *n*, *adj* acide (*m*).

acid rain *n* ¢ pluies *fpl* acides.

acid test *n* épreuve *f* de vérité.

acknowledge /əkˈnɒlɪdʒ/ **I** *vtr* [▸fact] admettre; [▸error, authority] reconnaître; **I acknowledged his letter** j'ai accusé réception de sa lettre; **she didn't even acknowledge me** elle a fait semblant de ne pas me voir. **II** **acknowledged** *pp adj* [leader, champion] incontesté, reconnu.

acknowledgement /əkˈnɒlɪdʒmənt/ **I** *n* GÉN reconnaissance *f*; **in acknowledgement of sth** en reconnaissance de qch; (of error, guilt) aveu *m*; (confirmation of receipt) accusé *m* de réception. **II** **acknowledgements** *npl* remerciements *mpl*.

acorn /ˈeɪkɔːn/ *n* (fruit) gland *m*.

acoustic /əˈkuːstɪk/ *adj* acoustique.

acoustics /əˈkuːstɪks/ *n* **the acoustics are good** l'acoustique est bonne.

acquainted /əˈkweɪntɪd/ *pp adj* **to be acquainted** se connaître; **to get/become acquainted with sb** faire la connaissance de qn.

acquaintance /əˈkweɪntəns/ *n* (person) connaissance *f*; **to make sb's acquaintance** faire la connaissance de qn.

acquire /əˈkwaɪə(r)/ *vtr* acquérir; [▸information] obtenir; [▸possessions] acquérir, acheter; **to acquire a taste for sth** prendre goût à qch; **it's an acquired taste** c'est quelque chose qu'il faut apprendre à aimer.

acquit /əˈkwɪt/ (*p prés etc* **-tt-**) *vtr* JUR acquitter; **to be acquitted of** être disculpé de.

acquittal /əˈkwɪtl/ *n* acquittement *m*.

acre /ˈeɪkə(r)/ *n* acre *f*, ≈ demi-hectare *m*; **acres of** des hectares de.

acrobat /ˈækrəbæt/ *n* acrobate *mf*.

acrobatics /ækrəˈbætɪks/ *n* acrobaties *fpl*.

across /əˈkrɒs/ **I** *prep* à travers; **across the desert** à travers le désert; **to go/travel across sth** traverser qch; **the bridge across the river** le pont qui traverse la rivière; **to lean across the table** se pencher au-dessus de la table; (to/on the other side of) de l'autre côté de; **across the street/desk** de l'autre côté de la rue/du bureau; (all over) **across the world** partout dans le monde, à travers le monde; **scattered across the floor** éparpillés sur le sol. **II** *adv* **to be two miles across** faire deux miles de large; **to help sb across** aider qn à traverser. **III** **across from** *prep phr* en face de.

act /ækt/ **I** *n* acte *m*; JUR, POL loi *f*; **Act of Parliament/Congress** loi votée par le Parlement/le Congrès; (entertainment routine) numéro *m*; **to put on an act** FIG jouer la comédie. **II** *vtr* [▸part, role] jouer. **III** *vi* agir; **to act for/on behalf of sb** agir au nom de, pour le compte de qn; (behave) agir, se comporter; THÉÂT jouer, faire du théâtre; FIG (pretend) jouer la comédie, faire semblant; (serve) **to act as** servir de.

● **to be caught in the act** être pris sur le fait, en flagrant délit.

■ **act out** jouer; **act up**⊕ se tenir mal.

acting /ˈæktɪŋ/ **I** *n* jeu *m*, interprétation *f*; (occupation) métier *m* d'acteur. **II** *adj* [director] intérimaire.

action /ˈækʃn/ n ₵ action f; *a man of action* un homme d'action; *killed in action* tué au combat; *to take action* agir, prendre des mesures; *to put a plan into action* mettre un projet à exécution; *to be out of action* [machine] être en panne; [person] être immobilisé; (one act) acte m; CIN *action!* moteur!; *that's where the action is*© c'est là que ça se passe©.

activate /ˈæktɪveɪt/ vtr faire démarrer, actionner; [▸alarm] déclencher.

active /ˈæktɪv/ adj actif/-ive; [volcano] en activité; *to take an active interest in sth* s'intéresser activement à qch.

activist /ˈæktɪvɪst/ n activiste mf.

activity /ækˈtɪvətɪ/ n activité f.

act of God n catastrophe naturelle.

actor /ˈæktə(r)/ n acteur/actrice m/f.

actress /ˈæktrɪs/ n actrice f.

actual /ˈæktʃʊəl/ adj (exact) [circumstances] réel/réelle; *the actual words* les mots exacts; *in actual fact* en fait; (very) même (after n).

actually /ˈæktʃʊəlɪ/ adv (contrary to expectation) en fait; (in reality) vraiment; *what actually happened?* qu'est-ce qui s'est passé exactement?; *she actually accused me of lying!* elle m'a carrément accusé de mentir!

acute /əˈkjuːt/ adj [anxiety] vif/vive; [boredom] profond; [accent] aigu/aiguë; [shortage] grave; [▸mind] pénétrant.

ad /æd/ n (abrév = **advertisement**) petite annonce f; RADIO, TV pub© f.

AD (abrév = **Anno Domini**) ap. J.-C.

adapt /əˈdæpt/ I vtr adapter; *adapted for television/from the novel* adapté pour la télévision/du roman. II vi *to adapt (to)* s'adapter (à).

adaptable /əˈdæptəbl/ adj [person] souple.

adapter, **adaptor** /əˈdæptə(r)/ n ÉLEC adaptateur m.

add /æd/ vtr *to add sth to* ajouter qch à; *to add that* ajouter que; MATH additionner. ∎ **add on** ajouter; **add up** additionner; *to add up to* s'élever à.

adder /ˈædə(r)/ n vipère f.

addict /ˈædɪkt/ n toxicomane mf; FIG (of TV, coffee) accro© mf.

addicted /əˈdɪktɪd/ adj *to be addicted to* [▸drugs] avoir une dépendance à; [▸sweets] être accro©.

addiction /əˈdɪkʃn/ n (to drugs) dépendance (à) f; (to chocolate) passion (pour) f.

addictive /əˈdɪktɪv/ adj [drugs] qui crée une dépendance; *to be addictive* [chocolate] être comme une drogue.

addition /əˈdɪʃn/ I n (to list) ajout m; MATH addition f. II **in addition** adv phr en plus.

additional /əˈdɪʃənl/ adj supplémentaire.

additionally /əˈdɪʃənəlɪ/ adv (moreover) en outre; (also) en plus.

address /əˈdres, ˈædresUS/ I n adresse f; (speech) discours m. II vtr mettre l'adresse sur; *to address sth to sb* adresser qch à qn; (speak to) s'adresser à.

addressee /ædreˈsiː/ n destinataire mf.

adequate /ˈædɪkwət/ adj suffisant (pour); satisfaisant.

adhere /ædˈhɪə(r)/ vi LIT, FIG adhérer (**to** à); *to adhere to* [▸rule, policy] observer, adhérer à.

adjective /ˈædʒɪktɪv/ n adjectif m.

adjoining /əˈdʒɔɪnɪŋ/ pres p adj [room] voisin.

adjourn /əˈdʒɜːn/ vtr [▸trial] ajourner.

adjust /əˈdʒʌst/ I vtr [▸position] régler; [▸price] ajuster; [▸figures] modifier. II vi s'adapter (à).

adjustable /əˈdʒʌstəbl/ adj réglable.

adjustment /əˈdʒʌstmənt/ n *to make the adjustment to* s'adapter à.

ad lib /ædˈlɪb/ vti, vi (p prés etc **-bb-**) improviser.

administration /ədmɪnɪˈstreɪʃn/ n administration f; *the administration*US le gouvernement.

administrative /ədˈmɪnɪstrətɪv, -streɪtɪvUS/ adj administratif/-ive.

admiration /ædməˈreɪʃn/ n admiration f; *to look at sb/sth with/in admiration* être en admiration devant qn/qch.

admire /ədˈmaɪə(r)/ vtr admirer.

admirer /ədˈmaɪərə(r)/ n admirateur/-trice m/f.

admission /ədˈmɪʃn/ n entrée f, admission f; *no admission* entrée interdite; (fee) (droit m d'entrée f; (at college) *admissions* inscriptions; (confession) aveu m.

admit /ədˈmɪt/ vtr (p prés etc **-tt-**) reconnaître, admettre; *to admit that* reconnaître que; [▸crime] avouer; *to admit defeat* s'avouer vaincu; [▸person] laisser entrer; *dogs not admitted* entrée interdite aux chiens; [club] admettre.

admittance

admittance /ədˈmɪtns/ n accès m, entrée f; *no admittance* accès interdit au public.

admittedly /ədˈmɪtɪdlɪ/ adv il est vrai, il faut en convenir.

ad nauseam /æd ˈnɔːzɪæm/ adv à n'en plus finir.

ado /əˈduː/ n *without more/further ado* sans plus de cérémonie f.
● *much ado about nothing* beaucoup de bruit pour rien.

adolescent /ædəˈlesnt/ n, adj adolescent/-e m/f, adj.

adopt /əˈdɒpt/ vtr [▸ child, bill] adopter; [▸ identity] prendre; [▸ candidate] choisir.

adopted /əˈdɒptɪd/ adj [child] adopté; [son, daughter] adoptif/-ive.

adore /əˈdɔː(r)/ vtr adorer.

adrift /əˈdrɪft/ adj, adv à la dérive.

ADSL n (abrév = **Asymmetric Digital Subscriber Line**) ADSL m.

adult /ˈædʌlt, əˈdʌlt/ n, adj adulte mf, adj; *adults only* interdit aux moins de 18 ans.

adulthood /ˈædʌlthʊd/ n ¢ âge m adulte.

advance /ədˈvɑːns, -ˈvæns^US/ I n avance f; FIG progrès m; (money) avance f, acompte m. II **advances** npl (sexual) avances fpl; (other contexts) démarches fpl. III **in advance** adv phr [notify] à l'avance; *£30 in advance* 30 livres d'avance/d'acompte. IV vtr [▸ career, tape] faire avancer; [▸ sum of money] avancer; [▸ cause] servir. V vi s'avancer; (progress) faire des progrès.

advance booking n réservation f.

advanced /ədˈvɑːnst, -ˈvænst^US/ adj [course, class] supérieur; [student, stage] avancé.

Advanced Level^GB n SCOL ▸ **A-level**.

advantage /ədˈvɑːntɪdʒ, -ˈvænt-^US/ n avantage m; (asset) atout m; (profit) intérêt m; *it is to his advantage to do* il est dans son intérêt de faire; *to show sth to (best) advantage* montrer qch sous un jour avantageux; *to take advantage of* utiliser, profiter de; (in tennis) avantage m.

advantageous /ædvənˈteɪdʒəs/ adj avantageux/-euse.

adventure /ədˈventʃə(r)/ n aventure f.

adverb /ˈædvɜːb/ n adverbe m.

adverse /ˈædvɜːs/ adj défavorable.

advert^©GB /ˈædvɜːt/ n (petite) annonce f; (on TV) pub© f, spot m publicitaire.

advertise /ˈædvətaɪz/ I vtr [▸ product, service] faire de la publicité pour; [▸ price, rate] annoncer; [▸ car, house, job] mettre/passer une annonce pour. II vi faire de la publicité; (for staff) passer une annonce.

advertisement /ədˈvɜːtɪsmənt, ædvərˈtaɪzmənt^US/ n annonce f; (in small ads) petite annonce f.

advertising /ˈædvətaɪzɪŋ/ n I publicité f. II in compounds [campaign] publicitaire; [agency] de publicité.

advice /ədˈvaɪs/ n ¢ conseils mpl; *a word/piece of advice* un conseil; *my advice is to wait* je vous conseille d'attendre; *I'd like your advice on sth* j'aimerais avoir ton avis sur qch; *get expert advice* consultez un spécialiste.

advisable /ədˈvaɪzəbl/ adj recommandé.

advise /ədˈvaɪz/ I vtr conseiller, donner des conseils à; *to advise sb against doing sth* déconseiller à qn de faire qch; *you are advised to…* il est recommandé de…; (inform) renseigner. II vi *to advise on sth* donner des conseils sur qch.

adviser, advisor /ədˈvaɪzə(r)/ n conseiller/-ère m/f.

advocate /ˈædvəkət/ I n (profession) avocat/-e m/f; (supporter) partisan/-e m/f. II /ˈædvəkeɪt/ vtr recommander.

adware /ˈædweə(r)/ n ORDINAT adware m, logiciel m publicitaire.

aerial /ˈeərɪəl/ I n antenne f. II adj aérien/-ienne.

aerobics /eəˈrəʊbɪks/ n aérobic m.

aerospace /ˈeərəʊspeɪs/ n industrie aérospatiale f.

aesthetic /iːsˈθetɪk/ adj esthétique.

affair /əˈfeə(r)/ n affaire f; *the state of affairs* la situation; (relationship) liaison f (avec).

affect /əˈfekt/ vtr concerner; [▸ health, future] avoir des conséquences sur; [▸ region, population] toucher; (emotionally) émouvoir.

affectionate /əˈfekʃənət/ adj affectueux/-euse; [memory] tendre.

affluent /ˈæflʊənt/ adj riche.

afford /əˈfɔːd/ vtr *to be able to afford sth* avoir les moyens d'acheter qch; *to be able to afford to do sth* pouvoir se permettre de faire qch; *if I can afford it* si j'ai les moyens; (spare) *I just can't afford the time* je n'ai vraiment pas le temps; (risk) *we can't afford to take that chance* c'est trop risqué.

affordable /əˈfɔːdəbl/ *adj* abordable.

afield /əˈfiːld/ *adv phr* **further afield** plus loin.

afloat /əˈfləʊt/ *adj, adv* **to be afloat** [person] flotter, surnager; [boat] être à flot; (financially) se maintenir à flot.

afraid /əˈfreɪd/ *adj* (in expressions of fear) **to be afraid (of sth/sb)** avoir peur (de qch/qn); **to be afraid of doing sth** avoir peur de faire qch; *I'm afraid it might rain* je crains qu'il (ne) pleuve; (in expressions of regret) *I'm afraid I can't come* je suis désolé mais je ne peux pas venir; *did they win?—I'm afraid not* ont-ils gagné?—hélas, non; (as polite formula) *I'm afraid the house is in a mess* excusez le désordre dans la maison.

Africa /ˈæfrɪkə/ *pr n* Afrique f.

African /ˈæfrɪkən/ **I** *n* Africain/-e *m/f*. **II** *adj* africain.

aft /ɑːft/ *adv* à l'arrière.

after /ˈɑːftə(r), ˈæftər^US/ **I** *adv* après; **soon after** peu après; **the year after** l'année suivante/d'après; **the day after** le lendemain. **II** *prep* après; *it was after six o'clock* il était plus de six heures; **the day after tomorrow** après-demain; **year after year** tous les ans; **after all we did!** après tout ce que nous avons fait!; **after you!** après vous!; **the police are after him** il est recherché par la police; **to ask after sb** demander des nouvelles de qn. **III** *conj* après avoir/être (+ *pp*), après que (+ *indic*); **after he had left** après qu'il est parti; (in spite of the fact that) alors que (+ *indic*). **IV after all** *adv, prep* alors tout.

after-effect *n* MÉD contrecoup *m*; FIG répercussion *f*.

aftermath /ˈɑːftəmæθ, -mɑːθ, ˈæf-^US/ *n* ℂ conséquences *fpl*; *in the aftermath of* dans le sillage de.

afternoon /ɑːftəˈnuːn, æf-^US/ *n* après-midi *mf inv*; *in the afternoon* (dans) l'après-midi.

afterthought /ˈɑːftəθɔːt, ˈæf-^US/ *n* pensée *f* après coup; *as an afterthought* après coup, en y repensant.

afterwards^GB /ˈɑːftəwədz, ˈæf-/, **afterward**^US /ˈɑːftəwəd, ˈæf-/ *adv* GÉN après; (in sequence of events) ensuite; (later) plus tard; *I'll tell you afterwards* je te le dirai plus

tard; *it was only afterwards that* ce n'est que plus tard que; (subsequently) par la suite.

again /əˈgeɪn, əˈgen/ *adv* encore; *when you are well again* quand tu seras rétabli; *I'll never go there again* je n'y retournerai jamais; *never again!* jamais plus!; *again and again* à plusieurs reprises; *it may work, (and) then again, it may not* ce n'est pas sûr que ça marche.

against /əˈgeɪnst, əˈgenst/ *prep* contre; *against the wall* contre le mur; *I'm against it* je suis contre; *20 votes against* 20 voix contre; (compared to) *the pound fell against the dollar* la livre a baissé par rapport au dollar.

age /eɪdʒ/ **I** *n* âge *m*; *she's your age* elle a ton âge; *act/be your age!* ne fais pas l'enfant!; *to come of age* atteindre la majorité; *to be under age* JUR être mineur/-e; (era) ère *f*, époque *f*; (long time) *it's ages since I've played* ça fait une éternité que je n'ai pas joué; *it takes ages* cela prend un temps fou. **II** *vtr, vi* vieillir.

aged *adj* /eɪdʒd/ âgé (de); *a boy aged 12* un garçon de 12 ans; /ˈeɪdʒɪd/ (old) [person] âgé.

age group *n* tranche *f* d'âge.

ageism /ˈeɪdʒɪzəm/ *n* discrimination *f* en raison de l'âge.

agency /ˈeɪdʒənsɪ/ *n* agence *f*.

agenda /əˈdʒendə/ *n* ordre *m* du jour; *on the agenda* à l'ordre du jour.

agent /ˈeɪdʒənt/ *n* agent *m*; *to go through an agent* passer par un intermédiaire.

aggravate /ˈægrəveɪt/ *vtr* aggraver; (annoy) exaspérer.

aggravation /ægrəˈveɪʃn/ *n* (worsening) aggravation *f*; (annoyance) ennuis *mpl*.

aggregate /ˈægrɪgət/ *n* **on aggregate**^GB au total.

aggression /əˈgreʃn/ *n* agression *f*; (of person) agressivité *f*.

agitate /ˈædʒɪteɪt/ *vtr* agiter, troubler.

ago /əˈgəʊ/ *adv* il y a; *three weeks ago* il y a trois semaines; *some time/long ago* il y a quelque temps/longtemps; *how long ago?* il y a combien de temps?

agonize /ˈægənaɪz/ *vi* **to agonize over sth** se tourmenter à propos de qch.

agonized *adj* [▸cry] déchirant; [▸expression] angoissé.

agonizing /ˈægənaɪzɪŋ/ *adj* [pain] atroce; [decision] déchirant.

agony /ˈægənɪ/ *n* (physical) douleur atroce *f*; (mental) angoisse *f*; *it was agony!* HUM c'était l'horreur!

agony auntGB *n* journaliste *f* responsable du courrier du cœur.

agree /əˈgriː/ **I** *vtr* être d'accord (sur); (admit) convenir; *don't you agree?* tu ne crois pas?; (consent) *to agree to do* accepter de faire; [▸date, solution] se mettre d'accord sur. **II** *vi* être d'accord; *I agree!* je suis bien d'accord!; (reach mutual understanding) se mettre d'accord, tomber d'accord (sur); (consent) accepter; [stories] concorder (avec); (suit) *to agree with sb* [climate, weather] être bon pour qn; LING s'accorder (avec, en).

agreeable /əˈgriːəbl/ *adj* agréable; *to be agreeable to somebody* être aimable envers quelqu'un.

agreed *pp adj* convenu; *is that agreed?* c'est bien entendu?

agreement /əˈgriːmənt/ *n* GÉN accord *m*; *to come to/reach an agreement* parvenir à un accord; *to be in agreement with sb* être d'accord avec qn; (undertaking) engagement *m*; JUR contrat *m*.

agricultural /ægrɪˈkʌltʃərəl/ *adj* [land, worker] agricole; [expert] agronome; [college] d'agriculture.

agriculture /ˈægrɪkʌltʃə(r)/ *n* agriculture *f*.

aground /əˈgraʊnd/ *adv* *to run aground* s'échouer.

ah /ɑː/ *excl* ah!; *ah well!* eh bien voilà!

ahead /əˈhed/ **I** *adv* [go on, run] en avant; *a few kilometres*GB *ahead* à quelques kilomètres; (in time) *in the months ahead* pendant les mois à venir; *a year ahead* un an à l'avance; FIG *to be ahead (in)* être en tête (dans). **II** *ahead of* *prep phr* devant; *to be three seconds ahead of sb* avoir trois secondes d'avance sur qn; *ahead of time* en avance; *to be ahead of sb* avoir un avantage sur qn; *to be (way) ahead of the others* être (bien) plus avancé que les autres.

aid /eɪd/ **I** *n* aide *f*; *with the aid of* [▸tool] à l'aide de; [▸person] avec l'aide de; *to come to sb's aid* venir en aide à qn; *in aid of* au profit de. **II** *in compounds* [programme] d'en-

traide. **III** *vtr* aider. **IV** *vi* *to aid in* faciliter; *to aid in doing sth* aider à faire qch.

aid worker *n* employé/-e *m/f* d'une organisation humanitaire.

Aids /eɪdz/ *n* (abrév = **Acquired Immune Deficiency Syndrome**) sida *m*.

Aids awareness *n* sensibilisation *f* au problème du sida.

Aids test /eɪdz/ *n* test *m* de dépistage du sida.

ailment /ˈeɪlmənt/ *n* affection *f*, maladie *f*.

aim /eɪm/ **I** *n* but *m*; *with the aim of doing* dans le but de faire; (with weapon) *to take aim at sth/sb* viser qch/qn. **II** *vtr* *to be aimed at sb* [product, remark] viser qn; *to be aimed at doing sth* [effort, action] viser à faire qch; [▸gun] braquer; [▸ball, stone] lancer; [▸blow, kick] tenter de donner. **III** *vi* *to aim for/at sth* viser qch; *to aim to do/at doing* chercher à faire.

aimless /ˈeɪmlɪs/ *adj* [wandering] sans but; [argument] vain; [violence] gratuit.

ain't© /eɪnt/ = **am not**, = **is not**, = **are not**, = **has not**, = **have not**.

air /eə(r)/ **I** *n* GÉN air *m*; *in the open air* en plein air, au grand air; *to let the air out of sth* dégonfler qch; *by air* par avion; *with an air of indifference* d'un air indifférent; RADIO, TV *to be/go on the air* être/passer à l'antenne. **II** *in compounds* [alert, base] aérien/-ienne; [pollution, pressure] atmosphérique. **III** *vtr* faire sécher; (freshen) aérer; [▸opinion, view] exprimer.

air bedGB *n* matelas *m* pneumatique.

air-conditioned *adj* climatisé.

air-conditioning *n* climatisation *f*, air *m* conditionné.

aircraft *n* ¢ avion *m*.

aircraft carrier *n* porte-avion *m*.

airfare *n* prix *m* du billet d'avion.

airfreight /ˈeəfreɪt/ *n* (method of transport) transport *m* aérien; *by airfreight* par avion; (goods) fret *m* aérien.

airlift /ˈeəlɪft/ *vtr* transporter/évacuer par pont aérien.

airline /ˈeəlaɪn/ *n* compagnie *f* aérienne.

airmail /ˈeəmeɪl/ **I** *n* *by airmail* par avion. **II** *combining form* [paper] par avion.

airplaneUS *n* avion *m*.

airport *n* aéroport *m*.

air pressure *n* pression *f* atmosphérique.

air quality *n* qualité *f* de l'air.

air space *n* espace *m* aérien.

air-traffic controller *n* aiguilleur *m* du ciel.

airy /ˈeərɪ/ *adj* [room] clair et spacieux/-ieuse; [manner] désinvolte, insouciant.

aisle /aɪl/ *n* (in church) (side passage) bas-côté *m*; (centre passage) allée centrale *f*; (in train, plane) couloir *m*; (in cinema, shop) allée *f*.

ajar /əˈdʒɑː(r)/ *adj, adv* entrouvert.

akimbo /əˈkɪmbəʊ/ *adv* ***arms akimbo*** les poings sur les hanches.

alarm /əˈlɑːm/ **I** *n* (feeling) frayeur *f*; (concern) inquiétude *f*; ***in alarm*** avec inquiétude; ***there is no cause for alarm*** inutile de s'inquiéter; (warning) alarme *f*; ***to raise the alarm*** donner, sonner l'alarme; réveille-matin *m inv*, réveil *m*. **II** *vtr* inquiéter.

alarm clock *n* réveille-matin *m inv*, réveil *m*.

alarming /əˈlɑːmɪŋ/ *adj* inquiétant.

alas /əˈlæs/ *excl* hélas.

alcohol /ˈælkəhɒl, -hɔːl[US]/ *n* alcool *m*; ***alcohol-free*** sans alcool.

alcoholic /ˌælkəˈhɒlɪk, -hɔːl-[US]/ **I** *n* alcoolique *mf*. **II** *adj* alcoolisé.

alcopop /ˈælkəʊpɒp/ *n* prémix *m*, soda *m* alcolisé.

ale /eɪl/ *n* bière *f*; ***brown/light/pale ale*** bière brune/légère/blonde.

alert /əˈlɜːt/ **I** *n* alerte *f*; ***to be on the alert for*** se méfier de; ***fire/bomb alert*** alerte au feu/à la bombe. **II** *adj* [child] éveillé; [old person] alerte; (attentive) vigilant; ***to be alert to*** [▸danger] avoir conscience de. **III** *vtr* [▸authorities] alerter; ***to alert sb to*** [▸danger] mettre qn en garde contre; [▸fact, situation] attirer l'attention de qn sur.

alertness /əˈlɜːtnɪs/ *n* vivacité *f*, vigilance *f*.

A-level[GB] /ˈeɪlevl/ SCOL **I** *n* ***he got an A-level in history*** ≈ il a réussi à l'épreuve d'histoire au baccalauréat. **II A-levels** *npl examen de fin de cycle secondaire permettant d'entrer à l'université*, ≈ baccalauréat *m*.

alfalfa /ælˈfælfə/ *n* luzerne *f*.

algae /ˈældʒiː, ˈælgaɪ/ *npl* algues *fpl*.

algebra /ˈældʒɪbrə/ *n* algèbre *f*.

Algeria /ælədʒɪərɪə/ *pr n* Algérie *f*.

Algerian /ælədʒɪərɪən/ **I** *n* Algérien/-ienne *m/f*. **II** *adj* algérien/-ienne.

alias /ˈeɪlɪəs/ **I** *n* (*pl* **aliases**) faux nom *m*. **II** *prep* alias.

alien /ˈeɪlɪən/ *n* GÉN, JUR étranger/-ère *m/f*; (from space) extraterrestre *mf*.

alight /əˈlaɪt/ **I** *adj* ***to be alight*** [building] être en feu; ***to set sth alight*** mettre le feu à qch. **II** *vi* [passenger] descendre (de).

alike /əˈlaɪk/ **I** *adj* (identical) pareil/-eille; (similar) semblable; ***to look alike*** se ressembler. **II** *adv* [think] de la même façon.

alive /əˈlaɪv/ *adj* vivant, en vie; ***to be alive*** [person, tradition] être vivant; [interest, faith] être vif/vive; ***to come alive*** [place] s'animer; ***to keep sb/sth alive*** maintenir qn/qch en vie; ***to stay alive*** rester en vie; ***alive and well, alive and kicking*** bien vivant; ***alive with*** [▸insects] grouillant de.

all /ɔːl/ **I** *pron* (everything, anything) tout; ***will that be all?*** ce sera tout?; ***that's all I want*** c'est tout ce que je veux; ***5 in all*** 5 en tout; ***that's all we need!*** IRON il ne manquait plus que ça!; (everyone) tous; ***we all feel that*** nous avons tous l'impression que. **II** *det* tous/toutes; ***all those who*** tous ceux qui; ***in all three films*** dans les trois films; (the whole of) tout/toute; ***all his life*** toute sa vie; ***all year round*** toute l'année. **III** *adv* tout; ***all alone*** tout seul; ***to be all wet*** être tout mouillé; ***all in white*** tout en blanc; ***it's all about...*** c'est l'histoire de...; ***tell me all about it!*** raconte-moi tout!; SPORT ***(they are) six all*** (il y a) six partout. **IV all along** *adv phr* [know] depuis le début, toujours. **V all but** *adv phr* pratiquement, presque. **VI all that** *adv phr* ***not all that strong*** pas si fort que ça. **VII all the** *adv phr* ***all the more*** d'autant plus; ***all the better!*** tant mieux! **VIII all too** *adv phr* [easy, often] bien trop. **IX and all**[©GB] *adv phr* et tout ça. **X at all** *adv phr* ***not at all!*** (in thanks) de rien!; (answering query) pas du tout!; ***nothing at all*** rien du tout. **XI for all** *prep phr, adv phr* ***for all I know*** pour autant que je sache. **XII of all** *prep phr* ***the easiest of all*** le plus facile; ***first/last of all*** pour commencer/finir.

• **it's all the same to me** ça m'est égal; **that's all very well** tout ça c'est bien beau.

all-American *adj* [girl, boy, hero] typiquement américain; SPORT [record, champion] américain.

all clear *n* ***to give sb the all clear (to do)*** donner le feu vert à qn (pour faire).

allege /ə'ledʒ/ I vtr to allege that prétendre que; (say publicly) déclarer que; *it was alleged that...* il a été dit que... II **alleged** pp adj [attacker, crime] présumé.

allegedly /ə'ledʒɪdlɪ/ adv prétendument.

allegiance /ə'liːdʒəns/ n allégeance f; *to swear allegiance to* prêter serment d'allégeance à.

allergic /ə'lɜːdʒɪk/ adj allergique (à).

allergy /'ælədʒɪ/ n allergie (à) f.

alley /'ælɪ/ n (walkway) allée f; (for vehicles) ruelle f; (in tennis)US couloir m.

allied /'ælaɪd/ adj allié; [trades, subjects] connexe.

all-inGB adj [price] tout compris.

all in©GB adj crevé©, épuisé.

all-inclusive adj [price] tout compris.

all-night adj [▶party, meeting, session] qui dure toute la nuit; [▶service, shop] ouvert toute la nuit; [▶shopping] de nuit; [▶radio station] qui émet 24 heures sur 24.

all-nighter n ≈ soirée, film, concert, etc. qui dure toute la nuit.

all-out /'ɔːlaʊt/ adj [strike] total; [attack] en règle; [▶effort] acharné.

all over I adj fini; *when it's all over* quand tout sera fini. II adv partout. III prep [▶room, town] dans tout/toute; *all over China* partout en Chine.

allow /ə'laʊ/ I vtr (authorize) autoriser; *to allow sb to do sth* autoriser qn à faire qch; *allow me!* permettez(-moi)!; (▶choice, freedom) laisser; (allocate) prévoir; *to allow two days* prévoir deux jours. II v refl *to allow oneself sth* [▶drink, treat] s'accorder qch; (allocate) prévoir.

■ **allow for** [▶delays] tenir compte de.

allowance /ə'laʊəns/ n (money) allocation f; (from employer) indemnité f; (for student) argent m (pour vivre); (from trust, guardian) rente f; COMM (discount) rabais m; (entitlement) *your baggage allowance is 40 kg* vous avez droit à 40 kg de bagages; *to make allowance(s) for sth* tenir compte de qch; *to make allowances for sb* essayer de comprendre qn.

allowed /ə'laʊd/ pp adj *smoking is not allowed* il est interdit de fumer; *we're not allowed to say it* nous n'avons pas le droit de le dire; *she's not allowed alcohol* l'al-

cool lui est interdit; *no dogs allowed* interdit aux chiens.

all-purpose adj [building] polyvalent; [utensil] multi-usages.

all right, **alright** /ɔːl'raɪt/ I adj [film, garment] pas mal©; *he's all right* (pleasant) il est plutôt sympa©; (attractive) il n'est pas mal©; (competent) son travail est correct; *sounds all right to me©!* pourquoi pas!; *is my hair all right?* ça va mes cheveux?; (well) *to feel all right* aller bien; *will you be all right?* est-ce que ça va aller?; *are you all right for money?* tu as assez d'argent?; (acceptable) *is that all right with you?* ça ne te dérange pas?; *that's (quite) all right* ça va très bien. II adv bien; *he's doing all right* (doing well) tout va bien pour lui; (managing to cope) il s'en tire; *she knows all right!* bien sûr qu'elle sait! III particle d'accord; *all right all right!* ça va! j'ai compris!; *all right, let's move on to...* bien, passons à...

all-rounderGB /ɔːl'raʊndə(r)/ n *to be a good all-rounder* être bon en tout.

all square adj *to be all square* [people] être quitte.

all-ticket adj [▶match] à guichets fermés.

all-time /'ɔːltaɪm/ adj [record] absolu.

allude /ə'luːd/ vi *to allude to sth* faire allusion à qch.

allusion /ə'luːʒn/ n allusion (à) f.

ally /'ælaɪ/ I n (pl **-ies**) allié/-e m/f. II /ə'laɪ/ v refl *to ally oneself with* s'allier avec.

almighty /ɔːl'maɪtɪ/ adj formidable.

Almighty /ɔːl'maɪtɪ/ n *the Almighty* Tout-Puissant.

almond /'ɑːmənd/ n amande f; (tree) amandier m.

almost /'ɔːlməʊst/ adv presque; *he almost died* il a failli mourir.

alone /ə'ləʊn/ I adj (épith) seul; *I feel so alone* je me sens si seul; *to leave sb alone* laisser qn seul; FIG laisser qn tranquille; *leave that bike alone!* ne touche pas à ce vélo! II adv seul; *for this reason alone* rien que pour cette raison.

along /ə'lɒŋ, ə'lɔːŋUS/ I adv *to push/pull sth along* pousser/tirer qch; *to be walking along* marcher; *I'll be along in a second* j'arrive tout de suite. II prep (all along) le long de; *to run along the beach* longer la plage; *somewhere along the way* quelque part en chemin. **III along with** *prep phr* accompagné de; (at same time as) en même temps que.

alongside /əˈlɒŋsaɪd, əˈlɔːˈsaɪdᵁˢ/ **I** *prep* le long de; (next to) **to learn to live alongside each other** apprendre à coexister. **II** *adv* à côté.

aloud /əˈlaʊd/ *adv* [say] à haute voix; [wonder] tout haut.

alphabet /ˈælfəbet/ *n* alphabet *m*.

already /ɔːlˈredɪ/ *adv* déjà.

alright ▸ **all right**.

also /ˈɔːlsəʊ/ *adv* aussi.

altar /ˈɔːltə(r)/ *n* autel *m*.

alter /ˈɔːltə(r)/ *vtr* [▸ opinion, appearance, lifestyle, person, rule, timetable] changer; [▸ document] modifier; [▸ building] transformer; [▸ dress] retoucher.

alteration /ɔːltəˈreɪʃn/ *n* (of timetable) changement *m*; (of text) modification *f*; (of building) travaux *mpl*; (of dress) retouche *f*.

alternate I /ɔːlˈtɜːnət/ *adj* en alternance; **on alternate days** un jour sur deux. **II** /ˈɔːltəneɪt/ *vtr* **to alternate sth and/with sth** alterner qch et qch. **III** *vi* [people] se relayer; **to alternate between hope and despair** passer de l'espoir au désespoir.

alternative /ɔːlˈtɜːnətɪv/ **I** *n* (from two options) alternative *f*; (from several) possibilité *f*; **one alternative is...** une des possibilités serait...; **to have no alternative** ne pas avoir le choix. **II** *adj* [date, flight, plan] autre; [product] de remplacement; [solution] de rechange.

alternatively /ɔːlˈtɜːnətɪvlɪ/ *adv* aussi, ou bien; **alternatively, you can book by phone** vous pouvez aussi réserver par téléphone.

alternator /ˈɔːltəneɪtə(r)/ *n* ELEC alternateur *m*.

although /ɔːlˈðəʊ/ *conj* bien que (+ *subj*); (but, however) mais.

altogether /ɔːltəˈgeðə(r)/ *adv* complètement; **not altogether true** pas complètement vrai; **that's another matter altogether** c'est une tout autre histoire; (in total) en tout; **how much is that altogether?** ça fait combien en tout?

alumnusᵁˢ, **alumna** /əˈlʌmnəs, ə/ *n* (*pl* **-ni, -ae**) SCOL ancien/-ienne élève *m/f*; UNIV ancien/-ienne étudiant/-e *m/f*.

always /ˈɔːlweɪz/ *adv* toujours; **he's always complaining** il n'arrête pas de se plaindre.

am¹ /æm/ ▸ **be**.

am² /æm, eɪm/ *adv* (abrév = *ante meridiem*) **one am** une heure (du matin).

amalgamate /əˈmælgəmeɪt/ **I** *vtr* (merge) fusionner. **II** *vi* [metals] s'amalgamer.

amateur /ˈæmətə(r)/ *n* amateur *m*.

amaze /əˈmeɪz/ *vtr* surprendre, stupéfier.

amazed /əˈmeɪzd/ *adj* stupéfait; **I'm amazed (that)** ça m'étonne que (+ *subj*).

amazement /əˈmeɪzmənt/ *n* stupéfaction *f*; **in amazement** avec stupéfaction; **to my amazement** à ma grande surprise.

amazing /əˈmeɪzɪŋ/ *adj* extraordinaire.

ambassador /æmˈbæsədə(r)/ *n* ambassadeur/-drice *m/f*.

amber /ˈæmbə(r)/ *n* ambre *m*.

ambient /ˈæmbɪənt/ *adj* [▸ temperature, noise] ambiant; [▸ music] d'ambiance.

ambiguity /æmbɪˈgjuːətɪ/ *n* ambiguïté *f*.

ambiguous /æmˈbɪgjʊəs/ *adj* ambigu/-uë.

ambition /æmˈbɪʃn/ *n* ambition *f*.

ambitious /æmˈbɪʃəs/ *adj* ambitieux/-ieuse.

ambulance /ˈæmbjʊləns/ *n* ambulance *f*.

ambush /ˈæmbʊʃ/ **I** *n* embuscade *f*. **II** *vtr* tendre une embuscade à.

amend /əˈmend/ *vtr* modifier.

amendment /əˈmendmənt/ *n* (to rule) amendement *m*.

amends /əˈmendz/ *npl* **to make amends** se racheter; **to make amends for** réparer.

amenities /əˈmenɪtɪz/ *npl* équipements *mpl*.

America /əˈmerɪkə/ *pr n* Amérique *f*.

American /əˈmerɪkən/ **I** *n* Américain/-e *m/f*; **the Americans** les Américains *pl*. **II** *adj* américain.

amid /əˈmɪd/, **amidst** /əˈmɪdst/ *prep* au milieu de.

amiss /əˈmɪs/ *adj* **there is something amiss** il y a quelque chose qui ne va pas.

ammunition /æmjʊˈnɪʃn/ *n* ¢ MIL munitions *fpl*; FIG armes *fpl*.

amnesty /ˈæmnəstɪ/ *n* amnistie *f*.

among /əˈmʌŋ/, **amongst** /əˈmʌŋst/ *prep* parmi; **among those present** parmi les personnes présentes; **to be among friends**

être entre amis; *among others* entre autres; *among young people* chez les jeunes; (one of) *she was among those who survived* elle fait partie des survivants.

amount /əˈmaʊnt/ n (of goods, food) quantité f; (of people, objects) nombre m; (of money) somme f; (bill) montant m.
■ **amount to** [cost] s'élever à; *it amounts to the same thing* cela revient au même.

amp /æmp/ (*abrév* = ampere, amplifier) ▸ **ampere, amplifier**.

ampere /ˈæmpeə(r), ˈæmpɪə(r)US/ n ampère m.

amphibian /æmˈfɪbɪən/ n amphibie m.

ample /ˈæmpl/ adj (provisions, resources) largement suffisant; (proportions) généreux/-euse.

amplifier /ˈæmplɪfaɪə(r)/ n amplificateur m, ampli m.

amplify /ˈæmplɪfaɪ/ vtr amplifier; (▸concept) développer.

amuse /əˈmjuːz/ I vtr amuser; (game, story) distraire; (activity, hobby) occuper; *to be amused at/by* s'amuser de. II v refl *to amuse oneself* (entertain) se distraire; (occupy) s'occuper.

amusement /əˈmjuːzmənt/ I n amusement m; *a look of amusement* un air amusé; *for amusement* pour me/se… distraire. II **amusements** npl attractions fpl.

amusement arcadeGB n ≈ salle de jeux électroniques.

amusing /əˈmjuːzɪŋ/ adj drôle.

an /æn, ən/ ▸ **a**.

anaestheticGB, **anesthetic**US /ænɪsˈθetɪk/ n, adj anesthésique m; *under anaesthetic* sous anesthésie.

analyseGB, **analyze**US /ˈænəlaɪz/ vtr analyser; PSYCH psychanalyser.

analysis /əˈnælɪsɪs/ n analyse f; *in the final/ last analysis* en fin de compte; PSYCH psychanalyse f.

analyst /ˈænəlɪst/ n analyste mf.

anarchy /ˈænəkɪ/ n anarchie f.

anatomy /əˈnætəmɪ/ n anatomie f.

ancestor /ˈænsestə(r)/ n ancêtre mf.

anchor /ˈæŋkə(r)/ I n ancre f. II vtr (▸ship) ancrer. III vi [ship] mouiller, jeter l'ancre.

anchovy /ˈæntʃəvɪ, ˈæntʃəʊvɪUS/ n anchois m.

ancient /ˈeɪnʃənt/ adj (dating from BC) antique; (very old) ancien/-ienne; (▸person, car)© très vieux/vieille.

and /ænd, *unstressed* ənd/ *conj* et; (in numbers) *two hundred and two* deux cent deux; (with repetition) *faster and faster* de plus en plus vite; *worse and worse* de pire en pire; *to talk on and on* parler pendant des heures; (in phrases) *and?* et alors?; *and all that* et tout le reste; *and so on* et ainsi de suite; *and how*©! et comment!; *day and night* jour et nuit.

anew /əˈnjuː/ adv (once more) encore, de nouveau; (in a new way) à nouveau.

angel /ˈeɪndʒl/ n ange m.

anger /ˈæŋgə(r)/ I n colère f; *in anger* sous le coup de la colère. II vtr [decision, remark] (▸person) mettre [qn] en colère.

angle /ˈæŋgl/ n angle m; *to be at an angle to sth* faire un angle avec qch; *seen from this angle* (vu) d'ici, sous cet angle.

angler /ˈæŋglə(r)/ n pêcheur/-euse m/f (à la ligne).

angling /ˈæŋglɪŋ/ n pêche f (à la ligne); *to go angling* pêcher à la ligne.

angry /ˈæŋgrɪ/ adj [person, animal, tone] furieux/-ieuse; [scene, words] de colère; *to look angry* avoir l'air en colère; *to be angry at/with sb* être en colère contre qn; *to get/grow angry* se fâcher; *to make sb angry* mettre qn en colère.

anguish /ˈæŋgwɪʃ/ n inquiétude f; *to be in anguish* être dans l'angoisse.

animal /ˈænɪml/ n animal m, bête f; (brutish person) brute.

animal activist n militant/-e m/f pour les droits des animaux.

animal product n produit m d'origine animale.

animal testing n expérimentation f animale.

animated /ˈænɪmeɪtɪd/ adj animé.

ankle /ˈæŋkl/ n cheville f.

annex I /ˈæneks/ n annexe f. II /əˈneks/ vtr annexer.

anniversary /ænɪˈvɜːsərɪ/ n anniversaire m; *the anniversary celebrations* les fêtes commémoratives.

announce /əˈnaʊns/ vtr annoncer.

announcement /əˈnaʊnsmənt/ n (spoken) annonce f; (written) avis m; (of birth, death) faire-part m inv.

announcer /əˈnaʊnsə(r)/ n **radio/TV announcer** présentateur/-trice m/f de radio/télé.

annoy /əˈnɔɪ/ vtr agacer; **what really annoys me is that** ce qui me contrarie, c'est que; [noise] gêner.

annoyance /əˈnɔɪəns/ n contrariété f.

annoyed /əˈnɔɪd/ adj contrarié; **he was annoyed with him for being late** il était fâché qu'il soit en retard; **to get annoyed** se fâcher.

annoying /əˈnɔɪɪŋ/ adj agaçant.

annual /ˈænjʊəl/ **I** n publication f annuelle. **II** adj annuel/-elle.

annually /ˈænjʊəlɪ/ adv [earn, produce] par an; [do, inspect] tous les ans.

anonymous /əˈnɒnɪməs/ adj anonyme; **to remain anonymous** garder l'anonymat.

another /əˈnʌðə(r)/ **I** det un/-e autre, encore un/-e; **another time** une autre fois; **another drink?** encore un verre?; **another £5** 5 livres sterling de plus; **without another word** sans rien dire de plus; **in another five weeks** dans cinq semaines; **and another thing…** et de plus…; **to put it another way…** en d'autres termes… **II** pron un/-e autre; **can I have another?** est-ce que je peux en avoir un/-e autre?; **one after another** l'un/l'une après l'autre; **for one reason or another** pour une raison ou une autre.

answer /ˈɑːnsə(r), ˈænsərᵁˢ/ **I** n réponse f; **to give an answer (to)** donner une réponse (à); **there's no answer** (to door) il n'y a personne; (on phone) ça ne répond pas; **in answer to sth** en réponse à qch. **II** vtr **to answer that…** répondre que…; **to answer the door** aller/venir ouvrir la porte; **to answer the telephone** répondre au téléphone. **III** vi **to answer to sb** être responsable devant qn.
■ **answer back** répondre; **answer for sb/sth** répondre de qn/qch.

answerable /ˈɑːnsərəbl, ˈæns-ᵁˢ/ adj **to be answerable for sth** être responsable de qch.

answering machine n répondeur (téléphonique) m.

ant /ænt/ n fourmi f.

antagonize /ænˈtægənaɪz/ vtr provoquer l'hostilité de.

Antarctic /ænˈtɑːktɪk/ **I** adj antarctique. **II** pr n **the Antarctic** l'Antarctique m.

antenatalᴳᴮ /ˌæntɪˈneɪtl/ **I** n examen m prénatal. **II** adj prénatal.

anthem /ˈænθəm/ n RELIG motet m; hymne m; (of country) hymne m national.

anthology /ænˈθɒlədʒɪ/ n anthologie f.

anthropology /ˌænθrəˈpɒlədʒɪ/ n anthropologie f.

anti /ˈæntɪ/ **I** prep contre; **to be anti** être contre. **II anti+** combining form anti(-); **anti-smoking** antitabac; **anti-terrorist** antiterroriste.

antibiotic /ˌæntɪbaɪˈɒtɪk/ n, adj antibiotique (m).

antibody /ˈæntɪbɒdɪ/ n anticorps m.

anticipate /ænˈtɪsɪpeɪt/ **I** vtr [▸problem] prévoir, s'attendre à; **to anticipate that** prévoir que; **as anticipated** comme prévu; **I didn't anticipate him doing that** je ne m'attendais pas à ce qu'il fasse ça; [▸needs] anticiper; [▸person] devancer. **II** vi anticiper.

anticipation /ænˌtɪsɪˈpeɪʃn/ n **he smiled in anticipation** il souriait en se réjouissant d'avance; **in anticipation of** en prévision de.

anticlimax /ˌæntɪˈklaɪmæks/ n déception f.

anticlockwiseᴳᴮ /ˌæntɪˈklɒkwaɪz/ adj, adv dans le sens inverse des aiguilles d'une montre.

antifreeze /ˈæntɪfriːz/ n antigel m.

Antipodesᴳᴮ /ænˈtɪpədiːz/ npl **the Antipodes** les antipodes.

antiquated /ˈæntɪkweɪtɪd/ adj [machinery, idea] archaïque; [building] vétuste.

antique /ænˈtiːk/ **I** n meuble, objet m ancien. **II** adj (old) ancien/-ienne.

antique dealer n antiquaire mf.

antique shop n magasin m d'antiquités.

anti-Semitic adj antisémite.

antiwar adj antiguerre.

anxiety /æŋˈzaɪətɪ/ n grande inquiétude f; **to cause great anxiety to sb** causer beaucoup de soucis à qn; **in a state of anxiety** angoissé.

anxious /ˈæŋkʃəs/ adj **to be anxious about sth** être très inquiet pour qch; **to be anxious about doing** appréhender de faire; **to be anxious to do sth** tenir beaucoup à faire qch.

any /ˈenɪ/ **I** det (+ negative, implied negative) ; **they hardly ate any cake** ils n'ont presque pas mangé de gâteau; *I don't need any advice* je n'ai pas besoin de conseils; *they couldn't get any information* ils n'ont pas obtenu la moindre information; *he hasn't got any common sense* il n'a aucun bon sens; (+ questions, conditional sentences) *is there any tea?* est-ce qu'il y a du thé?; *if you have any money* si vous avez de l'argent; (no matter which) n'importe quel/quelle; tout; *you can have any cup you like* vous pouvez prendre n'importe quelle tasse; *any information would be very useful* tout renseignement serait très utile. **II** *pron* (+ negative, implied negative) *he hasn't got any* il n'en a pas; *there is hardly any left* il n'en reste presque pas; (+ questions, conditional sentences) *have any of you got a car?* est-ce que l'un/-e d'entre vous a une voiture?; *are any of them blue?* y en a-t-il des bleus?; (no matter which) n'importe lequel/laquelle; *any of them could do it* n'importe qui d'entre eux/elles pourrait le faire. **III** *adv* (+ comparatives) *is he feeling any better?* est-ce qu'il se sent mieux?; *do you want any more milk?* voulez-vous encore du lait?; *he doesn't live here any more/longer* il n'habite plus ici.

anybody /ˈenɪbɒdɪ/ *pron* (+ negative, implied negative) personne; *there wasn't anybody in the house* il n'y avait personne dans la maison; (+ questions, conditional sentences) quelqu'un; *is there anybody in the house?* est-ce qu'il y a quelqu'un dans la maison?; (no matter who) *anybody could do it* n'importe qui pourrait le faire; *anybody but you would say yes* tout autre que toi dirait oui; *anybody but him* n'importe qui, sauf lui; *anybody can make a mistake* ça arrive à tout le monde de faire une erreur; *you can invite anybody (you like)* tu peux inviter qui tu veux; (somebody unimportant) *we can't ask just anybody* nous ne pouvons pas demander à n'importe qui.

anyhow /ˈenɪhaʊ/ *adv* (in any case) quand même; (in a careless way) n'importe comment.

anyone /ˈenɪwʌn/ *pron* ▶ **anybody**.

anyplace©US /ˈenɪpleɪs/ *adv* ▶ **anywhere**.

anything /ˈenɪθɪŋ/ *pron* (+ negative, implied negative) rien; *she didn't say/do anything* elle n'a rien dit/fait; *he didn't have anything to do* il n'avait rien à faire; (+ questions, conditional sentences) quelque chose; *if anything happens to her* s'il lui arrive

quoi que ce soit; *is there anything to be done?* peut-on faire quelque chose?; (no matter what) tout; *anything is possible* tout est possible; *he likes anything sweet/to do with football* il aime tout ce qui est sucré/qui a rapport au football; *he was anything but happy* il n'était pas du tout heureux.

anytime /ˈenɪtaɪm/ *adv* n'importe quand; *anytime you like* quand tu veux; *if at anytime you feel lonely…* si jamais tu te sens seul…; *at anytime of the day or night* à n'importe quelle heure du jour ou de la nuit, à tout moment; *he could arrive anytime now* il pourrait arriver d'un moment à l'autre.

anyway /ˈenɪweɪ/ *adv* (in any case) de toute façon; (nevertheless) quand même; *thanks anyway* merci quand même; (at least) en tout cas; (well) *anyway, he said…* bon, dit-il…

anywhere /ˈenɪweə(r)/, -hweərUS/ *adv* (+ negative, implied negative) *you can't go anywhere* tu ne peux aller nulle part; *crying isn't going to get you anywhere* ça ne t'avancera à rien de pleurer; (+ questions, conditional sentences) quelque part; (no matter where) *anywhere you like* où tu veux; *anywhere in the world* partout dans le monde; *anywhere between 50 and 100 people* entre 50 et 100 personnes.

apart /əˈpɑːt/ **I** *adj, adv* (at a distance) *the houses are far apart* les maisons sont éloignées les unes des autres; *apart (from the group)* à l'écart (du groupe); (separate from each other) séparé; (leaving aside) à part; *cats apart* à part les chats; (different) *a world apart* un monde à part. **II** *apart from prep phr* en dehors de, à part.

apartmentUS /əˈpɑːtmənt/ *n* appartement *m*.

apartment block *n* immeuble *m*.

ape /eɪp/ **I** *n* grand singe *m*. **II** *vtr* singer.

aphid /ˈeɪfɪd/ *n* puceron *m*.

apiece /əˈpiːs/ *adv* chacun/-e *m/f*; *an apple apiece* une pomme chacun/-e; (each one) *one euro apiece* un euro la pièce.

apologetic /əˌpɒləˈdʒetɪk/ *adj* d'excuse; *to be apologetic about sth/doing* s'excuser de qch/d'avoir fait.

apologetically /əˌpɒləˈdʒetɪklɪ/ *adv* en s'excusant.

apologize /əˈpɒlədʒaɪz/ vi to apologize (to sb for doing sth) s'excuser (auprès de qn d'avoir fait qch).

apology /əˈpɒlədʒɪ/ n excuses fpl; to make an apology s'excuser; to make one's apologies faire ses excuses.

apostle /əˈpɒsl/ n apôtre m.

apostrophe /əˈpɒstrəfɪ/ n apostrophe f.

appalGB, **appall**US /əˈpɔːl/ vtr (p prés etc **-ll-**) scandaliser, horrifier.

appalling /əˈpɔːlɪŋ/ adj [crime, conditions] épouvantable; [injury] affreux/-euse; [manners, taste] exécrable.

apparatus /æpəˈreɪtəs, -ˈrætəsUS/ n équipement m; appareil m; (in lab) instruments mpl.

apparelGB†US /əˈpærəl/ n vêtements mpl.

apparent /əˈpærənt/ adj apparent; for no apparent reason sans raison apparente; (clear) évident.

apparently /əˈpærəntlɪ/ adv apparemment.

appeal /əˈpiːl/ I n appel m; an appeal for calm un appel au calme; an appeal on behalf of un appel en faveur de; JUR appel m; (attraction) charme m; to have a certain appeal avoir un certain charme; (interest) intérêt m. II vi JUR faire appel; to appeal against [▸ decision] contester; to appeal for [▸ order, tolerance] lancer un appel à; to appeal to sb to do prier qn de faire; to appeal to sb [idea] tenter qn; [person, place] plaire à qn.

appealing /əˈpiːlɪŋ/ adj [child] attachant; [plan] séduisant; (beseeching) suppliant.

appear /əˈpɪə(r)/ vi apparaître; (arrive) se présenter; to appear to be/to do [person] avoir l'air d'être/de faire; it appears that il semble que; [book] paraître; to appear on TV passer à la télévision; to appear in court comparaître.

appearance /əˈpɪərəns/ n apparition f; (aspect) apparence f; to judge/go by appearances se fier aux apparences; for appearances' sake pour la forme; (visual aspect) aspect m.

appendix /əˈpendɪks/ n (pl **-ixes**, **-ices**) appendice m; to have one's appendix removed se faire opérer de l'appendicite; (to book) annexe f.

appetite /ˈæpɪtaɪt/ n appétit m.

appetizer /ˈæpɪtaɪzə(r)/ n (drink) apéritif m; (biscuit, olive) amuse-gueule m inv; (starter) hors-d'œuvre m inv.

applaud /əˈplɔːd/ vtr, vi applaudir.

applause /əˈplɔːz/ n ¢ applaudissements mpl.

apple /ˈæpl/ n pomme f; the Big Apple New York.

apple tree n pommier m.

appliance /əˈplaɪəns/ n appareil m; household appliance appareil électroménager.

applicable /ˈæplɪkəbl, əˈplɪkəbl/ adj [law] en vigueur; if applicable le cas échéant.

applicant /ˈæplɪkənt/ n candidat/-e m/f.

application /æplɪˈkeɪʃn/ n (for job) candidature f; to make an application for a job poser sa candidature à un poste; (for passport) demande f; on application sur demande.

application form n formulaire m de demande.

apply /əˈplaɪ/ I vtr [▸ method, paint] appliquer; to apply for demander, faire une demande de; to apply for the job poser sa candidature; (contact) to apply to s'adresser à. II vi (seek work) poser sa candidature; (request) faire une demande; [rule] être en vigueur; [definition] s'appliquer (à).

appoint /əˈpɔɪnt/ vtr [▸ person] nommer; [▸ date] désigner.

appointment /əˈpɔɪntmənt/ n rendez-vous m inv; by appointment sur rendez-vous; to make an appointment prendre rendez-vous; (nomination) nomination f.

appraisal /əˈpreɪzl/ n évaluation f.

appreciate /əˈpriːʃɪeɪt/ I vtr [▸ food, effort] apprécier; [▸ honour, favour] être sensible à; [▸ kindness, sympathy] être reconnaissant de; thank you! I really appreciate it! merci beaucoup! II vi [object] prendre de la valeur.

appreciation /ə‚priːʃɪˈeɪʃn/ n appréciation f; (gratitude) reconnaissance f; (rise) augmentation f.

apprehend /æprɪˈhend/ vtr (arrest) appréhender; (understand) comprendre.

apprehension /æprɪˈhenʃn/ n JUR (arrest) arrestation f; (fear) crainte f.

apprehensive /æprɪˈhensɪv/ adj craintif/-ive; to be apprehensive être inquiet/-iète.

apprentice /əˈprentɪs/ n apprenti/-e m/f.

approach /ə'prəʊtʃ/ **I** n (to town, island) voie f d'accès; (of person, season) approche f; (overture) démarche f. **II** vtr (s')approcher de; (▸ problem, subject) aborder; (make overtures to) s'adresser à. **III** vi [person, car] (s')approcher; [event, season] approcher.

appropriate /ə'prəʊprɪət/ **I** adj [behaviour, choice, place] approprié; [punishment] juste; [name, date] bien choisi; [authority] compétent. **II** vtr s'approprier.

approval /ə'pruːvl/ n approbation f; **on approval** à condition, sous condition.

approval rating n POL taux m d'approbation.

approve /ə'pruːv/ **I** vtr approuver. **II** vi to **approve of sth/sb** apprécier qch/qn; **do you approve?** qu'est-ce que vous en pensez?

approximate /ə'prɒksɪmət/ adj approximatif/-ive.

approximately /ə'prɒksɪmətlɪ/ adv à peu près; **at approximately four o'clock** vers quatre heures.

Apr (abrév écrite = **April**).

apricot /'eɪprɪkɒt/ n (fruit) abricot m; (tree) abricotier m.

April /'eɪprɪl/ n avril m.

April Fools' Day n le premier avril.

apron /'eɪprən/ n tablier m.

apt[1] /æpt/ adj [choice, description] heureux/-euse; [style] approprié; (often inclined) **to be apt to do** avoir tendance à faire.

apt[2] (abrév écrite = **apartment**).

Aquarius /ə'kweərɪəs/ n Verseau m.

aquatic /ə'kwætɪk/ adj aquatique; (sport) nautique.

Arab /'ærəb/ **I** n (person) Arabe mf. **II** adj arabe.

Arabian /ə'reɪbɪən/ adj d'Arabie.

Arabic /'ærəbɪk/ n, adj LING arabe m.

arbitrate /'ɑːbɪtreɪt/ vi arbitrer.

arbitration /ɑːbɪ'treɪʃn/ n arbitrage m.

arbitrator /'ɑːbɪtreɪtə(r)/ n médiateur/-trice m/f.

arc /ɑːk/ n arc m.

arcade /ɑː'keɪd/ n arcade f.

arch /ɑːtʃ/ **I** n (archway) arche f; (triumphal) arc m; (of foot) voûte f plantaire. **II** vtr arquer.

III arch+ combining form par excellence; **arch-enemy** ennemi juré.

archaeology[GB], **archeology**[US] /ɑːkɪ'ɒlədʒɪ/ n archéologie f.

archbishop /ɑːtʃ'bɪʃəp/ n archevêque m.

archery /'ɑːtʃərɪ/ n tir m à l'arc.

archipelago /ɑːkɪ'peləgəʊ/ n archipel m.

architect /'ɑːkɪtekt/ n architecte mf; FIG artisan m.

architecture /'ɑːkɪtektʃə(r)/ n architecture f.

archives /'ɑːkaɪvz/ npl archives fpl.

Arctic /'ɑːktɪk/ **I** adj [climate, Circle] arctique; [expedition] polaire; [temperature] glacial. **II** pr n **the Arctic** l'Arctique m.

are /ɑː(r)/ ▸ **be**.

area /'eərɪə/ n (of land) région f; (of city, building) zone f; **non-smoking area** zone non-fumeurs; (district) quartier m; (of knowledge) domaine m; (of activity, business) secteur m; (in geometry) aire, superficie f.

area code n indicatif (de zone) m.

aren't /ɑːnt/ = **are not** ▸ **be**.

Argentina /ɑːdʒən'tiːnə/ pr n Argentine f.

Argentinian /ɑːdʒən'tɪnɪən/ **I** n Argentin/-e m/f. **II** adj argentin.

arguable /'ɑːgjʊəbl/ adj discutable.

arguably adj selon certains.

argue /'ɑːgjuː/ **I** vtr to **argue that** soutenir que. **II** vi se disputer; **to argue about money** se disputer pour des questions d'argent; **don't argue (with me)!** on ne discute pas!

argument /'ɑːgjʊmənt/ n dispute f; **to have an argument** se disputer; (discussion) discussion f; **he won the argument** il a eu le dernier mot; **for argument's sake** à titre d'exemple.

Aries /'eəriːz/ n Bélier m.

arise /ə'raɪz/ vi (prét **arose**, pp **arisen**) [difficulty] survenir; **if any problems should arise** en cas de difficulté; [question] se poser; **to arise from sth** résulter de qch; **if the need arises** si nécessaire.

aristocrat /'ærɪstəkræt, ə'rɪst-[US]/ n aristocrate mf.

arithmetic /ə'rɪθmətɪk/ n arithmétique f.

ark /ɑːk/ n arche f.

arm /ɑːm/ **I** n bras m; **arm in arm** bras dessus bras dessous; **to give sb one's arm** donner le bras à qn; **to fold one's arms** croiser les bras; **within arm's reach** à portée de la main; (sleeve) manche f; (of chair) accoudoir m. **II arms** npl armes fpl; **to take up arms** prendre les armes. **III** vtr GÉN armer; **to arm sb with sth** munir qn de qch.

● **to cost an arm and a leg**©️ coûter les yeux de la tête©️; **with open arms** à bras ouverts.

armchair /ˈɑːmtʃeə(r)/ n fauteuil m.

armistice /ˈɑːmɪstɪs/ n armistice m.

Armistice Day n le onze novembre.

armourGB, **armor**US /ˈɑːmə(r)/ n **a suit of armour** une armure (complète).

armouredGB **car** n véhicule m blindé.

armpit n aisselle f.

arms manufacturer n fabricant m d'armes.

army /ˈɑːmɪ/ **I** n armée f; **to join the army** s'engager. **II** in compounds [staff] militaire.

aroma /əˈrəʊmə/ n arôme m.

around /əˈraʊnd/ **I** adv environ, à peu près; **at around 3 pm** vers 15 heures; **to be (somewhere) around** être dans les parages; **all around** tout autour, partout; **to do it the other way around** faire le contraire; **I'll be around in a minute** j'arrive. **II** prep autour de; **the villages around Dublin** les villages des environs de Dublin; **(all) around the world** partout dans le monde; **around 1980** vers 1980.

arouse /əˈraʊz/ vtr [▸attention] éveiller; [▸anger] exciter.

arrange /əˈreɪndʒ/ **I** vtr [▸chairs] disposer; [▸room, hair, clothes] arranger; [▸party, meeting] organiser; [▸date, price] fixer; **to arrange that** faire en sorte que (+ subj). **II** vi **to arrange for sth** prendre des dispositions pour qch; **to arrange to do** décider de faire.

arrangement /əˈreɪndʒmənt/ n (of hair, jewellery) arrangement m; (of objects) disposition f; (agreement) accord m; **to come to an arrangement** s'arranger.

array /əˈreɪ/ n **an array of** (display) un étalage impressionnant de.

arrears /əˈrɪəz/ npl arriéré m; **in arrears** (rent) arriéré; **he is in arrears** il a des retards dans ses paiements.

arrest /əˈrest/ **I** n arrestation f; **under arrest** en état d'arrestation. **II** vtr arrêter.

arrival /əˈraɪvl/ n arrivée f; **on sb's/sth's arrival** à l'arrivée de qn/qch; **late arrival** retardataire mf; **new arrival** nouveau venu m, nouvelle venue f.

arrive /əˈraɪv/ vi arriver; **to arrive at** (destination) arriver à; [▸solution] parvenir à.

arrow /ˈærəʊ/ n flèche f.

arson /ˈɑːsn/ n incendie m criminel.

arsonist /ˈɑːsənɪst/ n pyromane mf.

art /ɑːt/ **I** n art m. **II arts** npl **the arts** les arts mpl; UNIV les lettres fpl; **arts and crafts** artisanat m.

artery /ˈɑːtərɪ/ n artère f.

art gallery n (museum) musée m d'art; (commercial) galerie f d'art.

artichoke /ˈɑːtɪtʃəʊk/ n artichaut m.

article /ˈɑːtɪkl/ n article m; (object) objet m; **article of clothing** vêtement m.

articulate /ɑːˈtɪkjʊlət/ adj (person) capable de s'exprimer clairement; (speech) distinct.

articulated lorry n semi-remorque m.

artificial /ɑːtɪˈfɪʃl/ adj artificiel/-ielle.

artist /ˈɑːtɪst/ n artiste mf.

artistic /ɑːˈtɪstɪk/ adj artistique; [person] artiste.

art student n étudiant/-e m/f des beaux-arts.

arts student n étudiant/-e m/f en lettres.

artwork n GÉN travail m d'art; (for book, magazine) illustrations fpl.

as /æz, əz/ **I** conj (in the manner that) comme; **as you know** comme vous le savez; **as always/usual** comme d'habitude; **do as I say** fais ce que je te dis; **leave it as it is** laisse-le tel quel; (while, when) comme, alors que; **as a child, he...** enfant, il...; (although) **strange as it may seem** aussi curieux que cela puisse paraître; (comparing) **the same... as** le/la même... que. **II** prep en, comme; **dressed as a sailor** habillé en marin; **he works as a pilot** il travaille comme pilote. **III** adv **as fast as you can** aussi vite que possible; **as strong as an ox** fort comme un bœuf; **as soon as possible** dès que possible; **as before** comme avant; **I thought as much!** c'est ce qu'il me semblait! **IV as for** prep phr quant à, pour ce qui est de. **V as from**, **as of** prep phr à partir de. **VI as if** conj phr comme si; **as if by magic** comme par magie. **VII as to** prep phr quant à.

asbestos /əz'bestɒs, æs-/ n amiante m.

ASBO /'æzbəʊə/ n (abrév = **Anti-Social Behaviour Order**) décret sur le comportement antisocial.

ascend /ə'send/ **I** vtr gravir. **II** vi monter.

ascent /ə'sent/ n ascension f.

ascertain /æsə'teɪn/ vtr établir (**that** que).

ash /æʃ/ n cendre f; (tree) frêne m.

ashamed /ə'ʃeɪmd/ adj **to be/feel ashamed (of)** avoir honte (de).

ashore /ə'ʃɔː(r)/ adv à terre; **to come/go ashore** débarquer.

ashtray n cendrier m.

ash tree n frêne m.

Asia /'eɪʃə, 'eɪʒə US/ pr n Asie f.

Asian /'eɪʃn, 'eɪʒn US/ **I** n (from Far East) Asiatique mf; GB ≈ personne originaire du sous-continent indien. **II** adj asiatique.

aside /ə'saɪd/ **I** n aparté m. **II** adv **to stand aside** s'écarter; **to set/put/lay aside** mettre de côté; **to take sb aside** prendre qn à part. **III aside from** prep phr à part.

AS level GB n (abrév = **Advanced Supplementary Level**) examen de fin d'études secondaires.

ask /ɑːsk, æsk US/ **I** vtr demander; **to ask sb sth** demander qch à qn; **to ask sb to do sth** demander à qn de faire qch; **to ask a question** poser une question; **to ask sb (to)** [▸concert, party] inviter qn (à). **II** vi demander, se renseigner. **III** v refl **to ask oneself** se demander.
■ **ask about/after** [▸person] demander des nouvelles de; **ask for** demander; **he asked for it**⊚**!** il l'a bien cherché! **ask for [sb]** demander à voir/parler à qn.

asleep /ə'sliːp/ adj **to be asleep** dormir; **to fall asleep** s'endormir.

asparagus /ə'spærəgəs/ n (plant) asperge f; CULIN asperges fpl.

aspect /'æspekt/ n aspect m; (direction) orientation f; **seen from this aspect** vu sous cet angle.

aspen /'æspən/ n tremble m.

asphyxiate /əs'fɪksɪeɪt, æs'f- US/ **I** vtr asphyxier. **II** vi s'asphyxier.

aspire /ə'spaɪə(r)/ vi aspirer (**to** à)/(**to do** à faire).

aspirin /'æspərɪn/ n aspirine® f.

ass /æs/ n (animal) âne m; (fool)⊚ idiot/-e m/f.

assassin /ə'sæsɪn/ n assassin m.

assassinate /ə'sæsɪneɪt, -sən- US/ vtr assassiner.

assassination /əsæsɪ'neɪʃn/ n assassinat m.

assault /ə'sɔːlt/ **I** n agression f; (attack) assaut m; FIG attaque f. **II** vtr agresser; MIL assaillir.

assemble /ə'sembl/ **I** vtr assembler; (gather) rassembler. **II** vi [passengers] se rassembler; [parliament, family] se réunir.

assembly /ə'semblɪ/ n assemblée f; (of components) montage m.

assembly line n chaîne f de montage.

assent /ə'sent/ **I** n assentiment m; **by common assent** d'un commun accord. **II** vi consentir; SOUT donner son assentiment (à).

assert /ə'sɜːt/ vtr **to assert (that)** affirmer (que); [▸right] revendiquer.

assertion /ə'sɜːʃn/ n affirmation f.

assertive /ə'sɜːtɪv/ adj assuré.

assess /ə'ses/ **I** vtr [▸effect, person] évaluer; [▸damage] estimer. **II** vi évaluer.

assessment /ə'sesmənt/ n estimation f; SCOL contrôle m.

assessor /ə'sesə(r)/ n FIN contrôleur/-euse m/f; ASSUR expert/-e m/f; JUR assesseur mf.

asset /'æset/ n FIN bien m; (advantage) atout m; **assets** COMM actif m.

assign /ə'saɪn/ vtr assigner; **to assign a task to sb** affecter qn à une tâche; [▸person] nommer.

assignment /ə'saɪnmənt/ n (diplomatic, military) poste m; (specific duty) mission f; (academic) devoir m.

assist /ə'sɪst/ **I** vtr aider; **to assist one another** s'entraider. **II** vi aider; **to assist in** prendre part à. **III -assisted** combining form **computer-assisted** assisté par ordinateur.

assistance /ə'sɪstəns/ n aide f; **to come to sb's assistance** venir à l'aide de qn; **can I be of assistance?** puis-je aider/être utile?

assistant /ə'sɪstənt/ **I** n assistant/-e m/f; (in hierarchy) adjoint/-e m/f; (in shop) vendeur/-euse m/f. **II** adj [editor, producer] adjoint.

associate I /ə'səʊʃɪət/ n associé/-e m/f. **II** /ə'səʊʃɪet/ adj associé. **III** /ə'səʊʃɪeɪt/ vtr associer; **to be associated with** faire partie de vi; **to associate with sb** fréquenter qn.

association /əsəʊsɪ'eɪʃn/ n association f ; **it has bad associations for me** ça me rappelle de mauvais souvenirs.

assorted /əˈsɔːtɪd/ adj [colours] varié; [biscuits] assorti.

assortment /əˈsɔːtmənt/ n assortiment m; (of people) mélange m; **in an assortment of colours**GB dans différentes couleurs.

assume /əˈsjuːm, əˈsuːmUS/ vtr supposer; [▸control, identity] prendre; **under an assumed name** sous un nom d'emprunt; [▸responsibility] assumer.

assumption /əˈsʌmpʃn/ n supposition f; **to work on the assumption that** présumer que.

assurance /əˈʃɔːrəns, əˈʃʊərənsUS/ n assurance f, garantie f.

assure /əˈʃɔː(r), əˈʃʊərUS/ vtr assurer; **to assure sb that** assurer à qn que.

asterisk /ˈæstərɪsk/ n astérisque m.

asthma /ˈæsmə, ˈæzməUS/ n asthme m.

astonish /əˈstɒnɪʃ/ vtr surprendre, étonner.

astonished /əˈstɒnɪʃt/ adj surpris, étonné; **to be astonished that** être vraiment étonné que (+ subj).

astonishing /əˈstɒnɪʃɪŋ/ adj [skill] étonnant; [career, performance] extraordinaire; [beauty, speed, success] incroyable.

astonishment /əˈstɒnɪʃmənt/ n étonnement m.

astound /əˈstaʊnd/ vtr stupéfier.

astounded /əˈstaʊndɪd/ adj stupéfait/e.

astray /əˈstreɪ/ adv **to go astray** se perdre.

astride /əˈstraɪd/ adv à califourchon.

astrologer /əˈstrɒlədʒə(r)/ n astrologue mf.

astrology /əˈstrɒlədʒɪ/ n astrologie f.

astronaut /ˈæstrənɔːt/ n astronaute mf.

astronomer /əˈstrɒnəmə(r)/ n astronome mf.

astronomy /əˈstrɒnəmɪ/ n astronomie f.

asyleeUS /əˈsaɪliː/ n bénéficiaire m/f du droit d'asile.

asylum /əˈsaɪləm/ n asile m.

asylum seeker n demandeur/-euse m/f d'asile.

at /æt, ət/ prep (with place, time, age) à; (at the house of) chez; (+ superlative) **I'm at my best in the morning** c'est le matin que je me sens le mieux.
● **while we're at it**© pendant qu'on y est©.

ate /eɪt/ prét ▸ **eat**.

atheist /ˈeɪθɪɪst/ n, adj athée (mf).

athlete /ˈæθliːt/ n athlète mf.

athletic /æθˈletɪk/ adj [event, club] d'athlétisme; [person, body] athlétique.

athletics /æθˈletɪks/ n (sg) GB athlétisme m; US sports mpl.

Atlantic /ətˈlæntɪk/ **I** pr n **the Atlantic** l'Atlantique m. **II** adj [coast, current] atlantique; [Ocean] Atlantique.

atlas /ˈætləs/ n atlas m.

atmosphere /ˈætməsfɪə(r)/ n atmosphère f; (mood) ambiance f.

atom /ˈætəm/ n atome m.

atom bomb n bombe f atomique.

atomic /əˈtɒmɪk/ adj nucléaire, atomique.

atrocious /əˈtrəʊʃəs/ adj épouvantable.

atrocity /əˈtrɒsətɪ/ n atrocité f.

at sign n ORDINAT arobase f.

attach /əˈtætʃ/ **I** vtr **to attach sth to sth** attacher qch à qch; [▸to letter] joindre. **II** v refl **to attach oneself to** s'attacher à.

attaché /əˈtæʃeɪ, ætəˈʃeɪUS/ n attaché/-e m/f.

attaché case n attaché-case m.

attached /əˈtætʃt/ adj **attached to sb/sth** attaché à qn/qch; [document] ci-joint.

attachment /əˈtætʃmənt/ n attachement m; (to letter, email) pièce m jointe; (device) accessoire m.

attack /əˈtæk/ **I** n attaque f; (criminal) agression f; (terrorist) attentat m; MÉD crise f. **II** vtr attaquer; [▸task, problem] s'attaquer à; (criminally) agresser.

attacker /əˈtækə(r)/ n attaquant/-e m/f; (criminal) agresseur m.

attain /əˈteɪn/ vtr atteindre (à); (gain) acquérir.

attainment /əˈteɪnmənt/ n (in school) connaissances fpl; **levels of attainment** résultats obtenus; (in work) qualifications fpl.

attempt /əˈtempt/ **I** n tentative f; **attempt on sb's life** attentat contre la vie de qn. **II** vtr **to attempt to do** tenter de faire.

attend /əˈtend/ **I** vtr [▸meeting] assister à; [▸church, school] aller à; [▸course] suivre. **II** vi être présent; (pay attention) être attentif (à).
■ **attend to** [▸person, problem] s'occuper de.

attendance /əˈtendəns/ n présence f, assistance f.

attendant /əˈtendənt/ n (in museum, car park) gardien/-ienne m/f; (at petrol station) pompiste mf.

attention /əˈtenʃn/ **I** n attention f; **to draw attention to sth** attirer l'attention sur qch; **to pay attention (to)** faire attention (à); **pay attention!** écoutez!; **for the attention of** à l'attention de; MÉD assistance f; MIL **to stand to attention** être au garde-à-vous. **II** excl MIL garde à vous!

attentive /əˈtentɪv/ adj **to be attentive to sb** être attentionné envers qn.

attentively /əˈtentɪvlɪ/ adv attentivement.

attentiveness /əˈtentɪvnɪs/ n attention f.

attic /ˈætɪk/ n grenier m.

attitude /ˈætɪtjuːd, -tuːdᵁˢ/ n attitude f.

attorneyᵁˢ /əˈtɜːnɪ/ n avocat m.

Attorney General n ≈ ministre de la justice des États-Unis.

attract /əˈtrækt/ vtr attirer; **to be attracted to sb** être attiré par qn.

attraction /əˈtrækʃn/ n attraction f; (favourable feature) attrait m; **attraction to sb** attirance envers qn.

attractive /əˈtræktɪv/ adj [person, offer] séduisant; [child] charmant; [place] attrayant.

attractiveness /əˈtræktɪvnɪs/ n [▸person, place] charme m; [▸investment] attrait m; [▸proposal] intérêt m.

attribute /əˈtrɪbjuːt/ vtr (attribute to) attribuer.

aubergineᴳᴮ /ˈəʊbəʒiːn/ n aubergine f.

auction /ˈɔːkʃn, ˈɒkʃn/ **I** n vente f aux enchère; **at auction** aux enchères. **II** vtr vendre [qch] aux enchères.

auctioneer /ɔːkʃəˈnɪə(r)/ n commissaire-priseur m/f.

audacious /ɔːˈdeɪʃəs/ adj audacieux/-ieuse.

audience /ˈɔːdɪəns/ n (in cinema) public m; RADIO auditeurs mpl; TV téléspectateurs mpl; (for books) lecteurs mpl.

audio /ˈɔːdɪəʊ/ adj audio inv.

audiobook n livre-CD m.

audiovisual adj audiovisuel/-elle.

audit /ˈɔːdɪt/ **I** n audit m; **National Audit Office**ᴳᴮ ≈ Cour f des comptes. **II** vtr [▸accounts] vérifier.

auditing /ˈɔːdɪtɪŋ/ n audit m.

audition /ɔːˈdɪʃn/ **I** n audition f. **II** vtr, vi auditionner (**for** pour).

auditor /ˈɔːdɪtə(r)/ n commissaire mf aux comptes.

Aug (abrév écrite = **August**).

August /ˈɔːgəst/ n août m.

aunt /ɑːnt, æntᵁˢ/ n tante f.

Australia /ɒˈstreɪlɪə, ɔːˈs-/ pr n Australie f.

Australian /ɒˈstreɪlɪən, ɔːˈs-/ **I** n Australien/-ienne m/f. **II** adj australien.

Austria /ˈɒstrɪə, ˈɔːstrɪə/ pr n Autriche f.

Austrian /ˈɒstrɪən, ˈɔːstrɪən/ **I** n Autrichien/-ienne m/f. **II** adj autrichien/-ienne.

authentic /ɔːˈθentɪk/ adj authentique.

author /ˈɔːθə(r)/ n auteur mf; écrivain mf.

authoritative /ɔːˈθɒrətətɪv, -teɪtɪvᵁˢ/ adj autoritaire; [work] qui fait autorité; [source] bien informé.

authority /ɔːˈθɒrətɪ/ **I** n autorité f; **to have the authority to do** être habilité à faire; **to be an authority on** être expert en; **to give sb (the) authority to do** autoriser qn à faire. **II authorities** npl autorités fpl; **the school authorities** la direction de l'école.

authorization /ɔːθəraɪˈzeɪʃn/ n autorisation f.

authorize /ˈɔːθəraɪz/ vtr autoriser; **to authorize sb to do sth** autoriser qn à faire qch; **authorized dealer** concessionnaire agréé.

autoᴳᵁˢ /ˈɔːtəʊ/ᵁˢ **I** n auto f. **II** in compounds [industry] automobile; [workers] de l'industrie automobile.

autobiography /ɔːtəʊbaɪˈɒgrəfɪ/ n autobiographie f.

autograph /ˈɔːtəgrɑːf/ **I** n autographe m. **II** vtr signer, dédicacer.

automate /ˈɔːtəmeɪt/ vtr automatiser.

automatic /ɔːtəˈmætɪk/ adj automatique.

automation /ɔːtəˈmeɪʃn/ n automatisation f.

autumn /ˈɔːtəm/ n automne m.

auxiliary /ɔːgˈzɪlɪərɪ/ n, adj (person) auxiliaire mf; LING auxiliaire m.

auxiliary verb n auxiliaire m.

avail /əˈveɪl/ n SOUT **to be of no avail** ne servir à rien; **without avail** en vain.

availability /əveɪləˈbɪlətɪ/ n **subject to availability** [seats] dans la limite des places disponibles.

available /əˈveɪləbl/ *adj* disponible; *to make oneself available for* se libérer pour.

Ave (*abrév écrite* = **Avenue**).

avenge /əˈvendʒ/ **I** *vtr* venger. **II** *v refl to avenge oneself on sb* se venger de qn.

avenue /ˈævənjuː, -nuːᵁˢ/ *n* avenue *f*.

average /ˈævərɪdʒ/ **I** *n* moyenne *f*; *on (the) average* en moyenne; *Mr Average* Monsieur Tout-le-Monde. **II** *adj* GÉN moyen/-enne. **III** *vtr* (▸ distance, time) faire une moyenne.

avert /əˈvɜːt/ *vtr* éviter.

avid /ˈævɪd/ *adj* [collector, reader] passionné; [supporter] fervent.

avocado /ævəˈkɑːdəʊ/ *n* (fruit) avocat *m*.

avoid /əˈvɔɪd/ *vtr to avoid (doing)* éviter (de faire).

await /əˈweɪt/ *vtr* attendre.

awake /əˈweɪk/ **I** *adj* (not yet asleep) éveillé; (after sleeping) réveillé; *wide/half awake* bien/mal réveillé; *to keep sb awake* empêcher qn de dormir. **II** *vtr* (*prét* **awoke**, *pp* **awoken**) éveiller. **III** *vi* se réveiller.

awakening /əˈweɪkənɪŋ/ **I** *n* réveil *m*. **II** *adj* naissant.

award /əˈwɔːd/ **I** *n* prix *m*; (grant) bourse *f*; *pay award* augmentation *f* de salaire. **II** *vtr* (▸ prize) décerner; (▸ grant) attribuer; (▸ points) accorder.

award ceremony *n* cérémonie *f* de remise de prix.

award winner *n* lauréat/-e *m/f*.

aware /əˈweə(r)/ *adj* conscient; *to become aware that* prendre conscience que; (informed) au courant; *to be aware that* savoir que, se rendre compte que; *as far as I'm aware* à ma connaissance.

awareness /əˈweənɪs/ *n* conscience *f*; *public awareness* l'opinion publique.

away /əˈweɪ/ **I** *adj* [match] à l'extérieur. **II** *adv* (gone) *to be away* être absent; *to be away on business* être en voyage d'affaires; *to be away from home* être absent de chez soi; (distant in space) *10 cm away from the edge* à 10 cm du bord; (distant in time) *Nice is two hours away* Nice est à deux heures d'ici; *my birthday is two months away* mon anniversaire est dans deux mois.

away team *n* SPORT les visiteurs *mpl*.

awe /ɔː/ *n* crainte *f* mêlée d'admiration; *to be in awe of sb* avoir peur de qn; *to listen in awe* écouter impressionné.

awesome /ˈɔːsəm/ *adj* (impressive) redoutable; (stunningly good)© extra©, génial©.

awful /ˈɔːfl/ *adj* (terrible) affreux/-euse; *it was awful to have to...* ça a été horrible d'être obligé de...; (unwell) *I feel awful* je ne me sens pas bien du tout; *to feel awful about doing sth* (guilty) être très ennuyé de faire qch; (emphasizing) *an awful lot (of)*© énormément (de).

awfully /ˈɔːflɪ/ *adv* [hot, near] terriblement; [clever] extrêmement.

awkward /ˈɔːkwəd/ *adj* [issue, person] compliqué, difficile; [moment] mal choisi; *at an awkward time* au mauvais moment; *the awkward age* l'âge ingrat; [question] embarrassant; *to feel awkward about doing* se sentir gêné de faire; (clumsy) maladroit.

awkwardly /ˈɔːkwədlɪ/ *adv* maladroitement, avec gêne.

awkwardness /ˈɔːkwədnɪs/ *n* maladresse *f*; (discomfort) gêne *f*.

awry /əˈraɪ/ *adj*, *adv* de travers *inv*; *to go awry* mal tourner.

axe, axᵁˢ /æks/ **I** *n* hache *f*. **II** *vtr* (▸ employee) licencier; (▸ jobs) supprimer; (▸ plan) abandonner.

● *to get the axe* se faire licencier.

axis /ˈæksɪs/ *n* (*pl* **axes**) axe *m*.

axle /ˈæksl/ *n* essieu *m*.

aye /aɪ/ **I** ᴳᴮ *particle* DIAL oui. **II** *n* (in voting) *the ayes* les oui, les voix pour.

b

b (*abrév écrite* = **born**).

B /biː/ *n* MUS si *m*.

BA *n* (*abrév* = **Bachelor of Arts**) *diplôme universitaire en lettres et sciences humaines*.

babble /ˈbæbl/ *vi* [baby] babiller.

baboon /bəˈbuːn/ *n* babouin *m*.

baby /ˈbeɪbɪ/ **I** *n* bébé *m*. **II** *in compounds* [brother, sister, son] petit; [animal] bébé-; [vegetable] nain; [clothes, food] pour bébés.

baby boom *n* baby boom *m*.

baby boomer *n* baby-boomer *mf*.

baby carrier *n* porte-bébé *m*.

baby minder[GB] *n* nourrice *f*.

baby-sit /ˈbeɪbɪsɪt/ (*prét, pp* -**sat**), *vi* faire du baby-sitting, garder des enfants.

baby-sitter *n* baby-sitter *mf*.

baby tooth *n* dent *f* de lait.

baccalaureate /bækəˈlɔːrɪət/ *n* SCOL *European/International Baccalaureate* baccalauréat *m* européen/international.

bachelor /ˈbætʃələ(r)/ *n* (man) célibataire *m*; UNIV *degree of Bachelor of Arts/Law* ≈ diplôme universitaire de lettres/droit.

back /bæk/ **I** *n* dos *m*; *to be (flat) on one's back* être (à plat) sur le dos; *to turn one's back on sb/sth* tourner le dos à qn/qch; *to do sth behind sb's back* faire qch dans le dos de qn; (of medal) revers *m*; (of vehicle) arrière *m*; (of chair) dossier *m*; *at the back of the building* à l'arrière de l'immeuble; (of drawer, bus) fond *m*; SPORT arrière *m*. **II** *adj* [leg, edge, wheel] arrière; [page] dernier/-ière (*before n*); (of chair) dossier *m*; *back alley/lane* ruelle *f*. **III** *adv* (after absence) de retour; *I'll be back in five minutes* je reviens dans cinq minutes; *to arrive/come back* rentrer; (in return) *to call/write one's* rappeler/répondre; (backwards) [glance, step, lean] en arrière. **IV back and forth** *adv phr to go/travel back and forth (between)*

faire la navette (entre). **V** *vtr* [▸party, person, etc] soutenir; (finance) financer.

● *he's always on my back*© il est toujours sur mon dos.

■ **back down** céder; **back out** [car, driver] sortir en marche arrière; [▸deal, contract] annuler; **back up** [car, driver] reculer, faire marche arrière; ORDINAT sauvegarder.

backache /ˈbækeɪk/ *n* mal *m* de dos.

backbench[GB] /bækˈbentʃ/ *n* POL *on the backbenches* parmi les députés.

backbone /ˈbækbəʊn/ *n* (of person, animal) colonne *f* vertébrale; *to be the backbone of* être le pilier de; ORDINAT dorsale *f*.

back button *n* ORDINAT bouton *m* revenir.

backdrop /ˈbækdrɒp/ *n* toile *f* de fond.

backfire /bækˈfaɪə(r)/ *vi to backfire on sb* se retourner contre qn.

background /ˈbækgraʊnd/ *n* (social) milieu *m*; (personal, family) origines *fpl*; (professional) formation *f*; (context) contexte *m*; (of painting) arrière-plan *m*; *music in the background* de la musique en bruit de fond.

backing /ˈbækɪŋ/ *n* soutien *m*; (to song) accompagnement *m*.

backlash /ˈbæklæʃ/ *n* retour *m* de bâton, réaction *f*.

backlog /ˈbæklɒg/ *n* retard *m*.

backpack *n* sac *m* à dos.

backpacker *n* routard/-e *m/f*.

backslash /ˈbækslæʃ/ *n* ORDINAT antislash *m*, barre *f* oblique inversée.

backstage /bækˈsteɪdʒ/ *adv* dans les coulisses.

back to front *adj, adv* à l'envers.

backtrack /ˈbæktræk/ *vi* rebrousser chemin; (change one's opinion) faire marche arrière.

backup /ˈbækʌp/ **I** *n* soutien *m*; MIL renforts *mpl*; ORDINAT sauvegarde *f*. **II** *in compounds* [plan, system] de secours; ORDINAT de sauvegarde.

backward /ˈbækwəd/ **I** *adj* en arrière; [situation] en arriéré. **II** US *adv* ▸ **backwards**.

backwards /ˈbækwədz/ *adv* [walk] à reculons; [fall] en arrière; *to move backwards* reculer; *to walk backwards and forwards* faire des allées et venues; [count] à rebours; [wind] à l'envers.

ballot paper

backyard /bækˈjɑːd/ n GB arrière-cour f; US jardin m de derrière.

bacon /ˈbeɪkən/ n ≈ lard m; *a rasher of bacon* une tranche de bacon; *bacon and eggs* des œufs au bacon.

bacteria /bækˈtɪərɪə/ npl bactéries fpl.

bad /bæd/ I n *there is good and bad in everyone* il y a du bon et du mauvais dans chacun. II adj (comparative **worse**; superlative **worst**) mauvais; *it is bad to do* c'est mal de faire; [accident, mistake] grave; FIN [▸money, note] faux/fausse; [▸loan] douteux/-euse; [▸insurance claim] frauduleux/-euse; *a bad cold* un gros rhume; *bad language* gros mots mpl; *too bad!* tant pis!; (harmful) *bad for* mauvais pour; (ill, injured) *to have a bad back* souffrir du dos; *to have a bad heart* être cardiaque; *to feel bad* se sentir mal; *to go bad* [fruit] pourrir; *she only sees the bad in him* elle ne voit que ses mauvais côtés; *to have bad toothache* avoir très mal aux dents; *it's a bad time for buying...* ce n'est pas le bon moment pour acheter...

badge /bædʒ/ n insigne m.

badger /ˈbædʒə(r)/ n blaireau m.

badly /ˈbædlɪ/ adv (comparative **worse**; superlative **worst**) mal; *to take sth badly* mal prendre qch; [suffer] beaucoup; [beat] brutalement; *badly hit* durement touché; (urgently) *to want/need sth badly* avoir très envie de/grand besoin de qch.

bad-tempered adj irritable.

baffle /ˈbæfl/ vtr déconcerter.

baffled /ˈbæfld/ adj perplexe.

bag /bæg/ I n sac m. II **bags** npl (baggage) bagages mpl; *bags of* ©GB [▸money, time] plein de.

● *it's in the bag* © c'est dans la poche ©.

baggage /ˈbæɡɪdʒ/ n ¢ bagages mpl.

baggage allowance n franchise f de bagages.

baggage reclaim n réception f des bagages.

baggy /ˈbæɡɪ/ adj *to go baggy at the knees* [garment] faire des poches aux genoux.

bagpipes n cornemuse f.

Bahamas /bəˈhɑːməz/ pr n les Bahamas fpl.

Bahrain /bɑːˈreɪn/ pr n Bahreïn m.

Bahraini /bɑːˈreɪni/ n Bahreïnien/-ienne m/f.

bail /beɪl/ I n JUR *on bail* sous caution. II vtr JUR mettre en liberté provisoire.

bailiff /ˈbeɪlɪf/ n huissier m.

bait /beɪt/ n appât m.

bake /beɪk/ I vtr *to bake sth in the oven* faire cuire qch au four; *to bake a cake* faire un gâteau. II vi faire du pain, de la pâtisserie; [food] cuire (au four). III **baked** pp adj [potato, apple] au four.

baked beans n haricots mpl blancs à la sauce tomate.

baker /ˈbeɪkə(r)/ n boulanger/-ère m/f; *baker's (shop)* boulangerie f, boulangerie-pâtisserie f.

baking © /ˈbeɪkɪŋ/ adj [place, day] brûlant; *I'm absolutely baking!* je crève © de chaud!

balance /ˈbæləns/ I n équilibre m; *to lose one's balance* perdre l'équilibre; *the balance of power* l'équilibre des forces; *on balance* tout compte fait; FIN solde m; (remainder) restant m. II vtr compenser, équilibrer; *to be balanced on sth* être en équilibre sur qch. III vi être en équilibre; [two things, persons] s'équilibrer; *to make sth balance* équilibrer qch.

balance sheet n bilan m.

balcony /ˈbælkənɪ/ n balcon m.

bald /bɔːld/ adj chauve; [tyre] lisse.

bale /beɪl/ n (of hay, cotton, etc) balle f.

balk /bɔːk/ vi *to balk at* [▸risk, cost, etc] reculer devant.

ball /bɔːl/ n (in tennis, golf, cricket, or for children) balle f; (in football, rugby) ballon m; (of dough, clay) boule f; (of wool, string) pelote f.

● *the ball is in your court* la balle est dans ton camp.

ballet /ˈbæleɪ/ n ballet m.

ballgame /ˈbɔːlɡeɪm/ n jeu m de balle/ballon; US match m.

● *that's a whole new ballgame* © c'est une tout autre histoire.

ballistic /bəˈlɪstɪk/ adj balistique.

● *to go ballistic* © devenir fou furieux/folle furieuse.

balloon /bəˈluːn/ n *(hot air) balloon* montgolfière f; (for cartoon speech) bulle f.

ballot /ˈbælət/ I n scrutin m. II vtr consulter (par vote) (**on** sur). III vi voter au scrutin (**on** sur)(**to do** pour faire).

ballot box n urne f.

ballot paper n bulletin m de vote.

ballpark[US] /ˈbɔːpaːk/ n SPORT stade m de baseball.
• **to be in the ballpark**[☺] être dans la bonne fourchette; **not to be in the same ballpark** ne pas jouer dans la même cour.

ballpoint pen n stylo m à bille.

balm /baːm/ n baume m; (plant) citronnelle f.

bamboo /bæmˈbuː/ n bambou m.

ban /bæn/ **I** n interdiction f. **II** vtr (p prés etc **-nn-**) interdire; **to ban from** exclure de; **to ban sb from doing** interdire à qn de.

banana /bəˈnɑːnə/ n banane f.

band /bænd/ n MUS (rock) groupe m; (municipal) fanfare f; (stripe, strip) bande f; (around head) bandeau m.

bandage /ˈbændɪdʒ/ **I** n bandage m. **II** vtr bander.

Band-Aid® n pansement m adhésif.

B and B[GB], **b and b** /biː ən ˈbiː/ n (abrév = **bed and breakfast**).

bandeau /ˈbændəʊ/ n (for hair) serre-tête m; (sportswear) bandeau m.

bandit /ˈbændɪt/ n bandit m.

bandwagon /ˈbændwægən/ n.
• **to jump on the bandwagon** prendre le train en marche.

bandy /ˈbændɪ/ adj **to have bandy legs** avoir les jambes arquées.

bang /bæŋ/ **I** n détonation f, boum m; (of door) claquement m. **II bangs**[US] npl frange f. **III** [☺] adv **bang in the middle** en plein centre; **to arrive bang on time** arriver à l'heure pile. **IV** excl (of gun) pan!; (of explosion) boum!, bang! **V** vtr **to bang down the receiver** raccrocher brutalement; (causing pain) **to bang one's head** se cogner la tête; [▸door, window] claquer. **VI** vi **to bang on the door** cogner à la porte.
• **bang goes**[☺] **my holiday** je peux dire adieu à mes vacances.
■ **bang on** heurter.

banger[GB] /ˈbæŋə(r)/ n (car)[☺] guimbarde[☺] f; (firework) pétard m; (sausage)[☺] saucisse f.

Bangladesh /bæŋɡləˈdeʃ/ pr n Bangladesh m.

Bangladeshi /bæŋɡləˈdeʃi/ **I** n Bangladais/-e m/f. **II** adj du Bangladesh.

bank /bæŋk/ **I** n FIN, JEUX banque f; (of river) rive f, bord m; (of canal) berge f; (of snow) congère f; (of fog, mist) banc m. **II** vtr [▸cheque, money] déposer [qch] à la banque.

III vi FIN **to bank with X** avoir un compte (bancaire) à la X.
■ **bank on** **bank on [sb/sth]** compter sur [qn/qch]; **bank up** s'amonceler.

bank account n FIN compte bancaire m.

bankassurance[US] /ˈbæŋkəʃɔːrəns/ n bancassurance f.

bank card n carte f bancaire.

banker /ˈbæŋkə(r)/ n FIN banquier/-ière m/f.

bank holiday[GB] n jour férié m.

banking /ˈbæŋkɪŋ/ adj bancaire.

banknote n billet de banque m.

bankrupt /ˈbæŋkrʌpt/ **I** adj **to go bankrupt** faire faillite; **to be bankrupt** être en faillite. **II** vtr mettre en faillite.

bankruptcy /ˈbæŋkrʌpsɪ/ n FIN faillite f.

bank statement n relevé m de compte.

banner /ˈbænə(r)/ n banderole f; étendard m, bannière f.

baptize /bæpˈtaɪz/ vtr baptiser.

bar /baː(r)/ **I** n barre f; (of chocolate) tablette f; (on cage) barreau m; (for drinking) bar m; JUR **the bar** le barreau; MUS mesure f. **II** vtr (p prés etc **-rr-**) barrer; [▸person] exclure; **to bar sb from doing** interdire à qn de faire. **III** prep sauf.

Barbados /baːˈbeidɒs/ pr n la Barbade f.

barbed wire[GB] /ˈbaːbd waɪə/, **barbwire**[US] /ˈbaːbwaɪə/ n (fil de fer) barbelé m.

barber /ˈbaːbə(r)/ n coiffeur m (pour hommes).

bar code n code m barres.

bare /beə(r)/ adj (naked) nu; (empty) vide; [earth, landscape] dénudé; **bare of** [▸leaves, flowers] dépourvu de; (mere) à peine; **the bare minimum** le strict minimum.

barefoot /ˈbeəfʊt/ **I** adj **to be barefoot** être nu-pieds. **II** adv [run, walk] pieds nus.

barely /ˈbeəlɪ/ adv à peine, tout juste.

bargain /ˈbaːɡɪn/ **I** n marché m; **a (good) bargain** une bonne affaire. **II** vi négocier; (over price) marchander.

barge /baːdʒ/ n péniche f.

bark /baːk/ **I** n (of tree) écorce f; (of dog) aboiement m. **II** vi [dog] aboyer.

barking /ˈbaːkɪŋ/ n aboiements mpl.

barley /ˈbaːlɪ/ n orge f.

barmaid n serveuse f (de bar).

barman^{GB} n (pl **barmen**) barman m.

barn /bɑːn/ n grange f; (for cattle) étable f.

barracks /ˈbærəks/ n caserne f.

barrel /ˈbærəl/ n tonneau m, fût m; (for petroleum) baril m; (of firearm) canon m.

barren /ˈbærən/ adj [landscape] désolé; [land] aride.

barricade /ˌbærɪˈkeɪd/ **I** n barricade f. **II** vtr barricader.

barrier /ˈbærɪə(r)/ n barrière f; **language/ trade barrier** barrière linguistique/douanière f.

barring /ˈbɑːrɪŋ/ prep **barring accidents** à moins d'un accident.

barrister^{GB} /ˈbærɪstə(r)/ n avocat/-e m/f.

barrow /ˈbærəʊ/ n brouette f.

bar school^{US} n institution où l'on prépare le certificat d'aptitude à la profession d'avocat.

bartender^{US} n barman/serveuse m/f.

base /beɪs/ **I** n base f; (of tree, etc) pied m; (of statue) socle m. **II** adj ignoble. **III** vtr **to base a decision on sth** fonder une décision sur qch; **based on a true story** tiré d'une histoire vraie; **to be based in Paris** être basé à Paris.

baseball n base-ball m.

basement /ˈbeɪsmənt/ n sous-sol m.

bash© /bæʃ/ **I** n (pl **-es**) (blow) coup m violent; **I had a bash**^{GB} **in my car** j'ai eu un accident de voiture; (attempt) **to have a bash at** s'essayer à. **II** vtr [▸person] cogner; [▸tree, wall] rentrer dans.
■ **bash in** [▸door, part of car] défoncer.

basic /ˈbeɪsɪk/ **I basics** npl essentiel m. **II** adj [fact, need, quality] essentiel/-ielle; [belief, research, principle] fondamental; [theme] principal; [education, skill, rule] élémentaire; [supplies, pay] de base.

basically /ˈbeɪsɪklɪ/ adv en fait, au fond.

basil /ˈbæzl/ n basilic m.

basin /ˈbeɪsn/ n cuvette f; (for mixing) terrine f; (for washing) lavabo m; GÉOG bassin m.

basis /ˈbeɪsɪs/ n (pl **-ses**) base f; (of theory) point m de départ; (for belief, argument) fondements mpl; **on the same basis** dans les mêmes conditions.

bask /bɑːsk, bæsk^{US}/ vi se prélasser.

basket /ˈbɑːskɪt, ˈbæskɪt^{US}/ n panier m, corbeille f; (in basketball) panier m..

basketball n basket(-ball) m.

bass¹ /beɪs/ n MUS, AUDIO basse f.

bass² /bæs/ n (fish) (freshwater) perche f; (sea) bar m, loup m.

bassoon /bəˈsuːn/ n basson m.

bastard® /ˈbɑːstəd, ˈbæs-^{US}/ n (term of abuse) salaud® m.

bat /bæt/ n SPORT batte f; **table tennis bat** raquette f de tennis de table; (animal) chauve-souris f.

batch /bætʃ/ n (of loaves, cakes) fournée f; (of letters) tas m, liasse f; ORDINAT lot m.

bath /bɑːθ, bæθ^{US}/ n bain m; **to have/take a bath** prendre un bain; ^{GB} baignoire f.

bathe /beɪð/ **I** vtr [▸wound] laver; **to bathe one's feet** prendre un bain de pieds. **II** vi ^{GB} se baigner, ^{US} prendre un bain.

bathing /ˈbeɪðɪŋ/ adj [hat, costume] de bain.

bathroom /ˈbɑːθruːm, -rʊm/ n salle f de bains; (public lavatory)^{US} toilettes fpl.

batsman /ˈbætsmən/ n batteur m.

batter /ˈbætə(r)/ **I** n pâte (à frire) f; **fish in batter** beignets de poisson. **II** vtr battre.

battery /ˈbætərɪ/ n pile f; AUT batterie f.

battle /ˈbætl/ **I** n bataille f; **to go into battle** engager le combat; FIG lutte f. **II** in compounds [formation, zone] de combat. **III** vi **to battle for sth/to do** lutter pour qch/pour faire.

bawl /bɔːl/ vi brailler, hurler.

bay /beɪ/ **I** n GÉOG baie f; (tree) laurier (-sauce) m; (parking area) aire f de stationnement. **II** adj [horse] bai; [window] en saillie.
● **to hold/keep at bay** tenir [qn] à distance.

BBS n (abrév = **Bulletin Board System**) (internet) babillard m électronique, BBS m.

BC (abrév = **before Christ**) av. J.-C.

be /biː, bɪ/ vi (p prés **being**; 3e pers sg prés **is**, prét **was**, pp **been**) GÉN **to be** être; **it's me** c'est moi; **he's a good pupil** c'est un bon élève; **she's not here** elle n'est pas là; **if I were you** à ta place; (progressive form) **I'm coming/going!** j'arrive/j'y vais!; **I was working** je travaillais; (to have to) devoir; **what am I to do?** qu'est-ce que je dois faire?; (in tag questions) **he's a doctor, isn't he?** il est médecin, n'est-ce pas?; **you were there, weren't you** tu étais là, non?; (passive form) **the window was broken** la fenêtre a été cassée; (feelings) **to be cold/hot** avoir froid/chaud; *how are you?* comment allez-vous?/ça va?☺; (time) *it's 2* il est deux heures; (weather) *it's cold/windy* il fait froid/du vent; (to go) *I've never been to Sweden* je ne suis jamais allé en Suède; (phrases) *so be it* d'accord; *here is/are* voici; *there is/are* il y a; *let/leave him be* laisse-le tranquille.

beach /biːtʃ/ *n* plage *f*.

beacon /ˈbiːkən/ *n* balise *f*, phare *m*.

bead /biːd/ *n* perle *f*; (of sweat, dew) goutte *f*.

beak /biːk/ *n* bec *m*.

beam /biːm/ **I** *n* (of light) rayon *m*; (of car lights, lighthouse) faisceau *m*; *on full*GB/*high*US *beam* en (pleins) phares; (piece of wood) poutre *f*; (smile) grand sourire *m*. **II** *vtr* transmettre. **III** *vi* rayonner.

bean /biːn/ *n* haricot *m*; (of coffee) grain *m*.

bear /beə(r)/ **I** *n* ours *m*. **II** *vtr* (*prét* **bore**, *pp* **borne**) porter; (bring) apporter; *to bear in mind that* ne pas oublier que. **III** *vi* *to bear left/right* prendre à gauche/à droite.
■ **bear up** tenir le coup; **bear with** [▸person] être indulgent avec; *to bear with it* être patient.

bearable /ˈbeərəbl/ *adj* supportable.

beard /bɪəd/ *n* barbe *f*.

bearded /ˈbɪədɪd/ *adj* barbu.

bearer /ˈbeərə(r)/ *n* (of cheque) porteur/-euse *m/f*; (of passport) titulaire *mf*.

bearing /ˈbeərɪŋ/ *n* allure *f*; *to have no bearing on sth* n'avoir aucun rapport avec qch; *to lose one's bearings* être désorienté.

beast /biːst/ *n* bête *f*; (person) brute *f*.

beastly©GB /ˈbiːstlɪ/ *adj* rosse©.

beat /biːt/ **I** *n* battement *m*; *to the beat of the drum* au son du tambour; MUS rythme *m*; (of police) ronde *f*. **II** *vtr* (*prét* **beat**, *pp* **beaten**) battre; *beat it*©*!* fiche le camp©!; [▸inflation, drugs] vaincre; *it beats me*©*!* ça me dépasse!; [▸rush] éviter; [▸person] devancer. **III** *vi* battre.
■ **beat up** tabasser©.

beating /ˈbiːtɪŋ/ *n* (of heart) battement *m*; *to get a beating* recevoir une raclée©.

beautiful /ˈbjuːtɪfl/ *adj* beau/belle; [day, holiday, feeling, experience] merveilleux/-euse.

beautifully /ˈbjuːtɪfəlɪ/ *adv* [play, write, function] admirablement (bien); *that will do beautifully* cela conviendra parfaitement; [empty, quiet, soft] merveilleusement.

beauty /ˈbjuːtɪ/ **I** *n* beauté *f*. **II** *in compounds* [contest, product, treatment] de beauté.

beauty spot *n* grain *m* de beauté.

beaver /ˈbiːvə(r)/ *n* castor *m*.

became /bɪˈkeɪm/ *prét* ▶ **become**.

because /bɪˈkɒz, -kɔːzUS/ **I** *conj* parce que. **II** *because of* *prep phr* à cause de.

beckon /ˈbekən/ *vtr*, *vi* faire signe (à).

become /bɪˈkʌm/ (*prét* **became**; *pp* **become**) **I** *vtr* *that hat becomes you!* ce chapeau te va bien! **II** *vi* devenir; *to become fat* devenir gros, grossir; *to become ill* tomber malade. **III** *v impers* *what has become of your brother?* qu'est-ce que ton frère est devenu?

becoming /bɪˈkʌmɪŋ/ *adj* seyant.

bed /bed/ *n* lit *m*; *to get into bed* se mettre au lit; *to go to bed* aller au lit; *to be in bed* être au lit, être couché; *it's time for bed* il est l'heure de se coucher; (of flowers) parterre *m*; (of sea) fond *m*; (of river) lit *m*; JOURN, IMPRIM *to put a newspaper to bed* boucler un journal.
● *to get out of bed on the wrong side* se lever du pied gauche.

BEd /biːˈed/ *n* (*abrév* = **Bachelor of Education**) ≈ diplôme universitaire de pédagogie.

bed and board *n* le gîte et le couvert *m*.

bed and breakfastGB, **B and B**GB *n* chambre *f* avec petit déjeuner.

bedding /ˈbedɪŋ/ *n* literie *f*.

bedridden /ˈbedrɪdən/ *adj* alité, cloué au lit.

bedroom /ˈbedruːm, -rʊm/ *n* chambre (à coucher) *f*; *a two-bedroom flat*GB/*apartment* un trois pièces.

bedside /ˈbedsaɪd/ *adj* [lamp] de chevet.

bedspread *n* dessus *m* de lit.

bedtime /ˈbedtaɪm/ *n* *it's bedtime* c'est l'heure d'aller se coucher.

bee /biː/ *n* abeille *f*.

beech /biːtʃ/ *n* hêtre *m*.

beef /biːf/ *n* bœuf *m*.

beefburger *n* hamburger *m*.

beefeater *n* gardien de la Tour de Londres.

beefsteak *n* steak *m*.

beehive *n* ruche *f*.

beneficial

been /biːn, bɪn^{US}/ pp ▶ be.

beep /biːp/ n signal m sonore, bip m.

beer /bɪə(r)/ n bière f.

beetle /ˈbiːtl/ n scarabée m.

beetroot^{GB} /ˈbiːtruːt/ n betterave f.

before /bɪˈfɔː(r)/ **I** prep (earlier than) avant; (in front of) devant; **the day before yesterday** avant-hier. **II** adj précédent, d'avant. **III** adv (earlier) avant; (already) déjà; (in front) devant. **IV** conj (in time) **before I go** avant de partir; **before he goes** avant qu'il (ne) parte.

beforehand /bɪˈfɔːhænd/ adv à l'avance, avant.

befriend /bɪˈfrend/ vtr se lier d'amitié avec.

beg /beg/ (p prés etc **-gg-**) **I** vtr **to beg sb for sth** demander qch à qn. **II** vi mendier; **it is going begging** personne n'en veut.

began /bɪˈgæn/ prét ▶ begin.

beggar /ˈbegə(r)/ n mendiant/-e m/f.

begin /bɪˈgɪn/ **I** vtr (p prés **-nn-**; prét **began**; pp **begun**) commencer; **to begin with** pour commencer, d'abord; [▶campaign, trend] lancer; [▶war] déclencher. **II** vi commencer.

beginner /bɪˈgɪnə(r)/ n débutant/-e m/f.

beginning /bɪˈgɪnɪŋ/ n début m, commencement m; **in/at the beginning** au départ, au début.

begun /bɪˈgʌn/ pp ▶ begin.

behalf /bɪˈhɑːf, -ˈhæf^{US}/ in prep phr **on behalf of**^{GB}, **in behalf of**^{US} [act, speak, accept] au nom de, pour; [phone, write] de la part de; [campaign, plead] en faveur de, pour.

behave /bɪˈheɪv/ vi se conduire. **II** v refl **behave yourself!** tiens-toi bien!

behaviour^{GB}, **behavior**^{US} /bɪˈheɪvjə(r)/ n conduite f, comportement m.

behead /bɪˈhed/ vtr décapiter.

behind /bɪˈhaɪnd/ **I** ⊙ n derrière⊙ m. **II** adj **to be behind with** avoir du retard dans. **III** adv (follow on, trail) derrière; [look, glance] en arrière. **IV** prep derrière.

beige /beɪʒ/ n, adj beige (m).

being /ˈbiːɪŋ/ n **(human) being** être (humain) m; **to come into being** prendre naissance.

belated /bɪˈleɪtɪd/ adj tardif/-ive.

Belarussian /bjeləˈrʌʃn/ **I** n Biélorusse mf. **II** adj biélorusse.

Belgian /ˈbeldʒən/ **I** n Belge mf. **II** adj belge.

Belgium /ˈbeldʒəm/ pr n Belgique f.

belief /bɪˈliːf/ n foi f; (opinion) conviction f; **in the belief that** convaincu que.

believe /bɪˈliːv/ **I** vtr croire. **II** vi **to believe in** croire à; **to believe in sb** avoir confiance en qn; RELIG avoir la foi.
● **seeing is believing** il faut le voir pour le croire.

Belize /beˈliːz/ pr n Bélize m.

bell /bel/ n cloche f; (on sheep) clochette f; (on bicycle, door) sonnette f; (warning device) sonnerie f.
● **that name rings a bell** ce nom me dit quelque chose.

bellow /ˈbeləʊ/ vi [bull] mugir; [person] hurler, beugler⊙.

belly /ˈbelɪ/ n ventre m.

belong /bɪˈlɒŋ, -ˈlɔːŋ^{US}/ vi **to belong to** appartenir à; **where do these books belong?** où vont ces livres?; **put it back where it belongs** remets-le à sa place.

belongings /bɪˈlɒŋɪŋz, -ˈlɔːŋ-^{US}/ npl affaires fpl.

beloved /bɪˈlʌvɪd/ n, adj bien-aimé.

below /bɪˈləʊ/ **I** prep en dessous de. **II** adv en bas, en dessous; **see below** voir ci-dessous.

belt /belt/ **I** n ceinture f; TECH courroie f; (blow)⊙ beigne⊙ f, coup m de poing. **II** vtr (hit)⊙ flanquer une beigne à⊙.

beltway^{US} /ˈbeltweɪ/ n AUT périphérique m.

bench /bentʃ/ n banc m; **to be on the opposition benches**^{GB} siéger dans l'opposition; TECH établi m.

bend /bend/ **I** n (in road) tournant m, virage m; (in pipe) coude m. **II** vtr (prét, pp **bent**) [▶leg, wire] plier; [▶head, back] courber; [▶pipe, bar] tordre. **III** vi [road, path] tourner; [person] se courber, se pencher; **to bend forward** se pencher en avant.
■ **bend down/over** se pencher, se courber.

beneath /bɪˈniːθ/ **I** prep sous, au-dessous de; FIG indigne de. **II** adv en dessous.

benefactor /ˈbenɪfæktə(r)/ n bienfaiteur m.

beneficial /benɪˈfɪʃl/ adj bénéfique.

benefit /'benɪfɪt/ **I** n avantage m; **to be of benefit to** profiter à; (financial aid) allocation f. **II** in compounds [concert, match] de bienfaisance. **III** vtr (p prés etc **-t-, -tt-**) [▸person] profiter à; [▸group, nation] être avantageux/-euse pour. **IV** vi **to benefit from/by doing** gagner à faire.

benefit touristGB n fraudeur/-euse m/f ambulant/-e du système social.

benevolent /bɪ'nevələnt/ adj bienveillant.

benign /bɪ'naɪn/ adj bienveillant; MÉD bénin/-igne.

Benin /be'ni:n/ pr n Bénin m.

Beninese /beni'ni:z/ **I** npl Béninois/-e mpl. **II** adj béninois/-e, du Bénin.

bent /bent/ prét, pp ▸ **bend**.

bequeath /bɪ'kwi:ð/ vtr léguer.

bequest /bɪ'kwest/ n legs m.

bereaved /bɪ'ri:vd/ adj en deuil.

bereavement /bɪ'ri:vmənt/ n deuil m.

bereft /bɪ'reft/ adj SOUT **bereft of** privé de.

Bermuda /bə'mju:də/ pr n les Bermudes fpl.

berry /'berɪ/ n baie f.

berserk /bə'sɜːk/ adj **to go berserk** devenir (complètement) fou.

berth /bɜːθ/ couchette f; **to give a wide berth** éviter.

beset /bɪ'set/ pp adj **beset by despair** en proie au désespoir.

beside /bɪ'saɪd/ prep à côté de.

besides /bɪ'saɪdz/ **I** adv d'ailleurs; (in addition) en plus. **II** prep en plus de.

besiege /bɪ'si:dʒ/ vtr MIL assiéger; FIG assaillir.

best /best/ **I** n **the best** le/la meilleur/-e m/f; **to be at one's best** être au mieux de sa forme; **to make the best of sth** s'accommoder de qch; **to do one's best** faire de son mieux; **all the best!** (good luck) bonne chance!, (cheers) à ta santé!, (in letter) amitiés. **II** adj (superl of good) meilleur; **my best dress** ma plus belle robe; **best before 2012** à consommer de préférence avant 2012. **III** adv (superl of well) le mieux; **to like sth best** aimer qch le plus; **you know best** c'est toi le meilleur juge.

best-known adj le/la plus connu/-e.

best man n témoin m (de mariage).

bestseller /best'selə(r)/ n bestseller m, livre m à succès.

bet /bet/ **I** n pari m. **II** vtr (p prés etc **-tt-**; prét, pp **bet/betted**) parier. **III** vi parier; (in casino) miser; **you bet!** et comment!

betray /bɪ'treɪ/ vtr trahir.

better /'betə(r)/ **I** n **the better of the two** le/la meilleur/-e/le/la mieux des deux; **so much the better, all the better** tant mieux; **to change for the better** s'améliorer. **II** adj (compar de **good**) meilleur; **to be better** aller mieux; **things are getting better** ça va mieux; **better than** mieux que; **the sooner the better** le plus vite possible. **III** adv (compar de **well**) mieux; **to fit better than** aller mieux que; **better educated** plus cultivé; **you'd better do** (advising) tu ferais mieux de faire; (warning) tu as intérêt à faire; **I'd better go** il faut que j'y aille. **IV** vtr [▸one's performance] améliorer; [▸rival's performance] faire mieux que.

● **for better (or) for worse** GÉN advienne que pourra; (in wedding vow) pour le meilleur et pour le pire.

better off /betər'ɒf/ **I** n **the better-off** (pl) les riches mpl. **II** adj (more wealthy) plus riche; (in better situation) mieux.

between /bɪ'twi:n/ **I** prep entre; **between you and me** entre nous; **they drank the bottle between them** ils ont bu la bouteille à eux deux. **II** adv entre les deux.

beverage /'bevərɪdʒ/ n boisson f.

beware /bɪ'weə(r)/ **I** excl prenez garde!, attention! **II** vi se méfier; **beware of the dog** attention chien méchant.

bewilder /bɪ'wɪldə(r)/ vtr déconcerter.

bewildered /bɪ'wɪldəd/ adj déconcerté.

beyond /bɪ'jɒnd/ **I** prep au-delà de; **beyond one's means** au-dessus de ses moyens; **beyond one's control** hors de son contrôle; **to be beyond sb** [task, subject] dépasser qn; **beyond the fact that** en dehors du fait que/à part que. **II** adv plus loin, au-delà. **III** conj à part (+ infinitive).

Bhutan /bu:'tɑːn/ pr n Bhoutan m.

bias /'baɪəs/ n parti pris m.

biased, **biassed** /'baɪəst/ adj partial.

Bible /'baɪbl/ n Bible f.

bicentenary /baɪsen'ti:nərɪ, -'sentənerɪUS/, **bicentennial** /baɪsen'tenɪəl/ n bicentenaire m.

bicycle /ˈbaɪsɪkl/ n bicyclette f, vélo m; **on a/by bicycle** à bicyclette.

bicycle lane n piste f cyclable.

bid /bɪd/ **I** n **escape bid** tentative d'évasion. **II** vtr (p prés **-dd-**; prét **bade/bid**; pp **bidden/bid**) **to bid sb farewell** faire ses adieux à qn. **III** vi faire une enchère.

bidding /ˈbɪdɪŋ/ n (at auction) enchères fpl.

big /bɪg/ adj grand, fort, gros/grosse; **a big difference** une grande différence; **a big mistake** une grave erreur; **his big brother** son grand frère.
• **to have a big mouth**© avoir la langue bien pendue©.

big cheese© n PÉJ grosse légume© f.

bighead© n PÉJ crâneur/-euse© m/f.

big name n **to be a big name** être connu.

bike© /baɪk/ n vélo m.

bilberry /ˈbɪlbrɪ, -berɪUS/ n myrtille f.

bilingual /baɪˈlɪŋgwəl/ adj bilingue.

bill /bɪl/ **I** n (in restaurant) addition f; (for electricity) facture f; (from hotel, doctor) note f; (law) projet m de loi; (poster) affiche f; **stick no bills** défense d'afficher; (banknote)US billet (de banque) m. **II** vtr **to bill sb for sth** facturer qch à qn.
• **to fit/fill the bill** faire l'affaire.

billboard /ˈbɪlbɔːd/ n panneau m d'affichage.

billiard /ˈbɪlɪəd/ n billard m.

billion /ˈbɪlɪən/ n (a thousand million) milliard m; (a million million)GB billion m; **billions of**© des tonnes© fpl de.

binGB /bɪn/ n poubelle f.

bind /baɪnd/ vtr (prét, pp **bound**) attacher; **to be bound by** [▸ oath] être tenu par.

binding /ˈbaɪndɪŋ/ **I** n reliure f. **II** adj [contract, rule] qui lie, qui engage.

binge© /bɪndʒ/ **I** n (drinking) beuverie f; (festive eating) gueuleton© m; **to go on a binge** faire la bringue©. **II** vi (p prés **bingeing** ou **binging**) se bourrer de nourriture.

binge-drinking n SOCIOL habitude de consommer une quantité dangereuse de boissons alcooliques en un temps très court.

biochemistry /baɪəʊˈkemɪstrɪ/ n biochimie f.

biodegradable /baɪəʊdɪˈgreɪdəbl/ adj biodégradable.

biodegrade /baɪəʊdɪˈgreɪd/ vi subir une décomposition organique.

bioethics /baɪəʊˈeθɪks/ n (+ v sg) bioéthique f.

biohazard /ˈbaɪəʊˌhæzəd/ n risque m biologique.

biography /baɪˈɒgrəfɪ/ n biographie f.

biological /baɪəˈlɒdʒɪkl/ adj biologique.

biological clock n horloge f biologique.

biological warfare n guerre f biologique.

biological waste n déchets mpl d'activités de soin.

biology /baɪˈɒlədʒɪ/ n biologie f.

bioterrorism /baɪəʊˈterərɪzəm/ n bioterrorisme m.

birch /bɜːtʃ/ n bouleau m.

bird /bɜːd/ n oiseau m.

bird flu n MED grippe f aviaire.

bird's eye view n vue f d'ensemble.

Biro® GB /ˈbaɪərəʊ/ n stylo-bille m, bic® m.

birth /bɜːθ/ n naissance f; **to give birth to** accoucher de; **of French birth** Français/-e de naissance.

birth control n contraception f, régulation f des naissances.

birthday /ˈbɜːθdeɪ/ n anniversaire m.

birthplace n lieu m de naissance.

birth rate n taux m de natalité.

biscuitGB /ˈbɪskɪt/ n biscuit m.
• **that takes the biscuit**© GB! ça, c'est le pompon!

bishop /ˈbɪʃəp/ n évêque m.

bit /bɪt/ **I** prét ▸ **bite**. **II** n (of food, substance, wood) morceau m; (of paper, land) bout m; (small amount) **a bit (of)** un peu (de); **a bit of advice** un petit conseil; ORDINAT bit m. **III** © **a bit** adv phr (rather) un peu; **to do a bit of shopping** faire quelques courses; **wait a bit!** attends un peu!; **after a bit** peu après; **not a bit like me** pas du tout.
• **bit by bit** petit à petit; **to do one's bit** faire sa part.

bitch /bɪtʃ/ n (dog) chienne f; PÉJ (woman) garce® f, salope● f.

bite /baɪt/ **I** n bouchée f; (from insect) piqûre f; (from dog, snake) morsure f. **II** vtr (prét **bit**; pp **bitten**) mordre; [insect] piquer; **to bite**

one's nails se ronger les ongles. **III** *vi* [fish] mordre.

bitter /ˈbɪtə(r)/ *adj* amer/-ère; *I felt bitter about it* cela m'est resté sur le cœur; [critic] acerbe; [attack] féroce; [wind] glacial; [truth] cruel/-elle.

bitterly /ˈbɪtəlɪ/ *adv* [complain, laugh, speak, weep] amèrement; [regret] profondément.

bizarre /bɪˈzɑː(r)/ *adj* bizarre.

black /blæk/ **I** *n* (colour) noir *m*; (person) Noir/-e *m/f*; FIN *to be in the black* être créditeur/-trice. **II** *adj* noir; *to paint sth black* peindre qch en noir; *to turn black* noircir.
■ **black out** s'évanouir.

blackberry /ˈblækbrɪ, -berɪ/ *n* mûre *f*.

blackbird /ˈblækbɜːd/ *n* merle *m*.

blackboard /ˈblækbɔːd/ *n* tableau *m* (noir); *on the blackboard* au tableau.

blackcurrant /blækˈkʌrənt/ *n* cassis *m*.

blacken /ˈblækən/ *vtr* noircir; FIG ternir.

black eye *n* œil *m* au beurre noir.

blackhead *n* point *m* noir.

black ice *n* verglas *m*.

blacklist *n* liste *f* noire.

blackmail I *n* chantage *m*. **II** *vtr* faire chanter (qn).

black market *n* *on the black market* au marché noir.

blackout *n* panne *f* de courant; (loss of memory) trou *m* de mémoire.

black pudding^GB *n* boudin *m* noir.

black sheep *n* brebis *f* galeuse.

blacksmith *n* forgeron *m*.

blackthorn *n* prunellier *m*.

black tie *n* (on invitation) tenue *f* de soirée.

bladder /ˈblædə(r)/ *n* vessie *f*.

blade /bleɪd/ *n* (of windscreen wiper) balai *m*; (of grass) brin *m*.

blame /bleɪm/ **I** *n* responsabilité *f*. **II** *vtr* accuser; *to blame sb for sth* reprocher qch à qn. **III** *v refl to blame oneself for sth* se sentir responsable de qch; *you mustn't blame yourself* tu n'as rien à te reprocher.

blank /blæŋk/ **I** *n* blanc *m*. **II** *adj* [page] blanc/blanche; [screen] vide; [▸cheque] en blanc; [cassette] vierge; [look] absent; [refusal] catégorique.

blanket /ˈblæŋkɪt/ **I** *n* couverture *f*; *electric blanket* couverture chauffante; (layer) couche *f*. **II** *in compounds* [ban, policy] global.

blare /bleə(r)/ *vi* [radio] hurler.

blast /blɑːst, blæst^US/ **I** *n* (explosion) explosion *f*; *at full blast* à plein volume. **II** *vtr* (blow up) faire sauter (à l'explosif); (criticize)^© descendre [qn/qch] en flammes^©.

blasted^© /ˈblɑːstɪd, ˈblæst-^US/ *adj* fichu^©; *some blasted idiot* une espèce d'idiot.

blast-off /ˈblɑːstɒf, ˈblæst-^US/ *n* lancement *m*.

blatant /ˈbleɪtnt/ *adj* flagrant.

blaze /bleɪz/ **I** *n* (fire) feu *m*, flambée *f*; (accidental) incendie *m*. **II** *vtr to blaze a trail* ouvrir la voie. **III** *vi* brûler, flamber; [lights] briller. **IV blazing** *adj* [heat] accablant; [building] en flammes.

blazer /ˈbleɪzə(r)/ *n* blazer *m*.

bleach /bliːtʃ/ **I** *n* ≈ (eau *f* de) Javel *f*; (for hair) décolorant *m*. **II** *vtr* [▸hair] décolorer; [▸linen] blanchir.

bleak /bliːk/ *adj* [landscape] désolé; [future] sombre; [world] sinistre.

bleary /ˈblɪərɪ/ *adj to be bleary-eyed* avoir les yeux bouffis.

bleed /bliːd/ (*prét, pp* **bled**) *vi* saigner; *my finger's bleeding* j'ai le doigt qui saigne.

bleeding /ˈbliːdɪŋ/ *n* saignement *m*.

bleep /bliːp/ **I** *n* bip *m*, bip-bip *m*; *after the bleep* après le signal sonore. **II** ^GB *vtr to bleep sb* appeler qn (au bip), biper qn. **III** *vi* émettre un signal sonore.

blemish /ˈblemɪʃ/ *n* imperfection *f*; (on reputation) tache *f*.

blend /blend/ **I** *n* mélange *m*. **II** *vtr* mélanger. **III** *vi to blend (together)* se fondre ensemble; *to blend with* [colours, tastes, sounds] se marier à; [smells, visual effects] se mêler à.

blender /ˈblendə(r)/ *n* mixeur *m*, mixer *m*.

bless /bles/ *vtr* bénir; *God bless you* que Dieu vous bénisse; *bless you!* à vos souhaits!; *to be blessed with* jouir de.

blessed /ˈblesɪd/ *adj* [warmth, quiet] bienfaisant; (holy) béni.

blessing /ˈblesɪŋ/ *n* (asset) bienfait *m*; (relief) soulagement *m*; *with sb's blessing* avec la bénédiction de qn.

blew /bluː/ *prét* ▸ **blow**.

blimey^©†GB /ˈblaɪmɪ/ *excl* mince alors^©!

blind /blaɪnd/ **I** *n* **the blind** (*pl*) les aveugles *mpl*; (at window) store *m*. **II** *adj* aveugle; **to go blind** perdre la vue; **to be blind in one eye** être borgne. **III** *vtr* [accident] rendre aveugle; [sun, light] éblouir; [pride, love] aveugler.

blind alley *n* voie *f* sans issue.

blindfold I *n* bandeau *m*. **II** *vtr* [▸person] bander les yeux à.

blindly /ˈblaɪndlɪ/ *adv* à l'aveuglette; FIG aveuglément.

blind man's buff *n* colin-maillard *m*.

blind spot *n* (in car, on hill) angle *m* mort.

blink /blɪŋk/ *vi* cligner des yeux; **without blinking** sans ciller.

blinker /ˈblɪŋkə(r)/ *n* AUT clignotant *m*.

blissful /ˈblɪsfl/ *adj* délicieux/-ieuse; **to be blissful** être aux anges.

blister /ˈblɪstə(r)/ **I** *n* (on skin) ampoule *f*; (on paint) cloque *f*. **II** *vi* (skin, paint) cloquer.

blitz /blɪts/ *n* bombardement *m* aérien.

blizzard /ˈblɪzəd/ *n* tempête *f* de neige.

bloated /ˈbləʊtɪd/ *adj* [face, body] bouffi; [stomach] ballonné.

blob /blɒb/ *n* grosse goutte *f*.

block /blɒk/ **I** *n* bloc *m*; **block of flats**[GB] immeuble (d'habitation); (group of buildings) pâté *m* de maisons; **three blocks away** à trois rues d'ici. **II** *vtr* bloquer; **to block sb's way/path** barrer le passage à qn.
■ **block off** [▸road] barrer; **block out/up** [▸view] boucher; [▸light, sun] cacher.

blockade /blɒˈkeɪd/ **I** *n* MIL blocus *m*. **II** *vtr* bloquer, faire le blocus de.

blockage /ˈblɒkɪdʒ/ *n* obstruction *f*.

blockbuster© /ˈblɒkbʌstə(r)/ *n* (book) best-seller *m*; (film) superproduction *f*.

block capital, **block letter** *n* majuscule *f*; **in block capitals** en caractères d'imprimerie.

blog /blɒg/ *n* ORDINAT blog *m*, weblog *m*.

blogger /ˈblɒgə(r)/ *n* ORDINAT blogueur/-euse *m/f*.

bloke©GB /bləʊk/ *n* type© *m*.

blond /blɒnd/ *adj* blond.

blonde /blɒnd/ **I** *n* blonde *f*. **II** *adj* blond.

blood /blʌd/ *n* sang *m*.

blood cell *n* globule *m*.

blood pressure *n* MÉD tension *f* artérielle; **high/low blood pressure** hypertension/hypotension.

bloodshed *n* effusion *f* de sang.

blood test *n* analyse *f* de sang.

blood type *n* groupe *m* sanguin.

bloody /ˈblʌdɪ/ **I** *adj* (violent) sanglant; **bloody fool!**©GB espèce d'idiot©! **II** ©GB *adv* sacrément©; **bloody awful** absolument nul©.

bloody-minded©GB *adj* **don't be so bloody-minded** ne fais pas ta tête de mule.

bloom /bluːm/ **I** *n* fleur *f*; **in bloom** en fleur. **II** *vi* fleurir, être fleuri.

blooming /ˈbluːmɪŋ/ *adj* en fleur.

blossom /ˈblɒsəm/ **I** *n* fleurs *fpl*; **in blossom** en fleur. **II** *vi* fleurir, s'épanouir.

blot /blɒt/ **I** *n* tache *f*. **II** *vtr* (*pp* **-tt-**) [stain] tacher; (dry) sécher.
■ **blot out** [something, person] effacer; [mist, rain] masquer.

blouse /blaʊz, blaʊsUS/ *n* chemisier *m*.

blow /bləʊ/ **I** *n* coup *m*; **to come to blows** en venir aux mains. **II** *vtr* (*prét* **blew**; *pp* **blown**) souffler; **the wind blew the door shut** un coup de vent a fermé la porte; [▸bubble, smoke ring] faire; **to blow one's nose** se moucher; [▸trumpet, whistle] souffler dans; [▸fuse] faire sauter; [▸money]© claquer; **to blow it** tout ficher en l'air©. **III** *vi* [wind] souffler; [fuse] sauter; [bulb] griller; [tyre] éclater.
● **it really blew my mind**/**blew me away**©! j'en suis resté baba©.
■ **blow around** voler dans tous les sens; **blow away** s'envoler; **blow [sth] away** emporter; **blow down** [▸tree, house] tomber (à cause du vent); **blow in** [snow, rain] entrer; (in explosion) [▸door, window] être enfoncé; **blow out** s'éteindre; **blow over** [▸fence, tree] tomber (à cause du vent); **blow up** exploser; PHOT (enlarge) agrandir; (exaggerate) exagérer; **it blows up** c'est gonflable.

blow-dry /ˈbləʊdraɪ/ **I** *n* brushing *m*. **II** *vtr* **to blow-dry sb's hair** faire un brushing à qn.

blown /bləʊn/ *pp* ▸ **blow**.

blue /bluː/ **I** *n* bleu *m*; **to go/turn blue** devenir bleu, bleuir. **II** *adj* bleu; **blue from/with the cold** bleu de froid; (depressed) **to feel blue** avoir le cafard©.
● **to say sth out of the blue** dire qch à brûle-pourpoint; **to happen out of the blue** se passer à l'improviste.

Bluebeard pr n Barbe-bleue m.

bluebell n jacinthe f des bois.

blueberry n myrtille f.

blue jeans npl jean m.

blueprint /ˈbluːprɪnt/ n projet m, propositions fpl; *it's a blueprint for disaster* cela mène tout droit à la catastrophe.

blues npl *to have the blues* avoir le cafard.

blue shark n requin m bleu.

bluff /blʌf/ I n bluff m. II vtr, vi bluffer.

blunder /ˈblʌndə(r)/ I n bourde f. II vi faire une bourde.

blunt /blʌnt/ adj [knife, scissors] émoussé; [pencil] mal taillé; [person, manner] abrupt, brusque; [refusal] catégorique.

bluntly /ˈblʌntlɪ/ adv franchement; *to put it bluntly* pour parler franchement.

blur /blɜː(r)/ (p prés etc **-rr-**) vtr, vi brouiller, se brouiller.

blurb /blɜːb/ n GEN descriptif m (promotionnel); (on book cover) texte m de présentation; PÉJ baratin m.

blurred /blɜːd/ adj flou; [memory] confus.

blush /blʌʃ/ I n rouge m, rougeur f. II vi rougir.

blusher /ˈblʌʃə(r)/ n fard m à joues.

blustery /ˈblʌstərɪ/ adj *blustery wind* bourrasque f.

BMI n (abrév = **body mass index**) indice f de masse corporelle, IMC.

boar /bɔː(r)/ n sanglier m.

board /bɔːd/ I n planche f; *board of directors* conseil d'administration; *board of inquiry* commission d'enquête; *board of governors* comité de gestion; (for writing) tableau m; (notice board) panneau m d'affichage; *full board* pension complète; *half board* demi-pension f; *room and board* le gîte et le couvert. II **on board** adv phr *on board* à bord (de); *to go on board* embarquer, monter à bord. III vtr [▸boat, plane] monter à bord de; [▸bus, train] monter dans.
• **across the board** à tous les niveaux.

boarding /ˈbɔːdɪŋ/ n embarquement m.

boarding school n internat m.

boast /bəʊst/ I vtr *the town boasts a beautiful church* la ville s'enorgueillit d'une belle église. II vi se vanter; *nothing to boast about* pas de quoi se vanter.

boat /bəʊt/ n bateau m; (sailing) voilier m; (rowing) barque f; (liner) paquebot m.

boating /ˈbəʊtɪŋ/ n navigation f de plaisance; (rowing) canotage m.

bob /bɒb/ I n (haircut) coupe f au carré; *to cost a bob or two*GB coûter une fortune. II vi (p prés etc **-bb-**) [boat, float] danser; *to bob up and down* [person, boat] s'agiter.

bobbyGB†GB /ˈbɒbɪ/ n agent m (de police).

body /ˈbɒdɪ/ n corps m; *body and soul* corps et âme; (of hair) volume m; (of car) carrosserie f.
• **over my dead body!** plutôt mourir!

body armourGB, **body armor**US n tenue f pare-balles.

body guard n garde mf du corps.

body odourGB, **body odor**US n odeur f corporelle.

bodywork n carrosserie f.

bog /bɒg/ n marais m.
• **to get bogged down** s'enliser.

bog-standardGB adj tout à fait ordinaire.

boggle /ˈbɒgl/ vi *the mind/imagination boggles at the idea* on a du mal à imaginer ça.

boil /bɔɪl/ I n ébullition f; MÉD furoncle m. II vtr faire bouillir; *to boil an egg* faire cuire un œuf. III vi bouillir. IV **boiled** pp adj *soft-boiled egg* œuf à la coque.
■ **boil down** *boil down to* se résumer à; **boil over** déborder.

boiler /ˈbɔɪlə(r)/ n chaudière f; (smaller) chauffe-eau m inv.

boiling /ˈbɔɪlɪŋ/ adj bouillant; *it's boiling (hot) in here*©! il fait une chaleur infernale ici!

boisterous /ˈbɔɪstərəs/ adj [child] turbulent; [meeting] bruyant.

bold /bəʊld/ I adj audacieux/-ieuse. II n IMPRIM *in bold* en (caractères) gras.

Bolivia /bəˈlɪvɪə/ pr n Bolivie f.

Bolivian /bəˈlɪvɪən/ I n Bolivien/-ienne m/f. II adj bolivien/-ienne.

bolster /ˈbəʊlstə(r)/ I n traversin m. II vtr soutenir.

bolt /bəʊlt/ I n verrou m; *bolt of lightning* coup de foudre. II vtr verrouiller.

bomb /bɒm/ I n bombe f. II vtr bombarder.

bombardment /bɒmˈbɑːdmənt/ *n* bombardement *m*.

bomber /ˈbɒmə(r)/ *n* (plane) bombardier *m*; (terrorist) poseur/-euse *m/f* de bombes.

bombing /ˈbɒmɪŋ/ *n* bombardement *m*; (by terrorists) attentat *m* à la bombe.

bomb scare *n* alerte *f* à la bombe.

bona fide /ˌbəʊnə ˈfaɪdɪ/ *adj* [attempt] sincère; [offer] sérieux/-ieuse.

bond /bɒnd/ *n* lien *m*; FIN obligation *f*.

bone /bəʊn/ **I** *n* os *m*; (of fish) arête *f*. **II bones** *npl* ossements *mpl*. **III** *vtr* [▸chicken] désosser; [▸fish] enlever les arêtes de.

bone dry *adj* complètement desséché.

bone china *n* porcelaine (tendre) *f*.

bone idle© *adj* flemmard©.

bonfire /ˈbɒnfaɪə(r)/ *n* (of rubbish) feu *m* de jardin; (for celebration) feu *m* de joie.

bonkers© /ˈbɒŋkəz/ *adj* dingue©.

bonnetGB /ˈbɒnɪt/ *n* AUT capot *m*.

bonus /ˈbəʊnəs/ *n* prime *f*; *that's a bonus!* c'est un plus©!

bony /ˈbəʊnɪ/ *adj* [face] anguleux/-euse; [knee] osseux/-euse.

boo /buː/ **I** *n* huée *f*. **II** *excl* hou!! **III** *vtr, vi* (*prét, pp* **booed**) huer.

boob©GB /buːb/ *n* bêtise *f*, bourde *f*.

booby trap *n* mécanisme *m* piégé.

book /bʊk/ **I** *n* livre *m*; (exercise) cahier *m*; *drawing book* cahier de dessin; (of tickets, stamps) carnet *m*; (records) registre *m*; *book of matches* pochette *f* d'allumettes. **II** *vtr* [▸room, ticket] réserver; [▸holiday] faire les réservations pour; *to be fully booked (up)* être complet/-ète; *my Tuesdays are booked* je suis pris le mardi; *booked for speeding* poursuivi pour excès de vitesse; SPORT *to be booked* recevoir un carton jaune.

bookcase *n* bibliothèque *f*.

bookingGB /ˈbʊkɪŋ/ *n* réservation *f*.

booking officeGB *n* bureau *m* de location.

bookkeeping *n* comptabilité *f*.

booklet *n* brochure *f*.

bookmark /ˈbʊkmɑːk/ *n* (for books) marque-pages *m*, signet *m*; (for website) signet *m*.

bookseller *n* libraire *mf*.

bookshelf *n* étagère *f*, rayon *m*.

bookshopGB, **bookstore**US *n* librairie *f*.

boom /buːm/ **I** *n* grondement *m*; (of explosion) détonation *f*; (period of prosperity) boom *m*. **II** *vi* [cannon, thunder] gronder; [industry] être en plein essor; *business is booming* les affaires vont bien.

boon /buːn/ *n* avantage *m*.

boost /buːst/ **I** *n* (stimulus) coup *m* de fouet. **II** *vtr* [▸economy] stimuler; [▸number] augmenter; [▸performance] améliorer; [▸product] promouvoir.

booster /ˈbuːstə(r)/ *n* rappel (de vaccin) *m*.

boot /buːt/ **I** *n* botte *f*; *climbing/hiking boot* chaussure de montagne/randonnée; *to get the boot*© se faire virer©. **II** *vtr* donner un coup de pied à/dans.

■ **boot up** ORDINAT amorcer.

boot disk *n* ORDINAT disque *m* de démarrage.

boot saleGB *n* brocante (*d'objets apportés dans le coffre de sa voiture*).

booth /buːð, buːθUS/ *n* cabine *f*; *telephone booth* cabine (téléphonique); *polling booth* isoloir *m*.

booze© /buːz/ **I** *n* alcool *m*. **II** *vi* picoler©.

border /ˈbɔːdə(r)/ **I** *n* frontière *f*; (edge) bordure *f*; (of lake) bord *m*. **II** *vtr* border, longer.

■ **border on** [garden, land] être voisin de.

borderline *n* frontière *f*.

bore /bɔː(r)/ **I** *prét* ▸ **bear**. **II** *n* (person) raseur/-euse© *m/f*; (situation) *what a bore! quelle barbe!*; (of gun) calibre *m*. **III** *vtr* [▸person] ennuyer; [▸hole] percer; [▸tunnel] creuser.

● **to bore sb stiff** faire mourir qn d'ennui.

bored /bɔːd/ *adj* [person] qui s'ennuie; *to get/be bored* s'ennuyer; *to get bored with sb/sth* se lasser de qn/qch.

boredom /ˈbɔːdəm/ *n* ennui *m*.

boring /ˈbɔːrɪŋ/ *adj* ennuyeux/-euse.

born /bɔːn/ **I** *adj* [person, animal] né; *to be born* naître; *when the baby is born* quand le bébé sera né; *to be born blind* être aveugle de naissance; *to be a born leader* être un chef né; *a born liar* un parfait menteur. **II -born** *combining form* **London-born** né à Londres.

borough /ˈbʌrə, -rəʊUS/ *n* (in London, New York) arrondissement *m* urbain.

borough council^{GB} *n* conseil *m* municipal.

borrow /ˈbɒrəʊ/ **I** *vtr* **to borrow sth from sb** emprunter qch à qn. **II** *vi* faire un emprunt.

Bosnia /ˈbɒznɪə/ *pr n* Bosnie *f.*

Bosnian /ˈbɒznɪən/ **I** *n* Bosniaque *mf.* **II** *adj* bosniaque.

bosom /ˈbʊzəm/ *n* poitrine *f*; FIG **in the bosom of one's family** au sein de sa famille.

boss /bɒs/ *n* patron/-onne *m/f*; (in politics, underworld) chef *m.*

■ **boss about**[☺]/**boss around**[☺] mener [qn] par le bout du nez.

bossy[☺] /ˈbɒsɪ/ *adj* autoritaire.

botanic(al) /bəˈtænɪk(l)/ *adj* botanique.

botany /ˈbɒtənɪ/ *n* botanique *f.*

botch[☺] /bɒtʃ/ *vtr* bâcler.

both /bəʊθ/ **I** *adj* les deux; **both her eyes/ parents** ses deux yeux/parents; **both children came** les enfants sont venus tous les deux. **II** *conj* (tout) comme; **both Paris and London** Paris aussi bien que Londres. **III** *pron* (*pl*) (tous/toutes) les deux; **both of you are right** vous avez raison tous les deux; **both of us** nous deux.

bother /ˈbɒðə(r)/ **I** *n* ¢ ennui *m*; **it's too much bother** c'est trop de tracas; **it's no bother** ce n'est pas un problème; **I don't want to be a bother** je ne voudrais pas vous déranger. **II** ^{☺GB} *excl* zut alors! **III** *vtr* **it bothers me that** cela m'ennuie que (+ *subj*); (disturb) déranger; **stop bothering me**[☺]! arrête de m'embêter[☺]!; (hurt) **my back is bothering me** mon dos me fait mal. **IV** *vi* s'en faire; **why bother?** pourquoi se tracasser?; **don't bother** ne t'en fais pas; **to bother doing/to do** prendre la peine de faire; **to bother about** se tracasser au sujet de.

Botswana /bɒtˈswɑːnə/ *pr n* Botswana *m.*

bottle /ˈbɒtl/ **I** *n* bouteille *f*; **milk bottle** bouteille de lait; (for perfume) flacon *m*; (for baby) biberon *m*. **II** *vtr* mettre [qch] en bouteilles.

bottle bank *n* collecteur *m* de verre usagé.

bottleneck /ˈbɒtlnek/ *n* (traffic jam) embouteillage *m*; (of road) rétrécissement *m.*

bottle-opener *n* décapsuleur *m.*

bottom /ˈbɒtəm/ **I** *n* (of hill, wall) pied *m*; (of page) bas *m*; (of bag, bottle, hole, sea) fond *m*; **from the bottom of one's heart** du fond du cœur; (underside) dessous *m*; (lowest part) bas *m*; **to be bottom of the class**^{GB} être dernier de la classe; (of street, table) bout *m*; (buttocks) derrière[☺] *m.* **II** [☺] **bottoms** *npl* (of pyjamas) bas *m.* **III** *adj* [shelf] du bas, inférieur; [sheet] de dessous; [apartment] du rez-de-chaussée; **bottom of the range** bas de gamme; [score] le plus bas.

bottom line *n* l'argent *m*; **that's the bottom line** c'est le vrai problème.

bought /bɔːt/ *prét, pp* ▶ **buy.**

boulder /ˈbəʊldə(r)/ *n* rocher *m.*

bounce /baʊns/ **I** *n* rebond *m.* **II** *vtr* [▶ball] faire rebondir; [▶cheque]^{☺GB} refuser d'honorer un chèque; [person]^{US} faire un chèque sans provision; (in email) retour *m* à l'expéditeur. **III** *vi* [ball] rebondir; [person] faire des bonds, sauter; [cheque][☺] être sans provision; ORDINAT [email] revenir à l'expéditeur.

■ **bounce back** [currency] remonter.

bouncer /ˈbaʊnsə(r)/ *n* videur *m.*

bound /baʊnd/ **I** *prét, pp* ▶ **bind.** **II** *n* bond *m.* **III** **bounds** *npl* limites *fpl*; **to know no bounds** être sans limites. **IV** *adj* **to be bound to do sth** devoir (sûrement) faire qch; **it was bound to happen** cela devait arriver; (obliged) tenu (de); **bound for** à destination de.

boundary /ˈbaʊndrɪ/ *n* limite *f.*

bout /baʊt/ *n* (of fever) accès *m*; (of insomnia) crise *f*; SPORT combat *m.*

bow¹ /bəʊ/ *n* (weapon) arc *m*; MUS archet *m*; (knot) nœud *m.*

bow² /baʊ/ **I** *n* salut *m*; NAUT avant *m*, proue *f.* **II** *vtr* [▶head] baisser. **III** *vi* [plant, shelf] se courber; (give way) s'incliner devant; **to bow to pressure** céder à la pression.

■ **bow down** se prosterner, FIG se soumettre.

bowel /ˈbaʊəl/ *n* intestin *m.*

bowl /bəʊl/ **I** *n* (for food) bol *m*; (large) saladier *m*; (basin) [for soup] assiette *f* creuse, cuvette *f*; SPORT boule *f* (en bois). **II** *vtr, vi* (cricket) lancer.

bowler /ˈbəʊlə(r)/ *n* (in cricket) lanceur *m.*

bowler hat *n* chapeau *m* melon.

bowling /ˈbəʊlɪŋ/ n SPORT ; (ten-pin) bowling m; (on grass) jeu m de boules (sur gazon).

bowls /bəʊlz/ n (sg) jeu m de boules (sur gazon).

bow tie n nœud papillon m.

box /bɒks/ I n boîte f; (larger) caisse f; *put a tick in the box* cocher la case; THÉÂT loge f; SPORT tribune f; (television) *the box*©GB la télé; *(PO) Box 20* BP 20. II vtr, vi SPORT boxer.
■ **box in** enfermer.

boxer /ˈbɒksə(r)/ n boxeur m; (dog) boxer m.

boxing /ˈbɒksɪŋ/ n boxe f.

Boxing DayGB /ˈbɒksɪŋ deɪ/ n le lendemain de Noël.

box office n (window) guichet m; (office) bureau m des réservations.

box tree n buis m.

boy /bɔɪ/ I n garçon m; (son) fils m. II © excl *boy, it's cold here!* ce qu'il fait froid ici!

boycott /ˈbɔɪkɒt/ I n boycottage m, boycott m. II vtr boycotter.

boyfriend n (petit) copain/ami m.

bra /brɑː/ n soutien-gorge m.

brace /breɪs/ I n (for teeth) appareil m dentaire; (for trousers) bretelle f. II vtr, v refl s'arc-bouter; FIG se préparer à.

bracelet /ˈbreɪslɪt/ n bracelet m.

bracken /ˈbrækən/ n fougère f.

bracket /ˈbrækɪt/ I n *in (round) brackets* entre parenthèses fpl; *in (square) brackets* entre crochets mpl; (for shelf) équerre f; (category) tranche f, catégorie f. II vtr mettre [qch] entre parenthèses/entre crochets.

brag /bræg/ vi (p prés etc **-gg-**) *to brag (about/of sth)* se vanter (de).

braid /breɪd/ I n tresse f, natte f. II vtr tresser.

brain /breɪn/ I n (organ) cerveau m; (substance) **brains** cervelle f. II **brains** npl intelligence f; *to have brains* être intelligent.

brainwash /ˈbreɪnwɒʃ/ vtr faire subir un lavage de cerveau à qn.

brainwave /ˈbreɪnweɪv/ n (inspiration) idée f géniale, trouvaille f.

brainy© /ˈbreɪnɪ/ adj doué.

brake /breɪk/ I n frein m. II vi freiner.

bramble /ˈbræmbl/ n ronce f; (berry) mûre f.

bran /bræn/ n CULIN son m.

branch /brɑːntʃ, bræntʃUS/ I n (of tree) branche f; (of road) embranchement m; (of river) bras m; (of study) domaine m; (of shop) succursale f; (of organization) secteur m. II vi [tree, river] se ramifier; [road] se diviser.
■ **branch off** [road] bifurquer.

brand /brænd/ I n marque f; (kind) type m. II vtr FIG marquer; *to brand sb as sth* désigner qn comme qch.

brandish /ˈbrændɪʃ/ vtr brandir.

brand-new adj tout neuf/toute neuve.

brandy /ˈbrændɪ/ n (grape) cognac m; (other fruit) eau-de-vie f.

brass /brɑːs, bræsUS/ n laiton m, cuivre m jaune; MUS cuivres mpl.
● *to get down to brass tacks* passer aux choses sérieuses.

brat© /bræt/ n PÉJ môme© mf.

brave /breɪv/ I adj courageux/-euse; *be brave!* courage! II vtr braver.

bravery /ˈbreɪvrɪ/ n courage m.

brawl /brɔːl/ I n bagarre f. II vi se bagarrer.

bray /breɪ/ vi braire.

brazen /ˈbreɪzn/ adj éhonté.

Brazil /brəˈzɪl/ pr n Brésil m.

Brazilian /brəˈzɪljən/ I n Brésilien/-ienne m/f. II adj brésilien/-ienne.

breach /briːtʃ/ I n (of contract, in relationship) rupture f; (by failure to comply) manquement m; (opening) brèche f. II vtr [▸rule] ne pas respecter.

bread /bred/ I n pain m; *to earn one's (daily) bread* gagner sa vie. II vtr *breaded cutlets* côtelettes panées.

bread and butter n tartine f de pain beurré; FIG gagne-pain m.

breadline /ˈbredlaɪn/ n *to be on the breadline* être pauvre.

bread maker n machine f à pain.

breadth /bretθ/ n largeur f; FIG étendue f.

break /breɪk/ I n (crack) fêlure f; (in wall) brèche f; (in line) espace m; (in relation) rupture f; *to take a break* faire une pause; *the Christmas break* les vacances de Noël; SCOL récréation f; (in performance) entracte m; (in tennis) break m; *at the break of day* à l'aube f. II vtr (prét **broke**; pp **broken**) casser; *to break one's leg* se casser la jambe; [▸ seal, strike] briser; [▸ silence, links] rompre; [▸ circuit] couper; [▸ law, treaty] violer; [▸ record] battre; *to break the news to sb* apprendre la nouvelle à qn. **III** *vi* se casser, se briser; [storm, scandal] éclater; *to break with sb* rompre les relations avec qn.

■ **break down** [machine] tomber en panne; [negotiations] échouer; [communication] cesser; [system] s'effondrer; [person] s'effondrer, craquer; (cry) fondre en larmes; *break [sth] down* ; [▸ door] enfoncer, démolir; [▸ resistance] vaincre; **break even** rentrer dans ses frais; **break in** [thief] entrer (par effraction); [police] entrer de force; **break into** forcer; **break off** [handle, piece] se détacher; (stop speaking) s'interrompre; **break out** [fight, riot, storm] éclater; **break up** se désagréger; [crowd, cloud, slick] se disperser; [school] être en vacances.

breakable /ˈbreɪkəbl/ *adj* fragile.

breakdown /ˈbreɪkdaʊn/ *n* panne *f*; MÉD dépression *f*; (detailed account) répartition *f*.

breakfast /ˈbrekfəst/ *n* petit déjeuner *m*.

break-in /ˈbreɪkɪn/ *n* cambriolage *m*.

breakthrough /ˈbreɪkθruː/ *n* percée *f*; (in negotiations) progrès *m*.

break-up *n* éclatement *m*.

breast /brest/ *n* ANAT sein *m*, poitrine *f*; CULIN blanc *m*.

breast stroke *n* brasse *f*.

breast-feeding *n* allaitement *m* maternel.

breath /breθ/ *n* souffle *m*, respiration *f*; *out of breath* à bout de souffle; *to take a deep breath* respirer à fond; (exhaled air) haleine *f*.

breathalyseᴳᴮ **breathalyze**ᵁˢ /ˈbreθəlaɪz/ *vtr to be breathalysed* subir un alcootest®.

Breathalyzer® *n* alcootest® *m*.

breathe /briːð/ *vtr, vi* respirer.
■ **breathe in** inspirer; **breathe out** expirer.

breatherᴳ /ˈbriːðə(r)/ *n* pause *f*.

breathless /ˈbreθlɪs/ *adj* à bout de souffle.

breathtaking /ˈbreθteɪkɪŋ/ *adj* à (vous) couper le souffle.

bred /bred/ *prét, pp* ▸ **breed**.

breed /briːd/ **I** *n* ZOOL race *f*; (of person, thing) type *m*. **II** *vtr* (*prét, pp* **bred**) [▸ animals] élever. **III** *vi* [animals] se reproduire. **IV**

-bred *pp adj combining form* **ill-/well-bred** mal/bien élevé.

breeder /ˈbriːdə(r)/ *n* (of animals) éleveur *m*.

breeze /briːz/ **I** *n* brise *f*. **II** *vi to breeze through an exam* réussir un examen sans difficulté.

brew /bruː/ *vi* [tea] infuser; [storm, crisis] se préparer; *there's trouble brewing* il y a de l'orage dans l'air.

brewery /ˈbruːərɪ/ *n* brasserie *f*.

briar /ˈbraɪə(r)/ *n* églantier *m*; **briars** ronces *fpl*.

bribe /braɪb/ **I** *n* pot-de-vin *m*. **II** *vtr* [▸ person] acheter, soudoyer.

bribery /ˈbraɪbərɪ/ *n* corruption *f*.

brick /brɪk/ *n* brique *f*; (child's toy) cube *m*.
■ **brick up** murer, boucher.

bricklayer *n* maçon *m*.

bride /braɪd/ *n* (jeune) mariée *f*; *the bride and (bride)groom* les (jeunes) mariés.

bridegroom /ˈbraɪdɡruːm/ *n* jeune marié *m*.

bridesmaid *n* demoiselle *f* d'honneur.

bridge /brɪdʒ/ **I** *n* pont *m*; NAUT passerelle *f*; (game) bridge *m*. **II** *vtr to bridge the gap* réduire l'écart.

bridle /ˈbraɪdl/ *n* bride *f*; FIG frein *m*.

bridle path *n* piste *f* cavalière.

brief /briːf/ **I** *n* tâche *f*; (instructions) directives *fpl*; JUR dossier *m*. **II** **briefs** *npl* (undergarment) slip *m*. **III** *adj* bref/brève; *the news in brief* les brèves. **IV** *vtr* [▸ politician, worker] informer; [▸ police, troops] donner des instructions à.

briefcase /ˈbriːfkeɪs/ *n* serviette *f*.

briefing /ˈbriːfɪŋ/ *n* réunion *f* d'information, briefing *m*.

brigade /brɪˈɡeɪd/ *n* brigade *f*.

bright /braɪt/ *adj* [blue, red] vif/vive; [garment, carpet] de couleur vive; [room, day] clair; [star, eye] brillant; [jewel] étincelant; *bright spell* éclaircie *f*; (clever) intelligent; *a bright idea* une idée lumineuse; [smile, face] radieux/-ieuse.

brighten /ˈbraɪtn/ **I** *vtr* [▸ day, life] égayer. **II** *vi* [weather] s'éclaircir; [face] s'éclairer.
■ **brighten up** [situation] s'améliorer.

brilliant /ˈbrɪlɪənt/ **I** *adj* (successful) brillant; (fantastic)ᴳᴮ génialᴳ. **II**ᴳ *excl* IRON superᴳ!

brim /brɪm/ **I** *n* bord *m*. **II** *vi* (*p prés etc* **-mm-**) *to brim with* déborder de.

brine /braɪn/ *n* saumure *f*.

bring /brɪŋ/ (*prét, pp* **brought**) *vtr to bring sth* apporter qch à; *to bring sb to* amener qn à; *to bring sb home* raccompagner qn; *to bring a case before the court* porter une affaire devant le tribunal; *to bring a matter before the committee* soumettre une question au comité.
■ **bring about** provoquer; **bring along** [▶sth] apporter, [▶sb] amener, venir avec; **bring back** *to bring sb back sth* rapporter qch à qn; **bring down** [▶government] renverser; **bring forward** avancer; **bring in** [▶money] rapporter; **bring on** provoquer; **bring round**GB (revive) faire revenir [qn] à soi; (convince) convaincre [qn]; **bring to** faire revenir qn à soi; **bring together** réunir, rapprocher; **bring up** (mention) [▶sth] parler de; (vomit) vomir. [▶sb] élever; *well/badly brought up* bien/mal élevé.

brink /brɪŋk/ *n on the brink of doing* sur le point de faire; *on the brink of disaster* à deux doigts du désastre.

brisk /brɪsk/ *adj* vif/vive; *at a brisk pace* à vive allure; *business is brisk* les affaires marchent bien.

bristle /ˈbrɪsl/ **I** *n* poil *m*. **II** *vi* se hérisser.

Brit© /brɪt/ *n* Britannique *mf*.

British /ˈbrɪtɪʃ/ **I** *npl the British* les Britanniques *mpl*. **II** *adj* britannique.

Briton /ˈbrɪtn/ *n* Britannique *mf*.

brittle /ˈbrɪtl/ *adj* fragile; [tone] cassant.

broad /brɔːd/ *adj* large; [area] vaste; [choice] grand; [introduction, principle] général.

B roadGB *n* route *f* secondaire.

broadband /ˈbrɔːdbænd/ **I** *n* ORDINAT *to have broadband* avoir le haut débit. **II** *adj* [▶access, connection] à haut débit.

broad bean *n* fève *f*.

broadcast /ˈbrɔːdkɑːst, -kæstUS/ **I** *n* émission *f*; *news broadcast* bulletin d'informations. **II** *vtr* (*prét, pp* **broadcast /broadcasted**) diffuser. **III** *pp adj* (on TV) télévisé; (on radio) radiodiffusé; (on both) radiotélévisé.

broaden /ˈbrɔːdn/ **I** *vtr* élargir. **II** *vi* s'élargir.

broadly /ˈbrɔːdlɪ/ *adv* en gros; *broadly speaking* en règle générale.

broadminded *adj* large d'esprit.

broccoli /ˈbrɒkəlɪ/ *n* brocoli *m*.

brochure /ˈbrəʊʃə(r), brəʊˈʃʊərUS/ *n* brochure *f*, dépliant *m*.

broil /brɔɪl/ *vtr, vi* griller.

broilerUS /ˈbrɔɪlə(r)/ *n* gril *m*.

broke /brəʊk/ **I** *prét* ▶ **break**. **II** © *adj* [person] fauché©; [company] insolvable; *to go broke* faire faillite.

broken /ˈbrəʊkən/ **I** *pp* ▶ **break**. **II** *adj* [glass, person, voice] brisé; [bottle, fingernail, tooth, bone] cassé; [machine] détraqué; [contract, promise] rompu; *in broken French* en mauvais français.

broken-down *adj* [vehicle, machine] en panne.

broker /ˈbrəʊkə(r)/ *n* FIN courtier *m*.

brolly ©GB /ˈbrɒlɪ/ *n* HUM pépin© *m*, parapluie *m*.

bronchiolitis /ˌbrɒŋkɪəʊˈlaɪtɪs/ *n* bronchiolite *f*.

bronze /brɒnz/ *n* bronze *m*.

brooch /brəʊtʃ/ *n* broche *f*.

brood /bruːd/ **I** *n* nichée *f*. **II** *vi* broyer du noir.

brook /brʊk/ *n* ruisseau *m*.

broom /bruːm, brʊm/ *n* balai *m*; (plant) genêt *m*.

broth /brɒθ, brɔːθUS/ *n* bouillon *m*.

brother /ˈbrʌðə(r)/ *n* frère *m*.

brotherhood /ˈbrʌðəhʊd/ *n* fraternité *f*; (organization) confrérie *f*.

brother-in-law *n* (*pl* **brothers-in-law**) beau-frère *m*.

brought /brɔːt/ *prét, pp* ▶ **bring**.

brow /braʊ/ *n* (forehead) front *m*; (eyebrow) sourcil *m*; (of hill) sommet *m*.

brown /braʊn/ **I** *n* marron *m*; (of hair, skin, eyes) brun *m*. **II** *adj* marron *inv*; [hair] châtain *inv*; *brown paper* papier kraft; (tanned) bronzé. **III** *vtr* [▶onions] faire dorer.

brownie /ˈbraʊnɪ/ *n* brownie *m* (*petit gâteau au chocolat et aux noix*).

browse /braʊz/ **I** *n to have a browse through a book* feuilleter un livre. **II** *vtr* ORDINAT naviguer sur, consulter. **III** *vi* flâner.

browser /ˈbraʊzə(r)/ *n* ORDINAT navigateur *m*, fureteur *m*.

bruise /bruːz/ **I** n (on skin) bleu m, ecchymose f; **cuts and bruises** des blessures légères; (on fruit) tache f. **II** vtr (▸body) meurtrir; (▸fruit) abîmer.

brunch /brʌntʃ/ n brunch m (petit déjeuner tardif et copieux remplaçant le déjeuner des samedis et dimanches).

brunette /bruːˈnet/ n (petite) brune f.

brush /brʌʃ/ **I** n brosse f; (for sweeping up) balayette f; (for paint) pinceau m; (confrontation) accrochage m; (vegetation) broussailles fpl. **II** vtr (sweep, clean) brosser; **to brush one's hair/teeth** se brosser les cheveux/les dents; (touch lightly) effleurer. **III** vi **to brush against** frôler; **to brush past sb** frôler qn en passant.
■ **brush aside** écarter, repousser; **brush away/off** enlever; **brush up** se remettre à.

Brussels sprout n chou m de Bruxelles.

brutal /ˈbruːtl/ adj brutal.

brute /bruːt/ **I** n brute f. **II** adj **by (sheer) brute force** par la force.

BSUS, **BSc**GB n UNIV (abrév = **Bachelor of Science**) diplôme universitaire de sciences.

BSE n (abrév = **Bovine Spongiform Encephalopathy**) encéphalopathie f spongiforme bovine, ESB f.

bubble /ˈbʌbl/ **I** n bulle f. **II** vi faire des bulles; [drink] pétiller; [boiling liquid] bouillonner; **to bubble with** (▸enthusiasm, ideas) déborder de.
■ **bubble over** déborder (with de).

bubblegum n chewing-gum m.

bubble-wrap /ˈbʌblræp/ **I** n film m à bulles, papier m bulle. **II** vtr emballer dans du papier bulle.

bubbly /ˈbʌblɪ/ adj pétillant.

buck /bʌk/ **I** n @US dollar m. **II** vi [horse] ruer.
● **to pass the buck** refiler@ la responsabilité à qn d'autre.
■ **buck up**@ (cheer up) se dérider; (hurry up) se grouiller@. (▸sb) remonter le moral à [qn].

bucket /ˈbʌkɪt/ **I** n seau m. **II** @ **buckets** npl **to rain buckets** pleuvoir à seaux; **to cry buckets** pleurer comme une Madeleine@; **to sweat buckets** suer à grosses gouttes.
● **to kick the bucket**@ mourir, casser sa pipe@.

buckle /ˈbʌkl/ **I** n boucle f. **II** vtr (fasten) attacher, boucler. **III** vi [shoe, strap] s'attacher; [surface] se gondoler; [wheel] se voiler.

buckwheat n sarrasin m, blé noir m.

bud /bʌd/ n (of leaf) bourgeon m; (of flower) bouton m.

budding /ˈbʌdɪŋ/ adj bourgeonnant; [athlete, champion] en herbe; [talent, romance] naissant.

buddy@ /ˈbʌdɪ/ n (friend) copain m.

budge /bʌdʒ/ **I** vtr faire bouger; **I could not budge him** je n'ai pas pu le faire changer d'avis. **II** vi bouger; (change one's mind) changer d'avis.

budgerigar /ˈbʌdʒərɪɡɑː(r)/ n perruche f.

budget /ˈbʌdʒɪt/ **I** n budget m. **II** in compounds [cut, deficit] budgétaire; [constraints, increase] du budget; [holiday, price] pour petits budgets. **III** vi **to budget for sth** prévoir qch dans son budget.

Budget speechGB n POL discours m de présentation du Budget.

buff /bʌf/ **I** n (colour) chamois m; (enthusiast)@ mordu,-e@ m/f. **II** vtr lustrer.

buffalo /ˈbʌfələʊ/ n (pl **-oes** /collective **-**) buffle m; (in US) bison m.

buffer /ˈbʌfə(r)/ n tampon m.

buffer memory n ORDINAT mémoire-tampon f.

buffet[1] /ˈbʊfeɪ, bəˈfeɪUS/ n buffet m.

buffet[2] /ˈbʌfɪt/ vtr [wind, sea] secouer.

bug /bʌg/ **I** n © (insect) bestiole f; (germ) microbe m; **stomach bug** ennuis mpl gastriques; ORDINAT bogue f, bug m; (microphone) micro caché m. **II** vtr (p prés etc **-gg-**) **the room is bugged** il y a un micro (caché) dans la pièce; (annoy)@ embêter@.

buggy /ˈbʌgɪ/ n poussette f.

bugle /ˈbjuːgl/ n clairon m.

build /bɪld/ **I** n carrure f. **II** vtr (prét, pp **built**) (▸city, engine) construire; (▸monument) édifier; ORDINAT (▸software) créer; (▸relations) établir; (▸empire, hope) fonder; (▸team, word) former. **III** vi construire.
■ **build up** [gas, deposits] s'accumuler; [traffic] s'intensifier; [business, trade] se développer. **build [sth] up** ; accumuler; (▸collection) constituer; (▸business, database) créer; (▸reputation) se faire.

builder /ˈbɪldə(r)/ n entrepreneur m en bâtiment; (worker) ouvrier/-ière m/f du bâtiment.

building /ˈbɪldɪŋ/ n (structure) bâtiment m; (with offices, apartments) immeuble m.

building societyGB n société f d'investissement et de crédit immobilier.

built /bɪlt/ I prét, pp ▶ build. II adj built for conçu pour; built to last construit pour durer.

built-in /bɪltˈɪn/ adj encastré.

built-up /bɪltˈʌp/ adj [region] urbanisé; built-up area agglomération f.

bulb /bʌlb/ n ÉLEC ampoule f (électrique); BOT bulbe m.

Bulgaria /bʌlˈgeərɪə/ pr n Bulgarie f.

Bulgarian /bʌlˈgeərɪən/ I n (person) Bulgare mf; LING bulgare m. II adj bulgare.

bulge /bʌldʒ/ I n (in clothing, carpet) bosse f; (in vase, column, pipe) renflement m. II vi [bag, pocket] être gonflé; to be bulging with être bourré de; [surface] se boursoufler.

bulimia /bjuːˈlɪmɪə/ n boulimie f.

bulk /bʌlk/ n masse f; (of package, writings) volume m; in bulk [buy, sell] en gros; [transport] en vrac; the bulk of [▶ objects] la majeure partie de; [▶ persons] la plupart des.

bulky /ˈbʌlkɪ/ adj volumineux/-euse.

bull /bʊl/ n taureau m.

bulldog /ˈbʊldɒg/ n bouledogue m.

bulldoze /ˈbʊldəʊz/ vtr LIT (knock down) détruire/raser au bulldozer.

bulldozer /ˈbʊldəʊzə(r)/ n bulldozer m.

bullet /ˈbʊlɪt/ n balle f.

bulletin /ˈbʊlətɪn/ n bulletin m.

bullet point n IMPRIM puce f.

bulletproof /ˈbʊlɪtpruːf/ adj [▶ glass, vehicle] blindé; bulletproof vest gilet m pare-balles.

bullfighting n corrida f, tauromachie f.

bullfinch n bouvreuil m.

bull's-eye /ˈbʊlzaɪ/ n (on a target) mille m.

bully /ˈbʊlɪ/ I n brute f; the class bully la terreur de la classe. II vtr [person, child] maltraiter; to bully sb into doing sth forcer qn à faire qch.

bum© /bʌm/ n (buttocks) derrière© m; (vagrant)US clochard m; (lazy person) fainéant/-e m/f.
■ **bum around** vadrouiller©.

bumble /ˈbʌmbl/ vi marmonner.

bumblebee /ˈbʌmblbiː/ n bourdon m.

bumf© /ˈbʌmf/ n paperasserie f; (toilet paper) PQ©, papier m hygiénique.

bump /bʌmp/ I n (on body, road) bosse f; (jolt) secousse f; ONOMAT boum m; to go bump faire boum. II vtr cogner; to bump one's head se cogner la tête; to bump the car cabosser la voiture. III vi to bump against buter contre; to bump over [vehicle] cahoter sur.
● to come down to earth with a bump revenir sur terre.
■ **bump into** rentrer dans, tomber sur©; **bump off** [▶ sb] liquider©; **bump up**© (increase) [▶ price, tax wage] faire grimper; (exaggerate) [▶ number] gonfler©.

bumper /ˈbʌmpə(r)/ I n AUT pare-chocs m inv. II adj exceptionnel/-elle.

bumpy /ˈbʌmpɪ/ adj [road] accidenté; [flight, landing] agité.

bum rap©US n fausse accusation f.

bun /bʌn/ n petit pain m; (hairstyle) chignon m.

bunch /bʌntʃ/ n (of flowers) bouquet m; (of vegetables) botte f; a bunch of keys un trousseau de clés; a whole bunch of things/of people© tout un tas de choses/de gens©.

bundle /ˈbʌndl/ n (of papers, banknotes) liasse f; (of books) paquet m; (of CDs) lot m; (of straw) botte f; bundle of nerves boule de nerfs.

bundled software n ORDINAT ensemble m de logiciels, bundle m.

bung /bʌŋ/ I n (plug) tampon m, bouchon m; (bribe)© pot m de vin. II vtr (stop up) [▶ hole, bottle] boucher.
■ **bung up**©GB (block) [▶ sink, drain] boucher; (raise) [▶ prices, interest rates] augmenter.

bungalow /ˈbʌŋgələʊ/ n pavillon m (sans étage).

bungle /ˈbʌŋgl/ vtr rater©.

bunk /bʌŋk/ n (on boat, train) couchette f; GÉN bunk beds lits mpl superposés.

bunny /ˈbʌnɪ/ n (Jeannot) lapin m.

buoy /bɔɪ/ n GÉN bouée f; (for marking) balise f.

buoyant /ˈbɔɪənt/ adj (cheerful) enjoué; [economy] en expansion.

burden /ˈbɜːdn/ I n fardeau m, poids m. II vtr FIG ennuyer. III v refl to burden oneself with sth se charger de qch.

bureau /ˈbjʊərəʊ, -ˈrəʊᵁˢ/ n (pl **-s** /**-x**) (agency) agence f; (local office) bureau m; *information bureau* bureau de renseignements; (government department)ᵁˢ service m.

bureaucracy /bjʊəˈrɒkrəsɪ/ n bureaucratie f.

burger /ˈbɜːɡə(r)/ n hamburger m.

burglar /ˈbɜːɡlə(r)/ n cambrioleur/-euse m/f.

burglar alarm n sonnerie f d'alarme.

burglary /ˈbɜːɡlərɪ/ n cambriolage m.

burgle /ˈbɜːɡl/ vtr cambrioler.

burial /ˈberɪəl/ n enterrement m.

Burkina Faso /bɜːˈkɪnə ˈfæsəʊ/ pr n Burkina m.

Burma /ˈbɜːmə/ pr n Birmanie f.

Burmese /bɜːˈmiːz/ I n (person) Birman/-e m/f; LING birman m. II adj birman; *Burmese cat* chat m birman.

burn /bɜːn/ I n brûlure f. II vtr, vi (prét, pp **burned** /**burnt**ᴳᴮ) brûler; *burned to the ground/to ashes* réduit en cendres; *to burn one's finger* se brûler le doigt; ORDINAT graver. III v refl *to burn oneself* se brûler.
■ **burn down** brûler complètement, être réduit en cendres.

burner /ˈbɜːnə(r)/ n (on cooker) brûleur m; ORDINAT graveur m.

burning /ˈbɜːnɪŋ/ I n *there's a smell of burning* ça sent le brûlé. II adj (on fire) en flammes, en feu; (alight) allumé; FIG brûlant.

burnt-out adj calciné; FIG surmené.

burpᵒ /bɜːp/ I n rotᵒ m. II vi roterᵒ.

burrow /ˈbʌrəʊ/ I n terrier m. II vtr, vi creuser.

bursar /ˈbɜːsə(r)/ n intendant/-e m/f.

burst /bɜːst/ I n accès m; (of laughter) éclat m; *a burst of applause* un tonnerre d'applaudissements. II vi (prét, pp **burst**) [bubble, tyre] crever; [pipe] éclater.
■ **burst in** faire irruption (dans); **burst into** faire irruption dans; *to burst into flames* s'enflammer; *to burst into tears* fondre en larmes; *to burst into laughter* éclater de rire; **burst out** *to burst out of a room* sortir en trombe; *to burst out laughing* éclater de rire; *to burst out crying* fondre en larmes; (exclaim) s'écrier.

bury /ˈberɪ/ vtr enterrer; (hide) enfouir; *to be buried in a book* être plongé dans un livre.

bus /bʌs/ I n (auto)bus m; (long-distance) (auto)car m; ORDINAT bus m. II in compounds [depot, service, stop, ticket] d'autobus.

bush /bʊʃ/ n buisson m; (in Australia, Africa) *the bush* la brousse f.

bushy /ˈbʊʃɪ/ adj [hair, tail] touffu; [eyebrows] broussailleux/-euse.

business /ˈbɪznɪs/ I n ¢ (commerce) affaires fpl; *to be in business* être dans les affaires; *how's business* comment vont les affaires?; (on shop window) *business as usual* ouvert pendant les travaux; FIG *it is business as usual* c'est comme d'habitude; (company, firm) affaire f, entreprise f; (shop) commerce m, boutique f; *small businesses* les petites entreprises; (tasks) devoirs mpl, occupations fpl; *let's get down to business* passons aux choses sérieuses; (concern) *that's her business* ça la regarde; *it's none of your business!* ça ne te regarde pas!; *mind your own business*ᵒ! occupe-toi/mêle-toi de tes affairesᵒ!; (affair) histoire f, affaire f; *a nasty business* une sale affaire. II in compounds [address, letter, transaction] commercial; [meeting, consortium, people] d'affaires.
● **now we're in business!** maintenant nous sommes prêts!; **he means business!** il ne plaisante pas!

businessman n (pl **-men**) homme m d'affaires.

business manager n directeur/-trice commercial/-e.

business park n parc m d'affaires, parc d'activités.

business plan n projet m commercial, business plan m.

business-to-business adj interentreprise.

business trip n voyage m d'affaires.

businesswoman n (pl **-women**) femme f d'affaires.

bus station n gare f routière.

bust /bʌst/ I n poitrine f, buste m; (arrest) arrestation f. II ᵒ adj (broken) fichuᵒ; *to go bust* faire faillite. III ᵒ vtr (prét, pp **bust** /**busted**) bousillerᵒ.

bustle /ˈbʌsl/ I n affairement m; *hustle and bustle* grande animation. II vi s'affairer.

bustling /ˈbʌslɪŋ/ adj animé.

bust-upᵒ /ˈbʌstʌp/ n engueuladeᵒ f.

busy /ˈbɪzɪ/ adj [person, line] occupé; *that should keep them busy!* cela devrait les occuper!; [shop, road] très fréquenté; [street] animé; [day] chargé.

busybody© *n* he's a real busybody il se mêle de tout.

busy lizzie *n* (flower) impatience *f*.

but /bʌt, bət/ **I** *adv* (only, just) *if I had but known* si seulement j'avais su; *I can but try* je peux toujours essayer. **II** *prep* sauf; *anybody but him* n'importe qui sauf lui; (in negative) *he's nothing but a coward* ce n'est qu'un lâche; *the last but one* l'avant-dernier. **III** *but for* *prep phr* *but for you, I would have died* sans toi je serais mort. **IV** *conj* mais.

butcher /ˈbʊtʃə(r)/ **I** *n* boucher *m*; *butcher's (shop)* boucherie *f*. **II** *vtr* [▸animal] abattre; [▸meat] débiter; FIG massacrer.

butler /ˈbʌtlə(r)/ *n* maître *m* d'hôtel.

butt /bʌt/ *n* (of rifle) crosse *f*; (of cigarette) mégot *m*; (buttocks)©US derrière© *m*.

butter /ˈbʌtə(r)/ **I** *n* beurre *m*. **II** *vtr* beurrer.

buttercup *n* bouton d'or *m*.

butterfly *n* (*pl* **-ies**) papillon *m*.

buttermilk *n* babeurre *m*.

butterscotch *n* caramel *m*.

buttock /ˈbʌtək/ *n* fesse *f*.

button /ˈbʌtn/ **I** *n* bouton *m*; *to do up/undo a button* boutonner/déboutonner un bouton. **II** *vi* [shirt] se boutonner.
■ **button up** boutonner.

buttonhole *n* boutonnière *f*;.

button mushroom *n* (petit) champignon *m* de Paris.

buy /baɪ/ **I** *n* achat *m*, acquisition *f*; *a good/ bad buy* une bonne/mauvaise affaire. **II** *vtr* (*prét, pp* **bought**) acheter; *to buy sth from sb* acheter qch à qn; (believe)© avaler©, croire. **III** *v refl* *to buy oneself sth* s'acheter qch.

buyer /ˈbaɪə(r)/ *n* acheteur/-euse *m/f*.

buzz /bʌz/ **I** *n* (of insect, conversation) bourdonnement *m*; FIG *to give sb a buzz*© passer un coup de fil© à qn. **II** *vtr* *to buzz*© *sb* appeler qn au bip, biper qn. **III** *vi* [bee, fly] bourdonner; [buzzer] sonner.
■ **buzz off**© s'en aller; **buzz off!** dégage©!

buzzard /ˈbʌzəd/ *n* buse *f*.

buzzer /ˈbʌzə(r)/ *n* sonnerie *f*.

by /baɪ/ **I** *prep* (showing agent, result) par; *designed by an architect* conçu par un architecte; *who is it by?* c'est de qui?; *he did it all by himself* il l'a fait tout seul; (through the means of) *by bicycle* à vélo; *by sight* de vue; *by the hand* par la main; (according to) à, selon; *by my watch it is...* à ma montre, il est...; *it's all right by me* ça me va; *to play by the rules* jouer selon les règles; (via, passing through) (en passant) par; *by the back door* par la porte de derrière; (near, beside) à côté de, près de; *by the bed* à côté du lit; (past) *to go/pass by sb* passer devant qn; (showing authorship) de; (before) avant; *by next Thursday* avant jeudi prochain; *he ought to be here by now* il devrait être déjà là; (during) *by night* de nuit; (degree) *prices have risen by 20%* les prix ont augmenté de 20%; *by far* de loin; (measurements) *a room 5 m by 4 m* une pièce de 5 m sur 4; (rate) *to be paid by the hour* être payé à l'heure; *by the dozen* à la douzaine; *little by little* peu à peu; *day by day* jour après jour. **II** *adv* (past) *to go by* passer; *as time goes by* avec le temps; (near) *close by* tout près; *come by for a drink* passe prendre un verre.
● **by and by** bientôt, en peu de temps; **by the by** à propos.

bye© /baɪ/, **bye-bye**© *excl* au revoir!

by(e)-electionGB /ˈbaɪɪlekʃn/ *n* élection *f* partielle.

Byelorussia /bjeləʊˈrʊʃə/ *pr n* Biélorussie *f*.

bygone /ˈbaɪgɒn/ *adj* d'antan.
● **to let bygones be bygones** enterrer le passé.

bylaw /ˈbaɪlɔː/ *n* (of local authority) arrêté *m* municipal.

bypass /ˈbaɪpɑːs/ **I** *n* AUT rocade *f*; MÉD pontage *m*. **II** *vtr* [▸city] contourner; [▸issue, question] éviter.

by-product *n* BIOL, IND dérivé *m*; FIG effet *m* secondaire.

bystander *n* passant *m*.

byte /baɪt/ *n* ORDINAT octet *m*.

C

c /si:/ n c m; (abrév écrite = **century**) *19th c*, XIXᵉ siècle; **c** (abrév écrite = **circa**) *c1890* vers 1890; **c** (abrév écrite = **cent(s)**US).

C /si:/ n MUS do m, ut m; **C** (abrév = **centigrade**).

cab /kæb/ n taxi m; (for driver) cabine f.

cabbage /ˈkæbɪdʒ/ n chou m.

cabin /ˈkæbɪn/ n cabane f; (in holiday camp) chalet m; NAUT, AVIAT cabine f.

cabinet /ˈkæbɪnɪt/ n petit placard m; (glass-fronted) vitrine f; POLGB cabinet m; *cabinet meeting* Conseil des ministres.

cabinetmaker n ébéniste m.

cabinet ministerGB n ministre m.

cable /ˈkeɪbl/ I n câble m. II vtr câbler.

cable car n téléphérique m.

cable television n télévision f par câble.

cacao n cacao m; *cacao tree* cacaoyer m, cacaotier m.

cackle /ˈkækl/ vi (hen) caqueter; (person) ricaner.

cactus /ˈkæktəs/ n (pl **-ti**) cactus m.

cadet /kəˈdet/ n MIL élève mf officier.

café /ˈkæfeɪ/ n café m (ne vendant pas de boissons alcoolisées); *pavement café*GB, *sidewalk café*US café.

caffein, caffeine /ˈkæfiːn/ n caféine f; *caffein(e)-free* décaféiné.

cage /keɪdʒ/ I n cage f. II vtr mettre [qch] en cage.

cagey⊕, **cagy**⊕ /ˈkeɪdʒɪ/ adj astucieux/-ieuse; *to be cagey about doing* hésiter à faire.

cagouleGB /kəˈguːl/ n K-way® m.

cake /keɪk/ n gâteau m; *a cake of soap* un savon.
• **it's a piece of cake**⊕ c'est du gâteau⊕; **you can't have your cake and eat it** on ne peut pas avoir le beurre et l'argent du beurre.

calculate /ˈkælkjʊleɪt/ vtr calculer; (estimate) évaluer.

calculated /ˈkælkjʊleɪtɪd/ adj [crime] prémédité; [attempt] délibéré; [risk] calculé.

calculation /ˌkælkjʊˈleɪʃn/ n calcul m.

calculator /ˈkælkjʊleɪtə(r)/ n calculatrice f, calculette f.

calendar /ˈkælɪndə(r)/ n calendrier m; *calendar year* année civile.

calf /kɑːf, kæf US/ n (pl **calves**) veau m; (elephant) éléphanteau m; (of leg) mollet m.

call /kɔːl/ I n appel m; *call for help* appel à l'aide; *to make a call* téléphoner; *to give sb a call* appeler qn; (visit) visite f; *to make/pay a call* rendre visite; *to be on call* être de garde. II vtr [▸number, lift] appeler; [▸flight] annoncer; [▸meeting] convoquer; *to call sb sth* traiter qn de qch. III vi appeler; *who's calling?* qui est à l'appareil?; *call me on my mobile* appelle-moi sur mon portable.
■ **call back** (on phone) rappeler; (visit) repasser; **call by**GB passer; **call for** appeler; (demand) demander; (require) exiger; *this calls for a celebration!* ça se fête!; **call in** [▸client, patient] faire entrer; [▸expert] faire appel à; **call off** annuler; **call on** passer voir; (appeal to) s'adresser à; [▸services] avoir recours à; **call out** appeler; **call round** (visit) venir; **call up** (on phone) appeler; [▸soldier] appeler [qn] sous les drapeaux.

callbox n cabine f téléphonique.

call centreGB, **call center**US centre m d'appel.

caller display n TÉLÉCOM présentation f du numéro.

call waiting n TÉLÉCOM signal m d'appel.

caller /ˈkɔːlə(r)/ n TÉLÉCOM correspondant m/f; (visitor) visiteur/-euse m/f.

call-up n appel m; (of reservists) rappel m.

calm /kɑːm, kɑːlm US/ I n tranquillité f, calme m. II adj calme; *keep calm!* du calme! III vtr calmer.
■ **calm down** se calmer *calm down [sth/sb]* calmer.

calorie /ˈkælərɪ/ n calorie f; *low-calorie diet* régime (à) basses calories.

calves /kɑːvz/ npl ▸ **calf**.

Cambodia /kæmˈbəʊdɪə/ pr n Cambodge m.

camcorder /ˈkæmkɔːdə(r)/ n caméscope® m.

came /keɪm/ prét ▸ **come**.

camel /ˈkæml/ n chameau/chamelle m/f.

capability

camellia /kəˈmiːlɪə/ n camélia m.

camera /ˈkæmərə/ n PHOT appareil m photo; CIN, TV caméra f.

cameraman /ˈkæmrəmæn/ n (pl **-men**) cadreur m, caméraman m.

camera phone n téléphone m portable avec appareil photo numérique.

Cameroon /ˌkæməˈruːn/ pr n Cameroun m.

camp /kæmp/ **I** n camp m; (of nomads) campement m. **II** vi camper; **to go camping** faire du camping.
■ **camp out** camper.

campaign /kæmˈpeɪn/ **I** n campagne f. **II** vi faire campagne.

camper /ˈkæmpə(r)/ n campeur/-euse m/f; (car) camping-car m.

camping /ˈkæmpɪŋ/ n camping m; **to go camping** faire du camping.

campsite n (terrain de) camping m.

campus /ˈkæmpəs/ n (pl **-es** /ˈkæmpəsɪz/) campus m.

can¹ /kæn/ modal aux (prét, conditional **could**; nég au prés **cannot**, **can't**) pouvoir; **we can rent a house** nous pouvons louer une maison; **you can't have forgotten!** tu ne peux pas avoir oublié!; **it could be that…** il se peut que… (+ subj); **could be**© peut-être; **could I interrupt?** puis-je vous interrompre?; **can I leave a message?** est-ce que je peux laisser un message?; **we could try** nous pourrions essayer; **who could it be?** qui est-ce que ça peut bien être?; **can he swim?** est-ce qu'il sait nager?; **can you see it?** est-ce que tu le vois?
● **as happy as can be** très heureux.

can² /kæn/ **I** n (of food) boîte f; (of drink) cannette f; (for petrol) bidon m. **II** canned pp adj [food] en boîte; [laughter]© enregistré.

Canada /ˈkænədə/ pr n Canada m.

Canadian /kəˈneɪdɪən/ **I** n Canadien/-ienne m/f. **II** adj canadien/-ienne.

canal /kəˈnæl/ n (waterway) canal m.

canary /kəˈneərɪ/ n canari m, serin m.

cancel /ˈkænsl/ (p prés etc **-ll-**, **-l-**US) vtr [▸meeting, trip] annuler; [▸contract] résilier; [▸cheque] faire opposition à; [▸stamp] oblitérer.

cancellation /ˌkænsəˈleɪʃn/ n annulation f; (of contract) résiliation f.

cancer /ˈkænsə(r)/ n cancer m; **to have cancer** avoir un cancer.

Cancer /ˈkænsə(r)/ n (in zodiac) Cancer m; GÉOG **tropic of Cancer** tropique du Cancer.

candid /ˈkændɪd/ adj franc/franche; **candid camera** caméra invisible.

candidate /ˈkændɪdət, -deɪt US/ n candidat/-e m/f.

candied /ˈkændɪd/ adj [fruit] confit.

candle /ˈkændl/ n bougie f; (in church) cierge m.

candlelight /ˈkændllaɪt/ n **by candlelight** [read] à la lueur d'une bougie; [dine] aux chandelles.

candyUS /ˈkændɪ/ n ¢ bonbon(s) m(pl).

candy flossGB n barbe f à papa.

candy storeUS n confiserie f (souvent avec bureau de tabac).

cane /keɪn/ n (in general) rotin m; (of sugar, bamboo) canne f; (for walking) canne f.

canister /ˈkænɪstə(r)/ n boîte f métallique.

cannabis /ˈkænəbɪs/ n cannabis m.

cannon /ˈkænən/ n (pl inv or **cannons**) canon m.

cannonball /ˈkænənbɑːl/ n boulet m de canon.

cannon fodder n chair f à canon.

cannot /ˈkænɒt/ ▶ **can¹**.

canny /ˈkænɪ/ adj futé, malin/-igne.

canoe /kəˈnuː/ n canoë m; (African) pirogue f; SPORT canoë-kayak m.

canoeing /kəˈnuːɪŋ/ n **to go canoeing** faire du canoë-kayak.

can-opener n ouvre-boîtes m inv.

can't /kɑːnt/ = **cannot**.

canteenGB /kænˈtiːn/ n cantine f.

canvas /ˈkænvəs/ n toile f.

canvass /ˈkænvəs/ vtr POL **to canvass voters** faire du démarchage électoral ; **to canvass for votes** solliciter les voix des électeurs; **to canvass opinion** sonder l'opinion.

cap /kæp/ n casquette f; (of nurse) coiffe f; (of pen, valve) capuchon m; (of bottle) capsule f.
● **to cap it all** pour couronner le tout.

capable /ˈkeɪpəbl/ adj capable; **to be capable of doing** être capable de faire.

capability /ˌkeɪpəˈbɪlətɪ/ n (of intellect, machine) capacité f (**to do** de faire); (aptitude) aptitude f (**to** à); **within/outside my capabilities** dans/au-dessus de mes moyens.

capacity /kə'pæsətɪ/ n capacité f; (of box, bottle) contenance f; (role) *in my capacity as a doctor* en ma qualité de médecin.

cape /keɪp/ n cape f; (for child, policeman) pèlerine f; GÉOG promontoire m, cap m.

Cape Verde Islands /keɪp'vɜːrdɪaɪlənd/ pr n Cap-Vert m.

caper /'keɪpə(r)/ n câpre f.

capital /'kæpɪtl/ **I** n (letter) majuscule f, capitale f; (wealth) ₵ capital m; (funds) capitaux mpl, capital m. **II** adj [offence, punishment, subject] capital; [letter] majuscule.

capitalist /'kæpɪtəlɪst/ n, adj capitaliste.

Capricorn /'kæprɪkɔːn/ n (in zodiac) Capricorne m; GÉOG *tropic of Capricorn* tropique m du Capricorne.

capsize /kæp'saɪz, 'kæpsaɪzUS/ **I** vtr faire chavirer. **II** vi chavirer.

captain /'kæptɪn/ **I** n capitaine m. **II** vtr [▸team] être le capitaine de.

caption /'kæpʃn/ n (under photo) légende f; TV, CIN sous-titre m.

captivate /'kæptɪveɪt/ vtr fasciner.

captive /'kæptɪv/ n captif/-ive m/f.

capture /'kæptʃə(r)/ **I** n capture f. **II** vtr prendre; [▸beauty] rendre; ORDINAT saisir.

car /kɑː(r)/ **I** n voiture f; RAIL wagon m. **II** in compounds [industry] automobile; [journey] en voiture; [accident] de voiture.

caravan /'kærəvæn/ n caravane f; (for circus) roulotte f.

carbonated /'kɑːbəneɪtɪd/ adj [drink] gazéifié.

car boot saleGB n brocante f (d'objets apportés dans le coffre de sa voiture).

card /kɑːd/ n carte f; *to play cards* jouer aux cartes; (for indexing) fiche f.

cardboard /'kɑːdbɔːd/ n carton m.

cardigan /'kɑːdɪgən/ n cardigan m, gilet m.

cardinal /'kɑːdɪnl/ **I** n cardinal m. **II** adj [sin] capital; [principle] fondamental; [number, point] cardinal.

card key n carte f magnétique.

cardphoneGB n téléphone m à carte.

card swipe n lecteur m de carte magnétique.

care /keə(r)/ **I** n (attention) attention f, soin m; *to take care to do* prendre soin de faire; *to take care not to do* faire attention de ne pas faire; *handle with care* fragile; (looking after) (of person, animal) soins mpl; (of car, plant, clothes) entretien m; *to take care of* [▸child, garden, details] s'occuper de; [▸patient] soigner; [▸car] prendre soin de; *to take care of oneself* se débrouiller tout seul; *take care!* fais attention!; *care of Mrs. Smith* (on letter) chez Mme Smith. **II** vtr (want) *would you care to sit down?* voulez-vous vous asseoir? **III** vi *he really cares* il prend ça à cœur; *I don't care!* ça m'est égal!; *I couldn't care less!* ça m'est complètement égal!; *he doesn't care a fig/a damn*© il s'en fiche© complètement; *who cares?* qu'est-ce que ça peut faire?

■ **care about** s'intéresser à; *to care about sb* aimer qn; **care for** (like) aimer; *I don't care for chocolate* je n'aime pas le chocolat; *would you care for a drink?* voulez-vous boire quelque chose?; [▸skin, plant] prendre soin de; [▸child, animal] s'occuper de; [▸patient] soigner.

career /kə'rɪə(r)/ n carrière f.

carefree /'keəfriː/ adj insouciant.

careful /'keəfl/ adj [person] prudent; [planning] minutieux/-ieuse; [research] méticuleux/-euse; *to be careful* faire attention.

carefully /'keəfəlɪ/ adv [walk, drive] prudemment; *drive carefully!* soyez prudent!; [write, organize, wash] avec soin; [listen, read, look] attentivement; *listen carefully!* écoutez bien!

careless /'keəlɪs/ adj [person] négligent, imprudent; [work] bâclé; [writing] négligé; *careless mistake* faute d'inattention; *to be careless about sth/about doing* négliger qch/de faire.

caress /kə'res/ **I** n caresse f. **II** vtr caresser.

caretakerGB /'keəteɪkə(r)/ n gardien/-ienne m/f, concierge mf.

car ferry n ferry m.

cargo /'kɑːgəʊ/ n (pl **cargoes/cargos**) cargaison f, chargement m.

Caribbean /kærɪ'biːən/ **I** n (sea) mer f des Antilles; (person) habitant/-e m/f des Caraïbes. **II** adj [▸climate, cooking] des Caraïbes; [▸carnival] des Antilles.

caring /'keərɪŋ/ adj [person] affectueux/-euse; [attitude] compréhensif/-ive; [society] humain.

carnation /kɑː'neɪʃn/ n œillet m.

carnivalGB /'kɑːnɪvl/ n carnaval m.

carol /ˈkærəl/ n chant m de Noël.

carp /kɑːp/ n carpe f.

car parkGB n parc m de stationnement.

carpenter /ˈkɑːpəntə(r)/ n (joiner) menuisier m; (on building site) charpentier m.

carpentry /ˈkɑːpəntrɪ/ n menuiserie f.

carpet /ˈkɑːpɪt/ n (fitted) moquette f; (loose) tapis m.

● **to brush/sweep sth under the carpet** enterrer/étouffer qch.

carriage /ˈkærɪdʒ/ n (ceremonial) carrosse m; (of train)GB wagon m; ₵ (of goods, passengers)GB transport m; **carriage free** port m gratuit.

carrier /ˈkærɪə(r)/ n transporteur m; (airline) compagnie f aérienne; GB sac m (en plastique).

carrot /ˈkærət/ n carotte f.

carry /ˈkærɪ/ I vtr [▸ bag, load, message] porter; **to carry cash** avoir de l'argent sur soi; [vehicle] transporter; [wind, current] emporter; (contain) comporter; (bear) supporter; **to carry a child** attendre un enfant; COMM avoir; **we carry a wide range of** nous offrons un grand choix de. II vi [sound] porter.
■ **carry off** emporter; [▸ prize, medal] remporter; **carry on** continuer; **to carry on with sth** continuer qch; [▸ correspondence] entretenir; [▸ tradition] maintenir; [▸ activity] poursuivre; **carry out** [▸ experiment, reform, repairs] effectuer; [▸ plan, orders] exécuter; [▸ investigation, campaign] mener; [▸ mission] accomplir; [▸ duties] remplir; [▸ promise] tenir; **carry through** [▸ reform, policy, task] mener [qch] à bien.

car sharing n covoiturage m.

cart /kɑːt/ I n charrette f; (in supermarket)US chariot m. II ⊕ vtr trimballer⊕.

carton /ˈkɑːtn/ n (small) boîte f; (of yoghurt, cream) pot m; (of juice, milk, ice cream) carton m; (of cigarettes) cartouche f.

cartoon /kɑːˈtuːn/ n CIN dessin m animé; (drawing) dessin m humoristique; (in comic) bande f dessinée.

cartridge /ˈkɑːtrɪdʒ/ n cartouche f.

carve /kɑːv/ I vtr tailler, sculpter; **to carve sth into** tailler qch en forme de; [▸ initials, name] graver; CULIN découper. II vi découper.

carving /ˈkɑːvɪŋ/ n sculpture f; **carving knife** couteau à découper.

car wash n lavage m automatique.

case¹ /keɪs/ I n GÉN cas m; JUR (trial) affaire f, procès m. II **in any case** adv phr en tout cas, de toute façon. III **in case** conj phr au cas où (+ conditional); **in case it rains** au cas où il pleuvrait; **take the map just in case** prends le plan au cas où. IV **in case of** prep phr en cas de.

case² /keɪs/ n (suitcase) valise f; (crate, chest) caisse f; (for spectacles) étui m; (for jewels) écrin m.

cash /kæʃ/ I n (money in general) argent m; (notes and coin) argent m liquide; **to pay in cash** payer en espèces; (immediate payment) comptant m. II in compounds [transaction] au comptant; [deposit] d'espèces. III vtr [▸ cheque] encaisser.

cash-and-carry n libre-service m de vente en gros.

cash-back /ˈkæʃbæk/ n (in shops) retrait m d'argent; **would you like cash-back?** voulez-vous retirer de l'argent ?

cash desk n caisse f.

cash dispenser n distributeur m automatique de billets de banque, billetterie f.

cashew /ˈkæʃuː/ n BOT cajou m.

cashier /kæˈʃɪə(r)/ n caissier/-ière m/f.

cash limit n limite f budgétaire.

cash on delivery, **COD** n paiement m à la livraison.

cashpoint n ▸ **cash dispenser**.

casino /kəˈsiːnəʊ/ n casino m.

cask /kɑːsk/ n fût m, tonneau m.

cassava /kəˈsɑːvə/ n manioc m.

casserole /ˈkæsərəʊl/ n (container) cocotte f; (food)GB ragoût m.

cassette /kəˈset/ n cassette f.

cassette player n magnétophone m.

cast /kɑːst, kæst US/ I n (list of actors) distribution f; (actors) acteurs mpl; (in play, novel) **cast of characters** liste des personnages; MÉD plâtre m; (moulded object) moulage m. II vtr (prét, pp **cast**) jeter, lancer; **to cast a spell on** jeter un sort à; [▸ light, shadow] projeter; **to cast one's mind back over sth** se remémorer qch; CIN, THÉÂT, TV distribuer les rôles de; [▸ leaves, feathers] se dépouiller de; ART [▸ bronze] couler; POL **to cast one's vote** voter.
■ **cast off** [▸ chains] se libérer de.

castanets /kæstəˈnets/ npl castagnettes fpl.

caster sugar^{GB} n sucre m semoule.

casting /ˈkɑːstɪŋ, ˈkæst-^{US}/ n distribution f.

casting vote n voix f prépondérante.

cast iron n fonte f.

castle /ˈkɑːsl, ˈkæsl^{US}/ n château m.

castor oil n huile f de ricin.

casual /ˈkæʒʊəl/ **I** adj (informal) décontracté; [acquaintance] de passage; [remark, assumption] désinvolte; [glance, onlooker] superficiel/-elle; [encounter] fortuit; [worker, labour] temporaire. **II** n (temporary worker) travailleur/-euse m/f temporaire; (occasional worker) travailleur/-euse occasionnel/-elle. **III casuals** npl (clothes) vêtements mpl sport; (shoes) chaussures fpl sport.

casually /ˈkæʒʊəlɪ/ adv [inquire, remark] d'un air détaché; [stroll, greet] nonchalamment; [glance] superficiellement; [dressed] simplement; [employed] temporairement.

casualty /ˈkæʒʊəltɪ/ **I** n (person) victime f; (part of hospital)^{GB} (service des) urgences. **II casualties** npl (soldiers) pertes fpl; (civilians) victimes fpl.

cat /kæt/ n chat, chatte m/f.
• **to fight like cat and dog** se battre comme des chiffonniers; **to let the cat out of the bag** vendre la mèche; **to look like something the cat brought in** être en piteux état; **when the cat's away, the mice will play** quand le chat n'est pas là, les souris dansent; **to rain cats and dogs** pleuvoir des cordes.

catalogue, catalog^{US} /ˈkætəlɒg, -lɔːg^{US}/ **I** n catalogue m. **II** vtr cataloguer.

cataract /ˈkætərækt/ n GÉN cataracte f.

catastrophe /kəˈtæstrəfɪ/ n catastrophe f.

catastrophically /kætəˈstrɒfɪklɪ/ adv [fail] de façon catastrophique.

catch /kætʃ/ **I** n (on window, door) fermeture f; (drawback) piège m; (fish) pêche f. **II** vtr (prét, pp **caught**) attraper; **to be/get caught** se faire prendre; **we got caught in the rain** nous avons été surpris par la pluie; (hear) saisir, comprendre; (see) surprendre; **to catch one's breath** retenir son souffle; **to catch fire/light** prendre feu.
• **you'll catch it**©! tu vas en prendre une©!
■ **catch on** (become popular) devenir populaire; (understand) comprendre, saisir; **catch out**^{GB} **catch [sb] out**; (surprise) prendre [qn] de court; (trick) attraper, jouer un tour à;

catch up to catch up on/with rattraper; **to get caught up in** se laisser prendre par.

catch-22 situation n situation f inextricable.

catching /ˈkætʃɪŋ/ adj contagieux/-ieuse.

catchment area ADMIN secteur m scolaire.

catchphrase /ˈkætʃfreɪz/ n formule f favorite, rengaine f.

catchy /ˈkætʃɪ/ adj entraînant.

categorical, categoric /kætəˈgɒrɪkl, kætəˈgɒrɪk/ catégorique.

categorize /ˈkætəgəraɪz/ vtr classer.

category /ˈkætəgərɪ, -gɔːrɪ^{US}/ n catégorie f.

cater /ˈkeɪtə(r)/ vi organiser des réceptions; **to cater for**^{GB}/**to**^{US} (accommodate) accueillir; [newspaper, programme] s'adresser à; **to cater to** [▸taste] satisfaire.

caterer /ˈkeɪtərə(r)/ n traiteur m.

Caterpillar® /ˈkætəpɪlə(r)/ n engin m à chenilles.

caterpillar /ˈkætəpɪlə(r)/ n chenille f.

cat food n aliments mpl pour chats.

cathedral /kəˈθiːdrəl/ n cathédrale f.

Catholic /ˈkæθəlɪk/ n, adj catholique (mf).

catkin /ˈkætkɪn/ n (flower) chaton m.

catnap /ˈkætnæp/ **I** n somme m. **II** vi (p prés etc **-pp-**) faire un somme, sommeiller.

catsup /ˈkætsəp/ n ketchup m.

cattle /ˈkætl/ n (pl) bovins mpl.

catwalk /ˈkætwɔːk/ n passerelle f; (at fashion show) podium m.

caucus /ˈkɔːkəs/ n (pl **-es**) réunion f des instances dirigeantes.

caught /kɔːt/ prét, pp ▶ **catch**.

cauliflower /ˈkɒlɪflaʊə(r), ˈkɔːlɪ-^{US}/ n choufleur m.

cause /kɔːz/ **I** n cause f, raison f; **to have cause to do** avoir des raisons de faire; **with good cause** à juste titre; **without good cause** sans motif valable. **II** vtr causer, occasionner; **to cause sb problems** causer des problèmes à qn; **to cause sb to leave** faire partir qn.

causeway /ˈkɔːzweɪ/ n chaussée f (vers une île).

caustic /ˈkɔːstɪk/ adj caustique.

caution /ˈkɔːʃn/ **I** n prudence f; *a word of caution* un petit conseil; *'Caution! Drive slowly!'* « Attention! Conduire lentement! ». **II** vtr avertir; *to caution sb against/about* mettre qn en garde contre; JUR [policeman] informer (qn) de ses droits.
● **to throw caution to the wind(s)** oublier toute prudence.

cautious /ˈkɔːʃəs/ adj prudent; *to be cautious about doing* ne pas aimer faire.

cautiously /ˈkɔːʃəslɪ/ adv prudemment.

cavalry /ˈkævlrɪ/ n cavalerie f.

cave /keɪv/ n grotte f.
■ **cave in** s'effondrer.

caveat /ˈkævɪæt, ˈkeɪvɪætUS/ n mise f en garde.

cave painting n peinture f rupestre.

cavern /ˈkævən/ n caverne f.

cayman /ˈkeɪmən/ n caïman m.

CB (abrév = **Citizens' Band**) n bande f CB.

cc (abrév = **cubic centimetreGB**) n cm³.

CCTV /siːsiːtiːviː/ (abrév = **closed-circuit television**) n vidéosurveillance f.

CD n (abrév = **compact discGB/diskUS**) (disque) compact m, CD m.

CD burner n ORDINAT graveur m de CD.

CDI n (abrév = **compact discGB interactive**) CD-I m, disque m compact interactif.

CD player, **CD system** n platine f laser.

CD-ROM /siːdiːˈrɒm/ n CD-ROM m, cédérom m.

cease /siːs/ vtr, vi cesser.
● **wonders will never cease** comme quoi, il ne faut jamais désespérer.

cease-fire /ˈsiːsfaɪə(r)/ n cessez-le-feu m inv.

ceaseless /ˈsiːslɪs/ adj incessant.

cedar /ˈsiːdə(r)/ n cèdre m.

ceiling /ˈsiːlɪŋ/ n plafond m.
● **to hit the ceiling**US sortir de ses gonds.

ceiling price n COMM prix m plafond.

ceiling rate n GÉN taux m plafond; (of currency) cours m maximum.

celebrate /ˈselɪbreɪt/ **I** vtr [▸occasion] fêter; [▸rite] célébrer. **II** vi faire la fête; *let's celebrate!* il faut fêter ça!

celebration /selɪˈbreɪʃn/ n célébration f; (party) fête f.

celebrity /sɪˈlebrətɪ/ n célébrité f.

celeriac /sɪˈlerɪæk/ n céleri-rave m.

celery /ˈselərɪ/ n céleri(-branche) m.

cell /sel/ n cellule f; ÉLEC élément m.

cellar /ˈselə(r)/ n cave f.

cellist /ˈtʃelɪst/ n violoncelliste mf.

cello /ˈtʃeləʊ/ n violoncelle m.

cell phone /ˈselfəʊn/ n téléphone m portable.

cement /sɪˈment/ n ciment m.

cemetery /ˈsemətrɪ, -terɪUS/ n cimetière m.

censor /ˈsensə(r)/ **I** n censeur m. **II** vtr censurer.

censorship /ˈsensɪʃɪp/ n censure f.

census /ˈsensəs/ n recensement m.

cent /sent/ n cent m; *I haven't got a cent* je n'ai pas un sou.

centenary /senˈtiːnərɪ/ n centenaire m.

centennialUS /senˈtenɪəl/ n centenaire m.

centerUS n ▶ **centre**.

centigrade /ˈsentɪgreɪd/ adj *in degrees centigrade* en degrés Celsius.

centilitreGB, **centiliter**US /ˈsentɪliːtə(r)/ n centilitre m.

centimetreGB, **centimeter**US /ˈsentɪmiːtə(r)/ n centimètre m.

central /ˈsentrəl/ adj central; *central London* le centre de Londres.

central heating n chauffage m central.

central office n (of company) siège m (social).

centreGB, **center**US /ˈsentə(r)/ **I** n GÉN centre m; *business centre* quartier des affaires; *shopping/sports/leisure centre* centre commercial/sportif/de loisirs. **II** vtr, vi centrer.
■ **centre**GB **around**, **centre**GB **on** se concentrer sur.

century /ˈsentʃərɪ/ n siècle m; *half a century* un demi-siècle.

cereal /ˈsɪərɪəl/ n céréale f; *breakfast cereal* céréales pour le petit déjeuner.

ceremony /ˈserɪmənɪ, -məʊnɪUS/ n cérémonie f; *to stand on ceremony* faire des cérémonies.

certain /ˈsɜːtn/ **I** pron certains. **II** adj certain, sûr; *I'm certain of it/that* j'en suis certain/sûr; *to make certain of* s'assurer de; *to make certain to do* faire bien attention de faire; *to make certain that* vérifier que;

I can't say for certain je ne sais pas au juste; *certain people* certains; *to a certain extent/degree* dans une certaine mesure.

certainly /ˈsɜːtnlɪ/ *adv* certainement; *certainly not!* certainement pas!; *he certainly succeeded* IRON c'est sûr qu'il a réussi.

certainty /ˈsɜːtntɪ/ *n* certitude *f*.

certificate /səˈtɪfɪkət/ *n* certificat *m*; (more advanced) diplôme *m*; (of birth) acte *m*.

certify /ˈsɜːtɪfaɪ/ **I** *vtr* certifier, constater; (authenticate) authentifier. **II certified** *pp adj* qualifié.

Chad /tʃæd/ *pr n* Tchad *m*.

chador /ˈtʃædə(r)/ *n* tchador *m*.

chaffinch /ˈtʃæfɪntʃ/ *n* pinson *m*.

chain /tʃeɪn/ **I** *n* GÉN chaîne *f*; (of ideas) enchaînement *m*; (of events) série *f*. **II** *vtr* enchaîner; *to chain sth to sth* attacher qch à qch avec une chaîne.

chain-smoke /ˈtʃeɪnsməʊk/ *vi* fumer comme un pompier©, fumer sans arrêt.

chain store *n* magasin *m* (*qui fait partie d'une chaîne*).

chair /tʃeə(r)/ **I** *n* chaise *f*; (upholstered) fauteuil *m*; (person) président/-e *m/f*; (professorship) chaire *f*. **II** *vtr* [▸ meeting] présider.

chairman *n* président/-e *m/f*; *Madam Chairman* madame la Présidente.

chairperson *n* président/-e *m/f*.

chairwoman *n* présidente *f*.

chalk /tʃɔːk/ **I** *n* craie *f*; *a piece of chalk* un bâton de craie. **II** *vtr* écrire [qch] à la craie.

● **white as chalk** blanc comme un linge.

challenge /ˈtʃælɪndʒ/ **I** *n* (provocation) défi *m*; *to issue a challenge* lancer un défi; (difficulty) épreuve *f*; *to face a challenge* affronter une épreuve; SPORT attaque *f*. **II** *vtr to challenge sb to do sth* défier qn de faire qch; [▸ statement, authority] contester.

challenging /ˈtʃælɪndʒɪŋ/ *adj* stimulant; *a challenging work* un travail difficile mais motivant.

chamberGB /ˈtʃeɪmbə(r)/ *n* chambre *f*; *council chamber* salle de réunion; *the upper/lower chamber*GB POL la Chambre des lords/des communes.

chameleon /kəˈmiːlɪən/ *n* caméléon *m*.

champion /ˈtʃæmpɪən/ **I** *n* champion/-ionne *m/f*. **II** *vtr* se faire le champion de.

championship /ˈtʃæmpɪənʃɪp/ *n* championnat *m*.

chance /tʃɑːns, tʃænsUS/ **I** *n* (opportunity) occasion *f*; *to have/get the chance to do* avoir l'occasion de faire; (possibility) chance *f*; *the chances are that* il y a de grandes chances que; (luck) hasard *m*; *by (any) chance* par hasard; (risk) risque *m*. **II** *in compounds* [encounter, occurrence] fortuit; [discovery] accidentel/-elle. **III** *vtr* (risk) *to chance doing* courir le risque de faire; (happen to do) *I chanced to see it* je l'ai vu par hasard.

● **no chance**©! pas question©!

chancellor /ˈtʃɑːnsələ(r), ˈtʃæns-US/ *n* (head of government) chancelier/-ière *m/f*; UNIV ≈ président honoraire.

Chancellor of the ExchequerGB *n* POL Chancelier *m* de l'Échiquier (≈ ministre des finances).

change /tʃeɪndʒ/ **I** *n* changement *m*; *to make a change in sth* changer qch; *for a change* pour changer; (adjustment) modification *f*; (cash) monnaie *f*; *small change* petite monnaie; (on machine) *no change given* ne rend pas la monnaie; *exact change please* faites l'appoint, s'il vous plaît. **II** *vtr* changer; *to change X into Y* transformer X en Y; *to change one's mind* changer d'avis; *to change sb's mind* faire changer qn d'avis; (vary) modifier; (exchange, switch) GÉN changer de; (in shop) échanger; [▸ currency] changer. **III** *vi* changer; [wind] tourner.

changing room *n* SPORT vestiaire *m*; (fitting room*US*) cabine *f* d'essayage.

channel /ˈtʃænl/ **I** *n* canal *m*; (navigable water) chenal *m*; FIG *legal channels* voie légale; TV chaîne *f*; *to change channels* changer de chaîne. **II** *vtr* (*p prés etc* **-ll-, -l-**US) canaliser; *to flick channels*© zapper.

Channel /ˈtʃænl/ *pr n the Channel* la Manche.

channel-hop /ˈtʃænlhɒp/ *vi* (*p prés etc* **-pp-**) zapper.

Channel Tunnel *n* tunnel *m* sous la Manche.

chant /tʃɑːnt, tʃæntUS/ **I** *n* hymne *m*. **II** *vtr, vi* [▸ slogan] scander; [▸ psalm] chanter.

chaos /ˈkeɪɒs/ *n* chaos *m*; (on roads, at work) pagaille© *f*; (political) désordre *m*.

chaotic /keɪˈɒtɪk/ *adj* désordonné; *it's absolutely chaotic*© c'est la pagaille©.

chap©GB /tʃæp/ *n* type© *m*; *old chap* mon vieux.

chapel /tʃæpl/ *n* chapelle *f*.

chaplain /tʃæplɪn/ *n* aumônier *m*.

chapter /tʃæptə(r)/ *n* chapitre *m*.

char /tʃɑː(r)/ **I** ©GB *n* femme *f* de ménage. **II** *vtr* (*p prés etc* **-rr-**)©GB (clean) faire des ménages.

character /kærəktə(r)/ *n* caractère *m*; (in book) personnage *m*; (person) individu *m*.

character reference *n* références *fpl*.

characteristic /kærəktəˈrɪstɪk/ **I** *n* (of person) trait *m* de caractère; (of place, work) caractéristique *f*. **II** *adj* caractéristique.

characterize /kærəktəraɪz/ *vtr* *to be characterized by* se caractériser par.

charcoal /tʃɑːkəʊl/ *n* charbon *m* de bois; ART fusain *m*.

charge /tʃɑːdʒ/ **I** *n* (fee) frais *mpl*; *free of charge* gratuitement; *at no extra charge* sans supplément; JUR accusation *f*; *to drop (the) charges* abandonner les poursuites; MIL charge *f*; (control) *in charge* responsable. **II** *vtr* COMM faire payer; *how much do you charge?* vous prenez combien?; (pay on account) *to charge sth to* [▸account] mettre qch sur; (accuse) accuser; (run) se précipiter; ÉLEC charger. **III** *vi* *charge!* à l'attaque!

charge card *n* (credit card) carte *f* de crédit; (store card) carte *f* de paiement.

charitable /tʃærɪtəbl/ *adj* charitable; [organization] caritatif/-ive.

charitable trust *n* FIN fondation *f* d'utilité publique.

charity /tʃærətɪ/ **I** *n* charité *f*; *out of charity* par charité; (individual organization) organisation *f* caritative; *to give to charity* donner à des œuvres de bienfaisance; *to refuse charity* refuser l'aumône *f*. **II** *in compounds* [sale, event] au profit d'œuvres de bienfaisance.

charity shop *n* magasin *d'articles d'occasion vendus au profit d'une œuvre de bienfaisance*.

charity work *n* travail *m* bénévole (*au profit d'une œuvre de bienfaisance*).

charity worker *n* bénévole *mf*.

charm /tʃɑːm/ **I** *n* charme *m*; (jewellery) amulette *f*; *lucky charm* porte-bonheur *m inv*. **II** *vtr* charmer.

• **to work like a charm** faire merveille.

charming /tʃɑːmɪŋ/ *adj* charmant, adorable.

chart /tʃɑːt/ *n* tableau *m*; (map) carte *f*; MUS *the charts* le hit-parade.

charter /tʃɑːtə(r)/ **I** *n* charte *f*; (plane) charter *m*. **II** *vtr* affréter.

chartered accountantGB *n* expert-comptable *m*.

chartered surveyorGB *n* expert *m* immobilier.

charter flightGB *n* vol *m* charter.

chase /tʃeɪs/ **I** *n* poursuite *f*. **II** *vtr* pourchasser; FIG courir après.

chat /tʃæt/ **I** *n* conversation *f*; *to have a chat* bavarder. **II** *vi* (*p prés etc* **-tt-**) GÉN bavarder; (Internet) chatter.

chatroom /tʃætruːm, -rʊm/ *n* chat *m*.

chatter /tʃætə(r)/ **I** *n* bavardage *m*; (of crowd) bourdonnement *m*. **II** *vi* bavarder; *his teeth were chattering* il claquait des dents.

chauffeur /ʃəʊfə(r), ʃəʊˈfɜːrUS/ *n* chauffeur *m*.

chav©GB /tʃæv/ ≈ voyou.

cheap /tʃiːp/ **I** *adj* bon marché *inv*; *to be cheap* être bon marché, ne pas coûter cher *inv*; (of poor quality) de mauvaise qualité; (mean) [trick, liar] sale (*before n*). **II** © *adv* [buy, get] pour rien. **III** *on the cheap* *adv phr* [buy, sell] au rabais.

cheaply /tʃiːplɪ/ *adv* à bas prix.

cheap rate *adj*, *adv* à tarif réduit.

cheat /tʃiːt/ **I** *n* tricheur/-euse *m/f*. **II** *vtr* tromper; *to cheat in* [▸exam] tricher à; *to cheat at cards* tricher aux cartes. **III** *vi* tricher.

check /tʃek/ **I** *n* contrôle *m*; *to give sth a check* vérifier qch; *eye check* examen des yeux; (in chess) *in check* en échec; (fabric) tissu *m* à carreaux; (cheque)US chèque *m*; (bill)US addition *f*; *to pick up the check* payer l'addition. **II** *in compounds* [fabric, garment] à carreaux. **III** *vtr* vérifier; (inspect) examiner; (register)US [▸baggage] enregistrer; (tick)US cocher. **IV** *excl* (in chess) *check!* échec au roi!

■ **check in** (at airport) enregistrer; (at hotel) remplir la fiche. [▸baggage, passengers] enregistrer; **check off** [▸items] cocher; **check out** vérifier; (leave) partir; **check up** vérifier.

checkbookUS *n* chéquier *m*.

checked *pp adj* [fabric] à carreaux.

Chechnya /ˈtʃetʃˈnjɑː/ pr n Tchétchénie f.

checkers /ˈtʃekə(r)/ npl jeu m de dames; **to play checkers** jouer aux dames.

check-in n enregistrement m.

checklist n liste f de contrôle.

checkout n caisse f.

checkout assistant, checkout operatorGB n caissier/-ière m/f.

checkpoint /ˈtʃekpɔɪnt/ n poste m de contrôle; **police checkpoint** contrôle de police.

checkup n bilan m médical.

cheek /tʃiːk/ n joue f; **cheek to cheek** joue contre joue; (impudence) culot© m.

cheeky /ˈtʃiːkɪ/ adj effronté, insolent.

cheer /tʃɪə(r)/ **I** n acclamation f. **II cheers** excl (toast) à la vôtre©!; (thanks)©GB merci!; (goodbye)©GB salut! **III** vtr, vi applaudir.
■ **cheer up** reprendre courage; **cheer up!** courage! [▸person] remonter le moral à; [▸sth] égayer.

cheerful /ˈtʃɪəfl/ adj joyeux/-euse, gai; **to be cheerful about** se réjouir de.

cheerio©GB /ˈtʃɪərɪˈəʊ/ excl salut©.

cheese /tʃiːz/ n fromage m.
● **they are as different as chalk and cheese**GB c'est le jour et la nuit; **say cheese!** (for photo) souriez!

cheetah /ˈtʃiːtə/ n guépard m.

chef /ʃef/ n chef m cuisinier.

chemical /ˈkemɪkl/ **I** n produit m chimique. **II** adj chimique.

chemist /ˈkemɪst/ n (person)GB pharmacien/-ienne m/f; **chemist's (shop)** pharmacie f; (scientist) chimiste mf.

chemistry /ˈkemɪstrɪ/ n chimie f.

chequeGB /tʃek/ n chèque m.
● **to give sb a blank cheque** donner carte blanche à qn.

chequebookGB n chéquier m.

chequeredGB, **checkered**US /ˈtʃekəd/ adj à carreaux.

cherish /ˈtʃerɪʃ/ vtr [▸memory, idea] chérir; [▸hope] caresser.

cherry /ˈtʃerɪ/ n (fruit) cerise f; (tree) cerisier m.

chervil /ˈtʃɜːvɪl/ n cerfeuil m.

chess /tʃes/ n échecs mpl; **a game of chess** une partie d'échecs.

chest /tʃest/ n poitrine f; (furniture) coffre m; (crate) caisse f.
● **to get something off one's chest**© vider son sac©.

chest measurement n tour m de poitrine.

chestnut /ˈtʃesnʌt/ **I** n (tree) **horse chestnut** marronnier m; **sweet chestnut** châtaignier m; (fruit) marron m, châtaigne f. **II** adj [hair] châtain inv; [horse] alezan.

chest of drawers n commode f.

chew /tʃuː/ vtr, vi mâcher.

chicken /ˈtʃɪkɪn/ n poulet m; (coward)© poule f mouillée.

chicken pox n varicelle f.

chicory /ˈtʃɪkərɪ/ n (salad) endive f; (substitute for coffee) chicorée f.

chief /tʃiːf/ **I** n chef m. **II** adj (primary) principal; (highest in rank) en chef; **chief of state**US chef m d'État.

chiefly /ˈtʃiːflɪ/ adv notamment, surtout.

child /tʃaɪld/ n (pl **children**) enfant mf.

childhood /ˈtʃaɪldhʊd/ n enfance f.

childish /ˈtʃaɪldɪʃ/ adj d'enfant; PÉJ puéril.

child labour n travail m des enfants.

childminderGB /ˈtʃaɪldˌmaɪndə(r)/ n nourrice f.

Chile /ˈtʃɪlɪ/ pr n Chili m.

children /ˈtʃɪldrən/ pl ▸ **child**.

chill /tʃɪl/ **I** n fraîcheur f; **there is a chill in the air** le fond de l'air est frais; (illness) coup m de froid; (shiver) frisson m. **II** adj frais/fraîche. **III** vtr mettre [qch] à refroidir; [▸wine] rafraîchir; [▸meat] réfrigérer. **IV** **chilled** pp adj [person] transi; [wine] bien frais; [food] réfrigéré.

chilli, chili /ˈtʃɪlɪ/ n chili m, piment m rouge; (dish) chili m con carne.

chilling /ˈtʃɪlɪŋ/ adj effrayant.

chilly /ˈtʃɪlɪ/ adj froid; **it's chilly** il fait froid.

chimney /ˈtʃɪmnɪ/ n cheminée f; **in the chimney corner** au coin du feu.

chimpanzee /ˌtʃɪmpənˈziː, ˌtʃɪmpænˈziː/ n chimpanzé m.

chin /tʃɪn/ n menton m.

china /ˈtʃaɪnə/ **I** ¢ n porcelaine f. **II** adj en porcelaine.

China /ˈtʃaɪnə/ pr n Chine f.
● **not for all the tea in China** pour rien au monde.

Chinese /tʃaɪˈniːz/ **I** n (person) Chinois/-oise m/f; LING chinois m. **II** adj chinois/-oise.

chink /tʃɪŋk/ n fente f.

chip /tʃɪp/ **I** n GÉN fragment m; (of wood) copeau m; (in china, glass) ébréchure f; (fried potato)GB frite f; (potato crisp)US chips f inv; ORDINAT puce f (électronique); (in gambling) jeton m. **II** vtr (p prés etc **-pp-**) [▸glass, plate] ébrécher; [▸paint] écailler; **to chip a tooth** se casser une dent.

chippingsGB /tʃɪpɪŋz/ npl gravillons mpl.

chisel /tʃɪzl/ **I** n ciseau m. **II** vtr (p prés etc **-ll-**GB, **-l-**US) ciseler.

chitchat© /tʃɪttʃæt/ n bavardage m.

chivalry /ʃɪvəlrɪ/ n ℂ chevalerie f; (courtesy) galanterie f.

chive /tʃaɪv/ n (gén pl) ciboulette f.

chlorine /klɔːriːn/ n chlore m.

choc-iceGB /tʃɒkaɪs/ n esquimau m.

chock-a-block© /tʃɒkəˈblɒk/ adj plein à craquer.

chocolate /tʃɒklət/ n chocolat m.

choice /tʃɔɪs/ **I** n choix m; **to make a choice** faire un choix, choisir. **II** adj [food, steak] de choix; [example] bien choisi.

choir /kwaɪə(r)/ n chœur m; (group) chorale f.

choke /tʃəʊk/ **I** n AUT starter m. **II** vtr étouffer; (block) boucher. **III** vi s'étouffer; **to be choking with rage** étouffer de rage.

choose /tʃuːz/ vtr (prét **chose**; pp **chosen**) choisir; **whenever you choose** quand tu voudras.

choosy /tʃuːzɪ/ adj difficile.

chop /tʃɒp/ **I** n côtelette f. **II chops**© npl gueule© m; **to lick one's chops** se lécher les babines. **III** vtr (p prés etc **-pp-**) couper; [▸vegetable, meat] émincer; [▸parsley, onion] hacher.

■ **chop down** abattre; **chop up** couper en morceaux.

chopper /tʃɒpə(r)/ n hachoir m; (helicopter)© hélico© m.

chopsticks /tʃɒpstɪk/ npl baguettes fpl (chinoises).

choppy /tʃɒpɪ/ adj [▸sea, water] agité.

chorale /kəˈrɑːl/ n (hymn, tune)US choral m; (choir) chorale f, chœur m.

chord /kɔːd/ n MUS accord m; FIG écho m.

chore /tʃɔː(r)/ n tâche f; **to do the chores** faire le ménage; (unpleasant) corvée f.

chorus /kɔːrəs/ n chœur m; (refrain) refrain m; (dancers) troupe f.

chose, chosen ▸ **choose**.

chowderUS /tʃaʊdə(r)/ n soupe épaisse.

Christ /kraɪst/ n le Christ, Jésus-Christ.

christen /krɪsn/ vtr baptiser.

Christian /krɪstʃən/ n, adj chrétien/-ienne m/f, adj; **Christian name** prénom m.

Christmas /krɪsməs/ **I** n Noël m; **Merry Christmas**, **Happy Christmas!** Joyeux Noël! **II** in compounds [cake, card, present] de Noël.

Christmas bonus n prime f de fin d'année.

chronic /krɒnɪk/ adj chronique; [liar] invétéré.

chronicle /krɒnɪkl/ n chronique f.

chronological /krɒnəˈlɒdʒɪkl/ adj chronologique.

chrysalis /krɪsəlɪs/ n chrysalide f.

chrysanthemum /krɪˈsænθəməm/ n chrysanthème m.

chuck© /tʃʌk/ vtr (throw) balancer©, jeter; [▸job] laisser tomber.

chuckle /tʃʌkl/ **I** n gloussement m, petit rire m. **II** vi **to chuckle with pleasure** glousser/rire de plaisir.

chunk /tʃʌŋk/ n (of meat, fruit) morceau m; (of wood) tronçon m; (of bread) quignon m; **pineapple chunks** ananas m en morceaux.

chunky /tʃʌŋkɪ/ adj gros/grosse.

Chunnel©GB /tʃʌnl/ pr n tunnel m sous la Manche.

church /tʃɜːtʃ/ n (Catholic, Anglican) église f; (Protestant) temple m; **to go to church** (Catholic) aller à la messe; (generally) aller à l'office.

churchyard /tʃɜːtʃjɑːd/ n cimetière m.

chutney /tʃʌtnɪ/ n condiment aigre-doux.

CIA /siːaɪeɪ/ npr (abrév = **Central Intelligence Agency**) CIA f.

cicada /sɪˈkɑːdə, -ˈkeɪdəUS/ n cigale f.

cider /saɪdə(r)/ n cidre m.

cigar /sɪˈgɑː(r)/ n cigare m.

cigarette /sɪgəˈret, ˈsɪgəretUS/ n cigarette f.

Cinderella /sɪndəˈrelə/ pr n Cendrillon.

cinema /ˈsɪnəmɑː, ˈsɪnəmə/ n cinéma m.

cinnamon /ˈsɪnəmən/ n cannelle f; (tree) cannelier m.

circa /ˈsɜːkə/ prep environ.

circle /ˈsɜːkl/ **I** n GÉN cercle m; (of fabric, paper) rond m; **to have circles under one's eyes** avoir les yeux cernés; (group) cercle m, groupe m; THÉÂT balcon m. **II** vtr tourner autour de; (surround) encercler. **III** vi tourner en rond (autour de).

circuit /ˈsɜːkɪt/ n circuit m.

circuit breaker n disjoncteur m.

circular /ˈsɜːkjʊlə(r)/ n, adj circulaire f, adj.

circulate /ˈsɜːkjʊleɪt/ **I** vtr faire circuler. **II** vi circuler.

circulation /sɜːkjʊˈleɪʃn/ n circulation f; (of newspaper) tirage m.

circumcised /ˈsɜːkəmsaɪz/ pp adj circoncis.

circumference /səˈkʌmfərəns/ n circonférence f.

circumstance /ˈsɜːkəmstəns/ n circonstance f; **in/under the circumstances** dans ces circonstances; **under no circumstances** en aucun cas.

circus /ˈsɜːkəs/ n cirque m.

citation /saɪˈteɪʃn/ n citation f.

cite /saɪt/ vtr citer.

citizen /ˈsɪtɪzn/ n citoyen/-enne m/f; (when abroad) ressortissant/-e m/f; (of town) habitant/-e m/f.

citizenship n nationalité f.

citrus fruit n agrume m.

city /ˈsɪtɪ/ n (grande) ville f; **city life** la vie citadine; **the City**GB la City (centre des affaires à Londres).

city centreGB, **city center**US n centre-ville m.

city council n conseil m municipal.

civic /ˈsɪvɪk/ adj [administration, centre, official] municipal; [rights] civique.

civil /ˈsɪvl/ adj civil; (polite) courtois.

civil disobedience n résistance f passive.

civilian /sɪˈvɪlɪən/ n, adj civil/-e (m/f).

civilization /sɪvəlaɪˈzeɪʃn, -əlɪˈz-US/ n civilisation f.

civilized /ˈsɪvəlaɪzd/ adj civilisé; **to become civilized** se civiliser.

civil rights npl droits mpl civils.

civil partnership n JUR union f civile (entre partenaires de même sexe), ≈ PACS m.

civil servant n fonctionnaire mf.

civil service n fonction f publique.

claim /kleɪm/ **I** n revendication f; **to lay claim to** revendiquer; (protest) réclamation f; **to make/put in a claim** faire une demande d'indemnisation; (assertion) affirmation f. **II** vtr (assert) prétendre; (assert right to) revendiquer; (apply for) faire une demande de remboursement de.

claimant /ˈkleɪmənt/ n ADMIN demandeur/-euse m/f.

claim form n INSUR déclaration f de sinistre.

clam /klæm/ n palourde f.

clamber /ˈklæmbə(r)/ vi **to clamber over** escalader.

clamourGB, **clamor**US /ˈklæmə(r)/ **I** n clameur f; (protest) réclamations fpl. **II** vi **to clamour for sth** réclamer qch.

clamp /klæmp/ **I** n pince f; AUT sabot m (de Denver). **II** vtr serrer.
■ **clamp down** prendre des mesures (**on** contre).

clan /klæn/ n clan m.

clang /klæŋ/ n bruit m métallique.

clap /klæp/ **I** n (applause) applaudissements mpl; **to give sb a clap** applaudir qn; (slap) tape f. **II** vtr (p prés etc **-pp-**) (applaud) applaudir; **to clap one's hands** frapper dans ses mains; **to clap sb (on the back)** donner une tape à qn (dans le dos). **III** vi applaudir.

claret /ˈklærət/ n (wine) bordeaux m (rouge).

clarify /ˈklærɪfaɪ/ vtr éclaircir, clarifier.

clarinet /klærəˈnet/ n clarinette f.

clash /klæʃ/ **I** n affrontement m; (disagreement) querelle f; (contradiction) conflit m. **II** vi s'affronter; **to clash with sb** se quereller avec qn; [meetings] avoir lieu en même temps; [colours] jurer.

clasp /klɑːsp, klæsp US/ **I** n (on bracelet, bag) fermoir m; (on belt) boucle f. **II** vtr étreindre; **he clasped her hand** il lui a serré la main.

class /klɑːs, klæs US/ **I** n classe f; (lesson) cours m; **in class** en cours/classe; **a first-class seat** une place de première classe; UNIVGB **a first-/second-class degree** ≈ licence avec mention très bien/bien; SOCIOL classe f;

the working classes la classe ouvrière. **II** ☺ *adj* (excellent) de classe. **III** *vtr* classer; *to class oneself as* se considérer comme.

classic /ˈklæsɪk/ *n, adj* classique *m*.

classical /ˈklæsɪkl/ *adj* classique.

classified /ˈklæsɪfaɪd/ **I** *n* **classified (ad)** petite annonce *f*. **II** *adj* classifié; (secret) confidentiel/-ielle.

classify /ˈklæsɪfaɪ/ *vtr* classer.

classmate /ˈklɑːsmeɪt/ *n* camarade *m/f* de classe.

classroom *n* salle *f* de classe.

classy ☺ /ˈklɑːsɪ, ˈklæsɪ US/ *adj* chic *inv*.

clause /klɔːz/ *n* proposition *f*; JUR, POL clause *f*; (in will, act of Parliament) disposition *f*.

claw /klɔː/ **I** *n* (of animal) griffe *f*; (of bird) serre *f*; (of crab) pince *f*. **II** *vtr* griffer.

clay /kleɪ/ **I** *n* argile *f*. **II** *in compounds* [pot, pipe] en terre; [court] en terre battue.

clean /kliːn/ **I** *adj* propre; SPORT sans faute; (no longer addicted) désintoxiqué. **II** ☺ *adv* complètement. **III** *vtr* nettoyer; *to have sth cleaned* donner qch à nettoyer; *to clean one's teeth* se brosser les dents; [▸fish] vider.
■ **clean off** [stain] partir; **clean out** nettoyer à fond; **clean up** tout nettoyer.

cleaner /ˈkliːnə(r)/ *n* (in workplace) agent *m* de nettoyage; (woman) femme *f* de ménage; (detergent) produit *m* de nettoyage; *suede cleaner* produit pour nettoyer le daim; (shop) pressing *m*.

Clean Air Act *n* POL loi *f* antipollution.

clean fuel *n* ÉCOL biocarburant *m*.

cleaner /ˈkliːnə(r)/ *n* (person in workplace) agent *m* de nettoyage.

cleaning /ˈkliːnɪŋ/ *n* *to do the cleaning* faire le ménage; (commercial) nettoyage *m*, entretien *m*.

cleanse /klenz/ *vtr* nettoyer, purifier.

clear /klɪə(r)/ **I** *adj* clair; *is that clear?* est-ce que c'est clair?; *to make sth clear to sb* faire comprendre qch à qn; (transparent) transparent; [blue] limpide; (distinct) net/nette; [writing] lisible; (obvious) évident; (empty) [road, view] dégagé; [conscience] tranquille; (exempt from) *clear of* libre de. **II** *adv to stay/steer clear of* éviter; *stand clear of the doors!* éloignez-vous des portes! **III** *vtr* (remove) [▸trees] abattre; [▸weeds] arracher; [▸debris]

enlever; [▸snow] dégager; (free from obstruction) [▸drains] déboucher; [▸road] dégager; [▸table, surface] débarrasser; [▸site] déblayer; [▸land] défricher; *to clear the way for sth* ouvrir la voie pour; (empty) vider; [▸area, building] évacuer; [▸nose] dégager; *to clear one's throat* se racler la gorge; (eliminate) faire disparaître; ORDINAT [▸screen] effacer; [▸debt] s'acquitter de; (free from blame) innocenter; (pass through) *to clear customs* passer à la douane. **IV** *vi* (sky) s'éclaircir; [fog] se dissiper.
■ **clear away** débarrasser; **clear off** ☺ filer ☺; **clear out** se sauver; (empty) vider; **clear up** faire du rangement; [weather] s'éclaircir. *clear up [sth], clear [sth] up*; [▸room] ranger; [▸problem] éclaircir.

clearance /ˈklɪərəns/ *n* (permission) autorisation *f*; (of buildings) démolition *f*; (of vegetation) défrichage *m*; COMM liquidation *f*; (gap) espace *m*.

clearance sale *n* COMM soldes *mpl*.

clearing /ˈklɪərɪŋ/ *n* clairière *f*.

clearly /ˈklɪəlɪ/ *adv* clairement; (distinctly) nettement, bien; *clearly, this is untrue* c'est faux, bien évidemment.

clementine /ˈklemənti(ː)ntaɪn/ *n* clémentine *f*.

clench /klentʃ/ *vtr* serrer.

clergyman /ˈklɜːdʒɪmən/ *n* (*pl* **-men**) ecclésiastique *m*.

clerical /ˈklerɪkl/ *adj* RELIG clérical; (of office) de bureau.

clerk /klɑːk, klɜːrk US/ *n* (in office) employé/-e *m/f*; (to lawyer) GB ≈ clerc *m*; (in court) greffier/-ière *m/f*; (in hotel) US réceptionniste *mf*; (in shop) vendeur/-euse *m/f*.

clever /ˈklevə(r)/ *adj* intelligent; (ingenious, shrewd) astucieux/-ieuse, futé; *how clever of you!* félicitations!; (skilful) habile, adroit.

click /klɪk/ **I** *n* (of metal) petit bruit *m* sec; (of machine) déclic *m*; ORDINAT clic *m*; (of fingers, heels) claquement *m*. **II** *vtr* [▸finger, heels] (faire) claquer. **III** *vi* faire un déclic; (become clear) ☺ *suddenly something clicked* soudain ça a fait tilt ☺; ORDINAT cliquer.

clickable /ˈklɪkəbl/ *adj* ORDINAT cliquable, sensible.

client /ˈklaɪənt/ *n* client/-e *m/f*.

cliff /klɪf/ *n* falaise *f*.

cliffhanger ☺ /ˈklɪfhæŋə(r)/ *n* film/récit à suspense.

climate /ˈklaɪmɪt/ n climat m.

climate change n changement m climatique.

climax /ˈklaɪmæks/ n (of career) apogée m; (of war) paroxysme m; (of plot, speech) point m culminant.

climb /klaɪm/ **I** n ascension f. **II** vtr grimper; [▸cliff, mountain] faire l'ascension de; [▸wall] escalader; [▸ladder, rope, tree] grimper à; [▸staircase] monter. **III** vi GÉN grimper; SPORT faire de l'escalade.
■ **climb down** descendre; **climb into** [▸car] monter dans. *climb into bed* se mettre au lit; **climb up** [▸ladder, tree] grimper à. [▸steps] monter.

climber /ˈklaɪmə(r)/ n alpiniste mf; (rock climber) varappeur/-euse m/f.

climbing /ˈklaɪmɪŋ/ n escalade f.

clinch /klɪntʃ/ vtr [▸deal] conclure.

cling /klɪŋ/ (prét, pp **clung**) vi to cling (on) to se cramponner à.

clingfilm n film m alimentaire étirable.

clinic /ˈklɪnɪk/ n dispensaire m; clinique f.

clink /klɪŋk/ **I** vtr [▸glass, keys] faire tinter; to **clink glasses with** trinquer avec. **II** vi tinter.

clip /klɪp/ **I** n pince f; (on earring) clip m; TV, CIN clip m. **II** vtr (p prés etc **-pp-**) [▸hedge] tailler; [▸nails] couper; to **clip an article out of the paper** découper un article dans un journal.

clipper /ˈklɪpə(r)/ **I** n AVIAT, NAUT clipper m. **II clippers** npl (for nails) coupe-ongles m inv; (for hair, hedge) tondeuse f.

clipping /ˈklɪpɪŋ/ n coupure f de presse.

cloak /kləʊk/ n cape f.

cloakroom /ˈkləʊkrʊm/ n vestiaire m; (lavatory)GB toilettes fpl.

clock /klɒk/ **I** n horloge f; (smaller) pendule f; to **set a clock** mettre une pendule à l'heure; to **work around the clock** travailler 24 heures sur 24; to **work against the clock** faire une course contre la montre; (timer) (in computer) horloge f (interne); (for central-heating system) horloge f (incorporée); AUT compteur m; SPORT chronomètre m. **II** vtr [▸distance]© faire©.
■ **clock in**GB pointer; **clock out** pointer (à la sortie).

clock radio n radio-réveil m.

clockwise adj, adv dans le sens des aiguilles d'une montre.

clockwork adj mécanique.

clog /klɒg/ n sabot m.
■ **clog up** se boucher.

cloister /ˈklɔɪstə(r)/ n cloître m.

clone /kləʊn/ **I** n clone m. **II** vtr cloner.

cloning /ˈkləʊnɪŋ/ n clonage m.

close¹ /kləʊs/ **I** n GB passage m. **II** adj [relative, friend] proche; [links, collaboration] étroit. **III** adv (in distance) près; (in time) proche. **IV close to** prep phr, adv phr près de, presque. **V close by** adv phr près.
● **it was a close call©/shave©** je l'ai/tu l'as… échappé belle.

close² /kləʊz/ **I** n fin f; to **come to a close** se terminer; FIN clôture f. **II** vtr (shut) fermer; (bring to an end) mettre fin à. **III** vi (shut) fermer, se fermer; (end) se terminer; to **close on sb** se rapprocher de qn. **IV closed** pp adj fermé; *road closed* route barrée; *closed to the public* interdit au public.
■ **close down** fermer définitivement; **close in** se rapprocher; *the nights are closing in* les jours commencent à raccourcir; **close up** fermer.

closely /ˈkləʊslɪ/ adv de près; [listen] attentivement.

closetUS /ˈklɒzɪt/ n placard m; (for clothes) penderie f.

close-up /ˈkləʊsʌp/ n gros plan m.

closing /ˈkləʊzɪŋ/ **I** n fermeture f. **II** adj [days, words] dernier/-ière; [speech] de clôture.

closing date n date f limite.

closure /ˈkləʊʒə(r)/ n fermeture f.

clot /klɒt/ **I** n (in blood, milk) caillot m; (idiot)©GB empoté/-e© m/f. **II** vtr, vi (p prés etc **-tt-**) coaguler, cailler.

cloth /klɒθ, klɔːθUS/ n tissu m; (for dusting) chiffon m; (for floor) serpillière f; (for drying dishes) torchon m; (for table) nappe f.

clothes /kləʊðz, kləʊzUS/ **I** npl vêtements mpl; to **put on/take off one's clothes** s'habiller/se déshabiller. **II** in compounds [line, peg] à linge.

clothing /ˈkləʊðɪŋ/ n ⊄ vêtements mpl; *an item/article of clothing* un vêtement.

coffin

cloud /klaʊd/ **I** n nuage m. **II** vtr brouiller.
■ **cloud over** se couvrir (de nuages); [face] s'assombrir.

cloudy /ˈklaʊdɪ/ adj couvert.

clout© /klaʊt/ **I** n (blow) claque f. **II** vtr donner un coup/une claque à.

clove /kləʊv/ n clou m de girofle; (of garlic) gousse f.

clover /ˈkləʊvə(r)/ n trèfle m.

clown /klaʊn/ n clown m.
■ **clown around** faire le clown/le pitre.

club /klʌb/ **I** n club m; (stick) massue f; (for golf) club m; (at cards) trèfle m. **II** vtr (p prés etc **-bb-**) frapper.
● **join the club**©! tu n'es pas le seul/la seule!

club soda n eau f gazeuse.

clue /klu:/ n indice m; **give me a clue** aide-moi; **I haven't (got) a clue**© je n'en ai aucune idée; (to crossword) définition f.

clump /klʌmp/ n (of flowers) massif m.

clumsy /ˈklʌmzɪ/ adj maladroit..

clung /klʌŋ/ prét, pp ▶ **cling**.

cluster /ˈklʌstə(r)/ **I** n ensemble m. **II** vi [people] être groupé, se grouper.

clutch /klʌtʃ/ **I** n AUT embrayage m. **II** vtr tenir fermement.
■ **clutch at** tenter d'attraper.

cluttered /ˈklʌtəd/ adj encombré.

c/o POSTES (abrév écrite = **care of**) chez.

Co COMM (abrév = **company**).

coach /kəʊtʃ/ **I** n (bus) (auto)car m; (of train)GB wagon m; SPORT entraîneur/-euse m/f; (horsedrawn) (for royalty) carrosse m; (for passengers) diligence f. **II** in compounds (holiday, journey, travel) en (auto)car; **coach class**US AVIAT classe économique. **III** vtr SPORT entraîner; (teach) **to coach sb** donner des leçons particulières à qn.

coach driverGB n chauffeur m d'autocar.

coach tripGB n excursion f en autocar.

coach stationGB n gare f routière.

coal /kəʊl/ n charbon m.

coalition /ˌkəʊəˈlɪʃn/ n coalition f.

coarse /kɔ:s/ adj grossier/-ière; [salt] gros/grosse.

coast /kəʊst/ n côte f; **the coast is clear** la voie est libre.

coastal /ˈkəʊstl/ adj côtier/-ière.

coastguard n garde-côte m.

coastline n littoral m.

coat /kəʊt/ **I** n manteau m; (jacket) veste f; (of animal) pelage m; (layer) couche f. **II** vtr **to coat with** couvrir de; CULIN enrober de.

coat of arms n blason m.

coax /kəʊks/ vtr (▸person) cajoler; (▸animal) attirer par la ruse.

cobble /ˈkɒbl/ **I** **cobbles** npl pavés mpl. **II** vtr paver; **cobbled street** rue pavée.

cobra /ˈkəʊbrə/ n cobra m.

cobweb /ˈkɒbweb/ n toile f d'araignée.

cocaine /kəʊˈkeɪn/ n cocaïne f.

cock /kɒk/ **I** n coq m; (male bird) (oiseau m) mâle m. **II** vtr **to cock an ear** dresser l'oreille; (▸rifle) armer.

cock-a-doodle-doo /ˌkɒkədu:dlˈduː/ n coco-rico m.

cockatoo /ˌkɒkəˈtuː/ n cacatoès m.

cockchafer n hanneton m.

cockle /ˈkɒkl/ n coque f.

cockney n cockney m/f.

cockpit /ˈkɒkpɪt/ n AVIAT cockpit m, poste m de pilotage.

cockroach /ˈkɒkrəʊtʃ/ n cafard m.

cocktail /ˈkɒkteɪl/ n cocktail m; **fruit cocktail** salade de fruits.

cocoa /ˈkəʊkəʊ/ n cacao m; (drink) chocolat m.

coconut /ˈkəʊkənʌt/ n noix f de coco.

coconut palm n cocotier m.

COD /si:əʊˈdi:/ n (abrév = **cash on delivery, collect on delivery**US) paiement m à la livraison.

cod /kɒd/ n morue f; CULIN cabillaud m.

code /kəʊd/ n code m; TÉLÉCOM indicatif m.

coeducational /ˌkəʊedʒuːˈkeɪʃənl/ adj mixte.

coffee /ˈkɒfɪ, ˈkɔːfɪUS/ **I** n café m; **white coffee** café au lait. **II** in compounds [cake] au café; [drinker] de café; [cup, filter, spoon] à café.

coffee bar n café m.

coffee bean n grain m de café.

coffee break n pause(-)café f.

coffee pot n cafetière f.

coffee table n table f basse.

coffee tree n caféier m.

coffin /ˈkɒfɪn/ n cercueil m.

coil /kɔɪl/ n (of rope) rouleau m; (of electric wire) bobine f; (of smoke) volute f.

coin /kɔɪn/ n pièce f (de monnaie).

coincide /kəʊɪn'saɪd/ vi coïncider (**with** avec).

coincidence /kəʊ'ɪnsɪdəns/ n coïncidence f, hasard m.

coin operated adj qui marche avec des pièces.

Coke® /kəʊk/ n coca m.

cold /kəʊld/ **I** n ₵ froid m; **to feel the cold** être frileux/-euse; MÉD ₵ rhume m. **II** adj froid; **to feel cold** avoir froid; **it's cold** il fait froid; **to go cold** refroidir. **III** adv à froid©. ● **in cold blood** de sang-froid.

cold-blooded /kəʊld'blʌdɪd/ adj [killer] sans pitié; [crime] commis de sang-froid.

coleslaw /kəʊlslɔː/ n salade à base de chou cru.

cold sore n bouton m de fièvre.

coley n (fish) lieu m.

collaborate /kə'læbəreɪt/ vi collaborer.

collapse /kə'læps/ **I** n effondrement m; (of talks) échec m; (of company) faillite f. **II** vi [person, hopes, bridge] s'effondrer; [talks] échouer; [company] faire faillite.

collar /kɒlə(r)/ **I** n (on garment) col m; (for animal) collier m. **II** © vtr [▸thief] alpaguer©.

collar size n encolure f; **his collar size is 15** il fait 39 de tour de cou.

collateral /kɒ'lætərəl/ **I** n FIN (security) nantissement m. **II** adj collateral.

collateral damage dommages mpl collatéraux, dégâts mpl parmi la population civile.

colleague /kɒliːg/ n collègue mf.

collect /kə'lekt/ **I** adv **to call sb collect** appeler qn en PCV. **II** vtr [▸wood, litter] ramasser; [▸information, documents] rassembler; [▸signatures, water] recueillir; [▸stamps] collectionner; [▸money] encaisser; [▸person, keys] aller chercher. **III** vi [dust] s'accumuler; [crowd] se rassembler; **to collect for charity** faire la quête pour des bonnes œuvres.

collect callUS n appel m en PCV.

collection /kə'lekʃn/ n collection f; (anthology) recueil m; POSTES levée f; (of money) collecte f, (in church) quête f; **your suit is ready for collection** votre costume est prêt; **refuse collection** ramassage des ordures.

collective bargaining n ₵ négociations fpl syndicat-patronat.

collector /kə'lektə(r)/ n collectionneur/-euse m/f.

college /kɒlɪdʒ/ n établissement m d'enseignement supérieur; (part of university) collège m; **to go to college** faire des études supérieures.

college education n études fpl supérieures.

college of further education, **CFE**GB n ≈ école de formation continue.

collide /kə'laɪd/ vi entrer en collision.

colloquial /kə'ləʊkwɪəl/ adj familier/-ière; **colloquial English** anglais parlé.

collusion /kə'luːʒn/ n connivence f; **in collusion with** de connivence avec.

Colombia /kə'lɒmbɪə/ pr n Colombie f.

colon /kəʊlən/ n ANAT côlon m; LING deux points mpl.

colonize /kɒlənaɪz/ vtr coloniser.

colonial /kə'ləʊnɪəl/ n, adj colonial/-e m/f.

colony /kɒlənɪ/ n colonie f.

colourGB, **color**US /kʌlə(r)/ **I** n couleur f; **available in 12 colours** existe en 12 coloris; (for food) colorant m; (for hair) teinture f. **II** in compounds [photo, photography] (en) couleur; [printer] couleur. **III** vtr [▸drawing] colorier; (with paints) peindre; [▸hair] teindre.

colour blind adj daltonien/-ienne.

colouredGB, **colored**US /kʌləd/ **I** col-ou-reds npl (laundry) couleurs fpl; **wash coloureds separately** laver les couleurs séparément. **II** adj [pen, paper] de couleur; [picture] en couleur; [glass] coloré; **brightly coloured** aux couleurs vives; (non-white) INJUR de couleur. **III** -coloured combining form **copper-coloured** couleur cuivre.

colourfulGB, **colorful**US /kʌləfl/ adj pittoresque.

colouringGB, **coloring**US /kʌlərɪŋ/ n couleurs fpl; **colouring book** album m à colorier.

colt /kəʊlt/ n (young horse) poulain m.

Columbus /kə'lʌmbəs/ pr n Christophe Colomb.

column /kɒləm/ n colonne f; (in newspaper) rubrique f.

columnist /kɒləmnɪst/ n journaliste mf.

comb /kəʊm/ **I** n peigne m. **II** vtr peigner; **to comb a place** passer un lieu au peigne fin.

combat /ˈkɒmbæt/ **I** n MIL combat m. **II** vtr (p prés etc **-tt-**) combattre.

combat jacket n veste f de treillis.

combination /kɒmbɪˈneɪʃn/ n combinaison f; (of factors, events) conjonction f.

combine /kəmˈbaɪn/ **I** vtr combiner; [▸ideas, aims] associer; **to combine forces** s'allier, collaborer; **II** vi se combiner; [people, groups] s'associer.

come /kʌm/ **I** excl **come (now)!** allons! **II** vi (prét **came**; pp **come**) venir; **to come down/up** [▸stairs, street] descendre/monter; **to come from** venir de; **to come and go** aller et venir; **to come and see/help sb** venir voir/aider qn; [bus, letter, winter] arriver; **come closer** approchez-vous; (visit) passer; **how come?**☺ comment ça se fait? **come what may** advienne que pourra; **when it comes to sth/to doing** lorsqu'il s'agit de qch/de faire.

■ **come about** (happen) [problems, reforms] survenir; **come across** [message] passer; [▸sth] tomber sur; [▸sb] rencontrer; **come along** [opportunity] se présenter; **come along!** dépêche-toi!; **come away** (leave) partir; (come off) se détacher; **come back** GÉN revenir; [▸home] rentrer; **come down** (move lower) descendre; (drop) baisser; (fall) tomber; **to come down with** [▸flu] attraper; **come forward** se présenter; **come in** entrer; (arrive) arriver; **come into** [▸money] hériter de; [age, experience] jouer; **come off** se détacher, s'enlever; [ink] partir; **come on** *come on!* allez!; *the power came on again* le courant est revenu; **come out** sortir; (be published) paraître; *it came out that* on a appris que; **to come out with** [▸excuse] sortir; **come over** venir; **come round**GB reprendre connaissance; (visit) passer; **come to** revenir à; **come up** (arise) être abordé; (occur) se présenter; **to come up with a solution** trouver une solution.

comedian /kəˈmiːdɪən/ n (male) comique m; (female) actrice f comique.

comedy /ˈkɒmədɪ/ n comédie f.

comfort /ˈkʌmfət/ **I** n confort m; **to live in comfort** vivre dans l'aisance; (consolation) réconfort m. **II** vtr consoler, réconforter.

comfortable /ˈkʌmftəbl, -fərt-US/ adj confortable; [person] à l'aise; **to make oneself comfortable** s'installer confortablement; (financially) aisé.

comfortably /ˈkʌmftəblɪ/ adv confortablement.

comic /ˈkɒmɪk/ **I** n (man) comique m; (woman) actrice f comique; (magazine) bande f dessinée. **II** adj comique.

comical /ˈkɒmɪkl/ adj cocasse, comique.

comic book n bande f dessinée.

comic strip n bande f dessinée.

coming /ˈkʌmɪŋ/ **I** n **comings and goings** allées et venues fpl. **II** adj prochain; **in the coming weeks** dans les semaines à venir; **this coming Monday** (ce) lundi.

coming-out n (of homosexual) déclaration f publique de son homosexualité.

comma /ˈkɒmə/ n virgule f.

command /kəˈmɑːnd, -ˈmænd/ **I** n (order) ordre m; (control) commandement m; (mastery) maîtrise f. **II** vi commander.

commander /kəˈmɑːndə(r), -mæn-US/ n MIL commandant m.

commend /kəˈmend/ vtr (praise) louer.

commendable /kəˈmendəbl/ adj louable.

comment /ˈkɒment/ **I** n (in conversation) remarque f; (in newspaper) commentaire m; **no comment** je n'ai pas de déclaration à faire; **without comment** sans commentaire. **II** vtr **to comment on sth/sb** faire des commentaires sur qch/qn.

commentary /ˈkɒməntrɪ, -terɪUS/ n GÉN, RADIO, TV (description) commentaire m (on de); **a running commentary** un commentaire détaillé; JOURN (analysis) analyse f (on de).

commentator /ˈkɒmənteɪtə(r)/ n (sports) commentateur/-trice m/f; (current affairs) journaliste mf.

commerce /ˈkɒmɜːs/ n commerce m.

commercial /kəˈmɜːʃl/ **I** n annonce f publicitaire, publicité f. **II** adj commercial.

commercial break n publicité f.

commission /kəˈmɪʃn/ **I** n commission f; (order) commande f. **II** vtr **to commission sb to do** charger qn de faire; (order) commander.

commissioner /kəˈmɪʃənə(r)/ n (in the EU) membre m de la Commission européenne.

commit /kə'mɪt/ (p prés etc, **-tt-**) **I** vtr commettre; *to commit suicide* se suicider. **II** v refl *to commit oneself (to)* s'engager (à).

commitment /kə'mɪtmənt/ n engagement m; *family commitments* obligations familiales; (involvement) dévouement m.

committed /kə'mɪtɪd/ adj dévoué; (busy) *I am heavily committed* je suis très pris.

committee /kə'mɪtɪ/ n comité m, commission f.

commodity /kə'mɒdətɪ/ n matière première.

common /'kɒmən/ **I Commons** npl *the Commons* les Communes fpl. **II** adj courant, fréquent; *it is common knowledge* c'est notoire; *in common* en commun.

commonly /'kɒmənlɪ/ adv communément.

commonplace /'kɒmənpleɪs/ adj banal.

common sense n bon sens m, sens m commun.

Commonwealth /'kɒmənwelθ/ pr n POL *the (British) Commonwealth (of Nations)* le Commonwealth m.

commotion /kə'məʊʃn/ n émoi m, agitation f.

communal /'kɒmjʊnl, kə'mju:nl/ adj commun, collectif/-ive.

commune /'kɒmju:n/ n (group of people) communauté f; ADMIN commune f.

communicate /kə'mju:nɪkeɪt/ vtr, vi communiquer.

communication /kə,mju:nɪ'keɪʃn/ n communication f.

community /kə'mju:nətɪ/ n [social, cultural] communauté f; *the business community* le monde des affaires; *the European Community* la Communauté européenne.

community worker n animateur/-trice m/f socio-culturel/-elle.

commute /kə'mju:t/ vi *to commute between Oxford and London* faire le trajet entre Oxford et Londres tous les jours.

commuter /kə'mju:tə(r)/ n migrant journalier.

Comoros pr n (îles fpl) Comores fpl.

compact I /'kɒmpækt/ n poudrier m. **II** /kə m'pækt/ adj compact, dense. **III** /kəm'pækt/ vtr comprimer, tasser.

compact discGB, **CD** n disque m compact, CD.

compact discGB **player** n platine f laser, lecteur m de CD.

companion /kəm'pænɪən/ n compagnon/ compagne m/f; (book) guide m.

companionship /kəm'pænɪənʃɪp/ n compagnie f.

company /'kʌmpənɪ/ n compagnie f; *to keep sb company* tenir compagnie à qn; *to be good company* être d'une fréquentation agréable; *in sb's company* en compagnie de qn; COMM société f.

company car n voiture f de fonction.

company director n directeur/-trice m/f général/-e.

comparative /kəm'pærətɪv/ adj comparatif/-ive; [literature] comparé.

comparatively /kəm'pærətɪvlɪ/ adv comparativement; (relatively) relativement.

compare /kəm'peə(r)/ **I** n *beyond compare* incomparable. **II** vtr *to compare sb/ sth with/to* comparer qn/qch avec/à. **III** vi être comparable; *to compare favourably*GB *with* soutenir la comparaison avec. **IV** v refl *to compare oneself with/to* se comparer à. **V compared with** prep phr par rapport à.

comparison /kəm'pærɪsn/ n comparaison f; *in/by comparison with* par rapport à.

compartment /kəm'pɑ:tmənt/ n compartiment m.

compass /'kʌmpəs/ **I** n boussole f; NAUT compas m. **II compasses** npl *a pair of compasses* un compas.

compatible /kəm'pætəbl/ adj compatible.

compel /kəm'pel/ vtr (p prés etc, **-ll-**) contraindre, obliger.

compelling /kəm'pelɪŋ/ adj convaincant.

compensate /'kɒmpenseɪt/ vtr compenser; *to compensate sb for* dédommager qn de.

compensation /kɒmpen'seɪʃn/ n *as compensation* en compensation; *to be awarded compensation* être indemnisé.

compete /kəm'pi:t/ vi *to compete against/ with* rivaliser avec; [companies] se faire concurrence; SPORT être en compétition.

competent /'kɒmpɪtənt/ adj compétent, capable.

competition /kɒmpəˈtɪʃn/ n ₵ concurrence f; (contest) concours m; (race) compétition f; (competitors) concurrence f.

competitive /kəmˈpetɪtɪv/ adj [price] compétitif/-ive; [person] qui a l'esprit de compétition; [sport] de compétition; **by competitive examination** sur concours.

competitor /kəmˈpetɪtə(r)/ n concurrent/-e m/f.

compile /kəmˈpaɪl/ vtr [▸ list] dresser; [▸ reference book] rédiger; ORDINAT compiler.

complacent /kəmˈpleɪsnt/ adj suffisant, content de soi.

complain /kəmˈpleɪn/ vi **to complain (that)** se plaindre (parce que).

complaint /kəmˈpleɪnt/ n plainte f; (official) réclamation f; **to make a complaint** se plaindre, faire une réclamation.

complement /ˈkɒmplɪmənt/ **I** n complément m. **II** vtr compléter; **to complement one another** se compléter.

complementary /ˌkɒmplɪˈmentrɪ/ adj complémentaire (**to** de).

complementary medicine n médecine f parallèle.

complete /kəmˈpliːt/ **I** adj complet/-ète, total; **he's a complete fool** il est complètement idiot; (finished) achevé. **II** vtr terminer, achever; **half completed** inachevé; (make whole) compléter; (fill in) remplir.

completely /kəmˈpliːtlɪ/ adv complètement.

completion /kəmˈpliːʃn/ n achèvement m.

complex /ˈkɒmpleks, kəmˈpleksUS/ n, adj complexe (m).

complexion /kəmˈplekʃn/ n teint m.

compliance /kəmˈplaɪəns/ n **in compliance with the law** conformément à la loi.

complicate /ˈkɒmplɪkeɪt/ vtr compliquer.

complication /ˌkɒmplɪˈkeɪʃn/ n complication f.

compliment /ˈkɒmplɪmənt/ **I** n compliment m. **II compliments** npl **with compliments** avec tous nos compliments; **with the author's compliments** hommage de l'auteur. **III** vtr faire des compliments à.

complimentary /ˌkɒmplɪˈmentrɪ/ adj **to be complimentary** dire des choses gentilles; (free) gratuit.

comply /kəmˈplaɪ/ vi **to comply with** se plier à; **failure to comply with the rules** le non-respect des règles.

component /kəmˈpəʊnənt/ n GÉN composante f; TECH pièce f; ÉLEC composant m.

compose /kəmˈpəʊz/ **I** vtr, vi composer. **II** v refl **to compose oneself** se ressaisir.

composed /kəmˈpəʊzd/ adj calme.

composer /kəmˈpəʊzə(r)/ n compositeur/-trice m/f.

composition /ˌkɒmpəˈzɪʃn/ n composition f; SCOL rédaction f.

composure /kəmˈpəʊʒə(r)/ n **to lose/regain one's composure** perdre/retrouver son calme.

compound I /ˈkɒmpaʊnd/ n (place) enceinte f; (word) mot m composé; (mixture) composé m. **II** /ˈkɒmpaʊnd/ adj composé. **III** /kəmˈpaʊnd/ vtr aggraver.

comprehend /ˌkɒmprɪˈhend/ vtr comprendre, saisir.

comprehension /ˌkɒmprɪˈhenʃn/ n compréhension f.

comprehensive /ˌkɒmprɪˈhensɪv/ **I** GB n SCOL école (publique) secondaire. **II** adj complet/-ète, détaillé; [knowledge] vaste; SCOL **comprehensive**GB **school** école (publique) secondaire.

compress I /ˈkɒmpres/ n compresse f. **II** /kəmˈpres/ vtr comprimer.

comprise /kəmˈpraɪz/ vtr comprendre, être composé de.

compromise /ˈkɒmprəmaɪz/ **I** n compromis m. **II** vtr compromettre. **III** vi transiger, arriver à un compromis. **IV** v refl **to compromise oneself** se compromettre.

compulsive /kəmˈpʌlsɪv/ adj [▸ liar, gambler] invétéré; PSYCH compulsif/-ive; **compulsive eater** boulimique mf.

compulsory /kəmˈpʌlsərɪ/ adj obligatoire.

computer /kəmˈpjuːtə(r)/ n ordinateur m.

computer-aided adj assisté par ordinateur.

computer game n jeu m informatique.

computer graphics n (sg) infographie f.

computer literacy n maîtrise f de l'outil informatique.

computer-literate adj **to be computer-literate** avoir une bonne maîtrise de l'outil informatique.

computerization /kəmˌpjuːtəraɪˈzeɪʃn, -rɪˈz-US/ n informatisation f.

computerize /kəmˈpjuːtəraɪz/ vtr informatiser.

computer scientist n informaticien/-ienne m/f.

computing /kəmˈpjuːtɪŋ/ n informatique f.

con© /kɒn/ I n escroquerie f. II vtr (p prés etc **-nn-**) rouler©.

conceal /kənˈsiːl/ vtr dissimuler.

concede /kənˈsiːd/ vtr concéder.

conceited /kənˈsiːtɪd/ adj prétentieux/-ieuse.

conceive /kənˈsiːv/ vtr, vi concevoir.

concentrate /ˈkɒnsntreɪt/ I n concentré m. II vtr concentrer. III vi se concentrer.

concentration /ˌkɒnsnˈtreɪʃn/ n concentration f.

concept /ˈkɒnsept/ n concept m.

concern /kənˈsɜːn/ I n (worry) ¢ inquiétude f; (care) préoccupation f; *that's her concern* cela la regarde. II vtr (worry) inquiéter; (affect, interest) concerner, intéresser; *to whom it may concern* à qui de droit; *as far as the pay is concerned* en ce qui concerne le salaire; (be about) traiter de. III v refl *to concern oneself with sth/with doing* s'inquiéter de qch/de faire.

concerned /kənˈsɜːnd/ adj (anxious) inquiet/-ète; (involved) concerné; *all (those) concerned* toutes les personnes concernées; *to be concerned with* s'occuper de; *to be concerned in* être impliqué dans.

concerning /kənˈsɜːnɪŋ/ prep concernant.

concert /ˈkɒnsət/ n concert m.

concession /kənˈseʃn/ n concession f; (discount) réduction.

concessionaryGB /kənˈseʃənərɪ/ adj [price] réduit.

concise /kənˈsaɪs/ adj concis.

conclude /kənˈkluːd/ I vtr conclure, terminer; *to be concluded* (on TV) suite et fin au prochain épisode, (in magazine) suite et fin au prochain numéro. II vi [story] se terminer; [speaker] conclure.

conclusion /kənˈkluːʒn/ n fin f; *in conclusion* en conclusion, pour terminer.

conclusive /kənˈkluːsɪv/ adj [▸argument, evidence] concluant.

concoction /kənˈkɒkʃn/ n PÉJ mixture f.

concrete /ˈkɒŋkriːt/ I n béton m. II adj concret/-ète; *in concrete terms* concrètement. III in compounds CONSTR de béton.

concurrently /kənˈkʌrəntlɪ/ adv simultanément.

concussion /kənˈkʌʃn/ n MÉD commotion f cérébrale.

condemn /kənˈdem/ vtr condamner.

condense /kənˈdens/ I vtr condenser; *the condensed version* la version abrégée. II vi se condenser.

condensation /ˌkɒndenˈseɪʃn/ n (on walls) condensation f; (on windows) buée f.

condition /kənˈdɪʃn/ I n condition f; *on condition that* à condition que (+ subj); *it's in good/bad condition* c'est en bon/mauvais état. II vtr conditionner; *to condition one's hair* mettre de l'après-shampooing.

conditioner /kənˈdɪʃənə(r)/ n après-shampooing m.

condom /ˈkɒndɒm/ n préservatif m.

conduct I /ˈkɒndʌkt/ n conduite f. II /kənˈdʌkt/ vtr conduire; *conducted tour/visit* visite guidée; (carry out) mener, faire; MUS diriger. III /kənˈdʌkt/ v refl *to conduct oneself* se comporter.

conductor /kənˈdʌktə(r)/ n MUS chef m d'orchestre; (on bus) receveur m; RAIL chef m de train.

conducive /kənˈdjuːsɪv/ adj *to be conducive to* être favorable à.

cone /kəʊn/ n cône m; (for ice cream) cornet m.

confectioner /kənˈfekʃənə(r)/ n confiseur/-euse m/f.

confectionery /kənˈfekʃənərɪ, -ʃənerɪUS/ n confiserie f.

confer /kənˈfɜː(r)/ vtr, vi (p prés etc **-rr-**) conférer.

conference /ˈkɒnfərəns/ n colloque m.

confess /kənˈfes/ I vtr avouer, confesser. II vi avouer; *to confess to a crime* avouer un crime.

confession /kənˈfeʃn/ n confession f, aveu m.

confide /kənˈfaɪd/ vtr *to confide in sb* se confier à qn.

confidence /ˈkɒnfɪdəns/ n confiance f; POL *motion of no confidence* motion de censure; (self-assurance) assurance *f*; *in (strict) confidence* (tout à fait) confidentiellement.

confident /ˈkɒnfɪdənt/ *adj* sûr, confiant; (self-assured) sûr de soi.

confidently /ˈkɒnfɪdəntlɪ/ *adv* [speak] avec assurance; [expect] en toute confiance.

confined /kənˈfaɪnd/ *adj* restreint; *to be confined to bed* être alité.

confirm /kənˈfɜːm/ *vtr* confirmer; *to confirm receipt of sth* accuser réception de qch.

confirmed /kənˈfɜːmd/ *adj* [smoker, liar] invétéré; [bachelor, sinner] endurci.

confiscate /ˈkɒnfɪskeɪt/ *vtr* confisquer (**from** à).

conflict I /ˈkɒnflɪkt/ *n* conflit *m*. **II** /kənˈflɪkt/ *vi* être en contradiction; (happen at same time) tomber au même moment.

conflicting /kəˈflɪktɪŋ/ *adj* [▸views, interests] contradictoire.

conform /kənˈfɔːm/ *vi* [person] se conformer (à); [machine] être conforme.

confront /kənˈfrʌnt/ *vtr* faire face à; *to confront sb with sth/sb* mettre qn en présence de qch/qn.

confuse /kənˈfjuːz/ *vtr* décontenancer; (mix up) confondre; (complicate) compliquer.

confused /kənˈfjuːzd/ *adj* [person] troublé; [mind] confus; *to get confused* s'embrouiller; *I'm confused about what to do* je ne sais que faire.

confusing /kənˈfjuːzɪŋ/ *adj* déroutant; (too complicated) peu clair.

confusion /kənˈfjuːʒn/ *n* confusion *f*.

conger eel *n* congre *m*.

congested /kənˈdʒestɪd/ *adj* [road] embouteillé.

congestion /kənˈdʒestʃn/ *n* encombrement *m*.

Congo /ˈkɒŋɡəʊ/ *pr n* Congo *m*.

congratulate /kənˈɡrætʃʊleɪt/ **I** *vtr to congratulate sb on sth/on doing* féliciter qn de qch/d'avoir fait qch. **II** *v refl to congratulate oneself* se féliciter.

congratulations /kənˌɡrætʃʊˈleɪʃnz/ *npl* félicitations *fpl*.

congress /ˈkɒŋɡres, ˈkɒŋɡrəsUS/ *n* congrès *m*.

CongressUS /ˈkɒŋɡres, ˈkɒŋɡrəsUS/ *n* POL Congrès *m* (*américain*).

congresspersonUS *n* membre *mf* du Congrès (*américain*).

conjecture /kənˈdʒektʃə(r)/ *n* hypothèse *f*.

conjugate /ˈkɒndʒʊɡeɪt/ **I** *vtr* conjuguer. **II** *vi* LING se conjuguer.

conjugation /ˌkɒndʒʊˈɡeɪʃn/ *n* conjugaison *f*.

conjunction /kənˈdʒʌŋkʃn/ *n* conjonction *f*; *in conjunction* ensemble.

conjure /ˈkʌndʒə(r)/ *vi* faire des tours de prestidigitation.
■ **conjure up** faire apparaître [qch] comme par magie; FIG évoquer.

conjuror /ˈkʌndʒərə(r)/ *n* prestidigitateur/-trice *m/f*.

conman, con man *n* escroc *m*.

connect /kəˈnekt/ **I** *vtr* raccorder, relier; FIG associer; [▸appliance] brancher; TÉLÉCOM *to connect sb to sb* passer qn à qn. **II** *vi* [room] communiquer; [service, bus] assurer la correspondance.

connected /kəˈnektɪd/ *adj* lié; *everything connected with sth* tout ce qui se rapporte à qch; [town] relié; [appliance] branché; ORDINAT *to be connected to* être connecté à.

connecting /kəˈnektɪŋ/ *adj* [flight] de correspondance.

connection, connexion†GB /kəˈnekʃn/ *n* rapport *m*; (link) lien *m*; (contact) relation *f*; TÉLÉCOM communication *f*; (in travel) correspondance *f*; ORDINAT *Internet connection* connexion à Internet.

conquer /ˈkɒŋkə(r)/ **I** *vtr* [▸territory, people] conquérir; [▸enemy, disease] vaincre. **II conquering** *pres p adj* victorieux/-ieuse.

conqueror /ˈkɒŋkərə(r)/ *n* vainqueur *m*.

conquest /ˈkɒŋkwest/ *n* conquête *f*.

conscience /ˈkɒnʃəns/ *n* conscience *f*.

conscientious /ˌkɒnʃɪˈenʃəs/ *adj* consciencieux/-ieuse.

conscious /ˈkɒnʃəs/ *adj* conscient; (deliberate) réfléchi.

consciously /ˈkɒnʃəslɪ/ *adv* consciemment.

consciousness /ˈkɒnʃəsnɪs/ *n* conscience *f*; *to lose/regain consciousness* perdre/reprendre connaissance.

consensus /kənˈsensəs/ *n* consensus *m*.

consent /kənˈsent/ **I** *n* consentement *m*; *by common/mutual consent* d'un commun accord. **II** *vtr* **to consent to do** consentir à faire. **III** *vi* **to consent to sb doing** consentir à ce que qn fasse.

consequence /ˈkɒnsɪkwəns, -kwensUS/ *n* conséquence *f*; **as a consequence of** du fait de; **in consequence** par conséquent; **it's of no consequence** c'est sans importance.

consequently /ˈkɒnsɪkwentlɪ/ *adv* par conséquent.

conservation /kɒnsəˈveɪʃn/ *n* protection *f*; **energy conservation** la maîtrise de l'énergie.

conservationist /kɒnsəˈveɪʃənɪst/ *n* défenseur *m* des ressources naturelles.

conservative /kənˈsɜːvətɪv/ *adj* POL conservateur/-trice; (cautious) prudent; **at a conservative estimate** au bas mot.

Conservative /kənˈsɜːvətɪv/ *pr n* POL conservateur/-trice *m/f*.

conservatory /kənˈsɜːvətrɪ, -tɔːrɪUS/ *n* jardin *m* d'hiver; US MUS conservatoire *m*.

conserve /kənˈsɜːv/ **I** *n* confiture *f*. **II** *vtr* protéger, sauvegarder; (save up) économiser.

consider /kənˈsɪdə(r)/ **I** *vtr* considérer; **to consider why** examiner les raisons pour lesquelles; **to consider whether** décider si; **all things considered** tout compte fait; **to consider doing** envisager de faire. **II** *vi* réfléchir. **III** *v refl* **to consider oneself (to be) a genius** se prendre pour un génie.

considerable /kənˈsɪdərəbl/ *adj* considérable.

considerate /kənˈsɪdərət/ *adj* attentionné; **to be considerate towards sb** avoir des égards pour qn.

consideration /kənsɪdəˈreɪʃn/ *n* considération *f*, réflexion *f*; **to take sth into consideration** prendre qch en considération; **to be under consideration** [matter] être à l'étude.

considering /kənˈsɪdərɪŋ/ *prep, conj* étant donné, compte tenu de.

consist /kənˈsɪst/ *vi* **to consist of** se composer de; **to consist in doing** consister à faire.

consistency /kənˈsɪstənsɪ/ *n* consistance *f*; (logic) cohérence *f*.

consistent /kənˈsɪstənt/ *adj* constant; [sportsman, playing] régulier/-ière; (logical) cohérent; **consistent with** en accord avec.

console I /ˈkɒnsəʊl/ *n* ORDINAT console *f*. **II** /kənˈsəʊl/ *vtr* consoler. **III** /kənˈsəʊl/ *v refl* **to console oneself** se consoler.

consonant /ˈkɒnsənənt/ *n* consonne *f*.

conspicuous /kənˈspɪkjuəs/ *adj* visible; **to be conspicuous** se remarquer; **to make oneself conspicuous** se faire remarquer.

conspirator /kənˈspɪrətə(r)/ *n* conspirateur/-trice *m/f*.

constableGB /ˈkʌnstəbl, ˈkɒn-US/ *n* agent *m* (de police).

constant /ˈkɒnstənt/ **I** *n* constante *f*. **II** *adj* [care, temperature] constant; [disputes, questions] incessant; [attempts] répété.

constipation /kɒnstɪˈpeɪʃn/ *n* constipation *f*.

constituency /kənˈstɪtjuənsɪ/ *n* POL circonscription *f* électorale.

constituent /kənˈstɪtjuənt/ *n* POL électeur/-trice *m/f*.

constitution /kɒnstɪˈtjuːʃn, -ˈtuːʃnUS/ *n* constitution *f*; POL **the Constitution** la Constitution.

constraint /kənˈstreɪnt/ *n* contrainte *f*.

constrict /kənˈstrɪkt/ *vtr* comprimer; [▸ breathing, movement] gêner.

construct I /ˈkɒnstrʌkt/ *n* construction *f*. **II** /kənˈstrʌkt/ *vtr* construire.

construction /kənˈstrʌkʃn/ *n* construction *f*; **under construction** en construction.

consulate /ˈkɒnsjʊlət, -səl-US/ *n* consulat *m*.

consult /kənˈsʌlt/ **I** *vtr* **to consult sb about sth** consulter qn à propos de qch. **II** *vi* s'entretenir.

consulting room *n* MÉD cabinet *m*.

consultant /kənˈsʌltənt/ *n* consultant/-e *m/f*, conseiller/-ère *m/f*; MÉD spécialiste *mf* (attaché à un hôpital).

consultation /kɒnslˈteɪʃn/ *n* consultation *f*.

consume /kənˈsjuːm, -ˈsuːm-US/ *vtr* (use up, ingest) consommer; (destroy) consumer; (overwhelm) **to be consumed by/with** être dévoré par.

consumer /kənˈsjuːmə(r), -ˈsuːm-US/ *n* consommateur/-trice *m/f*; (of gas) abonné/-e *m/f*.

consumer products *npl* produits *mpl* de consommation.

consumer society *n* société *f* de consommation.

consumer spending *n* dépenses *fpl* des ménages.

consumption /kənˈsʌmpʃn/ *n* consommation *f*.

contact I /ˈkɒntækt/ *n* contact *m*. **II** /kənˈtækt, ˈkɒntækt/ *vtr* contacter, se mettre en rapport avec.

contact lens *n* lentille *f*, verre *m* de contact.

contagious /kənˈteɪdʒəs/ *adj* contagieux/-ieuse.

contain /kənˈteɪn/ **I** *vtr* contenir. **II** *v refl* **to contain oneself** se contenir.

container /kənˈteɪnə(r)/ *n* récipient *m*; (for transporting) conteneur *m*.

container ship *n* porte-conteneurs *m inv*.

contemplate /ˈkɒntəmpleɪt/ *vtr* contempler; **to contemplate doing sth** envisager de faire qch.

contemporary /kənˈtemprərɪ, -pərerɪ^US/ *n* contemporain/-e *m/f*. **II** *adj* contemporain; (up-to-date) moderne.

contempt /kənˈtempt/ *n* mépris *m*; **to hold sb/sth in contempt** mépriser qn/qch.

contemptuous /kənˈtemptjʊəs/ *adj* méprisant.

contend /kənˈtend/ **I** *vtr* **to contend that** soutenir que. **II** *vi* **to contend with** affronter.

contender /kənˈtendə(r)/ *n* concurrent/-e *m/f*.

content I /ˈkɒntent/ *n* contenu *m*; **form and content** le fond et la forme; **list of contents** table des matières. **II** /kənˈtent/ *adj* satisfait; **to be content to do** se contenter de faire.

contention /kənˈtenʃn/ *n* dispute *f*.

contest I /ˈkɒntest/ *n* concours *m*; **the presidential contest** la course à la présidence. **II** /kənˈtest/ *vtr* contester; (compete for) disputer.

contestant /kənˈtestənt/ *n* concurrent/-e *m/f*; (in fight) adversaire *mf*.

context /ˈkɒntekst/ *n* contexte *m*.

continent /ˈkɒntɪnənt/ *n* continent *m*; **on the Continent**^GB en Europe continentale.

continental^GB /ˌkɒntɪˈnentl/ **I** *n* Européen/-éenne *m/f* du continent. **II** *adj* [breakfast] à la française.

contingency /kənˈtɪndʒənsɪ/ *n* imprévu *m*; **to provide for all contingencies** parer à toute éventualité.

continue /kənˈtɪnjuː/ **I** *vtr* continuer, poursuivre; **to be continued** [episode] à suivre. **II** *vi* se poursuivre; (in speech) poursuivre.

continual /kənˈtɪnjʊəl/ *adj* continuel/-elle.

continuation /kənˌtɪnjʊˈeɪʃn/ *n* continuation *f*; (resumption) continuation, reprise *f*; (in book) suite *f*; (of contract) prolongation *f*.

continuous /kənˈtɪnjʊəs/ *adj* continu; **continuous assessment**^GB SCOL contrôle continu.

continuously /kənˈtɪnjʊəslɪ/ *adv* sans interruption.

contraception /ˌkɒntrəˈsepʃn/ *n* contraception *f*.

contraceptive /ˌkɒntrəˈseptɪv/ **I** *n* contraceptif *m*. **II** *adj* [method] contraceptif/-ive; **contraceptive device** contraceptif *m*.

contract I /ˈkɒntrækt/ *n* contrat *m*. **II** /kənˈtrækt/ *vtr* [▸disease] contracter. **III** /kənˈtrækt/ *vi* **to contract to do** s'engager par contrat à faire; [muscles] se contracter.

contradiction /ˌkɒntrəˈdɪkʃn/ *n* contradiction *f*.

contrary I /ˈkɒntrərɪ, -trerɪ^US/ **I** *n* contraire *m*; **on the contrary** (bien) au contraire. **II** *adj* **to be contrary to** être contraire à. **III contrary to** *prep phr* contrairement à; **contrary to expectations** contre toute attente.

contrast I /ˈkɒntrɑːst, -træst^US/ *n* contraste *m*; **in contrast to sb** à la différence de qn. **II** /kənˈtrɑːst, -ˈtræst^US/ *vtr* **to contrast X with Y** comparer X à Y. **III** *vi* contraster. **IV contrasting** *adj* [examples, opinions] opposé.

contribute /kənˈtrɪbjuːt/ **I** *vtr* donner; [▸ideas] apporter; [▸article] écrire. **II** *vi* **to contribute to/towards** contribuer à; (to magazine) collaborer (à).

contribution /ˌkɒntrɪˈbjuːʃn/ *n* contribution *f*; **to make a contribution** faire un don.

contrive /kənˈtraɪv/ *vtr* organiser; **to contrive to do** trouver moyen de faire; [▸plot] inventer.

contrived /kənˈtraɪvd/ *adj* artificiel/-le.

control /kənˈtrəʊl/ **I** *n* contrôle *m*; **to be in control of/to have control over** contrôler; **to lose control of** perdre le contrôle de; **everything's under control** tout va bien; (on vehicle, equipment) commande *f*. **II in**

compounds [knob] de commande; [tower] de contrôle. **III** *vtr* (*p prés etc* **-ll-**) contrôler; (command, operate) diriger; (dominate) dominer; (discipline) maîtriser; (regulate) régler. **IV** *v refl* **to control oneself** se contrôler.

control key *n* ORDINAT touche *f* contrôle.

controversial /ˌkɒntrəˈvɜːʃl/ *adj* controversé; (open to criticism) discutable.

convenience /kənˈviːnɪəns/ *n* avantage *m*; **at your convenience** quand cela vous conviendra.

convenient /kənˈviːnɪənt/ *adj* pratique, commode; **it's convenient for them** ça les arrange.

conveniently /kənˈviːnɪəntlɪ/ *adv* [arrange] de façon commode; **conveniently situated** bien situé.

convention /kənˈvenʃn/ *n* convention *f*; (social norms) **to defy convention** braver les convenances.

conventional /kənˈvenʃənl/ *adj* conventionnel/-elle.

conversation /ˌkɒnvəˈseɪʃn/ *n* conversation *f*.

conversion /kənˈvɜːʃn, kənˈvɜːrʒn^US/ *n* conversion *f*.

conversion rate *n* FIN taux *m* de change.

convert I /ˈkɒnvɜːt/ *n* converti/-e *m/f*. **II** /kənˈvɜːt/ *vtr* convertir; (change) transformer; [▸ building] aménager; (in rugby) transformer. **III** /kənˈvɜːt/ *vi* se convertir.

convertible /kənˈvɜːtəbl/ *n* AUT décapotable *f*.

convey /kənˈveɪ/ *vtr* [▸ message, information] transmettre; [▸ feeling, idea] exprimer.

convict I /ˈkɒnvɪkt/ *n* détenu/-e *m/f*. **II** /kənˈvɪkt/ *vtr* condamner.

conviction /kənˈvɪkʃn/ *n* conviction *f*; JUR condamnation *f*.

convince /kənˈvɪns/ **I** *vtr* **to convince sb of sth** convaincre, persuader qn de qch. **II** *v refl* **to convince oneself** se convaincre.

coo /kuː/ **I** *n* roucoulement *m*. **II** *vi* roucouler; **to coo over** [▸ baby] s'extasier devant.

cook /kʊk/ **I** *n* cuisinier/-ière *m/f*. **II** *vtr* préparer. **III** *vi* [person] faire la cuisine; [meal] cuire; **there's sth cooking**© il y a qch qui se mijote©.

cooker^GB /ˈkʊkə(r)/ *n* cuisinière *f*.

cookie /ˈkʊkɪ/ *n* biscuit *m*; ORDINAT mouchard *m*, cookie *m*.

cooking /ˈkʊkɪŋ/ *n* **to do the cooking** faire la cuisine.

cool /kuːl/ **I** *adj* [day, water, weather] frais/fraîche; **it's cool today** il fait frais aujourd'hui; (calm) calme; **to stay cool** ne pas s'énerver; (unfriendly) froid; (casual) décontracté, cool©; (sophisticated)© branché©; (great)©^US super©. **II** *vtr* [▸ wine, room] rafraîchir; FIG calmer. **III** *vi* (get colder) refroidir; [enthusiasm] faiblir.
■ **cool down** refroidir; FIG se calmer.

coolly /ˈkuːllɪ/ *adv* froidement; (calmly) calmement.

cooperate /kəʊˈɒpəreɪt/ *vi* coopérer.

coordinate /kəʊˈɔːdɪneɪt/ **I** *vtr* coordonner. **II** *vi* aller bien ensemble.

cop© /kɒp/ *n* flic© *m*.

cope /kəʊp/ *vi* s'en sortir, se débrouiller; **it's more than I can cope with** je ne m'en sors plus; (deal) faire face (à); **to cope with demand** faire face à la demande; (emotionally) **to cope with sb/sth** supporter qn/qch.

co-parenting /ˈkəʊpeərəntɪŋ/ *n* coparentalité *f*.

copper /ˈkɒpə(r)/ *n* cuivre *m*.

copy /ˈkɒpɪ/ **I** *n* copie *f*; (of book, report) exemplaire *m*. **II** *vtr, vi* copier; **to copy sth down/out** recopier qch.

copy and paste ORDINAT **I** *n* copier-coller *m*. **II** *vtr* copier-coller.

copyright /ˈkɒpɪraɪt/ *n* copyright *m*, droit *m* d'auteur.

coral /ˈkɒrəl, ˈkɔːrəl^US/ *n* corail *m*.

cord /kɔːd/ *n* cordon *m*; ÉLEC fil *m*, cordon *m*; (corduroy) velours *m* côtelé; **cords**© pantalon en velours (côtelé).

cordial /ˈkɔːdɪəl, ˈkɔːrdʒəl^US/ **I** *n* [fruit] sirop *m* de fruits; [liqueur]^US liqueur *m*. **II** *adj* cordial.

cordless /ˈkɔːdlɪs/ *adj* sans fil.

cordon /ˈkɔːdn/ *n* cordon *m*.
■ **cordon off** [▸ street, area] boucler.

corduroy /ˈkɔːdərɔɪ/ *n* velours *m* côtelé; **corduroys** un pantalon en velours (côtelé).

core /kɔː(r)/ *n* (of apple) trognon *m*; (of problem) cœur *m*; **rotten to the core** pourri jusqu'à l'os; SCOL **the core curriculum** le tronc commun.

coriander n coriandre f.

cork /kɔːk/ **I** n liège m; (for bottle) bouchon m. **II** vtr boucher.

corn /kɔːn/ n ᴳᴮ plante f céréalière m; ᵁˢ maïs m; (on foot) cor m.

corkscrew n tire-bouchon m.

corner /ˈkɔːnə(r)/ **I** n angle m, coin m; *just around the corner* tout près; (bend) virage m; (place) coin m; (in geometry) angle m. **II** vtr [▸ animal, enemy] acculer; [▸ person] coincer☺.

corner shop n petite épicerie f.

cornet /ˈkɔːnɪt/ n cornet m.

cornflower n bleuet m.

corny☺ /ˈkɔːnɪ/ adj PÉJ [joke] éculé; [film, story] à la guimauve.

coronary /ˈkɒrənrɪ, ˈkɔːrənerɪᵁˢ/ **I** n MÉD infarctus m. **II** adj [▸ vein, artery] coronaire.

coronation /kɒrəˈneɪʃn, kɔːr-ᵁˢ/ n couronnement m.

corporate /ˈkɔːpərət/ adj COMM d'entreprise.

corporation /kɔːpəˈreɪʃn/ n COMM (grande) société f; [town council]ᴳᴮ conseil m municipal.

corpse /kɔːps/ n cadavre m.

correct /kəˈrekt/ **I** adj correct, bon/bonne; *you are quite correct* tu as parfaitement raison; [figure] exact. **II** vtr corriger. **III** v refl *to correct oneself* se reprendre.

correction /kəˈrekʃn/ n correction f, rectification f.

correspond /kɒrɪˈspɒnd, kɔːr-ᵁˢ/ vi correspondre; *80 km corresponds to 50 miles* 80 km équivalent à 50 miles.

correspondence /kɒrɪˈspɒndəns, kɔːr-ᵁˢ/ n correspondance f.

correspondent /kɒrɪˈspɒndənt, kɔːr-ᵁˢ/ n correspondant/-e m/f.

corridor /ˈkɒrɪdɔː(r), ˈkɔːr-ᵁˢ/ n couloir m.

corrupt /kəˈrʌpt/ **I** adj corrompu. **II** vtr, vi corrompre.

corruption /kəˈrʌpʃn/ n corruption f.

Corsica /ˈkɔːsɪkə/ pr n Corse f.

Corsican /ˈkɔːsɪkən/ **I** n Corse mf. **II** adj corse.

cos lettuce /kɒz ˈletɪs/ n (salad) romaine f.

cosmetic /kɒzˈmetɪk/ **I** n produit m de beauté. **II** adj décoratif/-ive.

cosmetic surgery n chirurgie f esthétique.

cosmopolitan /kɒzməˈpɒlɪtn/ n, adj cosmopolite (mf).

cost /kɒst, kɔːstᵁˢ/ **I** n coût m, prix m; *at cost* au prix coûtant; *at all costs* à tout prix; *whatever the cost* coûte que coûte. **II costs** npl frais mpl. **III** vtr (prét, pp **cost**) coûter; *to cost money* coûter cher.

Costa Rica /kɒstəˈriːkə/ pr n Costa Rica m.

cost-effective adj rentable.

costly /ˈkɒstlɪ, ˈkɔːstlɪᵁˢ/ adj coûteux/-euse.

cost of living n ÉCON coût m de la vie.

costume /ˈkɒstjuːm, -tuːmᵁˢ/ n costume m; (swimsuit)ᴳᴮ maillot m de bain.

cosyᴳᴮ, **cozy**ᵁˢ /ˈkəʊzɪ/ adj douillet/-ette; *I feel cosy* je suis confortablement installé; *it's cosy here* on est bien ici.

cot /kɒt/ n ᴳᴮ lit m de bébé; ᵁˢ lit m de camp.

cottage /ˈkɒtɪdʒ/ n maisonnette f; (thatched) chaumière f; *weekend cottage* maison f de campagne; *cottage cheese* fromage blanc.

cotton /ˈkɒtn/ n coton m.

cotton candyᵁˢ n barbe f à papa.

cotton woolᴳᴮ n ouate f (de coton).

couch /kaʊtʃ/ n canapé m.

couch potato☺ n PÉJ pantouflard/-e☺ m/f (qui passe son temps devant la télévision).

cough /kɒf, kɔːfᵁˢ/ **I** n toux f. **II** vi tousser.

could /kʊd/ ▸ **can**¹.

couldn't /ˈkʊdnt/ = **could not**.

council /ˈkaʊnsl/ **I** n conseil m. **II** in compounds municipal; *council house* ≈ habitation f à loyer modéré.

council taxᴳᴮ n ≈ impôts locaux.

counselling, **counseling**ᵁˢ /ˈkaʊnsəlɪŋ/ n assistance f; *careers counselling*ᴳᴮ orientation professionnelle.

count /kaʊnt/ **I** n GÉN décompte m; *to lose count* ne plus savoir où on en est dans ses calculs; *cholesterol count* taux de cholestérol; *the official count* le chiffre officiel; (nobleman) comte m. **II** vtr compter; *to count oneself happy* s'estimer heureux. **III** vi compter.

■ **count on** compter sur; **count out** *to count out the money* compter l'argent; *count me out!* ne compte pas sur moi!

countdown /ˈkaʊntdaʊn/ n compte m à rebours.

counter /ˈkaʊntə(r)/ **I** n comptoir m; (in bank, post office) guichet m; (of a shop) rayon m; *available over the counter* [medicine] vendu sans ordonnance; (token) jeton m. **II** vtr [▸accusation] répondre à; [▸effet] neutraliser; [▸blow] parer. **III counter+** combining form contre-.

counter-clockwise /kaʊntəˈklɒkwaɪz US/ adj, adv dans le sens inverse des aiguilles d'une montre.

counterfeit /ˈkaʊntəfɪt/ **I** n contrefaçon f. **II** adj contrefait; *counterfeit money* fausse monnaie f. **III** vtr contrefaire.

counterpart /ˈkaʊntəpɑːt/ n (person) homologue mf; (company) concurrent m.

countess /ˈkaʊntɪs/ n comtesse f.

countless /ˈkaʊntlɪs/ adj *countless letters* un nombre incalculable de lettres.

country /ˈkʌntrɪ/ **I** n pays m; (native land) patrie f; (out of town) campagne f; (music) country m. **II** in compounds [road, house] de campagne; [scene] campagnard; *country life* la vie à la campagne.

countryside /ˈkʌntrɪsaɪd/ n campagne f.

county /ˈkaʊntɪ/ n comté m.

coup /kuː/ n coup m d'État; *to pull off/score a coup* réussir/faire un beau coup.

couple /ˈkʌpl/ n couple m; *a couple of* (two) deux; (a few) deux ou trois.

coupon /ˈkuːpɒn/ n bon m; *reply coupon* coupon-réponse.

courage /ˈkʌrɪdʒ/ n courage m.

courgette GB n courgette f.

courier /ˈkʊrɪə(r)/ n GB accompagnateur/-trice m/f; (for parcels) coursier m.

course /kɔːs/ **I** n cours m; *in the course of* au cours de; *in due course* en temps utile; *to change course* changer de direction; *a course of treatment* un traitement; (part of meal) plat m. **II of course** adv phr bien sûr, évidemment.

court /kɔːt/ **I** n JUR cour f, tribunal m; *to go to court* aller devant les tribunaux; *to take sb to court* poursuivre qn en justice; (for tennis, squash) court m; (for basketball) terrain m; (of sovereign) cour f. **II** vtr courtiser.

court order n JUR décision f de justice.

courtroom /ˈkɔːtruːm, -rʊm/ n JUR salle f d'audience.

courteous /ˈkɜːtɪəs/ adj courtois.

courtesy /ˈkɜːtəsɪ/ n courtoisie f; *(by) courtesy of* (with permission from) avec la (gracieuse) permission de; (with funds from) grâce à la générosité de, offert par; (thanks to) grâce à.

courtier /ˈkɔːtɪə(r)/ n courtisan/dame de cour m/f.

court of inquiry n commission f d'enquête.

courtyard n cour f.

cousin /ˈkʌzn/ n cousin/-e m/f.

cover /ˈkʌvə(r)/ **I** n couverture f; (for duvet, typewriter, furniture) housse f; (for umbrella, blade, knife) fourreau m; *under cover* à l'abri; *under cover of darkness* à la faveur de la nuit; (insurance) GB assurance f. **II** vtr couvrir; [▸distance, area] parcourir; (extend over) s'étendre sur; [▸ignorance] cacher. **III** v refl *to cover oneself* se protéger.

■ **cover up** (put clothes on) se couvrir; [▸mistake, truth] dissimuler; [▸scandal] étouffer.

coverage /ˈkʌvərɪdʒ/ n (in media, mobile phone) couverture f; *live coverage* reportage en direct; (in book, programme) traitement m.

cover-up n opération f de camouflage.

cow /kaʊ/ n vache f.
● *till the cows come home*☺ à la saint-glinglin☺.

coward /ˈkaʊəd/ n lâche mf.

cowboy /ˈkaʊbɔɪ/ n cowboy m; (incompetent worker)☺GB PÉJ fumiste m.

cowslip n (flower) coucou m.

coy /kɔɪ/ adj de fausse modestie; *to be coy about sth* être discret à propos de qch.

crab /kræb/ n crabe m.

crab apple n pommier m sauvage; (fruit) pomme f sauvage.

crack /kræk/ **I** n (in varnish, ground) craquelure f; (in cup, bone) fêlure f; (in rock) fissure f; (noise) craquement m; (joke)☺ blague☺ f. **II** ☺ adj [player] de première; [troops] d'élite. **III** vtr fêler; [▸nut, egg] casser; *to crack sth open* ouvrir qch; [▸problem] résoudre; [▸code] déchiffrer; *to crack a joke*☺ sortir une blague☺. **IV** vi craquer; *to crack under pressure* ne pas tenir le coup.

■ **crack down** sévir (on contre); **crack up**☺ (have breakdown) craquer; (laugh) éclater de rire.

cracker /ˈkrækə(r)/ n biscuit m salé; (banger) pétard m; (for Christmas) diablotin m.

crackle /ˈkrækl/ vi [fire, radio] crépiter; [hot fat] grésiller.

crackling /ˈkræklɪŋ/ n crépitement m; (on radio) friture© f.

cradle /ˈkreɪdl/ n berceau m.

craft /krɑːft, kræftUS/ n (skill) art m; (job) métier m; (handiwork) artisanat m; **arts and crafts** artisanat (d'art); (boat) embarcation f.

craftsman n (pl **-men**) artisan m.

craftwork /ˈkrɑːftwɜːk/ n artisanat m.

cram /kræm/ (p prés etc **-mm-**) I vtr **to cram sth into** enfoncer/fourrer qch dans; **to cram a lot into one day** faire beaucoup de choses dans une seule journée. II vi SCOL bachoter. III v refl **to cram oneself with** se bourrer de.

cramp /kræmp/ n crampe f.

cramped /kræmpt/ adj exigu/-uë.

cranberry /ˈkrænbərɪ, -berɪUS/ n canneberge f; **cranberry sauce** sauce à la canneberge.

crane /kreɪn/ I n (bird, mechanical) grue f. II vtr **to crane one's neck** tendre le cou.

crank /kræŋk/ n allumé/-e© m/f.

crap© /kræp/ I n conneries fpl. II adj nul/nulle.

crash /kræʃ/ I n (noise) fracas m; (accident) accident m; (of stock market) krach m; ORDINAT plantage© m. II vtr **to crash the car** avoir un accident de voiture. III vi [car, plane] s'écraser; [share prices] s'effondrer; ORDINAT planter©. IV in compounds **crash landing** atterrissage en catastrophe.

crash course n cours m intensif.

crash helmet n casque m.

crate /kreɪt/ n caisse f; (for fruit) cageot m.

craving /ˈkreɪvɪŋ/ n (for drug) besoin m maladif; (for fame, love) soif f; (for food) envie f.

crawl /krɔːl/ I n SPORT crawl m. II vi ramper; [baby] marcher à quatre pattes; [vehicle] rouler au pas; **to be crawling with** fourmiller de.

crawler© /ˈkrɔːlə(r)/ n ORDINAT robot m de recherche.

crayfish /ˈkreɪfɪʃ/ n (freshwater) écrevisse f; (lobster) langouste f.

craze /kreɪz/ n engouement m; **to be the latest craze** faire fureur.

crazed /kreɪzd/ adj fou/folle.

crazy© /ˈkreɪzɪ/ adj fou/folle; **crazy about** [▸person] fou/folle de; [▸activity] passionné de.

creak /kriːk/ vi [door] grincer; [floorboard] craquer.

cream /kriːm/ I n crème f; **the cream of society** la fine fleur de la société. II in compounds [cake] à la crème. III adj crème inv.

cream teaGB n thé complet accompagné de scones avec de la crème fraîche et de la confiture.

creamy /ˈkriːmɪ/ adj crémeux/-euse.

crease /kriːs/ I n pli m. II vtr, vi froisser, se froisser.

crease-resistant /ˈkriːsrɪsɪstənt/ adj [▸fabric] infroissable.

create /kriːˈeɪt/ vtr créer; [▸scandal, impression] faire.

creation /kriːˈeɪʃn/ n création f.

creative /kriːˈeɪtɪv/ adj créatif/-ive.

creature /ˈkriːtʃə(r)/ n créature f.

credentials /krɪˈdenʃlz/ npl qualifications fpl.

credit /ˈkredɪt/ I n crédit m; (praise) mérite m; **it does you credit** c'est tout à votre honneur; (recognition) **to give credit to sb** reconnaître le mérite de qn; SCOL unité f de valeur. II **credits** npl CIN, TV générique m. III vtr [▸account] créditer; **to credit sb with** attribuer à qn.

credit account, **C/A** n COMM, FIN compte m personnel.

credit card n carte f de crédit.

credit crunch n ▸ credit squeeze.

credit freeze n ÉCON gel m des crédits.

credit limit n FIN autorisation f de découvert.

creditor /ˈkredɪtə(r)/ n COMM, FIN créancier/-ière m/f.

credit squeeze n ÉCON encadrement f du crédit.

creditworthiness /ˈkredɪtwɜːðɪnɪs/ n FIN solvabilité f.

creed /kriːd/ n croyance f.

creek /kriːk, krɪkUS/ n (from river) bras m mort; (stream) ruisseau m.

creep /kriːp/ **I** © n GB lèche-bottes© mf inv; (repellent person) horreur© f. **II** vi (prét, pp **crept**) ramper.

● **to give sb the creeps**© donner la chair de poule à qn©.

creepy© /ˈkriːpɪ/ adj [film] glaçant; [person] affreux/-euse©.

crept /krept/ prét, pp ▶ **creep**.

crescent /ˈkresnt/ n croissant m; GB rangée de maisons en arc de cercle.

cress /kres/ n cresson m.

crest /krest/ n crête f.

crew /kruː/ n AVIAT, NAUT équipage m; CIN, TV équipe f.

crew-neck adj [sweater] ras du cou.

cricket /ˈkrɪkɪt/ n grillon m; (sport) cricket m.

crime /kraɪm/ n crime m, délit m.

criminal /ˈkrɪmɪnl/ n, adj criminel/-elle m/f, adj.

criminal court n cour f d'assises.

crimson /ˈkrɪmzn/ n, adj cramoisi (m).

cripple /ˈkrɪpl/ **I** n INJUR estropié/-e m/f. **II** vtr estropier; **crippled for life** infirme à vie; FIG paralyser.

crisis /ˈkraɪsɪs/ n (pl **-ses**) crise f.

crisp /krɪsp/ **I** GB n **crisps** chips f inv. **II** adj [batter, biscuit] croustillant; [fruit] croquant; [air] vif/vive.

crispy /ˈkrɪspɪ/ adj croustillant.

criterion /kraɪˈtɪərɪən/ n (pl **-ia**) critère m.

critic /ˈkrɪtɪk/ n critique m.

critical /ˈkrɪtɪkl/ adj critique.

critically /ˈkrɪtɪklɪ/ adv [compare, examine] d'un œil critique; [ill] très gravement.

criticism /ˈkrɪtɪsɪzəm/ n critique f.

criticize /ˈkrɪtɪsaɪz/ vtr critiquer; **to criticize sb for sth** reprocher qch à qn.

Croatia /krəʊˈeɪʃə/ pr n Croatie f.

crockery /ˈkrɒkərɪ/ n vaisselle f.

crocodile /ˈkrɒkədaɪl/ n crocodile m.

crony /ˈkrəʊnɪ/ n PÉJ copain/copine m/f.

crook /krʊk/ n (criminal) escroc m; (shepherd's) houlette f; (bishop's) crosse f.

crooked /ˈkrʊkɪd/ **I** adj [stick, finger] crochu; [person]© malhonnête. **II** adv de travers.

crop /krɒp/ **I** n (produce) culture f; (harvest) récolte f. **II** vtr (p prés etc **-pp-**) [hair] couper [qch] court.

■ **crop up** [matter, problem] surgir.

cross /krɒs, krɔːsUS/ **I** n croix f; **put a cross in the box** cochez la case; (hybrid) croisement m. **II** adj fâché; **to be cross with sb** être fâché contre qn. **III** vtr traverser; [▸ border, line, mountains] franchir; **it crossed his mind that** il lui est venu à l'esprit que; **to cross one's legs** croiser les jambes; [▸ text] barrer. **IV** vi se croiser, se couper; **to cross to America** aller en Amérique. **V** v refl **to cross oneself** faire un signe de croix.

■ **cross out** [▸ text] rayer, barrer [qch]; **cross over** (go across) traverser.

cross-country /ˈkrɒsˌkʌntrɪ, krɔːs-US/ **I** n cross m. **II** adj de cross; (skiing) de fond.

cross-examine /ˌkrɒsɪgˈzæmɪn, krɔːs-US/ vtr JUR faire subir un contre-interrogatoire à.

cross-examination n JUR contre-interrogatoire m.

cross-eyed /ˈkrɒsaɪd/ adj (person) atteint de strabisme, qui louche; **to be cross-eyed** loucher, avoir un strabisme.

crossing /ˈkrɒsɪŋ, ˈkrɔːsɪŋUS/ n (journey) traversée f; (marked) passage m (pour) piétons; (level crossing) passage m à niveau.

crossroads n carrefour m.

crosswise adj, adv en diagonale.

crossword n mots mpl croisés.

crouch /kraʊtʃ/ vi s'accroupir; (in order to hide) se tapir.

crow /krəʊ/ n corbeau m.

crowd /kraʊd/ **I** n foule f; **crowds of people** une foule de gens; (group)© bande f. **II** vtr encombrer. **III** vi **to crowd into** s'entasser dans.

crowded /ˈkraʊdɪd/ adj **to be crowded with people** être plein de monde; [schedule] chargé.

crown /kraʊn/ **I** n couronne f. **II** vtr couronner.

crucial /ˈkruːʃl/ adj crucial.

crude /kruːd/ **I** n pétrole m brut. **II** adj (rough) rudimentaire; (vulgar, rude) grossier/-ière; (unprocessed) brut.

cruel /ˈkrʊəl/ adj cruel/-elle.

cruelty /ˈkrʊəltɪ/ n cruauté (envers) f.

cruise /kruːz/ **I** n croisière f. **II** vtr **to cruise the Nile** faire une croisière sur le Nil; [▸ street, city] parcourir. **III** vi faire une croisière; [plane] voler à une altitude de croisière de.

cruiser /ˈkruːzə(r)/ n petit bateau m de croisière.

crumb /krʌm/ n miette f.

crumble /ˈkrʌmbl/ **I** vtr émietter. **II** vi (in small pieces) s'effriter; (decay) se délabrer; (fall apart) s'effondrer; (tumble) s'écrouler.

crummy© /ˈkrʌmɪ/ adj minable©; **to feel crummy**US se sentir patraque©.

crumpetGB /ˈkrʌmpɪt/ n CULIN petit pain spongieux à griller.

crumple /ˈkrʌmpl/ **I** vtr froisser. **II** vi se froisser.

crunch /krʌntʃ/ vtr (eat) croquer; (making noise) faire crisser.

crusade /kruːˈseɪd/ n croisade f.

crush /krʌʃ/ **I** n (crowd) bousculade f; **orange/lemon crush**GB boisson à l'orange/ au citron. **II** vtr [▸ fruit, person, vehicle] écraser; [▸ protest] étouffer; [▸ hopes, person] anéantir.

crushing /ˈkrʌʃɪŋ/ adj [defeat, weight] écrasant; [blow] cinglant.

crust /krʌst/ n croûte f; **the earth's crust** l'écorce terrestre.

cry /kraɪ/ **I** n cri m; **a cry for help** un appel à l'aide. **II** vtr crier; [▸ tears] verser. **III** vi pleurer; **to cry with laughter** rire aux larmes.

crystal /ˈkrɪstl/ n cristal m.
● **crystal clear** clair comme de l'eau de roche.

cub /kʌb/ n (young animal) petit m.

Cuba /ˈkjuːbə/ pr n Cuba f.

Cuban /ˈkjuːbən/ **I** n Cubain/-e m/f. **II** adj cubain.

cube /kjuːb/ n cube m; **sugar cube** sucre m; **ice cube** glaçon m.

cubic /ˈkjuːbɪk/ adj (form) cubique; [metre, centimetre] cube inv.

cubicle /ˈkjuːbɪkl/ n cabine f.

cuckoo /ˈkʊkuː/ n (bird) coucou m.

cucumber /ˈkjuːkʌmbə(r)/ n concombre m.

cuddle /ˈkʌdl/ n câlin m. **II** vtr câliner.
■ **cuddle up** se blottir.

cue /kjuː/ n (line) réplique f; (action) signal m; (stick) queue f de billard.

cuff /kʌf/ n poignet m; (on shirt) manchette f.

cuff link n bouton m de manchette.

culminate /ˈkʌlmɪneɪt/ vi **to culminate in sth** aboutir à qch.

culprit /ˈkʌlprɪt/ n coupable mf.

cult /kʌlt/ n culte m.

cultivate /ˈkʌltɪveɪt/ vtr cultiver.

cultural /ˈkʌltʃərəl/ adj culturel/-elle.

culture /ˈkʌltʃə(r)/ n culture f.

cultured /ˈkʌltʃəd/ adj cultivé.

cumbersome /ˈkʌmbəsəm/ adj encombrant.

cunning /ˈkʌnɪŋ/ **I** n astuce f; PÉJ ruse f. **II** adj [person] rusé; [device] astucieux/-ieuse.

cup /kʌp/ n tasse f; SPORT coupe f.

cup tieGB n match m de coupe.

cupboard /ˈkʌbəd/ n placard m.

curateGB /ˈkjʊərət/ n vicaire m.

curator /kjʊəˈreɪtə(r), ˈkjʊərətər US/ n (of museum, gallery) conservateur/-trice m/f.

curb /kɜːb/ **I** n restriction f; (sidewalk)US bord m du trottoir. **II** vtr limiter.

cure /kjʊə(r)/ **I** n (remedy) remède m; (recovery) guérison f. **II** vtr guérir; **to cure sb of sth** guérir qn de qch; CULIN sécher, fumer.

curfew /ˈkɜːfjuː/ n couvre-feu m.

curiosity /kjʊərɪˈɒsətɪ/ n curiosité f.

curious /ˈkjʊərɪəs/ adj curieux/-ieuse.

curl /kɜːl/ **I** n boucle f. **II** vi friser.
● **to make sb's hair curl**© faire dresser les cheveux sur la tête de qn.
■ **curl up** se pelotonner; **to curl up in bed** se blottir dans son lit.

curly /ˈkɜːlɪ/ adj frisé, bouclé.

currant /ˈkʌrənt/ n raisin m de Corinthe.

currency /ˈkʌrənsɪ/ n monnaie f, devise f.

current /ˈkʌrənt/ **I** n courant m. **II** adj (present) actuel/-elle; **in current use** usité; **current affairs** l'actualité.

currently /ˈkʌrəntlɪ/ adv actuellement, en ce moment.

curriculum /kəˈrɪkjʊləm/ n (pl **-la**) SCOL programme m.

curry /ˈkʌrɪ/ n curry m.
● **to curry favour** chercher à se faire bien voir (**with sb** de qn).

curse /kɜːs/ I *n* fléau *m*; (swearword) juron *m*; (spell) malédiction *f*; *to put a curse on* maudire qn. II *vtr* maudire. III *vi* jurer.

cursor /ˈkɜːsə(r)/ *n* ORDINAT curseur *m*.

curt /kɜːt/ *adj* sec/sèche.

curtail /kɜːˈteɪl/ *vtr* [▸service] réduire; [▸holiday] écourter.

curtain /ˈkɜːtn/ *n* rideau *m*.

curve /kɜːv/ I *n* courbe *f*. II *vtr* courber. III *vi* faire une courbe.

cushion /ˈkʊʃn/ I *n* coussin *m*. II *vtr* amortir.

custardGB /ˈkʌstəd/ *n* (creamy) ≈ crème anglaise; (set, baked) flan *m*.

custody /ˈkʌstədɪ/ *n* JUR *in custody* en détention; *to take sb into custody* arrêter qn; (of child) garde *f*.

custom /ˈkʌstəm/ *n* coutume *f*, habitude *f*; *it's her custom to do* elle a l'habitude de faire; COMMGB clientèle *f*.

customary /ˈkʌstəmərɪ, -merɪUS/ *adj* habituel/-elle; *as is/was customary* comme de coutume.

customer /ˈkʌstəmə(r)/ *n* client/-e *m/f*; *customer services* service clientèle; (person)© type© *m*.

customize /ˈkʌstəmaɪz/ *vtr* personnaliser.

custom-made /ˌkʌstəmˈmeɪd/ *adj* personnalisé.

customs /ˈkʌstəmz/ *n* douane *f*.

customs officer *n* douanier/-ière *m/f*.

cut /kʌt/ I *n* coupure *f*; (style) coupe *f*; (reduction) réduction *f*; *a price cut* une baisse des prix; *job cuts* suppressions d'emplois; (share)© part *f*; CULIN morceau *m*. II *vtr* (*p prés* **-tt-**; *prét*, *pp* **cut**) couper; *to have one's hair cut* se faire couper les cheveux; *to cut sth open* ouvrir qch; [▸scene] supprimer; (reduce) réduire. III *vi* couper. IV *v refl to cut oneself* se couper.

■ **cut back** réduire; **cut down** [▸forest, tree] abattre; [▸number, time, spending] réduire; *to cut down on smoking* fumer moins; **cut off** supprimer; *to feel cut off* se sentir isolé; **cut short** [▸sth] abréger; [▸sb] interrompre.

cut and paste I *n* ORDINAT couper-coller *m*. II *vtr* couper-coller.

cutback /ˈkʌtbæk/ *n* ÉCON réduction *f*; *cutbacks in* réductions dans le budget de.

cute© /kjuːt/ *adj* mignon/-onne.

cutlery /ˈkʌtlərɪ/ *n* ₵ couverts *mpl*.

cut-priceGB /ˌkʌtˈpraɪs/ *adj*, *adv* à prix réduit.

cutting /ˈkʌtɪŋ/ I *n* (newspaper)GB coupure *f*; (of plant) bouture *f*. II *adj* cassant.

cutting edge *n* (blade) tranchant *m*; *at the cutting edge of* à l'avant-garde de.

CV, cv *n* (*abrév* = **curriculum vitae**) CV *m*.

cyberspace /ˈsaɪbəspeɪs/ *n* cyberespace *m*.

cycle /ˈsaɪkl/ I *n* cycle *m*; (bicycle) vélo *m*. II *vtr to cycle 15 miles* parcourir/faire 24 km à vélo. III *vi* faire du vélo.

cycling /ˈsaɪklɪŋ/ *n* cyclisme *m*.

cyclist /ˈsaɪklɪst/ *n* cycliste *mf*.

cylinder /ˈsɪlɪndə(r)/ *n* cylindre *m*.

cymbal /ˈsɪmbl/ *n* cymbale *f*.

cypress (tree) /ˈsaɪprəs/ *n* cyprès *m*.

Cypriot /ˈsɪprɪət/ I *n* Chypriote *mf*. II *adj* chypriote.

Cyprus /ˈsaɪprəs/ *pr n* Chypre.

Czech Republic /tʃek rɪˈpʌblɪk/ *pr n* République *f* tchèque.

Czech /tʃek/ *n* I Tchèque *mf*. II LING tchèque *m*. III *adj* tchèque.

d

D /diː/ n MUS ré m.

dad© /dæd/ n, **daddy**© /ˈdædɪ/ n papa m.

daffodil /ˈdæfədɪl/ n jonquille f.

daft©GB /dɑːft, dæftUS/ adj bête.

dagger /ˈdægə(r)/ n poignard m.

daily /ˈdeɪlɪ/ **I** n (pl **dailies**) (newspaper) quotidien m. **II** adj (each day) quotidien/-ienne; (per day) journalier/-ière; **to be paid on a daily basis** être payé à la journée. **III** adv quotidiennement, tous les jours; **to be taken twice daily** à prendre deux fois par jour.

dainty /ˈdeɪntɪ/ adj délicat.

dairy /ˈdeərɪ/ **I** n (on farm) laiterie f; (shop) crémerie f. **II** in compounds [butter] fermier/-ière; [cow, product] laitier/-ière.

dairy farm n exploitation f laitière.

daisy /ˈdeɪzɪ/ n (common) pâquerette f; (garden) marguerite f.
● **to be as fresh as a daisy** être frais/fraîche comme une rose; **to be pushing up (the) daisies**© manger les pissenlits par la racine©.

dale /deɪl/ n vallée f.

dam /dæm/ n barrage m; digue f.

damage /ˈdæmɪdʒ/ **I** n ¢ dégâts mpl; **the damage is done** le mal est fait. **II damages** npl JUR dommages-intérêts mpl. **III** vtr [▸machine] endommager; [▸health] abîmer; [▸environment, reputation] nuire à.

damaging /ˈdæmɪdʒɪŋ/ adj préjudiciable; (to health) nuisible.

damn /dæm/ **I** © n **not to give a damn about sb/sth** se ficher© de qn/qch. **II** © adv franchement; **I should damn well hope so!** j'espère bien! **III** © excl zut©! **IV** vtr condamner.

damned /dæmd/ **I** n RELIG damné m. **II** © adj fichu©. **III** © adv sacrément©.

damp /dæmp/ **I** n humidité f. **II** adj humide.

damson /ˈdæmzn/ n quetsche f.

dance /dɑːns, dænsUS/ **I** n danse f; (occasion) soirée f dansante. **II** vtr, vi danser.

dancer /ˈdɑːnsə(r), ˈdænsə(r)US/ n danseur/-euse m/f.

dandelion /ˈdændɪlaɪən/ n pissenlit m.

dandruff /ˈdændrʌf/ n ¢ pellicules fpl; **anti-dandruff** antipelliculaire.

Dane /deɪn/ n Danois/-e m/f.

danger /ˈdeɪndʒə(r)/ n danger m.

dangerous /ˈdeɪndʒərəs/ adj dangereux/-euse.

dangle /ˈdæŋgl/ vi se balancer; **with legs dangling** les jambes ballantes.

Danish /ˈdeɪnɪʃ/ **I** n LING danois m. **II** adj danois.

Danish pastry n viennoiserie f.

dare /deə(r)/ vtr oser; **to dare sb to do** défier qn de faire.

daring /ˈdeərɪŋ/ adj audacieux/-ieuse.

dark /dɑːk/ **I** n **the dark** le noir, l'obscurité f; **before/until dark** avant/jusqu'à la (tombée de la) nuit. **II** adj sombre; **it's dark** il fait noir/nuit; **dark blue** bleu foncé inv.
● **to leave sb in the dark** laisser qn dans l'ignorance.

darken /ˈdɑːkən/ **I** vtr obscurcir, assombrir. **II** vi s'obscurcir; s'assombrir.

dark glasses npl lunettes fpl noires.

darkness /ˈdɑːknɪs/ n obscurité f.

darkroom /ˈdɑːkruːm, -rʊm/ n chambre f noire.

darling /ˈdɑːlɪŋ/ **I** n chéri/-e m/f; **be a darling** sois un ange; (favourite) chouchou/-te m/f. **II** adj chéri; **a darling little baby** un amour de bébé.

darn /dɑːn/ vtr repriser, raccommoder.

dart /dɑːt/ n SPORT fléchette f; **to play darts** jouer aux fléchettes.

dash /dæʃ/ **I** n **a dash of** (small amount) un (petit) peu de; (punctuation) tiret m. **II** vi (hurry) se précipiter.
■ **dash off** se sauver.

data /ˈdeɪtə/ **I** npl données fpl. **II** in compounds de données.

data bank n ORDINAT banque f de données.

database n ORDINAT base f de données.

data capture n ORDINAT saisie f de données.

date /deɪt/ **I** n date f; *date of birth* date de
naissance; (meeting) rendez-vous m inv; (person) *who's your date for tonight?* avec qui
sors-tu ce soir?; (fruit) datte f. **II** vtr dater;
(go out with) *to date sb* sortir avec qn. **III**
vi *to date from/back* dater de; (become
dated) se démoder.

dated /deɪtɪd/ adj démodé.

date palm n dattier m.

daughter /dɔːtə(r)/ n fille f.

daughter-in-law n (pl **daughters-in-
law**) belle-fille f, bru f.

daunting /dɔːntɪŋ/ adj intimidant.

dawn /dɔːn/ n aube f, aurore f.

day /deɪ/ **I** n jour m; *every other day* tous
les deux jours; *the day after* le lendemain;
the day before la veille; *it's almost day* il
fait presque jour; (until evening) journée f;
working day journée de travail; *all day*
toute la journée; *have a nice day!* bonne
journée!; *in those days* à cette époque. **II**
in compounds [job, nurse] de jour.
● *those were the days* c'était le bon temps.

daycare n (for children) garderie f.

daydream **I** n rêves mpl. **II** vi rêver; PÉJ
rêvasser.

daylight /deɪlaɪt/ n (light) jour m, lumière
f du jour; *it's still daylight* il fait encore
jour.

day nursery n garderie f.

daytime n journée f.

daze /deɪz/ n *in a daze* dans un état
second.

dazzle /dæzl/ vtr éblouir.

D-day /diː deɪ/ n le jour m J; HIST le 6 juin
1944 (*jour du débarquement des Alliés en
Normandie*).

dead /ded/ **I** n *the dead* (pl) les morts mpl;
FIG *at dead of night* en pleine nuit. **II** adj
mort; *a dead body* un cadavre; *I'm absolutely dead*©! je suis crevé©! **III** adv *dead
easy*©GB simple comme bonjour©; *you're
dead right*©! tu as parfaitement raison!

deaden /dedn/ vtr [▸sound] assourdir.

dead end n impasse f.

deadline n date f/heure f limite, délai m.

deadlock n impasse f.

deadly /dedlɪ/ **I** adj [disease, enemy] mortel/-
elle; [weapon] meurtrier/-ière. **II** adv [dull, bor-
ing] terriblement.

deaf /def/ **I** n *the deaf* (pl) (ce mot peut être
perçu comme injurieux) les sourds mpl, les
malentendants mpl. **II** adj sourd.

deafen /defn/ vtr assourdir.

deal /diːl/ **I** n GÉN affaire f, marché m,
accord m; *it's a deal!* marché conclu!; *a
good deal* une bonne affaire; (amount) *a
great/good deal* beaucoup. **II** vtr (prét, pp
dealt) [▸cards] distribuer. **III** vi *to deal in
sth* faire le commerce de qch.
● *big deal*©! la belle affaire!
■ *deal with* *to deal with sth/sb* s'occuper
de qch/qn; *the book deals with* le livre
parle de.

dealer /diːlə(r)/ n marchand/-e m/f; (on
a large scale) négociant/-e m/f; (for a specific product) concessionnaire m; *art dealer*
marchand/-e m/f de tableaux.

dealt /delt/ prét, pp ▸ **deal**.

dear /dɪə(r)/ **I** n (affectionate) mon chéri/ma
chérie m/f; (more formal) mon cher/ma chère
m/f; *be a dear* sois gentil. **II** adj cher/chère;
he's my dearest friend c'est mon meilleur
ami. **III** excl *oh dear!* oh mon Dieu!

dearly /dɪəlɪ/ adv *to love sb dearly* aimer
tendrement qn; *dearly bought* chèrement
payé.

death /deθ/ n (of person) mort f, décès m; *to
put sb to death* exécuter qn; *to work oneself to death* se tuer au travail.
● *to be bored to death*© s'ennuyer à
mourir.

death penalty n peine f de mort.

death rate n taux m de mortalité.

death rowUS n quartier m des condamnés
à mort; *to be on death row* être dans le
couloir de la mort.

death sentence n condamnation f à mort.

death threat n menaces fpl de mort.

debatable /dɪbeɪtabl/ adj discutable;
that's debatable! cela se discute!

debate /dɪbeɪt/ n débat m, discussion f.

debating point n argument m.

debit /debɪt/ **I** n débit m. **II** vtr débiter.

debit cardGB n carte f bancaire.

debris /deɪbriː, /de-, dəˈbriː/US/ n débris mpl.

debt /det/ n dette f; *to get into debt* s'endetter; *to be in debt* avoir des dettes.

debug /diːˈbʌg/ vtr (p prés etc **-gg-**) ORDI-
NAT déboguer.

defend

debut /ˈdeɪbjuː, dɪˈbjuːUS/ n débuts mpl.

Dec (abrév écrite = **December**).

decade /ˈdekeɪd, dɪˈkeɪdUS/ n décennie f.

decay /dɪˈkeɪ/ **I** n (rot) pourriture f; (dental) carie f. **II** vi [food] pourrir; [tooth] se carier.

deceased /dɪˈsiːst/ **I** n the deceased (one person) le défunt/la défunte; (collectively) les défunts mpl. **II** adj décédé, défunt.

deceit /dɪˈsiːt/ n malhonnêteté f.

deceive /dɪˈsiːv/ **I** vtr tromper, duper. **II** v refl to deceive oneself se faire des illusions.

December /dɪˈsembə(r)/ n décembre m.

decency /ˈdiːsnsɪ/ n politesse f.

decent /ˈdiːsnt/ adj (respectable) comme il faut, bien inv; (pleasant) sympathique, bienᴏ inv; (adequate) convenable; (good) bon/bonne (before n); (not indecent) décent, correct; are you decent? es-tu habillé?

decently /ˈdiːsntlɪ/ adv [▸ paid, housed] convenablement, correctement.

decentralization /diːˌsentrəlaɪˈzeɪʃn, -lɪˈzUS/ n décentralisation f.

decentralize /diːˈsentrəlaɪz/ **I** vtr décentraliser. **II** vi se décentraliser.

deception /dɪˈsepʃn/ n tromperie f.

deceptive /dɪˈseptɪv/ adj trompeur/-euse.

decide /dɪˈsaɪd/ **I** vtr to decide (to do) décider (de faire); [▸ matter] régler; to decide sb to do décider qn à faire. **II** vi décider; I can't decide je n'arrive pas à me décider.
■ **decide on** decide on sth se décider pour qch; decide on sb choisir qn.

decided /dɪˈsaɪdɪd/ adj [▸ change] incontestable; [▸ increase, drop] net/nette; [▸ tendency] net/nette, marqué; [▸ interest, effort] réel/réelle.

decision /dɪˈsɪʒn/ n décision f.

decisive /dɪˈsaɪsɪv/ adj [manner, tone] ferme; [battle, factor] décisif/-ive.

deck /dek/ n (on ship) pont m; (on bus) étage m; deck of cards jeu m de cartes.

declaration /dekləˈreɪʃn/ n déclaration f.

declare /dɪˈkleə(r)/ vtr déclarer, proclamer.

decline /dɪˈklaɪn/ **I** n déclin m. **II** vi (drop) baisser; (refuse) refuser.

decorate /ˈdekəreɪt/ vtr décorer; (paint and paper) refaire.

decoration /ˌdekəˈreɪʃn/ n décoration f.

decoy /ˈdiːkɔɪ/ n leurre m.

decrease I /ˈdiːkriːs/ n GÉN diminution f. **II** /dɪˈkriːs/ vtr, vi diminuer.

decree /dɪˈkriː/ **I** n décret m. **II** vtr décréter.

dedicate /ˈdedɪkeɪt/ vtr consacrer, dédier.

dedicated /ˈdedɪkeɪtɪd/ adj (devoted) dévoué; (serious) sérieux/-euse.

deduce /dɪˈdjuːs, -ˈdusUS/ vtr déduire.

deduct /dɪˈdʌkt/ vtr to deduct from prélever (sur), déduire (de).

deduction /dɪˈdʌkʃn/ n (on wages) retenue f; (of tax) prélèvement m; (conclusion) déduction f, conclusion f.

deed /diːd/ n acte m; a good deed une bonne action; (for property) acte m de propriété.

deejayᴏ /ˈdiːdʒeɪ/ n disc-jockey mf, DJ mf.

deep /diːp/ **I** adj profond; how deep is the lake? quelle est la profondeur du lac?; it's 13-m deep il a 13 m de profondeur; (in width) [band, strip] large; [mud, snow, carpet] épais/épaisse; [note, sound] grave; deep in thought absorbé dans ses pensées; deep in conversation en pleine conversation. **II** adv profondément.
● **to be in deep water** être dans de beaux drapsᴏ.

deepen /ˈdiːpən/ vtr approfondir, augmenter.

deep-freeze /diːpˈfriːz/ **I** n congélateur m. **II** vtr (prét -froze; pp -frozen) congeler.

deeply /ˈdiːplɪ/ adv profondément.

deep-rooted, **deep-seated** adj profondément enraciné.

deer /dɪə(r)/ n inv red deer cerf m; roe deer chevreuil m; fallow deer daim m; (female of all species) biche f.

defamation /ˌdefəˈmeɪʃn/ n JUR diffamation f; defamation of character diffamation.

defeat /dɪˈfiːt/ **I** n défaite f; (failure) échec m. **II** vtr vaincre, battre.

defect /ˈdiːfekt/ n défaut m.

defective /dɪˈfektɪv/ adj défectueux/-euse.

defenceGB, **defense**US /dɪˈfens/ n défense f; in her defence à sa décharge.

defend /dɪˈfend/ vtr, vi défendre. **II** v refl to defend oneself se défendre. **III** defending pres p adj the defending champion le tenant du titre.

defendant /dɪˈfendənt/ n JUR défendeur/-eresse m/f; (for crime) accusé/-e m/f.

defenseUS ▸ **defense**.

defensive /dɪˈfensɪv/ adj de défense; *to be (very) defensive* être sur la défensive.

defer /dɪˈfɜː(r)/ I vtr (p prés etc **-rr-**) différer. II vi *to defer to sb* s'incliner devant qn.

deferment /dɪˈfɜːmənt/ n (of meeting, journey, decision) report m; (judgment) suspension f; *deferment of a debt* sursis m de paiement d'une dette.

deferral /dɪˈfɜːrəl/ ▸ **deferment**.

defiance /dɪˈfaɪəns/ n ₵ défi m; *an act of defiance* un acte de défi.

defiant /dɪˈfaɪənt/ adj de défi; [behaviour] provocant.

defiantly /dɪˈfaɪəntlɪ/ adv [say] avec défi.

deficiency /dɪˈfɪʃənsɪ/ n insuffisance f; MÉD carence f.

define /dɪˈfaɪn/ vtr définir; ORDINAT paramétrer.

definite /ˈdefɪnɪt/ adj défini; [plan, amount] précis; [impression] net/nette; *to be definite* être certain, sûr; [contract, decision] ferme.

definitely /ˈdefɪnɪtlɪ/ adv (certainly) sans aucun doute, absolument; *he definitely said that* il a bien dit que; *it's definitely colder* il fait nettement plus froid.

definition /defɪˈnɪʃn/ n GÉN définition f.

deflate /dɪˈfleɪt/ vtr dégonfler.

deflation /dɪˈfleɪʃn/ n ÉCON déflation f; (of tyre, balloon) dégonflement m.

deforestation /diːfɒrɪˈsteɪʃn/ n déforestation f, déboisement m.

deform /dɪˈfɔːm/ I vtr déformer. II **deformed** pp adj difforme, déformé.

defrost /diːˈfrɒst/ vtr, vi [▸food] décongeler; [▸refrigerator] dégivrer.

defuse /diːˈfjuːz/ vtr désamorcer.

defy /dɪˈfaɪ/ vtr défier; *to defy sb to do* mettre qn au défi de faire; *it defies description* cela dépasse tout ce qu'on peut imaginer.

degenerate /dɪˈdʒənəreɪt/ vi dégénérer; *to degenerate into farce* tourner à la farce.

degrading /dɪˈgreɪdɪŋ/ adj dégradant; [treatment] humiliant.

degree /dɪˈgriː/ n degré m; *to such a degree that* à un tel point que; *to a lesser degree* dans une moindre mesure; UNIV diplôme

m universitaire; *first*GB/*bachelor's degree* ≈ licence f; *to have a degree* être diplômé; JURUS *first-degree murder* homicide volontaire avec préméditation.

degree courseGB n UNIV programme m d'études universitaires.

dehydrate /diːˈhaɪdreɪt/ I vtr déshydrater. II vi se déshydrater.

dehydrated /diːˈhaɪdreɪtɪd/ adj déshydraté; [milk] en poudre.

dejected /dɪˈdʒektɪd/ adj découragé.

delay /dɪˈleɪ/ I n retard m; *without (further) delay* sans (plus) tarder. II vtr différer; *to delay doing* attendre pour faire; *flights were delayed by 12 hours* les vols ont eu 12 heures de retard. III **delayed** pp adj en retard.

delayed action adj [▸shutter, fuse] à retardement.

delegate I /ˈdelɪɡət/ n délégué/-e m/f. II /ˈdelɪɡeɪt/ vtr déléguer.

delete /dɪˈliːt/ vtr ORDINAT effacer; GÉN supprimer.

deli© /ˈdelɪ/ n (abrév = **delicatessen**).

deliberate I /dɪˈlɪbərət/ adj délibéré; *it was deliberate* il/elle l'a fait exprès. II /dɪˈlɪbəreɪt/ vi délibérer.

deliberately /dɪˈlɪbərətlɪ/ adv exprès.

delicacy /ˈdelɪkəsɪ/ n délicatesse f; CULIN mets m raffiné.

delicate /ˈdelɪkət/ adj délicat.

delicatessen /delɪkəˈtesn/ n (shop) épicerie f fine; (eating place)US restaurant-traiteur m.

delicious /dɪˈlɪʃəs/ adj délicieux/-ieuse.

delight /dɪˈlaɪt/ I n joie f, plaisir m; *(much) to my delight* à ma plus grande joie. II vtr ravir.

delighted /dɪˈlaɪtɪd/ adj ravi; *to be delighted with sb* être très content de qn.

delightful /dɪˈlaɪtfl/ adj charmant.

delinquency /dɪˈlɪŋkwənsɪ/ n (behaviour) délinquance f; (offence) délit m.

delinquent /dɪˈlɪŋkwənt/ n, adj délinquant/-e m/f, adj.

delirious /dɪˈlɪrɪəs/ adj délirant; *to be delirious* délirer.

deliver /dɪˈlɪvə(r)/ vtr (take to address) livrer; (to several houses) distribuer; [▸message] remettre; [▸baby] mettre au monde; [▸speech]

deposit

faire; [▸verdict] rendre; [▸lines] réciter; (rescue) délivrer.

deliverer /dɪˈlɪvərə(r)/ n livreur/-euse m/f.

delivery /dɪˈlɪvərɪ/ n (of goods) livraison f; (of mail) distribution f; (of baby) accouchement m.

delivery charge n (frais mpl de) port m.

delude /dɪˈluːd/ v refl **to delude oneself** se faire des illusions.

deluge /ˈdeljuːdʒ/ **I** n déluge m. **II** vtr submerger (**with** de); **to be deluged with** être submergé par.

delusion /dɪˈluːʒn/ n illusion f.

delve /delv/ vi **to delve into** fouiller dans.

demand /dɪˈmɑːnd, dɪˈmændUS/ **I** n exigence f, revendication f. **II** vtr exiger.

demanding /dɪˈmɑːndɪŋ, -ˈmænd-US/ adj exigeant.

demerara (sugar) n sucre m roux cristallisé.

demo© /ˈdeməʊ/ **I** n (abrév = **demonstration**) POLGB manif© f. **II** in compounds [tape, model] de démonstration.

democracy /dɪˈmɒkrəsɪ/ n démocratie f.

democrat /ˈdeməkræt/ n démocrate mf.

Democrat /ˈdeməkræt/ n POL Démocrate mf.

democratic /ˌdeməˈkrætɪk/ adj démocratique.

demolish /dɪˈmɒlɪʃ/ vtr démolir.

demolition /ˌdeməˈlɪʃn/ n démolition f.

demon /ˈdiːmən/ n démon m.

demonstrate /ˈdemənstreɪt/ **I** vtr [▸theory, truth] démontrer; [▸emotion, concern] manifester; [▸skill] montrer. **II** vi POL manifester.

demonstration /ˌdemənˈstreɪʃn/ n POL manifestation f; (of theorem) démonstration f.

demonstrator /ˈdemənstreɪtə(r)/ n POL manifestant/-e m/f.

den /den/ n tanière f.

denationalize /diːˈnæʃənəlaɪz/ vtr dénationaliser, privatiser.

denial /dɪˈnaɪəl/ n (of accusation) démenti m; (of rights) négation f; (of request) rejet m; **to be in denial** refuser d'admettre la vérité.

denim /ˈdenɪm/ n ¢ jean m.

Denmark /ˈdenmɑːk/ pr n Danemark m.

denote /dɪˈnəʊt/ vtr indiquer.

denounce /dɪˈnaʊns/ vtr dénoncer.

dense /dens/ adj dense.

density /ˈdensətɪ/ n densité f.

dent /dent/ **I** n bosse f. **II** vtr cabosser.

dental /ˈdentl/ adj dentaire; **dental appointment** rendez-vous chez le dentiste.

dental floss n fil m dentaire.

dentist /ˈdentɪst/ n dentiste mf.

dentistry /ˈdentɪstrɪ/ n médecine f dentaire.

deny /dɪˈnaɪ/ vtr démentir; **to deny doing/ having done** nier avoir fait; **to deny sb sth** refuser qch à qn.

deodorant /diːˈəʊdərənt/ n déodorant m.

depart /dɪˈpɑːt/ vi SOUT partir; **to depart from** s'éloigner de.

departing /dɪˈpɑːtɪŋ/ adj [▸chairman, government] sortant; [▸guest] s'apprêtant à partir.

department /dɪˈpɑːtmənt/ n (section) service m; (governmental) ministère m; (in store) rayon m; (in university) département m; SCOL section f (regroupement des professeurs par matière); ADMIN département m.

department head n chef m de service m/f; (in university) directeur/-trice m/f de département.

department store n grand magasin m.

departure /dɪˈpɑːtʃə(r)/ n départ m; (from tradition) rupture f.

departure gate n porte f d'embarquement.

departure lounge n salle f d'embarquement.

depend /dɪˈpend/ vi **to depend on sb/sth to do** compter sur qn/qch pour faire; **depending on the season** selon la saison; (financially) **to depend on sb** vivre à la charge de qn.

dependable /dɪˈpendəbl/ adj sûr, fiable.

dependant /dɪˈpendənt/ n personne f à charge.

dependence, **dependance**GB /dɪˈpendəns/ n dépendance f.

dependent /dɪˈpendənt/ adj à charge; **to be dependent (up)on** dépendre de.

depict /dɪˈpɪkt/ vtr dépeindre, représenter.

deplete /dɪˈpliːt/ vtr réduire.

deport /dɪˈpɔːt/ vtr expulser.

deportee /ˌdiːpɔːˈtiː/ n déporté/-e m/f.

depose /dɪˈpəʊz/ vtr déposer.

deposit /dɪˈpɒzɪt/ **I** n dépôt m; (payment) versement m; **to leave a deposit** verser des arrhes; (paid by hirer) caution *f*; (on bottle) consigne *f*. **II** *vtr* déposer.

depot /'depəʊ, 'diːpəʊᵁˢ/ *n* dépôt *m*; (bus station)ᵁˢ gare *f* routière.

depreciate /dɪ'priːʃɪeɪt/ *vi* se déprécier.

depress /dɪ'pres/ *vtr* [▸ person] déprimer; [▸ button] enfoncer.

depressed /dɪ'prest/ *adj* déprimé; [region, industry] en déclin.

depressing /dɪ'presɪŋ/ *adj* déprimant.

depression /dɪ'preʃn/ *n* dépression *f*.

depressive /dɪ'presɪv/ **I** *n* dépressif/-ive *m/f*. **II** *adj* MÉD dépressif/-ive; *a depressive illness* une dépression; ÉCON [effect, policy] dépressif/-ive.

deprivation /ˌdeprɪ'veɪʃn/ *n* privations *fpl*.

deprive /dɪ'praɪv/ *vtr* *to deprive sb of sth* priver qn de qch.

deprived /dɪ'praɪvd/ *adj* démuni.

dept (*abrév écrite* = **department**).

depth /depθ/ *n* (of hole, water, novel) profondeur *f*; *12 m in depth* profond de 12 m; *to examine sth in depth* examiner qch en détail; (of layer) épaisseur *f*; (of crisis, recession) gravité *f*; (of ignorance, knowledge) étendue *f*.

deputy /'depjʊtɪ/ **I** *n* (aide) adjoint/-e *m/f*; (politician) député *m*. **II** *in compounds* adjoint.

deputy chairman *n* vice-président *m*.

derail /dɪ'reɪl/ *vtr* faire dérailler; *to be derailed* dérailler, quitter la voie.

deregulation /diːˌregjʊ'leɪʃn/ *n* FIN (of prices) libération *f*; (of trade, market) dérégulation *f*; JUR déréglementation *f*.

derelict /'derəlɪkt/ **I** *n* clochard/-e *m/f*. **II** *adj* abandonné.

derision /dɪ'rɪʒn/ *n* moqueries *fpl*.

derive /dɪ'raɪv/ **I** *vtr* (re)tirer. **II** *vi* *to derive from* provenir de.

dermatologist /dɜːmə'tɒlədʒɪst/ *n* dermatologue *mf*.

derogatory /dɪ'rɒgətrɪ, -tɔːrɪᵁˢ/ *adj* [remark, person] désobligeant; [term] péjoratif/-ive.

descend /dɪ'send/ *vi* (go down) descendre; (fall) tomber, s'abattre; *to be descended from* descendre de.

descent /dɪ'sent/ *n* descente *f*; (family) descendance *f*.

describe /dɪ'skraɪb/ *vtr* décrire.

description /dɪ'skrɪpʃn/ *n* GÉN description *f*; (for police) signalement *m*; *beyond description* indescriptible; *of every description* de toutes sortes.

descriptive /dɪ'skrɪptɪv/ *adj* descriptif/-ive.

desecrate /'desɪkreɪt/ *vtr* profaner.

desert I /'dezət/ *n* désert *m*. **II** /dɪ'zɜːt/ *vtr* [▸ cause] déserter; [▸ person, group, post] abandonner. **III** /dɪ'zɜːt/ *vi* déserter.

deserted /dɪ'zɜːtɪd/ *adj* [place] désert; [person] abandonné.

deserter /dɪ'zɜːtə(r)/ *n* déserteur *m*.

desertification /dɪzɜːtɪfɪ'keɪʃn/ *n* désertification *f*.

deserve /dɪ'zɜːv/ *vtr* mériter.

deservedly /dɪ'zɜːvɪdlɪ/ *adv* à juste titre.

deserving /dɪ'zɜːvɪŋ/ *adj* [winner] méritant; [cause] louable.

design /dɪ'zaɪn/ **I** *n* conception *f*; (plan) plan *m*; (pattern) motif *m*; ₵ (art) design *m*; (intention) dessein *m*. **II** *vtr* concevoir; [▸ costume] créer; [▸ building] dessiner.

designate /'dezɪgneɪt/ *vtr* désigner.

designer /dɪ'zaɪnə(r)/ **I** *n* GÉN concepteur/-trice *m/f*; (of fashion) créateur/-trice *m/f*. **II** *in compounds* de dernière mode; *designer label* griffe *f*.

designer drug *n* drogue *f* de synthèse.

desirable /dɪ'zaɪərəbl/ *adj* désirable, souhaitable.

desire /dɪ'zaɪə(r)/ **I** *n* GÉN désir *m*; *to have no desire to do* n'avoir aucune envie de faire. **II** *vtr* GÉN avoir envie de, désirer.

desirous /dɪ'zaɪərəs/ *adj* SOUT désireux/-euse (**of** de).

desk /desk/ *n* bureau *m*; *reception desk* réception *f*.

desktop computer, **desktop PC** *n* ordinateur *m* de bureau.

desktop publishing, **DTP** *n* ORDINAT PAO *f* , micro-édition *f*.

desolate /'desələt/ *adj* désolé; [person] abattu.

despair /dɪ'speə(r)/ **I** *n* (emotion) désespoir *m*; *out of despair* par désespoir. **II** *vi* désespérer.

despairing /dɪ'speərɪŋ/ *adj* désespéré.

despairingly /dɪ'speərɪŋlɪ/ *adv* [look] d'un air désespéré; [say] d'un ton désespéré.

devoid

desperate /ˈdespərət/ adj désespéré; **to be desperate for** avoir désespérément besoin de; [criminal] prêt à tout.

desperately /ˈdespərətlɪ/ adv [plead, struggle, fight] désespérément; [look] d'un air désespéré, désespérément.

desperation /despəˈreɪʃn/ n désespoir m; **in (sheer) desperation** en désespoir de cause.

despise /dɪˈspaɪz/ vtr mépriser.

despite /dɪˈspaɪt/ prep malgré; **despite the fact that** bien que (+ subj).

dessert /dɪˈzɜːt/ n dessert m.

destined /ˈdestɪnd/ adj destiné (**for/to** à); [train, traveller, letter] **destined for Paris** à destination de Paris, pour Paris.

destination /destɪˈneɪʃn/ n destination f.

destitute /ˈdestɪtjuːt, -tuːtᵁˢ/ I n **the destitute** (pl) les indigents mpl. II adj sans ressources.

destroy /dɪˈstrɔɪ/ vtr détruire.

destruction /dɪˈstrʌkʃn/ n destruction f.

destructive /dɪˈstrʌktɪv/ adj destructeur/-trice.

detach /dɪˈtætʃ/ vtr détacher.

detachable /dɪˈtætʃəbl/ adj détachable, amovible.

detached /dɪˈtætʃt/ adj détaché; **detached house**ᴳᴮ maison individuelle.

detail /ˈdiːteɪl, dɪˈteɪlᵁˢ/ n détail m; **to go into detail(s)** entrer dans les détails; **for further details…** pour de plus amples renseignements…

detain /dɪˈteɪn/ vtr (delay) retenir; **to be detained** avoir un empêchement; (imprison) placer [qn] en détention; (in hospital) garder.

detainee /diːteɪˈniː/ n détenu/-e m/f; (political) prisonnier/-ière m/f.

detect /dɪˈtekt/ vtr (find) [▸ error, traces, change] déceler; [▸ crime, heat, sound] détecter.

detective /dɪˈtektɪv/ n ≈ inspecteur/-trice (de police) m/f; (private) détective m.

detective story n roman m policier.

detention /dɪˈtenʃn/ n détention f; SCOL retenue f, colle© f.

deter /dɪˈtɜː(r)/ vtr (p prés etc **-rr-**) dissuader.

deteriorate /dɪˈtɪərɪəreɪt/ vi se détériorer.

determination /dɪˌtɜːmɪˈneɪʃn/ n détermination f.

determine /dɪˈtɜːmɪn/ vtr déterminer.

determined /dɪˈtɜːmɪnd/ adj tenace; **to be determined to do sth** être bien décidé à faire qch.

deterrent /dɪˈterənt, -ˈtɜː-ᵁˢ/ I n GÉN moyen m de dissuasion; MIL force f de dissuasion. II adj dissuasif/-ive.

detest /dɪˈtest/ vtr détester.

detestable /dɪˈtestəbl/ adj détestable, odieux/-euse.

detonate /ˈdetəneɪt/ vtr faire exploser.

detour /ˈdiːtʊə(r), dɪˈtʊərᵁˢ/ n détour m.

detoxify /diːˈtɒksɪfaɪ/ vtr désintoxiquer.

detriment /ˈdetrɪmənt/ n **to the detriment of** au détriment de.

detrimental /detrɪˈmentl/ adj nuisible.

deuce /djuːs/ n (in tennis) égalité.

devalue /diːˈvæljuː/ vtr dévaluer.

devastate /ˈdevəsteɪt/ vtr ravager; **he was devastated** il était bouleversé.

devastating /ˈdevəsteɪtɪŋ/ adj (very bad) catastrophique; (beautiful) superbe.

develop /dɪˈveləp/ I vtr développer; [▸ skill] acquérir; [▸ illness] attraper; [▸ habit] prendre; [▸ technique] mettre au point; [▸ theory] exposer; [▸ site] mettre en valeur. II vi se développer; **to develop into** devenir.

developer /dɪˈveləpə(r)/ n promoteur m (immobilier).

developing country n pays m en voie de développement.

development /dɪˈveləpmənt/ n développement m; **housing development** ensemble d'habitation; (in research) progrès m; (event) **major developments** une évolution importante; **to await developments** attendre la suite des évènements.

deviation /diːvɪˈeɪʃn/ n déviation f.

device /dɪˈvaɪs/ n appareil m, dispositif m **security device** système de sécurité.

devil /ˈdevl/ n RELIG **the devil** le diable; (evil) démon m.

● **speak of the devil!** quand on parle du loup (on en voit la queue)!©.

devious /ˈdiːvɪəs/ adj retors.

devise /dɪˈvaɪz/ vtr [▸ scheme] concevoir; [▸ product] inventer.

devoid /dɪˈvɔɪd/: **devoid of** prep phr dépourvu de.

devolution /diːvəˈluːʃn, ˌdev-US/ n POL régionalisation f.

devote /dɪˈvəʊt/ vtr consacrer.

devoted /dɪˈvəʊtɪd/ adj dévoué.

devotee /devəˈtiː/ n passionné/-e m/f.

devotion /dɪˈvəʊʃn/ n dévouement m.

devour /dɪˈvaʊə(r)/ vtr dévorer.

devout /dɪˈvaʊt/ adj fervent.

dew /djuː, duːUS/ n rosée f.

dewdrop /ˈdjuːdrɒp/ n goutte f de rosée.

diabetes /daɪəˈbiːtiːz/ n diabète m.

diabetic /daɪəˈbetɪk/ I n diabétique mf. II adj (person, symptom) diabétique; [▶chocolate, jam] pour diabétiques.

diagnose /ˈdaɪəgnəʊz, daɪəgˈnəʊsUS/ n MÉD diagnostiquer; [▶problem] identifier.

diagnosis /daɪəgˈnəʊsɪs/ n (pl **-ses**) diagnostic m.

diagonal /daɪˈægənl/ I n diagonale f. II adj diagonal.

diagonally /daɪˈægənəlɪ/ adv en diagonale.

diagram /ˈdaɪəgræm/ n GÉN schéma m; MATH figure f.

dial /ˈdaɪəl/ I n cadran m. II vtr (p prés etc **-ll-**GB, **-l-**US) [▶number] composer, faire; [▶person, country] appeler.

dialect /ˈdaɪəlekt/ n dialecte m.

dialling codeGB n indicatif m (téléphonique).

dialling toneGB n tonalité f.

dialogue /ˈdaɪəlɒg/ I n dialogue m (**between** entre)/(**with** avec). II vi dialoguer (**with** avec).

dial toneUS n ▶ dialling tone.

diameter /daɪˈæmɪtə(r)/ n diamètre m.

diamond /ˈdaɪəmənd/ n (stone) diamant m; (shape) losange m; (in cards) **diamonds** carreau m.

diamond-shaped adj en (forme de) losange.

diarrhoeaGB, **diarrhea**GB /daɪəˈrɪə/ n diarrhée f.

diary /ˈdaɪərɪ/ n (for appointments) agenda m; (journal) journal m intime.

dice /daɪs/ I n ₵ JEUX dé m. II vtr CULIN couper [qch] en dés.

dicey /ˈdaɪsɪ©/ adj (risky) risqué; **it's a dicey business** c'est risqué; (uncertain, unreliable) douteux/-euse.

dictaphone® /ˈdɪktəfəʊn/ n dictaphone® m.

dictate /dɪkˈteɪt, ˈdɪkteɪtUS/ vtr dicter; [▶terms, conditions] imposer.

dictation /dɪkˈteɪʃn/ n dictée f.

dictator /dɪkˈteɪtə(r), ˈdɪkteɪtərUS/ n dictateur m.

dictatorship /dɪkˈteɪtəʃɪp, ˈdɪkt-US/ n dictature f.

dictionary /ˈdɪkʃənrɪ, -nerɪUS/ n dictionnaire m.

did /dɪd/ prét ▶ do.

didn't /ˈdɪd(ə)nt/ = did not ▶ do.

die /daɪ/ (p prés **dying**; prét, pp **died**) mourir; FIG **to be dying for** avoir une envie folle de.
■ **die away** [sounds] disparaître; [wind, rain] s'arrêter; **die off** mourir peu à peu; **die out** disparaître.

diesel /ˈdiːzl/ n (fuel, oil) gazole m; (engine) diesel m.

diet /ˈdaɪət/ I n (of person) alimentation f; (to lose weight) régime m; **to go on a diet** se mettre au régime. II vi être au régime.

dietary /ˈdaɪətrɪ/ adj [▶need, problem, habit] alimentaire; [▶method] diététique.

diet doctorUS n nutritionniste mf.

dietician, **dietitian** /daɪəˈtɪʃn/ n diététicien/-ienne m/f.

differ /ˈdɪfə(r)/ vi (be different) différer; (disagree) être en désaccord.

difference /ˈdɪfrəns/ n différence f; **it won't make any difference** ça ne changera rien; **it makes no difference to me** cela m'est égal; (disagreement) différend m.

different /ˈdɪfrənt/ adj **different (from)** différent (de); **different things** diverses choses; **that's different** c'est autre chose; **to be a different person** avoir changé.

differential /dɪfəˈrenʃl/ n écart m.

differentiate /dɪfəˈrenʃɪeɪt/ I vtr (tell the difference) différencier (**from** de). II vi faire la différence (**between** entre).

differently /ˈdɪfrəntlɪ/ adv autrement.

difficult /ˈdɪfɪkəlt/ adj difficile; **to find it difficult to do** avoir du mal à faire.

difficulty /ˈdɪfɪkəltɪ/ n difficulté f; **to have difficulty (in) doing** avoir du mal à faire.

dig /dɪg/ I n (with elbow) coup m de coude; (remark)© pique© f; (in archaeology) fouilles fpl.

II *vtr* (*p prés* **-gg-**; *prét, pp* **dug**) [▸tunnel] creuser; [▸garden] bêcher; [▸site] fouiller.
■ **dig out** *dig sth out* dénicher© qch; **dig up** *dig [sth] up* [▸body, scandal] déterrer; [▸information] dénicher©.

digest I /ˈdaɪdʒest/ *n* résumé *m*. **II** /daɪˈdʒest, dɪ-/ *vtr* [▸food] digérer.

digestion /daɪˈdʒestʃn, dɪ-/ *n* digestion *f*.

digestive /dɪˈdʒestɪv, daɪ-/ **I** *n* CULIN^{GB} ≈ biscuit sablé. **II** *adj* digestif/-ive.

digit /ˈdɪdʒɪt/ *n* chiffre *m*.

digital /ˈdɪdʒɪtl/ *adj* ORDINAT [display, recording] numérique; [watch] à affichage numérique.

digital access lock, digital lock *n* digicode® *m*.

digital camera *n* appareil photo *m* numérique.

digital terrestrial television *n* télévision *f* numérique terrestre, TNT *f*.

digitize /ˈdɪdʒɪtaɪz/ *vtr* ORDINAT numériser.

dignified /ˈdɪɡnɪfaɪd/ *adj* digne.

dignitary /ˈdɪɡnɪtərɪ/ *n* dignitaire *m*.

dignity /ˈdɪɡnətɪ/ *n* dignité *f*.

dike /daɪk/ *n* digue *f*.

dilapidated /dɪˈlæpɪdeɪtɪd/ *adj* délabré.

dilemma /daɪˈlemə, dɪ-/ *n* dilemme *m*.

diligent /ˈdɪlɪdʒənt/ *adj* appliqué.

dill /dɪl/ *n* aneth *m*.

dill pickle *n* CULIN *cornichons au vinaigre et à l'aneth*.

dilute /daɪˈljuːt, -ˈluːt^{US}/ *vtr* diluer.

dim /dɪm/ **I** *adj* [room] sombre; [light, eyesight] faible. **II** *vtr* (*p prés etc* **-mm-**) baisser.

dime^{US} /daɪm/ *n* pièce de dix cents.

dimension /dɪˈmenʃn/ *n* dimension *f*.

dime store^{US} *n* bazar *m*.

diminish /dɪˈmɪnɪʃ/ *vtr, vi* diminuer.

diminutive /dɪˈmɪnjʊtɪv/ **I** *n* diminutif *m*. **II** *adj* minuscule.

din /dɪn/ *n* vacarme *m*.

dine /daɪn/ *vi* dîner.
■ **dine in** dîner à la maison; **dine out** dîner dehors.

diner /ˈdaɪnə(r)/ *n* (person) dîneur/-euse *m/f*; (restaurant)^{US} café-restaurant *m*.

dinghy /ˈdɪŋɡɪ/ *n* dériveur *m*; (inflatable) canot *m*.

dining car *n* wagon-restaurant *m*.

dining room *n* salle *f* à manger.

dinner /ˈdɪnə(r)/ *n* (evening meal) dîner *m*; (midday) déjeuner *m*; **to go out to dinner** dîner dehors; **to have dinner** dîner; **what's for dinner?** qu'est-ce qu'on mange?

dinner jacket *n* smoking *m*.

dinner party *n* dîner *m*.

dinosaur /ˈdaɪnəsɔː(r)/ *n* dinosaure *m*.

dint /dɪnt/: **by dint of** *prep phr* grâce à.

dip /dɪp/ **I** *n* (bathe) baignade *f*; CULIN *sauce pour crudités*. **II** *vtr* (*p prés etc* **-pp-**) tremper. **III** *vi* **to dip into one's savings** puiser dans ses économies.

diploma /dɪˈpləʊmə/ *n* diplôme *m*.

diplomacy /dɪˈpləʊməsɪ/ *n* diplomatie *f*.

diplomat /ˈdɪpləmæt/ *n* diplomate *mf*.

diplomatic /dɪpləˈmætɪk/ *adj* POL diplomatique; [person] diplomate.

diplomatic relations *npl* relations *fpl* diplomatiques.

dipstick /ˈdɪpstɪk/ *n* AUT jauge *f* de niveau d'huile; (idiot)© cloche *f*.

dire /ˈdaɪə(r)/ *adj* terrible; **in dire straits** dans une situation désespérée.

direct /daɪˈrekt, dɪ-/ **I** *adj* direct; **to be the direct opposite of** être tout le contraire de. **II** *adv* directement. **III** *vtr* (address, aim) adresser; (control, point) diriger; [▸film] réaliser; [▸play] mettre [qch] en scène; [▸opera] diriger; **to direct sb to do** ordonner à qn de faire; (show route) **to direct sb to sth** indiquer le chemin de qch à qn.

direct debit *n* prélèvement *m* automatique.

direction /daɪˈrekʃn, dɪ-/ **I** *n* direction *f*; **to go in the opposite direction** aller en sens inverse; **to lack direction** manquer d'objectifs; CIN réalisation *f*; THÉÂT mise *f* en scène; (guidance) conseils *mpl*. **II directions** *npl* **to ask for directions** demander son chemin; **directions for use** mode *m* d'emploi.

directive /daɪˈrektɪv, dɪ-/ *n* directive *f*.

directly /daɪˈrektlɪ, dɪ-/ *adv* directement; **to look directly at sb** regarder qn droit dans les yeux; **directly above/in front** juste au-dessus/devant; [speak] franchement.

director /daɪˈrektə(r), dɪ-/ *n* directeur/-trice *m/f*; (in board) administrateur/-trice *m/f*; (of play, film) metteur *m* en scène.

directors' report n rapport m annuel.

directory /daɪˈrektərɪ, dɪ-/ n TÉLÉCOM annuaire m; ORDINAT répertoire m.

directory enquiries[GB] npl (service des) renseignements (téléphoniques).

dirt /dɜːt/ n saleté f; (on body, cooker) crasse f; **to show the dirt** être salissant; (soil) terre f; PÉJ (gossip)© ragots mpl.

dirtbike /ˈdɜːtbaɪk/ n moto f tout-terrain, ≈ enduro f.

dirt cheap© **I** adj (item) donné©. **II** adv [get, buy] pour trois fois rien.

dirt road n chemin m de terre.

dirty /ˈdɜːtɪ/ **I** adj sale; [work] salissant; **to get dirty** se salir; **to get/make sth dirty** salir qch. **II** vtr salir.

disability /ˌdɪsəˈbɪlətɪ/ n handicap m.

disabled /dɪsˈeɪbld/ **I** n **the disabled** les handicapés mpl. **II** adj handicapé.

disadvantage /ˌdɪsədˈvɑːntɪdʒ, -ˈvæn-[US]/ **I** n inconvénient m; (discrimination) inégalité f. **II** vtr désavantager.

disadvantaged /ˌdɪsədˈvɑːntɪdʒd, -ˈvæn-[US]/ adj défavorisé.

disagree /ˌdɪsəˈgriː/ vi ne pas être d'accord; **to disagree with sb** [food] ne pas réussir à qn.

disagreeable /ˌdɪsəˈgriːəbl/ adj désagréable.

disagreement /ˌdɪsəˈgriːmənt/ n désaccord m; (argument) différend m.

disallow /ˌdɪsəˈlaʊ/ vtr [▸goal] refuser; [▸appeal, claim] rejeter.

disappear /ˌdɪsəˈpɪə(r)/ vi disparaître.

disappearance /ˌdɪsəˈpɪərəns/ n disparition f.

disappoint /ˌdɪsəˈpɔɪnt/ vtr décevoir.

disappointed /ˌdɪsəˈpɔɪntɪd/ adj déçu.

disappointing /ˌdɪsəˈpɔɪntɪŋ/ adj décevant.

disappointment /ˌdɪsəˈpɔɪntmənt/ n déception f.

disapproval /ˌdɪsəˈpruːvl/ n désapprobation f.

disapprove /ˌdɪsəˈpruːv/ **I** vtr **to disapprove of** [▸person] désapprouver; [▸hunting] être contre. **II** vi ne pas être d'accord.

disarm /dɪsˈɑːm/ vtr, vi désarmer.

disarmament /dɪsˈɑːməmənt/ n désarmement m.

disarray /ˌdɪsəˈreɪ/ n confusion f; **in total disarray** dans une confusion totale.

disaster /dɪˈzɑːstə(r), -zæs-[US]/ n désastre m.

disaster area n région f sinistrée; FIG catastrophe f.

disastrous /dɪˈzɑːstrəs, -zæs-[US]/ adj catastrophique.

disbelief /ˌdɪsbɪˈliːf/ n incrédulité f.

disbelieving /ˌdɪsbɪˈliːvɪŋ/ adj incrédule.

disc /dɪsk/ n GÉN disque m; **tax disc**[GB] vignette (automobile).

discard /dɪsˈkɑːd/ vtr (get rid of) se débarrasser de; (drop) abandonner.

discerning /dɪˈsɜːnɪŋ/ adj fin.

discharge I /ˈdɪstʃɑːdʒ/ n (release) renvoi m au foyer; (of gas) émission f; (of liquid) écoulement m; (waste) déchets mpl. **II** /dɪsˈtʃɑːdʒ/ vtr renvoyer; **to be discharged from the army** être libéré de l'armée; [▸waste] déverser; [▸cargo, rifle] décharger.

disciple /dɪˈsaɪpl/ n disciple mf.

disciplinary /ˈdɪsɪplɪnərɪ, -nerɪ[US]/ adj disciplinaire.

discipline /ˈdɪsɪplɪn/ **I** n discipline f. **II** vtr discipliner; (punish) punir.

disclaim /dɪsˈkleɪm/ vtr nier.

disclose /dɪsˈkləʊz/ vtr laisser voir, révéler.

disclosure /dɪsˈkləʊʒə(r)/ n révélation f.

disco /ˈdɪskəʊ/ n discothèque f.

discomfort /dɪsˈkʌmfət/ n malaise m; **to suffer/be in discomfort** avoir mal.

disconcerting /ˌdɪskənˈsɜːtɪŋ/ adj troublant, déconcertant.

disconnect /ˌdɪskəˈnekt/ **I** vtr [▸pipe, appliance] débrancher; [▸telephone, gas] couper; (on telephone) **we've been disconnected** nous avons été coupés. **II** vi ORDINAT se déconnecter.

discontent /ˌdɪskənˈtent/ n mécontentement m.

discontented /ˌdɪskənˈtentɪd/ adj mécontent.

discontentment /ˌdɪskənˈtentmənt/ n mécontentement m.

discontinue /ˌdɪskənˈtɪnjuː/ vtr [▸service] supprimer; [▸production] arrêter; [▸visits] cesser.

discount I /ˈdɪskaʊnt/ n remise f, rabais m; **to give a discount** faire une remise.

II /dɪsˈkaʊnt, ˈdɪskaʊnt^US/ *vtr* ne pas tenir compte de.

discount flight *n* vol *m* à tarif réduit.

discourage /dɪsˈkʌrɪdʒ/ *vtr* décourager.

discover /dɪsˈkʌvə(r)/ *vtr* découvrir.

discovery /dɪsˈkʌvərɪ/ *n* découverte *f*.

discredit /dɪsˈkredɪt/ *vtr* discréditer.

discreet /dɪsˈkriːt/ *adj* discret/-ète.

discrepancy /dɪsˈkrepənsɪ/ *n* écart *m*.

discretion /dɪsˈkreʃn/ *n* discrétion *f*; *at your own discretion* à votre gré.

discriminate /dɪsˈkrɪmɪneɪt/ *vi* *to discriminate between* faire une/la distinction entre; *to discriminate against* faire de la discrimination contre.

discriminating /dɪsˈkrɪmɪneɪtɪŋ/ *adj* exigeant.

discrimination /dɪskrɪmɪˈneɪʃn/ *n* discrimination *f*; (taste) discernement *m*.

discus /ˈdɪskəs/ *n* disque *m*.

discuss /dɪsˈkʌs/ *vtr* discuter de.

discussion /dɪsˈkʌʃn/ *n* discussion *f*.

disdain /dɪsˈdeɪn/ **I** *n* dédain *m*. **II** *vtr* dédaigner.

disease /dɪˈziːz/ *n* maladie *f*.

disembark /dɪsɪmˈbɑːk/ *vtr, vi* débarquer.

disenchanted /dɪsɪnˈtʃɑːntɪd, -ˈtʃænt-^US/ *adj* désabusé.

disfigure /dɪsˈfɪɡə(r), dɪsˈfɪɡjər^US/ *vtr* défigurer.

disgrace /dɪsˈɡreɪs/ *n* honte *f*; *it's an absolute disgrace!* c'est scandaleux!

disgraceful /dɪsˈɡreɪsfl/ *adj* scandaleux/-euse.

disgruntled /dɪsˈɡrʌntld/ *adj* mécontent.

disguise /dɪsˈɡaɪz/ **I** *n* déguisement *m*; *in disguise* déguisé. **II** *vtr* (▸ person, voice) déguiser; (▸ emotion, fact) cacher.

disgust /dɪsˈɡʌst/ **I** *n* dégoût *m*; *in disgust* dégoûté, écœuré. **II** *vtr* dégoûter.

disgustedly /dɪsˈɡʌstɪdlɪ/ *adv* d'un air dégoûté.

disgusting /dɪsˈɡʌstɪŋ/ *adj* (morally) scandaleux; (physically) répugnant.

dish /dɪʃ/ **I** *n* assiette *f*; (food, for serving) plat *m*; *side dish* garniture; TV antenne *f* parabolique. **II dishes** *npl* vaisselle *f*.

■ **dish out** distribuer.

disheartened /dɪsˈhɑːtnd/ *vtr* découragé.

dishevelled /dɪˈʃevld/ *adj* débraillé; [hair] décoiffé.

dishonest /dɪsˈɒnɪst/ *adj* malhonnête.

dishonesty /dɪsˈɒnɪstɪ/ *n* malhonnêteté *f*.

dishwasher /ˈdɪʃwɒʃə/ *n* lave-vaisselle *m* *inv*.

disillusioned /dɪsɪˈluːʒnd/ *adj* désabusé.

disinclined /dɪsɪnˈklaɪnd/ *adj* *disinclined to do* peu disposé à faire.

disinfectant /dɪsɪnˈfektənt/ *n* désinfectant *m*.

disintegrate /dɪsˈɪntɪɡreɪt/ *vi* se désintégrer.

disinterested /dɪsˈɪntrəstɪd/ *adj* impartial.

disk /dɪsk/ *n* disque *m*.

disk drive (unit) *n* ORDINAT unité *f* de disques.

diskette /dɪsˈket/ *n* ORDINAT disquette *f*.

dislike /dɪsˈlaɪk/ **I** *n* aversion *f*; *we all have our likes and dislikes* chacun a ses préférences. **II** *vtr* *to dislike doing sth* ne pas aimer faire qch; *I have always disliked him* il m'a toujours été antipathique.

dislocate /ˈdɪsləkeɪt, ˈdɪsləʊkeɪt^US/ *vtr* *to dislocate one's shoulder* se démettre l'épaule.

dislodge /dɪsˈlɒdʒ/ *vtr* déloger.

disloyal /dɪsˈlɔɪəl/ *adj* déloyal.

dismal /ˈdɪzməl/ *adj* lugubre.

dismantle /dɪsˈmæntl/ *vtr* démonter.

dismay /dɪsˈmeɪ/ *n* consternation *f*.

dismayed /dɪsˈmeɪd/ *adj* consterné.

dismiss /dɪsˈmɪs/ *vtr* (▸ idea, suggestion) écarter; (▸ possibility) exclure; (▸ thought, worry) chasser; (▸ employee) licencier; (▸ class) laisser sortir.

dismissal /dɪsˈmɪsl/ *n* (of employee, worker) licenciement *m*; (of minister) destitution *f*.

dismissive /dɪsˈmɪsɪv/ *adj* dédaigneux/-euse.

disobedience /dɪsəˈbiːdɪəns/ *n* désobéissance *f*.

disobedient /dɪsəˈbiːdɪənt/ *adj* désobéissant.

disobey /dɪsəˈbeɪ/ *vtr, vi* *to disobey (sb)* désobéir (à qn); *to disobey orders* enfreindre les ordres.

disorder /dɪsˈɔːdə(r)/ *n* ¢ désordre *m*; *in disorder* MIL en déroute; (of mind, body) troubles *mpl*.

disorderly /dɪsˈɔːdəlɪ/ *adj* (untidy) [▸ room] en désordre; (disorganized) [▸ person] désordonné; MIL [▸ retreat] désordonné; [▸ crowd] turbulent.

disorderly behaviour, disorderly conduct *n* JUR perturbation *f* de l'ordre public.

disorganize /dɪsˈɔːɡənaɪz/ *vtr* désorganiser.

disown /dɪsˈəʊn/ *vtr* [▸ person] renier; [▸ politician] désavouer.

disparaging /dɪˈspærɪdʒɪŋ/ *adj* désobligeant.

disparate /ˈdɪspərət/ *adj* hétérogène.

dispatch /dɪˈspætʃ/ **I** *n* (report) dépêche *f*; (sending) *date of dispatch* date d'expédition. **II** *vtr* envoyer; [▸ letter, parcel] expédier.

dispel /dɪˈspel/ *vtr* (*p prés etc* -**ll**-) dissiper.

dispense /dɪˈspens/ *vtr* distribuer.
■ **dispense with** se passer de.

dispensing chemist[GB] *n* pharmacien/-ienne *m/f*.

disperse /dɪˈspɜːs/ **I** *vtr* disperser. **II** *vi* se disperser.

dispirited /dɪˈspɪrɪtɪd/ *adj* découragé.

displace /dɪsˈpleɪs/ *vtr* déplacer.

displaced person *n* réfugié/-e *m/f*.

display /dɪsˈpleɪ/ **I** *n* étalage *m*; *window display* vitrine; (of art) exposition *f*; *to be on display* être exposé; ORDINAT visualisation *f*. **II** *vtr* [▸ information, poster] afficher; [▸ object] exposer; [▸ intelligence, skill] faire preuve de; PÉJ [▸ knowledge, wealth] faire étalage de; ORDINAT visualiser.

display rack *n* COMM présentoir *m*.

displeasure /dɪsˈpleʒə(r)/ *n* mécontentement *m*.

disposable /dɪˈspəʊzəbl/ *adj* jetable.

disposal /dɪˈspəʊzl/ *n* élimination *f*; (removal) élimination *f*; *waste disposal* élimination des déchets; *for disposal* à jeter; *to be at sb's disposal* être à la disposition de qn.

dispose /dɪˈspəʊz/ *vtr* *dispose of* [sth/sb] se débarrasser de; (sell) vendre.

disposition /dɪspəˈzɪʃn/ *n* tempérament *m*; *to have a cheerful disposition* être d'un naturel gai.

disproportionate /dɪsprəˈpɔːʃənət/ *adj* disproportionné.

disprove /dɪsˈpruːv/ *vtr* réfuter.

dispute /dɪˈspjuːt/ **I** *n* dispute *f*, ; conflit *m*; *to be in dispute* être controversé; *beyond dispute* incontestable. **II** *vtr* [▸ claim, figures] contester; [▸ property, title] se disputer.

disqualification /dɪskwɒlɪfɪˈkeɪʃn/ *n* GÉN exclusion *f* (**from** de); SPORT disqualification *f* (**from** de)/(**for doing** pour avoir fait).

disqualified /dɪsˈkwɒlɪfaɪd/ *adj* disqualifié; *disqualified from driving* sous le coup d'une suspension de permis.

disregard /dɪsrɪˈɡɑːd/ **I** *n* (for problem, feelings) indifférence *f*; (for danger, law) mépris *m*. **II** *vtr* ne pas tenir compte de; [▸ law] ne pas respecter.

disrepair /dɪsrɪˈpeə(r)/ *n* *to fall into disrepair* se délabrer.

disreputable /dɪsˈrepjʊtəbl/ *adj* [person] peu recommandable; [place] mal famé.

disrespect /dɪsrɪˈspekt/ *n* *to show disrespect to sb* manquer de respect envers qn.

disrespectful /dɪsrɪˈspektfl/ *adj* impoli, irrespectueux/-ueuse.

disrupt /dɪsˈrʌpt/ *vtr* [▸ traffic, meeting] perturber; [▸ schedule, routine] bouleverser.

disruption /dɪsˈrʌpʃn/ *n* ¢ perturbations *fpl*.

disruptive /dɪsˈrʌptɪv/ *adj* perturbateur/-trice.

dissatisfaction /dɪsætɪsˈfækʃn/ *n* mécontentement *m*.

dissatisfied /dɪˈsætɪsfaɪd/ *adj* mécontent.

dissect /dɪˈsekt/ *vtr* disséquer.

dissent /dɪˈsent/ **I** *n* ¢ GÉN, POL contestation *f*; SPORT contestation *f*. **II** *vi* GÉN, JUR (disagree) contester; *to dissent from sth* contester qch.

dissertation /dɪsəˈteɪʃn/ *n* UNIV [GB] mémoire *m*; [US] thèse *f* de doctorat.

dissident /ˈdɪsɪdənt/ *n, adj* dissident/-e (*m/f*).

dissipate /ˈdɪsɪpeɪt/ *vi* se dissiper.

dissolve /dɪˈzɒlv/ **I** *vtr* dissoudre. **II** *vi* se dissoudre.

distance /ˈdɪstəns/ *n* distance *f*; *at a/some distance from* à bonne distance; *to keep one's distance* garder ses distances; *from a distance* au loin; *it's within walking distance* on peut y aller à pied.

distance learning n SCOL, UNIV enseignement m à distance, enseignement m par correspondance.

distant /ˈdɪstənt/ adj éloigné; **distant from** loin de; (faint) lointain; (cool) distant.

distaste /dɪsˈteɪst/ n dégoût m; **distaste for** répugnance pour.

distasteful /dɪsˈteɪstfl/ adj déplaisant, de mauvais goût.

distilGB, **distill**GB /dɪˈstɪl/ vtr (p prés etc **-ll-**) distiller.

distinct /dɪˈstɪŋkt/ adj (visible) distinct, net/ nette; (different) différent.

distinction /dɪˈstɪŋkʃn/ n distinction f; (difference between) différence f (entre); UNIV mention f très bien.

distinctive /dɪˈstɪŋktɪv/ adj caractéristique.

distinguish /dɪˈstɪŋgwɪʃ/ **I** vtr distinguer. **II distinguishing** pres p adj distinctif/ ive; **distinguishing marks** signes particuliers.

distinguished /dɪˈstɪŋgwɪʃt/ adj (elegant) distingué.

distort /dɪˈstɔːt/ vtr déformer, fausser.

distortion /dɪˈstɔːʃn/ n déformation f.

distract /dɪˈstrækt/ vtr distraire; **to distract attention** détourner l'attention.

distracting /dɪˈstræktɪŋ/ adj gênant.

distraction /dɪˈstrækʃn/ n distraction f; **a moment's distraction** un moment d'inattention.

distraught /dɪˈstrɔːt/ adj **to be distraught** être dans tous ses états; **to be distraught at/over sth** être bouleversé par qch.

distress /dɪˈstres/ n désarroi m; **to cause sb distress** faire de la peine à qn; (pain) souffrance(s) f(pl); (poverty) détresse f; NAUT **in distress** en détresse.

distress call n appel m de détresse.

distressed /dɪˈstrest/ adj bouleversé, dans tous ses états.

distressing /dɪˈstresɪŋ/ adj pénible.

distribute /dɪˈstrɪbjuːt/ vtr distribuer, répartir.

distribution /dɪstrɪˈbjuːʃn/ n distribution f; (of weight, tax) répartition f.

district /ˈdɪstrɪkt/ n (in country) région f; (in city) quartier m; (administrative) district m.

district attorneyGB n représentant du ministère public.

district councilGB n conseil m général.

distrust /dɪsˈtrʌst/ **I** n méfiance f. **II** vtr **to distrust sb/sth** se méfier de qn/qch.

disturb /dɪˈstɜːb/ vtr (interrupt, move) déranger; (upset) troubler.

disturbance /dɪˈstɜːbəns/ n dérangement m; (riot) troubles mpl.

disturbed /dɪˈstɜːbd/ adj perturbé.

disturbing /dɪˈstɜːbɪŋ/ adj inquiétant.

disuse /dɪsˈjuːs/ n **to fall into disuse** tomber en désuétude.

disused /dɪsˈjuːzd/ adj abandonné, désaffecté.

ditch /dɪtʃ/ **I** n fossé m. **II** © vtr se débarrasser de.

dive /daɪv/ **I** n plongeon m; (of plane) piqué m. **II** vi (prét **dived**GB/**dove**US) plonger; (as hobby) faire de la plongée.

diver /ˈdaɪvə(r)/ n plongeur/-euse m/f; (deep-sea) scaphandrier m.

diverge /daɪˈvɜːdʒ/ vi diverger; **to diverge from** [▸ truth, norm] s'écarter de.

divergence /daɪˈvɜːdʒəns/ n divergence f (**between** entre).

diverse /daɪˈvɜːs/ adj divers.

diversion /daɪˈvɜːʃn, daɪˈvɜːrʒn US/ n (of traffic)GB déviation f; (distraction) diversion f.

diversion signGB n panneau m de déviation.

divert /daɪˈvɜːt/ vtr [▸ traffic] dévier; [▸ water, person, funds] détourner; [▸ flight, plane] dérouter.

divide /dɪˈvaɪd/ **I** n division f; **the North-South divide** l'opposition Nord-Sud. **II** vtr diviser; (share) partager. **III** vi [road] bifurquer; [cell, organism] se diviser.
■ **divide up** partager.

dividend /ˈdɪvɪdend/ n dividende m.

dividing line n ligne f de démarcation.

divine /dɪˈvaɪn/ **I** adj divin. **II** vtr deviner.

diving /ˈdaɪvɪŋ/ n plongée f sous-marine.

diving board n plongeoir m.

divinity /dɪˈvɪnətɪ/ n divinité f; (discipline) théologie f.

division /dɪˈvɪʒn/ n GÉN division f; ADMIN circonscription f; COMM (department) service m; (dissent) désaccord m.

divisive /dɪˈvaɪsɪv/ adj qui sème la discorde.

divorce /dɪˈvɔːs/ **I** n divorce m. **II** vtr to divorce sb divorcer de/d'avec qn.

divorcee /dɪˌvɔːˈsiː/ n divorcé/-e m/f.

divulge /daɪˈvʌldʒ/ vtr divulguer.

DIYᴳᴮ n (abrév = **do-it-yourself**).

dizzy /ˈdɪzɪ/ adj pris de vertige; to make sb dizzy donner le vertige à qn; to feel dizzy avoir la tête qui tourne.

DJ n (abrév = **disc jockey**) DJ mf.

DNA /ˌdiːeˈneɪ/ n (abrév = **desoxyribonu-cleic acid**) ADN m.

DNA fingerprint, **DNA profile** n empreinte f génétique.

do /duː, də/ **I** ᴳᴮ n fête f. **II** vtr (3ᵉ pers sg prés **does**; prét **did**; pp **done**) GÉN (make) faire; to do sth to one's arm se faire mal au bras; well done [meat] bien cuit; to do sb's hair coiffer qn; to do one's teeth se brosser les dents. **III** vi aller, suffire, marcher; that box will do cette boîte fera l'affaire; I'm doing well je vais bien. **IV** v aux did you or didn't you take my pen? est-ce que c'est toi qui as pris mon stylo ou pas?; I do want to go je veux vraiment y aller; he said he'd tell her and he did il a dit qu'il le lui dirait et il l'a fait; you draw better than I do tu dessines mieux que moi; do sit down asseyez-vous, je vous en prie; he lives in France, doesn't he? il habite en France, n'est-ce pas?; who wrote it? — I did qui l'a écrit? — moi; he knows the President — does he? il connaît le Président — vraiment?; so/neither does he lui aussi/non plus.
● how do you do enchanté; well done! bravo!
■ do away with supprimer; do up fermer do oneself up se faire beau/belle; do with it has something to do with ça a quelque chose à voir avec; it has nothing to do with you cela ne vous concerne pas; I could do with a holiday j'aurais bien besoin de partir en vacances; have you done with my pen? tu n'as plus besoin de mon stylo?; do without se passer de.

docile /ˈdəʊsaɪl, ˈdɒsɪlᵁˢ/ adj docile.

dock /dɒk/ n NAUT dock m, bassin m; JURᴳᴮ banc m des accusés.

dockworker n docker m.

dockyard n chantier m naval.

doctor /ˈdɒktə(r)/ **I** n MÉD docteur m, médecin m. **II** vtr [▸figures] falsifier.

doctorate /ˈdɒktərət/ n doctorat m.

doctrine /ˈdɒktrɪn/ n doctrine f.

document /ˈdɒkjʊmənt/ n document m; insurance documents papiers d'assurance.

documentary /ˌdɒkjʊˈmentrɪ, -terɪᵁˢ/ n, adj documentaire m.

dodge /dɒdʒ/ **I** ᴳᴮ n combine f. **II** vtr [▸bullet, question] esquiver; [▸pursuers] échapper à.

dodgyᴳᴮ /ˈdɒdʒɪ/ adj [person, business] louche; [decision] risqué; [weather] instable.

does /dʌz/ (3ᵉ pers sg prés) ▸ do.

doesn't /ˈdʌznt/ = does not ▸ do.

dog /dɒg, dɔːgᵁˢ/ n chien m; (female) chienne f.

dog days npl (warm weather) canicule f; FIG (slack period) période f creuse.

dog-eared adj écorné.

dogged /ˈdɒgɪd, ˈdɔːgɪdᵁˢ/ adj obstiné.

doggy bag /ˈdɒgɪbæg/ n emballage fourni par les restaurateurs pour permettre à leurs clients d'emporter les restes de leur repas.

doghouseᵁˢ /ˈdɒghaʊs, ˈdɔːg-ᵁˢ/ n niche f.
● to be in the doghouse être tombé en disgrâce.

dogma /ˈdɒgmə, ˈdɔːgməᵁˢ/ n dogme m.

dogmatic /dɒgˈmætɪk, dɔːg-ᵁˢ/ adj dogmatique.

dog rose n églantine f; églantier m.

do-it-yourself /ˌduːɪtjɔːˈself/, **DIY**ᴳᴮ n bricolage m.

doldrums /ˈdɒldrəmz/ npl to be in the doldrums [person] être en pleine déprime; [economy] être en plein marasme.

doleᴳᴮ /dəʊl/ n on the dole au chômage.

doll /dɒl, dɔːlᵁˢ/ n poupée f.

dollar /ˈdɒlə(r)/ n dollar m.

dollar bill n billet m d'un dollar.

dolphin /ˈdɒlfɪn/ n dauphin m.

domain /dəʊˈmeɪn/ n domaine m.

dome /dəʊm/ n dôme m, coupole f.

domestic /dəˈmestɪk/ adj POL [market, affairs, flight] intérieur; [crisis, issue] de politique intérieure; [activity, animal] domestique; [life, situation] familial.

domestic appliance n appareil m électroménager.

domesticity /ˌdɒmeˈstɪsətɪ, dəʊ-/ n vie f de famille.

dominance /ˈdɒmɪnəns/ n domination f; BIOL dominance f.

dominant /ˈdɒmɪnənt/ adj dominant.

dominate /ˈdɒmɪneɪt/ **I** vtr dominer. **II** vi dominer; [issue] prédominer.

domineering /ˌdɒmɪˈnɪərɪŋ/ adj autoritaire.

Dominican Republic pr n République f Dominicaine.

dominion /dəˈmɪnɪən/ n territoire m.

domino /ˈdɒmɪnəʊ/ n domino m; *a game of dominoes* une partie de dominos.

don /dɒn/ n professeur m d'université (à *Oxford ou Cambridge*).

donate /dəʊˈneɪt, ˈdəʊneɪtUS/ vtr faire don de.

donation /dəʊˈneɪʃn/ n don m.

done /dʌn/ **I** pp ▸ do. **II** excl (making deal) marché conclu!

donkey /ˈdɒŋkɪ/ n âne m; *donkey foal* ânon m.

donkey work n travail m pénible.

donor /ˈdəʊnə(r)/ n (of organ) donneur/-euse m/f; (of money) donateur/-trice m/f.

donor card n carte f de donneur d'organes.

don't /dəʊnt/ = **do not** ▸ do.

doodle /ˈduːdl/ vi gribouiller.

doom /duːm/ **I** n mort f. **II** vtr *doomed (to failure) from the start* voué à l'échec.

door /dɔː(r)/ n porte f; AUT portière f.

doorstep /ˈdɔːstep/ n seuil m.

doorway /ˈdɔːweɪ/ n porte f, entrée f.

dope /dəʊp/ **I** ⊙ n SPORT dopant m; GÉN drogue f. **II** vtr SPORT doper.

dope test n contrôle m antidopage.

dormant /ˈdɔːmənt/ adj en sommeil.

dormitory /ˈdɔːmɪtrɪ, -tɔːrɪUS/ n dortoir m; UNIVUS résidence f, foyer m.

dosage /ˈdəʊsɪdʒ/ n posologie f.

dose /dəʊs/ n dose f.

dot /dɒt/ **I** n GÉN point m; (on fabric) pois m. **II** vtr (p prés etc **-tt-**) *dotted with* parsemé de.

● *at ten on the dot* à dix heures pile.

dot-com /dɒtˈkɒm/ n (Internet company) société f en ligne.

dotted line n pointillé m.

double /ˈdʌbl/ **I** n double m; (of person) sosie m; (in filming) doublure f. **II** adj double; [room] pour deux personnes. **III** adv *she earns double what I earn* elle gagne deux fois plus que moi; *to see double* voir double. **IV** vtr, vi doubler; (fold) plier en deux.

double bass n contrebasse f.

double-check vtr vérifier et revérifier.

double-click /dʌblˈklɪk/ **I** n ORDINAT double-clic m. **II** vi ORDINAT cliquer deux fois, double-cliquer (**on** sur).

double creamGB n ≈ crème fraîche.

double-deckerGB n autobus m à impériale/à deux étages.

double figures npl *to go into double figures* [inflation] passer la barre des 10%.

double glazing n double vitrage m.

doubt /daʊt/ **I** n doute m; *no doubt* sans aucun doute; *to be in doubt* [outcome, project] être incertain; *to have one's doubts about doing* hésiter à faire. **II** vtr douter de; *to doubt whether* douter que (+ subj). **III** vi douter.

doubtful /ˈdaʊtfl/ adj douteux/-euse, incertain; *it is doubtful if/that/whether* il n'est pas certain que (+ subj).

dough /dəʊ/ n pâte f; (money)⊙ fric⊙ m.

doughnut, donutUS /ˈdəʊnʌt/ n beignet m.

dove /dʌv/ n colombe f.

down¹ /daʊn/ **I** adv *to go/come down* descendre; *to fall down* tomber; *to sit down on the floor* s'asseoir par terre; *read down to the end* lire jusqu'à la fin; *down below* en bas; *two floors down* deux étages plus bas; *they've gone down to the country* ils sont allés à la campagne; *to be down with (the) flu* avoir la grippe. **II** prep *down town* en ville; *to live down the road* habiter un peu plus loin dans la rue; *to go down the street* descendre la rue. **III** adj *to feel down*⊙ être déprimé; [computer] en panne. **IV** ⊙ vtr [▸drink] descendre⊙.

down² /daʊn/ n (feathers) duvet m.

downfall /ˈdaʊnfɔːl/ n chute f.

downhearted /daʊnˈhɑːtɪd/ adj abattu.

downhill /daʊnˈhɪl/ adv *to go downhill* descendre; FIG décliner.

download /daʊnləʊd/ vtr ORDINAT transférer, télécharger.

downloadable /daʊnˈləʊdəbl/ adj ORDINAT téléchargeable.

downloading /daʊnˈləʊdɪŋ/ n télécharchargement m.

Downing Street désigne la résidence officielle du Premier ministre britannique, le Premier ministre ou le gouvernement.

down payment n acompte m.

downpour /daʊnpɔːr/ n averse f.

downright /ˈdaʊnraɪt/ I adj [insult] véritable (before n); [refusal] catégorique. II adv [stupid, rude] carrément.

downstairs /daʊnˈsteəz/ I n rez-de-chaussée m inv. II adj the downstairs flat^{GB} l'appartement du rez-de-chaussée. III adv en bas; to go/come downstairs descendre (l'escalier).

downstream /ˈdaʊnstriːm/ adj, adv en aval; to go downstream descendre le courant.

down-to-earth /ˌdaʊntəˈɜːθ/ adj terre à terre, pratique.

downtown^{GB} /ˈdaʊntaʊn/ adj du centre ville; downtown Baltimore le centre de Baltimore.

downtrend /daʊnˈtrend/ n ÉCON tendance f à la baisse.

downturn /daʊnˈtɜːn/ n (in economy) déclin m (in de); (of profits) chute f, baisse f (in de).

down under^{©GB} /daʊn/ adv en Australie.

downward /ˈdaʊnwəd/ adj vers le bas.

downwards /ˈdaʊnwədz/ adv vers le bas.

doze /dəʊz/ I n somme m. II vi somnoler. ■ doze off s'assoupir.

dozen /ˈdʌzn/ n douzaine f; dozens of des dizaines de.

drab /dræb/ adj terne.

draft /drɑːft, dræft^{US}/ ▶ draught. I n (of letter) brouillon m; (of novel) ébauche f; FIN traite f; the draft^{US} le service militaire. II vtr [▶ letter, speech] faire le brouillon de; [▶ contract, law] rédiger; (conscript)^{US} incorporer.

drag /dræg/ n I ☺ what a drag! quelle barbe[☺]! II vtr (p prés etc -gg-) tirer; to drag sb out of bed arracher qn de son lit; don't drag my mother into this ne mêle pas ma mère à ça; to drag one's feet/heels traîner les pieds; ORDINAT [▶ icon] déplacer.

drag and drop n ORDINAT glisser-déposer m.

dragon /ˈdrægən/ n dragon m.

dragonfly n libellule f.

drain /dreɪn/ I n canalisation f (d'évacuation). II vtr [▶ lake] drainer; [▶ resources] épuiser. III vi se vider.

draining board n égouttoir m.

drama /ˈdrɑːmə/ n GÉN théâtre m; TV, RADIO fiction f, dramatique f; (acting, directing) art m dramatique; (play) drame m.

dramatic /drəˈmætɪk/ adj [art, situation, effect] dramatique; [gesture, entrance, exit] théâtral; [change, impact, landscape] spectaculaire.

dramatically /drəˈmætɪklɪ/ adv radicalement; THÉÂT du point de vue théâtral.

dramatist /ˈdræmətɪst/ n auteur m dramatique.

dramatize /ˈdræmətaɪz/ vtr (adapt) adapter [qch] pour la scène/l'écran; (exaggerate) PÉJ dramatiser.

drank /dræŋk/ prét ▶ drink.

drape /dreɪp/ I ^{US} n rideau m. II vtr to drape sth over/with sth draper qch de qch.

drastic /ˈdræstɪk/ adj radical.

drastically /ˈdræstɪklɪ/ adv radicalement.

draught^{GB}, **draft**^{US} /drɑːft, dræft^{US}/ n courant m d'air; on draught [beer] à la pression.

draughts^{GB} /drɑːfts/ n JEUX (jeu m de) dames fpl.

draughty^{GB}, **drafty**^{US} /ˈdrɑːftɪ, ˈdræftɪ^{US}/ adj plein de courants d'air.

draw /drɔː/ I n JEUX tirage m (au sort); SPORT match m nul. II vtr (prét **drew**; pp **drawn**) [▶ conclusion, card] tirer; [▶ people] attirer; [▶ knife, gun] sortir; [▶ money] retirer; [▶ cheque] tirer; [▶ wages] toucher; [▶ plan] faire, tracer; [▶ object] dessiner; to draw sb into the conservation mêler qn à la conversation. III vi (make picture) dessiner; to draw close/near approcher; to draw to a halt s'arrêter; SPORT faire match nul; JEUX to draw for sth tirer qch (au sort). ■ draw away s'éloigner; draw back reculer; draw in [days, nights] raccourcir.

drawback /ˈdrɔːbæk/ n inconvénient m.

drawer /ˈdrɔː(r)/ n tiroir m.

drawing /ˈdrɔːɪŋ/ n dessin m.

drawing board n planche f à dessin; back to the drawing board! il faut tout recommencer.

drawing pin n punaise f.

drawing room n salon m.

drawl /drɔːl/ I n voix f traînante. II vi parler d'une voix traînante.

droop

drawn /drɔːn/ **I** *pp* ▸ **draw**. **II** *adj* [features] tiré.

dread /dred/ *vtr* appréhender; *I dread to think!* je préfère ne pas y penser!

dreadful /ˈdredfl/ *adj* [day, accident] épouvantable; [film, book, meal] lamentable; *to feel dreadful* se sentir patraque©; *to feel dreadful about* avoir honte de qch.

dreadfully /ˈdredfəlɪ/ *adv* terriblement; affreusement, abominablement.

dream /driːm/ **I** *n* rêve *m*; *I had a dream about sth/about doing* j'ai rêvé de qch/ que je faisais; *to be in a dream* être dans les nuages. **II** *vtr* (*prét*, *pp* **dreamt** /dremt/, **dreamed**) (asleep) rêver; (imagine) *I never dreamt (that)* je n'aurais jamais pensé que; *I wouldn't dream of doing* il ne me viendrait jamais à l'esprit de faire. **III** *vi* rêver.
■ **dream up** concevoir, imaginer.

dreamer /ˈdriːmə(r)/ *n* rêveur/-euse *m/f*.

dreamlike /ˈdriːmlaɪk/ *adj* irréel/irréelle.

dreamy /ˈdriːmɪ/ *adj* rêveur/-euse; [music] de rêve.

dreary /ˈdrɪərɪ/ *adj* [landscape] morne; [person] ennuyeux/-euse; [life] monotone.

dredge /dredʒ/ *vtr* [▸river] draguer.

drench /drentʃ/ *vtr* tremper; *drenched to the skin* trempé jusqu'aux os.

drenching /ˈdrentʃɪŋ/ **I** *n* *to get a drenching* se faire tremper. **II** *adj* *drenching rain* pluie *f* battante.

dress /dres/ **I** *n* robe *f*; *casual/formal dress* tenue décontractée/habillée. **II** *vtr* habiller; *to get dressed* s'habiller; CULIN assaisonner; [▸wound] panser. **III** *vi* s'habiller; *to dress in a suit* mettre un costume. **IV** *v refl to dress oneself* s'habiller.
■ **dress up** (bien) s'habiller; (in fancy dress) se déguiser.

dresser /ˈdresə(r)/ *n* (for dishes) buffet *m*.

dressing /ˈdresɪŋ/ *n* (sauce) assaisonnement *m*; (bandage) pansement *m*.

dressing gown *n* robe *f* de chambre.

dress rehearsal *n* THÉÂT (répétition *f*) générale *f*.

drew /druː/ *prét* ▸ **draw**.

dribble /ˈdrɪbl/ *vi* [liquid] dégouliner; [person] baver; SPORT dribbler.

dried /draɪd/ **I** *prét*, *pp* ▸ **dry**. **II** *adj* [fruit] sec/sèche; [flower] séché; [milk] en poudre.

drier /ˈdraɪə(r)/ *n* séchoir *m*.

drift /drɪft/ *vi* dériver; [smoke, fog] flotter; *to drift along* se laisser aller.
■ **drift apart** aller chacun de son côté.

drill /drɪl/ **I** *n* (tool) perceuse *f*; (training) exercice *m*. **II** *vtr* percer. **III** *vi* percer un trou.

drilling /ˈdrɪlɪŋ/ *n* (for oil, water) forage *m* (**for** pour trouver); *oil drilling* forage pétrolier.

drilling rig *n* (at sea) plate-forme *f* de forage; (on land) derrick *m*, tour *f* de forage.

drink /drɪŋk/ **I** *n* boisson *f*; *to have a drink* boire quelque chose; (alcoholic) verre *m*. **II** *vtr*, *vi* (*prét* **drank** /dræŋk/; *pp* **drunk** /drʌŋk/) boire.

drinkable /ˈdrɪŋkəbl/ *adj* (safe to drink) potable; (acceptable) buvable.

drink-driver[GB] *n* personne *f* qui conduit en état d'ivresse.

drinking water *n* eau *f* potable.

drip /drɪp/ **I** *n* goutte *f* (qui tombe); MÉD[GB] *to be on a drip* être sous perfusion. **II** *vi* (*p prés etc* **-pp-**) [washing] égoutter; [liquid] tomber goutte à goutte; *to drip from/ off* dégouliner de.

drive /draɪv/ **I** *n* *to go for a drive* aller faire un tour (en voiture); *it's a 40-km drive* il y a 40 km de route; (of computer) lecteur *m*; (path) allée *f*; (campaign) campagne *f*; (motivation) volonté *f*. **II** *vtr* (*prét* **drove** /drəʊv/ *pp* **driven**) [▸vehicle, passenger] conduire; *to drive sth into* rentrer qch dans; (compel) pousser. **III** *vi* conduire; *to drive along* rouler.
■ **drive at** *what are you driving at?* où veux-tu en venir?; **drive out** chasser.

drive-in *n* (cinema, restaurant) drive-in *m*.

driven /ˈdrɪvn/ **I** *pp* ▸ **drive**. **II** *adj* passionné, motivé; *to be driven by steam* fonctionner à la vapeur.

driver /ˈdraɪvə(r)/ *n* automobiliste *mf*, conducteur/-trice *m/f*; ORDINAT pilote *m*, gestionnaire *m* de périphérique.

driver's license[US] ▸ **driving licence**.

driveway /ˈdraɪvweɪ/ *n* allée *f*.

driving /ˈdraɪvɪŋ/ **I** *n* conduite *f*. **II** *adj* [rain] battant; [wind] cinglant.

driving licence[GB] *n* permis *m* de conduire.

drizzle /ˈdrɪzl/ **I** *n* bruine *f*. **II** *vi* bruiner.

dromedary /ˈdrʌmədərɪ/ *n* dromadaire *m*.

droop /druːp/ *vi* [eyelids] tomber; [branch, shoulders] s'affaisser.

drop /drɒp/ **I** n goutte f; (decrease) diminution f, baisse f; (vertical) chute f. **II** vtr (p prés etc **-pp-**) laisser tomber; **to drop sb a note** envoyer un mot à qn; [▸bomb] larguer; [▸person, object] déposer; (lower) baisser; [▸habit, idea] renoncer à; [▸accusation] retirer; [▸point, game] perdre. **III** vi tomber; (decrease) baisser; **he dropped to third place** il est descendu à la troisième place.
■ **drop back** (deliberately) rester en arrière, se laisser distancer; (because unable to keep up) prendre du retard; **drop by** passer; **drop in** passer; **drop off** tomber; **drop off (to sleep)** s'endormir; **drop off** [sth/sb] déposer; **drop out** tomber; (from project) se retirer; (from school, university) abandonner ses études; **drop round**GB passer.

dropout /ˈdrɒpaʊt/ n (from society) marginal/-e m/f; (from school) étudiant qui abandonne ses études.

drop shot n SPORT amorti m; **to play a drop shot** faire un amorti.

drought /draʊt/ n sécheresse f.

drove /drəʊv/ **I** prét ▶ **drive**. **II** n **droves of people** des foules de gens.

drown /draʊn/ **I** vtr noyer. **II** vi, v refl se noyer.

drowning /ˈdraʊnɪŋ/ **I** n noyade f. **II** adj [person] qui se noie.

drowsy /ˈdraʊzɪ/ adj à moitié endormi; **to feel drowsy** avoir envie de dormir.

drug /drʌɡ/ n médicament m; (narcotic) drogue f; **to be on drugs** [patient] prendre des médicaments, [addict] se droguer, [sportsman] se doper.

drug abuse n toxicomanie f.

drug addict n toxicomane mf.

drug habit n accoutumance f à la drogue.

drug-related adj lié à la drogue.

drug-taking n GÉN usage m de stupéfiants; SPORT dopage m.

drug test n SPORT contrôle m antidopage.

drug user n toxicomane mf.

drum /drʌm/ **I** n (instrument) tambour m; (container) bidon m, baril m. **II drums** npl (in pop, jazz) batterie f; (in orchestra) percussions fpl. **III** vtr, vi (p prés etc **-mm-**) tambouriner; **to drum one's fingers** tambouriner des doigts; **to drum sth into sb** enfoncer qch dans la tête de qn.

drum kit n batterie f de jazz/rock.

drummer /ˈdrʌmə(r)/ n MIL tambour m; (jazz) batteur m; (classical) percussionniste mf.

drunk /drʌŋk/ **I** pp ▶ **drink**. **II** n ivrogne mf. **III** adj ivre; **to get drunk** s'enivrer.

drunken /ˈdrʌŋkən/ adj [person] ivre.

dry /draɪ/ **I** adj sec/sèche; **to run dry** se tarir; **to keep sth dry** tenir qch au sec; **to get dry** (se) sécher; **to get sth dry** (faire) sécher qch; [book, subject] aride. **II** vtr [▸clothes, washing] (faire) sécher; **to dry the dishes** essuyer la vaisselle; **to dry one's hands** se sécher les mains. **III** vi sécher. **IV** v refl **to dry oneself** se sécher.
■ **dry up** se tarir; [▸dishes] essuyer.

dry-clean vtr nettoyer [qch] à sec.

dryer /ˈdraɪə(r)/ n séchoir m.

DTP n (abrév = **desktop publishing**) PAO f.

dual /ˈdjuːəl, ˈduːəlUS/ adj double; **dual carriageway**GB route à quatre voies.

dual-purpose adj à double usage.

dub /dʌb/ vtr (p prés etc **-bb-**) doubler.

dubious /ˈdjuːbɪəs, ˈduː-US/ adj douteux/-euse; **to be dubious (about)** avoir des doutes (sur).

duchess /ˈdʌtʃɪs/ n duchesse f.

duck /dʌk/ **I** n canard m; (female) cane f. **II** vtr **to duck one's head** baisser la tête; **to duck one's responsibilities** se dérober.

duckling /ˈdʌklɪŋ/ n caneton m.

duct /dʌkt/ n conduit m.

due /djuː, duːUS/ **I** n dû m. **II dues** npl (for membership) cotisation f; (for import, taxes) droits mpl. **III** adj (payable) dû, due; **to be due** arriver à échéance; **what is due to him** l'argent auquel il a droit; **after due consideration** après mûre réflexion; **in due course** en temps utile; **to be due to arrive** être attendu; **IV** adv **due north** plein nord. **V due to** prep phr en raison de.

duel /ˈdjuːəl, ˈduːəlUS/ n duel m.

duet /djuːˈet, duː-US/ n duo m.

dug /dʌɡ/ prét, pp ▶ **dig II**.

duke /djuːk, duːkUS/ n duc m.

dull /dʌl/ adj ennuyeux/-euse; [life] monotone; [music] sans intérêt; [appearance] triste; [day] maussade; [pain, sound] sourd.

duly /ˈdjuːlɪ, ˈduː-US/ adv dûment; (as expected) comme prévu.

dyslexic

dumb /dʌm/ adj (handicapped) muet/muette (*ce mot peut être perçu comme injurieux*); (stupid)© bête.

dump /dʌmp/ **I** n décharge f publique; MIL dépôt m; PÉJ (village)© trou© m; (house) baraque© f. **II** vtr (get rid of) se débarrasser de; ORDINAT [▸data] décharger.
• **to be down in the dumps**© avoir le cafard©.

dune /dju:n, du:n^{US}/ n dune f.

dung /dʌŋ/ n ¢ excrément m; (manure) fumier m.

dungarees /ˌdʌŋgəˈriːz/ npl (fashionwear) salopette f; (workwear) bleu m de travail.

dunno© /dəˈnəʊ/ = **don't know**.

duo /ˈdjuːəʊ, ˈduːəʊ^{US}/ n duo m.

dupe /dju:p, du:p^{US}/ **I** n dupe f. **II** vtr duper.

duplicate I /ˈdjuːplɪkət, ˈduːpləkət^{US}/ n double m; *in duplicate* en deux exemplaires. **II** /ˈdjuːplɪkeɪt, ˈduːpləkeɪt^{US}/ vtr faire un double de; [▸CD] copier; ORDINAT dupliquer.

durable /ˈdjʊərəbl, ˈdʊərəbl^{US}/ adj [material] résistant; [peace] durable.

duration /djʊˈreɪʃn, dʊˈreɪʃn^{US}/ n durée f.

during /ˈdjʊərɪŋ/ prep pendant, au cours de.

dusk /dʌsk/ n crépuscule m.

dust /dʌst/ **I** n poussière f; (fine powder) poudre f. **II** vtr [▸furniture] épousseter.

dustbin^{GB} n poubelle f.

dustcart^{GB} n benne f à ordures.

dustman^{GB} n éboueur m.

dust mite n acarien m.

dusty /ˈdʌstɪ/ adj poussiéreux/-euse.

Dutch /dʌtʃ/ **I** n LING néerlandais m; (people) *the Dutch* les Néerlandais mpl. **II** adj [culture] néerlandais; [teacher] de néerlandais.
• **to go Dutch**© payer chacun sa part.

dutiful /ˈdjuːtɪfl, ˈduː-^{US}/ adj (conscientious) consciencieux/-ieuse; (obedient) dévoué.

duty /ˈdjuːtɪ, ˈduːtɪ^{US}/ n (obligation) devoir m; *to have a duty to do* avoir le devoir de faire; (task) (gén pl) fonction f; *to take up one's duties* prendre ses fonctions; ¢ (work) service m; *to be on/off duty* être/ne pas être de service; (tax) taxe f; *customs duties* droits de douane.

duty-free adj, adv hors taxes inv.

duvet^{GB} /ˈduːveɪ/ n couette f.

DVD /ˌdiːviːˈdiː/ n (abrév = **Digital Video Disc, Digital Versatile Disc**) DVD m.

DVD burner n graveur m de DVD.

DVD-ROM n DVD-ROM m.

dwarf /dwɔːf/ n, adj nain/naine (m/f).

dwell /dwel/ vi (prét, pp **dwelt**) demeurer.
■ **dwell on** s'étendre sur.

dweller /ˈdwelə(r)/ n habitant/-e m/f.

dwelling /ˈdwelɪŋ/ n habitation f.

dwindle /ˈdwɪndl/ vi diminuer.

dwindling /ˈdwɪndlɪŋ/ adj en baisse.

dye /daɪ/ **I** n teinture f. **II** vtr teindre; *to dye sth red* teindre qch en rouge. **III** dyed pp adj [hair, fabric] teint.

dying /ˈdaɪɪŋ/ **I** p prés ▸ **die**. **II** adj mourant; [moments, words] dernier/-ière.

dyke /daɪk/ n digue f.

dynamic /daɪˈnæmɪk/ adj dynamique.

dynamism /ˈdaɪnəmɪzəm/ n dynamisme m.

dynamite /ˈdaɪnəmaɪt/ n dynamite f.

dynasty /ˈdɪnəstɪ, ˈdaɪ-^{US}/ n dynastie f.

dyslexia /dɪsˈleksɪə/ n dyslexie f; *to suffer from dyslexia* être dyslexique.

dyslexic /dɪsˈleksɪk/ n, adj dyslexique mf.

e

E /iː/ n GÉOG (abrév = **east**) E; MUS mi m.

each /iːtʃ/ **I** det chaque inv. **II** pron chacun/-e m/f.

each other /iːtʃ ˈʌðə(r)/ pron **they know each other** ils se connaissent; **to help each other** s'entraider; **to worry about each other** s'inquiéter l'un pour l'autre.

eager /ˈiːɡə(r)/ adj enthousiaste; **eager to do** désireux/-euse de faire; **eager for sth** avide de qch.

eagle /ˈiːɡl/ n aigle m.

ear /ɪə(r)/ n oreille f; (of wheat, corn) épi m.

earl /ɜːl/ n comte m.

early /ˈɜːlɪ/ **I** adj premier/-ière; [death] prématuré; [delivery] rapide; [fruit] précoce; **in early childhood** dans la petite enfance; **at the earliest** au plus tôt; **in the early afternoon** en début d'après-midi. **II** adv tôt; **I'm a bit early** je suis un peu en avance.
● **to be an early bird** être un/-e lève-tôt.

earn /ɜːn/ vtr [▸interest] rapporter; **to earn a/one's living** gagner sa vie.

earner /ˈɜːnə(r)/ n salarié/-e m/f.

earnest /ˈɜːnɪst/ n **in earnest** sérieusement, vraiment; **to be in earnest** être sérieux/-ieuse.

earnings /ˈɜːnɪŋz/ npl salaire m, revenu m.

earphones npl (over ears) casque m; (in ears) écouteurs mpl.

ear-piercing /ˈɪəpɪəsɪŋ/ adj [▸scream] perçant.

earplug /ˈɪəplʌɡ/ n (for noise) boule f Quiès®; (for water) bouchon m d'oreille.

earring n boucle f d'oreille.

earth /ɜːθ/ n GÉN terre f; (planet) Terre f; ÉLEC^GB terre f; **to the ends of the earth** jusqu'au bout du monde;.
● **who on earth…?**☺ qui donc☺…?

earthly /ˈɜːθlɪ/ adj terrestre.

earthquake n tremblement m de terre.

earth tremor n secousse f sismique.

earthworm /ˈɜːθwɜːm/ n ver m de terre.

ease /iːz/ **I** n facilité f, aisance f; **at ease** à l'aise; **to put sb's mind at ease** rassurer qn. **II** vtr atténuer; [▸communication] faciliter.

easily /ˈiːzɪlɪ/ adv facilement; [breathe] bien.

east /iːst/ **I** n, adj est m (inv). **II East** pr n GÉOG **the east** l'Orient m, l'Est m. **III** adv à, vers l'est.

East Africa pr n Afrique f de l'Est.

Easter /ˈiːstə(r)/ n Pâques m.

eastern /ˈiːstən/ adj est, de l'est, oriental.

easy /ˈiːzɪ/ **I** adj facile; **to make things easier** faciliter les choses. **II** adv **to take it easy** ne pas s'en faire.
● **as easy as pie** simple comme bonjour.

easygoing adj [person] accommodant.

eat /iːt/ vtr (prét **ate**; pp **eaten**) GÉN manger; [▸meal] prendre; **to eat (one's) lunch/dinner** déjeuner/dîner.
■ **eat out** aller au restaurant.

eat-in /ˈiːtɪn/ adj [▸meal] à consommer sur place.

eavesdrop /ˈiːvzdrɒp/ vi (p prés etc **-pp-**) écouter aux portes.

ebb /eb/ n reflux m.
● **to be at a low ebb** être au plus bas.

e-book /ˈiːbʊk/ n livre m électronique.

e-business /ˈiːbɪznɪs/ n cyber-business m.

eccentric /ɪkˈsentrɪk/ n, adj excentrique (mf).

echo /ˈekəʊ/ **I** n (pl **echoes**) écho m. **II** vtr [▸event] évoquer; [▸idea] reprendre.

eclipse /ɪˈklɪps/ n éclipse f.

eco-friendly adj qui ne nuit pas à l'environnement.

ecological /iːkəˈlɒdʒɪkl/ adj écologique.

ecological footprint n empreinte f écologique.

ecologist /iːˈkɒlədʒɪst/ n écologiste (mf).

ecology /ɪˈkɒlədʒɪ/ **I** n écologie f. **II** in compounds [movement, issue] écologique.

e-commerce /ˈiːkɒmɜːs/ n commerce m électronique, commerce m en ligne.

economic /iːkəˈnɒmɪk, ˌek-/ adj économique; [proposition] rentable.

economical /iːkəˈnɒmɪkl, ek-/ adj [machine] économique; [person] économe.

economic growth n croissance f économique.

economics /iːkəˈnɒmɪks, ˌek-/ n (subject) sg sciences fpl économiques; (aspects) pl aspects mpl économiques.

economist /ɪˈkɒnəmɪst, ˌek-/ n économiste mf.

economy /ɪˈkɒnəmɪ/ n économie f.

ecosystem /ˈiːkəʊsɪstəm/ n écosystème m.

ecotourism /ˈiːkəʊtʊərɪzəm/ n tourisme m vert, écotourisme m.

ecstatic /ɪkˈstætɪk/ adj extatique.

Ecuador /ˈekwədɔː(r)/ pr n Équateur m.

edge /edʒ/ **I** n bord m; (of wood) lisière f; **on the edge of the city** en bordure de la ville; (of blade) tranchant m; **to have the edge over** avoir l'avantage sur. **II** vtr **to edge something towards** approcher quelque chose de.

edgy /ˈedʒɪ/ adj énervé, anxieux/-ieuse.

edible /ˈedɪbl/ adj [fruit, plant] comestible; [meal] mangeable.

edifying /ˈedɪfaɪɪŋ/ adj édifiant.

edit /ˈedɪt/ vtr éditer; (cut down) couper; [▸newspaper] être le rédacteur/la rédactrice m/f en chef de; [▸film] monter.

edition /ɪˈdɪʃn/ n édition f.

editor /ˈedɪtə(r)/ n (of newspaper) rédacteur/-trice m/f en chef; (of text) éditeur/-trice m/f.

editorial /edɪˈtɔːrɪəl/ **I** n éditorial m. **II** adj (in journalism) de la rédaction; (in publishing) éditorial.

educate /ˈedʒʊkeɪt/ vtr instruire; [▸palate, mind] éduquer; (provide education for) assurer l'instruction de; [▸public] informer (sur).

educated /ˈedʒʊkeɪtɪd/ adj instruit.
● **it's only an educated guess** je dis cela à tout hasard.

education /edʒʊˈkeɪʃn/ n GÉN éducation f, instruction f; (in health, road safety) information f; (formal schooling) études fpl; (national system) enseignement m.

educational /edʒʊˈkeɪʃənl/ adj d'enseignement; [developments] de l'enseignement; **educational standards** le niveau scolaire; [game] éducatif/-ive; [experience] instructif/-ive.

educational software program n ORDINAT didacticiel m.

EC n (abrév = **European Community**) CE f.

eel /iːl/ n anguille f.

eerie /ˈɪərɪ/ adj étrange et inquiétant.

effect /ɪˈfekt/ **I** n effet m; **to have quite an effect on sb** faire une forte impression sur qn; **to come into effect** entrer en vigueur. **II in effect** adv phr dans le fond, en réalité. **III** vtr effectuer.

effective /ɪˈfektɪv/ adj efficace; **to become effective** entrer en vigueur; [control] effectif/-ive.

effectively /ɪˈfektɪvlɪ/ adv (efficiently) efficacement; (in effect) en réalité.

efficiency /ɪˈfɪʃnsɪ/ n efficacité f; (of machine) rendement m.

efficient /ɪˈfɪʃnt/ adj efficace; [machine] économique.

effort /ˈefət/ n (energy) efforts mpl; **to put a lot of effort into sth/into doing** se donner beaucoup de peine pour qch/pour faire; **his efforts at doing** ses tentatives pour faire.

effortless /ˈefətlɪs/ adj (easy) aisé.

EFL n (abrév = **English as a Foreign Language**) anglais m langue étrangère.

eg (abrév = **exempli gratia**) par ex.

egg /eg/ n œuf m.

eggcup /ˈegkʌp/ n coquetier m.

egg-shaped /ˈegʃeɪpt/ adj ovoïde.

eggplantUS n aubergine f.

ego /ˈegəʊ, ˈiːgəʊ, ˈiːgəʊUS/ n amour-propre m.

Egypt /ˈiːdʒɪpt/ pr n Égypte f.

Egyptian /ɪˈdʒɪpʃn/ **I** n Égyptien/-ienne m/f. **II** adj égyptien/-ienne.

eight /eɪt/ n, adj huit (m) inv.

eighteen /eɪˈtiːn/ n, adj dix-huit (m) inv.

eighteenth /eɪˈtiːnθ/ n, adj, adv dix-huitième (mf).

eighth /eɪtθ/ n, adj, adv huitième (mf).

eightieth /ˈeɪtɪəθ/ n, adj, adv quatre-vingtième (mf).

eighty /ˈeɪtɪ/ n, adj quatre-vingts (m).

either /ˈaɪðər, ˈiːðərUS/ **I** pron (one or other) l'un/l'une ou l'autre. **II** det (one or the other) n'importe lequel/laquelle f; **I can't see either child** je ne vois aucun des deux enfants; (both) les deux; **in either case** dans les deux cas. **III** adv non plus. **IV** conj (as alternatives) soit…soit, ou…ou; **it's either him or me** c'est lui ou moi.

ejaculate /ɪˈdʒækjʊleɪt/ **I** vtr (exclaim) s'exclamer. **II** vi éjaculer.

eject /ɪˈdʒekt/ **I** vtr [▸ DVD] faire sortir; [▸ troublemaker] expulser. **II** vi [pilot] s'éjecter.

elaborate I /ɪˈlæbərət/ adj GÉN compliqué; [costume] recherché; [preparation] minutieux/-ieuse. **II** /ɪˈlæbəreɪt/ vtr [▸ theory] élaborer; [▸ point] développer. **III** /ɪˈlæbəreɪt/ vi entrer dans les détails.

elapse /ɪˈlæps/ vi s'écouler.

elastic /ɪˈlæstɪk/ n, adj élastique (m); *elastic band* élastique m.

elasticated /ɪˈlæstɪkeɪtɪd/ adj [▸ waistband, bandage] élastique, élastiqué.

elated /ɪˈleɪtɪd/ adj ravi.

elbow /ˈelbəʊ/ n coude m.

elder /ˈeldə(r)/ **I** n (older person) aîné/-e m/f; (tree) sureau m. **II** adj aîné.

elderly /ˈeldəlɪ/ **I** n *the elderly* (pl) les personnes fpl âgées. **II** adj âgé.

eldest /ˈeldɪst/ **I** n aîné/-e m/f; *my eldest* mon aîné/-e. **II** adj aîné.

elect /ɪˈlekt/ vtr élire; *to elect to do* choisir de faire.

election /ɪˈlekʃn/ n élection f, scrutin m; *to stand for election* se porter candidat aux élections.

electioneering /ɪˌlekʃəˈnɪərɪŋ/ n campagne f électorale.

elector /ɪˈlektə(r)/ n électeur/-trice m/f.

electoral /ɪˈlektərəl/ adj électoral.

electoral district n circonscription f électorale.

electorate /ɪˈlektərət/ n électorat m.

electric /ɪˈlektrɪk/ adj FIG électrique.

electric blanket n couverture f chauffante.

electrical /ɪˈlektrɪkl/ adj électrique.

electrician /ɪˌlekˈtrɪʃn/ n électricien/-ienne m/f.

electricity /ɪˌlekˈtrɪsətɪ/ n électricité f.

electrify /ɪˈlektrɪfaɪ/ vtr électrifier; FIG électriser.

electron /ɪˈlektrɒn/ n électron m.

electronic /ɪˌlekˈtrɒnɪk/ adj électronique.

electronic mail, **E-mail** n ORDINAT courrier m électronique.

electronics /ɪˌlekˈtrɒnɪks/ n sg électronique f.

electronic tag n bracelet m électronique.

elegant /ˈelɪɡənt/ adj élégant.

element /ˈelɪmənt/ n élément m; *the key element* l'élément clé; *the time element* le facteur temps.

elementary /ˌelɪˈmentrɪ/ adj élémentaire; [school] primaire.

elephant /ˈelɪfənt/ n éléphant m; *baby elephant* éléphanteau m.

elevate /ˈelɪveɪt/ vtr élever.

elevated railroadUS n métro m aérien.

elevatorUS /ˈelɪveɪtə(r)/ n ascenseur m.

eleven /ɪˈlevn/ n, adj onze (m inv).

eleventh /ɪˈlevnθ/ n, adj, adv onzième (mf).

elicit /ɪˈlɪsɪt/ vtr [▸ reaction] provoquer.

eligible /ˈelɪdʒəbl/ adj *to be eligible for* avoir droit à.

eliminate /ɪˈlɪmɪneɪt/ vtr éliminer.

elite /eɪˈliːt/ **I** n élite f. **II** adj [▸ team] d'élite.

elk /elk/ n (animal) élan m.

elm /elm/ n orme m.

eloquence /ˈeləkwəns/ n éloquence f.

eloquent /ˈeləkwənt/ adj éloquent.

El Salvador pr n Salvador m.

else /els/ **I** adv d'autre; *somebody/nothing else* quelqu'un/rien d'autre; *something else* autre chose; *somewhere/someplace*US *else* ailleurs; *how else can we do it?* comment le faire autrement? **II or else** conj phr sinon, ou.

elsewhere /ˌelsˈweə(r), ˌelsˈhwearUS/ adv ailleurs.

elude /ɪˈluːd/ vtr échapper à.

elusive /ɪˈluːsɪv/ adj insaisissable.

email /ˈiːmeɪl/ n (abrév = electronic mail) ORDINAT courrier m électronique, message m électronique, e-mail m; *to send sb an email* envoyer un courrier électronique à qn.

emancipate /ɪˈmænsɪpeɪt/ vtr émanciper.

embankment /ɪmˈbæŋkmənt/ n quai m, digue f; (of road) remblai m.

embargo /ɪmˈbɑːɡəʊ/ **I** n embargo m. **II** vtr (trade) instaurer un embargo sur.

embark /ɪmˈbɑːk/ vi s'embarquer; *to embark on* [▸ journey] entreprendre; [▸ career] se lancer dans.

embarkation /ˌembɑːˈkeɪʃn/ n (of passengers, goods) embarquement m.

embarrass /ɪmˈbærəs/ vtr mettre/plonger [qn] dans l'embarras; *I feel embarrassed about doing* ça me gêne de faire.

embarrassing /ɪmˈbærəsɪŋ/ adj gênant.

embarrassment /ɪmˈbærəsmənt/ n confusion f, gêne f; *to cause sb embarrassment* mettre qn dans l'embarras.

embassy /ˈembəsɪ/ n ambassade f.

embedded /ɪmˈbedɪd/ adj *embedded in* enfoncé dans; ORDINAT incorporé (**in** dans); TECH embarqué.

embellish /ɪmˈbelɪʃ/ vtr embellir.

embezzlement /ɪmˈbezlmənt/ n détournement m de fonds.

embezzler /ɪmˈbezlə(r)/ n escroc m.

emblem /ˈembləm/ n emblème m.

embodiment /ɪmˈbɒdɪmənt/ n incarnation f.

embody /ɪmˈbɒdɪ/ vtr incarner.

embrace /ɪmˈbreɪs/ **I** n étreinte f. **II** vtr étreindre; [▶religion, ideology] embrasser.

embroider /ɪmˈbrɔɪdə(r)/ vtr, vi broder.

embroidery /ɪmˈbrɔɪdərɪ/ n broderie f.

embryo /ˈembrɪəʊ/ n embryon m.

emerald /ˈemərəld/ n (gem) émeraude f; (colour) émeraude m.

emerge /ɪˈmɜːdʒ/ vi [person, animal] sortir; [truth] apparaître; [new nation, ideology] naître.

emergence /ɪˈmɜːdʒəns/ n apparition f.

emergency /ɪˈmɜːdʒənsɪ/ **I** n GÉN cas m d'urgence; MÉD urgence f; *in an emergency, in case of emergency* en cas d'urgence. **II** in compounds [plan, measures, repairs, aid, call, stop] d'urgence; [meeting, session] extraordinaire; AUT [vehicle] de secours; MÉD *the emergency service* le service de garde.

emergency exit n issue f de secours, sortie f de secours.

emergency landing n AVIAT atterrissage m forcé.

emerging /ɪˈmɜːdʒɪŋ/ p prés, adj naissant, émergent.

emigrant /ˈemɪgrənt/ n (about to leave) émigrant/-e m/f; (settled) émigré/-e m/f.

emigrate /ˈemɪgreɪt/ vi émigrer.

eminent /ˈemɪnənt/ adj éminent.

emirate /ˈemɪəreɪt/ n émirat m.

emission /ɪˈmɪʃn/ n émission f.

emit /ɪˈmɪt/ vtr émettre; [▶spark] lancer.

emotion /ɪˈməʊʃn/ n émotion f.

emotional /ɪˈməʊʃənl/ adj [development, problem] émotif/-ive; [film, speech] émouvant; *to feel emotional* se sentir ému.

emotionally /ɪˈməʊʃənəlɪ/ adv *to be emotionally involved* avoir une liaison.

emperor /ˈempərə(r)/ n empereur m.

emphasis /ˈemfəsɪs/ n (pl **-ses**) accent m; *to put special emphasis on* insister sur.

emphasize /ˈemfəsaɪz/ vtr mettre l'accent sur; *to emphasize that* insister sur le fait que; [designer, fashion, style] mettre [qch] en valeur.

emphatic /ɪmˈfætɪk/ adj catégorique; [manner] énergique.

empire /ˈempaɪə(r)/ n empire m.

employ /ɪmˈplɔɪ/ vtr employer; [▶machine, tool] utiliser.

employee /ˌemplɔɪˈiː, ɪmˈplɔɪiː/ n salarié/-e m/f.

employer /ɪmˈplɔɪə(r)/ n employeur/-euse m/f.

employment /ɪmˈplɔɪmənt/ n travail m, emploi m.

employment agency n bureau m de recrutement.

employment contract n contrat m de travail.

empress /ˈemprɪs/ n impératrice f.

emptiness /ˈemptɪnɪs/ n vide m.

empty /ˈemptɪ/ adj vide; [street] désert; [page] vierge; [promise, threat] vain.

empty-handed adj les mains vides.

emulate /ˈemjʊleɪt/ vtr rivaliser avec; ORDINAT émuler.

enable /ɪˈneɪbl/ vtr *to enable sb to do* permettre à qn de faire.

enact /ɪˈnækt/ vtr jouer; JUR voter.

enamel /ɪˈnæml/ n émail m.

encampment /ɪnˈkæmpmənt/ n GÉN campement m; MIL cantonnement m.

enchant /ɪnˈtʃɑːnt, -tʃænt^US/ **I** vtr enchanter. **II enchanted** pp adj enchanté.

enchanting /ɪnˈtʃɑːntɪŋ, -tʃænt-^US/ adj enchanteur/-eresse.

encircle /ɪnˈsɜːkl/ vtr [troops, police] encercler; [fence, wall] entourer.

enclose /ɪnˈkləʊz/ *vtr* GÉN entourer; (in letter) joindre.

enclosed /ɪnˈkləʊzd/ *adj* [letter] ci-joint.

enclosure /ɪnˈkləʊʒə(r)/ *n* (with letter) pièce *f* jointe; (fence) clôture *f*.

encompass /ɪnˈkʌmpəs/ *vtr* inclure, comprendre.

encore /ˈɒŋkɔː(r)/ *n*, *excl* THÉÂT bis *m*.

encounter /ɪnˈkaʊntə(r)/ **I** *n* rencontre *f*; MIL affrontement *m*. **II** *vtr* rencontrer.

encourage /ɪnˈkʌrɪdʒ/ *vtr* encourager.

encouragement /ɪnˈkʌrɪdʒmənt/ *n* encouragement *m*.

encouraging /ɪnˈkʌrɪdʒɪŋ/ *adj* encourageant.

encroach /ɪnˈkrəʊtʃ/ *vi* **to encroach on** gagner du terrain sur; FIG empiéter sur.

encyclop(a)edia /ɪnˌsaɪkləˈpiːdɪə/ *n* encyclopédie *f*.

end /end/ **I** *n* fin *f*; **to come to an end** se terminer; **in the end** finalement; **that really is the end**[⊙]! c'est vraiment le comble[⊙]!; (extremity) bout *m*, extrémité *f*; (aim) but *m*; **to this/that end** dans ce but. **II** *vtr* mettre fin à, finir; **to end sth with** terminer qch par. **III** *vi* se terminer.
• **all's well that ends well** tout est bien qui finit bien.
■ **end up** **to end up (by) doing** finir par faire.

endanger /ɪnˈdeɪndʒə(r)/ *vtr* mettre [qch] en danger; **endangered species** espèce *f* menacée.

endearing /ɪnˈdɪərɪŋ/ *adj* attachant.

endeavour[GB], **endeavor**[US] /ɪnˈdevə(r)/ *vtr* **to endeavour to** faire tout son possible pour.

endemic /enˈdemɪk/ *adj* endémique.

ending /ˈendɪŋ/ *n* GÉN fin *f*, dénouement *m*; LING terminaison *f*.

endive /ˈendɪv, -daɪv[US]/ *n* [GB] chicorée *f*; [US] endive *m*.

endless /ˈendlɪs/ *adj* GÉN infini; [supply, stock] inépuisable; [story] interminable.

endlessly /ˈendlɪslɪ/ *adv* [talk, cry, argue] sans cesse; [stretch, extend] à perte de vue.

endorse /ɪnˈdɔːs/ *vtr* approuver.

endorsement /ɪnˈdɔːsmənt/ *n* approbation *f*.

endow /ɪnˈdaʊ/ *vtr* (with money), [▸hospital, charity] doter.

endowment /ɪnˈdaʊmənt/ *n* (of hospital, school) dotation *f*.

endurance /ɪnˈdjʊərəns, -dʊə-[US]/ *n* endurance, résistance *f*.

endure /ɪnˈdjʊə(r), -ˈdʊər[US]/ **I** *vtr* endurer, supporter; [▸attack, defeat] subir. **II** *vi* durer.

enemy /ˈenəmɪ/ *n* (*pl* **-mies**) *n* ennemi/-e *m/f*.

energetic /ˌenəˈdʒetɪk/ *adj* énergique.

energize /ˈenədʒaɪz/ *vtr* stimuler.

energy /ˈenədʒɪ/ *n* énergie *f*.

energy resources *npl* ressources *fpl* énergétiques.

enforce /ɪnˈfɔːs/ *vtr* [▸rule, policy, decision] appliquer; [▸law, court order] faire respecter; [▸discipline] imposer.

enforcement /ɪnˈfɔːsmənt/ *n* application *f*.

engage /ɪnˈgeɪdʒ/ **I** *vtr* engager; **to engage sb in conversation** engager la conversation avec qn. **II** *vi* **to engage in** [▸activity] se livrer à.

engaged /ɪnˈgeɪdʒd/ *adj* [person] fiancé; [phone] occupé; [taxi] pris.

engaged tone[GB] *n* tonalité *f* "occupé".

engagement /ɪnˈgeɪdʒmənt/ *n* engagement *m*; **I have a dinner engagement tomorrow** j'ai un dîner demain; (appointment) rendez-vous *m inv*; (before marriage) fiançailles *fpl*.

engaging /ɪnˈgeɪdʒɪŋ/ *adj* avenant.

engine /ˈendʒɪn/ *n* moteur *m*; RAIL locomotive *f*.

engine driver *n* mécanicien *m*.

engineer /ˌendʒɪˈnɪə(r)/ **I** *n* ingénieur *m*; (repairer) technicien *m*. **II** *vtr* manigancer.

engineering /ˌendʒɪˈnɪərɪŋ/ *n* ingénierie *f*; **civil engineering** génie *m* civil.

England *pr n* Angleterre *f*.

English /ˈɪŋglɪʃ/ **I** *n* LING anglais *m*; (people) **the English** les Anglais *mpl*. **II** *adj* [language, food] anglais; [lesson, teacher] d'anglais.

English Channel *pr n* **the English Channel** la Manche.

Englishman /ˈɪŋglɪʃmən/ *n* (*pl* **-men**) Anglais *m*.

English speaker *n* anglophone *mf*.

English-speaking *adj* [▸country, person] anglophone.

Englishwoman n (pl **-women**) Anglaise f.

engrave /ɪnˈgreɪv/ vtr graver.

engraving /ɪnˈgreɪvɪŋ/ n gravure f.

engulf /ɪnˈgʌlf/ vtr engloutir.

enhance /ɪnˈhɑːns, -ˈhænsUS/ vtr améliorer; [▸appearance, qualities] mettre [qch] en valeur.

enigma /ɪˈnɪɡmə/ n énigme f.

enjoy /ɪnˈdʒɔɪ/ I vtr aimer; **he knows how to enjoy life** il sait vivre; **I didn't enjoy the party** je ne me suis pas bien amusé à la soirée; **the tourists are enjoying the good weather** les touristes profitent du beau temps; **enjoy your meal!** bon appétit!; [▸good health, privilege] jouir de. II v refl **to enjoy oneself** s'amuser; **enjoy yourselves!** amusez-vous bien!

enjoyable /ɪnˈdʒɔɪəbl/ adj agréable.

enjoyment /ɪnˈdʒɔɪmənt/ n plaisir m.

enlarge /ɪnˈlɑːdʒ/ vtr agrandir.

enlargement /ɪnˈlɑːdʒmənt/ n agrandissement m.

enlighten /ɪnˈlaɪtn/ vtr éclairer.

enlightenment /ɪnˈlaɪtnmənt/ n instruction f; (clarification) éclaircissement m; **(the Age of) the Enlightenment** le siècle des Lumières.

enlist /ɪnˈlɪst/ I vtr recruter; **to enlist sb's help** s'assurer l'aide de qn. II vi MIL s'engager.

enologyUS n ▸ **oenology**.

enormous /ɪˈnɔːməs/ adj énorme; **an enormous amount of** énormément de.

enormously /ɪˈnɔːməslɪ/ adv [change, enjoy] énormément; [big, long] extrêmement.

enough /ɪˈnʌf/ adv, det, pron assez; **enough money** assez d'argent; **is he old enough to vote?** a-t-il l'âge de voter?; **curiously enough** aussi bizarre que cela puisse paraître; **I've had enough of him** j'en ai assez de lui; **once was enough for me!** une fois m'a suffi!

enquire vtr, vi ▸ **inquire**.

enquiry n ▸ **inquiry**.

enrage /ɪnˈreɪdʒ/ vtr mettre [qn] en rage.

enrich /ɪnˈrɪtʃ/ vtr enrichir.

enrolGB, **enroll**US /ɪnˈrəʊl/ (p prés etc **-ll-**) I vtr inscrire. II vi s'inscrire.

enrolment, **enrollment**US /ɪnˈrəʊlmənt/ n GÉN inscription f.

ensure /ɪnˈʃɔː(r), ɪnˈʃʊərUS/ vtr garantir; **to ensure that...** veiller à ce que...

entail /ɪnˈteɪl/ vtr impliquer, entraîner.

entangle /ɪnˈtæŋgl/ vtr **to become entangled** s'enchevêtrer; **to be entangled in** être pris dans.

enter /ˈentə(r)/ I vtr entrer dans; [▸fact, appointment] noter; **it never entered my mind!** cela ne m'est jamais venu à l'esprit; ORDINAT [▸data] entrer. II vi entrer; ORDINAT valider.

enterprise /ˈentəpraɪz/ n entreprise f.

enterprising /ˈentəpraɪzɪŋ/ adj entreprenant, audacieux/-ieuse.

entertain /ˌentəˈteɪn/ I vtr divertir; [▸host] recevoir; [▸doubt, ambition] nourrir. II vi recevoir.

entertainer /ˌentəˈteɪnə(r)/ n artiste m/f de music-hall.

entertaining /ˌentəˈteɪnɪŋ/ adj divertissant.

entertainment /ˌentəˈteɪnmənt/ n divertissement m, distractions fpl; **the world of entertainment** le monde du spectacle; (event) spectacle m.

entertainment industry n industrie f du spectacle.

enthralling /ɪnˈθrɔːlɪŋ/ adj captivant.

enthusiasm /ɪnˈθjuːzɪæzəm, -ˈθuːz-US/ n enthousiasme m.

enthusiast /ɪnˈθjuːzɪæst, -ˈθuːz-US/ n passionné/-e m/f.

enthusiastic /ɪnˌθjuːzɪˈæstɪk, -ˈθuːz-US/ adj [crowd, response] enthousiaste; [discussion] exalté; [worker, gardener] passionné; [member] fervent.

entice /ɪnˈtaɪs/ vtr (with offer, charms, prospects) séduire, attirer; (with food, money) appâter; **to entice sb to do** persuader qn de faire.

enticing /ɪnˈtaɪsɪŋ/ adj séduisant.

entire /ɪnˈtaɪə(r)/ adj entier/-ière; **the entire family** toute la famille, la famille (tout) entière; **our entire support** notre soutien absolu.

entirely /ɪnˈtaɪəlɪ/ adv entièrement; **not entirely** pas tout à fait.

entitle /ɪnˈtaɪtl/ vtr **to entitle to sth** donner droit à qch; **to be entitled to do** avoir le droit de faire; [▸text, music] intituler.

entity /ˈentətɪ/ n entité f.

entrance I /ˈentrəns/ n entrée f; **to deny sb entrance** refuser de laisser entrer qn. **II** /ɪnˈtrɑːns, -ˈtrænsUS/ vtr transporter, ravir.

entrance fee n droit m d'entrée.

entrance requirements npl diplômes mpl requis.

entrance ticket n billet m d'entrée.

entrant /ˈentrənt/ n (in competition) participant/-e m/f; (in exam) candidat/-e m/f.

entreat /ɪnˈtriːt/ vtr implorer, supplier (**to do** de faire).

entrenched /ɪnˈtrentʃt/ adj inébranlable; [tradition, rights] bien établi.

entrepreneurial /ˌɒntrəprəˈnɜːrɪəl/ adj **entrepreneurial spirit/skills** le sens/le don des affaires.

entrust /ɪnˈtrʌst/ vtr **to entrust sb with sth, to entrust sth to sb** confier qch à qn.

entry /ˈentrɪ/ n entrée f; **no entry** (on door) défense d'entrer; (in one-way street) sens interdit.

entry permit n visa m d'entrée.

entry phone n interphone m.

envelop /ɪnˈveləp/ vtr envelopper.

envelope /ˈenvələʊp, ˈɒn-/ n enveloppe f.

envious /ˈenvɪəs/ adj envieux/-ieuse.

enviously /ˈenvɪəslɪ/ adv avec envie.

environment /ɪnˈvaɪərənmənt/ n environnement m; **working environment** conditions de travail.

environmental /ɪnˌvaɪərənˈmentl/ adj [conditions, changes] du milieu; [concern, issue] lié à l'environnement, écologique.

environmental health n santé-environnement f.

environmentalist /ɪnˌvaɪərənˈmentəlɪst/ n écologiste mf.

environmentally /ɪnˌvaɪərənˈmentəlɪ/ adv **environmentally friendly product** produit qui respecte l'environnement.

envisage /ɪnˈvɪzɪdʒ/ vtr **to envisage doing sth** prévoir de faire, envisager de faire.

envy /ˈenvɪ/ **I** n ¢ envie f. **II** vtr **to envy sb sth** envier qch à qn.

epic /ˈepɪk/ **I** n épopée f; **epic film** film à grand spectacle. **II** adj épique.

epidemic /epɪˈdemɪk/ **I** n épidémie f. **II** adj épidémique.

episode /ˈepɪsəʊd/ n épisode m.

epitome /ɪˈpɪtəmɪ/ n comble m; **the epitome of kindness** la bonté incarnée.

epitomize /ɪˈpɪtəmaɪz/ vtr personnifier, incarner.

epoch /ˈiːpɒk, ˈepəkUS/ n époque f.

epoch-making /ˈiːpɒkmeɪkɪŋ, ˈiːpək-US/ adj [▸ invention, event] marquant.

equal /ˈiːkwəl/ **I** n égal/-e m/f. **II** adj égal; **equal rights** l'égalité des droits.
● **all things being equal** sauf imprévu.

equality /ɪˈkwɒlətɪ/ n égalité f.

equalize /ˈiːkwəlaɪz/ vtr, vi égaliser.

equally /ˈiːkwəlɪ/ adv [divide, share] en parts égales; **equally difficult/pretty** tout aussi difficile/joli; **equally, we might say that** de même, on pourrait dire que.

equal opportunities npl égalité f des chances.

equal rights npl égalité f des droits.

equate /ɪˈkweɪt/ vtr (identify) assimiler.

equation /ɪˈkweɪʒn/ n MATH équation f.

equator /ɪˈkweɪtə(r)/ n équateur m.

equilibrium /iːkwɪˈlɪbrɪəm/ n (pl **-riums -ria**) équilibre m.

equip /ɪˈkwɪp/ vtr (p prés etc **-pp-**) équiper; FIG préparer.

equipment /ɪˈkwɪpmənt/ n équipement m; (electrical, photographic) matériel m.

equivalent /ɪˈkwɪvələnt/ n, adj équivalent m; **equivalent to sth** équivalent à qch.

era /ˈɪərə/ n GÉN ère f; (in politics, fashion) époque f.

eradicate /ɪˈrædɪkeɪt/ vtr éliminer; [▸ disease] éradiquer.

erase /ɪˈreɪz, ɪˈreɪsUS/ vtr effacer.

eraser /ɪˈreɪzə(r), -sərUS/ n (for paper) gomme f; (for blackboard) brosse f.

erect /ɪˈrekt/ vtr ériger.

erode /ɪˈrəʊd/ vtr éroder; FIG saper.

erosion /ɪˈrəʊʒn/ n érosion f.

erotic /ɪˈrɒtɪk/ adj érotique.

errand /ˈerənd/ n commission f, course f.

erratic /ɪˈrætɪk/ adj [behaviour] imprévisible; [performance] inégal; [moods] changeant; [movements] désordonné; [deliveries] irrégulier/-ière.

erroneous /ɪˈrəʊnɪəs/ adj erroné.

error /ˈerə(r)/ n (in spelling) faute f; (in maths, computing) erreur f; **in error** par erreur.

erupt /ɪˈrʌpt/ vi [volcano] entrer en éruption; [violence] éclater.

escalate /ˈeskəleɪt/ vi s'intensifier.

escalation /eskəˈleɪʃn/ n (of violence, war) intensification f.

escape /ɪˈskeɪp/ I n évasion f; **to have a narrow/lucky escape** l'échapper belle. II vtr **to escape death/danger** échapper à la mort/au danger; **his name escapes me** son nom m'échappe. III vi s'enfuir.

escarole /eskəˈrəʊl/ n scarole f.

eschew /ɪsˈtʃuː/ vtr éviter.

escort I /ˈeskɔːt/ n escorte f. II /ɪˈskɔːt/ vtr escorter; (home) raccompagner.

especially /ɪˈspeʃəlɪ/ adv surtout, en particulier.

espionage /ˈespɪɑːnɑːʒ/ n espionnage m.

EsqGB (abrév = **esquire**) (on letter) M.

essay /ˈeseɪ/ n (at school) rédaction f; (extended) dissertation f; (criticism) essai m.

essence /ˈesns/ I n essence f. II **in essence** adv phr essentiellement.

essential /ɪˈsenʃl/ npl I **essentials** npl the essentials l'essentiel m. II adj essentiel/-ielle; **essential goods** produits de première nécessité; **it is essential that** il est indispensable que (+ subj).

essentially /ɪˈsenʃəlɪ/ adv essentiellement, avant tout.

establish /ɪˈstæblɪʃ/ vtr établir; [▸company] fonder; **to establish that/whether** montrer que/si.

establishment /ɪˈstæblɪʃmənt/ I n établissement m. II GB **Establishment** n classe f dominante, establishment m.

estate /ɪˈsteɪt/ n domaine m, propriété f; (assets) biens mpl.

estate agentGB n agent m immobilier.

esteem /ɪˈstiːm/ n estime f; **to go up in sb's esteem** remonter dans l'estime de qn.

estimate I /ˈestɪmət/ n estimation f; (from plumber) devis m. II /ˈestɪmeɪt/ vtr évaluer; **to estimate that** estimer que.

Estonia /ɪˈstəʊnɪə/ pr n Estonie f.

Estonian /ɪˈstəʊnɪən/ I n (person) Estonien/-ienne m/f; LING estonien m. II adj estonien/-ienne.

estranged /ɪˈstreɪndʒɪd/ adj **estranged husband** ex-mari.

estuary /ˈestjʊərɪ, -ʊerɪUS/ n estuaire m.

eternal /ɪˈtɜːnl/ adj éternel/-elle.

eternity /ɪˈtɜːnətɪ/ n éternité f.

ethical /ˈeθɪkl/ adj moral; **ethical code** déontologique.

ethics /ˈeθɪks/ n (sg) éthique f.

ethnic /ˈeθnɪk/ adj ethnique.

Ethiopia /iːθɪˈəʊpɪə/ pr n Éthiopie f.

etiquette /ˈetɪket, -kətUS/ n (social) bienséance f, étiquette f; (diplomatic) protocole m.

EU (abrév = **European Union**) UE f.

euphemism /ˈjuːfəmɪzəm/ n euphémisme m.

euphoria /juːˈfɔːrɪə/ n euphorie f.

euro /ˈjʊərəʊ/ n euro m.

Europe /ˈjʊərəp/ pr n Europe f.

European /jʊərəˈpɪən/ I n Européen/-éenne m/f. II adj européen/-éenne.

European Union, EU pr n Union f européenne, UE f.

Euro zone n zone f euro.

evacuate /ɪˈvækjʊeɪt/ vtr évacuer.

evade /ɪˈveɪd/ vtr [▸question] éluder; [▸responsibility] fuir; [▸pursuer] échapper à.

evaluate /ɪˈvæljʊeɪt/ vtr évaluer.

evaporate /ɪˈvæpəreɪt/ vi s'évaporer.

evasion /ɪˈveɪʒn/ n **tax evasion** évasion fiscale f.

evasive /ɪˈveɪsɪv/ adj évasif/-ive.

eve /iːv/ n veille f; **on the eve of** à la veille de.

even[1] /ˈiːvn/ I adv même; **not even Bob** pas même Bob; **even colder** encore plus froid. II **even so** adv phr quand même. III **even then** adv phr même à ce moment-là. IV **even though** conj phr bien que (+ subj).

even[2] /ˈiːvn/ adj [surface, voice, temper, contest] égal; [teeth, hemline] régulier/-ière; [temperature] constant; [number] pair; **we're even** nous sommes quittes; **to be even** être à égalité.

even-handed /iːvnˈhændɪd/ adj impartial.

evening /ˈiːvnɪŋ/ I n soir m; **to work evenings** travailler le soir; (with emphasis on duration) soirée f; **during the evening** pendant la soirée. **II** *in compounds* [bag, shoe] habillé; [meal, class] du soir.

evenly /ˈiːvnlɪ/ *adv* (spread, apply) uniformément; [breathe] régulièrement.

event /ɪˈvent/ *n* évènement *m*; *social event* évènement mondain; (eventuality) cas *m*; *in the event of* en cas de.

even-tempered /iːvnˈtempəd/ *adj* d'une humeur égale.

eventual /ɪˈventʃʊəl/ *adj* [decision] final.

eventually /ɪˈventʃʊəlɪ/ *adv* finalement; *to do sth eventually* finir par faire qch.

ever /ˈevə(r)/ **I** *adv* (at any time) jamais; *nothing was ever said* rien n'a jamais été dit; *hardly ever* presque jamais; *more than ever* plus que jamais; (always) toujours; *as cheerful as ever* toujours aussi gai; *yours ever* (in letter) bien à vous. **II ever-** *combining form ever-increasing* toujours croissant; *ever-changing* qui évolue sans cesse. **III ever since** *adv phr, conj phr* depuis (que).

evergreen /ˈevəɡriːn/ *adj* [tree] à feuilles persistantes.

everlasting /evəˈlɑːstɪŋ/ *adj* éternel/-elle.

every /ˈevrɪ/ **I** *det* (each) tous les/toutes les, chaque; *every time* chaque fois. **II every other** *adj phr every other day* tous les deux jours; *every other Sunday* un dimanche sur deux.

● **every now and then, every once in a while** de temps en temps.

everybody /ˈevrɪbɒdɪ/ *pron* tout le monde; *everybody else* tous les autres.

everyday /ˈevrɪdeɪ/ *adj* de tous les jours; *in everyday use* d'usage courant.

everyone /ˈevrɪwʌn/ *pron* ▶ **everybody**.

everything /ˈevrɪθɪŋ/ *pron* tout; *everything else* tout le reste.

everywhere /ˈevrɪweə(r)/, -hweərᵁˢ/ *adv* partout; *everywhere else* partout ailleurs.

evict /ɪˈvɪkt/ *vtr* expulser.

eviction /ɪˈvɪkʃn/ *n* expulsion *f*.

evidence /ˈevɪdəns/ *n* preuves *fpl*; *there is no evidence that* rien ne prouve que; (testimony) témoignage *m*.

evident /ˈevɪdənt/ *adj* manifeste; *it is evident that* il est évident que.

evidently /ˈevɪdəntlɪ/ *adv* (apparently) apparemment; (patently) manifestement.

evil /ˈiːvl/ **I** *n* mal *m*. **II** *adj* [act, eye, person, temper] mauvais; [spirit] maléfique.

● **the lesser of two evils** le moindre mal.

evil-smelling *adj* nauséabond.

evocative /ɪˈvɒkətɪv/ *adj* évocateur/-trice.

evolution /iːvəˈluːʃn/ *n* évolution *f*.

evolve /ɪˈvɒlv/ *vi* évoluer.

ewe /juː/ *n* brebis *f*.

exact /ɪɡˈzækt/ *adj* exact, précis.

exactly /ɪɡˈzæktlɪ/ *adv* précisément.

exaggerate /ɪɡˈzædʒəreɪt/ *vtr, vi* exagérer.

exaggeration /ɪɡˌzædʒəˈreɪʃn/ *n* exagération *f*.

exam /ɪɡˈzæm/ *n* examen *m*.

examination /ɪɡˌzæmɪˈneɪʃn/ *n* examen *m*; (of witness) interrogatoire *m*.

examination paper *n* sujet *m* d'examen.

examine /ɪɡˈzæmɪn/ *vtr* examiner; [▸question] étudier; [▸luggage] fouiller; [▸prisoner] interroger.

examiner /ɪɡˈzæmɪnə(r)/ *n* examinateur/-trice *m/f*.

example /ɪɡˈzɑːmpl, -ˈzæmplᵁˢ/ *n* exemple *m*; *for example* par exemple; *to set a good example* donner l'exemple.

exasperate /ɪɡˈzæspəreɪt/ *vtr* exaspérer.

excavate /ˈekskəveɪt/ *vtr, vi* creuser; (on archeological site) faire des fouilles.

exceed /ɪkˈsiːd/ *vtr* dépasser.

exceedingly /ɪkˈsiːdɪŋlɪ/ *adv* extrêmement.

excel /ɪkˈsel/ *vi* exceller.

excellence /ˈeksələns/ *n* excellence *f*.

excellent /ˈeksələnt/ **I** *adj* excellent. **II** *excl* parfait!

except /ɪkˈsept/ **I** *prep* sauf, excepté; *except Lisa* sauf Lisa. **II except for** *prep phr* à part, à l'exception de. **III** *vtr* excepter; *excepting* à l'exception de.

exception /ɪkˈsepʃn/ *n* exception *f*; *to take exception to* s'offusquer de.

exceptional /ɪkˈsepʃənl/ *adj* exceptionnel/-elle.

excerpt /ˈeksɜːpt/ *n* extrait *m*.

excess /ɪkˈses/ **I** n excès m; **to excess** à l'excès; **to eat to excess** trop manger. **II** adj **excess baggage** excédent de bagages.

excess fare n supplément m.

excessive /ɪkˈsesɪv/ adj excessif/-ive.

exchange /ɪksˈtʃeɪndʒ/ **I** n échange m; **in exchange for** en échange de; COMM, FIN change m; TÉLÉCOM central (téléphonique) m. **II** vtr échanger; **to exchange sth for sth** échanger qch contre qch.

exchange bureau n bureau m de change.

exchange rate n taux m de change.

ExchequerGB /ɪksˈtʃekə(r)/ n POL **the Exchequer** l'Échiquier m, le ministère des Finances.

excite /ɪkˈsaɪt/ vtr exciter; [▸interest] susciter.

excited /ɪkˈsaɪtɪd/ adj excité; **I'm so excited!** je suis tout(e) content(e)!; **to be excited about sth** être ravi à l'idée de qch; **to get excited** s'exciter; **don't get excited!** ne t'énerve pas!

excitedly /ɪkˈsaɪtɪdlɪ/ adv avec animation.

excitement /ɪkˈsaɪtmənt/ n excitation f; **what excitement!** quelle émotion!; **to cause great excitement** faire sensation.

exciting /ɪkˈsaɪtɪŋ/ adj passionnant.

exclaim /ɪkˈskleɪm/ vtr s'exclamer.

exclude /ɪkˈsklu:d/ vtr exclure.

excluding /ɪkˈsklu:dɪŋ/ prep à l'exclusion de; **excluding VAT** TVA non comprise.

exclusion /ɪkˈsklu:ʒn/ n exclusion f.

exclusive /ɪkˈsklu:sɪv/ **I** n exclusivité f. **II** adj [club, social circle] fermé; [hotel] de luxe; [school, district] huppé; [story, coverage, rights] exclusif/-ive; [interview] en exclusivité; **exclusive of meals** repas non compris.

excruciating /ɪkˈskru:ʃɪeɪtɪŋ/ adj atroce.

excursion /ɪkˈskɜ:ʃn/ n excursion f.

excuse I /ɪkˈskju:s/ n excuse f; **to make excuses** trouver des excuses; (pretext) prétexte m; **to be an excuse to do/for doing** servir de prétexte pour faire. **II** /ɪkˈskju:z/ vtr excuser; **excuse me!** excusez-moi!, pardon!; **to excuse sb from (doing) sth** dispenser qn de (faire) qch.

ex-directoryGB /ˌeksdaɪˈrektərɪ, -dɪ-/ adj sur liste rouge.

execute /ˈeksɪkju:t/ vtr exécuter.

execution /ˌeksɪˈkju:ʃn/ n exécution f.

executive /ɪgˈzekjʊtɪv/ **I** n (administrator) cadre m; (committee) exécutif m, comité m exécutif. **II** adj [power, committee] exécutif/-ive; [status] de cadre; [chair] directorial.

executive jet n jet m privé, avion m privé.

exemplary /ɪgˈzemplərɪ, -lerɪUS/ adj exemplaire.

exemplify /ɪgˈzemplɪfaɪ/ vtr illustrer.

exempt /ɪgˈzempt/ **I** adj exempt. **II** vtr exempter.

exercise /ˈeksəsaɪz/ **I** n exercice m. **II** vtr [▸restraint] faire preuve de; [▸power, right] exercer; [▸muscles] faire travailler. **III** vi faire de l'exercice.

exercise book n cahier m.

exert /ɪgˈzɜ:t/ **I** vtr [▸influence] exercer; [▸force] employer. **II** v refl **to exert oneself** se fatiguer.

exhaust /ɪgˈzɔ:st/ **I** n AUT ; (pipe) pot m d'échappement; (fumes) gaz mpl d'échappement. **II** vtr épuiser; **exhausted** épuisé; **exhausting** épuisant.

exhaust emissions npl gaz mpl d'échappement.

exhaustion /ɪgˈzɔ:stʃn/ n épuisement m.

exhaustive /ɪgˈzɔ:stɪv/ adj exhaustif/-ive, très détaillé.

exhaust pipe n pot m d'échappement.

exhibit /ɪgˈzɪbɪt/ **I** n œuvre f exposée; US exposition f; JUR pièce f à conviction. **II** vtr exposer; [▸preference] manifester.

exhibition /ˌeksɪˈbɪʃn/ n exposition f; (of skill) démonstration f.

exhilarated /ɪgˈzɪləreɪtɪd/ adj **to feel exhilarated** être tout joyeux/toute joyeuse.

exhilarating /ɪgˈzɪləreɪtɪŋ/ adj enivrant.

exile /ˈeksaɪl/ **I** n exil m; (person) exilé/-e m/f. **II** vtr exiler.

exist /ɪgˈzɪst/ vi exister; **to exist on** vivre de.

existence /ɪgˈzɪstəns/ n existence f; **to come into existence** naître.

existing /ɪgˈzɪstɪŋ/ adj existant; [policy, management] actuel/-elle.

exit /ˈeksɪt/ **I** n sortie f. **II** vi sortir.

exodus /ˈeksədəs/ n exode m.

exotic /ɪgˈzɒtɪk/ adj exotique.

expand /ɪkˈspænd/ **I** *vtr* GÉN développer; [▸ production] accroître. **II** *vi* se développer.

expanse /ɪkˈspæns/ *n* étendue *f*.

expatriate /eksˈpætrɪət/ *n, adj* expatrié/-e (*m/f*).

expect /ɪkˈspekt/ **I** *vtr* s'attendre à; *to expect that…* s'attendre à ce que… (+ *subj*); *more/ worse than expected* plus/pire que prévu; [▸ baby, guest] attendre. **II** *vi to be expecting* attendre un enfant.

expectancy /ɪkˈspektənsɪ/ *n* attente *f*.

expectation /ekspekˈteɪʃn/ *n* attente *f*.

expedition /ekspɪˈdɪʃn/ *n* expédition *f*.

expel /ɪkˈspel/ *vtr* (*p prés etc* **-ll-**) expulser.

expenditure /ɪkˈspendɪtʃə(r)/ *n* dépenses *fpl*.

expense /ɪkˈspens/ *n* (cost) frais *mpl*; *at the expense of* au détriment de; *at sb's expense* aux dépens de qn.

expensive /ɪkˈspensɪv/ *adj* cher/chère, coûteux/-euse; [taste] de luxe.

experience /ɪkˈspɪərɪəns/ **I** *n* expérience *f*. **II** *vtr* [▸ problem] connaître; [▸ emotion] éprouver.

experienced /ɪkˈspɪərɪənst/ *adj* expérimenté; [eye] entraîné.

experiment /ɪkˈsperɪmənt/ **I** *n* expérience *f*. **II** *vi* expérimenter, faire des essais.

experimental /ɪkˌsperɪˈmentl/ *adj* expérimental; *on an experimental basis* à titre d'expérience.

expert /ˈekspɜːt/ *n* spécialiste *mf*, expert/-e *m/f*.

expertise /ekspɜːˈtiːz/ *n* compétences *fpl*.

expire /ɪkˈspaɪə(r)/ *vi* expirer; *my passport has expired* mon passeport est périmé.

expiry dateGB *n* date *f* d'expiration.

explain /ɪkˈspleɪn/ **I** *vtr* expliquer. **II** *v refl to explain oneself* s'expliquer.

explanation /ekspləˈneɪʃn/ *n* explication *f*.

explanatory /ɪkˈsplænətrɪ, -tɔːrɪUS/ *adj* explicatif/-ive.

explicit /ɪkˈsplɪsɪt/ *adj* explicite.

explode /ɪkˈspləud/ *vi* exploser.

exploit I /ˈeksplɔɪt/ *n* exploit *m*. **II** /ɪkˈsplɔɪt/ *vtr* exploiter.

exploration /ekspləˈreɪʃn/ *n* exploration *f*.

explore /ɪkˈsplɔː(r)/ *vtr* explorer; [▸ idea, opportunity] étudier.

explorer /ɪkˈsplɔːrə(r)/ *n* explorateur/-trice *m/f*.

explosion /ɪkˈspləuʒn/ *n* explosion *f*.

explosive /ɪkˈspləusɪv/ **I** *n* explosif *m*. **II** *adj* explosif/-ive.

exponent /ɪkˈspəunənt/ *n* défenseur *m*.

export I /ˈekspɔːt/ *n* exportation *f*. **II** /ɪkˈspɔːt/ *vtr, vi* exporter.

exporter /ɪkˈspɔːtə(r)/ *n* exportateur/-trice *m/f*.

export-import company *n* société *f* d'import-export.

export market *n* marché *m* extérieur, marché *m* à l'exportation.

expose /ɪkˈspəuz/ *vtr* exposer; [▸ identity, scandal] révéler; [▸ injustice, person] dénoncer.

exposure /ɪkˈspəuʒə(r)/ *n* exposition *f*; FIG révélation *f*; *to die of exposure* mourir de froid; (picture) pose *f*.

express /ɪkˈspres/ **I** *n* rapide *m*. **II** *adj* [letter, parcel] exprès; [delivery, train] rapide; [order, promise] formel/-elle; *on the express condition that* à la condition expresse que (+ *subj*). **III** *vtr* exprimer. **IV** *v refl to express oneself* s'exprimer.

expression /ɪkˈspreʃn/ *n* expression *f*.

expressive /ɪkˈspresɪv/ *adj* expressif/-ive.

expresswayUS /ɪkˈspresweɪ/ *n* TRANSP autoroute *f*.

expulsion /ɪkˈspʌlʃn/ *n* expulsion *f*; (of pupil) renvoi *m*.

exquisite /ˈekskwɪzɪt, ɪkˈskwɪzɪt/ *adj* exquis.

extend /ɪkˈstend/ *vtr* étendre; [▸ visa, show] prolonger.

extension /ɪkˈstenʃn/ *n* extension *f*; (of cable, table) rallonge *f*; *the new extension to the hospital* le nouveau bâtiment de l'hôpital; (phone number) (numéro *m* de) poste *m*; (of visa, loan) prorogation *f*; ORDINAT extension *f*.

extensive /ɪkˈstensɪv/ *adj* vaste; [tests] approfondi; [damage] considérable; *to make extensive use of* utiliser beaucoup.

extent /ɪkˈstent/ *n* étendue *f*; *to a certain extent* dans une certaine mesure.

extenuating /ɪkˈstenjueɪtɪŋ/ *adj* atténuant; *extenuating circumstances* circonstances atténuantes.

exterior /ɪkˈstɪərɪə(r)/ *n, adj* extérieur (*m*).

exterminate /ɪkˈstɜːmɪneɪt/ *vtr* exterminer.

external /ɪkˈstɜːnl/ adj extérieur; **for external use only** usage externe.

extinct /ɪkˈstɪŋkt/ adj [species, animal, plant] disparu; [volcano, passion] éteint.

extinguish /ɪkˈstɪŋgwɪʃ/ vtr éteindre.

extolᴳᴮ, **extoll**ᵁˢ /ɪkˈstəʊl/ vtr (p prés **-ll-**) louer.

extra /ˈekstrə/ **I** n supplément m; (feature) option f; (film actor) figurant/-e m/f. **II** adj supplémentaire; **at no extra charge** sans supplément.

extract I /ˈekstrækt/ n extrait m. **II** /ɪkˈstrækt/ vtr extraire; [▸promise] arracher.

extracurricular /ˌekstrəkəˈrɪkjʊlə(r)/ adj parascolaire.

extradite /ˈekstrədaɪt/ vtr extrader.

extraordinary /ɪkˈstrɔːdnrɪ, -dənerɪᵁˢ/ adj extraordinaire.

extraterrestrial /ˌekstrətəˈrestrɪəl/ n, adj extraterrestre (mf).

extra time n SPORT prolongation f; **to go into/to play extra time** jouer les prolongations.

extravagance /ɪkˈstrævəgəns/ n dépense f excessive; extravagance f.

extravagant /ɪkˈstrævəgənt/ adj extravagant; (with money) dépensier/-ière.

extreme /ɪkˈstriːm/ n extrême m.

extremely /ɪkˈstriːmlɪ/ adv extrêmement.

extremist /ɪkˈstriːmɪst/ n extrémiste m/f.

extrovert /ˈekstrəvɜːt/ n extraverti/-e m/f.

exuberant /ɪgˈzjuːbərənt, -ˈzuː-ᵁˢ/ adj exubérant.

eye /aɪ/ **I** n œil m; **to keep an eye on** surveiller; **to catch sb's eye** attirer l'attention de qn; (hole in needle) chas m. **II -eyed** combining form **blue-eyed** aux yeux bleus. **III** vtr regarder.

eyebrow n sourcil m.

eyeglassesᵁˢ /ˈaɪglæsɪz/ npl lunettes fpl.

eyelash n cil m.

eyelid n paupière f.

eyesight n vue f.

eyewitness n témoin m oculaire.

F /ef/ MUS fa *m*.

fable /ˈfeɪbl/ *n* fable *f*.

fabric /ˈfæbrɪk/ *n* tissu *m*; (of building) structure *f*.

fabricate /ˈfæbrɪkeɪt/ *vtr* fabriquer.

fabulous© /ˈfæbjʊləs/ *adj* fabuleux/-euse, sensationnel/-elle©.

face /feɪs/ **I** *n* visage *m*, figure *f*; *face up/down* [person] sur le dos/ventre; [objet] à l'endroit/l'envers; (expression) air *m*; *to pull/make a face* faire la grimace; (of clock) cadran *m*; (of coin) côté *m*. **II** *vtr* [person] faire face à; [▸rival] affronter; [room] donner sur; *facing our house* en face de notre maison; *to be faced with* se trouver confronté à; (acknowledge) admettre.

faceless /ˈfeɪslɪs/ *adj* anonyme.

facet /ˈfæsɪt/ *n* facette *f*.

face-to-face /feɪstəˈfeɪs/ *adv* face à face.

face value *n* valeur *f* nominale; FIG *to take sth at face value* prendre qch pour argent comptant.

facial /ˈfeɪʃl/ **I** *n* soin *m* du visage. **II** *adj* du visage.

facilitate /fəˈsɪlɪteɪt/ *vtr* faciliter.

facility /fəˈsɪlətɪ/ **I** *n* installation *f*; (feature) fonction *f*. **II facilities** *npl* équipement *m*; (infrastructure) infrastructure *f*.

fact /fækt/ *n* fait *m*; *to know for a fact that* savoir de source sûre que; *in fact/as a matter of fact* en fait.

factfinder /ˈfæktfaɪndə(r)/ *n* guide *m* de poche.

fact-finding /ˈfæktfaɪndɪŋ/ *adj* [▸mission, trip] d'information; *fact-finding committee* commission *f* d'enquête.

factor /ˈfæktə(r)/ *n* facteur *m*; *protection factor* (of suntan lotion) indice *m* de protection.

factory /ˈfæktərɪ/ *n* usine *f*.

factory farming *n* élevage *m* industriel.

factory worker *n* ouvrier/-ière *m/f* (en usine).

factual /ˈfæktʃʊəl/ *adj* [evidence] factuel/-elle; [description] basé sur les faits.

faculty /ˈfækltɪ/ *n* (*pl* -**ties**) faculté *f*; UNIV, SCOL^US corps *m* enseignant.

fad /fæd/ *n* engouement *m*; *it's just a fad* c'est une mode.

fade /feɪd/ *vi* se faner; [colour] passer; [image] s'estomper; [smile, memory] s'effacer; [interest, hope] s'évanouir.

fag /fæg/ *n* (cigarette)© clope© *f*; PÉJ (homosexual)©US pédé◆ *m*.

fail /feɪl/ **I** *n* échec *m*. **II without fail** *adv phr* sans faute, à coup sûr. **III** *vtr* [▸exam] échouer à; [▸candidate] coller©; *to fail to do* manquer de faire; *to fail in one's duty* manquer/faillir à son devoir; *it never fails* ça marche à tous les coups; [▸friend] laisser tomber. **IV** *vi* échouer; [health] décliner; [brakes, heart] lâcher; [engine] tomber en panne; (go bankrupt) faire faillite. **V failed** *pp adj* manqué.

failing /ˈfeɪlɪŋ/ **I** *n* défaut *m*. **II** *prep* *failing that* sinon.

failure /ˈfeɪljə(r)/ *n* échec *m*; (of business) faillite *f*; (person) raté/-e© *m/f*; (of organ) défaillance *f*; panne *f*; *power failure* panne de courant.

faint /feɪnt/ **I** *adj* [accent] léger/-ère; [protest] faible; *to feel faint* se sentir mal, défaillir. **II** *vi* s'évanouir.

fair /feə(r)/ **I** *n* foire *f*. **II** *adj* [arrangement] honnête; [decision] juste, bon/bonne; *a fair number of* un bon nombre de; *fair enough!* bon, d'accord!; SCOL passable; [weather] beau/belle; [hair] blond; [complexion, skin] clair; [lady, city] beau/belle. **III** *adv* [play] franc jeu.

fairground *n* champ *m* de foire.

fairly /ˈfeəlɪ/ *adv* assez; (justly) honnêtement.

fair-minded /feəˈmaɪndɪd/ *adj* impartial.

fairness /ˈfeənɪs/ *n* *in all fairness* en toute justice.

fair play *n* *to have a sense of fair play* jouer franc jeu, être fair-play.

fair trade *n* ÉCON commerce *m* équitable.

fairy /ˈfeərɪ/ *n* fée *f*.

fairy tale *n* conte *m* de fées; (lie) histoire *f* à dormir debout.

faith /feɪθ/ n confiance f; *in good faith* en toute bonne foi; (belief) foi f.

faithful /ˈfeɪθfl/ adj fidèle.

faithfully /ˈfeɪθfəlɪ/ adv fidèlement; (in letter) *yours faithfully* veuillez agréer, Monsieur/Madame, mes/nos salutations distinguées.

fake /feɪk/ **I** n (jewel) faux m; (person) imposteur m. **II** adj faux/fausse. **III** vtr [▸signature, document] contrefaire; [▸results] falsifier; [▸emotion, illness] feindre.

fakeout /ˈfeɪkaʊt^{US}/ n SPORT, FIG feinte f.

falcon /ˈfɔːlkən, ˈfælkən^{US}/ n faucon m.

Falklands /ˈfɔːklændz/ pr n *the Falklands* les îles fpl Malouines.

fall /fɔːl/ **I** n chute f; (in temperature, quality) baisse f; (autumn)^{US} automne m. **II** vi (prét **fell**; pp **fallen**) tomber; (drop) diminuer, baisser.
■ **fall back on** avoir recours à; **fall down** tomber; **fall for** *fall for [sth]* se laisser prendre à; *fall for [sb]* tomber amoureux/-euse de; **fall in** s'écrouler, s'effondrer; **fall off** tomber; [sales] diminuer; **fall out** (quarrel)$^{©}$ se brouiller; *it fell out that...*^{GB} il s'avéra que...; **fall over** se renverser; *fall over [sth]* trébucher sur; **fall through** [plans] échouer.

fallacy /ˈfæləsɪ/ n erreur f.

fallen /ˈfɔːlən/ **I** pp ▸ **fall**. **II** pp adj [leaf, soldier] mort; [tree] abattu.

falling-off n diminution f.

falling-out /ˈfɔːlɪŋˈaʊt/ n brouille f, querelle f.

fallout n ¢ retombées fpl.

fallow deer n daim m.

false /fɔːls/ adj faux/fausse.

false alarm n fausse alerte f.

false start n faux départ m.

falsify /ˈfɔːlsɪfaɪ/ vtr falsifier.

falter /ˈfɔːltə(r)/ **I** vtr balbutier. **II** vi hésiter; chanceler.

fame /feɪm/ n renommée f.

famed /feɪmd/ adj célèbre.

familiar /fəˈmɪlɪə(r)/ adj familier/-ière; (customary) habituel.

family /ˈfæməlɪ/ n famille f.

family doctor n (profession) médecin m généraliste; (of a particular family) médecin m traitant.

family name n nom m de famille.

family tree n arbre m généalogique.

famous /ˈfeɪməs/ adj célèbre.

FAO /ˌefeɪˈəʊ/ n (abrév = **Food and Agriculture Organization**) FAO f.

fan /fæn/ **I** n (of star) fan$^{©}$ mf, passionné m/f; (of team) supporter m; (mechanical) ventilateur m; (hand-held) éventail m. **II** vtr (p prés etc **-nn-**) [▸fire, passion] attiser; [▸face] s'éventer.

fanatic /fəˈnætɪk/ n fanatique mf.

fanciful /ˈfænsɪfl/ adj extravagant, fantaisiste.

fancy /ˈfænsɪ/ **I** n *to catch/take sb's fancy* faire envie à qn. **II** adj [equipment] sophistiqué; [food] de luxe; [paper, box] fantaisie inv; [clothes] chic inv. **III** vtr$^{©}$ [▸food] avoir (bien) envie de; *I fancy her* elle me plaît bien; *fancy that*$^{©}$! pas possible$^{©}$!

fancy dress n ¢ déguisement m.

fanfare /ˈfænfeə(r)/ n fanfare f.

fang /fæŋ/ n (of dog) croc m; (of snake) crochet m.

fantasize /ˈfæntəsaɪz/ vtr rêver, fantasmer.

fantastic /fænˈtæstɪk/ adj $^{©}$ fantastique, merveilleux; (unrealistic) invraisemblable.

fantasy /ˈfæntəsɪ/ n rêve m; idée f fantaisie.

FAQ /ˌefeɪˈkjuː/ npl (abrév = **frequently asked questions**) FAQ f, foire f aux questions.

far /fɑː(r)/ **I** adv loin; *far off/away* au loin; *far from home* loin de chez soi; *how far is it?* à quelle distance est-ce?; *as far as* jusqu'à; *he's not far off 70* il n'a pas loin de 70 ans; *far better/too fast* bien mieux/trop vite; *as/so far as we can* autant que possible; *as far as we know* pour autant que nous le sachions; *as far as I am concerned* quant à moi. **II** adj *the far north/south (of)* l'extrême nord/sud (de); *at the far end of* à l'autre bout de; POL *the far right/left* l'extrême droite/gauche. **III** **by far** adv phr de loin. **IV** **far from** prep phr loin de. **V** **so far** adv phr jusqu'ici; *so far, so good* pour l'instant tout va bien.
● *not to be far off/out* ne pas être loin du compte.

faraway /ˈfɑːrəweɪ/ adj (épith) lointain.

farce /fɑːs/ n farce f.

farcical /ˈfɑːsɪkl/ adj ridicule.

fare /feə(r)/ n prix m du ticket/billet; *taxi fare* prix m de la course; *half/full fare* demi-/plein tarif m.

Far East pr n Extrême-Orient m.

farewell /feəˈwel/ n, excl adieu m.

far-fetched /faːˈfetʃt/ adj tiré par les cheveux.

farm /faːm/ **I** n ferme f. **II** vtr [▸land] cultiver, exploiter.

farmer /ˈfaːmə(r)/ n fermier/-ière, agriculteur/-trice.

farmhouse n ferme f.

farming /ˈfaːmɪŋ/ **I** n agriculture f, élevage m. **II** in compounds [community] rural; [method] de culture.

farm worker n ouvrier/-ière m/f agricole.

far-reaching adj (d'une portée) considérable.

far-sighted adj prévoyant; US hypermétrope.

farther /ˈfaːðə(r)/ (comparative of **far**) adv, adj ▸ **further**.

farthest /ˈfaːðɪst/ adj, adv (superl of **far**). ▸ **furthest**.

fascinate /ˈfæsɪneɪt/ vtr fasciner.

fascinating /ˈfæsɪneɪtɪŋ/ adj [▸book, discussion] passionnant; [▸person] fascinant.

fascination /fæsɪˈneɪʃn/ n fascination f.

fascism /ˈfæʃɪzəm/ n fascisme m.

fascist /ˈfæʃɪst/ n, adj fasciste (mf).

fashion /ˈfæʃn/ **I** n façon f, manière f; (trend) mode f; *out of fashion* démodé. **II** vtr façonner.

fashionable /ˈfæʃnəbl/ adj à la mode.

fashion-conscious adj [▸person] qui suit la mode.

fast /faːst, fæstUS/ **I** n jeûne m. **II** adj rapide; *my watch is fast* ma montre avance; *fast colour*GB grand teint m. **III** adv vite, rapidement; *to be fast asleep* dormir à poings fermés. **IV** vi jeûner.

fasten /ˈfaːsn, ˈfæsnUS/ **I** vtr [▸lid] fermer; [▸belt] attacher; [▸coat] boutonner. **II** vi [box] se fermer; [necklace, skirt] s'attacher.

fast food n fast-food m, restauration f rapide.

fast-forward /faːstˈfɔːwəd, fæst-US/ n AUDIO avance f rapide.

fast-growing /faːstˈgrəʊɪŋ/ adj en pleine expansion.

fastidious /fæˈstɪdɪəs/ adj pointilleux/-euse.

fast lane n AUT voie f de dépassement; FIG *to live in the fast lane* vivre à cent à l'heure℗.

fast-moving adj rapide.

fat /fæt/ **I** n matières fpl grasses; (on meat) gras m; (from meat) graisse f. **II** adj gros/grosse; *to get fat* grossir.

fatal /ˈfeɪtl/ adj mortel/-elle; fatal.

fatality /fəˈtælətɪ/ n (person killed) mort m.

fatally /ˈfeɪtəlɪ/ adv mortellement.

fat cat℗ n huile℗ f, richard℗ m.

fate /feɪt/ n sort m.

fated /ˈfeɪtɪd/ adj *to be fated* devoir arriver.

fateful /ˈfeɪtfl/ adj [decision] fatal; [day] fatidique.

father /ˈfaːðə(r)/ n père m.

fatherhood /ˈfaːðəhʊd/ n paternité f.

father-in-law n (pl **fathers-in-law**) beau-père m.

fatherland n patrie f.

fathom /ˈfæðəm/ **I** n NAUT brasse f anglaise (= 1,83 m). **II** vtr comprendre.

fatigue /fəˈtiːg/ n épuisement m.

fattening /ˈfætnɪŋ/ adj qui fait grossir.

fatty /ˈfætɪ/ adj gras/grasse.

faucetUS /ˈfɔːsɪt/ n robinet m.

fault /fɔːlt/ **I** n défaut m; SPORT faute f; (in earth) faille f. **II** vtr prendre [qch/qn] en défaut.

faultless /ˈfɔːltlɪs/ adj irréprochable.

fault line n (ligne f de) faille f.

faulty /ˈfɔːltɪ/ adj défectueux/-euse.

fauna /ˈfɔːnə/ n (pl **-s, -ae**) faune f.

favourGB, **favor**US /ˈfeɪvə(r)/ **I** n ₵ faveur f; *to win favour with sb* s'attirer les bonnes grâces de qn; *out of favour* passé de mode; *to do sb a favour* rendre service à qn. **II** vtr être pour, privilégier. **III in favour of** prep phr en faveur de.

favourableGB, **favorable**US /ˈfeɪvərəbl/ adj favorable.

favouriteGB, **favorite**US /ˈfeɪvərɪt/ n, adj préféré/-e (m/f), favori/-ite (m/f).

fawn /fɔːn/ **I** n (animal) faon m; (colour) fauve f. **II** adj beige foncé inv.

fax /fæks/ **I** n (pl **faxes**) télécopie f, fax m; (machine) télécopieur m, fax m. **II** vtr télécopier, faxer.

FBIᵁˢ n (abrév = **Federal Bureau of Investigation**) Police f judiciaire fédérale.

fear /fɪə(r)/ **I** n peur f, crainte f. **II** vtr craindre.

fearful /ˈfɪəfl/ adj craintif/-ive; **to be fearful of sth** avoir peur de qch; (dreadful) affreux/-euse.

fearless /ˈfɪəlɪs/ adj sans peur, intrépide.

fearsome /ˈfɪəsəm/ adj redoutable.

feasible /ˈfiːzəbl/ adj faisable; [excuse] plausible.

feast /fiːst/ **I** n festin m; **feast day** jour de fête; FIG régal m. **II** vi se régaler.

feat /fiːt/ n exploit m.

feather /ˈfeðə(r)/ n plume f.

feature /ˈfiːtʃə(r)/ **I** n trait m, caractéristique f; (of product) accessoire m; (film) long métrage m; (in newspaper) article m; TV, RADIO reportage m. **II** vtr [▸story] présenter; [▸scene] représenter. **III** vi figurer.

feature article n article m de fond.

Feb /feb/ (abrév = **February**).

February /ˈfebruərɪ, -ʊɪˈˈᵁˢ/ n février m.

fed /fed/ prét, pp ▸ **feed**.

federal /ˈfedərəl/ adj fédéral.

federal holidayᵁˢ n jour m férié.

federation /fedəˈreɪʃn/ n fédération f.

fed up© /ˌfed ˈʌp/ adj **to be fed up** en avoir marre©.

fee /fiː/ n (professional) honoraires mpl; **school fees** frais de scolarité; **admission fee** droit d'entrée; **membership fee** cotisation.

feeble /ˈfiːbl/ adj faible.

feed /fiːd/ **I** n AGRIC aliments mpl pour animaux; (for baby) tétée, biberon. **II** vtr (prét, pp **fed**) nourrir, donner à manger à; [▸machine] alimenter; [▸meter] mettre des pièces dans. **III** vi **to feed on** se nourrir de.

feedback /ˈfiːdbæk/ n réactions, impressions fpl; ORDINAT feed-back ¢.

feel /fiːl/ **I** n sensation f, toucher m. **II** vtr (prét, pp **felt**) [▸affection] éprouver; [▸hostility, effects] ressentir; (believe) **to feel (that)** estimer que; **I feel deeply/strongly that** je suis convaincu que; [▸heat] sentir; [▸texture] tâter; [▸body part, parcel] palper. **III** vi (happy, safe) se sentir; (sure, surprised) être, sembler; **to feel afraid/hot** avoir peur/chaud; **it feels like leather** on dirait du cuir; **to feel like sth/doing sth** avoir envie de qch/de faire qch; **to feel in** [▸bag, drawer] fouiller dans.

• **to feel a fool** (ridiculous) se trouver ridicule; (stupid) se sentir bête.

feeling /ˈfiːlɪŋ/ n sentiment m; **to hurt sb's feelings** faire de la peine à qn; **have you no feeling?** n'as-tu pas de cœur?; (atmosphere) ambiance f; **a feeling for people** un bon contact avec les gens.

feet /fiːt/ pl ▸ **foot**.

feign /feɪn/ vtr feindre.

fell /fel/ **I** prét ▸ **fall**. **II** n montagne f (dans le Nord de l'Angleterre). **III** vtr [▸tree] abattre.

fellow /ˈfeləʊ/ **I** n (man)© type© m; (of association) membre m; UNIVᴳᴮ membre du corps enseignant d'un collège universitaire. **II** in compounds **her fellow lawyers/teachers** ses collègues avocats/professeurs; **he and his fellow students** lui et les autres étudiants.

fellowship /ˈfeləʊʃɪp/ n camaraderie f; (association) association f.

fellow worker n collègue mf.

felony /ˈfelənɪ/ n crime m.

felt /felt/ **I** prét, pp ▸ **feel**. **II** n feutre m.

felt-tip (pen) n feutre m.

female /ˈfiːmeɪl/ **I** n BIOL femelle f; (woman) femme f; PÉJ bonne femme© f. **II** adj BIOL femelle; féminin.

feminine /ˈfemənɪn/ n, adj féminin (m).

femininity /feməˈnɪnətɪ/ n féminité f.

feminism /ˈfemɪnɪzəm/ n féminisme m.

feminist /ˈfemɪnɪst/ n, adj féministe (mf).

fen /fen/ n marais m.

fence /fens/ **I** n clôture f; (in showjumping) obstacle m; (in horseracing) haie f. **II** vtr clôturer. **III** vi SPORT faire de l'escrime.

• **to sit on the fence** ne pas prendre position.

fencing /ˈfensɪŋ/ n SPORT escrime f.

fend /fend/ v se débrouiller (tout seul).

■ **fend for to fend for oneself** se débrouiller (tout seul); **fend off** [▸blow] parer; [▸question] écarter.

fennel /ˈfenl/ n fenouil m.

feral /ˈfɪərəl, ˈferəlUS/ adj sauvage.

ferment I /ˈfɜːment/ n (unrest) agitation f, effervescence f. **II** /fəˈment/ vi [yeast] fermenter.

fern /fɜːn/ n fougère f.

ferocious /fəˈrəʊʃəs/ adj féroce.

ferocity /fəˈrɒsəti/ n férocité f.

ferret /ˈferɪt/ n furet m.
■ **ferret about** fureter, fouiller.

ferry /ˈferɪ/ **I** n ferry m; (over river) bac m. **II** vtr transporter.

fertile /ˈfɜːtaɪl, ˈfɜːrtlUS/ adj fertile; [human, animal] fécond.

fertility /fəˈtɪləti/ n fertilité f, fécondité f.

fertility treatment n GÉN traitement m de la stérilité.

fertilize /ˈfɜːtɪlaɪz/ vtr fertiliser; [▸animal] féconder.

fertilizer /ˈfɜːtɪlaɪzə(r)/ n engrais m.

fervent /ˈfɜːvənt/ adj fervent.

festival /ˈfestɪvl/ n fête f; (arts event) festival m.

festive /ˈfestɪv/ adj joyeux/-euse; **the festive season** la saison des fêtes.

festivity /feˈstɪvəti/ n réjouissance f.

festoon /feˈstuːn/ vtr **to festoon with sth** orner de qch.

fetch /fetʃ/ vtr aller chercher; [▸money] rapporter.

fête, fete /feɪt/ n kermesse f, fête f.

fetish /ˈfetɪʃ/ n fétiche m.

feud /fjuːd/ **I** n querelle f. **II** vi se quereller.

feudal /ˈfjuːdl/ adj féodal.

fever /ˈfiːvə(r)/ n fièvre f.

feverish /ˈfiːvərɪʃ/ adj fiévreux/-euse.

few /fjuː/ (comparative **-er**; superlative **-est**) **I** quantif, adj peu de; **few visitors** peu de visiteurs; **these past few days** ces derniers jours. **II a few** quantif, pron quelques; **a good few years** un bon nombre d'années; **a few of us** un certain nombre d'entre nous. **III** pron peu; **few of us** peu d'entre nous.

fewer /ˈfjuːə(r)/ (comparative of **few**) adj, pron moins (de); **fewer and fewer** de moins en moins.

fewest /ˈfjuːɪst/ (superlative of **few**) adj, pron le moins (de).

fibreGB, **fiber**US /ˈfaɪbə(r)/ n fibre f.

fibreboardGB, **fiberboard**US /ˈfaɪbəbɔːd/ n aggloméré m.

fibreglassGB, **fiberglass**US /ˈfaɪbəglɑːs/ n ¢ fibre f de verre.

fickle /ˈfɪkl/ adj inconstant.

fiction /ˈfɪkʃn/ n fiction f.

fictional /ˈfɪkʃənl/ adj imaginaire.

fictitious /fɪkˈtɪʃəs/ adj fictif/-ive.

fiddle /ˈfɪdl/ **I** n (fraud)©GB magouille© f; (instrument) violon m. **II** vtr **to fiddle with sth** tripoter qch; **to fiddle**©GB **one's taxes** frauder le fisc.

fidelity /fɪˈdeləti/ n fidélité f.

field /fiːld/ n champ m; SPORT terrain m; (of knowledge) domaine m.

fierce /fɪəs/ adj féroce; [loyalty] farouche.

fiery /ˈfaɪərɪ/ adj [speech] passionné.

fifteen /fɪfˈtiːn/ n, adj quinze (m) inv.

fifteenth /fɪfˈtiːnθ/ n, adj, adv quinzième (mf).

fifth /fɪfθ/ **I** n cinquième mf; MUS quinte f. **II** adj, adv cinquième.

fiftieth /ˈfɪftɪəθ/ n, adj, adv cinquantième (mf).

fifty /ˈfɪftɪ/ n, adj cinquante (m) inv.

fig /fɪg/ n figue f.

fight /faɪt/ **I** n lutte f, combat m; **to put up a fight** se défendre; **to get into a fight with** se bagarrer contre/avec; (argument) dispute f. **II** vtr (prét, pp **fought**) [▸person] se battre contre; [▸disease, evil, opponent] lutter contre; [▸case] défendre. **III** vi lutter, se battre; **fight back** se défendre; **to fight about/over sth** se disputer (pour) qch.

fighter /ˈfaɪtə(r)/ n (person) combattant/-e m/f; avion m de chasse.

figurative /ˈfɪgərətɪv/ adj LING figuré; ART figuratif/-ive.

figure /ˈfɪgə(r), ˈfɪgjərUS/ **I** n (number) chiffre m; (person) personnalité f; (human form) personnage m; (symbol) symbole m, (body shape) ligne f; (drawing) figure f. **II** © vtr **to figure (that)** penser/se dire que. **III** vi figurer.
■ **figure out** (find) trouver; (understand) comprendre.

figurehead /ˈfɪgəhed, ˈfɪgjər-US/ n figure f de proue.

Fiji /fiːˈdʒiː/ pr n Fidji fpl; **the Fiji Islands** les îles Fidji.

fireplace

file /faɪl/ **I** n (for papers) dossier m, chemise f; (ring binder) classeur m; ORDINAT fichier m; (tool) lime f; *in single file* en file indienne. **II** vtr [▸letter, record] classer; JUR *to file a lawsuit* intenter un procès; [▸wood, metal] limer. **III** vi JUR *to file for (a) divorce* demander le divorce.

file extension n ORDINAT extension f (de nom de fichier).

file manager n ORDINAT gestionnaire m de fichier.

fill /fɪl/ **I** n *to have had one's fill* en avoir assez. **II** vtr *to fill sth with sth* remplir qch de qch; [▸hole] boucher; [▸need] répondre à; [▸post] pourvoir; [▸sandwich] garnir; [▸tooth] plomber. **III** vi se remplir.
■ **fill in** *to fill in for sb* remplacer qn; *fill [sth] in*; [▸form] remplir; **fill out** prendre du poids; [▸form] remplir; **fill up** se remplir; [▸box, room] remplir; [▸car] faire le plein (de).

fillet /fɪlɪt/ n filet m.

filling /fɪlɪŋ/ **I** n (of sandwich) garniture f; (stuffing) farce f; (for tooth) plombage m. **II** adj [food] bourratif/-ive©.

film /fɪlm/ **I** n CIN film m; PHOT pellicule f; (of dust) pellicule f. **II** vtr filmer.

film director n réalisateur/-trice m/f.

filming /fɪlmɪŋ/ n tournage m.

filmgoer /fɪlmɡəʊə(r)/ n cinéphile mf.

film script n scénario m.

film star n vedette f de cinéma.

filter /fɪltə(r)/ **I** n filtre m; (lane)GB *voie réservée aux véhicules qui tournent.* **II** vtr filtrer; [▸coffee] faire passer.

filthy /fɪlθɪ/ adj (dirty) crasseux/-euse; (revolting) répugnant.

fin /fɪn/ n nageoire f; (of shark) aileron m.

final /faɪnl/ **I** n finale f. **II** adj [day, question] dernier/-ière f; *finals, final examinations*GB UNIV examens de fin d'études; [decision] définitif/-ive.

finale /fɪˈnɑːlɪ, -nælɪUS/ n finale m.

finalist /faɪnəlɪst/ n finaliste mf.

finalize /faɪnəlaɪz/ vtr [▸contract] conclure; [▸article] mettre au point; [▸timetable] fixer.

finally /faɪnəlɪ/ adv finalement, enfin.

finance /faɪnæns, fɪˈnæns/ **I** n finance f. **II** vtr financer.

financial /faɪˈnænʃl, fɪ-/ adj financier/-ière.

financial yearGB n exercice m, année f budgétaire.

finch /fɪntʃ/ n (bullfinch) bouvreuil m; (chaffinch) pinson m.

find /faɪnd/ **I** n découverte f; (purchase) trouvaille f. **II** vtr (prét, pp **found**) trouver; JUR *to find sb guilty* déclarer qn coupable; ORDINAT rechercher. **III** vi JUR *to find for/against sb* se prononcer en faveur de/contre qn.
■ **find out** se renseigner; découvrir, apprendre.

findings npl conclusions fpl.

fine /faɪn/ **I** n amende f, contravention f. **II** adj (very good) excellent; (satisfactory) bon/bonne; (nice, refined) beau/belle; (delicate) fin. **III** adv très bien. **IV** vtr condamner [qn] à une amende.

fine art n beaux-arts mpl.

finger /fɪŋɡə(r)/ **I** n doigt m. **II** vtr toucher.

finger food n CULIN amuse-gueules mpl, petits-fours mpl.

fingernail n ongle m.

fingerprint n empreinte f digitale.

fingertip n bout m du doigt.

finish /fɪnɪʃ/ **I** n (pl **finishes**) fin f; SPORT arrivée f; (of clothing, car) finition f. **II** vtr finir, terminer; *to finish doing* achever, finir de faire. **III** vi finir, se terminer.

finishing lineGB, **finish line**US n SPORT, FIG ligne f d'arrivée.

finite /faɪnaɪt/ adj fini, limité.

Finland /fɪnlənd/ pr n Finlande f.

Finn /fɪn/ n (citizen) Finlandais/-e m/f.

Finnish /fɪnɪʃ/ **I** n LING finnois m. **II** adj finlandais.

fir /fɜː(r)/ n sapin m.

fire /faɪə(r)/ **I** n ₵ feu m; *to set fire to sth* mettre le feu à qch; *to be on fire* être en feu; *to open fire on sb* ouvrir le feu sur qn; (in building) incendie m. **II** excl (for alarm) au feu!; (order to shoot) feu! **III** vtr [▸shot] tirer; [▸arrow, missile] lancer; [▸person] renvoyer. **IV** vi tirer.

fire brigadeGB, **fire department**US n pompiers mpl.

firefly n luciole f.

fireman n pompier m.

fireplace n cheminée f.

firewall /ˈfaɪəwɔːl/ n ORDINAT pare-feu m, barrière f de sécurité.

firewood n bois m à brûler.

firework n feu m d'artifice.

firm /fɜːm/ I n entreprise f, société f. II adj ferme; [basis] solide.

first /fɜːst/ I pron premier/première m/f; **at first** au début. II adj premier/-ière (before n); **at first glance/sight** à première vue. III adv d'abord.

first aid n ¢ premiers soins mpl.

first class I n RAIL première f (classe); POSTES tarif m rapide. II **first-class** adj [compartment, hotel] de première (classe); [stamp] (au) tarif rapide; [food] excellent.

first-ever adj tout premier/toute première.

first floor n GB premier étage m; US rez-de-chaussée m inv.

first-generation adj de la première génération.

firsthand adj, adv de première main.

firstly /ˈfɜːstlɪ/ adv premièrement.

first name n prénom m.

fiscal /ˈfɪskl/ adj fiscal.

fiscal year n exercice m budgétaire/fiscal.

fish /fɪʃ/ I n (pl **fish**, **fishes**) poisson m. II vi **to fish (for)** pêcher.

fisherman /ˈfɪʃəmən/ n pêcheur m.

fishing /ˈfɪʃɪŋ/ n pêche f; **to go fishing** aller à la pêche.

fishing industry n industrie f de la pêche.

fishmonger GB /ˈfɪʃmʌŋɡə(r)/ n poissonnier/-ière m/f.

fist /fɪst/ n poing m.

fistful /ˈfɪstfʊl/ n poignée f.

fit /fɪt/ I n MÉD crise f, attaque f; **to have a fit**© piquer© une crise; (of garment) **to be a good/poor fit** être/ne pas être à la bonne taille. II adj [person] en forme, en bonne santé; **fit for nothing** bon/bonne à rien; **fit to drive** en état de conduire. III vtr (prét **fitted/fit**US; pp **fitted**) [garment] aller; **to fit sth with** équiper qch de; [▸description] correspondre à; [▸decor] aller avec. IV vi [gar-

ment] être à la bonne taille, aller; [books] tenir; **to fit into** aller avec.

■ **fit in** [key, object] aller; **will you all fit in?** est-ce qu'il y a de la place pour vous tous?

fitted /ˈfɪtɪd/ adj [jacket] ajusté; [wardrobe] encastré; [kitchen] intégré.

fitting /ˈfɪtɪŋ/ I n (of bathroom) installation f; (for suit) essayage m. II adj adéquat.

five /faɪv/ n, adj cinq (m) inv.

fiver© GB /ˈfaɪvə(r)/ n billet m de cinq livres.

fix /fɪks/ I n **to be in a fix**© être dans le pétrin©. II vtr [▸date, price] fixer; [▸meal] préparer; **to fix one's hair** se coiffer; [▸equipment] réparer; [▸problem] régler, arranger; [▸attention] fixer; [▸election]© truquer. III **fixed** pp adj [idea, income] fixe; [expression] figé.

■ **fix up** [▸holiday, meeting] organiser; **fix sb up with sth** procurer qch à qn.

fixed costs npl frais mpl fixes.

fixture /ˈfɪkstʃə(r)/ n installation f; SPORT GB rencontre f.

fizz /fɪz/ vi [drink] pétiller; [firework] crépiter.

fizzle /ˈfɪzl/ vi **to fizzle out** [interest] s'éteindre.

fizzy /ˈfɪzɪ/ adj gazeux/-euse.

flag /flæɡ/ I n drapeau m; NAUT pavillon m. II vtr (p prés etc **-gg-**) ORDINAT signaler qch au moyen d'un drapeau. III vi (p prés etc **-gg-**) faiblir; [conversation] languir.

flagrant /ˈfleɪɡrənt/ adj flagrant.

flair /fleə(r)/ n don m.

flake /fleɪk/ I n (of snow, cereal) flocon m; (of chocolate) copeau m. II vi [paint] s'écailler; [skin] peler.

flamboyant /flæmˈbɔɪənt/ adj [person] haut en couleur; [clothes] voyant.

flame /fleɪm/ I n LIT flamme f; **to burst into flames** s'embraser. II vtr CULIN flamber. III vi [fire, torch] flamber.

flaming /ˈfleɪmɪŋ/ adj [▸vehicle, building] en flammes; **flaming idiot!**© espèce d'imbécile!©

flamingo /fləˈmɪŋɡəʊ/ n (pl **-s/-oes**) flamant m (rose).

flank /flæŋk/ I n flanc m; SPORT aile f. II vtr **to be flanked by** être flanqué de.

flannel /ˈflænl/ n flanelle f; GB gant m de toilette.

floating voter

flap /flæp/ **I** n (on pocket, envelope) rabat m; (of wings) battement m. **II** vtr, vi (p prés etc **-pp-**) battre; *stop flapping!*© pas de panique!

flare /fleə(r)/ **I** n AVIAT balise f lumineuse; NAUT fusée f (de détresse); (of match) lueur f; (of fireworks) flamboiement m. **II** flares npl pantalon m à pattes d'éléphant. **III** vi [firework, match] jeter une brève lueur; [violence] éclater.
■ **flare up** [fire] s'embraser; [anger, violence] éclater; [person] s'emporter.

flash /flæʃ/ **I** n éclat m; *a flash of lightning* un éclair; PHOT flash m. **II** vi [light] clignoter; [jewels] étinceler.

flashback n CIN retour m en arrière, flash-back m.

flashlight n lampe f de poche.

flash stick n ORDINAT carte f mémoire flash.

flashy© /flæʃɪ/ adj PÉJ [person] frimeur/-euse©; [car, dress] tape-à-l'œil inv.

flask /flɑːsk, flæskUS/ n flacon m; (vacuum) thermos® f/m inv.

flat /flæt/ **I** n GB appartement m; MUS bémol m. **II** adj plat; [tyre, ball] dégonflé; [refusal] catégorique; [fare] forfaitaire; [person] déprimé; [battery]GB usé; MUS [note] bémol inv. **III** adv [lay, lie] à plat; *in 10 minutes flat* en 10 minutes pile.

flat out adv [drive] à fond de train; [work] d'arrache-pied.

flat pack adj en kit.

flat rate n taux m fixe.

flat screen adj à écran plat.

flatten /flætn/ **I** vtr [▸crops, grass] coucher, aplatir; [▸tree, fence] abattre; [▸building] raser; [▸animal, object] écraser. **II** vi *to flatten (out)* s'aplanir.

flatter /flætə(r)/ vtr flatter.

flattering /flætərɪŋ/ adj flatteur/-euse.

flaunt /flɔːnt/ vtr PÉJ faire étalage de.

flavourGB, **flavor**US /fleɪvə(r)/ **I** n goût m, saveur f. **II** vtr donner du goût à, parfumer.

flaw /flɔː/ n GÉN défaut m.

flax /flæks/ n lin m.

flea /fliː/ n puce f.

flea market n marché m aux puces.

fleck /flek/ n (of blood, paint) petite tache f; (of dust) particule f.

flee /fliː/ (prét, pp **fled**) vtr, vi fuir.

fleet /fliːt/ n (of ships) flotte f; (of company cars) parc m automobile.

fleeting /fliːtɪŋ/ adj bref/brève.

Fleet Street n la presse londonienne.

Flemish /flemɪʃ/ **I** n LING flamand m; (people) *the Flemish* les Flamands mpl. **II** adj flamand.

flesh /fleʃ/ n chair f.

flew /fluː/ prét ▸ **fly**.

flex /fleks/ **I** n GB (for electrical appliance) fil m. **II** vtr fléchir; [▸finger] plier.

flexible /fleksəbl/ adj flexible, souple.

flexitime /fleksɪtaɪm/ n horaire m flexible, horaire m souple.

flick /flɪk/ **I** n (with finger) chiquenaude f; GÉN petit coup m. **II** flicks©GB npl cinéma m. **III** vtr donner un petit coup à; [▸switch] appuyer sur.
■ **flick through** [▸book, report] feuilleter; *to flick through the channels* TV zapper.

flicker /flɪkə(r)/ vi [light] vaciller, trembloter; [eye, eyelid] cligner.

flight /flaɪt/ n vol m; (escape) fuite f; (set) étage m; *a flight of steps* une volée de marches.

flimsy /flɪmzɪ/ adj [fabric] léger/-ère; [evidence] mince.

flinch /flɪntʃ/ vi tressaillir.

fling /flɪŋ/ vtr (prét, pp **flung**) [▸ball, grenade] lancer.

flip /flɪp/ **I** n (of finger) chiquenaude f; AVIAT, SPORT tour m. **II** vtr (p prés etc **-pp-**) [▸pancake] faire sauter; [▸coin] tirer à pile ou face. **III** vi (get angry) se mettre en rogne©; (go mad) perdre la boule©; *to flip one's lid/ one's top*©US sortir de ses gonds©.

flippant /flɪpənt/ adj [▸remark, person] désinvolte; [▸tone, attitude, behaviour] cavalier/-ière.

flirt /flɜːt/ vi flirter.

flit /flɪt/ vi (p prés etc **-tt-**) [bird, moth] voleter.

float /fləʊt/ **I** n (on net) flotteur m; (on line) bouchon m; (carnival vehicle) char m. **II** vtr faire flotter; (in air) lancer. **III** vi flotter.

floating /fləʊtɪŋ/ **I** n (of ship, logs) mise f à flot; FIN (of company, loan) lancement m (en Bourse); (of shares) émission f; (of currency) flottement m. **II** adj (on water) [▸bridge, debris] flottant; (unstable) [▸population] instable.

floating voter n POL électeur m indécis.

flock

flock /flɒk/ n (of sheep) troupeau m; (of birds) volée f; (of people) foule f.

flog /flɒg/ vtr (p prés etc **-gg-**) flageller; (sell)@@GB fourguer@, vendre.

flood /flʌd/ **I** n inondation f; *a flood of peo-ple* un flot de personnes; *floods of tears* des torrents de larmes. **II** vtr inonder. **III** vi [street] être inondé; [river] déborder.

flood control n prévention f des inonda-tions.

flood damage n dégât m des eaux.

floodlight /flʌdlaɪt/ n projecteur m.

floor /flɔː(r)/ **I** n (wooden) plancher m, par-quet m; (stone) sol m; (of car, lift) plancher m; *on the floor* par terre; (of sea, tunnel, valley) fond m; (storey) étage m. **II** vtr (▸attacker) ter-rasser; FIG réduire [qn] au silence.

floorboard n latte f (de plancher).

flop@ /flɒp/ **I** n fiasco@ m. **II** vi (p prés etc **-pp-**) [play, film] faire un flop@/four@; [project] être un fiasco@.

floppy /flɒpɪ/ adj [ears, hair] pendant; [clothes] large; [flesh, body] mou/molle.

floppy disk n ORDINAT disquette f.

flora /flɔːrə/ n (pl **-s/-ae**) (sg) flore f.

florist /flɒrɪst, flɔːrɪst US/ n fleuriste mf.

flotation /fləʊˈteɪʃn/ n (loan) lancement m; (of shares) introduction f en Bourse; *stock market flotation* lancement en Bourse.

flounder /flaʊndə(r)/ vi [speaker] bre-douiller; [company] piétiner.

flour /flaʊə(r)/ n farine f.

flourish /flʌrɪʃ/ **I** n geste m théâtral. **II** vtr (▸document) brandir. **III** vi [firm, plant] prospé-rer; [child] s'épanouir.

flout /flaʊt/ vtr se moquer de.

flow /fləʊ/ **I** n écoulement m; (of refugees, words) flot m; (traffic) circulation f; (of tide) flux m. **II** vi [liquid] couler; [blood, electricity] circuler; [hair, dress] flotter.

flowchart, flow sheet /fləʊtʃɑːt, ˈfləʊʃiːt/ n ORDINAT, IND organigramme m.

flower /flaʊə(r)/ **I** n fleur f. **II** vi fleurir, s'épanouir.

flowerbed /flaʊəbed/ n parterre m de fleurs.

flown /fləʊn/ pp ▸ **fly**.

fl oz (abrév = **fluid ounce(s)**).

flu /fluː/ n grippe f.

fluctuate /flʌktjʊeɪt/ vi fluctuer.

fluent /fluːənt/ adj éloquent; [style] coulant; *he's fluent in French* il parle couramment le français.

fluff /flʌf/ n (on clothes) peluche f; (under furni-ture) mouton m; (on animal) duvet m.

fluffy /flʌfɪ/ adj [animal, down] duveteux/-euse; [sweater, rice] moelleux/-euse; [toy] en peluche.

fluid /fluːɪd/ n, adj liquide (m); CHIMIE fluide (m).

fluke /fluːk/ n coup m de chance.

flung /flʌŋ/ prét, pp ▸ **fling**.

fluorescent /flɔːˈresənt, flʊəˈr-US/ adj fluo-rescent.

fluorine /flɔːriːn, ˈflʊər-US/ n fluor m.

flurry /flʌrɪ/ n (of snow) rafale f; (of leaves, acti-vity) tourbillon m.

flush /flʌʃ/ **I** n (on skin) rougeur f; *a flush of* (▸anger) un accès de. **II** adj *flush with sth* dans l'alignement de qch. **III** vtr *to flush (the toilet)* tirer la chasse (d'eau). **IV** vi rougir.

flute /fluːt/ n flûte f.

flutter /flʌtə(r)/ **I** n (of lashes) battement m. **II** vi [bird] voleter; [flag] flotter; [eyelids] bat-tre; [heart] palpiter.

fly /flaɪ/ **I** n mouche f. **II fly, flies** npl (of trousers) braguette f. **III** vtr (prét **flew**; pp **flown**) [▸aircraft] piloter; [▸kite] faire voler; [▸supplies] transporter [qch/qn] par avion. **IV** vi voler; *to fly over/across sth* survoler qch; [pilot] piloter, voler; [passenger] voyager en avion, prendre l'avion; *to fly off* s'envo-ler; [time, holidays] passer vite, filer@.

flying /flaɪɪŋ/ **I** n vol m; *to be afraid of flying* avoir peur de l'avion. **II** adj [insect, saucer] volant; [visit] éclair inv.

FM n RADIO (abrév = **frequency modula-tion**) FM f.

foal /fəʊl/ n poulain m.

foam /fəʊm/ **I** n mousse f; (on sea) écume f. **II** vi [beer] mousser; [sea] écumer.

focus /fəʊkəs/ **I** n (pl **focuses, foci**) mise f au point; *in focus* au point; *out of focus* flou; *focus of attention* centre d'intérêt. **II** vtr (p prés etc **-s-/-ss-**) [▸ray] concentrer; [▸eyes] fixer; [▸lens, camera] mettre [qch] au point. **III focus on** vi converger sur; *to focus on sth* se concentrer sur qch; [eyes, attention] se fixer sur.

for

foe /fəʊ/ n ennemi/-e m/f.

foetus, fetusUS /ˈfiːtəs/ n fœtus m.

fog /fɒɡ/ n brouillard m.

fogbound /ˈfɒɡbaʊnd/ adj [▸plane, passenger] bloqué par le brouillard; [▸airport] paralysé par le brouillard.

foggy /ˈfɒɡɪ/ adj [weather] brumeux/-euse; [idea] confus.

foil /fɔɪl/ I n papier m (d')aluminium. II vtr [▸attempt] déjouer.

fold /fəʊld/ I n pli m. II -fold dans composés to increase twofold/threefold doubler/tripler; the problems are threefold il y a trois problèmes. III vtr [▸chair] plier; [▸wings, legs] replier. IV vi se plier.
● to return to the fold rentrer au bercail.
■ fold up se plier.

foldaway /ˈfəʊldəweɪ/ adj escamotable, pliant.

folder /ˈfəʊldə(r)/ n (for papers) chemise f.

foliage /ˈfəʊlɪɪdʒ/ n feuillage m.

folk /fəʊk/ I n (people) (pl) gens mpl; (music) (sg) folk m. II folks© npl parents mpl. III in compounds [dance] folklorique; [music] folk inv.

folklore n folklore m.

follow /ˈfɒləʊ/ I vtr suivre; [▸trade] exercer; [▸career] poursuivre; [▸way of life] avoir. II vi suivre; it follows that il s'ensuit que.
■ follow up follow [sth] up ; [▸story] suivre; [▸complaint, offer] donner suite à.

follower /ˈfɒləʊə(r)/ n disciple mf; (of political leader) partisan/-e m/f.

following /ˈfɒləʊwɪŋ/ I n partisans/-anes mpl/fpl; (of show) public m; the following les choses suivantes. II adj [year, remark] suivant (after n); [wind] arrière. III prep suite à, à la suite de.

follow-through n suivi m.

follow-up n (film, programme) suite f.

folly /ˈfɒlɪ/ n folie f.

fond /fɒnd/ adj [gesture, person] affectueux/-euse; to be fond of aimer beaucoup.

food /fuːd/ I n nourriture f; (foodstuff) aliment m; the food is good on mange bien. II in compounds [industry, product] alimentaire; [shop] d'alimentation.

foodie© /ˈfuːdɪ/ n amateur m de bonne cuisine.

food poisoning n intoxication f alimentaire.

food processor n robot m ménager.

foodstuff n denrée f alimentaire.

fool /fuːl/ I n idiot/-e m/f; to play the fool faire l'imbécile; (jester) fou m. II vtr tromper, duper; to be fooled se laisser abuser.
■ fool about©, fool around© perdre son temps; (act stupidly) faire l'imbécile.

foolish /ˈfuːlɪʃ/ adj stupide.

foot /fʊt/ n (pl feet) (of person, chair) pied m; (of cat) patte f; on foot à pied; (measurement) pied m (anglais) (= 0,3048 m); at the foot of [▸list, letter] à la fin de; [▸page, stairs] en bas de; [▸table] en bout de.
● to put one's foot in it© faire une gaffe; to put one's feet up lever le pied, se reposer.

football /ˈfʊtbɔːl/ n (soccer) football m; US football américain; (ball) ballon m de football.

footballerGB n joueur/-euse m/f de football.

foothills npl contreforts mpl.

foothold /ˈfʊthəʊld/ n to gain a foothold s'imposer.

footing /ˈfʊtɪŋ/ n base f, position f; on an equal footing with sb sur un pied d'égalité avec qn; to lose one's footing perdre pied.

footnote n note f de bas de page.

footpath n sentier m.

footprint n empreinte f (de pied).

footstep n pas m.

footwear n ¢ chaussures fpl.

for /fə(r), fɔː(r)/ I prep (intended to) pour; to do sth for sb faire qch pour qn; what's it for? c'est pour quoi faire?; to go for a swim aller nager; (+ cause or reason) à cause de, pour; to jump for joy sauter de joie; I couldn't sleep for the noise je ne pouvais pas dormir à cause du bruit; (+ consequence) de (+ inf), pour que (+ subj); I haven't the patience for doing je n'ai pas la patience de faire; (with regard to) to be easy for sb to do être facile pour qn de faire; (towards) to have respect for sb avoir du respect pour qn; (on behalf of) to be pleased for sb être content pour qn; (+ duration) (in the past) depuis; we've been together for 2 years nous sommes ensemble depuis 2 ans; (in the present, future) to stay for a year rester un an; (+ distance) *to drive for miles* rouler pendant des kilomètres; (+ destination) *a ticket for Dublin* un billet pour Dublin; (+ cost, value) *sold for £100* vendu (pour) 100 livres sterling; (in favour of) *to be (all) for* être (tout à fait) pour; (+ availability) *for sale* à vendre; (equivalent to) *T for Tom* T comme Tom; *what's the French for boot?* comment dit-on boot en français? **II** *conj* SOUT car, parce que.

foray /ˈfɒreɪ, ˈfɔːreɪ^US/ n incursion f.

forbid /fəˈbɪd/ vtr (p prés **-dd-**; prét **-bad(e)**; pp **-bidden**) *to forbid sb to do* défendre/interdire à qn de faire.

forbidden /fəˈbɪdn/ adj défendu, interdit.

force /fɔːs/ **I** n force f; *by force* par la force. **II forces** npl MIL les forces fpl armées. **III in force** adv phr en force; [law] en vigueur. **IV** vtr *to force sb to do sth* forcer qn à faire qch. **V** v refl (push oneself) *to force oneself* se forcer (**to do** à faire).

forceful /ˈfɔːsfl/ adj énergique.

ford /fɔːd/ n gué m.

fore /fɔː(r)/ n *to the fore* en vue, en avant; *to come to the fore* se faire connaître, attirer l'attention.

forearm /ˈfɔːrɑːm/ n avant-bras m inv.

forecast /ˈfɔːkɑːst, -kæst^US/ **I** n bulletin m météorologique; ÉCON prévisions fpl; GÉN pronostics mpl. **II** vtr (prét, pp **-cast**) prévoir.

forecasting /ˈfɔːkɑːstɪŋ/ n GÉN prévisions fpl.

forefinger n index m.

forefront n *at/in the forefront of* [▸research] à la pointe de; [▸struggle] au premier plan de.

foreground n premier plan m.

forehead n front m.

foreign /ˈfɒrən, ˈfɔːr-^US/ adj [country, company] étranger/-ère; [market] extérieur; [travel] à l'étranger.

foreigner /ˈfɒrənə(r)/ n étranger/-ère m/f.

foreign exchange n devises fpl.

foreign minister n ministre mf des Affaires étrangères.

Foreign Office^GB n ministère des Affaires étrangères britannique.

foreign policy n politique f étrangère.

foreman n contremaître m; JUR président m (d'un jury).

foremost I adj plus grand, plus important. **II** adv *first and foremost* avant tout.

forename /ˈfɔːneɪm/ n prénom m.

forensic /fəˈrensɪk, -zɪk^US/ adj [tests, evidence] médico-légal; *forensic scientist* médecin légiste m.

forerunner n précurseur m.

foresee /fɔːˈsiː/ vtr (prét **-saw**; pp **-seen**) prévoir.

foreseeable /fɔːˈsiːəbl/ adj prévisible.

forest /ˈfɒrɪst, ˈfɔːr-^US/ n forêt f.

forested /ˈfɒrɪstɪd, ˈfɔːr-^US/ adj boisé.

forever /fəˈrevə(r)/ adv pour toujours.

forfeit /ˈfɔːfɪt/ **I** n gage m. **II** vtr perdre.

forgave /fəˈɡeɪv/ prét ▸ **forgive**.

forge /fɔːdʒ/ **I** n forge f. **II** vtr [▸metal] forger; [▸banknotes, signature] contrefaire; [▸date, will] falsifier.
■ **forge ahead** être en plein essor.

forgery /ˈfɔːdʒərɪ/ n (of document) faux m; (banknotes) contrefaçon f.

forget /fəˈɡet/ (p prés **-tt-**; prét **-got**; pp **-gotten**) vtr, vi *to forget to do sth* oublier de faire qch; *forget it!* laisse tomber!

forgetful /fəˈɡetfl/ adj distrait.

forget-me-not n myosotis m.

forgive /fəˈɡɪv/ vtr (prét **-gave**; pp **-given**) *to forgive sb sth* pardonner qch à qn; *to forgive sb for doing* pardonner à qn d'avoir fait.

forgivable /fəˈɡɪvəbl/ adj pardonnable.

forgot /fəˈɡɒt/ prét ▸ **forget**.

forgotten /fəˈɡɒtn/ pp ▸ **forget**.

fork /fɔːk/ **I** n fourchette f; (tool) fourche f; (in road) bifurcation f. **II** vi bifurquer.

forlorn /fəˈlɔːn/ adj [person] triste.

form /fɔːm/ **I** n GÉN forme f, sorte f; *in good form* en bonne/pleine forme; (document) formulaire m; *as a matter of form* par politesse/pour la forme; SCOL^GB classe f; *in the first form* ≈ en sixième. **II** vtr former; [▸opinion] se faire. **III** vi se former.

formal /ˈfɔːml/ adj [agreement, reception] officiel/-ielle; [people] respectueux des convenances; [language] soutenu; [clothing] habillé; (on invitation) *dress: formal* tenue de soirée.

formality /fɔːˈmælətɪ/ n formalité f; (of occasion) solennité f.

formalize /ˈfɔːməlaɪz/ vtr GÉN officialiser; ORDINAT formaliser.

format /ˈfɔːmæt/ I n format m, présentation f. II vtr (p prés etc **-tt-**) ORDINAT formater.

formation /fɔːˈmeɪʃn/ n formation f.

formative /ˈfɔːmətɪv/ adj formateur/-trice.

formatting /ˈfɔːmætɪŋ/ n ORDINAT formatage m.

former /ˈfɔːmə(r)/ I n **the former** (the first of two) le premier/la première m/f, celui-là/ celle-là m/f. II adj [life] antérieur; [state] initial, original; **of former days** d'autrefois; [leader, husband] ancien/-ienne (before n); (first of two) premier/-ière (before n).

formerly /ˈfɔːməlɪ/ adv autrefois; (no longer) anciennement; **formerly Miss Martin** née Martin.

formidable /ˈfɔːmɪdəbl, fɔːˈmɪd-/ adj redoutable.

formula /ˈfɔːmjʊlə/ n (pl **-ae/formulas**) formule f.

formulate /ˈfɔːmjʊleɪt/ vtr formuler.

forsake /fəˈseɪk/ vtr (prét **-sook**; pp **-saken**) SOUT abandonner.

fort /fɔːt/ n fort m.

forth /fɔːθ/ adv **from this day forth** à partir d'aujourd'hui; **from that day forth** à dater de ce jour; **and so on and so forth** et ainsi de suite.

forthcoming /ˈfɔːθkʌmɪŋ/ adj prochain (before n); [event] à venir.

forthright /ˈfɔːθraɪt/ adj direct.

fortieth /ˈfɔːtɪɪθ/ n, adj, adv quarantième (mf).

fortify /ˈfɔːtɪfaɪ/ vtr fortifier; **to fortify oneself** se donner du courage.

fortitude /ˈfɔːtɪtjuːd, -tuːdUS/ n détermination f.

fortnightGB /ˈfɔːtnaɪt/ n quinze jours mpl.

fortress /ˈfɔːtrɪs/ n forteresse f.

fortunate /ˈfɔːtʃənət/ adj heureux/-euse.

fortunately /ˈfɔːtʃənətlɪ/ adv heureusement.

fortune /ˈfɔːtʃuːn/ n fortune f; (luck) chance f; **to tell sb's fortune** dire la bonne aventure à qn.

forty /ˈfɔːtɪ/ n, adj quarante (m) inv.

forward /ˈfɔːwəd/ I n SPORT avant m. II adj (bold) effronté; [roll] avant inv; [season] avancé. III adv (ahead) en avant; **to step forward** faire un pas en avant; **to go forward** avancer; **from this day forward** à partir d'aujourd'hui. IV vtr [▸mail] faire suivre.

forward slash n barre f oblique.

fossil /ˈfɒsl/ n fossile m.

foster /ˈfɒstə(r)/ I adj [parent] adoptif/-ive (dans une famille de placement). II vtr [▸attitude] encourager; [▸child] accueillir.

fought /fɔːt/ prét, pp ▸ **fight**.

foul /faʊl/ I n SPORT faute f. II adj [conditions] répugnant; [taste] infect; **in a foul mood** d'une humeur massacrante©; **to have a foul mouth** être grossier/-ière. III vtr [▸environment] polluer; [▸pavement] souiller. IV vi SPORT commettre des fautes.

foul-mouthed /faʊlˈmaʊðd, faʊlˈmaʊθdUS/ adj PÉJ grossier/-ière.

found /faʊnd/ I prét, pp ▸ **find** II, III. II vtr fonder.

foundation /faʊnˈdeɪʃn/ n base f, fondements mpl; (of building) fondations fpl; (town) fondation f.

founder /ˈfaʊndə(r)/ I n fondateur/-trice m/f. II vi sombrer.

founding /ˈfaʊndɪŋ/ I n fondation f. II adj [fathers] fondateur/-trice.

fountain /ˈfaʊntɪn, -tnUS/ n fontaine f.

fountain pen n stylo m à encre, stylo (à) plume.

four /fɔː(r)/ n, adj quatre (m) inv.
● **on all fours** à quatre pattes;.

four-by-four /ˈfɔːbaɪˈfɔː(r)/ n AUT quatre-quatre m inv.

foursome n **we were a foursome** on était (à) quatre.

fourteen /ˈfɔːˈtiːn/ n, adj quatorze (m) inv.

fourteenth /ˈfɔːˈtiːnθ/ n, adj, adv quatorzième (mf).

fourth /fɔːθ/ n, adj, adv quatrième (mf).

fowl /faʊl/ n (one bird) poulet m; (group) volaille f.

fox /fɒks/ I n renard m. II vtr dérouter.

fraction /ˈfrækʃn/ n fraction f.

fractionally /ˈfrækʃənəlɪ/ adv légèrement.

fracture /ˈfræktʃə(r)/ **I** n fracture f. **II** vtr fracturer.

fragile /ˈfrædʒaɪl, -dʒəˡUS/ adj fragile.

fragment /ˈfrægmənt/ n fragment m.

fragrance /ˈfreɪgrəns/ n parfum m.

fragrant /ˈfreɪgrənt/ adj odorant.

frail /freɪl/ adj fragile.

frame /freɪm/ **I** n (of building) charpente f; (of car) châssis m; (of picture, window) cadre m; (of door) encadrement m. **II frames** npl (of spectacles) monture f. **III** vtr [▸ picture] encadrer; (in words) formuler; [▸ plan] élaborer; (attributing crime)© monter une machination contre.

frame of mind n état m d'esprit.

framework /ˈfreɪmwɜːk/ n structure f; **legal framework** cadre juridique.

franc /fræŋk/ n franc m.

France /frɑːns/ pr n France f.

franchise /ˈfræntʃaɪz/ n POL droit m de vote; **universal franchise** suffrage m universel; COMM franchise f.

frank /fræŋk/ **I** adj franc/franche. **II** vtr [▸ letter] affranchir; [▸ stamp] oblitérer.

frankfurter /ˈfræŋkfɜːtə(r)/ n saucisse f de Francfort.

frantic /ˈfræntɪk/ adj [activity] frénétique; [effort, search] désespéré.

fraternity /frəˈtɜːnətɪ/ n fraternité f; (of professional) confrérie f; UNIVUS association f d'étudiants.

fraud /frɔːd/ n fraude f.

fraudulent /ˈfrɔːdjʊlənt, -dʒʊ-US/ adj frauduleux/-euse; [statement] faux/fausse; [claim] indu.

fraught /frɔːt/ adj tendu; **to be fraught with** [▸ difficulty] être plein de.

fray /freɪ/ **I** n SOUT **the fray** la bataille. **II** vi s'effilocher; FIG **tempers were frayed** les gens s'énervaient.

freak /friːk/ **I** n ⊗ INJUR monstre m; (strange person) original/-e m/f; **a freak of nature** une bizarrerie de la nature; (enthusiast)© fana© mf. **II** adj [accident, storm] exceptionnel/-elle. ■ **freak out**© piquer une crise©; (get excited) se défouler.

freaky© /ˈfriːkɪ/ adj bizarre.

freckle /ˈfrekl/ n tache f de rousseur.

free /friː/ **I** adj libre; **to be free to do** être libre de faire; **to set sb free (from)** libérer qn (de); [animal, bird] en liberté; **free from/ of** sans, libre de; **free of charge** gratuit; (costing nothing) gratuit. **II** adv librement, en toute liberté; (without payment) gratuitement. **III** vtr (from captivity) libérer; (from wreckage) dégager; **to free sb from** délivrer qn de. **IV -free** combining form **smoke-/sugar-free** sans fumée/sucre; **interest-free** FIN sans intérêt. **V** v refl (from chains, wreckage) **to free oneself** se dégager. **VI for free** adv phr gratuitement.

freebie©, **freebee**© /ˈfriːbiː/ n (free gift) cadeau m; (newspaper) journal m gratuit; (trip) voyage m gratuit.

freedom /ˈfriːdəm/ n liberté f; **freedom from** absence de.

freefall /ˈfriːfɔːl/ n chute f libre.

free kick n coup m franc.

freely /ˈfriːlɪ/ adv GÉN librement; [breathe] aisément; [spend, give] sans compter.

freeware /ˈfriːweə(r)/ n ORDINAT logiciel m gratuit.

freewayUS n autoroute f.

free will n libre arbitre m; **to do sth of one's (own) free will** faire qch de son plein gré.

freeze /friːz/ **I** n MÉTÉO gelées fpl; (of prices, wages) gel m. **II** vtr (prét **froze**; pp **frozen**) [▸ food] congeler; [▸ liquid] geler. **III** vi [water, pipes] geler; [food] se congeler; ORDINAT, [window] se figer. **IV** v impers **it's freezing** il gèle.

freezer /ˈfriːzə(r)/ n congélateur m.

freezing /ˈfriːzɪŋ/ **I** n **below freezing** au-dessous de zéro; (of prices) gel m. **II** adj glacial; **I'm freezing** je suis gelé; **it's freezing in here** on gèle ici.

freight /freɪt/ n (goods) fret m, marchandises fpl; (transport) transport m.

French /frentʃ/ **I** n LING français m; **the French** les Français mpl. **II** adj français.

French beanGB n haricot m vert.

French Canadian I n [person] Canadien/-ienne m/f francophone; LING français m du Canada. **II** adj [▸ person] canadien/-ienne m/f francophone; [▸ accent] franco-canadien/-ienne; [▸ town, custom] du Canada francophone.

French dressing n GB vinaigrette f; US mayonnaise f.

French-fried potatoes npl pommes fpl frites.

French fries npl frites fpl.

French-speaking adj francophone.

frenzy /ˈfrenzɪ/ n frénésie f.

frequency /ˈfriːkwənsɪ/ n fréquence f.

frequent I /ˈfriːkwənt/ adj fréquent. II /frɪˈkwent/ vtr fréquenter.

frequently /ˈfriːkwəntlɪ/ adv souvent, fréquemment.

fresh /freʃ/ adj frais/fraîche; *a fresh breeze* une bonne brise; [start] nouveau/-elle, autre (before n); [person] plein d'entrain; ©US impertinent.

freshly /ˈfreʃlɪ/ adv *freshly ironed/washed* qui vient d'être repassé/lavé.

freshman /ˈfreʃmən/ n UNIV étudiant de première année.

fresh water n eau f douce.

fret /fret/ vi (p prés etc **-tt-**) s'inquiéter (de).

Fri (abrév écrite = **Friday.**).

friar /ˈfraɪə(r)/ n frère m, moine m.

friction /ˈfrɪkʃn/ n friction f.

Friday /ˈfraɪdɪ/ n vendredi m.

fridge /frɪdʒ/ n réfrigérateur m, frigo m.

fried /fraɪd/ prét, pp ▶ **fry III**.

friend /frend/ n ami/-e m/f; *to be/make friends with sb* être/devenir ami avec qn.

friendly /ˈfrendlɪ/ adj amical; [animal] affectueux/-euse; [smile] aimable; [nation] ami inv (after n); [shop] accueillant; [agreement] à l'amiable; *to be friendly with sb* être ami avec qn.

friendship /ˈfrendʃɪp/ n amitié f.

fright /fraɪt/ n peur f.

frighten /ˈfraɪtn/ vtr faire peur à, effrayer.

frightened /ˈfraɪtnd/ adj effrayé; *to be frightened that* avoir peur que (+ subj).

frightening /ˈfraɪtnɪŋ/ adj effrayant.

frightful /ˈfraɪtfl/ adj effroyable, épouvantable.

frill /frɪl/ n (on dress) volant m; *frills* fanfreluches.

fringe /frɪndʒ/ I n frange f; (of forest) lisière f. II **fringes** npl *on the (outer) fringes of the town* aux abords de la ville; *on the fringes of society* en marge de la société.

fringe benefits npl (of job) avantages mpl en nature.

frivolous /ˈfrɪvələs/ adj frivole.

frock /frɒk/ n robe f.

frog /frɒg, frɔːgUS/ n grenouille f.

frolic /ˈfrɒlɪk/ vi s'ébattre, gambader.

from /frəm, frɒm/ prep (+ origin) de; *a flight from Nice* un vol en provenance de Nice; *where is he from?* d'où est-il?; (+ distance) *far from here* loin d'ici; (+ time span, range) *open from 2 pm until 5 pm* ouvert de 14 à 17 heures; *from start to finish* du début à la fin; *15 years from now* dans 15 ans; *from today* à partir d'aujourd'hui; *to rise from 10 to 17%* passer de 10 à 17%; (among) *to select/choose/pick from* choisir parmi; (in subtraction) *2 from 3 leaves 1* 2 ôté de 3 égale 1, 3 moins 2 égale 1; (judging by) *to speak from experience* parler d'expérience; *from what I saw* d'après ce que j'ai vu.

front /frʌnt/ I n devant m; (of house) façade f; (of car) avant m; (of train, queue) tête f; *at the front of the class* au premier rang de la classe; *in the front* devant; (of battle, sea) front m; (of person) *to lie on one's front* se coucher sur le ventre. II adj (épith) [seat, window, tooth] de devant; [wheel] avant (after n); [row, page] premier/-ière; [carriage] de tête (after n). III **in front** adv phr en avant, en tête. IV **in front of** prep phr devant.

front benchGB n députés mpl membres du gouvernement; *the opposition front bench* les députés de l'opposition, porte-parole dans un domaine spécifique.

frontbencher© /ˈfrʌntˈbentʃə(r)GB/ n POL, (government) député m membre du gouvernement; (opposition) député m (porte-parole dans un domaine spécifique).

front door n porte f d'entrée.

frontier /ˈfrʌntɪə(r), frʌnˈtɪərUS/ I n frontière f. II in compounds [town] frontière inv, frontalier/-ière.

front line n MIL front m; *to be in*GB/on*US the front line* être en première ligne.

front-runner n favori/-ite m/f.

frost /frɒst/ n gel m; (icy coating) givre m.

frostbite /ˈfrɒstbaɪt/ n ¢ engelures fpl.

frosty /ˈfrɒstɪ/ adj glacial; [windscreen] couvert de givre.

froth /frɒθ, frɔːθˈUS/ n écume f; (on beer) mousse f.

frown /fraʊn/ vi froncer les sourcils.
■ **frown (up)on** désapprouver, critiquer.

frowning /ˈfraʊnɪŋ/ adj [▶ face] renfrogné, sombre.

froze /frəʊz/ prét ▶ **freeze** II, III.

frozen /ˈfrəʊzn/ I pp ▶ **freeze** II, III. II adj gelé; [food] (bought) surgelé, (home-prepared) congelé, FIN, ÉCON [▶ prices, capital] bloqué, gelé.

frugal /ˈfruːgl/ adj frugal.

fruit /fruːt/ n fruit.

fruitful /ˈfruːtfl/ adj fructueux/-euse.

fruition /fruːˈɪʃn/ n **to come to fruition** se réaliser.

fruitless /ˈfruːtlɪs/ adj vain.

fruity /ˈfruːtɪ/ adj fruité.

frustrate /frʌˈstreɪt, ˈfrʌstreɪtˈUS/ vtr [▶ person] énerver; [▶ plan] contrarier.

frustration /frʌˈstreɪʃn/ n frustration f.

fry /fraɪ/ I vtr (prét, pp **fried**) faire frire. II vi frire. III **fried** pp adj frit; **fried eggs** œufs au plat; **fried potatoes** pommes de terre sautées.

frying pan n poêle f (à frire).

ft (abrév = **foot, feet**) (measure) = 0,3048 m.

fuck /fʌk/ I excl merde●, putain●; **fuck you!** va te faire foutre●. II vtr [▶ person] baiser●.
● **it's fucked** (broken) c'est foutu.

fucking /ˈfʌkɪŋ/ I adj **this fucking machine!** cette putain● de machine!; **you fucking idiot!** espèce de con●! II adv vachement.

fudge /fʌdʒ/ n caramel m; US sauce f au chocolat.

fuel /ˈfjuːəl/ I n combustible m; (for car, plane) carburant m. II vtr (p prés etc **-ll-, -l-**US) [▶ engine] alimenter; FIG attiser.

fuel-efficient adj [▶ system, engine] économique.

fuel saving I n économie f d'énergie. II adj [▶ measure, policy] favorisant les économies d'énergie.

fugitive /ˈfjuːdʒətɪv/ n fugitif/-ive m/f.

fulfilGB, **fulfill**US /fʊlˈfɪl/ vtr (p prés etc **-ll-**) [▶ prophecy] réaliser; [▶ promise] tenir; **to fulfil oneself** s'épanouir; [▶ conditions] remplir.

fulfilmentGB, **fulfillment**US /fʊlˈfɪlmənt/ n (of duty) accomplissement m; (satisfaction) épanouissement m; (of dream) réalisation f.

full /fʊl/ I adj plein; [flight, car park] complet/-ète; **full name** nom et prénom; [control] total; [responsibility, hour] entier/-ière; **the full of sth** la totalité de qch; **at full speed** à toute vitesse; **to make full use of sth** profiter pleinement de qch; **to get full marks**GB obtenir la note maximale; (for emphasis) [hour, kilo, month] bon/bonne (before n); [price] fort; ASTRON **there's a full moon** c'est la pleine lune; [flavour] riche. II **in full** adv phr intégralement, complète.

full-blown adj [disease] déclaré; **to have full-blown Aids** être atteint d'un sida avéré; [rose] épanoui.

full-scale adj (in size) grandeur f nature; (extensive) de grande envergure.

full-size(d) adj grand format inv; [violin] pour adulte.

full-time adj, adv à plein temps.

fully /ˈfʊlɪ/ adv [succeed, aware] tout à fait; [furnished] entièrement; **fully booked** complet/-ète.

fully-fledgedGB adj [member] à part entière; [lawyer] diplômé.

fumble /ˈfʌmbl/ vi **to fumble for** chercher.

fume /fjuːm/ vi **to be fuming** fulminer.

fumes /fjuːmz/ npl émanations fpl; **petrol**GB **fumes, gas**US **fumes** vapeurs fpl d'essence; **traffic/exhaust fumes** fumées fpl d'échappement.

fun /fʌn/ n plaisir m, amusement m; **for fun** pour le plaisir; **to have fun** s'amuser; **he's (such) fun** il est (tellement) drôle; **to make fun of** se moquer de.
● **to have fun and games** s'amuser comme des petits fous.

function /ˈfʌŋkʃn/ I n fonction f; (reception) réception f; (ceremony) cérémonie f (officielle). II vi fonctionner; **to function as** faire fonction de, servir de.

functional /ˈfʌŋkʃənl/ adj fonctionnel/-elle.

functionality n ORDINAT fonctionnalité f.

fund /fʌnd/ I n fonds m. II **funds** npl argent m; FIN fonds mpl. III vtr financer.

fuzzy

fundamental /ˌfʌndəˈmentl/ *adj* fondamental.

fundamentalist /ˌfʌndəˈmentəlɪst/ *n* intégriste *mf*.

funding /ˈfʌndɪŋ/ *n* financement *m*.

fund-raising *n* collecte *f* de fonds.

funeral /ˈfjuːnərəl/ **I** *n* enterrement *m*, obsèques *fpl*. **II** *in compounds* funèbre.

fun fair *n* fête *f* foraine.

fungus /ˈfʌŋgəs/ *n* (*pl* **-gi**) champignon *m*; (mould) moisissure *f*.

funnel /ˈfʌnl/ *n* (for liquids) entonnoir *m*; (on ship) cheminée *f*.

funny /ˈfʌnɪ/ *adj* (amusing) drôle; (odd) bizarre; **to feel funny**© se sentir tout/-e chose©.

fur /fɜː(r)/ *n* (on animal) poils *mpl*, pelage *m*; (for garment) fourrure *f*.

furious /ˈfjʊərɪəs/ *adj* furieux/-ieuse; **furious at sb** furieux contre qn; [fighting] acharné.

furnace /ˈfɜːnɪs/ *n* fournaise *f*.

furnish /ˈfɜːnɪʃ/ *vtr* [▸room] meubler; [▸facts] fournir; **to furnish sb with sth** fournir qch à qn.

furnishing /ˈfɜːnɪʃɪŋ/ *n* ameublement *m*.

furniture /ˈfɜːnɪtʃə(r)/ *n* ¢ mobilier *m*, meubles *mpl*; **a piece of furniture** un meuble.

furrow /ˈfʌrəʊ/ *n* (in earth) sillon *m*; (on brow) pli *m*.

furry /ˈfɜːrɪ/ *adj* [toy] en peluche; [kitten] au poil touffu.

further /ˈfɜːðə(r)/ **I** *adv* (*comparative of* **far**) (a greater distance) plus loin; **further on** encore plus loin; (in time) **a year further on** un an plus tard; **to look further ahead** regarder plus vers l'avenir; (to a greater extent) davan-

tage; (furthermore) de plus, en outre. **II** *adj* (*comparative of* **far**) supplémentaire, de plus; **further changes** d'autres changements; **for further details** pour plus de renseignements; **without further delay** sans plus attendre; **the further end/side** l'autre bout/côté. **III** *vtr* [▸plan] faire avancer. **IV** **further to** *prep phr* suite à.

further educationGB *n* UNIV ≈ enseignement professionnel.

furthermore /ˌfɜːðəˈmɔː(r)/ *adv* de plus, en outre.

furthest /ˈfɜːðɪst/ (*superl of* **far**) **I** *adj* le plus éloigné. **II** *adv* le plus loin.

furtive /ˈfɜːtɪv/ *adj* [glance, movement] furtif/-ive; [behaviour] suspect.

fury /ˈfjʊərɪ/ *n* fureur *f*.

fuse /fjuːz/ **I** *n* ÉLEC fusible *m*; (for firecracker) mèche *f*; (for bomb) amorce *f*. **II** *vtr* **to fuse the lights**GB faire sauter les plombs. **III** *vi* [metals] se fondre (ensemble); [lights] sauter; FIG fusionner.

fusion /ˈfjuːʒn/ *n* fusion *f*.

fuss /fʌs/ **I** *n* remue-ménage *m inv*; (verbal) histoires *fpl*; **to make a fuss about sth** faire toute une histoire à propos de qch; (angry scene) tapage *m*; (attention) **to make a fuss of sb** être aux petits soins avec/pour qn. **II** *vi* se faire du souci.

fussy /ˈfʌsɪ/ *adj* PÉJ **to be fussy about one's food/about details** être difficile sur la nourriture/maniaque sur les détails.

futile /ˈfjuːtaɪl, -tlUS/ *adj* vain.

future /ˈfjuːtʃə(r)/ **I** *n* avenir *m*; **in the future** dans l'avenir; **in future** à l'avenir; LING futur *m*. **II** *adj* futur.

fuzzy /ˈfʌzɪ/ *adj* [hair] crépu; [image] flou; [idea] confus.

g

g (*abrév écrite* = **gram**) g.

G /dʒiː/ n MUS sol m.

Gabon /gəˈbɒn/ pr n Gabon m.

gadget /ˈɡædʒɪt/ n gadget m.

gag /ɡæɡ/ **I** n bâillon m; (joke)© blague© f. **II** vtr (p prés etc **-gg-**) bâillonner.

gaily /ˈɡeɪlɪ/ adv gaiement, joyeusement.

gain /ɡeɪn/ **I** n augmentation f; (profit) profit m, gain m. **II** vtr [▸experience] acquérir; [▸advantage] obtenir; [▸time] gagner.
■ **gain on** gain on [sb/sth] rattraper.

galaxy /ˈɡæləksɪ/ n galaxie f.

gale /ɡeɪl/ n vent m violent.

gall /ɡɔːl/ n MÉD bile f; impudence f.

gallant /ˈɡælənt/ adj (courageous) vaillant, brave; (courteous) galant.

gall bladder n vésicule f biliaire.

gallery /ˈɡælərɪ/ n galerie f; (for press, public) tribune f; THÉÂT dernier balcon m.

gallon /ˈɡælən/ n gallon m (GB = 4.546 litres, US = 3.785 litres).

gallop /ˈɡæləp/ **I** n galop m. **II** vtr, vi galoper.

gallstone /ˈɡɔːlstəʊn/ n calcul m biliaire.

galore /ɡəˈlɔː(r)/ adv à profusion.

galvanize /ˈɡælvənaɪz/ vtr galvaniser; *to galvanize sb into doing* pousser qn à faire.

Gambia /ˈɡæmbɪə/ pr n Gambie f.

gamble /ˈɡæmbl/ **I** n pari m; *to take a gamble* prendre des risques. **II** vtr, vi (at cards) jouer; (on horses) parier; *to gamble everything on sth* tout miser sur qch.

gambler /ˈɡæmblə(r)/ n joueur/-euse m/f.

gambling /ˈɡæmblɪŋ/ n jeu m (d'argent); *his compulsive gambling* sa passion du jeu.

game /ɡeɪm/ **I** n jeu m; *to play a game* jouer à un jeu; (match) partie f; (of football) match m; (in tennis) jeu m; (in bridge) manche f; CULIN gibier m. **II games** npl SCOL^GB sport m. **III** adj *game for sth* prêt à qch, partant pour; (brave) courageux/-euse f.

game plan n SPORT, GÉN stratégie f.

gang /ɡæŋ/ n (of criminals) gang m; (of youths, friends) bande f; (of workmen) équipe f.
■ **gang up** se liguer.

gangster /ˈɡæŋstə(r)/ n gangster m.

gaol^GB n, vtr ▶ **jail**.

gap /ɡæp/ n (in wall, timetable) trou m; (between cars) espace m; (break) intervalle m; (discrepancy) différence f; (in knowledge) lacune f; COMM créneau m.

gape /ɡeɪp/ vi *to gape at sth/sb* regarder qch/qn bouche bée.

gap year n année f de coupure, année sabbatique (*avant d'entrer à l'université*).

garage /ˈɡærɑːʒ, ˈɡærɪdʒ, ɡəˈrɑːʒ^US/ n garage m.

garage sale n brocante f à domicile.

garbage /ˈɡɑːbɪdʒ/ n inv US ordures fpl.

garden /ˈɡɑːdn/ **I** n GB jardin m. **II** vi faire du jardinage.

gardener /ˈɡɑːdnə(r)/ n jardinier/-ière m/f.

garden flat^GB n appartement m en rez-de-jardin.

gargle /ˈɡɑːɡl/ **I** n (act, liquid) gargarisme m; *to have a gargle* se gargariser. **II** vi se gargariser (**with** avec).

garish /ˈɡeərɪʃ/ adj voyant, criard.

garland /ˈɡɑːlənd/ n guirlande f.

garlic /ˈɡɑːlɪk/ n ail m.

garment /ˈɡɑːmənt/ n vêtement m.

garnet /ˈɡɑːnɪt/ n grenat m.

garnish /ˈɡɑːnɪʃ/ **I** n garniture f. **II** vtr garnir.

garrison /ˈɡærɪsn/ n garnison f.

gas /ɡæs/ **I** n gaz m; US essence f. **II** vtr (p prés etc **-ss-**) gazer.

gas cooker n cuisinière f à gaz.

gash /ɡæʃ/ **I** n entaille f. **II** vtr entailler.

gasoline^US /ˈɡæsəliːn/ n essence f.

gasp /ɡɑːsp/ **I** n *to give a gasp* avoir le souffle coupé. **II** vi haleter; *to gasp with amazement* être ébahi.

gas station^US n station-service f.

gastric /ˈɡæstrɪk/ adj gastrique.

gate /ɡeɪt/ n (to garden, at airport) porte f; (of field, level crossing) barrière f; (of courtyard) portail m.

gatecrasher© /ˈgeɪtkræʃə(r)/ n resquilleur/-euse m/f.

gateway n porte f; *the gateway to success* la clé du succès; ORDINAT passerelle f.

gather /ˈgæðə(r)/ **I** vtr (pick) cueillir, ramasser; [▸information] recueillir; [▸people] rassembler; *to gather that* déduire que; (in sewing) froncer. **II** vi [people] se rassembler; [clouds] s'amonceler.

gathering /ˈgæðərɪŋ/ n réunion f.

gaudy /ˈgɔːdɪ/ adj tape-à-l'œil inv.

gauge /ɡeɪdʒ/ **I** n jauge f. **II** vtr [▸diameter] mesurer; [▸distance] évaluer.

gaunt /ɡɔːnt/ adj décharné.

gave /ɡeɪv/ prét ▸ **give**.

gay /ɡeɪ/ **I** © n homosexuel/-elle m/f, gay mf. **II** adj (homosexual) homosexuel/-elle; (lively) gai.

gaze /ɡeɪz/ **I** n regard m. **II** vi *to gaze at sb/ sth* regarder qn/qch.

GB n (abrév = **Great Britain**) G.-B.

Gbyte n ORDINAT (abrév = **gigabyte**) Go.

GCSEGB n (pl **-s**) (abrév = **General Certificate of Secondary Education**) certificat d'études secondaires passé à 16 ans.

GDP n (abrév = **gross domestic product**) PIB m.

gear /ɡɪə(r)/ **I** n (equipment, clothes) équipement m; AUT vitesse f. **II gears** npl AUT changement m de vitesse. **III** vtr *to be geared to sb* s'adresser à qn.

■ **gear up** *to be geared up for* être prêt pour.

gearbox /ˈɡɪəbɒks/ n boîte f de vitesses.

gee©US /dʒiː/ excl ça alors!

geek©US /giːk/ n (misfit) taré/-e© m/f; (computer buff) passionné/-e m/f d'informatique.

gel /dʒel/ n gel m.

gem /dʒem/ n pierre f précieuse; (person) perle f.

Gemini /ˈdʒemɪnaɪ, -niː/ n Gémeaux mpl.

gender /ˈdʒendə(r)/ n LING genre m; (of person) sexe m.

gene /dʒiːn/ n gène m.

gene pool n patrimoine m génétique.

general /ˈdʒenrəl/ **I** n général m. **II** adj général; *in general use* d'usagecourant. **III in general** adv phr en général.

general electionGB n élections fpl législatives.

generalize /ˈdʒenrəlaɪz/ vtr, vi généraliser.

general knowledge n culture générale.

generally /ˈdʒenrəlɪ/ adv en général, généralement.

general practice n médecine générale.

general public n (grand) public m.

general-purpose adj [▸tool, detergent] à usages multiples.

generate /ˈdʒenəreɪt/ vtr GÉN produire; [▸loss, profit] entraîner.

generation /dʒenəˈreɪʃn/ n GÉN génération f; (of electricity) production f.

generation gap n fossé m des générations.

generator /ˈdʒenəreɪtə(r)/ n générateur m.

generosity /dʒenəˈrɒsətɪ/ n générosité f.

generous /ˈdʒenərəs/ adj généreux/-euse; [size] grand.

genetic /dʒɪˈnetɪk/ adj génétique.

genetics /dʒɪˈnetɪks/ n (sg) génétique f.

genial /ˈdʒiːnɪəl/ adj cordial.

genius /ˈdʒiːnɪəs/ n génie m.

genocide /ˈdʒenəsaɪd/ n génocide m.

gentle /ˈdʒentl/ adj GÉN doux/douce; [hint] discret/-ète; [touch, breeze] léger/-ère; [exercise] modéré.

gentleman /ˈdʒentlmən/ n (pl **-men**) monsieur m; (well-bred) gentleman m.

gently /ˈdʒentlɪ/ adv [rock, stir] doucement; [treat, cleanse] avec douceur.

gentrification /dʒentrɪfɪˈkeɪʃn/ n PÉJ embourgeoisement m, transformation f en quartier bourgeois.

gentry /ˈdʒentrɪ/ n haute bourgeoisie f.

gentsGB /dʒents/ npl toilettes fpl pour hommes.

genuine /ˈdʒenjuɪn/ adj (real) [reason, motive] vrai; [work of art] authentique; (sincere) [person, effort, interest] sincère.

geographic(al) /dʒɪəˈɡræfɪkl/ adj géographique.

geography /dʒɪˈɒɡrəfɪ/ n géographie f.

geological /dʒɪəˈlɒdʒɪkl/ adj géologique.

geology /dʒɪˈɒlədʒɪ/ n géologie f.

geometry /dʒɪˈɒmətrɪ/ n géométrie f.

geopolitics /dʒiːəʊˈpɒlətɪks/ n (+ v sg) géopolitique f.

Georgia /ˈdʒɔːdʒə/ pr n Géorgie f.

geriatric /dʒerɪˈætrɪk/ adj gériatrique.

germ /dʒɜːm/ n microbe m; (seed) germe m.

German /ˈdʒɜːmən/ **I** n (person) Allemand/-e m/f; LING allemand m. **II** adj allemand.

Germany /ˈdʒɜːmənɪ/ pr n Allemagne f.

germinate /ˈdʒɜːmɪneɪt/ vi germer.

gesture /ˈdʒestʃə(r)/ **I** n geste m. **II** vi to gesture to sb faire signe à qn.

get /get/ **I** vtr (p prés **-tt-**; prét **got**; pp **got**, **gotten**[US]) [▸letter, salary] recevoir, avoir; (obtain) [▸permission, grade] obtenir; [▸job, plumber] trouver; [▸item, ticket] acheter; [▸reputation] se faire; [▸object, person, help] chercher; go and get a chair va chercher une chaise; [▸meal] préparer; to get sth from/off [▸shelf, table] prendre qch sur; got you! GÉN je t'ai eu!; (deal with) I'll get it; (of phone) je réponds; (of doorbell) j'y vais; [▸disease] attraper; [▸bus, train] prendre; (understand, hear) comprendre; to get to like finir par apprécier; to have got to do devoir faire; to get sb to do demander à qn de faire; to get sth done faire faire qch. **II** vi [▸lazy, selfish] devenir; it's getting late il se fait tard; to get (oneself) killed se faire tuer.
■ get about se déplacer; get ahead of prendre de l'avance sur; get along (in job, school) se débrouiller; [project] avancer; [friends] bien s'entendre; get around contourner; get at[©] what are you getting at? où veux-tu en venir?; get away partir, s'échapper; to get away with a crime échapper à la justice; get back revenir, rentrer; get [sth] back (return) rendre; (regain) récupérer; (on telephone) I'll get right back to you je vous rappelle tout de suite; get behind prendre du retard; get by (pass) passer; (survive) s'en sortir; get down descendre; get [sb] down[©] déprimer; get in entrer; [applicant] être admis; get [sb] in faire entrer; get into [▸building] entrer dans; [▸vehicle] monter dans; get off (from bus) descendre; (start on journey) partir; (escape punishment)[©] s'en tirer; get onto [▸vehicle] monter dans; get on with continuer à; get out sortir; get out of [▸building, bed] sortir de; [▸responsibilities] échapper à; get over [▸shock] se remettre de; [▸problem] surmonter; to get sth over with en finir avec; get round[GB] ▸ get around; get through passer; [▸checkpoint, mud] traverser; [▸exam] réussir à; get together se réunir; get up se lever; get [sth] up organiser.

getaway n fuite f.

Ghana /ˈgɑːnə/ pr n Ghana m.

ghastly /ˈgɑːstlɪ, ˈgæstlɪ[US]/ adj horrible.

gherkin /ˈgɜːkɪn/ n BOT cornichon m.

ghetto /ˈgetəʊ/ n (pl **ghettos/ghettoes**) ghetto m.

ghettoization /ˌgetəʊaɪˈzeɪʃn/ n [of people] ghettoïsation f, relégation f dans des ghettos.

ghost /gəʊst/ n fantôme m.

GI n (pl **GIs**) GI m (soldat américain).

giant /ˈdʒaɪənt/ n, adj géant (m).

giddy /ˈgɪdɪ/ adj [height, speed] vertigineux/-euse; to feel giddy avoir la tête qui tourne.

gift /gɪft/ n cadeau m; (talent) don m.

gifted /ˈgɪftɪd/ adj doué.

gig[©] /gɪg/ n concert m de rock/pop.

gigabyte /ˈgaɪgəbaɪt/ n ORDINAT gigaoctet m.

gigantic /dʒaɪˈgæntɪk/ adj gigantesque.

giggle /ˈgɪgl/ **I** n petit rire (bête) m; to get the giggles attraper un fou rire. **II** vi rire bêtement.

gild /gɪld/ vtr (prét, pp **gilded/gilt**) dorer.

gilt /gɪlt/ **I** n dorure f. **II** adj doré.

gimmick /ˈgɪmɪk/ n PÉJ truc[©] m.

gin /dʒɪn/ n gin m.

ginger /ˈdʒɪndʒə(r)/ n gingembre m; (hair colour) roux m.

gingerbread /ˈdʒɪndʒəbred/ n CULIN ≈ pain m d'épice.

gingerly /ˈdʒɪndʒəlɪ/ adv avec précaution.

gipsy n ▸ **gypsy**.

giraffe /dʒɪˈrɑːf, dʒəˈræf[US]/ n girafe f.

girl /gɜːl/ n fille f; (teenager) jeune fille f; (woman) femme f; (servant) bonne f; sales/shop girl vendeuse; (sweetheart) (petite) amie f.

girlfriend n (petite) amie f.

giro[GB] /ˈdʒaɪrəʊ/ n FIN virement m bancaire; (cheque) mandat m.

gismo[©] n ▸ **gizmo**.

gist /dʒɪst/ n essentiel m.

give /gɪv/ **I** n élasticité f. **II** vtr (prét **gave**; pp **given**) to give sb sth donner qch à qn; [▸present, drink] offrir; [▸heat, light] apporter;

[▸injection, smile] faire; [▸grant] accorder. **III** *vi* donner, faire un don; [mattress] s'affaisser; [fabric] s'assouplir; [person, side] céder.

■ **give away** donner; [▸secret] révéler; *give [sb] away* trahir; **give back** rendre; **give in** (yield) céder; (stop trying) abandonner; **give off** [▸heat] dégager; **give onto sth** [▸street, yard] donner sur; **give out** s'épuiser; [engine, heart] lâcher; **give [sth] out** ; (distribute) distribuer; [▸news] annoncer; **give up** abandonner; [▸claim] renoncer à; *to give up smoking/ drinking* cesser de fumer/de boire; *give [sb] up* livrer [qn]; [▸friend] laisser tomber; **give way** (collapse) s'effondrer (**under** sous); (when driving)GB céder le passage (**to** à).

give-and-take *n* ¢ concessions *fpl* mutuelles.

given /ˈgɪvn/ **I** *pp* ▶ **give. II** *adj* donné; *to be given to sth/to doing* avoir tendance à qch/à faire. **III** *prep* étant donné; (assuming that) à supposer que.

given name *n* prénom *m*.

gizmo© /ˈgɪzməʊ/ *n* truc© *m*, machin© *m*.

glad /glæd/ *adj* content, heureux/-euse.

gladiolus /glædɪˈəʊləs/ *n* glaïeul *m*.

gladly /ˈglædlɪ/ *adv* volontiers.

glamorous /ˈglæmərəs/ *adj* [person, look] séduisant; [job] prestigieux/-ieuse.

glamour, glamorUS /ˈglæmə(r)/ *n* séduction *f*; (of job) prestige *m*.

glance /glɑːns, glænsUS/ **I** *n* coup *m* d'œil. **II** *vi* *to glance at* jeter un coup d'œil à.

gland /glænd/ *n* glande *f*.

glandular fever *n* mononucléose *f* infectieuse.

glare /gleə(r)/ **I** *n* regard *m* furieux; (from light) lumière *f* éblouissante. **II** *vi* *to glare at sb* lancer un regard furieux à qn.

glaring /ˈgleərɪŋ/ *adj* flagrant; (dazzling) éblouissant.

glass /glɑːs, glæsUS/ **I** *n* GÉN verre *m*; (mirror) miroir *m*. **II glasses** *npl* lunettes *fpl*.

glass ceiling *n* plafond de verre.

glassy /ˈglɑːsɪ, ˈglæsɪUS/ *adj* [water] lisse (comme un miroir); [eyes] vitreux/-euse.

glaze /gleɪz/ **I** *n* vernis *m*; (on pastry) glaçage *m*. **II** *vtr* [▸window] vitrer; [▸ceramics] vernisser; [▸pastry] glacer.

gleam /gliːm/ **I** *n* lueur *f*; (of gold) reflet *m*. **II** *vi* luire; [surface] reluire; [eyes] briller.

glean /gliːn/ *vtr, vi* glaner.

glee /gliː/ *n* allégresse *f*.

glide /glaɪd/ *vi* GÉN glisser; (in air) planer.

glider /ˈglaɪdə(r)/ *n* AVIAT planeur *m*.

gliding /ˈglaɪdɪŋ/ *n* vol *m* à voile.

glimmer /ˈglɪmə(r)/ *n* (faible) lueur *f*.

glimpse /glɪmps/ **I** *n* aperçu *m*; *to catch a glimpse of sth* entrevoir qch. **II** *vtr* entrevoir.

glint /glɪnt/ **I** *n* reflet *m*; (in eye) lueur *f*. **II** *vi* étinceler.

glisten /ˈglɪsn/ *vi* [eyes, surface] luire; [tears] briller; [water] scintiller; [silk] chatoyer.

glitch© /ˈglɪtʃ/ *n* (minor problem) pépin© *m*; ORDINAT problème *m* technique.

glitter /ˈglɪtə(r)/ **I** *n* éclat *m*, scintillement *m*. **II** *vi* scintiller.

glittering /ˈglɪtərɪŋ/ *adj* scintillant, brillant.

gloat /gləʊt/ *vi* jubiler.

global /ˈgləʊbl/ *adj* (worldwide) mondial; (comprehensive) global.

globalization /ˌgləʊbəlaɪˈzeɪʃn/ *n* mondialisation *f*.

globalize /ˈgləʊbəlaɪz/ *vtr* mondialiser.

global warming *n* réchauffement *m* de l'atmosphère.

globe /gləʊb/ *n* globe *m*.

gloom /gluːm/ *n* obscurité *f*; FIG morosité *f*.

gloomy /ˈgluːmɪ/ *adj* (dark) sombre; [person, weather] morose; [news] déprimant.

glorious /ˈglɔːrɪəs/ *adj* GÉN magnifique; (illustrious) glorieux/-ieuse.

glory /ˈglɔːrɪ/ **I** *n* gloire *f*; (splendour) splendeur *f*. **II** *vi* *to glory in* se réjouir de.

gloss /glɒs/ **I** *n* éclat *m*, brillant *m*; (paint) laque *f*. **II** *vtr* gloser.
■ **gloss over** glisser sur.

glossy /ˈglɒsɪ/ *adj* [hair, fur] brillant; [paper] glacé; [brochure] luxueux/-euse.

glove /glʌv/ *n* gant *m*.

glow /gləʊ/ **I** *n* (of coal) rougeoiement *m*; (of room, candle) lueur *f*. **II** *vi* [coal] rougeoyer; [lamp] luire.

glowworm /ˈgləʊwɜːm/ *n* ver *m* luisant.

glucose /ˈgluːkəʊs/ *n* glucose *m*.

glue /gluː/ **I** *n* colle *f*. **II** *vtr* coller.

glum /glʌm/ *adj* morose.

glut /glʌt/ n excès m.

gm n (abrév écrite = **gram**) g.

GMO /dʒiːemˈəʊ/ n (abrév = **genetically modified organism**) OGM m, organisme m génétiquement modifié.

GMT n (abrév = **Greenwich Mean Time**) TU.

gnash /næʃ/ vtr **to gnash one's teeth** grincer des dents.

gnat /næt/ n moucheron m.

gnaw /nɔː/ vtr ronger.

gnome /nəʊm/ n gnome m; **garden gnome** nain de jardin.

GNP n (abrév = **gross national product**) PNB m.

go /gəʊ/ **I** n (pl **goes**) (person's turn)GB tour m; (try) essai m; (in game) **it's your go** c'est ton tour, c'est à toi; **whose go is it?** à qui le tour ?, à qui de jouer ? **II** vtr vi (3e pers sg prés **goes**; prét **went**; pp **gone**) (move, travel) aller; **to go to town/to the country** aller en ville/à la campagne; **to go up/down/across** monter/descendre/traverser; (auxiliary with present participle) **to go running up the stairs** monter l'escalier en courant; **how are things going?** comment ça va©?; (be about to) **to be going to do** aller faire; **it's going to snow** il va neiger; (depart, disappear) partir; (die) mourir, disparaître; (become) **to go red** rougir; **to go mad** devenir fou; (weaken) **his hearing is going** il devient sourd; [time] passer; (operate) marcher, fonctionner; **to keep going** se maintenir; (be expressed) **as the saying goes** comme dit le proverbe; (make sound, perform action or movement) faire; **the cat went miaow** le chat a fait miaou; (break, collapse) [roof] s'effondrer; [cable, rope] se rompre; [light bulb] griller; (in takeaway) [food] **to go** à emporter; ORDINAT [computer, system] tomber en panne.

• **to have a go at somebody** s'en prendre à quelqu'un; **to make a go of sth** réussir qch.

■ **go about** go about [sth] ; [▸task] s'attaquer à; **he knows how to go about it** il sait s'y prendre; **go ahead** continuer; **go ahead!** vas-y!; **to go ahead with sth** mettre qch en route; **go along** aller, avancer; **go along with** être d'accord avec; **go around** se promener, circuler; **to go around with sb** fréquenter qn; **go around [sth]** faire le tour de; **go away** partir; **go back to** retourner, revenir; (in time) remonter; **go back on** revenir sur; **go by** passer; **as time goes by** avec le temps; **go by [sth]** juger d'après; [▸rules] suivre; **go down** descendre; (fall) tomber; (sink) couler; (become lower) baisser; [storm, wind] se calmer; [tyre] se dégonfler; **go for** go for [sb/sth] (like)© aimer, craquer© pour qn/qch; (apply to) être valable pour, s'appliquer à; (attack) attaquer; [▸victory] essayer d'obtenir; **go in** (r)entrer; [sun] se cacher; **go in for** aimer; [▸politics] se lancer dans; **go into** entrer dans; [▸business] se lancer dans; [▸question] étudier, expliquer; **go off** (depart) partir, s'en aller; [food] se gâter; [athlete] perdre sa forme; [work] se dégrader; [person]© s'endormir; [lights, heating] s'éteindre; [fire alarm] se déclencher; **to go off [sb/sth]**GB ne plus aimer qn/qch; **go on** (happen) se passer; (continue) continuer; **to go on doing** continuer à faire; (proceed) passer; [lights] s'allumer; **go on at** s'en prendre à; **go out** sortir; [tide] descendre; (become unfashionable) passer de mode; [light] s'éteindre; **go over** aller; **to go over to sb** passer à qn; [▸details, facts] passer [qch] en revue; [▸accounts] vérifier; (exceed) dépasser; **go round**GB tourner; (make detour) faire un détour; **go round [sth]** faire le tour de; **go through** [▸experience] endurer, subir; [▸phase] passer par; (check, inspect) examiner; **go through with** venir à bout de; **go together** [colours] aller ensemble; **go under** couler; **go up** monter; [figures] augmenter; **go without** se passer de.

goad /gəʊd/ vtr aiguillonner.

go-ahead© /ˈgəʊəhed/ n **to give sb the go-ahead** donner le feu vert à qn.

goal /gəʊl/ n but m.

goalkeeper n gardien m de but.

goat /gəʊt/ n chèvre f; (fool)© andouille© f.

gob©GB /gɒb/ n (mouth) gueule® f.

gobble /ˈgɒbl/ vtr engloutir.

gobsmacked©GB /ˈgɒbsmækt/ adj estomaqué.

god /gɒd/ **I** n dieu m. **II God** pr n Dieu m; (in exclamations) ça alors©!

godchild /ˈgɒdtʃaɪld/ n filleul/-e m/f.

goddamn© /ˈgɒdæm/ adj sacré©, fichu©.

goddaughter /ˈgɒdɔːtə(r)/ n filleule f.

goddess /ˈgɒdɪs/ n déesse f.

godfather n parrain m.

godmother /ˈgɒdmʌðə(r)/ n marraine f.

God save the Queen hymne national du Royaume-Uni: Dieu protège la reine.

godson n filleul m.

goggles /ˈgɒglz/ npl lunettes fpl.

going /ˈgəʊɪŋ/ **I** n allure f; (conditions) *if the going gets tough* si les choses vont mal. **II** adj [price] actuel, en cours; *a going concern* une affaire qui marche.

go-karting /ˈgəʊkɑːtɪŋ/ n karting m.

gold /gəʊld/ n or m.

golden /ˈgəʊldən/ adj (made of gold) en or, d'or; (colour) doré.

golden parachuteGB, **golden handshake**US n prime f de départ, parachute m doré.

goldfinch n chardonneret m.

goldfish n poisson m rouge.

gold-plated adj plaqué or inv.

golf /gɒlf/ n SPORT golf m.

golfer /ˈgɒlfə(r)/ n golfeur/-euse m/f.

gone /gɒn/ **I** pp ▶ **go**. **II** adj parti; (dead) disparu; *it's gone*GB *six* il est six heures passées.

gong /gɒŋ/ n gong m.

gonna© /ˈgɒnə/ (abrév = **going to**).

good /gʊd/ **I** n (virtue) bien m; *to do good to sb* faire du bien à; *it's no good doing* ça ne sert à rien de faire. **II goods** npl articles mpl, marchandise f; *electrical goods* appareils électroménagers; *goods and services* biens de consommation et services. **III** adj (comparative **better**; superlative **best**) bon/ bonne *would you be good enough to do* auriez-vous la gentillesse de faire; *she's a good swimmer* elle nage bien; *to be good at* [▶ Latin] être bon en; *to be good for* [▶ person, plant] faire du bien à; *I don't feel too good* je ne me sens pas très bien; *have a good day!* bonne journée!; *the good weather* le beau temps; *to have a good time* bien s'amuser; (happy) *to feel good about/doing* être content de/de faire; (obedient) sage; (kind) gentil/-ille; *to look good* faire de l'effet; (fluent) *he speaks good Spanish* il parle bien espagnol. **IV as good as** adv phr presque; *as good as new* comme neuf. **V for good** adv phr pour toujours. **VI** excl c'est bien!; (relief) tant mieux!; *good for you!* (approvingly) bravo!; (sarcastically) tant mieux pour toi!

good afternoon excl (in greeting) bonjour; (in farewell) au revoir.

goodbye n, excl au revoir.

good evening excl bonsoir.

good-humouredGB, **good-humored**US adj de bonne humeur.

good-looking adj beau/belle (before n).

good morning excl (in greeting) bonjour; (in farewell) au revoir.

good-natured adj agréable.

goodness /ˈgʊdnɪs/ **I** n bonté f. **II** excl mon Dieu!

● **for goodness' sake!** pour l'amour de Dieu!

goodnight n, excl bonne nuit.

good-tempered adj *to be good-tempered* avoir bon caractère.

goodwill /gʊdˈwɪl/ n bonne volonté f; bienveillance f.

Google® /ˈguːgl/ vi chercher sur Google®.

goose /guːs/ n (pl **geese**) oie f.

gooseberry /ˈgʊzbərɪ, ˈguːsberɪUS/ n groseille f à maquereau.

gooseflesh n chair f de poule.

gore /gɔː(r)/ n sang m.

gorge /gɔːdʒ/ n gorge f.

gorgeous /ˈgɔːdʒəs/ adj [food]© exquis/-se; [weather, person] splendide.

gorilla /gəˈrɪlə/ n gorille m.

gorse /gɔːs/ n inv ajoncs mpl.

gory /ˈgɔːrɪ/ adj [▶ film, battle] sanglant; FIG *the gory details* les détails sordides.

gosh© /gɒʃ/ excl ça alors©!

go-slowGB n grève f du zèle.

gospel /ˈgɒspl/ **I** n Évangile m. **II** in compounds MUS *gospel song* gospel m.

gossip /ˈgɒsɪp/ **I** n commérages mpl. **II** vi bavarder; PÉJ faire des commérages.

got /gɒt/ prét, pp ▶ **get**; *to have got* avoir; *you've got to do it* il faut absolument que tu le fasses.

gothic /ˈgɒθɪk/ n gothique m.

gotta© /ˈgɒtə/ (abrév = **got to**).

gottenUS /ˈgɒtn/ pp ▶ **get**.

gouge /gaʊdʒ/ vtr creuser.

govern /ˈgʌvn/ vtr, vi gouverner; [▶ province] administrer; [▶ conduct, treatment] contrôler.

governess /ˈgʌvənɪs/ n (pl **-es**) gouvernante f.

government /ˈgʌvənmənt/ n (system) ₵ gouvernement m.

government-funded adj financé par l'État.

governor /ˈgʌvənə(r)/ n gouverneur m; SCOL membre du conseil d'établissement.

gown /gaʊn/ n robe f; (of judge) toge f.

GPGB n (abrév = **general practitioner**) médecin m (généraliste).

GPS /dʒiːpiːˈes/ n (abrév = **global positioning system**) GPS m.

grab /græb/ vtr (p prés etc **-bb-**) saisir; **to grab sth from sb** arracher qch à qn; **to grab hold of** se saisir de.

grace /greɪs/ **I** n grâce f; (time) délai f. **II** vtr orner, embellir; **to grace sb with one's presence** honorer qn de sa présence.

graceful /ˈgreɪsfl/ adj gracieux/-ieuse.

gracious /ˈgreɪʃəs/ **I** adj aimable, affable. **II** excl **good gracious!** mon dieu!

grade /greɪd/ **I** n COMM qualité f; SCOL (mark) note f; (class)US **eighth grade** ≈ (classe de) quatrième; ADMIN échelon m; MIL grade m. **II** vtr classer; [▸exam] noter.

grade bookUS n carnet m de notes.

grade schoolUS n école f primaire.

gradient /ˈgreɪdɪənt/ n pente f.

gradual /ˈgrædʒʊəl/ adj [change] progressif/-ive; [slope] doux/douce.

gradually /ˈgrædʒʊlɪ/ adv progressivement.

graduate I /ˈgrædʒʊət/ n UNIV diplômé/-e m/f. **II** /ˈgrædʒʊət/ in compounds [course] ≈ de troisième cycle. **III** /ˈgrædʒʊeɪt/ vi UNIV terminer ses études; SCOL US ≈ finir le lycée.

graduation /grædʒʊˈeɪʃn/ n UNIV cérémonie de remise des diplômes; **on graduation** à la fin des études.

graffiti /grəˈfiːtiː/ n (sg ou pl) graffiti mpl.

graft /grɑːft, græft US/ **I** n greffe f. **II** vtr greffer.

grain /greɪn/ n ¢ céréales fpl; (of rice, sand, paper) grain m; (in wood, stone) veines fpl.

gram(me) /græm/ n gramme m.

grammar /ˈgræmə(r)/ n grammaire f.

grammar schoolGB n lycée à recrutement sélectif.

gran© /græn/ n mamie© f.

grand /grænd/ adj grandiose; [park] magnifique; **that's grand!** c'est très bien!

grandchild n (pl **-children**) petit-fils m, petite-fille f; **grandchildren** petits-enfants mpl.

granddad© n papy© m.

granddaughter n petite-fille f.

grandeur /ˈgrændʒə(r)/ n (of scenery) majesté f; (power, status) éminence f.

grandfather n grand-père m.

grandma© /ˈgrænmɑː/ n mamie© f.

grandmother n grand-mère f.

grandpa© n papy© m.

grandparent n grand-père m, grand-mère f; **grandparents** grands-parents.

grand piano n piano m à queue.

grand slam n SPORT grand chelem m.

grandson n petit-fils m.

grandstand n tribune f.

granite /ˈgrænɪt/ n granit(e) m.

granny© /ˈgrænɪ/ n mamie© f.

granny flatGB n petit appartement m indépendant (pour personne âgée).

granolaUS /grəˈnəʊlə/ n muesli m.

grant /grɑːnt, grænt US/ **I** n subvention f; (for study) bourse f. **II** vtr [▸permission] accorder; [▸request] accéder à; **granted that** en admettant que (+ subj).

● **to take sth for granted** considérer qch comme allant de soi.

grant-aided adj subventionné.

granule /ˈgrænjuːl/ n (of sugar, salt) grain m; (of instant coffee) granulé m.

grape /greɪp/ n grain m de raisin.

grapefruit /ˈgreɪpfruːt/ n pamplemousse m.

grapevine /ˈgreɪpvaɪn/ n vigne f.

graph /grɑːf, græf US/ n graphique m.

graphic /ˈgræfɪk/ **I graphics** npl graphiques mpl; ORDINAT **computer graphics** infographie f. **II** adj ART, ORDINAT graphique; [story] vivant.

graphic design n graphisme m.

graphic designer n graphiste mf, maquettiste mf.

grapple /ˈgræpl/ vi **to grapple with** lutter avec.

grasp /grɑːsp, græsp US/ **I** n (grip) prise f; (understanding) maîtrise f, compréhension m. **II** vtr [▸rope, hand] empoigner, saisir; [▸opportunity, meaning] saisir.

grasping /ˈgrɑːspɪŋ, ˈgræspɪŋ US/ adj cupide.

grass /grɑːs, græs US/ n ¢ herbe f; (lawn) ¢ pelouse f, gazon m.

grill

grasshopper /ˈgrɑːʃɒpə(r), ˈgræs-US/ n sauterelle f.

grassland /ˈgrɑːslənd, ˈgræs-US/ n prairie f.

grassroots /grɑːsˈruːts, græs-US/ I npl **the grassroots** le peuple. II adj populaire; **at grassroots level** à un niveau de base.

grass snake n couleuvre f.

grate /greɪt/ I n grille f de foyer. II vtr râper. III vi grincer.

grated /ˈgreɪtɪd/ adj [▸ cheese, carrot] râpé.

grateful /ˈgreɪtfl/ adj reconnaissant.

gratify /ˈgrætɪfaɪ/ vtr [▸ desire] satisfaire; **to be gratified that** être très heureux que (+ subj).

grating /ˈgreɪtɪŋ/ I n grille f; (noise) grincement m. II adj [noise] grinçant.

gratitude /ˈgrætɪtjuːd, -tuːdUS/ n reconnaissance f.

gratuitous /grəˈtjuːɪtəs, -ˈtuː-US/ adj gratuit.

grave /greɪv/ I n tombe f. II adj [doubt] sérieux/-ieuse; [danger] grave, grand.

gravel /ˈgrævl/ n ¢ gravier m.

gravestone /ˈgreɪvstəʊn/ n pierre f tombale.

graveyard /ˈgreɪvjɑːd/ n cimetière m.

gravity /ˈgrævətɪ/ n PHYS pesanteur f; (of situation) gravité f.

gravy /ˈgreɪvɪ/ n sauce f (jus de cuisson).

grayUS ▸ **grey**.

graze /greɪz/ I n écorchure f. II vtr **to graze one's knee** s'écorcher le genou. III vi [cow] paître.

grease /griːs/ I n graisse f; (black) cambouis m. II vtr graisser.

greaseproof paper n papier m sulfurisé.

greasy /ˈgriːsɪ/ adj gras/grasse.

great /greɪt/ I adj grand (before n); **a great deal (of)** beaucoup (de); **in great detail** dans les moindres détails; (excellent)© génial©, formidable©; **to feel great** se sentir en pleine forme. II © adv **I'm doing great** je vais très bien.

Great Britain pr n Grande-Bretagne f (l'Angleterre, le Pays de Galles et l'Écosse).

greatly /ˈgreɪtlɪ/ adv [admire] beaucoup, énormément; [admired] très, extrêmement.

Greece /griːs/ pr n Grèce f.

greed /griːd/ n rapacité f; (for food) gourmandise f.

greedy /ˈgriːdɪ/ adj avide: (for money, power) rapace; (for food) gourmand.

Greek /griːk/ I n (person) Grec/Grecque m/f; LING grec m. II adj grec/grecque.

green /griːn/ I n vert m; (grassy area) espace m vert; (in bowling) boulingrin m; (in golf) green m; POL **the Greens** les Verts. II GB **greens** npl légumes mpl verts. III adj vert; (inexperienced) novice; POL écologiste.
● **to have green fingers**GB, **to have a green thumb**US avoir la main verte.

greenback©US /ˈgriːnbæk/ n billet m vert, billet d'un dollar.

green card n (driving insurance) carte f verte (internationale); US carte f de séjour (permettant de travailler aux États-Unis).

greenery /ˈgriːnərɪ/ n verdure f.

greengage /ˈgriːngeɪdʒ/ n reine-claude f.

greengrocer /ˈgriːngrəʊsə(r)/ n marchand/-e m/f de fruits et légumes.

greenhouse n serre f.

greenhouse effect n effet m de serre.

Greenland /ˈgriːnlənd/ pr n Groenland m.

green pea n petit pois m.

Greenwich Mean Time, GMT /grenɪtʃ ˈmiːntaɪm/ n temps m universel, TU.

green woodpecker n pivert m.

greet /griːt/ vtr saluer; [▸ decision] accueillir.

greeting /ˈgriːtɪŋ/ I n salutation f. II **greetings** npl **Christmas greetings** vœux de Noël; **Season's greetings** meilleurs vœux.

greetings cardGB, **greeting card**US n carte f de vœux.

grew /gruː/ prét ▸ **grow**.

greyGB, **gray**US /greɪ/ I n gris m. II adj gris; **to go/turn grey** grisonner; [day] morne; [person, town] terne.

greyhound n lévrier m.

grid /grɪd/ n grille f.

grief /griːf/ n chagrin m.
● **to come to grief** avoir un accident; (fail) échouer.

grief-stricken /ˈgriːfstrɪkn/ adj accablé de douleur.

grievance /ˈgriːvns/ n griefs mpl.

grieve /griːv/ vi **to grieve for/over** pleurer sur.

grill /grɪl/ I n GB (on cooker) gril m; (dish) grillade f. II vtr, vi griller.

grim /grɪm/ adj [news] sinistre; [sight] effroyable; [future] sombre.

grimace /grɪˈmeɪs, ˈgrɪməsᵁˢ/ I n grimace f. II vi grimacer.

grime /graɪm/ n crasse f.

grin /grɪn/ I n sourire m. II vi (p prés etc -nn-) sourire.

grind /graɪnd/ I n ⊚ boulot⊚ m. II vtr (prét, pp **ground**) [▸coffee beans] moudre; [▸meat] hacher. III vi grincer.

grinder /ˈgraɪndə(r)/ n moulin m.

grindstone /ˈgraɪndstəʊn/ n meule f, pierre f à aiguiser.

grip /grɪp/ I n (hold) prise f; (control) maîtrise f; **to get to grips with sth** attaquer qch de front; **get a grip on yourself!** ressaisis-toi! II vtr (p prés etc -**pp**-) agripper; (hold) serrer.

gripe /graɪp/ I n sujet m de plainte. II vi se plaindre, râler⊚.

gripping /ˈgrɪpɪŋ/ adj passionnant.

grisly /ˈgrɪzlɪ/ adj horrible.

grit /grɪt/ I n sable m; (in eye) ¢ poussière f; (courage) courage m. II ᴳᴮ vtr (p prés etc -**tt**-) sabler.

groan /grəʊn/ I n gémissement m; (of disgust) grognement m. II vi **to groan in/with** gémir de, grogner de.

grocer /ˈgrəʊsə(r)/ n épicier/-ière m/f.

groceries /ˈgrəʊsərɪz/ npl provisions fpl.

grocery shopᴳᴮ n épicerie f.

groin /grɔɪn/ n aine f.

groom /gruːm/ I n (jeune) marié m; (for racehorse) lad m. II vtr [▸dog, cat] faire la toilette de; [▸horse] panser; **to groom sb for** préparer qn à.

groove /gruːv/ n rainure f.

grope /grəʊp/ vi tâtonner.

gross /grəʊs/ adj [profit] brut; [error] grossier/-ière; [injustice] flagrant; [behaviour] vulgaire; (revolting)⊚ répugnant; (obese)⊚ obèse.

gross domestic product, GDP n produit m intérieur brut, PIB m.

grossly /ˈgrəʊslɪ/ adv extrêmement.

gross national product, GNP n produit m national brut, PNB m.

grotesque /grəʊˈtesk/ adj grotesque.

ground /graʊnd/ I prét, pp ▸ **grind** II, III. II n sol m, terre f; **on/to the ground** par terre. III **grounds** npl parc m; *private*

grounds propriété privée; (reason) raisons fpl; **grounds for doing** motifs pour faire; **on (the) grounds of** en raison de. IV pp adj [coffee, pepper] moulu; [meat] hâché. V vtr [▸aircraft] immobiliser; **to be grounded in fact** être fondé.

ground floorᴳᴮ n rez-de-chaussée m inv.

grounding /ˈgraʊndɪŋ/ n **to have a good grounding in sth** avoir de bonnes bases en qch.

ground level n rez-de-chaussée m inv.

groundwork /ˈgraʊndwɜːk/ n travail m préparatoire (**for** à).

group /gruːp/ I n groupe m. II vtr grouper. III vi se grouper.

grouse /graʊs/ I n inv (bird) tétras m, grouse f. II ⊚ vi râler⊚.

grove /grəʊv/ n bosquet m.

grow /grəʊ/ (prét **grew**; pp **grown**) I vtr cultiver; [▸beard, hair] laisser pousser. II vi [plant, hair] pousser; [person] grandir; [tumour, economy] se développer; [spending, population] augmenter; [poverty, crisis] s'aggraver; **to grow to** [▸level] atteindre; [▸hotter, stronger] devenir; **to grow old** vieillir; **to grow to do** finir par faire.
  ■ **grow on** [habit] s'imposer; **grow out of grow out of [sth]** devenir trop grand pour, passer l'âge de; **grow up** [child] grandir, devenir adulte; [movement] se développer.

grower /ˈgrəʊə(r)/ n cultivateur/-trice m/f.

growl /graʊl/ vi [dog] gronder, grogner; [person] grogner.

grown /grəʊn/ I pp ▸ **grow**. II adj adulte.

grown-up n, adj adulte (mf).

growth /grəʊθ/ n ¢ croissance f; (of productivity) augmentation f; MÉD tumeur f.

growth factor n facteur m de croissance.

growth industry n industrie f en expansion.

grub /grʌb/ n larve f; (food)⊚ bouffe⊚ f.

grubby /ˈgrʌbɪ/ adj malpropre, infâme.

grudge /grʌdʒ/ I n **to bear sb a grudge** en vouloir à qn. II vtr **to grudge sb sth** en vouloir à qn de qch; **to grudge doing** rechigner à faire.

gruelling, gruelingᵁˢ /ˈgruːəlɪŋ/ adj exténuant.

gruesome /ˈgruːsəm/ adj horrible.

grumble /ˈgrʌmbl/ vi to grumble about rouspéter contre.

grumpy /ˈgrʌmpɪ/ adj grincheux/-euse.

grunge© /grʌndʒ/ n crasse f; (style) grunge.

grunt /grʌnt/ I n grognement m. II vi grogner.

GSM /dʒiːesˈem/ n (abrév = Global System for Mobile) GSM m.

guarantee /gærənˈtiː/ I n garantie f. II vtr garantir.

guard /gɑːd/ I n gardien/-ienne m/f; (soldier) garde m; to be on guard être de garde; off guard au dépourvu; to be on one's guard se méfier; RAIL^GB chef m de train. II vtr [▸ place] surveiller; [▸ person] protéger; [▸ secret] garder.

guardian /ˈgɑːdɪən/ n JUR tuteur/-trice m/f; GÉN gardien/-ienne m/f.

Guatemala /gwaːtəˈmɑːlə/ pr n Guatemala m.

guerrilla /gəˈrɪlə/ n guérillero m; guerrilla warfare guérilla f.

guess /ges/ I n supposition f, conjecture f. II vtr deviner; to guess that supposer que. III vi deviner; I guess so^US je pense, je crois.

guesstimate© /ˈgestɪmət/ I n calcul m approximatif. II vtr calculer qch approximativement.

guest /gest/ n invité/-e m/f; (of hotel) client/-e m/f; (of gueshouse) pensionnaire mf.

guesthouse n pension f de famille.

guidance /ˈgaɪdns/ n ¢ conseils mpl.

guide /gaɪd/ I n guide m; (estimate) indication f; user's guide manuel d'utilisation; Girl Guide^GB guide f. II vtr guider.

guideline /ˈgaɪdlaɪn/ n indication f.

guild /gɪld/ n association f.

guilt /gɪlt/ n culpabilité f.

guilty /ˈgɪltɪ/ adj coupable; to be found guilty of sth être reconnu coupable de qch.

Guinea /ˈgɪnɪ/ pr n Guinée f.

Guinea-Bissau /gɪnɪbɪˈsaʊ/ pr n Guinée-Bissao f.

guinea fowl /ˈgɪnɪfaʊl/, **guinea hen** /ˈgɪnɪhen/ n pintade f.

guinea pig /ˈgɪnɪpɪg/ n cochon m d'Inde; FIG cobaye m.

guise /gaɪz/ n forme f, apparence f.

guitar /gɪˈtɑː(r)/ n guitare f.

guitarist /gɪˈtɑːrɪst/ n guitariste mf.

gulf /gʌlf/ n GÉOG golfe m; the Gulf la région du Golfe; FIG fossé m.

gull /gʌl/ n mouette f.

gullible /ˈgʌləbl/ adj crédule.

gully /ˈgʌlɪ/ n ravin m.

gulp /gʌlp/ I n (of liquid) gorgée f; (of food) bouchée f. II vtr avaler. III vi avoir la gorge serrée.

gum /gʌm/ n gencive f; chewing-gum m; (adhesive) colle f.

gun /gʌn/ n GÉN arme f à feu (revolver, fusil, pistolet); (cannon) canon m; (tool) pistolet m; a hired gun©^US un tueur à gages.
■ **gun down** abattre.

gunfire n inv coups mpl de feu.

gunman n homme armé.

gunpoint /ˈgʌnpɔɪnt/ n at gunpoint sous la menace d'une arme.

gunshot n coup m de feu.

gurgle /ˈgɜːgl/ vi [water] gargouiller; [baby] gazouiller.

gush /gʌʃ/ vi [liquid] jaillir; to gush over s'extasier devant.

gust /gʌst/ n (of wind) rafale f; (of anger) bouffée f.

gut /gʌt/ I n intestin m. II guts npl (of human)© tripes fpl; (courage)© cran© m.

gutter /ˈgʌtə(r)/ n (on roof) gouttière f; (in street) caniveau m.

gutter press n presse f à sensation, presse à scandale.

guy© /gaɪ/ n type© m.

Guyana /gaɪˈænə/ pr n Guyana m.

Guy Fawkes Day^GB /gaɪ fɔːks deɪ/ n anniversaire de la Conspiration des Poudres: le 5 novembre.

gym© /dʒɪm/ n (abrév = gymnasium) salle f de gym©; (abrév = gymnastics) gym© f.

gymnasium /dʒɪmˈneɪzɪəm/ n (pl -s /-ia) gymnase m.

gymnastics /dʒɪmˈnæstɪks/ npl gymnastique f.

gynaecology^GB, **gynecology**^US /gaɪnəˈkɒlədʒɪ/ n gynécologie f.

gypsy /ˈdʒɪpsɪ/ n GÉN bohémien/-ienne m/f; (Central European) tzigane mf; (Spanish) gitan/-e m/f.

h

habit /ˈhæbɪt/ n habitude f; **to get into the habit of doing** prendre l'habitude de faire; (addiction) accoutumance f.

habitual /həˈbɪtʃʊəl/ adj habituel/-elle; [drinker, liar] invétéré.

hack /hæk/ **I** ⊚ n PÉJ écrivaillon m. **II** vtr tailler; ORDINAT **to hack into** pirater; (chop) taillader.

hacker /ˈhækə(r)/ n ORDINAT pirate⊚ informatique.

hack (reporter) n journaliste mf qui fait la rubrique des chiens écrasés.

had /hæd/ prét, pp ▶ **have**.

haddock /ˈhædək/ n églefin m.

hadn't /ˈhædnt/ = **had not**.

haggis /ˈhægɪs/ n haggis m (panse de brebis ou de mouton farcie).

haggle /ˈhægl/ vi marchander.

hail /heɪl/ **I** n grêle f. **II** vtr saluer; [▸taxi, ship] héler. **III** v impers grêler.

hair /heə(r)/ n (collectively) ₵ (on head) cheveux mpl; (on body) poils mpl; (of animal) poil m.

haircut n coupe f (de cheveux).

hairdo⊚ n coiffure f.

hairdresser n coiffeur/-euse m/f.

hairdrier n sèche-cheveux m inv.

hairstyle n coiffure f.

hairy /ˈheərɪ/ adj poilu; [adventure]⊚ atroce⊚.

Haiti /ˈheɪtɪ/ pr n Haïti m.

hake /heɪk/ n (fish) merlu m, colin m.

half /hɑːf, hæf^US/ **I** n (pl **halves**) moitié f; **to cut sth in half** couper qch en deux; (fraction) demi m; SPORT mi-temps f. **II** adj **a half circle** un demi-cercle; **two and a half cups** deux tasses et demie. **III** pron (50%) moitié f; (in time) demi/-e m/f. **IV** adv à moitié; **half-and-half** moitié-moitié; **half as big** moitié moins grand.
● **how the other half lives** comment vivent les riches; **that's not the half of it!** ce n'est pas le meilleur!

half brother n demi-frère m.

half day n demi-journée f.

half-hearted adj peu enthousiaste.

half price adv, adj à moitié prix.

half sister n demi-sœur f.

half size n (of shoe) demi-pointure f.

half term^GB n congé m de mi-trimestre.

half-time /hɑːfˈtaɪm, hæf-^US/ n mi-temps f.

halfway /hɑːfˈweɪ, hæf-^US/ adv à mi-chemin.

halibut /ˈhælɪbət/ n flétan m.

hall /hɔːl/ n entrée f; (in airport) hall m; (for public events) (grande) salle f; (country house) manoir m.

hallmark /ˈhɔːlmɑːk/ n poinçon m; (feature) caractéristique f.

Halloween^US /ˌhæləʊˈiːn/ n Halloween m (veille de la Toussaint).

hallway /ˈhɔːlweɪ/ n entrée f.

halo /ˈheɪləʊ/ n (pl **-s/-es**) halo m; (around head) auréole f.

halt /hɔːlt/ **I** n arrêt m. **II** vtr, vi arrêter.

halve /hɑːv, hæv^US/ vtr [▸number] réduire [qch] de moitié; [▸cake] couper [qch] en deux.

ham /hæm/ n jambon m; radioamateur m.

hamburger /ˈhæmbɜːgə(r)/ n hamburger m.

hamlet /ˈhæmlɪt/ n hameau m.

hammer /ˈhæmə(r)/ **I** n marteau m. **II** vtr marteler. **III** vi taper avec un marteau; [▸on door] cogner, frapper.
■ **hammer out** parvenir à [qch] après maintes discussions.

hamper /ˈhæmpə(r)/ **I** n panier m. **II** vtr entraver.

hamster /ˈhæmstə(r)/ n hamster m.

hand /hænd/ **I** n main f; (writing) écriture f; JEUX jeu m; (worker) ouvrier/-ière m/f; (on clock) aiguille f; **on the other hand** en revanche. **II** vtr **to hand sb sth** donner qch à qn. **III** **in hand** adj phr en cours; **the matter in hand** l'affaire en cours. **IV** **out of hand** adv phr d'emblée.
■ **hand back sth** rendre qch; **hand down** transmettre; **hand in** remettre, rendre; **hand out** distribuer; **hand over hand over to** [sb] passer à qn; **hand** [sth] **over** rendre, transmettre.

handbag n sac m à main.

hand baggage n ₵ bagage m à main.

handbook n manuel m, guide m.

handbrake /'hændbreɪk/ *n* AUT frein *m* à main.

handcuffs /'hændkʌf/ *npl* menottes *fpl*.

handful /'hændfʊl/ *n a handful of* une poignée de.

handgun *n* arme *f* de poing.

handicap /'hændɪkæp/ **I** *n* handicap *m*. **II** *vtr* (*p prés etc* **-pp-**) handicaper.

handkerchief /'hæŋkətʃɪf, -tʃiːf/ *n* mouchoir *m*.

handle /'hændl/ **I** *n* poignée *f*; (on cup) anse *f*; (on knife) manche *m*. **II** *vtr* manier, manipuler; *handle with care* fragile; (deal with) traiter, s'occuper de.

handler /'hændlə(r)/ *n* maître-chien *m*; *baggage handler* bagagiste *m/f*.

handling /'hændlɪŋ/ *n* manipulation *f*; (of affair) gestion *f*.

handmade *adj* fait à la main.

handout /'hændaʊt/ *n* gratification *f*; (leaflet) prospectus *m*.

handshake *n* poignée *f* de main.

handsome /'hænsəm/ *adj* beau/belle; [gift] généreux/-euse.

handwriting *n* écriture *f*.

handwritten *adj* manuscrit.

handy /'hændɪ/ *adj* utile, pratique; [person] adroit.

hang /hæŋ/ **I** ☺ *n to get the hang of sth* piger☺ qch. **II** *vtr* (*prét*, *pp* **hung**) accrocher, suspendre; [▸leg] laisser pendre. **III** (*prét*, *pp* **hanged**) [▸victim] pendre. **IV** *vi* (*prét*, *pp* **hung**) être accroché, pendre; [smell] flotter; (die) être pendu.
■ **hang around**☺ traîner; **hang back** (in fear) rester derrière; (waiting) rester; **hang off** pendre; **hang on** *to hang on*☺ attendre; *hang in there*☺! tiens bon!; *to hang on [sth]* dépendre de; **hang on to** s'accrocher à; **hang out** dépasser; **hang up** *to hang up (on sb)* raccrocher (au nez de qn).

hanger /'hæŋə(r)/ *n* cintre *m*.

hang-gliding *n* deltaplane *m*.

hangover☺ /'hæŋəʊvə(r)/ *n* gueule☺ *f* debois.

hang-up☺ *n* complexe *m*.

haphazardly /hæp'hæzədlɪ/ *adv* n'importe comment.

happen /'hæpən/ *vi* arriver, se passer, se produire; *what's happening?* qu'est-ce qui se passe?; *what will happen to them?* que

deviendront-ils?; *it (so) happens that...* il se trouve que...; *if you happen to see...* si par hasard tu vois...

happening /'hæpənɪŋ/ *n* incident *m*.

happily /'hæpɪlɪ/ *adv* (cheerfully) joyeusement; (luckily) heureusement.

happiness /'hæpɪnɪs/ *n* bonheur *m*.

happy /'hæpɪ/ *adj* heureux/-euse; *to be happy with sth* être satisfait de qch; *he's not happy about it* il n'est pas content; (in greetings) *Happy birthday!* Bon anniversaire!; *Happy Christmas!* Joyeux Noël!; *Happy New Year!* Bonne année!

harass /'hærəs, hə'ræs^US/ *vtr* harceler.

harassment /'hærəsmənt, ˌhə'ræsmənt^US/ *n* harcèlement *m*.

harbour^GB, **harbor**^US /'hɑːbə(r)/ **I** *n* port *m*. **II** *vtr* [▸illusion] nourrir; [▸person] cacher.

hard /hɑːd/ **I** *adj* dur; (difficult) dur, difficile, rude; *no hard feelings!* sans rancune! **II** *adv* [push, hit, cry] fort; [work] dur.
● *to be hard put to* avoir du mal à faire; *to feel hard done by* se sentir brimé.

hard-boiled *adj* [egg] dur; FIG endurci.

hard disk *n* ORDINAT disque *m* dur.

harden /'hɑːdn/ *vtr*, *vi* durcir.

hardened /'hɑːdnd/ *adj* LIT durci; IND [▸steel] trempé; FIG [▸criminal, terrorist] endurci.

hardline *adj* intransigeant.

hardly /'hɑːdlɪ/ *adv* à peine; *hardly any/ever* presque pas/jamais.

hardship /'hɑːdʃɪp/ *n* privations *fpl*; (ordeal) épreuve *f*.

hard shoulder^GB *n* bande *f* d'arrêt d'urgence.

hard up☺ *adj* fauché☺.

hardware /'hɑːdweə(r)/ *n* quincaillerie *f*; ORDINAT, MIL matériel *m*.

hard-working *adj* [▸person] travailleur/-euse.

hare /heə(r)/ *n* lièvre *m*.

hark /hɑːk/ *excl* *hark at him!* écoutez-le donc!

harm /hɑːm/ **I** *n* mal *m*; *no harm done!* il n'y a pas de mal! **II** *vtr* faire du mal à; [▸crops] endommager; [▸population] nuire à.

harmful /'hɑːmfl/ *adj* [bacteria, ray] nocif/-ive; [behaviour, gossip] nuisible.

harmless /'hɑːmlɪs/ *adj* inoffensif/-ive.

harmonica /hɑː'mɒnɪkə/ *n* harmonica *m*.

harmonize /ˈhɑːmənaɪz/ *vtr, vi* (s')harmo-niser.

harmony /ˈhɑːmənɪ/ *n* harmonie *f*.

harness /ˈhɑːnɪs/ **I** *n* harnais *m*. **II** *vtr* har-nacher; FIG exploiter.

harp /hɑːp/ *n* harpe *f*.
■ **harp on**© PÉJ rabâcher©.

harpsichord /ˈhɑːpsɪkɔːd/ *n* clavecin *m*.

harrowing /ˈhærəʊɪŋ/ *adj* atroce, éprouvant.

harsh /hɑːʃ/ *adj* sévère, dur; [conditions] dif-ficile.

harvest /ˈhɑːvɪst/ **I** *n* récolte *f*; (of grapes) vendange *f*. **II** *vtr* [▶corn] moissonner; [▶veg-etables] récolter; [▶grapes] vendanger.

has ▶ have.

hash /hæʃ/ *n* CULIN hachis *m*; *to make a hash© of sth* rater qch.

hash key *n* ORDINAT, TÉLÉCOM dièse *m*.

hasn't = has not.

hassle© /ˈhæsl/ **I** *n* complications *fpl*. **II** *vtr* talonner.

haste /heɪst/ *n* hâte *f*; *in haste* à la hâte; *to make haste* se dépêcher.

hasten /ˈheɪsn/ *vtr, vi* accélérer, précipiter.

hasty /ˈheɪstɪ/ *adj* précipité.

hat /hæt/ *n* chapeau *m*.

hatch /hætʃ/ **I** *n* passe-plats *m inv*. **II** *vtr* [▶plot] tramer. **III** *vi* [eggs] éclore.

hatchet /ˈhætʃɪt/ *n* hachette *f*.

hate /heɪt/ **I** *n* haine *f*. **II** *vtr* détester; *to hate to do* être désolé de faire.

hate campaign *n* campagne *f* d'incita-tion à la haine.

hatred /ˈheɪtrɪd/ *n* haine *f*.

haul /hɔːl/ **I** *n* butin *m*; (found by police) saisie *f*; (journey) étape *f*. **II** *vtr* tirer.

haunt /hɔːnt/ **I** *n* repaire *m*. **II** *vtr* hanter.

have /hæv, həv/ (*prét, pp* **had**) **I** *vtr* (possess) avoir; *he has (got) a sth* il a qch; (consume) prendre; [▶food] manger; [▶drink] boire; (want) vouloir, prendre; *what will you have?* vous désirez?; (receive, get) ▶letter, par-cel] recevoir; (spend) passer; *to have a good time* bien s'amuser; (undergo, suffer) avoir; *to have (the) flu* avoir la grippe; (cause to be done) *to have sth done* faire faire qch; (allow) tolérer; (hold) tenir, avoir. **II** *modal aux* (must) devoir; *I have (got) to leave* je dois par-tir, il faut que je parte; (need to) *you don't*

have to leave tu n'as pas besoin de partir, tu n'es pas obligé de partir. **III** *v aux* avoir; *she has lost her bag* elle a perdu son sac; (with movement and reflexive verbs) être; *she has already left* elle est déjà partie; (in tag questions) *you haven't seen my bag, have you?* tu n'as pas vu mon sac, par hasard?; *you've never met him—yes I have!* tu ne l'as jamais rencontré—mais si!
● *I've had it (up to here)*© j'en ai marre©.
■ **have back** récupérer; **have on** [▶coat, skirt] porter; **have over**, **have round**GB [▶per-son] inviter.

haven /ˈheɪvn/ *n* refuge *m*.

haven't = have not.

havoc /ˈhævək/ *n* dévastation *f*; *to cause havoc* provoquer des dégâts.

Hawaii /həˈwaɪɪ/ *pr n* Hawaï *m*.

hawk /hɔːk/ *n* faucon *m*.

hawthorn /ˈhɔːθɔːn/ *n* aubépine *f*.

hay /heɪ/ *n* foin *m*.

hay fever *n* rhume *m* des foins.

haywire© /ˈheɪwaɪə(r)/ *adj to go haywire* [machine] se détraquer.

hazard /ˈhæzəd/ **I** *n* risque *m*. **II** *vtr* hasarder.

hazard lights *npl* AUT signal *m* de détresse, warnings *m*.

hazardous /ˈhæzədəs/ *adj* dangereux/-euse.

haze /heɪz/ *n* (mist) brume *f*.

hazel /ˈheɪzl/ **I** *n* noisetier *m*. **II** *adj* [eyes] (couleur de) noisette *inv*.

hazelnut /ˈheɪzlnʌt/ *n* noisette *f*.

hazy /ˈheɪzɪ/ *adj* [weather] brumeux/-euse; [image] flou.

he /hiː, hɪ/ *pron* il; *there he is* le voilà; *he who* celui qui; *he and I* lui et moi.

head /hed/ **I** *n* tête *f*; *£10 a head/per head* 10 livres sterling par personne; (of family) chef *mf*; (of social service) responsable *mf*, directeur/-trice *m/f*; *at the head of* à la tête de; (of table) extrémité *f*. **II heads** *npl* (of coin) face *f*. **III** in compounds [cashier, cook, gar-dener] en chef. **IV** *vtr* [▶list, queue] être en tête de; [▶firm, team] être à la tête de. **V** *vi to head (for)* se diriger (vers).
● *are you off your head*©*?* tu as perdu la boule©*?*; *to keep/lose one's head* garder/perdre son sang-froid; *I can't make head (n)or tail of it* je n'y comprends rien, ça n'a ni queue ni tête.

headache /ˈhedeɪk/ n mal m de tête.

heading /ˈhedɪŋ/ n titre m; (topic) rubrique f; (on letter) en-tête m.

headlight n phare m.

headline /ˈhedlaɪn/ n gros titre m; *the news headlines* les grands titres (de l'actualité).

headlong /ˈhedlɒŋ/ adv [fall] la tête la première; [run] à toute vitesse.

headmaster, headmistress n directeur/-trice m/f (d'école).

head office n siège m social.

head-on /ˈhedˈɒn/ adv de front.

headphones npl casque m.

headquarters npl (sg /pl) siège m social; MIL quartier m général.

head start n *to have a head start* avoir une longueur d'avance.

head teacher n directeur/-trice m/f.

headway /ˈhedweɪ/ n progrès m.

heady /ˈhedɪ/ adj grisant; [wine] capiteux/-euse.

heal /hiːl/ vtr, vi guérir.

health /helθ/ n santé f.

health centre n centre m médico-social.

health-food shop n magasin m de produits diététiques.

health insurance n assurance f maladie.

healthy /ˈhelθɪ/ adj sain.

heap /hiːp/ n tas m; *heaps of* [▸ money, food] plein de. II vtr entasser.

hear /hɪə(r)/ (prét, pp **heard**) I vtr entendre; [▸ lecture, broadcast] écouter; [▸ news, rumour] apprendre. II vi *to hear (about/of)* entendre (parler de).
■ **hear from** avoir des nouvelles de; **hear of** entendre parler de.

hearing /ˈhɪərɪŋ/ n (sense) ouïe f, audition f; (before court) audience f.

hearing-impaired I n *the hearing-impaired* les malentendants mpl. II adj malentendant.

heart /hɑːt/ I n cœur m; *(off) by heart* par cœur; *at heart* au fond; *to take heart* prendre courage. II in compounds [surgery] du cœur, cardiaque.

heartache n chagrin m.

heart attack n crise f cardiaque.

heartbreaking adj [cry] déchirant.

hearten /ˈhɑːtn/ vtr encourager.

heart failure n arrêt m du cœur.

hearth /hɑːθ/ n foyer m.

heartless /ˈhɑːtlɪs/ adj sans cœur, sans pitié.

heart transplant n greffe f du cœur.

hearty /ˈhɑːtɪ/ adj cordial; [appetite] solide; [approval] chaleureux/-euse.

heat /hiːt/ I n chaleur f; *in the heat of* dans le feu de; *to take the heat off sb* soulager qn; (heating) chauffage m; SPORT épreuve f éliminatoire. II vtr, vi **heat (up)** (faire) chauffer.

heated /ˈhiːtɪd/ adj chauffé; FIG animé.

heater /ˈhiːtə(r)/ n appareil m de chauffage.

heath /hiːθ/ n (moor) lande f.

heather /ˈheðə(r)/ n bruyère f.

heating /ˈhiːtɪŋ/ n chauffage m.

heatwave n vague f de chaleur.

heave /hiːv/ vtr hisser; (pull) traîner; (throw) lancer. II vi [sea, stomach] se soulever; (feel sick) avoir un haut-le-cœur.

heaven /ˈhevn/ n ciel m, paradis m; *it's heaven*© c'est divin; (in exclamations) *good heavens!* grands dieux!; *thank heaven(s)!* Dieu soit loué!

heavenly /ˈhevnlɪ/ adj céleste, divin.

heavily /ˈhevɪlɪ/ adv [fall, move] lourdement; [sleep, sigh] profondément; [rain] très fort; [snow, smoke] beaucoup; [taxed] fortement.

heavy /ˈhevɪ/ adj lourd; [shoes, frame] gros/grosse; [line, features] épais/épaisse; [blow] violent; [perfume, accent] fort; [traffic] dense; *to be a heavy drinker/smoker* boire/fumer beaucoup.

heavy-duty adj super-résistant.

heavyweight /ˈhevɪweɪt/ n (boxer) poids m lourd.

Hebrew /ˈhiːbruː/ I n LING hébreu m. II adj [calendar, alphabet] hébraïque.

heck© /hek/ n *what the heck is going on?* que diable se passe-t-il?; *a heck of a lot of* énormément de. II excl zut!

heckle /ˈhekl/ vtr interpeller. II vi chahuter.

hectic /ˈhektɪk/ adj [activity] intense, fiévreux/-euse; [life] trépidant.

hedge /hedʒ/ I n haie f. II vi se dérober; *hedged with* bordé de.

hedgehog n hérisson m.

heed /hiːd/ vtr tenir compte de.

heedless /ˈhiːdlɪs/ *adj* (thoughtless) irréfléchi; (carefree) insouciant (**of** de).

heel /hiːl/ *n* talon *m*.

hefty /ˈheftɪ/ *adj* imposant, considérable.

height /haɪt/ **I** *n* (of person) taille *f*; (of table) hauteur *f*; *what is your height?* combien mesures-tu?; (of mountain, plane) altitude *f*; *at the height of* au plus fort de. **II heights** *npl* (high place) hauteurs *fpl*; *the snowy heights* les monts enneigés; *to be scared of heights* avoir le vertige.

heighten /ˈhaɪtn/ *vtr* [▸emotion] intensifier; [▸tension, suspense] augmenter.

heinous /ˈheɪnəs/ *adj* SOUT abominable; *a heinous crime* un crime odieux.

heir /eə(r)/ *n* héritier/-ière *m/f*.

held /held/ *prét, pp* ▸ hold.

helicopter /ˈhelɪkɒptə(r)/ **I** *n* hélicoptère *m*. **II** *vtr* héliporter.

hell /hel/ **I** *n* enfer *m*; *to make sb's life hell*© rendre la vie infernale à qn; *to go through hell* en baver©; (as intensifier)© *a hell of a shock* un choc terrible; *why/who the hell?* pourquoi/qui bon Dieu®?!; *to hell with it!* je laisse tomber©!; *go to hell!* va te faire voir®! **II** © *excl* bon Dieu®!; *go to hell!* va te faire voir®!

• *to do sth for the hell of it*© faire qch pour le plaisir; *there will be hell to pay* il/elle le paiera cher.

hell-bent *adj* *hell-bent on doing* décidé à faire.

hello /həˈləʊ/ *excl* bonjour!; (on phone) allô (bonjour)!; (in surprise) tiens!

helmet /ˈhelmɪt/ *n* casque *m*.

help /help/ **I** *n* aide *f*, secours *m*; (cleaning woman) femme *f* de ménage. **II** *excl* au secours! **III** *vtr* aider; *to help each other* s'entraider; *can I help you?* (in shop) vous désirez?; *to help sb to* [▸food, wine] servir [qch] à qn; *I can't help it* je n'y peux rien. **IV** *vi* aider. **V** *v refl* *to help oneself* se servir. ■ **help out** aider.

helpdesk /ˈhelpdesk/ *n* service *m* d'assistance.

helper /ˈhelpə(r)/ *n* aide *mf*.

helpful /ˈhelpfl/ *adj* utile; [person] serviable.

helping /ˈhelpɪŋ/ *n* portion *f*.

helpless /ˈhelplɪs/ *adj* impuissant.

helpline^GB *n* assistance (téléphonique).

hem /hem/ *n* ourlet *m*; *to feel hemmed in* se sentir coincé.

hemisphere /ˈhemɪsfɪə(r)/ *n* hémisphère *m*.

hen /hen/ *n* poule *f*.

hence /hens/ *adv* *three days hence* d'ici/ dans trois jours; (for this reason) d'où.

henceforth /ˌhensˈfɔːθ/ *adv* (from now on) dorénavant; (from then on) dès lors.

her /hɜː(r), hə(r)/ **I** *pron* (direct object) la, l'; *catch her* attrape-la; (indirect object) lui; *give it to her* donne-le lui. **II** *det* son/sa/ses; *her dog/plate* son chien/assiette; *her house/ children* sa maison/ses enfants.

herald /ˈherəld/ *vtr* annoncer.

herb /hɜːb/ *n* herbe *f*.

herbal /ˈhɜːbl/ *adj* à base de plantes.

herbalism /ˈhɜːbəlɪzəm/ *n* phytothérapie *f*.

herb tea, **herbal tea** *n* tisane *f*, infusion *f*.

herd /hɜːd/ **I** *n* troupeau *m*. **II** *vtr* rassembler.

here /hɪə(r)/ **I** *adv* ici; *here and there* par endroits; *here he comes!* le voici!; *here comes the bus* voilà le bus; *she's not here* elle n'est pas là. **II** © *excl* hé!

hereditary /hɪˈredɪtrɪ, -terɪ^US/ *adj* héréditaire.

heresy /ˈherəsɪ/ *n* hérésie *f*.

heritage /ˈherɪtɪdʒ/ *n* patrimoine *m*.

hero /ˈhɪərəʊ/ *n* (*pl* **-es**) héros *m*.

heroic /hɪˈrəʊɪk/ *adj* héroïque.

heroin /ˈherəʊɪn/ *n* (drug) héroïne *f*.

heroine /ˈherəʊɪn/ *n* (woman) héroïne *f*.

heroism /ˈherəʊɪzəm/ *n* héroïsme *m*.

heron /ˈherən/ *n* héron *m*.

hero-worship I *n* culte *m* du héros, adulation *f*. **II** *vtr* (*p pres etc* **-pp-**, **-p-**^US) aduler.

herring /ˈherɪŋ/ *n* hareng *m*.

herringbone *adj* [design] à chevrons.

hers /hɜːz/ *pron* *hers is red* le sien/la sienne est rouge; *it's hers* c'est à elle; *which house is hers?* laquelle est sa maison?; *a friend of hers* un ami à elle.

herself /həˈself/ *pron* (reflexive) se/s'; (after prep) elle-même; *by herself* toute seule.

he's /hiːz/ = **he is, he has**.

hesitate /ˈhezɪteɪt/ *vi* hésiter.

hesitation /ˌhezɪˈteɪʃn/ *n* hésitation *f*.

heterosexual /ˌhetərəˈsekʃʊəl/ *n, adj* hétérosexuel/-elle (*m/f*).

hint

het up©GB /ˈhetˈʌp/ adj énervé.

hey© /heɪ/ excl hé!, eh!; (in protest) dis/dites donc!

heyday /ˈheɪdeɪ/ n beaux jours mpl.

hi© /haɪ/ excl salut©!

hiccup, hiccough /ˈhɪkʌp/ n to have (the) hiccups avoir le hoquet; FIG anicroche f.

hide /haɪd/ I n (skin) peau f. II vtr, vi (prét **hid**; pp **hidden**) (se) cacher.
■ **hide away sth** cacher qch; **hide out**GB **hide up**US se cacher, se planquer©.

hide-and-seek n cache-cache m inv.

hideous /ˈhɪdɪəs/ adj hideux/-euse, horrible.

hiding /ˈhaɪdɪŋ/ n **hiding place** cachette f; **a (good) hiding** une (bonne) correction.

hierarchy /ˈhaɪərɑːkɪ/ n hiérarchie f.

hi-fi /ˈhaɪfaɪ/ **high fidelity** n hi-fi f inv, haute-fidélité f inv.

high /haɪ/ I n **an all-time high** un niveau record. II adj haut; **how high is the cliff?** quelle est la hauteur/l'altitude de la falaise?; [number, price] élevé; [quality, rank] supérieur; (on drug)© défoncé©. III adv GÉN haut; [sing, set, turn on] fort.
● **it's high time that somebody did...** il est grand temps que quelqu'un fasse...

highbrow /ˈhaɪbraʊ/ n, adj intellectuel/-elle (m/f).

high-class adj [hotel, shop] de luxe; [goods] de première qualité.

high commission n haut-commissariat m.

High Court n cour f suprême.

high-definition adj (à) haute définition inv.

higher education n enseignement m supérieur.

high-flier n jeune loup m, ambitieux/-ieuse m/f.

high-grade adj de qualité supérieure.

high heels npl hauts talons mpl.

highlands /ˈhaɪləndz/ npl régions fpl montagneuses; **the Highlands** les Highlands, les Hautes-Terres d'Écosse.

high-level adj de haut niveau.

highlight /ˈhaɪlaɪt/ I n (in hair) reflet m; (of exhibition) clou m; (of year) meilleur moment. II vtr souligner; (with pen) surligner.

highly /ˈhaɪlɪ/ adv fort, extrêmement; **to speak/think highly of sb** dire/penser beaucoup de bien de qn.

Highness /ˈhaɪnɪs/ n **His/Her (Royal) Highness** Son Altesse f.

high-pitched adj [voice] aigu/-uë.

high-powered adj [car] puissant; [person] dynamique.

high rise n (building) tour f (d'habitation).

high-resolution adj (à) haute résolution.

high school n SCOL ≈ US lycée; ≈ GB établissement secondaire.

high streetGB n rue f principale.

high-street spending n dépenses fpl de consommation courante.

high-tech /haɪˈtek/ adj [industry] de pointe; [equipment, car] ultramoderne.

high technology n technologie f de pointe.

highway /ˈhaɪweɪ/ n GB route f nationale; US autoroute f.

hijack /ˈhaɪdʒæk/ I n détournement m d'avion. II vtr détourner.

hijacker /ˈhaɪdʒækə(r)/ n pirate m (de l'air).

hike /haɪk/ I n randonnée f. II vi faire de la randonnée. III vtr [▶rate, price] augmenter.

hiker /ˈhaɪkə(r)/ n randonneur/-euse m/f.

hilarious /hɪˈleərɪəs/ adj hilarant.

hill /hɪl/ n colline f; (incline) pente f.

hillside /ˈhɪlsaɪd/ n coteau m.

hill walking n randonnées fpl pédestres (en basse montagne).

hilt /hɪlt/ n (of sword) poignée f; **(up) to the hilt** FIG complètement.

him /hɪm/ pron (direct object) le, l'; (indirect object, after prep) lui; **after him** après lui.

Himalayas /hɪməˈleɪəz/ pr npl (montagnes fpl de) l'Himalaya m.

himself /hɪmˈself/ pron (reflexive) se/s'; (after prep) lui-même; **for himself** pour lui, pour lui-même; **by himself** tout seul.

hind /haɪnd/ adj **hind legs** pattes de derrière.

hinder /ˈhɪndə(r)/ vtr entraver, freiner.

hindrance /ˈhɪndrəns/ n gêne f.

hindsight /ˈhaɪndsaɪt/ n **with hindsight** rétrospectivement.

hinge /hɪndʒ/ I n charnière f. II vi **to hinge on** dépendre de.

hint /hɪnt/ I n allusion f; (of spice) pointe f; **useful/helpful hints** conseils utiles. II vtr **to hint that** laisser entendre que.
■ **hint at** faire allusion à.

hip /hɪp/ **I** *n* hanche *f.* **II** *excl* **hip hip hurrah/hooray!** hip hip hip hourra!

hippie, **hippy** /ˈhɪpɪ/ *n*, *adj* hippie (*mf*).

hippopotamus /ˌhɪpəˈpɒtəməs/ *n* (*pl* **-muses /-mi**) hippopotame *m*.

hire /ˈhaɪə(r)/ **I** GB *n* location *f*; **for hire** à louer. **II** *vtr* louer; [▸person] embaucher.

his /hɪz/ **I** *det* son/sa/ses; **his dog/plate** son chien/assiette; **his house/children** sa maison/ses enfants. **II** *pron* **his is red** le sien/la sienne est rouge; **it's his** c'est à lui; **a friend of his** un ami à lui.

hiss /hɪs/ **I** *n* sifflement *m.* **II** *vtr*, *vi* siffler.

hissy fit@US *n* crise *f* de colère.

historian /hɪˈstɔːrɪən/ *n* historien/-ienne *m/f.*

historic(al) /hɪˈstɒrɪk(l), -ˈstɔːr-US/ *adj* GÉN historique; LING **past historic** passé simple.

history /ˈhɪstrɪ/ *n* (past) histoire *f*; (experience) antécédents *mpl.*

hit /hɪt/ **I** *n* coup *m*; (success) succès *m*; (record) tube@ *m*; ORDINAT (visit to website) visite *f*; (websearch match) page *f* trouvée. **II** *in compounds* [▸song, play] à succès. **III** *vtr* (*p prés* **-tt-**; *prét*, *pp* **hit**) frapper; atteindre; (collide with) heurter; (affect) affecter, toucher; **to hit the jackpot** remporter le gros lot; **it hit me that** je me suis rendu compte que; **we hit traffic** on a été pris dans des embouteillages.

hitch /hɪtʃ/ **I** *n* problème *m.* **II** *vtr* (fasten) attacher; **to hitch**@ **(a lift)** faire du stop@.

hitchhike /ˈhɪtʃhaɪk/ *vi* faire du stop@.

hitherto /hɪðəˈtuː/ *adv* (until now) jusqu'à présent; (until then) jusqu'alors.

HIV *n* (*abrév* = **human immunodeficiency virus**) VIH *m.*

hive /haɪv/ *n* ruche *f.*

HIV-infected *adj* contaminé (*par le virus du SIDA*).

HIV positive *adj* séropositif/-ve *m/f.*

HMS *n* (*abrév* = **His/Her Majesty's Ship**) NAUT ≈ bâtiment de Sa Majesté.

hoard /hɔːd/ **I** *n* trésor *m*; (of miser) magot@ *m*; (stock) provisions *fpl.* **II** *vtr* amasser.

hoarse /hɔːs/ *adj* [voice] enroué.

hoax /həʊks/ *n* canular *m.*

hobble /ˈhɒbl/ *vi* boitiller.

hobby /ˈhɒbɪ/ *n* passe-temps *m inv.*

hockey /ˈhɒkɪ/ *n* SPORT hockey *m*; **ice hockey** hockey sur glace.

hoe /həʊ/ **I** *n* binette *f.* **II** *vtr* biner.

hog /hɒg/ **I** *n* GB (pig) porc *m*, verrat *m*; (person)@ pourceau *m.* **II**@ *vtr* (*prét*, *pp* **-gg-**) monopoliser.
● **to go the whole hog**@ aller jusqu'au bout.

hoist /hɔɪst/ *vtr* hisser.

hold /həʊld/ **I** *n* (grasp) prise *f*; **to get hold of** attraper; [▸book, ticket] se procurer, trouver; [▸secret] découvrir; (by phone) joindre; **a call on hold** un appel en attente; (in plane) soute *f*; (in ship) cale *f.* **II** *vtr* (*prét*, *pp* **held**) tenir; **to hold each other** se serrer l'un contre l'autre; [▸enquiry] mener; [▸interview] faire passer; **to be held** avoir lieu; [room, box, case] (pouvoir) contenir; (keep) détenir; [▸train, flight] faire attendre; **hold it**@! minute@!; **to hold sb/sth to be** tenir qn/qch pour; TÉLÉCOM **hold (on) the line** ne quittez pas. **III** *vi* tenir; [weather] rester beau, se maintenir; [luck] continuer, durer; TÉLÉCOM patienter; **hold still!** tiens-toi tranquille!
■ **hold back** retenir; [▸payment] différer; [▸information] cacher; **hold down** garder; **hold off** tenir [qn] à distance; **hold on to** tenir (solidement), garder; **hold out** tenir le coup; **hold up** tenir, résister; [▸flight] retarder; [▸bank] attaquer.

holder /ˈhəʊldə(r)/ *n* (of passport, post) titulaire *mf*; (of record) détenteur/-trice *m/f*; (of title) tenant/-e *m/f*; (stand) support *m.*

hold-up /ˈhəʊldʌp/ *n* GÉN retard *m*; (on road)GB bouchon *m*; (robbery) hold-up *m.*

hole /həʊl/ *n* trou *m.*

hole-and-corner *adj* clandestin.

hole-in-the-wall@ *n* distributeur *m* de billets (de banque).

holiday /ˈhɒlədeɪ/ *n* (vacation)GB vacances *fpl*; **a holiday**GB un congé; **a holiday**US un jour férié; (in winter) **the holidays**US les fêtes (de fin d'année).

holidaymakerGB *n* vacancier/-ière *m/f.*

Holland /ˈhɒlənd/ *pr n* Hollande *f*, Pays-Bas *mpl.*

hollow /ˈhɒləʊ/ **I** *n* creux *m.* **II** *adj* creux/creuse.
■ **hollow out** creuser.

holly /ˈhɒlɪ/ *n* houx *m.*

holocaust /ˈhɒləkɔːst/ *n* holocauste *m.*

holy /ˈhəʊlɪ/ *adj* [place, city, person] saint; [water] bénit; [ground] saint.

homage /ˈhɒmɪdʒ/ *n* hommage *m*.

home /həʊm/ **I** *n* GÉN logement *m*; (house) maison *f*; *far from home* loin de chez soi; (family base) foyer *m*; (country) pays *m*; (for residential care) maison *f*, établissement spécialisé. **II** *in compounds* [life] de famille; [market, affairs] intérieur; [news] national; [match, win] à domicile; [team] qui reçoit. **III** *adv* chez soi, à la maison. **IV at home** *adv phr* chez soi, à la maison; *make yourself at home* fais comme chez toi.

home buying *n* accession *f* à la propriété.

homecoming /ˈhəʊmkʌmɪŋ/ *n* retour *m*.

Home CountiesGB *npl* comtés limitrophes de Londres.

homegrown *adj* [vegetable] du jardin.

homeland *n* patrie *f*.

homeless /ˈhəʊmlɪs/ **I** *n* the homeless (*pl*) les sans-abri *mpl inv*. **II** *adj* sansabri.

homely /ˈhəʊmlɪ/ *adj* simple; PÉJUS [person] sans attraits.

homemade *adj* [▸cake, jam] (fait) maison; [▸bomb, device] artisanal.

Home OfficeGB *n* POL ministère *m* de l'Intérieur.

home owner *n* propriétaire *mf*.

home page *n* (Internet) page *f* d'accueil.

Home SecretaryGB *n* POL ministre *m* de l'Intérieur.

homesick /ˈhəʊmsɪk/ *adj* to be homesick avoir le mal du pays; [child] s'ennuyer de ses parents.

hometown *n* ville *f* natale.

homework /ˈhəʊmwɜːk/ *n* devoirs *mpl*.

homeworking *n* travail *m* à domicile.

homicide /ˈhɒmɪsaɪd/ *n* homicide *m*.

homogenous /həˈmɒdʒɪnəs/ *adj* homogène.

homophobic /hɒməˈfəʊbɪk/ *adj* homophobe.

homosexual /hɒməˈsekʃʊəl/ *n*, *adj* homosexuel/-elle (*m/f*).

Honduras /hɒnˈdjʊərəs/ *pr n* Honduras *m*.

honest /ˈɒnɪst/ *adj* honnête; *be honest!* franc!; *to be honest…* à dire vrai…; [money] honnêtement acquis; [price] juste.

honestly /ˈɒnɪstlɪ/ *adv* honnêtement; [believe] franchement; [say] sincèrement.

honesty /ˈɒnɪstɪ/ *n* honnêteté *f*.

honey /ˈhʌnɪ/ *n* miel *m*; (endearment)© chéri/-e *m/f*.

honeymoon /ˈhʌnɪmuːn/ *n* lune *f* de miel.

honeysuckle /ˈhʌnɪsʌkl/ *n* chèvrefeuille *m*.

honk /hɒŋk/ *vi* (driver) klaxonner.

honourGB, **honor**US /ˈɒnə(r)/ **I** *n* honneur *m*; *Your Honour*GB Votre Honneur. **II honours** *npl* UNIVGB *first/second class honours* ≈ licence avec mention très bien/bien; JEUX honneurs *mpl*. **III** *vtr* honorer.

honourableGB, **honorable**US /ˈɒnərəbl/ *adj* honorable; *the Honourable Gentleman*GB POL Monsieur le député.

hood /hʊd/ *n* capuchon *m*, capuche *f*; (balaclava) cagoule *f*; (on cooker) hotte *f*; (on printer, US car) capot *m*; (on car)GB capote *f*.

hoof /huːf/ *n* (*pl* -s/hooves) sabot *m*.

hook /hʊk/ **I** *n* crochet *m*; (on fishing line) hameçon *m*; (fastener) agrafe *f*; *to take the phone off the hook* décrocher le téléphone. **II** *vtr* accrocher; [▸fish] prendre.

hooked /hʊkt/ *adj* [nose, beak] crochu; *hooked on* [▸computer games] mordu© de.

hooligan /ˈhuːlɪɡən/ *n* vandale *m*, voyou *m*; *soccer hooligan* hooligan *m*.

hoop /huːp/ *n* cerceau *m*.

hoot /huːt/ **I** *n* (of owl) (h)ululement *m*; (of train) sifflement *m*. **II** *vi* [owl] (h)ululer; [train] siffler; *to hoot with laughter* éclater de rire.

hoover®GB /ˈhuːvə(r)/ **I** *n* aspirateur *m*. **II** *vtr* passer l'aspirateur.

hop /hɒp/ **I** *n* bond *m*; (of bird) sautillement *m*. **II hops** *npl* houblon *m inv*. **III** *vi* (*p prés etc* -**pp**-) sauter; (on one leg) sauter à cloche-pied; *hop in!* vas-y, monte!

hope /həʊp/ **I** *n* espoir *m*, espérance *f*. **II** *vtr*, *vi* espérer; *I (do) hope so/not* j'espère (bien) que oui/que non.

hopeful /ˈhəʊpfl/ *adj* plein d'espoir, optimiste.

hopefully /ˈhəʊpfəlɪ/ *adv* avec un peu de chance.

hopeless /ˈhəʊplɪs/ *adj* désespéré; *it's hopeless!* inutile!; *hopeless*© *at sth* nul/nulle© en qch.

hopelessly /ˈhəʊplɪslɪ/ *adv* [drunk] complètement; [in love] éperdument.

horde /hɔːd/ *n* foule *f*, horde *f*.

horizon /həˈraɪzn/ n horizon m; *to broaden one's horizons* élargir ses horizons.

horizontal /ˌhɒrɪˈzɒntl, ˌhɔːr-US/ I n horizontale f. II adj horizontal; *horizontal bar* barre fixe.

hormone treatment n traitement m hormonal.

horn /hɔːn/ n (of animal) corne f; (instrument) cor m; (of car) klaxon® m; (of ship) sirène f.

hornet /ˈhɔːnɪt/ n frelon m.

horoscope /ˈhɒrəskəʊp, ˈhɔːr-US/ n horoscope m.

horrendous /hɒˈrendəs/ adj épouvantable.

horrible /ˈhɒrɪbl, ˈhɔːr-US/ adj horrible.

horrid /ˈhɒrɪd, ˈhɔːrɪdUS/ adj affreux/-euse.

horrific /həˈrɪfɪk/ adj atroce.

horrified /ˈhɒrɪfaɪd, ˈhɔːr-US/ adj horrifié.

horrifying /ˈhɒrɪfaɪɪŋ, ˈhɔːr-US/ adj horrifiant, effroyable.

horror /ˈhɒrə(r), ˈhɔːr-US/ n horreur f.

horror-strickenUS, **horror-struck** adj frappé d'horreur.

horse /hɔːs/ n cheval m.

horseback /ˈhɔːsbæk/ n *on horseback* à cheval.

horse chestnut n marronnier m (d'Inde).

horsefly n taon m.

horseman n cavalier m.

horsepower /ˈhɔːspaʊə(r)/ n puissance f (en chevaux); (unit of power) cheval-vapeur m, cheval m; *a 90 horsepower engine* un moteur de 90 chevaux.

horseracing n courses fpl de chevaux.

horseradish n raifort m.

horseshoe n fer m à cheval.

horseshow n concours m hippique.

hose /həʊz/ n tuyau m d'arrosage; (against fire) lance f à incendie.

hospice /ˈhɒspɪs/ n établissement m de soins palliatifs.

hospitable /hɒˈspɪtəbl/ adj hospitalier/-ière, accueillant (to envers).

hospital /ˈhɒspɪtl/ I n hôpital m. II in compounds [facilities, staff, ward] hospitalier/-ière; [bed] d'hôpital.

hospitality /ˌhɒspɪˈtælətɪ/ n hospitalité f.

hospitalize /ˈhɒspɪtəlaɪz/ vtr hospitaliser.

host /həʊst/ I n hôte m; RADIO, TV animateur/-trice m/f; ORDINAT hôte m, serveur m; *a host of* une foule de. II vtr organiser; [▸show] animer; ORDINAT [▸website] héberger.

hostage /ˈhɒstɪdʒ/ n otage m.

hostel /ˈhɒstl/ n foyer m; *(youth) hostel* auberge de jeunesse.

hostess /ˈhəʊstɪs/ n hôtesse f; TV animatrice f.

hostile /ˈhɒstaɪl, -tlUS/ adj hostile (à).

hostility /hɒˈstɪlətɪ/ n hostilité f.

host name n ORDINAT adresse f Internet.

hot /hɒt/ adj chaud; *it's hot* il fait chaud; *to be hot* avoir chaud; [spice] fort; [dish] épicé; *to have a hot temper* s'emporter facilement; [person]© calé©.

hotbed /ˈhɒtbed/ n foyer m (of de).

hot dog n hot dog m.

hotel /həʊˈtel/ I n hôtel m. II in compounds [room, manager] d'hôtel; [industry] hôtelier/-ière.

hot key n ORDINAT raccourci m clavier.

hotline /ˈhɒtlaɪn/ n permanence f téléphonique; MIL, POL téléphone m rouge.

hot pepper n piment m.

hot spot© n POL point m chaud.

hot-tempered adj colérique.

hound /haʊnd/ I n chien m de chasse. II vtr harceler, traquer.

hour /aʊə(r)/ I n heure f; *in the early hours* au petit matin. II **hours** npl *business/opening hours* heures d'ouverture; *office hours* heures de permanence.

hourly /ˈaʊəlɪ/ I adj *on an hourly basis* à l'heure; *the buses are hourly* les bus partent toutes les heures. II adv toutes les heures.

house I /haʊs, pl haʊzɪz/ n maison f; *at my/his house* chez moi/lui; POL Chambre f; (audience) assistance f. II /haʊz/ vtr loger; (contain) abriter.
● **on the house** aux frais de la maison.

house arrest n *to be under house arrest* être en résidence surveillée.

housebreaking /ˈhaʊsbreɪkɪŋ/ n JUR cambriolage m par effraction.

household /ˈhaʊshəʊld/ I n maison f, ménage f. II in compounds [accounts, bill] du ménage; [item] ménager/-ère; *household appliance* appareil électroménager.

house husband *n* homme au foyer.

housekeeper *n* femme *f* de chambre.

housekeeping *n* (money) argent *m* du ménage.

House of CommonsGB *n* Chambre *f* des communes.

House of LordsGB *n* Chambre *f* des lords, Chambre haute.

House of RepresentativesUS *n* Chambre *f* des représentants.

house-sit *vi* garder une maison (**for** pour).

housewife *n* (*pl* **housewives**) femme *f* au foyer, ménagère *f*.

housework /ˈhaʊswɜːk/ *n* travaux *mpl* ménagers.

housing /ˈhaʊzɪŋ/ *n* logement *m*.

housing estateGB *n* (large) cité *f*; (small) lotissement *m*; (council-run) ≈ cité *f*/lotissement *m* HLM.

housing projectUS *n* (large) ≈ cité *f* HLM; (small) ≈ lotissement *m* HLM.

hover /ˈhɒvə(r)/ *vi* voleter, planer.

hovercraft *n inv* aéroglisseur *m*.

how /haʊ/ **I** *adv, conj* comment; *how are you?* comment allez-vous?; *how are things?* comment ça va?; *how do you do!* (greeting) enchanté!; (in quantity questions) *how much is this?* combien ça coûte?; *how many people?* combien de personnes?; *how old is she?* quel âge a-t-elle?; *to know how to do* savoir faire; (in exclamations) *how wonderful!* c'est fantastique!; (in whichever way)© comme. **II how about** *adv phr how about some tea* et si on prenait un thé?; *how about you* et toi? **III** © **how come** *adv phr* comment se fait-il que…? **IV how so?** *adv phr* comment ça ? **V how's that** *adv phr* c'est d'accord?

howdy©US /ˈhaʊdɪ/ *excl* salut©!

however /haʊˈevə(r)/ **I** *conj* toutefois, cependant. **II** *adv* *however hard I try…* j'ai beau essayer…; *however small she is/ may be* si petite soit-elle; *however much it costs* quel que soit le prix.

howl /haʊl/ **I** *n* hurlement *m*; *a howl of laughter* un éclat de rire. **II** *vtr, vi* hurler.

howler© /ˈhaʊlə(r)/ *n* bourde *f*, gaffe *f*, perle *f*.

HQ *n* (*abrév* = **headquarters**) QG *m*.

hr *n* (*abrév* = **hour**) h.

HRH *n* (*abrév* = **Her/His Royal Highness**) Son Altesse Royale.

HRT /eɪtʃɑːˈtiː/ (*abrév* = **hormone replacement therapy**) *n* traitement *m* hormonal substitutif, THS *m*.

HTML /eɪtʃtiːemˈel/ *n* (*abrév* = **HyperText Mark-up Language**) HTML *m*.

hub /hʌb/ *n* moyeu *m*; FIG centre *m*.

huddle /ˈhʌdl/ *vi* se blottir.

hue /hjuː/ *n* couleur *f*; (political) tendance *f*.

huff© /hʌf/ *n in a huff* vexé.

hug /hʌg/ **I** *n* étreinte *f*; *to give sb a hug* serrer qn dans ses bras. **II** *vtr* (*p prés etc* **-gg-**) serrer [qn] dans ses bras.

huge /hjuːdʒ/ *adj* énorme, immense.

hulk /hʌlk/ *n* épave *f*, carcasse *f*.

hull /hʌl/ *n* coque *f*.

hullo /hʌˈləʊ/ *excl* ▶ **hello**.

hum /hʌm/ **I** *n* bourdonnement *m*. **II** *vi* (*p prés etc* **-mm-**) [person] fredonner; [insect] bourdonner; [machine] ronronner.

human /ˈhjuːmən/ *adj* humain; *human being* être humain.

humane /hjuːˈmeɪn/ *adj* humain.

humanism /ˈhjuːmənɪzəm/ *n* humanisme *m*.

humanitarian /hjuːmænɪˈteərɪən/ *adj* humanitaire.

humanity /hjuːˈmænətɪ/ *n* humanité *f*.

human resources, HR *npl* ressources *fpl* humaines, RH *fpl*.

human rights *npl* droits *mpl* de l'homme.

human rights activist *n* militant/-e *m/f* pour les droits de l'homme.

human shield *n* bouclier *m* humain.

humble /ˈhʌmbl/ **I** *adj* humble. **II** *vtr* humilier.

humid /ˈhjuːmɪd/ *adj* humide.

humidity /hjuːˈmɪdətɪ/ *n* humidité *f*.

humiliate /hjuːˈmɪlɪeɪt/ *vtr* humilier.

humiliation /hjuːmɪlɪˈeɪʃn/ *n* humiliation *f*.

humming bird *n* oiseau-mouche *m*.

humorous /ˈhjuːmərəs/ *adj* (amusing) humoristique; (amused) plein d'humour.

humourGB, **humor**US /ˈhjuːmə(r)/ **I** n humour m; *to be in (a) good humour* être de bonne humeur. **II** vtr amadouer.

hump /hʌmp/ n bosse f.

hunch /hʌntʃ/ n intuition f.

hunched /hʌntʃt/ adj [back] voûté.

hundred /ˈhʌndrəd/ n, adj cent; *two hundred* deux cents; *hundreds of times* des centaines de fois.

hundredth /ˈhʌndrətθ/ n, adj, adv centième (mf).

hung /hʌŋ/ ▸ **hang**.

Hungary /ˈhʌŋgəri/ pr n Hongrie f.

Hungarian /hʌŋˈgeəriən/ **I** n (person) Hongrois/-e m/f; LING hongrois m. **II** adj hongrois.

hunger /ˈhʌŋgə(r)/ **I** n faim f. **II** vi *to hunger for* avoir faim de.

hunger strike n grève f de la faim.

hungry /ˈhʌŋgri/ adj *to be/feel hungry* avoir faim; *hungry for* [▸ power] assoiffé de.

hung-up /hʌŋˈʌp/ adj (tense) complexé.

hunk /hʌŋk/ n gros morceau m.

hunt /hʌnt/ **I** n recherche f; (for animal) chasse f. **II** vtr rechercher; [▸ game] chasser. **III** vi chasser; [▸ for person] chercher [qch] partout.

hunter /ˈhʌntə(r)/ n chasseur/-euse m/f.

hunting /ˈhʌntɪŋ/ n chasse f.

huntsman /ˈhʌntsmən/ n chasseur m.

hurdle /ˈhɜːdl/ n SPORT haie f; obstacle m.

hurl /hɜːl/ **I** vtr lancer. **II** v refl se précipiter.

hurricane /ˈhʌrɪkən, -keɪn/US/ n ouragan m.

hurried /ˈhʌrɪd/ adj [visit, meal] rapide; [job, work] fait à la va-vite; [departure] précipité.

hurriedly /ˈhʌrɪdlɪ/ adv en toute hâte.

hurry /ˈhʌrɪ/ **I** n hâte f, empressement m; *to be in a hurry* être pressé; *there's no hurry* ça ne presse pas. **II** vtr bousculer; [▸ meal, task] expédier [qch] à la hâte. **III** vi *to hurry (up)* se dépêcher.
■ **hurry along** se presser, se dépêcher; [▸ process] faire accélérer, faire activer; **hurry away** se sauver; **hurry back** (to any place) se dépêcher/s'empresser de retourner (**to** à); (to one's home) se dépêcher de rentrer (chez soi); **hurry off** se sauver.

hurt /hɜːt/ **I** adj peiné, blessé. **II** vtr (prét, pp **hurt**) blesser, faire mal à; (affect adversely) nuire à; *to hurt oneself* se blesser, se faire mal; *to hurt one's back* se faire mal au dos. **III** vi faire mal; *my throat hurts* j'ai mal à la gorge; *my shoes hurt* mes chaussures me font mal.

hurtle /ˈhɜːtl/ vi *to hurtle down sth* dévaler qch; *to hurtle along a road* foncer sur une route.

husband /ˈhʌzbənd/ n mari m, époux m.

hush /hʌʃ/ **I** n silence m. **II** excl chut!

hush-hush© adj très confidentiel/-ielle.

husky /ˈhʌskɪ/ **I** n (dog) husky m. **II** adj [voice] enroué.

hustle /ˈhʌsl/ **I** n agitation f. **II** vtr pousser, bousculer. **III** vi se dépêcher.

hut /hʌt/ n hutte f, case f; (in garden) cabane f.

hyacinth /ˈhaɪəsɪnθ/ n jacinthe f.

hybrid /ˈhaɪbrɪd/ n, adj hybride (m).

hydrangea /haɪˈdreɪndʒə/ n hortensia m.

hydraulic /haɪˈdrɔːlɪk/ adj hydraulique.

hydrofoil /ˈhaɪdrəfɔɪl/ n hydroptère m.

hydrogen /ˈhaɪdrədʒən/ n hydrogène m.

hyena /haɪˈiːnə/ n hyène f.

hygiene /ˈhaɪdʒiːn/ n hygiène f.

hymn /hɪm/ n (song) cantique m.

hype© /haɪp/ n battage m publicitaire.

hyperlink /ˈhaɪpəlɪŋk/ n ORDINAT hyperlien m.

hypertext n hypertexte m.

hyphen /ˈhaɪfn/ n trait m d'union.

hypnosis /hɪpˈnəʊsɪs/ n hypnose f.

hypoallergenic /ˌhaɪpəʊæləˈdʒenɪk/ adj hypoallergique.

hypocrisy /hɪˈpɒkrəsɪ/ n hypocrisie f.

hypocritical /ˌhɪpəˈkrɪtɪkl/ adj hypocrite.

hypothesis /haɪˈpɒθəsɪs/ n (pl **-theses**) hypothèse f.

hypothetic(al) /ˌhaɪpəˈθetɪk(l)/ adj hypothétique.

hysteria /hɪˈstɪərɪə/ n hystérie f.

hysterical /hɪˈsterɪkl/ adj [person, behaviour] hystérique; [demand, speech] délirant.

hysterics /hɪˈsterɪks/ n GÉN crise f de nerfs; (laughter) *to be in hysterics* rire aux larmes.

i

I /aɪ/ pron je; *he and I* lui et moi.

ice /aɪs/ **I** n glace f; (on roads) verglas m; (in drinks) glaçons mpl. **II** vtr glacer.

ice age n période f glaciaire.

iceberg /ˈaɪsbɜːɡ/ n iceberg m.

icebox /ˈaɪsbɒks/ n glacière f.

icebreaker n NAUT brise-glace m inv.

ice cream n glace f.

ice cube n glaçon m.

ice hockey n SPORT hockey m sur glace.

Iceland /ˈaɪslənd/ pr n Islande f.

Icelander /ˈaɪsləndə(r)/ n Islandais/-e m/f.

Icelandic /aɪsˈlændɪk/ **I** n LING islandais m. **II** adj islandais.

ice-skating n patinage m sur glace.

icon /ˈaɪkɒn/ n GÉN icône f.

icy /ˈaɪsɪ/ adj [road] verglacé; [wind, look] glacial; [hands] glacé.

I'd /aɪd/ = **I had**, = **I should**, = **I would**.

ID /aɪˈdiː/ **I** n (abrév = **identification, identity**) *ID card* carte f d'identité. **II** in compounds [▸card, papers] d'identité; ORDINAT code m d'identification.

idea /aɪˈdɪə/ n idée f; *to have no idea why* ne pas savoir pourquoi.

ideal /aɪˈdiːəl/ n, adj idéal (m).

idealistic /aɪdɪəˈlɪstɪk/ adj idéaliste.

idealize /aɪˈdɪəlaɪz/ vtr idéaliser.

identical /aɪˈdentɪkl/ adj identique.

identical twin n vrai jumeau/vraie jumelle m/f.

identifiable /aɪˌdentɪˈfaɪəbl/ adj reconnaissable.

identification /aɪˌdentɪfɪˈkeɪʃn/ n identification f; pièce f d'identité.

identifier /aɪˈdentɪfaɪə(r)/ n identifiant m.

identify /aɪˈdentɪfaɪ/ **I** vtr identifier. **II** vi *to identify with* s'identifier à.

identity /aɪˈdentətɪ/ n identité f.

identity card n carte f d'identité.

identity papers npl papiers mpl d'identité.

ideological /aɪdɪəˈlɒdʒɪkl/ adj idéologique.

ideology /aɪdɪˈɒlədʒɪ/ n idéologie f.

idiom /ˈɪdɪəm/ n expression f idiomatique.

idiot /ˈɪdɪət/ n idiot/-e m/f.

idiotic /ɪdɪˈɒtɪk/ adj bête.

idle /ˈaɪdl/ **I** adj (lazy) paresseux/-euse; (without occupation) oisif/-ive; [boast, threat] vain; [chatter] inutile; [moment] de loisir; [machine] à l'arrêt. **II** vi [engine] tourner au ralenti.

■ **idle away** [▸day] passer [qch] à ne rien faire.

idol /ˈaɪdl/ n idole f.

idyllic /ɪˈdɪlɪk, aɪˈd-US/ adj idyllique.

ie /ˈaɪˈiː/ (abrév = **id est/that is**) c.-à-d., c'est-à-dire.

if /ɪf/ conj si; *if I were you* à ta place; *if not* sinon.

ignite /ɪɡˈnaɪt/ **I** vtr enflammer. **II** vi prendre feu.

ignition /ɪɡˈnɪʃn/ n AUT allumage m.

ignition key n clé f de contact.

ignorance /ˈɪɡnərəns/ n ignorance f.

ignorant /ˈɪɡnərənt/ adj ignorant.

ignore /ɪɡˈnɔː(r)/ vtr [▸feeling, fact] ne pas tenir compte de.

ill /ɪl/ **I** adj malade; *ill with sth* atteint de qch. **II** adv mal; *to speak ill of sb* dire du mal de qn.

I'll /aɪl/ = **I shall**, = **I will**.

ill-assorted adj mal assorti.

ill-considered adj [▸remark, decision] irréfléchi; [▸measure] hâtif/-ive.

illegal /ɪˈliːɡl/ adj illégal; [immigrant] clandestin.

illegible /ɪˈledʒəbl/ adj illisible.

illegitimate /ɪlɪˈdʒɪtɪmət/ adj illégitime.

ill-founded adj sans fondement.

illicit /ɪˈlɪsɪt/ adj illicite.

illiterate /ɪˈlɪtərət/ n analphabète mf.

illness /ˈɪlnɪs/ n maladie f.

illogical /ɪˈlɒdʒɪkl/ adj illogique.

ill-prepared adj mal préparé.

ill-treat vtr maltraiter.

illuminate /ɪˈluːmɪneɪt/ vtr GÉN éclairer; (light for effect) illuminer.

illumination /ɪluːmɪˈneɪʃn/ n éclairage m; (for effect) illumination f.

illusion /ɪˈluːʒn/ n illusion f.

illustrate /ˈɪləstreɪt/ vtr illustrer.

illustration /ɪləˈstreɪʃn/ n illustration f.

I'm /aɪm/ = **I am**.

image /ˈɪmɪdʒ/ n image f; (of company) image f de marque.

imaginable /ɪˈmædʒɪnəbl/ adj imaginable.

imaginary /ɪˈmædʒɪnərɪ, -ənerɪ^{US}/ adj imaginaire.

imagination /ɪmædʒɪˈneɪʃn/ n imagination.

imaginative /ɪˈmædʒɪnətɪv, -əneɪtɪv^{US}/ adj plein d'imagination.

imagine /ɪˈmædʒɪn/ vtr (s')imaginer; **to imagine being rich** s'imaginer riche.

IMF n (abrév = **International Monetary Fund**) FMI m.

imitate /ˈɪmɪteɪt/ vtr imiter.

imitation /ɪmɪˈteɪʃn/ **I** n imitation f. **II** adj artificiel/-ielle; **imitation fur** fausse fourrure.

immaculate /ɪˈmækjʊlət/ adj impeccable.

immaterial /ɪməˈtɪərɪəl/ adj sans importance.

immature /ɪməˈtjʊə(r), -tʊər^{US}/ adj [plant, animal] qui n'est pas à maturité; **don't be so immature!** ne te conduis pas comme un enfant!

immediate /ɪˈmiːdɪət/ adj immédiat.

immediately /ɪˈmiːdɪətlɪ/ **I** adv immédiatement, tout de suite; **immediately after/before** juste avant/après. **II** ^{GB} conj dès que.

immense /ɪˈmens/ adj immense.

immensely /ɪˈmenslɪ/ adv extrêmement.

immerse /ɪˈmɜːs/ vtr plonger.

immersion /ɪˈmɜːʃn, -ʒn^{US}/ n immersion f (**in** dans).

immersion heater n chauffe-eau m électrique.

immigrant /ˈɪmɪgrənt/ n immigrant/-e m/f; (established) immigré/-e m/f.

immigration /ɪmɪˈgreɪʃn/ n immigration f.

immigration authorities npl services mpl d'immigration.

imminent /ˈɪmɪnənt/ adj imminent.

immobile /ɪˈməʊbaɪl, -bl^{US}/ adj immobile.

immobilize /ɪˈməʊbɪlaɪz/ vtr immobiliser.

immoral /ɪˈmɒrəl, ɪˈmɔːrəl^{US}/ adj immoral.

immortal /ɪˈmɔːtl/ adj immortel/-elle.

immune /ɪˈmjuːn/ adj [person] immunisé; [system] immunitaire; **immune to** insensible à; **immune from** [▸attack] à l'abri de; [▸tax] être exempté de.

immunity /ɪˈmjuːnətɪ/ n immunité f; **tax immunity** exemption f fiscale.

immunize /ˈɪmjʊnaɪz/ vtr immuniser.

immunodeficiency /ɪmjuːnəʊdɪˈfɪʃənsɪ/ n déficience f immunitaire, immunodéficience f.

immunodeficient /ɪmjuːnəʊdɪˈfɪʃənt/ adj immunodéficitaire, immunodéficient.

impact /ˈɪmpækt/ n (effect) impact m.

impair /ɪmˈpeə(r)/ vtr [▸ability] diminuer; [▸health] détériorer.

impaired /ɪmˈpeəd/ adj [mobility] réduit; **visually impaired** malvoyant; **hearing-impaired** malentendant.

impart /ɪmˈpɑːt/ vtr transmettre.

impartial /ɪmˈpɑːʃl/ adj impartial.

impassioned /ɪmˈpæʃnd/ adj passionné.

impassive /ɪmˈpæsɪv/ adj impassible.

impatience /ɪmˈpeɪʃns/ n impatience f.

impatient /ɪmˈpeɪʃnt/ adj impatient; (irritable) agacé.

impeach /ɪmˈpiːtʃ/ vtr mettre [qn] en accusation.

impeccable /ɪmˈpekəbl/ adj impeccable.

impede /ɪmˈpiːd/ vtr entraver.

impediment /ɪmˈpedɪmənt/ n entrave f.

impending /ɪmˈpendɪŋ/ adj imminent.

imperative /ɪmˈperətɪv/ **I** n LING impératif m. **II** adj [need] urgent; [tone] impérieux/-ieuse.

imperfect /ɪmˈpɜːfɪkt/ **I** n LING imparfait m. **II** adj imparfait; [goods] défectueux/-euse.

imperfection /ɪmpəˈfekʃn/ n défaut m, imperfection f.

imperial /ɪmˈpɪərɪəl/ adj impérial.

imperialist /ɪmˈpɪərɪəlɪst/ n impérialiste mf.

imperil /ɪmˈperəl/ *vtr* (*p prés etc* **-ll-**GB, **-l-**US) [▸ existence] menacer; [▸ security, plan, scheme] compromettre.

imperishable /ɪmˈperɪʃəbl/ *adj* [▸ food] non périssable.

impersonal /ɪmˈpɜːsənl/ *adj* impersonnel/-elle.

impersonate /ɪmˈpɜːsəneɪt/ *vtr* imiter, se faire passer pour.

impertinent /ɪmˈpɜːtɪnənt/ *adj* [▸ person, remark] impertinent; **to be impertinent** se montrer impertinent (**to** envers).

impetus /ˈɪmpɪtəs/ *n* impulsion f.

implant I /ˈɪmplɑːnt, -plæntUS/ *n* implant *m*. **II** /ɪmˈplɑːnt, -ˈplæntUS/ *vtr* implanter.

implausible /ɪmˈplɔːzəbl/ *adj* peu plausible.

implement I /ˈɪmplɪmənt/ *n* GÉN instrument *m*; (tool) outil *m*. **II** /ˈɪmplɪment/ *vtr* [▸ contract] exécuter; [▸ law] mettre [qch] en application; ORDINAT [▸ system] implémenter.

implicate /ˈɪmplɪkeɪt/ *vtr* impliquer.

implication /ˌɪmplɪˈkeɪʃn/ *n* implication f.

implicit /ɪmˈplɪsɪt/ *adj* (implied) implicite; [faith, trust] absolu.

imply /ɪmˈplaɪ/ *vtr* laisser entendre; [argument] impliquer.

impolite /ˌɪmpəˈlaɪt/ *adj* impoli (envers).

import I /ˈɪmpɔːt/ *n* COMM importation f; **of no (great) import** de peu d'importance. **II** /ɪmˈpɔːt/ *vtr* COMM, ÉCON importer; ORDINAT [▸ date, file] importer.

importance /ɪmˈpɔːtns/ *n* importance f.

important /ɪmˈpɔːtnt/ *adj* important.

importer /ɪmˈpɔːtə(r)/ *n* importateur/-trice *m/f*.

impose /ɪmˈpəʊz/ **I** *vtr* imposer; [▸ sanction] infliger. **II** *vi* s'imposer.

imposing /ɪmˈpəʊzɪŋ/ *adj* imposant, impressionnant.

imposition /ˌɪmpəˈzɪʃn/ *n* abus *m*; dérangement f; (of a rule) application f.

impossible /ɪmˈpɒsəbl/ *n*, *adj* impossible *(m)*.

impotence /ˈɪmpətəns/ *n* impuissance f.

impotent /ˈɪmpətənt/ *adj* impuissant.

impound /ɪmˈpaʊnd/ *vtr* [▸ car] emmener [qch] à la fourrière; [▸ goods] confisquer.

impoverish /ɪmˈpɒvərɪʃ/ *vtr* appauvrir.

impractical /ɪmˈpræktɪkl/ *adj* peu réaliste.

impress /ɪmˈpres/ **I** *vtr* impressionner. **II** *vi* faire bonne impression.

impression /ɪmˈpreʃn/ *n* impression f; **what's your impression?** qu'est-ce que tu penses?

impressionable /ɪmˈpreʃənəbl/ *adj* [▸ child, mind] influençable; **at an impressionable age** à l'âge où l'on est influençable.

impressionist /ɪmˈpreʃənɪst/ *n* impressionniste *mf*; (mimic) imitateur/-trice *m/f*.

impressive /ɪmˈpresɪv/ *adj* impressionnant, imposant.

impressively /ɪmˈpresɪvlɪ/ *adv* remarquablement bien.

imprint I /ˈɪmprɪnt/ *n* empreinte f. **II** /ɪmˈprɪnt/ *vtr* (print) imprimer (sur).

imprison /ɪmˈprɪzn/ *vtr* emprisonner.

imprisonment /ɪmˈprɪznmənt/ *n* emprisonnement *m*.

improbable /ɪmˈprɒbəbl/ *adj* improbable; [story] invraisemblable.

improper /ɪmˈprɒpə(r)/ *adj* malséant; [usage] impropre.

improve /ɪmˈpruːv/ **I** *vtr* améliorer; **to improve one's French** faire des progrès en français. **II** *vi* s'améliorer, aller mieux.

improvement /ɪmˈpruːvmənt/ *n* amélioration f.

impulse /ˈɪmpʌls/ *n* impulsion f; **on (an) impulse** sur un coup de tête.

impulse buying *n* ¢ achat *m* d'impulsion.

impulsive /ɪmˈpʌlsɪv/ *adj* impulsif/-ive, spontané.

impunity /ɪmˈpjuːnətɪ/ *n* **with impunity** en toute impunité.

in /ɪn/ **I** *prep* (+ location or position) **in Paris/ school** à Paris/l'école; **in Spain** en Espagne; **I'm in here!** je suis là!; **in the box** dans la boîte; (+ time) **in May, in 1987** en mai, en 1987; **in the night** pendant la nuit; **in 10 minutes** en/dans 10 minutes; **it hasn't rained in weeks** il n'a pas plu depuis des semaines; (+ manner or medium) **dressed in black** habillé en noir; **in pencil** au crayon; **in doing so** en faisant cela; (as regards) **rich/ poor in minerals** riche/pauvre en minéraux; **10 cm in length** 10 cm de long; (in superlatives) de; **the tallest in the world** le plus grand du monde; *to work in Win-dows*® travailler sous Windows®. **II** *in that* conj phr dans la mesure où. **III** adv *the train is in* le train est là, est en gare; *we don't have any in* nous n'en avons pas en stock. **IV** ⓒ adj à la mode.

● *to know the ins and outs of an affair* connaître une affaire dans les moindres détails; *he's in for a shock/surprise* il va avoir un choc/être surpris.

in. (*abrév écrite* = **inch**).

inability /ɪnə'bɪlətɪ/ *n inability (to do sth)* inaptitude (à faire qch).

inaccessible /ˌɪnæk'sesəbl/ *adj* inaccessible.

inaccurate /ɪn'ækjʊrət/ *adj* inexact.

inactive /ɪn'æktɪv/ *adj* inactif/-ive; [volcano] éteint.

inadequacy /ɪn'ædɪkwəsɪ/ *n* insuffisance *f*.

inadequate /ɪn'ædɪkwət/ *adj* insuffisant.

inadvertent /ˌɪnəd'vɜːtənt/ *adj* involontaire.

inadvisable /ˌɪnəd'vaɪzəbl/ *adj* (plan, action) inopportun, à déconseiller.

inane /ɪ'neɪn/ *adj* [▸ person, conversation] idiot; [▸ programme, question] débile ⓒ.

inanely /ɪ'neɪnlɪ/ *adv* [grin, laugh] de façon idiote.

inappropriate /ˌɪnə'prəʊprɪət/ *adj* [behaviour] inconvenant, peu convenable; [remark] inopportun.

inapt /ɪn'æpt/ *adj* [▸ expression, term] impropre, inconvenant; [▸ behaviour, remark] déplacé, inconvenant.

inaudible /ɪn'ɔːdəbl/ *adj* inaudible; *he was almost inaudible* on l'entendait à peine.

inaugurate /ɪ'nɔːgjʊreɪt/ *vtr* inaugurer.

inauguration /ɪˌnɔːgjʊ'reɪʃn/ *n* inauguration *f*; (of president) investiture *f*.

in-between *adj* intermédiaire.

IncUS (*abrév* = **incorporated**) SA.

incapable /ɪn'keɪpəbl/ *adj incapable (of doing sth)* incapable (de faire qch).

incendiary /ɪn'sendɪərɪ, -dɪerɪUS/ *adj* [device] incendiaire.

incense I /'ɪnsens/ *n* encens *m*. **II** /ɪn'sens/ *vtr* mettre [qn] en fureur.

incentive /ɪn'sentɪv/ *n* motivation *f*; (money) prime *f*.

incessant /ɪn'sesnt/ *adj* incessant.

incessantly /ɪn'sesntlɪ/ *adv* sans cesse.

incest /'ɪnsest/ *n* inceste *m*.

inch /ɪntʃ/ **I** *n* pouce *m* (= *2,54 cm*); *inch by inch* petit à petit. **II** *vtr to inch sth forward* faire avancer qch petit à petit.

incidence /'ɪnsɪdəns/ *n* fréquence *f*.

incident /'ɪnsɪdənt/ *n* incident *m*.

incidental /ˌɪnsɪ'dentl/ **I** *n* détail *m*. **II incidentals** *npl* faux frais *mpl*. **III** *adj* [detail, remark] secondaire; [error] mineur.

incidentally /ˌɪnsɪ'dentlɪ/ *adv* à propos.

incinerate /ɪn'sɪnəreɪt/ *vtr* incinérer.

incinerator /ɪn'sɪnəreɪtə(r)/ *n* incinérateur *m*.

incisive /ɪn'saɪsɪv/ *adj* incisif/-ive.

incite /ɪn'saɪt/ *vtr to incite sb to do* inciter qn à faire.

incl (*abrév écrite* = **including, inclusive**) compris.

inclination /ˌɪnklɪ'neɪʃn/ *n* tendance *f*, inclination *f*; (desire) envie *f*, désir *m*.

inclined /ɪn'klaɪnd/ *adj to be inclined to do* avoir tendance à faire; (have desire) avoir envie de faire.

include /ɪn'kluːd/ *vtr* inclure, comprendre.

including /ɪn'kluːdɪŋ/ *prep* (y) compris.

inclusion /ɪn'kluːʒn/ *n* inclusion *f*.

inclusive /ɪn'kluːsɪv/ *adj* [charge] inclus; [price] forfaitaire; [terms] tout compris.

incoherent /ˌɪnkəʊ'hɪərənt/ *adj* incohérent.

income /'ɪnkʌm/ *n* revenus *mpl*.

income bracket, **income group** *n* tranche *f* de revenu; *low-income bracket* tranche des petits revenus.

income supportGB *n* ADMIN allocation *f* chômage minimum.

income tax *n* impôt *m* sur le revenu.

incoming /'ɪnkʌmɪŋ/ *adj* [aircraft] qui arrive.

incomparable /ɪn'kɒmprəbl/ *adj* [▸ beauty, splendour] sans pareil/-eille.

incompatible /ˌɪnkəm'pætɪbl/ *adj* incompatible.

incompetence /ɪn'kɒmpɪtəns/ *n* incompétence *f*; (of child) inaptitude *f*.

incompetent /ɪn'kɒmpɪtənt/ *n, adj* incompétent.

indifference

incomplete /ɪnkəmˈpliːt/ adj incomplet/-ète, inachevé.

inconclusive /ɪnkənˈkluːsɪv/ adj peu concluant.

incongruous /ɪnˈkɒŋgrʊəs/ adj déconcertant, surprenant.

inconsistency /ɪnkənˈsɪstənsɪ/ n incohérence f.

inconsistent /ɪnkənˈsɪstənt/ adj incohérent; *inconsistent with* en contradiction avec.

inconspicuous /ɪnkənˈspɪkjʊəs/ adj [▸ person] qui passe inaperçu, qui ne se fait pas remarquer; [▸ place, clothing] discret/-ète.

inconvenience /ɪnkənˈviːnɪəns/ I n dérangement m; (disadvantage) inconvénient m. II vtr déranger.

inconvenient /ɪnkənˈviːnɪənt/ adj [location, device] incommode; [time] inopportun.

incorporate /ɪnˈkɔːpəreɪt/ vtr incorporer; [▸ features] comporter.

incorrect /ɪnkəˈrekt/ adj incorrect.

increase I /ˈɪnkriːs/ n augmentation f; *to be on the increase* être en progression. II /ɪnˈkriːs/ vtr, vi *to increase (by)* augmenter (de). III **increasing** pres p adj croissant. IV **increased** pp adj accru.

increasingly /ɪnˈkriːsɪŋlɪ/ adv de plus en plus.

incredible /ɪnˈkredəbl/ adj incroyable.

incredibly /ɪnˈkredəblɪ/ adv (astonishingly) incroyablement.

incredulous /ɪnˈkredjʊləs, -dʒə-US/ adj incrédule.

increment /ˈɪŋkrəmənt/ vtr incrémenter.

incremental /ɪŋkrəˈmentl/ adj ORDINAT, MATH incrémentiel/-ielle; (increasing) [▸ benefit, effect] cumulatif/-ive; [▸ measures, steps] progressif/-ive.

incriminate /ɪnˈkrɪmɪneɪt/ vtr incriminer.

incriminating /ɪnˈkrɪmɪneɪtɪŋ/ adj compromettant.

incubate /ˈɪŋkjʊbeɪt/ vtr [▸ egg] couver.

incumbent /ɪnˈkʌmbənt/ I n titulaire m. II adj en exercice; *to be incumbent on sb to do* incomber à qn de faire.

incur /ɪnˈkɜː(r)/ vtr (p prés etc **-rr-**) [▸ debts] contracter; [▸ loss] subir; [▸ risk] encourir.

incurable /ɪnˈkjʊərəbl/ adj incurable.

indebted /ɪnˈdetɪd/ adj *to be indebted to sb* être redevable à qn.

indecent /ɪnˈdiːsnt/ adj indécent, pas convenable.

indecisive /ɪndɪˈsaɪsɪv/ adj [person, reply] indécis; [battle] peu concluant.

indeed /ɪnˈdiːd/ adv en effet, effectivement; (for emphasis) vraiment.

indefensible /ɪndɪˈfensəbl/ adj MIL indéfendable; (morally) inexcusable, injustifiable.

indefinable /ɪndɪˈfaɪnəbl/ adj indéfinissable.

indefinite /ɪnˈdefɪnət/ adj indéfini; [number, period] indéterminé.

indefinitely /ɪnˈdefɪnətlɪ/ adv indéfiniment.

indemnity /ɪnˈdemnətɪ/ n indemnité f.

independence /ɪndɪˈpendəns/ n indépendance f.

Independence DayUS n fête de l'Indépendance, le 4 juillet.

independent /ɪndɪˈpendənt/ adj indépendant.

in-depth /ɪnˈdepθ/ I adj approfondi, détaillé. II **in depth** adv phr en détail.

indescribable /ɪndɪˈskaɪbəbl/ adj [▸ chaos, noise] indescriptible; [▸ pleasure] inexprimable.

index /ˈɪndeks/ I n GÉN index m inv; (catalogue) catalogue m; ÉCON indice m. II vtr indexer.

India /ˈɪndɪə/ pr n Inde f.

Indian /ˈɪndɪən/ I n (from India) Indien/-ienne m/f; (American) Indien/-ienne m/f d'Amérique. II adj (of India), [▸ people, culture] indien/-ienne; [▸ ambassador, embassy] de l'Inde; *the Indian Empire* HIST l'Empire des Indes.

India(n) ink n encre f de Chine.

indicate /ˈɪndɪkeɪt/ I vtr indiquer. II GB vi [driver] mettre son clignotant.

indication /ɪndɪˈkeɪʃn/ n indication f.

indicative /ɪnˈdɪkətɪv/ I n LING indicatif m. II adj *to be indicative of* montrer.

indicator /ˈɪndɪkeɪtə(r)/ n (pointer) aiguille f; AUTGB clignotant m.

indict /ɪnˈdaɪt/ vtr JUR inculper.

indictment /ɪnˈdaɪtmənt/ n condamnation f; JUR mise f en accusation.

indifference /ɪnˈdɪfrəns/ n indifférence f.

indifferent /ɪnˈdɪfrənt/ *adj* indifférent; (passable) médiocre.

indigestion /ˌɪndɪˈdʒestʃn/ *n* indigestion *f*.

indignant /ɪnˈdɪgnənt/ *adj* indigné.

indignation /ˌɪndɪgˈneɪʃn/ *n* indignation *f*.

indigo /ˈɪndɪgəʊ/ *n, adj* indigo *m, adj inv*.

indirect /ˌɪndɪˈrekt, -daɪˈr-/ *adj* indirect.

indirect tax *n* impôt *m* indirect.

indiscreet /ˌɪndɪˈskriːt/ *adj* indiscret/-ète.

indiscriminate /ˌɪndɪˈskrɪmɪnət/ *adj* sans distinction, général.

indispensable /ˌɪndɪˈspensəbl/ *adj* indispensable.

individual /ˌɪndɪˈvɪdʒʊəl/ **I** *n* individu *m*. **II** *adj* individuel/-elle; [taste] particulier/-ière.

individually /ˌɪndɪˈvɪdʒʊəlɪ/ *adv* individuellement, séparément.

Indonesia /ˌɪndəʊˈniːzjə/ *pr n* Indonésie *f*.

indoor /ˈɪndɔː(r)/ *adj* d'intérieur; [pool, court] couvert.

indoors /ɪnˈdɔːz/ *adv* à l'intérieur; *indoors and outdoors* dedans et dehors.

induce /ɪnˈdjuːs, -duːs^US/ *vtr* (persuade) persuader; [▸emotion, response] provoquer.

inducement /ɪnˈdjuːsmənt, -duː-^US/ *n* récompense *f*; (bribe) pot-de-vin *m*.

indulge /ɪnˈdʌldʒ/ **I** *vtr* [▸whim, desire] céder à; [▸child] gâter. **II** *vi* se laisser tenter; (drink) boire de l'alcool. **III** *v refl* **to indulge oneself** se faire plaisir.

indulgence /ɪnˈdʌldʒəns/ *n* indulgence *f*; *indulgence in food* la gourmandise.

indulgent /ɪnˈdʌldʒənt/ *adj* indulgent.

industrial /ɪnˈdʌstrɪəl/ *adj* industriel/-ielle.

industrial action^GB *n* grève *f*.

industrial dispute *n* conflit *m* social.

industrial estate^GB *n* zone *f* industrielle.

industrialist /ɪnˈdʌstrɪəlɪst/ *n* industriel *m*.

industrialize /ɪnˈdʌstrɪəlaɪz/ *vtr* industrialiser.

industrial relations *npl* relations *fpl* entre les patrons et les ouvriers.

industrial tribunal *n* ≈ conseil de prud'hommes.

industrial waste *n* déchets *mpl* industriels.

industry /ˈɪndəstrɪ/ *n* ¢ industrie *f*; *the oil industry* le secteur pétrolier; (diligence) zèle *m*.

ineffective /ˌɪnɪˈfektɪv/ *adj* inefficace.

ineffectual /ˌɪnɪˈfektʃʊəl/ *adj* inefficace; [gesture] sans effet.

inefficiency /ˌɪnɪˈfɪʃnsɪ/ *n* incompétence *f*; (of method) inefficacité *f*.

inefficient /ˌɪnɪˈfɪʃnt/ *adj* (incompetent) incompétent; (not effective) inefficace.

inept /ɪˈnept/ *adj* incompétent; (tactless) maladroit.

inequality /ˌɪnɪˈkwɒlətɪ/ *n* inégalité *f*.

inert /ɪˈnɜːt/ *adj* inerte.

inertia /ɪˈnɜːʃə/ *n* inertie *f*.

inescapable /ˌɪnɪˈskeɪpəbl/ *adj* indéniable.

inevitable /ɪnˈevɪtəbl/ *adj* inévitable.

inexpensive /ˌɪnɪkˈspensɪv/ *adj* pas cher/chère.

inexperienced /ˌɪnɪkˈspɪərɪənst/ *adj* inexpérimenté.

infallible /ɪnˈfæləbl/ *adj* infaillible.

infamous /ˈɪnfəməs/ *adj* infâme; (notorious) tristement célèbre.

infamy /ˈɪnfəmɪ/ *n* infamie *f*.

infancy /ˈɪnfənsɪ/ *n* petite enfance *f*.

infant /ˈɪnfənt/ *n* (baby) bébé *m*; (child) petit enfant *m*; *the infants*^GB les petites classes *fpl*; *infant school* école *f* maternelle.

infantry /ˈɪnfəntrɪ/ *n* infanterie *f*.

infeasible /ɪnˈfiːzəbl/ *adj* impraticable.

infect /ɪnˈfekt/ *vtr* infecter.

infection /ɪnˈfekʃn/ *n* infection *f*.

infectious /ɪnˈfekʃəs/ *adj* [disease] infectieux/-ieuse, contagieux/-ieuse.

infer /ɪnˈfɜː(r)/ *vtr* (*p prés etc* **-rr-**) inférer, déduire; USAGE CRITIQUÉ suggérer.

inference /ˈɪnfərəns/ *n* déduction *f*; *the inference is that* on en conclut que.

inferior /ɪnˈfɪərɪə(r)/ **I** *n* inférieur/-e *m/f*, subalterne *mf*. **II** *adj* de qualité inférieure; [position] inférieur.

inferno /ɪnˈfɜːnəʊ/ *n* brasier *m*.

infertile /ɪnˈfɜːtaɪl, -tl^US/ *adj* infertile, stérile.

infest /ɪnˈfest/ *vtr* infester.

infidelity /ˌɪnfɪˈdelətɪ/ *n* infidélité *f*.

infighting /ˈɪnfaɪtɪŋ/ n (internal conflict) conflits mpl internes; (in boxing) corps à corps m.

infiltrate /ˈɪnfɪltreɪt/ vtr infiltrer.

infinite /ˈɪnfɪnət/ n, adj infini (m).

infinity /ɪnˈfɪnətɪ/ n infini m.

infirmary /ɪnˈfɜːmərɪ/ n GÉN hôpital m; (in school, prison) infirmerie f.

inflame /ɪnˈfleɪm/ vtr enflammer.

inflammation /ɪnfləˈmeɪʃn/ n inflammation f.

inflammatory /ɪnˈflæmətrɪ, -tɔːrɪUS/ adj [disease] inflammatoire; [speech] incendiaire.

inflatable /ɪnˈfleɪtəbl/ **I** n canot m pneumatique. **II** adj gonflable.

inflate /ɪnˈfleɪt/ vtr gonfler.

inflation /ɪnˈfleɪʃn/ n ÉCON inflation f.

inflationary /ɪnˈfleɪʃnrɪ, -nerɪUS/ adj inflationniste.

inflation rate n taux d'inflation.

inflect /ɪnˈflekt/ vtr LING [▸verb] conjuguer; [▸noun, adjective] décliner; [▸voice] moduler.

inflexible /ɪnˈfleksəbl/ adj inflexible.

inflict /ɪnˈflɪkt/ vtr infliger, causer.

inflow /ˈɪnfləʊ/ n afflux m.

influence /ˈɪnfluəns/ **I** n influence f; *under the influence of alcohol* en état d'ébriété. **II** vtr [▸person] influencer; [▸decision] influer sur.

influence peddling n trafic m d'influence.

influential /ɪnfluˈenʃl/ adj influent.

influenza /ɪnfluˈenzə/ n grippe f.

influx /ˈɪnflʌks/ n afflux m.

inform /ɪnˈfɔːm/ **I** vtr informer, avertir. **II** vi *to inform on/against* dénoncer.

informal /ɪnˈfɔːml/ adj informel/-elle; [manner, style] simple, décontracté; [clothes] de tous les jours; [announcement] officieux/-ieuse; [visit] privé.

informant /ɪnˈfɔːmənt/ n informateur/-trice m/f.

information /ɪnfəˈmeɪʃn/ n ¢ renseignements mpl, informations fpl; *a piece of information* un renseignement, une information.

information desk n réception f.

information pack n documentation f.

information technology, **IT** n informatique f.

informative /ɪnˈfɔːmətɪv/ adj instructif/-ive.

informed /ɪnˈfɔːmd/ adj [opinion] fondé; [person] averti; [source] informé.

informer /ɪnˈfɔːmə(r)/ n indicateur/-trice m/f.

infrared /ɪnfrəˈred/ adj infrarouge.

infringe /ɪnˈfrɪndʒ/ **I** vtr [▸rule] enfreindre; [▸rights] ne pas respecter. **II** vi *to infringe on/upon* empiéter sur.

infringement /ɪnˈfrɪndʒmənt/ n (of rule) infraction f; (of rights) violation f.

infuriate /ɪnˈfjʊərɪeɪt/ vtr exaspérer.

infusion /ɪnˈfjuːʒn/ n (of cash) injection f.

ingenious /ɪnˈdʒiːnɪəs/ adj ingénieux/-ieuse.

ingenuity /ɪndʒɪˈnjuːətɪ, -ˈnuː-US/ n ingéniosité f.

ingrained /ɪnˈgreɪnd/ adj [dirt] bien incrusté; [habit, hatred] enraciné.

ingredient /ɪnˈgriːdɪənt/ n ingrédient m.

inhabit /ɪnˈhæbɪt/ vtr habiter.

inhabitant /ɪnˈhæbɪtənt/ n habitant/-e m/f.

inhale /ɪnˈheɪl/ **I** vtr aspirer, inhaler; [▸smoke] avaler; [▸scent] respirer. **II** vi inspirer.

inherent /ɪnˈhɪərənt, ɪnˈherənt/ adj inhérent (à).

inherit /ɪnˈherɪt/ vtr *to inherit (sth from sb)* hériter (qch de qn).

inheritance /ɪnˈherɪtəns/ n héritage m.

inheritance taxUS n droits mpl de succession.

inhibit /ɪnˈhɪbɪt/ vtr [▸person, reaction] inhiber; *to inhibit sb from doing* empêcher qn de faire.

inhibition /ɪnhɪˈbɪʃn/ n inhibition f.

inhuman /ɪnˈhjuːmən/ adj inhumain.

initial /ɪˈnɪʃl/ **I** n initiale f. **II** adj initial, premier/-ière; *in the initial stages* au début. **III** vtr (p prés etc **-ll-**GB, **-l-**US) parapher, parafer.

initialization n ORDINAT initialisation f.

initialize /ɪˈnɪʃəlaɪz/ vtr ORDINAT initialiser.

initially /ɪˈnɪʃəlɪ/ adv au départ.

initiate **I** /ɪˈnɪʃɪət/ n initié/-e m/f. **II** /ɪˈnɪʃɪeɪt/ vtr [▸reform] mettre en œuvre; [▸talks] amorcer; [▸legal proceedings] entamer; *to initiate sb into sth* initier qn à qch.

initiative /ɪˈnɪʃətɪv/ n initiative f.

inject /ɪnˈdʒekt/ vtr injecter; **to inject sb with sth** faire une injection/une piqûre de qch à qn.

injection /ɪnˈdʒekʃn/ n piqûre f.

injunction /ɪnˈdʒʌŋkʃn/ n injonction f.

injure /ˈɪndʒə(r)/ vtr blesser; **to injure one's hand** se blesser la main.

injured /ˈɪndʒəd/ n, adj blessé.

injury /ˈɪndʒərɪ/ n blessure f; (to reputation) atteinte f.

injury benefitGB n allocation f versée à un/-e accidenté/-e du travail.

injury time n SPORT arrêts mpl de jeu.

injustice /ɪnˈdʒʌstɪs/ n injustice f.

ink /ɪŋk/ n encre f.

inland I /ˈɪnlənd/ adj intérieur. **II** /ɪnˈlænd/ adv à l'intérieur des terres.

Inland RevenueGB n service des impôts britannique.

in-laws /ˈɪnlɔːz/ npl belle-famille f.

inlet /ˈɪnlet/ n (of sea) crique f; (for fuel, air) arrivée f.

inmate /ˈɪnmeɪt/ n (of hospital) malade mf; (of prison) détenu/-e m/f.

inn /ɪn/ n auberge f.

innate /ɪˈneɪt/ adj inné, naturel/-elle.

inner /ˈɪnə(r)/ adj (épith) intérieur.

inner city n **the inner city** les quartiers déshérités.

inningsGB /ˈɪnɪŋz/ n sg (in cricket) tour m de batte.

innocence /ˈɪnəsns/ n innocence f.

innocent /ˈɪnəsnt/ n, adj innocent/-e (m/f).

innocuous /ɪˈnɒkjʊəs/ adj inoffensif/-ive, innocent.

innovate /ˈɪnəveɪt/ vi innover.

innovation /ˌɪnəˈveɪʃn/ n innovation f.

innovative /ˈɪnəvətɪv/ adj innovateur/-trice.

innovator /ˈɪnəveɪtə(r)/ n innovateur/-trice m/f.

innuendo /ˌɪnjuːˈendəʊ/ n (pl **-s /-es**) insinuations fpl.

innumerable /ɪˈnjuːmərəbl, ɪˈnuː-US/ adj innombrable.

inordinate /ɪnˈɔːdɪnət/ adj excessif/-ive.

in-patient /ˈɪnpeɪʃnt/ n malade mf hospitalisé/-e.

input /ˈɪnpʊt/ **I** n (of money, etc) apport m, contribution f; ORDINAT saisie f des données. **II** vtr (p prés **-tt-**; prét, pp **-put /-putted**) ORDINAT [▸ data] saisir.

input data n ORDINAT données fpl d'entrée/à traiter.

input-output device n ORDINAT périphérique m d'entrée-sortie.

inquest /ˈɪŋkwest/ n enquête f.

inquire /ɪnˈkwaɪə(r)/ **I** vtr demander. **II** vi se renseigner; **to inquire after sb** demander des nouvelles de qn; **to inquire into** se renseigner sur.

inquiry /ɪnˈkwaɪərɪ, ˈɪŋkwərɪUS/ n demande f de renseignements; (investigation) enquête f, investigation f.

inquisitive /ɪnˈkwɪzətɪv/ adj curieux/-ieuse.

inroad /ˈɪnrəʊd/ n **to make inroads into** [▸ market] faire une avancée sur; [▸ lead] réduire.

insane /ɪnˈseɪn/ adj fou/folle.

inscribe /ɪnˈskraɪb/ vtr inscrire.

inscription /ɪnˈskrɪpʃn/ n inscription f; (in book) dédicace f.

insect /ˈɪnsekt/ n insecte m.

insect bite n piqûre f d'insecte.

insecticide /ɪnˈsektɪsaɪd/ n insecticide m.

insecure /ˌɪnsɪˈkjʊə(r)/ adj [job] précaire; **to be insecure** manquer d'assurance.

insensitive /ɪnˈsensətɪv/ adj insensible.

insert /ɪnˈsɜːt/ vtr insérer.

in-service training n formation f continue.

inshore /ɪnˈʃɔː(r)/ **I** adj côtier/-ière. **II** adv près de la côte.

inside I /ˈɪnsaɪd/ n intérieur m. **II** /ɪnˈsaɪd/ prep dans, à l'intérieur de. **III** /ˈɪnsaɪd/ adj intérieur; **the inside lane** (in Europe, US) la voie de droite, (in GB, Australia) la voie de gauche. **IV** /ɪnˈsaɪd/ adv à l'intérieur, dedans. **V inside out** /ˈɪnsaɪdaʊt/ adv phr à l'envers; [know] à fond.

insider dealing, insider trading n FIN délit m d'initié.

insides© /ɪnˈsaɪdz/ npl boyaux© mpl.

insidious /ɪnˈsɪdɪəs/ adj insidieux/-ieuse.

intellect

insight /ˈɪnsaɪt/ n aperçu m, idée f; *to have insight* avoir de la perspicacité.

insightful /ˈɪnsaɪtfʊl/ adj (▸person) perspicace; (▸analysis) pénétrant.

insignificant /ɪnsɪɡˈnɪfɪkənt/ adj insignifiant, négligeable.

insist /ɪnˈsɪst/ vtr, vi insister; *to insist on* exiger; *to insist on doing* tenir à faire.

insistence /ɪnˈsɪstəns/ n insistance f.

insistent /ɪnˈsɪstənt/ adj insistant.

insofar /ɪnsəˈfɑː(r)/: *insofar as* conj phr dans la mesure où.

insomnia /ɪnˈsɒmnɪə/ n insomnie f.

inspect /ɪnˈspekt/ vtr inspecter, vérifier.

inspection /ɪnˈspekʃn/ n inspection f.

inspector /ɪnˈspektə(r)/ n inspecteur/-trice m/f.

inspiration /ɪnspəˈreɪʃn/ n inspiration f.

inspire /ɪnˈspaɪə(r)/ vtr inspirer; (▸decision) motiver; *to inspire to do* inciter à faire.

inspired /ɪnˈspaɪəd/ adj (person, work of art) inspiré; (idea) lumineux/-euse.

inspiring /ɪnˈspaɪərɪŋ/ adj [person, speech] enthousiasmant; [thought, music] exaltant.

instability /ɪnstəˈbɪlətɪ/ n instabilité f.

instal(l) /ɪnˈstɔːl/ vtr installer.

installation /ɪnstəˈleɪʃn/ n installation f.

instalmentGB, **installment**US /ɪnˈstɔːlmənt/ n versement m; *monthly instalment* mensualité f; (of serial) épisode m.

instalment credit n crédit m échelonné.

instance /ˈɪnstəns/ n cas m; *in the first instance* en premier lieu; *for instance* par exemple.

instant /ˈɪnstənt/ I n instant m. II adj immédiat; [coffee] instantané.

instantly /ˈɪnstəntlɪ/ adv GÉN immédiatement.

instead /ɪnˈsted/ I adv plutôt, finalement. II **instead of** prep phr au lieu de; *instead of sb* à la place de qn.

instigate /ˈɪnstɪɡeɪt/ vtr entreprendre.

instilGB, **instill**US /ɪnˈstɪl/ vtr (p prés etc **-ll-**) (▸belief) inculquer; (▸fear) insuffler.

instinct /ˈɪnstɪŋkt/ n instinct m.

instinctive /ɪnˈstɪŋktɪv/ adj instinctif/-ive.

institute /ˈɪnstɪtjuːt, -tuːtUS/ I n institut m. II vtr instituer, instaurer.

institution /ɪnstɪˈtjuːʃn, -tuːʃnUS/ n institution f; *financial institution* organisme financier.

instruct /ɪnˈstrʌkt/ vtr instruire; *to instruct sb in* enseigner [qch] à qn; *to be instructed to do* recevoir l'ordre de faire.

instruction /ɪnˈstrʌkʃn/ n instruction f; *instructions for use* mode d'emploi.

instructive /ɪnˈstrʌktɪv/ adj instructif/-ive.

instructor /ɪnˈstrʌktə(r)/ n (in driving) moniteur/-trice m/f; (in tennis) professeur m.

instrument /ˈɪnstrʊmənt/ n instrument m.

instrumental /ɪnstrʊˈmentl/ n, adj instrumental (m); *to be instrumental in sth* contribuer à qch.

instrument panel n AVIAT, AUT tableau m de bord.

insufficient /ɪnsəˈfɪʃnt/ adj insuffisant.

insufficiently /ɪnsəˈfɪʃntlɪ/ adv pas assez.

insular /ˈɪnsjʊlə(r), -sələrUS/ adj insulaire; PÉJ [person] borné.

insulate /ˈɪnsjʊleɪt, -səˈlUS/ vtr (against cold, heat) isoler; (against noise) insonoriser; FIG *insulated from sth* à l'abri de qch.

insulation /ɪnsjʊˈleɪʃn, -səˈlUS/ n isolation f.

insult I /ˈɪnsʌlt/ n insulte f, injure f. II /ɪnˈsʌlt/ vtr insulter.

insurance /ɪnˈʃɔːrəns, -ʃʊər-US/ n ₵ assurance f.

insurance claim n demande f d'indemnité.

insurance policy n (police f d')assurance f.

insure /ɪnˈʃɔː(r), -ʃʊərUS/ vtr assurer; *to insure one's life* prendre une assurance-vie; *to insure against sth* se garantir contre qch.

insurer /ɪnˈʃɔːrə(r), -ʃʊər-US/ n assureur m.

intake /ˈɪnteɪk/ n consommation f; (at school) *the new intake*GB les nouveaux mpl.

intangible /ɪnˈtændʒəbl/ adj insaisissable.

integral /ˈɪntɪɡrəl/ adj intégral; *to be an integral part of sth* faire partie intégrante de qch.

integrate /ˈɪntɪɡreɪt/ I vtr intégrer. II vi s'intégrer.

integrity /ɪnˈteɡrətɪ/ n intégrité f.

intellect /ˈɪntəlekt/ n intelligence f.

intellectual

intellectual /ˌɪntəˈlektʃʊəl/ n, adj intellectuel/-elle (m/f).

intelligence /ɪnˈtelɪdʒəns/ n intelligence f.

intelligent /ɪnˈtelɪdʒənt/ adj intelligent.

intelligent card n carte f à puce.

intend /ɪnˈtend/ vtr vouloir; *to intend to do* avoir l'intention de faire; *to be intended for* être prévu pour.

intended /ɪnˈtendɪd/ adj [result] voulu; [visit] projeté.

intense /ɪnˈtens/ adj intense; [interest, satisfaction] vif/vive.

intensely /ɪnˈtenslɪ/ adv [curious] extrêmement; [dislike, hate] profondément.

intensify /ɪnˈtensɪfaɪ/ I vtr intensifier. II vi s'intensifier.

intensive care n service m de soins intensifs.

intensive care unit n service m de soins intensifs.

intent /ɪnˈtent/ I n intention f. II adj absorbé; *intent on doing* résolu à faire.
● **to all intents and purposes** en fait.

intention /ɪnˈtenʃn/ n intention f.

intentional /ɪnˈtenʃənl/ adj intentionnel/-elle.

intently /ɪnˈtentlɪ/ adv attentivement.

interact /ˌɪntərˈækt/ vi [two factors] agir l'un sur l'autre.

interactive adj ORDINAT interactif/-ive.

intercept /ˌɪntəˈsept/ vtr intercepter.

interchange I /ˈɪntətʃeɪndʒ/ n (of road) échangeur m; (of ideas) échange m. II /ˌɪntəˈtʃeɪndʒ/ vtr échanger.

interconnect /ˌɪntəkəˈnekt/ I vtr [▸ parts] raccorder. II vi [components] se connecter; [rooms] communiquer; ORDINAT [systems, workstations] être raccordé.

interconnected /ˌɪntəkəˈnektɪd/ adj raccordé.

intercourse /ˈɪntəkɔːs/ n (social, sexual) rapports mpl.

interest /ˈɪntrəst/ I n intérêt m; (money) intérêts mpl. II vtr intéresser (à).

interested /ˈɪntrəstɪd/ adj intéressé; *to be interested in* s'intéresser à; *I am interested in doing* (I intend to do) je compte faire.

interesting /ˈɪntrəstɪŋ/ adj intéressant.

interface /ˈɪntəfeɪs/ n ORDINAT interface f.

interfere /ˌɪntəˈfɪə(r)/ vi intervenir; *to interfere in* se mêler de; (spoil) perturber.

interference /ˌɪntəˈfɪərəns/ n (by government) ingérence f; (on radio) parasites mpl.

interim /ˈɪntərɪm/ I n *in the interim* entretemps. II adj intérimaire; [agreement] provisoire.

interior /ɪnˈtɪərɪə(r)/ I n (inside) intérieur m; *Department of the Interior*US ministère de l'Intérieur. II adj intérieur.

interlock /ˌɪntəˈlɒk/ vi [mechanisms] s'enclencher; [systems] être intimement liés.

interlude /ˈɪntəluːd/ n intervalle m; (in a show) entracte m; MUS interlude m.

intermediary /ˌɪntəˈmiːdɪərɪ, -dɪerɪ/US/ n, adj intermédiaire (m/f).

intermediate /ˌɪntəˈmiːdɪət/ adj intermédiaire; [course] de niveau moyen.

intermittent /ˌɪntəˈmɪtənt/ adj [noise, activity] intermittent.

intern I US /ˈɪntɜːn/ n MÉD interne mf. II /ɪnˈtɜːn/ vtr interner.

internal /ɪnˈtɜːnl/ adj interne; [flight, trade] intérieur; *internal revenue*US revenus fiscaux; *Internal Revenue Service*US fisc m.

internally /ɪnˈtɜːnəlɪ/ adv à l'intérieur; *not to be taken internally* médicament à usage externe.

international /ˌɪntəˈnæʃnəl/ n, adj international/-e (m/f).

international money order n mandatposte m international.

Internet /ˈɪntənet/ I n Internet m; *to be on/connected to the Internet* avoir Internet. II in compounds [▸ access] à Internet; [▸ search] sur Internet; [▸ address, connection] Internet; [▸ use, user] d'Internet.

Internet café n cybercafé m.

interpret /ɪnˈtɜːprɪt/ I vtr interpréter. II vi faire l'interprète (de).

interpretation /ɪnˌtɜːprɪˈteɪʃn/ n interprétation f.

interpreter /ɪnˈtɜːprɪtə(r)/ n interprète mf.

interrogate /ɪnˈterəgeɪt/ vtr interroger.

interrogation /ɪnˌterəˈgeɪʃn/ n interrogatoire m.

interrogative /ˌɪntəˈrɒgətɪv/ adj interrogatif/-ive.

interrupt /ˌɪntəˈrʌpt/ vtr, vi interrompre; [▸ supply] couper.

intersection /ˌɪntəˈsekʃn/ n intersection f; **at the intersection**US au coin.

interstateUS /ˌɪntəˈsteɪt/ adj [commerce] entre États; [highway] inter-États.

interval /ˈɪntəvl/ n intervalle m; **bright intervals** MÉTÉO belles éclaircies fpl.

intervene /ˌɪntəˈviːn/ vi intervenir; (happen) arriver; (mediate) s'interposer.

intervention /ˌɪntəˈvenʃn/ n intervention f.

interview /ˈɪntəvjuː/ **I** n entretien m; PRESSE interview f. **II** vtr [▸candidate] faire passer un entretien à; [▸celebrity] interviewer; [▸suspect] interroger.

interwork /ˌɪntəˈwɜːk/ vi [computers] communiquer.

intestine /ɪnˈtestɪn/ n intestin m.

intimacy /ˈɪntɪməsɪ/ n intimité f.

intimate /ˈɪntɪmət/ **I** n intime mf. **II** adj intime; [knowledge] approfondi.

intimidate /ɪnˈtɪmɪdeɪt/ vtr intimider.

into /ˈɪntə, ˈɪntuː/ prep (+ location) [put, go, disappear] dans; **to get into bed** se mettre au lit; **to run into sth** rentrer dans qch; (+ change to sth else) en; **into French/dollars** en français/dollars; (keen on)© fana© de.

intolerable /ɪnˈtɒlərəbl/ adj intolérable.

intolerance /ɪnˈtɒlərəns/ n intolérance f.

intoxicate /ɪnˈtɒksɪkeɪt/ vtr enivrer; (poison) intoxiquer.

intra-Community adj (in the EU) intra-communautaire.

intranet /ˈɪntrənet/ n ORDINAT intranet m.

intransitive /ɪnˈtrænsətɪv/ adj intransitif/-ive.

intravenous/ˌɪntrəˈviːnəs/adj intraveineux/-euse.

intravenous drip n perfusion f intraveineuse.

intricate /ˈɪntrɪkət/ adj compliqué.

intrigue I /ˈɪntriːg, ɪnˈtriːg/ n ¢ intrigue f. **II** /ɪnˈtriːg/ vtr intriguer.

intriguing /ɪnˈtriːgɪŋ/ adj curieux/-ieuse, intéressant.

introduce /ˌɪntrəˈdjuːs, -duːs/ vtr présenter.

introduction /ˌɪntrəˈdʌkʃn/ n introduction f; (making known) présentation f.

introductory /ˌɪntrəˈdʌktərɪ/ adj [speech, paragraph] préliminaire; [course] d'initiation.

intrude /ɪnˈtruːd/ vi déranger; **to intrude in(to)** [▸affairs] s'immiscer dans.

intruder /ɪnˈtruːdə(r)/ n intrus/-e m/f.

intrusion /ɪnˈtruːʒn/ n intrusion f.

intrusive /ɪnˈtruːsɪv/ adj indiscret/-ète.

intuition /ˌɪntjuːˈɪʃn, -tuː-US/ n intuition f.

inundate /ˈɪnʌndeɪt/ vtr inonder.

invade /ɪnˈveɪd/ vtr envahir.

invalid I /ˈɪnvəliːd, ˈɪnvəlɪd/ n infirme mf. **II** /ɪnˈvælɪd/ adj [claim] sans fondement; [passport] pas valable; [contract] nul/nulle.

invaluable /ɪnˈvæljʊəbl/ adj inestimable.

invasion /ɪnˈveɪʒn/ n invasion f.

invent /ɪnˈvent/ vtr inventer.

invention /ɪnˈvenʃn/ n invention f.

inventive /ɪnˈventɪv/ adj inventif/-ive.

inventor /ɪnˈventə(r)/ n inventeur/-trice m/f.

inventory /ˈɪnvəntrɪ, -tɔːrɪUS/ n inventaire m; **inventory of fixtures** état des lieux.

invert /ɪnˈvɜːt/ vtr retourner.

inverted commasGB /ɪnˌvɜːtɪd ˈkɒməz/ npl guillemets mpl.

invest /ɪnˈvest/ **I** vtr investir, placer; [▸time] consacrer. **II** vi FIN investir.

investigate /ɪnˈvestɪgeɪt/ vtr enquêter sur; [▸culture] étudier.

investigation /ɪnˌvestɪˈgeɪʃn/ n enquête f.

investigator /ɪnˈvestɪgeɪtə(r)/ n enquêteur/-trice m/f.

investment /ɪnˈvestmənt/ n FIN investissement m, placement m.

investment analyst n analyste mf financier/-ière.

investment trust n société f d'investissement.

investor /ɪnˈvestə(r)/ n investisseur/-euse m/f; (in shares) actionnaire mf.

invincible /ɪnˈvɪnsəbl/ adj invincible.

invisible /ɪnˈvɪzəbl/ adj invisible.

invitation /ˌɪnvɪˈteɪʃn/ n invitation f.

invite /ɪnˈvaɪt/ vtr **to invite sb** inviter qn (à).

inviting /ɪnˈvaɪtɪŋ/ adj [smile] engageant; [prospect] alléchant, tentant.

invoice /ˈɪnvɔɪs/ **I** n facture f. **II** vtr **to invoice sb for sth** facturer qch à qn.

invoke /ɪnˈvəʊk/ *vtr* invoquer.

involuntary /ɪnˈvɒləntrɪ, -terɪ^US/ *adj* involontaire; *involuntary repatriation* rapatriement forcé.

involve /ɪnˈvɒlv/ *vtr* [▸ effort, travel] impliquer, nécessiter; [▸ problems] entraîner; [▸ person] mêler; *to be involved in a project* être engagé dans un projet; *their safety is involved* leur sécurité est en jeu; *to get involved with sb* devenir proche de qn.

involved /ɪnˈvɒlvd/ *adj* [explanation, problem] compliqué; *the people/group involved* les intéressés; [effort] nécessaire.

involvement /ɪnˈvɒlvmənt/ *n* participation *f*; (in enterprise, politics) engagement *m*; (with person) relations *fpl*; (in film, book) (vif) intérêt *m*.

inward /ˈɪnwəd/ **I** *adj* personnel/-elle; [calm] intérieur. **II** *adv* vers l'intérieur.

inwards /ˈɪnwədz/ *adv* vers l'intérieur.

iodine /ˈaɪədiːn, -daɪn^US/ *n* iode *m*.

IOU *n* (*abrév* = **I owe you**) reconnaissance *f* de dette.

IP /aɪˈpiː/ *n* (*abrév* = **Internet protocol**) protocole *m* IP.

IQ *n* (*abrév* = **intelligence quotient**) QI *m*.

IRA *n* (*abrév* = **Irish Republican Army**) IRA *f*.

Iran /ɪˈrɑːn/ *pr n* Iran *m*.

Iranian /ɪˈreɪnɪən/ **I** *n* (person) Iranien/-ienne *m/f*; LING iranien *m*. **II** *adj* iranien/-ienne.

Iraq /ɪˈrɑːk/ *pr n* Irak *m*.

Iraqi /ɪˈrɑːkɪ/ **I** *n* (person) Irakien/-ienne *m/f*. **II** *adj* irakien/-ienne.

Ireland /ˈaɪələnd/ *pr n* Irlande *f*; *the Republic of Ireland* la République d'Irlande.

Irish /ˈaɪərɪʃ/ **I** *n* LING irlandais *m*; (people) *the Irish* les Irlandais *mpl*. **II** *adj* irlandais.

iron /ˈaɪən, ˈaɪərn^US/ **I** *n* fer *m*; (for clothes) fer *m* (à repasser). **II** *adj* [will] de fer; [rule] draconien/-ienne. **III** *vtr* repasser.
 ■ **iron out** [▸ problem] aplanir.

ironic(al) /aɪˈrɒnɪk(l)/ *adj* ironique.

ironing /ˈaɪənɪŋ, ˈaɪərn-^US/ *n* repassage *m*.

ironmonger /ˈaɪənmʌŋgə(r), ˈaɪərn-^US/ *n* quincaillier/-ière *m/f*.

irony /ˈaɪərənɪ/ *n* ironie *f*.

irradiate /ɪˈreɪdɪeɪt/ *vtr* irradier.

irrational /ɪˈræʃənl/ *adj* irrationnel/-elle; *he's rather irrational* il n'est pas très raisonnable.

irregular /ɪˈregjʊlə(r)/ *adj* irrégulier/-ière.

irrelevant /ɪˈreləvnt/ *adj* hors de propos; *to be irrelevant to sth* n'avoir aucun rapport avec qch; *the money's irrelevant* ce n'est pas l'argent qui compte.

irresistible /ɪrɪˈzɪstəbl/ *adj* irrésistible.

irrespective /ɪrɪˈspektɪv/: **irrespective of** *prep phr* [▸ age, class] sans tenir compte de; *irrespective of whether it rains* qu'il pleuve ou non.

irresponsible /ɪrɪˈspɒnsəbl/ *adj* irresponsable.

irreverent /ɪˈrevərənt/ *adj* irrévérencieux/-ieuse.

irreversible /ɪrɪˈvɜːsəbl/ *adj* irréversible; [disease] incurable.

irrevocable /ɪˈrevəkəbl/ *adj* irrévocable.

irritable /ˈɪrɪtəbl/ *adj* irritable.

irritate /ˈɪrɪteɪt/ *vtr* irriter.

irritating /ˈɪrɪteɪtɪŋ/ *adj* irritant.

is /ɪz/ *3e pers. du prés de* **be**.

Islam /ˈɪzlɑːm, -læm, -ˈlɑːm/ *n* (faith) islam *m*; (Muslims) Islam *m*.

Islamic /ɪzˈlæmɪk/ *adj* islamique.

Islamist /ɪzˈlæmɪst/ *n* islamiste *mf*.

island /ˈaɪlənd/ *n* île *f*; *island of peace* îlot de paix; (in road) refuge *m*.

islander /ˈaɪləndə(r)/ *n* insulaire *mf*.

isle /aɪl/ *n* LITTÉR île *f*.

isn't /ˈɪznt/ = **is not**.

isolate /ˈaɪsəleɪt/ *vtr* isoler.

isolation /aɪsəˈleɪʃn/ *n* isolement *m*.

ISP /aɪesˈpiː/ *n* (*abrév* = **Internet service provider**) fournisseur *m* d'accès Internet.

Israel /ˈɪzreɪl/ *pr n* Israël (*never with article*).

Israeli /ɪzˈreɪlɪ/ **I** *n* Israélien/-ienne *m/f*. **II** *adj* israélien/-ienne.

issue /ˈɪʃuː, ˈɪsjuː/ **I** *n* (topic) problème *m*, question *f*; *to make an issue (out) of* faire une histoire de; *the point at issue* ce qui est en cause; (of supplies) distribution *f*; (of shares) émission *f*; (journal) numéro *m*. **II** *vtr* distribuer; *to issue sb with sth* fournir qch à qn; [▸ declaration] délivrer; [▸ shares] émettre. **III** *vi* *to issue from* [liquid] s'écouler de; [shouts, laughter] provenir de.

it /ɪt/ *pron* il, elle; *it snows* il neige; (in questions) *who is it?* qui est-ce?; *it's me* c'est moi; *where is it?* (of object) où est-il/elle?; (of place) où est-ce?; *what is it?* (of object, noise) qu'est-ce que c'est?; (what's happening?) qu'est-ce qui se passe?; *how was it?* comment cela s'est-il passé?; JEUX *you're it!* c'est toi le chat!
● **that's it!** (in triumph) voilà!, ça y est!; (in anger) ça suffit!

IT *n* (*abrév* = **information technology**).

Italian /ɪˈtæljən/ **I** *n* (person) Italien/-ienne *m/f*; LING italien *m*. **II** *adj* italien/-ienne.

Italy /ˈɪtəlɪ/ *pr n* Italie *f*.

itch /ɪtʃ/ **I** *n* démangeaison *f*. **II** *vi* avoir des démangeaisons; *my back is itching* j'ai le dos qui me démange; *to be itching for sth*© mourir© d'envie de qch.

it'd /ˈɪtəd/ = **it had**, = **it would**.

item /ˈaɪtəm/ *n* GÉN, ORDINAT article *m*; (to discuss) point *m*; MUS morceau *m*; (in show) numéro *m*.

itinerary /aɪˈtɪnərərɪ, ɪ-, -rerɪ^US/ *n* itinéraire *m*.

it'll /ˈɪtl/ = **it will**.

its /ɪts/ *det* son/sa/ses.

it's /ɪts/ = **it is**, = **it has**.

itself /ɪtˈself/ *pron* (refl) se, s'; (emphatic, after prepositions) lui-même/elle-même; *by itself* tout seul; *it's not difficult in itself* ce n'est pas difficile en soi.

IVF /aɪviːˈef/ *n* (*abrév* = **in vitro fertilization**) FIV *f*, fécondation *f* in vitro.

I've /aɪv/ = **I have**.

Ivorian I *n* Ivoirien/-enne *m/f*. **II** *adj* ivoirien.

ivory /ˈaɪvərɪ/ *n*, *adj* ivoire (*m*).

Ivory Coast *pr n* Côte *f* d'Ivoire.

ivy /ˈaɪvɪ/ *n* lierre *m*.

Ivy League^US **I** *n* nom collectif désignant les huit universités les plus prestigieuses des États-Unis. **II** *adj* ≈ bon chic bon genre.

j

jab /dʒæb/ **I** n (injection)ᴳᴮ piqûre f; (poke) petit coup m. **II** vtr **to jab sth into sth** planter qch dans qch.

jabber /ˈdʒæbə(r)/ vi (chatter) jacasser.

jack /dʒæk/ **I** n (for car) cric m; JEUX (card) valet m. **II jacks** npl JEUX osselets mpl.
■ **jack up** [▸car] soulever [qch] avec un cric.

jackal /ˈdʒækɔːl, -klᵁˢ/ n chacal m.

jackdaw /ˈdʒækdɔː/ n choucas m.

jacket /ˈdʒækɪt/ **I** n veste f, veston m. **II** in compounds **jacket potato** ≈ pomme de terre en robe des champs; [design] de couverture.

jackpot /ˈdʒækpɒt/ n gros lot m.

jade /dʒeɪd/ n jade m.

jaded /ˈdʒeɪdɪd/ adj fatigué.

jagged /ˈdʒægɪd/ adj déchiqueté.

jail /dʒeɪl/ **I** n prison f. **II** vtr emprisonner; JUR incarcérer.

jam /dʒæm/ **I** n confiture f; (congestion) (of people) foule f; (of traffic) embouteillage m; (of machine) blocage m; (difficult situation)ᴳᴮ pétrinᴳᴮ m. **II** vtr (p prés etc **-mm-**) **to jam into** entasser; (road) encombrer; (block) coincer; [▸radio station, etc] brouiller. **III** vi se coincer, se bloquer.

jam-packed /ˌdʒæmˈpækt/ adj bondé.

Jan (abrév = **January**).

jangle /ˈdʒæŋgl/ vi [bells] tinter; [metal] cliqueter.

January /ˈdʒænjʊərɪ, -jʊerɪᵁˢ/ n janvier m.

jar /dʒɑː(r)/ **I** n pot m, bocal m. **II** vtr (p prés etc **-rr-**) ébranler, secouer. **III** vi **to jar on sb** agacer qn; [colours] jurer.

jargon /ˈdʒɑːgən/ n jargon m.

jargon-ridden adj jargonneux/-euse.

jasmine /ˈdʒæsmɪn, ˈdʒæzmənᵁˢ/ n jasmin m.

jasper n jaspe m.

jaunty /ˈdʒɔːntɪ/ adj guilleret/-ette.

Java /ˈdʒɑːvə/ pr n Java f.

javelin /ˈdʒævlɪn/ n javelot m.

jaw /dʒɔː/ n mâchoire f.

jawbreakerᴳᴮ /ˈdʒɔːbreɪkə(r)/ n (word) mot m imprononçable; (candy) bonbon m à sucer.

jay /dʒeɪ/ n geai m.

jaywalker /ˈdʒeɪwɔːkə(r)/ n personne qui traverse en dehors des passages piétons.

jazz /dʒæz/ n jazz m.
■ **jazz up**ᴳᴮ égayer, animer.

jazzy /ˈdʒæzɪ/ adj voyant.

jealous /ˈdʒeləs/ adj jaloux/-ouse.

jealousy /ˈdʒeləsɪ/ n jalousie f.

jean /dʒiːn/ **I** n in compounds [jacket] en jean. **II jeans** npl jean m; **a pair of jeans** un jean.

jeer /dʒɪə(r)/ **I** n huée f. **II** vtr huer; **to jeer at** se moquer de.

jelly /ˈdʒelɪ/ n gelée f; (jam)ᵁˢ confiture f.

jellyfish n méduse f.

jeopardize /ˈdʒepədaɪz/ vtr [▸chance, plans] compromettre; [▸lives] mettre [qch] en péril.

jerk /dʒɜːk/ **I** n secousse f; PÉJᴳᴮ (obnoxious man) sale typeᴳᴮ m; (stupid) crétinᴳᴮ m. **II** vtr tirer brusquement. **III** vi sursauter, tressaillir.

jerky /ˈdʒɜːkɪ/ adj saccadé.

jersey /ˈdʒɜːzɪ/ n pull-over m; **football jersey** maillot de football; (fabric) jersey m.

jest /dʒest/ n plaisanterie f; **in jest** pour rire.

jet /dʒet/ n jet m, avion m à réaction; (of water, flame) jet m; (mineral) jais m.

jet black adj de jais inv.

jetlag n décalage m horaire.

jetlagged /ˈdʒetlægd/ adj **to be jetlagged** souffrir du décalage horaire.

jettison /ˈdʒetɪsn/ vtr (from ship) jeter [qch] par-dessus bord; (from plane) larguer.

Jew /dʒuː/ n juif/juive m/f.

jewel /ˈdʒuːəl/ n bijou m; (in watch) rubis m; FIG perle f.

jewellerᴳᴮ, **jeweler**ᵁˢ /ˈdʒuːələ(r)/ n bijoutier/-ière m/f; **jeweller's (shop)** bijouterie f.

jewelleryᴳᴮ, **jewelry**ᵁˢ /ˈdʒuːəlrɪ/ n bijoux mpl.

Jewish /ˈdʒuːɪʃ/ adj juif/juive.

Jew's harp n MUS guimbarde f.

jibe /dʒaɪb/ vi **to jibe at** se moquer de.

jiff(y)© /ˈdʒɪfɪ/ n seconde f, instant m.

jig /dʒɪg/ I n gigue f. II vi gigoter.

jigsaw /ˈdʒɪgsɔː/ n puzzle m.

jingle /ˈdʒɪŋgl/ I n (of bells) tintement m; (for advertisement) refrain m publicitaire. II vtr faire tinter.

jinx /dʒɪŋks/ n porte-malheur m inv.

jitters /ˈdʒɪtəz/ npl **to have the jitters**© avoir la trouille©; [actor] avoir le trac.

JnrGB adj (abrév écrite = **junior**).

job /dʒɒb/ n emploi m, poste m; (rôle) fonction f; **it's my job to do** c'est à moi de faire; (duty, task) travail m; **quite a job**© toute une affaire©.
● **to do the job** faire l'affaire.

Job CentreGB n agence nationale pour l'emploi au Royaume-Uni.

job-hunt vi chercher un emploi.

jobless /ˈdʒɒblɪs/ n sans-emploi m.

joblessness /ˈdʒɒblɪsnɪs/ n chômage m.

jockey /ˈdʒɒkɪ/ n jockey m.

jog /dʒɒg/ I n **to go for a jog** aller faire un jogging. II vtr (p prés etc **-gg-**) heurter; **to jog sb's memory** rafraîchir la mémoire de qn. III vi faire du jogging.

jogging /ˈdʒɒgɪŋ/ jogging m.

join /dʒɔɪn/ I n raccord m. II vtr rejoindre, se joindre à; [▸ club] adhérer à; [▸ army] s'engager dans; [▸ parts] assembler; [▸ points, towns] relier; [river] se jeter dans. III vi se rejoindre, se raccorder.
■ **join in** participer à; **join up** MIL s'engager.

joint /dʒɔɪnt/ I n ANAT articulation f; TECH joint m, raccord m; CULIN GB rôti m; (cannabis cigarette)© joint© m. II adj [action] collectif/-ive; **joint effort** collaboration f.

joint account n compte m joint.

joint author n coauteur m.

joint custody n garde f partagée des enfants.

joint effort n collaboration f.

joint ownership n copropriété f.

jointly /ˈdʒɔɪntlɪ/ adv conjointement.

joke /dʒəʊk/ I n plaisanterie f, blague© f; **to play a joke on sb** faire une farce à qn. II vi plaisanter, blaguer©.

joker /ˈdʒəʊkə(r)/ n joker m; plaisantin m.

jolly /ˈdʒɒlɪ/ I adj gai, joyeux/-euse. II ©GB adv drôlement.

jolt /dʒəʊlt/ I n secousse f, choc m. II vtr secouer.

jostle /ˈdʒɒsl/ I vtr bousculer. II vi se bousculer.

jot /dʒɒt/ n **it doesn't matter a jot** cela n'a pas la moindre importance.
■ **jot down** [▸ ideas, names] noter.

journal /ˈdʒɜːnl/ n journal m; revue f.

journalism /ˈdʒɜːnəlɪzəm/ n journalisme m.

journalist /ˈdʒɜːnəlɪst/ n journaliste mf.

journey /ˈdʒɜːnɪ/ n voyage m; (habitual) trajet m.

joy /dʒɔɪ/ n (delight) joie f; **the joy of doing** le plaisir de faire.

joyful /ˈdʒɔɪfl/ adj joyeux/-euse.

joyrider /ˈdʒɔɪraɪdə(r)/ n jeune chauffard en voiture volée.

joystick /ˈdʒɔɪstɪk/ n AVIAT manche m à balai; ORDINAT manette f.

Jr adj (abrév écrite = **junior**).

jubilant /ˈdʒuːbɪlənt/ adj [crowd] en liesse; [expression, mood] réjoui.

jubilee /ˈdʒuːbɪliː/ n jubilé m.

Judaism /ˈdʒuːdeɪɪzəm/ n judaïsme m.

judge /dʒʌdʒ/ I n juge m. II vtr juger; (consider) estimer. III vi juger; **judging by/from...** à en juger par, d'après...

judgement, /ˈdʒʌdʒmənt/ n jugement m.

judicial /dʒuːˈdɪʃl/ adj judiciaire.

judiciary /dʒuːˈdɪʃɪərɪ, -ʃɪerɪ US/ I n magistrature f. II adj judiciaire.

judicious /dʒuːˈdɪʃəs/ adj judicieux/-ieuse.

judo /ˈdʒuːdəʊ/ n judo m.

jug GB /dʒʌg/ n (glass) carafe f; (earthenware) pichet m; (for cream) pot m.

juggernaut GB /ˈdʒʌgənɔːt/ n (truck) poids m lourd.

juggle /ˈdʒʌgl/ vtr, vi jongler.

juice /dʒuːs/ n CULIN jus m; BOT suc m.

juice extractor GB n centrifugeuse f.

juicy /ˈdʒuːsɪ/ adj juteux/-euse.

Jul (abrév écrite = **July**).

July /dʒuːˈlaɪ/ n juillet m.

jumble /ˈdʒʌmbl/ I n fouillis m, bric-à-brac m. II vtr mélanger.

jumble saleGB n vente f de charité.

jumbo /ˈdʒʌmbəʊ/ **I** n ⊚ éléphant m; AVIAT *jumbo jet* gros-porteur m. **II** adj [size] géant.

jump /dʒʌmp/ **I** n bond m. **II** vtr sauter; *to jump at* sauter sur; *to jump across/over sth* franchir qch d'un bond. **III** vi sauter; (in surprise) sursauter; [prices, rate] monter en flèche.

jumperGB /ˈdʒʌmpə(r)/ n pull-over m.

jumpy⊚ /ˈdʒʌmpɪ/ adj nerveux/-euse.

Jun (abrév écrite = **June**).

junction /ˈdʒʌŋkʃn/ n carrefour m; (on motorway) échangeur m; RAIL nœud m ferroviaire.

June /dʒuːn/ n juin m.

June bugUS n hanneton m.

jungle /ˈdʒʌŋgl/ n jungle f.

junior /ˈdʒuːnɪə(r)/ **I** n cadet/-ette m/f; (in rank) subalterne mf; UNIV US étudiant de premier cycle. **II** adj jeune; [post] subalterne; [trainee] débutant; *Bob junior* Bob fils/junior.

junior collegeUS n premier cycle universitaire.

junior high schoolUS n ≈ collège m.

junior management n jeunes cadres mpl.

junior minister n secrétaire m d'État.

junior schoolGB n école f (primaire).

juniper /ˈdʒuːnɪpə(r)/ n genièvre m.

junk /dʒʌŋk/ n PÉJ⊚ camelote⊚ f; (boat) jonque f.

junk email, **junk mail** n pourriel m, spam m.

junk food⊚ n ≈ nourriture industrielle.

junkie⊚ /ˈdʒʌŋkɪ/ n drogué/-e m/f.

junk shop n boutique f de bric-à-brac.

junta /ˈdʒʌntə/ n junte f.

jurisdiction /dʒʊərɪsˈdɪkʃn/ n compétence f; JUR juridiction f.

juror /ˈdʒʊərə(r)/ n juré m.

jury /ˈdʒʊərɪ/ n jury m.

just[1] /dʒʌst/ **I** adv juste; *just a moment* un instant; *he's just a child* ce n'est qu'un enfant; (with quantities) *just over 20 kg* un peu plus de 20 kg; *not just them* pas seulement eux; (simply) [tell] tout simplement; (precisely) exactement; *just what I said* exactement ce que j'ai dit; (totally) [ridiculous] vraiment; (with imperatives) donc; *just keep quiet!* tais-toi donc!; (equally) *just as well as…* aussi bien que… **II** *just about* adv phr presque; *it's just about 10 o'clock* il est presque 10 heures. **III** *just as* conj phr juste au moment où.

● *just as well!* tant mieux!; *just in case* au cas où.

just[2] /dʒʌst/ adj juste.

justice /ˈdʒʌstɪs/ n justice f.

justify /ˈdʒʌstɪfaɪ/ vtr justifier; *to be justified in doing* avoir raison de faire.

jut /dʒʌt/ vi (p prés etc **-tt-**) [cape] surplomber; [balcony] faire saillie.

juvenile /ˈdʒuːvənaɪl/ **I** n SOUT jeune mf; JUR mineur/-e m/f. **II** adj PÉJ puéril; [delinquency] juvénile.

juvenile court n tribunal m pour enfants.

juvenile offender n JUR délinquant/-e m/f mineur/-e.

k

k, K /keɪ/ n **K** (abrév = **kilo, kilobyte**) K m.

kangaroo /kæŋgəˈruː/ n kangourou m.

karate /kəˈrɑːtɪ/ n karaté m.

Kazakhstan /ˌkɑːzɑːkˈstɑːn, ˌkæz-/ pr n Kazakhstan m.

KB n ORDINAT (abrév = **kilobyte**) Ko m.

keel /kiːl/ n quille f.
■ **keel over** [boat] chavirer.

keen /kiːn/ adj [admirer] fervent; [supporter] enthousiaste; [interest] vif/vive; **to be keen on sth** être passionné de qch; **to be keen to do** tenir à faire.

keep /kiːp/ (prét, pp **kept**) I vtr garder; **to keep sth warm** garder qch au chaud; (detain) retenir; **I won't keep you a minute** je n'en ai pas pour longtemps; [▸ accounts, promise] tenir; [▸ dog] avoir; [▸ conversation, fire] entretenir; **to keep sth from sb** cacher qch à qn; **to keep sb from doing** empêcher qn de faire. II vi [food] se conserver, se garder; **to keep doing** continuer à faire; **keep at it!** persévérez!; **to keep calm** rester calme. III v refl **to keep oneself** subvenir à ses besoins. IV **for keeps** adv phr pour de bon, pour toujours.
■ **keep away** ne pas s'approcher; **keep back** [▸ money] garder; [▸ truth] cacher; **keep off** **keep off the grass** défense de marcher sur la pelouse; **keep on** **keep on doing** continuer à faire; **keep out** **keep out!** défense d'entrer; [▸ argument] ne pas se mêler de; **keep [sb/sth] out** ne pas laisser entrer; **keep to** ne pas s'écarter de; **keep up** [▸ studies] continuer; [▸ friendship] entretenir; **keep up with** suivre.

keeper /ˈkiːpə(r)/ n gardien/-ienne m/f.

keep fit n gymnastique f d'entretien.

keeping /ˈkiːpɪŋ/ n **to be in keeping** aller avec le reste; **to be in keeping with** aller avec.

kennel /ˈkenl/ n (for dog)GB niche f; (for several dogs) chenil m.

Kenya /ˈkenjə/ pr n Kenya m.

kerbGB /kɜːb/ n bord m du trottoir.

kernel /ˈkɜːnl/ n (of nut) amande f.

kettle /ˈketl/ n bouilloire f.

kettledrum /ˈketldrʌm/ n timbale f.

key /kiː/ I n clé f; (on computer, piano, phone) touche f; (on map) légende f. II in compounds [industry, role] clé inv (after n); [point] capital.

keyboard /ˈkiːbɔːd/ I n MUS, ORDINAT clavier m. II vtr ORDINAT saisir (du texte).

keyboarding /ˈkiːbɔːdɪŋ/ I n ORDINAT saisie f. II in compounds [▸ error, problem] de saisie, de frappe.

keyhole /ˈkiːhəʊl/ n trou m de serrure.

keyhole surgery n MÉD chirurgie f endoscopique.

keynote /ˈkiːnəʊt/ n thème m principal.

keynote speech n discours m d'ouverture.

keypad /ˈkiːpæd/ n ORDINAT pavé m numérique; TÉLÉCOM clavier m numérique.

kg n (abrév = **kilogram**) kg m.

khaki /ˈkɑːkɪ/ n, adj kaki m, inv.

kick /kɪk/ I n coup m de pied; **just for kicks**© pour rigoler©. II vtr **to kick sb/sth** donner un coup de pied à qn/qch; **to kick a goal** marquer un but. III vi [person] donner des coups de pied; [horse] ruer.
● **to kick the habit** décrocher©, arrêter; **to be alive and kicking** être bien vivant.
■ **kick around**©, **kick about**© traîner©; **kick off** SPORT donner le coup d'envoi; (start)© commencer; **kick out** virer©.

kickback n pot-de-vin m, dessous-de-table m inv.

kick-off n SPORT coup m d'envoi.

kid /kɪd/ I n (child)© enfant mf, gosse© mf; (goat) chevreau/-ette m/f. II © vtr (p prés etc **-dd-**) (tease) charrier©; (fool) faire marcher©. III © vi plaisanter.

kidnap /ˈkɪdnæp/ vtr (p prés etc **-pp-**) enlever.

kidnapper /ˈkɪdnæpə(r)/ n ravisseur/-euse m/f.

kidney /ˈkɪdnɪ/ n rein m; CULIN rognon m.

kill /kɪl/ I n mise f à mort. II vtr tuer; [▸ pain] faire disparaître. III vi tuer.

killjoy n rabat-joie mf.

killer /ˈkɪlə(r)/ I n meurtrier m. II adj [disease] mortel/-elle.

killing /ˈkɪlɪŋ/ n meurtre m.
● **to make a killing**© ramasser un joli paquet©.

kiln /kɪln/ n four m.

kilo /ˈkiːləʊ/ n kilo m.

kilobyte /ˈkɪləbaɪt/ n ORDINAT kilo-octet m.

kilogram(me) /ˈkɪləɡræm/ n kilogramme m.

kilometreGB /kɪˈlɒmɪtə(r)/, **kilometer**US /ˈkɪləmiːtə(r)/ n kilomètre m.

kin /kɪn/ n ₵ parents mpl, famille f.

kind /kaɪnd/ I n (sort, type) sorte f, genre m, type m; *a kind of* une sorte de. II **kind of**◎ adv phr plutôt. III adj gentil/-ille; *very kind of you* très aimable de votre part.

kindergarten /ˈkɪndəɡɑːtn/ n jardin m d'enfants.

kindly /ˈkaɪndlɪ/ I adj gentil/-ille, bienveillant. II adv avec bienveillance; *would you kindly do* auriez-vous l'amabilité de faire.

kindness /ˈkaɪndnɪs/ n ₵ gentillesse f.

king /kɪŋ/ n roi m.

kingdom /ˈkɪŋdəm/ n royaume m; (of animals, plants) règne m.

kingfisher n martin-pêcheur m.

king-size(d) /ˈkɪŋsaɪzd/ adj [cigarette] extra-long; [packet] géant; *king-size bed* grand lit m (qui fait 1,95 m de large).

kiosk /ˈkiːɒsk/ n kiosque m; TÉLÉCOMGB cabine f.

Kirghizstan /ˈkɜːɡɪstæn/ pr n Kirghizistan m, Kirghizie f.

kiss /kɪs/ I n baiser m. II vtr embrasser, donner un baiser à. III vi s'embrasser.

kit /kɪt/ n trousse f; ₵ (clothes)GB affaires fpl; (for assembly) kit m.

kitchen /ˈkɪtʃɪn/ n cuisine f.

kitchen foil n papier m d'aluminium.

kitchen roll n essuie-tout m.

kitchenware n vaisselle f.

kitchen waste n ₵ déchets mpl domestiques.

kite /kaɪt/ n cerf-volant m; (bird) milan m.

kitten /ˈkɪtn/ n chaton m.

kiwi /ˈkiːwiː/ n kiwi m.

km (abrév = **kilometre**GB) km.

knack /næk/ n tour m de main; *to have the knack of doing sth* avoir le don de faire qch.

knapsack /ˈnæpsæk/ n sac m à dos.

knave /neɪv/ n JEUX valet m.

knead /niːd/ vtr [▸dough] pétrir; [▸flesh] masser.

knee /niː/ n genou m.

kneel /niːl/ vi (prét, pp **kneeled**, **knelt**) se mettre à genoux.

knew /njuː, nuːUS/ prét ▸ know.

knickersGB /ˈnɪkəz/ npl slip m.

knife /naɪf/ I n (pl **knives**) couteau m. II vtr donner un coup de couteau à.

knight /naɪt/ I n chevalier m; JEUX cavalier m. II GB vtr anoblir.

knit /nɪt/ I n tricot m. II vtr, vi (prét, pp **knitted**, **knit**) tricoter; [bones] se souder.

knitting /ˈnɪtɪŋ/ n tricot m.

knob /nɒb/ n (of door) bouton m; (of butter) noix f.

knock /nɒk/ I n (at door) coup m. II vtr cogner; *to knock sb flat* étendre qn par terre; (criticize)◎ débiner◎. III vi cogner, frapper.
■ **knock down** [▸building] démolir; [▸person, object] renverser; **knock off** arrêter de travailler; **knock out** assommer; [▸opponent] éliminer.

knock-on effect n implications fpl.

knot /nɒt/ I n nœud m. II vtr (p prés etc **-tt-**) nouer.

know /nəʊ/ I vtr (prét **knew** /njuː, nuːUS; pp **known** /nəʊn/) [▸person, place, etc] connaître; [▸answer, language, etc] savoir, connaître; *to know how to do* savoir (comment) faire; *to know that…* savoir que… II vi savoir; *to know about* [▸event] être au courant de, [▸computing] s'y connaître en.

know-all◎GB n je-sais-tout mf inv.

know-how◎ n savoir-faire m inv.

knowingly /ˈnəʊɪŋlɪ/ adv délibérément.

knowledge /ˈnɒlɪdʒ/ n connaissance f; *to my knowledge* à ma connaissance; *without sb's knowledge* à l'insu de qn.

known /nəʊn/ I pp ▸ know. II adj connu.

knuckle /ˈnʌkl/ n articulation f.

Korea /kəˈrɪə/ pr n Corée f.

Korean /kəˈrɪən/ I n (person) Coréen/-enne m/f; LING coréen m. II adj coréen/-éenne.

Koran /kəˈrɑːn/ n Coran m.

Kosovo /ˈkɒsəvəʊ/ pr n Kosovo m.

kudos◎ /ˈkjuːdɒs/ n prestige m.

Kuwait /kʊˈweɪt/ pr n Koweït m.

I

L /el/ n (abrév = **litre(s)**GB) l; (on car) (abrév = **Learner**GB) apprenti m conducteur accompagné; (abrév = **large**) (on clothes) L.

lab© /læb/ n labo© m.

label /ˈleɪbl/ **I** n étiquette f. **II** vtr (p prés etc **-ll-**, **-l-**US) étiqueter.

laboratory /ləˈbɒrətrɪ, ˈlæbrətɔːrɪUS/ n laboratoire m.

laborious /ləˈbɔːrɪəs/ adj laborieux/-ieuse.

labourGB, **labor**US /ˈleɪbə(r)/ **I** n travail m; (workforce) main-d'œuvre f. **II** vi travailler (dur), peiner.

labourerGB, **laborer**US /ˈleɪbərə(r)/ n ouvrier/-ière m/f du bâtiment.

labourGB **force** n main-d'œuvre f.

Labour PartyGB n parti m travailliste.

labyrinth /ˈlæbərɪnθ/ n labyrinthe m.

lace /leɪs/ **I** n dentelle f; (on shoe) lacet m. **II** vtr lacer.

lack /læk/ **I** n manque m; **for/through lack of** par manque de. **II** vtr (humour, funds) manquer de. **III** vi **to be lacking** manquer.

lacquer /ˈlækə(r)/ n laque f.

lad© /læd/ n garçon m.

ladder /ˈlædə(r)/ **I** n échelle f. **II** GB vtr, vi [▸tights] filer.

laden /ˈleɪdn/ adj **laden with** chargé de.

ladle /ˈleɪdl/ **I** n CULIN louche f. **II** vtr [▸soup, sauce] servir (qch) à la louche.
■ **ladle out** CULIN servir à la louche.

lady /ˈleɪdɪ/ (pl **ladies**) n dame f; **ladies and gentlemen** mesdames et messieurs; **ladies(' room)** toilettes (pour dames).

ladybirdGB, **ladybug**US n coccinelle f.

lag /læg/ **I** n décalage m. **II** vtr (p prés etc **-gg-**) [▸roof] isoler.
■ **lag behind** être en retard, à la traîne.

lager /ˈlɑːgə(r)/ n bière f blonde.

lagoon /ləˈguːn/ n lagune f.

laid /leɪd/ prét, pp ▶ **lay**.

laid-back© /ˌleɪdˈbæk/ adj décontracté.

lain /leɪn/ pp ▶ **lie III**.

laird /leəd/ n laird m (propriétaire foncier).

lake /leɪk/ n lac m.

lamb /læm/ n agneau m; **leg of lamb** gigot.

lamb's lettuce n mâche f.

lame /leɪm/ adj GÉN boiteux/-euse.

lame duck I n canard m boiteux. **II** in compounds **lame duck president/government**US président/gouvernement sortant.

lament /ləˈment/ **I** n lamentation f. **II** vtr se lamenter sur.

lamp /læmp/ n lampe f.

lamppost /ˈlæmppəʊst/ n réverbère m.

lampshade /ˈlæmpʃeɪd/ n abat-jour m.

land /lænd/ **I** n (ground) terre f; (property) terrain m, terres fpl; (country) pays m. **II** vtr [▸aircraft] poser; [▸job]© décrocher©; **to be landed with sb/sth**© se retrouver avec qn/qch sur les bras. **III** vi [aircraft] atterrir; NAUT débarquer. **IV** v refl **to land oneself in** [▸difficult situation] se mettre dans; **to land oneself with**© [▸task, problem] se retrouver avec.

landfill /ˈlændfɪl/ n enfouissement m des déchets.

landing /ˈlændɪŋ/ n (of stairs) palier m; (from boat) débarquement m; (by plane) atterrissage m.

landing card n AVIAT, NAUT carte f de débarquement.

landing stage n débarcadère m.

landlady n propriétaire f.

landlocked adj sans débouché sur la mer.

landlord n propriétaire m.

landmark /ˈlændmɑːk/ n point m de repère.

landscape /ˈlændskeɪp/ n paysage m.

landscape gardener n jardinier/-ière m/f paysagiste.

lane /leɪn/ n chemin m; (in town) ruelle f; (of road) voie f, file f; SPORT couloir m.

language /ˈlæŋgwɪdʒ/ n (system) langage m; (of a country) langue f.

languid /ˈlæŋgwɪd/ adj nonchalant.

languish /ˈlæŋgwɪʃ/ vi languir.

lanky /ˈlæŋkɪ/ adj (grand et) maigre.

lantern /ˈlæntən/ n lanterne f.

Laos /ˈlɑːɒs, laʊs/ pr n Laos m.

lap /læp/ I n genoux mpl; SPORT tour m de piste. II vtr (p prés etc **-pp-**) [person] avoir un tour d'avance sur; [cat] laper.

lapel /ləˈpel/ n revers m.

Lapland /ˈlæplænd/ pr n Laponie f.

lapse /læps/ I n défaillance f; (moral) écart m de conduite; (interval) intervalle m. II vi baisser; **to lapse into** tomber dans; [contract, etc] expirer.

laptop /ˈlæptɒp/ n (ordinateur) portable m.

larch /lɑːtʃ/ n mélèze m.

large /lɑːdʒ/ I adj [area, car, etc] grand; [appetite, piece, nose] gros/grosse. II **at large** adj phr [prisoner] en liberté; [society] en général. • **by and large** en général.

large-scale adj à grande échelle.

lark /lɑːk/ n alouette f; (fun)© rigolade© f.

larva /ˈlɑːvə/ n (pl **-vae**) larve f.

laser /ˈleɪzə(r)/ n laser m.

laser printer n imprimante f (à) laser.

lash /læʃ/ I n (eyelash) cil m; (whipstroke) coup m de fouet. II vtr fouetter; **to lash sb**© s'en prendre à qn; [▸ object] attacher.
■ **lash out to lash out at sb** frapper qn.

lassGB /læs/ n DIAL jeune fille f.

last /lɑːst, læstUS/ f I n **to the last** jusqu'au bout. II pron **the last** le dernier/la dernière m/f; **the last of sth** le reste de qch; **the last but one** l'avant-dernier/-ière; **the night before last** avant-hier soir. III adj [hope, novel, time] dernier/-ière (before n); **your last name?** votre nom de famille?; **last night** hier soir. IV adv en dernier. V vtr durer, faire. VI vi durer; [fabric] faire de l'usage; [food] se conserver.
■ **last out** durer.

last-ditch adj désespéré.

lasting /ˈlɑːstɪŋ, ˈlæstɪŋUS/ adj [effect, impression, contribution] durable.

last-minute adj [▸ change, cancellation] de dernière minute.

latch /lætʃ/ n loquet m.

late /leɪt/ I adj [person, train, etc] en retard; [meal, date] tardif/-ive; **to have a late lunch** déjeuner plus tard que d'habitude; **in the late 1950s** à la fin des années 1950; **in one of her later films** dans un de ses derniers films. II adv [arrive, start] en retard; **to be running late** être en retard; [get up, open] tard; **later on** plus tard; **too late!** trop tard!; **see you later!** à tout à l'heure!

lately /ˈleɪtlɪ/ adv ces derniers temps.

latecomer /ˈleɪtkʌmə(r)/ n retardataire mf.

lateness /ˈleɪtnɪs/ n retard m.

late riser n lève-tard mf inv.

latest /ˈleɪtɪst/ I superlative adj ▶ **late**. II adj dernier/-ière. III **at the latest** adv phr au plus tard.

lather /ˈlɑːðə(r), ˈlæðə(r), ˈlæð-US/ n (of soap) mousse f.

Latin /ˈlætɪn, ˈlætnUS/ n, adj latin.

Latin American I n Latino-Américain/-e m/f. II adj latino-américain.

latitude /ˈlætɪtjuːd, -tuːdUS/ n latitude f.

latter /ˈlætə(r)/ I n **the latter** ce dernier/cette dernière m/f. II adj dernier/-ière; (of two) deuxième.

Latvia /ˈlætvɪə/ pr n Lettonie f.

Latvian /ˈlætvɪən/ I n (person) Letton/-onne m/f; LING letton m. II adj letton/-onne.

laugh /lɑːf, læfUS/ I n rire m; **for a laugh**© pour rigoler©. II vi **to laugh (at sb/sth)** rire (de qn/qch).

laughter /ˈlɑːftə(r), ˈlæf-US/ n ¢ rires mpl.

launch /lɔːntʃ/ I n lancement m; (boat) vedette f. II vtr NAUT [▸ dinghy, lifeboat] mettre à l'eau; [▸ new ship] lancer; [▸ missile, campaign, career] lancer.

launch pad, launching pad n AÉROSP aire f de lancement.

launder /ˈlɔːndə(r)/ vtr [▸ clothes] laver; [▸ money, profits] blanchir.

laund(e)retteGB /lɔːnˈdret, lɔːndəˈret/ n laverie f automatique.

laundromatUS /ˈlɔːndrəmæt/ n ▶ **launderette**.

laundry /ˈlɔːndrɪ/ n blanchisserie f; (linen) linge m.

laurel /ˈlɒrəl, ˈlɔːrəlUS/ n laurier m.

lava /ˈlɑːvə/ n lave f.

lavatory /ˈlævətrɪ, -tɔːrɪUS/ n toilettes fpl.

lavender /ˈlævəndə(r)/ n, adj lavande (f).

lavish /ˈlævɪʃ/ I adj somptueux/-euse; **lavish with sth** généreux avec qch. II vtr prodiguer.

law /lɔː/ n ¢ loi f; **against the law** contraire à la loi; **court of law** cour de justice; (academic subject) droit m.

law-abiding *adj* respectueux/-euse des lois.

law and order *n* ordre *m* public.

law firm *n* cabinet *m* d'avocats.

lawful /ˈlɔːfl/ *adj* légal.

lawn /lɔːn/ *n* pelouse *f*.

lawnmower *n* tondeuse *f* (à gazon).

law school *n* faculté *f* de droit.

lawsuit *n* procès *m*.

lawyer /ˈlɔːjə(r)/ *n* avocat/-e *m/f*; (expert in law) juriste *mf*.

lax /læks/ *adj* laxiste; [security] relâché.

laxative /ˈlæksətɪv/ *n* laxatif *m*.

lay /leɪ/ **I** *prét* ▶ **lie** III. **II** *adj* [preacher, member] laïque; *lay person* profane. **III** *vtr* (*prét, pp* **laid**) poser; [▶table, hands] mettre; [▶egg] pondre; [▶charge] porter; [▶curse] jeter. **IV** *vi* [bird] pondre.
■ **lay down** poser; [▶rule, plan] établir; **lay off** arrêter; [▶person] licencier; **lay on**GB organiser; **lay out** disposer.

lay-byGB /ˈleɪbaɪ/ *n* TRANSP aire *f* de repos.

layer /ˈleɪə(r)/ *n* couche *f*, épaisseur *f*.

layman /ˈleɪmən/ *n* RELIG laïc *m*.

lay-off /ˈleɪɒf/ *n* licenciement *m*.

layout /ˈleɪaʊt/ *n* (of book, etc) mise *f* en page; (of rooms) disposition *f*; (of town) plan *m*.

laze /leɪz/ *vi* paresser.

lazy /ˈleɪzɪ/ *adj* paresseux/-euse.

lb (*abrév* = **pound**).

LCD *n* (*abrév* = **liquid crystal display**) affichage *m* à cristaux liquides, LCD.

lead¹ /liːd/ **I** *n* avance *f*; *to have the lead* être en tête; *to take the lead in doing* être le premier/la première à faire; *to follow sb's lead* suivre l'exemple de qn; CIN rôle *m* principal; (for dog)GB laisse *f*; JOURN (story) *to be the lead* être à la une[☺]. **II** *vtr* (*prét, pp* **led**) mener, conduire; *to lead sb to do* amener qn à faire; [▶orchestra, research] diriger; [▶rival, team] avoir une avance sur. **III** *vi* (be ahead) être en tête; *to lead by 15 seconds* avoir 15 secondes d'avance; *to lead to* mener à, entraîner; JOURN, [▶story, headline, picture] *to lead with* mettre à la une[☺].
● **to lead the way** être en tête.
■ **lead up to** conduire à.

lead² /led/ *n* plomb *m*; (of pencil) mine *f*.

leaded petrolGB, **leaded gasoline**US *n* essence *f* au plomb.

leader /ˈliːdə(r)/ *n* GÉN dirigeant/-e *m/f*, chef *m*; (of party) leader *m*.

leadership /ˈliːdəʃɪp/ *n* direction *f*.

leading /ˈliːdɪŋ/ *adj* important, majeur; (main) principal; [driver, car] en tête.

leading articleGB *n* éditorial *m*.

leading edge I *n* AVIAT bord *m* d'attaque; FIG (technology) *at the leading edge of* à la pointe de. **II leading-edge** *in compounds* [▶organization, technology] de pointe.

lead story *n* histoire *f* à la une[☺].

leaf /liːf/ *n* (*pl* **leaves**) feuille *f*; (of book) page *f*; (of table) rallonge *f*.
■ **leaf through** feuilleter.

leaflet /ˈliːflɪt/ *n* GÉN dépliant *m*, prospectus *m*; *information leaflet* notice explicative.

league /liːg/ *n* (alliance) ligue *f*; SPORT championnat *m*.

leak /liːk/ **I** *n* GÉN fuite *f*; (in ship) voie *f* d'eau. **II** *vtr* [▶information] divulguer; [▶oil, effluent] répandre. **III** *vi* fuir; [boat] faire eau.

lean /liːn/ **I** *adj* mince; [meat] maigre; FIG difficile. **II** *vtr* (*prét, pp* **leaned/leant**) appuyer. **III** *vi* [wall, building] pencher; [ladder] *to be leaning against sth* être appuyé contre qch.
■ **lean out** se pencher au dehors; **lean forward** se pencher en avant (**to do** pour faire); FIG (depend on) [▶person] compter sur; **lean towards** LIT se pencher vers; FIG [▶person, party, object] pencher vers.

leap /liːp/ **I** *n* saut *m*, bond *m*. **II** *vtr* (*prét, pp* **leapt/leaped**) franchir [qch] d'un bond. **III** *vi* bondir, sauter (de); [price, profit] grimper.

leapfrog /ˈliːpfrɒg/ *n* saute-mouton *m inv*.

leapt /lept/ *pp, prét* ▶ **leap**.

learn /lɜːn/ (*prét, pp* **learned/learnt**) **I** *vtr* apprendre; *to learn (how) to do* apprendre à faire; *to learn that* apprendre que. **II** *vi* *to learn (about sth)* apprendre (qch).

learned *adj* /ˈlɜːnɪd/ savant.

learner /ˈlɜːnə(r)/ *n* débutant *m/f*.

learning /ˈlɜːnɪŋ/ *n* érudition *f*; (process) apprentissage *m*.

learnt /lɜːnt/ *prét, pp* ▶ **learn**.

lease /liːs/ **I** *n* bail *m*. **II** *vtr* louer.

leasing /ˈliːsɪŋ/ *n* (by company) crédit-bail *m*; (by individual) location *f* avec option d'achat.

least /liːst/ (*superlative of* **little**¹) **I** *quantif* *(the) least* (le) moins de; (in negative) (le/la) moindre. **II** *pron* le moins; *it was the least I could do!* c'est le moindre des choses! **III** *adv* **the least** le/la moins; (+ plural noun) les moins; (+ verbs) le moins *inv*. **IV at least** *adv phr* au moins, du moins. **V in the least** *adv phr* du tout.

• **last but not least** enfin et surtout.

leather /ˈleðə(r)/ *n* cuir *m*.

leave /liːv/ **I** *n* GÉN congé *m*; MIL permission *f*. **II** *vtr* (*prét, pp* **left**) [▸house, station] partir de, quitter; [▸person, tip, etc] laisser; [▸family] abandonner; *to leave it (up) to sb to do* laisser à qn le soin de faire; *leave it to me* je m'en occupe; JUR léguer. **III** *vi* partir.

■ **leave behind** oublier, laisser; **leave out** oublier; *to feel left out* se sentir exclu.

Lebanese /ˌlebəˈniːz/ **I** *n* Libanais/-e *m/f*. **II** *adj* libanais, du Liban.

Lebanon /ˈlebənən/ *pr n (the) Lebanon* (le) Liban *m*.

lecture /ˈlektʃə(r)/ **I** *n* conférence *f*; ᴳᴮ UNIV cours *m* magistral. **II** *vtr* faire la leçon à. **III** *vi* UNIV faire un cours; (public talk) donner une conférence.

lecturer /ˈlektʃərə(r)/ *n* (speaker) conférencier/-ière *m/f*; UNIV maître *m* de conférence.

led /led/ *prét, pp* ▸ **lead¹**.

LED /led/ *n* (*abrév* = **light-emitting diode**) DEL *f*, diode *f* électroluminescente.

ledge /ledʒ/ *n* (shelf) rebord *m*.

leek /liːk/ *n* poireau *m*.

leer /lɪə(r)/ PÉJ **I** *n* regard *m* /sourire *m* déplaisant. **II** *vi* lorgner©.

leeway /ˈliːweɪ/ *n* liberté *f* de manœuvre.

left /left/ **I** *prét, pp* ▸ **leave**. **II** *n, adj* gauche *f*. **III** *adv* à gauche.

left-click /ˈleftklɪk/ *vi* ORDINAT cliquer à gauche (**on** sur).

left-hand *adj* (de) gauche.

left-handed *adj* gaucher/-ère.

leftist /ˈleftɪst/ *adj* de gauche.

left-over *adj* **the left-over food** les restes *m pl*.

left wing *n* **the left wing** la gauche.

leg /leg/ *n* jambe *f*; (of animal, furniture) GÉN patte *f*; (of lamb) gigot *m*; (of poultry) cuisse *f*; (of journey) étape *f*.

• **to pull sb's leg** faire marcher© qn.

legacy /ˈlegəsɪ/ *n* legs *m*.

legal /ˈliːgl/ *adj* [document, matter] juridique; [process] légal.

legality /liːˈgælətɪ/ *n* légalité *f*.

legalize /ˈliːgəlaɪz/ *vtr* légaliser.

legally /ˈliːgəlɪ/ *adv* légalement.

legend /ˈledʒənd/ *n* légende *f*.

leggings /ˈlegɪŋz/ *npl* GÉN cuissardes *fpl*; (for woman) caleçon *m*, legging(s) *m(pl)*.

legible /ˈledʒəbl/ *adj* lisible.

legion /ˈliːdʒən/ *n* légion *f*.

legionnaire's disease *n* légionellose *f*.

legislate /ˈledʒɪsleɪt/ *vi* légiférer.

legislation /ˌledʒɪsˈleɪʃn/ *n* législation *f*.

legislative /ˈledʒɪslətɪv, -leɪtɪv^{US}/ *adj* législatif/-ive.

legitimate /lɪˈdʒɪtɪmət/ *adj* légitime; [excuse] valable.

leisure /ˈleʒə(r), ˈliːʒə(r)^{US}/ *n* Ȼ (spare time) loisir(s) *m(pl)*, temps *m* libre.

leisure time *n* loisirs *mpl*, temps *m* libre.

lemon /ˈlemən/ *n* citron *m*; (film, book)^{©US} navet© *m*.

lemonade /ˌleməˈneɪd/ *n* limonade *f*; ^{US} citron *m* pressé.

lemon tree *n* citronnier *m*.

lend /lend/ *vtr* (*prét, pp* **lent**) prêter.

lending /ˈlendɪŋ/ *n in compounds* [▸bank, scheme, service] de prêt; [▸agreement, rate] d'emprunt.

length /leŋθ/ **I** *n* longueur *f*; (of time) durée *f*; (of wood) morceau *m*. **II at length** *adv phr* longuement; (at last) finalement.

lengthen /ˈleŋθən/ **I** *vtr* allonger; [▸wall, stay] prolonger. **II** *vi* s'allonger.

lengthy /ˈleŋθɪ/ *adj* long/longue.

lenient /ˈliːnɪənt/ *adj* indulgent.

lens /lenz/ *n* lentille *f*; (in spectacles) verre *m*; (in camera) objectif *m*.

lent /lent/ *prét, pp* ▸ **lend**.

lentil /ˈlentl/ *n* lentille *f*.

Leo /ˈliːəʊ/ *n* (zodiac) Lion *m*.

leopard /ˈlepəd/ *n* léopard *m*.

lesbian /ˈlezbɪən/ *n* lesbienne *f*.

less /les/ (*comparative of* **little¹**) **I** *quantif* moins de; *less than* moins que. **II** *pron* moins; *less than* moins que. **III** *adv* moins. **IV** *prep* moins; *less tax* avant impôts.

V less and less *adv phr* de moins en moins.

lessen /ˈlesn/ *vtr, vi* diminuer.

lesser /ˈlesə(r)/ *adj* moindre.

lesson /ˈlesn/ *n* cours *m*, leçon *f*; *that'll teach you a lesson!* cela t'apprendra!

lest /lest/ *conj* SOUT de peur de (+ *infinitive*), de crainte que (+ *ne* + *subj*).

let¹ /let/ *vtr* (*p prés* **-tt-**; *prét, pp* **let**) (+ suggestion, command) *let's go* allons-y; *just let him try it!* qu'il essaie!; *to let sb do sth* laisser qn faire qch.
■ **let down** [▸person] laisser tomber; [▸tyre]ᴳᴮ dégonfler; **let go** lâcher prise; **let in** faire, laisser entrer; **let off** faire, laisser partir; [▸homework] dispenser qn de; **let out** [▸cry, sigh] laisser échapper; [▸person] faire, laisser sortir; **let through** (in crowd) laisser passer; **let up** s'arrêter.

let² /let/ **I** ᴳᴮ *n* bail *m*. **II** *vtr* (*p prés* **-tt-**; *prét, pp* **let**) louer.

lethal /ˈliːθl/ *adj* fatal, mortel/-elle.

lethargic /lɪˈθɑːdʒɪk/ *adj* léthargique.

let's /lets/ = **let us**.

letter /ˈletə(r)/ *n* lettre *f*.

letter bomb *n* lettre *f* piégée.

letter box *n* boîte *f* à lettres.

letterhead /ˈletəhed/ *n* en-tête *m*.

lettuce /ˈletɪs/ *n* laitue *f*, salade *f*.

leuk(a)emia /luːˈkiːmɪə/ *n* leucémie *f*.

level /ˈlevl/ **I** *n* niveau *m*; (rate) taux *m*. **II** *adj* [shelf] droit; [ground, land] plat; [spoonful] ras; *to be level* être au même niveau. **III** *vtr* (*p prés etc* **-ll-**ᴳᴮ, **-l-**ᵁˢ) [▸village, area] raser; [▸accusation] lancer.
● *to level with sb*© être honnête avec qn.
■ **level off, level out** [prix] se stabiliser.

level crossingᴳᴮ *n* passage *m* à niveau.

lever /ˈliːvə(r), ˈlevərᵁˢ/ *n* levier *m*.

leverage /ˈliːvərɪdʒ, ˈlev-ᵁˢ/ *n* ÉCON, POL force *f* d'appui; PHYS puissance *f* de levier.

levitate /ˈlevɪteɪt/ *vi* léviter.

levy /ˈlevɪ/ **I** *n* impôt *m*. **II** *vtr* [▸tax] prélever.

liability /ˌlaɪəˈbɪlətɪ/ **I** *n* responsabilité *f*. **II liabilities** *npl* dettes *fpl*.

liable /ˈlaɪəbl/ *adj* *to be liable to* (likely) risquer de; (legally subject) être passible de; *to be liable for tax* être imposable.

liaiseᴳᴮ /lɪˈeɪz/ *vi* *to liaise with sb* travailler en liaison avec qn.

liaison /lɪˈeɪzn, lɪˈeɪzɒnᵁˢ/ *n* liaison *f*.

liar /ˈlaɪə(r)/ *n* menteur/-euse *m/f*.

libel /ˈlaɪbl/ **I** *n* diffamation *f*. **II** *vtr* (*p prés etc* **-ll-**, **-l-**ᵁˢ) diffamer.

liberal /ˈlɪbərəl/ **I** *n* libéral/-e *m/f*. **II** *adj* libéral; (generous) généreux/-euse.

liberalize /ˈlɪbərəlaɪz/ *vtr* libéraliser.

liberally /ˈlɪbərəlɪ/ *adv* généreusement.

liberate /ˈlɪbəreɪt/ *vtr* libérer.

liberation /ˌlɪbəˈreɪʃn/ *n* libération *f*.

liberty /ˈlɪbətɪ/ *n* liberté *f*.

Libra /ˈliːbrə/ *n* Balance *f*.

librarian /laɪˈbreərɪən/ *n* bibliothécaire *mf*.

library /ˈlaɪbrərɪ, -brerɪᵁˢ/ *n* bibliothèque *f*.

Libya /ˈlɪbɪə/ *pr n* Libye *f*.

licenceᴳᴮ, **license**ᵁˢ /ˈlaɪsns/ *n* licence *f*; (to drive, etc) permis *m*; (for TV) redevance *f*.

license /ˈlaɪsns/ *vtr* autoriser; [▸vehicle] faire immatriculer.

licensed /ˈlaɪsnst/ *adj* [restaurant] qui a une licence de débit de boissons; [dealer] agréé; [pilot] breveté.

lick /lɪk/ *vtr* lécher; (beat in game)© écraser.

lid /lɪd/ *n* couvercle *m*; (eyelid) paupière *f*.

lie /laɪ/ **I** *n* mensonge *m*; *to tell a lie* mentir. **II** *vtr, vi* (*p prés* **lying**; *prét, pp* **lied**) mentir. **III** *vi* (*p prés* **lying**, *prét* **lay**, *pp* **lain**) [person, animal] s'allonger; *lie still* ne bougez pas; *here lies John Brown* ci-gît John Brown; *to lie in* [cause, secret] être, résider dans; *to lie in doing* [solution, cure] consister à faire.
■ **lie about, lie around** traîner; **lie back** s'allonger; **lie down** s'allonger, se coucher; **lie in** (in bed) faire la grasse matinée.

Liechtenstein /ˈlɪktənstaɪn/ *pr n* Liechtenstein *m*.

lieu /ljuː/ *in lieu of* *prep phr* à la place de.

lieutenant, Lt /lefˈtenənt, luːˈt-ᵁˢ/ *n* lieutenant *m*.

life /laɪf/ (*pl* **lives**) *n* vie *f*; *to come to life* s'animer; (of machine) durée *f*; *sentenced to life* condamné à perpétuité; *from life* d'après nature.
● *get a life*©! lâche-moi les baskets!©; *run for your life!* sauve qui peut!

lifeboat *n* canot *m* de sauvetage.

life coach *n* coach *m* personnel.

life expectancy n BIOL espérance f de vie; TECH durée f de vie.

life imprisonment n réclusion f à perpétuité.

life insurance n assurance-vie f.

lifeless /ˈlaɪflɪs/ adj inanimé.

lifesaving /ˈlaɪfseɪvɪŋ/ n sauvetage m.

life-size adj grandeur nature inv.

lifestyle n train m de vie.

lifetime /ˈlaɪftaɪm/ n vie f; *in her lifetime* de son vivant.

lift /lɪft/ **I** n (elevator)ᴳᴮ ascenseur m; *can I give you a lift?* je peux te déposer quelque part? **II** vtr lever, soulever; (steal)© piquer©. **III** vi se soulever; [headache] disparaître.

light /laɪt/ **I** n lumière f; *by the light of* à la lumière de; *against the light* à contrejour; (in street) réverbère m; (indicator) voyant m (lumineux); AUT phare m; (for cigarette) feu m; *in the light of* compte tenu de; *to come to light* être découvert. **II** adj clair; *light blue* bleu clair inv; [hair] blond; (delicate) léger/-ère; [rain] fin. **III** vtr (prét, pp **lit/lighted**) allumer; (illuminate) éclairer. **IV** vi (prét, pp **lit**) [fire] prendre; [match] s'allumer.
■ **light up** [▸cigarette] allumer; [lamp] s'allumer; [face] s'éclairer.

light bulb n ampoule f.

lighten /ˈlaɪtn/ vtr éclairer; [▸hair] éclaircir; [▸atmosphere] détendre; [▸burden] alléger.

lighter /ˈlaɪtə(r)/ n briquet m.

light-hearted adj enjoué.

lighthouse n phare m.

lighting /ˈlaɪtɪŋ/ n éclairage m.

lightning /ˈlaɪtnɪŋ/ n éclair m; *struck by lightning* frappé par la foudre.

light pen n ORDINAT crayon m optique.

light switch n interrupteur m.

lightweight /ˈlaɪtweɪt/ adj léger/-ère.

light year n année-lumière f.

like¹ /laɪk/ **I** prep comme; *to be like sb/ sth* être comme qn/qch; (close to) environ. **II** adj pareil/-eille, semblable. **III** © conj comme. **IV** n *and the like* et d'autres choses de ce genre. **VI -like** combining form *child-like* enfantin.

like² /laɪk/ vtr aimer bien; *to like A best* préférer A; *I like it!* ça me plaît!; (wish) *if you like* si tu veux.

likeable /ˈlaɪkəbl/ adj sympathique.

likelihood /ˈlaɪklɪhʊd/ n probabilité f.

likely /ˈlaɪklɪ/ **I** adj probable; *it is/seems likely that* il est probable que; *it is not likely that* il y a peu de chances que (+ subj); [explanation] plausible. **II** adv probablement.

liken /ˈlaɪkən/ vtr *to liken to* comparer à.

likeness /ˈlaɪknɪs/ n ressemblance f.

likewise /ˈlaɪkwaɪz/ adv de même.

liking /ˈlaɪkɪŋ/ n goût m; *to have a liking for* aimer.

lilac /ˈlaɪlək/ n, adj lilas m, adj inv.

Lilo® /ˈlaɪləʊ/ n matelas m pneumatique.

lily /ˈlɪlɪ/ n lys m.

lily of the valley n muguet m.

limb /lɪm/ n ANAT membre m.

limbo /ˈlɪmbəʊ/ n ¢ RELIG les limbes mpl.

lime /laɪm/ n chaux f; (fruit) citron m vert.

limelight /ˈlaɪmlaɪt/ n *to be in the limelight* tenir la vedette.

limerick /ˈlɪmərɪk/ n poème humoristique en cinq vers rimés.

limescale /ˈlaɪmskeɪl/ n tartre m.

limestone n calcaire m.

lime tree n tilleul m.

limit /ˈlɪmɪt/ **I** n limite f; *off limits* interdit d'accès; *speed limit* limitation de vitesse. **II** vtr limiter; *to limit oneself to* se limiter à.

limitation /lɪmɪˈteɪʃn/ n limite f.

limited /ˈlɪmɪtɪd/ adj limité.

limited companyᴳᴮ n société f anonyme, SA f.

limousine /ˈlɪməziːn, ˌlɪməˈziːn/ n limousine f.

limp /lɪmp/ **I** adj mou/molle. **II** vi *to limp along* boiter.

linden (tree) /ˈlɪndən/ n tilleul m.

line /laɪn/ **I** n ligne f; (of people, cars) file f; *you're next in line* ça va être ton tour; *to stand in line* faire la queue; (of trees) rangée f; (on face) ride f; (boundary) frontière f; (rope) corde f; (for fishing) ligne f; *at the other end of the line* au bout du fil; (airline) compagnie f; (in genealogy) lignée f; (in poetry) vers m; (of product) gamme f; MIL *enemy lines* lignes ennemies; *the official line* la position officielle. **II** *in line with* prep

phr en accord avec. **III** *vtr* [▸garment] doubler; [▸road] border.
● **somewhere along the line** à un moment donné.
■ **line up** faire la queue; (align) aligner (**with** sur).

linear /ˈlɪnɪə(r)/ *adj* linéaire.

linen /ˈlɪnɪn/ *n* lin *m*; (sheets, etc) linge *m*.

liner /ˈlaɪnə(r)/ *n* paquebot *m*.

linesman^GB /ˈlaɪnzmən/ *n* juge *m* (in tennis) de ligne, (in football) de touche.

line-up /ˈlaɪnʌp/ *n* SPORT équipe *f*.

linger /ˈlɪŋgə(r)/ *vi* s'attarder; [doubt] subsister.

linguist /ˈlɪŋgwɪst/ *n* linguiste *mf*.

linguistic /lɪŋˈgwɪstɪk/ *adj* linguistique.

linguistics /lɪŋˈgwɪstɪks/ *n* linguistique *f*.

lining /ˈlaɪnɪŋ/ *n* doublure *f*.

link /lɪŋk/ **I** *n* lien *m*; (between facts) rapport *m*; (in chain) maillon *m*; (by rail, etc) liaison *f*; ORDINAT liaison *f*; (on web page) lien *m*. **II** *vtr* relier; **to link sth to/with sth** établir un lien entre qch et qch; ORDINAT connecter.
■ **link up** [firms] s'associer.

lion /ˈlaɪən/ *n* lion *m*.

lip /lɪp/ *n* lèvre *f*; (of bowl) bord *m*.

lip-read /ˈlɪpriːd/ *vi* lire sur les lèvres de quelqu'un.

lipstick *n* rouge *m* à lèvres.

liqueur /lɪˈkjʊə(r), -ˈkɜːr^US/ *n* liqueur *f*.

liquid /ˈlɪkwɪd/ *n*, *adj* liquide (*m*).

liquidate /ˈlɪkwɪdeɪt/ *vtr* liquider.

liquor^US /ˈlɪkə(r)/ *n* alcool *m*.

liquorice^GB /ˈlɪkərɪs/ *n* réglisse *m*.

lira /ˈlɪərə/ *n* (*pl* **lire**) lire *f*.

lisp /lɪsp/ *vi* zézayer.

list /lɪst/ **I** *n* liste *f*. **II** *vtr* faire la liste de; **to be listed among** figurer parmi; ORDINAT lister. **III** **listed** *pp adj* [▸building]^GB classé.

listen /ˈlɪsn/ *vi* **to listen (to sb/sth)** écouter qn/qch; **to listen (out) for** guetter.

listener /ˈlɪsnə(r)/ *n* RADIO auditeur/-trice *m/f*.

listing /ˈlɪstɪŋ/ *n* liste *f*; ORDINAT listing *m*.

listless /ˈlɪstlɪs/ *adj* apathique.

lit /lɪt/ *prét, pp* ▶ **light III**.

litany /ˈlɪtənɪ/ *n* RELIG litanies *fpl*.

literacy /ˈlɪtərəsɪ/ *n* taux *m* d'alphabétisation.

liter^US *n* ▶ **litre**.

literal /ˈlɪtərəl/ *adj* littéral; [translation] mot à mot.

literally /ˈlɪtərəlɪ/ *adv* littéralement; [translate] mot à mot; [take] au pied de la lettre.

literary /ˈlɪtərərɪ, ˈlɪtəˌrerɪ^US/ *adj* littéraire.

literate /ˈlɪtərət/ *adj* **to be literate** savoir lire et écrire; [person] cultivé.

literature /ˈlɪtrətʃə(r), -tʃʊər^US/ *n* littérature *f*; (brochures) documentation *f*.

Lithuania /ˌlɪθjuːˈeɪnɪə/ *pr n* Lituanie *f*.

Lithuanian /ˌlɪθjuːˈeɪnɪən/ **I** *n* (person) Lituanien/-ienne *m/f*; LING lituanien *m*. **II** *adj* lituanien/-ienne.

litigation /ˌlɪtɪˈgeɪʃn/ *n* ¢ litiges *mpl*.

litre^GB, **liter**^US /ˈliːtə(r)/ *n* litre *m*.

litter /ˈlɪtə(r)/ **I** *n* ¢ (rubbish) détritus *mpl*, ordures *fpl*; (of animal) portée *f*; (for pet tray) litière *f*. **II** *vtr* **to litter the ground** joncher le sol.

little¹ /ˈlɪtl/ (comparative **less**; superlative **least**) **I** *quantif* peu de. **II** *pron* un peu; **as little as possible** le moins possible. **III** *adv* peu. **IV a little** *adv phr* un peu.

little² /ˈlɪtl/ *adj* petit.
● **little by little** petit à petit.

little finger *n* petit doigt *m*, auriculaire *m*.

live¹ /lɪv/ **I** *vtr* [▸life] vivre. **II** *vi* GÉN vivre, habiter; **to live on pasta** ne manger que des pâtes.
● **to live it up**^© faire la fête^©.
■ **live up to** être à la hauteur de.

live² /laɪv/ **I** *adj* vivant; **real live** en chair et en os; [broadcast] en direct; [ammunition] réel/réelle; ÉLEC sous tension. **II** *adv* en direct.

livelihood /ˈlaɪvlɪhʊd/ *n* gagne-pain *m*.

lively /ˈlaɪvlɪ/ *adj* [person] plein d'entrain; [place, conversation] animé; [interest, mind] vif/vive.

liver /ˈlɪvə(r)/ *n* foie *m*.

livestock /ˈlaɪv/ *n* ¢ bétail *m*.

living /ˈlɪvɪŋ/ **I** *n* vie *f*; **to make a living** gagner sa vie. **II** *adj* vivant.

living conditions *npl* conditions *fpl* de vie.

living room *n* salle *f* de séjour, salon *m*.

living standards *npl* niveau *m* de vie.

lizard /ˈlɪzəd/ *n* lézard *m*.

llama /ˈlɑːmə/ *n* lama *m*.

load /ləʊd/ **I** *n* charge *f*, chargement *m*; (on ship) cargaison *f*; FIG fardeau *m*; (a lot)^© des tas^© de. **II** ^© **loads** *npl* **loads of** beaucoup de. **III** *vtr* charger; [▸camera] mettre un film

dans; ORDINAT [▸program] charger; **to load sb with** couvrir qn de.
■ **load down** charger qn (**with** de); **load up** charger (qch).

loaded /ˈləʊdɪd/ adj (rich)© plein aux as©.

loaf /ləʊf/ n (pl **loaves**) pain m.

loafer /ˈləʊfə(r)/ n mocassin m.

loan /ləʊn/ **I** n (when borrowing) emprunt m; (when lending) prêt m. **II** vtr prêter.

loathe /ləʊð/ vtr détester.

lobby /ˈlɒbɪ/ **I** n (of hotel) hall m; (of theatre) vestibule m; POL groupe m de pression, lobby m. **II** vtr, vi faire pression (sur).

lobe /ləʊb/ n lobe m.

lobster /ˈlɒbstə(r)/ n homard m.

local /ˈləʊkl/ **I** n **the locals** les gens mpl du coin; (pub)©GB pub m du coin. **II** adj local; [shop] du quartier; [radio] régional.

locality /ləʊˈkælətɪ/ n secteur m; (place) emplacement m.

locate /ləʊˈkeɪt, ˈləʊkeɪtUS/ vtr localiser; [▸object] (re)trouver; **to be located in London** se trouver à Londres.

location /ləʊˈkeɪʃn/ n GÉN endroit m.

loch SCOT /lɒk, lɒx/ n loch m, lac m.

lock /lɒk/ **I** n serrure f; (with bolt) verrou m; (of hair) mèche f; (on river) écluse f. **II** vtr fermer [qch] à clé; ORDINAT verrouiller. **III** vi fermer à clé; [steering wheel] se bloquer.
■ **lock in** enfermer (qn); **lock out** (by mistake) laisser qn dehors sans clé; **lock up** enfermer (à clé).

locker /ˈlɒkə(r)/ n casier m, vestiaire m.

locker room n vestiaire m.

locomotive /ˌləʊkəˈməʊtɪv/ n locomotive f.

locust /ˈləʊkəst/ n criquet m.

locust tree n acacia m.

lodge /lɒdʒ/ **I** n pavillon m; (for gatekeeper) loge f (du gardien). **II** vtr loger; JUR **to lodge an appeal** faire appel. **III** vi (reside) loger; [bullet] se loger (dans); [small object] se coincer.

lodger /ˈlɒdʒə(r)/ n locataire mf; (with meals) pensionnaire mf.

lodging /ˈlɒdʒɪŋ/ n logement m; **board and lodging** logé et nourri.

loft /lɒft, lɔːftUS/ n grenier m; (apartment)US loft m.

lofty /ˈlɒftɪ, ˈlɔːftɪUS/ adj [building] haut; [manner] hautain; [ideals] noble.

log /lɒg, lɔːgUS/ **I** n bûche f; (of ship) journal m de bord; ORDINAT carnet m d'exploitation; MATH logarithme m. **II** vtr (p prés etc **-gg-**) noter.
■ **log in** ORDINAT se connecter; **log out** ORDINAT se déconnecter.

logic /ˈlɒdʒɪk/ n logique f.

logical /ˈlɒdʒɪkl/ adj logique.

login /ˈlɒgɪn/ n ORDINAT ouverture f de session.

logistic /ləˈdʒɪstɪk/ adj logistique.

logistics /ləˈdʒɪstɪks/ n (sg /pl) logistique f.

logo /ˈləʊgəʊ/ n logo m.

loin /lɔɪn/ n CULIN ≈ filet m.

lollyGB /ˈlɒlɪ/ n sucette f; (iced) esquimau® m; (money)© fric© m.

London /ˈlʌndən/ pr n Londres.

lone /ləʊn/ adj solitaire.

loneliness /ˈləʊnlɪnɪs/ n solitude f.

lonely /ˈləʊnlɪ/ adj solitaire; [place] isolé.

lonesome /ˈləʊnsəm/ adj solitaire.

long /lɒŋ, lɔːŋUS/ **I** adj long/longue; **to be 20 m long** avoir 20 m de long; **to be 20 minutes long** durer 20 minutes; **a long time ago** il y a longtemps; **a long way** loin. **II** adv longtemps; **all day long** toute la journée. **III** **as long as** conj phr aussi longtemps que; (provided that) pourvu que (+ subj). **IV** vi **to long for** avoir très envie de; **to long to do** être très impatient de faire.
● **so long**©! salut! HUM **long time no see!**© ça fait une paye (qu'on ne s'est pas vus)!©.

long-distance adj [runner] de fond; [telephone call] interurbain.

long-haul adj AVIAT long-courrier inv.

longing /ˈlɒŋɪŋ, ˈlɔːŋɪŋUS/ n grand désir m.

long-lasting adj durable, qui dure longtemps.

long-range adj [missile] (à) longue portée; [forecast] à long terme.

long-standing adj de longue date.

long term n **in the long term** à long terme.

long-time adj de longue date.

loo©GB /luː/ n toilettes fpl.

look /lʊk/ **I** n coup m d'œil; (expression) regard m; (appearance) air m, expression f. **II looks** npl **to keep one's looks** rester beau/belle. **III** vtr regarder. **IV** vi regarder;

(search) chercher, regarder; (appear, seem) avoir l'air, paraître; *to look one's best* être à son avantage; *to look a fool* avoir l'air ridicule; *you look cold* tu as l'air d'avoir froid; *how do I look?* comment me trouves-tu?; *it looks like rain* on dirait qu'il va pleuvoir; *to look north* [house] être orienté au nord; *look here* écoute-moi bien. **V -looking** *combining form* **bad-looking** laid.

■ **look after** s'occuper de; [▸luggage] surveiller; **look ahead** regarder devant soi; FIG regarder vers l'avenir; **look around** regarder autour de soi, chercher; **look at** regarder; [▸patient] examiner; [▸problem] étudier; **look down** baisser les yeux; FIG mépriser; **look for** chercher; **look forward** attendre [qch] avec impatience; *I look forward to hearing from you* dans l'attente de votre réponse; **look out** faire attention, se méfier; **look out for [sb/sth]** guetter; **look round**GB regarder autour de soi, visiter; **look through** consulter; **look to** compter sur [qn/qch]; **look up** lever les yeux; [▸number] chercher; [▸friend] passer voir.

look-out /ˈlʊkaʊt/ *n* (on ship) vigie *f*; (in army) guetteur *m*; (place) poste *m* d'observation; *to be on the look-out for* rechercher, guetter.

loom /luːm/ **I** *n* métier *m* à tisser. **II** *vi* surgir; [war, crisis] menacer.

loony© /ˈluːnɪ/ *n* (*pl* **-ies**) dingue© *mf*.

loop /luːp/ *n* boucle *f*.

loophole /ˈluːphəʊl/ *n* lacune *f*.

loose /luːs/ *adj* [knot] desserré; [handle] branlant; [tooth] qui bouge; [trousers] ample; [translation] libre; [connection] vague; [style] relâché; [tea, sweets] en vrac, au détail; *loose change* petite monnaie.

loose-fitting *adj* ample.

loosely /ˈluːslɪ/ *adv* [fasten] sans serrer; [translate] assez librement.

loosen /ˈluːsn/ *vtr* [▸belt, strap] (se) desserrer; [▸rope, control] relâcher.

loot /luːt/ **I** *n* butin *m*. **II** *vtr* piller.

looting /ˈluːtɪŋ/ *n* pillage *m*.

lord /lɔːd/ *n* seigneur *m*; (peer) lord *m*.

Lord /lɔːd/ *n* **the (House of) Lords** la Chambre des Lords; RELIG Seigneur *m*; *good Lord!*© grand Dieu!

Lord Chancellor *n* Lord *m* Chancelier (*ministre m de la Justice britannique*).

lordship /ˈlɔːdʃɪp/ *n* **your/his lordship** (of noble) Monsieur; (of judge) Monsieur le Juge.

lore /lɔː(r)/ *n* traditions *fpl*.

lorryGB /ˈlɒrɪ, ˈlɔːrɪUS/ *n* (*pl* **-ies**) camion *m*.

lorry driverGB *n* routier *m*, chauffeur *m* de poids lourd.

lose /luːz/ **I** *vtr* (*prét, pp* **lost**) perdre; *to lose one's way* se perdre; (go slow) [clock] retarder de. **II** *vi* perdre; [clock, watch] retarder.

■ **lose out** être perdant.

loser /ˈluːzə(r)/ *n* perdant/-e *m/f*.

loss /lɒs, lɔːsUS/ *n* perte *f*; *at a loss* perplexe.

lost /lɒst, lɔːstUS/ **I** *prét, pp* ▸ **lose**. **II** *adj* perdu; *get lost*©! fiche le camp©!; [opportunity] manqué.

lost propertyGB *n* objets *mpl* trouvés.

lot¹ /lɒt/ **I** *pron* **a lot** beaucoup; **the lot**© (le) tout. **II** *quantif* **a lot of** beaucoup; *I see a lot of him* je le vois beaucoup. **III** **lots**© *quantif, pron* **lots of things** des tas© de choses. **IV** **lots**© *adv* **lots better** vachement© mieux. **V** **a lot** *adv phr* beaucoup; *a lot better* beaucoup mieux; *quite a lot* très souvent.

lot² /lɒt/ *n* US parcelle *f* (de terrain); (at auction) lot *m*; *to draw lots* tirer au sort.

lotion /ˈləʊʃn/ *n* lotion *f*.

lottery /ˈlɒtərɪ/ *n* loterie *f*.

lotto /ˈlɒtəʊ/ *n* loto *m*.

loud /laʊd/ **I** *adj* [voice] fort; [comment, laugh] bruyant; PÉJ [colour, pattern] criard. **II** *adv* fort; *out loud* à voix haute.

loudly /ˈlaʊdlɪ/ *adv* fort.

loudspeaker *n* haut-parleur *m*.

lounge /laʊndʒ/ *n* salon *m*; (in airport) *departure lounge* salle *f* d'embarquement.

louse /laʊs/ *n* (*pl* **lice**) pou *m*; *inv* INJUR® salaud© *m*.

lousy© /ˈlaʊzɪ/ *adj* [meal] infect©; [salary] minable©; *to feel lousy* être mal fichu©.

lovable /ˈlʌvəbl/ *adj* adorable.

love /lʌv/ **I** *n* amour *m*; *in love* amoureux/-euse; *to make love* faire l'amour; *with love from Bob* affectueusement, Bob; *be a love*©GB sois gentil; *yes, love* oui, chéri; (in tennis) zéro *m*. **II** *vtr* aimer; *to love each other* s'aimer; *to love doing sth* aimer beaucoup faire qch; (accepting invitation) *I'd love to!* avec plaisir!

● *there's no love lost between them* ils/elles se détestent cordialement.

love affair *n* liaison *f*.

love life *n* vie *f* amoureuse.

lovely /ˈlʌvlɪ/ adj (beautiful) beau/belle, joli; (pleasant) charmant.

lover /ˈlʌvə(r)/ n amant m, maîtresse f; (enthusiast) amateur m.

loving /ˈlʌvɪŋ/ adj tendre, affectueux/-euse.

low /ləʊ/ **I** n MÉTÉO dépression f. **II** adj bas/basse; [battery] faible; [speed] réduit; [rate] faible; [pressure] bas/basse; [quality] mauvais; (depressed) déprimé. **III** adv bas.

low-alcohol adj peu alcoolisé.

low-angle shot n CIN, PHOT contre-plongée f.

lower /ˈləʊə(r)/ **I** adj (comparative of **low**) inférieur. **II** vtr to lower (sb/sth) descendre (qn/qch); [▸ pressure, temperature] réduire, diminuer. **III** v refl to lower oneself s'abaisser.

low-fat adj [cheese] allégé; [milk] écrémé.

low-key adj discret/-ète.

lowly /ˈləʊlɪ/ adj modeste.

loyal /ˈlɔɪəl/ adj loyal.

loyalty /ˈlɔɪəltɪ/ n loyauté f.

loyalty card n COMM carte f de fidélité.

lozenge /ˈlɒzɪndʒ/ n pastille f.

LP n (abrév = **long-playing**) 33 tours m.

Lt (abrév = **lieutenant**).

Ltdᴳᴮ (abrév = **limited (liability)**) ≈ SARL.

lubricate /ˈluːbrɪkeɪt/ vtr lubrifier.

lucid /ˈluːsɪd/ adj lucide.

luck /lʌk/ n chance f; good/bad luck chance/malchance; to bring good/bad luck porter bonheur/malheur.

luckily /ˈlʌkɪlɪ/ adv heureusement.

lucky /ˈlʌkɪ/ adj to be lucky to be avoir la chance d'être; lucky you©! veinard©!; [charm, number] porte-bonheur inv.

lucrative /ˈluːkrətɪv/ adj lucratif/-ive.

ludicrous /ˈluːdɪkrəs/ adj grotesque.

ludoᴳᴮ /ˈluːdəʊ/ n jeu m des petits chevaux.

lug /lʌg/ vtr (p prés etc **-gg-**) traîner.

luggage /ˈlʌgɪdʒ/ n ¢ bagages mpl.

luggage handler n bagagiste mf.

lukewarm /luːkˈwɔːm/ adj tiède.

lull /lʌl/ **I** n accalmie f. **II** vtr [▸ person] apaiser; to lull sb into thinking that... faire croire à qn que...

lullaby /ˈlʌləbaɪ/ n berceuse f.

lumber /ˈlʌmbə(r)/ **I** ᵁˢ n bois m de construction. **II** ©ᴳᴮ vtr to be lumbered with a chore se taper une corvée.

luminous /ˈluːmɪnəs/ adj lumineux/-euse.

lump /lʌmp/ **I** n (sugar) morceau m; (in sauce) grumeau m; (on body) bosse f. **II** vtr mettre dans le même panier©.

lunar /ˈluːnə(r)/ adj lunaire.

lunatic /ˈluːnətɪk/ n, adj fou/folle (m/f).

lunch /lʌntʃ/ **I** n déjeuner m. **II** vi déjeuner.

lunchbreak /ˈlʌntʃbreɪk/ n pause-déjeuner f.

luncheon /ˈlʌntʃən/ n SOUT déjeuner m.

luncheon voucher, LV n ticket-restaurant® m, ticket-repas m.

lunchtime n heure f du déjeuner.

lung /lʌŋ/ n poumon m.

lunge /lʌndʒ/ vi to lunge at s'élancer vers.

lurch /lɜːtʃ/ **I** n embardée f. **II** vi trébucher.
● to leave sb in the lurch abandonner qn.

lure /lʊə(r)/ **I** n attrait m. **II** vtr attirer (par la ruse).

lurid /ˈlʊərɪd/ adj [colour] criard; [detail] épouvantable.

lurk /lɜːk/ **I** vi se tapir; [danger] menacer. **II** lurking pres p adj persistant.

luscious /ˈlʌʃəs/ adj succulent; [personne]© appétissant.

lush /lʌʃ/ adj [vegetation] luxuriant; [area] luxueux/-euse.

lust /lʌst/ **I** n désir m; the lust for power la soif du pouvoir. **II** vi to lust for/after sb/sth convoiter qn/qch.

lute /luːt/ n luth m.

Luxembourg /ˈlʌksəmbɜːg/ pr n Luxembourg m.

Luxembourger /ˈlʌksəmbɜːgə(r)/ **I** n Luxembourgeois/-e m/f. **II** adj luxembourgeois.

luxurious /lʌgˈzjʊərɪəs/ adj de luxe.

luxury /ˈlʌkʃərɪ/ n luxe m.

lying /ˈlaɪɪŋ/ n ¢ mensonges mpl.

lynch /lɪntʃ/ vtr lyncher.

lyric /ˈlɪrɪk/ **I** lyrics npl (of song) paroles fpl. **II** adj lyrique.

lyrical /ˈlɪrɪkl/ adj lyrique.

lyric-writer n parolier/-ière m/f.

m /em/ *n* (*abrév* = **metre**GB) m; **M** (*abrév* = **motorway**GB) autoroute *f*; **m** (*abrév* = **mile**).

MA *n* UNIV (*abrév* = **Master of Arts**) diplôme *m* supérieur de lettres.

ma'am /mæm, mɑ:m/ *n* madame *f*.

mac©GB /mæk/ *n* imper© *m*.

Macedonia /ˌmæsɪˈdəʊnɪə/ *pr n* Macédoine *f*.

machine /məˈʃi:n/ **I** *n* machine *f*. **II** *vtr* coudre [qch] à la machine.

machine gun *n* mitrailleuse *f*.

machinery /məˈʃi:nərɪ/ *n* ₵ machines *fpl*; (working parts) mécanisme *m*, rouages *mpl*.

machine tool *n* machine-outil *f*.

mackerel /ˈmækrəl/ *n* maquereau *m*.

macro /ˈmækrəʊ/ *n* ORDINAT macro *f*.

mad /mæd/ *adj* fou/folle; *mad with jealousy* fou/folle de jalousie; [dog] enragé; *to be mad*©US *at sb* être furieux contre qn; *mad about/on*© [▸person, hobby] fou de©.

Madagascar /ˌmædəˈɡæskə/ *pr n* Madagascar *m*.

madam /ˈmædəm/ *n* madame *f*.

mad cow disease *n* maladie *f* de la vache folle.

madden /ˈmædn/ *vtr* exaspérer.

made /meɪd/ *prét, pp* ▸ **make**.

made-to-measure *adj* [▸garment] sur mesure.

made-up /ˌmeɪdˈʌp/ *adj* maquillé.

madman© /ˈmædmən/ *n* fou *m*.

madness /ˈmædnɪs/ *n* folie *f*.

madrasGB *adj* [curry] très épicé.

Mafia /ˈmæfɪə, ˈmɑː-US/ *n* Mafia *f*.

magazine /ˌmæɡəˈzi:n/ *n* (periodical) revue *f*; (on radio, TV or mainly photos) magazine *m*.

maggot /ˈmæɡət/ *n* ver *m*, asticot *m*.

magic /ˈmædʒɪk/ **I** *n* magie *f*. **II** *adj* magique.

magical /ˈmædʒɪkl/ *adj* magique.

magician /məˈdʒɪʃn/ *n* magicien *m*.

magistrate /ˈmædʒɪstreɪt/ *n* magistrat *m*.

magnate /ˈmæɡneɪt/ *n* magnat *m*.

magnet /ˈmæɡnɪt/ *n* aimant *m*.

magnetic /mæɡˈnetɪk/ *adj* magnétique.

magnificent /mæɡˈnɪfɪsnt/ *adj* magnifique.

magnify /ˈmæɡnɪfaɪ/ *vtr* grossir; (exaggerate) exagérer.

magnitude /ˈmæɡnɪtju:d, -tu:dUS/ *n* magnitude *f*; (of problem, disaster) ampleur *f*.

magnolia /mæɡˈnəʊlɪə/ *n* magnolia *m*.

magpie /ˈmæɡpaɪ/ *n* pie *f*.

mahogany /məˈhɒɡənɪ/ *n* acajou *m*.

maid /meɪd/ *n* bonne *f*; (in hotel) femme *f* de chambre.

maiden /ˈmeɪdn/ **I** *n* LITTÉR jeune fille *f*. **II** *adj* [speech] inaugural; *maiden name* nom de jeune fille.

mail /meɪl/ **I** *n* poste *f*; (correspondence) courrier *m*. **II** *vtr* envoyer, expédier.

mailboxUS *n* boîte *f* aux lettres, à lettres; (for email) boîte *f* à lettres électronique.

mail order /ˈmeɪl ɔ:də(r)/ *n* vente *f* par correspondance.

mail shot *n* publipostage *m*.

maim /meɪm/ *vtr* estropier.

main /meɪn/ **I** *n* canalisation *f*. **II** *adj* principal.
• **in the main** dans l'ensemble.

mainframe /ˈmeɪnfreɪm/ *n* ordinateur *m* central.

mainland /ˈmeɪnlənd/ *n* **on the mainland** sur le continent.

mainly /ˈmeɪnlɪ/ *adv* surtout.

main memory *n* ORDINAT mémoire *f* centrale.

main road *n* route *f* principale.

mainstream /ˈmeɪnstri:m/ **I** *n* courant *m* dominant. **II** *adj* traditionnel/-elle.

maintain /meɪnˈteɪn/ *vtr* maintenir; [▸family] subvenir aux besoins de; [▸army] entretenir; *to maintain that* soutenir que.

maintenance /ˈmeɪntənəns/ *n* entretien *m*; (of standards) maintien *m*; JURGB pension *f* alimentaire; ORDINAT maintenance *f*.

maize^{GB} /ˈmeɪz/ n maïs m.

Maj n (abrév écrite = **Major**).

majestic /məˈdʒestɪk/ adj majestueux/-euse.

majesty /ˈmædʒəstɪ/ I n majesté f. II n **Majesty** Her/His majesty sa Majesté.

major /ˈmeɪdʒə(r)/ I n MIL commandant m; UNIV^{US} matière f principale. II adj important, majeur; (main) principal; MUS majeur. III ^{US} vi UNIV to **major in** se spécialiser en.

majority /məˈdʒɒrətɪ, -ˈdʒɔːr-^{US}/ n majorité f.

make /meɪk/ I n marque f. II vtr (prét, pp **made**) GÉN faire; to make sth for sb, to make sb sth faire qch pour qn; to make sth from/out of faire qch avec/en; made in France fabriqué en France; [▸ friends, enemies] se faire; to make sb happy rendre qn heureux; to make sth bigger agrandir; to make sb cry faire pleurer qn; to make sb do sth faire faire qch à qn; three and three make six trois et trois font six; [▸ salary, amount] gagner; we'll never make it nous n'y arriverons jamais.

■ **make for** se diriger vers; it makes for an easy life ça rend la vie plus facile; **make out** s'en tirer; (understand, work out) comprendre; [▸ cheque] faire, rédiger; **make up** se maquiller; (after quarrel) se réconcilier; [▸ personal loss] compenser.

maker /ˈmeɪkə(r)/ n fabricant m; (of cars, aircraft) constructeur m.

makeshift /ˈmeɪkʃɪft/ adj improvisé.

make-up /ˈmeɪkʌp/ n maquillage m; (of whole) composition f.

make-up remover n démaquillant m.

making /ˈmeɪkɪŋ/ n fabrication f; (of film) réalisation f; history in the making l'Histoire en marche; a star in the making une future star.

malaria /məˈleərɪə/ n paludisme m.

Malawi /məˈlɑːwɪ/ pr n Malawi m.

Malay /məˈleɪ/ **Malayan** /məˈleɪən/ I n (inhabitant) Malais/-e m/f; LING malais m. II adj malais.

Malaya /məˈleɪə/ n Malaisie f occidentale.

Malaysia /məˈleɪzɪə/ pr n Malaisie f.

male /meɪl/ I n mâle m; (man) homme m. II adj mâle; [role, trait] masculin; a male voice une voix d'homme.

malevolent /məˈlevələnt/ adj malveillant.

malfunction /mælˈfʌŋkʃn/ I n défaillance f. II vi mal fonctionner.

Mali /ˈmɑːlɪ/ pr n Mali m.

malice /ˈmælɪs/ n méchanceté f.

malicious /məˈlɪʃəs/ adj malveillant.

malign /məˈlaɪn/ I adj nuisible. II vtr calomnier.

malignant /məˈlɪɡnənt/ adj [criticism, look] malveillant; [tumour] malin/-igne.

mall /mæl, mɔːl/ n galerie f marchande; ^{US} centre m commercial.

malnutrition /ˌmælnjuːˈtrɪʃn, -nuː-^{US}/ n malnutrition f.

malt /mɔːlt/ n malt m.

Malta /ˈmɔːltə/ pr n Malte f.

Maltese /mɔːlˈtiːz/ I n (inhabitant) Maltais/-e m/f; LING maltais m. II adj maltais.

mammal /ˈmæml/ n mammifère m.

mammoth /ˈmæməθ/ n mammouth m.

man /mæn/ I n (pl **men**) GÉN homme m; man and wife mari et femme. II vtr (p prés etc **-nn-**) [▸ desk, phone] tenir. III **manned** pp adj [spacecraft] habité.

manage /ˈmænɪdʒ/ I vtr to **manage to do** réussir à faire; [▸ project] diriger, administrer; [▸ money, time] gérer; [▸ person, animal] savoir s'y prendre avec; [▸ boat] manier. II vi se débrouiller, y arriver.

manageable /ˈmænɪdʒəbl/ adj [size, car] maniable; [problem] maîtrisable.

management /ˈmænɪdʒmənt/ n direction f; (control) gestion f.

management studies npl études fpl de gestion.

manager /ˈmænɪdʒə(r)/ n directeur/-trice m/f; (of shop) gérant/-e m/f; (of project) directeur/-trice m/f; SPORT manager m.

managing director^{GB} n directeur/-trice m/f général/-e.

managing editor n directeur/-trice m/f de rédaction.

mandarin /ˈmændərɪn/ n mandarine f; (tree) mandarinier m; (person) mandarin m PÉJ.

mandate /ˈmændeɪt/ n GÉN autorité f; POL mandat m.

mandatory /ˈmændətərɪ, -tɔːrɪ^{US}/ adj obligatoire.

mandolin /ˌmændəˈlɪn/ n mandoline f.

mane /meɪn/ n crinière f.

mangle /ˈmæŋgl/ *vtr* mutiler.

mango /ˈmæŋgəʊ/ *n* mangue *f*.

manhood *n* âge *m* d'homme.

mania /ˈmeɪnɪə/ *n* manie *f*.

maniac /ˈmeɪnɪæk/ *n* fou/folle *m/f*.

manic /ˈmænɪk/ *adj* MÉD, PSYCH, (manic-depressive) maniaco-dépressif/-ive; (obsessive) obsessionnel/-elle; FIG [▸behaviour] frénétique.

manicure /ˈmænɪkjʊə(r)/ **I** *n* manucure *f*. **II** *vtr* **to manicure one's nails** se faire les ongles.

manifest /ˈmænɪfest/ **I** *adj* manifeste, évident. **II** *vtr* manifester.

manifestation /ˌmænɪfəˈsteɪʃn/ *n* manifestation *f*.

manifesto /ˌmænɪˈfestəʊ/ *n* manifeste *m*.

manipulate /məˈnɪpjʊleɪt/ *vtr* manipuler.

manipulative /məˈnɪpjʊlətɪv/ *adj* manipulateur/-trice.

mankind /mænˈkaɪnd/ *n* humanité *f*.

manly /ˈmænlɪ/ *adj* viril.

man-made /mænˈmeɪd/ *adj* [fabric] synthétique; [pond] artificiel/-ielle.

manner /ˈmænə(r)/ *n* manière *f*, façon *f*; **in a manner of speaking** pour ainsi dire.

manoeuvreGB, **maneuver**US /məˈnuːvə(r)/ **I** *n* manœuvre *f*. **II** *vtr*, *vi* manœuvrer.

manor /ˈmænə(r)/ *n* manoir *m*.

manpower /ˈmænpaʊə(r)/ *n* main-d'œuvre *f*; MIL hommes *mpl*.

mansion /ˈmænʃn/ *n* demeure *f*; (in town) hôtel *m* particulier.

manslaughter *n* JUR homicide *m* involontaire.

manual /ˈmænjʊəl/ **I** *n* manuel *m*. **II** *adj* manuel/-elle.

manufacture /ˌmænjʊˈfæktʃə(r)/ **I** *n* fabrication *f*; (of car) construction *f*. **II** *vtr* fabriquer.

manufacturer /ˌmænjʊˈfæktʃərə(r)/ *n* fabricant *m*.

manure /məˈnjʊə(r)/ *n* fumier *m*.

manuscript /ˈmænjʊskrɪpt/ *n* manuscrit *m*.

many /ˈmenɪ/ (*comparative* **more**; *superlative* **most**) **I** *quantif* beaucoup de, un grand nombre de; **how many people/times?** combien de personnes/fois?; **as many books as you (do)** autant de livres que toi; **many a**
man plus d'un homme. **II** *pron* beaucoup; **not many** pas beaucoup; **too many** trop; **how many?** combien?

map /mæp/ **I** *n* carte *f*; (of town) plan *m*. **II** *vtr* faire la carte de; ORDINAT faire une projection de.

● **to put sb/sth on the map** mettre qn/qch chose en vedette.

■ **map out** [▸plans] élaborer.

maple /ˈmeɪpl/ *n* érable *m*.

mar /mɑː(r)/ *vtr* (*p prés etc* **-rr-**) gâcher.

Mar (*abrév écrite* = **March**).

marathon /ˈmærəθən, -ɒnUS/ *n* marathon *m*.

marble /ˈmɑːbl/ *n* marbre *m*; JEUX bille *f*.

marcasite *n* marcassite *f*.

march /mɑːtʃ/ **I** *n* marche *f*. **II** *vi* marcher d'un pas vif; MIL marcher au pas; (in protest) manifester.

March /mɑːtʃ/ *n* mars *m*.

mare /meə(r)/ *n* jument *f*.

margarine /ˌmɑːdʒəˈriːn/ *n* margarine *f*.

margin /ˈmɑːdʒɪn/ *n* marge *f*; (of river) bord *m*; **by a narrow margin** de peu, de justesse.

marginal /ˈmɑːdʒɪnl/ *adj* marginal; POL **a marginal seat**GB un siège très disputé.

marginally /ˈmɑːdʒɪnəlɪ/ *adv* très peu.

marigold /ˈmærɪgəʊld/ *n* BOT souci *m*.

marine /məˈriːn/ **I** *n* fusilier *m* marin; marine *f*; **the Marines**US les marines *mpl*. **II** *adj* marin/-e.

● **tell it to the marines!**☺ à d'autres!☺

marital /ˈmærɪtl/ *adj* conjugal; **marital status** situation de famille.

maritime /ˈmærɪtaɪm/ *adj* maritime.

marjoram /ˈmɑːdʒərəm/ *n* marjolaine *f*.

mark /mɑːk/ **I** *n* marque *f*; **as a mark of** en signe de; SCOLGB note *f*; (stain) tache *f*; (currency) mark *m*. **II** *vtr* marquer; (stain) tacher; SCOL, UNIV corriger. **III** *vi* SPORT marquer; (stain) se tacher; SCOL, UNIV corriger des copies.

marked /mɑːkt/ *adj* marqué, net/nette.

marker /ˈmɑːkə(r)/ *n* (pen) marqueur *m*.

market /ˈmɑːkɪt/ **I** *n* marché *m*. **II** *vtr* commercialiser, vendre.

marketable *adj* vendable.

market economy *n* économie *f* de marché.

market gardener n maraîcher/-ère m/f.

marketing /ˈmɑːkɪtɪŋ/ n marketing m, mercatique f.

marketplace n place f du marché; ÉCON marché m.

market research n étude f de marché.

market trader n vendeur/-euse m/f sur un marché.

marking /ˈmɑːkɪŋ/ n marque f; (on animal) tache f; *road markings* signalisation horizontale; SCOL^{GB} ¢ corrections fpl.

marking pen n marqueur m indélébile.

marksman n tireur m d'élite.

marmalade /ˈmɑːməleɪd/ n confiture f, marmelade f d'oranges.

maroon /məˈruːn/ I n bordeaux m. II vtr *to be marooned* être abandonné.

marquee^{GB} /mɑːˈkiː/ n (tent) grande tente f.

marriage /ˈmærɪdʒ/ n mariage m.

married /ˈmærɪd/ adj [person] marié; [life] conjugal.

marrow /ˈmærəʊ/ n moelle f; (plant)^{GB} courge f.

marry /ˈmærɪ/ vtr, vi se marier.

marsh /mɑːʃ/ n marécage m.

marshal /ˈmɑːʃl/ I n MIL maréchal m; (at car race) commissaire m; JUR^{US} ≈ huissier m de justice. II (p prés -**ll**-^{GB}, -**l**-^{US}) vtr rassembler.

marsh fever n paludisme m.

marten /ˈmɑːtɪn, -tn^{US}/ n martre f.

martial /ˈmɑːʃl/ adj martial.

martyr /ˈmɑːtə(r)/ I n martyr/-e m/f. II vtr martyriser.

marvel /ˈmɑːvl/ I n merveille f. II vtr, vi (p prés etc -**ll**-^{GB}, -**l**-^{US}) *to marvel at sth* s'étonner de qch.

marvellous^{GB}, **marvelous**^{US} /ˈmɑːvələs/ adj merveilleux/-euse.

marzipan /ˈmɑːzɪpæn, ˌmɑːzɪˈpæn/ n pâte f d'amandes.

mascot /ˈmæskət, -skɒt^{US}/ n mascotte f.

masculine /ˈmæskjʊlɪn/ adj masculin.

mash /mæʃ/ I^{GB} n (potatoes) purée f. II vtr écraser; *mashed potatoes* purée de pommes de terre.

MASH^{US} /mæʃ/ n (abrév = **mobile army surgical hospital**) unité f médicale de campagne.

mask /mɑːsk, mæsk^{US}/ I n masque m. II vtr masquer.

masking tape n ruban m adhésif.

mason /ˈmeɪsn/ n maçon m; **Mason** franc-maçon m.

masquerade /ˌmɑːskəˈreɪd, ˌmæsk-^{US}/ vi *to masquerade as sb* se faire passer pour qn.

mass /mæs/ I n GÉN masse f; RELIG messe f. II **masses** npl *the masses* la foule; (lots)^{@GB} beaucoup/plein[@] de. III vi se grouper, se masser.

massacre /ˈmæsəkə(r)/ I n massacre m. II vtr massacrer.

massage /ˈmæsɑːʒ, məˈsɑːʒ^{US}/ I n massage m. II vtr masser.

mass consumption n consommation f de masse.

mass grave n charnier m, fosse f commune.

massive /ˈmæsɪv/ adj énorme, massif/-ive.

mass market n marché m grand public.

mass media n (mass) médias mpl.

mast /mɑːst, mæst^{US}/ n mât m; RADIO pylône m.

master /ˈmɑːstə(r), ˈmæs-^{US}/ I n maître m; SCOL maître m, instituteur m; (secondary)^{GB} professeur m; (copy) original m; UNIV *master's (degree)* maîtrise f. II vtr maîtriser; [▸skill] posséder; [▸feelings] dominer, surmonter.

master copy n original m.

master file n ORDINAT fichier m principal.

mastermind /ˈmɑːstəmaɪnd/ I n cerveau m. II vtr organiser.

masterpiece n chef-d'œuvre m.

mastery /ˈmɑːstərɪ, ˈmæs-^{US}/ n maîtrise f.

mat /mæt/ n tapis m; (for feet) paillasson m; (on table) dessous-de-plat m inv; *place mat* set de table.

match /mætʃ/ I n SPORT match m; (for lighting fire) allumette f; *to be a match for sb* être un adversaire à la mesure de qn. II vtr, vi [colour] être assorti à; [blood type] correspondre à; [▸demand] répondre à; [▸record] égaler.

matchbox /ˈmætʃbɒks/ n boîte f d'allumettes.

mean

matching *adj* assorti.

match point *n* balle *f* de match.

mate /meɪt/ **I** *n* (friend)©GB copain© *m*; (at work, school) camarade *mf*; (animal) mâle *m*, femelle *f*. **II** *vi* [animal] s'accoupler.

material /məˈtɪərɪəl/ **I** *n* matière *f*, substance *f*; TECH matériau *m*; (fabric) tissu *m*; (data) documentation *f*. **II materials** *npl* matériel *m*. **III** *adj* matériel/-ielle; (important) important.

materialize /məˈtɪərɪəlaɪz/ *vi* se concrétiser, se matérialiser.

maternal /məˈtɜːnl/ *adj* maternel/-elle.

maternity /məˈtɜːnətɪ/ *n* maternité *f*.

math ©US /mæθ/ *n* ▶ **maths**.

mathematical /mæθəˈmætɪkl/ *adj* mathématique.

mathematician /mæθəməˈtɪʃn/ *n* mathématicien/-ienne *m/f*.

mathematics /mæθəˈmætɪks/ *n sg* mathématiques *fpl*.

maths©GB /mæθs/ *n (sg)* maths *fpl*.

matrix /ˈmeɪtrɪks/ *n (pl* **-trices***)* matrice *f*.

matron /ˈmeɪtrən/ *n* (nurse)GB infirmière *f* en chef; PÉJ matrone *f*.

matter /ˈmætə(r)/ **I** *n* (affair) affaire *f*; (requiring solution) problème *m*; *what's the matter?* qu'est-ce qu'il y a?; *business matters* affaires *fpl*; (question) question *f*; *it's a matter of urgency* c'est urgent; (substance) matière *f*; *printed matter* imprimés *mpl*; *matter and style* le fond et la forme. **II** *vi* être important; *to matter to sb* avoir de l'importance pour qn; *it doesn't matter whether* peu importe que (+ *subj*).

● **as a matter of course** automatiquement; **as a matter of fact** en fait; **for that matter** d'ailleurs; **no matter how late it is** peu importe l'heure.

matter-of-fact *adj* [voice, tone] détaché; [person] terre à terre *inv*.

mattress /ˈmætrɪs/ *n* matelas *m*.

mature /məˈtjʊə(r), -ˈtʊər US/ **I** *adj* mûr; [attitude, plant, animal] adulte. **II** *vi* mûrir; [person, animal] devenir adulte.

maturity /məˈtjʊərətɪ, -ˈtʊə- US/ *n* maturité *f*.

maul /mɔːl/ *vtr* mutiler.

Mauritania /mɒrɪˈteɪnɪə/ *pr n* Mauritanie *f*.

Mauritius /məˈrɪʃəs/ *pr n* Maurice *f*.

mauve /məʊv/ *n, adj* mauve (*m*).

maverick /ˈmævərɪk/ *adj* non conformiste.

maxim /ˈmæksɪm/ *n* maxime *f*.

maximum /ˈmæksɪməm/ *(pl* **-mums, -ma***) n, adj* maximum (*m*).

may¹ /meɪ/ *modal aux* (possibility) *he may come* il se peut qu'il vienne, il viendra peut-être; *come what may* advienne que pourra; (permission) *may I come in?* puis-je entrer?; *if I may say so* si je puis me permettre.

may²GB /meɪ/ *n* aubépine *f*.

May /meɪ/ *n* mai *m*.

maybe /ˈmeɪbiː/ *adv* peut-être.

May Day *n* premier mai *m*.

mayfly *n* éphémère *m*.

mayhem /ˈmeɪhem/ *n* désordre *m*.

mayn't /ˈmeɪənt/ = **may not**.

mayor /meə(r), ˈmeɪər US/ *n* maire *m*.

maze /meɪz/ *n* labyrinthe *m*.

Mb *n* ORDINAT (*abrév* = **megabyte**)Mo.

MBA *n* UNIV (*abrév* = **Master of Business Administration**) ≈ maîtrise de gestion.

MD *n* MÉD, UNIV (*abrév* = **Medical Doctor**) (*abrév* =) docteur *m* en médecine; (*abrév* = **Managing Director**GB) directeur *m* général.

me¹ /miː, mɪ/ *pron* me; (before vowel) m'; *it's for me* c'est pour moi; *if you were me* à ma place.

me² /miː/ *n* MUS mi *m*.

meadow /ˈmedəʊ/ *n* pré *m*, prairie *f*.

meadowsweet *n* reine-des-prés *f*.

meagreGB, **meager**US /ˈmiːgə(r)/ *adj* maigre.

meal /miːl/ *n* repas *m*.

mealtime /ˈmiːltaɪm/ *n* heure *f* de repas.

mean /miːn/ **I** *n* GÉN moyenne *f*. **II** *adj* moyen/-enne; (not generous) avare; [attitude] mesquin; *a mean trick* un sale tour. **III** *vtr* (*prét, pp* **meant**) signifier, vouloir dire; *I meant it as a joke* c'était pour rire; *to mean well* avoir de bonnes intentions; *she means business* elle ne plaisante pas; *I didn't mean to do it* je ne l'ai pas fait exprès; *I know what you mean* je comprends; *it was meant to be* cela devait arriver; *he's meant to be* il est censé être.

meander

meander /mɪˈændə(r)/ vi [river, road] serpenter; [person] flâner.

meaning /ˈmiːnɪŋ/ n (sense) sens m, signification f.

meaningful /ˈmiːnɪŋfl/ adj significatif/-ive.

meaningless /ˈmiːnɪŋlɪs/ adj qui n'a pas de sens, insignifiant.

means /miːnz/ **I** n inv moyen m; **a means of doing sth** un moyen de faire qch; **by means of** au moyen de; **yes, by all means** oui, certainement. **II** npl moyens mpl, revenus mpl.

means test n enquête f sur les ressources.

meant /ment/ prét, pp ▶ **mean III**.

meantime /ˈmiːntaɪm/ adv pendant ce temps; **for the meantime** pour le moment.

meanwhile /ˈmiːnwaɪl/ adv pendant ce temps; (until then) en attendant.

measles /ˈmiːzlz/ n (sg) rougeole f.

measure /ˈmeʒə(r)/ **I** n mesure f; (of efficiency) critère m. **II** vtr mesurer.

measurement /ˈmeʒəmənt/ n mesures fpl.

meat /miːt/ n viande f; **crab meat** chair de crabe.

meatball /ˈmiːtbɔːl/ n boulette f de viande.

meat trade n boucherie f.

Mecca /ˈmekə/ pr n La Mecque.

mechanic /mɪˈkænɪk/ **I** n mécanicien/-ienne m/f. **II mechanics** npl (sg) mécanique f; (pl) mécanisme de.

mechanical /mɪˈkænɪkl/ adj mécanique.

mechanism /ˈmekənɪzəm/ n mécanisme m.

medal /ˈmedl/ n médaille f.

medallist[GB] /ˈmedəlɪst/ **medalist**[US] n médaillé/-e m/f; **gold medallist** médaillé/-e m/f d'or.

meddle /ˈmedl/ vi PÉJ **to meddle in** [▶affairs] s'immiscer dans; **stop meddling!** mêle-toi de tes affaires!

media /ˈmiːdɪə/ n (pl ou sg) **the media** les médias mpl.

media-conscious adj soucieux/-ieuse de son image dans les médias.

media fatigue n désintérêt m des médias.

median /ˈmiːdɪən/ **I** n médiane f. **II** adj moyen/-enne.

media studies npl communication f et journalisme.

mediate /ˈmiːdɪeɪt/ **I** vtr négocier. **II** vi **to mediate in/between** servir de médiateur dans/entre.

medic[©] /ˈmedɪk/ n toubib[©] m, médecin m.

medical /ˈmedɪkl/ **I** [GB] n visite f médicale. **II** adj médical; [school] de médecine f.

medical check-up n bilan m de santé.

medical school n faculté f de médecine.

medicine /ˈmedsn, ˈmedɪsn[US]/ n médecine f; médicament m.

medieval /ˌmedɪˈiːvl, ˌmiːd-[US], also mɪˈdiːvl/ adj médiéval.

mediocre /ˌmiːdɪˈəʊkə(r)/ adj médiocre.

mediocrity /ˌmiːdɪˈɒkrətɪ/ n médiocrité f.

meditate /ˈmedɪteɪt/ vtr, vi méditer.

Mediterranean /ˌmedɪtəˈreɪnɪən/ **I** pr n **the Mediterranean** la (mer) Méditerranée. **II** adj méditerranéen/-éenne.

medium /ˈmiːdɪəm/ **I** n (pl **-iums** /-ia) média m; **through the medium of** grâce à; (pl **-ia**) matériau m; **to find/strike a happy medium** trouver le juste milieu; (pl **-iums**) médium m. **II** adj moyen/-enne.

medium-sized adj de taille moyenne.

medium term n **in the medium term** à moyen terme.

medlar /ˈmedlə(r)/ n nèfle f.

medley /ˈmedlɪ/ n mélange m; MUS pot-pourri m.

meek /miːk/ adj docile.

meet /miːt/ (prét, pp **met**) vtr **I** rencontrer; faire la connaissance de; (at the station) (aller) attendre; [▶criteria] répondre à, satisfaire à. **II** vi se rencontrer, faire connaissance; [parliament] se réunir.
■ **meet up**[©] [▶friend] retrouver; **meet with** rencontrer.

meeting /ˈmiːtɪŋ/ n réunion f; (coming together) rencontre f.

meeting place n (lieu m de) rendez-vous m inv.

megabucks[©] /ˈmegəbʌks/ npl des millions de dollars; **to be making/earning megabucks**[©] gagner une fortune.

megabyte /ˈmegəbaɪt/ n mégaoctet m.

melancholy /ˈmelənkəlɪ/ n mélancolie f.

Melanesia /ˌmeləˈniːzɪə/ pr n Mélanésie f.

mellow /ˈmeləʊ/ **I** adj moelleux/-euse; [colour, light, sound] doux/douce. **II** vi s'adoucir.

melody /ˈmelədɪ/ n mélodie f.

melon /ˈmelən/ n melon m.

melt /melt/ **I** vtr faire fondre. **II** vi (se) fondre.

■ **melt away** fondre; **melt down** fondre.

member /ˈmembə(r)/ n membre m; POL député m.

Member of CongressUS n POL membre m du Congrès.

Member of ParliamentGB n POL député m.

Member of the European Parliament n député m au Parlement européen.

membership /ˈmembəʃɪp/ n adhésion f; (fee) cotisation f; (members) membres mpl.

memento /mɪˈmentəʊ/ n (pl **-s /-es**) souvenir m.

memo /ˈmeməʊ/ n note f de service.

memoirs /ˈmemwɑː(r)z/ npl mémoires mpl.

memorandum /ˌmeməˈrændəm/ n (pl **-da**) note f de service.

memorial /məˈmɔːrɪəl/ **I** n mémorial m. **II** adj commémoratif/-ive.

memorize /ˈmeməraɪz/ vtr apprendre [qch] par cœur.

memory /ˈmemərɪ/ n mémoire f; **from memory** de mémoire; (recollection) (often pl) souvenir m.

memory chip n puce f mémoire.

memory stick n ORDINAT clé f USB.

men /men/ pl ▶ **man**.

menace /ˈmenəs/ **I** n menace f; **he's a real menace**© c'est une vraie plaie. **II** vtr menacer.

mend /mend/ vtr réparer; (in sewing) raccommoder; (improve) arranger.

men's roomUS /ˈmenzruːm, -rʊm/ n toilettes fpl pour hommes.

menstruate /ˈmenstrʊeɪt/ vi avoir ses règles.

mental /ˈmentl/ adj mental; [hospital, institution] psychiatrique.

mentality /menˈtælətɪ/ n mentalité f.

mentally /ˈmentlɪ/ adv MÉD **mentally handicapped** handicapé mental; [calculate] mentalement.

mention /ˈmenʃn/ **I** n mention f. **II** vtr mentionner, citer; **not to mention** sans parler de; **don't mention it!** je vous en prie!

menu /ˈmenjuː/ n menu m.

MEP n (abrév = **Member of the European Parliament**) député m au Parlement européen.

mercenary /ˈmɜːsɪnərɪ, -nerɪ US/ n, adj mercenaire mf.

merchandise /ˈmɜːtʃəndaɪz/ n ¢ marchandise(s) f(pl).

merchant /ˈmɜːtʃənt/ n marchand m, négociant m.

merchant bankGB n banque f d'affaires.

merciful /ˈmɜːsɪfl/ adj clément; **a merciful release** une délivrance.

merciless /ˈmɜːsɪlɪs/ adj impitoyable.

mercury /ˈmɜːkjʊrɪ/ n mercure m.

mercy /ˈmɜːsɪ/ n pitié f, clémence f; **to have mercy on sb** avoir pitié de qn; **to beg for mercy** demander grâce; **at the mercy of** à la merci de; **it's a mercy that** c'est une chance que (+ subj).

mere /mɪə(r)/ adj [fiction, formality] simple; **he's a mere child** ce n'est qu'un enfant; **to last a mere 20 minutes** durer tout juste 20 minutes.

merely /ˈmɪəlɪ/ adv simplement.

merge /mɜːdʒ/ **I** vtr fusionner; **to merge into sth** se fondre avec qch. **II** vi [roads, rivers] se rejoindre; [company, department] fusionner avec.

merger /ˈmɜːdʒə(r)/ n fusion f.

merit /ˈmerɪt/ **I** n valeur f, mérite m. **II** vtr mériter.

mermaid /ˈmɜːmeɪd/ n sirène f.

merry /ˈmerɪ/ adj joyeux/-euse, gai; **merry Christmas!** joyeux Noël!; (tipsy)© éméché.
● **the more the merrier!** PROV plus on est de fous, plus on rit.

merrymaking /ˈmerɪˌmeɪkɪŋ/ n réjouissances fpl.

mesh /meʃ/ **I** n mailles fpl; (wire mesh) grillage m. **II** vi **to mesh with** être en accord avec.

mesmerize /ˈmezməraɪz/ **I** vtr hypnotiser. **II mesmerized** pp adj fasciné.

mess /mes/ **I** n désordre m; **to be in a terrible mess** être dans une situation catas-

trophique; MIL cantine f. **II** [☺] vtr **don't
mess with him** évite-le.

■ **mess about**[☺], **mess around**[☺] faire l'imbécile; **mess up**[☺] semer la pagaille dans;
[▸ chances] gâcher.

message /ˈmesɪdʒ/ **I** n message m. **II** vtr
(send an email to) envoyer un message électronique à.

message box n ORDINAT boîte f de dialogue.

messenger /ˈmesɪndʒə(r)/ n messager/-ère
m/f; (for company) coursier/-ière m/f.

messiah /mɪˈsaɪə/ n messie m.

Messrs /ˈmesəz/ n (abrév écrite = **messieurs**) MM.

messy /ˈmesɪ/ adj en désordre; [business]
sale.

met /met/ prét, pp ▸ **meet**.

metal /ˈmetl/ n métal m.

metallic /mɪˈtælɪk/ adj métallique; [paint]
métallisé.

metaphor /ˈmetəfɔː(r)/ n métaphore f.

meteor /ˈmiːtɪə(r)/ n météore m.

meteorological /miːtɪərəˈlɒdʒɪkl/ adj
météorologique.

mete out /miːt aʊt/ v [▸ punishment] infliger.

meter /ˈmiːtə(r)/ **I** n compteur m; parcmètre m; ^{US} mètre m. **II** vtr mesurer.

meter reading n relevé m de compteur.

method /ˈmeθəd/ n méthode f; (of payment)
mode m.

methodical /mɪˈθɒdɪkl/ adj méthodique.

Methodist /ˈmeθədɪst/ n méthodiste mf.

meticulous /mɪˈtɪkjʊləs/ adj méticuleux/-euse.

metre^{GB} /ˈmiːtə(r)/ n GÉN mètre m.

metric /ˈmetrɪk/ adj métrique.

metropolis /məˈtrɒpəlɪs/ n métropole f.

metropolitan /metrəˈpɒlɪtən/ adj [area]
urbain; **metropolitan France** la France
métropolitaine.

Mexican /ˈmeksɪkən/ **I** n (person)
Mexicain/-e m/f. **II** adj mexicain.

Mexico /ˈmeksɪkəʊ/ pr n Mexique m.

mew /mjuː/ vi miauler.

mews^{GB} /mjuːz/ n (sg) ruelle f.

MF n (abrév = **medium frequency**) FM f.

MI5^{GB} n service britannique de contre-espionnage.

miaow^{GB} /miːˈaʊ/ **I** n miaou m. **II** vi miauler.

mice /maɪs/ pl ▸ **mouse**.

Michaelmas term^{GB} n UNIV premier trimestre m.

microchip /ˈmaɪkrəʊtʃɪp/ n ORDINAT puce f.

microcomputer n micro-ordinateur m.

microcomputing /maɪkrəʊkəmˈpjuːtɪŋ/ n
micro-informatique f.

microcredit /ˈmaɪkrəʊkredɪt/ n microcrédit m.

microlighting /ˈmaɪkrəlaɪtɪŋ/ n SPORT
ULM m, ultra-léger motorisé.

microphone /ˈmaɪkrəfəʊn/ n microphone m.

microprocessor /maɪkrəʊˈprəʊsesə(r)/ n
ORDINAT microprocesseur m.

microscope /ˈmaɪkrəskəʊp/ n microscope m.

microscopic /maɪkrəˈskɒpɪk/ adj microscopique.

microwave /ˈmaɪkrəweɪv/ n four m à
micro-ondes.

mid+ /mɪd/ combining form **mid-afternoon**
milieu de l'après-midi; **(in) mid-May** (à
la) mi-mai.

midday /mɪdˈdeɪ/ n midi m.

middle /ˈmɪdl/ **I** n milieu m; **in the middle
of** au milieu de; (waist)[☺] taille f. **II** adj [door]
du milieu; [size] moyen/-enne; **a middle
course** une position intermédiaire.
● **in the middle of nowhere** dans un trou
perdu.

middle age n âge m mûr.

middle-aged adj d'âge mûr.

Middle Ages n **the Middle Ages** le Moyen
Âge.

middle class I n classe f moyenne. **II
middle-class** adj bourgeois.

Middle East pr n Moyen-Orient m.

Middle-Eastern adj du Moyen-Orient.

middle finger n majeur m.

middleman n intermédiaire m.

midge /mɪdʒ/ n moucheron m.

midnight /ˈmɪdnaɪt/ n minuit m.

midsize /ˈmɪdsaɪz/ adj de taille moyenne.

midst /mɪdst/ n **in the midst of** au beau
milieu de.

midsummer /ˌmɪdˈsʌmə(r)/ n milieu m de l'été; *Midsummer's Day* la Saint-Jean.

midterm /ˌmɪdˈtɜːm/ n *in midterm* SCOL au milieu du trimestre.

midtownUS /ˈmɪdtaʊn/ n centre-ville m.

midway /ˌmɪdˈweɪ/ adv *midway between* à mi-chemin entre; *midway through* au milieu de.

midwife /ˈmɪdwaɪf/ n (pl **-wives**) sage-femme f.

might[1] /maɪt/ modal aux (nég **might not, mightn't**) (+ possibility) *he might be right* il a peut-être raison, il se peut qu'elle ait raison; (prét de **may**) *I said I might go into town* j'ai dit que j'irais peut-être en ville; *she asked if she might leave* elle demanda si elle pouvait partir; (+ suggestion) *it might be a good idea* ce serait peut-être une bonne idée; (+ statement, argument) *one might argue* on pourrait dire que; (expressing irritation) *I might have known* j'aurais dû m'en douter!; (in concessives) *they might not be fast but* ils ne sont peut-être pas rapides mais.

might[2] /maɪt/ n puissance f.

mightn't /ˈmaɪtnt/ = might not.

mighty /ˈmaɪtɪ/ **I** adj puissant. **II** ©US adv vachement©.

migrant /ˈmaɪgrənt/ **I** n migrant/-e m/f; oiseau m migrateur. **II** adj [person] migrant; [animal] migrateur/-trice.

migrate /maɪˈgreɪt, ˈmaɪgreɪt US/ vi [person] émigrer; [animal] migrer.

mike© /maɪk/ n micro© m.

mild /maɪld/ adj léger/-ère; [weather, person] doux/douce; [curry] peu épicé; [interest] modéré; [case] bénin/-igne.

mile /maɪl/ n mile m (= 1 609 mètres); *it's miles away!* c'est au bout du monde.

mileage /ˈmaɪlɪdʒ/ n ≈ kilométrage m; (per gallon) consommation f.

milestone /ˈmaɪlstəʊn/ n borne f (milliaire); FIG étape f importante.

militant /ˈmɪlɪtənt/ n, adj militant/-e (m/f).

military /ˈmɪlɪtrɪ, -terɪ US/ adj militaire.

militia /mɪˈlɪʃə/ n milice f.

milk /mɪlk/ **I** n lait. **II** vtr [▸cow] traire; FIG exploiter.

milky /ˈmɪlkɪ/ adj [drink] au lait; [skin] laiteux/-euse.

Milky Way pr n Voie f lactée.

mill /mɪl/ **I** n moulin m; (factory) fabrique f. **II** vtr [▸pepper] moudre; [▸steel] fabriquer. ■ **mill around, mill about** grouiller.

millennium /mɪˈlenɪəm/ n (pl **-s /-nia**) millénaire m.

miller /ˈmɪlə(r)/ n meunier/-ière m/f.

milligram(me) /ˈmɪlɪgræm/ n milligramme m.

millimetreGB, **millimeter**US /ˈmɪlɪmiːtə(r)/ n millimètre m.

million /ˈmɪljən/ n, adj million (m).

mime /maɪm/ **I** n mime m; (performer) mime mf. **II** vtr, vi mimer.

mimic /ˈmɪmɪk/ **I** n imitateur/-trice m/f. **II** vtr (p prés etc **-ck-**) imiter.

min n (abrév écrite = **minute**) minute f.

mince /mɪns/ **I** GB n viande f hachée. **II** vtr [▸meat] hacher.

mince pie n tartelette de Noël.

mind /maɪnd/ **I** n esprit m; *to cross sb's mind* venir à l'esprit de qn; *to have sth on one's mind* être préoccupé; *it went right out of my mind* cela m'est complètement sorti de la tête; (brain) intelligence f; *to have a very good mind* être très intelligent; *are you out of your mind*©? tu es fou/folle©?; (opinion) avis m; *to my mind* à mon avis; *to make up one's mind about/to do* se décider à propos de/à faire; *to change one's mind about sth* changer d'avis sur qch; (attention) *to keep one's mind on sth* se concentrer sur; *to put one's mind to it* faire un effort. **II in mind** adv phr *with the future in mind* en prévision de l'avenir. **III** vtr faire attention à; [▸child] s'occuper de; [▸shop] tenir; [▸language] surveiller; *I don't mind* ça m'est égal; *if you don't mind* si cela ne vous ennuie pas; *I don't mind the cold* le froid ne me dérange pas; *mind your (own) business!* mêle-toi de tes affaires!; *never mind* ne t'en fais pas, peu importe.
● **great minds think alike** les grands esprits se rencontrent; *to have a mind of one's own* savoir ce qu'on veut; *to be bored out of one's mind* s'ennuyer à mourir.
■ **mind out** faire attention; *mind out or you'll fall* fais attention à ne pas tomber.

mind-boggling© /ˈmaɪndbɒglɪŋ/ adj stupéfiant.

minder©GB /ˈmaɪndə(r)/ n garde m du corps.

mindful /ˈmaɪndfl/ adj soucieux/-ieuse (de).

mindless /ˈmaɪndlɪs/ adj bête, stupide.

mind-numbing /ˈmaɪndnʌmɪŋ/ adj abrutissant.

mind-set /ˈmaɪndset/ n façon f de penser.

mine¹ /maɪn/ pron le mien, la mienne; *a friend of mine* un ami à moi; *it's not mine* ce n'est pas à moi.

mine² /maɪn/ **I** n mine f. **II** vtr [▸ gems, mineral] extraire; MIL miner.

mine clearing n déminage m.

minefield /ˈmaɪnfiːld/ n champ m de mines; FIG terrain m miné.

miner /ˈmaɪnə(r)/ n mineur m.

mineral /ˈmɪnərəl/ n, adj minéral (m).

mineral water n eau f minérale.

mingle /ˈmɪŋgl/ vi *to mingle (with)* se mêler (à).

miniature /ˈmɪnətʃə(r), ˈmɪniətʃʊər US/ n, adj miniature (f).

minimal /ˈmɪnɪml/ adj minimal.

minimally /ˈmɪnɪməlɪ/ adv très légèrement.

minimize /ˈmɪnɪmaɪz/ vtr réduire [qch] au maximum, minimiser; ORDINAT réduire.

minimum /ˈmɪnɪməm/ **I** n minimum m. **II** adj minimum, minimal.

minimum wage n salaire m minimum.

mining /ˈmaɪnɪŋ/ n exploitation f minière.

minister /ˈmɪnɪstə(r)/ **I** n POL GB, RELIG ministre m. **II** vi *to minister to sb's needs* pourvoir aux besoins de qn.

ministerial GB adj ministériel/-ielle.

ministry /ˈmɪnɪstrɪ/ n POL GB ministère m.

mink /mɪŋk/ n vison m.

minor /ˈmaɪnə(r)/ **I** n mineur/-e m/f. **II** adj mineur; [road] secondaire; [injury] léger/-ère.

minority /maɪˈnɒrətɪ, -ˈnɔːr- US/ n minorité f.

minority leader US n POL chef m de l'opposition.

minor offence GB, **minor offense** US n délit m mineur.

mint /mɪnt/ **I** n menthe f; (sweet) bonbon m à la menthe; *after-dinner mint* chocolat à la menthe; *the Royal Mint* GB ≈ l'hôtel de la Monnaie. **II** adj *in mint condition* à l'état neuf. **III** vtr [▸ coin] frapper.

minus /ˈmaɪnəs/ **I** n, prep moins (m). **II** adj [sign] moins; [value] négatif/-ive; *the minus side* les inconvénients.

minute¹ /ˈmɪnɪt/ **I** n minute f; *it won't take a minute* ce ne sera pas long; *any minute now* d'une minute à l'autre; *stop it this minute!* arrêtez immédiatement!; *to the last minute* jusqu'au dernier moment. **II** **minutes** npl compte rendu m.

minute² /maɪˈnjuːt, -ˈnuːt US/ adj minuscule.

minutely /maɪˈnjuːtlɪ, -nuːtlɪ US/ adv [describe, examine] minutieusement.

miracle /ˈmɪrəkl/ n miracle m.

miraculous /mɪˈrækjʊləs/ adj miraculeux/-euse.

mirror /ˈmɪrə(r)/ **I** n miroir m, glace f; AUT rétroviseur m. **II** vtr refléter.

misbehave /mɪsbɪˈheɪv/ vi se conduire mal.

miscalculation /mɪskælkjʊˈleɪʃn/ n erreur f de calcul.

miscarriage /ˈmɪskærɪdʒ, mɪsˈkærɪdʒ/ n MÉD fausse couche f; JUR *a miscarriage of justice* une grave erreur judiciaire.

miscellaneous /mɪsəˈleɪnɪəs/ adj divers.

mischief /ˈmɪstʃɪf/ n espièglerie f; (witty) malice f; (done by children) bêtises fpl.

mischief-maker n semeur/-euse m/f de troubles.

mischievous /ˈmɪstʃɪvəs/ adj [child, humour] espiègle; [eyes] malicieux/-ieuse.

misconduct /mɪsˈkɒndʌkt/ n inconduite f; *professional misconduct* faute professionnelle.

misdeal /mɪsˈdiːl/ n JEUX maldonne f.

misdial /mɪsˈdaɪəl/ vi (p prés etc **-ll-** GB, **-l-** US) se tromper de numéro (de téléphone).

miserable /ˈmɪzrəbl/ adj misérable; [event, expression] malheureux/-euse; *to feel miserable* avoir le cafard ©; [result] lamentable.

misery /ˈmɪzərɪ/ n misère f; souffrance f.

misfit /ˈmɪsfɪt/ n marginal/-e m/f.

misfortune /mɪsˈfɔːtʃuːn/ n malheur m; (bad luck) malchance f.

misgiving /mɪsˈgɪvɪŋ/ n crainte f, doute m.

misguided /ˌmɪsˈgaɪdɪd/ adj [strategy] peu judicieux/-ieuse; [politicians] malavisé.

mishap /ˈmɪʃæp/ n incident m.

mishmash© /ˈmɪʃmæʃ/ n méli-mélo© m; *a mishmash of* un ramassis de.

misinterpret /ˌmɪsɪnˈtɜːprɪt/ vtr mal interpréter.

misjudge /ˌmɪsˈdʒʌdʒ/ vtr [▸speed, feeling] mal évaluer; [▸person] mal juger.

mislead /ˌmɪsˈliːd/ vtr (prét, pp **-led**) induire [qn] en erreur.

misleading /ˌmɪsˈliːdɪŋ/ adj [impression] trompeur/-euse; [information] inexact.

misplace /ˌmɪsˈpleɪs/ vtr égarer.

miss /mɪs/ I vtr [▸bus, event, etc] rater; [▸target, school] manquer; [▸joke, remark] ne pas saisir; [▸death, injury] échapper à; [▸traffic, etc] éviter; *I miss you* tu me manques. II vi rater son coup.

Miss /mɪs/ n Mademoiselle f; (abbreviation) Mlle.

missile /ˈmɪsaɪl, ˈmɪslˈUS/ n MIL missile m; GÉN projectile m.

missing /ˈmɪsɪŋ/ adj disparu; *to be missing* manquer.

mission /ˈmɪʃn/ n mission f.

missionary /ˈmɪʃənrɪ, -nerɪˈUS/ n missionnaire mf.

misspelling /ˌmɪsˈspelɪŋ/ n faute f d'orthographe.

mist /mɪst/ n GÉN brume f; (on glass) buée f.
■ **mist over, mist up** s'embuer.

mistake /mɪˈsteɪk/ I n erreur f; (in text) faute f. II vtr (prét **-took**, pp **-taken**) se tromper; *to mistake sb for sb else* confondre qn avec qn d'autre; [▸meaning] mal interpréter.

mistaken /mɪˈsteɪkən/ I pp ▸ **mistake**. II adj *to be mistaken* avoir tort; [enthusiasm, generosity] mal placé.

mistakenly /mɪˈsteɪkənlɪ/ adv [think, fear, believe] à tort.

mister /ˈmɪstə(r)/ n Monsieur.

mistletoe /ˈmɪsltəʊ/ n gui m.

mistook /mɪˈstʊk/ prét ▸ **mistake**.

mistranslation /ˌmɪstrænsˈleɪʃn/ n erreur f de traduction.

mistress /ˈmɪstrɪs/ n maîtresse f.

mistrust /mɪsˈtrʌst/ I n méfiance f. II vtr se méfier de.

misty /ˈmɪstɪ/ adj [morning] brumeux/-euse; [lens] embué.

misunderstand /ˌmɪsʌndəˈstænd/ (prét, pp **-stood**) vtr mal comprendre, ne pas comprendre; *to feel misunderstood* se sentir incompris.

misunderstanding /ˌmɪsʌndəˈstændɪŋ/ n malentendu m.

misuse I /ˌmɪsˈjuːs/ n mauvais usage m; (of drugs) usage abusif; (of power) abus m. II /ˌmɪsˈjuːz/ vtr [▸resources] mal employer; [▸authority] abuser de.

mite /maɪt/ n (animal) acarien m.

mitigate /ˈmɪtɪgeɪt/ vtr atténuer.

mix /mɪks/ I n mélange m; *a cake mix* une préparation pour gâteau. II vtr mélanger; [▸systems] combiner. III vi se mélanger; *to mix with* fréquenter.
■ **mix up** confondre; [▸papers] mélanger, mêler.

mixed /mɪkst/ adj [nuts] assorti; [salad] composé; [group] mélangé; [school] mixte; [reaction] mitigé.
● *to be a mixed blessing* avoir ses avantages et ses inconvénients.

mixed-up© adj perturbé; *to get mixed-up* se tromper.

mixer /ˈmɪksə(r)/ n batteur m électrique.

mixture /ˈmɪkstʃə(r)/ n mélange m.

mix-up /ˈmɪksʌp/ n confusion f.

mm (abrév écrite = **millimetre(s)**GB) mm.

moan /məʊn/ I n gémissement m, plainte f. II vi gémir; (complain)© râler©.

moat /məʊt/ n douve f.

mob /mɒb/ I n foule f; (gang) gang m. II vtr (p prés etc **-bb-**) assaillir.

mobile /ˈməʊbaɪl, -blˈUS/ n, adj mobile; *mobile (phone)* (téléphone) portable.

mobile communications npl téléphonie f mobile.

mobile libraryGB n bibliobus m.

mobilize /ˈməʊbɪlaɪz/ vtr, vi mobiliser.

mocha /ˈmɒkə, ˈməʊkəˈUS/ n (coffee) moka m; (flavour) arôme de café et de chocolat.

mock /mɒk/ I adj [suede] faux/fausse; *mock exam* examen blanc. II vtr, vi se moquer (de).

mockery /ˈmɒkərɪ/ n moquerie f.

MoDGB n (abrév = **Ministry of Defence**GB) ministère m de la Défense.

mode /məʊd/ n mode m.

model /ˈmɒdl/ **I** n modèle m; (scale representation) maquette f; (showing clothes) mannequin m. **II** adj [railway, soldier] miniature; [car] modèle réduit; [student] modèle. **III** vtr (p prés etc **-ll-**ᴳᴮ, **-l-**ᵁˢ) modeler; [▸garment] présenter. **IV** vi [artist's model] poser; [fashion model] travailler comme mannequin.

modem n ORDINAT modem m.

moderate I /ˈmɒdərət/ adj modéré. **II** /ˈmɒdəreɪt/ vtr, vi (se) modérer.

moderation /mɒdəˈreɪʃn/ n modération f.

modern /ˈmɒdn/ adj moderne.

modern languages npl langues fpl vivantes.

modernize /ˈmɒdənaɪz/ vtr, vi (se) moderniser.

modest /ˈmɒdɪst/ adj modeste.

modesty /ˈmɒdɪstɪ/ n modestie f.

modify /ˈmɒdɪfaɪ/ vtr modifier.

module /ˈmɒdjuːl, -dʒʊ-ᵁˢ/ n module m.

mogul /ˈməʊgl/ n superproducteur m.

moist /mɔɪst/ adj [soil] humide; [hands] moite; [skin] bien hydraté.

moisture /ˈmɔɪstʃə(r)/ n humidité f; (on glass) buée f; (in skin) hydratation f.

moisturize /ˈmɔɪstʃəraɪz/ vtr hydrater.

moisturizer /ˈmɔɪstʃəraɪzə(r)/ n crème f hydratante.

moldᵁˢ, **molding**ᵁˢ ▸ mould, moulding.

mole /məʊl/ n (animal, spy) taupe f; (on skin) grain m de beauté.

molecule /ˈmɒlɪkjuːl/ n molécule f.

molest /məˈlest/ vtr agresser sexuellement.

moltᵁˢ ▸ moult.

moment /ˈməʊmənt/ n moment m; **at any moment** à tout instant.

momentarily /ˈməʊməntrəlɪ, məʊmənˈterəlɪ**ᵁˢ**/ adv momentanément; (very soon)ᵁˢ dans un instant.

momentary /ˈməʊməntrɪ, -terɪᵁˢ/ adj momentané.

momentous /məˈmentəs, məʊˈm-/ adj capital.

momentum /məˈmentəm, məʊˈm-/ n élan m; PHYS vitesse f.

Mon (abrév écrite = **Monday**).

monarch /ˈmɒnək/ n monarque m.

monarchy /ˈmɒnəkɪ/ n monarchie f.

monastery /ˈmɒnəstrɪ, -terɪᵁˢ/ n monastère m.

Monday /ˈmʌndeɪ, -dɪ/ n lundi m.

monetary /ˈmʌnɪtrɪ, -terɪᵁˢ/ adj monétaire.

money /ˈmʌnɪ/ n argent m; **to get one's money back** être remboursé.

money-back guarantee n garantie f de remboursement.

money order n mandat m postal.

Mongolia /mɒŋˈgəʊlɪə/ pr n Mongolie f.

monitor /ˈmɒnɪtə(r)/ **I** n dispositif m de surveillance; ORDINAT moniteur m. **II** vtr contrôler; RADIO être à l'écoute de.

monk /mʌŋk/ n moine m.

monkey /ˈmʌŋkɪ/ n singe m; (rascal)© galopin© m.

monkfish /ˈmʌŋkfɪʃ/ n inv lotte f.

mono /ˈmɒnəʊ/ n, adj AUDIO mono (f), (inv).

monologue, monologᵁˢ /ˈmɒnəlɒg/ n monologue m.

monopolize /məˈnɒpəlaɪz/ vtr monopoliser.

monopoly /məˈnɒpəlɪ/ n monopole m.

monotonous /məˈnɒtənəs/ adj monotone.

monsoon /mɒnˈsuːn/ n mousson f.

monster /ˈmɒnstə(r)/ n monstre m.

monstrous /ˈmɒnstrəs/ adj monstrueux/-euse.

month /mʌnθ/ n mois m.

monthly /ˈmʌnθlɪ/ **I** n mensuel m. **II** adj mensuel/-elle. **III** adv tous les mois.

monument /ˈmɒnjʊmənt/ n monument m.

mood /muːd/ n humeur f; **in a good/bad mood** de bonne/mauvaise humeur; LING mode m.

mood swing n saute f d'humeur.

moody /ˈmuːdɪ/ adj de mauvaise humeur; (unpredictable) d'humeur changeante.

moon /muːn/ n lune f; **the moon** la Lune.

moon landing n alunissage m.

moonlight /ˈmuːnlaɪt/ n clair m de lune.

moor /mɔː(r), mʊərᵁˢ/ **I** n lande f. **II** vtr NAUT amarrer. **III** vi NAUT mouiller.

moorland /ˈmɔːlənd, ˈmʊər-ᵁˢ/ n lande f.

moose /muːs/ n inv orignal m; (European) élan m.

mop /mɒp/ **I** n balai m (à franges; (for dishes) lavette f; (of hair) crinière© f. **II** vtr (p prés etc

-pp-) laver; *to mop one's face* s'éponger le visage.

■ **mop down** [▸floor, deck] laver à grande eau; **mop up** éponger.

moped /ˈməʊped/ *n* vélomoteur *m*.

moral /ˈmɒrəl, ˈmɔːrəlUS/ **I** *n* morale *f*. **II morals** *npl* (habits) mœurs *fpl*; (morality) moralité *f*. **III** *adj* moral.

morale /məˈrɑːl, -ˈrælUS/ *n* moral *m*.

morality /məˈrælətɪ/ *n* moralité *f*.

morbid /ˈmɔːbɪd/ *adj* morbide.

more /mɔː(r)/ **I** *adv* (+ adjective, adverb) plus; (to a greater extent) plus, davantage; *you must rest more* il faut que tu te reposes davantage; *any more* ne…plus; *once more* une fois de plus. **II** *quantif* encore, plus de; *more cars than people* plus de voitures que de gens; *some more books* quelques livres de plus; *more bread?* encore un peu de pain?; *nothing more* rien de plus. **III** *pron* plus, davantage. **IV more and more** *det phr*, *adv phr* de plus en plus. **V more or less** *adv phr* plus ou moins. **VI more than** *adv phr*, *prep phr* plus de, plus que.

● **and what is more…** et qui plus est…

moreish©GB /ˈmɔːrɪʃ/ *adj* **to be moreish** avoir un petit goût de revenez-y.

morello cherry *n* griotte *f*.

moreover /mɔːˈrəʊvə(r)/ *adv* d'ailleurs, de plus, qui plus est.

morning /ˈmɔːnɪŋ/ *n* matin *m*, (with duration) matinée *f*.

Morocco /məˈrɒkəʊ/ *pr n* Maroc *m*.

Moroccan /məˈrɒkən/ **I** *n* Marocain/-e *m/f*. **II** *adj* marocain.

moronic /məˈrɒnɪk/ *adj* débile.

mortal /ˈmɔːtl/ *n*, *adj* mortel/-elle *(m/f)*.

mortgage /ˈmɔːgɪdʒ/ **I** *n* emprunt *m* immobilié. **II** *in compounds* [agreement, deed] hypothécaire. **III** *vtr* hypothéquer.

mortuary /ˈmɔːtʃərɪ, -ʃʊerɪUS/ *n* morgue *f*.

mosaic /məʊˈzeɪɪk/ *n* mosaïque *f*.

Moslem /ˈmɒzləm/ **I** *n* Musulman/-e *m/f*. **II** *adj* musulman.

mosque /mɒsk/ *n* mosquée *f*.

mosquito /məsˈkiːtəʊ, mɒs-/ *n* moustique *m*.

mosquito net *n* moustiquaire *f*.

moss /mɒs, mɔːsUS/ *n* mousse *f*.

most /məʊst/ **I** *det* (nearly all) la plupart de; *most people* la plupart des gens; (more than all the others) le plus de; *the most votes/ money* le plus de voix/d'argent. **II** *pron* (the greatest number) la plupart; *most of us* la plupart d'entre nous; (the largest part) la plus grande partie; *most of the time* la plupart du temps; *most of the bread* presque tout le pain; *you've got the most* tu en as le plus. **III** *adv* (to form superlative) le plus; *most easily* le plus facilement; (very) très, extrêmement. **IV at (the) most** *adv phr* au maximum, au plus. **V most of all** *adv phr* surtout.

● **to make the most of** tirer le meilleur parti de, profiter de.

mostly /ˈməʊstlɪ/ *adv* (chiefly) surtout, essentiellement; (most of them) pour la plupart; (most of the time) la plupart du temps.

MOTGB /eməʊˈtiː/ AUT (*abrév* = **Ministry of Transport**) *n* contrôle technique des véhicules.

moth /mɒθ, mɔːθUS/ *n* papillon *m* de nuit; (in clothes) mite *f*.

mother /ˈmʌðə(r)/ **I** *n* mère *f*. **II** *vtr* materner.

motherhood /ˈmʌðəhʊd/ *n* maternité *f*.

Mothering SundayGB *n* fête *f* des Mères.

mother-in-law *n* (*pl* **mothers-in-law**) belle-mère *f*.

motherland *n* patrie *f*.

Mother's Day *n* fête *f* des Mères.

mother tongue *n* langue *f* maternelle.

motif /məʊˈtiːf/ *n* motif *m*.

motion /ˈməʊʃn/ **I** *n* mouvement *m*; *to set sth in motion* mettre qch en marche, déclencher; (at meeting, discussion) motion *f*. **II** *vtr* **to motion sb to do** faire signe à qn de faire.

motionless /ˈməʊʃnlɪs/ *adj* immobile.

motion picture *n* film *m*.

motion sickness *n* mal *m* des transports.

motivate /ˈməʊtɪveɪt/ *vtr* motiver; *to motivate sb to do* inciter, pousser qn à faire.

motivation /ˌməʊtɪˈveɪʃn/ *n* motivation *f*.

motive /ˈməʊtɪv/ *n* motif *m*; JUR mobile *m*.

motley /ˈmɒtlɪ/ *adj* hétéroclite.

motor /ˈməʊtə(r)/ **I** *n* moteur *m*. **II** *in compounds* [industry, vehicle] automobile; [mower] à moteur.

motorbikeᴳᴮ *n* moto *f*.

motor car† *n* automobile† *f*.

motorcycle *n* motocyclette *f*.

motoringᴳᴮ /ˈməʊtərɪŋ/ *adj* [magazine] automobile; [accident] de voiture; [offence] de conduite.

motoristᴳᴮ /ˈməʊtərɪst/ *n* automobiliste *mf*.

motorwayᴳᴮ /ˈməʊtəweɪ/ *n* autoroute *f*.

motto /ˈmɒtəʊ/ *n* devise *f*.

mouldᴳᴮ, **mold**ᵁˢ /məʊld/ **I** *n* (shape) moule *m*; (fungi) moisissure *f*. **II** *vtr* modeler, façonner.

mouldingᴳᴮ, **molding**ᵁˢ /ˈməʊldɪŋ/ *n* moulure *f*.

moultᴳᴮ, **molt**ᵁˢ /məʊlt/ *vi* muer.

mound /maʊnd/ *n* tertre *m*; (heap) monceau *m*.

mount /maʊnt/ **I** *n* (mountain) mont *m*; (horse) monture *f*; (for picture) cadre *m*. **II** *vtr* [▸ stairs] gravir; [▸ scaffold, horse, bicycle] monter sur; [▸ jewel, picture] monter. **III** *vi* monter; (on horse) se mettre en selle.

mountain /ˈmaʊntɪn, -ntnᵁˢ/ *n* montagne *f*.

mountain bike *n* vélo *m* tout terrain.

mountaineering /ˌmaʊntɪˈnɪərɪŋ, -ntnˈɪərɪŋᵁˢ/ *n* alpinisme *m*.

mountainous /ˈmaʊntɪnəs, -ntənəsᵁˢ/ *adj* montagneux/-euse.

mountain range *n* chaîne *f* de montagnes.

mourn /mɔːn/ **I** *vtr* pleurer. **II** *vi* porter le deuil; *to mourn for sth/sb* pleurer qch/qn.

mournful /ˈmɔːnfl/ *adj* mélancolique.

mourning /ˈmɔːnɪŋ/ *n* ¢ deuil *m*.

mouse /maʊs/ *n* (*pl* **mice**) (all contexts) souris *f*.
■ **mouse over** passer la souris sur.

mouse mat *n* ORDINAT tapis *n* de souris.

moustache /məˈstɑːʃ, ˈmʌstæʃ/ *n* moustache *f*.

mouth /maʊθ/ *n* (of human, horse) bouche *f*; (of other animal) gueule *f*; (of river) embouchure *f*; (of geyser, volcano) bouche *f*; (of jar, bottle, decanter) goulot *m*; (of bag, sack) ouverture *f*.

mouthful /ˈmaʊθfʊl/ *n* bouchée *f*; (of liquid) gorgée *f*.

mouth organ *n* harmonica *m*.

mouthpiece /ˈmaʊθpiːs/ *n* microphone *m*; (person) porte-parole *m inv*.

mouth-to-mouth resuscitation *n* bouche-à-bouche *m inv*.

mouth-watering *adj* appétissant; *to look mouth-watering* faire venir l'eau à la bouche.

movable /ˈmuːvəbl/ *adj* mobile.

move /muːv/ **I** *n* mouvement *m*; (transfer) déménagement *m*; JEUX coup *m*; *it's your move* c'est ton tour; (step, act) manœuvre *f*. **II** **on the move** *adj phr* en marche, en déplacement. **III** *vtr* déplacer; [▸ patient, army] transporter; (to clear a space) enlever; *to move one's head* bouger la tête; *to move house*ᴳᴮ déménager; (affect) émouvoir. **IV** *vi* bouger; [vehicle] rouler; [person] avancer; *to move back* reculer; *to move forward* s'avancer; (change home) déménager; JEUX jouer.
■ **move about**, **move around** remuer; **move along**, **move around** (proceed) avancer; **move away** déménager, partir; **move in** emménager; **move on** circuler; *things have moved on* les choses ont changé; **move out** déménager, partir; **move over** se pousser; **move up** se pousser; (be promoted) être promu.

movement /ˈmuːvmənt/ *n* mouvement *m*.

movie /ˈmuːvɪ/ **I** ᵁˢ *n* film *m*. **II** **movies** *npl* *the movies* le cinéma.

moving /ˈmuːvɪŋ/ *adj* [vehicle] en marche; [staircase] roulant; [scene] émouvant.

mow /məʊ/ *vtr* (*pp* **-ed**, **mown**) [▸ grass, lawn] tondre; [▸ hay] couper.
■ **mow down** faucher.

mower /ˈməʊə(r)/ *n* tondeuse *f* à gazon.

Mozambique /ˌməʊzæmˈbiːk/ *pr n* Mozambique *m*.

MPᴳᴮ *n* (*abrév* = **Member of Parliament**ᴳᴮ) député *m*.

MP3 player *n* MP3 *m*, lecteur *m* MP3.

mpg *n* (*abrév* = **miles per gallon**) miles *mpl* au gallon; *28 mpg* dix litres aux cent.

mph *n* (*abrév* = **miles per hour**) miles *mpl* à l'heure.

Mr /ˈmɪstə(r)/ *n* (*pl* **Messrs**) M., Monsieur.

MRI /ˌemɑːˈaɪ/ *n* (*abrév* = **magnetic resonance imaging**) IRM *f*, imagerie *f* par résonance magnétique.

Mrs /ˈmɪsɪz/ n Mme, Madame.

MRSA /eməˈresaɪ/ n (abrév = **methicillin resistant staphylococcus aureus**) SARM m, staphylocoque m doré.

Ms /mɪz, məz/ n ≈ Mme (permet de s'adresser à une femme dont on connaît le nom sans préciser sa situation de famille).

MSc n UNIV (abrév = **Master of Science**) diplôme m supérieur en sciences.

much /mʌtʃ/ **I** adv (to a considerable degree) beaucoup; **very much** beaucoup; **too much** trop; **much smaller** beaucoup plus petit; **much better** bien meilleur; **we don't go out much** nous ne sortons pas souvent; (nearly) plus ou moins, à peu près; **it's much the same** c'est à peu près pareil; **as much (as)** autant (que). **II** pron (a great deal) beaucoup; **do you have much left?** est-ce qu'il vous en reste beaucoup?; (in negative sentences) grand-chose; **we didn't eat much** nous n'avons pas mangé grand-chose; (expressing a relative amount, degree) **so much** tellement, tant; **it's too much!** c'est trop!, c'en est trop!; **as much as possible** autant que possible; **I'm not much of a reader** je n'aime pas beaucoup lire. **III** quantif beaucoup de; **much money** beaucoup d'argent; combien de; **how much time have we got?** combien de temps nous reste-t-il?; **twice as much money** nous avons payé deux fois plus d'argent. **IV much+** combining form **much-loved** très apprécié; **much-needed** indispensable. **V much as** conj phr bien que (+ subj). **VI much less** conj phr encore moins.

● **to make much of sth** insister sur qch.

muck /mʌk/ n ¢ saletés fpl; (manure) fumier m; **dog muck** crotte f de chien.

■ **muck about**©GB, **muck around**©GB faire l'imbécile; **to muck [sb] about** se ficher de©; **muck up**GB [▸plans] chambouler©; [▸task] cochonner©.

mud /mʌd/ n ¢ boue f.

muddle /ˈmʌdl/ n désordre m, confusion f.

■ **muddle through** se débrouiller; **muddle (up)** [▸dates, names] s'embrouiller dans qch.

mudslide /ˈmʌdslaɪd/ n éboulement m de terrain.

muddy /ˈmʌdɪ/ adj boueux/-euse.

muffle /ˈmʌfl/ vtr [▸voice] étouffer.

mug /mʌg/ **I** n (for tea, etc) grande tasse f; (for beer) chope f; (face)© gueule© f; (fool)GB poire© f. **II** vtr (p prés etc **-gg-**) agresser.

mugger /ˈmʌgə(r)/ n agresseur m.

Muhammad /məˈhæmɪd/ pr n Mahomet.

mulberry /ˈmʌlbrɪ, -berɪUS/ n mûre f; (tree) mûrier m.

mule /mjuːl/ n mulet m, mule f; (person)© tête f de mule; (slipper) mule f.

mull /mʌl/ vtr **mull over** retourner [qch] dans sa tête.

mullet /ˈmʌlɪt/ n rouget m; (grey) mulet m.

multichannel /ˈmʌltɪˈtʃænl/ adj [▸television] à canaux multiples.

multidisciplinary /mʌltɪdɪsɪˈplɪnərɪ, -nerɪUS/ adj SCOL, UNIV pluridisciplinaire.

multimedia /mʌltɪˈmiːdɪə/ adj multimédia inv.

multinational /mʌltɪˈnæʃənl/ n multinationale f.

multiple /ˈmʌltɪpl/ n, adj multiple (m).

multiple choice adj [question] à choix multiple.

multiply /ˈmʌltɪplaɪ/ vtr, vi multiplier.

multipurpose /mʌltɪˈpɜːpəs/ adj [tool] à usages multiples; [organization] polyvalent.

multi-screen /mʌltɪˈskriːn/ adj [▸cinema] multisalles.

multitude /ˈmʌltɪtjuːd, -tuːdUS/ n multitude f.

multiuser /mʌltɪˈjuːzə(r)/ adj [computer] à utilisateurs multiples; [system, installation] multiposte inv.

mum©GB /mʌm/ n maman f.

● **to keep mum** ne pas piper mot.

mumble /ˈmʌmbl/ vtr, vi marmonner.

mummy /ˈmʌmɪ/ n ©GB maman f; (embalmed body) momie f.

munch /mʌntʃ/ vtr mâchonner.

mundane /mʌnˈdeɪn/ adj terre-à-terre, quelconque.

municipal /mjuːˈnɪsɪpl/ adj municipal.

munitions /mjuːˈnɪʃnz/ npl munitions fpl.

mural /ˈmjʊərəl/ n peinture f murale.

murder /ˈmɜːdə(r)/ **I** n meurtre m. **II** vtr assassiner; [▸language, piece of music]© massacrer©.

murderer /ˈmɜːdərə(r)/ n assassin m, meurtrier m.

murderous /ˈmɜːdərəs/ *adj* meurtrier/-ière.

murky /ˈmɜːkɪ/ *adj* [water, colour] glauque; [past, origins] trouble.

murmur /ˈmɜːmə(r)/ **I** *n* murmure *m*. **II** *vtr, vi* murmurer.

muscle /ˈmʌsl/ *n* muscle *m*; puissance *f*.
■ **muscle in**© s'imposer.

muscular /ˈmʌskjʊlə(r)/ *adj* [tissue] musculaire; [body] musclé.

muse /mjuːz/ **I** *n* muse *f*. **II** *vi* songer.

museum /mjuːˈzɪəm/ *n* musée *m*.

mushroom /ˈmʌʃrʊm, -ruːm/ **I** *n* champignon *m*. **II** *vi* [towns] proliférer; [profits] s'accroître rapidement.

music /ˈmjuːzɪk/ *n* musique *f*.

musical /ˈmjuːzɪkl/ **I** *n* comédie *f* musicale. **II** *adj* [person] musicien/-ienne; (interested) mélomane; [director, score] musical.

musician /mjuːˈzɪʃn/ *n* musicien/-ienne *m/f*.

music video *n* clip *m* (vidéo).

Muslim /ˈmʊzlɪm, ˈmʌzləm^US/ ▶ **Moslem**.

mussel /ˈmʌsl/ *n* moule *f*.

must /mʌst, məst/ **I** *modal aux* (*nég* **must not**, **mustn't**) (indicating obligation, prohibition) devoir, il faut que (+ *subj*); *I must go* je dois partir, il faut que je parte; (expressing assumption, probability) devoir; *there must be some mistake!* il doit y avoir une erreur! **II** *n* impératif; *it's a must* c'est indispensable.

mustard /ˈmʌstəd/ *n* moutarde *f*.

muster /ˈmʌstə(r)/ *vtr, vi* (se) rassembler.

must-have© /ˈmʌsthæv/ **I** *n* must© *m*. **II** *adj* [▶ accessory, gadget] indispensable, must© *inv*.

mustn't /ˈmʌsnt/ (*abrév* = **must not**).

musty /ˈmʌstɪ/ *adj* *to smell musty* sentir le moisi, le renfermé.

mutate /mjuːˈteɪt, ˈmjuːteɪt^US/ *vi* se métamorphoser.

mute /mjuːt/ *adj* muet/-ette.

mutilate /ˈmjuːtɪleɪt/ *vtr* mutiler.

mutiny /ˈmjuːtɪnɪ/ *n* mutinerie *f*.

mutter /ˈmʌtə(r)/ *vtr, vi* marmonner.

mutual /ˈmjuːtʃʊəl/ *adj* [agreement] commun; [consent] mutuel/-elle.

mutually /ˈmjuːtʊəlɪ/ *adv* mutuellement.

muzzle /ˈmʌzl/ **I** *n* museau *m*; (device) muselière *f*; (of gun) canon *m*. **II** *vtr* museler.

my /maɪ/ **I** *det* mon/ma/mes; (emphatically) *my house* ma maison à moi. **II** *excl* *my my!* ça alors!

myna(h) bird /ˈmaɪnəbəːd/ *n* mainate *m*.

myself /maɪˈself, məˈself/ *pron* (reflexive) me, (before vowel) m'; (emphatic) moi-même; *I saw it myself* je l'ai vu moi-même; *for myself* pour moi, pour moi-même; *(all) by myself* tout seul/toute seule.

mysterious /mɪˈstɪərɪəs/ *adj* mystérieux/-ieuse.

mystery /ˈmɪstərɪ/ *n* mystère *m*.

mystic(al) /ˈmɪstɪk(l)/ *adj* mystique.

mystify /ˈmɪstɪfaɪ/ *vtr* laisser [qn] perplexe.

myth /mɪθ/ *n* mythe *m*.

mythic(al) /ˈmɪθɪk(l)/ *adj* mythique.

mythology /mɪˈθɒlədʒɪ/ *n* mythologie *f*.

n

N /en/ n GÉOG (abrév = **north**) N.

nab© /næb/ vtr (p prés etc **-bb-**) (catch) pincer©.

nag /næg/ vtr, vi (p prés etc **-gg-**) embêter.

nail /neɪl/ **I** n ongle m; TECH clou m. **II** vtr *nail (down) [sth]* clouer qch.

nail polish n vernis m à ongles.

nail-polish remover n dissolvant m.

naked /ˈneɪkɪd/ adj nu.

name /neɪm/ **I** n nom m; *first name* prénom m; (of book) titre m; *my name is Lee* je m'appelle Lee; (reputation) réputation f; *to call sb names* injurier qn. **II** vtr nommer, appeler; (cite) citer, indiquer.

namely /ˈneɪmlɪ/ adv à savoir.

Namibia /nəˈmɪbɪə/ pr n Namibie f.

nannyGB /ˈnænɪ/ n bonne f d'enfants.

nanny state n POL État m hyperprotecteur.

nap /næp/ **I** n petit somme m. **II** vi (p prés etc **-pp-**) sommeiller.

nape /neɪp/ n *the nape (of the neck)* nuque.

napkin /ˈnæpkɪn/ n serviette f (de table).

nappyGB /ˈnæpɪ/ n couche f (de bébé).

narcotic /nɑːˈkɒtɪk/ n stupéfiant m.

narrative /ˈnærətɪv/ n récit m.

narrator /nəˈreɪtə(r)/ n narrateur/-trice m/f.

narrow /ˈnærəʊ/ **I** adj étroit; *to have a narrow escape* l'échapper belle. **II** vtr *to narrow (down)* limiter, réduire.

narrow-minded /nærəʊˈmaɪndɪd/ adj PÉJ borné.

NASA /ˈnæsə/ n (abrév = **National Aeronautics and Space Administration**) NASA f.

nasturtium /nəˈstɜːʃəm/ n capucine f.

nasty /ˈnɑːstɪ/ adj [task] désagréable; [look] méchant; [trick] sale; [question] difficile.

nation /ˈneɪʃn/ n nation f.

national /ˈnæʃənl/ **I** n ressortissant/-e m/f. **II** adj national.

national anthem n hymne m national.

National Health ServiceGB, **NHS**GB n ≈ Sécurité sociale.

National InsuranceGB n ≈ Sécurité sociale.

nationalism /ˈnæʃnəlɪzəm/ n nationalisme m.

nationality /næʃəˈnælətɪ/ n nationalité f.

nationalize /ˈnæʃnəlaɪz/ vtr nationaliser.

National Minimum WageGB n ADMIN ≈ SMIC m.

nation-state n État-nation m.

nationwide /neɪʃnˈwaɪd/ adj, adv sur l'ensemble du territoire.

native /ˈneɪtɪv/ **I** n autochtone, indigène mf. **II** adj [land] natal; [tongue] maternel/-elle; *native French speaker* francophone mf.

Native American n, adj amérindien/-ienne (m/f).

Nato, NATO n (abrév = **North Atlantic Treaty Organization**) OTAN f.

natural /ˈnætʃrəl/ adj naturel/-elle, normal.

naturally /ˈnætʃrəlɪ/ adv naturellement.

nature /ˈneɪtʃə(r)/ n nature f.

naughty /ˈnɔːtɪ/ adj [child] vilain; *a naughty word* un gros mot; [story] coquin.

nausea /ˈnɔːsɪə, ˈnɔːzɪəUS/ n nausée f.

nauseating /ˈnɔːsɪeɪtɪŋ/ adj écœurant, nauséabond.

nautical /ˈnɔːtɪkl/ adj nautique.

naval /ˈneɪvl/ adj naval.

naval dockyard n chantier m naval.

navel /ˈneɪvl/ n nombril m.

navigate /ˈnævɪgeɪt/ **I** vtr [▸ship] piloter; (on the Internet) naviguer. **II** vi naviguer.

navigation /nævɪˈgeɪʃn/ n navigation f.

navigator /ˈnævɪgeɪtə(r)/ n navigateur/-trice m/f.

navy /ˈneɪvɪ/ **I** n marine f. **II** adj bleu marine inv.

NBCUS n (abrév = **National Broadcasting Company**) chaîne de télévision américaine.

NE (abrév = **north-east**) NE m.

near /nɪə(r)/ **I** adv près. **II** prep près de; *to be near to doing* être sur le point de faire. **III** adj proche. **IV** vtr approcher de.

nearby /nɪəˈbaɪ/ **I** *adj* proche; [village] d'à côté. **II** *adv* à proximité.

Near East *pr n* Proche-Orient *m*.

nearly /ˈnɪəlɪ/ *adv* presque; *I nearly gave up* j'ai failli abandonner.

near-sighted /nɪəˈsaɪtɪd/ *adj* myope.

neat /niːt/ *adj* soigné, net/nette; [room] bien rangé; [explanation] astucieux/-ieuse; (very good)ᴳᵁˢ superᴼ.

neatly /ˈniːtlɪ/ *adv* avec soin; *neatly put!* bien dit!

necessarily /nesəˈserəlɪ, ˈnesəsərəlɪ/ *adv* nécessairement; *not necessarily* pas forcément.

necessary /ˈnesəsərɪ, -serɪᵁˢ/ *adj* nécessaire; *if/as necessary* si besoin est.

necessitate /nɪˈsesɪteɪt/ *vtr* nécessiter.

necessity /nɪˈsesətɪ/ *n* nécessité *f*; *to be a necessity* être indispensable.

neck /nek/ *n* cou *m*; (of horse, dress) encolure *f*; (of bottle) col *m*.

necklace *n* collier *m*; (longer) sautoir *m*.

nectarine /ˈnektərɪn/ *n* nectarine *f*.

need /niːd/ **I** *modal aux* falloir, devoir; (must, have to) *he didn't need to ask permission* il n'était pas obligé de demander la permission; *you needn't wait* tu n'es pas obligé d'attendre. **II** *vtr* *to need sth* avoir besoin de qch; *everything you need to know* tout ce qu'il vous faut savoir. **III** *n* nécessité *f*; *there's no need to wait* inutile d'attendre.

needle /ˈniːdl/ **I** *n* aiguille *f*. **II** *vtr* harceler.

needless /ˈniːdlɪs/ *adj* inutile.

needy /ˈniːdɪ/ *adj* nécessiteux/-euse.

negate /nɪˈgeɪt/ *vtr* réduire [qch] à néant.

negative /ˈnegətɪv/ **I** *n* PHOT négatif *m*; LING négation *f*. **II** *adj* négatif/-ive.

neglect /nɪˈglekt/ **I** *n* négligence *f*, manque *m* de soin. **II** *vtr* négliger, ne pas s'occuper de.

neglectful /nɪˈglektfʊl/ *adj* [▸appearance, health] négligé; *to be neglectful of* être peu soucieux/-ieuse de.

negligent /ˈneglɪdʒənt/ *adj* négligent.

negotiable /nɪˈgəʊʃəbl/ *adj* négociable.

negotiate /nɪˈgəʊʃɪeɪt/ *vtr, vi* négocier.

negotiation /nɪɡəʊʃɪˈeɪʃn/ *n* négociation *f*.

negotiator /nɪˈgəʊʃɪeɪtə(r)/ *n* négociateur/-trice *m/f*.

neighbourᴳᴮ, **neighbor**ᵁˢ /ˈneɪbə(r)/ *n* voisin/-e *m/f*; RELIG prochain *m*.

neighbour states *npl* États *mpl* voisins.

neighbourhoodᴳᴮ, **neighborhood**ᵁˢ /ˈneɪbəhʊd/ *n* quartier *m*, voisinage *f*.

neither /ˈnaɪðə(r), ˈniː-ð-/ **I** *conj* (not either) ni…ni, ni l'un ni l'autre. **II** *det* aucun des deux. **III** *pron* ni l'un/-e, ni l'autre *m/f*.

neon /ˈniːɒn/ *n* néon *m*.

Nepal /nɪˈpɔːl/ *pr n* Népal *m*.

nephew /ˈnevjuː, ˈnef-/ *n* neveu *m*.

nerve /nɜːv/ **I** *n* nerf *m*; (courage) courage *m*; (confidence) sang-froid *m*; (cheek)ᴼ culotᴼ *m*. **II nerves** *npl* (stage fright) trac *m*.

nerve racking *adj* angoissant, insoutenable.

nervous /ˈnɜːvəs/ *adj* nerveux/-euse; *to be nervous about* avoir peur de.

nervous breakdown *n* dépression *f* nerveuse.

nervyᴼ /ˈnɜːvɪ/ *adj* (tense, anxious) nerveux/-euseᵁˢ; (impudent) gonfléᴼ.

nest /nest/ **I** *n* nid *m*. **II** *vi* nicher.

nestle /ˈnesl/ *vi* se blottir, se nicher.

net /net/ **I** *n* filet *m*; (Internet) net *m*. **II** *adj* net/nette. **III** *vtr* (*p prés etc* **-tt-**) prendre [qch] au filet; [sale] rapporter.

netballᴳᴮ *n* sport d'équipe proche du basket joué par les femmes.

Netherlands /ˈneðələndz/ *pr n the Netherlands* (+ *v sg*) les Pays-Bas *mpl*, la Hollande.

netspeak /ˈnetspiːk/ *n* jargon *m* d'Internet.

netsurf /ˈnetsɜːf/ *vi* surfer sur le net.

nettle /ˈnetl/ **I** *n* ortie *f*. **II** *vtr* agacer.

network /ˈnetwɜːk/ **I** *n* réseau *m*. **II** *vtr* TV, RADIO diffuser; ORDINAT interconnecter.

networking /ˈnetwɜːkɪŋ/ *n* COMM, (establishing contacts) constitution *f* de réseaux; *I was doing some networking* j'essayais de me faire des contacts; ORDINAT interconnexion *f*.

neurotic /njʊəˈrɒtɪk, nʊ-ᵁˢ/ *n, adj* névrosé (*m/f*).

neuter /ˈnjuːtə(r), ˈnuː-ᵁˢ/ **I** *n, adj* neutre (*m*). **II** *vtr* châtrer.

neutral /ˈnjuːtrəl, ˈnuː-ᵁˢ/ **I** *n* neutre *mf*; AUT point *m* mort. **II** *adj* neutre.

neutralize /ˈnjuːtrəlaɪz, ˈnuː-US/ vtr neutraliser.

never /ˈnevə(r)/ adv (ne) jamais; *he never says anything* il ne dit jamais rien.

never-ending adj interminable.

nevertheless /ˌnevəðəˈles/ adv pourtant, néanmoins; *thanks nevertheless* merci quand même.

new /njuː, nuːUS/ adj nouveau/-elle; (not yet used) neuf/neuve; *sb/sth new* qn/qch d'autre.

newborn /ˈnjuːbɔːn, ˈnuː-US/ adj nouveau-né/-née.

newcomer n nouveau venu/nouvelle venue m/f.

New Guinea pr n Nouvelle-Guinée f.

newly /ˈnjuːlɪ, ˈnuː-US/ adv récemment.

news /njuːz, nuːzUS/ n nouvelle(s) f(pl); RADIO, TV informations fpl, le journal m.

news agency n agence f de presse.

newsagentGB n marchand m de journaux.

news bulletin n bulletin m d'information.

newscaster n présentateur/-trice m/f des informations.

news conference n conférence f de presse.

news headlines npl TV titres mpl de l'actualité.

newsletter n bulletin m.

newspaper /ˈnjuːspeɪpə(r), ˈnuːz-US/ I n journal m. II in compounds de presse.

newsreaderGB n présentateur/-trice m/f des informations.

newsreel n CIN, HIST actualités fpl.

newsstand /ˈnjuːzstænd, ˈnuːz-US/ n kiosque m à journaux.

New Testament pr n Nouveau Testament m.

new wave n, adj nouvelle vague (f).

New World n the New World le Nouveau Monde.

New Year n le nouvel an, la nouvelle année; *Happy New Year!* Bonne année!

New Year's Day n le jour m de l'an.

New Year's Eve n la Saint-Sylvestre.

New Zealand /njuːˈziːlənd, nuː-US/ I pr n Nouvelle-Zélande f. II adj néo-zélandais.

New Zealander /njuːˈziːləndə, nuː-US/ n Néo-Zélandais/-e m/f.

next /nekst/ I pron le suivant, la suivante; *the week after next* dans deux semaines. II adj suivant; (still to come) prochain; *you're next* c'est à vous; *next to last* avant-dernier/-ière; *the next day* le lendemain. III adv ensuite, après; *what happened next?* que s'est-il passé ensuite? IV **next to** adv phr presque.

next door I adj d'à côté. II adv à côté.

NHSGB I n (abrév = **National Health Service**) ≈ Sécurité sociale. II in compounds [hospital] conventionné; [treatment] remboursé par la Sécurité sociale.

nibble /ˈnɪbl/ vtr, vi grignoter.

Nicaragua /ˌnɪkəˈrægjʊə/ pr n Nicaragua m.

nice /naɪs/ adj agréable; *it would be nice to do* ce serait bien de faire; *nice weather* beau temps; *nice to have met you* ravi d'avoir fait votre connaissance; *have a nice day!* bonne journée!; (attractive) beau/belle; (tasty) bon/bonne; (kind) sympathique; *to be nice to* être gentil avec; *that's not very nice!* ça ne se fait pas!

nice-looking adj beau/belle.

nicely /ˈnaɪslɪ/ adv gentiment; [decorated] soigneusement; (satisfactorily) bien.

niche /niːtʃ, niːʃ/ n place f; (recess) niche f.

niche market n marché m spécialisé.

nick /nɪk/ I n encoche f; *to be in good/bad nick*©GB être/ne pas être en forme; (jail)©GB taule© f. II vtr (steal)©GB piquer©; (arrest)©GB pincer©.
- *just in the nick of time* juste à temps.

nickel /ˈnɪkl/ n nickel m; (US coin) pièce f de cinq cents.

nickname /ˈnɪkneɪm/ I n surnom m. II vtr surnommer.

nicotine /ˈnɪkətiːn/ n nicotine f.

niece /niːs/ n nièce f.

Niger /ˈnaɪdʒə(r)/ pr n Niger m.

Nigeria /naɪˈdʒɪərɪə/ pr n Nigeria m.

niggle /ˈnɪgl/ vtr tracasser, critiquer.

night /naɪt/ n nuit f; (evening) soir m; soirée f; *the night before* la veille au soir.

nightcap /'naɪtkæp/ n boisson f (avant d'aller dormir).

nightclub n boîte f de nuit.

nightingale /'naɪtɪŋgeɪl, -tng-^{US}/ n rossignol m.

nightly /'naɪtlɪ/ adj, adv (de) tous les soirs.

nightmare /'naɪtmeə(r)/ n cauchemar m.

nightmarish /'naɪtmeərɪʃ/ adj cauchemardesque.

night shift n (workers) équipe f de nuit.

nil /nɪl/ n nul; SPORT^{GB} zéro m.

nimble /'nɪmbl/ adj agile; [mind] vif/vive.

nine /naɪn/ n, adj neuf (m) inv.

ninepin /'naɪnpɪn/ n quille f.

nineteen /naɪn'tiːn/ n, adj dix-neuf (m) inv.

nineteenth /naɪn'tiːnθ/ n, adj, adv dix-neuvième (mf).

ninetieth /'naɪntɪəθ/ n, adj, adv quatre-vingt-dixième (mf).

ninety /'naɪntɪ/ n, adj quatre-vingt-dix (m) inv.

ninth /naɪnθ/ n, adj, adv neuvième (mf).

nip /nɪp/ I n pincement m, morsure f; **there's a nip in the air** il fait frisquet$^©$. II vtr (p prés etc **-pp-**) pincer. III vi **to nip**$^{©GB}$ **into** faire un saut (dans).

nit /nɪt/ n (of louse) lente f.

nit-picker n pinailleur/-euse m/f.

nitrogen /'naɪtrədʒən/ n azote m.

no /nəʊ/ I particle non. II det **no money/ shoes** pas d'argent/de chaussures; **no man** aucun homme, personne; **no smoking** défense de fumer; **no parking** stationnement interdit; **no way**$^©$! pas question!

no., No. (abrév écrite = **number**) n°.

nobility /nəʊ'bɪlətɪ/ n noblesse f.

noble /'nəʊbl/ n, adj noble (m/f).

nobody /'nəʊbədɪ/ I pron personne. II n **to be a nobody** être inconnu.

nocturnal /nɒk'tɜːnl/ adj nocturne.

nod /nɒd/ I n signe m de (la) tête. II vtr, vi (p prés etc **-dd-**) **to nod (one's head)** faire un signe de tête; (be drowsy) sommeiller.

no-go area n quartier m chaud (où la police ne s'aventure plus).

noise /nɔɪz/ n bruit m.

noiseless /'nɔɪzlɪs/ adj silencieux/-ieuse.

noise pollution, noise nuisance n nuisances fpl sonores.

noisily /'nɔɪzɪlɪ/ adv bruyamment.

noisy /'nɔɪzɪ/ adj bruyant.

nomad /'nəʊmæd/ n nomade mf.

nominal /'nɒmɪnl/ adj nominal; [fine] symbolique, minimal.

nominally /'nɒmɪnəlɪ/ adv théoriquement.

nominate /'nɒmɪneɪt/ vtr désigner; **to nominate sb for a prize** sélectionner qn pour un prix.

nomination /nɒmɪ'neɪʃn/ n nomination f; proposition f de candidat.

nominee /nɒmɪ'niː/ n candidat/-e m/f désigné/-e.

nonalcoholic adj non alcoolisé.

nonaligned adj POL non aligné.

noncommittal /nɒnkə'mɪtl/ adj [▸person, reply] évasif/-ive (**about** au sujet de).

none /nʌn/ I pron aucun/-e m/f; **there's none left** il n'y en a plus. II adv **none too easy** loin d'être facile; **I'm none too sure** je ne suis pas trop sûr.

nonetheless adv pourtant, néanmoins.

non-EU adj non ressortissant de l'UE.

non-fat adj sans matières grasses.

non-fattening /nɒn'fætnɪŋ/ adj qui ne fait pas grossir.

non-iron^{GB} adj infroissable.

no-no$^©$ n **that's a no-no** ça ne se fait pas.

no-nonsense adj [▸manner, tone] direct; [▸person] franc/franche.

non-profitmaking^{GB}, **nonprofit**^{US} adj [organization] à but non lucratif.

nonreturnable adj [bottle] non consigné.

nonsense /'nɒnsns, -sens^{US}/ n absurdité f; **he's talking nonsense** il dit n'importe quoi.

nonsensical /nɒn'sensɪkl/ adj absurde.

nonstick /nɒn'stɪk/ adj [▸coating, pan] antiadhésif/-ive.

nonstop I adj direct; [flight] sans escale; [talk] incessant. II adv sans arrêt; [fly] sans escale.

non-taxable adj non imposable.

noodles /'nuːdlz/ npl nouilles fpl.

nook /nʊk/ n coin m.

● **every nook and cranny** tous les coins et recoins.

noon /nuːn/ n midi m; **at 12 noon** à midi.

no-one /ˈnəʊwʌn/ pron personne.

noose /nuːs/ n nœud m coulant.

nor /nɔː(r), nə(r)/ conj ni; **nor should he** il ne devrait pas non plus.

norm /nɔːm/ n norme f.

normal /ˈnɔːml/ **I** n normale f; **below normal** en dessous de la norme. **II** adj normal.

normally /ˈnɔːməlɪ/ adv normalement.

north /nɔːθ/ **I** n nord m. **II North** pr n le Nord. **III** adj (du) nord inv. **IV** adv [move] vers le nord; [live] au nord.

northbound adj en direction du nord.

north-east /ˌnɔːθˈiːst/ **I** n, adj nord-est m. **II** adv [move] vers le nord-est; [live] au nord-est.

north-eastern /ˌnɔːθˈiːstən/ adj (du) nord-est inv.

northern /ˈnɔːðən/ adj (du) nord; **northern France** le nord de la France.

Northern Ireland pr n Irlande f du Nord.

Northern Irish adj d'Irlande du Nord.

North Korea pr n Corée f du Nord.

North Pole n pôle m Nord.

northward /ˈnɔːθwəd/ adj, adv vers le nord.

north-west /ˌnɔːθˈwest/ **I** n nord-ouest m, adj. **II** adv [move] vers le nord-ouest; [live] au nord-ouest.

north-western /ˌnɔːθˈwestən/ adj (du) nord-ouest inv.

Norway /ˈnɔːweɪ/ pr n Norvège f.

Norwegian /nɔːˈwiːdʒən/ **I** n (person) Norvégien/-ienne m/f; LING norvégien m. **II** adj norvégien/-ienne.

nose /nəʊz/ n nez m; (of car) avant m.
● **to nose about** fouiner; **to turn one's nose up at sth** dédaigner.

nostalgia /nɒˈstældʒə/ n nostalgie f.

nostalgic /nɒˈstældʒɪk/ adj nostalgique.

nostril /ˈnɒstrɪl/ n narine f; (of horse) naseau m.

nosy© /ˈnəʊzɪ/ adj fouineur/-euse©.

not /nɒt/ **I** adv non, ne…pas; **he isn't at home** il n'est pas chez lui; **I hope not** j'espère que non; **certainly not** sûrement pas. **II not at all** adv phr pas du tout; (responding to thanks) de rien.

notable /ˈnəʊtəbl/ adj notable.

notably /ˈnəʊtəblɪ/ adv notamment.

notch /nɒtʃ/ n (in belt) cran m; (in wood) encoche f.
■ **notch up**© [▸prize] remporter.

note /nəʊt/ **I** n note f; (banknote) billet m. **II** vtr **to note (down)** noter.

notebook n carnet m.

notepad n bloc-notes m.

noteworthy adj remarquable.

nothing /ˈnʌθɪŋ/ **I** pron rien; ne…rien; (as subject of verb) rien…ne; **nothing much** pas grand-chose; **nothing more** rien de plus; **for nothing** pour rien; **to say nothing of** sans parler de. **II** adv pas du tout, nullement.

notice /ˈnəʊtɪs/ **I** n pancarte f; (advertisement) annonce f, avis m; **to take notice** faire attention; **one month's notice** un mois de préavis; **until further notice** jusqu'à nouvel ordre; **to give in one's notice** donner sa démission. **II** vtr remarquer, voir.

noticeable /ˈnəʊtɪsəbl/ adj visible.

noticeboardGB n panneau m d'affichage.

notification /ˌnəʊtɪfɪˈkeɪʃn/ n avis m.

notify /ˈnəʊtɪfaɪ/ vtr notifier; **to notify sb of/ about** aviser qn de, avertir qn de.

notion /ˈnəʊʃn/ n notion f, idée f.

notorious /nəʊˈtɔːrɪəs/ adj notoire; [district] mal famé.

notwithstanding /ˌnɒtwɪθˈstændɪŋ/ **I** adv SOUT néanmoins. **II** prep en dépit de.

noughtGB /nɔːt/ n zéro m.

noughts and crossesGB n (sg) JEUX morpion m.

noun /naʊn/ n nom m.

nourish /ˈnʌrɪʃ/ vtr nourrir.

nourishment /ˈnʌrɪʃmənt/ n nourriture f.

Nov (abrév écrite = **November**).

novel /ˈnɒvl/ **I** n roman m. **II** adj original.

novelist /ˈnɒvəlɪst/ n romancier/-ière m/f.

novelty /ˈnɒvltɪ/ n nouveauté f.

November /nəˈvembə(r)/ n novembre m.

novice /ˈnɒvɪs/ n novice mf.

no-vote /ˈnəʊvəʊt/ n POL vote m contre.

now /naʊ/ **I** conj **now (that)** maintenant que. **II** adv maintenant; **right now** tout de suite; **any time/moment now** d'un moment à l'autre; *(every) now and then/ again* de temps en temps; (with preposition) *before now* avant; *by now* déjà; *from now on(wards)* dorénavant.

nowadays /ˈnaʊədeɪz/ *adv* aujourd'hui.

nowhere /ˈnəʊweə(r)/ *adv* nulle part.

no-win /nəʊwɪn/ *adj it's a no-win situation* c'est voué à l'échec.

noxious /ˈnɒkʃəs/ *adj* nocif/-ive, délétère.

nth /enθ/ *adj the nth time* la énième fois.

nuclear /ˈnjuːklɪə(r), ˈnuː-US/ *adj* nucléaire.

nuclear disarmament *n* désarmement *m* nucléaire.

nuclear shelter *n* abri *m* antiatomique.

nucleus /ˈnjuːklɪəs, ˈnuː-US/ *n* (*pl* **-clei**) noyau *m*.

nude /njuːd, nuːdUS/ *n*, *adj* nu/-e *(m/f)*.

nudge /nʌdʒ/ *vtr* pousser du coude; FIG *to be nudging 15%* approcher les 15%.

nugget /ˈnʌgɪt/ *n* pépite *f*.

nuisance /ˈnjuːsns, ˈnuː-US/ *n* embêtement *m*; *to be a nuisance* être gênant, être pénible.

numb /nʌm/ *adj* engourdi.

number /ˈnʌmbə(r)/ **I** *n* nombre *m*; *a number of people/times* plusieurs personnes/ fois; (written) chiffre *m*; (of bus, etc) numéro *m*. **II** *vtr* compter; (give number to) numéroter. **III** *vi to number among* faire partie de.

numberplateGB *n* plaque *f* d'immatriculation.

numerate /ˈnjuːmərət, ˈnuː-US/ *adj to be numerate* savoir compter.

numerical /njuːˈmerɪkl, ˈnuː-US/ *adj* numérique.

numerous /ˈnjuːmərəs, ˈnuː-US/ *adj* nombreux/-euse.

nun /nʌn/ *n* religieuse *f*.

nurse /nɜːs/ **I** *n* infirmier/-ière *m/f*; (for young child) nurse *f*, bonne *f* d'enfants. **II** *vtr* soigner; [▸ambition] nourrir.

nursery /ˈnɜːsərɪ/ *n* crèche *f*; (room) chambre *f* d'enfants; (for plants) pépinière *f*.

nursery rhyme *n* comptine *f*.

nursery school *n* école *f* maternelle.

nursing /ˈnɜːsɪŋ/ *n* profession *f* d'infirmier/-ière; (care) soins *mpl*.

nursing home *n* (old people's) maison *f* de retraite; (convalescent) maison *f* de repos; (small private hospital)GB clinique *f*.

nurture /ˈnɜːtʃə(r)/ *vtr* SOUT [▸child] élever; [▸plant] soigner; [▸hope, feeling, talent] nourrir.

nut /nʌt/ *n* (walnut) noix *f*; (hazel) noisette *f*; TECH écrou *m*.
● *to be nuts about sb/sth*© être fou/folle de qn/qch.

nutcracker(s) *n(pl)* casse-noisettes *m inv*.

nutmeg *n* noix *f* de muscade.

nutrition /njuːˈtrɪʃn, nuː-US/ *n* diététique *f*.

nutritious /njuːˈtrɪʃəs, nuː-US/ *adj* nourrissant.

nutshell /ˈnʌtʃel/ *n* coquille *f* de noix/noisette; FIG *in a nutshell* en un mot.

NW (*abrév* = **north-west**) NO *m*.

NY (*abrév écrite* = **New York**).

NYC (*abrév écrite* = **New York City**).

nylon /ˈnaɪlɒn/ *n* nylon® *m*.

O

O /əʊ/ n zéro m.

oak /əʊk/ n chêne m.

OAPGB /ˌəʊˈeɪˈpiː/ n (abrév = **old age pensioner**) retraité/-e m/f.

oar /ɔː(r)/ n rame f.

oasis /əʊˈeɪsɪs/ n (pl **oases**) oasis f.

oats /əʊts/ n avoine f.

oath /əʊθ/ n serment m; **under oath** sous serment; (swearword) juron m.

oatmeal /ˈəʊtmiːl/ n farine f d'avoine.

obedience /əˈbiːdɪəns/ n obéissance f.

obedient /əˈbiːdɪənt/ adj obéissant.

obediently /əˈbiːdɪəntlɪ/ adv docilement.

obese /əʊˈbiːs/ adj obèse.

obesity /əʊˈbiːsətɪ/ n obésité f.

obey /əˈbeɪ/ vtr, vi obéir (à).

obituary /əˈbɪtʃʊərɪ, -tʃʊerɪUS/ n nécrologie f.

object I /ˈɒbdʒɪkt/ n objet m; (goal) objectif m. **II** /əbˈdʒekt/ vtr **to object that** objecter que. **III** /əbˈdʒekt/ vi soulever des objections, protester; **to object to** [▸plan, law] s'opposer à; [▸noise] se plaindre de; [▸witness, juror] récuser.

objection /əbˈdʒekʃn/ n objection f; **I've no objection(s)** je n'y vois pas d'inconvénient.

objectionable /əbˈdʒekʃənəbl/ adj désobligeant.

objective /əbˈdʒektɪv/ **I** n objectif m. **II** adj objectif/-ive, impartial.

obligation /ˌɒblɪˈɡeɪʃn/ n obligation f.

obligatory /əˈblɪɡətrɪ, -tɔːrɪUS/ adj obligatoire.

oblige /əˈblaɪdʒ/ vtr **to oblige (sb to do sth)** obliger (qn à faire qch); **much obliged!** merci beaucoup!

oblique /əˈbliːk/ adj oblique; [compliment] indirect.

obliterate /əˈblɪtəreɪt/ vtr [▸city] anéantir; [▸word, memory] effacer; [▸view] masquer.

oblivion /əˈblɪvɪən/ n oubli m.

oblivious /əˈblɪvɪəs/ adj **to be oblivious of/to** être inconscient de.

obnoxious /əbˈnɒkʃəs/ adj odieux/-ieuse.

oboe /ˈəʊbəʊ/ n hautbois m.

obscene /əbˈsiːn/ adj [film, remark] obscène; [wealth] indécent; [war] monstrueux/-euse.

obscenity /əbˈsenətɪ/ n obscénité f.

obscure /əbˈskjʊə(r)/ **I** adj obscur. **II** vtr obscurcir; [▸issue] embrouiller.

obscurity /əbˈskjʊərətɪ/ n obscurité f.

observance /əbˈzɜːvəns/ n (of law) respect m; (of religion) observance f.

observation /ˌɒbzəˈveɪʃn/ n observation f.

observatory /əbˈzɜːvətrɪ, -tɔːrɪUS/ n observatoire m.

observe /əbˈzɜːv/ vtr observer; (say) faire observer.

observer /əbˈzɜːvə(r)/ n observateur/-trice m/f.

obsess /əbˈses/ vtr obséder.

obsession /əbˈseʃn/ n obsession f.

obsessive /əbˈsesɪv/ adj [thought] obsédant; [neurosis] obsessionnel/-elle.

obsolete /ˈɒbsəliːt/ adj dépassé.

obstacle /ˈɒbstəkl/ n obstacle m.

obstinacy /ˈɒbstənəsɪ/ n entêtement m.

obstinate /ˈɒbstənət/ adj obstiné.

obstinately /ˈɒbstənətlɪ/ adv [refuse] obstinément; [defend, resist] avec acharnement.

obstruct /əbˈstrʌkt/ vtr obstruer; [▸person] gêner; [▸plan] faire obstacle à.

obstruction /əbˈstrʌkʃn/ n obstruction f; (blockage) obstacle m.

obtain /əbˈteɪn/ vtr obtenir.

obvious /ˈɒbvɪəs/ adj évident.

obviously /ˈɒbvɪəslɪ/ **I** adv manifestement. **II** excl bien sûr!, évidemment!

occasion /əˈkeɪʒn/ n occasion f; (event) évènement f.

occasional /əˈkeɪʒənl/ adj qui a lieu de temps en temps; [showers] intermittent.

occasionally /əˈkeɪʒənəlɪ/ adv de temps à autre.

occupancy /ˈɒkjʊpənsɪ/ n occupation f.

occupant /ˈɒkjʊpənt/ n occupant/-e m/f.

occupation /ˌɒkjʊˈpeɪʃn/ n occupation f; (job) métier m, profession f.

occupational /ˌɒkjuˈpeɪʃənl/ adj [safety] au travail.

occupational hazard n risque m professionnel.

occupier /ˈɒkjupaɪə(r)/ n occupant/-e m/f.

occupy /ˈɒkjupaɪ/ vtr occuper.

occur /əˈkɜː(r)/ vi (p prés etc **-rr-**) se produire; [opportunity] se présenter; *it occurs to me that* il me semble que; *to occur to sb* venir à l'esprit de qn.

occurrence /əˈkʌrəns/ n fait m; *to be a rare occurrence* se produire rarement.

ocean /ˈəʊʃn/ n océan m.

o'clock /əˈklɒk/ adv *at one o'clock* à une heure.

Oct (abrév écrite = **October**).

October /ɒkˈtəʊbə(r)/ n octobre m.

octopus /ˈɒktəpəs/ n pieuvre f; CULIN poulpe m; (elastic straps)GB fixe-bagages m inv.

OD© /əʊˈdiː/ n ▶ **overdose**.

odd /ɒd/ adj bizarre; [drink] occasionnel/-elle; [socks] dépareillé; [number] impair; *a few odd coins* un reste de monnaie; *to do odd jobs around the house* bricoler dans la maison.

oddity /ˈɒdɪtɪ/ n bizarrerie f.

odds /ɒdz/ npl chances fpl; (in betting) cote f; *odds and ends* bricoles© fpl.
• **at odds** en conflit, en contradiction.

odourGB, **odor**US /ˈəʊdə(r)/ n odeur f.

odyssey /ˈɒdɪsɪ/ n odyssée f.

OECD n (abrév = **Organization for Economic Cooperation and Development**) OCDE f.

oenologistGB /iːˈnɒlədʒɪst/ **enologist**US n œnologue mf.

oenologyGB /iːˈnɒlədʒɪ/ **enology**US n œnologie f.

of /ɒv, əv/ prep (in most uses) de; *that's kind of you* c'est très gentil de votre part/à vous; *some of us* quelques-uns d'entre nous.

off /ɒf, ɔːfUS/ **I** adv *to be off* partir, s'en aller; *some way off* assez loin; *Easter is a month off* Pâques est dans un mois; THÉÂT dans les coulisses. **II** adj [day] libre; [water, gas] coupé; [light] éteint; [match] annulé; *25% off* 25% de remise; [food]©GB avarié; [milk] tourné. **III** prep loin de; *off the west coast* au large de la côte ouest; *it is off the point* là n'est pas la question; *to eat off a tray* manger sur un plateau. **IV off and on** adv phr par périodes.

offbeat /ˈɒfbiːt, ɔːf-US/ **I** n MUS temps m faible. **II** adj MUS, [▶ rhythm] à temps faible; (unusual) [▶ humour] cocasse.

offenceGB, **offense**US /əˈfens/ n JUR infraction f; (insult) offense f.

offend /əˈfend/ **I** vtr blesser, offenser; *to get offended* se vexer. **II** vi JUR commettre une infraction.

offender /əˈfendə(r)/ n délinquant/-e m/f; (against regulations) contrevenant/-e m/f.

offensive /əˈfensɪv/ **I** n offensive f. **II** adj injurieux/-ieuse, insultant; [language] grossier/-ière; SPORT offensif/-ive.

offer /ˈɒfə(r), ɔːf-US/ **I** n proposition f, offre f; COMM promotion f. **II** vtr [▶ help, job] offrir; [▶ advice] donner.

offering /ˈɒfərɪŋ, ɔːf-US/ n offrande f.

offer price n COMM prix m de vente.

offhand /ɒfˈhænd, ɔːf-US/ adj désinvolte.

office /ˈɒfɪs, ɔːf-US/ n bureau m; *the accounts*GB *office* le service comptable; *lawyer's office* cabinet de notaire; *to hold office* être en fonction.

officer /ˈɒfɪsə(r), ɔːf-US/ n officier m; (official) responsable mf; *(police) officer* policier m.

office technology n bureautique f.

office worker n employé/-e m/f de bureau.

official /əˈfɪʃl/ **I** n fonctionnaire mf. **II** adj officiel/-ielle.

offline, off-line /ˈɒflaɪn/ **I** adj ORDINAT [▶ access, service] hors connexion; *to be offline* ne pas être connecté; [▶ equipment, system] autonome. **II** adv [write, work] hors connexion.

offset /ˈɒfset, ɔːf-US/ vtr (p prés **-tt-**; prét, pp **offset**) compenser; [▶ colour] faire ressortir.

offshoot /ˈɒfʃuːt, ɔːf-US/ n conséquence f.

offshore /ɒfˈʃɔː(r), ɔːf-US/ **I** adj, adv [work] en mer, offshore; [anchor] au large. **II** vtr US [▶ services, manufacturing] délocaliser.

offsideGB /ɒfˈsaɪd, ɔːf-US/ n AUT côté m conducteur.

offspring n inv progéniture f.

often /ˈɒfn, ˈɒftən, ˈɔːfnUS/ adv souvent; *once too often* une fois de trop; *how often?* à quelle fréquence?, tous les combien©?

oh /əʊ/ excl oh!; *oh (really)?* ah bon?

OHMS^{GB} (*abrév écrite* = **On Her/His Majesty's Service**) au service de sa majesté (*sur le courrier officiel de l'administration*).

oil /ɔɪl/ **I** n huile f; (fuel) pétrole m; **heating oil** fioul m, mazout m. **II** vtr huiler.

oil painting n peinture f à l'huile.

oil pipeline n oléoduc m.

oil rig n (offshore) plate-forme f pétrolière; (on land) tour f de forage.

oil slick n marée f noire.

oil tanker n pétrolier m.

oil well n puits m de pétrole.

oily /ˈɔɪlɪ/ adj huileux/-euse; [hair] gras/grasse.

ointment /ˈɔɪntmənt/ n pommade f.

okay, OK[☺] /əʊˈkeɪ/ **I** n accord m. **II** adj **is it okay if…?** est-ce que ça va si…?; **he's okay**[☺] il est sympa[☺]. **III** adv [work out] (assez) bien. **IV** particle d'accord.

old /əʊld/ **I** n **the old** les personnes fpl âgées; **(in days) of old** (au temps) jadis. **II** adj vieux/vieille, âgé; **to get old** vieillir; **how old are you?** quel âge as-tu?; **a week old** vieux d'une semaine; **my older brother** mon frère aîné; **I'm the oldest** c'est moi l'aîné/-e; (previous) ancien/-ienne.

old age n vieillesse f.

old-fashioned /əʊldˈfæʃnd/ adj démodé.

oldie[☺] /ˈəʊldɪ/ n (film, song) vieux succès m.

old style adj à l'ancienne (after n).

Old Testament n Ancien Testament m.

olive /ˈɒlɪv/ n (fruit) olive f; (tree) olivier m.

olive oil n huile f d'olive.

Olympic /əˈlɪmpɪk/ adj olympique; **the Olympic Games** les jeux Olympiques.

omen /ˈəʊmən/ n présage m.

ominous /ˈɒmɪnəs/ adj [presence, cloud] menaçant; [sign] de mauvais augure.

omission /əˈmɪʃn/ n omission f.

omit /əˈmɪt/ vtr (p prés etc **-tt-**) omettre.

on /ɒn/ **I** prep (position) **on the table** sur la table; **on the floor** par terre; (about) sur; (+ time) **on 22 February** le 22 février; **on sunny days** quand il fait beau; **on his arrival** à son arrivée; (with) **to run on electricity** marcher à l'électricité; (+ support, medium) **on TV** à la télé; (+ means of transport) **to travel on the bus** voyager en bus. **II** adj [TV, oven] allumé; [radio] en marche; [tap] ouvert; [lid] mis; **what's on?** (at the cinema) qu'est-ce qu'on joue? **III** adv

to have a hat on porter un chapeau; **to have nothing on** être nu; **from that day on** à partir de ce jour-là; **to walk on** continuer à marcher; **further on** plus loin. **IV on and off** adv phr de temps en temps.

● **you're on** d'accord; **are you still on for tonight?** c'est toujours d'accord pour ce soir?; **to be always on at sb** être toujours sur le dos de qn.

once /wʌns/ **I** adv une fois; **once and for all** une bonne fois pour toutes; **once a day** une fois par jour; (formerly) autrefois; **once upon a time there was** il était une fois. **II at once** adv phr tout de suite; **all at once** tout d'un coup. **III** conj une fois que, dès que; **once he arrives we…** quand il arrivera nous…

oncoming /ˈɒnkʌmɪŋ/ adj **oncoming traffic** circulation venant en sens inverse.

one /wʌn/ **I** dét un/une; (unique, sole) seul; **my one and only tie** ma seule et unique cravate; **she's the one person who can come** c'est la seule personne qui puisse venir; (same) même; **in the one direction** dans la même direction. **II** pron un/une; **lend me one** prête-m'en un/une; **she's one of us** elle est des nôtres; **which one?** lequel/laquelle?; **the grey one** le gris/la grise; **he's the one who** c'est lui qui; (impersonal) on; (joke, question, problem) **that's a tricky one**[☺] elle est difficile celle-là; **one by one** un par un/une par une. **III** n un m.

one another pron **they love one another** ils s'aiment; **to help one another** s'aider mutuellement.

one-man /ˈwʌnmæn/ adj seul.

one-off^{GB} adj unique, exceptionnel/-elle.

one-on-one^{US} ▶ **one-to-one**.

one-parent family n famille f monoparentale.

one-room flat^{GB} n studio m.

one's /wʌnz/ **I** = **one is**, **one has**. **II** det son/sa/ses; **one's books/friends** ses livres/amis; **to wash one's hands** se laver les mains; **to do one's best** faire de son mieux; **a house of one's own** une maison à soi.

oneself pron se, s'; **to wash/cut oneself** se laver/couper; (for emphasis) soi-même; (after prep) soi; **(all) by oneself** tout seul/toute seule.

one-sided /wʌnˈsaɪdɪd/ adj unilatéral; [account] partial; [contest] inégal.

one-size adj taille unique.

one-to-oneGB /wʌntə'wʌn/ *adv* en tête à tête.

one-way /wʌn'weɪ/ *adj* à sens unique; *one-way ticket* aller simple.

ongoing /'ɒngəʊɪŋ/ *adj* [process] continu.

onion /'ʌnɪən/ *n* oignon *m*.

online /ɒn'laɪn/ *adj* ORDINAT [access] direct, en ligne.

onlooker /'ɒnlʊkə(r)/ *n* spectateur/-trice *m/f*.

only /'əʊnlɪ/ **I** *conj* mais; *like a mouse only bigger* comme une souris mais en plus gros. **II** *adj* seul; *only child* enfant unique. **III** *adv* (exclusively) ne…que, seulement; (+ time) *only yesterday* pas plus tard qu'hier; (merely) *you only had to ask* tu n'avais qu'à demander.

o.n.o.GB (*abrév écrite* = **or nearest offer**) à débattre.

onset /'ɒnset/ *n* début *m*.

onshore /'ɒnʃɔː(r)/ *adj* [▸oil field] à terre.

onslaught /'ɒnslɔːt/ *n* attaque *f*.

onstage /ɒn'steɪdʒ/ *adj*, *adv* sur scène.

on the spot *adv* sur place.

onto /'ɒntuː/ *prep* sur.

onus /'əʊnəs/ *n* obligation *f*; *the onus is on sb to do sth* il incombe à qn de faire qch.

onward(s) /'ɒnwəd(z)/ *adv* *from tomorrow onward* à partir de demain; *from now onward* à partir d'aujourd'hui.

oops© /uːps, ʊps/ *excl* aïe!

ooze /uːz/ *vtr* suinter.

opaque /əʊ'peɪk/ *adj* opaque.

Opec, **OPEC** /'əʊpek/ *n* (*abrév* = **Organization of Petroleum Exporting Countries**) OPEP *f*.

open /'əʊpən/ **I** *n* *in the open* dehors, en plein air; SPORT (tournoi *m*) open *m*. **II** *adj* ouvert; [arms, legs] écarté; *the open sea* la haute mer; *open to offers* ouvert à toute proposition; [meeting] public/-ique; [discussion] franc/franche; [hostility] non dissimulé. **III** *vtr* ouvrir. **IV** *vi* s'ouvrir.

open-air *adj* en plein air.

open day *n* journée *f* portes ouvertes.

open-ended *adj* ouvert, flexible.

opener /'əʊpnə(r)/ *n* (for bottles) décapsuleur *m*; (for cans) ouvre-boîte *m*.

opening /'əʊpnɪŋ/ **I** *n* ouverture *f*; (of building, shop) inauguration *f*; COMM débouché *m*; (for employment) poste *m* (disponible). **II** *adj* préliminaire.

open-minded *adj* à l'esprit ouvert.

open secret *n* secret *m* de Polichinelle.

Open UniversityGB *n* enseignement universitaire par correspondance.

opera /'ɒprə/ *n* *opera (house)* opéra.

operate /'ɒpəreɪt/ **I** *vtr* faire marcher; [▸policy] pratiquer; [▸mine] exploiter. **II** *vi* to *operate (on)* opérer.

operating manual *n* manuel d'utilisation.

operating system *n* ORDINAT système *m* d'exploitation.

operating theatreGB *n* salle *f* d'opération.

operation /ɒpə'reɪʃən/ *n* MÉD, ORDINAT, FIN opération *f*; (working) fonctionnement *m*.

operational /ɒpə'reɪʃənl/ *adj* opérationnel/-elle; [budget, costs, problems] d'exploitation.

operative /'ɒpərətɪv, -rert-US/ **I** *n* employé-e *m/f*. **II** *adj* [rule, law, system] en vigueur.

operator /'ɒpəreɪtə(r)/ *n* standardiste *m/f*; ORDINAT opérateur *m*; TOURISME *tour operator* voyagiste *m/f*.

opinion /ə'pɪnɪən/ *n* opinion *f*, avis *m*.

opinion poll *n* sondage *m* d'opinion.

opium /'əʊpɪəm/ *n* opium *m*.

opponent /ə'pəʊnənt/ *n* adversaire *mf*.

opportunity /ɒpə'tjuːnətɪ, -'tuːn-US/ *n* occasion *f*.

oppose /ə'pəʊz/ **I** *vtr* s'opposer à. **II** as **opposed** to *prep phr* par opposition à. **III opposing** *pres p adj* opposé.

opposite /'ɒpəzɪt/ **I** *n* contraire *m*. **II** *adj* opposé; [building] d'en face; [effect] inverse. **III** *adv* en face. **IV** *prep* en face de.

opposition /ɒpə'zɪʃn/ *n* opposition *f*.

oppress /ə'pres/ *vtr* opprimer.

oppressed /ə'prest/ **I** *n* *the oppressed* les opprimés *mpl*. **II** *adj* [▸minority, group] opprimé.

oppressive /ə'presɪv/ *adj* [law] oppressif/-ive; [heat] accablant.

opt /ɒpt/ *vi* to *opt for sth* opter pour qch; *to opt to do* choisir de faire.
■ **opt out** décider de ne pas participer.

optic /'ɒptɪk/ *adj* optique.

optical /'ɒptɪkl/ *adj* optique.

optical scanner *n* ORDINAT lecteur *m* optique.

optics /'ɒptɪks/ *n* (*sg*) optique *f*.

other

optimism /ˈɒptɪmɪzəm/ n optimisme m.

optimist /ˈɒptɪmɪst/ n optimiste mf.

optimistic /ɒptɪˈmɪstɪk/ adj optimiste.

option /ˈɒpʃn/ n option f; *I had little option* je n'avais guère le choix.

optional /ˈɒpʃənl/ adj [subject] facultatif/-ive; [colour] au choix; *optional extras* accessoires en option.

opulent /ˈɒpjʊlənt/ adj opulent.

or /ɔː(r)/ conj ou; *whether he likes it or not* que cela lui plaise ou non; (in the negative) ni; (otherwise) sinon, autrement.

oral /ˈɔːrəl/ n, adj oral (m).

orange /ˈɒrɪndʒ, ˈɔːr-US/ I n (fruit) orange f; (colour) orange m. II adj orange inv.

orange tree n oranger m.

orbit /ˈɔːbɪt/ I n orbite f. II vtr décrire une orbite autour de.

orbital roadGB /ˈɔːbɪtl rəʊd/ n rocade f.

orchard /ˈɔːtʃəd/ n verger m.

orchestra /ˈɔːkɪstrə/ n orchestre m.

orchestral /ɔːˈkestrəl/ adj orchestral.

orchestrate /ˈɔːkɪstreɪt/ vtr orchestrer.

orchid /ˈɔːkɪd/ n orchidée f.

ordain /ɔːˈdeɪn/ vtr (decree) décréter; RELIG ordonner.

ordeal /ɔːˈdiːl, ˈɔːdiːl/ n épreuve f.

order /ˈɔːdə(r)/ I n ordre m; (in restaurant) commande f; *out of order* [files, records] déclassé; [phone line] en dérangement; [lift, machine] en panne; *in order* [documents] en règle. II **orders** npl RELIG ordres mpl. III **in order that** conj afin de, pour (+ infinitive); afin que, pour que (+ subj). IV **in order to** prep phr afin de, pour (+ infinitive). V vtr ordonner; [▸goods] commander.
■ **order about, order around** donner des ordres à; **order off** SPORT [▸player] expulser.

orderly /ˈɔːdəlɪ/ I n aide-soignant/-e m/f. II adj [queue] ordonné; [debate] calme.

order number n numéro m de commande.

ordinary /ˈɔːdənrɪ, ˈɔːrdənerɪUS/ adj ordinaire; [clothes] de tous les jours (after n).

ore /ɔː(r)/ n minerai m.

oregano /ɒrɪˈɡɑːnəʊ/ n origan m.

organ /ˈɔːɡən/ n organe m; MUS orgue m, orgues fpl.

organic /ɔːˈɡænɪk/ adj organique; [produce, farming] biologique.

organism /ˈɔːɡənɪzəm/ n organisme m.

organization /ɔːɡənaɪˈzeɪʃn, -nɪˈz-US/ n organisation f.

organizational /ɔːɡənaɪˈzeɪʃənl, -nɪˈz-US/ adj [problem] d'organisation.

organize /ˈɔːɡənaɪz/ vtr organiser.

organized adj organisé; [labour] syndiqué.

organizer /ˈɔːɡənaɪzə(r)/ n organisateur/-trice m/f; *electronic organizer* agenda électronique.

orient /ˈɔːrɪənt/ I n *the Orient* l'Orient m. II vtr orienter.

oriental /ɔːrɪˈentl/ adj GÉN oriental; [carpet] d'Orient.

orientated /ˈɔːrɪənteɪtɪd/ in compounds *-orientated* ▸ oriented.

oriented /ˈɔːrɪəntɪd/ in compounds *-oriented, customer-oriented* orienté vers le client; *politically-oriented* politiquement orienté.

orientation /ɔːrɪənˈteɪʃn/ n orientation f.

origin /ˈɒrɪdʒɪn/ n origine f.

original /əˈrɪdʒənl/ n, adj original (m).

original cost n COMM, ÉCON prix m d'achat.

originally /əˈrɪdʒənəlɪ/ adv à l'origine.

originate /əˈrɪdʒɪneɪt/ vi [custom, style, tradition] voir le jour; [fire] se déclarer; *to originate from* [goods] provenir de; [proposal] émaner de.

ornament /ˈɔːnəmənt/ n ornement m.

ornamental /ɔːnəˈmentl/ adj ornemental.

ornate /ɔːˈneɪt/ adj richement orné.

orphan /ˈɔːfn/ adj, n orphelin/-e (m/f).

orphanage /ˈɔːfənɪdʒ/ n orphelinat m.

orthodox /ˈɔːθədɒks/ adj orthodoxe.

oscillate /ˈɒsɪleɪt/ vi osciller.

ostensible /ɒˈstensəbl/ adj apparent.

ostentatious /ɒstenˈteɪʃəs/ adj tape-à-l'œil inv.

ostrich /ˈɒstrɪtʃ/ n autruche f.

other /ˈʌðə(r)/ I adj autre; *the other one* l'autre; *other people* les autres; (alternate) *every other year* tous les deux ans; *every other Saturday* un samedi sur deux. II **other than** prep phr autrement que, à part; *other than that* à part ça. III pron autre; *the others* les autres.

otherwise /ˈʌðəwaɪz/ **I** adv autrement, à part cela, par ailleurs. **II** conj sinon.

OTT /əʊtiːˈtiː/ adj (abrév = **over-the-top**) ▶ **over-the-top**.

otter /ˈɒtə(r)/ n loutre f.

ought /ɔːt/ modal aux devoir; *that ought to fix it* ça devrait arranger les choses; *someone ought to have accompanied her* quelqu'un aurait dû l'accompagner.

ounce /aʊns/ n (weight) once f (= 28,35 g); (fluid) GB = 0,028 l; US = 0,035 l.

our /ˈaʊə(r), ɑː(r)/ det notre/nos.

ours /ˈaʊəz/ pron le nôtre/la nôtre/les nôtres; *a friend of ours* un ami à nous.

ourselves /aʊəˈselvz, ɑː-/ pron (reflexive) nous; (emphatic) nous-mêmes; *for ourselves* pour nous(-mêmes); *(all) by ourselves* tout seuls/toutes seules.

oust /aʊst/ vtr évincer.

out /aʊt/ **I** adv (outside) dehors; (absent) sorti; *to go/walk out* sortir; [book, exam results] publié; [secret] révélé; [fire, light] éteint; [player] éliminé; *when the tide is out* à marée basse. **II out of** prep phr *out of sight* hors de vue; sur; *2 out of 3* 2 sur 3; *out of wood* en bois; *out of respect* par respect.

outboard motor n moteur m hors-bord.

outbound /ˈaʊtbaʊnd/ adj [▶mail, traffic] sortant.

out-box n boîte d'envoi.

outbreak n déclenchement m; (of violence, spots) éruption f.

outbuilding /ˈaʊtbɪldɪŋ/ n dépendance f.

outburst n éclat m; (of anger) accès m; FIG éruption f.

outcast n exclu/-e m/f.

outcome n résultat m.

outcry n tollé m.

outdated adj dépassé, démodé.

outdo vtr (prét **outdid**; pp **outdone**) surpasser (en).

outdoor adj [sport] de plein air; [restaurant] en plein air; [shoes] de marche.

outdoors adv dehors; [live] en plein air.

outer /ˈaʊtə(r)/ adj extérieur; [limit] extrême.

outer space n espace m extra-atmosphérique.

outer suburbs npl grande banlieue f.

outfit n (clothes) tenue f.

outgoing adj [government] sortant; [mail] en partance; TÉLÉCOM *to make outgoing calls* appeler l'extérieur.

outgrow vtr (prét **outgrew**; pp **outgrown**) devenir trop grand pour; *he'll outgrow it* ça lui passera.

outlandish /aʊtˈlændɪʃ/ adj bizarre.

outlaw /ˈaʊtlɔː/ **I** n hors-la-loi m inv. **II** vtr [▶practice] déclarer illégal.

outlay /ˈaʊtleɪ/ n dépenses fpl.

outlet /ˈaʊtlet/ n COMM débouché m; *retail/sales outlet* point de vente; FIG exutoire m; ÉLEC prise f de courant.

outline /ˈaʊtlaɪn/ **I** n contour m; (of plan) grandes lignes fpl; (of essay) plan m. **II** vtr dessiner le contour de; [▶plan] exposer brièvement.

outlive /aʊtˈlɪv/ vtr survivre à.

outlook /ˈaʊtlʊk/ n perspectives fpl; (weather) prévisions fpl.

outlying /ˈaʊtlaɪɪŋ/ adj isolé.

outnumber /aʊtˈnʌmbə(r)/ vtr être plus nombreux que.

out-of-date adj [ticket, passport] périmé; [clothing] démodé.

out-of-the-way adj à l'écart.

out-of-tune adj [instrument] désaccordé.

outpost /ˈaʊtpəʊst/ n avant-poste m.

output /ˈaʊtpʊt/ n rendement m; (of factory) production f; (of computer) sortie f.

outrage /ˈaʊtreɪdʒ/ **I** n (anger) indignation f; (act) atrocité f; *it's an outrage* c'est monstrueux. **II** vtr scandaliser.

outrageous /aʊtˈreɪdʒəs/ adj scandaleux/-euse; [person, outfit] incroyable.

outright /ˈaʊtraɪt/ **I** adj absolu, catégorique. **II** adv catégoriquement; [killed] sur le coup.

outset /ˈaʊtset/ n *at the outset* au début; *from the outset* dès le début.

outside /aʊtˈsaɪd, ˈaʊtsaɪd/ **I** n, adj extérieur (m). **II** adv dehors. **III** prep à l'extérieur de, en dehors de.

outsider /aʊtˈsaɪdə(r)/ n étranger/-ère m/f; (unlikely to win) outsider m.

outskirts /ˈaʊtskɜːts/ npl périphérie f.

outsource /aʊtˈsɔːs/ vtr COMM externaliser.

outsourcing /aʊtsɔːsɪŋ/ n COMM externalisation f.

outspoken /aʊtˈspəʊkən/ adj franc, sans détour.

outspokenness /aʊtˈspəʊkənnɪs/ n franc-parler m.

outstanding /aʊtˈstændɪŋ/ adj exceptionnel, remarquable; [issue] en suspens; [work] inachevé; [account] impayé.

outstretched /aʊtˈstretʃt/ adj [hand, arm] tendu; [legs] allongé.

outstrip /aʊtˈstrɪp/ vtr (p prés etc **-pp-**) dépasser.

outward /ˈaʊtwəd/ **I** adj extérieur; [calm] apparent; *outward journey* aller m. **II** adv vers l'extérieur.

outwardly /ˈaʊtwədlɪ/ adv en apparence.

outwards /ˈaʊtwədz/ adv vers l'extérieur.

outweigh /aʊtˈweɪ/ vtr l'emporter sur.

outworkerGB /ˈaʊtwɜːkə(r)/ n travailleur/-euse m/f à domicile.

oval /ˈəʊvl/ adj, n ovale (m).

ovation /əʊˈveɪʃn/ n ovation f.

oven /ˈʌvn/ n four m.

over /ˈəʊvə(r)/ **I** prep (across) par-dessus; *a bridge over the Thames* un pont sur la Tamise; (from or on the other side of) *the house over the road* la maison d'en face; *over the road* de l'autre côté de la rue; *over here/there* par ici/là; (above) au-dessus de; (more than) plus de; (in the course of) *over the weekend* pendant le week-end; *all over the house* partout dans la maison. **II** adj, adv (before verbs) *over you go!* allez hop!; (finished) fini, terminé; (more) *children of six and over* les enfants de plus de six ans; RADIO, TV *over to you* à vous; *to start all over again* recommencer à zéro; (very)GB trop, très.

overact /əʊvərˈækt/ vi en faire trop.

overall /ˈəʊvərɔːl/ **I** GB n blouse f. **II overalls** npl GB combinaison f; US salopette f. **III** /əʊvərˈɔːl/ adj [cost] global; [impression] d'ensemble; [majority] absolu. **IV** adv en tout, dans l'ensemble.

overboard /ˈəʊvəbɔːd/ adv à l'eau; *man overboard!* un homme à la mer!

overbook /əʊvəˈbʊk/ vtr, vi surréserver.

overcast /əʊvəˈkɑːst, -ˈkæstUS/ adj MÉTÉO couvert.

overcharge vtr faire payer trop cher à.

overcoat /ˈəʊvəkəʊt/ n pardessus m.

overcome /əʊvəˈkʌm/ vtr (prét **-came**; pp **-come**) vaincre; [▸nerves] maîtriser; [▸dislike, fear] surmonter.

overcrowded /əʊvəˈkraʊdɪd/ adj [train] bondé; [city] surpeuplé.

overdo /əʊvəˈduː/ vtr (prét **overdid**; pp **overdone**) exagérer; [▸meat] faire trop cuire.

overdose /ˈəʊvədəʊs/ **I** n dose f excessive, overdose f. **II** vi faire une overdose.

overdraft /ˈəʊvədrɑːft, -dræftUS/ n découvert m.

overdue /əʊvəˈdjuː, -ˈduːUS/ adj [work] en retard; [bill] impayé.

overeat vi (prét **overate**; pp **overeaten**) manger à l'excès.

overestimate /əʊvərˈestɪmeɪt/ vtr surestimer.

overflow I /ˈəʊvəfləʊ/ n (surplus) surplus m; (of liquid) trop-plein m. **II** /əʊvəˈfləʊ/ vi déborder.

overgrown /əʊvəˈɡrəʊn/ adj envahi par la végétation, qui a trop poussé.

overhaul I /ˈəʊvəhɔːl/ n révision f. **II** /əʊvəˈhɔːl/ vtr réviser.

overhead /ˈəʊvəhed/ **I overheads**GB npl COMM frais mpl généraux. **II** adj [cable] aérien/-ienne.

overhear /əʊvəˈhɪə(r)/ vtr (prét, pp **-heard**) entendre par hasard.

overheat vi (trop) chauffer.

overinvest /əʊvərɪnˈvest/ vi surinvestir (**in** dans).

overland adv par route.

overlap /əʊvəˈlæp/ vi (p prés etc **-pp-**) se chevaucher.

overlay /əʊvəˈleɪ/ vtr (prét, pp **-laid**) recouvrir.

overleaf /əʊvəˈliːf/ adv au verso.

overload /əʊvəˈləʊd/ vtr surcharger.

overlook /əʊvəˈlʊk/ vtr [building] donner sur; [▸detail] ne pas voir; [▸need] ne pas tenir compte de.

overly /ˈəʊvəlɪ/ adv trop, excessivement.

overnight /ˈəʊvənaɪt/ **I** adj [journey, train] de nuit; [stay] d'une nuit; [guest] pour la nuit. **II** /əʊvəˈnaɪt/ adv dans la nuit; *to stay overnight* passer la nuit; FIG du jour au lendemain. **III** vi (spend the night) *to overnight in New York* passer la nuit à New York; (travel) voyager de nuit.

overnight bag n petit sac m de voyage.

overpopulated /əʊvəˈpɒpjʊleɪtɪd/ adj surpeuplé.

overpower /əʊvəˈpaʊə(r)/ vtr [▸thief] maîtriser; [▸army] vaincre; FIG accabler.

overpriced /əʊvəˈpraɪst/ adj trop cher; FIN, ÉCON, [▸market] gonflé.

overrate /əʊvəˈreɪt/ vtr surestimer.

override /əʊvəˈraɪd/ vtr (prét **-rode**; pp **-ridden**) passer outre à.

overriding /əʊvəˈraɪdɪŋ/ adj primordial.

overrule /əʊvəˈruːl/ vtr [objection] repoussé; [decision] annulé.

overrun /əʊvəˈrʌn/ vtr (p prés **-nn-**; prét **overran**; pp **overrun**) envahir; (exceed) dépasser.

overseas /əʊvəˈsiːz/ **I** adj [travel] à l'étranger; [market] extérieur. **II** adv à l'étranger.

oversee /əʊvəˈsiː/ vtr (prét **-saw**; pp **-seen**) superviser.

overshadow /əʊvəˈʃædəʊ/ vtr éclipser.

oversight /əʊvəsaɪt/ n erreur f; *due to an oversight* par inadvertance.

oversize(d) /əʊvəsaɪzd/ adj énorme.

overspill /əʊvəspɪl/ **I** n excédent m de population. **II** in compounds *an overspill (housing) development* une cité de relogement; *overspill population* population excédentaire.

overstate /əʊvəˈsteɪt/ vtr exagérer.

overstatement /əʊvəˈsteɪtmənt/ n exagération f.

over-the-top©, **OTT**© adj épith outrancier/-ière; *après v* (with anger) *to go over the top* sortir de ses gonds (**about** à propos de).

overt /əʊvɜːt, əʊˈvɜːrtUS/ adj avoué, déclaré.

overtakeGB /əʊvəˈteɪk/ vtr (prét **-took**; pp **-taken**) vtr, vi [vehicle, person] dépasser; *no overtaking* dépassement interdit.

overthrow /əʊvəˈθrəʊ/ vtr (prét **-threw**; pp **-thrown**) renverser.

overtime /əʊvətaɪm/ **I** n heures fpl supplémentaires. **II** adv *to work overtime* faire des heures supplémentaires.

overtone /əʊvətəʊn/ n sous-entendu m.

overture /əʊvətjʊə(r)/ n ouverture f.

overturn /əʊvəˈtɜːn/ vi [car, chair] se renverser; [boat] chavirer.

overview /əʊvəvjuː/ n vue f d'ensemble.

overweight /əʊvəˈweɪt/ adj [person] trop gros/grosse; [suitcase] trop lourd.

overwhelm /əʊvəˈwelm, -hwelmUS/ vtr [wave, avalanche] submerger; [enemy] écraser; [shame] accabler; [grandeur] impressionner.

overwhelming /əʊvəˈwelmɪŋ, -hwelm-US/ adj [defeat, victory, majority, etc] écrasant; [desire] irrésistible; [heat, sorrow] accablant.

overwork /əʊvəwɜːk/ **I** n surmenage m. **II** vi se surmener.

overwrite /əʊvəˈraɪt/ vtr (prét **-wrote**) (pp **-written**) ORDINAT [▸data, memory] remplacer.

ow /aʊ/ excl aïe!

owe /əʊ/ vtr devoir.

owing /əʊɪŋ/ **I** adj à payer, dû. **II** owing **to** prep phr en raison de.

owl /aʊl/ n hibou m.

own /əʊn/ **I** adj propre; *his own car* sa propre voiture. **II** pron *my own* le mien, la mienne. **III** vtr avoir; (admit) reconnaître, avouer.
● **on one's own** tout seul.
■ **own up** avouer.

own brand, **own label** n **I** marque f de distributeur. **II** in compounds [▸product] *vendu sous la marque du distributeur.*

owner /əʊnə(r)/ n propriétaire mf.

owner-occupier n propriétaire mf occupant/-e.

ownership /əʊnəʃɪp/ n propriété f.

ox /ɒks/ n (pl **-en**) bœuf m.

Oxbridge /ɒksbrɪdʒ/ n universités d'Oxford et de Cambridge.

oxidize /ɒksɪdaɪz/ vi s'oxyder.

oxygen /ɒksɪdʒən/ n oxygène m.

oyster /ɔɪstə(r)/ n huître f.

oyster farm n parc m à huîtres.

oyster farmer n ostréiculteur/-trice m/f.

oz (abrév écrite = **ounce(s)**).

ozone /əʊzəʊn/ n ozone m.

ozone depletion n appauvrissement m en ozone.

ozone-friendly adj qui protège la couche d'ozone.

ozone layer n couche f d'ozone.

p

pGB (*abrév* = **penny, pence**) /piː/ *n* penny *m*, pence *mpl*.

pace /peɪs/ **I** *n* pas *m*; *at a fast/slow pace* vite/lentement. **II** *vtr* arpenter. **III** *vi to pace up and down* faire les cent pas.

pacifist /ˈpæsɪfɪst/ *n, adj* pacifiste (*mf*).

pacify /ˈpæsɪfaɪ/ *vtr* apaiser.

pack /pæk/ **I** *n* paquet *m*; (group) bande *f*; (of cards) jeu *m* de cartes; (backpack) sac *m* à dos. **II** **-pack** *combining form a four-pack* un lot de quatre. **III** *vtr* emballer; *to pack one's suitcase* faire sa valise; [▸earth] tasser. **IV** *vi* faire ses valises; [crowd] *to pack into* s'entasser dans.

● **to send sb packing** envoyer promener qn.

■ **pack in** [▸job, boyfriend]©GB plaquer©; *pack it in!* arrête!, ça suffit!; **pack off** expédier; **pack up** faire ses valises.

package /ˈpækɪdʒ/ **I** *n* paquet *m*, colis *m*; *package deal* forfait. **II** *vtr* emballer.

packaging /ˈpækɪdʒɪŋ/ *n* emballage *m*, conditionnement *m*.

packed /pækt/ *adj* comble; *packed with* plein de; *I'm packed* j'ai fait mes valises.

packed lunch *n* panier-repas *m*.

packet /ˈpækɪt/ *n* paquet *m*.

packing /ˈpækɪŋ/ *n* emballage *m*; *to do one's packing* faire ses valises.

pact /pækt/ *n* pacte *m*.

pad /pæd/ **I** *n* bloc *m*; (of cotton, etc) tampon *m*; (to give shape) rembourrage *m*; SPORT protection *f*; (for leg) jambière *f*. **II** *vtr* (*p prés etc* **-dd-**) rembourrer.

padded envelope *n* enveloppe *f* matelassée.

paddle /ˈpædl/ **I** *n* pagaie *f*; *to go for a paddle* faire trempette *f*; SPORTUS raquette *f*. **II** *vtr to paddle a canoe* pagayer.

paddock /ˈpædək/ *n* paddock *m*.

paddyfield *n* rizière *f*.

padlock /ˈpædlɒk/ *n* cadenas *m*, antivol *m*.

pagan /ˈpeɪgən/ *n* païen/païenne *m/f*.

page /peɪdʒ/ **I** *n* page *f*; (attendant) groom *m*; US coursier *m*. **II** *vtr* rechercher; (faire) appeler.

pageant /ˈpædʒənt/ *n* fête *f* à thème historique.

page break *n* ORDINAT saut *m* de page.

pager /ˈpeɪdʒə(r)/ *n* TÉLÉCOM récepteur *m* d'appel.

paid /peɪd/ **I** *prét, pp* ▸ **pay**. **II** *adj* payé, rémunéré.

paid-up memberGB *n* adhérent/-e *m/f*.

pain /peɪn/ **I** *n* douleur *f*; *to be in pain* souffrir; (annoying person, thing) casse-pieds©. **II pains** *npl* efforts *mpl*. **III** *vtr* attrister.

painful /ˈpeɪnfl/ *adj* douloureux/-euse; [task] pénible.

painkiller *n* analgésique *m*.

painless /ˈpeɪnlɪs/ *adj* indolore; (troublefree) sans peine.

painstaking /ˈpeɪnzteɪkɪŋ/ *adj* minutieux/-ieuse.

paint /peɪnt/ **I** *n* peinture *f*. **II paints** *npl* couleurs *fpl*. **III** *vtr, vi* peindre; [▸nails] se vernir.

paintbrush /ˈpeɪntbrʌʃ/ *n* pinceau *m*.

painter /ˈpeɪntə(r)/ *n* peintre *m*.

painting /ˈpeɪntɪŋ/ *n* peinture *f*; (work of art) tableau *m*.

pair /peə(r)/ **I** *n* paire *f*; (two people) couple *m*; *a pair of jeans* un jean. **II** *vtr* associer.

■ **pair off** se mettre par deux.

Pakistan /pɑːkɪˈstɑːn/ *pr n* Pakistan *m*.

Pakistani /pɑːkɪˈstɑːnɪ/ **I** *n* Pakistanais/-e *m/f*. **II** *adj* pakistanais.

pal© /pæl/ *n* copain©/copine© *m/f*.

palace /ˈpælɪs/ *n* palais *m*.

palatable /ˈpælətəbl/ *adj* savoureux.

palate /ˈpælət/ *n* ANAT palais *m*.

pale /peɪl/ **I** *adj* pâle; *to turn/go pale* pâlir. **II** *vi* pâlir.

Palestine /ˈpæləstaɪn/ *pr n* Palestine *f*.

Palestinian /pælɪˈstɪnɪən/ **I** *n* Palestinien/-ienne *m/f*. **II** *adj* palestinien/-ienne.

palette /ˈpælɪt/ *n* palette *f*.

pall /pɔːl/ *vi it never palls* on ne s'en lasse jamais.

palm /pɑːm/ n (of hand) paume f; (tree) palmier m; (leaf) palme f.
■ **palm off**© faire passer.

Palm Sunday n dimanche m des Rameaux.

palmtop computer n ordinateur m de poche.

palpable /ˈpælpəbl/ adj palpable; [error] manifeste.

paltry /ˈpɔːltrɪ/ adj dérisoire, piètre.

pamper /ˈpæmpə(r)/ vtr [▸person, pet] choyer.

pamphlet /ˈpæmflɪt/ n brochure f.

pan /pæn/ I n casserole f. II vtr (p prés etc **-nn-**) (criticize)© éreinter.

Panama /ˈpænəmɑː/ pr n Panama m.

pancake /ˈpænkeɪk/ n CULIN crêpe f.

pander /ˈpændə(r)/ vi **to pander to** [▸person] céder aux exigences de; [▸whim] flatter.

pane /peɪn/ n vitre f, carreau m.

panel /ˈpænl/ I n (of experts) commission f; **to be on a panel** être membre d'un comité; (jury) jury m; (section of wall) panneau m; (of instruments) tableau m. II **panelled, paneled**^{US} pp adj [wall, ceiling] lambrissé.

panel discussion n RADIO, TV débat m.

panelling, paneling^{US} /ˈpænəlɪŋ/ n lambris m.

pang /pæŋ/ n serrement m de cœur; **pangs (of guilt)** remords mpl; (physical) crampes fpl d'estomac.

panic /ˈpænɪk/ I n affolement m. II vtr (p prés etc **-ck-**) [▸person, animal] affoler; [▸crowd] semer la panique dans. III vi s'affoler; **don't panic!** pas de panique!

panic-stricken adj pris de panique.

pansy /ˈpænzɪ/ n (fleur) pensée f.

pant /pænt/ vi haleter.

panther /ˈpænθə(r)/ n panthère f.

pantomime /ˈpæntəmaɪm/ n ^{GB} spectacle m pour enfants (à Noël); ₵ mime m.

pants /pænts/ npl ^{US} pantalon m; ^{GB} slip m.

papal /ˈpeɪpl/ adj papal, pontifical.

paper /ˈpeɪpə(r)/ I n papier m; **down on paper** par écrit; (newspaper) journal m; (article) article m; (lecture) communication f; (report) exposé m. II vtr tapisser.

paperback /ˈpeɪpəbæk/ n livre m de poche.

paper shop n marchand m de journaux.

paperwork n documents mpl.

Papua New Guinea /ˌpɑːpʊənjuːˈgɪniː, -nuː-^{US}/ pr n Papouasie-Nouvelle-Guinée f.

par /pɑː(r)/ n **on a par with** comparable à; **below/under par** en dessous de la moyenne.

parable /ˈpærəbl/ n parabole f.

parachute /ˈpærəʃuːt/ I n parachute m. II vtr parachuter.

parade /pəˈreɪd/ I n parade f; MIL défilé m. II vtr faire étalage de. III vi **to parade (up and down)** défiler.

paradise /ˈpærədaɪs/ n paradis m.

paradox /ˈpærədɒks/ n paradoxe m.

paradoxical /ˌpærəˈdɒksɪkl/ adj paradoxal.

paragliding /ˈpærəglaɪdɪŋ/ n parapente m.

paragon /ˈpærəgən, -gɒn^{US}/ n modèle m.

paragraph /ˈpærəgrɑːf, -græf^{US}/ n paragraphe m; **new paragraph** à la ligne.

Paraguay /ˈpærəgwaɪ/ pr n Paraguay m.

parallel /ˈpærəlel/ I n parallèle m; **on a parallel with sth** comparable à qch. II adj parallèle; (similar) analogue. III adv **parallel to/with** parallèlement à.

paralyse^{GB}, **paralyze**^{US} /ˈpærəlaɪz/ vtr paralyser.

paralysis /pəˈræləsɪs/ n paralysie f.

paramedic /ˌpærəˈmedɪk/ n auxiliaire mf médical/-e.

parameter /pəˈræmɪtə(r)/ n paramètre m.

paramount /ˈpærəmaʊnt/ adj suprême.

paraphernalia /ˌpærəfəˈneɪlɪə/ n (sg) attirail m.

parasite /ˈpærəsaɪt/ n parasite m.

paratrooper /ˈpærətruːpə(r)/ n parachutiste m.

parcel /ˈpɑːsl/ n paquet m.
■ **parcel out** répartir.

parcel bomb n colis m piégé.

pardon /ˈpɑːdn/ I n pardon m; JUR grâce f. II excl pardon?; (sorry!) pardon! III vtr pardonner; JUR grâcier; **if you'll pardon my French** passez-moi l'expression.

pare /peə(r)/ vtr [▸apple] peler.

parent /ˈpeərənt/ n parent m.

parent company n maison f mère.

parentage /ˈpeərəntɪdʒ/ n ascendance f.

parental /pəˈrentl/ *adj* parental.

parish /ˈpærɪʃ/ *n* RELIG paroisse *f*; (administrative)GB commune *f*.

parity /ˈpærətɪ/ *n* parité *f*.

park /pɑːk/ **I** *n* jardin *m* public, parc *m*. **II** *vtr* [▸car] garer. **III** *vi* [driver] se garer.

parking /ˈpɑːkɪŋ/ *n* stationnement *m*.

parking lotUS *n* parc *m* de stationnement, parking *m*.

parking meter *n* parcmètre *m*.

parking ticket *n* (from machine) ticket *m* de stationnement; (fine) contravention *f*, PV© *m*.

parliament /ˈpɑːləmənt/ **I** *n* parlement *m*. **II Parliament**GB *pr n* Parlement *m*.

parliamentary /ˌpɑːləˈmentrɪ, -terɪUS/ *adj* parlementaire.

parliamentary government *n* régime *m* parlementaire.

parody /ˈpærədɪ/ **I** *n* parodie *f*. **II** *vtr* parodier.

parole /pəˈrəʊl/ *n* JUR liberté *f* conditionnelle.

parrot /ˈpærət/ *n* perroquet *m*.

parsley /ˈpɑːslɪ/ *n* persil *m*.

parsnip /ˈpɑːsnɪp/ *n* panais *m*.

parson /ˈpɑːsn/ *n* pasteur *m*.

part /pɑːt/ **I** *n* partie *f*; **to be (a) part of** faire partie de; **to take part** participer; **for the most part** dans l'ensemble; **on the part of** de la part de; (of country) région *f*; TECH pièce *f*; TV épisode *m*; (share, role) rôle *m*; MUS partition *f*. **II** *adv* en partie. **III** *vtr* séparer; [▸lips] entrouvrir; [▸crowd] fendre. **IV** *vi* se séparer; **to part from sb** quitter qn. ■ **part with** se défaire de.

partial /ˈpɑːʃl/ *adj* partiel/-ielle; (biased) partial; **to be partial to** avoir un faible pour.

partially /ˈpɑːʃəlɪ/ *adv* partiellement.

partially sighted **I** *n* **the partially sighted** les malvoyants *mpl*. **II** *adj* malvoyant.

participant /pɑːˈtɪsɪpənt/ *n* participant/-e *m/f*.

participate /pɑːˈtɪsɪpeɪt/ *vi* participer.

participle /ˈpɑːtɪsɪpl/ *n* participe *m*.

particle /ˈpɑːtɪkl/ *n* particule *f*.

particular /pəˈtɪkjʊlə(r)/ **I** *n* détail *m*; **in particular** en particulier. **II particulars** *npl* détails *mpl*; (from person) coordonnées© *fpl*. **III** *adj* particulier/-ière; (fussy) méticuleux/-euse.

particularly /pəˈtɪkjʊləlɪ/ *adv* particulièrement, spécialement.

parting /ˈpɑːtɪŋ/ **I** *n* séparation *f*; (in hair)GB raie *f*. **II** *adj* [gift, words] d'adieu.

partisan /ˌpɑːtɪˈzæn, ˌpɑːtɪˈzæn, ˈpɑːrtɪznUS/ *n* partisan *m*.

partition /pɑːˈtɪʃn/ **I** *n* cloison *f*; POL partition *f*. **II** *vtr* POL diviser.

partly /ˈpɑːtlɪ/ *adv* en partie.

partner /ˈpɑːtnə(r)/ *n* associé/-e *m/f*; POL, SPORT partenaire *m*; (dancer) cavalier/-ière *m/f*.

partnership /ˈpɑːtnəʃɪp/ *n* association *f*.

part owner *n* copropriétaire *mf*.

partridge /ˈpɑːtrɪdʒ/ *n* perdrix *f*.

part-time /pɑːtˈtaɪm/ **I** *n* temps *m* partiel. **II** *adj*, *adv* à temps partiel.

party /ˈpɑːtɪ/ *n* fête *f*, réception *f*; (in evening) soirée *f*; (group) groupe *m*; POL parti *m*; JUR partie *f*.

party politics *n* politique *f* politicienne.

party wall *n* mur *m* mitoyen.

pass /pɑːs, pæsUS/ **I** *n* laissez-passer *m inv*; (for journalists) coupe-file *m*; (for transport) carte *f* d'abonnement; GÉOG col *m*. **II** *vtr* passer; [▸expectation, vehicle] passer devant, dépasser; [▸exam] réussir; [▸bill, motion] adopter. **III** *vi* passer; (in exam) réussir. ■ **pass along** faire passer; **pass around**, **pass round**GB faire passer; **pass away** décéder; **pass on** transmettre; **pass out** perdre connaissance; **pass over** ne pas tenir compte de; **pass through** traverser; **pass up**© laisser passer.

passage /ˈpæsɪdʒ/ *n* passage *m*; (indoors) corridor *m*; ANAT conduit *m*; (by sea) traversée *f*.

passenger /ˈpæsɪndʒə(r)/ *n* passager/-ère *m/f*; (in train, bus, etc) voyageur/-euse *m/f*.

passerby /ˌpɑːsəˈbaɪ/ (*pl* **passersby**) *n* passant/-e *m/f*.

passion /ˈpæʃn/ *n* passion *f*.

passionate /ˈpæʃənət/ *adj* passionné.

passive /ˈpæsɪv/ **I** *n* LING **the passive** le passif. **II** *adj* passif/-ive.

passkey /ˈpɑːskiː/ *n* passe *m*.

Passover /ˈpɑːsəʊvə(r), ˈpæs-US/ *n* Pâque *f* juive.

passport /ˈpɑːspɔːt, ˈpæs-US/ *n* passeport *m*.

password *n* mot *m* de passe.

past /pɑːst, pæst^{US}/ I n passé m. II adj (preceding) dernier/-ière; (former) ancien/-ienne; (finished) fini. III prep devant qn/qch; (after) après; *it's past 6* il est 6 heures passées; *past the church* après l'église; (beyond a certain level) au-delà de. IV adv devant.

pasta /ˈpæstə/ n ¢ pâtes fpl (alimentaires).

paste /peɪst/ I n colle f; (mixture) pâte f; CULIN pâté m. II vtr coller.

pastel /ˈpæstl, pæˈstel^{US}/ n pastel m.

paste-up artist n IMPRIM maquettiste mf.

pastime /ˈpɑːstaɪm, ˈpæs-^{US}/ n passe-temps m inv.

pastor /ˈpɑːstə(r), ˈpæs-^{US}/ n pasteur m.

pastoral /ˈpɑːstərəl, ˈpæs-^{US}/ adj pastoral; SCOL [role, work]^{GB} de conseiller/-ère.

past perfect n LING plus-que-parfait m.

pastry /ˈpeɪstrɪ/ n (mixture) pâte f; (cake) pâtisserie f.

pastry cook n pâtissier/-ière m/f.

past tense n LING passé m.

pasture /ˈpɑːstʃə(r), ˈpæs-^{US}/ n pré m, pâturage m.

pat /pæt/ I n petite tape f. II vtr (p prés etc **-tt-**) [▸hand] tapoter; [▸dog] caresser.

patch /pætʃ/ I n (in clothes) pièce f; (on eye) bandeau m; (small area) plaque f; (of colour, damp, etc) tache f; (of blue sky) coin m; (for planting) carré m; ORDINAT correction f provisoire. II vtr [▸trousers] rapiécer; [▸tyre] réparer; ORDINAT [▸software] corriger.
■ **patch up** [▸quarrel] résoudre.

patchwork n patchwork m.

patchy /ˈpætʃɪ/ adj inégal.

patent /ˈpætnt, ˈpeɪtnt, ˈpætnt^{US}/ I n brevet m. II adj manifeste. III vtr faire breveter.

paternal /pəˈtɜːnl/ adj paternel/-elle.

path /pɑːθ, pæθ^{US}/ n chemin m, sentier m; (in garden) allée f; (course) trajectoire f; (of planet, river, sun) cours m; *the path to sth* la voie de qch.

pathetic /pəˈθetɪk/ adj pitoyable; PÉJ© lamentable.

pathological /ˌpæθəˈlɒdʒɪkl/ adj pathologique.

pathologist /pəˈθɒlədʒɪst/ n (doing post-mortems) médecin m légiste; (specialist in pathology) pathologiste mf.

patience /ˈpeɪʃns/ n patience f.

patient /ˈpeɪʃnt/ n, adj patient/-e (m/f).

patriarch /ˈpeɪtrɪɑːk, ˈpæt-^{US}/ n patriarche m.

patriot /ˈpætrɪət, ˈpeɪt-^{US}/ n patriote mf.

patriotic /ˌpætrɪˈɒtɪk, ˌpeɪt-^{US}/ adj [song] patriotique; [person] patriote.

patrol /pəˈtrəʊl/ I n patrouille f. II in compounds [car] de police. III vtr, vi (p prés etc **-ll-**) patrouiller.

patron /ˈpeɪtrən/ n protecteur/-trice m/f; (of institution) donateur/-trice m/f; (client) client/-e m/f.

patronage /ˈpætrənɪdʒ/ n patronage m; *thank you for your patronage* merci de nous être fidèles; *patronage of the arts* mécénat m.

patronize /ˈpætrənaɪz/ vtr PÉJ traiter [qn] avec condescendance; [▸restaurant] fréquenter; [▸shop] se fournir chez; [▸the arts] protéger.

patter /ˈpætə(r)/ I n (of rain) crépitement m; (of salesman)© baratin© m. II vi crépiter.

pattern /ˈpætn/ n dessin m, motif m; (model) modèle m; (in dressmaking) patron m.

pause /pɔːz/ I n pause f. II vi marquer une pause; (hesitate) hésiter.

pave /peɪv/ vtr paver.

pavement /ˈpeɪvmənt/ n ^{GB} trottoir m; ^{US} chaussée f.

pavement café^{GB} n ≈ café m (avec terrasse).

pavilion /pəˈvɪlɪən/ n pavillon m.

paw /pɔː/ I n patte f. II vtr [animal] donner des coups de patte à.

pawn /pɔːn/ I n JEUX, FIG pion m. II vtr mettre [qch] au mont-de-piété.

pay /peɪ/ I n salaire m; (to soldier) solde f; ADMIN traitement m. II in compounds [agreement] salarial; [rise] de salaire; [policy] des salaires. III vtr (prét, pp **paid**) payer; [▸interest] rapporter; *to pay attention/heed to* faire/prêter attention à; *to pay sb a visit* rendre visite à qn. IV vi payer; [business] rapporter; *to pay for itself* s'amortir.
■ **pay back** rembourser; *I'll pay him back for that* je lui revaudrai ça; **pay off** [hard work] être payant; [▸sum] rembourser; **pay out** débourser.

payable /ˈpeɪəbl/ adj à payer, payable; [cheque] à l'ordre de.

pay-as-you-earn^{GB}, **PAYE**^{GB} n prélèvement de l'impôt à la source.

payback /ˈpeɪbæk/ I n (of debt) remboursement m; (revenge) vengeance f. II in compounds [▸period] de remboursement.

payer /ˈpeɪə(r)/ n payeur/-euse m/f.

paying guest n hôte m payant.

payment /ˈpeɪmənt/ n paiement m, règlement m, (into account) versement m.

payoff n récompense f.

pay-packet /ˈpeɪpækɪt/ n enveloppe f de paie; FIG paie f.

pay phone n téléphone m public.

payroll /ˈpeɪrəʊl/ n **a payroll of 500 workers** un effectif de 500 ouvriers.

pay television n télévision f à accès payant.

PC /ˈpiˈsi/ n (abrév = **personal computer**) ordinateur m (personnel); (abrév = **politically correct**) politiquement correct; (abrév = **police constable**GB) agent m de police.

PE n (abrév = **physical education**) éducation f physique.

pea /piː/ n pois m; petit pois m.

peace /piːs/ n paix f.

peace campaigner n militant/-e m/f pacifiste.

Peace CorpsUS n ADMIN organisation composée de volontaires pour l'aide aux pays en voie de développement.

peaceful /ˈpiːsfl/ adj paisible; (without conflict) pacifique.

peacefully /ˈpiːsfəlɪ/ adv paisiblement; (without conflict) pacifiquement.

peacekeeping /ˈpiːskiːpɪŋ/ n maintien m de la paix.

peace process n POL processus m de paix.

peacetime /ˈpiːstaɪm/ n temps m de paix.

peach /piːtʃ/ n pêche f; (tree) pêcher m.

peacock /ˈpiːkɒk/ n paon m.

peak /piːk/ I n (of mountain) pic m; (of cap) visière f; (of price) maximum m; (on a graph) sommet m; (of form) meilleur m. II in compounds [price, risk] maximum; **peak time** heures de grande écoute; (for traffic) heures de pointe.

peak season n haute saison f.

peak time I n (on TV) heures fpl de grande écoute; (for switchboard, traffic) heures de

pointe. II in compounds [▸viewing, programme] de grande écoute; [▸series] diffusé aux heures de grande écoute.

peanut /ˈpiːnʌt/ I n cacahuète f; (plant) arachide f. II **peanuts**© npl clopinettes© fpl.

pear /peə(r)/ n poire f; (tree) poirier m.

pearl /pɜːl/ n perle f.

peasant /ˈpeznt/ n, adj paysan/-anne (m/f).

peat /piːt/ n tourbe f.

pebble /ˈpebl/ n caillou m; (on beach) galet m.

pecan /ˈpiːkən, prˈkæn, prˈkɑːn US/ n noix f de pécan; (tree) pacanier m.

peck /pek/ vtr picorer; donner un coup de bec à.

pecking order n LIT, FIG ordre m hiérarchique.

peculiar /prˈkjuːlɪə(r)/ adj bizarre; **to be peculiar to** être particulier/-ière à, propre à.

pedal /ˈpedl/ I n pédale f. II vtr, vi (p prés etc **-ll-**GB, **-l-**US) pédaler.

peddle /ˈpedl/ vtr [▸ideology, propaganda] colporter; [▸drugs] faire le trafic de.

pedestal /ˈpedɪstl/ n socle m, piédestal m.

pedestrian /prˈdestrɪən/ I n piéton m. II in compounds [street] piétonnier/-ière, piéton/onne.

pedestrian crossing n passage m (pour) piétons, passage m clouté.

pedigree /ˈpedɪɡriː/ I n pedigree m; (of person) ascendance f. II in compounds [animal] de pure race.

pee© /piː/ n pipi© m.

peek /piːk/ vi jeter un coup d'œil furtif.

peekaboo /piːkəˈbuː/ excl coucou!

peel /piːl/ I n épluchures fpl. II vtr [▸carrot] éplucher; [▸prawn] décortiquer. III vi peler; [paint] s'écailler.

peep /piːp/ vi **to peep at sth/sb** jeter un coup d'œil à qch/qn; [bird] pépier.

peer /pɪə(r)/ I n POL pair m; (person of equal merit) égal/-e m/f. II vi **to peer at** regarder (fixement).

peerage /ˈpɪərɪdʒ/ n POL **the peerage** la pairie.

peg /peɡ/ n (to hang garment) patère f; GB pince f à linge; (on instrument) cheville f; (for tent) piquet m.

pejorative /prˈdʒɒrətɪv, -ˈdʒɔːr- US/ adj péjoratif/-ive.

pellet /'pelɪt/ n (of paper, etc) boulette f; (of shot) plomb m.

pelt /pelt/ **I** n peau f, fourrure f. **II at full pelt** adv phr à toute vitesse. **III** vtr bombarder (de). **IV** vi tomber à verse.

pen /pen/ **I** n stylo m; (for animals) parc m, enclos m. **II** vtr (p prés etc **-nn-**) écrire; [▸ animals] enfermer, parquer.

penal /'pi:nl/ adj [code, system] pénal; [colony] pénitentiaire.

penalize /'pi:nəlaɪz/ vtr pénaliser.

penalty /'penltɪ/ n JUR, GÉN peine f, pénalité f; (fine) amende f; SPORT penalty m; (in rugby) pénalité f.

penalty area n SPORT surface f de réparation.

penceGB /pens/ npl ▶ **penny**.

pencil /'pensl/ n crayon m.

pencil case n trousse f (à crayons).

pencil sharpener n taille-crayons m inv.

pending /'pendɪŋ/ **I** adj JUR [case] en instance; [matter] en souffrance. **II** prep en attendant.

pendulum /'pendjʊləm, -dʒʊləmUS/ n pendule m, balancier m.

penetrate /'penɪtreɪt/ vtr pénétrer; [▸ mystery] percer.

penetrating /'penɪtreɪtɪŋ/ adj pénétrant; [voice] perçant.

pen friend n correspondant/-e m/f.

penguin /'peŋgwɪn/ n manchot m; CONTROV pingouin m.

peninsula /pə'nɪnsjʊlə, -nsələUS/ n péninsule f.

pennant /'penənt/ n fanion m; SPORTUS championnat m.

penniless /'penɪlɪs/ adj sans le sou, sans ressources.

penny /'penɪ/ n (pl **pennies**) ≈ centime m; **not a penny** pas un sou; (pl **pence** /**pennies**) (currency)GB penny m; (pl **pennies**)US cent m.

pen pal© n correspondant/-e m/f.

pen pusher© n PÉJ gratte-papier© m inv.

pension /'penʃn/ n pension f; (from retirement) retraite f.

pensioner /'penʃənə(r)/ n retraité/-e m/f.

pentagon /'pentəgən, -gɒnUS/ n pentagone m; POLUS **the Pentagon** le Pentagone m.

penthouse /'penthaʊs/ n appartement de grand standing au dernier étage d'un immeuble.

pent-up /pent'ʌp/ adj réprimé, contenu.

penultimate /pen'ʌltɪmət/ adj avant-dernier/-ière.

penury /'penjʊrɪ/ n indigence f.

peony /'pi:ənɪ/ n pivoine f.

people /'pi:pl/ **I** n (nation) peuple m; **the American people** le peuple américain, les Américains. **II** npl gens mpl; (specified or counted) personnes fpl; **old people** les personnes âgées; **nice people** des gens sympathiques; **people in general** le grand public; **my people**© ma famille.

People's Republic of China pr n République f populaire de Chine.

pep /pep/ n entrain m, dynamisme m.
■ **pep up** tonifier, donner du tonus à.

pepper /'pepə(r)/ n poivre m; (plant) poivron m.

peppermint /'pepəmɪnt/ n (sweet) pastille f de menthe; (plant) menthe f poivrée.

pep talk© n laïus© m d'encouragement.

per /pɜ:(r)/ prep (for each) par; **80 km per hour** 80 km à l'heure.

per capita adj, adv par habitant.

perceive /pə'si:v/ vtr percevoir.

per cent /pə'sent/ n, adv pour cent (m).

percentage /pə'sentɪdʒ/ n pourcentage m.

perception /pə'sepʃn/ n perception f; (insight) perspicacité f.

perceptive /pə'septɪv/ adj perspicace; [study] pertinent.

perch /pɜ:tʃ/ **I** n perchoir m; (fish) perche f. **II** vtr percher. **III** vi se percher.

percussion /pə'kʌʃn/ n MUS percussions fpl.

perennial /pə'renɪəl/ **I** n plante f vivace. **II** adj (recurring) perpétuel/-elle; [plant] vivace.

perfect I /'pɜ:fɪkt/ adj parfait; LING **the perfect tense** le parfait. **II** /pə'fekt/ vtr perfectionner.

perfection /pə'fekʃn/ n perfection f.

perfectly /'pɜ:fɪktlɪ/ adv parfaitement.

perform /pə'fɔ:m/ **I** vtr [▸ task] exécuter, faire; [▸ duties] accomplir; [▸ operation] procéder à; [▸ play] jouer; [▸ song] chanter. **II** vi jouer.

performance /pə'fɔ:məns/ n (concert, etc) représentation f; (of actor) interprétation f;

(of sportsman, car) performances *fpl*; (of task) exécution *f*; **what a performance!** quelle histoire!

performer /pəˈfɔːmə(r)/ *n* artiste *mf*.

performing arts *npl* arts *mpl* scéniques.

perfume /ˈpɜːfjuːm, pərˈfjuːm^US/ **I** *n* parfum *m*. **II** *vtr* parfumer.

perhaps /pəˈhæps/ *adv* peut-être.

peril /ˈperəl/ *n* péril *m*, danger *m*.

perilous /ˈperələs/ *adj* périlleux/-euse.

perimeter /pəˈrɪmɪtə(r)/ *n* périmètre *m*.

period /ˈpɪərɪəd/ *n* période *f*, époque *f*; (full stop)^US point *m*; (menstruation) *period(s)* règles *fpl*; SCOL cours *m*, leçon *f*.

periodic /pɪərɪˈɒdɪk/ *adj* périodique.

periodical /pɪərɪˈɒdɪkl/ *n*, *adj* périodique (*m*).

peripheral /pəˈrɪfərəl/ *adj* périphérique; *peripheral to* secondaire par rapport à.

periphery /pəˈrɪfərɪ/ *n* périphérie *f*.

perish /ˈperɪʃ/ *vi* LITTÉR périr; [food] se gâter.

periwinkle /ˈperɪwɪŋkl/ *n* pervenche *f*.

perjury /ˈpɜːdʒərɪ/ *n* faux témoignage *m*.

perk© /pɜːk/ *n* avantage *m* (en nature).
■ **perk up** [person] se ragaillardir; [business, life, plant] reprendre.

perm /pɜːm/ **I** *n* permanente *f*. **II** *vtr* **to perm sb's hair** faire une permanente à qn.

permanent /ˈpɜːmənənt/ *adj* permanent; [contract] à durée indéterminée.

permeate /ˈpɜːmɪeɪt/ *vtr* pénétrer dans.

permissible /pəˈmɪsɪbl/ *adj* permis.

permission /pəˈmɪʃn/ *n* permission *f*.

permit I /ˈpɜːmɪt/ *n* permis *m*, autorisation *f*. **II** /pəˈmɪt/ *vtr* (*p prés etc* **-tt-**) permettre; *weather permitting* si le temps le permet.

pernicious /pəˈnɪʃəs/ *adj* pernicieux/-ieuse.

perpetrate /ˈpɜːpɪtreɪt/ *vtr* perpétrer.

perpetrator /ˈpɜːpɪtreɪtə(r)/ *n* auteur *m* (**of** de).

perpetual /pəˈpetʃʊəl/ *adj* perpétuel/-elle.

perpetuate /pəˈpetʃʊeɪt/ *vtr* perpétuer.

perplexed /pəˈplekst/ *adj* perplexe.

perquisite /ˈpɜːkwɪzɪt/ *n* avantage *m*.

per se /pɜː ˈseɪ/ *adv* en soi.

persecute /ˈpɜːsɪkjuːt/ *vtr* persécuter.

persevere /pɜːsɪˈvɪə(r)/ *vi* persévérer.

persimmon /pɜːˈsɪmən/ *n* (fruit) kaki *m*.

persist /pəˈsɪst/ *vi* persister.

persistence /pəˈsɪstəns/ *n* persistance *f*.

persistent /pəˈsɪstənt/ *adj* persévérant; [rain, denial] persistant; [noise, pressure] continuel/-elle.

persistent offender *n* JUR récidiviste *mf*.

person /ˈpɜːsn/ *n* (*pl* **people, persons** SOUT) personne *f*; *in person* en personne.

persona /pɜːˈsəʊnə/ *n* image *f*.

personal /ˈpɜːsənl/ *adj* personnel/-elle; [safety, freedom, etc] individuel/-elle; [service] personnalisé.

personal ad *n* petite annonce *f* personnelle.

personal computer, **PC** *n* ordinateur *m* (personnel).

personality /pɜːsəˈnælətɪ/ *n* personnalité *f*.

personalize /ˈpɜːsənəlaɪz/ *vtr* personnaliser.

personally /ˈpɜːsənəlɪ/ *adv* personnellement.

personate /ˈpɜːsəneɪt/ *vtr* THÉÂT incarner.

personify /pəˈsɒnɪfaɪ/ *vtr* incarner.

personnel /pɜːsəˈnel/ *n* personnel *m*.

person-to-person I *adj* [▸interview, support] personnel, individuel. **II** *adv* [talk] seul à seul, en tête à tête.

perspective /pəˈspektɪv/ *n* perspective *f*.

perspire /pəˈspaɪə(r)/ *vi* transpirer.

persuade /pəˈsweɪd/ *vtr* **to persuade sb to do** persuader qn de faire.

persuasion /pəˈsweɪʒn/ *n* persuasion *f*; (religious view) confession *f*.

persuasive /pəˈsweɪsɪv/ *adj* persuasif/-ive, convaincant.

pertain /pəˈteɪn/ *vi* se rapporter à.

pertinent /ˈpɜːtɪnənt, -tənənt^US/ *adj* pertinent.

Peru /pəˈruː/ *pr n* Pérou *m*.

pervade /pəˈveɪd/ *vtr* imprégner.

pervasive /pəˈveɪsɪv/ *adj* envahissant.

perverse /pəˈvɜːs/ *adj* pervers, retors; [refusal, attempt] illogique.

perversion /pəˈvɜːʃn, -ʒn^US/ *n* perversion *f*.

pervert I /ˈpɜːvɜːt/ *n* pervers/-e *m/f*. **II** /pəˈvɜːt/ *vtr* corrompre; [▸truth] travestir; [▸values] fausser; **to pervert the course of justice** entraver l'action de la justice.

pessimist /'pesɪmɪst/ n pessimiste mf.

pessimistic /pesɪ'mɪstɪk/ adj pessimiste.

pest /pest/ n animal, insecte m nuisible; (person)© enquiquineur/-euse© m/f.

pest control n (of insects) désinsectisation f; (of rats) dératisation f.

pester /'pestə(r)/ vtr harceler.

pet /pet/ I n animal m de compagnie; *no pets* les animaux domestiques ne sont pas acceptés; (favourite) chouchou/chouchoute© m/f; (sweet person) chou© m. II in compounds *pet hate* bête f noire; *pet name* petit nom m; *pet subject* dada m. III adj favori/-ite. IV vtr (p prés etc **-tt-**) chouchouter©; (caress) caresser.

petal /'petl/ n pétale m.

peter out /ˌpi:tə(r)'aʊt/ vi [meeting] tourner court; [plan] tomber à l'eau; [road] s'arrêter.

pet food n aliments mpl pour chiens et chats.

petite /pə'ti:t/ adj [size] menue, petite et mince.

petition /pə'tɪʃn/ I n pétition f; *a petition for divorce* une demande de divorce. II vi faire une pétition.

petrified /'petrɪfaɪd/ adj pétrifié.

petrochemical /petrəʊ'kemɪkl/ I n produit m pétrochimique. II adj [▸ industry, plant] pétrochimique; [▸ worker, expert] en pétrochimie.

petrol^{GB} /'petrəl/ I n essence f. II in compounds [prices] d'essence; *petrol station* station-service f.

petrol bomb^{GB} I n cocktail m Molotov. II petrol-bomb vtr lancer des cocktails Molotov sur.

petroleum /pə'trəʊlɪəm/ n pétrole m.

petrol tanker^{GB} n (ship) pétrolier m; (lorry) camion-citerne m.

petty /'petɪ/ adj [person] mesquin; [detail] insignifiant.

petunia /pɪ'tju:nɪə, 'tu:-^{US}/ n pétunia m.

pew /pju:/ n banc m (d'église).

pewter /'pju:tə(r)/ n étain m.

PG n (abrév = **Parental Guidance**) CIN tous publics avec accord parental suggéré.

phantom /'fæntəm/ n fantôme m.

pharaoh /'feərəʊ/ n pharaon m.

pharmaceutical /fɑːmə'sju:tɪkl, -'su:-^{US}/ adj pharmaceutique.

pharmaceuticals /fɑːmə'sju:tɪklz, -'su:-^{US}/ npl produits mpl pharmaceutiques.

pharmacist /'fɑːməsɪst/ n pharmacien/-ienne m/f.

pharmacy /'fɑːməsɪ/ n pharmacie f.

phase /feɪz/ I n phase f. II vtr échelonner. ■ **phase in** introduire progressivement; **phase out** supprimer [qch] peu à peu.

PhD n (abrév = **Doctor of Philosophy**) doctorat m.

pheasant /'feznt/ n faisan/-e m/f.

phenomenal /fə'nɒmɪnl/ adj phénoménal.

phenomenon /fə'nɒmɪnən/ n (pl **-na**) phénomène m.

phew /fju:/ excl ouf!

philharmonic /fɪlɑː'mɒnɪk/ adj philharmonique.

philosopher /fɪ'lɒsəfə(r)/ n philosophe mf.

philosophic(al) /fɪlə'sɒfɪk(l)/ adj philosophique.

philosophy /fɪ'lɒsəfɪ/ n philosophie f.

phobia /'fəʊbɪə/ n phobie f.

phone /fəʊn/ I n téléphone m. II vtr passer un coup de fil à©, téléphoner à. III vi téléphoner.

phone book n annuaire m (du téléphone).

phone booth, phone box^{GB} n cabine f téléphonique.

phone call n appel m (téléphonique).

phone card^{GB} n télécarte f.

phone link n liaison f téléphonique.

phone number n numéro m de téléphone.

phone tapping n ¢ écoutes fpl téléphoniques.

phone voucher n TÉLÉCOM carte f téléphonique prépayée.

phoney© /'fəʊnɪ/ PÉJ I n poseur/-euse m/f; (impostor) charlatan m. II adj [address, jewel] faux/fausse (before n); [excuse] bidon© inv; [emotion] simulé.

phooey /'fu:ɪ/ excl peuh!, pfft!

phosphate /'fɒsfeɪt/ n phosphate m.

photo /'fəʊtəʊ/ n photo f.

photocopy /'fəʊtəʊkɒpɪ/ I n photocopie f. II vtr photocopier.

photocopier /ˈfəʊtəʊkɒpɪə(r)/ n photocopieuse f.

photograph /ˈfəʊtəgrɑːf, -græf US/ **I** n photo f. **II** vtr photographier, prendre [qn/qch] en photo.

photographer /fəˈtɒgrəfə(r)/ n photographe mf.

photographic /fəʊtəˈgræfɪk/ adj photographique.

photography /fəˈtɒgrəfɪ/ n photographie f.

phrasal verb n verbe m à particule.

phrase /freɪz/ **I** n expression f. **II** vtr [▸idea] exprimer; [▸question] formuler.

phrasebook n manuel m de conversation.

physical /ˈfɪzɪkl/ **I** n bilan m de santé. **II** adj physique.

physical education, **PE** n éducation f physique.

physical therapist US n MÉD kinésithérapeute mf.

physician /fɪˈzɪʃn/ n médecin m.

physicist /ˈfɪzɪsɪst/ n physicien/-ienne m/f.

physics /ˈfɪzɪks/ n (sg) physique f.

physiology /fɪzɪˈɒlədʒɪ/ n physiologie f.

physiotherapist /fɪzɪəʊˈθerəpɪst/ n kinésithérapeute mf.

physique /fɪˈziːk/ n physique m.

pianist /ˈpɪənɪst/ n pianiste mf.

piano /pɪˈænəʊ/ n piano m.

pianola® /pɪəˈnəʊlə/ n piano m mécanique.

piazza /pɪˈætsə/ n place f.

pick /pɪk/ **I** n (tool) pioche f, pic m; (choice) choix m. **II** vtr choisir; [▸fruit, flowers] cueillir; [▸spot, nose] gratter; **to pick sb's pocket** faire les poches de qn. **III** vi choisir; **to pick and choose** faire le/la difficile.

■ **pick on** harceler; **pick out** choisir; (single out) repérer, sélectionner; **pick over** LIT [▸articles, lentils] trier; FIG [▸film, book] analyser; **pick up** (after fall) relever; [▸telephone] décrocher; [▸passenger, accent] prendre; [▸bargain] dénicher; [▸language] apprendre; [▸illness] attraper; [▸error, trail] trouver; [▸conversation] reprendre; [▸person] recueillir; [▸suspect]© arrêter; [▸girl, man]© ramasser; **pick oneself up** se reprendre.

picket /ˈpɪkɪt/ **I** n piquet m, pieu m; (in strike) gréviste mf. **II** vtr **to picket a factory** faire le piquet de grève devant une usine.

picket line n piquet m de grève.

pickle /ˈpɪkl/ **I** n ¢ conserves fpl au vinaigre; (gherkin) cornichon m. **II** vtr conserver [qch] dans du vinaigre/dans de la saumure.

pickled /ˈpɪkld/ adj CULIN au vinaigre.

pickup /ˈpɪkʌp/ n ramassage m; (in business) reprise f.

pickup point n (for passengers) point m de ramassage; (for goods) point m de chargement.

picnic /ˈpɪknɪk/ n pique-nique m.

picture /ˈpɪktʃə(r)/ **I** n peinture f, tableau m, dessin m; (in book) illustration f; PHOT photo f, photographie f; CIN film m; TV image f. **II pictures** ©GB npl **the pictures** le cinéma. **III** vtr s'imaginer.

picture gallery n galerie f de peinture.

picturesque /pɪktʃəˈresk/ adj pittoresque.

pie /paɪ/ n GB tourte f; **meat pie** pâté à la viande; (sweet) tarte f (recouverte de pâte).

piece /piːs/ n (of coin, chess) pièce f; (part of sth) morceau m, bout m; **to fall to pieces** tomber en morceaux, s'effondrer; (unit) **a piece of furniture** un meuble; **a piece of advice** un conseil; **a piece of luck** un coup de chance; (in draughts) pion m.

piecemeal /ˈpiːsmiːl/ **I** adj fragmentaire. **II** adv petit à petit.

pier /pɪə(r)/ n jetée f; (in church) pilier m.

pierce /pɪəs/ vtr percer; (penetrate) transpercer.

piercing /ˈpɪəsɪŋ/ adj [scream] perçant; [wind] glacial, pénétrant.

pig /pɪg/ n porc m, cochon m; (greedy person)© goinfre© mf.

pigeon /ˈpɪdʒɪn/ n pigeon m.

pigheaded /pɪgˈhedɪd/ adj entêté, obstiné.

pike /paɪk/ n brochet m.

pile /paɪl/ **I** n tas m, pile f; **piles©of** des tas© de; CONSTR pilier m; JEUX talon m. **II** vtr entasser. **III piles** npl (haemorrhoids) hémorroïdes fpl.

■ **pile up** s'entasser, s'empiler.

pile-up n carambolage m.

pilgrim /ˈpɪlgrɪm/ n pèlerin m.

pilgrimage /ˈpɪlgrɪmɪdʒ/ n pèlerinage m.

pill /pɪl/ n comprimé m, cachet m; pilule f.

pillar /ˈpɪlə(r)/ n pilier m.

pillar box GB n boîte f aux lettres.

pillow /ˈpɪləʊ/ n oreiller m.

pillowcase n taie f d'oreiller.

pilot /ˈpaɪlət/ **I** n pilote m; (gas) veilleuse f; (electric) voyant m lumineux. **II** vtr piloter.

pilot scheme n projet-pilote m.

pin /pɪn/ **I** n épingle f; ÉLEC prise f; US barrette f. **II** vtr (p prés etc **-nn-**) épingler; coincer; **to pin sth** fixer qch avec une punaise; **to pin@ sth on sb** mettre qch sur le dos de qn.
■ **pin down** coincer; **pin up** [▸poster] accrocher.

PIN /pɪn/ n (abrév = **personal identification number**) code m confidentiel.

pinball n flipper m.

pinch /pɪntʃ/ **I** n pincement m; (of salt) pincée f. **II** vtr pincer; (steal)@GB faucher@.
• **at a pinch** à la rigueur.

pine /paɪn/ **I** n pin m. **II** vi **to pine for sb** languir après qn.

pineapple /ˈpaɪnæpl/ n ananas m.

pine kernel n pignon m de pin.

ping /pɪŋ/ n [bell] tinter.

ping-pong® /ˈpɪŋpɒŋ/ n ping-pong® m.

pink /pɪŋk/ n, adj rose (m).

pink slipUS n lettre f de licenciement.

pinnacle /ˈpɪnəkl/ n apogée f.

pinpoint /ˈpɪnpɔɪnt/ vtr indiquer; [▸exact moment] déterminer.

pint /paɪnt/ n pinte f (GB = 0.57 l, US = 0.47 l); **to go for a pint**@GB aller boire une bière.

pint glass n ≈ chope f (d'un demi-litre).

pinup /ˈpɪnʌp/ n pin-up@ f inv.

pioneer /paɪəˈnɪə(r)/ n pionnier m.

pious /ˈpaɪəs/ adj pieux/pieuse.

pip /pɪp/ n (seed) pépin m; RADIO top (sonore) m.

pipe /paɪp/ **I** n tuyau m; (underground) conduite f; (smoker's) pipe f; (instrument) chalumeau m. **II pipes** npl cornemuse f. **III** vtr (carry) **to pipe water** alimenter en eau.

pipeline /ˈpaɪplaɪn/ n oléoduc m; **to be in the pipeline** être en cours.

piper /ˈpaɪpə(r)/ n joueur/-euse m/f de cornemuse.

piping /ˈpaɪpɪŋ/ n tuyauterie f.

pirate /ˈpaɪərət/ **I** n pirate m; (copy) contrefaçon f. **II** vtr [▸software] pirater.

Pisces /ˈpaɪsiːz/ n Poissons mpl.

pistachio /pɪˈstɑːʃɪəʊ, -æʃɪəʊUS/ n pistache f.

pistol /ˈpɪstl/ n pistolet m.

piston /ˈpɪstən/ n piston m.

pit /pɪt/ **I** n fosse f; mine f; (of gravel) carrière f; **the pit of the stomach** le creux du ventre; THÉÂT parterre m; **orchestra pit** fosse f d'orchestre; (in olive)US noyau m. **II** vtr (p prés etc **-tt-**) **to pit sb against** opposer qn à; [▸olive]US dénoyauter. **III** v refl **to pit oneself against sb** se mesurer à qn.

pitch /pɪtʃ/ **I** n SPORTGB terrain m; (level of note, voice) hauteur f; MUS ton m; **perfect pitch** oreille f absolue; (highest point) comble m. **II** vtr [▸ball] lancer; [▸price] fixer; [▸public] viser; [▸tent] planter. **III** vi **to pitch forward** être projeté vers l'avant; [ship] tanguer; (in baseball)US lancer (la balle).
■ **pitch in@** s'attaquer à; **pitch over** culbuter.

pitch-black, **pitch-dark** adj tout noir.

pitcher /ˈpɪtʃə(r)/ n cruche f; (in baseball)US lanceur m.

pitfall /ˈpɪtfɔːl/ n écueil m.

pitiful /ˈpɪtɪfl/ adj pitoyable.

pitiless /ˈpɪtɪlɪs/ adj impitoyable.

pity /ˈpɪtɪ/ **I** n pitié f; **what a pity!** quel dommage! **II** vtr plaindre.

pivot /ˈpɪvət/ **I** n pivot m. **II** vi pivoter.

pivotal /ˈpɪvətl/ adj crucial, central.

pizza /ˈpiːtsə/ n pizza f.

pizza parlourGB, **pizza parlor**US n pizzeria f.

placard /ˈplækɑːd/ n affiche f.

placate /pləˈkeɪt, ˈpleɪkeɪtUS/ vtr apaiser.

place /pleɪs/ **I** n endroit m; **place of birth/work** lieu de naissance/travail; **place of residence** domicile; **all over the place** partout; (seat, space) place f; **to finish in first place** terminer premier/-ière; **in my/his place** à ma/sa place; **in the first place** pour commencer. **II out of place** adj phr déplacé. **III in place of** prep phr à la place de. **IV** vtr placer, mettre; [▸order] passer; (rank) classer; (identify) situer, reconnaître.

placement /ˈpleɪsmənt/ n placement m; GB stage m.

placid /ˈplæsɪd/ adj placide.

plague /pleɪɡ/ **I** n peste f; FIG plaie f. **II** vtr harceler.

plaice /pleɪs/ n (pl **plaice**) plie f, carrelet m.

pleasing

plaid /plæd/ n tissu m écossais.

plain /pleɪn/ I n plaine f. II adj (simple) simple; [person] quelconque; (direct) franc/franche; [yoghurt, etc] nature inv; **in plain clothes** en civil.

plain flour n CULIN farine f (sans levure).

plaintiff /ˈpleɪntɪf/ n JUR plaignant/-e m/f.

plait /plæt/ I n natte, tresse f. II vtr tresser.

plan /plæn/ I n plan m, projet m; **according to plan** comme prévu; **no particular plans** rien de prévu. II vtr (p prés etc **-nn-**) organiser, préparer; [▶essay, book] faire le plan de; [▶design] concevoir; [▶crime] préméditer; [▶visit] prévoir, projeter. III vi **to plan on doing** compter faire.
■ **plan ahead** (vaguely) faire des projets; **plan out** [▶strategy, policy] définir, arrêter; [▶expenditure] planifier.

plane /pleɪn/ I n avion m; (in geometry) plan m; (face of cube) face f; (tool) rabot m; (tree) platane m. II adj plan, uni. III vtr raboter.

planet /ˈplænɪt/ n planète f.

plank /plæŋk/ n planche f.

planner /ˈplænə(r)/ n urbaniste mf.

planning /ˈplænɪŋ/ n planification f.

planning permission n permis m de construire.

plant /plɑːnt, plæntUS/ I n plante f; (factory) usine f; (machine) matériel m. II vtr planter; [▶bomb, spy] placer. III v refl **to plant oneself between/in front of** se planter entre/devant.

plantation /plænˈteɪʃn/ n plantation f.

plaque /plɑːk, plækUS/ n plaque f.

plaster /ˈplɑːstə(r), ˈplæs-US/ I n plâtre m; GB sparadrap m. II vtr plâtrer; (cover) couvrir (de).

plasterboard /ˈplɑːstəbɔːd, ˈplæst-US/ I n placoplâtre® m. II in compounds [▶wall, ceiling] en placoplâtre®.

plastered /ˈplɑːstəd, ˈplæst-US/ adj **plastered with mud** couvert de boue; (drunk)© beurré©.

plastic /ˈplæstɪk/ I n plastique m. II adj en plastique; **plastic money** cartes de crédit.

plastic surgery n chirurgie f esthétique.

plate /pleɪt/ I n assiette f; (for serving) plat m; (sheet of metal, name plaque, etc) plaque f, tôle f; (illustration) planche f. II **-plated** combining form **gold-plated** plaqué or.

platform /ˈplætfɔːm/ n estrade f; (in scaffolding) plate-forme f; RAIL quai m.

platoon /pləˈtuːn/ n (sg ou pl) MIL section f.

platter /ˈplætə(r)/ n plat m.

platypus /ˈplætɪpəs/ n ornithorynque m.

play /pleɪ/ I n THÉÂT pièce f; (amusement) jeu m; **a play on words** un jeu de mots. II vtr [▶game, cards] jouer à; **to play a joke on sb** jouer un tour à qn; [▶instrument] jouer de; [▶role] interpréter, jouer; [▶film, CD] mettre; **to play music** écouter de la musique. III vi jouer; **do you play?** est-ce que tu sais jouer?; **what does he think he's playing at?**©GB qu'est-ce qu'il fabrique©?; [film] passer.
● **to make great play of sth** accorder beaucoup d'importance à qch.
■ **play around**© faire l'imbécile; **play back** [▶song, film] repasser; **play down** [▶disaster, effects] minimiser; **play on** [▶fears, etc] exploiter; **play up**©GB [computer, person] commencer à faire des siennes©.

player /ˈpleɪə(r)/ n joueur/-euse m/f; THÉÂT comédien/-ienne m/f.

playful /ˈpleɪfl/ adj **he's very playful** il aime jouer; **a playful remark** une taquinerie.

playground n cour f de récréation.

playgroupGB n ≈ halte-garderie f.

playhouse n théâtre m.

playing /ˈpleɪɪŋ/ n interprétation f, jeu m.

playing field n terrain m de sport.

playwright n auteur m dramatique.

plaza /ˈplɑːzə, ˈplæzəUS/ n place f; **shopping plaza** centre commercial.

plcGB, **PLC**GB (abrév = **public limited company**) SA.

plea /pliː/ n (for mercy) appel m.

plead /pliːd/ (prét, pp **pleaded**, **pled**US) I vtr plaider. II vi supplier; JUR **to plead guilty/not guilty** plaider coupable/non coupable.

pleading /ˈpliːdɪŋ/ adj suppliant.

pleasant /ˈpleznt/ adj agréable, aimable.

please /pliːz/ I adv s'il vous plaît, s'il te plaît. II vtr [▶person] faire plaisir à; **he is hard to please** il est difficile. III vi plaire; **do as you please** fais comme tu veux. IV v refl **to please oneself** faire comme on veut.

pleased /pliːzd/ adj content; **pleased to meet you** enchanté.

pleasing /ˈpliːzɪŋ/ adj agréable.

pleasurable /ˈpleʒərəbl/ adj agréable.

pleasure /ˈpleʒə(r)/ n ¢ plaisir m; *I look forward to the pleasure of meeting you* j'espère avoir un jour le plaisir de vous rencontrer; *my pleasure* avec plaisir; (replying to thanks) je vous en prie.

pleasure cruise n croisière f.

pleat /pliːt/ I n pli m. II vtr plisser.

pledUS /pled/ prét, pp ▶ plead.

pledge /pledʒ/ I n promesse f; *to give/ make a pledge to do* prendre l'engagement de faire; *as a pledge of* en gage/en témoignage de. II vtr [▸allegiance] promettre.

plentiful /ˈplentɪfl/ adj abondant.

plenty /ˈplentɪ/ quantif *plenty of* beaucoup de; *in plenty* en abondance.

plight /plaɪt/ n situation f désespérée.

PLO n (abrév = **Palestine Liberation Organization**) OLP f.

plod /plɒd/ vi (p prés etc **-dd-**) marcher péniblement.

plonk /plɒŋk/ n plouf© m, son m creux; (wine)©GB vin m ordinaire.
■ **plonk down** poser bruyamment.

plot /plɒt/ I n complot m; (of novel) intrigue f; (of land) parcelle f; (site) terrain m à bâtir. II vtr (p prés etc **-tt-**) comploter; (chart) relever/tracer [qch] sur une carte; MATH tracer [qch] point par point.

plotter /ˈplɒtə(r)/ n conspirateur/-trice m/f.

ploughGB, **plow**US /plaʊ/ I n charrue f. II vtr, vi labourer; [▸money] investir dans.
■ **plough into** percuter; **plough through** avancer péniblement dans.

ploughman's lunchGB n plat servi dans les pubs composé de fromage, de pain et de salade.

plover /ˈplʌvə(r)/ n pluvier m.

ploy /plɔɪ/ n stratagème m.

pluck /plʌk/ I n courage m, cran© m. II vtr [▸flower, fruit] cueillir; [▸eyebrows] s'épiler.
● **to pluck up one's courage** prendre son courage à deux mains.

plug /plʌg/ I n prise f (de courant); (connecting device) fiche f; (in bath) bonde f; *to give sth a plug©* faire de la pub© pour qch. II vtr (p prés etc **-gg-**) [▸hole] boucher; (promote)© faire de la publicité pour; ÉLEC brancher.

III vi (p prés etc **-gg-**) *to plug into* [▸TV, computer] se connecter à.
■ **plug in** se brancher; **plug up** [▸hole, gap] boucher (**with** avec).

plug-and-play n ORDINAT equipment m prêt à l'emploi.

plugholeGB /ˈplʌghəʊl/ n bonde f.

plug-in /ˈplʌgɪn/ n ORDINAT module m complémentaire, plug-in m inv.

plum /plʌm/ n prune f; (tree) prunier m; *a plum© job* un boulot en or©.

plumb /plʌm/ I ©US adv complètement. II vtr [▸sea, depths] sonder.

plumber /ˈplʌmə(r)/ n plombier m.

plumbing /ˈplʌmɪŋ/ n plomberie f.

plume /pluːm/ n plume f.

plummet /ˈplʌmɪt/ vi tomber à pic; FIG s'effondrer.

plump /plʌmp/ adj [arm] potelé; [cheek] rond, plein.
■ **plump for©** opter pour.

plunder /ˈplʌndə(r)/ I n pillage m, butin m. II vtr, vi piller.

plunge /plʌndʒ/ I n plongeon m; FIG chute f libre. II vtr plonger. III vi plonger; [bird, plane] piquer; [rate] chuter, tomber; *to plunge into* se lancer dans.
● **to take the plunge** se jeter à l'eau.

pluperfect /pluːˈpɜːfɪkt/ n LING plus-que-parfait m.

plural /ˈplʊərəl/ n LING pluriel m.

plus /plʌs/ I n plus m. II adj MATH, ÉLEC positif/-ive; *a plus factor/point* un atout. III prep plus. IV conj et.

plush /plʌʃ/ I n peluche f. II © adj somptueux/-euse.

Pluto /ˈpluːtəʊ/ pr n Pluton m.

ply /plaɪ/ I n épaisseur f. II vtr [▸wares] vendre; *to ply sb with* assaillir qn de. III vi *to ply the route between X and Y* faire la navette entre X et Y.

plywood /ˈplaɪwʊd/ n contreplaqué m.

pm adv (abrév = **post meridiem**) *two pm* deux heures de l'après-midi; *nine pm* neuf heures du soir.

PMGB n (abrév = **Prime Minister**) Premier ministre m.

pneumonia /njuːˈməʊnɪə, nuː-US/ n pneumonie f.

PO (*abrév* = **post office**) poste *f*.

poach /pəʊtʃ/ **I** *vtr* [▸staff] débaucher; [▸idea] s'approprier; [▸egg] faire pocher. **II** *vi* braconner.

PO Box (*abrév écrite* = **Post Office Box**) BP, boîte *f* postale.

pocket /ˈpɒkɪt/ **I** *n* poche *f*. **II** *in compounds* [book, money] de poche. **III** *vtr* empocher.
• **to be out of pocket**GB en être de sa poche.

pocket money *n* argent *m* de poche.

pod /pɒd/ *n* gousse *f*; (empty) cosse *f*.

podcastUS /ˈpɒdkɑːst/ **I** *n* ORDINAT podcast *m*, balado *m*. **II** *vtr* podcaster, baladodiffuser.

podium /ˈpəʊdɪəm/ *n* (*pl* **-iums**, **-ia**) podium *m*.

poem /ˈpəʊɪm/ *n* poème *m*.

poet /ˈpəʊɪt/ *n* poète *m*.

poetic /pəʊˈetɪk/ *adj* poétique.

poetry /ˈpəʊɪtrɪ/ *n* poésie *f*; **to read poetry** lire des poèmes.

poignant /ˈpɔɪnjənt/ *adj* poignant.

point /pɔɪnt/ **I** *n* (sharp end) pointe *f*; (location, extent) point *m*; endroit *m*; **to get to the point where...** en arriver au point où...; **up to a point** jusqu'à un certain point; (moment) moment *m*; **at one point** à un moment donné; **to be on the point of doing** être sur le point de faire; (idea) point *m*; **I take your point** je suis d'accord avec vous; **that's a good point** c'est une remarque judicieuse; **straight to the point** droit au fait; **the point is...** ce qu'il y a, c'est que...; **to miss the point** ne pas comprendre; **to get the point** comprendre; **that's not the point** il ne s'agit pas de cela; (purpose) objet *m*; **there's no point in doing** ça ne sert à rien de faire; (decimal point) virgule *f*; GÉOG pointe *f*. **II points** *npl* **the points of the compass** les points cardinaux. **III** *vtr* **to point sth at sb** braquer qch sur qn; **to point one's finger at sb** montrer qn du doigt; **to point the way to** indiquer la direction de. **IV** *vi* montrer du doigt, indiquer.
■ **point out** montrer, signaler; **point up** [▸contrast, similarity] mettre en avant; [▸lack, incompetence] faire ressortir.

point-blank /pɔɪntˈblæŋk/ *adv* [shoot] à bout portant; [refuse] catégoriquement.

pointed /ˈpɔɪntɪd/ *adj* pointu; FIG acerbe.

pointer /ˈpɔɪntə(r)/ *n* indication *f*; (sign) indice *m*.

pointless /ˈpɔɪntlɪs/ *adj* [gesture] inutile.

point of view *n* point *m* de vue.

poised /pɔɪzd/ *adj* posé; **to be poised to do** être sur le point de faire.

poison /ˈpɔɪzn/ **I** *n* poison *m*. **II** *vtr* empoisonner; [lead, fumes] intoxiquer.

poisonous /ˈpɔɪzənəs/ *adj* [gas] toxique; [mushroom] vénéneux/-euse; [snake] venimeux/-euse; [rumour] pernicieux/-ieuse; [person] malveillant.

poke /pəʊk/ **I** *n* coup *m*. **II** *vtr* donner un coup dans; [▸fire] tisonner; **to poke sth into** enfoncer qch dans; **to poke one's head out of the window** passer la tête par la fenêtre; **to poke a hole in sth** faire un trou dans qch.
■ **poke around**, **poke about**GB fouiner (dans); **poke out** dépasser.

poker /ˈpəʊkə(r)/ *n* JEUX poker *m*; (for fire) tisonnier *m*.

Poland /ˈpəʊlənd/ *pr n* Pologne *f*.

polar /ˈpəʊlə(r)/ *adj* polaire.

polarize /ˈpəʊləraɪz/ *vtr* ÉLEC, PHYS polariser; (divide) diviser.

pole /pəʊl/ *n* (stick) perche *f*; (for flag) mât *m*; (for skiing) bâton *m*; (piste marker) piquet *m*; GÉOG, PHYS pôle *m*.

Pole /pəʊl/ *n* polonais/-e *m/f*.

polecat /ˈpəʊlkæt/ *n* putois *m*, US mouf(f)ette *f*.

polemic /pəˈlemɪk/ *n* polémique *f*.

pole position *n* SPORT pole position *f*.

pole star *n* étoile *f* polaire.

pole vault **I** *n* saut *m* à la perche. **II** *vi* faire du saut à la perche.

police /pəˈliːs/ **I** *n* (*pl*) **the police** la police, les policiers *mpl*. **II** *vtr* [▸area] maintenir l'ordre dans; [▸frontier] surveiller.

police custody *n* garde *f* à vue.

police force *n* police *f*.

policeman *n* agent *m* de police.

police officer *n* policier *m*.

police station *n* poste *m* de police, commissariat *m*.

policewoman *n* femme *f* policier.

policy /ˈpɒləsɪ/ **I** *n* politique *f*; **it is our policy that** notre règle est de; (in insurance) contrat *m*; (document) police *f*. **II** *in compounds* [decision] de principe; [matter] de politique générale.

policy-making *n* décisions *fpl*.

polio /ˈpəʊlɪəʊ/, **poliomyelitis** /ˌpəʊlɪəʊ-ˌmaɪəˈlaɪtɪs/ *n* poliomyélite *f*.

polish /ˈpɒlɪʃ/ **I** *n* (for floor) cire *f*; (for shoes) cirage *m*; (shiny surface) éclat *m*. **II** *vtr* [▸ shoes] cirer; [▸ car, brass] astiquer; [▸ image] soigner. ■ **polish off**◎ expédier◎; **polish up** [▸ skill] perfectionner.

Polish /ˈpəʊlɪʃ/ **I** *n* LING polonais *m*; (people) *the Polish* les Polonais. **II** *adj* polonais.

polished /ˈpɒlɪʃt/ *adj* [manner] raffiné.

polite /pəˈlaɪt/ *adj* poli.

political /pəˈlɪtɪkl/ *adj* politique.

politically correct, **PC** *adj* politiquement correct.

political refugee *n* réfugié/-e *m/f* politique.

political science *n* sciences *fpl* politiques.

politician /ˌpɒlɪˈtɪʃn/ *n* homme/femme *m/f* politique.

politicize /pəˈlɪtɪsaɪz/ *vtr* politiser.

politics /ˈpɒlətɪks/ *n* (*sg*) politique *f*.

poll /pəʊl/ **I** *n* scrutin *m*, vote *m*; (election) élections *fpl*; *to go to the polls* se rendre aux urnes; (survey) sondage *m*. **II** *vtr* [▸ votes] obtenir; [▸ group] interroger.

pollen /ˈpɒlən/ *n* pollen *m*.

polling /ˈpəʊlɪŋ/ *n* vote *m*.

polling station *n* bureau *m* de vote.

pollster /ˈpəʊlstə(r)/ *n* institut *m* de sondage.

poll tax◎GB *n* ≈ impôts locaux.

pollutant /pəˈluːtənt/ *n* polluant *m*.

pollute /pəˈluːt/ *vtr* polluer.

pollution /pəˈluːʃn/ *n* pollution *f*.

polo /ˈpəʊləʊ/ *n* SPORT polo *m*.

polo neck◎GB *n* col *m* roulé.

polyester /ˌpɒlɪˈestə(r)/ *n* polyester *m*.

Polynesia /ˌpɒlɪˈniːʒə/ *pr n* Polynésie *f*.

polytechnic◎GB /ˌpɒlɪˈteknɪk/ *n* établissement *m* d'enseignement supérieur.

polythene◎GB /ˈpɒlɪθiːn/ *n* polyéthylène *m*.

pomegranate /ˈpɒmɪɡrænɪt/ *n* grenade *f*; (tree) grenadier *m*.

pomp /pɒmp/ *n* splendeur *f*.

pompous /ˈpɒmpəs/ *adj* pompeux/-euse.

pond /pɒnd/ *n* étang *m*, mare *f*; (in garden) bassin *m*.

ponder /ˈpɒndə(r)/ *vtr*, *vi* réfléchir (à).

ponderous /ˈpɒndərəs/ *adj* lourd, pesant.

pong◎GB /pɒŋ/ *n* puanteur *f*.

pony /ˈpəʊnɪ/ *n* poney *m*.

ponytail /ˈpəʊnɪteɪl/ *n* queue *f* de cheval.

pool /puːl/ **I** *n* étang *m*; (artificial) bassin *m*; (for swimming) piscine *f*; (of ideas) réservoir *m*; (of labour) réserve *f*; JEUX billard *m* américain. **II pools** *npl* ≈ loto sportif. **III** *vtr* mettre [qch] en commun.

pool attendant *n* surveillant/-e *m/f* de baignade, maître-nageur *m*.

poor /pɔː(r), pʊər^US/ *adj* pauvre (*never before n*); (inferior) mauvais.

poorly /ˈpɔːlɪ, ˈpʊərlɪ^US/ **I** *adj* malade, souffrant. **II** *adv* (not richly) pauvrement; (badly) mal.

pop /pɒp/ **I** *n* (sound) pan *m*; (drink)◎ soda *m*; (popular music) musique *f* pop; (dad)◎US papa *m*. **II** *vtr* (*p prés etc* **-pp-**) [▸ balloon]◎ faire éclater; [▸ cork] faire sauter; *to pop sth in(to)*◎ mettre qch dans. **III** *vi* [balloon] éclater; [cork, buttons] sauter; *to pop*◎ *into town* faire un saut◎ en ville. ■ **pop in**◎ passer; **pop off**◎ (leave) filer◎; **pop out**GB sortir; **pop round**GB, **pop over** passer; **pop up**◎ surgir; [old friend] refaire surface◎.

pop charts *npl* hit-parade *m*.

popcorn *n* pop-corn *m inv*.

pope /pəʊp/ *n* pape *m*.

poplar /ˈpɒplə(r)/ *n* peuplier *m*.

poppy /ˈpɒpɪ/ *n* pavot *m*; *wild poppy* coquelicot *m*.

Poppy Day◎GB *n* fête *f* de l'armistice (*de 1918*).

Popsicle®US /ˈpɒpsɪkl/ *n* glace *f* à l'eau (*en bâtonnet*).

populace /ˈpɒpjʊləs/ *n* population *f*.

popular /ˈpɒpjʊlə(r)/ *adj* en vogue; *John is very popular* John a beaucoup d'amis; [music, press] populaire; [TV programme] grand public *inv*; *by popular demand/request* à la demande générale.

popularity /ˌpɒpjʊˈlærətɪ/ *n* popularité *f*.

popularity rating *n* POL cote *f* de popularité.

popularize /ˈpɒpjʊləraɪz/ vtr généraliser; (make accessible) vulgariser.

popularly /ˈpɒpjʊləlɪ/ adv généralement.

populate /ˈpɒpjʊleɪt/ vtr peupler.

population /ˌpɒpjʊˈleɪʃn/ n population f.

pop-up menu n ORDINAT menu m déroulant.

pop-up window n ORDINAT fenêtre f pop-up.

porcelain /ˈpɔːsəlɪn/ n porcelaine f.

porch /pɔːtʃ/ n porche m, US véranda f.

porcupine /ˈpɔːkjʊpaɪn/ n porc-épic m.

pore /pɔː(r)/ n pore m.
■ **pore over** étudier soigneusement.

pork /pɔːk/ n (viande f de) porc m.

pornography /pɔːˈnɒɡrəfɪ/ n pornographie f.

porous /ˈpɔːrəs/ adj poreux/-euse.

porpoise /ˈpɔːpəs/ n marsouin m.

porridge /ˈpɒrɪdʒ, ˈpɔːr-US/ n porridge m (bouillie de flocons d'avoine).

port /pɔːt/ n (harbour) port m; **port of call** escale f; NAUT bâbord m; (drink) porto m; ORDINAT port m.

portable /ˈpɔːtəbl/ n, adj portable (m).

portal /ˈpɔːtəl/ n GÉN, ORDINAT portail m.

porter /ˈpɔːtə(r)/ n (in airport) porteur m; (of hotel)GB portier m; (of school) concierge mf.

portfolio /pɔːtˈfəʊlɪəʊ/ n porte-documents m inv; (for drawings) carton m (à dessins); POL portefeuille m (ministériel).

portion /ˈpɔːʃn/ n partie f; (at meal) portion f.

portrait /ˈpɔːtreɪt, -trɪt/ n portrait m.

portray /pɔːˈtreɪ/ vtr représenter.

portrayal /pɔːˈtreɪəl/ n représentation f.

Portugal /ˈpɔːtʃʊɡl/ pr n Portugal m.

Portuguese /pɔːtʃʊˈɡiːz/ **I** n Portugais/-e m/f; **the Portuguese** les Portugais; LING portugais m. **II** adj portugais; [▸lesson] de portugais.

pose /pəʊz/ **I** n pose f. **II** vtr poser; [▸risk] représenter. **III** vi poser; **to pose as** se faire passer pour.

posh© /pɒʃ/ adj chic inv; PÉJ de rupins©.

position /pəˈzɪʃn/ **I** n position f; (state) situation f; **to be in a position to do** être en mesure de faire; **in your position** à ta place; (counter) guichet m. **II** vtr [▸policemen] poster; [▸object] disposer; [▸lamp] orienter. **III** v refl **to position oneself** prendre position.

positive /ˈpɒzətɪv/ **I** n **the positive** ce qu'il y a de positif. **II** adj positif/-ive; [good] réel/réelle; [action] catégorique; **to be positive** être sûr; **positive!** certain!; [outrage, genius] véritable (before n).

positively /ˈpɒzətɪvlɪ/ adv [criticize] de façon constructive; [react] favorablement; [beautiful, dangerous] vraiment; [forbid] catégoriquement.

posse /ˈpɒsɪ/ n détachement m.

possess /pəˈzes/ vtr posséder, avoir.

possession /pəˈzeʃn/ **I** n possession f. **II possessions** npl biens mpl.

possessive /pəˈzesɪv/ **I** n LING possessif m. **II** adj possessif/-ive.

possibility /ˌpɒsəˈbɪlətɪ/ n possibilité f.

possible /ˈpɒsəbl/ adj possible; **as far as possible** dans la mesure du possible; **as quickly as possible** le plus vite possible.

possibly /ˈpɒsəblɪ/ adv peut-être; (for emphasis) **I'll do everything I possibly can** je ferai (absolument) tout mon possible.

post /pəʊst/ **I** n POSTESGB poste f; (letters) courrier m; **by return of post** par retour du courrier; (duty, station) poste m; **at one's post** à son poste; (pole) poteau m; (sur un blog) post m. **II** vtr [▸letter]GB poster/expédier (par la poste); [▸notice] afficher; [▸soldier] poster; [▸employee] affecter.
● **to keep sb posted** tenir qn au courant.
■ **post off**GB mettre à la poste; **post on**GB faire suivre; **post up** [▸information, notice] afficher.

postage /ˈpəʊstɪdʒ/ n affranchissement m, frais mpl d'expédition.

postage stamp n timbre-poste m.

postal /ˈpəʊstl/ adj postal.

postal voteGB n (process) vote m par correspondance; (paper) bulletin m de vote par correspondance.

postboxGB n boîte f aux lettres.

postcard, pc n carte f postale.

poster /ˈpəʊstə(r)/ n affiche f; (decorative) poster m.

posterity /pɒˈsterətɪ/ n postérité f.

post-free adj, adv franc de port inv.

postgraduate /pəʊstˈɡrædʒʊət/ n étudiant de troisième cycle.

posthumous /ˈpɒstjʊməs, ˈpɒstʃəməsUS/ adj posthume.

posting /ˈpəʊstɪŋ/ n affectation f.

postman /ˈpəʊstmən/ n facteur m.

postmark /ˈpəʊstmɑːk/ n cachet m de la poste.

post-mortem /pəʊstˈmɔːtəm/ n autopsie f.

post office, PO n poste f.

Post Office Box, PO Box n boîte f postale.

postpone /pəˈspəʊn/ vtr reporter, remettre.

postponement /pəˈspəʊnmənt/ n report m.

posture /ˈpɒstʃə(r)/ n (pose) posture f; FIG position f.

postwar /pəʊstˈwɔː(r)/ adj d'après-guerre.

pot /pɒt/ I n pot m; **pots and pans** casseroles fpl. II **potted** pp adj CULINGB [meat] en terrine; [plant] en pot; [biography] bref/brève.
● **to take pot luck** manger à la fortune du pot.

potato /pəˈteɪtəʊ/ n (pl **-es**) pomme f de terre.

potato crispsGB, **potato chips**US npl chips fpl.

potato peeler n épluche-légumes m inv, économe m.

potency /ˈpəʊtnsɪ/ n puissance f.

potent /ˈpəʊtnt/ adj puissant; [drink] fort.

potential /pəˈtenʃl/ I n potentiel m; **to fulfilGB one's potential** montrer de quoi on est capable. II adj [market, victim] potentiel/-ielle; [rival] en puissance.

potholingGB n spéléologie f.

potion /ˈpəʊʃn/ n potion f.

potter /ˈpɒtə(r)/ n potier m.
■ **potter about**GB, **around**GB bricoler☺.

pottery /ˈpɒtərɪ/ n poterie f.

pouch /paʊtʃ/ n (bag) petit sac m; (for tobacco) blague f (à tabac); (of kangaroo) poche f.

poultry /ˈpəʊltrɪ/ n volaille f.

pounce /paʊns/ I n bond m. II vi **to pounce on** bondir sur.

pound /paʊnd/ I n (weight) livre f (de 453,6 g); **two pounds of apples** ≈ un kilo de pommes; (currency) livre f; (for dogs, cars) fourrière f. II vtr CULIN piler; (beat) battre; [▸ city] pilonner; **to pound the streets** battre le pavé. III vi [heart] battre; [waves] battre

contre; **my head is pounding** j'ai des élancements dans la tête.

pour /pɔː(r)/ I vtr [▸ liquid] verser; [▸ metal] couler; [▸ drink] servir; **to pour money into sth** investir des sommes énormes dans qch. II vi [liquid] couler (à flots); **to pour into** [people] affluer dans. III **pouring** pres p adj [rain] battant. IV v impers **it's pouring (with rain)** il pleut à verse.
■ **pour down** pleuvoir à verse; **pour in** [people] affluer; [letters] pleuvoir; **pour out** [people] sortir en grand nombre; [▸ coffee] verser, servir; [▸ feelings] donner libre cours à.

pout /paʊt/ I n moue f. II vi faire la moue.

poverty /ˈpɒvətɪ/ n pauvreté f.

poverty line, poverty level n seuil m de pauvreté.

poverty-stricken adj misérable.

POW n (abrév = **prisoner of war**) prisonnier/-ière m/f de guerre.

powder /ˈpaʊdr/ I n poudre f; (snow) poudreuse f. II vtr **to powder one's face** se poudrer le visage. III **powdered** pp adj [egg, milk] en poudre.

power /ˈpaʊə(r)/ I n pouvoir m; PHYS, TECH énergie f; **to switch on the power** mettre le courant; (of vehicle) puissance f; **at full power** fonctionner à plein régime; MATH **8 to the power of 3** 8 puissance 3. II in compounds [cable] électrique; [brakes] assisté; [mower] à moteur. III vtr [▸ engine] faire marcher.

power base n base f politique.

powerful /ˈpaʊəfl/ adj puissant.

power game n rapport m de force.

powerless /ˈpaʊəlɪs/ adj impuissant.

power plantUS n centrale f (électrique).

power sharing n partage m du pouvoir; (in France) cohabitation f.

power station n centrale f (électrique).

power tool n outil m électrique.

PR n (abrév = **public relations**) relations fpl publiques.

practical /ˈpræktɪkl/ I GB n épreuve f pratique; (lesson) travaux mpl pratiques. II adj pratique.

practicality /præktɪˈkælətɪ/ I n esprit m pratique. II **practicalities** npl détails mpl pratiques.

practical joke n farce f.

practically /ˈpræktɪklɪ/ adv pratiquement.

practice /ˈpræktɪs/ n exercices mpl; (experience) entraînement m; (for music) répétition f; (habit) habitude f; (of doctor, lawyer) cabinet m; **to be in practice** exercer; **in practice** en pratique.

practise^GB, **practice**^US /ˈpræktɪs/ **I** vtr s'exercer à, travailler; **to practise doing/how to do** s'entraîner à faire; [▸religion] pratiquer; [▸method] utiliser; [▸profession] exercer. **II** vi travailler; (for sports) s'entraîner; (for play) répéter; (follow a profession) exercer.

practitioner /prækˈtɪʃənə(r)/ n médecin m; **dental practitioner** dentiste mf.

pragmatic /prægˈmætɪk/ adj pragmatique.

prairie /ˈpreərɪ/ n plaine f (herbeuse), prairie f.

praise /preɪz/ **I** n éloges mpl, louanges fpl; **in praise of** en l'honneur de. **II** vtr faire l'éloge de; **to praise sb for doing** féliciter qn d'avoir fait; [▸God] louer.

pram^GB /præm/ n landau m.

prank /præŋk/ n farce f.

prawn /prɔːn/ n crevette f rose, bouquet m.

pray /preɪ/ **I** vtr **to pray that** souhaiter ardemment que. **II** vi prier.

prayer /ˈpreə(r)/ n prière f.

preach /priːtʃ/ vtr, vi prêcher.

preacher /ˈpriːtʃə(r)/ n pasteur m.

precarious /prɪˈkeərɪəs/ adj précaire.

precaution /prɪˈkɔːʃn/ n précaution f.

precautionary /prɪˈkɔːʃənərɪ/ adj préventif/-ive.

precede /prɪˈsiːd/ vtr précéder.

precedence /ˈpresɪdəns/ n **to take precedence (over)** avoir la priorité (sur).

precedent /ˈpresɪdənt/ n précédent m.

precinct^GB /ˈpriːsɪŋkt/ n quartier m commerçant; zone f piétonne.

precious /ˈpreʃəs/ **I** adj précieux/-ieuse. **II** adv **precious few/little** fort peu (de).

precipitate /prɪˈsɪpɪteɪt/ vtr précipiter.

precipitous /prɪˈsɪpɪtəs/ adj à pic inv.

precise /prɪˈsaɪs/ adj précis; [person] méticuleux/-euse.

precisely /prɪˈsaɪslɪ/ adv exactement, précisément.

precision /prɪˈsɪʒn/ n précision f.

preclude /prɪˈkluːd/ vtr [▸possibility] exclure; [▸action] empêcher.

precocious /prɪˈkəʊʃəs/ adj précoce.

preconception /priːkənˈsepʃn/ n opinion f préconçue.

precondition /priːkənˈdɪʃn/ n condition f requise.

precursor /priːˈkɜːsə(r)/ n signe m avant-coureur.

predator /ˈpredətə(r)/ n prédateur m.

predatory /ˈpredətrɪ, -tɔːrɪ^US/ adj prédateur/-trice.

predecessor /ˈpriːdɪsesə(r), ˈpredə-^US/ n prédécesseur m.

predicament /prɪˈdɪkəmənt/ n situation f difficile.

predict /prɪˈdɪkt/ vtr prédire.

predictable /prɪˈdɪktəbl/ adj prévisible.

predictably /prɪˈdɪktəblɪ/ adv comme prévu.

prediction /prɪˈdɪkʃn/ n prédiction f.

predominate /prɪˈdɒmɪneɪt/ vi prédominer.

pre-empt /prɪˈempt/ vtr devancer.

preface /ˈprefɪs/ n préface f.

prefect^GB /ˈpriːfekt/ n SCOL élève chargé de la surveillance.

prefer /prɪˈfɜː(r)/ vtr préférer, aimer mieux; **to prefer sth to sth** préférer qch à qch.

preferable /ˈprefrəbl/ adj préférable.

preferably /ˈprefrəblɪ/ adv de préférence (à).

preference /ˈprefrəns/ n préférence f.

preferential /prefəˈrenʃl/ adj préférentiel/-ielle.

prefix /ˈpriːfɪks/ n (pl **-es**) LING préfixe m.

pregnancy /ˈpregnənsɪ/ n grossesse f.

pregnancy test n test m de grossesse.

pregnant /ˈpregnənt/ n [woman] enceinte.

preheat /priːˈhiːt/ vtr préchauffer.

prehistoric /priːhɪˈstɒrɪk, -tɔːrɪk^US/ adj préhistorique.

prejudice /ˈpredʒʊdɪs/ **I** n préjugé m. **II** vtr influencer; **to prejudice sb against** prévenir qn contre; [▸case] porter préjudice à; [▸chances] compromettre.

prejudiced /ˈpredʒʊdɪst/ adj partial; **to be prejudiced** avoir des préjugés.

preliminary /prɪˈlɪmɪnərɪ, -nerɪ US/ I pre-
liminaries npl préliminaires mpl. II adj
préliminaire; [round] éliminatoire.

prelude /ˈpreljuːd/ n prélude m.

premature /ˈpremətjʊə(r), ˌpriːməˈtʊər US/ adj
prématuré.

premier /ˈpremɪə(r), ˈpriːmɪər US/ n chef m du
gouvernement, premier ministre m.

première /ˈpremɪeə(r), ˈpriːmɪər US/ n THÉÂT
première f.

premise /ˈpremɪs/ I n on the premise that
en supposant que (+ subj). II **premises**
npl locaux mpl; on the premises sur place;
to leave the premises quitter les lieux.

premium /ˈpriːmɪəm/ n (in insurance) prime f
(d'assurance); to be at a premium valoir de
l'or.

premium price n prix m fort.

premonition /ˌpreməˈnɪʃn/ n prémonition f.

preoccupation /ˌpriːɒkjʊˈpeɪʃn/ n préoccupation f.

preoccupied /ˌpriːˈɒkjʊpaɪd/ adj préoccupé.

prep ©GB /prep/ n SCOL devoirs mpl; (study
period) étude f.

prepaid /ˌpriːˈpaɪd/ adj GÉN payé d'avance;
prepaid envelope enveloppe affranchie
pour la réponse.

preparation /ˌprepəˈreɪʃn/ n préparation f.

preparatory /prɪˈpærətrɪ, -tɔːrɪ US/ adj préparatoire; [meeting] préliminaire.

preparatory school n GB école f primaire
privée; US lycée m privé.

prepare /prɪˈpeə(r)/ I vtr préparer; to prepare to do se préparer à faire; to prepare
sb for [▸exam, etc] préparer qn à. II vi se préparer (à/pour). III v refl to prepare oneself
se préparer.

prepared /prɪˈpeəd/ adj to be prepared for
être prêt à; [meal] tout prêt.

preposterous /prɪˈpɒstərəs/ adj grotesque.

preppy ©US, **preppie** ©US /ˈprepɪ/ I n SCOL
(ancien) élève d'une école privée. II adj
≈ BCBG© inv.

prep school /ˈprepskuːl/ n GB école f primaire privée; US lycée m privé.

prerelease /ˌpriːrɪˈliːs/ adj CIN [▸screening,
publicity] d'avant-première inv.

prerequisite /ˌpriːˈrekwɪzɪt/ n, adj préalable (m).

prerogative /prɪˈrɒgətɪv/ n prérogative f.

preschool /ˌpriːˈskuːl/ I US n école f maternelle. II adj préscolaire.

prescribe /prɪˈskraɪb/ I vtr prescrire; [▸rule]
imposer. II **prescribed** pp adj prescrit;
[rule] imposé.

prescription /prɪˈskrɪpʃn/ n ordonnance f.

presence /ˈprezns/ n présence f; your presence is requested at vous êtes prié d'assister à.

present I /ˈpreznt/ n présent m; (gift) cadeau
m. II /ˈpreznt/ adj présent; to be present
at assister à; (current) actuel/-elle. III at
present adv phr en ce moment, actuellement. IV /prɪˈzent/ vtr présenter; [▸chance]
offrir; [▸prize] remettre; [▸concert] donner.

presentation /ˌprezənˈteɪʃn/ n présentation f; (of award) remise f.

presentation skills npl to have good
presentation skills avoir le sens de la communication.

present-day /ˌprezntˈdeɪ/ adj actuel/-elle.

presenter /prɪˈzentə(r)/ n présentateur/-
trice m/f.

presently /ˈprezntlɪ/ adv à présent; (in
future) bientôt.

present perfect n LING passé m composé.

preservation /ˌprezəˈveɪʃn/ n protection f; in
a good state of preservation en bon état.

preservative /prɪˈzɜːvətɪv/ n (for food) agent
m de conservation.

preserve /prɪˈzɜːv/ I n CULIN confiture f;
(pickle) conserve f. II vtr préserver; [▸order]
maintenir; [▸humour] garder. III **preserved** pp adj [food] en conserve; [site] protégé.

preset /ˈpriːset/ vtr (prét, pp -set) [▸timer,
cooker] programmer (to do pour faire).

preside /prɪˈzaɪd/ vi présider.

presidency /ˈprezɪdənsɪ/ n présidence f.

president /ˈprezɪdənt/ n président/-e m/f.

presidential /ˌprezɪˈdenʃl/ adj présidentiel/-
ielle.

press /pres/ I n the press, the Press la
presse f; to get a good/bad press avoir
bonne/mauvaise presse; (printworks) imprimerie f. II vtr presser; to press sb to do
engager qn à faire; [▸button] appuyer sur;
[▸arm] serrer; [▸clothes] repasser. III vi [crowd]
se presser; to press down appuyer.

press conference n conférence f de presse.

pressing /ˈpresɪŋ/ adj urgent.

press officer n attaché/-e m/f de presse.

press release n communiqué m de presse.

pressure /ˈpreʃə(r)/ **I** n pression f; *under pressure* sous la contrainte; *the pressure of work* le surmenage. **II** vtr faire pression sur.

pressure cooker n cocotte-minute® f.

pressurize /ˈpreʃəraɪz/ vtr pressuriser; *to be pressurized into doing* être contraint de faire.

prestige /preˈstiːʒ/ n prestige m.

prestigious /preˈstɪdʒəs/ adj prestigieux/-ieuse.

presumably /prɪˈzjuːməblɪ, -ˈzuːm-US/ adv sans doute.

presume /prɪˈzjuːm, -ˈzuːmUS/ vtr supposer.

presumption /prɪˈzʌmpʃn/ n supposition f.

pre-tax /ˈpriːˈtæks/ adj avant impôts inv.

pretenceGB, **pretense**US /prɪˈtens/ n *to make a pretence of doing* faire semblant de faire; *on/under the pretence of doing* sous prétexte de faire.

pretend /prɪˈtend/ **I** vtr simuler; *to pretend that* faire comme si; *to pretend to do* faire semblant de faire. **II** vi faire semblant.

pretender /prɪˈtendə(r)/ n prétendant/-e m/f.

pretenseUS n ▸ **pretence**GB.

pretension /prɪˈtenʃn/ n prétention f.

pretentious /prɪˈtenʃəs/ adj prétentieux/-ieuse.

preterite /ˈpretərət/ n LING prétérit m.

pretext /ˈpriːtekst/ n prétexte m.

pretty /ˈprɪtɪ/ **I** adj (attractive) joli. **II** © adv assez; *pretty good* pas mal du tout.

prevail /prɪˈveɪl/ vi prévaloir; *the prevailing view* le sentiment général.
■ **prevail upon** persuader (de).

prevailing /prɪˈveɪlɪŋ/ adj GÉN [▸ attitude, idea] qui prévaut; FIN [▸ rate] en vigueur; MÉTÉO [▸ wind] dominant.

prevalent /ˈprevələnt/ adj répandu.

prevent /prɪˈvent/ vtr *to prevent sb from doing sth* empêcher qn de faire qch.

prevention /prɪˈvenʃn/ n prévention f.

preventive /prɪˈventɪv/ adj préventif/-ive.

preview /ˈpriːvjuː/ n avant-première f; (of exhibition) vernissage m.

previous /ˈpriːvɪəs/ **I** adj précédent; (further back in time) antérieur. **II** *previous to* prep phr avant.

previously /ˈpriːvɪəslɪ/ adv auparavant, avant; (already) déjà.

prewar /ˈpriːˈwɔː(r)/ adj d'avant-guerre inv.

prey /preɪ/ n proie f.
■ **prey on** chasser; [▸ mind] préoccuper.

price /praɪs/ **I** n prix m; *beyond/above price* (d'une valeur) inestimable. **II** vtr fixer le prix de.
■ **price down**GB diminuer le prix; **price up**GB augmenter le prix.

price freeze n blocage m des prix.

priceless /ˈpraɪslɪs/ adj (d'une valeur) inestimable.

price rise n hausse f des prix, augmentation f des prix.

prick /prɪk/ **I** vtr piquer; *to prick one's finger* se piquer le doigt; *his conscience pricked him* FIG il avait mauvaise conscience. **II** vi piquer.
■ **prick up** *to prick up one's ears* dresser l'oreille.

prickly /ˈprɪklɪ/ adj piquant; (touchy)© irritable.

pride /praɪd/ **I** n fierté f; (self-respect) amour-propre m; PÉJ orgueil m. **II** v refl *to pride oneself on sth* être fier de qch.

priest /priːst/ n prêtre m.

priesthood /ˈpriːsthʊd/ n prêtrise f.

prig /prɪg/ n monsieur/madame Je-sais-tout© mf.

primacy /ˈpraɪməsɪ/ n primauté f.

primal /ˈpraɪml/ adj premier/-ière.

primarily /ˈpraɪmərəlɪ, praɪˈmerəlɪUS/ adv essentiellement.

primary /ˈpraɪmərɪ, -merɪUS/ **I** US n POL primaire f. **II** adj principal; *of primary importance* de première importance; SCOL primaire.

primary school I n école f primaire. **II** in compounds *primary school children* élèves de l'enseignement primaire.

primate /ˈpraɪmeɪt/ n (mammal) primate m; RELIG primat m.

prime /praɪm/ **I** n *in one's prime* à son apogée; (physically) dans la fleur de l'âge. **II** adj principal; de premier ordre, de première qualité; [importance] primordial; [example] excellent; MATH premier/-ière. **III** vtr préparer; [▸wall] apprêter; [▸bomb] amorcer.

prime minister, PMGB n Premier ministre m.

prime time n heures fpl de grande écoute.

primitive /ˈprɪmɪtɪv/ adj primitif/-ive.

primrose /ˈprɪmrəʊz/ n primevère f.

prince /prɪns/ n prince m.

princess /prɪnˈses/ n princesse f.

principal /ˈprɪnsəpl/ **I** n (of secondary school) proviseur m; (of primary school, college) directeur/-trice m/f. **II** adj principal.

principle /ˈprɪnsəpl/ n principe m.

print /prɪnt/ **I** n caractères mpl; *out of print* épuisé; ART estampe f, gravure f; PHOT épreuve f. **II** vtr imprimer; [▸photos] faire développer. **III** vi imprimer; (write) écrire en script. **IV** printed pp adj imprimé; *printed matter* POSTES imprimés.
■ **print off** [▸copies] tirer; **print out** ORDINAT imprimer.

printer /ˈprɪntə(r)/ n imprimeur m; ORDINAT imprimante f.

printout n ORDINAT sortie f sur imprimante.

prior /ˈpraɪə(r)/ **I** adj préalable; *prior notice* préavis. **II** prior to prep phr avant.

priority /praɪˈɒrəti, -ˈɔːr-US/ n priorité f.

priory /ˈpraɪərɪ/ n prieuré m.

prison /ˈprɪzn/ **I** n prison f. **II** in compounds [administration] pénitentiaire; [reform] pénal; [cell, guard] de prison.

prisoner /ˈprɪznə/ n prisonnier/-ière m/f; (in jail) détenu/-e m/f.

prison sentence, prison term n peine f de prison; *a four-year prison sentence* une peine de quatre ans de prison.

pristine /ˈprɪstiːn, ˈprɪstaɪn/ adj immaculé.

privacy /ˈprɪvəsɪ, ˈpraɪ-/ n vie f privée; (of person's home) intimité f.

private /ˈpraɪvɪt/ **I** n simple soldat m. **II** adj privé; personnel/-elle; [sale] de particulier à particulier; *a private citizen* un (simple) particulier; [lesson] particulier/-ière; *a private joke* une plaisanterie pour initiés. **III** in private adv phr en privé.

private buyer n particulier m.

private eye© n détective m privé.

privately /ˈpraɪvɪtlɪ/ adv en privé; [believe, doubt] en mon/son… for intérieur.

privatize /ˈpraɪvɪtaɪz/ vtr privatiser.

privilege /ˈprɪvəlɪdʒ/ n privilège m.

privileged /ˈprɪvəlɪdʒd/ adj privilégié.

prize /praɪz/ **I** n prix m; (in lottery) lot m. **II** vtr priser.

prizewinner n gagnant/-e m/f; lauréat/-e m/f.

pro /prəʊ/ **I** n (professional)© pro© mf; (advantage) *the pros and cons* le pour et le contre. **II** © prep pour.

probability /ˌprɒbəˈbɪlətɪ/ n probabilité f; *in all probability* selon toute probabilité.

probable /ˈprɒbəbl/ adj probable.

probably /ˈprɒbəblɪ/ adv probablement.

probation /prəˈbeɪʃn, prəʊ-US/ n JUR mise f en liberté surveillée; *probation period* période f d'essai.

probationary teacherGB n SCOL professeur m en stage pratique.

probe /prəʊb/ **I** n enquête f; (instrument) sonde f. **II** vtr [▸affair] enquêter sur; [▸ground] sonder. **III** vi faire des recherches.

problem /ˈprɒbləm/ n problème m; *to be a problem to sb* poser des problèmes à qn.

problem case n SOCIOL cas m social.

problematic(al) /ˌprɒbləˈmætɪk(l)/ adj problématique.

procedure /prəˈsiːdʒə(r)/ n procédure f.

proceed /prəˈsiːd, prəʊ-/ **I** vtr continuer; *to proceed to* entreprendre de. **II** vi continuer; *to proceed with* poursuivre.

proceeding /prəˈsiːdɪŋ/ **I** n procédure f. **II** proceedings npl réunion f, débats mpl; (ceremony) cérémonie f; *to direct proceedings* diriger les opérations; JUR *to take proceedings* engager des poursuites; (of conference) actes mpl.

proceeds /ˈprəʊsiːdz/ npl produit m.

process I /ˈprəʊses, ˈprɒses US/ n processus m; *in the process* en même temps; *to be in the process of doing* être en train de faire; (method) procédé m; ORDINAT processus m, traitement m. **II** /ˈprəʊses, ˈprɒses US/ vtr traiter; PHOT [▸film] développer. **III** processed /ˈprəʊsest/ pp adj [cheese] industriel/-elle.

process-server *n* JUR ≈ huissier de justice.

processing /ˈprəʊsesɪŋ, ˈprɒ-US/ *n* ORDI-NAT, GÉN traitement *m*; PHOT développe-ment *m*.

procession /prəˈseʃn/ *n* défilé *m*; proces-sion *f*.

processor /ˈprəʊsesə(r), ˈprɒ-US/ *n* ORDINAT unité *f* centrale.

proclaim /prəˈkleɪm/ *vtr* proclamer.

proclamation /prɒkləˈmeɪʃn/ *n* proclama-tion *f*.

procure /prəˈkjʊə(r)/ *vtr* procurer.

prod /prɒd/ **I** *n* petit coup *m*. **II** *vtr* (*p prés etc* **-dd-**) **to prod sb into doing**© pousser qn à faire.

prodigious /prəˈdɪdʒəs/ *adj* prodigieux/-ieuse.

prodigy /ˈprɒdɪdʒɪ/ *n* prodige *m*.

produce I /ˈprɒdjuːs, -duːsUS/ *n* produits *mpl*. **II** /prəˈdjuːs, -ˈduːsUS/ *vtr* produire; [▸ reaction] provoquer; [▸ evidence] fournir; [▸ brochure] éditer.

producer /prəˈdjuːsə(r), -ˈduːs-US/ *n* produc-teur/-trice *m/f*.

product /ˈprɒdʌkt/ *n* produit *m*.

production /prəˈdʌkʃn/ *n* production *f*; THÉÂT mise *f* en scène.

productive /prəˈdʌktɪv/ *adj* productif/-ive.

productivity /prɒdʌkˈtɪvətɪ/ *n* productivi-té *f*.

product manager *n* chef *m* de produit.

product range *n* gamme *f* (de produits).

Prof. *n* (*abrév écrite* = **professor**).

profess /prəˈfes/ *vtr* **to profess that...** pré-tendre que...

profession /prəˈfeʃn/ *n* profession *f*.

professional /prəˈfeʃənl/ *n, adj* profession-nel/-elle *(m/f)*.

professor /prəˈfesə(r)/ *n* professeur *m* (d'université).

profile /ˈprəʊfaɪl/ **I** *n* profil *m*; JOURN (of celebrity) portrait *m* (**of** de). **II** *vtr* JOURN (per-son) dresser le portrait de.

profit /ˈprɒfɪt/ **I** *n* bénéfice *m*, profit *m*. **II** *vi* **to profit by/from sth** tirer profit de qch.

profitable /ˈprɒfɪtəbl/ *adj* rentable.

profit sharing scheme *n* système *m* d'in-téressement des salariés aux bénéfices.

profound /prəˈfaʊnd/ *adj* profond.

prognosis /prɒgˈnəʊsɪs/ *n* pronostic *m*.

program /ˈprəʊgræm, -grəmUS/ **I** *n* ORDI-NAT programme *m*; RADIO, TV US émission *f*. **II** *vtr, vi* (*p prés etc* **-mm-**GB, **-m-**US) pro-grammer.

programmeGB, **program**US /ˈprəʊgræm, -grəmUS/ **I** *n* TV, RADIO émission *f*; (sched-ule, of broadcasting) programme *m*. **II** *vtr* pro-grammer.

programmer, **programer**US /ˈprəʊgræmə(r), -grəm-US/ *n* ORDINAT programmeur/-euse *m/f*.

programming, **programing**US /ˈprəʊ-græmɪŋ, -grəm-US/ *n* ORDINAT programma-tion *f*.

progress I /ˈprəʊgres, ˈprɒgresUS/ *n* ¢ pro-grès *m*; (evolution) progression *f*, évolution *f*; **to be in progress** être en cours. **II** /prəˈgres/ *vi* progresser.

progression /prəˈgreʃn/ *n* progression *f*.

progressive /prəˈgresɪv/ **I** *n* progressiste *mf*. **II** *adj* progressif/-ive; [person] progressiste.

prohibit /prəˈhɪbɪt, prəʊ-US/ *vtr* interdire; **to prohibit sb from doing** interdire à qn de faire.

prohibition /prəʊhɪˈbɪʃn, prəʊəˈbɪʃnUS/ **I** *n* interdiction *f*. **II Prohibition** *pr n* HIST la prohibition.

prohibitive /prəˈhɪbətɪv, prəʊ-US/ *adj* prohibitif/-ive.

project I /ˈprɒdʒekt/ *n* (scheme) projet *m*. **II** /prəˈdʒekt/ *vtr* [▸ object, film] projeter; [▸ missile] envoyer. **III** /prəˈdʒekt/ *vi* faire saillie; **to project over** surplomber. **IV** /prəˈdʒekt/ *v refl* **to project oneself as being** donner l'impres-sion d'être; [▸ into the future] se projeter dans l'avenir. **V projected** *pp adj* prévu.

projection /prəˈdʒekʃn/ *n* projection *f*.

projector /prəˈdʒektə(r)/ *n* projecteur *m*.

proliferate /prəˈlɪfəreɪt, prəʊ-US/ *vi* proliférer.

prolific /prəˈlɪfɪk/ *adj* prolifique.

prologue /ˈprəʊlɒg, -lɔːgUS/ *n* prologue *m*.

prolong /prəˈlɒŋ, -lɔːŋUS/ *vtr* prolonger.

prom© /prɒm/ *n* GB concert *m*; (at high school)US bal *m* de lycéens; (college) bal *m* d'étudiants; (at seaside)GB front *m* de mer.

promenade /prɒməˈnɑːd, -ˈneɪdUS/ *n* (by sea) promenade *f*.

prominence /ˈprɒmɪnəns/ *n* proéminence *f*.

prominent /ˈprɒmɪnənt/ adj proéminent;
[artist] éminent; [marking] bien visible; [eye]
exorbité.

promiscuous /prəˈmɪskjʊəs/ adj to be promiscuous être débauché.

promise /ˈprɒmɪs/ **I** n promesse f. **II** vtr to
promise sb sth promettre qch à qn. **III** vi
promettre; do you promise? c'est promis?;
[result, event] s'annoncer bien.

promising /ˈprɒmɪsɪŋ/ adj prometteur/-
euse; that's promising c'est bon signe.

promote /prəˈməʊt/ **I** vtr promouvoir. **II** v
refl to promote oneself se mettre en avant.

promoter /prəˈməʊtə(r)/ n promoteur/-
trice m/f.

promotion /prəˈməʊʃn/ n promotion f.

promotional /prəˈməʊʃənl/ adj promotion-
nel/-elle.

prompt /prɒmpt/ **I** adj rapide; prompt to
do prompt à faire. **II** adv pile; at six o'clock
prompt à six heures pile. **III** vtr [▸ comment]
susciter; to prompt sb to do sth inciter qn
à faire qch; [▸ person] souffler à. **IV** vi THÉÂT
souffler.

prompting /ˈprɒmptɪŋ/ n encouragement m.

promptly /ˈprɒmptlɪ/ adv immédiatement;
promptly at six o'clock à six heures pré-
cises.

prone /prəʊn/ adj to be prone to [▸ colds] être
sujet/-ette à; [lie] sur le ventre.

prong /prɒŋ/ n dent f.

pronoun /ˈprəʊnaʊn/ n pronom m.

pronounce /prəˈnaʊns/ vtr, vi prononcer;
to pronounce on se prononcer sur.

pronounced /prəˈnaʊnst/ adj prononcé.

pronouncement /prəˈnaʊnsmənt/ n
déclaration f; (verdict) verdict m.

pronunciation /prəˌnʌnsɪˈeɪʃn/ n prononciation f.

proof /pruːf/ **I** n preuve f; (in printing)
épreuve f; (of alcohol) teneur f. **II** adj to be
proof against être à l'épreuve de. **III**
-proof combining form earthquake-proof
antisismique.

proofread /ˈpruːfriːd/ (prét, pp -read /red/)
vtr, vi corriger; (check proofs) corriger des
épreuves.

prop /prɒp/ **I** n étai m, soutien m; THÉÂT
the props les accessoires mpl. **II** vtr (p prés

etc **-pp-**) (support) étayer; to prop sb/sth
against sth appuyer qn/qch contre qch.
■ prop up étayer, soutenir.

propaganda /ˌprɒpəˈɡændə/ n propagande f.

propagate /ˈprɒpəɡeɪt/ **I** vtr propager. **II**
vi se propager.

propel /prəˈpel/ vtr (p prés etc **-ll-**) propulser.

propeller /prəˈpelə(r)/ n hélice f.

propensity /prəˈpensətɪ/ n propension f.

proper /ˈprɒpə(r)/ adj [term] correct; [order,
tool, choice] bon/bonne; [precautions] nécessaire; [funding] convenable; [holiday, job, meal]
vrai (before n); in the village proper dans le
village même.

properly /ˈprɒpəlɪ/ adv correctement.

proper name, **proper noun** n nom m
propre.

property /ˈprɒpətɪ/ n propriété f, bien(s)
m(pl).

property developer n promoteur m
immobilier.

property owner n propriétaire mf.

prophecy /ˈprɒfəsɪ/ n prophétie f.

prophet /ˈprɒfɪt/ n prophète m.

prophetic /prəˈfetɪk/ adj prophétique.

proponent /prəˈpəʊnənt/ n partisan/-e m/f.

proportion /prəˈpɔːʃn/ **I** n proportion f; out
of/in proportion hors de/en proportion; (of
income, profit, work) part f; out of all proportion tout à fait disproportionné. **II** proportions npl dimensions fpl.

proportional /prəˈpɔːʃənl/ adj proportion-
nel/-elle.

proportionate /prəˈpɔːʃənət/ adj propor-
tionnel/-elle.

proposal /prəˈpəʊzl/ n proposition f; (of
marriage) demande f en mariage.

propose /prəˈpəʊz/ **I** vtr proposer, présenter. **II** vi faire sa demande en mariage. **III**
proposed pp adj [▸ action, reform] envisagé.

proposition /ˌprɒpəˈzɪʃn/ n proposition f.

proprietary /prəˈpraɪətrɪ, -terɪ[US]/ adj de
propriété.

proprietor /prəˈpraɪətə(r)/ n propriétaire mf.

prosaic /prəˈzeɪɪk/ adj prosaïque.

prose /prəʊz/ n prose f; (translation)[GB] thème
m.

prosecute /ˈprɒsɪkjuːt/ vtr JUR to prosecute
sb poursuivre qn en justice.

prosecution /ˌprɒsɪˈkjuːʃn/ n JUR poursuites fpl; (state, Crown) le ministère public.

prosecutor /ˈprɒsɪkjuːtə(r)/ n JUR US avocat/-e m/f de la partie civile; (in court) procureur m.

prospect I /ˈprɒspekt/ n perspective f; (hope) espoir m; (of success) chance f. **II prospects** npl perspectives fpl d'avenir; **she has good career prospects** elle a de bonnes perspectives de carrière. **III** /prəˈspekt, ˈprɒspektUS/ vi **to prospect for** chercher.

prospective /prəˈspektɪv/ adj potentiel/-ielle.

prospectus /prəˈspektəs/ n brochure f.

prosper /ˈprɒspə(r)/ vi prospérer.

prosperity /prɒˈsperətɪ/ n prospérité f.

prosperous /ˈprɒspərəs/ adj prospère.

prostitute /ˈprɒstɪtjuːt, -tuːtUS/ **I** n prostituée, e m/f. **II** vtr prostituer.

prostitution /ˌprɒstɪˈtjuːʃn, -tuːt-US/ n prostitution f.

protagonist /prəˈtægənɪst/ n protagoniste mf.

protect /prəˈtekt/ **I** vtr protéger, défendre. **II** v refl **to protect oneself** se protéger, se défendre.

protection /prəˈtekʃn/ n protection f.

protectionism /prəˈtekʃənɪzəm/ n protectionnisme m.

protective /prəˈtektɪv/ adj protecteur/-trice.

protein /ˈprəʊtiːn/ n protéine f.

protest I /ˈprəʊtest/ n protestation f; **in protest** en signe de protestation; **a protest against** une réclamation contre. **II** /prəˈtest/ vtr protester (de); **to protest that** protester que. **III** /prəˈtest/ vi protester; (demonstrate) manifester.

Protestant /ˈprɒtɪstənt/ n, adj protestant/-e m/f.

protester /prəˈtestə(r)/ n manifestant/-e m/f.

protocol /ˈprəʊtəkɒl, -kɔːlUS/ n protocole m.

prototype /ˈprəʊtətaɪp/ n prototype m.

protracted /prəˈtræktɪd/ adj prolongé.

protrude /prəˈtruːd, prəʊ-US/ vi dépasser; [teeth] avancer.

protruding /prəˈtruːdɪŋ/ adj [▸rock] en saillie; [▸eyes] globuleux/-euse; [▸ears] décollé; [▸chin] en galoche©, en avant.

proud /praʊd/ adj fier/fière; [father, owner] heureux/-euse.

prove /pruːv/ **I** vtr prouver; (by demonstration) démontrer; **to prove a point** montrer qu'on a raison. **II** vi **it proved otherwise** il en est allé autrement. **III to prove oneself (to be)** se révéler.

proven /ˈpruːvn/ adj éprouvé.

proverb /ˈprɒvɜːb/ n proverbe m.

provide /prəˈvaɪd/ **I** vtr fournir; **to provide sb with** munir qn de; [▸answer] apporter, donner; [law] prévoir. **II** vi pourvoir aux besoins.

∎ **provide for** envisager; JUR prévoir.

provided /prəˈvaɪdɪd/, **providing** /prəˈvaɪdɪŋ/ conj à condition que (+ subj).

providence /ˈprɒvɪdəns/ n providence f.

province /ˈprɒvɪns/ n province f; **in the provinces** en province.

provincial /prəˈvɪnʃl/ n, adj provincial/-e (m/f).

provision /prəˈvɪʒn/ **I** n mise f à disposition; (of food) approvisionnement m; (of service) prestation f; **to make provision for** prévoir. **II provisions** npl provisions fpl.

provisional /prəˈvɪʒənl/ adj provisoire.

provocation /ˌprɒvəˈkeɪʃn/ n provocation f.

provocative /prəˈvɒkətɪv/ adj provocant.

provoke /prəˈvəʊk/ vtr provoquer; **to provoke sb into doing sth** pousser qn à faire qch.

prow /praʊ/ n proue f.

prowl /praʊl/ **I** n **to be on the prowl** rôder. **II** vtr, vi rôder.

proximity /prɒkˈsɪmətɪ/ n proximité f.

proxy /ˈprɒksɪ/ n procuration f; **by proxy** par procuration.

prudent /ˈpruːdnt/ adj prudent.

prune /pruːn/ **I** n pruneau m. **II** vtr tailler.

pryUS /praɪ/ **I** vtr **to pry sth out of sb** soutirer qch à qn. **II** vi **to pry into** mettre son nez dans.

prying /ˈpraɪɪŋ/ adj curieux/-ieuse, indiscret/-ète.

PS (abrév = **postscript**) PS m.

psych© /saɪk/ vtr.

∎ **psych out** affoler; (outguess)US deviner; **psych up**© se préparer (psychologiquement) (**for** pour).

psychiatric /ˌsaɪkɪˈætrɪk/ *adj* psychiatrique.

psychiatrist /saɪˈkaɪətrɪst, sɪ-US/ *n* psychiatre *mf*.

psychiatry /saɪˈkaɪətrɪ, sɪ-US/ *n* psychiatrie *f*.

psychic /ˈsaɪkɪk/ **I** *n* médium *m*, voyant/-e *m/f*. **II** *adj* parapsychologique.

psycho /ˈsaɪkəʊ/ **I** © *n* dingue© *m/f*. **II** **psycho +** *combining form* psych(o).

psychoanalysis /ˌsaɪkəʊəˈnæləsɪs/ *n* psychanalyse *f*.

psychoanalyst /ˌsaɪkəʊˈænəlɪst/ *n* psychanalyste *mf*.

psychological /ˌsaɪkəˈlɒdʒɪkl/ *adj* psychologique; *psychological abuse* harcèlement psychologique.

psychologist /saɪˈkɒlədʒɪst/ *n* psychologue *mf*.

psychology /saɪˈkɒlədʒɪ/ *n* psychologie *f*.

psychotherapist /ˌsaɪkəʊˈθerəpɪst/ *n* psychothérapeute *mf*.

psychotic /saɪˈkɒtɪk/ *n, adj* psychotique (*mf*).

pt *n* (*abrév écrite* = **pint**).

PTGB *n* (*abrév* = **physical training**) éducation *f* physique.

PTO (*abrév* = **please turn over**) TSVP.

pub©GB /ˈpʌb/ *n* ▶ **public house** pub *m*.

pub crawlGB *n* *to go on a pub crawl* faire la tournée des pubs.

pub foodGB, **pub grub**©GB *n* cuisine *f* de pub.

public /ˈpʌblɪk/ **I** *n* *the public* le public. **II** *adj* public/-ique; [enthusiasm, support] général; [library, amenity] municipal; *in public* en public; *in the public eye* exposé à l'opinion publique; *it is public knowledge that* il est de notoriété publique que; *at public expense* aux frais du contribuable.

publicanGB /ˈpʌblɪkən/ *n* patron/-onne de pub *m/f*.

public assistanceUS *n* aide *f* sociale.

publication /ˌpʌblɪˈkeɪʃn/ *n* publication *f*.

public companyGB *n* société *f* anonyme par actions.

public convenienceGB *n* toilettes *fpl*.

public gallery *n* tribune *f* réservée au public.

public holidayGB *n* jour *m* férié.

public houseGB *n* pub *m*.

publicity /pʌbˈlɪsətɪ/ *n* publicité *f*.

publicize /ˈpʌblɪsaɪz/ *vtr* rendre [qch] public; (advertise) faire de la publicité pour.

public relations *n* relations *fpl* publiques.

public school *n* GB école *f* privée; US école *f* publique.

public service *n* (transport, education) service *m* public; ¢ fonction *f* publique.

public-spirited *adj* à l'esprit civique.

public transport *n* transports *mpl* en commun.

publish /ˈpʌblɪʃ/ *vtr, vi* publier, éditer.

publisher /ˈpʌblɪʃə(r)/ *n* éditeur/-trice *m/f*.

publishing /ˈpʌblɪʃɪŋ/ **I** *n* édition *f*. **II** *in compounds* [group] de presse; *publishing house* maison *f* d'édition.

pudding /ˈpʊdɪŋ/ *n* GB dessert *m*; *Christmas pudding* pudding de Nöel.

puddle /ˈpʌdl/ *n* flaque *f*.

Puerto Rican /pwɜːtəʊˈriːkən/ **I** *n* Portoricain/-e *m/f*. **II** *adj* portoricain.

Puerto Rico /pwɜːtəʊˈriːkəʊ/ *pr n* Porto Rico *f*.

puff /pʌf/ **I** *n* (of air, smoke) bouffée *f*. **II** *vtr* [▶ pipe] tirer sur. **III** *vi* souffler.

■ **puff out** [▶ sails, cheeks] gonfler; *to puff out one's chest* bomber le torse.

pull /pʊl/ **I** *n* *to give sth a pull* tirer sur qch; (attraction) force *f*, attrait *m*. **II** *vtr* tirer (sur); (by dragging) traîner; *to pull sth out of* tirer qch de. **III** *vi* tirer; *to pull ahead of sb* prendre de l'avance sur qn.

● **pull the other one**©GB! à d'autres (mais pas à moi©)!; *to pull a face* faire la grimace.

■ **pull away** [car] démarrer; [person] s'écarter; [▶ hand] retirer; *to pull sb/sth away from* écarter qn/qch de; **pull back** [troops] se retirer; [car, person] reculer; **pull down** [▶ building] démolir; **pull in** arrêter, s'arrêter; **pull off** quitter; [▶ shoes] enlever; [▶ raid]© réussir; **pull out** (withdraw) se retirer; [car, truck] déboîter; [▶ parking space] quitter; [drawer] s'enlever; [▶ tooth] extraire; (from pocket) sortir; **pull over** s'arrêter (sur le côté); **pull through** s'en tirer; **pull together** se ressaisir; **pull up** s'arrêter; [▶ socks] remonter; *to pull up a chair* prendre une chaise; [driver] s'arrêter.

pull-down menu n ORDINAT menu m déroulant.

pulp /pʌlp/ n pulpe f; **to beat sb to a pulp**© réduire qn en bouillie©.

pulp fiction n PÉJ littérature f de gare.

pulsate /pʌlˈseɪt, ˈpʌlseɪt^US/ vi palpiter.

pulse /pʌls/ n pouls m; CULIN graine f de légumineuse.

pump /pʌmp/ **I** n pompe f; (plimsoll) chaussure f de sport; (flat shoe)^GB ballerine f. **II** vtr pomper; [▸handle] actionner. **III** vi fonctionner.
■**pump out** [▸fumes] cracher; [▸sewage] déverser; **pump up** [▸tyres] gonfler.

pump attendant n pompiste mf.

pumpkin /ˈpʌmpkɪn/ n citrouille f.

pump prices npl (of petrol) prix m à la pompe.

pun /pʌn/ n jeu m de mots, calembour m.

punch /pʌntʃ/ **I** n coup m de poing; (of style) énergie f, punch© m; (drink) punch m. **II** vtr **to punch sb in the face** donner un coup de poing dans la figure de qn; [▸cards] perforer; [▸ticket] composter. **III** vi donner des coups de poing.

Punch /pʌntʃ/ pr n Polichinelle.

punch-up©GB n bagarre© f.

punctual /ˈpʌŋktʃʊəl/ adj ponctuel/-elle.

punctuate /ˈpʌŋktʃʊeɪt/ vtr, vi ponctuer.

punctuation /pʌŋktʃʊˈeɪʃn/ n ponctuation f.

puncture /ˈpʌŋktʃə(r)/ **I** n crevaison f; (in skin) piqûre f. **II** vtr, vi [▸tyre] crever.

pundit /ˈpʌndɪt/ n expert/-e m/f.

pungent /ˈpʌndʒənt/ adj [smell, taste] fort; [gas, smoke] âcre.

punish /ˈpʌnɪʃ/ vtr punir.

punishing /ˈpʌnɪʃɪŋ/ adj éprouvant.

punishment /ˈpʌnɪʃmənt/ n punition f, châtiment m.

punitive /ˈpjuːnətɪv/ adj punitif/-ive.

punt /pʌnt/ n (Irish currency) livre f; (boat) barque f (à fond plat).

punter©GB /ˈpʌntə(r)/ n (at races) parieur m, joueur/-euse m/f; (average client) client/-e m/f.

pup /pʌp/ n chiot m.

pupil /ˈpjuːpɪl/ n élève mf; ANAT pupille f.

puppet /ˈpʌpɪt/ **I** n marionnette f. **II** in compounds [government, state] fantoche.

puppy /ˈpʌpɪ/ n chiot m.

purchase /ˈpɜːtʃəs/ **I** n achat m. **II** vtr acheter.

purchase price n prix m d'achat.

purchasing power n pouvoir m d'achat.

pure /pjʊə(r)/ adj pur.

puree /ˈpjʊəreɪ, pjʊəˈreɪ^US/ n purée f.

purely /ˈpjʊəlɪ/ adv purement.

purge /pɜːdʒ/ **I** n purge f. **II** vtr purger.

purify /ˈpjʊərɪfaɪ/ vtr purifier.

purist /ˈpjʊərɪst/ n, adj puriste (mf).

purple /ˈpɜːpl/ **I** n violet m. **II** adj violet/-ette; **to turn purple** devenir rouge de colère.

purport /pəˈpɔːt/ vtr SOUT **to purport to do** prétendre faire.

purpose /ˈpɜːpəs/ **I** n but m; **for the purposes of** pour (les besoins de); **to some/good purpose** utilement; **to no purpose** inutilement; **to have a sense of purpose** savoir ce que l'on veut. **II on purpose** adv phr exprès.

purpose-built©GB /ˈpɜːpəsˈbɪlt/ adj fonctionnel/-elle.

purposeful /ˈpɜːpəsfl/ adj résolu.

purposely /ˈpɜːpəslɪ/ adv exprès, intentionnellement.

purr /pɜː(r)/ vi ronronner.

purse /pɜːs/ n (for money)^GB porte-monnaie m inv; (handbag)^US sac m à main; FIG moyens mpl.
● **to purse one's lips** faire la moue.

pursue /pəˈsjuː, -ˈsuː-^US/ vtr poursuivre; [▸policy] mener, suivre.

pursuit /pəˈsjuːt, -ˈsuː-^US/ n poursuite f; **in pursuit of** à la recherche de.

push /pʊʃ/ **I** n poussée f; **to give sb/sth a push** pousser qn/qch. **II** vtr pousser; [▸button] appuyer sur; **to push away** repousser; **to push aside** écarter; **to push sb too far** pousser qn à bout; [▸theory] promouvoir. **III** vi pousser; **to push against** s'appuyer contre; **to push past sb** bousculer qn. **IV** v refl **to push oneself upright** se redresser; **to push oneself to do sth** se pousser à faire qch.
● **he's pushing it a bit** il pousse©.
■**push around**© bousculer; **push back** [▸date, enemy] repousser; [▸object] pousser; **push off**©GB filer©; **push over** se pousser;

[▸table, car] renverser; **push through** faire voter; **push up** faire monter.

push-button n bouton-poussoir m.

pushchairGB n poussette f.

pusher© /ˈpʊʃə(r)/ n revendeur/-euse m/f de drogue.

push-up /ˈpʊʃʌp/ n (exercise) pompe© f.

pushy© /ˈpʊʃɪ/ adj arriviste.

pussy© /ˈpʊsɪ/ n LANG ENFANTIN minou m.

put /pʊt/ **I** vtr (p prés **-tt-**; prét, pp **put**) mettre; **to put a lot into** s'engager à fond pour; **to put it bluntly** pour parler franchement. **II** v refl se mettre.

■ **put across** [▸idea] communiquer; **put aside** mettre [qch] de côté; **put away** ranger, mettre [qch] de côté; [▸person]© boucler©; **put back** remettre; [▸clock] retarder; **put by**GB mettre [qch] de côté; **put down** [aircraft] atterrir; [▸object, plane] poser; (write down) mettre (par écrit); [▸account] mettre qch sur; [▸passenger] déposer; (humiliate)© rabaisser; **put forward** [▸idea] avancer; [▸plan] soumettre; [▸opinion] émettre; **put in** [ship] faire escale; **to put in for a job** postuler un emploi; [▸transfer] demander [▸request] faire; [▸days] passer; [▸sum] contribuer pour. **put [sb] in for** [▸exam] présenter [qn] pour; [▸prize, award] recommander [qn] pour; **put off** (delay) remettre [qch] (à plus tard); [▸light] éteindre; [▸heating] couper; [▸guest] décommander; [▸person] dissuader; [appear-

ance] dégoûter; [manner, person] déconcerter; **put on** [▸garment] mettre; [▸light] allumer; [▸tape] mettre; [▸kilo] prendre; [▸play] monter; [▸accent] prendre; [▸clock]GB avancer; TÉLÉCOM [▸person] passer; **to put sb on**©US faire marcher© qn; **put out** [▸hand] tendre; **to put out one's tongue** tirer la langue; (extinguish) éteindre; [▸bin, garbage] sortir; [▸cat] faire sortir; [▸report] diffuser **put through** TÉLÉCOM passer; **put together** assembler; [▸list] établir; [▸meal] improviser; [▸case] constituer; **put up to put up with** supporter; [▸resistance] opposer; **to put up a fight/struggle** combattre; [▸flag, sail] hisser; [▸hair] relever; **to put up one's hand** lever la main; **put your hands up!** haut les mains!; [▸sign, list] afficher; [▸barrier, tent] dresser; [▸building] construire; [▸prices, tax] augmenter; [▸pressure] faire monter; [▸money] fournir; [▸proposal] soumettre; [▸person] héberger; [▸candidate] présenter; **to put sb up to sth** pousser qn à qch/à faire.

put-down n remarque f humiliante.

puzzle /ˈpʌzl/ **I** n mystère m; JEUX casse-tête m inv. **II** vtr rendre, laisser perplexe. **III** vi **to puzzle over sth** réfléchir à qch.

puzzled /ˈpʌzld/ adj perplexe.

puzzling /ˈpʌzlɪŋ/ adj curieux/-ieuse.

pyjamaGB, **pajama**US /pəˈdʒɑːmə/ **I** in compounds [jacket, trousers] de pyjama. **II pyjamas** npl pyjama m.

pyramid /ˈpɪrəmɪd/ n pyramide f.

q

Qatar /kæˈtɑː/ pr n Qatar m.

QCGB n JUR (abrév = **Queen's Counsel**) titre conféré à un avocat éminent.

QED (abrév = **quod erat demonstrandum**) CQFD.

quad bike n quad m.

quadruple I /ˈkwɒdrʊpl, kwɒˈdruːpl US/ n, adj quadruple (m). II /kwɒˈdruːpl/ vtr, vi quadrupler.

quagmire /ˈkwɒgmaɪə(r), ˈkwæg-/ n bourbier m.

quail /kweɪl/ n caille f.

quaint /kweɪnt/ adj pittoresque; (old-world) d'un charme suranné; (odd) bizarre.

quake /kweɪk/ I n tremblement m de terre. II vi trembler.

qualification /ˌkwɒlɪfɪˈkeɪʃn/ n qualification f; diplôme m; (reservation) réserve f.

qualified /ˈkwɒlɪfaɪd/ adj qualifié; (having knowledge) compétent; [praise] nuancé, mitigé.

qualify /ˈkwɒlɪfaɪ/ I vtr to qualify sb to do autoriser qn à faire; [▸statement] préciser. II vi obtenir son diplôme; to qualify to do avoir les connaissances requises pour faire; to qualify (for sth) remplir les conditions (requises) (pour obtenir qch); SPORT se qualifier.

quality /ˈkwɒlətɪ/ n qualité f.

quality control I n COMM contrôle m (de la) qualité. II in compounds [▸techniques, procedure] de contrôle de qualité.

quality time n (with loved one) temps m en tête à tête, moment m privilégié.

qualm /kwɑːm/ n scrupule m.

quantify /ˈkwɒntɪfaɪ/ vtr évaluer avec précision.

quantity /ˈkwɒntətɪ/ n quantité f.

quarantine /ˈkwɒrəntiːn, ˈkwɔːr-US/ n quarantaine f.

quarrel /ˈkwɒrəl, ˈkwɔːrəl US/ I n dispute f; (break) brouille f. II vi (p prés etc **-ll-**, **-l-**US) se disputer; (sever relations) se brouiller; to quarrel with [▸idea] contester; [▸price] se plaindre de.

quarry /ˈkwɒrɪ, ˈkwɔːrɪ US/ n (of stone) carrière f.

quart /kwɔːt/ n ≈ litre m (GB = 1.136 litres, US = 0.946 litres).

quarter /ˈkwɔːtə(r)/ I n quart m; quarter of an hour quart d'heure; (three months) trimestre m; (district) quartier m; (mercy) to give no quarter ne pas faire de quartier; (25 cents)US vingt-cinq cents mpl. II quarters npl MIL quartiers mpl GÉN logement m. III pron quart m; an hour and a quarter une heure et quart. IV adj a quarter century un quart de siècle. V vtr [▸cake, apple] couper en quatre.

quarterfinal n SPORT quart m de finale.

quarterly /ˈkwɔːtəlɪ/ I adj trimestriel/-ielle. II adv tous les trois mois.

quartet /kwɔːˈtet/ n quatuor m; jazz quartet quartette m.

quartz /kwɔːts/ n quartz m.

quash /kwɒʃ/ vtr [▸proposal] rejeter; [▸rebellion] réprimer.

quaver /ˈkweɪvə(r)/ vi trembloter.

quay /kiː/ n quai m.

queasy /ˈkwiːzɪ/ adj to be/feel queasy avoir mal au cœur.

queen /kwiːn/ n reine f; (in cards) dame f.

queen mother n Reine mère f.

queer /kwɪə(r)/ adj étrange, bizarre; (ill)GB patraque©; INJUR homosexuel/-elle.

quell /kwel/ vtr [▸revolt] étouffer; [▸fears] apaiser.

quench /kwentʃ/ vtr [▸thirst] étancher; [▸desire] étouffer; [▸flame] éteindre.

query /ˈkwɪərɪ/ I n question f. II vtr demander; [▸decision] remettre en cause.

query window n ORDINAT (dialogue box) boîte f de dialogue; (for web search) fenêtre f de requête.

quest /kwest/ n quête f; the quest for sth la recherche de qch.

question /ˈkwestʃən/ I n question f; (practical issue) problème m; that's another question c'est une autre affaire; the question is whether il s'agit ici de savoir si; it's out of *the question* c'est hors de question; *without question* indiscutablement. **II** *vtr* questionner; (cast doubt upon) mettre en doute; *to question whether* douter que (+ *subj*).

questionable /'kwestʃənəbl/ *adj* discutable.

questioner /'kwestʃənə(r)/ *n* interrogateur/-trice *m/f*.

question mark *n* point *m* d'interrogation.

questionnaire /ˌkwestʃə'neə(r)/ *n* questionnaire *m*.

question tag *n* LING queue *f* de phrase interrogative, tag☺.

queueGB /kju:/ **I** *n* queue *f*, file *f* (d'attente). **II** *vi* faire la queue.

queue-jumpGB *vi* passer avant son tour.

quick /kwɪk/ **I** *adj* rapide; [storm, shower] bref/ brève; *a quick coffee* un café en vitesse; *be quick (about it)!* dépêche-toi!; *to have a quick temper* s'emporter facilement. **II** *adv* quick! vite!

quicken /'kwɪkən/ **I** *vtr* accélérer. **II** *vi* s'accélérer.

quick-freeze *vtr* (*prét* **-froze**, *pp* **-frozen**) surgeler.

quickly /'kwɪklɪ/ *adv* vite, rapidement.

quicksand *n* ¢ sables *mpl* mouvants.

quick-tempered *adj* coléreux/-euse.

quick-witted *adj* [person] à l'esprit vif.

quid☺GB /kwɪd/ *n* (*pl inv*) livre *f* (sterling).

quiet /'kwaɪət/ **I** *adj* silencieux/-ieuse; *to keep quiet* garder le silence; *be quiet* tais-toi, ne fais pas de bruit; [voice] bas/basse; [village] tranquille. **II** US *vtr* (se) calmer.

quietenGB /'kwaɪətn/ *vtr* calmer.
■ **quieten down** se calmer.

quietly /'kwaɪətlɪ/ *adv* calmement, [move] sans bruit; [play] en silence.

quilt /kwɪlt/ **I** *n* (duvet)GB *(continental) quilt* couette *f*; (bed cover) dessus *m* de lit. **II** *vtr* matelasser.

quince /kwɪns/ *n* coing *m*; (tree) cognassier *m*.

quintessential /ˌkwɪntɪ'senʃl/ *adj* [quality] fondamental.

quip /kwɪp/ *n* trait *m* d'esprit.

quirk /kwɜːk/ *n* (of person) excentricité *f*; (of fate) caprice *m*.

quirky /'kwɜːkɪ/ *adj* excentrique.

quit /kwɪt/ **I** *vtr* (*p prés* **-tt-**; *prét, pp* **quit**/ **quitted**) [▸job] démissionner de, quitter; ORDINAT [▸application, program] quitter; *to quit smoking* arrêter de fumer. **II** *vi* arrêter; *I quit*☺ j'abandonne; (resign) démissionner; ORDINAT quitter/sortir d'une application.

quite /kwaɪt/ *adv* tout à fait; [impossible] totalement; [extraordinary] vraiment; *I quite agree* je suis tout à fait d'accord; *you're quite right* vous avez entièrement raison; *not quite* pas exactement; [big, easily, often] assez; (as intensifier) [difference] considérable; *quite (so)*GB c'est sûr.

quits☺ /kwɪts/ *adj* *to be quits* être quitte.

quiver /'kwɪvə(r)/ *vi* trembler.

quiz /kwɪz/ **I** *n* (*pl* **quizzes**) questionnaire *m*; (game) jeu *m* de questions-réponses. **II** *vtr* (*p prés etc* **-zz-**) questionner.

quiz game, **quiz show** *n* jeu *m* de questions-réponses.

quota /'kwəʊtə/ *n* quota *m*.

quotation /kwəʊ'teɪʃn/ *n* citation *f*; (estimate) devis *m*.

quotation marks *npl* guillemets *mpl*.

quote /kwəʊt/ **I** *n* citation *f*; (estimate) devis *m*. **II quotes** *npl* guillemets *mpl*. **III** *vtr* citer; [▸price, figure] indiquer; (on stock exchange) coter. **IV** *vi* *quote... unquote* je cite... fin de citation.

r

rabbi /ˈræbaɪ/ n rabbin m.

rabbit /ˈræbɪt/ n lapin m, lapine f.

rabies /ˈreɪbiːz/ n rage f.

raccoon /rəˈkuːn, ræ-US/ n raton m laveur.

race /reɪs/ **I** n course f; (species) race f. **II** vtr **to race sb** faire la course avec qn; [▸horse, dog] faire courir. **III** vi courir.

racehorse n cheval m de course.

racetrack n (for horses) champ m de courses; (for cars) circuit m; (for cycles) piste f.

racial /ˈreɪʃl/ adj racial.

racing /ˈreɪsɪŋ/ n course f.

racist /ˈreɪsɪst/ n, adj raciste (mf).

rack /ræk/ n égouttoir m; (on train) compartiment m à bagages; (shelving) étagère f; CULIN **rack of lamb** carré m d'agneau.
● **to rack one's brains** se creuser la cervelle©; **to go to rack and ruin** se délabrer.

racket /ˈrækɪt/ n raquette f; (noise)© raffut© m; (swindle) escroquerie f; trafic m.

radar /ˈreɪdɑː(r)/ n radar (m).

radar trap n contrôle-radar m inv.

radiant /ˈreɪdɪənt/ adj [person, smile] radieux/-ieuse; **radiant with** [▸health] rayonnant de.

radiate /ˈreɪdɪeɪt/ **I** vtr émettre. **II** vi rayonner.

radiation /reɪdɪˈeɪʃn/ n radiation f; PHYS rayonnement m.

radiator /ˈreɪdɪeɪtə(r)/ n radiateur m.

radical /ˈrædɪkl/ n, adj radical/-e (m/f).

radio /ˈreɪdɪəʊ/ **I** n (pl **radios**) radio f. **II** vtr (3e pers sg prés **radios**; prét, pp **radioed**) **to radio sb** appeler qn par radio.

radioactive adj radioactif/-ive.

radio broadcast n émission f de radio.

radiography /reɪdɪˈɒɡrəfɪ/ n radiographie f.

radiologist /reɪdɪˈɒlədʒɪst/ n radiologue mf.

radish /ˈrædɪʃ/ n radis m.

radius /ˈreɪdɪəs/ n (pl **-dii -diuses**) rayon m.

RAFGB n MIL (abrév = **Royal Air Force**) armée de l'air britannique.

raffle /ˈræfl/ n tombola f.

raft /rɑːft, ræftUS/ n radeau m.

rag /ræɡ/ **I** n chiffon m; (local newspaper) canard© m. **II rags** npl loques fpl.

rage /reɪdʒ/ **I** n rage f, colère f; [fashion] **to be (all) the rage**© faire fureur. **II** vi faire rage.

ragged /ˈræɡɪd/ adj en loques.

raging /ˈreɪdʒɪŋ/ adj violent.

rag weekGB n semaine du carnaval étudiant au profit d'institutions caritatives.

raid /reɪd/ **I** n raid m; (on bank)GB hold-up m; (on home)GB cambriolage m; (by police) rafle f. **II** vtr faire un raid sur; [▸bank]GB attaquer; [▸fridge] faire une razzia sur.

raider /ˈreɪdə(r)/ n pillard m.

rail /reɪl/ **I** n barreau m; (on balcony) balustrade f; (handrail) rampe f; (for curtains) tringle f; (for vehicle) rail m. **II** in compounds [network, traffic] ferroviaire; [travel] en train; **railcard**GB carte f de réduction.

railing /ˈreɪlɪŋ/ n grille f.

railroadUS /ˈreɪlrəʊd/ **I** n chemin m de fer; (track) voie f ferrée. **II** vtr© **to railroad somebody into doing** forcer quelqu'un à faire.

railroad carUS n wagon m.

railwayGB /ˈreɪlweɪ/ n chemin m de fer; (line) voie f ferrée; **railway station** gare f.

rain /reɪn/ **I** n pluie f. **II** v impers pleuvoir.
■ **rain down** [blows, etc] pleuvoir.

rainbow /ˈreɪnbəʊ/ n arc-en-ciel m.

raincoat n imperméable m.

rainfall /ˈreɪnfɔːl/ n niveau m de précipitations.

rain forest n forêt f tropicale.

rainwear n vêtements mpl de pluie.

rainy /ˈreɪnɪ/ adj pluvieux/-ieuse.

raise /reɪz/ **I** US n augmentation f. **II** vtr lever; [▸question, lid] soulever; [▸price, salary] augmenter; [▸voice, standard] élever; [▸doubts] faire naître; [▸protests] provoquer, déclencher; [▸child, family] élever; [▸support] obtenir; [▸money] collecter; **to raise the alarm** donner l'alarme.

raisin /ˈreɪzn/ n raisin m sec.

rake /reɪk/ **I** n râteau m. **II** vtr ratisser.
■ **rake in**© [▸money] amasser.

rally

rally /ˈrælɪ/ **I** n rassemblement m; (race) rallye m. **II** vtr rassembler; [▶opinion] rallier. **III** vi (recover) se ressaisir.
■ **rally round**GB, **rally around** soutenir.

rallying adj [cry, point] de ralliement.

ram /ræm/ **I** n (animal) bélier m. **II** vtr, vi (p prés etc **-mm-**) rentrer dans, heurter.

RAM /ræm/ n ORDINAT (abrév = **random access memory**) RAM f.

ramble /ˈræmbl/ **I** n randonnée f, balade f. **II** vi faire une randonnée.
■ **ramble on** parler à n'en plus finir de qch.

rambler /ˈræmblə(r)/ n randonneur/-euse m/f.

rambling /ˈræmblɪŋ/ adj [house] plein de coins et de recoins; [talk, article] décousu.

ramification /ˌræmɪfɪˈkeɪʃn/ n ramification f.

ramp /ræmp/ n rampe f; (for car repairs) pont m de graissage; (up to plane) passerelle f; (on, off highway)US bretelle f.

rampage **I** /ˈræmpeɪdʒ/ n **to be on the rampage** tout saccager. **II** /ræmˈpeɪdʒ/ vi se déchaîner.

rampant /ˈræmpənt/ adj endémique.

rampart /ˈræmpɑːt/ n rempart m.

ram-raidGB vtr dévaliser un magasin (après avoir défoncé la vitrine au moyen d'une voiture-bélier).

ramshackle /ˈræmʃækl/ adj délabré.

ran /ræn/ prét ▶ **run**.

ranch /rɑːntʃ, ræntʃUS/ n ranch m.

rancid /ˈrænsɪd/ adj rance; **to go rancid** rancir.

random /ˈrændəm/ adj (pris) au hasard.

rang /ræŋ/ prét ▶ **ring**.

range /reɪndʒ/ **I** n (of activities, etc) gamme f, éventail m, choix m; (of people, abilities, etc) variété f; (of issues) série f; **age range** tranche d'âge; (of influence) étendue f; (of research) domaine m; **out of range** hors de portée; (prairie)US prairie f; (of mountains) chaîne f; (gas, electric) cuisinière f; (for weapons) champ m de tir. **II** vtr (set) opposer (**against** à); (draw up), [▶forces, troops] aligner, ranger. **III** vi aller; (vary) varier.

ranger /ˈreɪndʒə(r)/ n garde-forestier m.

rank /ræŋk/ **I** n grade m; rang m; (of objects) rangée f. **II** adj [beginner] complet/-ète; [odour] fétide. **III** vtr, vi (se) classer.

rank and file n (people) base f.

ranking /ˈræŋkɪŋ/ n classement m.

ransack /ˈrænsæk, rænˈsækUS/ vtr [▶drawer] fouiller; [▶house] mettre [qch] à sac.

ransom /ˈrænsəm/ n rançon f; **to hold sb to/ for ransom** garder qn en otage.

rap /ræp/ **I** n coup m sec; MUS rap m. **II** vtr, vi (p prés etc **-pp-**) frapper (sur).

rape /reɪp/ **I** n viol m; (plant) colza m. **II** vtr violer.

rapid /ˈræpɪd/ adj GÉN rapide.

rapidly /ˈræpɪdlɪ/ adv rapidement.

rapids /ˈræpɪdz/ npl rapides mpl.

rapist /ˈreɪpɪst/ n violeur m.

rapper /ˈræpə(r)/ n MUS rappeur/-euse m/f.

rapport /ræˈpɔː(r), -ˈpɔːrtUS/ n rapports mpl.

rapture /ˈræptʃə(r)/ n extase f.

rare /reə(r)/ adj rare; [steak] saignant.

rarely /ˈreəlɪ/ adv rarement.

rarity /ˈreərətɪ/ n rareté f.

rascal /ˈrɑːskl, ˈræsklUS/ n coquin/-e m/f.

rash /ræʃ/ **I** n rougeurs fpl. **II** adj irréfléchi.

rasp /rɑːsp, ræspUS/ **I** n râpe f. **II** vtr râper.

raspberry /ˈrɑːzbrɪ, ˈræzberɪUS/ n framboise f.

rat /ræt/ **I** n rat m; **you rat!**© canaille©! **II** © vi (p prés etc **-tt-**) **to rat on** dénoncer.

rate /reɪt/ **I** n rythme m; **at this rate** à ce train-là; (of currency) cours m; **the interest rate** le taux d'intérêt; (charge) tarif m. **II** vtr considérer, estimer; **highly rated** très coté.
● **at any rate** en tout cas, du moins.

ratepayerGB n contribuable mf.

rather /ˈrɑːðə(r)/ adv plutôt; **rather than sth** plutôt que qch; **I'd rather** j'aimerais mieux.

ratify /ˈrætɪfaɪ/ vtr ratifier.

rating /ˈreɪtɪŋ/ **I** n cote f. **II ratings** npl TV indice m d'écoute, audimat® m.

ratio /ˈreɪʃɪəʊ/ n GÉN proportion f.

ration /ˈræʃn/ **I** n ration f. **II** vtr rationner.

rational /ˈræʃənl/ adj rationnel/-elle, sensé.

rationale /ˌræʃəˈnɑːl, -lˈnælUS/ n inv raisons fpl.

rationalize /ˈræʃnəlaɪz/ vtr justifier; ÉCONGB rationaliser.

rationing /ˈræʃnɪŋ/ n rationnement m.

rat race n PÉJ foire f d'empoigne.

rattan /ræˈtæn/ n rotin m.

rattle /ˈrætl/ **I** n (for baby) hochet m; (of sports fan) crécelle f. **II** vtr faire s'entrechoquer; [▸person]© énerver. **III** vi s'entrechoquer, faire du bruit.

rattlesnake /ˈrætlsneɪk/ n serpent m à sonnette m.

ratty© /ˈræti/ adj (grumpy)GB [▸character] grincheux/-euse; US miteux/-euse.

raucous /ˈrɔːkəs/ adj bruyant.

ravage /ˈrævɪdʒ/ vtr ravager.

rave /reɪv/ **I** ©GB n (party) fête f, rave m. **II** © adj a rave review une critique dithyrambique. **III** vi délirer; to rave about s'emballer.
● to rave it up©GB faire la bringue©.

raven /ˈreɪvn/ n (grand) corbeau m.

ravenous /ˈrævənəs/ adj to be ravenous avoir une faim de loup.

raver©GB /ˈreɪvə(r)/ n (merrymaker) noceur/-euse© m/f; (trendy person) branché/-e m/f.

rave-up©GB /ˈreɪvʌp/ n fête f.

ravine /rəˈviːn/ n ravin m.

raving /ˈreɪvɪŋ/ adj enragé.
● (stark) raving mad© complètement fou.

ravishing /ˈrævɪʃɪŋ/ adj ravissant.

raw /rɔː/ adj cru; [data, sugar] brut; [throat] à vif.

raw material n matière f première.

ray /reɪ/ n rayon m; (fish) raie f.

rayon /ˈreɪɒn/ n rayonne f.

razor /ˈreɪzə(r)/ n rasoir m.

razor blade n lame f de rasoir.

razzmatazz© /ˌræzməˈtæz/ n folklore© m, cirque© m.

R & B n (abrév = **rhythm and blues**) rhythm and blues m.

RC n, adj (abrév = **Roman Catholic**) catholique m/f.

Rd n (abrév écrite = **road**).

re¹ /reɪ/ n MUS ré m.

re² /riː/ prep (abrév = **with reference to**) (in letter head) objet.

reach /riːtʃ/ **I** n portée f; beyond/out of reach hors de portée. **II** vtr atteindre; [sound, news] parvenir à; (contact) joindre; [▸audience, market] toucher. **III** vi to reach for étendre le bras pour saisir.
■ reach out étendre le bras; to reach out for chercher.

react /rɪˈækt/ vi réagir.

reaction /rɪˈækʃn/ n réaction f.

reactionary /rɪˈækʃənrɪ, -ənerɪUS/ n, adj réactionnaire (mf).

reactor /rɪˈæktə(r)/ n réacteur m.

read /riːd/ (prét, pp **read** /red/) **I** vtr lire; [▸meter] relever. **II** vi lire; UNIV to read for a degreeGB ≈ préparer une licence.
■ read in [computer] [▸data] enregistrer; read off [▸names, scores] annoncer; read on continuer à lire; read out lire [qch] à haute voix.

readable /ˈriːdəbl/ adj lisible.

reader /ˈriːdə(r)/ n lecteur/-trice m/f.

readership /ˈriːdəʃɪp/ n lecteurs mpl.

read head n ORDINAT tête f de lecture.

readily /ˈredɪlɪ/ adv [reply, give] sans hésiter; [make friends] facilement.

reading /ˈriːdɪŋ/ n lecture f; reading matter quelque chose à lire; (on meter) relevé m.

reading age n SCOL niveau m de lecture.

readjust /ˌriːəˈdʒʌst/ **I** vtr [▸TV, lens] régler (de nouveau). **II** vi se réadapter (à).

read-only memory, ROM n ORDINAT mémoire f morte.

read-write memory n ORDINAT mémoire f vive.

ready /ˈredɪ/ **I** ©GB **readies** npl argent m. **II** adj prêt; to get ready se préparer; ready cash© (argent m) liquide m.

ready-made /ˌredɪˈmeɪd/ adj [suit] de prêt-à-porter; [excuse, phrase] tout fait.

ready meal n plat m cuisiné.

ready-to-wear adj [▸garment] prêt-à-porter.

real /rɪəl/ **I** n réel m. **II** adj véritable, réel/réelle; in real life dans la réalité; the real thing de l'authentique; [charmer] vrai (before n).
● for real© pour de vrai©.

real estate n immobilier m.

realism /ˈriːəlɪzəm/ n réalisme m.

realist /ˈriːəlɪst/ n, adj réaliste (mf).

realistic /rɪəˈlɪstɪk/ adj réaliste.

reality /rɪˈælətɪ/ n réalité f.

reality TV n TV téléréalité f.

realize /ˈrɪəlaɪz/ vtr se rendre compte de; to realize how/what comprendre comment/ ce que; (make real) réaliser.

really /ˈrɪəlɪ/ adv vraiment, réellement.

realm /relm/ n royaume m; FIG domaine m.

realtorUS /'ri:əltə(r)/ n agent m immobilier.

ream /ri:m/ n (of paper) rame f.

reap /ri:p/ I vtr [▸fruit] recueillir. II vi moissonner.

reappear /ri:ə'pɪə(r)/ vi reparaître.

rear /rɪə(r)/ I n arrière m; *at the rear of the house* derrière la maison; (of person) derrière© m. II adj [entrance] de derrière; [light, seat] arrière inv. III vtr [▸child] élever; [▸plants] cultiver. IV vi [horse] se cabrer.

rearrange /ri:ə'reɪndʒ/ vtr [▸plans] modifier.

rear-view mirror n rétroviseur m.

reason /'ri:zn/ I n raison f; *within reason* dans la limite du raisonnable. II vi raisonner.

reasonable /'ri:znəbl/ adj raisonnable; *beyond reasonable doubt* JUR sans aucun doute possible.

reasoning /'ri:znɪŋ/ n raisonnement m.

reassert /ri:ə'sɜ:t/ vtr réaffirmer.

reassess /ri:ə'ses/ vtr reconsidérer.

reassurance /ri:ə'ʃɔ:rəns, -'ʃʊər-US/ n réconfort m.

reassure /ri:ə'ʃɔ:(r), -'ʃʊər-US/ vtr rassurer.

reassuring /ri:ə'ʃɔ:rɪŋ, -'ʃʊər-US/ adj rassurant.

rebate /'ri:beɪt/ n (refund) remboursement m; (discount) remise f.

rebel I /'rebl/ n, in compounds rebelle (mf). II /rɪ'bel/ vi (p prés etc **-ll-**) se rebeller.

rebellion /rɪ'beliən/ n rébellion f, révolte f.

rebellious /rɪ'beliəs/ adj rebelle.

rebirth /ri:'bɜ:θ/ n renaissance f.

reboot /ri:'bu:t/ vtr ORDINAT réinitialiser.

rebound /rɪ'baʊnd/ vi (bounce) rebondir; *to rebound on* se retourner contre.

rebroadcast /ri:'brɔ:dkɑ:st, -kæstUS/ I n (repeat) rediffusion f; (live) retransmission f. II vtr (prét, pp **-cast** ou **-casted**) (repeat) rediffuser; (relay live) retransmettre.

rebuff /rɪ'bʌf/ I n rebuffade f. II vtr repousser.

rebuild /ri:'bɪld/ vtr (prét, pp **rebuilt** /ri:'bɪlt/) reconstruire.

rebuke /rɪ'bju:k/ I n réprimande f. II vtr réprimander.

recall I /'ri:kɔ:l/ n rappel m. II /rɪ'kɔ:l/ vtr se souvenir de; *to recall sth to sb* rappeler qch à qn.

recap© I n /'ri:kæp/ (abrév = **recapitulation**) récapitulation f. II vtr, vi (p prés etc **-pp-**) (abrév = **recapitulate**) récapituler.

recapture /ri:'kæptʃə(r)/ vtr recapturer; [▸town, position] reprendre; [▸feeling] retrouver.

recede I /rɪ'si:d/ vi s'éloigner. II **receding** /rɪ'si:dɪŋ/ pres p adj [chin, forehead] fuyant.

receipt /rɪ'si:t/ n reçu m; (from till) ticket m de caisse; (of goods, letters) réception f.

receive /rɪ'si:v/ I vtr recevoir; [▸stolen goods] receler. II **received** pp adj reçu; *received with thanks* COMM pour acquit.

Received Pronunciation, RPGB n prononciation f standard (de l'anglais).

receiver /rɪ'si:və(r)/ n combiné m; (TV, radio) récepteur m.

receiver dish n antenne f parabolique.

recent /'ri:snt/ adj récent.

recently /'ri:sntlɪ/ adv récemment, dernièrement.

reception /rɪ'sepʃn/ n réception f.

reception centreGB n centre m d'accueil.

receptionist /rɪ'sepʃənɪst/ n réceptionniste mf.

receptive /rɪ'septɪv/ adj réceptif/-ive.

recess /'ri:ses, rɪ'sesUS/ n POL *the recess* les vacances fpl; (break)US récréation f; (alcove) recoin m.

recession /rɪ'seʃn/ n ÉCON récession f.

recharge /ri:'tʃɑ:dʒ/ vtr recharger.

rechargeable /ri:'tʃɑ:dʒəbl/ adj [▸battery] rechargeable.

recipe /'resəpɪ/ n recette f; *a recipe for sth* une recette de qch; *recipe book* livre m de recettes.

recipient /rɪ'sɪpɪənt/ n (of mail) destinataire mf; (of aid, chèque) bénéficiaire mf; (of prize) lauréat/-e m/f.

reciprocal /rɪ'sɪprəkl/ adj réciproque.

reciprocate /rɪ'sɪprəkeɪt/ I vtr rendre. II vi rendre la pareille.

recital /rɪ'saɪtl/ n récital m.

recite /rɪ'saɪt/ vtr, vi réciter.

reckless /'reklɪs/ adj imprudent.

reckon /'rekən/ I vtr considérer; (think) *to reckon (that)* croire que; *to reckon to do* compter faire; [▸amount] calculer. II vi calculer.
■ **reckon on**© *reckon on doing* compter faire; **reckon up** calculer; **reckon with**

compter avec; **reckon without** compter sans.

reckoning /ˈrekənɪŋ/ n calculs mpl.
● **day of reckoning** jour du jugement.

reclaim /rɪˈkleɪm/ vtr récupérer; [▸land] reconquérir.

reclaimable /rɪˈkleɪməbl/ adj [▸waste product] récupérable; [▸expenses] remboursable.

reclamation /reklaˈmeɪʃn/ n récupération f; (of land) mise f en valeur.

recline /rɪˈklaɪn/ vi [person] s'allonger; **to be reclining** être allongé; [seat] s'incliner.

recognition /rekəgˈnɪʃn/ n reconnaissance f; **beyond recognition** méconnaissable.

recognizable /rekəgˈnaɪzəbl, ˈrekəgnaɪzəbl/ adj reconnaissable.

recognize /ˈrekəgnaɪz/ vtr reconnaître; **I recognized him by his voice** je l'ai reconnu à sa voix.

recoil /rɪˈkɔɪl/ vi reculer.

recollect /rekəˈlekt/ **I** vtr se souvenir de, se rappeler. **II** vi se souvenir.

recollection /rekəˈlekʃn/ n souvenir m.

recommend /rekəˈmend/ vtr recommander.

recommendation /rekəmenˈdeɪʃn/ n recommandation f.

reconcile /ˈrekənsaɪl/ vtr réconcilier; **to become reconciled to sth** se résigner à qch.

reconciliation /rekənsɪlɪˈeɪʃn/ n réconciliation f.

recondition /ri:kənˈdɪʃn/ vtr remettre [qch] à neuf.

reconnaissance /rɪˈkɒnɪsns/ n reconnaissance f.

reconsider /ri:kənˈsɪdə(r)/ **I** vtr réexaminer. **II** vi y repenser.

reconstitute /ri:ˈkɒnstɪtju:t, -tu:t^US/ vtr reconstituer.

reconstituted family n famille f recomposée.

reconstruct /ri:kənˈstrʌkt/ vtr reconstruire; [▸crime] faire une reconstitution de.

record I /ˈrekɔːd, ˈrekərd^US/ n (of events) compte rendu m; (official proceedings) procèsverbal m; **to keep a record of sth** noter qch; (historical) archives fpl; (personal, administrative) dossier m; AUDIO disque m; ORDINAT enregistrement m; (best performance) record

m; JUR casier m judiciaire. **II** /rɪˈkɔːd/ vtr, vi noter; (on disc, etc) enregistrer.

record-breaking adj record (inv).

record button n bouton m d'enregistrement.

recorder /rɪˈkɔːdə(r)/ n flûte f à bec.

recording /rɪˈkɔːdɪŋ/ n enregistrement m.

record player n tourne-disque m, platine f.

records office n (of births, deaths) bureau m des archives; JUR (of court records) greffe m.

recount /rɪˈkaʊnt/ vtr raconter, conter.

recoup /rɪˈkuːp/ vtr [▸losses] compenser.

recourse /rɪˈkɔːs/ n recours m.

recover /rɪˈkʌvə(r)/ **I** vtr retrouver, récupérer; **to recover one's sight** recouvrer la vue. **II** vi se remettre, se rétablir; (from defeat, mistake) se ressaisir; [economy] se redresser.

recovery /rɪˈkʌvərɪ/ n rétablissement m, guérison f; ÉCON, FIN relance f, reprise f; (of money) récupération f.

recovery vehicle n (car) voiture f de dépannage; (truck) camion m de dépannage.

recreate /rekrɪeɪt, ri:krɪˈeɪt/ vtr recréer.

recreation /rekrɪˈeɪʃn/ **I** n loisirs mpl; (pastime) récréation f. **II** in compounds [facilities, centre] de loisirs; [ground, room] de jeux.

recreational /rekrɪˈeɪʃənl/ adj de loisirs.

recrimination /rɪkrɪmɪˈneɪʃn/ n récrimination f.

recruit /rɪˈkruːt/ **I** n recrue f. **II** vtr, vi recruter.

recruitment /rɪˈkruːtmənt/ n recrutement m.

rectangle /ˈrektæŋgl/ n rectangle m.

rectangular /rekˈtæŋgjʊlə(r)/ adj rectangulaire.

rectify /ˈrektɪfaɪ/ vtr rectifier.

rector /ˈrektə(r)/ n RELIG pasteur m.

recuperate /rɪˈkuːpəreɪt/ vi se rétablir, récupérer.

recur /rɪˈkɜː(r)/ vi (p prés etc **-rr-**) se reproduire; [theme, phrase] revenir.

recurrence /rɪˈkʌrəns/ n récurrence f; (of symptom) réapparition f.

recurrent /rɪˈkʌrənt/ adj récurrent.

recyclable /ri:ˈsaɪkləbl/ adj recyclable.

recycle /ri:ˈsaɪkl/ vtr [▸paper, waste] recycler.

recycling /ˌriːˈsaɪklɪŋ/ **I** *n* recyclage *m*. **II** *in compounds* [▸facility, plant, process] de recyclage.

red /red/ **I** *n* rouge *m*; *in red* en rouge; *to be in the red* être à découvert. **II** *adj* rouge; *to go/turn red* rougir; [hair, squirrel] roux/rousse.
● *to be caught red-handed* être pris/-e sur le fait.

red blood cell *n* globule *m* rouge.

red card *n* SPORT carton *m* rouge.

red carpet *n* tapis *m* rouge; LIT, FIG *to roll out the red carpet for sb* dérouler le tapis rouge pour qn.

Red Cross *n* Croix-Rouge *f*.

redcurrant *n* groseille *f*.

redcurrant bush groseillier *m*.

reddish /ˈredɪʃ/ *adj* rougeâtre.

redecorate /riːˈdekəreɪt/ *vtr* repeindre, refaire.

redecoration /riːdekəˈreɪʃn/ *n* travaux *mpl* de peinture; *the house needs redecoration* les murs de la maison ont besoin d'être rafraîchis.

redeem /rɪˈdiːm/ **I** *vtr* [▸loan] rembourser; *his one redeeming feature is...* ce qui le rachète, c'est...; [▸situation] sauver. **II** *v refl* *to redeem oneself* se racheter.

redefine /riːdɪˈfaɪn/ *vtr* redéfinir.

redemption /rɪˈdempʃn/ *n* remboursement *m*; (spiritual) rédemption *f*; *beyond redemption* irrémédiable; [person] HUM irrécupérable.

redeploy /riːdɪˈplɔɪ/ *vtr* [▸resources, troops] redéployer; [▸staff] réaffecter.

red-hot /redˈhɒt/ *adj* [metal] chauffé au rouge; [passion] ardent.

redial /riːˈdaɪəl/ **I** *vtr* TÉLÉCOM [▸number] recomposer. **II** *vi* recomposer le numéro.

redirect /riːdɪˈrekt/ *vtr* [▸mail] faire suivre.

rediscover /riːdɪˈskʌvə(r)/ *vtr* redécouvrir.

red light *n* feu *m* rouge.

red mullet *n* (fish) rouget *m*.

redneck /ˈrednek/ *n* INJUR péquenaud/-e⊚ *m/f*.

red pepper *n* poivron *m* rouge.

redress /rɪˈdres/ *vtr* redresser; [▸error] réparer; [▸balance] rétablir.

red tape *n* paperasse⊚ *f*.

reduce /rɪˈdjuːs, -ˈduːs^{US}/ **I** *vtr* réduire, baisser; *reduce speed now* ralentir. **II reduced** *pp adj* réduit; *reduced goods* marchandises en solde.

reduction /rɪˈdʌkʃn/ *n* réduction *f*; (of weight, size, cost) diminution *f*.

redundancy^{GB} /rɪˈdʌndənsɪ/ *n* licenciement *m*; chômage *m*.

redundant /rɪˈdʌndənt/ *adj* [worker]^{GB} *to be made redundant* être licencié; [information] superflu.

reed /riːd/ *n* roseau *m*; (of instrument) anche *f*.

reef /riːf/ *n* récif *m*, écueil *m*.

reek /riːk/ *vi to reek of sth* puer.

reel /riːl/ **I** *n* bobine *f*; (for fishing) moulinet *m*. **II** *vi* [person] tituber; [government] chavirer.
■ **reel off** [▸list] débiter.

ref /ref/ *n* COMM (*abrév écrite* = **reference**) référence *f*; SPORT© (*abrév* = **referee**) arbitre *m*.

refer /rɪˈfɜː(r)/ (*p prés etc* **-rr-**) **I** *vtr to refer to* renvoyer à. **II refer to** *vi* parler de, faire allusion à; [number, date] se rapporter à; [▸notes, article] consulter.

referee /refəˈriː/ **I** *n* SPORT arbitre *m*; (giving job reference)^{GB} *personne pouvant fournir des références*. **II** *vtr, vi* arbitrer.

reference /ˈrefərəns/ **I** *n* référence *f*, allusion *f*; *without reference to* sans tenir compte de; GÉOG *map references* coordonnées *fpl*. **II with reference to** *prep phr* en ce qui concerne, quant à; *with reference to your letter* suite à votre lettre.

referendum /refəˈrendəm/ *n* (*pl* **-da**, **-dums**) référendum *m*.

refill I /ˈriːfɪl/ *n* recharge *f*; (for fountain pen) cartouche *f*. **II** /riːˈfɪl/ *vtr* remplir [qch] à nouveau; [▸pen, lighter] recharger.

refine /rɪˈfaɪn/ *vtr* raffiner; [▸method] peaufiner.

refined /rɪˈfaɪnd/ *adj* raffiné.

refinement /rɪˈfaɪnmənt/ *n* raffinement *m*.

refinery /rɪˈfaɪnərɪ/ *n* raffinerie *f*.

reflate /riːˈfleɪt/ *vtr* ÉCON relancer.

reflation /riːˈfleɪʃn/ *n* ÉCON relance *f*.

reflationary /riːˈfleɪʃnrɪ/ *adj* ÉCON [▸measure] de relance; *to be reflationary* entraîner la relance.

reflect /rɪˈflekt/ **I** vtr refléter; [▸light, heat] renvoyer, réfléchir; (think) se dire, penser. **II** vi réfléchir.

reflection /rɪˈflekʃn/ n reflet m, image f; (thought) réflexion f.

reflex /ˈriːfleks/ n, adj réflexe (m).

reflexive /rɪˈfleksɪv/ adj LING réfléchi.

reforestation /riːˌfɔreˈsteɪʃn/ n reboisement m.

reform /rɪˈfɔːm/ **I** n réforme f. **II** vtr réformer; **he's a reformed character** il s'est assagi.

reformer /rɪˈfɔːmə(r)/ n réformateur/-trice m/f.

refrain /rɪˈfreɪn/ **I** n refrain m. **II** vi se retenir; **to refrain from doing** s'abstenir de faire.

refresh /rɪˈfreʃ/ vtr rafraîchir; **the rest refreshed me** le repos m'a fait du bien.

refresher course /rɪˈfreʃə kɔːs/ n cours m de recyclage.

refreshing /rɪˈfreʃɪŋ/ adj rafraîchissant; [rest] réparateur/-trice; [insight] original.

refreshment /rɪˈfreʃmənt/ n rafraîchissement m; **light refreshments** repas léger.

refrigerate /rɪˈfrɪdʒəreɪt/ vtr **keep refrigerated** conserver au réfrigérateur.

refrigerator /rɪˈfrɪdʒəreɪtə(r)/ n réfrigérateur m.

refuel /riːˈfjʊəl/ (p prés etc **-ll-**GB, **-l-**US) vi se ravitailler en carburant.

refuge /ˈrefjuːdʒ/ n refuge m; **to take refuge from** se mettre à l'abri de.

refugee /ˌrefjʊˈdʒiː, ˈrefjʊdʒiːUS/ n réfugié/-e m/f.

refund I /ˈriːfʌnd/ n remboursement m. **II** /rɪˈfʌnd/ vtr rembourser.

refurbish /riːˈfɜːbɪʃ/ vtr rénover.

refurbishment /riːˈfɜːbɪʃmənt/ n rénovation f.

refusal /rɪˈfjuːzl/ n refus m.

refuse¹ /rɪˈfjuːz/ vtr, vi refuser.

refuse² /ˈrefjuːs/ n ordures fpl; (industrial) déchets mpl.

refuse binGB n poubelle f.

refuse chuteGB n vide-ordures m inv.

refuse collectorGB n éboueur m.

refuse disposalGB n traitement m des ordures.

refuse dumpGB n décharge f publique.

refute /rɪˈfjuːt/ vtr réfuter.

regain /rɪˈgeɪn/ vtr [▸health, freedom] retrouver; [▸control] reprendre.

regal /ˈriːgl/ adj royal.

regard /rɪˈgɑːd/ **I** n estime f, considération f; **to have little regard for sth** faire peu de cas de qch; **with/in regard to** en ce qui concerne. **II regards** npl (good wishes) amitiés fpl; **kindest regards** avec toutes mes/nos amitiés. **III** vtr considérer; **highly regarded** très apprécié; SOUT concerner.

regarding /rɪˈgɑːdɪŋ/ prep concernant.

regardless /rɪˈgɑːdlɪs/ **I** prep sans tenir compte de; **regardless of the weather** quel que soit le temps. **II** adv malgré tout.

regatta /rɪˈgætə/ n régate f.

regency /ˈriːdʒənsɪ/ n régence f.

regenerate /rɪˈdʒenəreɪt/ vi se régénérer.

regime, **régime** /reɪˈʒiːm, ˈreʒiːm/ n POL régime m.

regiment /ˈredʒɪmənt/ n régiment m.

region /ˈriːdʒən/ n région f; **(somewhere) in the region of** environ.

regional /ˈriːdʒənl/ adj régional.

regional development n IND aménagement m du territoire.

register /ˈredʒɪstə(r)/ **I** n registre m; SCOL cahier m des absences. **II** vtr [▸birth, death] déclarer; [▸vehicle] faire immatriculer; [▸trademark, complaint] déposer; [▸student] inscrire; POSTES [▸letter] envoyer [qch] en recommandé. **III** vi s'inscrire; (at hotel) se présenter.

registered /ˈredʒɪstəd/ adj [voter, student] inscrit; [vehicle] immatriculé; [charity] ≈ agréé; [nurse] diplômé d'État; POSTES [letter] recommandé.

registered post n (service) envoi m recommandé; **by registered post** en recommandé.

registered trademark n nom m déposé.

registrar /ˌredʒɪsˈtrɑː(r), ˈredʒ-/ n UNIV responsable du bureau de la scolarité.

registration /ˌredʒɪˈstreɪʃn/ n inscription f; (of birth, death) déclaration f; (of car) immatriculation f.

registration number n numéro m d'immatriculation.

registration plate *n* plaque *f* d'immatriculation, plaque *f* minéralogique.

registry officeGB *n* bureau *m* de l'état civil.

regress /rɪˈgres/ *vi* régresser.

regret /rɪˈgret/ **I** *n* regret *m*. **II** *vtr* (*p prés etc* **-tt-**) **to regret (doing)** regretter (d'avoir fait).

regrettable /rɪˈgretəbl/ *adj* regrettable (que) (+ *subj*).

regroup /riːˈgruːp/ *vi* se regrouper.

regular /ˈregjʊlə(r)/ **I** *n* habitué-e *m/f*; (any substance)US ordinaire *n*. **II** *adj* régulier/-ière; **on a regular basis** de façon régulière; **he's a regular guy**@US c'est un chic type@; [activity, customer] habituel/-elle; [price, size] normal; [army, soldier] de métier; (not special)US ordinaire.

regularity /regjʊˈlærətɪ/ *n* régularité *f*.

regulate /ˈregjʊleɪt/ *vtr* [▸ mechanism] régler; [▸ use] règlementer.

regulation /regjʊˈleɪʃn/ *n* (for discipline) règlement *m*; (for safety, fire) consigne *f*; *EU regulations* règlementation communautaire.

regulator /ˈregjʊleɪtə(r)/ *n* régulateur *m*.

rehabilitate /riːəˈbɪlɪteɪt/ *vtr* réhabiliter; [▸ ex-prisoner] réinsérer.

rehabilitation /riːəbɪlɪˈteɪʃn/ *n* réinsertion *f*; (after disgrace) réhabilitation *f*.

rehearsal /rɪˈhɜːsl/ *n* répétition *f*.

rehearse /rɪˈhɜːs/ *vtr, vi* répéter.

reign /reɪn/ **I** *n* règne *m*. **II** *vi* régner.

reimburse /riːɪmˈbɜːs/ *vtr* rembourser.

reimbursement /riːɪmˈbɜːsmənt/ *n* remboursement *m*.

rein /reɪn/ *n* rêne *f*.

reindeer /ˈreɪndɪə(r)/ *n inv* renne *m*.

reinforce /riːɪnˈfɔːs/ *vtr* renforcer; *reinforced concrete* béton armé.

reinforcement /riːɪnˈfɔːsmənt/ *n* renforcement *m*; *reinforcements* renforts *m*.

reinstate /riːɪnˈsteɪt/ *vtr* [▸ employee] réintégrer; [▸ legislation] rétablir.

reissue /riːˈɪʃuː/ **I** *n* MUS, ÉDIT réédition *f*; CIN reprise *f*. **II** *vtr* [▸ book, record] rééditer; [▸ film] ressortir.

reiterate /riːˈɪtəreɪt/ *vtr* réitérer.

reject I /ˈriːdʒekt/ *n* COMM marchandise *f* de deuxième choix. **II** /rɪˈdʒekt/ *vtr* rejeter; [▸ candidate, manuscript] refuser.

rejection /rɪˈdʒekʃn/ *n* GÉN rejet *m*; (of candidate) refus *m*.

rejoice /rɪˈdʒɔɪs/ *vtr, vi* (se) réjouir.

rejoin /riːˈdʒɔɪn/ *vtr* rejoindre.

rejuvenate /rɪˈdʒuːvɪneɪt/ *vtr* rajeunir.

rekindle /riːˈkɪndl/ *vtr* ranimer.

relapse /rɪˈlæps/ *vi* retomber (dans).

relate /rɪˈleɪt/ **I** *vtr* **to relate sth and sth** établir un rapport entre qch et qch; [▸ story] raconter. **II** *vi* **to relate to** se rapporter à; (like and understand) s'entendre avec.

related /rɪˈleɪtɪd/ *adj* [person] apparenté; *related by marriage* parents par alliance; [area, idea] lié.

relation /rɪˈleɪʃn/ **I** *n* parent/-e *m/f*; (connection) rapport *m*; *to bear no relation to* n'avoir aucun rapport avec; *in relation to* par rapport à. **II relations** *npl* relations *fpl*.

relationship /rɪˈleɪʃnʃɪp/ *n* relations *fpl*; *to form relationships* se lier; (connection) rapport *m*; (family bond) lien *m* de parenté.

relative /ˈrelətɪv/ **I** *n* parent/-e *m/f*. **II** *adj* relatif/-ive; *the relative merits of X and Y* les mérites respectifs de X et Y; *relative to* (compared to) par rapport à; (concerning) concernant.

relatively /ˈrelətɪvlɪ/ *adv* relativement; *relatively speaking* toutes proportions gardées.

relativity /reləˈtɪvətɪ/ *n* relativité *f*.

relax /rɪˈlæks/ **I** *vtr* relâcher; [▸ jaw, muscle] décontracter; [▸ discipline] assouplir. **II** *vi* [person] se détendre; *relax!* ne t'en fais pas!; [muscle] se décontracter; [discipline] s'assouplir.

relaxation /riːlækˈseɪʃn/ *n* détente *f*.

relaxed /rɪˈlækst/ *adj* détendu.

relaxing /rɪˈlæksɪŋ/ *adj* délassant.

relay I /ˈriːleɪ/ *n* RADIO, TV émission *f* retransmise; SPORT course *f* de relais. **II** /ˈriːleɪ, rɪˈleɪ/ *vtr* relayer; [▸ message] transmettre.

release /rɪˈliːs/ **I** *n* libération *f*; FIG soulagement *m*; (for press) communiqué *m*; CIN sortie *f*; (film, etc) nouveauté *f*. **II** *vtr* **to release sb from sth** dégager qn de qch; [▸ prisoner] libérer, relâcher; [▸ mecanism] déclencher; [▸ handbrake] desserrer; [▸ missile] lancer;

[▸hand] lâcher; [▸statement] communiquer; [▸film, etc] faire sortir.

relegate /ˈrelɪɡeɪt/ vtr reléguer.

relent /rɪˈlent/ vi céder.

relentless /rɪˈlentlɪs/ adj implacable.

relevance /ˈreləvəns/ n pertinence f, intérêt m; **to be of relevance to** concerner.

relevant /ˈreləvənt/ adj [issue, facts, etc] pertinent; [information] utile; **relevant document** pièce justificative; [authorities] compétent.

reliable /rɪˈlaɪəbl/ adj digne de confiance, fiable; [employee, firm] sérieux/-ieuse; [memory] fiable; [source] sûr.

reliability /rɪlaɪəˈbɪlətɪ/ n (of friend, witness) honnêteté f, intégrité f; (of employee, firm) sérieux m; (of car, machine) fiabilité f.

reliance /rɪˈlaɪəns/ n dépendance f.

relic /ˈrelɪk/ n vestige m; (religious) relique f.

relief /rɪˈliːf/ n soulagement m; (help) aide f, secours m; **tax relief** allègement fiscal; GÉOG relief m.

relief agency n organisation f humanitaire.

relief work n travail m humanitaire.

relieve /rɪˈliːv/ vtr soulager; [▸troops, population] venir en aide à, secourir; [▸worker, sentry] relever.

religion /rɪˈlɪdʒən/ n religion f.

religious /rɪˈlɪdʒəs/ adj religieux/-ieuse; [person] croyant.

relinquish /rɪˈlɪŋkwɪʃ/ vtr renoncer à.

relish /ˈrelɪʃ/ I n **with relish** avec un plaisir évident; (flavour) saveur f; (appeal) attrait m; CULIN condiment m. II vtr [▸food] savourer; [▸prospect] se réjouir de.

relocate /riːləʊˈkeɪt, riːˈləʊkeɪtᵁˢ/ I vtr [▸employee] muter. II vi déménager; [employee] être muté; (for low labour costs) délocaliser (**to** à).

relocation /riːləʊˈkeɪʃn/ n (of company) relocalisation f, déménagement m; (of employee) mutation f (**to** à/en); (for low labour costs) délocalisation f (**to** à/en).

reluctant /rɪˈlʌktənt/ adj peu enthousiaste; **reluctant to do** peu disposé à faire.

reluctantly /rɪˈlʌktəntlɪ/ adv à contrecœur.

rely /rɪˈlaɪ/ vi **to rely on** dépendre de; **to rely on sb/sth** compter sur qn/qch.

remain /rɪˈmeɪn/ I vi rester; [problem, doubt] subsister; **to remain hopeful** continuer à espérer. II **remaining** pres p adj restant.

remainder /rɪˈmeɪndə(r)/ n reste m; (people) autres mfpl.

remains /rɪˈmeɪnz/ npl restes mpl; (of building) vestiges mpl.

remake I /ˈriːmeɪk/ n nouvelle version f, remake m. II /ˌriːˈmeɪk/ vtr (prét, pp **remade**) refaire.

remand /rɪˈmɑːnd, rɪˈmændᵁˢ/ vtr JUR **remanded in custody** placé en détention provisoire.

remand centreᴳᴮ n centre m de détention (provisoire).

remark /rɪˈmɑːk/ I n remarque f, réflexion f. II vtr remarquer.

∎ **remark on** faire des remarques sur.

remarkable /rɪˈmɑːkəbl/ adj remarquable.

remarry /ˌriːˈmærɪ/ vi se remarier.

remaster /ˌriːˈmɑːstə(r)/ vtr AUDIO remastériser; **digitally remastered** remastérisé numériquement.

remedial /rɪˈmiːdɪəl/ adj [measures] de redressement; [class] de rattrapage.

remedy /ˈremədɪ/ I n remède m. II vtr remédier à.

remember /rɪˈmembə(r)/ I vtr se souvenir de, se rappeler; [▸battle] commémorer. II vi se souvenir; **not as far as I remember** pas que je sache.

remembrance /rɪˈmembrəns/ n souvenir m.

Remembrance Dayᴳᴮ n jour consacré à la mémoire des soldats tués au cours des deux guerres mondiales.

remind /rɪˈmaɪnd/ vtr rappeler; **to remind sb of sth/sb** rappeler qch/qn à qn; **to remind sb that** rappeler à qn que; **you are reminded that** nous vous rappelons que; **that reminds me** à propos.

reminder /rɪˈmaɪndə(r)/ n rappel m.

reminisce /ˌremɪˈnɪs/ vi évoquer ses souvenirs.

reminiscence /ˌremɪˈnɪsns/ n souvenir m.

reminiscent /ˌremɪˈnɪsnt/ adj **to be reminiscent of sb/sth** faire penser à qn/qch.

remission /rɪˈmɪʃn/ n (of sentence, debt) remise f; MÉD rémission f.

remit /ˈriːmɪt/ n attributions fpl.

remittance /rɪˈmɪtns/ n règlement m.

remnant /ˈremnənt/ n reste m; (of building, past) vestige m; (of fabric) coupon m.

remorse /rɪˈmɔːs/ n remords m.

remote /rɪˈməʊt/ adj [era] lointain; [ancestor, country, planet] éloigné; [area, village] isolé; [chance, connection] vague, infime.

remote access n ORDINAT accès m à distance, téléconsultation f.

remote control n télécommande f.

remotely /rɪˈməʊtlɪ/ adv à l'écart de tout.

removal /rɪˈmuːvl/ n suppression f; (of doubt, worry) disparition f; (of troops) retrait m; **stain removal** détachage; (of home)GB déménagement m.

removal van n camion m de déménagement.

remove /rɪˈmuːv/ vtr enlever; [▸subsidy] supprimer; [▸fears] dissiper.

rename /riːˈneɪm/ vtr rebaptiser.

render /ˈrendə(r)/ vtr rendre; **to render sth impossible** rendre qch impossible.

rendering /ˈrendərɪŋ/ n interprétation f.

rendezvous /ˈrɒndɪvuː/ n inv rendez-vous m inv.

rendition /renˈdɪʃn/ n interprétation f.

renegade /ˈrenɪɡeɪd/ n, adj renégat/-e (m/f).

renege /rɪˈniːɡ, -ˈneɪɡ/ vi se rétracter.

renew /rɪˈnjuː, -ˈnuːUS/ vtr renouveler; [▸negotiations] reprendre.

renewable /rɪˈnjuːəbl, -ˈnuːəblUS/ adj renouvelable.

renewal /rɪˈnjuːəl, -ˈnuːəlUS/ n GÉN renouvellement m; (of negotiations) reprise f.

renounce /rɪˈnaʊns/ vtr renoncer à.

renovate /ˈrenəveɪt/ vtr rénover.

renown /rɪˈnaʊn/ n renommée f; **of world renown** de renommée mondiale.

renowned /rɪˈnaʊnd/ adj célèbre (pour).

rent /rent/ I n loyer m; **for rent** à louer. II vtr louer.

rental n location f; (of phone line) abonnement m.

rental company n société f de location.

reopen /riːˈəʊpən/ vtr, vi rouvrir.

reorganize /riːˈɔːɡənaɪz/ vtr, v (se) réorganiser.

rep /rep/ n COMM (abrév = **representative**) représentant m (de commerce).

repair /rɪˈpeə(r)/ I n réparation f; **road under repair** (attention!) travaux; **in good/ bad repair** en bon/mauvais état. II vtr réparer.

reparation /repəˈreɪʃn/ n réparation f.

repatriate /riːˈpætrɪeɪt, -ˈpeɪt-US/ vtr rapatrier.

repay /rɪˈpeɪ/ vtr (prét, pp **repaid**) rembourser; [▸hospitality] rendre, payer de retour.

repayment /rɪˈpeɪmənt/ n remboursement m.

repayment mortgage n emprunt m hypothécaire.

repeal /rɪˈpiːl/ I n JUR abrogation f. II vtr abroger.

repeat /rɪˈpiːt/ I n répétition f; RADIO, TV rediffusion f. II vtr répéter; SCOL [▸year] redoubler; [▸programme] rediffuser.

repeated /rɪˈpiːtɪd/ adj répété; [defeats, setbacks] successif/-ive.

repeatedly /rɪˈpiːtɪdlɪ/ adv plusieurs fois, à plusieurs reprises.

repel /rɪˈpel/ vtr (p prés etc **-ll-**) repousser; FIG dégoûter.

repellent /rɪˈpelənt/ adj repoussant; **insect repellent** anti-insecte.

repercussion /riːpəˈkʌʃn/ n répercussion f.

repertoire /ˈrepətwɑː(r)/ n répertoire m.

repertory /ˈrepətrɪ, -tɔːrɪUS/ n répertoire m.

repertory company n troupe f de théâtre de province.

repetition /repɪˈtɪʃn/ n répétition f.

repetitive /rɪˈpetɪtɪv/ adj répétitif/-ive.

replace /rɪˈpleɪs/ vtr remettre (à sa place); [▸goods, person] remplacer.

replacement /rɪˈpleɪsmənt/ I n remplaçant/-e m/f; (act) remplacement m. II in compounds [staff] intérimaire; [part] de rechange.

replay /riːˈpleɪ/ vtr [▸cassette] repasser; [▸match] rejouer.

replenish /rɪˈplenɪʃ/ vtr reconstituer.

replica /ˈreplɪkə/ n copie f.

replicate /ˈreplɪkeɪt/ vtr reproduire.

reply /rɪˈplaɪ/ I n réponse f. II vtr, vi répondre.

report /rɪˈpɔːt/ I n rapport m, compte rendu m; SCOLGB bulletin m scolaire; (in media) reportage m; (noise) détonation f. II vtr [▸fact] signaler; [▸debate] faire le compte

rendu de; *reported missing* porté disparu; PRESSE faire un reportage sur; [▸person] dénoncer. **III** *vi* [committee] faire son rapport; (present oneself) se présenter; *to report sick* se faire porter malade; *to report to sb* être sous les ordres (directs) de qn.
■ **report back** (after absence) [employee] se présenter; (present findings) [committee, representative] présenter un rapport (**about/on** sur).

reportedly /rɪˈpɔ:tɪdlɪ/ *adv* *he is reportedly unharmed* il serait indemne.

reporter /rɪˈpɔ:tə(r)/ *n* journaliste *mf*, reporter *mf*.

reporting /rɪˈpɔ:tɪŋ/ *n* reportages *mpl*.

repossession /ˌri:pəˈzeʃn/ *n* saisie *f* immobilière.

represent /ˌreprɪˈzent/ *vtr* représenter; [▸facts, reasons] exposer.

representation /ˌreprɪzenˈteɪʃn/ *n* représentation *f*; *to make representations to sb* faire des démarches auprès de qn.

representative /ˌreprɪˈzentətɪv/ **I** *n* représentant/-e *m/f*; POL[US] député *m*. **II** *adj* *to be representative of* être typique de.

repress /rɪˈpres/ *vtr* réprimer.

repression /rɪˈpreʃn/ *n* GÉN répression *f*.

repressive /rɪˈpresɪv/ *adj* répressif/-ive.

reprieve /rɪˈpri:v/ **I** *n* JUR remise *f* de peine. **II** *vtr* accorder un sursis.

reprimand /ˈreprɪmɑ:nd, -mænd[US]/ **I** *n* réprimande *f*. **II** *vtr* réprimander.

reprint I /ˈri:prɪnt/ *n* réimpression *f*. **II** /ˌri:ˈprɪnt/ *vtr* réimprimer.

reprisal /rɪˈpraɪzl/ *n* représailles *fpl*.

reproach /rɪˈprəʊtʃ/ **I** *n* reproche *m*. **II** *vtr to reproach sb with/for sth* reprocher qch à qn.

reproachful /rɪˈprəʊtʃfl/ *adj* [▸remark, look] réprobateur/-trice; [▸letter, word] de reproche.

reprocessing plant *n* NUCL usine *f* de retraitement (des déchets nucléaires).

reproduce /ˌri:prəˈdju:s, -ˈdu:s[US]/ *vtr* reproduire.

reproduction /ˌri:prəˈdʌkʃn/ *n* reproduction *f*.

reproductive /ˌri:prəˈdʌktɪv/ *adj* reproducteur/-trice.

reptile /ˈreptaɪl, -tl[US]/ *n* reptile *m*.

republic /rɪˈpʌblɪk/ *n* république *f*.

republican /rɪˈpʌblɪkən/ *n*, *adj* républicain/-e *(m/f)*.

Republican /rɪˈpʌblɪkən/ *adj* **Republican party** le parti républicain.

republication /ˌri:pʌblɪˈkeɪʃn/ *n* réédition *f*.

repudiate /rɪˈpju:dɪeɪt/ *vtr* rejeter; [▸violence, aim] abandonner.

repulsive /rɪˈpʌlsɪv/ *adj* infâme.

reputable /ˈrepjʊtəbl/ *adj* de confiance.

reputation /ˌrepjʊˈteɪʃn/ *n* réputation *f*.

reputed /rɪˈpju:tɪd/ *adj* réputé; *to be reputed to be* avoir la réputation d'être; *she is reputed to be very rich* à ce que l'on dit elle serait très riche.

request /rɪˈkwest/ **I** *n* demande *f*, requête *f*; *on request* sur demande; RADIO dédicace *f*. **II** *vtr to request sb to do* demander à qn de faire.

request stop[GB] *n* arrêt *m* facultatif.

requiem /ˈrekwɪem/ *n* requiem *m*.

require /rɪˈkwaɪə(r)/ *vtr* avoir besoin de; *as required* si nécessaire; [▸qualifications] exiger; *to be required to do* être tenu de faire.

requirement /rɪˈkwaɪəmənt/ *n* besoin *m*; *to meet sb's requirements* satisfaire les besoins de qn.

requisite /ˈrekwɪzɪt/ **I** *n* condition *f*. **II requisites** *npl* fournitures *fpl*; *toilet requisites* articles de toilette. **III** *adj* exigé, requis.

rerun /ˈri:rʌn/ I *n* CIN, THÉÂT reprise *f*; TV rediffusion *f*. **II** *vtr* (*prét* **reran**; *pp* **rerun**) CIN, THÉÂT [▸film, play] reprendre; TV rediffuser; POL [▸election, vote] refaire; SPORT [▸race] recommencer.

reschedule /ˌri:ˈʃedju:l, -ˈskedʒʊl[US]/ *vtr* [▸meeting] déplacer.

rescind /rɪˈsɪnd/ *vtr* [▸decision] annuler.

rescue /ˈreskju:/ **I** *n* secours *m*; (operation) sauvetage *m*. **II** *in compounds* [▸helicopter, operation] de sauvetage; [▸centre, team] de secours. **III** *vtr* sauver; [▸object] récupérer; [▸person, company] porter secours à.

rescue worker *n* secouriste *mf*.

research /rɪˈsɜ:tʃ, ˈri:sɜ:tʃ/ **I** *n* GÉN recherche *f*. **II** *in compounds* [▸assistant, programme] de recherche; [▸student] qui fait de la recherche; [▸funding] pour la recherche. **III** *vtr* faire des recherches sur; *to research the market* COMM faire une étude de marché. **IV** *vi to research into* faire des recherches sur.

research and development, R&D *n* recherche *f* (et) développement *m*.

researcher /rɪˈsɜːtʃə(r), ˈriːsɜːtʃə(r)/ n chercheur/-euse m/f.

resemblance /rɪˈzembləns/ n ressemblance f.

resemble /rɪˈzembl/ vtr ressembler à.

resent /rɪˈzent/ vtr [▸person] en vouloir à; [▸change] mal supporter; [▸tone] ne pas aimer.

resentful /rɪˈzentfl/ adj plein de ressentiment.

resentment /rɪˈzentmənt/ n ressentiment m.

reservation /rezəˈveɪʃn/ n GÉN réserve f; (booking) réservation f.

reserve /rɪˈzɜːv/ I n GÉN réserve f; SPORT remplaçant/-e m/f. II in compounds [fund, supplies] de réserve. III vtr réserver.

reserved /rɪˈzɜːvd/ adj GÉN réservé.

reservoir /ˈrezəvwɑː(r)/ n lac m artificiel.

reset /riːˈset/ vtr (p prés **-tt-**; prét, pp **reset**) [▸machine] régler; [▸computer] réinitialiser; [▸clock] remettre [qch] à l'heure.

reset button n ORDINAT bouton m de réinitialisation.

resettle /riːˈsetl/ vtr [▸person] réinstaller; [▸area] repeupler.

reshuffle /riːˈʃʌfl/ n POL remaniement m.

residence /ˈrezɪdəns/ n résidence f; **residence permit** permis de séjour.

resident /ˈrezɪdənt/ n résident/-e m/f; (of street) riverain/-e m/f; (of guesthouse) pensionnaire mf.

residential /rezɪˈdenʃl/ adj [area] résidentiel/-ielle; [course] en internat.

residual /rɪˈzɪdjʊəl, -dʒʊ-US/ adj résiduel/-elle.

residue /ˈrezɪdjuː, -duːUS/ n résidu m.

resign /rɪˈzaɪn/ I vtr, vi démissionner. II v refl **to resign oneself** se résigner.

resignation /rezɪgˈneɪʃn/ n démission f; (acceptance) résignation f.

resigned /rɪˈzaɪnd/ adj résigné.

resilient /rɪˈzɪlɪənt/ adj [material] élastique.

resin /ˈrezɪn, ˈreznUS/ n résine f.

resist /rɪˈzɪst/ vtr, vi résister (à).

resistance /rɪˈzɪstəns/ n résistance f.

resistant /rɪˈzɪstənt/ adj **heat-resistant** résistant à la chaleur; **water-resistant** imperméable.

resitGB I /ˈriːsɪt/ n examen m de rattrapage. II /riːˈsɪt/ vtr (prét, pp **resat**) [▸exam] repasser.

reskill /riːˈskɪl/ vtr [▸staff] recycler.

resolute /ˈrezəluːt/ adj résolu.

resolution /rezəˈluːʃn/ n résolution f.

resolve /rɪˈzɒlv/ I n ¢ détermination f. II vtr **to resolve that** décider que; **to resolve to do** résoudre de faire.

resonant /ˈrezənənt/ adj sonore.

resonate /ˈrezəneɪt/ vi résonner.

resort /rɪˈzɔːt/ I n recours m; (holiday centre) lieu m de villégiature; **seaside resort** station balnéaire. II vi **to resort to** recourir à.

resounding /rɪˈzaʊndɪŋ/ adj retentissant.

resource /rɪˈsɔːs, -ˈzɔːs, ˈriːsɔːrsUS/ n ressource f.

resourceful /rɪˈsɔːsfl, -ˈzɔːsfl, ˈriːsɔːrsflUS/ adj plein de ressources, débrouillard.

resource management n ORDINAT gestion f des ressources.

respect /rɪˈspekt/ I n respect m, estime f; **in respect of** pour ce qui est de; **with respect to** par rapport à. II **respects** npl respects mpl. III vtr respecter.

respectable /rɪˈspektəbl/ adj respectable; [performance] honorable.

respectful /rɪˈspektfl/ adj respectueux/-euse.

respecting /rɪˈspektɪŋ/ prep concernant.

respective /rɪˈspektɪv/ adj respectif/-ive.

respiration /respɪˈreɪʃn/ n respiration f.

respite /ˈrespaɪt, ˈrespɪt/ n répit m.

respond /rɪˈspɒnd/ vi répondre (à); (react) réagir (à).

response /rɪˈspɒns/ n réponse f.

responsibility /rɪˌspɒnsəˈbɪlətɪ/ n responsabilité f.

responsible /rɪˈspɒnsəbl/ adj **responsible for/to sb** responsable de/devant qn.

responsive /rɪˈspɒnsɪv/ adj qui réagit bien.

responsiveness /rɪˈspɒnsɪvnɪs/ n (of audience, pupil) réceptivité f; (affection) affection f; (of organization) dynamisme m.

rest /rest/ I n **the rest of sth** le reste de; (other people) les autres; (inactivity) repos m; (break) pause f; (support) support m; **to come to rest** s'arrêter. II vtr **to rest sth on** appuyer qch sur; (allow to rest) reposer; **to rest on** reposer sur. III vi se reposer; **to rest on** reposer sur.

■ **rest in** [key, solution] [▸change] consister à; **rest on** [eyes, gaze] [▸object, person] s'arrêter sur; (depend) [▸assumption, reasoning] reposer sur; **rest up** se reposer; **rest with** [decision, choice] être entre les mains de, appartenir à.

reunite

restaurant /ˈrestrɒnt, -tərənt^US/ n restaurant m.

restful /ˈrestfl/ adj reposant, paisible.

rest home n maison f de retraite.

restless /ˈrestlɪs/ adj agité.

restore /rɪˈstɔː(r)/ vtr restituer, rendre; [▸peace, rights] rétablir; [▸building] restaurer.

restrain /rɪˈstreɪn/ vtr retenir; **to restrain sb from doing sth** empêcher qn de faire qch.

restrained /rɪˈstreɪnd/ adj [reaction] modéré; [person] posé.

restraint /rɪˈstreɪnt/ n modération f; (restriction) restriction f, contrainte f.

restrict /rɪˈstrɪkt/ I vtr [▸activity] limiter; [▸freedom] restreindre. II v refl **to restrict oneself to sth/to doing** se limiter à qch/à faire.

restricted /rɪˈstrɪktɪd/ adj limité; [document] confidentiel/-ielle; [parking] règlementé.

restriction /rɪˈstrɪkʃn/ n limitation f, restriction f.

rest room^US n toilettes fpl.

result /rɪˈzʌlt/ I n résultat m, conséquence f; **as a result of** à la/par suite de. II vi résulter; **to result in** avoir pour résultat.

resume /rɪˈzjuːm, -ˈzuːm^US/ vtr, vi reprendre.

résumé /ˈrezjuːmeɪ, ˌrezuˈmeɪ^US/ n résumé m; ^US curriculum vitae m inv.

resumption /rɪˈzʌmpʃn/ n GÉN reprise f (**of** de); (of relations) rétablissement m (**of** de).

resurgence /rɪˈsɜːdʒəns/ n résurgence f.

resurrect /ˌrezəˈrekt/ vtr ressusciter.

resuscitate /rɪˈsʌsɪteɪt/ vtr réanimer.

retail /ˈriːteɪl/ I n vente f au détail. II adv au détail. III vtr vendre [qch] au détail.

retailer /ˈriːteɪlə(r)/ n détaillant m.

retail price index, **RPI** n indice m des prix à la consommation.

retail sales npl ventes fpl au détail.

retain /rɪˈteɪn/ vtr conserver, retenir.

retainer /rɪˈteɪnə(r)/ n somme f (versée à l'avance pour s'assurer des services de qn).

retake I /ˈriːteɪk/ n CIN nouvelle prise f (de vues). II /ˌriːˈteɪk/ vtr (prét **retook**; pp **retaken**) CIN [▸scene] faire une nouvelle prise; SCOL, UNIV [▸exam] repasser; MIL [▸town, island] reprendre.

retaliate /rɪˈtælɪeɪt/ vi riposter.

retarded /rɪˈtɑːdɪd/ adj retardé; (stupid)^⊕US débile^⊖.

retention /rɪˈtenʃn/ n maintien m.

reticent /ˈretɪsnt/ adj réticent; **to be reticent about sth** être discret sur qch.

retina /ˈretɪnə, ˈretənə^US/ n rétine f.

retire /rɪˈtaɪə(r)/ I vi prendre sa retraite; (withdraw) se retirer (de); **to retire (to bed)** aller se coucher. II **retired** pp adj retraité.

retirement /rɪˈtaɪəmənt/ n retraite f.

retort /rɪˈtɔːt/ I n riposte f. II vtr rétorquer.

retrace /riːˈtreɪs/ vtr **to retrace one's steps** revenir sur ses pas; **retrace your steps** ORDINAT historique de la recherche.

retract /rɪˈtrækt/ vtr rétracter; [▸landing gear] escamoter.

retrain /riːˈtreɪn/ vi se reconvertir.

retraining /riːˈtreɪnɪŋ/ n recyclage m.

retreat /rɪˈtriːt/ I n GÉN retraite f. II vi se retirer; [army] se replier.

retribution /ˌretrɪˈbjuːʃn/ n représailles fpl.

retrieval /rɪˈtriːvl/ n GÉN (of property) récupération f; (of money) recouvrement m; ORDINAT extraction f.

retrieve /rɪˈtriːv/ vtr [▸object] récupérer; [▸situation] redresser; [▸data] extraire.

retrospect /ˈretrəspekt/ **in retrospect** adv phr rétrospectivement.

retrospective /ˌretrəˈspektɪv/ I n rétrospective f. II adj rétrospectif/-ive; [pay] rétroactif/-ive.

retroviral /ˈretrəʊvaɪərəl/ adj MÉD rétroviral.

retrovirus /ˈretrəʊvaɪərəs/ n rétrovirus m.

return /rɪˈtɜːn/ I n retour m; (sending back) renvoi m; FIN rendement m; (travel ticket)^GB aller-retour m inv. II **returns** npl résultats mpl. III **in return** adv phr en échange. IV vtr rendre; (pay back) rembourser; (bring back) rapporter; (put back) remettre; (send back) renvoyer; **to return sb's call** rappeler qn. V vi revenir; (go back) retourner.

● **by return of post** par retour du courrier; **many happy returns!** bon anniversaire!

reunification /ˌriːjuːnɪfɪˈkeɪʃn/ n réunification f.

reunion /riːˈjuːnɪən/ n réunion f.

reunite /ˌriːjuːˈnaɪt/ vtr (gén au passif) réunir; **to be reunited with sb** retrouver qn.

rev(R) /rev/ **I** n AUT (abrév = **revolution (per minute)**)tour m (par minute). **II** vtr (p prés etc **-vv-**) [▸engine] monter le régime de.

Rev(d) n (abrév écrite = **Reverend**).

revamp /ri:'væmp/ vtr [▸image] rajeunir; [▸company] réorganiser; [▸building] rénover.

reveal /rɪ'vi:l/ vtr révéler, dire.

revealing /rɪ'vi:lɪŋ/ adj révélateur/-trice.

revel /'revl/ vi (p prés etc **-ll-**, **-l-**US) **to revel in sth** se délecter de qch.

revelation /revə'leɪʃn/ n révélation f.

revenge /rɪ'vendʒ/ n vengeance f; (getting even) revanche f; **to take/get one's revenge** se venger; (at cards) prendre sa revanche.

revengeful /rɪ'vendʒfl/ adj [▸nature] vindicatif/-ive; [▸mood] vengeur/-eresse.

revenue /'revənju:, -ənu:US/ n revenus mpl.

revenue stamp n timbre m fiscal.

reverberate /rɪ'vɜ:bəreɪt/ vi se répercuter.

revere /rɪ'vɪə(r)/ vtr révérer.

reverence /'revərəns/ n profond respect m.

Reverend /'revərənd/ n pasteur m; (as title) **the Reverend Jones** (Anglican) le révérend Jones.

reversal /rɪ'vɜ:sl/ n renversement m; (of order) inversion f; **a reversal of fortune** un revers.

reverse /rɪ'vɜ:s/ **I** n **the reverse** le contraire; (of coin) le revers; (of banknote) le verso; (of fabric) l'envers m; AUT marche f arrière. **II** adj [▸effect] contraire; [▸somersault] en arrière. **III in reverse** adv phr [do] en sens inverse. **IV** vtr [▸process] inverser; [▸roles] renverser; [▸car] faire rouler [qch] en marche arrière; **to reverse the charges**GB appeler en PCV. **V** vi [driver] faire marche arrière.

reverse charge callGB n appel m en PCV.

revert /rɪ'vɜ:t/ vi reprendre; **to revert to normal** redevenir normal.

review /rɪ'vju:/ **I** n révision f; (report) rapport m; (critical assessment) critique f; (magazine) revue f. **II** vtr [▸situation] reconsidérer; [▸attitude] réviser; [▸troops] passer [qch] en revue; [▸book] faire la critique de.

reviewer /rɪ'vju:ə(r)/ n critique m.

revise /rɪ'vaɪz/ **I** vtr réviser; [▸attitude] changer. **II** GB vi réviser.

revision /rɪ'vɪʒn/ n révision f.

revitalization /ri:vaɪtəlaɪ'zeɪʃn/ n (of economy) relance f; (of depressed area) renaissance f.

revitalize /ri:'vaɪtəlaɪz/ vtr [▸economy] relancer; [▸company] faire démarrer; [▸complexion] revitaliser.

revival /rɪ'vaɪvl/ n reprise f; (of interest) regain m.

revive /rɪ'vaɪv/ **I** vtr ranimer; [▸debate] relancer. **II** vi reprendre connaissance; [interest] renaître; [economy] reprendre.

revoke /rɪ'vəʊk/ vtr révoquer; [▸order] annuler.

revolt /rɪ'vəʊlt/ **I** n révolte f. **II** vtr dégoûter, révolter. **III** vi **to revolt against sth** se révolter contre qch.

revolting /rɪ'vəʊltɪŋ/ adj répugnant, révoltant.

revolution /revə'lu:ʃn/ n révolution f.

revolutionary /revə'lu:ʃənərɪ, -nerɪUS/ n, adj révolutionnaire (mf).

revolve /rɪ'vɒlv/ vi **to revolve around** tourner autour de.

revolving /rɪ'vɒlvɪŋ/ adj pivotant; **revolving door** porte f à tambour; FIN **revolving credit** crédit m permanent, crédit m revolving.

revue /rɪ'vju:/ n revue f.

revulsion /rɪ'vʌlʃn/ n dégoût m.

reward /rɪ'wɔ:d/ **I** n récompense f. **II** vtr récompenser.

rewarding /rɪ'wɔ:dɪŋ/ adj [experience] enrichissant; [job] gratifiant.

rewind /ri:'waɪnd/ vtr (prét, pp **rewound**) rembobiner.

rewind button n bouton m de retour en arrière.

reword /ri:'wɜ:d/ vtr reformuler.

rewrite /ri:'raɪt/ vtr (prét **rewrote**; pp **rewritten**) ré(é)crire.

rhetoric /'retərɪk/ n rhétorique f.

rheumatism /'ru:mətɪzəm/ n rhumatisme m.

rhinoceros /raɪ'nɒsərəs/ n (pl **-eroses**, **-eri**, **rhinoceros**) rhinocéros m.

rhubarb /'ru:bɑ:b/ n rhubarbe f.

rhyme /raɪm/ **I** n rime f; (poem) vers mpl. **II** vi rimer.

rhythm /'rɪðəm/ n rythme m.

rhythmic(al) /'rɪðmɪk(l)/ adj rythmé.

RI n SCOL (abrév = **religious instruction**) ≈ catéchisme m.

rib /rɪb/ n côte f.

ribbon /ˈrɪbən/ n ruban m.

rib roast n côte f de bœuf.

rice /raɪs/ n riz m.

rice paper n CULIN galette f de pain azyme; ART papier m de riz.

rice pudding n CULIN riz m au lait.

rice wine n saké m.

rich /rɪtʃ/ **I** n (pl) **the rich** les riches mpl. **II riches** npl richesses fpl. **III** adj riche; **to grow/get rich** s'enrichir. **IV -rich** combining form **protein-rich** riche en protéines; **cotton-rich** en coton mélangé.

Richter scale n échelle f de Richter.

rickshaw /ˈrɪkʃɔː/ n pousse-pousse m inv.

rid /rɪd/ **I** vtr (p prés **-dd-**; prét, pp **rid**) **to rid sth of sth** débarrasser qch de qch. **II** pp adj **to get rid of** se débarrasser de.

riddance /ˈrɪdns/ n.
● **good riddance!** bon débarras☺!

riddle /ˈrɪdl/ **I** n devinette f, énigme f.

ride /raɪd/ **I** n trajet m; (for pleasure) tour m, promenade f, balade☺ f; **to go for a ride** aller faire un tour; (on horseback) promenade f à cheval; (track though wood) allée f cavalière. **II** vtr (prét **rode**; pp **ridden**) [▸animal, bike] monter (à). **III** vi **to ride to London** aller à Londres à vélo/à cheval; **to ride in/on** [▸bus] prendre.

rider /ˈraɪdə(r)/ n cavalier/-ière m/f; (on motorbike) motocycliste mf; (on bike) cycliste mf.

ridge /rɪdʒ/ n GÉOG arête f, crête f; (on rock) strie f.

ridge tent n (tente f) canadienne f.

ridicule /ˈrɪdɪkjuːl/ **I** n ridicule m. **II** vtr ridiculiser.

ridiculous /rɪˈdɪkjʊləs/ adj ridicule.

riding /ˈraɪdɪŋ/ n équitation f.

riding school n centre m équestre.

rife /raɪf/ adj (après v) **to be rife** régner.

riffle /ˈrɪfl/ vtr feuilleter.

rifle /ˈraɪfl/ **I** n fusil m; (at fairground) carabine f. **II** vtr [▸safe] vider.

rift /rɪft/ n désaccord m; (in rock) fissure f.

rig /rɪg/ **I** n tour f de forage; (offshore) plateforme f pétrolière. **II** vtr (p prés etc **-gg-**) [▸election] truquer.
■ **rig up** [▸equipment] installer.

rigging /ˈrɪgɪŋ/ n gréement m.

right /raɪt/ **I** n droite f; (morally) bien m; **to be in the right** avoir raison; (just claim) droit m; **human rights** droits de l'homme. **II rights** npl COMM, JUR droits mpl. **III** adj droit, de droite; (morally correct) bien; (fair) juste; **to do the right thing** faire ce qu'il faut; [choice] bon/bonne; [word] juste; [time] exact; **to be right** [person] avoir raison; **that's right** c'est ça; [machine] en bon état; (in good condition) bien portant; (in order) **to put/set right** [▸mistake] corriger; [▸injustice] réparer; [▸situation] arranger; [angle] droit; (emphatic) **he's a right**©GB **idiot!** c'est un idiot fini! **IV** adv à droite; (directly) droit, directement; **I'll be right back** je reviens tout de suite; **right now** tout de suite; (correctly) juste, comme il faut; (completely) tout; **right at the bottom** tout au fond. **V** vtr [▸economy] redresser. **VI** v refl **to right oneself** se redresser.
● **right you are**©!, **right-oh**©GB! d'accord!

right-angled adj à angle droit.

right away adv tout de suite.

right-click vi ORDINAT cliquer sur le bouton droit, faire un clic droit.

rightful /ˈraɪtfl/ adj légitime.

right-hand /ˈraɪthænd/ adj du côté droit.

right-handed adj droitier/-ière.

rightly /ˈraɪtlɪ/ adv bien, correctement; **if I remember rightly** si je me souviens bien.

right of way n priorité f; (over land) droit m de passage.

right on© /ˌraɪtˈɒn/ excl ça marche!

right-thinking adj bien-pensant.

right wing POL **I** n **the right wing** la droite. **II right-wing** adj de droite.

rigid /ˈrɪdʒɪd/ adj rigide; [controls] strict.

rigorous /ˈrɪgərəs/ adj rigoureux/-euse.

rigourGB, **rigor**US /ˈrɪgə(r)/ n rigueur f.

rim /rɪm/ **I** n bord m. **II -rimmed** combining form bordé (de).

rind /raɪnd/ n croûte f; (on bacon) couenne f; (on fruit) peau f.

ring /rɪŋ/ **I** n anneau m, bague f; (of people, on page) cercle m; (sound of bell) coup m de sonnette; (of phone) sonnerie f; (phone call)GB coup m de téléphone; (for circus) piste f; (for boxing) ring m; (of smugglers) réseau m; (on electric cooker) plaque f. **II** vtr (prét **rang**; pp **rung**) sonner; GB appeler; (prét, pp **ringed**) [police] encercler. **III** *vi* (*prét* **rang**; *pp* **rung**) sonner; résonner; (phone)GB téléphoner.

■ **ring around**GB (haphazardly) téléphoner un peu partout; (transmitting message) appeler tous les intéressés; **ring back**GB rappeler; **ring off**GB raccrocher; **ring up**GB téléphoner.

ring finger *n* annulaire *m*.

ringing /ˈrɪŋɪŋ/ *n* sonnerie *f*.

ringleader /ˈrɪŋliːdə(r)/ *n* meneur/-euse *m/f*.

ringlet *n* (of hair) anglaise *f*.

ringroadGB /ˈrɪŋrəʊd/ *n* périphérique *m*.

ringtone /ˈrɪŋtəʊn/ *n* TÉLÉCOM sonnerie *f*.

rink /rɪŋk/ *n* patinoire *f*.

rinse /rɪns/ rincer.

riot /ˈraɪət/ **I** *n* émeute *f*, révolte *f*; *a prison riot* une mutinerie; *a riot of* une profusion de. **II** *vi* se soulever.

● **to run riot** se déchaîner.

rioting /ˈraɪətɪŋ/ **I** *n* ¢ émeutes *fpl*, bagarres *fpl*. **II** *adj* [▸ people, crowds] insurgé.

rip /rɪp/ **I** *n* accroc *m*. **II** *vtr* (*p prés etc* **-pp-**) déchirer. **III** *vi* se déchirer.

RIP (*abrév* = **requiescat**) (on tombstone) qu'il/elle repose en paix.

ripe /raɪp/ *adj* [fruit] mûr; [cheese] fait.

ripen /ˈraɪpən/ *vi* mûrir.

rip-off© *n* arnaque© *f*.

ripple /ˈrɪpl/ **I** *n* ondulation *f*, répercussion *f*. **II** *vi* se rider.

rise /raɪz/ **I** *n* augmentation *f*; hausse *f*; (in standards) amélioration *f*; (of person) ascension *f*; (slope) montée *f*. **II** *vi* (*prét* **rose**; *pp* **risen**) monter; se lever; [price] augmenter; [voice] devenir plus fort; [hopes] grandir; [cliff] s'élever; [cake] lever; *to rise to* devenir.

■ **rise above** (overcome) [▸ problems] surmonter; **rise up** (ascend) [bird, plane] s'élever; [smoke, steam] monter; FIG [building, mountain] se dresser.

rising /ˈraɪzɪŋ/ **I** *n* soulèvement *m*. **II** *adj* [costs, etc] en hausse; [tension] grandissant; [sun, moon] levant; [talent] prometteur/-euse.

risk /rɪsk/ **I** *n* risque *m*, danger *m*; *to run a risk* courir un risque; *at risk* menacé. **II** *vtr* risquer; *to risk doing* courir le risque de faire.

risk factor *n* facteur *m* de risque.

risky /ˈrɪskɪ/ *adj* risqué.

rite /raɪt/ *n* rite *m*.

ritual /ˈrɪtʃʊəl/ **I** *n* rituel *m*, rites *mpl*. **II** *adj* rituel/-elle.

rival /ˈraɪvl/ **I** *n, adj* rival/-e *(m/f)*; (company) concurrent/-e *(m/f)*. **II** *vtr* (*p prés etc* **-ll-**GB, **-l-**US) rivaliser avec.

rivalry /ˈraɪvlrɪ/ *n* rivalité *f*.

river /ˈrɪvə(r)/ *n* fleuve *m*; (tributary) rivière *f*.

riverbank /ˈrɪvəbæŋk/ *n* berge *f*.

riverside /ˈrɪvəsaɪd/ *n* berges *fpl*.

rivet /ˈrɪvɪt/ *vtr to be riveted (by)* être captivé (par).

riveting /ˈrɪvɪtɪŋ/ *adj* fascinant.

Riviera /ˌrɪvɪˈeərə/ *pr n the Italian Riviera* la Riviera; *the French Riviera* la Côte d'Azur.

RNGB *n* (*abrév* = **Royal Navy**) marine *f* britannique.

roach /rəʊtʃ/ *n* (*pl* **roach, roaches**) (fish) gardon *m*; (insect)©US cafard *m*.

road /rəʊd/ *n* route *f*; (in built-up area) rue *f*; (way) voie *f*.

roadblock /ˈrəʊdblɒk/ *n* barrage *m* routier.

road hog© *n* chauffard© *m*.

road hump *n* ralentisseur *m*.

road kill *n* ¢ animaux *mpl* tués par les voitures.

road rage *n* violence *f* au volant.

roadside /ˈrəʊdsaɪd/ *n at/by/on the roadside* au bord de la route.

roadsign *n* panneau *m* de signalisation.

roadworks *npl* travaux *mpl* (routiers).

roam /rəʊm/ **I** *vtr* parcourir. **II** *vi* prendre le large.

roar /rɔː(r)/ **I** *n* rugissement *m*; (of person) hurlement *m*; *a roar of applause* un tonnerre d'applaudissements. **II** *vi* rugir; [person] vociférer; [sea, wind] mugir.

roaring /ˈrɔːrɪŋ/ *adj a roaring fire* une belle flambée; [success] fou/folle.

roast /rəʊst/ **I** *n, adj* rôti. **II** *vtr* rôtir; [▸ coffee beans] torréfier.

rob /rɒb/ *vtr* (*p prés etc* **-bb-**) voler; *to rob sb of* priver qn de.

robber /ˈrɒbə(r)/ *n* voleur/-euse *m/f*.

robber baron *n* FIG requin *m* de l'industrie.

robbery /ˈrɒbərɪ/ *n* vol *m*.

robe /rəʊb/ *n* robe *f*.

root word

robin /ˈrɒbɪn/ n rouge-gorge m; US merle m migrateur.

Robin Hood pr n Robin des bois.

robot /ˈrəʊbɒt/ n robot m.

robust /rəʊˈbʌst/ adj robuste.

rock /rɒk/ **I** n roche f; (boulder) rocher m; (stone) pierre f; **on the rocks** [drink] avec des glaçons; MUS rock m. **II** vtr [▸baby] bercer; [scandal] secouer, ébranler. **III** vi se balancer; [earth] trembler.

rock and roll /rɒk ən ˈrəʊl/ n rock and roll m.

rock bottom /rɒk ˈbɒtəm/ n au plus bas.

rock climbing n SPORT varappe f.

rocker /ˈrɒkə(r)/ n US fauteuil m à bascule; MUS rockeur/-euse m/f.

rocket /ˈrɒkɪt/ **I** n fusée f; (plant) roquette f. **II** vi monter en flèche.

rocket launcher n lance-fusées m inv.

rocking chair n fauteuil m à bascule.

rocky /ˈrɒkɪ/ adj rocailleux/-euse; [coast] rocheux/-euse.

rod /rɒd/ n tige f; **curtain rod** tringle à rideaux; (for fishing) canne f à pêche.

rode /rəʊd/ prét ▸ ride.

rodent /ˈrəʊdnt/ n rongeur m.

rodeo /ˈrəʊdɪəʊ/ n (pl -s) rodéo m.

roe /rəʊ/ n ¢ œufs mpl (de poisson).

roe deer n (pl inv) chevreuil m.

roger /ˈrɒdʒə(r)/ excl TÉLÉCOM (bien) reçu.

rogue /rəʊg/ n HUM, PÉJ coquin m.

rogue state n État m voyou.

role /rəʊl/ n rôle m.

role model n GÉN, PSYCH modèle m.

role-play I n PSYCH psychodrame m; SCOL jeu m de rôle. **II** vtr [▸part, scene] jouer; [▸situation, feeling] imaginer.

roll /rəʊl/ **I** n rouleau m; (of banknotes) liasse f; (of flesh) bourrelet m; **a roll of film** une pellicule; (bread) petit pain m; (of ship) roulis m; (in gymnastics) roulade f; (of drums) roulement m; (of thunder) grondement m; **electoral roll** listes électorales. **II** vtr rouler; [▸dice] faire rouler; **to roll one's rs** rouler les r. **III** vi rouler.

■ **roll over** se retourner; **roll up** [▸poster] enrouler; [▸sleeves] retrousser; **roll up!**© approche!, amène-toi!

roller /ˈrəʊlə(r)/ n rouleau m.

rollerball n stylo m à bille.

rollerblade® /ˈrəʊləbleɪd/ **I** n patin m en ligne. **II** vi faire du patin en ligne.

roller coaster n montagnes fpl russes.

roller-skate /ˈrəʊləskeɪt/ **I** n patin m à roulettes. **II** vi faire du patin à roulettes.

rolling adj vallonné; **a rolling stone** un(e) vagabond(e).

ROM /rɒm/ n ORDINAT (abrév = **read-only memory**) mémoire f morte.

romaine lettuceUS n romaine f.

Roman /ˈrəʊmən/ **I** n Romain/-e m/f. **II** adj romain.

Roman Catholic n, adj catholique (mf).

romance /rəʊˈmæns/ n charme m; (love affair) histoire f d'amour; (novel) roman m d'amour.

Romania /rəʊˈmeɪnɪə/ pr n Roumanie f.

Romanian /rəʊˈmeɪnɪən/ **I** n (person) Roumain/-e m/f; LING roumain m. **II** adj roumain.

romantic /rəʊˈmæntɪk/ n, adj romantique (mf).

romanticism /rəʊˈmæntɪsɪzəm/ n romantisme m.

romp /rɒmp/ **I** n ébats mpl. **II** vi s'ébattre.

roof /ruːf/ n toit m.

roof rackGB n (on car) galerie f.

rooftop /ˈruːftɒp/ n toit m.

rook /rʊk/ n (corbeau m) freux m.

rookie©US /ˈrʊkɪ/ n (novice) bleu© m.

room /ruːm, rʊm/ n pièce f; (for sleeping) chambre f; (for working) bureau m; (for meetings) salle f; **room and board** logé (et) nourri; **to make room** faire de la place.

roommate /ˈruːmmeɪt/ n camarade mf de chambre.

roomy /ˈruːmɪ/ adj spacieux/-ieuse, grand.

roost /ruːst/ **I** n perchoir m. **II** vi se percher.

roosterUS /ˈruːstə(r)/ n coq m.

root /ruːt/ **I** n racine f; (of problem) fond m; **at the root of** à l'origine de. **II** vtr **to be rooted in** être ancré dans. **III** vi prendre racine.

root beerUS n boisson pétillante non alcoolisée aux extraits de plantes.

root word n mot m racine.

rope /rəʊp/ **I** n corde f; (of pearls) rang m. **II** vtr attacher; [▸ climber] encorder.

● **to know the ropes** connaître les ficelles.
■ **rope in**© embaucher©.

rose /rəʊz/ **I** prét ▶ **rise**. **II** n rose f; (shrub) rosier m.

rosebud n bouton m de rose.

rose-coloured^{GB}, **rose-colored**^{US} /ˈrəʊzkʌləd/ adj à l'eau de rose.

rosehip n (fruit) gratte-cul m, cynorhodon m.

rosemary /ˈrəʊzmərɪ, -merɪ^{US}/ n romarin m.

rose window n rosace f.

rosewood n palissandre m.

roster /ˈrɒstə(r)/ n tableau m de service.

rostrum /ˈrɒstrəm/ n (pl **-trums** /-tra**/) estrade f.

rosy /ˈrəʊzɪ/ adj rose.

rot /rɒt/ **I** n pourriture f; **to talk rot**^{©GB} dire n'importe quoi. **II** vtr, vi (p prés etc **-tt-**) pourrir.

rota^{GB} /ˈrəʊtə/ n tableau m de service; **on a rota basis** à tour de rôle.

rotary /ˈrəʊtərɪ/ adj rotatif/-ive.

rotate /rəʊˈteɪt, ˈrəʊteɪt^{US}/ **I** vtr faire tourner, alterner. **II** vi tourner.

rotation /rəʊˈteɪʃn/ n rotation f.

rotten /ˈrɒtn/ adj pourri; [driver] exécrable.

rough /rʌf/ **I** n **in rough** au brouillon. **II** adj [surface] rugueux/-euse; [person, sport] brutal, violent; [description] sommaire; [figure] approximatif/-ive; (difficult) dur, difficile; [behaviour] grossier/-ière; [voice, taste] âpre; [sea] agité; [landing] mouvementé; **to feel rough**© se sentir patraque©. **III** adv **to sleep rough** dormir à la dure.

● **to rough it** vivre à la dure.

roughly /ˈrʌflɪ/ adv en gros, approximativement.

round /raʊnd/ **I** ^{GB} adv **all round** tout autour; **three metres round**^{GB} de trois mètres de circonférence; **all year round** toute l'année. **II** ^{GB} prep autour de; **to go round the corner** tourner au coin de la rue. **III** n série f; (in competition) rencontre f; (in golf, cards) partie f; (in boxing, wrestling) round m; (of drinks) tournée f; (of postman) tournée f; **to do the rounds of** faire le tour de; (circular shape) rondelle f; MUS canon m.

IV adj rond; **a round dozen** une douzaine exactement.
■ **round off** [▸ speech] conclure; [▸ education] parfaire; [▸ corner, figure] arrondir.

roundabout /ˈraʊndəbaʊt/ **I** ^{GB} n manège m; (for traffic) rond-point m. **II** adj détourné.

round brackets^{GB} npl parenthèses fpl.

rounders^{GB} /ˈraʊndəz/ n SPORT (sg) ≈ baseball m.

round-the-clock I adj^{GB} [▸ care, surveillance] 24 heures sur 24; **round-the-clock shifts** les trois-huit. **II round the clock** adv phr [▸ work, guard] 24 heures sur 24.

round-the-world^{GB} adj autour du monde.

round trip n aller-retour m.

rouse /raʊz/ vtr réveiller; [▸ anger, interest] susciter.

rousing /ˈraʊzɪŋ/ adj enthousiaste.

rout /raʊt/ **I** n déroute f. **II** vtr mettre en déroute.

route /ruːt/ **I** n chemin m, voie f, itinéraire m; **bus route** ligne d'autobus; **Route 95**^{US} l'autoroute 95. **II** vtr expédier, acheminer.

routine /ruːˈtiːn/ **I** n routine f; PÉJ (obvious act)© numéro© m. **II** adj de routine.

roving /ˈrəʊvɪŋ/ adj itinérant.

row¹ /rəʊ/ **I** n rang m; (of houses, etc) rangée f; **in a row** d'affilée. **II** vtr **to row a race** faire une course d'aviron. **III** vi ramer.

row² /raʊ/ **I** n querelle f; (private) dispute f; (noise) tapage m. **II** vi se disputer.

rowdy /ˈraʊdɪ/ adj tapageur/-euse; (in class) chahuteur/-euse.

rower /ˈrəʊə(r)/ n rameur/-euse m/f.

rowing /ˈrəʊɪŋ/ n aviron m.

rowing boat^{GB}, **rowboat**^{US} /ˈrəʊbəʊt/ n bateau m à rames.

royal /ˈrɔɪəl/ **I** © n membre m de la famille royale. **II** adj royal.

Royal Air Force^{GB}, **RAF**^{GB} n armée f de l'air britannique.

Royal Highness n His/Her Royal Highness Son Altesse f royale; **Your Royal Highness** Votre Altesse f.

Royal Mail^{GB} n service m postal britannique.

Royal Navy^{GB} n marine f britannique.

royalty /ˈrɔɪəltɪ/ *n* (person) membre *m* d'une famille royale; (to author) droits *mpl* d'auteur.

rub /rʌb/ **I** *n* friction *f*. **II** *vtr* (*p prés etc* **-bb-**) frotter, frictionner; [▸chin, eyes] se frotter; *to rub sth away* faire disparaître qch. **III** *vi* (*p prés etc* **-bb-**) frotter. **IV** *v refl* (*p prés etc* **-bb-**) *to rub oneself* se frotter (**against** contre); se frictionner (**with** avec); *to rub oneself dry* se frictionner pour se sécher.
■ **rub off** déteindre, s'effacer; **rub out** s'effacer.

rubber /ˈrʌbə(r)/ *n* caoutchouc *m*; (eraser)ᴳᴮ gomme *f*.

rubber band *n* élastique *m*.

rubber checkᴿᵁˢ *n* chèque *m* en bois☺.

rubberneck☺ /ˈrʌbənek/ *vi* regarder bêtement.

rubber stamp I *n* tampon *m*. **II rubberstamp** *vtr* [decision] entériner.

rubbishᴳᴮ /ˈrʌbɪʃ/ *n* déchets *mpl*; (domestic) ordures *fpl*; (inferior goods) camelote☺ *f*; *to talk rubbish* raconter n'importe quoi; *this book is rubbish*☺*!* ce livre est nul☺!

rubbish binᴳᴮ *n* poubelle *f*.

rubbish collectionᴳᴮ *n* ramassage *m* des ordures.

rubbish dumpᴳᴮ *n* décharge *f* (publique).

rubble /ˈrʌbl/ *n* décombres *mpl*.

rubric /ˈruːbrɪk/ *n* rubrique *f*.

ruby /ˈruːbɪ/ **I** *n* rubis *m*. **II** *adj* vermeil/-eille.

rucksack /ˈrʌksæk/ *n* sac *m* à dos.

rudder /ˈrʌdə(r)/ *n* gouvernail *m*.

ruddy /ˈrʌdɪ/ *adj* coloré; ☺ᴳᴮ maudit.

rude /ruːd/ *adj* impoli, mal élevé; [word] grossier/-ière; [book] osé.

rudimentary /ruːdɪˈmentrɪ/ *adj* rudimentaire.

rue /ruː/ *vtr* se repentir de.

rueful /ˈruːfl/ *adj* triste.

ruffle /ˈrʌfl/ *vtr* ébouriffer; [▸water] rider; (disconcert) énerver.

rug /rʌg/ *n* tapis *m*; (blanket)ᴳᴮ couverture *f*.

rugby /ˈrʌgbɪ/ *n* SPORT rugby *m*.

rugged /ˈrʌgɪd/ *adj* [landscape] accidenté; [features] rude; (durable) solide.

ruin /ˈruːɪn/ **I** *n* ruine *f*; (moral) perte *f*. **II** *vtr* ruiner; *to ruin one's health* se ruiner la santé; [▸holiday] gâcher; [▸clothes] abîmer; [▸child] gâter.

ruined /ˈruːɪnd/ *adj* ruiné, en ruines; [holiday] gâché; [clothes] abîmé.

rule /ruːl/ **I** *n* règle *f*; (organization) règlement *m*; *as a rule* généralement; (authority) gouvernement *m*. **II** *vtr* gouverner, diriger; [monarch] régner sur; [army] commander; *to rule that* décréter que; [▸line] faire, tirer. **III** *vi* régner.
■ **rule out** [▸possibility] exclure.

rulebook /ˈruːlbʊk/ *n* règlement *m*; FIG *to throw away the rulebook* envoyer promener les conventions.

ruler /ˈruːlə(r)/ *n* dirigeant/-e *m/f*; (measure) règle *f*.

ruling /ˈruːlɪŋ/ **I** *n* décision *f*. **II** *adj* dirigeant, dominant.

rum /rʌm/ *n* rhum *m*.

rumble /ˈrʌmbl/ *vtr* *we've been rumbled!*☺ᴳᴮ on nous a démasqués!

rummage /ˈrʌmɪdʒ/ *vi* fouiller.

rummy /ˈrʌmɪ/ *n* JEUX rami *m*.

rumourᴳᴮ, **rumor**ᵁˢ /ˈruːmə(r)/ *n* rumeur *f*, bruit *m*.

rumouredᴳᴮ, **rumored**ᵁˢ /ˈruːməd/ *adj* *it is rumoured that* il paraît que, on dit que.

rump /rʌmp/ *n* rumsteck *m*; (of animal) croupe *f*; (of party) vestiges *mpl*.

run /rʌn/ **I** *n* course *f*; *on the run* en fuite; (series) série *f*; (in printing) tirage *m*; (route) trajet *m*; (in cricket, baseball) point *m*; (for skiing) piste *f*; (in tights) maille *f* filée; (trend) tendance *f*; (trip, route) route *f*, trajet *m*. **II** *vtr* (*p prés etc* **-nn-**; *prét* **ran**; *pp* **run**) courir; *to run a race* une course; (move) *to run one's hand over* passer la main sur; (manage) diriger; [▸program] exécuter; [▸car] faire tourner; [▸competition] organiser; [▸cable] passer; [▸bath] faire couler; [▸tap] ouvrir; [▸article] publier; [▸red light] brûler. **III** *vi* courir; (flee) fuir, s'enfuir, filer☺; [machine] marcher; *to run on* [▸unleaded] marcher à; *to run fast/ slow* [clock] prendre de l'avance/du retard; *to run from… to…* [school year] aller de… à…; [bus] circuler; (flow) couler; déteindre; [make-up] couler; (as candidate) se présenter; *to run for* [▸mayor] être candidat/-e au poste de.
● *in the long run* à long terme; *in the short run* à brève échéance.
■ **run across**☺ tomber sur; **run away to run away from home** s'enfuir de chez soi; [liquid] couler; *run away with [sth/sb]*

partir avec; [▸ prize] rafler[☺]; **run down** [battery] se décharger; [watch] retarder; [machine, company] s'essouffler; [▸ sb, sth] renverser; [▸ production] réduire; [▸ battery] user; [▸ person] dénigrer; **run into** heurter, rentrer dans[☺]; [▸ difficulty] rencontrer; **run off** partir en courant; **run on** [▸ meeting, seminar] se prolonger; **run out** [oil] s'épuiser; [pen] être vide; **run out of time** ne plus avoir de temps; **run over** se prolonger; (overflow) déborder; [▸ sb, sth] renverser; [▸ bump] passer sur; **run through** [▸ article] parcourir; [▸ scene] répéter; **run up** [▸ debt] accumuler; **run up against** [▸ difficulty] se heurter à.

runaway adj [teenager] fugueur/-euse; [slave] fugitif/-ive; [inflation] galopant.

rundown n récapitulatif m; (of factory) réduction f de l'activité.

run-down adj fatigué, à plat[☺]; [building] délabré.

rung /rʌŋ/ **I** pp ▸ **ring**. **II** n barreau m, échelon m.

run-in[☺] n prise f de bec[☺].

runner /ˈrʌnə(r)/ n coureur m; (horse) partant/-e m/f.

runner bean^{GB} n haricot m d'Espagne.

runner-up n (pl **runners-up**, **runner-ups**) second/-e m/f.

running /ˈrʌnɪŋ/ **I** n ¢ SPORT course f à pied; (management) direction f. **II** adj [water] courant; [tap] ouvert; **five days running** cinq jours de suite.

● **go take a running jump!**[☺] va te faire voir!®; **to be in the running** être dans la course (**for** pour).

running mate n GÉN co-candidat/-e m/f; (vice-presidential) candidat/-e m/f à la vice-présidence.

running time n durée f.

running track n piste f.

runny /ˈrʌnɪ/ adj [jam] liquide; [omelette] baveux/-euse; **to have a runny nose** avoir le nez qui coule.

run-through n (practice) répétition f.

runway n AVIAT piste f.

rupture /ˈrʌptʃə(r)/ **I** n rupture f; MÉD hernie f. **II** vtr rompre. **III** vi [container] éclater.

rural /ˈrʊərəl/ adj rural.

ruse /ruːz/ n stratagème m.

rush /rʌʃ/ **I** n ruée f; **in a rush** en vitesse; (during day) heure f de pointe; (of liquid) montée f; (of air) bouffée f; (plant) jonc m. **II rushes** npl CIN rushes mpl. **III** vtr [▸ task] expédier; [▸ person] presser, bousculer. **IV** vi se dépêcher.

■ **rush into** se lancer dans; **rush out** sortir en vitesse; **rush through** [▸ task] expédier.

rush hour n heures fpl de pointe.

rush job[☺] n urgence f.

rush order n commande f urgente.

russet /ˈrʌsɪt/ adj roussâtre.

Russia /ˈrʌʃə/ pr n Russie f.

Russian /ˈrʌʃn/ **I** n (person) Russe mf; LING russe m. **II** in compounds [▸ class, course] de russe. **III** adj russe.

rust /rʌst/ **I** n rouille f. **II** vi se rouiller.

rustic /ˈrʌstɪk/ adj rustique.

rustle /ˈrʌsl/ vtr froisser.

■ **rustle up**[☺] préparer [qch] en vitesse.

rust-proof adj inoxydable.

rusty /ˈrʌstɪ/ adj rouillé.

rut /rʌt/ n ornière f; **to get into a rut** s'enliser dans la routine.

ruthless /ˈruːθlɪs/ adj impitoyable.

Rwanda /rʊˈændə/ pr n Rwanda m.

rye /raɪ/ n seigle m; ^{US} whisky m (à base de seigle).

rye bread n pain m de seigle.

S

S /es/ n (abrév écrite = **South**).

Sabbath /'sæbəθ/ n sabbat m.

sabotage /'sæbətɑːʒ/ **I** n sabotage m. **II** vtr saboter.

sack /sæk/ **I** n sac m; **to get the sack**©GB se faire virer©. **II** vtr [▸person]©GB virer©; [▸town] mettre [qch] à sac.

sacred /'seɪkrɪd/ adj sacré.

sacrifice /'sækrɪfaɪs/ **I** n sacrifice m. **II** vtr sacrifier.

sad /sæd/ adj triste.

sadden /'sædn/ vtr attrister.

saddle /'sædl/ **I** n selle f. **II** vtr [▸horse] seller; **to saddle sb with sth** mettre qch sur les bras de qn.

sadistic /sə'dɪstɪk/ adj sadique.

safe /seɪf/ **I** n coffre-fort m. **II** adj (out of danger) en sécurité, sain et sauf, hors de danger; [object] intact; **safe and sound** sain et sauf; [document, valuables] en lieu sûr; [product, toy] sans danger; **have a safe journey!** bon voyage!; [place, vehicle] sûr; **it would be safer not to do** il vaudrait mieux ne pas faire; **to be in safe hands** être en (de) bonnes mains.

● **better safe than sorry** mieux vaut prévenir que guérir.

safeguard /'seɪfgɑːd/ **I** n garantie f. **II** vtr protéger.

safely /'seɪflɪ/ adv [come back] sans encombre; [land, take off] sans problème; [walk] en toute sécurité; [do, go] en toute tranquillité; [say] avec certitude.

safety /'seɪftɪ/ **I** n sécurité f. **II** in compounds [belt, check, code, measure, net] de sécurité; [pin, blade, strap] de sûreté.

safety curtain n rideau m de fer.

safety net n filet m (de protection); FIG filet de sécurité.

saffron /'sæfrən/ n safran m.

sag /sæg/ vi (p prés etc **-gg-**) s'affaisser; [rope] ne pas être bien tendu; [flesh] être flasque.

saga /'sɑːgə/ n saga f; (story)© histoire f.

sage /seɪdʒ/ n (plant) sauge f; (person) sage m.

Sagittarius /sædʒɪ'teərɪəs/ n Sagittaire m.

said /sed/ prét, pp ▶ say.

sail /seɪl/ **I** n (on boat) voile f; **to go for a sail** faire un tour en bateau; (on windmill) aile f. **II** vtr [▸ship] piloter; [▸ocean] traverser [qch] en bateau. **III** vi naviguer, voyager en bateau, faire de la voile.

■ **sail through** réussir sans difficulté.

sailboarder n véliplanchiste mf.

sailboarding n planche f à voile.

sailboatUS n voilier m.

sailing /'seɪlɪŋ/ n SPORT voile f; **the next sailing** le prochain bateau.

sailing boatGB, **sailing ship** n voilier m.

sailor /'seɪlə(r)/ n marin m.

saint /seɪnt, snt/ n saint/-e m/f.

sake /seɪk/ n **for your own sake** c'est pour ton bien; **to do sth for its own sake** faire qch pour le plaisir; **for God's/heaven's sake!** pour l'amour de Dieu/du ciel!

salad /'sæləd/ n salade f.

salad bowl n saladier m.

salad creamGB n ≈ sauce salade.

salad spinner n essoreuse f à salade.

salaried /'sælərɪd/ adj salarié.

salary /'sælərɪ/ n salaire m.

sale /seɪl/ **I** n vente f; **for sale** à vendre; **on sale**GB en vente; (cheap) soldé m; **in the sale(s)**GB, **on sale**US en solde. **II** sales npl ventes fpl; (career) commerce m; (event) **the sales** les soldes fpl.

sales forecast n prévisions fpl de vente.

salesgirl n vendeuse f.

salesman /'seɪlzmən/ n (pl **-men**) (representative) représentant m; (re)vendeur m.

sales taxUS n taxe f à l'achat.

salient /'seɪlɪənt/ adj qui ressort.

saliva /sə'laɪvə/ n salive f.

salmon /'sæmən/ n saumon m.

saloon /sə'luːn/ n AUT GB berline f; (in GB) salle de pub; (in US) bar du Far West.

salt /sɔːlt/ **I** n sel m. **II** in compounds salé. **III** vtr saler.

saltcellar, saltshakerUS *n* salière *f*.

salty /ˈsɔːltɪ/ *adj* salé.

salute /səˈluːt/ **I** *n* salut *m*; (firing) salve *f*. **II** *vtr, vi* saluer.

Salvador /ˈsælvədɔː(r)/ *pr n* **El Salvador** le Salvador *m*.

salvage /ˈsælvɪdʒ/ **I** *n* (goods saved) biens *mpl* récupérés; (act) sauvetage *m*. **II** *vtr* sauver.

salvation /sælˈveɪʃn/ *n* salut *m*; **he was my salvation** il m'a sauvé.

Salvation Army *n* Armée *f* du Salut.

same /seɪm/ **I** *adj* même; **to be the same as sth** être comme qch; **it's the same thing** c'est pareil; **the very same day that** le jour même où. **II the same** *adv phr* de la même façon. **III the same** *pron* la même chose; **to do the same as sb** faire comme qn.
• **thanks all the same** merci quand même.

Samoa /səˈməʊə/ *pr n* Samoa *m*.

sample /ˈsaːmpl, ˈsæmpl/US/ **I** *n* échantillon *m*; **to take a soil sample** prélever un échantillon de sol; (for analysis) prélèvement *m*. **II** *vtr* [▸food] goûter (à); [▸way of life] essayer.

sampling /ˈsaːmplɪŋ/ *n* (taking of specimens) prélèvement *m*; (of population group) échantillonnage *m*; (of wine, cheese) dégustation *f*; MUS échantillonage, sampling *m*.

sanction /ˈsæŋkʃn/ **I** *n* sanction *f*. **II** *vtr* sanctionner; (permit) autoriser.

sanctuary /ˈsæŋktʃʊərɪ, -tʃʊərɪ/US/ *n* refuge *m*; **to seek sanctuary** chercher asile; (holy place) sanctuaire *m*; (for wildlife) réserve *f*.

sand /sænd/ **I** *n* sable *m*. **II** *vtr* [▸floor] poncer.

sandal /ˈsændl/ *n* sandale *f*.

sandpaper /ˈsændpeɪpə(r)/ *n* papier *m* de verre.

sandstone /ˈsændstəʊn/ *n* grès *m*.

sandwich /ˈsænwɪdʒ, -wɪtʃ/US/ **I** *n* sandwich *m*. **II** *vtr* **to be sandwiched between** être pris en sandwich entre.

sandwich courseGB *n* cours *m* avec stage pratique, formation *f* en alternance.

sandy /ˈsændɪ/ *adj* de sable; [path, soil] sablonneux/-euse; [hair] blond roux *inv*.

sane /seɪn/ *adj* sain d'esprit, sensé.

sang /sæŋ/ *prét* ▶ **sing**.

sanitary /ˈsænɪtrɪ, -terɪ/US/ *adj* sanitaire; [towel, napkin] hygiénique.

sanitation /sænɪˈteɪʃn/ *n* ¢ installations *fpl* sanitaires; (city department) service *m* d'hygiène.

sanity /ˈsænətɪ/ *n* équilibre *m* mental; (sense) bon sens *m*.

sank /sæŋk/ *prét* ▶ **sink II, III**.

San Marino /ˌsænməˈriːnəʊ/ *pr n* Saint-Marin *m*.

Santa (Claus) /ˈsæntə (klɔːz)/ *pr n* le père Noël.

sap /sæp/ **I** *n* sève *f*. **II** *vtr* saper.

sapphire /ˈsæfaɪə(r)/ *n* saphir *m*.

sarcasm /ˈsaːkæzəm/ *n* sarcasme *m*.

sarcastic /saːˈkæstɪk/ *adj* sarcastique.

sardine /saːˈdiːn/ *n* sardine *f*.

sardonic /saːˈdɒnɪk/ *adj* [laugh, look] sardonique; [person, remark] acerbe.

SASGB *n* (*abrév* = **Special Air Service**) commandos *mpl* britanniques aéroportés.

sash /sæʃ/ *n* écharpe *f* (servant d'insigne).

sat /sæt/ *prét, pp* ▶ **sit**.

Sat (*abrév écrite* = **Saturday**)..

SAT /sæt/ *n* (*abrév* = **Standard Assessment Task**GB) test d'aptitude scolaire; (*abrév* = **Scholastic Aptitude Test**) US examen d'admission à l'université.

satanic /səˈtænɪk/ *adj* satanique.

satchel /ˈsætʃəl/ *n* cartable *m*.

satellite /ˈsætəlaɪt/ *n* satellite *m*.

satellite dish *n* antenne *f* parabolique.

satin /ˈsætɪn, ˈsætn/US/ *n* satin *m*.

satire /ˈsætaɪə(r)/ *n* satire *f*.

satiric(al) /səˈtɪrɪkl/ *adj* satirique.

satisfaction /sætɪsˈfækʃn/ *n* satisfaction *f*.

satisfactory /sætɪsˈfæktərɪ/ *adj* satisfaisant.

satisfied /ˈsætɪsfaɪd/ *adj* satisfait.

satisfy /ˈsætɪsfaɪ/ **I** *vtr* satisfaire; (convince) convaincre; [▸conditions] satisfaire à. **II** *v refl* **to satisfy oneself (that)** s'assurer (que).

satisfying /ˈsætɪsfaɪɪŋ/ *adj* [meal] substantiel/-ielle; [result, progress] satisfaisant.

satnav /ˈsætnæv/ *n* GPS *m*.

saturate /ˈsætʃəreɪt/ *vtr* (soak) [▸clothes, ground] tremper (**with** de); FIG [▸market] saturer (**with** de); (bomb) bombarder intensivement (**with** de).

Saturday /ˈsætədeɪ, -dɪ/ *n* samedi *m*.

sauce /sɔːs/ *n* sauce *f*.

saucepan *n* casserole *f*.

saucer /ˈsɔːsə(r)/ *n* soucoupe *f*.

Saudi /ˈsaʊdɪ/ **I** *n* Saoudien/-ienne *m/f*. **II** *adj* saoudien/-ienne.

Saudi Arabia /ˌsaʊdɪ əˈreɪbɪə/ *pr n* Arabie *f* saoudite.

Saudi Arabian /ˌsaʊdɪ əˈreɪbɪən/ *n* ▶ **Saudi**.

sauerkraut /ˈsaʊəkraʊt/ *n* choucroute *f*.

sausage /ˈsɒsɪdʒ, ˈsɔːs-US/ *n* (for cooking) saucisse *f*; (ready to eat) saucisson *m*.

sausage rollGB *n* feuilleté à la saucisse.

savage /ˈsævɪdʒ/ **I** *n* sauvage *mf*. **II** *adj* [attack] sauvage; [temper] violent; [mood, satire] féroce. **III** *vtr* attaquer [qn/qch] sauvagement.

save /seɪv/ **I** *n* SPORT arrêt *m* de but; ORDINAT sauvegarde *f*. **II** *vtr* (rescue) sauver; *to save sb from doing* empêcher qn de faire; [▸money, energy] économiser; [▸time, space] gagner; *it will save me having to wait* ça m'évitera d'attendre; [▸goods, documents] garder; [▸stamps] collectionner; SPORT arrêter; ORDINAT sauvegarder, enregistrer. **III** *v refl to save oneself* s'en tirer (**by doing** en faisant); *to save oneself from doing* éviter de faire; *to save oneself money* économiser.
■ **save up** faire des économies.

saver /ˈseɪvə(r)/ *n* épargnant/-e *m/f*.

saving /ˈseɪvɪŋ/ **I** *n* économie *f*; ¢ FIN épargne *f*. **II savings** *in compounds* [account, bank] d'épargne.

savory /ˈseɪvərɪ/ *n* sarriette *f*.

savourGB, **savor**US /ˈseɪvə(r)/ **I** *n* LIT saveur *f*, goût *m*. **II** *vtr* savourer.

savouryGB /ˈseɪvərɪ/ **I** *n* canapé salé servi après le dessert. **II** *adj* salé; (appetizing) appétissant; FIG recommandable.

saw /sɔː/ **I** *prét* ▶ **see**. **II** *n* scie *f*. **III** *vtr* (*prét* **sawed**; *pp* **sawn**GB, **sawed**US) scier.

sawdust *n* sciure *f* (de bois).

saxophone /ˈsæksəfəʊn/ *n* saxophone *m*.

say /seɪ/ **I** *n to have one's say* dire ce qu'on a à dire. **II** *vtr* (*prét*, *pp* **said**) dire; *say it again* répète; *to say that/to* dire à/que; *so they say* (agreeing) il paraît; *so to say* pour ainsi dire; *that is to say* c'est-à-dire; *let's*

say there are 20 mettons qu'il y en ait 20. **III** *vi* dire; *you don't say!* pas possible!; *says you*☺! que tu dis☺! **IV** US *excl* dis donc!

saying /ˈseɪɪŋ/ *n* dicton *m*.

scaffolding /ˈskæfəldɪŋ/ *n* échafaudage *m*.

scald /skɔːld/ *vtr* ébouillanter.

scale /skeɪl/ **I** *n* étendue *f*; (of reform, task) ampleur *f*; (of activity) envergure *f*; (of change) degré *m*; (grading system) échelle *f*; *on a large scale* sur une grande échelle; (for maps, models) échelle *f*; (for weighing) balance *f*; MUS gamme *f*; (on fish, insect) écaille *f*; (on teeth) tartre *m*. **II scales** *npl* balance *f*. **III** *vtr* escalader.
■ **scale down** réduire (l'échelle de).

scale drawing *n* dessin *m* à l'échelle.

scale model *n* maquette *f* à l'échelle.

scallop /ˈskɒləp/ *n* coquille *f* Saint-Jacques; (in sewing) feston *m*.

scalp /skælp/ **I** *n* cuir *m* chevelu; (trophy) scalp *m*. **II** *vtr* scalper.

scam☺ /skæm/ **I** *n* escroquerie *f*. **II** *vi* (*p prés etc* **-mm-**) faire des escroqueries.

scan /skæn/ **I** *n* scanner *m*; (image) échographie *f*. **II** *vtr* (*p prés etc* **-nn-**) [▸page] lire rapidement; [▸faces, horizon] scruter; [radar] balayer; [▸organ] faire un scanner de; ORDINAT scanner.

scandal /ˈskændl/ *n* scandale *m*.

scanner /ˈskænə(r)/ *n* GÉN scanner *m*; (for bar codes) lecteur *m* optique.

scant /skænt/ *adj* [concern, coverage] insuffisant.

scapegoat /ˈskeɪpɡəʊt/ *n* bouc *m* émissaire.

scar /skɑː(r)/ **I** *n* cicatrice *f*. **II** *vtr* (*p prés etc* **-rr-**) marquer; [▸landscape] défigurer. **III** *vi* (*p prés etc* **-rr-**) se cicatriser.

scarce /skeəs/ *adj* rare, limité.
● *to make oneself scarce*☺ s'éclipser☺.

scarcely /ˈskeəslɪ/ *adv* à peine; *scarcely ever* presque jamais; *scarcely any money* pratiquement pas d'argent.

scarcity /ˈskeəsətɪ/ *n* pénurie *f*.

scare /skeə(r)/ **I** *n* peur *f*; *bomb scare* alerte à la bombe. **II** *vtr* faire peur à. **III** *vi to scare easily* s'effrayer facilement.
■ **scare away**, **scare off** faire fuir.

scarecrow /ˈskeəkrəʊ/ *n* épouvantail *m*.

scared /skeəd/ *adj* effrayé; *to be scared stiff® of/of doing* être terrorisé par/à l'idée de faire qch.

scarf /skɑːf/ *n* (*pl* **scarves**) écharpe *f*; (square) foulard *m*.

scarlet /skɑːlət/ *n, adj* écarlate (*f*).

scary© /skeərɪ/ *adj* inquiétant.

scatter /skætə(r)/ **I** *vtr* [▸ seeds, earth] répandre; [▸ books, clothes] éparpiller; [▸ debris] disperser; *to be scattered with sth* être jonché de qch. **II** *vi* [crowd] se disperser.

scattered /skætəd/ *adj* épars; [books, litter] éparpillé; *scattered showers* averses éparses.

scavenge /skævɪndʒ/ **I** *vtr* récupérer. **II** *vi* faire les poubelles.

scenario /sɪˈnɑːrɪəʊ, -ˈnær-US/ *n* (*pl* **-s**) scénario *m*.

scenarist /sɪˈnɑːrɪst/ *n* scénariste *mf*.

scene /siːn/ *n* scène *f*; THÉÂT décor *m*; *behind the scenes* dans les coulisses; *to arrive on the scene* arriver sur les lieux; (image) image *f*; (view) vue *f*, tableau *m*.

scene designer, scene painter *n* THÉÂT décorateur/-trice *m/f*.

scenery /siːnərɪ/ *n* ₵ paysage *m*; THÉÂT décors *mpl*.

scenic /siːnɪk/ *adj* [drive, route, walk] panoramique; [location, countryside] pittoresque.

scent /sent/ **I** *n* odeur *f*; (perfume) parfum *m*; (in hunting) piste *f*. **II** *vtr* flairer.

scented /sentɪd/ *adj* GÉN parfumé.

scepticalGB, **skeptical**US /skeptɪkl/ *adj* sceptique.

schedule /ˈʃedjuːl, ˈskedʒʊlUS/ **I** *n* programme *m*; (projected plan) prévisions *fpl*; *to be ahead of schedule* en avance sur les prévisions; *according to schedule* comme prévu; (timetable) horaire *m*; *on schedule* à l'heure. **II** *vtr* prévoir, programmer.

scheduled flight *n* vol *m* régulier.

scheme /skiːm/ **I** *n* (plan) projet *m*, plan *m*; *a scheme for* un plan pour; ADMINGB système *m*, projet *m*; *insurance/pension scheme* régime d'assurances/de retraite; (dishonest) combine *f*. **II** *vi* PÉJ comploter.

scheming /skiːmɪŋ/ PÉJ **I** *n* ₵ machinations *fpl*. **II** *adj* [▸ person] intrigant.

schmal(t)zy© /ʃmɔːltsɪ/ *adj* larmoyant.

scholar /skɒlə(r)/ *n* érudit/-e *m/f*, spécialiste *mf*; (with scholarship) boursier/-ère *m/f*.

scholarly /skɒləlɪ/ *adj* érudit.

scholarship /skɒləʃɪp/ *n* érudition *f*; (award) bourse *f*.

school /skuːl/ **I** *n* école *f*; *school starts* les cours commencent; *no school today* pas de classe aujourd'hui; *to go to medical school* faire des études de médecine; US université *f*; (of whales) banc *m*. **II** *in compounds* [uniform, year] scolaire; [fees] de scolarité.

schoolbag *n* cartable *m*.

schoolboy *n* collégien *m*.

school bus *n* car *m* scolaire.

schoolfriend *n* camarade *mf* de classe.

schoolgirl *n* collégienne *f*.

schooling /skuːlɪŋ/ *n* éducation *f*.

school-leaverGB *n* jeune ayant fini sa scolarité.

school prefectGB *n* élève de terminale chargé de la discipline.

school reportGB *n* bulletin *m* scolaire.

schoolteacher *n* GÉN enseignant/-e *m/f*; (secondary) professeur *m*; (primary) GÉN instituteur/-trice *m/f*.

science /saɪəns/ **I** *n* science *f*; *to teach science* enseigner les sciences. **II** *in compounds* [subject] scientifique; [faculty] des sciences; [teacher] de sciences.

science fiction *n* science-fiction *f*.

scientific /saɪənˈtɪfɪk/ *adj* scientifique.

scientist /saɪəntɪst/ *n* scientifique *mf*.

sci-fi© /saɪfaɪ/ *n* (*abrév* = **science fiction**) science-fiction *f*.

scissors /sɪzəz/ *npl* ciseaux *mpl*.

scold /skəʊld/ *vtr* gronder.

sconeGB /skɒn, skəʊn, skəʊnUS/ *n* scone *m* (*petit pain rond*).

scoop /skuːp/ **I** *n* (tool) pelle *f*; (for measuring) mesure *f*; (of ice cream) boule *f*; (in journalism) exclusivité *f*. **II** ⊕ *vtr* [▸ prize] décrocher©.
■ **scoop out** creuser; **scoop up** [▸ earth, snow] pelleter; [▸ water] recueillir; [▸ child] soulever.

scooter /skuːtə(r)/ *n* scooter *m*; (child's) trottinette *f*.

scope /skəʊp/ *n* (opportunity) possibilité *f*; (of study, book) portée *f*; (of changes, disaster, knowledge) étendue *f*; *to be beyond the scope of sb* dépasser les compétences de qn.

scorch /skɔːtʃ/ *vtr* GÉN brûler; [▸grass] dessécher; [▸fabric] roussir.

scorching© /ˈskɔːtʃɪŋ/ *adj* [heat, day] torride; [sun] brûlant.

score /skɔː(r)/ **I** *n* SPORT score *m*; (in cards) marque *f*; (in exam, test) note *f*, résultat *m*; MUS partition *f*; (of film) musique *f*; (twenty) *a score* vingt *m*, une vingtaine; *scores of requests* des tas de demandes. **II** *vtr* [▸goal] marquer; [▸victory] remporter; [▸meat] inciser. **III** *vi* marquer les points.

scorn /skɔːn/ **I** *n* mépris *m*. **II** *vtr* mépriser.

scornful /ˈskɔːnfl/ *adj* méprisant.

Scorpio /ˈskɔːpɪəʊ/ *n* Scorpion *m*.

Scot /skɒt/ *n* Écossais/-e *m/f*.

scotch /skɒtʃ/ *vtr* [▸rumour] étouffer.

Scotch /skɒtʃ/ *n* whisky *m*, scotch *m*.

Scotland /ˈskɒtlənd/ *pr n* Écosse *f*.

Scotland Yard *n* Scotland Yard (*police judiciaire britannique*).

Scots /skɒts/ *n adj* LING écossais (*m*).

Scotsman, **Scotswoman** *n* Écossais/-e *m/f*.

Scottish /ˈskɒtɪʃ/ *adj* écossais, d'Écosse.

scour /ˈskaʊə(r)/ *vtr* récurer; [▸area] parcourir.

scourge /skɜːdʒ/ *n* fléau *m*.

scout /skaʊt/ *n* (Catholic) scout *m*; (non-Catholic) MIL éclaireur *m*.
  ■ **scout around** GÉN explorer.

scowl /skaʊl/ **I** *n* air *m* renfrogné. **II** *vi* prendre un air renfrogné.

scram© /skræm/ *vi* (*p prés etc* **-mm-**) filer©.

scramble /ˈskræmbl/ **I** *n* course *f*. **II** *vtr* brouiller. **III** *vi* grimper.

scrap /skræp/ **I** *n* petit morceau *m*; (of news, verse) fragment *m*; (of conversation) bribe *f*; (of land) parcelle *f*; (fight)© bagarre© *f*; (old iron) ferraille *f*. **II scraps** *npl* (of food) restes *mpl*. **III** *vtr* (*p prés etc* **-pp-**) abandonner.

scrape /skreɪp/ **I** *n to get into a scrape*© s'attirer des ennuis. **II** *vtr* [▸vegetables, shoes] gratter; [▸knee] écorcher; [▸chair] racler.
  ■ **scrape in** entrer de justesse.

scrap paper *n* papier *m* brouillon.

scratch /skrætʃ/ **I** *n* GÉN égratignure *f*; (on metal, furniture) éraflure *f*; (on record, disc, glass) rayure *f*; *to have a scratch* se gratter; *to start from scratch* partir de zéro. **II** *vtr* ORDINAT effacer; *to scratch sth on sth* graver qch sur qch; [cat] griffer; *to scratch (one's head)* se gratter (la tête); (damage) érafler; [▸CD] rayer. **III** *vi* se gratter.

scratchcard /ˈskrætʃkɑːd/ *n* (game) jeu de grattage; (card) carte *f* à gratter.

scrawl /skrɔːl/ **I** *n* gribouillage *m*. **II** *vtr, vi* gribouiller.

scream /skriːm/ **I** *n* cri *m* (perçant), hurlement *m*. **II** *vtr* LIT crier; FIG [headline] annoncer (en titre). **III** *vi* [person, animal] crier; *to scream at sb* crier après qn©; *to scream with* [▸fear, pain, rage] hurler de.

screech /skriːtʃ/ **I** *n* cri *m* strident; (of tyres) crissement *m*. **II** *vtr* hurler. **III** *vi* [person, animal] pousser un cri strident; [tyres] crisser.

screen /skriːn/ **I** *n* GÉN écran *m*; (folding) paravent *m*. **II** *in compounds* CIN [actor] de cinéma; [debut] au cinéma. **III** *vtr* CIN projeter; TV diffuser; (conceal) cacher; (protect) protéger; [▸baggage] contrôler; [▸patient] faire passer des tests de dépistage à.

screen capture *n* capture *f* d'écran.

screening /ˈskriːnɪŋ/ *n* CIN séance *f*; TV diffusion *f*; (of candidates) sélection *f*; MÉD examens, dépistage *m*; (of information) filtrage *m*; (of baggage) examen *m*.

screenplay *n* scénario *m*.

screensaver /ˈskriːnseɪvə(r)/ *n* ORDINAT économiseur *m* d'écran.

screenwriter *n* scénariste *mf*.

screw /skruː/ **I** *n* vis *f*. **II** *vtr* visser.
  ■ **screw up** *screw up*© cafouiller©; *screw up [sth]*; [▸paper] froisser; [▸eyes] plisser; (make a mess of)© [▸plan, task] faire foirer©; *screw [sb] up*© perturber.

screwdriver /ˈskruːdraɪvə(r)/ *n* tournevis *m*.

scribble /ˈskrɪbl/ **I** *n* gribouillage *m*. **II** *vtr, vi* griffonner, gribouiller.

script /skrɪpt/ *n* script *m*, scénario *m*; (handwriting) écriture *f*.

scripture /ˈskrɪptʃə(r)/ *n* Saintes Écritures *fpl*.

scriptwriter /ˈskrɪptraɪtə(r)/ *n* CIN, TV scénariste *mf*.

scroll /skrəʊl/ **I** *n* rouleau *m*. **II** *vtr* ORDINAT *to scroll sth up/down* faire défiler qch vers le haut/vers le bas.

scroll bar *n* barre *f* de défilement.

Scrooge© /skruːdʒ/ *n* grippe-sou *m*.

scrub /skrʌb/ **I** n to give a (good) scrub (bien) nettoyer; (low bushes) broussailles fpl; (beauty product) gommage m. **II** vtr (p prés etc **-bb-**) frotter; [▸vegetable] nettoyer; to scrub one's nails se brosser les ongles.
■ **scrub down** nettoyer à fond; **scrub out** récurer.

scruffy /ˈskrʌfɪ/ adj [person] dépenaillé; [town] délabré.

scrum /skrʌm/ n (rugby) mêlée f.

scruple /ˈskruːpl/ n scrupule m.

scrutinize /ˈskruːtɪnaɪz, -tənaɪz^US/ vtr scruter.

scrutiny /ˈskruːtɪnɪ, ˈskruːtənɪ^US/ n examen m.

scuba diving n plongée f sous-marine.

scuffle /ˈskʌfl/ n bagarre f.

sculpt /skʌlpt/ vtr, vi sculpter.

sculptor /ˈskʌlptə(r)/ n sculpteur m.

sculpture /ˈskʌlptʃə(r)/ n sculpture f.

scum /skʌm/ n écume f, mousse f; (on bath) crasse f; **they're the scum of the earth** ce sont des moins que rien.

scurry /ˈskʌrɪ/ vi (prét, pp **-ried**) se précipiter.

scuttle /ˈskʌtl/ **I** vtr saborder. **II** vi to scuttle away/off filer.

scythe /saɪð/ n (tool) faux f.

SE n (abrév écrite = **south-east**) SE m.

sea /siː/ **I** n mer f; by the sea au bord de la mer; by sea en bateau. **II** **seas** npl the heavy seas la tempête. **III** in compounds [air] marin; [bird, water] de mer; [battle] naval.

sea bass n (fish) loup m.

sea change n transformation f radicale.

sea dumping n déversement m de déchets en mer.

seafood n fruits mpl de mer.

seagull n mouette f.

sea horse n hippocampe m.

seal /siːl/ **I** n (animal) phoque m; (insignia) sceau m; (on letter) cachet m; (on door) scellés mpl. **II** vtr [▸letter] cacheter; [▸alliance] sceller, conclure; [▸jar] fermer.
■ **seal off** [▸street] barrer.

seam /siːm/ n couture f; (of coal) veine f.

seaman /ˈsiːmən/ n (pl **-men**) matelot m.

seamless /ˈsiːmlɪs/ adj sans coutures.

search /sɜːtʃ/ **I** n recherches fpl; the search for peace la quête de la paix; in search of à la recherche de; (of area) fouille f; ORDINAT recherche f. **II** vtr to search (for sb/ sth) chercher qn/qch; [▸person] fouiller; [▸records] examiner; ORDINAT [▸file] rechercher (dans).

search-and-replace n ORDINAT chercher-remplacer m.

search engine n ORDINAT moteur m de recherche.

seashell n coquillage m.

seashore n (part of coast) littoral m; (beach) plage f.

seasick /ˈsiːsɪk/ adj to be/get/feel seasick avoir le mal de mer.

seaside /ˈsiːsaɪd/ **I** n the seaside le bord de la mer. **II** in compounds [holiday] à la mer; [hotel] en bord de mer; [resort] balnéaire.

season /ˈsiːzn/ **I** n saison f; out of season hors saison; late in the season dans l'arrière-saison; the Christmas season la période de Noël; Season's greetings! Joyeuses fêtes! **II** vtr assaisonner.

seasonal /ˈsiːzənl/ adj saisonnier/-ière.

seasoned /ˈsiːznd/ adj [dish] assaisonné; highly seasoned relevé, épicé; [campaigner, performer] expérimenté, chevronné; [soldier] aguerri; .

seasoning /ˈsiːznɪŋ/ n assaisonnement m.

season ticket n carte f d'abonnement.

seat /siːt/ **I** n GÉN siège m; take/have a seat asseyez-vous; (place) place f; the back seat la banquette arrière; (of trousers) fond m. **II** vtr [▸person] placer; [room] accueillir. **III** v refl to seat oneself prendre place. **IV** **seated** pp adj assis.

seatbelt n ceinture f (de sécurité).

seaweed n algue f.

secession /sɪˈseʃn/ n sécession f.

secluded /sɪˈkluːdɪd/ adj retiré.

second I /ˈsekənd/ n (time) seconde f; any second d'un instant à l'autre; (ordinal number) deuxième mf, second/-e m/f; (date) the second of May le deux mai; UNIV upper/ lower second^GB ≈ licence f avec mention bien/assez bien. **II** ⊕ **seconds** /ˈsekənd/ npl (food) rab^⊕ m. **III** /ˈsekənd/ adj second, deuxième; every second Monday un lundi sur deux. **IV** /ˈsekənd/ adv deuxièmement. **V** vtr /ˈsekənd/ appuyer.
● **to have second thoughts** changer d'avis; **on second thoughts** à la réflexion.

secondary /ˈsekəndrɪ, -derɪ^{US}/ adj secondaire.

second best n pis-aller m.

second class I n RAIL deuxième classe f. **II second-class** adj de qualité inférieure; [mail] au tarif lent; [compartment] de deuxième classe; *second class degree*^{GB} ≈ *licence obtenue avec mention assez bien*.

second hand I /ˈsekəndhænd/ n (on watch) trotteuse f. **II second-hand** /sekəndˈhænd/ adj, adv d'occasion.

secondly /ˈsekəndlɪ/ adv deuxièmement.

second name n nom m de famille.

secrecy /ˈsiːkrəsɪ/ n secret m.

secret /ˈsiːkrɪt/ **I** n secret m;. **II** adj secret/-ète. **III in secret** adv phr GÉN en secret; JUR à huis clos.

secretarial /sekrəˈteərɪəl/ adj [course] de secrétaire; [staff] de secrétariat.

secretary /ˈsekrətrɪ, -rəterɪ^{US}/ n secrétaire mf; *Foreign/Home Secretary*^{GB} ministre des Affaires étrangères/de l'Intérieur; *Secretary of State*^{US} ministre des Affaires étrangères.

secretive /ˈsiːkrətɪv/ adj *to be secretive* être discret/-ète.

secretly /ˈsiːkrɪtlɪ/ adv en secret.

sect /sekt/ n secte f.

sectarian /sekˈteərɪən/ n, adj sectaire (mf).

section /ˈsekʃn/ n (part) (of train, town, etc) partie f; (of population, group) tranche f; (department) service m; (of library, shop) rayon m; (of act, bill) article m; (of newspaper) rubrique f; (of book) passage m.

sector /ˈsektə(r)/ n secteur m.

secular /ˈsekjʊlə(r)/ adj [politics, education] laïque; [music] profane; [power] séculier/-ière.

secure /sɪˈkjʊə(r)/ **I** adj sûr, solide; [structure, ladder] stable; [door] bien fermé; *to feel secure* se sentir en sécurité. **II** vtr obtenir; [▸rope] bien attacher; [▸door] bien fermer; [▸house, camp] protéger; [▸future, job] assurer; [▸loan] garantir.

security /sɪˈkjʊərətɪ/ n sécurité f; *state security* sûreté de l'État; (guarantee) caution f.

security forces npl forces fpl de sécurité.

security guard n vigile m.

sedate /sɪˈdeɪt/ adj tranquille.

sedative /ˈsedətɪv/ n sédatif m.

sediment /ˈsedɪmənt/ n dépôt m.

seduce /sɪˈdjuːs, -ˈduːs^{US}/ vtr séduire.

seductive /sɪˈdʌktɪv/ adj séduisant.

see /siː/ **I** vtr (prét **saw**; pp **seen**) voir; *see you*©! salut!; *see you next week*©! à la semaine prochaine!; [doctor, dentist] recevoir; [▸joke] comprendre; *to see sb as* considérer qn comme; *to see (to it) that* veiller à ce que (+ subj); *to see sb home* raccompagner qn chez lui/elle. **II** vi voir; *as far as I can see* autant que je puisse en juger; *I'll go and see* je vais voir. **III** v refl *to see oneself* se voir; *I can't see myself doing* j'ai du mal à m'imaginer en train de faire.

■ **see about** s'occuper de; **see off** (say goodbye to) dire au revoir à; **see out** raccompagner [qn] à la porte; **see through** percer [qn] à jour; **see to** s'occuper de.

seed /siːd/ **I** n graine f; (fruit pip) pépin m; (beginning) germes mpl. **II** vtr ensemencer.

seedling /ˈsiːdlɪŋ/ n semis f.

seedy /ˈsiːdɪ/ adj miteux/-euse.

seeing /ˈsiːɪŋ/ conj *seeing that, seeing as* étant donné que, vu que.

seek /siːk/ (prét, pp **sought**) vtr chercher; [▸advice, help] demander; *to seek for/after sth* rechercher qch.

■ **seek out** aller chercher.

seem /siːm/ vi sembler, avoir l'air; *it seems to me that* il me semble que (+ indic); *it seems as if/as though* il semble que (+ subj); *I seem to have forgotten* je crois que j'ai oublié; *I just can't seem to do* je n'arrive pas à faire.

seemingly /ˈsiːmɪŋlɪ/ adv apparemment.

seen /siːn/ pp ▶ **see**.

seep /siːp/ vi suinter.

seethe /siːð/ vi [▸with rage] bouillir (de); [▸with people] grouiller (de).

see-through adj transparent.

segment /ˈsegmənt/ n GÉN segment m; (of orange) quartier m; (of economy) secteur m.

segregate /ˈsegrɪgeɪt/ vtr séparer.

segregated /ˈsegrəgeɪtɪd/ adj ségrégationniste; [area, school] *où la ségrégation (raciale ou religieuse) est en vigueur*.

segregation /segrɪˈgeɪʃn/ n ségrégation f.

seismic /ˈsaɪzmɪk/ adj sismique.

seize /siːz/ **I** vtr saisir; [▸prisoner, power] s'emparer de; [▸control] prendre. **II** vi *to seize*

(upon) [engine] se gripper, se bloquer. **III** *vi* [engine, mechanism] se gripper.
■ **seize on** [▸ idea, offer] sauter sur; **seize up** [engine] se gripper; [back] se bloquer.

seizure /ˈsiːʒə(r)/ *n* prise *f*; MÉD, FIG attaque *f*.

seldom /ˈseldəm/ *adv* rarement.

select /sɪˈlekt/ **I** *adj* [group] privilégié; [hotel] chic *inv*, sélect. **II** *vtr* sélectionner, choisir.

select committeeᴳᴮ *n* commission *f* d'enquête.

selection /sɪˈlekʃn/ *n* sélection *f*.

selective /sɪˈlektɪv/ *adj* sélectif/-ive.

self /self/ *n* (*pl* **selves**) moi-même, toi-même, lui-même, etc.

self-addressed envelope, SAE *n* enveloppe *f* (libellée) à ses propres nom et adresse.

self-cateringᴳᴮ **I** *n* meublé *m*. **II** *adj* [▸ accomodation] meublé; **self-catering holiday** vacances *fpl* en location.

self-cleaning *adj* autonettoyant.

self-confidence *n* assurance *f*.

self-confident *adj* sûr de soi/de lui/etc.

self-conscious *adj* timide; **to be self-conscious about sth** être gêné par qch.

self-contained *adj* [flat] indépendant.

self-control *n* sang-froid *m inv*.

self-defenceᴳᴮ, **self-defense**ᵁˢ *n* auto-défense *f*.

self-determination *n* autodétermination *f*.

self-educated autodidacte.

self-employed I *n* **the self-employed** les travailleurs *mpl* indépendants. **II** *adj* [▸ work, worker] indépendant; **to be self-employed** travailler à son compte.

self-esteem *n* amour-propre *m*.

self-evident *adj* évident; **it is self-evident** cela va de soi.

self-government *n* autonomie *f*.

self-interest *n* intérêt *m* personnel.

selfish /ˈselfɪʃ/ *adj* égoïste.

selfless /ˈselflɪs/ *adj* dévoué, désintéressé.

self-portrait *n* autoportrait *m*.

self-sealing *adj* [▸ envelope] autocollant.

self-service *n*, *adj* libre-service.

self-styled *adj* autoproclamé.

self-sufficient *adj* autosuffisant.

self-supporting *adj* indépendant.

sell /sel/ (*prét*, *pp* **sold**) **I** *vtr* vendre; [▸ idea] faire accepter. **II** *vi* vendre; **sell by June 27** date limite de vente: 27 juin; [goods] se vendre.
■ **sell out** se vendre; **we've sold out** nous avons tout vendu.

sell-by date *n* date *f* limite de vente.

seller /ˈselə(r)/ *n* vendeur/-euse *m/f*.

selling-off *n* (of company, assets) liquidation *f*; (of stock) écoulement *m*.

Sellotape®ᴳᴮ /ˈseləʊteɪp/ *n* scotch® *m*.

semicolon *n* point-virgule *m*.

semi-detached *adj* [house] jumelé.

semifinal *n* demi-finale *f*.

seminal /ˈseminl/ *adj* fondamental.

seminar /ˈsemɪnɑː(r)/ *n* séminaire *m*.

semolina /seməˈliːnə/ *n* semoule *f*.

senate /ˈsenɪt/ *n* sénat *m*.

senator /ˈsenətə(r)/ *n* sénateur *m*.

send /send/ *vtr* (*prét*, *pp* **sent**) envoyer; **to send sb home** renvoyer qn chez lui/elle; **send her my love!** embrasse-la de ma part; **send them my regards** transmettez-leur mes amitiés; **to send sb mad**ᴳᴮ rendre qn fou.
● **to send sb packing**ᶜ envoyer balader qnᶜ.
■ **send away** faire partir; **send away for [sth]** commander [qch] par correspondance; **send back** renvoyer; **send for** [▸ doctor, taxi, plumber] appeler, demander; **send off** expédier.

sender /ˈsendə(r)/ *n* expéditeur/-trice *m/f*.

Senegal /senɪˈɡɔːl/ *pr n* Sénégal *m*.

senile /ˈsiːnaɪl/ *adj* sénile.

senior /ˈsiːnɪə(r)/ **I** *n* aîné/-e *m/f*; **to be sb's senior** être plus âgé que qn; (superior) supérieur/-e *m/f*; UNIVᵁˢ étudiant/-e de licence. **II** *adj* (older) plus âgé; **Mr Becket senior** M. Becket père; [aide, employee, minister] haut placé; [colleague] plus ancien/-ienne; [job, post] supérieur.

senior citizen *n* personne du troisième âge.

seniority /siːnɪˈɒrətɪ, -ˈɔːr-ᵁˢ/ *n* (in years) âge *m*; (of service) ancienneté *f*.

senior official *n* haut/-e fonctionnaire *m/f*.

session

sensation /sen'seɪʃn/ n sensation f.

sensational /sen'seɪʃənl/ adj sensationnel/-elle; [story, article] à sensation PÉJ.

sense /sens/ **I** n sens m; *sense of hearing* ouïe f; *sense of sight* vue f; (feeling) sentiment m; (practical quality) bon sens m; *what's the sense in getting angry?* à quoi sert-il de se fâcher?; *to make sense* avoir un sens. **II senses** npl (sanity) raison f. **III** vtr (detect) [▸heat, light] détecter; (read) [▸data] lire; *to sense that* deviner que; *to sense danger* sentir un danger.

● *to see sense* entendre raison; *to talk sense* dire des choses sensées.

senseless /'senslɪs/ adj insensé, absurde; (unconscious) sans connaissance.

sensible /'sensəbl/ adj [person] raisonnable, sensé; [garment] pratique.

sensitive /'sensətɪv/ adj sensible; [situation] délicat.

sensor /'sensə(r)/ n détecteur m.

sensual /'senʃʊəl/ adj sensuel/-elle.

sensuality /senʃʊ'ælətɪ/ n sensualité f.

sensuous /'senʃʊəs/ adj sensuel/-elle.

sent /sent/ prét, pp ▸ **send**.

sentence /'sentəns/ **I** n JUR peine f; LING phrase f. **II** vtr *to sentence sb to do sth* condamner qn à faire qch.

sentiment /'sentɪmənt/ n sentiment m.

sentimental /sentɪ'mentl/ adj sentimental.

sentry /'sentrɪ/ n sentinelle f.

separate I separates /'sepərəts/ npl (garments) coordonnés mpl. **II** /'sepərət/ adj [piece] à part; [issue, occasion] autre; *under separate cover* POSTES sous pli séparé; [sections] différent; [agreements] distinct. **III** adv séparément, à part. **IV** vtr séparer. **V** vi se séparer.

separately /'sepərətlɪ/ adv séparément.

separation /sepə'reɪʃn/ n séparation f.

Sept (abrév écrite = **September**).

September /sep'tembə(r)/ n septembre m.

septic /'septɪk/ adj infecté; *to go septic*GB s'infecter.

sequel /'si:kwəl/ n suite f.

sequence /'si:kwəns/ n séquence f; (of problems) succession f; (of photos) série f; (order) ordre m.

Serb /sɜːb/ **I** n (person) Serbe mf; LING serbe m. **II** adj serbe.

Serbia /'sɜːbɪə/ pr n Serbie f.

Serbian /'sɜːbɪən/ n adj ▸ **Serb**.

Serbo-Croat(ian) /sɜːbəʊ'krəʊæt, -krəʊ'eɪʃn/ n adj LING serbo-croate (m).

serene /sɪ'ri:n/ adj serein.

sergeant /'sɑːdʒənt/ n MIL[GB] sergent m; [US] caporal-chef m; (in police) ≈ brigadier m.

serial /'sɪərɪəl/ **I** n feuilleton m. **II** adj [input, printer] série inv; [killer] en série.

serial number n (of machine, car) numéro m de série; (of soldier)[US] numéro m de matricule.

series /'sɪəri:z/ n inv série f; *a series of books* une collection de livres.

serious /'sɪərɪəs/ adj sérieux/-ieuse; [accident, problem] grave.

seriously /'sɪərɪəslɪ/ adv sérieusement; [ill, injured] gravement; [mislead] vraiment.

seriousness /'sɪərɪəsnɪs/ n gravité f.

seropositive /sɪərəʊ'pɒzɪtɪv/ adj séropositif/-ive.

serpent /'sɜːpənt/ n serpent m.

serrated /sɪ'reɪtɪd, 'sereɪtɪd[US]/ adj à dents de scie.

serum /'sɪərəm/ n sérum m.

servant /'sɜːvənt/ n domestique mf; FIG serviteur m.

serve /sɜːv/ **I** n SPORT service m. **II** vtr servir; [reservoir] alimenter; [public transport] desservir; [▸needs] satisfaire; (function) être utile à. **III** vi servir.

● *it serves you right!* ça t'apprendra!

server /'sɜːvə(r)/ n ORDINAT serveur m; CULIN couvert m de service.

service /'sɜːvɪs/ **I** n service m; AUT révision f; RELIG office m. **II services** npl *the services* les armées fpl. **III** vtr [▸car, machine] réviser, entretenir.

service area n aire f de services.

service industry n secteur m tertiaire.

serviceman n militaire m.

service provider n ORDINAT fournisseur m d'accès.

serving /'sɜːvɪŋ/ **I** n portion f. **II** adj de service; MIL en activité; ADMIN en exercice.

session /'seʃn/ n séance f, POL session f.

set /set/ **I** n (of keys, etc) jeu m; (of stamps, tests) série f; (of cutlery, etc) service m; (of books) collection f; (of rules) ensemble m; (kit, game) **a chess set** un jeu d'échecs; **a magic set** une mallette de magie; (pair) **a set of sheets** une paire de draps; (in tennis) set m, manche f; (television) poste m; (scenery) décor m; (hairdo) mise f en plis. **II** adj [procedure] bien déterminé; [price] fixe; [menu] à prix fixe; [expression, smile] figé; (ready) prêt. **III** vtr (p prés **-tt-**; prét, pp **set**) placer; [▶problem] poser; [▶table, alarm clock] mettre; [▶trap] tendre; [▶date, place, etc] fixer; [▶record] établir; [▶VCR, oven] programmer; [▶homework, essay] donner; [▶action] situer; **to have one's hair set** se faire faire une mise en plis. **IV** vi [sun] se coucher; [jam] prendre; [glue] sécher; [bone] se ressouder.

■ **set about** se mettre à; **set apart** [▶person, book, film] distinguer (**from** de); **set aside** (put down) [▶book] poser; [▶room] réserver (**pour** for); [▶money] mettre de côté, économiser; (disregard) [▶differences] mettre de côté; **set forth** se mettre en route; [▶facts] exposer; **set off** partir; [▶row, alarm] déclencher; **set up** [business person] s'établir; [▶stand, stall] monter; [▶committee] constituer; [▶fund] ouvrir; [▶scheme] lancer; [▶conference, meeting] organiser; ORDINAT installer, configurer.

setback /'setbæk/ n revers m.

settee /se'ti:/ n canapé m.

setting /'setɪŋ/ **I** n cadre m; (of sun) coucher m; (of machine) réglage m; MUS arrangement m. **II settings** npl ORDINAT paramètres mpl.

setting-up n (of programme, business) création f; (of inquiry) ouverture f; (of factory) implantation f.

settle /'setl/ **I** vtr installer; [▶nerves] calmer; [▶matter] régler. **II** vi s'installer, se fixer; [bird] se poser; [dust] se déposer; (calm down) se calmer; JUR régler.

■ **settle down** s'installer; se calmer; **settle in** s'installer; **settle to** [▶work] se concentrer sur; **to settle up with** [▶waiter] régler.

settled /'setld/ adj stable.

settlement /'setlmənt/ n accord m; (payment) règlement m; (of settlers) colonie f.

settler /'setlə(r)/ n colon m.

set-up© n (system) organisation f; (trap) traquenard© m.

seven /'sevn/ n, adj sept (m) inv.

seventeen /sevn'ti:n/ n, adj dix-sept (m) inv.

seventeenth /sevn'ti:nθ/ n, adj, adv dix-septième (mf).

seventh /'sevnθ/ n, adj, adv septième (mf).

seventies /'sevntɪz/ npl **the seventies** les années fpl soixante-dix.

seventieth /'sevntɪəθ/ n, adj, adv soixante-dixième (mf).

seventy /'sevntɪ/ n, adj soixante-dix (m) inv.

sever /'sevə(r)/ vtr sectionner, couper; FIG rompre; **to sever sth from** séparer qch de.

several /'sevrəl/ pron, quantif plusieurs.

severance pay n indemnités fpl de licenciement.

severe /sɪ'vɪə(r)/ adj [injury] grave; [weather] rigoureux/-euse; [pain] violent; [loss] lourd; [criticism, person] sévère.

sew /səʊ/ (prét **sewed**; pp **sewn**, **sewed**) **I** vtr coudre. **II** vi coudre.

■ **sew up** [▶hole, tear] recoudre; [▶market] dominer.

sewage /'su:ɪdʒ/ n eaux fpl usées.

sewer /'su:ə(r), 'sju:-/ n égout m.

sewing /'səʊɪŋ/ **I** n couture f. **II** in compounds [machine, scissors, thread] à coudre.

sewn /səʊn/ pp ▶ **sew**.

sex /seks/ n sexe m; **to have sex (with sb)** avoir des rapports sexuels (avec qn).

sexist /'seksɪst/ n, adj sexiste (mf).

sexual /'sekʃʊəl/ adj sexuel/-elle.

sexual abuse n violence f sexuelle.

sexual harassment n harcèlement m sexuel.

Seychelles /seɪ'ʃelz/ pr n **the Seychelles** les Seychelles fpl.

shabby /'ʃæbɪ/ adj habillé de façon miteuse; [room] miteux/-euse; [treatment] mesquin.

shack /ʃæk/ n cabane f.

shade /ʃeɪd/ **I** n ombre f; (of colour) ton m; FIG nuance f; (for lamp) abat-jour m inv; US store m. **II shades** npl (sunglasses)© lunettes fpl de soleil. **III** vtr donner de l'ombre à. **IV** vi **to shade into sth** se fondre en qch.

shadow /'ʃædəʊ/ n ombre f; **beyond the shadow of a doubt** sans l'ombre d'un doute.

shadow cabinetGB n POL cabinet m fantôme.

shadowy /'ʃædəʊɪ/ adj flou, indistinct.

shady /ˈʃeɪdɪ/ *adj* [place] ombragé; (dubious)© véreux/-euse.

shaft /ʃɑːft, ʃæftUS/ *n* manche *m*; (in machine) axe *m*; (in mine) puits *m*; *shaft of light* rayon.

shake /ʃeɪk/ **I** *n* secousse *f*. **II** *vtr* (*prét* **shook**; *pp* **shaken**) secouer; *to shake hands with sb* serrer la main à qn; [▸belief, faith] ébranler. **III** *vi* *to shake with* [▸fear, etc] trembler de. **IV** *v refl* *to shake oneself* se secouer.

■ **shake off** [▸cold, habit, person] se débarrasser de; **shake up** [▸bottle, mixture] agiter; [▸cabinet] remanier.

shake-out /ˈʃeɪkaʊt/ *n* FIN, ÉCON (in securities market) déconfiture *f* des boursicoteurs; (recession) tassement *m* du marché; COMM, IND (reorganization) réorganisation *f*, restructuration *f* (*souvent accompagnée de licenciements*); POL remaniement *m*.

shake-up /ˈʃeɪkʌp/ COMM *n* réorganisation *f*; POL remaniement *m*.

shaky /ˈʃeɪkɪ/ *adj* [chair] branlant; [regime, memory] chancelant.

shall /ʃæl, ʃəl/ *modal aux* (in future tense) *I shall/I'll see you tomorrow* je vous verrai demain; (in suggestions) *shall I set the table?* est-ce que je mets la table?

shallot /ʃəˈlɒt/ *n* GB échalote *f*; US cive *f*.

shallow /ˈʃæləʊ/ **I shallows** *npl* basfonds *mpl*. **II** *adj* peu profond; [character] superficiel/-ielle.

sham /ʃæm/ **I** *n* (person) imposteur *m*; (organization) imposture *f*. **II** *adj* (*épith*) [democracy] prétendu; [object] factice. **III** *vtr, vi* (*p prés etc* **-mm-**) faire semblant (de).

shambles© /ˈʃæmblz/ *n* pagaille© *f*.

shame /ʃeɪm/ **I** *n* honte *f*; (pity) *it is a shame that* c'est dommage que (+ *subj*). **II** *vtr* faire honte à.

shamefaced /ʃeɪmˈfeɪst/ *adj* [▸person, look] penaud.

shameful /ˈʃeɪmfl/ *adj* honteux/-euse.

shameless /ˈʃeɪmlɪs/ *adj* [person] éhonté; [attitude] effronté.

shaming /ˈʃeɪmɪŋ/ *adj* [▸defeat, behaviour] humiliant.

shampoo /ʃæmˈpuː/ **I** *n* shampooing *m*. **II** *vtr* faire un shampooing (à).

shan'tGB /ʃɑːnt/ = **shall not**.

shape /ʃeɪp/ **I** *n* forme *f*; *to take shape* prendre forme. **II** *vtr* [▸clay] modeler; [▸future, idea] déterminer.

■ **shape up** [person] s'en sortir; [things] prendre tournure.

shapeless /ˈʃeɪplɪs/ *adj* informe.

share /ʃeə(r)/ **I** *n* part *f*; FIN action *f*. **II** *vtr* [▸money, etc] partager. **III** *vi* *to share in* prendre part à.

■ **share out** partager, répartir.

shared ownership *n* copropriété *f*.

shareholder *n* actionnaire *mf*.

shareware /ˈʃeəweə(r)/ *n* ORDINAT logiciel *m* contributif.

shark /ʃɑːk/ *n* requin *m*.

sharp /ʃɑːp/ **I** *adj* [razor] tranchant; [edge] coupant; [blade, etc] bien aiguisé; [tooth, end, etc] pointu; [features] anguleux/-euse; [angle, cry] aigu/-uë; [bend, reflex, fall, rise] brusque; [image, sound, distinction] net/nette. **II** *adv* brusquement; *at 9 o'clock sharp* à neuf heures pile©.

sharpen /ˈʃɑːpən/ **I** *vtr* aiguiser, affûter; [▸pencil] tailler; [▸anger] aviver. **II** *vi* se durcir; [contrast] s'accentuer.

sharpener /ˈʃɑːpənə(r)/ *n* taille-crayons *m inv*; (for knife) fusil *m*.

shatter /ˈʃætə(r)/ **I** *vtr* [▸glass] fracasser; [▸silence] rompre; [▸nerves] démolir. **II** *vi* [glass] voler en éclats.

shattering /ˈʃætərɪŋ/ *adj* [blow, effect] accablant; [news] bouleversant.

shatterproof /ˈʃætəpruːf/ *adj* [▸windscreen] en verre securit®.

shave /ʃeɪv/ **I** *n* *to have a shave* se raser. **II** *vtr* (*pp* **shaved** /**shaven**) raser; [▸wood] raboter. **III** *vi* se raser.

● *that was a close shave*©! ouf, c'était juste!

shaver /ˈʃeɪvə(r)/ *n* rasoir *m* électrique.

shaving /ˈʃeɪvɪŋ/ *n* rasage *m*; (of wood) copeau *m*.

shaving brush *n* blaireau *m*.

shawl /ʃɔːl/ *n* châle *m*.

she /ʃiː/ **I** *pron* elle; *here/there she is* la voici/la voilà; *she's a genius* c'est un génie; *she's a lovely boat* c'est un beau bateau. **II** *n* *it's a she*© c'est une fille; (of animal) c'est une femelle.

shear /ʃɪə(r)/ *vtr* (*prét* **sheared**; *pp* **shorn**) tondre; ***shorn of*** dépouillé de.

shears /ʃɪərz/ *npl* cisaille *f*, sécateur *f*.

shed /ʃed/ **I** *n* remise *f*, abri *m*; (at factory, etc) hangar *m*. **II** *vtr* (*prét*, *pp* **shed**) verser; [▸ leaves, weight] perdre.

she'd /ʃiːd, ʃɪd/ = **she had**, = **she would**.

sheen /ʃiːn/ *n* (of hair) éclat *m*.

sheep /ʃiːp/ *n* mouton *m*; ***black sheep*** FIG brebis galeuse.

sheepish /ˈʃiːpɪʃ/ *adj* penaud.

sheer /ʃɪə(r)/ **I** *adj* [stupidity] pur; ***by sheer accident*** tout à fait par hasard; [fabric] fin. **II** *adv* [fall] à pic.

sheet /ʃiːt/ *n* (of paper) feuille *f*; (for bed) drap *m*; (of metal, glass) plaque *f*.

shelf /ʃelf/ *n* (*pl* **shelves**) étagère *f*; (in shop) rayon *m*.

shelf-life /ˈʃelflaɪf/ *n* LIT (of product) durée *f* de conservation; FIG (of technology, music) durée *f* de vie; (of politician, star) période *f* de gloire.

shell /ʃel/ **I** *n* (of egg, nut) coquille *f*; (of crab) carapace *f*; (bomb) obus *m*; (of building) carcasse *f*. **II** *vtr* [▸ town] pilonner; [▸ eggs] écaler; [▸ peas] écosser; [▸ prawn, nut] décortiquer.

she'll /ʃiːl/ = **she will**.

shellfire /ˈʃelfaɪə(r)/ *n* pilonnage *m*; ***to come under shellfire*** se faire pilonner.

shellfish /ˈʃelfɪʃ/ *npl* fruits *mpl* de mer.

shell-proof *adj* blindé.

shelter /ˈʃeltə(r)/ **I** *n* abri *m*; (for homeless) refuge *m*; (for refugee) asile *m*. **II** *vtr* abriter, protéger. **III** *vi* se mettre à l'abri.

sheltered accommodationᴳᴮ *n* foyer-résidence *m*.

shepherd /ˈʃepəd/ **I** *n* berger *m*. **II** *vtr* guider.

shepherd's pieᴳᴮ *n* ≈ hachis Parmentier.

sherbet /ˈʃɜːbət/ *n* (candy)ᴳᴮ *confiserie en poudre acidulée*; (sorbet)ᵁˢ sorbet *m*.

sheriff /ˈʃerɪf/ *n* shérif *m*.

sherry /ˈʃerɪ/ *n* xérès *m*, sherry *m*.

she's /ʃiːz/ = **she is**, = **she has**.

shield /ʃiːld/ **I** *n* bouclier *m*. **II** *vtr* protéger.

shift /ʃɪft/ **I** *n* changement *m*; (workers) équipe *f*. **II** *vtr* déplacer; [▸ arm] bouger, remuer; [▸ scenery] changer; ***to shift gear***ᵁˢ changer de vitesse. **III** *vi* changer.

shift key *n* touche *f* de majuscule.

shift system *n* IND travail *m* par équipes.

shilling /ˈʃɪlɪŋ/ *n* shilling *m*.

shimmer /ˈʃɪmə(r)/ *vi* chatoyer.

shin /ʃɪn/ *n* tibia *m*.

shine /ʃaɪn/ **I** *n* éclat *m*, brillant *m*. **II** *vtr* (*prét*, *pp* **shone**) [▸ light] braquer; (*prét*, *pp* **shined**) cirer. **III** *vi* (*prét*, *pp* **shone**) briller.

■ **shine in** pénétrer; **to shine in through** [▸ window] pénétrer par.

shingles /ˈʃɪŋglz/ *npl* MÉD zona *m*.

ship /ʃɪp/ **I** *n* navire *m*. **II** *vtr* (*p prés etc* **-pp-**) transporter [qch] par mer, par avion; [▸ cargo] charger.

shipbuilding *n* construction *f* navale.

shipment /ˈʃɪpmənt/ *n* cargaison *f*; (sending) expédition *f*.

shipping /ˈʃɪpɪŋ/ *n* navigation *f*, trafic *m* maritime; navire *f*.

shipwreck /ˈʃɪprek/ **I** *n* naufrage *m*. **II** *vtr* **to be shipwrecked** faire naufrage.

shipyard *n* chantier *m* naval.

shireᴳᴮ /ˈʃaɪə(r)/ *n* comté *m*.

shirk /ʃɜːk/ *vtr* [▸ task, duty] esquiver; [▸ problem] éluder.

shirt /ʃɜːt/ *n* (man's) chemise *f*; (woman's) chemisier *m*; (for sport) maillot *m*.

shirtsleeve /ˈʃɜːtsliːv/ *n* **in shirtsleeves** en manches de chemise.

shit® /ʃɪt/ **I** *n* (excrement) merde® *f*, crotte© *f*; (nonsense) conneries® *fpl*. **II** *excl* merde®!

shiver /ˈʃɪvə(r)/ **I** *n* frisson *m*. **II** *vi* frissonner.

shock /ʃɒk/ **I** *n* choc *m*; (electric) décharge *f*; (of earthquake) secousse *f*; (of explosion) souffle *m*. **II** *vtr* choquer, consterner.

shock absorber *n* amortisseur *m*.

shocking /ˈʃɒkɪŋ/ *adj* choquant, consternant.

shoddy /ˈʃɒdɪ/ *adj* de mauvaise qualité.

shoe /ʃuː/ **I** *n* chaussure *f*; (for horse) fer *m*. **II** *vtr* (*prét*, *pp* **shod**) [▸ horse] ferrer.

shoehorn *n* chausse-pied *m*.

shoelace *n* lacet *m* de chaussure.

shoe size *n* pointure *f*.

shoestring /ˈʃuːstrɪŋ/ *n* lacet *m*; ***on a shoestring***© avec peu de moyens.

shone /ʃɒn/ *prét, pp* ▶ **shine**.

shook /ʃʊk/ *prét* ▶ **shake**.

shoot /ʃuːt/ **I** *n* BOT pousse *f*; (hunt)[GB] partie *f* de chasse. **II** *vtr* (*prét, pp* **shot**) tirer (sur); [▶missile] lancer; (kill) abattre; [▶film] tourner; [▶subject] prendre (qch) (en photo). **III** *vi* tirer; CIN tourner; SPORT tirer, shooter; (hunt with gun)[GB] chasser.

■ **shoot down** abattre; **shoot out** jaillir; **shoot up** (person, plant) pousser vite.

shooting /ʃuːtɪŋ/ *n* meurtre *m*; (firing) coups *mpl* de feu; CIN tournage *m*.

shooting star *n* étoile *f* filante.

shoot-out© /ʃuːtaʊt/ *n* fusillade *f*.

shop /ʃɒp/ **I** *n* magasin *m*, boutique *f*; (workshop) atelier *m*. **II** *vi* faire ses courses; *to go shopping* faire des courses.

shop assistant[GB] *n* vendeur/-euse *m/f*.

shopkeeper *n* commerçant/-e *m/f*.

shoplifter *n* voleur/-euse *m/f* à l'étalage.

shopping arcade *n* galerie *f* marchande.

shopping centre[GB], **shopping center**[US], **shopping mall**[US] *n* centre *m* commercial.

shop window *n* vitrine *f*.

shore /ʃɔː(r)/ *n* rivage *m*.

shorn /ʃɔːn/ *pp* ▶ **shear**.

short /ʃɔːt/ **I** *n* (film) court métrage *m*. **II** **shorts** *npl* short *m*; caleçon *m*. **III** *adj* court, bref/brève; [person, walk] petit; [rations] insuffisant. **IV** *adv* [stop] net. **V in short** *adv phr* bref. **VI short of** *prep phr* *short of doing* à moins de faire.

shortage /ʃɔːtɪdʒ/ *n* pénurie *f*.

shortbread *n* sablé *m*.

shortcomings *npl* points *mpl* faibles.

shortcut *n* LIT, ORDINAT raccourci *m*.

shorten /ʃɔːtn/ **I** *vtr* raccourcir. **II** *vi* diminuer.

shortfall /ʃɔːtfɔːl/ *n* déficit *m*.

shorthand /ʃɔːthænd/ *n* sténographie *f*.

shortlist **I** *n* liste *f* des candidats sélectionnés. **II** *vtr* sélectionner.

short-lived /ʃɔːtˈlɪvd, -ˈlaɪvd[US]/ *adj* de courte durée.

shortly /ʃɔːtlɪ/ *adv* bientôt; *shortly before* peu avant.

shortsighted /ʃɔːtˈsaɪtɪd/ *adj* [GB] myope.

short-stay *adj* [▶car park] de courte durée; [▶hostel, housing] à court terme.

short story *n* LITTÉRAT nouvelle *f*.

short-term *adj* à court terme.

shortwave *n* ondes *fpl* courtes.

shot /ʃɒt/ **I** *prét, pp* ▶ **shoot**. **II** *n* coup *m* (de feu); (bullet) balle *f*; (in tennis, golf, cricket) coup *m*; (in football) tir *m*; PHOT photo *f*; CIN plan *m*; (injection) piqûre *f*.

shotgun /ʃɒtgʌn/ *n* fusil *m*.

should /ʃʊd, ʃəd/ *modal aux* (conditional of **shall**) (ought to) devoir; *you should have told me before* tu aurais dû me le dire avant; *how should I know?* comment veux-tu que je le sache?; (in conditional sentences) *should the opportunity arise* si l'occasion se présente; (in polite formulas) *I should like to go there* j'aimerais bien y aller; (+ opinion, surprise) *I should think so!* je l'espère!

shoulder /ʃəʊldə(r)/ **I** *n* épaule *f*; (on road) bas-côté *m*. **II** *vtr* [▶responsibility] endosser.

shoulder blade *n* omoplate *f*.

shouldn't /ʃʊdnt/ = **should not**.

shout /ʃaʊt/ **I** *n* cri *m*. **II** *vtr, vi* crier.

■ **shout down** faire taire (*en criant plus fort*) **shout out** pousser un cri.

shouting /ʃaʊtɪŋ/ *n* ¢ cris *mpl*.

shove© /ʃʌv/ **I** *n* *to give sb/sth a shove* pousser qn/qch. **II** *vtr* pousser; [▶person] bousculer. **III** *vi* pousser.

● **shove off!** tire-toi©!

shovel /ʃʌvl/ **I** *n* pelle *f*. **II** *vtr* enlever [qch] à la pelle.

show /ʃəʊ/ **I** *n* spectacle *m*; (performance) représentation *f*; CIN séance *f*; TV émission *f*; *family show* spectacle pour tous; (of cars, boats) salon *m*; (of fashion) défilé *m*; (of art) exposition *f*; (of strength) démonstration *f*; (of wealth) étalage *m*. **II** *vtr* (*prét* **showed**; *pp* **shown**) montrer; [▶ticket, symptoms] présenter; [▶film] passer; [▶underclothes, dirt] laisser voir; [▶time, direction] indiquer; [▶gratitude] témoigner de. **III** *vi* (be noticeable) se voir; [film] passer.

■ **show in** faire entrer; **show off** *show off*© frimer©; [▶skill] faire admirer; **show out** accompagner à la porte; **show up** [mark] se voir; (arrive)© se montrer©.

show business *n* industrie *f* du spectacle.

showcase /ˈʃəʊkeɪs/ **I** n vitrine f; (for new artists) tremplin m (**for** pour). **II** vtr [▸actor, musician] servir de tremplin à.

showdown /ˈʃəʊdaʊn/ n confrontation f.

shower /ˈʃaʊə(r)/ **I** n douche f; MÉTÉO averse f; (of confetti, sparks) pluie f; (of praise, gifts) avalanche f. **II** vtr **to shower with** couvrir de. **III** vi [person] prendre une douche.

show flat^GB n appartement-témoin m.

showjumping n saut m d'obstacles.

shown /ˈʃəʊn/ pp ▸ **show II, III**.

show-off© n m'as-tu-vu© mf inv.

showpiece /ˈʃəʊpiːs/ n modèle m du genre.

showroom /ˈʃəʊruːm, -rʊm/ n magasin m (d'exposition).

shrank /ʃræŋk/ prét ▸ **shrink II, III**.

shred /ʃred/ **I** n trace f; (of paper) lambeau m. **II** vtr (p prés etc **-dd-**) déchiqueter; [▸vegetables] râper.

shrew /ʃruː/ n musaraigne f; (woman) † PÉJ mégère f.

shrewd /ʃruːd/ adj astucieux/-ieuse.

shrewdness /ˈʃruːdnɪs/ n (of person, decision) perspicacité f.

shriek /ʃriːk/ **I** n cri m, hurlement m. **II** vi crier, hurler.

shrill /ʃrɪl/ adj strident, perçant.

shrimp /ʃrɪmp/ n crevette f grise.

shrine /ʃraɪn/ n sanctuaire m.

shrink /ʃrɪŋk/ **I** © n HUM psy© mf, psychiatre mf. **II** vtr, vi (prét **shrank**; pp **shrunk** /shrunken/) rétrécir, réduire.

shrivel /ˈʃrɪvl/ vtr, vi (p prés etc **-ll-**^GB, **-l-**^US) (se) dessécher.

shroud /ʃraʊd/ **I** n linceul m, suaire m. **II** vtr envelopper.

Shrove Tuesday n mardi m gras.

shrub /ʃrʌb/ n arbuste m.

shrubbery /ˈʃrʌbərɪ/ n massif m d'arbustes.

shrug /ʃrʌg/ vi (p prés etc **-gg-**) hausser les épaules.
■ **shrug off** [▸problem, rumour] ignorer.

shrunk, shrunken ▸ **shrink II, III**.

shudder /ˈʃʌdə(r)/ **I** n frisson m. **II** vi frissonner.

shuffle /ˈʃʌfl/ **I** vtr [▸cards] battre. **II** vi traîner les pieds.

shun /ʃʌn/ vtr (p prés etc **-nn-**) fuir, éviter.

shunt /ʃʌnt/ vtr RAIL aiguiller.

shush /ʃʊʃ/ excl chut!

shut /ʃʌt/ **I** adj fermé. **II** vtr (p prés **-tt-**; prét, pp **shut**) fermer, enfermer. **III** vi [door] se fermer; [factory] fermer.
■ **shut down** [business] fermer; [machine] s'arrêter; **shut in** [▸person, animal] enfermer; **shut out** (keep out) [▸animal, person] laisser dehors; [▸noise, draught] éliminer; **shut up**© se taire; [▸person] faire taire.

shutdown /ˈʃʌtdaʊn/ n GÉN fermeture f; NUCL arrêt m (du réacteur).

shutter /ˈʃʌtə(r)/ n volet m; (on shopfront) store m; PHOT obturateur m.

shuttle /ˈʃʌtl/ **I** n navette f. **II** vtr transporter. **III** vi **to shuttle between** faire la navette entre.

shuttle diplomacy n POL démarches fpl diplomatiques.

shuttle service n TRANSP service m de navette.

shy /ʃaɪ/ **I** adj timide. **II** vi [horse] faire un écart.

Siberia /saɪˈbɪərɪə/ pr n Sibérie f.

sibling /ˈsɪblɪŋ/ n frère/sœur m/f.

Sicily /ˈsɪsɪlɪ/ pr n Sicile f.

sick /sɪk/ **I** n malade m/f. **II** adj malade; [joke, story, mind] malsain; **to feel sick** ne pas se sentir bien; (nauseous) avoir mal au cœur; **to be sick**^GB vomir; **to be sick of sth/ sb**© en avoir assez/marre© de qch/qn.

sicken /ˈsɪkən/ **I** vtr écœurer. **II** vi tomber malade; **to sicken of** se lasser de.

sickening /ˈsɪkənɪŋ/ adj écœurant.

sickle /ˈsɪkl/ n faucille f.

sick leave n congé m de maladie.

sickly /ˈsɪklɪ/ adj [person] maladif/-ive; [complexion] blafard; [smell, taste] écœurant.

sickness /ˈsɪknɪs/ n maladie f; **in sickness and in health** ≈ pour le meilleur et pour le pire.

side /saɪd/ **I** n côté m; (of animal's body, hill, boat) flanc m; **the right side** l'endroit m; **the wrong side** l'envers m; (of record) face f; (of lake) bord m; (of problem) aspect m. **II** in compounds [door, etc] latéral. **III on the side** adv phr à côté.
■ **side with** [▸person] se mettre du côté de.

sideboard n buffet m.

side dish n plat m d'accompagnement.

side effect n effet m secondaire.

side issue n question f annexe.

sideline n à-côté m.

sidestep vtr (p prés etc **-pp-**) éviter.

sidetrack vtr fourvoyer.

sidewalkUS n trottoir m.

sideways adj, adv de travers.

siege /siːdʒ/ n siège m.

Sierra Leone /sɪˌerəlɪˈəʊn/ pr n Sierra Leone f.

sieve /sɪv/ **I** n (for liquids) passoire f; (for flour) tamis m. **II** vtr tamiser.

sift /sɪft/ vtr passer [qch] au crible.
▪ **sift through** trier.

sigh /saɪ/ **I** n soupir m. **II** vi soupirer, pousser un soupir.

sight /saɪt/ **I** n vue f; **at first sight** à première vue; **out of sight** caché. **II sights** npl attractions fpl touristiques.

sighted /ˈsaɪtɪd/ adj doué de la vue.

sightseeing /ˈsaɪtsiːɪŋ/ n tourisme m.

sightseer n touriste mf.

sign /saɪn/ **I** n signe m; (roadsign) panneau m; (billboard) pancarte f; (for shop) enseigne f. **II** vtr, vi signer.
▪ **sign on**GB pointer au chômage; **sign up** s'engager; (for course) s'inscrire.

signal /ˈsɪɡnl/ **I** n signal m. **II** vtr (p prés etc **-ll-**GB, **-l-**US) indiquer; **to signal to** faire signe de. **III** vi faire des signes.

signature /ˈsɪɡnətʃə(r)/ n signature f.

signature tune n indicatif m.

signet ring /ˈsɪɡnɪtrɪŋ/ n chevalière f.

significance /sɪɡˈnɪfɪkəns/ n importance f; (meaning) signification f.

significant /sɪɡˈnɪfɪkənt/ adj important; [figure] significatif/-ive.

signify /ˈsɪɡnɪfaɪ/ vtr signifier.

signing /ˈsaɪnɪŋ/ n signature f.

signpost /ˈsaɪnpəʊst/ **I** n panneau m indicateur. **II** vtr indiquer.

silence /ˈsaɪləns/ **I** n silence m. **II** vtr **to silence sb/sth** faire taire qn/qch.

silent /ˈsaɪlənt/ adj (quiet) silencieux/-ieuse; **to be silent** se taire; [film, vowel] muet/muette.

silent partner n COMM, JUR commanditaire m.

silicon chip n ORDINAT puce f électronique.

silk /sɪlk/ n soie f.

silky /ˈsɪlkɪ/ adj soyeux/-euse.

sill /sɪl/ n (of window) rebord m.

silly /ˈsɪlɪ/ adj idiot, stupide; [behaviour] ridicule.

silt /sɪlt/ n limon m, vase f.

silver /ˈsɪlvə(r)/ **I** n argent m; (silverware) argenterie f. **II** adj [ring] en argent; [hair] argenté.

silvery /ˈsɪlvərɪ/ adj argenté.

SIM card n TÉLÉCOM carte f SIM.

similar /ˈsɪmɪlə(r)/ adj semblable (à); **to be similar to sth** ressembler à qch.

similarity /sɪmɪˈlærətɪ/ n ressemblance f.

simile /ˈsɪmɪlɪ/ n comparaison f.

simmer /ˈsɪmə(r)/ **I** vtr [▸soup] faire cuire [qch] à feu doux; [▸water] laisser frémir. **II** vi [soup] cuire à feu doux, mijoter; [water] frémir; [person] **to simmer with** frémir de.
▪ **simmer down**© se calmer.

simple /ˈsɪmpl/ adj simple.

simple-minded adj PÉJ simple d'esprit.

simplicity /sɪmˈplɪsətɪ/ n simplicité f.

simplify /ˈsɪmplɪfaɪ/ vtr simplifier.

simplistic /sɪmˈplɪstɪk/ adj simpliste.

simply /ˈsɪmplɪ/ adv (tout) simplement.

simulate /ˈsɪmjʊleɪt/ vtr simuler.

simultaneous /sɪmlˈteɪnɪəs, saɪm-US/ adj simultané.

sin /sɪn/ **I** n péché m, crime m. **II** vi (p prés etc **-nn-**) pécher.

since /sɪns/ **I** prep depuis. **II** conj (from the time when) depuis que; (because) comme, étant donné que. **III** adv depuis.

sincere /sɪnˈsɪə(r)/ adj sincère.

sincerely /sɪnˈsɪəlɪ/ adv sincèrement; **sincerely yours**US (end of letter) Veuillez agréer, Monsieur/Madame, l'expression de mes sentiments les meilleurs.

sincerity /sɪnˈserətɪ/ n sincérité f.

sinew /ˈsɪnjuː/ n ANAT tendon m.

sinful /ˈsɪnfl/ adj [pleasure] immoral; [world] impie.

sing /sɪŋ/ vtr, vi (prét **sang**; pp **sung**) chanter.

singe /sɪndʒ/ vtr brûler légèrement.

singer /'sɪŋə(r)/ n chanteur/-euse m/f.

singing /'sɪŋɪŋ/ n chant m.

single /'sɪŋgl/ **I** n GB aller m simple; TOU-RISME chambre f à une personne; (music) CD m deux titres, single m. **II singles** npl (in tennis) simple. **III** adj seul; [unit] simple; [bed] pour une personne; (unmarried) célibataire.
■ **single out** choisir.

single currency n monnaie f unique.

single file adv en file indienne.

single-handedly adv tout seul.

single market n marché m unique.

single-minded /ˌsɪŋgl'maɪndɪd/ adj tenace, résolu.

single parent n single parent family famille monoparentale.

singular /'sɪŋgjʊlə(r)/ **I** n LING singulier m. **II** adj GÉN singulier/-ière.

sinister /'sɪnɪstə(r)/ adj sinistre.

sink /sɪŋk/ **I** n (in kitchen) évier m; (in bathroom) lavabo m. **II** vtr (prét **sank**; pp **sunk**) couler; [▸ post] enfoncer. **III** vi couler; [sun, pressure] baisser; to sink into s'enfoncer dans.
■ **sink in** comprendre.

sinking fund n FIN fonds m d'amortissement.

sinner /'sɪnə(r)/ n pécheur/-eresse m/f.

sinuous /'sɪnjʊəs/ adj sinueux/-euse.

sinusitis /ˌsaɪnə'saɪtɪs/ n sinusite f.

sip /sɪp/ **I** n petite gorgée f. **II** vtr (p prés etc -**pp**-) boire [qch] à petites gorgées.

siphon /'saɪfn/ **I** n siphon m. **II** vtr to siphon (off) money détourner de l'argent.

sir /sɜː(r)/ n (form of address) Monsieur; (to president) Monsieur le président; MIL mon commandant/mon lieutenant; (emphatic) yes, sir!©US pas de doute!

sire /'saɪə(r)/ vtr engendrer.

siren /'saɪərən/ n sirène f.

sirloin /'sɜːlɔɪn/ n aloyau m.

sissy© /'sɪsɪ/ n poule f mouillée©.

sister /'sɪstə(r)/ **I** n sœur f; MÉD GB infirmière f chef. **II** in compounds **sister country** pays frère; **sister nation** nation sœur.

sister-in-law n (pl **sisters-in-law**) belle-sœur f.

sit /sɪt/ **I** vtr (p prés -**tt**-; prét, pp **sat**) placer; [▸ exam]GB passer. **II** vi s'asseoir; [committee, court] siéger.
■ **sit about**, **sit around** ne rien faire; **sit down** s'asseoir; **sit in on** assister à; **sit through** [▸ lecture, concert] devoir assister à; **sit up** (raise oneself upright) se redresser; (stay up late) rester debout (**doing** pour faire).

sitcom© /'sɪtkɒm/ n (abrév = **situation comedy**) sitcom f.

site /saɪt/ **I** n (of building, town) emplacement m, site m; (during building) chantier m. **II** vtr construire; to be sited être situé.

sitting /'sɪtɪŋ/ n séance f.

sitting memberGB n POL député m en exercice.

sitting room n salon m.

situate /'sɪtjʊeɪt, 'sɪtʃʊeɪtUS/ vtr situer; to be situated se trouver.

situation /ˌsɪtjʊ'eɪʃn, ˌsɪtʃʊ-US/ n situation f; situations vacantGB offres d'emploi.

sit-ups /'sɪtʌps/ npl abdominaux mpl.

six /sɪks/ n, adj six (m) inv.

sixteen /sɪk'stiːn/ n, adj seize (m) inv.

sixteenth /sɪk'stiːnθ/ n, adj, adv seizième (mf).

sixth /sɪksθ/ n, adj, adv sixième (mf).

sixth formGB n SCOL (lower) ≈ classes de première; (upper) ≈ classes de terminale.

sixth form collegeGB n SCOL lycée m (n'ayant que des classes de première et terminale).

sixties /'sɪkstɪz/ npl the sixties les années 1960.

sixtieth /'sɪkstɪəθ/ n, adj, adv soixantième (mf).

sixty /'sɪkstɪ/ n, adj soixante (m) inv.

size /saɪz/ **I** n taille f; (of bed, machine) dimensions fpl; (of class) effectif m; (of shoes) pointure f. **II** vtr ORDINAT [▸ window] dimensionner; to size up [▸ situation] évaluer.

sizeable /'saɪzəbl/ adj assez grand.

skate /skeɪt/ **I** n patin m (à glace/à roulettes); (fish) raie f. **II** vi patiner, faire du skateboard.

skateboard, **skateboarding** n planche f à roulettes, skateboard m.

skateboarder n skateboardeur/-euse m/f.

skater /ˈskeɪtə(r)/ n patineur/-euse m/f, skateboardeur/-euse m/f.

skating /ˈskeɪtɪŋ/ n patinage m.

skeleton /ˈskelɪtn/ n squelette m.

skeleton key n passe-partout m inv.

sketch /sketʃ/ I n (drawing) esquisse f; (outline) croquis m; (comic scene) sketch m. II vtr faire une esquisse de.

sketchy /ˈsketʃɪ/ adj insuffisant, vague.

skewer /ˈskjuːə(r)/ n brochette f.

ski /skiː/ I n ski m; *cross-country skis* skis de fond; *downhill skis* skis alpins. II vi (prét, pp **skied**) skier, faire du ski.

skid /skɪd/ I n dérapage m. II vi (p prés etc **-dd-**) déraper.

skier /ˈskiːə(r)/ n skieur/-euse m/f.

skiing /ˈskiːɪŋ/ n ski m.

ski jumping n saut m à skis.

skilfulGB, **skillful**US /ˈskɪlfl/ adj habile.

skill /skɪl/ n habileté f, adresse f; (special ability) compétence f.

skilled /skɪld/ adj [work] qualifié; [actor] consommé.

skill level n niveau m de compétence.

skim /skɪm/ (p prés etc **-mm-**) vtr [▸milk] écrémer; [▸soup] écumer; [▸surface] frôler; [▸book] parcourir.

skimmed milk n lait m écrémé.

skimp /skɪmp/ vi *to skimp on* lésiner sur.

skin /skɪn/ I n peau f; (of onion) pelure f. II vtr (p prés etc **-nn-**) peler.

skin diving n plongée f sous-marine.

skinny© /ˈskɪnɪ/ adj maigre.

skip /skɪp/ I n petit bond m; (rubbish container)GB benne f. II vtr (p prés etc **-pp-**) [▸lunch, school] sauter. III vi bondir.

skipper /ˈskɪpə(r)/ n NAUT capitaine m.

skipping /ˈskɪpɪŋ/ n saut m à la corde.

ski racing n ski m alpin.

skirmish /ˈskɜːmɪʃ/ n GÉN accrochage m; MIL escarmouche f.

skirt /skɜːt/ n jupe f.
■ **skirt round**GB contourner.

skittleGB /ˈskɪtl/ n quille f.

skull /skʌl/ n crâne m.

skunk /skʌŋk/ n moufette f.

sky /skaɪ/ n ciel m.

skydiving n parachutisme m.

skyline n ligne f d'horizon.

skyscraper n gratte-ciel m inv.

slab /slæb/ n dalle f; (of meat) pavé m; (of ice) plaque f.

slack /slæk/ I **slacks** npl pantalon m. II adj négligent, peu consciencieux/-ieuse; [work] peu soigné; [period] creux/creuse (after n); [demand, sales] faible. III vi [worker] se relâcher.

slacken /ˈslækən/ vtr, vi (se) relâcher.

slain /sleɪn/ pp ▸ slay.

slam /slæm/ vtr, vi (p prés etc **-mm-**) claquer.

slander /ˈslɑːndə(r), ˈslæn-US/ I n calomnie f; JUR diffamation f orale. II vtr calomnier; JUR diffamer.

slanderous /ˈslɑːndərəs/ adj GÉN calomnieux-ieuse; JUR diffamatoire.

slang /slæŋ/ n argot m.

slanging matchGB n prise f de bec©.

slant /slɑːnt, slænt US/ I n point m de vue. II vtr présenter [qch] avec parti pris. III vi [handwriting] pencher.

slanted /ˈslɑːntɪd, ˈslæn-US/ adj partial/-le.

slap /slæp/ I n tape f, claque f. II vtr (p prés etc **-pp-**) [▸person, animal] donner une tape à.

slapstick /ˈslæpstɪk/ n comique tarte à la crème.

slash /slæʃ/ I n (scar) balafre f; (in printing) barre f oblique; FIN réduction f; (in skirt) fente f. II vtr tailler, couper.

slate /sleɪt/ I n ardoise f. II vtr (criticize)©GB taper sur©.

slaughter /ˈslɔːtə(r)/ I n (in butchery) abattage m; (of people) massacre m, boucherie© f; (road deaths) carnage m. II vtr massacrer; (in butchery) abattre.

slaughterhouse /ˈslɔːtəhaʊs/ n abattoir m.

slave /sleɪv/ I n esclave mf. II vi travailler comme un forçat.

slavery /ˈsleɪvərɪ/ n esclavage m.

slave-trading n commerce m des esclaves; (in Africa) traite f des Noirs.

slay /sleɪ/ vtr (prét **slew**; pp **slain**) faire périr; *two slain*©US deux tués.

sleazy© /ˈsliːzɪ/ adj PÉJ louche.

sledgeGB /sledʒ/, **sled**US /sled/ I n luge f; (pulled) traîneau m. II vi faire de la luge.

sleek /sliːk/ *adj* [hair] lisse et brillant; [shape] élégant.

sleep /sliːp/ **I** *n* sommeil *m*; *to get some sleep* dormir. **II** *vtr* (*prét*, *pp* **slept**) [house] loger. **III** *vi* dormir.

sleeper /ˈsliːpə(r)/ *n* dormeur/-euse *m/f*; RAIL couchette *f*.

sleeping /ˈsliːpɪŋ/ *adj* qui dort, endormi.

sleeping bag *n* sac *m* de couchage.

sleeping partnerGB *n* COMM commanditaire *mf*.

sleeping pill *n* somnifère *m*.

sleepy /ˈsliːpɪ/ *adj* endormi, somnolent; *to feel/be sleepy* avoir envie de dormir, avoir sommeil.

sleet /sliːt/ *n* neige *f* fondue.

sleeve /sliːv/ *n* manche *f*; (of record) pochette *f*; (of CD) boîtier *m*.
● **to have sth up one's sleeve** avoir qch en réserve.

sleeveless /ˈsliːvlɪs/ *adj* sans manches.

slender /ˈslendə(r)/ *adj* [person] mince; [waist] fin; [majority] faible.

slept /slept/ *prét*, *pp* ▶ **sleep**.

sleuth /sluːθ/ *n* limier *m*, détective *m*.

slew /sluː/ *prét* ▶ **slay**.

slice /slaɪs/ **I** *n* tranche *f*; (of cheese) morceau *m*; (of pie) part *f*; (of lemon) rondelle *f*. **II** *vtr* couper [qch] (en tranches); [▶ball] slicer, couper.

sliced bread *n* pain *m* en tranches.

slick /slɪk/ **I** *n* nappe *f* de pétrole; (on shore) marée *f* noire. **II** *adj* PÉJ roublard©; [answer] astucieux/-ieuse; [excuse] facile.

slide /slaɪd/ **I** *n* toboggan *m*; (on ice) glissoire *f*; (decline) baisse *f*; PHOT diapositive *f*; (hairclip)GB barrette *f*. **II** *vtr* (*prét*, *pp* **slid**) faire glisser. **III** *vi* glisser.

sliding /ˈslaɪdɪŋ/ *adj* [door] coulissant; [roof] ouvrant.

sliding scale *n* échelle *f* mobile.

slight /slaɪt/ **I** *adj* léger/-ère; [risk, danger] faible; [pause, hesitation] petit; *not in the slightest* pas le moins du monde. **II** *vtr* vexer.

slightly /ˈslaɪtlɪ/ *adv* légèrement, un peu.

slim /slɪm/ **I** *adj* mince; [watch, calculator] plat. **II** *vtr* (*p prés etc* **-mm-**) amincir. **III** GB *vi* maigrir.

slime /slaɪm/ *n* dépôt *m* visqueux; (on riverbed) vase *f*; (of snail) bave *f*.

slimy /ˈslaɪmɪ/ *adj* visqueux/-euse.

sling /slɪŋ/ **I** *n* MÉD écharpe *f*; (for baby) porte-bébé *m inv*. **II** *vtr* (*prét*, *pp* **slung**) lancer.
■ **sling out** jeter, balancer.

slip /slɪp/ **I** *n* GÉN erreur *f*; (by schoolchild) faute *f* d'étourderie; (faux pas) gaffe© *f*; *a slip of paper* un bout de papier; *a receipt slip* un reçu; (slipping) glissade *f* involontaire; (petticoat) combinaison *f*; (half) jupon *m*. **II** *vtr* (*p prés etc* **-pp-**) glisser [qch] dans qch; [▶shoes] enfiler. **III** *vi* glisser; [load] tomber.
■ **slip away** partir discrètement; **slip back** revenir discrètement (**to** à);**slip by** [time] passer; **slip in** entrer discrètement; [▶remark] glisser; **slip off** partir discrètement; [▶coat, gloves, ring] enlever; **slip on** [▶garment] passer, enfiler; **slip out** sortir discrètement; *it just slipped out!* ça m'a échappé!; **slip over** [person] glisser et tomber; **slip up** faire une gaffe©.

slipper /ˈslɪpə(r)/ *n* pantoufle *f*.

slippery /ˈslɪpərɪ/ *adj* glissant.

slip road *n* TRANSP bretelle *f* d'accès d'autoroute.

slit /slɪt/ **I** *n* fente *f*. **II** *vtr* (*prét*, *pp* **slit**) fendre.

slither /ˈslɪðə(r)/ *vi* glisser.

sliver /ˈslɪvə(r)/ *n* éclat *m*; (of food) mince tranche *f*.

slog© /slɒg/ **I** *n what a slog!* quelle galère©! **II** *vtr* (*p prés etc* **-gg-**) *to slog it out* se battre. **III** *vi* travailler dur, bosser©.

slope /sləʊp/ **I** *n* GÉN pente *f*; *north/south slope* versant nord/sud. **II** *vi* être en pente; [writing] pencher.

sloppily /ˈslɒpɪlɪ/ *adv* n'importe comment.

sloppy© /ˈslɒpɪ/ *adj* débraillé, peu soigné; (overemotional) sentimental.

slosh© /slɒʃ/ **I** *vtr* répandre. **II** *vi* clapoter.

slot /slɒt/ **I** *n* fente *f*; (groove) rainure *f*; (in schedule) créneau *m*; (job) place *f*. **II** *vtr* (*p prés etc* **-tt-**©) insérer.

slot machine *n* machine *f* à sous.

slouch© /slaʊtʃ/ *vi* être avachi.

Slovak(ian) /sləˈvæk(ɪən)/ **I** *n* (person) Slovaque *mf*; LING slovaque *m*. **II** *adj* slovaque.

Slovakia /sləˈvækɪə/ *pr n* Slovaquie *f*.

Slovene /ˈsləʊviːn/, **Slovenian** /sləˈviːnɪən/ **I** *n* (person) Slovène *mf*; LING slovène *m*. **II** *adj* slovène.

Slovenia /sləˈviːnɪə/ pr n Slovénie f.

slovenly /ˈslʌvnlɪ/ adj négligé.

slow /sləʊ/ **I** adj lent; [clock, watch] **to be slow** retarder. **II** adv GÉN lentement. **III** vtr, vi ralentir.

■ **slow down, slow up** ralentir.

slowdown n (in economy) ralentissement m.

slowly /ˈsləʊlɪ/ adv lentement.

slow motion n ralenti m.

sludge /slʌdʒ/ n vase f.

slug /slʌg/ n (animal) limace f; (bullet)© balle f.

sluggish /ˈslʌgɪʃ/ adj lent; FIN qui stagne.

slum /slʌm/ n (dwelling) taudis m.

slump /slʌmp/ **I** n effondrement m boursier; (period of unemployment) récession f; (in popularity) chute f. **II** vi [value] chuter; [market] s'effondrer.

slung /slʌŋ/ prét, pp ▶ **sling**.

slur /slɜː(r)/ **I** n calomnie f. **II** vtr (p prés etc **-rr-**) **to slur one's speech** manger ses mots.

slush /slʌʃ/ n neige f fondue.

sly /slaɪ/ adj rusé.

smack /smæk/ **I** n claque f, gifle f; (loud kiss) gros baiser m. **II** © adv en plein©. **III** vtr (on face) gifler. **IV** vi **to smack of** ressembler à.

small /smɔːl/ **I** n **the small of the back** le creux du dos. **II** adj, adv GÉN petit.

small adGB n petite annonce f.

smallpox n variole f.

smart /smɑːt/ **I** adj (elegant)GB élégant, chic inv; (intelligent)© malin, habile; (quick) rapide. **II** vi brûler.

smart card n ORDINAT carte f à puce.

smarten /ˈsmɑːtn/ v.

■ **smarten up** embellir, s'arranger.

smartly /ˈsmɑːtlɪ/ adv [dressed]GB élégamment; [defend] inteligement.

smash /smæʃ/ **I** n (of vehicles) fracas m; (accident)© collision f. **II** vtr briser, casser; [▸opponent] écraser. **III** vi se briser, se fracasser.

smashing©GB /ˈsmæʃɪŋ/ adj épatant©.

SME /ˌesemˈiː/ n (abrév = **small and medium enterprise**) PME f inv.

smear /smɪə(r)/ **I** n tache f, trace f. **II** vtr salir; (spread) étaler. **III** vi [paint] s'étaler; [make-up] couler.

smear campaign n campagne f de diffamation (**against** contre).

smear test n MÉD frottis m.

smell /smel/ **I** n odeur f; (sense) odorat m. **II** vtr, vi (prét, pp **smelled**, **smelt**) sentir.

smelly /ˈsmelɪ/ adj qui sent mauvais.

smelt /smelt/ **I** prét, pp ▶ **smell**. **II** n (fish) éperlan m.

smile /smaɪl/ **I** n sourire m. **II** vi sourire.

smirk /smɜːk/ n sourire m satisfait.

smog /smɒg/ n smog m (mélange de fumée et de brouillard).

smoke /sməʊk/ **I** n fumée f; **to have a smoke** fumer. **II** vtr, vi fumer. **III smoked** pp adj fumé.

smoke alarm n détecteur m de fumée.

smoker /ˈsməʊkə(r)/ n fumeur/-euse m/f.

smoking /ˈsməʊkɪŋ/ n **smoking and drinking** le tabac et l'alcool; **no smoking** défense de fumer.

smoky /ˈsməʊkɪ/ adj enfumé.

smooth /smuːð/ **I** adj lisse; [line] régulier/-ière; (problem-free) paisible; [taste] moelleux/-euse; PÉJ [person] mielleux/-euse; [manners, cream] onctueux/-euse. **II** vtr lisser; FIG aplanir, faciliter.

smoothly /ˈsmuːðlɪ/ adv en douceur.

smother /ˈsmʌðə(r)/ vtr étouffer; **smothered in ivy** couvert de lierre.

SMS /ˌesemˈes/ n TÉLÉCOM (abrév = **Short Message Service**) SMS m.

smudge /smʌdʒ/ **I** n trace f. **II** vtr [▸make-up, ink] étaler; [▸paper, paintwork] faire des traces sur.

smug /smʌg/ adj suffisant, content de soi.

smuggle /ˈsmʌgl/ vtr faire passer [qch] clandestinement.

smuggler /ˈsmʌglə(r)/ n contrebandier/-ière m/f.

snack /snæk/ n repas m léger, casse-croûte m inv; (peanuts, etc) amuse-gueule m inv.

snag /snæg/ n inconvénient m, problème m; [▸in stocking] accroc m.

snail /sneɪl/ n escargot m.

snail mail© n poste f (traditionnelle).

snake /sneɪk/ n serpent m.

snap /snæp/ **I** n (of branch) craquement m; (of fingers, lid, elastic) claquement m; PHOT© photo f; (game of card) ≈ bataille f. **II** adj

rapide. **III** *vtr* (*p prés etc* **-pp-**) [▸fingers] faire claquer; (break) (faire) casser net; PHOT© prendre une photo de. **IV** *vi* se casser; FIG [person] craquer©; (speak sharply) parler hargneusement.
■ **snap up** [▸bargain] sauter sur.

snappy /ˈsnæpɪ/ *adj* rapide; [clothing]© chic *inv*.
● **make it snappy**©! grouille-toi©!

snapshot /ˈsnæpʃɒt/ *n* photo *f*.

snare /sneə(r)/ *n* piège *m*.

snarl /snɑːl/ *vtr, vi* [animal] gronder.
■ **snarl up** bloquer.

snarl-up *n* (in traffic) embouteillage *m*; (in distribution network) blocage *m*.

snatch /snætʃ/ **I** *n* bribe *f*, extrait *m*. **II** *vtr* attraper, saisir; [▸baby] kidnapper.

sneak /sniːk/ **I** ©GB *n* PÉJ rapporteur/-euse *m/f*. **II** *vi* **to sneak in/out** entrer/sortir furtivement.

sneakerUS /ˈsniːkə(r)/ *n* basket *f*, tennis *f*.

sneer /snɪə(r)/ **I** *n* sourire *m* méprisant. **II** *vi* sourire avec mépris.

sneeze /sniːz/ **I** *n* éternuement *m*. **II** *vi* éternuer.

sniff /snɪf/ **I** *vtr* [▸perfume] sentir; [▸glue] inhaler. **II** *vi* renifler. FIG faire une moue.

sniffer dog *n* chien policier entraîné pour détecter la drogue ou les explosifs.

snigger /ˈsnɪgə(r)/ *vi* ricaner.

snip /snɪp/ **I** *n* ©GB (bonne) affaire *f*. **II** *vtr* (*p prés etc* **-pp-**) découper.

snipe /snaɪp/ *vi* tirer (sur).

sniper /ˈsnaɪpə(r)/ *n* tireur *m* embusqué.

snippet /ˈsnɪpɪt/ *n* (*gén pl*) bribes *fpl*.

snob /snɒb/ *n* snob *mf*.

snobbish /ˈsnɒbɪʃ/ *adj* snob *inv*.

snooker /ˈsnuːkə(r)/ *n* snooker *m* (*variante du billard*).

snoop© /snuːp/ *vi* espionner; **to snoop into** mettre son nez© dans.

snooze© /snuːz/ **I** *n* petit somme *m*. **II** *vi* sommeiller.

snore /snɔː(r)/ **I** *n* ronflement *m*. **II** *vi* ronfler.

snorkel /ˈsnɔːkl/ *n* (for swimmer) tuba *m*.

snort /snɔːt/ *vi* grogner; [horse] s'ébrouer.

snow /snəʊ/ **I** *n* neige *f*. **II** *v impers* neiger; **snowed in** bloqué par la neige; **snowed under with** submergé de.

snowball /ˈsnəʊbɔːl/ *n* boule *f* de neige.

snowboard /ˈsnəʊbɔːd/ **I** *n* surf *m* des neiges, snowboard *m*. **II** *vi* faire du surf des neiges/du snowboard.

snowboarder /ˈsnəʊbɔːdə(r)/ *n* surfeur/-euse *m/f* (des neiges), snowboardeur/-euse *m/f*.

snowboarding /ˈsnəʊbɔːdɪŋ/ *n* surf *m* des neiges, snowboard *m*.

snowdrift *n* congère *f*.

snowdrop *n* perce-neige *mf inv*.

snowfall *n* chute *f* de neige.

snowflake *n* flocon *m* de neige.

snowman *n* bonhomme *m* de neige.

snow ploughGB, **snow plow**US *n* chasse-neige *m inv*.

snowstorm *n* tempête *f* de neige.

snub /snʌb/ **I** *n* rebuffade *f*. **II** *vtr* (*p prés etc* **-bb-**) ignorer.

snuff /snʌf/ *n* tabac *m* à priser.

snug /snʌg/ **I** GB *n* petite arrière-salle d'un bar. **II** *adj* [bed, room] douillet; [coat] chaud.

snuggle /ˈsnʌgl/ *vi* se blottir.

so /səʊ/ **I** *adv* (very) si, tellement; **and so on and so forth** et ainsi de suite; (also) aussi; (thereabouts)© **20 or so** environ 20; (as introductory remark) alors; **who says so?** selon qui?, qui dit ça? **II so (that)** *conj phr* de façon à ce que (+ *subj*); pour que (+ *subj*). **III so as** *conj phr* pour. **IV so much** *adv phr, pron phr* tellement.
● **so long**©! à bientôt!; **so much the better** tant mieux; **so so**© comme ci comme ça©.

soak /səʊk/ **I** *vtr* (faire) tremper. **II** *vi* être absorbé par. **III soaked** *pp adj* **soaked through/to the skin** trempé jusqu'aux os.
■ **soak up** absorber.

soaking /ˈsəʊkɪŋ/ *adj* trempé.

soap /səʊp/ **I** *n* savon *m*. **II** *vtr* savonner.

soap opera *n* feuilleton *m*.

soap powder *n* lessive *f* (en poudre).

soar /sɔː(r)/ *vi* monter en flèche.

sob /sɒb/ **I** *n* sanglot *m*. **II** *vi* (*p prés etc* **-bb-**) sangloter.

sober /ˈsəʊbə(r)/ *adj* sobre; (serious) sérieux/-ieuse.
■ **sober up** dessoûler.

sobering /ˈsəʊbərɪŋ/ *adj* qui donne à réfléchir.

soccer /ˈsɒkə(r)/ n SPORT football m.

social /ˈsəʊʃl/ adj social; [call, visit] amical.

social climber n arriviste mf.

socialism /ˈsəʊʃəlɪzəm/ n socialisme m.

socialist /ˈsəʊʃəlɪst/ n, adj socialiste (mf).

socialite /ˈsəʊʃəlaɪt/ n mondain/-e m/f.

socialize /ˈsəʊʃəlaɪz/ vi rencontrer des gens.

social life n vie f sociale; (of town) vie f culturelle.

socially /ˈsəʊʃəlɪ/ adv [meet, mix] en société.

socially excluded I n the socially excluded les exclus. II adj exclu.

social networking site n ORDINAT site m de réseau social.

social security n (benefit) aide f sociale; to be on social security recevoir l'aide sociale.

social studies n (sg) sciences fpl humaines.

social worker n travailleur/-euse m/f social/-e.

society /səˈsaɪətɪ/ n société f.

sociologist /ˌsəʊsɪˈɒlədʒɪst/ n sociologue mf.

sociology /ˌsəʊsɪˈɒlədʒɪ/ n sociologie f.

sock /sɒk/ n chaussette f.

socket /ˈsɒkɪt/ n prise f (de courant); (for bulb) douille f; (of eye) orbite f.

soda /ˈsəʊdə/ n CHIMIE soude f; soda m.

sodden /ˈsɒdn/ adj trempé.

sofa /ˈsəʊfə/ n canapé m.

soft /sɒft, sɔːftUS/ adj doux/douce; [butter] mou/molle; [pressure, touch] léger/-ère; [eyes, heart] tendre.

soft drink n boisson f non alcoolisée.

soften /ˈsɒfn, ˈsɔːfnUS/ vtr, vi (s')adoucir; [▸ butter, metal] (se) ramollir.

soft option n facilité f; to take the soft option choisir la solution de facilité.

software /ˈsɒftweə(r), ˈsɔːft-US/ n ORDINAT logiciel m.

soggy /ˈsɒgɪ/ adj détrempé; [food] ramolli.

soil /sɔɪl/ I n sol m, terre f. II vtr salir.

solar /ˈsəʊlə(r)/ adj solaire.

solar powered adj qui fonctionne à l'énergie solaire.

sold /səʊld/ prét, pp ▶ sell.

solder /ˈsəʊldə(r)GB, ˈsɒdərUS/ vtr souder.

soldier /ˈsəʊldʒə(r)/ n soldat m.

■ **soldier on** persévérer malgré tout.

sole /səʊl/ I n (fish) sole f; (of shoe) semelle f; (of foot) plante f. II adj seul, unique.

solemn /ˈsɒləm/ adj solennel/-elle.

solicit /səˈlɪsɪt/ vtr solliciter.

solicitorGB /səˈlɪsɪtə(r)/ n JUR ≈ notaire m; (for court) ≈ avocat/-e m/f.

solid /ˈsɒlɪd/ I n solide m. II **solids** npl aliments mpl solides. III adj solide, sûr; [building] massif/-ive; [advice, work] sérieux/-ieuse.

solidarity /ˌsɒlɪˈdærətɪ/ n solidarité f.

solitaire /ˌsɒlɪˈteə(r), ˌsɒlɪˈteərUS/ n JEUX solitaire m; US réussite f.

solitary /ˈsɒlɪtrɪ, -terɪUS/ adj solitaire, seul; [farm, village] isolé.

solo /ˈsəʊləʊ/ I n, adj solo (m). II adv en solo.

soloist /ˈsəʊləʊɪst/ n soliste mf.

soluble /ˈsɒljʊbl/ adj soluble.

solution /səˈluːʃn/ n solution f.

solve /sɒlv/ vtr résoudre.

solvent /ˈsɒlvənt/ I n solvant m. II adj FIN solvable.

Somalia /səˈmɑːlɪə/ pr n Somalie f.

sombreGB, **somber**US /ˈsɒmbə(r)/ adj sombre.

some /sʌm/ I det, quantif (an unspecified amount or number) du, de la, des; some cheese/peaches du fromage/des pêches; (certain: in contrast to others) certains; some children like it certains enfants aiment ça; (a considerable amount or number) beaucoup de, plusieurs; for some years plusieurs années; to some extent dans une certaine mesure. II pron (an unspecified amount or number) (do) have some! servez-vous!; (certain ones) some (of them) are blue certains sont bleus. III adv (approximately) environ.

● **some people!** vraiment, il y a des gens!

somebody /ˈsʌmbədɪ/ pron quelqu'un.

somehow /ˈsʌmhaʊ/ adv d'une manière ou d'une autre.

someone /ˈsʌmwʌn/ pron quelqu'un.

someplace /ˈsʌmpleɪs/ adv quelque part.

somersault /ˈsʌməsɒlt/ n culbute f; (of vehicle) tonneau m.

something /ˈsʌmθɪŋ/ **I** *pron* quelque chose. **II** *adv* un peu; **something around 10** environ 10.

sometime /ˈsʌmtaɪm/ *adv* un jour (ou l'autre); **sometime tomorrow** demain dans la journée.

sometimes /ˈsʌmtaɪmz/ *adv* parfois, quelquefois.

somewhat /ˈsʌmwɒt/ *adv* (with adj) plutôt; (with verb, adverb) un peu.

somewhere /ˈsʌmweə(r)/ *adv* quelque part.

son /sʌn/ *n* fils *m*.

song /sɒŋ/ *n* chanson *f*; (of bird) chant *m*.

son-in-law /ˈsʌnɪnlɔː/ *n* gendre *m*.

sonnet /ˈsɒnɪt/ *n* sonnet *m*.

soon /suːn/ *adv* (in a short time) bientôt; (early) tôt; **too soon** trop vite; **as soon as possible** dès que possible; (rather) **sooner him than me!** plutôt lui que moi!
● **no sooner said than done** aussitôt dit, aussitôt fait.

soot /sʊt/ *n* suie *f*.

soothe /suːð/ *vtr, vi* calmer, apaiser.

sophisticated /səˈfɪstɪkeɪtɪd/ *adj* raffiné, sophistiqué.

sophomoreUS /ˈsɒfəmɔː(r)/ *n* UNIV étudiant en deuxième année d'université; SCOL élève en deuxième année de lycée.

soppy©GB /ˈsɒpɪ/ *adj* PÉJ sentimental.

sorcerer /ˈsɔːsərə(r)/ *n* sorcier *m*.

sordid /ˈsɔːdɪd/ *adj* sordide.

sore /sɔː(r)/ **I** *n* plaie *f*. **II** *adj* [eyes, throat] irrité; [muscle] endolori; **to get sore**©US se vexer.

sorely /ˈsɔːlɪ/ *adv* fortement.

sorghum /ˈsɔːgəm/ *n* sorgho *m*.

sorrel /ˈsɒrəl, ˈsɔːrəl US/ *n* BOT oseille *f*.

sorrow /ˈsɒrəʊ/ *n* chagrin *m*.

sorry /ˈsɒrɪ/ **I** *adj* désolé; **you'll be sorry!** tu t'en repentiras!; **to be/feel sorry for sb** plaindre qn; (pathetic) triste. **II** *excl* pardon, excusez-moi.

sort /sɔːt/ **I** *n* sorte *f*, genre *m*; **some sort of bird** une sorte/espèce d'oiseau; ORDINAT tri *m*. **II sort of**© *adv phr* plus ou moins. **III** *vtr* [▸ data, stamps] classer; [▸ letters, apples] trier.
■ **sort out** [▸ problem] régler; [▸ files] classer.

sorting /ˈsɔːtɪŋ/ *n* GÉN triage *m*, tri *m*; POSTES tri *m* postal.

sorting office *n* POSTES centre *m* de tri.

sought /sɔːt/ *prét, pp* ▸ **seek**.

soul /səʊl/ *n* âme *f*.

soulful /ˈsəʊlfl/ *adj* mélancolique.

sound /saʊnd/ **I** *n* GÉN son *m*; (noise) bruit *m*; (stretch of water) détroit *m*. **II** *adj* [building, heart] solide; [judgment, management] sain; [health] bon/bonne; [sleep] profond. **III** *vtr* sonner. **IV** *vi* sonner; (seem) sembler; **it sounds dangerous** ça a l'air dangereux; **spell it as it sounds** écris-le comme ça se prononce. **V** *adv* [sleep] à poings fermés.

sound bite *n* bref extrait d'une interview enregistrée.

soundly /ˈsaʊndlɪ/ *adv* [sleep] à poings fermés; [built] solidement.

soundproof /ˈsaʊndpruːf/ *adj* insonorisé.

sound system *n* (hi-fi) stéréo© *f*; (bigger: for disco) sono© *f*.

soundtrack *n* (of film) bande *f* originale.

soup /suːp/ *n* soupe *f*, potage *m*.

soup kitchen *n* soupe *f* populaire.

sour /ˈsaʊə(r)/ *adj* (bitter) aigre; **to go sour** tourner.

source /sɔːs/ *n* source *f*, origine *f*.

sourdoughUS *n* levain *m*.

south /saʊθ/ **I** *n, adj* sud *m, (inv.)* **II** *adv* au sud.

South Africa *pr n* Afrique *f* du Sud.

South African I *n* Sud-Africain/-e *m/f.* **II** *adj* sud-africain, d'Afrique du Sud.

South America *pr n* Amérique *f* du Sud.

South American I *n* Sud-Américain/-e *m/f.* **II** *adj* sud-américain, d'Amérique du Sud.

south-east *n* sud-est *m*.

south-eastern /saʊθˈiːstən/ *adj* (du) sud-est *inv.*

southern /ˈsʌðən/ *adj* du sud, du Midi.

South Korea *pr n* Corée *f* du Sud.

South Pole *n* pôle *m* Sud.

southward /ˈsaʊθwəd/ *adj, adv* vers le sud.

south-west /saʊθˈwest/ *n* sud-ouest *m*.

south-western /saʊθˈwestən/ *adj* (du) sud-ouest *inv.*

souvenir /suːvəˈnɪə(r), ˈsuːvənɪər US/ *n* souvenir *m*.

sovereign /ˈsɒvrɪn/ *n* souverain/-e *m/f.*

595

specimen

sovereignty /ˈsɒvrəntɪ/ n souveraineté f.

sow¹ /saʊ/ n truie f.

sow² /səʊ/ vtr (prét **-ed**; pp **-ed**, **-n**) semer.

soya /ˈsɔɪə/ n soja m; *soya bean* soja.

spa /spɑː/ n station f thermale.

space /speɪs/ **I** n ¢ (room) place f, espace m; (of time) intervalle m. **II** in compounds [programme, rocket] spatial. **III** vtr espacer.
■ **space out** espacer.

spacecraft n vaisseau m spatial.

spaced-out© adj *he's completely spaced-out*© il plane© complètement.

spaceman n cosmonaute m.

space probe n AÉROSP sonde f spatiale.

space station n station f orbitale.

spacious /ˈspeɪʃəs/ adj spacieux/-ieuse.

spade /speɪd/ n bêche f; JEUX *spades* pique m.

Spain /speɪn/ pr n Espagne f.

spam /spæm/ **I** n (in emails) spam m, pourriel m; (meat) viande de porc en conserve. **II** vtr (p prés etc **-mm-**) (on the Internet) inonder (qn) de spams/pourriels.

span /spæn/ **I** n (of time) durée f; (width) envergure f; (of arch) portée f. **II** vtr (p prés etc **-nn-**) [bridge, arch] enjamber; FIG s'étendre sur.

Spaniard /ˈspænjəd/ n Espagnol/-e m/f.

spaniel /ˈspænjəl/ n épagneul m.

Spanish /ˈspænɪʃ/ **I** n *the Spanish* les Espagnols; LING espagnol m. **II** adj [▸people, literature] espagnol; [▸king] d'Espagne.

spank /spæŋk/ vtr donner une fessée à.

spannerGB /ˈspænə(r)/ n clé f (de serrage); *adjustable spanner* clé à molette.

spare /speə(r)/ **I** n (wheel) roue f de secours. **II** adj [shirt] de rechange; [wheel] de secours; [cash, capacity] restant; *a spare ticket* un ticket en trop; *a spare moment* un moment de libre; [room] d'ami. **III** vtr épargner; *time to spare* du temps (à perdre); *to spare sb for* se passer de qn pour. **IV** v refl éviter.

spare part n AUT pièce f de rechange.

spare time n ¢ loisirs mpl.

sparing /ˈspeərɪŋ/ adj *sparing of* avare de.

spark /spɑːk/ **I** n étincelle f; (of intelligence) lueur f. **II** vtr *spark (off)* susciter.

sparkle /ˈspɑːkl/ **I** n scintillement m; (of performance) éclat m. **II** vi [flame, light] étinceler; [drink] pétiller.

sparrow /ˈspærəʊ/ n moineau m.

sparrowhawk n épervier m.

sparse /spɑːs/ adj clairsemé, épars.

spasm /ˈspæzəm/ n spasme m.

spat /spæt/ ▸ **spit**.

spate /speɪt/ n *a spate of* une série de.

spatial /ˈspeɪʃl/ adj spatial.

spatter /ˈspætə(r)/ vtr éclabousser.

speak /spiːk/ **I** vtr (prét **spoke**; pp **spoken**) parler; *French spoken* on parle français; [▸truth, poetry] dire. **II** vi parler; *so to speak* pour ainsi dire.
■ **speak up** parler plus fort.

speaker /ˈspiːkə(r)/ n (orator) orateur/-trice m/f; (lecturer) conférencier/-ière m/f; *a French speaker* un francophone; POL GB président de la chambre des Communes; ÉLEC haut-parleur m.

spear /spɪə(r)/ n (weapon) lance f; (of asparagus) pointe f; (of broccoli) branche f.

spearhead /ˈspɪəhed/ **I** n fer m de lance. **II** vtr mener.

spearmint n menthe f verte.

spec© /spek/ (speculation) *on spec* à tout hasard.

special /ˈspeʃl/ **I** n plat m du jour. **II** adj GÉN spécial; *as a special treat* exceptionnellement.

Special BranchGB n service de contre-espionnage.

special delivery n POSTES service m exprès.

specialist /ˈspeʃəlɪst/ n spécialiste mf.

specialityGB /ˌspeʃɪˈælətɪ/, **specialty**US /ˈspeʃəltɪ/ n spécialité f.

specialize /ˈspeʃəlaɪz/ vi se spécialiser (en).

specially /ˈspeʃəlɪ/ adv spécialement.

special needsGB npl difficultés fpl d'apprentissage scolaire.

species /ˈspiːʃiːz/ n inv espèce f.

specific /spəˈsɪfɪk/ **I** specifics npl détails fpl. **II** adj précis.

specifically /spəˈsɪfɪklɪ/ adv spécialement; *more specifically* plus précisément.

specification /ˌspesɪfɪˈkeɪʃn/ n spécification f.

specify /ˈspesɪfaɪ/ vtr préciser, spécifier.

specimen /ˈspesɪmən/ n spécimen m, échantillon m; (of blood) prélèvement m.

speck /spek/ n (of dust) grain m; (of dirt) petite tache f.

spectacle /'spektəkl/ I n spectacle m. II **spectacles** npl lunettes fpl.

spectacular /spek'tækjʊlə(r)/ adj spectaculaire.

spectator /spek'teɪtə(r)/ n spectateur/-trice m/f.

spectreGB, **specter**US /'spektə(r)/ n spectre m.

spectrum /'spektrəm/ n (pl **-tra**, **-trums**) PHYS spectre m; (range) gamme f.

speculate /'spekjʊleɪt/ I vtr supposer. II vi FIN spéculer; (wonder) s'interroger sur.

speculation /spekjʊ'leɪʃn/ n GÉN conjectures fpl; FIN spéculation f.

speech /spiːtʃ/ n discours m; LING **direct/indirect speech** discours direct/indirect; THÉÂT tirade f; (faculty) parole f; (spoken form) langage m.

speechless /'spiːtʃlɪs/ adj sans voix.

speech recognition n ORDINAT reconnaissance f vocale.

speed /spiːd/ I n vitesse f; (of reaction) rapidité f. II vtr (prét, pp **sped/speeded**) hâter. III vi conduire trop vite.
■ **speed up** aller plus vite.

speedboat n hors-bord m inv.

speed dial n TÉLÉCOM composition f abrégée.

speed limit n limitation f de vitesse.

speeding offence n excès m de vitesse.

speedometer /spɪ'dɒmɪtə(r)/ n compteur m (de vitesse).

speedy /'spiːdɪ/ adj rapide.

speed zoneUS n zone f à vitesse limitée.

speleology /spiːlɪ'ɒlədʒɪ/ n spéléologie f.

spell /spel/ I n (period) moment m; (magic) charme m, formule f magique. II vtr (pp, prét **spelled/spelt**) épeler; (on paper) écrire (correctement); [▸danger, disaster, ruin] signifier. III vi connaître l'orthographe.

spellcheck(er) n ORDINAT correcteur m orthographique.

spelling /'spelɪŋ/ n orthographe f.

spend /spend/ I vtr (prét, pp **spent**) dépenser; [▸time] passer; [▸energy] épuiser. II vi dépenser.

spender /'spendə(r)/ n dépensier/-ière m.

spending money n argent m de poche.

spending power n FIN pouvoir m d'achat.

spent /spent/ I prét, pp ▶ **spend**. II adj [match] utilisé; [bullet] perdu; [person] épuisé.

sperm /spɜːm/ n sperme m.

spew /spjuː/ I vtr [▸lava] vomir; [▸insults, coins] cracher. II vi jaillir.

sphere /sfɪə(r)/ n sphère f.

spice /spaɪs/ n épice f; FIG piment m.

spick-and-span adj impeccable.

spicy /'spaɪsɪ/ adj [food] épicé; [story] croustillant.

spider /'spaɪdə(r)/ n araignée f.

spike /spaɪk/ n pointe f.

spill /spɪl/ (prét, pp **spilt/spilled**) I vtr renverser, répandre. II vi **spill (out)** se répandre.
■ **spill over** déborder.

spillage /'spɪlɪdʒ/ n (of oil, chemical) déversement m accidentel; **oil spillage** déversement accidentel d'hydrocarbures.

spin /spɪn/ I n tour m. II vtr (p prés **-nn**; prét, pp **spun**) faire tourner; **to spin a coin** tirer à pile ou face; [▸wool, thread] filer; [▸clothes] essorer qch à la machine. III vi tourner; [plane] descendre en vrille.
■ **spin out** faire durer.

spinach /'spɪnɪdʒ, -ɪtʃUS/ n épinard m.

spinal /'spaɪnl/ adj spinal, de la colonne vertébrale.

spin doctor n POL conseiller m en relations publiques.

spine /spaɪn/ n colonne f vertébrale; (of book) dos m; (of plant) épine f.

spin-off /'spɪnɒf/ n dérivé m; retombée f favorable.

spinster /'spɪnstə(r)/ n PÉJ vieille fille, célibataire f.

spiral /'spaɪərəl/ I n spirale f. II vi (p prés etc **-ll-**GB, **-l-**US) ÉCON monter en flèche.

spiral staircase n escalier m en colimaçon.

spire /'spaɪə(r)/ n flèche f.

spirit /'spɪrɪt/ I n esprit m; (courage) courage m. II **spirits** npl humeur f; (alcohol) spiritueux mpl.

spiritual /'spɪrɪtʃʊəl/ I n MUS spiritual m. II adj spirituel/-elle.

spit /spɪt/ I n salive f; (on ground) crachat m; CULIN broche f. II vtr, vi (p prés **-tt-**; prét, pp **spat/spit**US) cracher.

spite /spaɪt/ **I** n rancune f. **II in spite of** prep phr malgré.

spitting /ˈspɪtɪŋ/ pres p adj **it's spitting with rain** il bruine.
● **to be the spitting image of sb** être le portrait tout craché de qn.

splash /splæʃ/ **I** n plouf m; (of mud) tache f; (of water, oil) éclaboussure f. **II** vtr, vi éclabousser.

splatter /ˈsplætə(r)/ **I** vtr éclabousser. **II** vi gicler.

splendid /ˈsplendɪd/ adj splendide, formidable©, merveilleux/-euse.

splendourGB, **splendor**US /ˈsplendə(r)/ n splendeur f.

splinter /ˈsplɪntə(r)/ **I** n (of glass, etc) éclat m; (on finger) écharde f. **II** vi se briser.

splinter group n groupe m dissident.

split /splɪt/ **I** n déchirure f; (in rock, wood) fissure f; (in party, etc) scission f; (share-out) partage m; (difference) écart m. **II** vtr (p prés **-tt-**; prét, pp **split**) fendre; [▸fabric, garment] déchirer; [▸party, movement, alliance] diviser; (share) partager. **III** vi se fendre; se déchirer; (tell tales)©GB cafarder©; (leave)©US filer©.
■ **split up** se séparer; [▸money] partager.

split second n fraction f de seconde.

splutter /ˈsplʌtə(r)/ vi [person] bafouiller; [fire, match] grésiller; [motor] crachoter.

spoil /spɔɪl/ **I spoils** npl (of war) butin m. **II** vtr (prét, pp **spoiled/spoilt**GB) GÉN gâcher; [▸child] gâter. **III** vi [food] s'abîmer. **IV** v refl **to spoil oneself** se faire un petit plaisir.

spoiled, **spoilt**GB /spɔɪld, spɔɪlt/ adj PÉJ gâté.

spoke /spəʊk/ **I** prét ▸ **speak**. **II** n (in wheel) rayon m.

spoken /ˈspəʊkən/ **I** pp ▸ **speak**. **II** adj parlé.

spokesman, **spokeswoman** n porte-parole mf.

spokesperson n porte-parole mf.

sponge /spʌndʒ/ **I** n éponge f; CULIN **sponge (cake)** génoise f. **II** vtr éponger. **III** © vi PÉJ **to sponge off/on** vivre sur le dos de.

sponsor /ˈspɒnsə(r)/ **I** n sponsor m; (guarantor) garant/-e m/f. **II** vtr financer; [▸event] sponsoriser USAGE CRITIQUE; [▸plan] soutenir; (for charity) parrainer.

sponsorship /ˈspɒnsəʃɪp/ n parrainage m; (for art) mécénat m.

spontaneous /spɒnˈteɪnɪəs/ adj spontané.

spooky© /ˈspuːkɪ/ adj sinistre.

spool /spuːl/ n bobine f.

spoon /spuːn/ n cuillère f.

spoonful /ˈspuːnfʊl/ n (pl **spoonfuls/spoonsful**) cuillerée f.

sporadic /spəˈrædɪk/ adj sporadique.

sport /spɔːt/ **I** n sport m; **a good sport**© un chic type. **II** vtr [▸hat] arborer.

sporting /ˈspɔːtɪŋ/ adj sportif/-ive; **a sporting chance of winning** de bonnes chances de gagner.

sports car n voiture f de sport.

sportsman n sportif m.

sportswoman n sportive f.

spot /spɒt/ **I** n tache f; (on fabric) pois m; (on dice, domino) point m; (pimple)GB bouton m; (place) endroit m; TV, RADIO temps m d'antenne; **on the spot** sur-le-champ. **II** vtr (p prés etc **-tt**) apercevoir, repérer; (stain) tacher.

spotless /ˈspɒtlɪs/ adj impeccable.

spotlight /ˈspɒtlaɪt/ n projecteur m; (in home) spot m.

spot-onGB /ˌspɒtˈɒn/ adj exact.

spotted /ˈspɒtɪd/ adj [fabric] à pois (after n).

spottyGB /ˈspɒtɪ/ adj boutonneux/-euse.

spouse /spaʊz, spaʊsUS/ n époux/épouse m/f.

spout /spaʊt/ **I** n bec m verseur. **II** vi jaillir (de).

sprain /spreɪn/ **I** n entorse f. **II** vtr **to sprain one's ankle/wrist** se faire une entorse à la cheville/au poignet.

sprang /spræŋ/ prét ▸ **spring II, III**.

sprawl /sprɔːl/ vi [person] s'affaler; [town, forest] s'étaler.

spray /spreɪ/ **I** n ¢ (seawater) embruns mpl; (other) (fines) gouttelettes fpl; (container) vaporisateur m; (for inhalant, throat, nose) pulvérisateur m; (of sparks, flowers) gerbe f. **II** vtr [▸liquid] vaporiser; [▸person] asperger.

spread /spred/ **I** n (dissemination) propagation f; CULIN pâte f à tartiner. **II** vtr (prét, pp **spread**) [▸butter, map, payments] étaler; [▸wings; troops] déployer; [▸workload, responsibility] répartir; [▸disease, fire, rumour] propager; [▸confusion, panic] semer. **III** vi [butter, glue] s'étaler; [forest, drought, network] s'étendre; [disease, fire, rumour] se propager.
■ **spread around**, **spread about** faire courir le bruit que; **spread out** [group] se

disperser (**over** sur); [wings, tail] se déployer; [landscape, town] s'étendre.

spread-eagled *adj* bras et jambes écartés.

spreadsheet *n* ORDINAT tableur *m*.

spree /spri:/ *n* **to go on a (shopping) spree** faire des folies (dans les magasins).

sprig /sprɪg/ *n* (of herb) brin *m*.

spring /sprɪŋ/ **I** *n* printemps *m*; TECH ressort *m*; (leap) bond *m*; (water source) source *f*. **II** *vtr* (*prét* **sprang**; *pp* **sprung**) [▸ trap, lock] déclencher. **III** *vi* bondir; **to spring at sb** se jeter sur qn; **to spring to one's feet** se lever d'un bond; surgir; **to spring to mind** venir à l'esprit; **to spring from** naître de.
■ **spring back** [person] reculer d'un bond; **he sprang back in surprise** il a reculé de surprise; (return to its position) [lever, panel] reprendre sa place; **spring up** [person] se lever d'un bond; [problem] surgir.

springboard *n* tremplin *m*.

spring-clean *vtr* [▸ house] nettoyer de fond en comble.

spring onion[GB] *n* ciboule *f*.

springtime *n* printemps *m*.

sprinkle /ˈsprɪŋkl/ *vtr* parsemer qch de; **to sprinkle sth with sugar** saupoudrer qch de; **to sprinkle sth with water** asperger d'eau.

sprint /sprɪnt/ **I** *n* SPORT sprint *m*, course *f* de vitesse. **II** *vi* SPORT sprinter; GÉN courir (à toute vitesse).

sprout /spraʊt/ **I** *n* pousse *f*; (plant) chou *m* de Bruxelles. **II** *vtr* **to sprout shoots** germer. **III** *vi* [grass, weeds] pousser.

spruce /spruːs/ **I** *n* épicéa *m*. **II** *adj* soigné, bien tenu.
■ **spruce up** [▸ person] faire beau/belle.

sprung /sprʌŋ/ *pp* ▶ **spring II, III**.

spry /spraɪ/ *adj* alerte.

spun /spʌn/ ▶ **spin II, III**.

spur /spɜː(r)/ **I** *n* (for horse) éperon *m*; FIG motif *m*. **II** *vtr* (*p prés etc* **-rr-**) encourager; [▸ horse] éperonner.
● **on the spur of the moment** spontanément, sans réfléchir.

spurious /ˈspjʊərɪəs/ *adj* faux/fausse.

spurt /spɜːt/ **I** *n* jaillissement *m*; (of steam) jet *m*; (of energy) sursaut *m*; (in growth) poussée *f*. **II** *vi* jaillir.

spy /spaɪ/ **I** *n* espion/-ionne *m/f*. **II** *in compounds* [film, network] d'espionnage. **III** *vtr* remarquer, discerner. **IV** *vi* **to spy on sb** espionner qn.

spyhole /ˈspaɪhəʊl/ *n* judas *m*.

spying /ˈspaɪɪŋ/ *n* espionnage *m*.

spy story *n* LITTÉRAT roman *m* d'espionnage.

sq. (*abrév écrite* = **square**) MATH carré; **10 sq. m** 10 m².

Sq. (*abrév écrite* = **Square**) place *f*.

squabble /ˈskwɒbl/ **I** *n* dispute *f*. **II** *vi* se disputer.

squad /skwɒd/ *n* escouade *f*; SPORT sélection *f*.

squadron /ˈskwɒdrən/ *n* MIL[GB] escadron *m*; AVIAT, NAUT escadrille *f*.

squalid /ˈskwɒlɪd/ *adj* sordide.

squall /skwɔːl/ *n* MÉTÉO rafale *f*; (at sea) grain *m*.

squander /ˈskwɒndə(r)/ *vtr* gaspiller.

square /skweə(r)/ **I** *n* (shape) carré *m*; (in board game, crossword) case *f*; (of glass) carreau *m*; (in town) place *f*. **II** *adj* carré; FIG [accounts] équilibré; [people] quitte; [teams] à égalité; (honest) honnête; (boring)© ringard©. **III** *vtr* redresser; [▸ debt] régler. **IV** **squared** *pp adj* [paper] quadrillé; [number] au carré.
■ **square up** [▸ problem] faire face à; **square with** [▸ evidence, statement] correspondre à, cadrer avec.

square meal *n* bon repas *m*, vrai repas *m*.

square root *n* racine *f* carrée.

squash /skwɒʃ/ **I** *n* SPORT squash *m*; **orange squash**[GB] orangeade *f*; (plant) courge *f*. **II** *vtr* écraser. **III** *vi* s'écraser.

squat /skwɒt/ **I** *adj* trapu. **II** *vi* (*p prés etc* **-tt-**) **squat (down)** s'accroupir; **to squat in** [▸ building] squatter©.

squatter /ˈskwɒtə(r)/ *n* squatter© *m*.

squeak /skwiːk/ **I** *n* grincement *m*, craquement *m*; (of mouse) couinement *m*. **II** *vi* [door, chalk] grincer; [mouse, toy] couiner.

squeal /skwiːl/ *vi* pousser des cris aigus.

squeamish /ˈskwiːmɪʃ/ *adj* sensible, impressionnable.

squeeze /skwiːz/ **I** *n* pression *m*; **a squeeze of lemon** un peu de citron. **II** *vtr* [▸ lemon, bottle, tube] presser; [▸ bag, parcel, trigger] appuyer sur; FIG obtenir; [▶ person] entasser; [▶ profit] resserrer.

■ **squeeze in** se glisser (dans); **squeeze out** arriver à sortir.

squid /skwɪd/ n calmar m, encornet m.

squint /skwɪnt/ **I** n strabisme m. **II** vi loucher.

squire /ˈskwaɪə(r)/ n (gentleman) ≈ châtelain m; (of knight) écuyer m; **cheerio, squire!**^{©GB} salut, chef©!

squirm /skwɜːm/ vi se tortiller.

squirrel /ˈskwɪrəl, ˈskwɜːrəl^{US}/ n écureuil m.

squirt /skwɜːt/ **I** vtr faire gicler. **II** vi [liquid] jaillir.

Sr (abrév écrite = **Senior**).

Sri Lanka /sri: ˈlæŋkə/ pr n Sri Lanka m.

st^{GB} n abrév écrite ▶ **stone**.

St n (abrév écrite = **Saint**) (abrév écrite = **Street**).

stab /stæb/ **I** n coup m de couteau; (attempt)© tentative f. **II** vtr (p prés etc **-bb-**) poignarder.

stabilize /ˈsteɪbəlaɪz/ **I** vtr stabiliser. **II** vi se stabiliser.

stable /ˈsteɪbl/ **I** n écurie f. **II** adj stable.

stack /stæk/ **I** n pile f; (of hay) meule f. **II stacks** npl (in library) rayons mpl; **stacks of**© plein de©. **III** vtr empiler; AVIAT, TÉLÉCOM, ORDINAT mettre [qch] en attente.

stadium /ˈsteɪdɪəm/ n (pl **-iums/-ia**) stade m.

staff /stɑːf, stæf^{US}/ **I** n personnel m; **a staff of 50 teachers** un effectif de 50 enseignants. **II** vtr trouver du personnel pour.

staff training n formation f du personnel.

stag /stæg/ n cerf m.

stage /steɪdʒ/ **I** n (of illness, career, life) stade m; (of journey, negotiations) étape f; (platform) estrade f; THÉÂT scène f. **II** vtr [▶ event, strike] organiser; [▶ play] monter.

stagecoach n diligence f.

stage door n entrée f des artistes.

stage fright n trac m.

stage manager n régisseur/-euse m/f.

stagger /ˈstægə(r)/ **I** vtr stupéfier, abasourdir; [▶ payments] échelonner. **II** vi chanceler, vaciller.

stagnant /ˈstægnənt/ adj stagnant.

stagnate /stægˈneɪt, ˈstægneɪt^{US}/ vi stagner.

stain /steɪn/ **I** n tache f. **II** vtr tacher.

stained glass n **stained glass window** vitrail m.

stainless steel n acier m inoxydable.

stain remover n détachant m.

stair /steə(r)/ **I** n marche f (d'escalier). **II stairs** npl escalier m.

staircase n escalier m.

stairwell /ˈsteəwel/ n cage f d'escalier.

stake /steɪk/ **I** n enjeu m; **at stake** en jeu; (investment) participation f; (pole) pieu m, poteau m; HIST **at the stake** sur le bûcher. **II** vtr [▶ money] miser; [▶ reputation] risquer.

stale /steɪl/ adj [bread, cake] rassis; [beer] éventé; [air] vicié.

stalemate /ˈsteɪlmeɪt/ n (in chess) pat m; (deadlock) impasse f.

stalk /stɔːk/ **I** n (of grass, flower) tige f; (of leaf, apple) queue f; (of mushroom) pied m; (of cabbage) trognon m. **II** vtr chasser.

stall /stɔːl/ **I** n (at market) stand m. **II stalls**^{GB} npl THÉÂT **in the stalls** à l'orchestre. **III** vtr bloquer; AUT caler; [talks] se bloquer.

stallion /ˈstælɪən/ n étalon m.

stalwart /ˈstɔːlwət/ **I** n fidèle mf. **II** adj loyal, inconditionnel/-elle.

stamina /ˈstæmɪnə/ n résistance f.

stammer /ˈstæmə(r)/ **I** n bégaiement m. **II** vtr, vi bégayer.

stamp /stæmp/ **I** n POSTES timbre m; (marking device) tampon m, cachet m; FIG marque f. **II** vtr POSTES affranchir; [▶ goods, boxes] marquer, tamponner; **to stamp one's foot** taper du pied. **III** vi [person] taper du pied.

stamped addressed envelope, **SAE** n enveloppe f timbrée (libellée) à ses propres nom et adresse.

stampede /stæmˈpiːd/ n débandade f.

stance /stɑːns, stæns/ n position f.

stanch^{US} /stæntʃ/ vtr [▶ blood] étancher.

stand /stænd/ **I** n (for coats) portemanteau m; (at fair) stand m; (for spectators) tribunes fpl; (witness box) barre f; (stance) position; (resistance) résistance f. **II** vtr (prét, pp **stood**) supporter; JUR **to stand trial** passer en jugement; (place) placer, mettre. **III** vi se lever; être debout; (be) être, rester, se trouver; **to stand for parliament**^{GB} se présenter aux élections législatives; CULIN [sauce] reposer.

■ **stand by** être prêt (à intervenir); [▸ person] soutenir; **stand down**^{GB} démissionner; **stand for** représenter; **stand in** remplacer; **stand out from** se distinguer de, ressortir; **stand up** (rise) se lever; [theory, story] tenir debout; *to stand up to* résister à, tenir tête à; *to stand up for* défendre.

standard /ˈstændəd/ **I** n (level) niveau m; (official) norme f; (of hygiene, safety) critères mpl; (banner) étendard m. **II** adj standard inv; [procedure] habituel/-uelle; [fare] normal.

Standard Assessment Task ▸ **SAT**.

standardize /ˈstændədaɪz/ vtr normaliser, standardiser.

standard lamp^{GB} n lampadaire m.

standard of living n niveau m de vie.

standby /ˈstændbaɪ/ n (person) remplaçant/-e m/f; *on standby* (army, emergency services) prêt à intervenir; (for airline ticket) en standby.

stand-in /ˈstændɪn/ n remplaçant/-e m/f.

standing /ˈstændɪŋ/ **I** n réputation f; *of long standing* de longue date. **II** adj [army, committee] actif/-ive; [rule, invitation, order] permanent; *a standing joke* un constant sujet de plaisanterie.

standing order n FIN virement m automatique.

standing ovation n ovation f debout.

standing room n ¢ places fpl debout.

standpoint n point m de vue.

standstill n *at a standstill* [traffic] à l'arrêt; [factory] au point mort; [talks] arrivé à une impasse.

standstill agreement n statu quo m.

stand-up /ˈstændʌp/ adj [buffet] debout inv; [argument] en règle.

stank /stæŋk/ prét ▸ **stink II**.

stanza /ˈstænzə/ n strophe f.

staple /ˈsteɪpl/ **I** n (for paper) agrafe f; (basic food) aliment m de base. **II** adj (épith) [product] de base; [crop, meal] principal. **III** vtr agrafer.

stapler /ˈsteɪplə(r)/ n agrafeuse f.

star /stɑː(r)/ **I** n étoile f; (celebrity) vedette f, star f; (asterisk) astérisque m. **II** stars npl horoscope m. **III** vtr *starring X* avec X (en vedette). **IV** vi [actor] être la vedette (de).

starboard n NAUT tribord m.

starch /stɑːtʃ/ **I** n féculents mpl; *potato starch* fécule de pomme de terre; (for clothes) amidon m. **II** vtr amidonner.

stardom /ˈstɑːdəm/ n vedettariat m.

stare /steə(r)/ **I** n regard m fixe. **II** vi regarder fixement.

starfish n étoile f de mer.

stark /stɑːk/ adj [landscape] désolé; [room, decor] austère; [fact] brut; [contrast] saisissant.

starling /ˈstɑːlɪŋ/ n étourneau m.

starry /ˈstɑːrɪ/ adj étoilé.

starry-eyed adj naïf/-ive.

Stars and Stripes^{US} (flag) n (sg) bannière f étoilée (*drapeau des États-Unis*).

Star-Spangled Banner^{US} n bannière f étoilée (*hymne national des États-Unis*).

start /stɑːt/ **I** n (beginning) début m, départ m; *for a start* pour commencer; (advantage) avantage m; (in time, distance) avance f; (movement) sursaut m. **II** vtr commencer; *to start doing/to do* commencer à faire, se mettre à faire; [▸ war] déclencher; [▸ fire] mettre; [▸ trouble] être à l'origine de; [▸ fashion] lancer; [▸ car] faire démarrer; [▸ machine] mettre [qch] en marche. **III** **to start with** adv phr d'abord, pour commencer. **IV** vi commencer; (depart) partir; (jump) sursauter; [car, engine] démarrer.

■ **start off** [▸ visit, talk] commencer; **start up** [engine] démarrer; [person] débuter; [▸ shop] ouvrir.

start button n ORDINAT bouton m démarrer.

starter /ˈstɑːtə(r)/ n (participant) partant/-e m/f; TECH démarreur m; CULIN hors-d'œuvre m inv.

starting block n SPORT starting-block m.

starting point n point m de départ.

startle /ˈstɑːtl/ vtr surprendre, faire sursauter.

startling /ˈstɑːtlɪŋ/ adj saisissant.

start-up /ˈstɑːtʌp/ n COMM, ÉCON start-up f, jeune pousse f d'entreprise.

start-up costs npl COMM frais mpl de mise en route.

starvation /stɑːˈveɪʃn/ n faim f.

starve /stɑːv/ **I** vtr affamer; (deprive) priver (de). **II** vi mourir de faim.

stash© /stæʃ/ vtr cacher.

stem

state /stert/ **I** n (condition) état m; POL État m. **II** ⊚ **States** npl **the States** les États-Unis mpl. **III** in compounds d'État. **IV** vtr [▸fact] exposer; [▸figure] indiquer; **to state that** déclarer que; [▸place, terms] spécifier, préciser.

State DepartmentUS n POL ministère américain des Affaires étrangères.

state-funded adj subventionné par l'État.

stately /'stertlɪ/ adj imposant.

stately homeGB n château m.

statement /'stertmənt/ n déclaration f; FIN relevé m de compte.

state-of-the-art adj de pointe.

statesman n (pl **-men**) homme m d'État.

static /'stætɪk/ adj statique.

station /'sterʃn/ **I** n RAIL gare f; RADIO station f; TV chaîne f; (police) commissariat m; poste m de police. **II** vtr poster.

stationary /'sterʃənrɪ, -nerɪUS/ adj à l'arrêt.

stationer /'sterʃnə(r)/ n papeterie f.

stationery /'sterʃnərɪ, -nerɪUS/ n papeterie f; (for office) fournitures fpl (de bureau).

station wagonUS n AUT break m.

statistic /stə'tɪstɪk/ n statistique f.

statistical /stə'tɪstɪkl/ adj statistique.

statistician /stætɪ'stɪʃn/ n statisticien/-ienne m/f.

statistics /stə'tɪstɪks/ n (sg) statistique f.

statue /'stætʃuː/ n statue f.

stature /'stætʃə(r)/ n taille f, stature f; (status) envergure f.

status /'stertəs/ n (pl **-uses**) situation f; (official) statut m.

status symbol n signe m de prestige.

statute /'stætʃuːt/ n loi f.

statutory /'stætʊtərɪ, -tɔːrɪUS/ adj légal, officiel/-ielle.

staunch /stɔːntʃ/ **staunch, stanch**US /stɔːntʃ, stɑːntʃ/ vtr [▸blood] étancher.

stave /sterv/ n MUS portée f.
■ **stave off** [▸hunger, fatigue] tromper; [▸crisis] empêcher.

stay /ster/ **I** n séjour m. **II** vi rester; (have accommodation) loger; (spend some time) séjourner (quelque temps); **I often have people to stay** j'héberge souvent des gens chez moi.

■ **stay away from** éviter; [▸school, work] s'absenter de; **stay up** veiller, se coucher tard.

stay-at-home n, adj casanier/-ière (m/f).

staying-power n endurance f.

stead /sted/ n **in sb's stead** à la place de qn.

steadfast /'stedfɑːst, -fæstUS/ adj [refusal] ferme.

steadily /'stedɪlɪ/ adv [deteriorate, rise] progressivement; [rain, work] sans interruption.

steady /'stedɪ/ **I** adj [increase] constant; [speed, progress] régulier/-ière; [hand] ferme; [job] fixe; [relationship] durable; [worker] fiable. **II** ⊚GB excl **steady!** du calme!, doucement! **III** vtr arrêter de bouger, calmer. **IV** vi se stabiliser.

steak /sterk/ n (of beef) steak m; (of fish) darne f.

steak and kidneyGB**pie /pudding** n tourte au bœuf et aux rognons.

steakhouse n (restaurant m) grill m.

steak sandwich n sandwich m au biftek.

steal /stiːl/ vtr, vi (prét **stole**; pp **stolen**) voler.

stealth /stelθ/ n **with stealth** furtivement.

steam /stiːm/ **I** n vapeur f; (from pressure) pression f. **II** in compounds [bath] de vapeur; [iron] à vapeur. **III** vtr faire cuire [qch] à la vapeur.
■ **steam up** s'embuer.

steamer /'stiːmə(r)/ n (boat) vapeur m.

steamroller n rouleau m compresseur.

steamy /'stiːmɪ/ adj embué.

steel /stiːl/ **I** n acier m. **II** v refl **to steel one-self** s'armer de courage.

steel industry n sidérurgie f.

steep /stiːp/ **I** adj [descent] raide; [ascent] abrupt; [rise, fall] fort (before n); [price]⊚ exorbitant. **II** vtr (faire) tremper.

steeple /'stiːpl/ n clocher m.

steer /strə(r)/ vtr, vi piloter; [▸person] diriger, guider; [▸conversation] orienter.
● **to steer clear of** éviter.

steering /'strərɪŋ/ n (mechanism) direction f.

steering wheel n AUT volant m.

stem /stem/ **I** n (of flower) tige f; (of glass) pied m; (of pipe) tuyau m. **II** vtr (p prés etc **-mm-**) [▸bleeding, flow] arrêter; FIG [▸advance, tide, increase] enrayer; [▸protest] contenir;

NAUT [ship] [▸tide] avancer contre; CULIN [▸fruit] équeuter. **III** vi (p prés etc **-mm-**) to *stem from* provenir de.

stem cell n BIOL cellule f souche, cellule f mère.

stench /stentʃ/ n puanteur f.

stencil /ˈstensɪl/ m pochoir.

step /step/ **I** n pas m; (measure) mesure f; (stage) étape f; (stair) marche f. **II steps** npl escabeau m. **III** vi (p prés etc **-pp-**) to *step in sth/on sth* marcher dans qch/sur qch. ■ **step in** intervenir.

stepbrother n demi-frère m.

step-by-step I adj progressif/-ive. **II step by step** adv point par point.

stepfather n beau-père m.

stepladder n escabeau m.

stepmother n belle-mère f.

stepsister n demi-sœur f.

stereo /ˈsterɪəʊ/ n stéréo f.

stereophonic /sterɪəˈfɒnɪk/ adj stéréophonique.

sterile /ˈsteraɪl, ˈsterəlUS/ adj stérile.

sterilize /ˈsterəlaɪz/ vtr stériliser.

sterling /ˈstɜːlɪŋ/ **I** n FIN livre f sterling inv. **II** adj de qualité.

sterling silver n argent m fin.

stern /stɜːn/ **I** n poupe f. **II** adj sévère.

stew /stjuː, stuːUS/ **I** n ragoût m. **II** vtr, vi cuire en ragoût; *stewed apples* compote de pommes.

steward /stjʊəd, ˈstuːərdUS/ n steward m.

stewardess /ˈstjʊədes, ˈstuːərdəsUS/ n hôtesse f (de l'air).

stick /stɪk/ **I** n (of wood, chalk, etc) bâton m; (for walking) canne f; (of celery) branche f; (of bread) une baguette f. **II** vtr (prét, pp **stuck**) (put) poser, mettre; (adhere) coller; *stick no bills*GB défense d'afficher; (bear)ⒸGB supporter. **III** vi coller; [drawer, door, lift] se coincer; (remain) rester (coincé). ■ **stick at** persévérer dans; **stick by** soutenir; **stick down** (fasten) [▸stamp] collerⒸ; (write down) [▸answer, name] écrire; **stick out** [nail, sharp object] dépasser; [▸hand] tendre; [▸tongue] tirer; *to stick it out*Ⓒ tenir le coup; **stick to** s'en tenir à; **stick together** rester ensemble; **stick up** [▸poster, notice] mettre.

sticker /ˈstɪkə(r)/ n autocollant m.

sticker price n COMM, AUT prix m affiché.

sticking plaster n sparadrap m.

sticky /ˈstɪkɪ/ adj [floor] collant, poisseux/-euse; [label] adhésif/-ive; [problem]Ⓒ difficile.

stiff /stɪf/ **I** adj raide; (after sport) courbaturé; *a stiff neck* un torticolis; [exam, climb] difficile; [charge, fine] élevé; [breeze] fort. **II** Ⓒ adv *to be bored stiff* s'ennuyer à mourir.

stiffen /ˈstɪfn/ **I** vtr renforcer; [▸fabric] empeser. **II** vi [joint] s'ankyloser.

stifle /ˈstaɪfl/ vtr étouffer.

stiletto /stɪˈletəʊ/ n talon m aiguille.

still[1] /stɪl/ adv encore; (when nothing has changed) toujours; *better/worse still* encore mieux/pire.

still[2] /stɪl/ **I** n distillerie f; (quiet) silence f. **II** adj calme, tranquille; [drink]GB non gazeux/-euse; [water]GB plat. **III** adv [lie, stay] immobile, tranquille.

still life /stɪl/ n (pl **still lifes**) nature f morte.

stilted /ˈstɪltɪd/ adj guindé.

stimulate /ˈstɪmjʊleɪt/ vtr stimuler.

sting /stɪŋ/ **I** n (of insect) aiguillon m; (insect bite) piqûre f. **II** vtr (prét, pp **stung**) [insect] piquer; [wind] cingler; [criticism] blesser. **III** vi piquer.

stingy /ˈstɪndʒɪ/ adj PÉJ radinⒸ.

stink /stɪŋk/ **I** n puanteur f. **II** vi (prét **stank**; pp **stunk**) puer. ■ **stink out** [▸room] empester.

stint /stɪnt/ **I** n part f de travail. **II** v refl se priver (de).

stipulate /ˈstɪpjʊleɪt/ vtr stipuler.

stir /stɜː(r)/ vtr, vi (p prés etc **-rr-**) remuer; [▸curiosity] exciter. ■ **stir up** [▸trouble] provoquer.

stir-fry /ˈstɜːfraɪ/ **I** n CULIN sauté m; *a vegetable stir-fry* un sauté de légumes. **II** vtr (prét, pp **-fried**) [▸beef, vegetable] faire sauter.

stirrup /ˈstɪrəp/ n étrier m.

stitch /stɪtʃ/ n point m; (in knitting) maille f; MÉD point m de suture; (pain) point m de côté. ● *to be in stitches*Ⓒ rire aux larmes.

stoat /stəʊt/ n hermine f.

stock /stɒk/ n (in shop) stock m; (on domestic scale) provisions fpl; (descent) souche f, origine f; *of peasant stock* de souche paysanne; (standing) cote f; CULIN bouillon m; (cattle) bétail m. **II stocks** npl FIN **stocks and shares** valeurs mobilières, US actions. **III** adj [size] courant; [answer] classique. **IV** vtr COMM (sell) **we don't stock it** nous n'en faisons pas; [▸fridge, shelves] remplir, garnir; [▸shop] approvisionner. ■ **stock up** s'approvisionner.

stockbroker n agent m de change.

stock clearance n COMM liquidation f de stock.

stock exchange n **the stock exchange** la Bourse.

stockholder n actionnaire mf.

stocking /'stɒkɪŋ/ n (garment) bas m.

stock market n Bourse f des valeurs; **stock market price/value** cote f.

stock option n option f d'achat de titres, stock-option f.

stockpile /'stɒkpaɪl/ **I** n réserves fpl. **II** vtr stocker; [▸food] faire des réserves de.

stocktaking /'stɒkteɪkɪŋ/ n COMM inventaire m; **to do stocktaking** FIG faire le point.

stocky /'stɒkɪ/ adj trapu.

stodgy /'stɒdʒɪ/ adj bourratif/-ive.

stoke /stəʊk/ vtr [▸fire] entretenir.

stole /stəʊl/ **I** prét ▸ **steal**. **II** n étole f.

stolen /'stəʊlən/ pp ▸ **steal**.

stomach /'stʌmək/ **I** n estomac m; (belly) ventre m. **II** vtr [▸attitude] supporter.

stone /stəʊn/ **I** n pierre f, caillou m; (in fruit)GB noyau m; MÉD calcul m; (weight)GB = 6,35 kg. **II** vtr [▸olive] dénoyauter.

stone-broke©US adj complètement fauché©.

stone-washed adj délavé.

stood /stʊd/ prét, pp ▸ **stand II, III**.

stool /stu:l/ n tabouret m.

stoop /stu:p/ vi être voûté; **to stoop down** se baisser; **to stoop to doing** s'abaisser jusqu'à faire.

stop /stɒp/ **I** n arrêt m, halte f; (stopover) escale f; **to come to a stop** s'arrêter; (for train) station f. **II** vtr (p prés etc **-pp-**) arrêter; **stop it!** arrête!, ça suffit!; (temporarily) interrompre; (prevent) [▸war, publication] empêcher. **III** vi (p prés etc **-pp-**) s'arrêter, cesser. **IV** v refl **I can't stop myself** je ne peux pas m'en empêcher. ■ **stop by**© passer; **stop over** faire escale.

stoppage /'stɒpɪdʒ/ n (strike) interruption f (de travail); (in football) arrêt m de jeu.

stopper /'stɒpə(r)/ n (for jar) bouchon m.

stopwatch n chronomètre m.

storage /'stɔ:rɪdʒ/ **I** n stockage m; ORDINAT mémoire f. **II** in compounds [space, unit] de rangement.

store /stɔ:(r)/ **I** n magasin m; (supply) réserve f, provision f; (warehouse) entrepôt m. **II** vtr [▸food, information] conserver; [▸objects, furniture] ranger; [▸chemicals, data] stocker. ■ **store up** accumuler.

storehouse n entrepôt m.

store manager n COMM directeur/-trice m/f de (grand) magasin.

storeyGB /'stɔ:rɪ/ n étage m.

stork /stɔ:k/ n cigogne f.

storm /stɔ:m/ **I** n tempête f; (thunderstorm) orage m. **II** vtr prendre [qch] d'assaut. **III** vi **to storm off** partir avec fracas.

stormy /'stɔ:mɪ/ adj orageux/-euse.

story /'stɔ:rɪ/ n histoire f; **exclusive story** reportage m exclusif; (floor)US étage m.

storyboard /'stɔ:rɪbɔ:d/ n maquette f préparatoire.

storyteller n conteur/-euse m/f; (liar) menteur/-euse m/f.

stout /staʊt/ **I** n (drink) stout f. **II** adj gros/grosse, corpulent.

stove /stəʊv/ n (for cooking) cuisinière f; (for heating) poêle m.

stow /stəʊ/ vtr [▸baggage, ropes] ranger. ■ **stow away** voyager clandestinement.

stowaway n passager/-ère m/f clandestin/-e.

straddle /'strædl/ vtr être à cheval sur.

straggle /'strægl/ vi traîner.

straight /streɪt/ **I** adj GÉN droit; [hair] raide; [bedclothes, tablecloth] bien mis; [room] rangé, en ordre; **let's get one thing straight** que ce soit bien clair; [drink] sec, sans eau; SCOL **to get straight As** avoir très bien partout. **II** adv droit; (without delay) directement; **straight after** tout de suite après.

straightaway /ˌstreɪtəweɪ/ adv tout de suite.

straighten /'streɪtn/ vtr [▸arm, leg] tendre; [▸picture, teeth] redresser; [▸tie, hat] ajuster. ■ **straighten out to straighten things out** arranger les choses; **straighten up** [▸objects, room] ranger.

straight-faced *adj* à l'air sérieux.

straightforward *adj* [answer] franc/franche; [question] simple.

strain /streɪn/ **I** *n* GÉN effort *m*, contrainte *f*; (in relations) tension *f*; (injury) muscle *m* froissé; (breed) (of animal) race *f*; (of plant, seed) variété *f*. **II** *vtr* [▸eyes] plisser; [▸relationship] compromettre; [▸patience] mettre [qch] à rude épreuve; [▸sauce] passer; [▸pasta] égoutter.

strained /streɪnd/ *adj* tendu; [muscle] froissé; [vegetable] en purée.

strainer /ˈstreɪnə(r)/ *n* passoire *f*.

strait /streɪt/ *n* GÉOG détroit *m*; *the Straits of Gibraltar* le détroit de Gibraltar.

straitjacket *n* camisole *f* de force.

strand /strænd/ **I** *n* fil *m*; (of hair) mèche *f*. **II** **stranded** *pp adj* [traveller] bloqué.

strange /streɪndʒ/ *adj* inconnu; (odd) bizarre, étrange; *strange but true* incroyable mais vrai.

stranger /ˈstreɪndʒə(r)/ *n* inconnu/-e *m/f*, étranger/-ère *m/f*.

strangle /ˈstræŋgl/ *vtr* étrangler; [▸project] étouffer.

stranglehold /ˈstræŋglhəʊld/ *n* étranglement *m*; FIG mainmise *f*.

strap /stræp/ **I** *n* (on bag, harness) courroie *f*; (on watch) bracelet *m*; (on handbag) bandoulière *f*; (on bra, overalls) bretelle *f*. **II** *vtr* (*p prés etc* **-pp-**) *to strap sb/sth to sth* attacher qn/ qch à qch.

strapped© /stræpt/ *adj* *strapped for* [▸cash] à court de.

strategic(al) /strəˈtiːdʒɪk(l)/ *adj* stratégique.

strategist /ˈstrætədʒɪst/ *n* stratège *m*.

strategy /ˈstrætədʒɪ/ *n* stratégie *f*; *business strategy* stratégie des affaires.

straw /strɔː/ *n* paille *f*.

strawberry /ˈstrɔːbrɪ, -berɪ US/ *n* fraise *f*; *wild strawberry* fraise des bois.

straw man US *n* FIG homme *m* de paille.

stray /streɪ/ **I** *adj* [animal, bullet] perdu; [tourist] isolé. **II** *vi* s'égarer.

streak /striːk/ **I** *n* (in character) côté *m*; (mark) traînée *f*; *streak of lightning* éclair *m*; (in hair) mèche *f*. **II** *vtr* strier; *to get one's hair streaked* se faire faire des mèches. **III** *vi* passer comme une flèche.

streaky bacon GB *n* bacon *m* entrelardé.

stream /striːm/ **I** *n* ruisseau *m*; *a stream of* [▸insults, customers, questions] un flot de; [▸light, water] un jet de; SCOL GB groupe *m* de niveau. **II** GB *vtr* SCOL répartir [qch/qn] par niveau. **III** *vi* ruisseler; (move) affluer; [eyes, nose] couler.

streamer /ˈstriːmə(r)/ *n* banderole *f*.

streamline /ˈstriːmlaɪn/ *vtr* [▸production] rationaliser; EUPH [▸company] dégraisser.

street /striːt/ *n* rue *f*.

streetcar US *n* tramway *m*.

street cleaner *n* (person) balayeur/-euse *m/f*; (machine) balayeuse *f*.

street guide *n* plan *m* des rues.

streetlamp *n* lampadaire *m*, réverbère *m*.

street level **I** *n* rez-de-chaussée *m*. **II** *adj* [▸exit] au rez-de-chaussée; [▸parking] au niveau de la rue.

streetwise© *adj* dégourdi©.

strength /streŋθ/ *n* force *f*; (influence) puissance *f*; (toughness) solidité *f*.

strengthen /ˈstreŋθn/ *vtr* [▸position] renforcer; [▸muscles] fortifier; [▸dollar] raffermir.

strenuous /ˈstrenjʊəs/ *adj* [day] chargé; [work] ardu; [protest] vigoureux/-euse; [effort] acharné.

stress /stres/ **I** *n* tension *f*, stress *m*; PHYS effort *m*; LING accent *m*. **II** *vtr* [▸issue, difficulty] mettre l'accent (sur)/insister sur; LING accentuer.

stress factor *n* MÉD facteur *m* de stress.

stressful /ˈstresfl/ *adj* stressant.

stress-related *adj* [▸illness] dû au stress.

stretch /stretʃ/ **I** *n* élasticité *f*; (of road) tronçon *m*; (of coastline, river) partie *f*; (of water, countryside) étendue *f*; (period) période *f*; *at a stretch* d'affilée. **II** *adj* [fabric, waist] extensible. **III** *vtr* [▸rope, spring, net] tendre; [▸shoe] élargir; [▸garment, shoe, truth] déformer; [▸budget, resources] utiliser [qch] au maximum; [▸supplies] faire durer. **IV** *vi* s'étirer; [road, track, event] s'étaler; [forest, water, beach, moor] s'étendre; [shoe] s'élargir.
■ **stretch out** [▸speech] faire durer.

stretcher /ˈstretʃə(r)/ *n* brancard *m*.

strew /struː/ *vtr* (*prét* **-ed**; *pp* **-ed /-n**) éparpiller.

stricken /ˈstrɪkən/ *adj* affligé; [area] sinistré; *stricken by/with* pris de, atteint de, frappé de.

strict /strɪkt/ *adj* strict.

stride /straɪd/ **I** *n* enjambée *f*; (gait) démarche *f*. **II** *vi* (*prét* **strode**; *pp* **stridden**) *to stride across/out/in* traverser à grands pas.

strident /ˈstraɪdnt/ *adj* strident; [statement] véhément.

strife /straɪf/ *n* conflit(s) *m(pl)*.

strike /straɪk/ **I** *n* grève *f*; (attack) attaque *f*; *lucky strike* FIG coup de chance. **II** *vtr* (*prét*, *pp* **struck**) GÉN frapper, heurter; *struck dumb with amazement* frappé d'étonnement; [▸match] frotter; [idea] venir à l'esprit de; [▸gold, obstacle, road]ᴳᴮ tomber surᴳᴮ; [▸bargain] conclure; [clock] sonner; *to strike camp* lever le camp. **III** *vi* (person) frapper; (army, animal) attaquer; *disaster struck* la catastrophe s'est produite; IND, COMM faire (la) grève; [match] s'allumer; [clock] sonner.
■ **strike out** (delete) rayer; **strike up** commencer (à).

strike ballot *n* vote *m* sur la poursuite d'une grève.

striker /ˈstraɪkə(r)/ *n* gréviste *mf*; (in football) attaquant/-e *m/f*.

striking /ˈstraɪkɪŋ/ *adj* frappant, saisissant; [worker] gréviste.

string /strɪŋ/ **I** *n* ficelle *f*; (on bow, racket) corde *f*; *a string of* une série de; *string of pearls* collier *m* de perles; ORDINAT chaîne *f*. **II** **strings** *npl* MUS les cordes *fpl*. **III** *vtr* (*prét*, *pp* **strung**) [▸beads] enfiler.
● **with no strings attached** sans conditions.

string bean *n* haricot *m* (à écosser).

stringent /ˈstrɪndʒənt/ *adj* rigoureux/-euse.

string instrument, **stringed instrument** *n* instrument *m* à cordes.

strip /strɪp/ **I** *n* bande *f*; SPORTᴳᴮ tenue *f*. **II** *vtr* (*p prés etc* **-pp-**) *to strip sb* déshabiller qn; *to strip sth from/off* enlever/arracher qch de; *to strip sb of* dépouiller qn de. **III** *vi* se déshabiller.

stripe /straɪp/ *n* rayure *f*; MIL galon *m*.

striped /straɪpt/ *adj* rayé.

strive /straɪv/ *vi* (*prét* **strove**; *pp* **striven**) s'efforcer (de); *to strive for sth* rechercher qch.

strode /strəʊd/ *prét* ▶ **stride II**.

stroke /strəʊk/ **I** *n* coup *m*; *a stroke of genius* un trait de génie; (movement in swimming) mouvement *m* des bras; (style) nage *f*; ART trait *m*; MÉD congestion *f* cérébrale; (caress) caresse *f*. **II** *vtr* caresser.

stroll /strəʊl/ **I** *n* promenade *f*, tour *m*. **II** *vi* se promener, flâner.

stroller /ˈstrəʊlə(r)/ *n* promeneur/-euse *m/f*; (pushchair)ᵁˢ poussette *f*.

strong /strɒŋ, strɔːŋᵁˢ/ *adj* fort, puissant; (sturdy) solide; [team, alibi] bon/bonne; [feeling] profond; [action, measure] sévère.

strongbox *n* coffre-fort *m*.

stronghold *n* forteresse *f*.

strongroom *n* chambre *f* forte.

strove /strəʊv/ *prét* ▶ **strive**.

struck /strʌk/ *prét*, *pp* ▶ **strike II, III**.

structure /ˈstrʌktʃə(r)/ **I** *n* structure *f*; (building, construction) construction *f*. **II** *vtr* [▸ideas, essay] structurer; [▸day] organiser.

struggle /ˈstrʌɡl/ **I** *n* (battle, fight) lutte *f*. **II** *vi* se battre; *to struggle free* se dégager; *to struggle to keep up* avoir du mal à suivre.

strung /strʌŋ/ *prét*, *pp* ▶ **string III**.

strut /strʌt/ **I** *n* montant *m*. **II** *vi* (*p prés etc* **-tt-**) se pavaner.

stub /stʌb/ **I** *n* bout *m*; (of cheque) talon *m*. **II** *vtr* (*p prés etc* **-bb-**) *to stub one's toe* se cogner l'orteil.
■ **stub out** [▸cigarette] écraser.

stubble /ˈstʌbl/ *n* chaume *m*; (beard) barbe *f* de plusieurs jours.

stubborn /ˈstʌbən/ *adj* [person, animal] entêté; [behaviour] obstiné; [stain] rebelle.

stuck /stʌk/ **I** *prét*, *pp* ▶ **stick II, III**. **II** *adj* (caught) coincé; *to be stuck* sécherᴳᴮ; *to be stuck with*ᴳᴮ [▸task] se farcirᴳᴮ.

stuck-upᴳᴮ *adj* bêcheur/-euseᴳᴮ.

stud /stʌd/ *n* clou *m*; (on boot)ᴳᴮ crampon *m*; (horse farm) haras *m*.

studded /ˈstʌdɪd/ *adj* clouté; *studded with* parsemé de.

student /ˈstjuːdnt, ˈstuː-ᵁˢ/ *n* élève *mf*; UNIV étudiant/ -e *m/f*.

student grant *n* UNIV bourse *f* d'études.

student loan *n* UNIV prêt *m* bancaire pour étudiants.

student teacher *n* enseignant/-e *m/f* stagiaire.

studio /ˈstjuːdɪəʊ, ˈstuː-US/ n studio m; (of painter) atelier m.

studious /ˈstjuːdɪəs, ˈstuː-US/ adj studieux/-ieuse.

study /ˈstʌdɪ/ **I** n étude f; (room) bureau m. **II studies** npl études fpl; *computer studies* informatique. **III** vtr, vi étudier.

stuff /stʌf/ **I** n ¢ (unnamed substance)© truc© m; (belongings) affaires fpl; (fabric) étoffe f. **II** vtr garnir/bourrer (de); CULIN farcir. **III** **stuffed** pp adj farci; [toy animal] en peluche; [bird, fox] empaillé.
● **to do one's stuff**© faire ce qu'on a à faire.

stuffing /ˈstʌfɪŋ/ n CULIN farce f; (of furniture) rembourrage m.

stuffy /ˈstʌfɪ/ adj (airless) étouffant; (staid) guindé.

stumble /ˈstʌmbl/ vi trébucher; (in speech) hésiter; *to stumble over* buter sur.
■ **stumble across, stumble on** tomber par hasard sur.

stumbling block n obstacle m.

stump /stʌmp/ **I** n bout m; (of tree) souche f. **II** © vtr (perplex) déconcerter; *I'm stumped* (in quiz) je sèche©.

stun /stʌn/ vtr (p prés etc **-nn-**) assommer; *to be stunned* être stupéfait.

stung /stʌŋ/ prét, pp ▸ **sting II, III**.

stunning /ˈstʌnɪŋ/ adj (beautiful) sensationnel/-elle; (amazing) stupéfiant.

stunt /stʌnt/ **I** n (for attention) coup m; CIN, TV cascade f. **II** vtr retarder, empêcher.

stuntman n cascadeur m.

stupid /ˈstjuːpɪd, ˈstuː-US/ adj stupide.

stupidity /stjuːˈpɪdətɪ, stuː-US/ n bêtise f, stupidité f.

stupor /ˈstjuːpə(r), ˈstuː-US/ n stupeur f.

sturdy /ˈstɜːdɪ/ adj robuste.

sturgeon /ˈstɜːdʒən/ n esturgeon m.

stutter /ˈstʌtə(r)/ vtr, vi bégayer.

sty /staɪ/ n porcherie f; MÉD orgelet m.

style /staɪl/ **I** n style m, genre m; (elegance) classe f; (of car, clothing) modèle m; (fashion) mode f; (hairstyle) coiffure f. **II** vtr créer; [▸hair] coiffer.

style sheet n ORDINAT feuille f de style.

stylish /ˈstaɪlɪʃ/ adj élégant, chic inv.

stylist /ˈstaɪlɪst/ n styliste mf.

stylistic /staɪˈlɪstɪk/ adj stylistique.

sub /sʌb/ n SPORT = **substitute** remplaçant/e m/f; NAUT = **submarine** sous-marin m.

subconscious /ˌsʌbˈkɒnʃəs/ n, adj inconscient (m).

subcontract /ˌsʌbkənˈtrækt/ vtr sous-traiter.

subcontracting /ˌsʌbkənˈtræktɪŋ/ n sous-traitance f.

subdivide /ˌsʌbdɪˈvaɪd/ vtr subdiviser.

subdue /səbˈdjuː, -ˈduː US/ vtr soumettre; [▸rebellion, emotion] maîtriser.

subdued /səbˈdjuːd, -ˈduːd US/ adj silencieux/-ieuse; [lighting] tamisé; [colour] atténué.

subeditor GB /ˌsʌbˈedɪtə(r)/ n correcteur/-trice m/f, secrétaire mf de rédaction.

subheading /ˈsʌbhedɪŋ/ n (in text) sous-titre m.

subject I /ˈsʌbdʒɪkt/ n sujet m; *to drop the subject* parler d'autre chose; (at school) matière f; (citizen) sujet/-ette m/f. **II** /ˈsʌbdʒɪkt/ adj asservi; *subject to* soumis à; *to be subject to* [approval] dépendre de; *flights are subject to delay* les vols sont susceptibles d'être en retard; *subject to availability* [tickets] dans la limite des places disponibles; [goods] dans la limite des stocks disponibles. **III** /səbˈdʒekt/ vtr faire subir; *to be subjected to* [▸attacks] faire l'objet de.

subjective /səbˈdʒektɪv/ adj subjectif/-ive.

subject matter n sujet m.

subjunctive /səbˈdʒʌŋktɪv/ n subjonctif m.

sublet /ˈsʌblet, ˌsʌbˈlet/ vtr, vi (p prés **-tt-**; prét, pp **-let**) sous-louer.

submarine /ˌsʌbməˈriːn, ˈsʌb-US/ n, adj sous-marin (m).

submerge /səbˈmɜːdʒ/ **I** vtr [sea] submerger; [person] immerger, plonger. **II** **submerged** pp adj submergé.

submission /səbˈmɪʃn/ n soumission f; (report) rapport m.

submit /səbˈmɪt/ (p prés etc **-tt-**) **I** vtr soumettre, présenter; [▸claim] déposer. **II** vi se soumettre (à).

subordinate I /səˈbɔːdɪnət, -dənət US/ n subalterne mf. **II** /səˈbɔːdɪnət/ adj [officer] subalterne; [issue] secondaire. **III** /səˈbɔːdɪneɪt/ vtr GÉN, LING subordonner.

subordinate clause n LING proposition f subordonnée.

Sudan

subpoena /sə'piːnə/ **I** n assignation f. **II** vtr assigner [qn] à comparaître.

subprime /'sʌbpraɪm/ n crédits mpl immobiliers à taux variable.

subscribe /səb'skraɪb/ vi **to subscribe to** [▸view] partager; [▸magazine] être abonné à; [▸charity] donner (de l'argent) à.

subscriber /səb'skraɪbə(r)/ n abonné-e m/f.

subscription /səb'skrɪpʃn/ n abonnement m; (to association) cotisation f; (to fund) don m.

subsequent /'sʌbsɪkwənt/ adj (in past) ultérieur; (in future) à venir.

subsequently /'sʌbsɪkwəntlɪ/ adv par la suite.

subside /səb'saɪd/ vi [emotion, storm] se calmer, s'atténuer; [excitement] retomber; [water] se retirer; [building, land] s'affaisser.

subsidence /səb'saɪdns, 'sʌbsɪdns/ n affaissement m.

subsidiary /səb'sɪdɪərɪ, -dɪerɪ US/ **I** n filiale f. **II** adj secondaire.

subsidize /'sʌbsɪdaɪz/ vtr subventionner.

subsidy /'sʌbsɪdɪ/ n subvention f.

subsistence /səb'sɪstəns/ n subsistance f.

substance /'sʌbstəns/ n substance f; **illegal substances** substances illicites; (of argument) poids m, importance f; (of claim) fondement m; (of book) fond m.

substantial /səb'stænʃl/ adj [sum, role] important; [change, risk] considérable; [meal] substantiel/-ielle; [desk] solide.

substantially /səb'stænʃəlɪ/ adv considérablement.

substantiate /səb'stænʃɪeɪt/ vtr justifier.

substitute /'sʌbstɪtjuːt, -tuːt US/ **I** n remplaçant-e m/f; (product) produit m de substitution; **there is no substitute for...** rien ne remplace... **II** vtr **to substitute sth for sth** substituer qch à qch; **to substitute for sb/sth** remplacer qn/qch.

subterranean /ˌsʌbtə'reɪnɪən/ adj souterrain.

subtitle /'sʌbtaɪtl/ **I** n sous-titre m. **II** vtr sous-titrer.

subtle /'sʌtl/ adj GÉN subtil.

subtotal /'sʌbtəʊtl/ n sous-total m.

subtract /səb'trækt/ vtr MATH soustraire (de).

subtraction /səb'trækʃn/ n soustraction f.

suburb /'sʌbɜːb/ n **the suburb(s)** la banlieue; **the inner suburb** le faubourg.

suburban /sə'bɜːbən/ adj de banlieue.

suburbanite /sə'bɜːbənaɪt/ souvent péj banlieusard/-e m/f.

suburbia /sə'bɜːbɪə/ n ¢ banlieue f.

subvention /səb'venʃn/ n ¢ (subsidy) subvention f; ¢ (financing) subventions fpl.

subversion /səb'vɜːʃn, -'vɜːrʒnUS/ n subversion f.

subversive /səb'vɜːsɪv/ adj subversif/-ive.

subvert /səb'vɜːt/ vtr faire échouer.

subway /'sʌbweɪ/ n GB passage m souterrain; US métro m.

succeed /sək'siːd/ **I** vtr succéder à. **II** vi réussir; **to succeed in doing** réussir à faire.

succeeding /sək'siːdɪŋ/ adj (in past) suivant; **with each succeeding year** d'année en année.

success /sək'ses/ n succès m, réussite f; **to make a success of** réussir.

successful /sək'sesfl/ adj réussi; [treatment] efficace; **to be successful in doing** réussir à faire; [businessman] prospère.

successfully /sək'sesfəlɪ/ adv avec succès.

succession /sək'seʃn/ n (sequence) série f; **in succession** de suite; **in close/quick succession** coup sur coup; (inheriting) succession f.

successive /sək'sesɪv/ adj successif/-ive; [day] consécutif/-ive.

successor /sək'sesə(r)/ n successeur m.

success rate n taux m de réussite.

succumb /sə'kʌm/ vi succomber (à).

such /sʌtʃ/ **I** pron **such is life** c'est la vie. **II** det tel/telle; **on such and such a topic** sur tel ou tel sujet; (similar) pareil/-eille, de ce type (after n); **in such a situation** dans une situation pareille; (of specific kind) tel/telle **in such a way that** de telle façon que. **III** adv (+ adjectives) si, tellement; (+ nouns) tel/telle; **such a lot of problems** tant de problèmes. **IV such as** det phr, conj phr comme, tel/telle que.

suck /sʌk/ **I** vtr sucer; [▸liquid, air] aspirer. **II** vi [baby] téter; **to suck on** [▸pipe] tirer sur.

sucker /'sʌkə(r)/ n (dupe)© (bonne) poire© f; (on plant) surgeon m; (pad) ventouse f.

Sudan /suː'dɑːn/ pr n **the Sudan** le Soudan m.

sudden /ˈsʌdn/ adj soudain, brusque.

suddenly /ˈsʌdnlɪ/ adv tout à coup.

suds /sʌdz/ npl (foam) mousse f (de savon); (soapy water) eau f savonneuse.

sue /suː, sjuː/ vtr, vi **to sue (sb)** intenter un procès (à qn).

suede /sweɪd/ n daim m.

suffer /ˈsʌfə(r)/ I vtr subir; **to suffer a heart attack** avoir une crise cardiaque. II vi **to suffer (from)** souffrir (de); [health, quality] s'en ressentir.

sufferer /ˈsʌfərə(r)/ n victime f.

suffering /ˈsʌfərɪŋ/ I n ₵ souffrances fpl. II adj souffrant.

suffice /səˈfaɪs/ vi SOUT suffire.

sufficient /səˈfɪʃnt/ adj suffisamment de, assez de.

suffix /ˈsʌfɪks/ n suffixe m.

suffocate /ˈsʌfəkeɪt/ vtr, vi étouffer.

sugar /ˈʃʊgə(r)/ n sucre m; (endearment)© chéri/-e m/f.

sugared almond n dragée f.

sugar cane n canne f à sucre.

sugar-free n sans sucre.

suggest /səˈdʒest, səgˈdʒ-ᵁˢ/ vtr suggérer; (recommend) proposer.

suggestion /səˈdʒestʃn, səgˈdʒ-ᵁˢ/ n suggestion f.

suggestive /səˈdʒestɪv, səgˈdʒ-ᵁˢ/ adj suggestif/-ive; **to be suggestive of sth** évoquer qch.

suicidal /suːɪˈsaɪdl, sjuː-/ adj suicidaire.

suicide /ˈsuːɪsaɪd, ˈsjuː-/ n (action) suicide m; **to commit suicide** se suicider.

suicide attack n attentat m suicide.

suicide bomber n (person) kamikaze m.

suit /suːt, sjuːt/ I n (man's) costume m; (woman's) tailleur m; JUR procès m; JEUX couleur f. II vtr [colour, outfit] aller à; [date, climate] convenir à; **suits me**©! ça me va! III vi convenir. IV v refl **suit yourself!** (fais) comme tu voudras!

suitable /ˈsuːtəbl, ˈsjuː-/ adj [qualification, venue] adéquat; [clothing] convenable; [treatment] approprié; **to be suitable for** être fait pour.

suitcase /ˈsuːtkeɪs, ˈsjuː-/ n valise f.

suite /swiːt/ n (furniture) ensemble m; (rooms), MUS suite f.

suited /ˈsuːtɪd, ˈsjuː-/ adj **suited to** fait pour.

sulk /sʌlk/ vi bouder.

sullen /ˈsʌlən/ adj maussade.

sultana /sʌlˈtɑːnə, -ˈtænəᵁˢ/ n raisin m sec (de Smyrne).

sultry /ˈsʌltrɪ/ adj étouffant.

sum /sʌm/ n (of money) somme f; (calculation) calcul m.
■ **sum up** résumer, récapituler.

summarize /ˈsʌməraɪz/ vtr résumer, récapituler.

summary /ˈsʌmərɪ/ I n résumé m. II adj sommaire.

summer /ˈsʌmə(r)/ I n été m. II in compounds d'été.

summer campᵁˢ n colonie f de vacances.

summer holidayᴳᴮ, **summer vacation**ᵁˢ GÉN vacances fpl (d'été); SCOL, UNIV grandes vacances fpl.

summertime /ˈsʌmətaɪm/ n été m; **summer time**ᴳᴮ heure f d'été.

summing-up n GÉN récapitulation f; JUR résumé m.

summit /ˈsʌmɪt/ I n sommet m. II in compounds au sommet.

summon /ˈsʌmən/ vtr faire venir, convoquer; **to summon help** appeler à l'aide.
■ **summon up** [▸memory] évoquer; [▸courage] trouver.

summons /ˈsʌmənz/ I n convocation f; JUR assignation f à comparaître. II vtr citer.

sumptuous /ˈsʌmptʃʊəs/ adj somptueux/-euse.

sum total n (of money) montant m total; (of achievements) ensemble m.

sun /sʌn/ n soleil m; **in the sun** au soleil.

Sun (abrév écrite = **Sunday**)..

sunbathe /ˈsʌnbeɪð/ vi se faire bronzer.

sun block n (crème f) écran m total.

sunburn n coup m de soleil.

sunburned, **sunburnt** /ˈsʌnbɜːnt/ adj (burnt) brûlé par le soleil; (tanned)ᴳᴮ bronzé.

Sunday /ˈsʌndeɪ, -dɪ/ pr n dimanche m.

sundeck n (on ship) pont m supérieur; (in house) terrasse f.

sundry /ˈsʌndrɪ/ I **sundries** npl articles mpl divers. II adj [items, objects] divers; **(to) all and sundry** (à) tout le monde.

sunflower /ˈsʌnflaʊə(r)/ n tournesol m.

sung /sʌŋ/ pp ▸ **sing**.

sunglasses npl lunettes fpl de soleil.

sunk /sʌŋk/ pp ▸ **sink II, III**.

sunken /ˈsʌŋkən/ adj immergé, englouti; [cheek] creux/creuse; [eye] cave.

sunlight /ˈsʌnlaɪt/ n lumière f du soleil; *in the sunlight* au soleil.

sunny /ˈsʌnɪ/ adj ensoleillé; *it's going to be sunny* il va faire (du) soleil; *sunny side up* [egg] sur le plat.

sun protection factor, **SPF** n indice m de protection, IP m.

sunrise n lever m du soleil.

sunset n coucher m du soleil, crépuscule m.

sunshade n parasol m.

sunshine n soleil m.

sunstroke n insolation f.

suntan n bronzage m; *suntan lotion* lotion f solaire.

super© /ˈsuːpə(r), ˈsjuː-/ adj, excl formidable.

superannuation /suːpərˌænjʊˈeɪʃn, sjuː-/ n retraite f complémentaire.

superb /suːˈpɜːb, sjuː-/ adj superbe.

Super BowlUS n SPORT championnat de football américain.

superbug /ˈsuːpəbʌg/ n MÉD bactérie f résistante aux antibiotiques.

supercilious /suːpəˈsɪlɪəs, sjuː-/ adj dédaigneux/-euse.

superficial /suːpəˈfɪʃl, sjuː-/ adj superficiel/-ielle.

superfluous /suːˈpɜːfluəs, sjuː-/ adj superflu.

superhighwayUS /ˈsuːpəhaɪweɪ/ n autoroute f.

superimpose /suːpərɪmˈpəʊz, sjuː-/ vtr superposer.

superintendent /suːpərɪnˈtendənt, sjuː-/ n (supervisor) responsable mf; (in police) ≈ commissaire de police; (for apartments)US concierge mf.

superior /suːˈpɪərɪə(r), sjuː-, sʊ-/ n, adj supérieur/-e (m/f).

superiority /suːˌpɪərɪˈɒrətɪ, sjuː-, -ˌɔːr-US/ n supériorité f.

superlative /suːˈpɜːlətɪv, sjuː-/ I n LING superlatif m. II adj exceptionnel/-elle.

superman /ˈsuːpəmæn, ˈsjuː-/ n (pl **-men**) surhomme m.

supermarket /ˈsuːpəmɑːkɪt, ˈsjuː-/ n supermarché m.

supernatural /suːpəˈnætʃrəl, sjuː-/ n, adj surnaturel m.

superpower /ˈsuːpəpaʊə(r), ˈsjuː-/ n superpuissance f.

supersede /suːpəˈsiːd, sjuː-/ vtr remplacer.

superstition /suːpəˈstɪʃn, sjuː-/ n superstition f.

superstitious /suːpəˈstɪʃəs, sjuː-/ adj superstitieux/-ieuse.

superstore /ˈsuːpəstɔː(r), ˈsjuː-/ n hypermarché m, grande surface f.

supervise /ˈsuːpəvaɪz, ˈsjuː-/ I vtr superviser; [▸child, patient] surveiller. II vi superviser; [doctor, parent] surveiller; [manager] diriger.

supervision /suːpəˈvɪʒn, sjuː-/ n supervision f; (of child, etc) surveillance f.

supervisor /ˈsuːpəvaɪzə(r), ˈsjuː-/ n ADMIN, COMM responsable m/f; *factory supervisor* ≈ contremaître m; *shop supervisor* chef m de rayon; UNIV directeur/-trice m/f de thèse.

supper /ˈsʌpə(r)/ n dîner m; (after a show) souper m.

supple /ˈsʌpl/ adj souple.

supplement /ˈsʌplɪmənt/ I n (to diet, income) complément m; (extra) supplément m. II vtr compléter.

supplementary /sʌplɪˈmentrɪ, -terɪUS/ adj supplémentaire; [income] d'appoint.

supplier /səˈplaɪə(r)/ n fournisseur m.

supply /səˈplaɪ/ I n réserves fpl; (of fuel, gas) alimentation f; (of food) approvisionnement m; (action of providing) fourniture f. II **supplies** npl réserves fpl; *food supplies* ravitaillement m; (stationery) fournitures fpl. III vtr fournir; (provide food, fuel) ravitailler, approvisionner.

supply and demand n l'offre f et la demande.

supply teacherGB n suppléant/-e m/f, remplaçant/-e m/f.

support /səˈpɔːt/ I n soutien m, appui m; *means of support* (financial) moyens de subsistance; (device) support m; (person) soutien m; *to be a support to sb* aider qn. II vtr soutenir; [▸weight] supporter; [▸story] confirmer; [farm] faire vivre. **III** v refl subvenir à ses (propres) besoins.

supporter /sə'pɔ:tə(r)/ n partisan m; supporter m.

support services n assistance f technique.

suppose /sə'pəʊz/ **I** vtr to suppose (that) penser/croire que; (admit) supposer; (making a suggestion) suppose we go out? et si on sortait? **II** supposed pp adj présumé, prétendu (before n); I was supposed to leave je devais partir; it's supposed to be good il paraît que c'est bon.

supposedly /sə'pəʊzɪdlɪ/ adv soi-disant.

supposing /sə'pəʊzɪŋ/ conj et si, en supposant que.

suppress /sə'pres/ vtr supprimer; [▸ smile, rebellion] réprimer; [▸ scandal] étouffer.

supremacy /su:'preməsɪ, sju:-/ n (power) suprématie f.

supreme /su:'pri:m, sju:-/ adj suprême.

surcharge /'sɜ:tʃɑ:dʒ/ supplément m; ÉLEC, POSTES surcharge f.

sure /ʃɔː(r), ʃʊər^US/ **I** adj sûr; to make sure that s'assurer que, faire en sorte que. **II** adv (yes, certainly)^⊙ bien sûr, ça oui; for sure! sans faute!; sure enough effectivement.

surely /'ʃɔːlɪ, 'ʃʊərlɪ^US/ adv sûrement, certainement.

surety /'ʃɔːrətɪ, 'ʃʊərtɪ^US/ n dépôt m de garantie.

surf /sɜːf/ **I** n vagues fpl (déferlantes). **II** vtr ORDINAT, INTERNAT to surf the Internet surfer sur Internet. **III** vi SPORT faire du surf.

surface /'sɜːfɪs/ **I** n surface f; on the surface FIG apparemment. **II** in compounds [wound] superficiel/-ielle; surface measurements superficie f. **III** vtr [▸ road] faire le revêtement de; to surface something with revêtir quelque chose de. **IV** vi remonter à la surface; réapparaître.

surface mail n courrier m par voie de surface.

surfboard n planche f de surf.

surfeit /'sɜːfɪt/ n excès m.

surfer /'sɜːfə(r)/ n surfeur/-euse m/f.

surfing /'sɜːfɪŋ/ n SPORT surf m; to go surfing aller faire du surf.

surge /sɜːdʒ/ **I** n (brusque) montée f; (in prices, inflation) hausse f. **II** vi [waves] défer-

ler; [price, emotion] monter; to surge forward s'élancer.

surgeon /'sɜːdʒən/ n chirurgien m.

surgery /'sɜːdʒərɪ/ n MÉD chirurgie f; to have surgery se faire opérer.

surgical /'sɜːdʒɪkl/ adj GÉN chirurgical; [stocking] orthopédique.

Surinam /sʊərɪ'næm/ pr n Suriname m.

surmount /sə'maʊnt/ vtr surmonter.

surname /'sɜːneɪm/ n nom m de famille.

surpass /sə'pɑːs, -pæs^US/ vtr dépasser.

surplus /'sɜːpləs/ **I** n (pl surpluses) surplus m, excédent m. **II** adj (tjrs épith) en trop, excédentaire.

surprise /sə'praɪz/ **I** n surprise f; by surprise au dépourvu. **II** in compounds surprise, inattendu. **III** vtr surprendre.

surprised /sə'praɪzd/ adj étonné; I'm not surprised ça ne m'étonne pas; oh, you'd be surprised détrompe-toi.

surprising /sə'praɪzɪŋ/ adj étonnant, surprenant.

surprisingly /sə'praɪzɪŋlɪ/ adv étonnamment, incroyablement.

surrealist /sə'rɪəlɪst/ n, adj surréaliste (mf).

surrender /sə'rendə(r)/ **I** n (of army) capitulation f; (of soldier, town) reddition f. **II** vi se rendre; [country] capituler; to surrender to se livrer à.

surrender value n valeur f de rachat.

surreptitious /sʌrəp'tɪʃəs/ adj furtif/-ive.

surrogate /'sʌrəgeɪt/ **I** n substitut m; (in fertility treatment) mère f porteuse. **II** adj de substitution, de remplacement.

surround /sə'raʊnd/ vtr entourer; [▸ building] encercler; [▸ person] cerner.

surrounding /sə'raʊndɪŋ/ adj the surrounding area/region les environs.

surroundings /sə'raʊndɪŋz/ npl (of town) environs mpl; in beautiful surroundings dans un cadre magnifique.

surtax /'sɜːtæks/ n (on income) impôt m supplémentaire; (additional tax) surtaxe f.

survey **I** /'sɜːveɪ/ n étude f, enquête f; (by questioning people) sondage m; (in house-buying)^GB expertise f. **II** /sə'veɪ/ vtr [▸ market] faire une étude de; [▸ people] faire un sondage parmi; (in housebuying)^GB faire une expertise de; GÉOG [▸ area] faire l'étude topographique de.

surveyor /sə'veɪə(r)/ n (in housebuying)^{GB} expert m (en immobilier); (for map-making) topographe mf.

survival /sə'vaɪvl/ **I** n survie f; (of custom) survivance f. **II** in compounds [kit] de survie.

survive /sə'vaɪv/ **I** vtr survivre à. **II** vi survivre.

survivor /sə'vaɪvə(r)/ n rescapé/-e m/f.

susceptibility /səseptə'bɪlətɪ/ n sensibilité f.

susceptible /sə'septəbl/ adj sensible (à).

suspect I /'sʌspekt/ n, adj suspect/-e (m/f). **II** /sə'spekt/ vtr soupçonner; **to suspect that** penser que; [▸ motives] douter de. **III sus-pected** pp adj présumé.

suspend /sə'spend/ vtr **to suspend sth from** suspendre qch à; [▸ services, match] interrompre; [▸ judgment] réserver; [▸ pupil] exclure [qn] temporairement; JUR **suspended sentence** condamnation avec sursis.

suspenders /sə'spendəz/ npl (for stockings)^{GB} jarretelles fpl; (braces)^{US} bretelles fpl.

suspense /sə'spens/ n suspense m; **to keep sb in suspense** laisser qn dans l'expectative.

suspense drama, **suspense thriller** n film m à suspense.

suspension /sə'spenʃn/ n (of meeting, trial) interruption f; (of talks, payments) suspension f; (of pupil) exclusion f temporaire.

suspension bridge n pont m suspendu.

suspicion /sə'spɪʃn/ n méfiance f; **to arouse suspicion** éveiller des soupçons; **above suspicion** à l'abri de tout soupçon.

suspicious /sə'spɪʃəs/ adj méfiant; [behaviour, activity] suspect, louche; **to be suspicious of** se méfier de; **to be suspicious that** soupçonner que.

sustain /sə'steɪn/ vtr [▸ war, policy] poursuivre; (morally) soutenir; [▸ injury] recevoir; [▸ loss] éprouver; [▸ damage] subir, essuyer; [▸ claim] faire droit à; [▸ objection] admettre; **objection sustained!** objection accordée!

sustainable /səs'teɪnəbl/ adj ÉCOL [▸ development] durable; [▸ resource] renouvelable; ÉCON [▸ growth] viable.

SUV /esu:'vi:/ n (abrév = **Sports Utility Vehicle**) SUV m.

SW n (abrév = **south-west**) SO m.

swagger /'swægə(r)/ vi se pavaner.

swallow /'swɒləʊ/ **I** n (bird) hirondelle f. **II** vtr avaler; [▸ pride, anger] ravaler. **III** vi avaler.

swam /swæm/ prét ▸ **swim II**.

swamp /swɒmp/ **I** n marais m, marécage m. **II** vtr inonder; **swamped with/by** submergé de.

swan /swɒn/ n cygne m.

swap© /swɒp/ **I** n échange m. **II** vtr (p prés etc **-pp-**) échanger.

swarm /swɔ:m/ **I** n essaim m. **II** vi [bees] essaimer; **to be swarming with** [▸ people] grouiller de.

sway /sweɪ/ **I** vtr influencer; **to sway one's body** se balancer. **II** vi osciller; [vessel, carriage] tanguer; (from weakness) chanceler.

Swaziland /'swɑ:zɪlænd/ pr n Swaziland m.

swear /sweə(r)/ (prét **swore**; pp **sworn**) **I** vtr jurer; **to swear an oath** prêter serment; **to be/get sworn at** se faire injurier. **II** vi jurer; **to swear at sb** pester contre qn.

swearword /'sweəwɜ:d/ n juron m, gros mot m.

sweat /swet/ **I** n sueur f. **II** ^{US} **sweats** npl survêtement m. **III** vi [person] suer; [hands, feet] transpirer.

sweater /'swetə(r)/ n pull m.

sweatshirt n sweatshirt m.

sweatshop /'swetʃɒp/ n atelier m (où on exploite le personnel).

sweaty /'swetɪ/ adj [palm] moite; [person] en sueur.

swede^{GB} /swi:d/ n (plant) rutabaga m.

Swede /swi:d/ n Suédois/-e m/f.

Sweden /'swi:dn/ pr n Suède f.

Swedish /'swi:dɪʃ/ **I** n LING suédois m; (people) **the Swedish** les Suédois mpl. **II** adj suédois.

sweep /swi:p/ **I** n coup m de balai; (movement) grand geste m; (for chimney) ramoneur m. **II** vtr (prét, pp **swept**) balayer; [▸ chimney] ramoner; **to sweep sb overboard** entraîner qn par-dessus bord; **to sweep through** [disease, crime] déferler sur. **III** vi (clean) balayer; [gaze] parcourir.

■ **sweep away to be swept away by** être emporté par.

sweeping /'swi:pɪŋ/ adj [change] radical; **sweeping statement** généralisation abusive; [movement, curve] large.

sweet /swi:t/ **I** n (candy)^{GB} bonbon m; (dessert) dessert m; (term of endearment)© ange m. **II** adj [tea] sucré; [potato, voice] doux/douce;

to have a sweet tooth aimer les sucreries; (kind) gentil/-ille; (cute) mignon/-onne, adorable.

sweet-and-sour adj aigre-doux/-douce.

sweet chestnut n (fruit) châtaigne m; (tree) châtaignier m.

sweetcorn /ˈswiːtkɔːn/ n maïs m.

sweeten /ˈswiːtn/ vtr sucrer.

sweetener /ˈswiːtnə(r)/ n édulcorant m.

sweetheart /ˈswiːthɑːt/ n petit ami, petite amie m/f; (term of endearment) chéri.

sweetness /ˈswiːtnɪs/ n douceur f.

sweet pea n pois m de senteur.

swell /swel/ I n houle f. II ©US adj chic inv; (great) formidable. III vtr (prét **swelled**; pp **swollen/swelled**) grossir, augmenter. IV vi (se) gonfler; [ankle] enfler; [river] grossir; (increase) s'accroître; [sound] monter.

swelling /ˈswelɪŋ/ n enflure f.

swelter© /ˈsweltə(r)/ vi étouffer de chaleur.

swept /swept/ prét, pp ▶ **sweep II, III**.

swerve /swɜːv/ vi faire un écart.

swift /swɪft/ I n (bird) martinet m. II adj rapide, prompt.

swim /swɪm/ I n baignade f. II vi (p prés **-mm-**; prét **swam**; pp **swum**) nager; [scene, room] tourner.

swimmer /ˈswɪmə(r)/ n nageur/-euse m/f.

swimming /ˈswɪmɪŋ/ I n natation f; **to go swimming** aller nager. II in compounds [contest, course] de natation; [cap, suit] de bain.

swimming pool n piscine f.

swimsuit /ˈswɪmsuːt/ n maillot m de bain.

swindle /ˈswɪndl/ I n escroquerie f. II vtr **to swindle sb out of sth** soutirer/escroquer qch à qn.

swing /swɪŋ/ I n (movement) oscillation f; (in public opinion) revirement m; (in playground) balançoire f; (rhythm) rythme m. II vtr (prét, pp **swung**) balancer; (move around) faire tourner; (cause to change) faire changer. III vi se balancer; [pendulum] osciller; **to swing around** se retourner (brusquement); **to swing at** (with fist) lancer un coup de poing à; **to swing from X to Y** passer de X à Y; [music] avoir du rythme; (be lively)© être branché©.

● **to be in full swing** battre son plein.

swipe /swaɪp/ I © vtr (steal) piquer©, voler; [▶ credit card] passer dans un lecteur de carte

magnétique. II vi **to swipe at** essayer de frapper.

swirl /swɜːl/ I n volute f. II vi tourbillonner.

Swiss /swɪs/ I n Suisse/-esse m/f. II adj suisse.

Swiss cheese n gruyère m, emmenthal m.

switch /swɪtʃ/ I n changement m; (for light) interrupteur m; (on appliance) bouton m. II vtr changer de; [▶ attention] reporter. III vi changer; (change scheduling) permuter.

■ **switch off** [▶ light] éteindre; [▶ supply] couper; **switch on** allumer; **switch over**GB TV changer de programme.

switchboard n standard m.

Switzerland /ˈswɪtsələnd/ pr n Suisse f.

swivel /ˈswɪvl/ I adj pivotant. II vtr (p prés etc **-ll-**GB, **-l-**US) faire pivoter; [▶ eyes, head] tourner. III vi pivoter.

swollen /ˈswəʊlən/ adj [ankle] enflé; [eyes] gonflé; [river] en crue.

swoop /swuːp/ I n descente f. II vi [bird, plane] piquer; **to swoop down on** fondre sur; [police] faire une descente.

swop /swɒp/ n, vtr ▶ **swap**.

sword /sɔːd/ n épée f.

swordfish /ˈsɔːdfɪʃ/ n espadon m.

swore /swɔː(r)/ prét ▶ **swear**.

sworn /swɔːn/ I pp ▶ **swear**. II adj [statement] fait sous serment; [enemy] juré.

swot©GB /swɒt/ I n bûcheur/-euse© m/f. II vi (p prés etc **-tt-**) bûcher©.

swum /swʌm/ pp ▶ **swim II**.

swung /swʌŋ/ prét, pp ▶ **swing II, III**.

swung dash n tilde m.

sycamore /ˈsɪkəmɔː(r)/ n sycomore m.

syllable /ˈsɪləbl/ n syllabe f; **in words of one syllable** en termes simples.

syllabus /ˈsɪləbəs/ n (pl **-buses/-bi**) UNIV, SCOL programme m.

symbol /ˈsɪmbl/ n symbole m.

symbolic(al) /sɪmˈbɒlɪk(l)/ adj symbolique.

symbolize /ˈsɪmbəlaɪz/ vtr symboliser.

symmetric(al) /sɪˈmetrɪk(l)/ adj symétrique.

symmetry /ˈsɪmətrɪ/ n symétrie f.

sympathetic /sɪmpəˈθetɪk/ adj compatissant, compréhensif/-ive.

systems disk

sympathize /ˈsɪmpəθaɪz/ vi compatir; *to sympathize with sb* plaindre qn; *to sympathize with sth* (bien) comprendre qch.

sympathizer /ˈsɪmpəθaɪzə(r)/ n sympathisant/-e m/f.

sympathy /ˈsɪmpəθɪ/ n compassion f; affinité f; *to be in sympathy with sb* être d'accord avec qn; *my deepest sympathies* mes sincères condoléances.

sympathy strike n grève f de solidarité.

symphony /ˈsɪmfənɪ/ n symphonie f.

symptom /ˈsɪmptəm/ n symptôme m.

synagogue /ˈsɪnəgɒg/ n synagogue f.

synchronize /ˈsɪŋkrənaɪz/ vtr synchroniser.

syndicate I /ˈsɪndɪkət/ n syndicat m; (of companies) consortium m; (of gangsters) association f; *drug(s) syndicate* cartel de la drogue. **II** /ˈsɪndɪkeɪt/ vtr *syndicated in 50 newspapers* publié simultanément dans 50 journaux; (sell)ᵁˢ distribuer [qch] sous licence.

syndrome /ˈsɪndrəʊm/ n syndrome m.

synonym /ˈsɪnənɪm/ n synonyme m (**of, for** de).

synonymous /sɪˈnɒnɪməs/ adj synonyme (**with** de).

synopsis /sɪˈnɒpsɪs/ n (pl **-ses**) résumé m.

syntax /ˈsɪntæks/ n syntaxe f.

synthesis /ˈsɪnθəsɪs/ n (pl **-ses**) synthèse f.

synthesize /ˈsɪnθəsaɪz/ vtr synthétiser; CHIMIE produire [qch] par synthèse.

synthesizer /ˈsɪnθəsaɪzə(r)/ n synthétiseur m.

synthetic /sɪnˈθetɪk/ n, adj synthétique (m).

Syria /ˈsɪrɪə/ pr n Syrie f.

syringe /sɪˈrɪndʒ/ n seringue f.

syrup /ˈsɪrəp/ n sirop m.

system /ˈsɪstəm/ n système m; *road system* réseau routier; *reproductive system* appareil reproducteur m; (order) méthode f; (equipment) installation f.

systematic /sɪstəˈmætɪk/ adj systématique; [approach] méthodique, rationnel/-elle.

systems disk n ORDINAT disque m système.

t

tab /tæb/ n (decorative) patte f; (on can) languette f; (for identification) étiquette f; (bill)US note f; ORDINAT tabulation f.
● **to keep tabs on sb**© tenir qn à l'œil©.

table /ˈteɪbl/ **I** n table f. **II** vtr présenter; US ajourner.

tablecloth n nappe f.

table football n SPORT baby-foot m inv.

table mat n set m de table; (under serving dish) dessous-de-plat m inv.

tablespoon n cuillerée f à soupe; (measure)GB = 18 ml/US = 15 ml.

tablet /ˈtæblɪt/ n comprimé m.

tablet PC n tablette f PC.

table tennis n SPORT tennis m de table, ping-pong® m.

tabloid /ˈtæblɔɪd/ n tabloïd(e)® m; **the tabloids** la presse populaire.

taboo /təˈbuː/ n, adj tabou (m).

tacit /ˈtæsɪt/ adj tacite.

tack /tæk/ **I** n clou m; (approach) tactique f. **II** vtr **to tack sth to** clouer qch à; (in sewing) bâtir. **III** vi [yacht] louvoyer.

tackle /ˈtækl/ **I** n (in soccer, hockey) tacle m; (in rugby, American football) plaquage m; (equipment) équipement m; (for fishing) articles mpl de pêche; (for lifting) palan m. **II** vtr s'attaquer à; (in soccer, hockey) tacler; (in rugby, American football) plaquer; [▸intruder] maîtriser.

tacky /ˈtækɪ/ adj collant; [object, behaviour] © vulgaire, ^{©US} kitsch inv.

tact /tækt/ n tact m.

tactful /ˈtæktfl/ adj plein de tact.

tactic /ˈtæktɪk/ n tactique f; **tactics** (sg) tactique f.

tactical /ˈtæktɪkl/ adj tactique.

tactical voting n vote m utile.

tactless /ˈtæktlɪs/ adj indélicat.

tadpole /ˈtædpəʊl/ n têtard m.

Tadzhikistan /tɑːˌdʒɪkɪˈstɑːn/ pr n Tadjikistan m.

tag /tæg/ **I** n étiquette f; JEUX (jeu m de) chat m. **II** vtr (p prés etc **-gg-**) [▸goods] étiqueter; [▸clothing, criminal] marquer.
■ **tag along** suivre.

tag question n LING queue f de phrase interrogative, tag© m.

tail /teɪl/ **I** n queue f. **II tails** npl habit m; (of coin) pile f. **III** © vtr suivre, prendre en filature.
■ **tail off** diminuer.

tailbackGB /ˈteɪlbæk/ n bouchon m, ralentissement m.

tailor /ˈteɪlə(r)/ **I** n tailleur m. **II** vtr confectionner; **to tailor sth to** adapter qch à. **III tailored** pp adj [garment] ajusté.

tailor-made /ˌteɪləˈmeɪd/ adj fait sur mesure.

taint /teɪnt/ vtr souiller; [▸air] polluer; [▸food] gâter; **tainted blood** du sang contaminé.

Taiwan /taɪˈwɑːn/ pr n Taiwan m.

take /teɪk/ **I** n CIN prise f (de vues); MUS enregistrement m. **II** vtr (prét **took**; pp **taken**) GÉN prendre; **to take sb sth** apporter qch à qn; [▸person] emmener; [▸prize] remporter; [▸job, cheque, etc] accepter; [activity, course of action] demander, exiger; **I take it that** je suppose que; [▸passengers, litres] pouvoir contenir; [▸course] suivre; [▸exam, test] passer; (in clothes) faire; **I take a size 5** (in shoes) je fais/chausse du 38. **III** vi prendre.
■ **take after** [▸parent] tenir de; **take apart** démonter; **take away** [▸object] enlever; [▸pain] supprimer; [▸number] soustraire; **take back** [▸goods] rapporter; [▸words] retirer; (accept again) reprendre; **take down** [▸picture] enlever; [▸tent] démonter; [▸name] noter; **take in** (deceive)© tromper; [▸person] recueillir; [▸developments] inclure; **take off** [plane] décoller; (leave hurriedly) filer©; [▸clothing] enlever; [▸lid] enlever; [▸show] annuler; **take on** s'énerver; [▸staff] embaucher; [▸opponent] se battre contre; **take out** [▸object] sortir; [▸money] retirer; **take over** [army] prendre le pouvoir; [person] prendre la suite; **to take over from** [▸predecessor] remplacer; [▸country] prendre le contrôle de; [▸business] reprendre; **take part in** prendre part, participer à; **take place** avoir lieu; **take to** [▸person] se prendre de sympathie pour; **to take to doing** se mettre à faire; **take up** [▸carpet] enlever; [▸golf] se mettre à; [▸story] reprendre; [▸challenge] relever.

takeaway^{GB} n repas m à emporter; *restaurant qui fait des plats à emporter.*

take-home pay n salaire m net.

take-off n AVIAT décollage m.

takeout^{US} adj [food] à emporter.

takeover n FIN rachat m; POL prise f de pouvoir; *takeover bid* offre f publique d'achat; *to make a takeover* lancer une OPA (**for** sur).

tale /teɪl/ n histoire f; (fantasy) conte m; (narrative, account) récit m.

talent /ˈtælənt/ n talent m.

talented /ˈtæləntɪd/ adj doué.

talk /tɔːk/ **I** n propos mpl; (conversation) conversation f, discussion f; *to have a talk with sb* parler à qn; (speech) exposé m. **II talks** npl négociations fpl; POL pourparlers mpl. **III** vtr parler; *to talk nonsense* raconter n'importe quoi; *to talk sb into/out of doing* persuader/dissuader qn de faire. **IV** vi parler; (gossip) bavarder.
∎ **talk back** répondre (avec insolence); **talk over** discuter de.

talker /ˈtɔːkə(r)/ n bavard.

tall /tɔːl/ adj [person] grand; [building, etc] haut; *he's six foot/feet tall* ≈ il mesure un mètre quatre-vingts; *to get/grow taller* grandir.
● **a tall story** une histoire à dormir debout.

tally /ˈtælɪ/ vi concorder.

tame /teɪm/ **I** adj [animal] apprivoisé; [reform] timide. **II** vtr apprivoiser; [▸lion, tiger] dompter.

tamper /ˈtæmpə(r)/ vi *to tamper with* [▸accounts] trafiquer.

tan /tæn/ **I** n bronzage m, hâle m; (colour) fauve m. **II** vtr, vi (p prés etc **-nn-**) bronzer; [▸animal hide] tanner.

tangent /ˈtændʒənt/ n tangente f.

tangerine /ˌtændʒəˈriːn/ n mandarine f.

tangle /ˈtæŋgl/ **I** n enchevêtrement m; (of clothes) fouillis m. **II** vi [hair, string] s'emmêler.

tango /ˈtæŋgəʊ/ n tango m.

tangy /ˈtæŋɪ/ adj acidulé.

tank /tæŋk/ n (for storage) réservoir m; (for water) citerne f; (for fish) aquarium m; MIL char m (de combat).

tanker /ˈtæŋkə(r)/ n NAUT navire-citerne m; (lorry) camion-citerne m.

tantalizing /ˈtæntəlaɪzɪŋ/ adj [suggestion] tentant; [smell] alléchant, qui fait envie.

tantamount /ˈtæntəmaʊnt/ adj *to be tantamount to* équivaloir à, être équivalent à.

tantrum /ˈtæntrəm/ n crise f (de colère); *to throw/have a tantrum* piquer une crise©.

Tanzania /ˌtænzəˈnɪə/ pr n Tanzanie f.

Taoiseach /ˈtiːʃəʊ/ pr n premier ministre de la République d'Irlande.

tap /tæp/ **I** n robinet m; *on tap* [beer] pression inv; (blow) petit coup m. **II** vtr, vi (p prés etc **-pp-**) taper (doucement), tapoter; [▸telephone] mettre [qch] sur écoute; [▸energy] exploiter; *to tap sb for money*© taper© qn.

tap dance n claquettes fpl.

tape /teɪp/ **I** n bande f (magnétique), cassette f; (of fabric) ruban m; (adhesive) scotch® m. **II** vtr enregistrer; *to tape sth to* [▸surface, door] coller qch à.

taper /ˈteɪpə(r)/ **I** n cierge m. **II** vi [sleeve] se resserrer; [column] s'effiler.
∎ **taper off** diminuer progressivement.

tape recorder n magnétophone m.

tapestry /ˈtæpəstrɪ/ n tapisserie f.

tar /tɑː(r)/ **I** n goudron m. **II** vtr (p prés etc **-rr-**) goudronner.

target /ˈtɑːgɪt/ **I** n cible f; (goal, objective) objectif m; *to meet one's target* atteindre son but. **II** vtr [▸weapon, missile] diriger; [▸city, site, factory] prendre [qch] pour cible; [▸group, sector] viser.

target group n groupe m cible.

tariff /ˈtærɪf/ n (price list) tarif m; (customs duty) droit m de douane.

tarmac /ˈtɑːmæk/ n macadam m; (of airfield)^{GB} piste f.

tarnish /ˈtɑːnɪʃ/ vtr ternir.

tarragon /ˈtærəgən/ n estragon m.

tart /tɑːt/ **I** n tarte f, tartelette f. **II** adj aigre.
∎ **tart up**^{©GB} [▸house, room] retaper©; **tart oneself up** se pomponner©.

tartan /ˈtɑːtn/ n, adj écossais (m).

tartar /ˈtɑːtə(r)/ n tartre m.

task /tɑːsk, tæsk^{US}/ **I** n tâche f. **II** vtr charger; *to task sb with sth* charger qn de qch.

task force n MIL corps m expéditionnaire; (committee) groupe m de travail.

Tasmania /tæzˈmeɪnɪə/ pr n Tasmanie f.

taste /teɪst/ **I** n goût m; *have a taste of this* goûte ça. **II** vtr sentir (le goût de); (try) goû-

ter (à); [▸failure, hardship] connaître. **III** vi **to
taste horrible** avoir mauvais goût.

● **there's no accounting for taste!** chacun ses goûts!

tasteful /ˈteɪstfl/ adj élégant.

tasteless /ˈteɪstlɪs/ adj [joke] de mauvais goût; [medicine] qui n'a aucun goût.

tasty /ˈteɪstɪ/ adj succulent.

tattered /ˈtætəd/ adj [book] en lambeaux; [person] déguenillé.

tattoo /təˈtuː, tæˈtuːUS/ **I** n tatouage m; MIL parade f militaire. **II** vtr tatouer.

tatty©GB /ˈtætɪ/ adj [appearance] négligé; [carpet, garment] miteux/-euse.

taught /tɔːt/ prét, pp ▶ **teach**.

taunt /tɔːnt/ **I** n raillerie f. **II** vtr railler.

Taurus /ˈtɔːrəs/ n Taureau m.

taut /tɔːt/ adj tendu.

tavern n auberge f.

tawny /ˈtɔːnɪ/ adj (colour) fauve.

tawny owl n chouette f hulotte.

tax /tæks/ **I** n taxe f; (on income) impôt m. **II** vtr imposer; [▸luxury goods] taxer.

tax break n réduction f d'impôt.

tax collector n percepteur m.

tax-deductible adj déductible des impôts.

tax exemption n exonération f d'impôt.

tax-free adj exempt d'impôt.

taxi /ˈtæksɪ/ **I** n taxi m. **II** vi [plane] rouler doucement.

taxman© /ˈtæksmæn/ n **the taxman** le fisc.

tax return n déclaration f de revenus.

TB n (abrév = **tuberculosis**).

tbsp n (abrév écrite = **tablespoon**).

tea /tiː/ n thé m; **tea plant** théier m; (meal for children) goûter m; (evening meal) dîner m.

● **it's not my cup of tea** ce n'est pas mon truc©.

tea bag n sachet m de thé.

tea breakGB n ≈ pause-café f.

teach /tiːtʃ/ (prét, pp **taught**) **I** vtr **to teach sb sth** apprendre, enseigner qch à qn; **to teach sb where/when/why** expliquer à qn où/quand/pourquoi. **II** vi enseigner.

teacher /ˈtiːtʃə(r)/ n (in general) enseignant/-e m/f; (secondary) professeur m; (primary) instituteur/-trice m/f.

teacher-training college n centre m de formation des enseignants.

teaching /ˈtiːtʃɪŋ/ **I** n enseignement m. **II** in compounds [career] d'enseignant; [method] pédagogique; [staff] enseignant.

teaching hospital n centre m hospitalier universitaire, CHU m.

teacup /ˈtiːkʌp/ n tasse f à thé.

teak /tiːk/ n teck m.

team /tiːm/ n équipe f; (of animals) attelage m.

team building n cohésion f d'équipe.

teamwork /ˈtiːmwɜːk/ n collaboration f, travail m d'équipe.

teapot /ˈtiːpɒt/ n théière f.

tear[1] /teə(r)/ **I** n accroc m, déchirure f. **II** vtr (prét **tore**; pp **torn**) déchirer; **to tear sth from/out of** arracher qch de; **to tear sth to pieces** mettre qch en morceaux, démolir; **torn between** tiraillé entre. **III** vi se déchirer.

■ **tear down** [▸wall] démolir; **tear off** or **tear off one's clothes** se déshabiller en toute hâte.

tear[2] /tɪə(r)/ n larme f; **to burst into tears** fondre en larmes.

tearful /ˈtɪəfl/ adj en larmes; [voice] larmoyant.

tease /tiːz/ vtr, vi taquiner.

tea shopGB n salon m de thé.

teaspoon n petite cuillère f.

teatime n l'heure f du thé.

tea towelGB n torchon m (à vaisselle).

technical /ˈteknɪkl/ adj technique; JUR [point] de procédure.

technical college n institut m d'enseignement technique.

technicality /teknɪˈkælətɪ/ n détail m technique; (minor detail) point m de détail; JUR vice m de forme.

technically /ˈteknɪklɪ/ adv techniquement; FIG théoriquement.

technician /tekˈnɪʃn/ n technicien/-ienne m/f.

technique /tekˈniːk/ n technique f.

technological /teknəˈlɒdʒɪkl/ adj technologique.

technology /tekˈnɒlədʒɪ/ n technologie f.

teddy /ˈtedɪ/ n **teddy (bear)** nounours m.

tedious /ˈtiːdɪəs/ adj ennuyeux/-euse.

teem /tiːm/ **I** vi **to teem with** [▸people] grouiller de. **II** v impers pleuvoir des cordes.

teen© /tiːn/ *adj* pour les jeunes.

teenage /ˈtiːneɪdʒ/ *adj* adolescent; [fashion, problem] des adolescents.

teenager /ˈtiːneɪdʒə(r)/ *n* jeune *mf*, adolescent/-e *m/f*.

tee-shirt /ˈtiːʃɜːt/ *n* tee-shirt *m*, T-shirt.

TEFL /ˈtefl/ *n* (*abrév* = **Teaching of English as a Foreign Language**) enseignement *m* de l'anglais langue étrangère.

teeter /ˈtiːtə(r)/ *vi* vaciller.

teeth /tiːθ/ *npl* ▶ **tooth**.

tel *n* (*abrév écrite* = **telephone**) tél.

telebanking /ˈtelɪbæŋkɪŋ/ *n* services *mpl* bancaires par téléphone.

teleconference /ˈtelɪkɒnfərəns/ *n* téléconférence *f*.

telegram /ˈtelɪɡræm/ *n* télégramme *m*.

telegraph /ˈtelɪɡrɑːf, -ɡræf^{US}/ **I** *n* télégraphe *m*. **II** *vtr* télégraphier.

telephone /ˈtelɪfəʊn/ **I** *n* téléphone *m*; **to be on the telephone** avoir le téléphone; (*talking*) être au téléphone. **II** *in compounds* téléphonique. **III** *vtr, vi* téléphoner à, appeler.

telephone book, **telephone directory** *n* annuaire *m* (du téléphone).

teleprocessing *n* télétraitement *m*.

telescope /ˈtelɪskəʊp/ *n* télescope *m*.

teleshopping *n* téléachat *m*.

televise /ˈtelɪvaɪz/ *vtr* téléviser.

television /ˈtelɪvɪʒn, -ˈvɪʒn/ *n* télévision *f*; (*set*) téléviseur *m*.

television licence *n* redevance *f* télévisuelle.

television programme *n* émission *f* de télévision.

tell /tel/ (*prét*, *pp* **told**) **I** *vtr* dire; **to tell sb about/of sth** parler de qch à qn; [▶joke, story] raconter; [▶future] prédire; [▶difference] voir, distinguer. **II** *vi* dire, répéter; **to tell of** témoigner de; **as/so far as I can tell** pour autant que je sache. **III** *v refl* **to tell oneself (that)** se dire (que).
● **you tell me!** je n'en sais rien!, à ton avis ?; **to tell it like it is** parler net, dire les choses franchement.
■ **tell off** réprimander; **tell on** dénoncer.

teller /ˈtelə(r)/ *n* caissier/-ière *m/f*.

telling /ˈtelɪŋ/ *adj* [argument] efficace; [omission] révélateur/-trice.

tell-tale /ˈtelteɪl/ **I** ^{GB} *n* rapporteur/-euse *m/f*. **II** *adj* révélateur/-trice.

telly^{©GB} /ˈtelɪ/ *n* télé© *f*.

temp^{©GB} /temp/ **I** *n* intérimaire *mf*. **II** *in compounds* [▶agency] d'intérim. **III** *vi* travailler comme intérimaire.

temper /ˈtempə(r)/ **I** *n* humeur *f*; **to lose one's temper** se mettre en colère; (*nature*) caractère *m*. **II** *vtr* tempérer.

temperament /ˈtemprəmənt/ *n* tempérament *m*.

temperate /ˈtempərət/ *adj* tempéré.

temperature /ˈtemprətʃə(r), ˈtempərtʃʊər^{US}/ *n* température *f*; **to have a temperature** avoir de la fièvre.

tempest /ˈtempɪst/ *n* tempête *f*.

temping /ˈtempɪŋ/ *n* intérim *m*.

template /ˈtempleɪt/ *n* gabarit *m*; ORDINAT modèle *m*.

temple /ˈtempl/ *n* temple *m*; (*part of face*) tempe *f*.

temporal /ˈtempərəl/ *adj* temporel/-elle.

temporary /ˈtemprərɪ, -pərerɪ^{US}/ *adj* temporaire, provisoire; [manager] intérimaire.

tempt /tempt/ *vtr* tenter.

temptation /tempˈteɪʃn/ *n* tentation *f*.

tempting /ˈtemptɪŋ/ *adj* tentant.

ten /ten/ *n*, *adj* dix *(m)*.

tenacious /tɪˈneɪʃəs/ *adj* tenace.

tenacity /tɪˈnæsətɪ/ *n* ténacité *f*.

tenancy /ˈtenənsɪ/ *n* location *f*.

tenancy agreement *n* bail *m*.

tenant /ˈtenənt/ *n* locataire *mf*.

tend /tend/ **I** *vtr* soigner; [▶guests] s'occuper de. **II** *vi* **to tend to do** avoir tendance à faire.

tendency /ˈtendənsɪ/ *n* tendance *f*.

tender /ˈtendə(r)/ **I** *n* soumission *f*; **to invite tenders** faire un appel d'offres; **legal tender** monnaie légale. **II** *adj* tendre; [bruise, skin] sensible. **III** *vtr* offrir; [▶apology, fare] présenter; [▶resignation] donner. **IV** *vi* soumissionner.

tenet /ˈtenɪt/ *n* principe *m*.

tenner^{©GB} /ˈtenə(r)/ *n* billet *m* de dix livres.

tennis /ˈtenɪs/ *n* tennis *m*.

tenor /ˈtenə(r)/ *n* MUS ténor *m*; (*of speech*) teneur *f*.

tense /tens/ **I** *n* LING temps *m*. **II** *adj* tendu. **III** *vtr* [▸muscle] tendre; *to tense oneself* se raidir.

tension /ˈtenʃn/ *n* tension *f*.

tent /tent/ *n* tente *f*.

tentacle /ˈtentəkl/ *n* tentacule *m*.

tentative /ˈtentətɪv/ *adj* [movement] hésitant; [conclusion, offer] provisoire.

tenterhooks /ˈtentəhʊks/ *npl*.
● *to be on tenterhooks* être sur des charbons ardents.

tenth /tenθ/ *n, adj, adv* dixième (*mf*).

tenuous /ˈtenjʊəs/ *adj* ténu.

tenure /ˈtenjʊə(r), tenjərUS/ *n* ≈ bail *m*; UNIV *to have tenure* être titulaire.

tepid /ˈtepɪd/ *adj* tiède.

term /tɜːm/ **I** *n* période *f*, terme *m*; SCOL, UNIV trimestre *m*; (word, phrase) terme *m*; *term of abuse* injure *f*. **II terms** *npl* termes *mpl*; COMM conditions *fpl* de paiement; *to come to terms with* [▸failure] accepter. **III in terms of** *prep phr* du point de vue de, sur le plan de.

terminal /ˈtɜːmɪnl/ *n* terminus *m*; AVIAT aérogare *f*; ORDINAT terminal *m*.

terminal ward *n* MÉD unité *f* de soins palliatifs.

terminate /ˈtɜːmɪneɪt/ **I** *vtr* mettre fin à. **II** *vi* se terminer; [road] s'arrêter.

terminology /ˌtɜːmɪˈnɒlədʒɪ/ *n* terminologie *f*.

terminusGB /ˈtɜːmɪnəs/ *n* (*pl* **-ni /-nuses**) terminus *m*.

termtime /ˈtɜːmtaɪm/ *n during/in termtime* durant le trimestre.

terrace /ˈterəs/ **I** *n* terrasse *f*; GB *alignement de maisons identiques et contiguës*. **II** GB **terraces** *npl* (in stadium) gradins *mpl*.

terracotta /ˌterəˈkɒtə/ *n* terre *f* cuite.

terrain /teˈreɪn/ *n* terrain *m*.

terrible /ˈterəbl/ *adj* épouvantable, terrible; *terrible at sth* nul en qch.

terribly /ˈterəblɪ/ *adv* extrêmement, très.

terrific /təˈrɪfɪk/ *adj* épouvantable, terrible; (wonderful) ☺ formidable.

terrify /ˈterɪfaɪ/ *vtr* terrifier.

terrifying /ˈterɪfaɪɪŋ/ *adj* terrifiant.

territorial /ˌterəˈtɔːrɪəl/ *adj* territorial.

territory /ˈterətrɪ, ˈterɪtɔːrɪUS/ *n* territoire *m*.

terror /ˈterə(r)/ *n* terreur *f*.

terrorism /ˈterərɪzəm/ *n* terrorisme *m*.

terrorist /ˈterərɪst/ *n, adj* terroriste (*mf*).

terrorize /ˈterəraɪz/ *vtr* terroriser.

terse /tɜːs/ *adj* succinct.

test /test/ **I** *n* épreuve *f*, test *m*; SCOL (written) contrôle *m*; (oral) épreuve *f* orale; COMM essai *m*; (of blood) analyse *f*. **II** *vtr* évaluer; [▸pupils] interroger; (at exam time) faire un contrôle (en); PSYCH tester; COMM, TECH essayer; *to be tested for Aids* faire subir un test de dépistage du sida; [▸patience] mettre [qch] à l'épreuve.

testament /ˈtestəmənt/ *n* testament *m*; *the Old/the New Testament* l'Ancien/le Nouveau Testament.

test ban *n* interdiction *f* des essais nucléaires.

tester /ˈtestə(r)/ *n* juge *m*; (sample) échantillon *m*.

testicle /ˈtestɪkl/ *n* testicule *m*.

testify /ˈtestɪfaɪ/ **I** *vtr to testify (that)* témoigner (que). **II** *vi to testify to* attester, témoigner de.

testimony /ˈtestɪmənɪ, -məʊnɪUS/ *n* témoignage *m*; JUR déposition *f*.

testing /ˈtestɪŋ/ *adj* éprouvant.

test tube *n* éprouvette *f*.

tether /ˈteðə(r)/ *vtr* attacher.
● *to be at the end of one's tether* être au bout du rouleau☺.

text /tekst/ **I** *n* (printed) texte *m* (**by** de); TÉLÉCOM SMS *m*. **II** *vtr* [▸person] envoyer un SMS à.

textbook /ˈtekstbʊk/ *n* manuel *m*.

textile /ˈtekstaɪl/ *n, adj* textile (*m*).

text message *n* (on mobile) SMS *m*.

text processing *n* ORDINAT traitement *m* de texte.

texture /ˈtekstʃə(r)/ *n* texture *f*.

Thai /taɪ/ **I** *n* (person) Thaïlandais/-e *m/f*; LING Thaï *m*. **II** *adj* thaïlandais/-e.

Thailand /ˈtaɪlænd/ *pr n* Thaïlande *f*.

Thames /temz/ *pr n the (river) Thames* la Tamise.

than /ðæn, ðən/ *conj* que; *thinner than him* plus mince que lui; (+ quantity, degree, value) de; *more than half* plus de la moitié.

thank /θæŋk/ *vtr* remercier; *thank God!*, *thank goodness/heavens!* Dieu merci!

thankful /ˈθæŋkfl/ *adj* reconnaissant.

thanks /θæŋks/ **I** *npl* remerciements *mpl*. **II thanks to** *prep phr* grâce à. **III** ⊚ *excl* merci!; *thanks a lot* merci beaucoup; *no thanks* non merci.

Thanksgiving (Day)ᵁˢ *n* jour *m* d'Action de Grâces (*aux États-Unis, le quatrième jeudi de novembre commémore l'installation au XVIIᵉ siècle des premiers colons*).

thank you /ˈθæŋkjuː/ **I** *n* merci *m*; *to say thank you to sb* dire merci à qn. **II** *excl* merci!; *thank you very much* merci beaucoup.

that I /ðæt, ðət/ *det* (*pl* **those**) ce/cet/cette/ ces. **II** /ðæt/ *dem pron* (*pl* **those**) celui-/ celle-/ceux-/celles-là; (the thing or person observed or mentioned) cela, ça, ce; *what's that?* qu'est-ce que c'est que ça?; *who's that?* qui est-ce?; (before relative pronoun) *those who...* ceux qui... **III** /ðət/ *rel pron* (subject) qui; (object) que; (with preposition) lequel/laquelle/lesquels/lesquelles; *the day that she arrived* le jour où elle est arrivée. **IV** /ðət/ *conj* que. **V** /ðæt/ *adv* *it's about that thick* c'est à peu près épais comme ça.
● *that is (to say)...* c'est-à-dire...; *that's it!* (that's right) c'est ça!; (that's enough) ça suffit!

thatch /θætʃ/ *n* chaume *m*.

thaw /θɔː/ **I** *n* dégel *m*. **II** *vtr* [▸ice] faire fondre; [▸frozen food] décongeler. **III** *vi* [snow] fondre; [frozen food] dégeler; [relations] se détendre.

the /ðɪ, ðə, ðiː/ *det* le/la/l'/les; *the sooner the better* le plus tôt sera le mieux; *the fastest train* le train le plus rapide.

theatre, theaterᵁˢ /ˈθɪətə(r)/ *n* théâtre *m*; ᵁˢ cinéma *m*.

theatregoer /ˈθɪətəgəʊə(r)/ *n* amateur/- trice *m/f* de théâtre.

theatrical /θɪˈætrɪkl/ *adj* théâtral.

theft /θeft/ *n* vol *m*.

their /ðeə(r)/ *det* leur/leurs.

theirs /ðeəz/ *pron* le/la/leur; *my car is red but theirs is blue* ma voiture est rouge mais la leur est bleue; *the green hats are theirs* les chapeaux verts sont à eux/elles.

them /ðem, ðəm/ *pron* se/s'; (emphatic) eux- mêmes/elles-mêmes; (after preposition) eux/ elles, eux-mêmes/elles-mêmes; *(all) by them* tous seuls/toutes seules.

theme /θiːm/ *n* GÉN, MUS thème *m*; RADIO, TV indicatif *m*.

theme park *n* parc *m* de loisirs (à thème).

then /ðen/ *adv* alors, à ce moment-là; (afterwards, next) puis, ensuite; (summarizing) donc; (in addition) puis... aussi.

theology /θɪˈɒlədʒɪ/ *n* théologie *f*.

theorem /ˈθɪərəm/ *n* théorème *m*.

theoretical /θɪəˈretɪkl/ *adj* théorique.

theoretically /θɪəˈretɪklɪ/ *adv* théoriquement.

theory /ˈθɪərɪ/ *n* théorie *f*.

therapeutic /θerəˈpjuːtɪk/ *adj* thérapeutique.

therapist /ˈθerəpɪst/ *n* thérapeute *mf*.

therapy /ˈθerəpɪ/ *n* thérapie *f*.

there /ðeə(r)/ **I** *pron* (impersonal subject) il; *there is/are* il y a. **II** *adv* là; *go over there* va là-bas; *there you are* vous voilà. **III** *excl* *there there!* (soothingly) allez! allez!

thereabouts /ðeərəbaʊts/, **thereabout**ᵁˢ /ˈðeərəbaʊt/ *adv* par là, environ.

thereafter /ðeərˈɑːftə(r)/ *adv* par la suite.

thereby /ðeəˈbaɪ, ˈðeə-/ *adv* ainsi.

therefore /ˈðeəfɔː(r)/ *adv* donc.

therein /ðeərˈɪn/ *adv* *contained therein* ci- inclus.

there'll /ðeəl/ = **there will**.

there's /ðeəz/ = **there is**, = **there has**.

thereupon /ðeərəˈpɒn/ *adv* SOUT sur ce.

thermal /ˈθɜːml/ *adj* thermique; [spring] thermal.

thermometer /θəˈmɒmɪtə(r)/ *n* thermo- mètre *m*.

thermos flask *n* bouteille *f* thermos®, thermos® *m*.

thesaurus /θɪˈsɔːrəs/ *n* (*pl* **-ri** /**-ruses**) dictionnaire *m* analogique.

these /ðiːz/ *pl* ▸ **this**.

thesis /ˈθiːsɪs/ *n* (*pl* **theses**) thèse *f*.

they /ðeɪ/ *pron* ils, elles.

they'd /ðeɪd/ = **they had**, = **they would**.

they'll /ðeɪl/ = **they will**.

they're /ðeə(r)/ = **they are**.

they've /ðeɪv/ = they have.

thick /θɪk/ adj épais/épaisse; *to be 6-cm thick* faire 6 cm d'épaisseur; (stupid) ☺ bête.

● **to be in the thick of** être au beau milieu de.

thicken /ˈθɪkən/ vtr, vi (s')épaissir.

thicket /ˈθɪkɪt/ n fourré m.

thick-skinned /θɪkˈskɪnd/ adj blindé☺, endurci.

thief /θiːf/ n (pl **thieves**) voleur/-euse m/f.

thigh /θaɪ/ n cuisse f.

thin /θɪn/ I adj mince; [line, paper] fin; [soup, sauce] clair; [air] raréfié. II vtr (p prés etc **-nn-**) [▸ paint] diluer. III **thinning** pres p adj [hair, crowd] clairsemé.

thing /θɪŋ/ I n chose f, truc☺ m; *the best thing (to do) would be…* le mieux serait de…; *it's a good thing you came* heureusement que tu es venu. II **things** npl affaires, choses fpl; *how are things going?* comment ça va?; *all things considered* tout compte fait.

● **it's not the done thing** ça ne se fait pas; **to make a big thing (out) of it**☺ en faire toute une histoire.

think /θɪŋk/ vtr (prét, pp **thought**) I croire; *I think it's going to rain* j'ai l'impression qu'il va pleuvoir; (imagine) imaginer, croire; *I can't think how/why* je n'ai aucune idée comment/pourquoi; (have thought, idea) penser; *to think a lot of* penser beaucoup de bien de; *to think where* se rappeler où. II vi penser; (before acting or speaking) réfléchir; (take into account) *to think about/of sb/sth* penser à qn/qch; *to think of sb as* considérer qn comme; (have in mind) *to think of doing* envisager de faire; (tolerate idea) (tjrs nég) *I couldn't think of letting you pay* il n'est pas question que je te laisse payer.

■ **think over** réfléchir à; **think up** inventer.

thinker /ˈθɪŋkə(r)/ n penseur/-euse m/f.

thinking /ˈθɪŋkɪŋ/ n réflexion f, pensée f; *to my way of thinking* à mon avis.

think-tank /ˈθɪŋktæŋk/ n groupe m de réflexion.

thin-skinned /θɪnˈskɪnd/ adj susceptible.

third /θɜːd/ I n troisième mf; (of month) trois m inv; (fraction) tiers m. II adj troisième. III adv [come, finish] troisième; (in list) troisièmement.

thirdly /ˈθɜːdlɪ/ adv troisièmement.

third party n (in insurance, law) tiers m.

Third World I n tiers-monde m. II in compounds [▸ country, debt] du tiers-monde.

thirst /θɜːst/ n soif f.

thirsty /ˈθɜːstɪ/ adj assoiffé; *to be thirsty* avoir soif.

thirteen /θɜːˈtiːn/ n, adj treize (m) inv.

thirteenth /θɜːˈtiːnθ/ n, adj, adv treizième (mf).

thirtieth /ˈθɜːtɪəθ/ n, adj, adv trentième (mf).

thirty /ˈθɜːtɪ/ n, adj trente (m) inv.

this /ðɪs/ I det (pl **these**) ce/cet/cette/ces; *this paper, this man* ce papier, cet homme. II pron ce, ça; *what's this?* qu'est-ce que c'est?; *who's this?* qui est-ce? III adv *this big* grand comme ça; *this far* jusque-là.

thistle /ˈθɪsl/ n chardon m.

thorn /θɔːn/ n épine f.

thorny /ˈθɔːnɪ/ adj épineux/-euse.

thorough /ˈθʌrə, ˈθʌrəʊUS/ adj approfondi; [search, work] minutieux/-ieuse.

thoroughbred /ˈθʌrəbred/ n pur-sang m inv.

thoroughfare /ˈθʌrəfeə(r)/ n rue f.

thoroughly /ˈθʌrəlɪ, ˈθʌrəʊlɪUS/ adv à fond; tout à fait, complètement.

those /ðəʊz/ pl ▸ **that**.

though /ðəʊ/ I conj bien que (+ subj). II adv quand même, pourtant.

thought /θɔːt/ I prét, pp ▸ **think**. II n idée f, pensée f.

thoughtful /ˈθɔːtfl/ adj pensif/-ive; [person, gesture] prévenant; [letter, gift] gentil/-ille.

thoughtless /ˈθɔːtlɪs/ adj irréfléchi.

thousand /ˈθaʊznd/ I n, adj mille (m) inv. II **thousands** npl milliers mpl.

thrash /θræʃ/ vtr rouer [qn] de coups; SPORT ☺ écraser.

■ **thrash out** [▸ problem] venir à bout de; [▸ plan] réussir à élaborer.

thrashing /ˈθræʃɪŋ/ n raclée f.

thread /θred/ I n fil m. II vtr enfiler; FIG se faufiler (entre).

threadbare /ˈθredbeə(r)/ adj LIT, FIG usé jusqu'à la corde.

threat /θret/ n menace f.

threaten /ˈθretn/ vtr, vi menacer.

threatening /ˈθretnɪŋ/ adj menaçant; [letter] de menaces.

ticket holder

three /θriː/ *n, adj* trois *(m)*.

three-D /ˈθriːdiː/ *n, adj* **in three-D** en trois dimensions.

threshold /ˈθreʃəʊld, -həʊld/ *n* seuil *m*.

threw /θruː/ *prét* ▶ **throw II, III, IV**.

thrift /θrɪft/ *n* économie *f*.

thrift shop *n* boutique *f* d'articles d'occasion (*dont les bénéfices sont versés à des œuvres*).

thrill /θrɪl/ **I** *n* frisson *m*; (pleasure) plaisir *m*. **II** *vtr* transporter [qn] (de); [▶readers] passionner. **III thrilled** *pp adj* ravi; *thrilled with* enchanté de.

thriller /ˈθrɪlə(r)/ *n* thriller *m*.

thrilling /ˈθrɪlɪŋ/ *adj* palpitant, exaltant.

thrive /θraɪv/ *vi* (*prét* **thrived/throve**; *pp* **thrived**) [person, virus] se développer; [plant] pousser bien; [business] prospérer.

thriving /ˈθraɪvɪŋ/ *adj* en bonne santé; [business] florissant.

throat /θrəʊt/ *n* gorge *f*.

throb /θrɒb/ *vi* (*p prés etc* **-bb-**) [heart] battre; [motor] vibrer; [music] résonner; *throbbing with life* fourmillant d'activité.

throes /θrəʊz/ *npl* **death throes** agonie *f*; *to be in the throes of sth/of doing* être au beau milieu de qch/de faire.

throne /θrəʊn/ *n* trône *m*.

throng /θrɒŋ, θrɔːŋ^US/ **I** *n* foule *f*. **II** *vtr* [▶street, square, town] envahir.

throttle /ˈθrɒtl/ **I** *n* accélérateur *m*; *at full throttle* à toute vitesse. **II** *vtr* étrangler.

through /θruː/ **I** *prep* à travers, par; (because of) par, pour cause de; (up to and including) jusqu'à. **II** *adj* (finished)^© fini; *we're through* c'est fini entre nous; [train] direct; *no through road* voie sans issue; *through traffic* autres directions. **III** *adv* à travers; *to let sb through* laisser passer qn; (from beginning to end) jusqu'au bout.

throughout /θruːˈaʊt/ **I** *prep* (everywhere) partout (en); (for the duration of) tout au long de. **II** *adv* partout; (the whole time) tout le temps.

throughput /ˈθruːpʊt/ *n* ORDINAT débit *m*, capacité *f* de traitement; IND [▶of machinery] débit *m*.

throughway /ˈθruːweɪ/, **thruway**^US *n* TRANSP voie *f* rapide, voie express.

throw /θrəʊ/ **I** *n* (of discus) lancer *m*; (in football) touche *f*. **II** *vtr* (*prét* **threw**; *pp* **thrown**) lancer; [▶glance, look] jeter; [▶kiss] envoyer; [▶image] projeter; (have) *to throw^© a fit/a party* faire sa crise^©/une fête. **III** *vi* lancer. **IV** *v refl* se jeter (dans).

■ **throw away** gâcher, gaspiller; **throw out** [▶rubbish] jeter; [▶person] expulser; [▶decision] rejeter; [▶bill] repousser; **throw up** vomir.

throwaway /ˈθrəʊəweɪ/ *adj* (discardable) [▶goods, packaging] jetable; (wasteful) [▶society] de consommation; (casual) [▶remark] désinvolte.

thru^©US /θruː/ *prep* **Monday thru Friday** de lundi à vendredi.

thrush /θrʌʃ/ *n* grive *f*.

thrust /θrʌst/ **I** *n* poussée *f*; (of sword) coup *m*; (of argument, essay) portée *f*. **II** *vtr* (*prét, pp* **thrust**) enfoncer. **III** *v refl* **to thrust oneself forward** se mettre en avant.

thud /θʌd/ *n* bruit *m* sourd.

thug /θʌg/ *n* voyou *m*, casseur *m*.

thumb /θʌm/ **I** *n* pouce *m*. **II** *vtr* **thumb (through)** [▶book] feuilleter; *to thumb^© a lift/a ride* faire du stop^©.

thumb index *n* répertoire *m* à onglets.

thump /θʌmp/ **I** *n* (grand) coup *m*. **II** *vtr* taper sur. **III** *vi* [heart] battre violemment; [music] résonner.

thumping /ˈθʌmpɪŋ/ *adj* énorme.

thunder /ˈθʌndə(r)/ **I** *n* tonnerre *m*; (noise) fracas *m*. **II** *vtr* hurler. **III** *vi* tonner. **IV** *v impers* *it's thundering* il tonne.

thunderbolt *n* foudre *f*.

thunderstorm *n* orage *m*.

Thurs (*abrév écrite* = **Thursday**).

Thursday /ˈθɜːzdeɪ, -dɪ/ *pr n* jeudi *m*.

thus /ðʌs/ *adv* ainsi; *thus far* jusqu'à présent.

thwart /θwɔːt/ *vtr* contrecarrer, contrarier.

thyme /taɪm/ *n* thym *m*.

tick /tɪk/ **I** *n* tic-tac *m inv*; (mark on paper)^GB coche *f*; (insect) tique *f*. **II**^GB *vtr* [▶box, answer] cocher. **III** *vi* [bomb, clock, watch] faire tic-tac.

■ **tick off**^©GB réprimander; ^US embêter.

ticket /ˈtɪkɪt/ *n* billet *m*; (for bus) ticket *m*; (label) étiquette *f*; (fine) ^© PV^© *m*.

ticket holder *n* personne *f* munie d'un billet.

ticket inspector n contrôleur m.

ticking-off© /ˌtɪkɪŋˈɒf/ n *to give sb a tick-ing-off*GB passer un savon à qn©, réprimander qn.

tickle /ˈtɪkl/ vtr, vi chatouiller; [wool, garment] gratter.

ticklish /ˈtɪklɪʃ/ adj [person] chatouilleux/-euse; [problem] épineux/-euse.

tidal /ˈtaɪdl/ adj [current] de marée.

tidal wave n raz-de-marée m inv.

tidbitUS /ˈtɪdbɪt/ n cancan m; (food) gâterie f.

tiddlywinks /ˈtɪdlɪwɪŋks/ n jeu m de puce.

tide /taɪd/ n marée f; FIG vague f; (of events) cours m.

tide table n annuaire m des marées.

tidy /ˈtaɪdɪ/ **I** adj bien rangé; [garden, work] soigné. **II** vtr, vi ▶ **tidy up**.
■ **tidy up** faire du rangement; [▶house] ranger; [▶finances] mettre de l'ordre dans; [▶hair] arranger.

tie /taɪ/ **I** n cravate f; (bond) (gén pl) lien m, attache f; (constraint) contrainte f; SPORT, POL égalité f. **II** vtr (p prés **tying**) nouer; [▶laces] attacher; *to tie sth to sth* associer qch à qch. **III** vi s'attacher; SPORT faire match nul; (in race) être ex aequo.
■ **tie down** bloquer, coincer; **tie in with** être lié à; **tie up** [▶prisoner] ligoter; [▶details] régler; *to be tied up* être (très) pris.

tier /tɪə(r)/ n (of cake) étage m; (of organization) niveau m.

tiger /ˈtaɪɡə(r)/ n tigre m.

tight /taɪt/ **I** GB **tights** npl collant m. **II** adj serré; [rope, string] tendu; [space] étroit; [security, deadline] strict. **III** adv fermement.
● *a tight corner* une situation difficile.

tighten /ˈtaɪtn/ **I** vtr serrer; [▶spring] tendre; [▶security] renforcer; [▶policy] durcir. **II** vi [muscle] se contracter; [controls] se durcir.
● *to tighten one's belt* se serrer la ceinture.

tightly /ˈtaɪtlɪ/ adv [grasp, hold] fermement; [tied, fastened] bien.

tightrope n corde f raide.

tile /taɪl/ **I** n tuile f; (for floor, wall) carreau m. **II** vtr [▶roof] poser des tuiles sur; [▶floor] carreler.

till[1] /tɪl/ ▶ **until**.

till[2] /tɪl/ n caisse f.

till receipt n ticket m (de caisse).

tilt /tɪlt/ vtr pencher; [▶head] incliner.

timber /ˈtɪmbə(r)/ n bois m (de construction); (beam) poutre f.

time /taɪm/ **I** n temps m; *flight/journey time* durée du vol/voyage; *a long time ago* il y a longtemps; *within the agreed time* dans les délais convenus; (hour of the day, night) heure f; *what time is it?* quelle heure est-il?; *the time is 11 o'clock* il est 11 heures; *on time* à l'heure; (era, epoch) époque f; (moment) moment m; *at the right time* au bon moment; *for the time being* pour l'instant; *at the same time* à la fois, en même temps; (occasion) fois f; *three at a time* trois à la fois; *from time to time* de temps en temps; *we had a good time* on s'est bien amusé; MUS mesure f; SPORT temps m; *to keep time* chronométrer; MATH *three times four* trois fois quatre. **II** vtr prévoir, fixer; [▶blow, shot] calculer; [▶athlete, cyclist] chronométrer. **III** v refl *to time oneself* se chronométrer.
● *all in good time* chaque chose en son temps; *long time no see!*© ça fait un bail© (qu'on ne s'est pas vu!)

time-consuming adj prenant.

time difference n décalage m horaire.

time lag n décalage m.

timeless /ˈtaɪmlɪs/ adj éternel/-elle.

time limit n délai m.

timely /ˈtaɪmlɪ/ adj opportun.

time off /taɪm ˈɒf/ n temps m libre.

timer /ˈtaɪmə(r)/ n minuteur m.

timesaver /ˈtaɪmseɪvə(r)/ n qui fait gagner du temps.

time-sharing /ˈtaɪmʃeərɪŋ/ n ORDINAT travail m en temps partagé; (tourism) multipropriété f.

time sheet n feuille f de présence.

time slot n TÉLÉCOM créneau m horaire.

timetable /ˈtaɪmteɪbl/ n emploi m du temps; calendrier m; (for buses) horaire m.

time trial n SPORT épreuve f de sélection.

time zone n fuseau m horaire.

timid /ˈtɪmɪd/ adj timide; [animal] craintif/-ive.

timing /ˈtaɪmɪŋ/ *n* **the timing of** le moment choisi pour; (coordination) minutage *m*.

timpani /ˈtɪmpənɪ/ *npl* timbales *fpl*.

tin /tɪn/ **I** *n* étain *m*; (can)GB boîte *f* (de conserve); (for paint) pot *m*; (for baking) moule *m*. **II tinned**GB *pp adj* [fruit] en boîte.

tin foilGB /ˈtɪnfɔɪl/ *n* papier *m* (d')aluminium.

tinge /tɪndʒ/ **I** *n* nuance *f*. **II** *vtr* teinter.

tingle /ˈtɪŋgl/ *vi* picoter.

tinker /ˈtɪŋkə(r)/ *vi* **to tinker with** [▸ car, etc] bricoler.

tinkle /ˈtɪŋkl/ *vi* tinter.

tinsel /ˈtɪnsl/ *n* guirlandes *fpl*.

tint /tɪnt/ **I** *n* nuance, *f* teinte *f*; (hair colour) shampooing *m* colorant; **II** *vtr* teinter. **III tinted** *pp adj* [colour] teinté; [glass] fumé.

tiny /ˈtaɪnɪ/ *adj* tout petit.

tip /tɪp/ **I** *n* (of finger, nose, etc) bout *m*; (of branch, leaf, etc) extrémité *f*; (dump)GB décharge *f*; (gratuity) pourboire *m*; (practical hint) truc© *m*, conseil *m*; (in betting) tuyau© *m*. **II** *vtr* (*p prés etc* -**pp**-) incliner; (pour)GB verser; [▸ waste] déverser; [▸ waiter, driver] donner un pourboire à. **III** *vi* s'incliner; [balance, scales] pencher.
■ **tip off** avertir.

tip-off *n* information *f*, tuyau© *m*.

tiptoe /ˈtɪptəʊ/ *n* **on tiptoe** sur la pointe des pieds.

tip-top© /ˈtɪpˈtɒp/ *adj* excellent.

tire /ˈtaɪə(r)/ **I** US *n* pneu *m*. **II** *vtr* fatiguer. **III** *vi* se fatiguer; **to tire of** se lasser de.

tired /ˈtaɪəd/ *adj* fatigué; **to be tired of** en avoir assez de.

tireless /ˈtaɪəlɪs/ *adj* inlassable, infatigable.

tiresome /ˈtaɪəsəm/ *adj* ennuyeux/-euse.

tiring /ˈtaɪərɪŋ/ *adj* fatigant.

tissue /ˈtɪʃuː/ *n* tissu *m*; (handkerchief) mouchoir *m* en papier.

tit /tɪt/ *n* mésange *f*.
● **tit for tat** un prêté pour un rendu.

titbitGB /ˈtɪtbɪt/ *n* cancan© *m*; (food) gâterie *f*.

titillating /ˈtɪtɪleɪtɪŋ/ *adj* émoustillant.

title /ˈtaɪtl/ **I** *n* titre *m*. **II titles** *npl* CIN générique *m*. **III** *vtr* [▸ book, play] intituler.

to /tə, tʊ, tuː/ **I** *infinitive particle* pour; (after superlatives) à; **the youngest to do** le/la plus jeune à faire; (linking consecutive acts) **I came** **to tell you** je suis venu te dire; (avoiding repetition of verb) **I wanted to go but I forgot to** je voulais y aller mais j'ai oublié; (following impersonal verb) **it is difficult to do sth** il est difficile de faire qch; (expressing wish) **to stay in bed** rester au lit. **II** *prep* [▸ place, shops, school] à; [▸ doctor's, dentist's] chez; (towards) vers; **trains to and from** les trains à destination et en provenance de; (up to) jusqu'à; **50 to 60** entre 50 et 60; (in telling time) **ten (minutes) to three** trois heures moins dix; (+ direct or indirect object) [give, offer] à; (in relationships) **three goals to two** trois buts à deux; (belonging to) de; **the key to the safe** la clé du coffre; (showing reaction) à; **to his surprise** à sa grande surprise.

toad /təʊd/ *n* crapaud *m*.

toadstool *n* champignon *m* vénéneux.

to and fro /tuː ən ˈfrəʊ/ *adv* **to go to and fro** aller et venir.

toast /təʊst/ **I** *n* pain *m* grillé; **a piece** un toast; (tribute) toast *m*. **II** *vtr* faire griller; porter un toast à.

toaster /ˈtəʊstə(r)/ *n* grille-pain *m inv*.

tobacco /təˈbækəʊ/ *n* tabac *m*.

tobacconistGB /təˈbækənɪst/ *n* buraliste *mf*.

toboggan /təˈbɒgən/ *n* luge *f*, toboggan *m*.

today /təˈdeɪ/ *n*, *adv* aujourd'hui (*m*).

toddler /ˈtɒdlə(r)/ *n* tout petit enfant *m*.

toe /təʊ/ *n* ANAT orteil *m*; (of shoe) bout *m*.
● **to toe the line** marcher droit.

TOEFL /ˈtɒfl/ *n* (*abrév* = **Test Of English as a Foreign Language**) TOEFL *m* (*test d'aptitude à la communication en anglais*).

toffeeGB /ˈtɒfɪ, ˈtɔːfɪ US/ *n* caramel *m*.

toffee appleGB *n* pomme *f* d'amour (*caramélisée*).

together /təˈgeðə(r)/ **I** *adv* ensemble; (at the same time) à la fois; (without interruption) d'affilée. **II together with** *prep phr* ainsi que.

Togo /ˈtəʊgəʊ/ *pr n* Togo *m*.

toil /tɔɪl/ **I** *n* labeur *m*. **II** *vi* peiner.

toilet /ˈtɔɪlɪt/ *n* toilettes *fpl*.

toilet bag *n* trousse *f* de toilette.

toilet paper *n* papier *m* toilette.

toiletries /ˈtɔɪlɪtrɪz/ *npl* articles *mpl* de toilette.

token /ˈtəʊkən/ *n* jeton *m*; (voucher) bon *m*; (symbol) témoignage *m*.

told /təʊld/ *prét, pp* ▶ **tell**.

tolerable /ˈtɒlərəbl/ *adj* acceptable.

tolerance /ˈtɒlərəns/ *n* tolérance *f*.

tolerant /ˈtɒlərənt/ *adj* tolérant.

tolerate /ˈtɒləreɪt/ *vtr* tolérer; [▸treatment] supporter.

toll /təʊl/ **I** *n* péage *m*; TÉLÉCOM^{US} taxe *f* d'appel; *the death toll* le nombre de victimes; (bell for funeral) glas *m*. **II** *vtr, vi* sonner.

toll-free^{US} /ˈtəʊlˈfriː/ **I** *adj* [▸call, journey] gratuit. **II** *toll free adv* [phone] gratuitement.

toll road^{GB}, **tollway**^{US} *n* route *f* à péage.

tomato /təˈmɑːtəʊ, təˈmeɪtəʊ^{US}/ *n* (*pl* **tomatoes**) tomate *f*.

tomb /tuːm/ *n* tombeau *m*.

tombstone /ˈtuːmstəʊn/ *n* pierre *f* tombale.

tomcat /ˈtɒmkæt/ *n* matou *m*.

tome /təʊm/ *n* gros volume *m*.

tomorrow /təˈmɒrəʊ/ *n, adj* demain *(m)*.

tom-tom /ˈtɒmtɒm/ *n* tam-tam *m*.

ton /tʌn/ *n gross ton*^{GB} = 1016 kg; *net ton*^{US} = 907 kg; *metric ton* tonne *f*; *tons*$^{©}$ *of* des tas de$^{©}$.

tone /təʊn/ **I** *n* ton *m*; TÉLÉCOM tonalité *f*. **II** *vtr* tonifier. **III** *vi* s'harmoniser.
■ **tone down** atténuer.

tongs /tɒŋz/ *npl* pince *f*, pincettes *fpl*.

tongue /tʌŋ/ *n* langue *f*; (on shoe) languette *f*.

tongue-twister *n* *expression qui fait fourcher la langue*.

tonic /ˈtɒnɪk/ **I** *n* tonic *m*; MÉD remontant *m*. **II** *adj* tonique.

tonight /təˈnaɪt/ *adv* ce soir, cette nuit.

tonne /tʌn/ *n* tonne *f*.

tonsil /ˈtɒnsl/ *n* amygdale *f*.

too /tuː/ *adv* aussi; *I love you too* moi aussi, je t'aime; (excessively) trop.

took /tʊk/ *prét* ▶ **take II, III**.

tool /tuːl/ *n* outil *m*.

tooltip /ˈtuːlˈtɪp/ *n* ORDINAT infobulle *f*.

toot /tuːt/ **I** *n* coup *m* de klaxon®. **II** *vi* [car horn] klaxonner.

tooth /tuːθ/ *n* (*pl* **teeth**) dent *f*.

toothache /ˈtuːθeɪk/ *n* mal *m* de dents.

toothbrush *n* brosse *f* à dents.

toothpaste *n* dentifrice *m*.

toothpick *n* cure-dents *m inv*.

top /tɒp/ **I** *n* (of page, ladder, etc) haut *m*; (of class) tête *f*, le premier/la première; (of mountain, hill) sommet *m*; (of garden, field) (autre) bout *m*; (of box, cake) dessus *m*; (surface) surface *f*; (of pen) capuchon *m*; (of bottle) bouchon *m*; (of saucepan) couvercle *m*; (item of clothing) haut *m*; JEUX toupie *f*. **II** *adj* [step, storey] dernier/-ière; [button, shelf, layer] du haut, supérieur; [speed] maximum; [concern] majeur; [house] ^{GB} du bout; [agency] plus grand. **III on top of** *prep phr* sur, en plus de. **IV** *vtr* (*p prés etc* **-pp-**) [▸charts, polls] être en tête de; [▸sum, figure] dépasser; *to top sth off with sth* compléter qch par qch.
● **from top to bottom** de fond en comble; **from top to toe** de la tête aux pieds.
■ **top up**^{GB} *to top up with petrol*^{GB} faire le plein; [▸mobile phone] recharger (son crédit).

top-class *adj* de premier ordre.

top copy *n* original *m*.

topic /ˈtɒpɪk/ *n* sujet *m*, thème *m*.

topical /ˈtɒpɪkl/ *adj* d'actualité.

top-level *adj* au plus haut niveau.

topping /ˈtɒpɪŋ/ *n* (of cream) nappage *m*.

topple /ˈtɒpl/ **I** *vtr* renverser. **II** *vi* [vase] basculer; [books] s'effondrer.

top-secret *adj* ultrasecret.

topsy-turvy$^{©}$ /ˌtɒpsɪˈtɜːvɪ/ *adj, adv* sens dessus dessous.

top-up card *n* TÉLÉCOM carte *f* de recharge.

top-up loan *n* prêt *m* complémentaire.

torch /tɔːtʃ/ *n* torche *f*; ^{GB} lampe *f* de poche.

tore /tɔː(r)/ *prét*, **torn** /tɔːn/ *pp* ▶ **tear**¹ **II, III**.

torment I /ˈtɔːment/ *n* supplice *m*. **II** /tɔːˈment/ *vtr* tourmenter.

tornado /tɔːˈneɪdəʊ/ *n* (*pl* **-es/-s**) tornade *f*.

torpedo /tɔːˈpiːdəʊ/ *n* torpille *f*.

torrent /ˈtɒrənt, ˈtɔːr-^{US}/ *n* torrent *m*.

torrential /təˈrenʃl/ *adj* torrentiel/-ielle.

torso /ˈtɔːsəʊ/ *n* torse *m*.

tortoise /ˈtɔːtəs/ *n* tortue *f*.

tortuous /ˈtɔːtʃʊəs/ *adj* tortueux/-euse.

torture /ˈtɔːtʃə(r)/ **I** *n* torture *f*. **II** *vtr* torturer.

Tory^{GB} /ˈtɔːrɪ/ *n* Tory *mf*, conservateur/-trice *m/f*.

toss /tɒs/ **I** *vtr* [▸ball, stick, dice] lancer, jeter; [▸pancake] faire sauter; [▸salad] remuer. **II** *vi* se retourner; **to toss up** tirer à pile ou face.

tot /tɒt/ *n* © tout/-e petit/-e enfant *m/f*; (of whisky, rum)^{GB} goutte *f*, doigt *m*.

total /ˈtəʊtl/ **I** *n, adj* total (*m*). **II** *vtr* (*p prés etc* -**ll**-^{GB}, -**l**-^{US}) additionner; [▸sum] se monter à.

totem /ˈtəʊtəm/ *n* totem *m*.

totter /ˈtɒtə(r)/ *vi* chanceler.

touch /tʌtʃ/ **I** *n* contact *m* (physique); (sense) toucher *m*; (style, skill) touche *f*, style *m*; **a touch (of)** un petit peu (de); SPORT touche *f*. **II** *vtr* toucher (à). **III** *vi* se toucher.
■ **touch off** [▸riot, debate] déclencher.

touch pad *n* ORDINAT bloc *m* à effleurement, touchpad *m*.

touchdown /ˈtʌtʃdaʊn/ *n* atterrissage *m*; SPORT essai *m*.

touch screen *n* ORDINAT écran *m* tactile.

touch-sensitive *adj* [▸screen] tactile; [▸key] à effleurement.

touché /tuːˈʃeɪ, ˈtuːʃeɪ, tuːˈʃeɪ^{US}/ *excl* bien vu!

touched /tʌtʃt/ *adj* touché; (mad)© dérangé©.

touching /ˈtʌtʃɪŋ/ *adj* touchant.

touchy /ˈtʌtʃɪ/ *adj* [person] susceptible; [subject] délicat.

tough /tʌf/ **I** *n* dur *m*. **II** *adj* [competition, criticism] rude; [businessman, meat] coriace; [criminal] endurci; [policy, law] sévère; [person, animal] robuste; [plant, material] résistant; [area, school] dur; **a tough guy**© un dur©; **that's tough**©**/tough luck**©**!** manque de pot©!, tant pis pour toi!; (difficult)© difficile.

toughen /ˈtʌfn/ *vtr* [▸law, plastic] renforcer; [▸person] endurcir.

toupee /ˈtuːpeɪ, tuːˈpeɪ^{US}/ *n* postiche *m*.

tour /tʊə(r), tɔː(r)/ **I** *n* visite *f*; (in bus) excursion *f*; (cycling, walking) randonnée *f*; THÉÂT tournée *f*. **II** *vtr* visiter. **III** *vi* **to go touring** faire du tourisme; [actor] partir en tournée.

tourism /ˈtʊərɪzəm, ˈtɔːr-/ *n* tourisme *m*.

tourist /ˈtʊərɪst, ˈtɔːr-/ **I** *n* touriste *mf*. **II** *in compounds* touristique.

tourist office *n* (in town) syndicat *m* d'initiative; (national) office *m* du tourisme.

tournament /ˈtɔːnəmənt, ˈtɜːrn-^{US}/ *n* tournoi *m*.

tour operator *n* voyagiste *mf*, tour-opérateur *m*.

tout /taʊt/ **I** ^{GB} *n* revendeur *m* de billets au marché noir. **II** *vtr* [▸tickets] revendre [qch] au marché noir. **III** *vi* **to tout for** racoler.

tow /təʊ/ **I** *n* AUT **on**^{GB}**/in**^{US} **tow** en remorque. **II** *vtr* remorquer.
■ **tow away** [▸car] emmener à la fourrière.

towaway zone *n* zone *f* de stationnement interdit sous peine d'enlèvement.

toward(s) /təˈwɔːd(z), tɔːd(z)/ *prep* vers; (in relation to) envers; (as contribution) pour.

towel /ˈtaʊəl/ *n* serviette *f* (de toilette).

tower /ˈtaʊə(r)/ **I** *n* tour *f*. **II** *vi* dominer.

tower block^{GB} *n* tour *f* (d'habitation).

town /taʊn/ *n* ville *f*; **out of town** en province.

town centre^{GB} *n* centre-ville *m*.

town council^{GB} *n* conseil *m* municipal.

town hall *n* mairie *f*.

town planning^{GB} *n* urbanisme *m*.

township *n* commune *f*; (in South Africa) township *m*.

toxic /ˈtɒksɪk/ *adj* toxique.

toxic waste *n* déchets *mpl* toxiques.

toxin /ˈtɒksɪn/ *n* toxine *f*.

toy /tɔɪ/ **I** *n* jouet *m*. **II** *vi* **to toy with** jouer à; [▸idea] caresser.

trace /treɪs/ **I** *n* trace *f*. **II** *vtr* tracer; [▸person, car] retrouver (la trace de); [▸fault] dépister; [▸cause] déterminer; [▸map, outline] décalquer.

traceability /ˌtreɪsəˈbɪlətɪ/ *n* traçabilité *f*.

tracing paper *n* papier-calque *m*.

track /træk/ **I** *n* empreintes *fpl*, traces *fpl*; (of missile) trajectoire *f*; (path, road) sentier *m*, chemin *m*; SPORT piste *f*; RAIL voie *f* ferrée; (on tape) piste *f*. **II** *vtr* [▸person, animal] suivre la trace de; [▸missile] suivre la trajectoire de.
■ **track down** retrouver.

tracker ball *n* ORDINAT, TECH boule *f* de commande.

trackpad /ˈtrækpæd/ *n* ORDINAT pavé *m* tactile.

track record *n* antécédents *mpl*.

tracksuit *n* survêtement *m*.

tract /trækt/ *n* tract *m* ; étendue *f*.

tractor /ˈtræktə(r)/ *n* tracteur *m*.

trade /treɪd/ **I** n ¢ (activity) commerce m; (area of business) secteur m; **by trade** de métier. **II** in compounds [agreement] commercial; [barrier] douanier; [barrier] douanier/-ière. **III** vtr **to trade for** échanger contre. **IV** vi faire du commerce.

■ **trade in** vendre; **trade on** [▸ name, reputation, image] exploiter.

trade dispute n conflit m social.

trade-in /treɪdɪn/ n reprise f.

trademark /treɪdmɑːk/ n marque f (de fabrique); marque f déposée.

trade-off /treɪdɒf/ n compromis m.

trader /treɪdə(r)/ n commerçant/-e m/f; FIN (at Stock Exchange) trader mf, opérateur/-trice m/f (en Bourse).

tradesman n commerçant m.

trade union n syndicat m.

trading /treɪdɪŋ/ n COMM commerce m; (at Stock Exchange) transactions fpl.

trading day n FIN séance f (boursière).

tradition /trəˈdɪʃn/ n tradition f.

traditional /trəˈdɪʃənl/ adj traditionnel/-elle.

traffic /træfɪk/ **I** n circulation f; AVIAT, NAUT trafic m; ORDINAT, TÉLÉCOM trafic m. **II** in compounds [▸ accident, regulations] de la circulation. **III** vi (p prés etc **-ck-**) **to traffic in** [▸ drugs, arms] faire du trafic de.

traffic jam n embouteillage m.

trafficker /træfɪkə(r)/ n trafiquant/-e m/f.

traffic lights npl feux mpl (de signalisation/tricolores).

traffic offence n infraction f au Code de la route.

traffic warden[GB] n contractuel/-elle m/f.

tragedy /trædʒədɪ/ n tragédie f.

tragic /trædʒɪk/ adj tragique.

trail /treɪl/ **I** n chemin m, piste f; (of blood, dust, slime) traînée f, trace f. **II** vtr suivre (la piste de); (drag) traîner. **III** vi traîner.

trailer /treɪlə(r)/ n remorque f; US caravane f; CIN bande-annonce f.

train /treɪn/ **I** n RAIL train m; (underground) rame f; (of vehicles, people) file f; (on dress) traîne f. **II** vtr [▸ staff] former; [▸ athlete] entraîner; [▸ dog] dresser; [▸ binoculars, gun] braquer. **III** vi s'entraîner.

trainee /treɪˈniː/ n stagiaire mf.

trainer /treɪnə(r)/ n entraîneur/-euse m/f; (shoe)[GB] basket f, tennis m.

training /treɪnɪŋ/ n formation f; SPORT entraînement m.

trait /treɪ, treɪt/ n trait m.

traitor /treɪtə(r)/ n traître/traîtresse m/f.

trajectory /trəˈdʒektərɪ/ n trajectoire f.

tram[GB] /træm/ n tramway m.

tramp /træmp/ **I** n clochard/-e m/f. **II** vi marcher d'un pas lourd.

trample /træmpl/ vtr, vi **to trample on** piétiner.

trance /trɑːns, træns[US]/ n transe f.

tranquil /træŋkwɪl/ adj tranquille.

tranquillizer, tranquilizer[US] /træŋkwɪlaɪzə(r)/ n tranquillisant m.

transaction /trænˈzækʃn/ n transaction f.

transatlantic /trænzətˈlæntɪk/ adj transatlantique; [accent] d'outre-atlantique inv.

transcribe /trænˈskraɪb/ vtr transcrire.

transfer I /trænsfɜː(r)/ n transfert m; (of funds) virement m; (on paper)[GB] décalcomanie f. **II** /trænsˈfɜː(r)/ vtr (p prés etc **-rr-**) transférer; [▸ employee] muter.

transferred charge call n TÉLÉCOM appel m en PCV.

transform /trænsˈfɔːm/ vtr transformer.

transfusion /trænsˈfjuːʒn/ n transfusion f.

transient /trænzɪənt, trænʃnt[US]/ adj transitoire.

transistor /trænˈzɪstə(r), -ˈsɪstə(r)/ n transistor m.

transit /trænzɪt, -sɪt/ n transit m.

transition /trænˈzɪʃn, -ˈsɪʃn/ n transition f.

transitional /trænˈzɪʃənl, -ˈsɪʃənl/ adj de transition.

transitive /trænzətɪv/ adj transitif/-ive.

translate /trænzˈleɪt/ vi traduire.

translation /trænzˈleɪʃn/ n traduction f.

translator /trænzˈleɪtə(r)/ n traducteur/-trice m/f.

transmission /trænzˈmɪʃn/ n transmission f.

transmit /trænzˈmɪt/ (p prés etc **-tt-**) **I** vtr transmettre. **II** vi émettre.

transmitter /trænzˈmɪtə(r)/ n émetteur m.

transparency /trænsˈpærənsɪ/ n transparence f; (for projector) transparent m.

transparent /træns'pærənt/ *adj* transparent.

transpire /træn'spaɪə(r), trɑː-/ *vi* s'avérer.

transplant /træns'plɑːnt, -'plænt^{US}/ **I** *n* transplantation *f*, greffe *f*. **II** *vtr* transplanter, greffer.

transport /træns'pɔːt/ **I** *n* transport *m*. **II** *vtr* transporter.

transportation /trænspɔː'teɪʃn/ *n* transport *m*; *public transportation*^{US} les transports en commun.

transvestite /trænz'vestaɪt/ *n* travesti-e *m/f*.

trap /træp/ **I** *n* piège *m*. **II** *vtr* (*p prés etc* **-pp-**) prendre au piège; [▸finger] coincer.

trappings /'træpɪŋz/ *npl* *the trappings of* les signes extérieurs de.

trash /træʃ/ *n* ¢ (refuse)^{US} ordures *fpl*; PÉJ© camelote© *f*; (nonsense) âneries *fpl*.

trauma /'trɔːmə, 'traʊ-^{US}/ *n* MÉD, PSYCH traumatisme *m*.

trauma centre *n* centre *m* d'aide psychologique (*pour victimes de catastrophes*).

travel /'trævl/ **I** *n* voyage(s) *m(pl)*. **II** *vtr* (*p prés etc* **-ll-**^{GB}, **-l-**^{US}) parcourir. **III** *vi* voyager, aller, rouler; [light, sound] se propager, se répandre.

travel flash *n* TV, RADIO flash *m* d'information routière.

traveller^{GB}, **traveler**^{US} /'trævlə(r)/ *n* voyageur-euse *m/f*.

traveller's cheque^{GB}, **traveler's check**^{US} *n* chèque-voyage *m*.

travesty /'trævəstɪ/ *n* parodie *f*, farce *f*.

trawler /'trɔːlə(r)/ *n* chalutier *m*.

tray /treɪ/ *n* plateau *m*.

treacherous /'tretʃərəs/ *adj* traître.

treachery /'tretʃərɪ/ *n* traîtrise *f*.

treacle^{GB} /'triːkl/ *n* mélasse *f*.

tread /tred/ **I** *n* pas *m*; (of tyre) chape *f*. **II** *vtr* (*prét* **trod**; *pp* **trodden**) *to tread on* marcher sur.

treadmill /'tredmɪl/ *n* train-train *m*.

treason /'triːzn/ *n* trahison *f*.

treasure /'treʒə(r)/ **I** *n* trésor *m*. **II** *vtr* tenir beaucoup à, garder précieusement. **III** **treasured** *pp adj* précieux-ieuse.

treasurer /'treʒərə(r)/ *n* trésorier-ière *m/f*.

Treasury /'treʒərɪ/ *n* ministère *m* des finances.

Treasury Minister^{GB}, **Treasury Secretary**^{US} *n* ministre *m* des finances.

treat /triːt/ **I** *n* (petit) plaisir *m*; (food) gâterie *f*; *it's my treat*© c'est moi qui paie. **II** *vtr* traiter; (pay for) offrir. **III** *v refl* *to treat oneself to* s'offrir.

treatise /'triːtɪs, -ɪz/ *n* traité *m*.

treatment /'triːtmənt/ *n* traitement *m*.

treaty /'triːtɪ/ *n* traité *m*.

treble /'trebl/ **I** *n* (boy) soprano *m*; SPORT^{GB} triple victoire *f*. **II** *adj* triple; [voice] de soprano. **III** *det* trois fois. **IV** *vtr*, *vi* tripler.

tree /triː/ *n* arbre *m*.

tree diagram *n* GÉN, ADMIN organigramme *m*.

treetop /'triːtɒp/ *n* cime *f* (d'un arbre).

tree trunk *n* tronc *m* d'arbre.

trek /trek/ *n* randonnée *f*.

tremble /'trembl/ *vi* trembler.

tremendous /trɪ'mendəs/ *adj* énorme; [pleasure] immense; [success] fou/folle©.

tremor /'tremə(r)/ *n* tremblement *m*.

trench /trentʃ/ *n* tranchée *f*.

trend-setting *adj* [▸film, album] innovateur-trice.

trend /trend/ *n* tendance *f*.

trendy© /'trendɪ/ *adj* branché©.

trepidation /trepɪ'deɪʃn/ *n* appréhension *f*.

trespass /'trespəs/ *vi* *no trespassing* défense d'entrer.

trespasser /'trespəsə(r)/ *n* intrus-e *m/f*.

trial /'traɪəl/ *n* JUR procès *m*; (test) essai *m*; (of product) test *m*; MUS, SPORT épreuve *f*; (trouble) épreuve *f*, difficulté *f*.

triangle /'traɪæŋgl/ *n* triangle *m*.

tribe /traɪb/ *n* tribu *f*.

tribunal /traɪ'bjuːnl/ *n* tribunal *m*.

tributary /'trɪbjʊtərɪ, -terɪ^{US}/ *n* affluent *m*.

tribute /'trɪbjuːt/ *n* hommage *m*; *to be a tribute to sth* témoigner de qch.

trick /trɪk/ **I** *n* tour *m*; (dishonest) combine *f*; (knack) astuce *f*, truc© *m*; JEUX pli *m*. **II** *vtr* duper, rouler©.

trickery /'trɪkərɪ/ *n* tromperie *f*.

trickle /ˈtrɪkl/ **I** n filet m; (of people) petit nombre m. **II** vi dégouliner.
■ **trickle in** arriver petit à petit.

trick question n question f piège.

tricky /ˈtrɪkɪ/ adj difficile.

tried /traɪd/ pp adj **a tried and tested method** une méthode infaillible.

trifle /ˈtraɪfl/ **I** n bagatelle f; CULIN^GB dessert composé de génoise, fruits, gelée et crème anglaise. **II a trifle** adj/adv phr un peu.

trifling /ˈtraɪflɪŋ/ adj insignifiant.

trigger /ˈtrɪgə(r)/ n détente f; USAGE CRITIQUÉ gâchette f.
■ **trigger off** déclencher.

trim /trɪm/ **I** n (of hair) coupe f d'entretien. **II** adj soigné; [figure] svelte. **III** vtr (p prés etc **-mm-**) couper, tailler; [▸budget] réduire; [▸handkerchief] border.

trimming /ˈtrɪmɪŋ/ n (on clothing) garniture f; **trimmings** CULIN garniture f.

trinket /ˈtrɪŋkɪt/ n babiole f.

trip /trɪp/ **I** n voyage m; (drugs)^© trip^© m. **II** vtr (p prés etc **-pp-**) [▸person] faire un crochepied à. **III** vi **to trip on/over/up** trébucher sur.

tripe /traɪp/ n tripes fpl; ^© inepties fpl.

triple /ˈtrɪpl/ **I** adj triple. **II** vtr, vi tripler.

triple-drug therapy n trithérapie f.

triplet /ˈtrɪplɪt/ n triplé/-e m/f.

tripod /ˈtraɪpɒd/ n trépied m.

triumph /ˈtraɪʌmf/ **I** n triomphe m. **II** vi **to triumph over** triompher de.

trivia /ˈtrɪvɪə/ npl (sg /pl) futilités fpl.

trivial /ˈtrɪvɪəl/ adj futile, sans intérêt.

triviality /ˌtrɪvɪˈælətɪ/ n (banality) banalité f; (irrelevance) futilité f, détail m insignifiant.

trolley /ˈtrɒlɪ/ n ^GB chariot m; ^US trolley.

troop /truːp/ **I** n troupe f; **the troops** l'armée. **II** vi **to troop in/out** entrer/sortir en masse.

trophy /ˈtrəʊfɪ/ n trophée m.

tropic /ˈtrɒpɪk/ n tropique m.

tropical /ˈtrɒpɪkl/ adj tropical.

trot /trɒt/ **I** n trot m; **at a trot** au trot. **II** vi (p prés etc **-tt-**) trotter.
● **on the trot**^© coup sur coup, d'affilée.

trouble /ˈtrʌbl/ **I** n ¢ problèmes mpl; **to make trouble** faire des histoires; (personal) ennuis mpl; **what's the trouble?** qu'est-ce qui ne va pas?; (effort, inconvenience) peine f; **it's no trouble** cela ne me dérange pas. **II** vtr déranger; [▸person] tracasser. **III** vi, v refl **to trouble (oneself) to do** se donner la peine de faire.

troubled /ˈtrʌbld/ adj soucieux/-ieuse, inquiet/-iète; [sleep] agité.

troublefree /ˈtrʌblˈfriː/ adj [▸period, operation] sans problèmes.

troublemaker n fauteur m de troubles.

troubleshooting /ˈtrʌblʃuːtɪŋ/ n diagnostic m des anomalies; **to do some troubleshooting** intervenir pour régler les problèmes.

troublesome adj pénible, gênant.

trouble spot n point m chaud.

trough /trɒf, trɔːf^US/ n abreuvoir m; (between waves) creux m; MÉTÉO dépression f.

trousers /ˈtraʊzə(r)z/ npl pantalon m.

trout /traʊt/ n truite f.

truant /ˈtruːənt/ n absentéiste mf; **to play truant** faire l'école buissonnière.

truce /truːs/ n trêve f.

truck /trʌk/ n camion m; **truck driver** routier m.

trudge /trʌdʒ/ vi marcher d'un pas lourd.

true /truː/ **I** adj vrai; [identity] véritable; [feeling] sincère; [copy] conforme; [servant, knight] fidèle. **II** adv [aim, fire] juste.

truffle /ˈtrʌfl/ n truffe f.

truly /ˈtruːlɪ/ adv vraiment; (in letter) **yours truly** je vous prie d'agréer l'expression de mes sentiments distingués.

trump /trʌmp/ **I** n JEUX atout m. **II** vtr JEUX couper; (beat) [▸person, rival] battre.
● **to come/turn up trumps** sauver la situation.

trumpet /ˈtrʌmpɪt/ n trompette f.

trumpeter /ˈtrʌmpɪtə(r)/ n trompettiste mf.

trundle /ˈtrʌndl/ vi avancer lourdement.

trunk /trʌŋk/ **I** n tronc m; (of elephant) trompe f; (for travel) malle f; (car boot)^US coffre m. **II trunks** npl maillot m de bain (pour hommes).

trunk road n TRANSP grand axe m.

trust /trʌst/ **I** n confiance f; FIN trust m. **II** vtr [▸person, judgment] faire confiance à, se fier à; **to trust sb with sth** confier qch à qn; (hope) espérer. **III** vi **to trust in** [▸person] faire confiance à; [▸God, fortune] croire en; **to trust to luck** se fier au hasard. **IV trusted** *pp adj* fidèle.

trustee /trʌsˈtiː/ *n* administrateur/-trice *m/f*.

trusting /ˈtrʌstɪŋ/ *adj* confiant.

trustworthy /ˈtrʌstwɜːðɪ/ *adj* digne de confiance.

truth /truːθ/ *n* vérité *f*.

truthful /ˈtruːθfl/ *adj* [person] honnête; [account] vrai.

try /traɪ/ **I** (*pl* **tries**) *n* essai *m*. **II** *vtr* (*prét, pp* **tried**) essayer; [▸food] goûter; [▸faith, patience] mettre [qch] à rude épreuve; JUR juger. **III** *vi* essayer; *just you try!* essaie un peu©!; **to try for** essayer d'obtenir.
■ **try on**, **try out** essayer.

trying /ˈtraɪɪŋ/ *adj* éprouvant.

T-shirt *n* T-shirt *m*, tee-shirt *m*.

tsp (*abrév écrite* = **teaspoon**).

tsunami /tsuːˈnɑːmɪ/ *n* tsunami *m*, raz-de-marée *m*.

tub /tʌb/ *n* (for flowers) bac *m*; US baignoire *f*.

tube /tjuːb, ˈtuːbUS/ *n* tube *m*; **the tube**^{©GB} le métro (londonien); TV **the tube**© la télé©.

tuck /tʌk/ *vtr* [▸blanket] plier.
■ **tuck in** [▸shirt] rentrer; **tuck up** border.

Tue(s) (*abrév écrite* = **Tuesday**).

Tuesday /ˈtjuːzdeɪ, -dɪ, ˈtuː-US/ *pr n* mardi *m*.

tug /tʌg/ *vtr, vi* (*p prés etc* **-gg-**) **to tug at/ on** tirer sur.

tuition /tjuːˈɪʃn, tuː-US/ *n* cours *mpl*.

tulip /ˈtjuːlɪp, ˈtuː-US/ *n* tulipe *f*.

tumble /ˈtʌmbl/ **I** *vi* tomber; [price] chuter; [clown] faire des culbutes; **to tumble to sth**^{©GB} comprendre/piger© qch.

tumble-drier, **tumble-dryer** *n* sèche-linge *m inv*.

tumbler /ˈtʌmblə(r)/ *n* verre *m* (droit).

tummy© /ˈtʌmɪ/ *n* ventre *m*.

tumultuous /tjuːˈmʌltjʊəs, ˈtuː-US/ *adj* tumultueux/-euse.

tuna /ˈtjuːnə, ˈtuː-US/ *n* thon *m*.

tune /tjuːn, tuːnUS/ **I** *n* MUS air *m*; **to sing in/ out of tune** chanter juste/faux. **II** *vtr* [▸instrument] accorder; [▸engine, radio, TV] régler; **stay tuned!** restez à l'écoute!
■ **tune in** mettre la radio/la télévision; **tune up** [▸instrument] accorder.

tunic /ˈtjuːnɪk, ˈtuː-US/ *n* tunique *f*.

tuning fork MUS *n* diapason *m*.

Tunisia /tjuːˈnɪzɪə/ *pr n* Tunisie *f*.

Tunisian /tjuːˈnɪzɪən/ **I** *n* Tunisien/-ienne *m/f*. **II** *adj* tunisien/-ienne.

tunnel /ˈtʌnl/ **I** *n* tunnel *m*. **II** *vtr, vi* (*p prés etc* **-ll-**^{GB}, **-l-**^{US}) creuser.

turbulence /ˈtɜːbjʊləns/ *n* ₵ turbulences *fpl*; (turmoil) agitation *f*.

turbulent /ˈtɜːbjʊlənt/ *adj* agité, turbulent.

turf /tɜːf/ *n* gazon *m*.
■ **turf out**^{©GB} [▸person] virer©.

turkey /ˈtɜːkɪ/ *n* dinde *f*.

Turkey /ˈtɜːkɪ/ *pr n* Turquie *f*.

Turkish /ˈtɜːkɪʃ/ **I** *n* LING turc *m*. **II** *adj* turc/ turque.

Turkish delight *n* loukoum *m*.

turmoil /ˈtɜːmɔɪl/ *n* désordre *m*.

turn /tɜːn/ **I** *n* tour *m*; (when driving) virage *m*; (bend, side road) tournant *m*, virage *m*; (change, development) tournure *f*; (act)^{GB} numéro *m*. **II in turn** *adv phr* [speak] à tour de rôle, à son tour. **III** *vtr* [▸wheel, handle] tourner, faire tourner; [▸mattress] retourner; **to turn sth into** transformer qch en. **IV** *vi* tourner; [ship] virer; [vehicle] faire demi-tour; [tide] changer; [person] se tourner (vers); [situation, evening] tourner à; [milk] tourner; [leaves] jaunir; (become) [▸pale, cloudy, green] devenir; **to turn into** se transformer en.
● **at every turn** à tout moment, partout.
■ **turn against** se retourner contre; **turn away** (se) détourner; [▸spectator, applicant] refuser; **turn back** rebrousser chemin; [▸people, vehicles] refouler; **turn down** [▸radio, gas] baisser; [▸person, request] refuser; **turn in** [▸badge, homework]© rendre; [▸job, activity] laisser tomber; [company] avoir de bons résultats; [▸suspect] livrer; *turn oneself in* se livrer; **turn off** [▸light, TV] éteindre; [▸tap] fermer; [▸water] couper; **turn on** [▸light, TV] allumer; [▸tap] ouvrir; [▸person]© exciter; **turn out** s'avérer; *it turns out that* il s'avère que; *to turn out well/badly* bien/mal se terminer; [▸light] éteindre; [▸bag] vider; **turn over** [person, vehicle] se retourner; [▸page] tourner; [▸mattress, etc] retourner; [▸money, find, papers] rendre; [▸person] livrer; FIN faire un chiffre d'affaires de; **turn up** arriver, se pointer©; [opportunity, job] se présenter; [▸heating, volume, gas] mettre [qch] plus fort.

turnaround *n* revirement *m*.

turning^{GB} /ˈtɜːnɪŋ/ *n* virage *m*.

turning point n tournant m (décisif).

turnip /ˈtɜːnɪp/ n navet m.

turnout /ˈtɜːnaʊt/ n participation f, taux m de participation.

turnover /ˈtɜːnəʊvə(r)/ n chiffre m d'affaires; (of stock) rotation f; (of staff) taux m de renouvellement; CULIN chausson m.

turnpikeUS n autoroute f à péage.

turnstile n tourniquet m.

turntable /ˈtɜːnteɪbl/ n (on record player) platine f.

turpentine /ˈtɜːpəntaɪn/ n térébenthine f.

turret /ˈtʌrɪt/ n tourelle f.

turtle /ˈtɜːtl/ n tortue f.

turtle dove n tourterelle f.

turtleneck n col m montant.

tusk /tʌsk/ n (of elephant) défense f.

tussle /ˈtʌsl/ n empoignade f.

tutor /ˈtjuːtə(r), tuː-US/ I n professeur m particulier. II vtr donner des leçons particulières à.

tutor group n UNIV ≈ groupe m (de travaux dirigés).

tutorial /tjuːˈtɔːrɪəl, tuː-US/ n travaux mpl dirigés.

tuxedoUS /tʌkˈsiːdəʊ/ n smoking m.

TV⊕ /tiːˈviː/ n (abrév = **television**) télé⊕ f; **TV dinner** plateau télé.

twang /twæŋ/ n (of string) vibration f; (in speaking) nasillement m.

tweezers /ˈtwiːzəz/ npl pince f à épiler.

twelfth /twelfθ/ n, adj, adv douzième (mf).

twelve /twelv/ n, adj douze (m) inv.

twentieth /ˈtwentɪəθ/ n, adj, adv vingtième (mf).

twenty /ˈtwentɪ/ n, adj vingt (m) inv.

twice /twaɪs/ adv deux fois.

● **once bitten twice shy** chat échaudé craint l'eau froide.

twiddle /ˈtwɪdl/ vtr tripoter; **to twiddle one's thumbs** se tourner les pouces.

twig /twɪg/ n brindille f.

twilight /ˈtwaɪlaɪt/ n crépuscule m.

twilight zone n zone f d'ombre.

twin /twɪn/ I n jumeau/-elle m/f. II GB vtr (p prés etc **-nn-**) [▸town] jumeler.

twin town n ville f jumelle.

twine /twaɪn/ n ficelle f.

twinkle /ˈtwɪŋkl/ vi [light] scintiller; [eyes] pétiller.

twirl /twɜːl/ I vtr [▸baton, lasso, partner] faire tournoyer. II vi se retourner brusquement.

twist /twɪst/ I n tour m; (in rope) tortillon m; (in road) zigzag m; (in story) coup m de théâtre, rebondissement m. II vtr [▸knob] tourner; [▸cap] visser, dévisser; [▸arm] tordre; [▸words] déformer. III vi [person] se tordre; **to twist round**GB se retourner; [rope] s'entortiller; [river] serpenter.

twitch /twɪtʃ/ I n tic m. II vi [mouth] trembler; [eye] cligner nerveusement.

two /tuː/ n, adj deux (m) inv.

two-faced adj hypocrite, fourbe.

two-piece n (clothing) tailleur m.

two-way /tuːˈweɪ/ adj [street] à double sens; [communication] bilatéral.

tycoon /taɪˈkuːn/ n magnat m.

type /taɪp/ I n type m, genre m; (in printing) caractères mpl. II vtr, vi taper (à la machine); ORDINAT saisir.

typewriter n machine f à écrire.

typhoon /taɪˈfuːn/ n typhon m.

typical /ˈtɪpɪkl/ adj typique, caractéristique.

typify /ˈtɪpɪfaɪ/ vtr être le type même de.

typing /ˈtaɪpɪŋ/ n dactylographie f, saisie f.

tyrannic(al) /tɪˈrænɪk(l)/ adj tyrannique.

tyranny /ˈtɪrənɪ/ n tyrannie f.

tyrant /ˈtaɪərənt/ n tyran m.

tyreGB, **tire**US /ˈtaɪə(r)/ n pneu m.

u

U /ju:/ n (abrév écrite = **universal**) (film classification) ≈ tous publics.

UAE /ju:er'i:/ npl (abrév = **United Arab Emirates**) EAU m.

UFO /ju:fəʊ/ n (abrév écrite = **unidentified flying object**) ovni m.

UCASGB /ju:kæs, ju:si:er'es/ n (abrév = **Universities and Colleges Admissions Service**) centre national des inscriptions en faculté.

Uganda /ju:'gændə/ pr n Ouganda m.

ugly /'ʌglɪ/ adj laid; [situation, conflict] dangereux/-euse.
● **an ugly customer**© un sale type©.

UK /ju:'keɪ/ **I** pr n (abrév écrite = **United Kingdom**) Royaume-Uni m. **II** in compounds [citizen, passport] britannique.

Ukraine /ju:'kreɪn/ pr n **the Ukraine** l'Ukraine f.

ulcer /'ʌlsə(r)/ n ulcère m.

ultimate /'ʌltɪmət/ **I** n **the ultimate in** le nec plus ultra de. **II** adj [result, destination] final; **the ultimate weapon** l'arme absolue; [question, truth] fondamental.

ultimately /'ʌltɪmətlɪ/ adv en fin de compte, au bout du compte.

ultimatum /ʌltɪ'meɪtəm/ n (pl **-s/-ta**) ultimatum m.

ultrasound /'ʌltrəsaʊnd/ n ultrasons mpl; **ultrasound scan** échographie f.

ultraviolet /ʌltrə'vaɪələt/ adj ultraviolet/-ette.

umbrella /ʌm'brelə/ n parapluie m; **to be under the umbrella of sth** FIG être sous la protection de qch.

umbrella group n collectif m, association f de tutelle.

umpire /'ʌmpaɪə(r)/ SPORT **I** n arbitre m. **II** vtr, vi arbitrer.

umpteen© /ʌmp'ti:n/ adj des tas de©; **umpteen times** trente-six fois.

umpteenth© /ʌmp'ti:nθ/ adj énième.

UN /ju:'en/ pr n (abrév = **United Nations**) **the UN** l'ONU f.

unable /ʌn'eɪbl/ adj **to be unable to do** ne pas pouvoir faire, être incapable de faire.

unaccompanied /ʌnə'kʌmpənɪd/ adj [adult] seul; [minor, baggage] non accompagné.

unaccountable /ʌnə'kaʊntəbl/ adj inexplicable.

unaccustomed /ʌnə'kʌstəmd/ adj inhabituel/-elle.

unadulterated /ʌnə'dʌltəreɪtɪd/ adj (pure) [▸ water] pur; [▸ food] naturel/-elle; [▸ wine] non frelaté; (emphatic) [▸ pleasure, misery] pur.

unanimity /ju:nə'nɪmətɪ/ n unanimité f.

unanimous /ju:'nænɪməs/ adj unanime.

unannounced /ʌnə'naʊnst/ adv sans prévenir.

unanswered /ʌn'ɑ:nsəd, ʌn'æn-US/ adj [letter] resté sans réponse.

unarmed /ʌn'ɑ:md/ adj sans armes.

unasked /ʌn'ɑ:skt/ adv [come, attend] sans être invité; **to do something unasked** faire qch spontanément.

unattended /ʌnə'tendɪd/ adj laissé sans surveillance.

unauthorized /ʌn'ɔ:θəraɪzd/ adj (fait) sans autorisation.

unavailable /ʌnə'veɪləbl/ adj non disponible.

unaware /ʌnə'weə(r)/ adj **to be unaware of** ignorer.

unawares /ʌnə'weəz/ adv **to catch sb unawares** prendre qn au dépourvu.

unbalanced /ʌn'bælənst/ adj [reporting] partial; [diet, load] déséquilibré.

unbearable /ʌn'beərəbl/ adj insupportable.

unbeatable /ʌn'bi:təbl/ adj imbattable.

unbelievable /ʌnbɪ'li:vəbl/ adj incroyable.

unborn /ʌn'bɔ:n/ adj [generation] à venir.

unbranded /ʌn'brændɪd/ adj [▸ product] sans marque.

unbreakable /ʌn'breɪkəbl/ adj incassable.

uncanny /ʌn'kænɪ/ adj [resemblance] étrange, troublant; [accuracy] étonnant.

uncertain /ʌn'sɜ:tn/ **I** adj incertain. **II** **in no uncertain terms** adv phr sans détours.

unchallenged /ʌnˈtʃælɪndʒd/ adj incontesté.

unchanged /ʌnˈtʃeɪndʒd/ adj inchangé.

unchecked /ʌnˈtʃekt/ adj incontrôlé.

uncle /ˈʌŋkl/ n oncle m.

unclear /ʌnˈklɪə(r)/ adj (après v) peu clair; *unclear about sth* pas sûr de qch.

uncomfortable /ʌnˈkʌmftəbl, -fərt-US/ adj inconfortable; [journey, heat] pénible; *uncomfortable about* gêné par.

uncommon /ʌnˈkɒmən/ adj rare.

uncompromising /ʌnˈkɒmprəmaɪzɪŋ/ adj intransigeant.

unconditional /ʌnkənˈdɪʃənl/ adj inconditionnel/-elle, sans condition.

unconscious /ʌnˈkɒnʃəs/ **I** n inconscient m. **II** adj sans connaissance; [feelings] inconscient.

uncontested /ʌnkənˈtestɪd/ adj GÉN incontesté; POL [▸seat] non disputé.

uncontrolled adj sauvage.

unconventional /ʌnkənˈvenʃənl/ adj peu conventionnel/-elle; *he's unconventional* c'est un original.

unconvincing /ʌnkənˈvɪnsɪŋ/ adj peu convaincant.

uncorroborated /ʌnkəˈrɒbəreɪtɪd/ adj non corroboré; JUR *uncorroborated evidence* preuve f par présomption.

uncover /ʌnˈkʌvə(r)/ vtr dévoiler; [▸treasure, body] découvrir.

undecided /ʌndɪˈsaɪdɪd/ adj indécis; [outcome] incertain.

undelete /ʌndɪˈliːt/ vtr ORDINAT annuler (la frappe).

undeniable /ʌndɪˈnaɪəbl/ adj indéniable, incontestable.

under /ˈʌndə(r)/ **I** prep sous; *under ten* inférieur à dix; *under the law* selon la loi. **II** adv (less) moins; *see under* voir ci-dessous.

underage /ʌndərˈeɪdʒ/ adj mineur/-e.

underclass /ˈʌndəklɑːs/ n sous-prolétariat m.

underclothes /ˈʌndəkləʊðz/ npl sous-vêtements mpl.

undercover /ʌndəˈkʌvə(r)/ adj secret/-ète.

undercurrent /ˈʌndəkʌrənt/ n courant m profond; FIG relent m.

underdeveloped /ʌndədɪˈveləpt/ adj [country] sous-développé; [physique, muscles] peu développé.

underdog /ˈʌndədɒg, -dɔːgUS/ n opprimé/-e m/f; (in game) perdant/-e m/f.

underdone /ʌndəˈdʌn/ adj pas assez cuit.

underestimate /ʌndərˈestɪmeɪt/ vtr sous-estimer.

underexposure /ʌndərɪkˈspəʊzə(r)/ PHOT sous-exposition f.

underfoot /ʌndəˈfʊt/ adv sous les pieds.

underfunded /ʌndəˈfʌndɪd/ adj insuffisamment financé.

undergo /ʌndəˈgəʊ/ vtr (prét **-went**; pp **-gone**) [▸change] subir; [▸treatment] suivre.

undergraduate /ʌndəˈgrædʒʊət/ n UNIV étudiant/-e de première, deuxième ou troisième année.

underground I /ˈʌndəgraʊnd/ n GB métro m; *the underground* la Résistance. **II** adj souterrain; (secret) clandestin. **III** /ʌndəˈgraʊnd/ adv sous terre; *to go underground* passer dans la clandestinité.

undergrowth /ˈʌndəgrəʊθ/ n sous-bois m.

underinvestment /ʌndərɪnˈvestmənt/ n sous-investissement m.

underlie /ʌndəˈlaɪ/ vtr (p prés **-lying**; prét **-lay**; pp **-lain**) être sous, sous-tendre.

underline /ʌndəˈlaɪn/ vtr souligner.

underlying /ʌndəˈlaɪɪŋ/ adj sous-jacent.

undermentioned /ʌndəˈmenʃnd/ **I** n the *undermentioned* la personne f nommée ci-après. **II** adj [▸item, list] ci-dessous; [▸person] nommé ci-dessous; [▸name] cité ci-dessous.

undermine /ʌndəˈmaɪn/ vtr saper; [▸confidence] ébranler.

underneath /ʌndəˈniːθ/ **I** n dessous m. **II** adj d'en dessous. **III** adv dessous, en dessous. **IV** prep sous, au-dessous de.

undernourished /ʌndəˈnʌrɪʃt/ adj sous-alimenté.

underpants /ˈʌndəpænts/ npl slip m; *a pair of underpants* un slip; (women's) US petite culotte f, slip m.

underpin /ʌndəˈpɪn/ vtr (p prés etc **-nn-**) être à la base de.

underprivileged /ʌndəˈprɪvəlɪdʒd/ adj défavorisé.

underrated /ˌʌndəˈreɪtd/ *adj* sous-estimé.

underscore *vtr* souligner.

under-secretaryGB /ˌʌndəˈsekrətrɪ, -terɪUS/ *n* POL sous-secrétaire *mf* d'État.

undershirtUS /ˈʌndəʃɜːt/ *n* maillot *m* de corps.

underside *n* dessous *m*; FIG face *f* cachée.

understand /ˌʌndəˈstænd/ *vtr*, *vi* (prét, pp **-stood**) comprendre.

understandable /ˌʌndəˈstændəbl/ *adj* compréhensible.

understanding /ˌʌndəˈstændɪŋ/ **I** *n* compréhension *f*; *our understanding was that* nous avions compris que; (sympathy) compréhension *f*. **II** *adj* bienveillant, compréhensif/-ive.

understated *adj* discret/-ète.

understatement /ˈʌndəsteɪtmənt/ *n* euphémisme *m*; *that's an understatement!* c'est le moins qu'on puisse dire!

understood /ˌʌndəˈstʊd/ *prét*, *pp* ▶ **understand**.

understudy /ˈʌndəstʌdɪ/ **I** *n* THÉÂT doublure *f* (**to** de); GÉN suppléant/-e *m/f* (**to** de). **II** *vtr* THÉÂT [▶ role, actor] doubler.

undertake /ˌʌndəˈteɪk/ *vtr* (prét **-took**; pp **-taken**) entreprendre; [▶ mission] se charger de; *to undertake to do* s'engager à faire.

undertaker /ˈʌndəteɪkə(r)/ *n* entrepreneur *m* de pompes funèbres.

undertaking /ˌʌndəˈteɪkɪŋ/ *n* entreprise *f*; (promise) garantie *f*.

undetermined /ˌʌndɪˈtɜːmɪnd/ *adj* indéterminé; [▶ outcome] inconnu.

undertone /ˈʌndətəʊn/ *n in an undertone* à voix basse.

undervalue /ˌʌndəˈvæljuː/ *vtr* [▶ person, quality] sous-estimer; [▶ theory] ne pas apprécier [qch] à sa juste valeur.

underwater /ˌʌndəˈwɔːtə(r)/ *adj* [cable, world] sous-marin.

under way /ˌʌndəˈweɪ/ *adv phr to be under way* être en cours; *to get sth under way* mettre qch en route.

underwear /ˈʌndəweə(r)/ *n* ¢ sous-vêtements *mpl*.

underwent /ˌʌndəˈwent/ *prét* ▶ **undergo**.

underworld /ˈʌndəwɜːld/ *n* milieu *m*, pègre *f*.

underwrite /ˌʌndəˈraɪt/ *vtr* (prét **-wrote**; pp **-written**) [▶ project] financer.

undesirable /ˌʌndɪˈzaɪərəbl/ *adj* indésirable; [influence] néfaste.

undid /ʌnˈdɪd/ *prét* ▶ **undo**.

undiscerning /ˌʌndɪˈsɜːnɪŋ/ *adj* qui manque de discernement.

undisclosed *adj* non révélé.

undiscovered /ˌʌndɪsˈkʌvəd/ *adj* [▶ identity, secret] non révélé; [▶ area, land] inexploré; [▶ species] inconnu; [▶ crime, document] non découvert; [▶ artist, talent] méconnu.

undisputed /ˌʌndɪˈspjuːtɪd/ *adj* incontesté.

undistinguished /ˌʌndɪˈstɪŋgwɪʃt/ *adj* insignifiant.

undisturbed /ˌʌndɪˈstɜːbd/ *adj* paisible, tranquille; *to remain undisturbed* rester intact.

undo /ʌnˈduː/ *vtr* (3e pers sg prés **-does**; prét **-did**; pp **-done**) [▶ lock] défaire; [▶ parcel] ouvrir; [▶ effort] détruire; [▶ harm] réparer.

undoubtedly /ʌnˈdaʊtɪdlɪ/ *adv* indubitablement.

undress /ʌnˈdres/ *vtr*, *vi* déshabiller, se déshabiller.

undue /ʌnˈdjuː, -ˈduːUS/ *adj* excessif/-ive.

undulate /ˈʌndjʊleɪt, -dʒʊ-US/ *vi* onduler.

unduly /ʌnˈdjuːlɪ, -ˈduːlɪUS/ *adv* excessivement, outre mesure.

unearth /ʌnˈɜːθ/ *vtr* ARCHÉOL [▶ remains, pottery] exhumer; FIG [▶ person, object] dénicher; [▶ fact, evidence] découvrir.

unearthly /ʌnˈɜːθlɪ/ *adj* [sight] surnaturel/-elle; *at some unearthly hour* à une heure indue.

uneasy /ʌnˈiːzɪ/ *adj* mal à l'aise; [person] inquiet/-iète; [conscience] pas tranquille; [feeling] désagréable; [compromise] difficile.

unemployed /ˌʌnɪmˈplɔɪd/ **I** *n the unemployed* (pl) les chômeurs *mpl*. **II** *adj* au chômage, sans emploi.

unemployment /ˌʌnɪmˈplɔɪmənt/ *n* chômage *m*.

unemployment benefitGB, **unemployment compensation**US *n* allocations *fpl* de chômage.

unemployment level, **unemployment rate** *n* taux *m* de chômage.

unendorsed /ˌʌnɪnˈdɔːst/ *adj* [▶ cheque] non endossé.

unequal

unequal /ʌnˈiːkwəl/ adj inégal; *to be unequal to* ne pas être à la hauteur de.

unequivocal /ʌnɪˈkwɪvəkl/ adj sans équivoque.

UNESCO /juːˈneskəʊ/ pr n (abrév = United Nations Educational, Scientific and Cultural Organization) UNESCO f.

uneven /ʌnˈiːvn/ adj inégal.

uneventful /ʌnɪˈventfl/ adj [▸day, life] ordinaire; [▸journey, period] sans histoires; [▸place] où il ne se passe rien.

unexpected /ʌnɪkˈspektɪd/ adj [event] imprévu; [gift] inattendu.

unexpectedly /ʌnɪkˈspektɪdlɪ/ adv subitement; [arrive] à l'improviste; [large, small] étonnamment.

unfailing /ʌnˈfeɪlɪŋ/ adj [▸support] sans faille; [▸optimism] à toute épreuve; [▸efforts] constant; [▸supply] inépuisable.

unfair /ʌnˈfeə(r)/ adj injuste; [competition] déloyal.

unfair dismissal n JUR licenciement m abusif.

unfaithful /ʌnˈfeɪθfl/ adj infidèle.

unfamiliar /ʌnfəˈmɪlɪə(r)/ adj [face, place] pas familier/-ière; [feeling, situation] inhabituel/-elle; *to be unfamiliar with sth* mal connaître qch.

unfashionable /ʌnˈfæʃənəbl/ adj démodé.

unfasten /ʌnˈfɑːsn/ vtr [▸button] défaire; [▸bag] ouvrir.

unfavourableᴳᴮ, **unfavorable**ᵁˢ /ʌnˈfeɪvərəbl/ adj défavorable.

unfazed© /ʌnˈfeɪzd/ adj imperturbable (**by** devant).

unfinished /ʌnˈfɪnɪʃt/ adj [work] inachevé; [matter] en cours.

unfit /ʌnˈfɪt/ adj (ill) malade; (out of condition) pas en forme; *unfit for work* inapte au travail.

unfold /ʌnˈfəʊld/ I vtr [▸paper] déplier; [▸wings] déployer; [▸arms] décroiser; [▸plan] dévoiler. II vi se dérouler.

unforeseen /ʌnfɔːˈsiːn/ adj imprévu.

unforgettable /ʌnfəˈgetəbl/ adj inoubliable.

unforgivable /ʌnfəˈgɪvəbl/ adj impardonnable.

unforgiving /ʌnfəˈgɪvɪŋ/ adj impitoyable.

unfortunate /ʌnˈfɔːtʃənət/ adj malheureux/-euse; [incident, choice] fâcheux/-euse; *to be unfortunate enough to do* avoir la malchance de faire.

unfortunately /ʌnˈfɔːtʃənətlɪ/ adv malheureusement.

unfounded /ʌnˈfaʊndɪd/ adj sans fondement.

unfriendly /ʌnˈfrendlɪ/ adj peu amical, inamical.

unfulfilled /ʌnfʊlˈfɪld/ adj [desire, need] inassouvi; *to feel unfulfilled* se sentir insatisfait.

unfurl /ʌnˈfɜːl/ vi se déployer.

ungrateful /ʌnˈgreɪtfl/ adj ingrat.

unhappy /ʌnˈhæpɪ/ adj [person, choice] malheureux/-euse; [occasion] triste; *to be unhappy about/with sth* ne pas être satisfait de qch; (concerned) inquiet/-iète.

unharmed /ʌnˈhɑːmd/ adj [person] indemne; [object] intact.

unhealthy /ʌnˈhelθɪ/ adj [person] maladif/-ive; [economy, obsession] malsain.

unheard-of /ʌnˈhɜːdɒv/ adj inouï; [price] record inv.

unhelpful /ʌnˈhelpfl/ adj [person] peu serviable; [remark] qui n'apporte rien d'utile.

unhoped-for /ʌnˈhəʊptfɔː(r)/ adj inespéré.

unhurt /ʌnˈhɜːt/ adj indemne.

UNICEF /ˈjuːnɪsef/ n (abrév = United Nations Children's Fund) UNICEF m.

unicorn /ˈjuːnɪkɔːn/ n licorne f.

unidentified /ʌnaɪˈdentɪfaɪd/ adj non identifié.

unification /juːnɪfɪˈkeɪʃn/ n unification f.

uniform /ˈjuːnɪfɔːm/ I n uniforme m. II adj [temperature] constant; [size] identique.

uniformity /juːnɪˈfɔːmətɪ/ n uniformité f.

unify /ˈjuːnɪfaɪ/ vtr unifier.

unimpeded /ʌnɪmˈpiːdɪd/ adj [▸access, influx] libre; *to be unimpeded by sth* ne pas être entravé par qch.

unimportant /ʌnɪmˈpɔːtnt/ adj sans importance.

unimpressed /ʌnɪmˈprest/ adj *unimpressed by* [▸performance] peu impressionné par; [▸argument] guère convaincu par.

uninstal(l) /ʌnɪnˈstɔːl/ vtr ORDINAT désinstaller.

unintelligible /ˌʌnɪnˈtelɪdʒəbl/ adj incompréhensible.

unintentional /ˌʌnɪnˈtenʃənl/ adj involontaire.

uninterested /ʌnˈɪntrəstɪd/ adj indifférent.

uninterrupted adj ininterrompu.

union /ˈjuːnɪən/ **I** n IND syndicat m; (joining together) union f. **II** in compounds [movement] syndical.

Union Jack n drapeau m du Royaume-Uni.

union member n syndiqué/-e m/f.

unique /juːˈniːk/ adj unique; *unique to* particulier à.

unisex /ˈjuːnɪseks/ adj unisexe.

unison /ˈjuːnɪsn, ˈjuːnɪzn/ n *in unison* à l'unisson.

unit /ˈjuːnɪt/ n GÉN unité f; *casualty unit*ᴳᴮ service des urgences; *kitchen unit* élément de cuisine.

unite /juːˈnaɪt/ **I** vtr unir. **II** vi s'unir.

united /juːˈnaɪtɪd/ adj [group, front] uni; [effort] conjoint.

United Arab Emirates pr npl Émirats mpl arabes unis.

United Kingdom pr n Royaume-Uni m.

United Nations Organization n Organisation f des Nations fpl unies.

United States of America pr n États-Unis mpl d'Amérique.

unity /ˈjuːnətɪ/ n unité f.

Univ (abrév écrite = **University**).

universal /juːnɪˈvɜːsl/ adj [principle, truth] universel/-elle; [reaction] général; [education, health care] pour tous.

universally /juːnɪˈvɜːsəlɪ/ adv par tous, universellement; [known, loved] de tous.

universe /ˈjuːnɪvɜːs/ n univers m.

university /juːnɪˈvɜːsətɪ/ **I** n université f. **II** in compounds [degree, town] universitaire.

unjust /ʌnˈdʒʌst/ adj injuste.

unjustified /ʌnˈdʒʌstɪfaɪd/ adj injustifié.

unkempt /ʌnˈkempt/ adj [person, appearance] négligé; [▸hair] ébouriffé; [▸beard] peu soigné; [▸home, garden] mal tenu.

unkind /ʌnˈkaɪnd/ adj pas très gentil/-ille; méchant.

unknown /ʌnˈnəʊn/ n, adj inconnu/-e (m/f).

unlawful /ʌnˈlɔːfl/ adj illégal.

unleaded /ʌnˈledɪd/ adj [petrol] sans plomb.

unleash /ʌnˈliːʃ/ vtr [▸passion] déchaîner.

unless /ənˈles/ conj à moins que (+ subj), à moins de (+ infinitive), sauf si (+ indic); *unless otherwise agreed* sauf disposition contraire; (except when) sauf quand.

unlike /ʌnˈlaɪk/ **I** prep contrairement à, à la différence de; (different from) différent de. **II** adj (jamais épith) différent.

unlikelihood /ʌnˈlaɪklɪhʊd/ n improbabilité f.

unlikely /ʌnˈlaɪklɪ/ adj [partner, situation] inattendu; [story] invraisemblable; [excuse] peu probable; *it is unlikely that* il est peu probable que (+ subj).

unlimited /ʌnˈlɪmɪtɪd/ adj illimité.

unload /ʌnˈləʊd/ vtr, vi décharger.

unlock /ʌnˈlɒk/ vtr ouvrir.

unluckily /ʌnˈlʌkɪlɪ/ adv malheureusement.

unlucky /ʌnˈlʌkɪ/ adj [person] malchanceux/-euse; [coincidence, event] malencontreux/-euse; *you were unlucky* tu n'as pas eu de chance; (causing bad luck) néfaste.

unmanageable /ʌnˈmænɪdʒəbl/ adj [▸child, animal] farouche; [▸system] ingérable; [▸size, number] démesuré.

unmarked /ʌnˈmɑːkt/ adj [car] banalisé.

unmarried /ʌnˈmærɪd/ adj célibataire.

unmask /ʌnˈmɑːsk, -ˈmæsk²/ vtr démasquer.

unmistakable /ʌnmɪˈsteɪkəbl/ adj [smell, sound] caractéristique; (unambiguous) sans ambiguïté.

unmoved /ʌnˈmuːvd/ adj indifférent; (emotionally) insensible.

unnatural /ʌnˈnætʃrəl/ adj anormal; [silence, colour] insolite.

unnecessary /ʌnˈnesəsrɪ, -serɪ²/ adj inutile.

unnerve /ʌnˈnɜːv/ vtr *it unnerved me* ça m'a fait un drôle d'effet.

unnerving /ʌnˈnɜːvɪŋ/ adj déroutant.

unnoticed /ʌnˈnəʊtɪst/ adj inaperçu.

UNO /ˈjuːnəʊ/ n (abrév = **United Nations Organization**) ONU f.

unobtrusive /ʌnəbˈtruːsɪv/ adj discret/-ète.

unofficial /ʌnəˈfɪʃl/ adj [figure] officieux/-ieuse; [candidate] indépendant.

unorthodox /ʌnˈɔːθədɒks/ adj peu orthodoxe.

unpack /ʌnˈpæk/ vtr [▸suitcase] défaire.

unpaid /ʌnˈpeɪd/ adj [bill, tax] impayé; [work, volunteer] non rémunéré.

unparalleled /ʌnˈpærəleld/ adj sans égal.

unpleasant /ʌnˈpleznt/ adj désagréable.

unplug /ʌnˈplʌg/ vtr (p prés etc **-gg-**) [▸appliance] débrancher.

unplugged /ʌnˈplʌgd/ MUS **I** adj [▸session] acoustique. **II** adv [perform] avec des instruments acoustiques.

unpopular /ʌnˈpɒpjʊlə(r)/ adj impopulaire.

unprecedented /ʌnˈpresɪdentɪd/ adj sans précédent.

unpredictable /ʌnprɪˈdɪktəbl/ adj imprévisible; [weather] incertain.

unprepared /ʌnprɪˈpeəd/ adj **to be unprepared for sth** ne pas s'attendre à qch; **to catch sb unprepared** prendre qn au dépourvu.

unpretentious /ʌnprɪˈtenʃəs/ adj simple.

unprincipled /ʌnˈprɪnsəpld/ adj peu scrupuleux/-euse.

unproductive adj improductif/-ive.

unprotected /ʌnprəˈtektɪd/ adj sans défense.

unprovided-for /ʌnprəˈvaɪdɪdfɔː(r)/ adj sans ressources.

unpublished /ʌnˈpʌblɪʃt/ adj non publié.

unqualified /ʌnˈkwɒlɪfaɪd/ adj non qualifié; [support, respect] inconditionnel/-elle; [success] grand.

unquestionable /ʌnˈkwestʃənəbl/ adj incontestable.

unravel /ʌnˈrævl/ (p prés etc **-ll-**GB, **-l-**US) **I** vtr [▸thread, mystery] démêler. **II** vi [▸knitting] se défaire; [plot] se dénouer.

unreal /ʌnˈrɪəl/ adj irréel/-éelle; ⊚ incroyable.

unrealistic /ʌnrɪəˈlɪstɪk/ adj irréaliste, peu réaliste.

unreasonable /ʌnˈriːznəbl/ adj [views] irréaliste; [expectations, price] excessif/-ive.

unrecognizable /ʌnˈrekəgnaɪzəbl/ adj méconnaissable.

unrelated /ʌnrɪˈleɪtɪd/ adj sans rapport.

unrelenting /ʌnrɪˈlentɪŋ/ adj implacable, acharné.

unreliability /ʌnrɪlaɪəˈbɪlətɪ/ n (of person) manque m de sérieux; (of machine, method) manque m de fiabilité.

unreliable /ʌnrɪˈlaɪəbl/ adj peu sûr, peu fiable; **he's very unreliable** on ne peut pas compter sur lui.

unremarkable /ʌnrɪˈmɑːkəbl/ adj quelconque.

unrest /ʌnˈrest/ n ¢ malaise m, troubles mpl.

unrestricted /ʌnrɪˈstrɪktɪd/ adj illimité, libre.

unruly /ʌnˈruːlɪ/ adj indiscipliné.

unsafe /ʌnˈseɪf/ adj dangereux/-euse; **to feel unsafe** ne pas se sentir en sécurité.

unsatisfactory /ʌnsætɪsˈfæktərɪ/ adj insatisfaisant.

unsavouryGB, **unsavory**US /ʌnˈseɪvərɪ/ adj louche, répugnant; [object, smell] peu appétissant.

unscathed /ʌnˈskeɪðd/ adj indemne.

unscrew /ʌnˈskruː/ vtr dévisser.

unscrupulous /ʌnˈskruːpjʊləs/ adj [▸person] sans scrupules; [▸tactic, method] peu scrupuleux/-euse.

unseat /ʌnˈsiːt/ vtr [▸rider] désarçonner; **the MP**GB **was unseated** le député a perdu son siège.

unseeded /ʌnˈsiːdɪd/ adj SPORT non classé.

unseen /ʌnˈsiːn/ **I** GB n SCOL version f (non préparée). **II** adj invisible. **III** adv sans être vu.

unsettle vtr troubler.

unsettled /ʌnˈsetld/ adj [weather] instable; [person] déboussolé.

unsettling /ʌnˈsetlɪŋ/ adj troublant, dérangeant.

unshaken /ʌnˈʃeɪkən/ adj [▸person] imperturbable (**by** devant); [▸belief, spirit] inébranlable.

unsightly /ʌnˈsaɪtlɪ/ adj laid.

unskilled /ʌnˈskɪld/ adj [worker] non qualifié; [job] qui n'exige pas de qualification professionnelle.

unsolved /ʌnˈsɒlvd/ adj inexpliqué.

unsound /ʌnˈsaʊnd/ adj [roof, ship] en mauvais état; [argument] peu valable.

unspeakable /ʌnˈspiːkəbl/ adj indescriptible.

unspoken /ʌnˈspəʊkən/ *adj* tacite.

unsteady /ʌnˈstedɪ/ *adj* [legs, voice] tremblant, chancelant; [ladder] instable.

unstoppable /ʌnˈstɒpəbl/ *adj* irrésistible.

unstuck /ʌnˈstʌk/ *adj* **to come unstuck** se décoller; FIG connaître un échec.

unsuccessful /ʌnsəkˈsesfl/ *adj* [campaign] infructueux/-euse; [film] sans succès; [love] malheureux/-euse; **to be unsuccessful** échouer; **to be unsuccessful in doing** ne pas réussir à faire.

unsuitable /ʌnˈsuːtəbl/ *adj* inapproprié; **to be unsuitable** ne pas convenir.

unsupported /ʌnsəˈpɔːtɪd/ **I** *adj* [▶allegation, hypothesis] non confirmé; MIL [▶troops] sans renfort; [▶parent] sans soutien de famille; ORDINAT *dont la maintenance n'est pas assurée*. **II** *adv* [stand] sans être soutenu.

unsure /ʌnˈʃɔː(r), -ˈʃʊərᵁˢ/ *adj* peu sûr; **I'm still unsure about it** j'ai encore des doutes; **to be unsure about how** ne pas savoir très bien comment; **to be unsure of oneself** manquer de confiance en soi.

unsuspecting /ʌnsəˈspektɪŋ/ *adj* [person] naïf/-ïve, sans méfiance; [public] non averti.

unsympathetic /ʌnsɪmpəˈθetɪk/ *adj* **unsympathetic to sb** peu compatissant envers qn.

untangle /ʌnˈtæŋgl/ *vtr* démêler.

untenable /ʌnˈtenəbl/ *adj* intenable; [argument] indéfendable.

unthinkable /ʌnˈθɪŋkəbl/ *adj* [prospect, action] impensable.

unthinking /ʌnˈθɪŋkɪŋ/ *adj* [▶person] irréfléchi; [▶remark, criticism] inconsidéré.

untidy /ʌnˈtaɪdɪ/ *adj* désordonné, peu soigné.

untie /ʌnˈtaɪ/ *vtr* (*p prés* **-tying**) défaire, dénouer; [▶hands] délier.

until /ənˈtɪl/ **I** *prep* jusqu'à; (+ negative verb) avant. **II** *conj* jusqu'à ce que (+ *subj*); (+ negative) avant que (+ *subj*), avant de (+ *infinitive*).

untimely /ʌnˈtaɪmlɪ/ *adj* inopportun.

untold /ʌnˈtəʊld/ *adj* indicible, impossible à évaluer.

untouched /ʌnˈtʌtʃt/ *adj* intact.

untoward /ʌntəˈwɔːd, ʌnˈtɔːrdᵁˢ/ *adj* fâcheux/-euse.

untreated /ʌnˈtriːtɪd/ *adj* non traité.

untrue /ʌnˈtruː/ *adj* faux/fausse.

untruthful /ʌnˈtruːθfl/ *adj* [▶person] menteur/-euse; [▶account] mensonger/-ère.

unused¹ /ʌnˈjuːst/ *adj* **to be unused to** ne pas être habitué à.

unused² /ʌnˈjuːzd/ *adj* inutilisé; neuf/neuve; (in ad) état neuf.

unusual /ʌnˈjuːʒl/ *adj* peu commun, inhabituel/-elle; **there's nothing unusual about it** cela n'a rien d'extraordinaire.

unusually /ʌnˈjuːʒəlɪ/ *adv* exceptionnellement.

unveil /ʌnˈveɪl/ *vtr* dévoiler.

unvoiced /ʌnˈvɔɪst/ *adj* [▶opinion] inexprimé.

unwanted /ʌnˈwɒntɪd/ *adj* [visitor] indésirable, de trop; [goods] superflu.

unwarranted · /ʌnˈwɒrəntɪd, -ˈwɔːr-ᵁˢ/ *adj* déplacé.

unwelcome /ʌnˈwelkəm/ *adj* [visitor] importun; [proposition] inopportun; [news] fâcheux/-euse.

unwell /ʌnˈwel/ *adj* souffrant; **he's feeling unwell** il ne se sent pas très bien.

unwieldy /ʌnˈwiːldɪ/ *adj* encombrant.

unwilling /ʌnˈwɪlɪŋ/ *adj* **to be unwilling to do sth** ne pas vouloir faire qch.

unwillingly /ʌnˈwɪlɪŋlɪ/ *adv* à contrecœur.

unwind /ʌnˈwaɪnd/ (*prét, pp* **-wound**) **I** *vtr* dérouler. **II** *vi* (relax) se détendre.

unwise /ʌnˈwaɪz/ *adj* peu judicieux/-ieuse, imprudent.

unworthy /ʌnˈwɜːðɪ/ *adj* indigne (de).

unwrap /ʌnˈræp/ *vtr* (*p prés etc* **-pp-**) déballer.

unwritten /ʌnˈrɪtn/ *adj* tacite.

unzip /ʌnˈzɪp/ *vtr* (*p prés etc* **-pp-**) [▶clothes] défaire la fermeture à glissière de; ORDINAT [▶file] dézipper, décompresser.

up /ʌp/ **I** *adj* debout, levé; (higher in amount, level) en hausse, en augmentation; (wrong) **what's up©?** qu'est-ce qui se passe?; [notice] affiché; [tent] monté, dressé; [hand] levé, en l'air; **this side up** (on parcel, box) haut; **face up** sur le dos; [road] en travaux; **the up escalator** l'escalier mécanique qui monte; **up for murder** accusé de meurtre. **II** *adv* **up here/there** là-haut; **up North** au Nord; **four floors up from here** quatre étages au-dessus; *I'll be right up* je monte tout de suite; *all the way up* jusqu'en haut, jusqu'au sommet; (ahead) d'avance. **III** *prep up the tree* dans l'arbre; *up a ladder* sur une échelle; *it's up the road* c'est plus loin dans la rue. **IV up above** *adv phr, prep phr* au-dessus (de). **V up against** *prep phr* contre. **VI up and about** *adv phr* debout, réveillé. **VII up and down** *adv phr, prep phr up and down the country* dans tout le pays. **VIII up to** *prep phr* jusqu'à; *up to here/there* jusqu'ici/jusque là; *to be up to sth* être capable de; *it's up to you!* c'est à toi de décider!; *what is he up[@] to?* qu'est-ce qu'il fabrique?

● *to be on the up* s'accroître; *the ups and downs* les hauts et les bas.

up-and-coming *adj* prometteur/-euse.

upbeat /ˈʌpbiːt/ *adj* optimiste.

upbringing /ˈʌpbrɪŋɪŋ/ *n* éducation *f*.

upcoming *adj* prochain.

update /ʌpˈdeɪt/ *vtr* mettre [qch] à jour, actualiser.

upgrade /ʌpˈɡreɪd/ *vtr* améliorer; [▸person] promouvoir; [▸passenger] surclasser.

upheaval /ʌpˈhiːvl/ *n* bouleversement *m*.

uphill /ʌpˈhɪl/ **I** *adj* [road] qui monte; [task] difficile. **II** *adv to go uphill* monter.

uphold /ʌpˈhəʊld/ *vtr* (*prét, pp* **-held**) [▸principle] soutenir; [▸law] faire respecter.

upholstery /ʌpˈhəʊlstəri/ *n* revêtement *m*; (technique) tapisserie *f*.

upkeep /ˈʌpkiːp/ *n* entretien *m*.

uplifting /ʌpˈlɪftɪŋ/ *adj* tonique.

upload /ˈʌpləʊd/ *vtr* ORDINAT [▸data] télécharger, télétransmettre.

up-market /ʌpˈmɑːkɪt/ *adj* haut de gamme.

upon /əˈpɒn/ *prep* sur; *disaster upon disaster* un désastre après l'autre; *spring is upon us* le printemps approche.

upper /ˈʌpə(r)/ **I** *n leather upper* dessus en cuir. **II** *adj* [shelf, teeth] du haut; [deck, rank] supérieur; *the upper limit* la limite maximale.

● *to have/get the upper hand* avoir/prendre le dessus.

upper class I *n the upper class* l'aristocratie *f* et la haute bourgeoisie. **II upper-class** *adj* [accent, person] distingué.

Upper House *n* Chambre *f* haute.

uppermost /ˈʌpəməʊst/ *adj* le plus haut; *uppermost in sb's mind* au premier plan des pensées de qn.

upper sixth[GB] *n* SCOL ≈ classe de terminale.

uprate /ʌpˈreɪt/ *vtr* [▸benefit] augmenter; [▸version] améliorer.

upright /ˈʌpraɪt/ **I** *n* montant *m*. **II** *adj, adv* droit; *to stay upright* rester debout.

uprising /ˈʌpraɪzɪŋ/ *n* soulèvement *m*.

uproar /ˈʌprɔː(r)/ *n* indignation *f*; (noisy reaction) tumulte *m*.

uproot /ʌpˈruːt/ *vtr* déraciner.

upset I /ˈʌpset/ *n* (upheaval) bouleversement *m*; (distress) peine *f*; *to have a stomach upset* avoir des maux de ventre. **II** /ʌpˈset/ *vtr* (*p prés* **-tt-**; *prét, pp* **-set**) retourner, bouleverser; [person] faire de la peine à, contrarier; (knock over) renverser; [▸digestion] perturber. **III** /ʌpˈset/ *pp adj to be/feel upset* être contrarié; *don't get upset* calme-toi.

upshot /ˈʌpʃɒt/ *n* résultat *m*.

upside down /ʌpsaɪd ˈdaʊn/ *adj, adv* à l'envers; FIG sens dessus dessous.

upstairs /ʌpˈsteəz/ **I** *n* haut *m*; *there is no upstairs* il n'y a pas d'étage. **II** *in compounds* [room] du haut; [neighbours] du dessus. **III** *adv* en haut; *to go upstairs* monter (l'escalier).

upstart /ˈʌpstɑːt/ *n, adj* arriviste (*mf*).

upstream /ʌpˈstriːm/ *adv* vers l'amont.

upsurge /ˈʌpsɜːdʒ/ *n* augmentation *f*.

uptight[@] /ʌpˈtaɪt/ *adj* tendu, coincé[@].

up-to-date /ʌptəˈdeɪt/ *adj* [clothes] à la mode; [equipment] moderne; [timetable] à jour; [person] au courant.

uptown[US] /ʌpˈtaʊn/ *adv* (New York, etc) *to go uptown* aller dans le nord de la ville.

upturn *n* reprise *f*.

upward /ˈʌpwəd/ **I** *adj* [push, etc] vers le haut; [path, road] qui monte. **II** *adv* ▸ **upwards**.

upward mobility *n* ascension *f* sociale.

upwards /ˈʌpwədz/ **I** *adv* vers le haut; *from five years upwards* à partir de cinq ans. **II upwards of** *prep phr* plus de.

urban /ˈɜːbən/ *adj* urbain.

urbane /ɜːˈbeɪn/ *adj* raffiné.

urbanization /ɜːbənaɪˈzeɪʃn, -nɪˈz-[US]/ *n* urbanisation *f*.

urban sprawl n PÉJ (phenomenon) étalement m de la ville; (buildings) agglomération f.

urchin /ˈɜːtʃɪn/ n gamin m.

urge /ɜːdʒ/ **I** n envie f, désir m. **II** vtr [▸ caution, etc] préconiser; **to urge sb to do** conseiller vivement à qn de faire.
■ **urge on** inciter.

urgency /ˈɜːdʒənsɪ/ n (of situation) urgence f; (of voice, tone) insistance f.

urgent /ˈɜːdʒənt/ adj urgent, pressant.

urinate /ˈjʊərɪneɪt/ vi uriner.

urn /ɜːn/ n urne f.

Uruguay /ˈjʊərəgwaɪ/ pr n Uruguay m.

us /ʌs, əs/ pron nous; **both of us** tous/toutes les deux; **some of us** quelques-uns/-unes d'entre nous; **he's one of us** il est des nôtres.

US /ˈjuːˈes/ **I** pr n (abrév = **United States**) USA mpl. **II** adj américain.

USA /ˈjuːesˈeɪ/ pr n (abrév = **United States of America**) EU mpl.

usage /ˈjuːsɪdʒ, ˈjuːzɪdʒ/ n LING usage m; (of gas) consommation f.

USB /ˈjuːesˈbiː/ n (abrév = **universal serial bus**) USB m.

USB key n clé f USB.

USB port n port f USB.

use I /juːs/ n emploi m, utilisation f; **external use only** usage externe; **to be of use** être utile; **what's the use of crying?** à quoi bon pleurer?; **it's no use asking me** inutile de me demander. **II** /juːz/ vtr [▸ car, room, tool] se servir de, utiliser; [▸ method, expression] employer, utiliser; [▸ opportunity] profiter de, saisir; [▸ fuel, food] consommer.
■ **use up** [▸ food] finir, utiliser; [▸ money] dépenser; [▸ supplies] épuiser.

use-by date n (on food, medicine) date f limite de consommation.

used I /juːst/ modal aux **I used to do** je faisais; **it used to be thought that** avant on pensait que; **there used to be a pub**GB **here** il y avait un pub ici (dans le temps). **II** /juːzt/ adj (accustomed) **to be used to sth** avoir

l'habitude de qch, être habitué à qch; **to get used to** s'habituer à; **I'm not used to it** je n'ai pas l'habitude; [car] d'occasion.

useful /ˈjuːsfl/ adj utile.

usefully adv utilement.

useless /ˈjuːslɪs/ adj inutile; (not able to be used) inutilisable; **to be useless**© **at sth** être nul en qch.

user /ˈjuːzə(r)/ n utilisateur/-trice m/f; **road/ rail users** les usagers de la route/du rail; © toxicomane mf.

user-friendly adj ORDINAT convivial; GÉN facile à utiliser.

username /ˈjuːzəneɪm/ n ORDINAT nom m d'utilisateur.

usher /ˈʌʃə(r)/ **I** n (at lawcourt) huissier m; (in theatre) placeur m. **II** vtr **to usher sb in/out** faire entrer/sortir qn.

usherette /ˌʌʃəˈret/ n ouvreuse f.

usual /ˈjuːʒl/ **I** © n **the usual** la même chose que d'habitude. **II** adj habituel/-elle; [word, term] usuel/-elle; **as usual** comme d'habitude.

usually /ˈjuːʒəlɪ/ adv d'habitude, normalement.

utensil /juːˈtensl/ n ustensile m.

utility /juːˈtɪlətɪ/ **I** n utilité f; ORDINAT utilitaire m. **II** US **utilities** npl l'eau, le gaz et l'électricité.

utilize /ˈjuːtəlaɪz/ vtr [▸ object, idea] utiliser; [▸ resource] exploiter.

utmost /ˈʌtməʊst/ **I** n **to the utmost of one's abilities** au maximum de ses capacités; **at the utmost** au maximum, au plus. **II** adj [caution, ease, secrecy] le plus grand/la plus grande (before n); [limit] extrême.

utopian /juːˈtəʊpɪən/ adj utopique.

utter /ˈʌtə(r)/ **I** adj total, absolu. **II** vtr [▸ word, curse] prononcer; [▸ cry] pousser, émettre.

utterly /ˈʌtəlɪ/ adv complètement.

U-turn n demi-tour m; FIG volte-face f inv.

Uzbekistan /ˌʌzbekɪˈstɑːn, ˌʊz-/ pr n Ouzbékistan m.

v /viː/ (*abrév écrite* = **versus**) contre; (*abrév écrite* = **vide**) voir.

V (*abrév écrite* = **volt**) ÉLEC V, volt *m*.

vacancy /ˈveɪkənsɪ/ *n* poste *m* à pourvoir, poste *m* vacant; (in hotel) *no vacancies* complet.

vacant /ˈveɪkənt/ *adj* [room, seat] libre, disponible; [office, land] inoccupé; [job] vacant, à pourvoir; [look] absent.

vacate /vəˈkeɪt, ˈveɪkeɪtUS/ *vtr* [▸house, job] quitter; [▸room, seat] libérer.

vacationUS /vəˈkeɪʃn, veɪ-US/ *n* vacances *fpl*.

vaccinate /ˈvæksɪneɪt/ *vtr* vacciner.

vaccine /ˈvæksiːn, vækˈsiːnUS/ *n* vaccin *m*.

vacuum /ˈvækjʊəm/ **I** *n* vide *m*; (cleaner) aspirateur *m*. **II** *vtr* [▸carpet] passer [qch] à l'aspirateur; [▸room] passer l'aspirateur dans.

vacuum cleaner *n* aspirateur *m*.

vagina /vəˈdʒaɪnə/ *n* (*pl* **-nas/-nae**) vagin *m*.

vagrant /ˈveɪɡrənt/ *n, adj* vagabond/-e (*m/f*).

vague /veɪɡ/ *adj* vague; [person, expression] distrait.

vaguely /ˈveɪɡlɪ/ *adv* vaguement.

vain /veɪn/ **I** *adj* vain; (conceited) vaniteux/-euse. **II in vain** *adv phr* en vain.

valentine /ˈvæləntaɪn/ *n* carte *f* de la Saint-Valentin; *be my valentine!* veux-tu m'aimer?

Valentine('s) Day *n* la Saint-Valentin.

valet /ˈvælɪt, -leɪ/ *n* valet *m* de chambre.

valet service *n* (car-cleaning) service *m* de nettoyage de voitures; (clothes repair) service *m* d'entretien.

valiant /ˈvæliənt/ *adj* courageux/-euse.

valid /ˈvælɪd/ *adj* [passport, licence] valide; [ticket, offer] valable.

validate /ˈvælɪdeɪt/ *vtr* valider.

valley /ˈvælɪ/ *n* (*pl* **-s**) vallée *f*.

valuable /ˈvæljʊəbl/ *adj* [asset] de valeur; [advice] précieux/-ieuse.

valuables /ˈvæljʊəblz/ *npl* objets *mpl* de valeur.

valuation /ˌvæljʊˈeɪʃn/ *n* évaluation *f*, expertise *f*.

value /ˈvæljuː/ **I** *n* valeur *f*; *of little value* de peu de valeur; *to be good value* avoir un bon rapport qualité-prix. **II** *vtr* évaluer, expertiser; [▸person] apprécier.

value-added tax, **VAT** *n* taxe *f* à la valeur ajoutée, TVA *f*; *VAT-registered* soumis à la TVA.

value judgment *n* jugement *m* de valeur.

valuer /ˈvæljʊəʳ/ *n* expert *m*.

valve /vælv/ *n* soupape *f*; (on tyre) valve *f*.

vampire /ˈvæmpaɪə(r)/ *n* vampire *m*.

van /væn/ *n* (for deliveries) fourgonnette *f*, camionnette *f*; (for removals) fourgon *m*; (camper)US auto-caravane *f*, camping-car *m*.

vandal /ˈvændl/ *n* vandale *mf*.

vandalism /ˈvændəlɪzəm/ *n* vandalisme *m*.

vanguard /ˈvænɡɑːd/ *n* avant-garde *f*.

vanilla /vəˈnɪlə/ *n* vanille *f*.

vanish /ˈvænɪʃ/ *vi* disparaître.

vanishing point *n* point *m* de fuite.

vanity /ˈvænətɪ/ *n* vanité *f*.

vantage point *n from the vantage point of* du haut de; FIG perspective *f*.

vapourGB, **vapor**US /ˈveɪpə(r)/ *n* vapeur *f*.

variable /ˈveərɪəbl/ *n, adj* variable (*f*).

variance /ˈveərɪəns/ *n at variance with* en désaccord avec.

variation /ˌveərɪˈeɪʃn/ *n* variation *f*, différence *f*.

varied /ˈveərɪd/ *adj* varié.

variegated /ˈveərɪɡeɪtɪd/ *adj* panaché.

variety /vəˈraɪətɪ/ *n* variété *f*.

variety show *n* spectacle *m* de variétés.

various /ˈveərɪəs/ *adj* différents, divers (*before n*); *in various (different) ways* de diverses manières.

varnish /ˈvɑːnɪʃ/ **I** *n* vernis *m*. **II** *vtr* vernir.

vary /ˈveərɪ/ **I** *vtr* varier; [▸pace, route] changer de. **II** *vi to vary from sth* différer de qch.

vase /vɑːz, veɪsUS, veɪz/ *n* vase *m*.

vast /vɑːst, væst^{US}/ adj énorme, immense.

vastly /ˈvɑːstlɪ, væstlɪ^{US}/ adv considérablement.

vat /væt/ n cuve f.

VAT^{GB} /ˌviːeɪˈtiː/ n (abrév = **value-added tax**) TVA f.

Vatican City, **The Vatican** pr n Le Vatican m.

vault /vɔːlt/ **I** n voûte f; (for wine) cave f; (tomb) caveau m; (of bank) chambre f forte. **II** vtr, vi sauter (par-dessus).

VCR /ˌviːsiːˈɑː(r)/ n (abrév = **video cassette recorder**) magnétoscope m.

VDU /ˌviːdiːˈjuː/ n (abrév = **visual display unit**) ORDINAT moniteur m.

veal /viːl/ n CULIN veau m.

veer /vɪə(r)/ vi [ship] virer; [person, road] tourner.

vegan /ˈviːgən/ n, adj végétalien/-ienne (m/f).

vegetable /ˈvedʒtəbl/ **I** n légume m. **II** in compounds [soup, patch] de légumes; [fat, oil] végétal; *vegetable garden* potager.

vegetarian /ˌvedʒɪˈteərɪən/ n, adj végétarien/-ienne (m/f).

vegetation /ˌvedʒɪˈteɪʃn/ n végétation f.

veggie© /ˈvedʒɪ/ n (person) végétarien/-ienne m/f; (vegetable) légume m.

veggie burger /ˈvedʒɪbɜːgə(r)/ n hamburger m végétarien.

vehement /ˈviːəmənt/ adj véhément.

vehicle /ˈviːəkl, ˈviːhɪkl^{US}/ n véhicule m.

veil /veɪl/ **I** n voile m. **II** vtr voiler, dissimuler.

vein /veɪn/ n veine f; (on leaf) nervure f.

velocity /vɪˈlɒsətɪ/ n vitesse f.

velvet /ˈvelvɪt/ n velours m.

vending machine n distributeur m automatique.

vendor /ˈvendə(r)/ n marchand/-e m/f; vendeur/-euse m/f.

veneer /vɪˈnɪə(r)/ n placage m; vernis m.

venerable /ˈvenərəbl/ adj vénérable.

Venezuela /ˌvenɪˈzweɪlə/ pr n Venezuela m.

vengeance /ˈvendʒəns/ n vengeance f; *with a vengeance* de plus belle.

venison /ˈvenɪsn, -zn/ n (viande f de) chevreuil m.

venom /ˈvenəm/ n venin m.

vent /vent/ n (for gas, pressure) bouche f, conduit m; *to give vent to* FIG [▸ anger, feelings] décharger.

ventilate /ˈventɪleɪt/ vtr aérer.

venture /ˈventʃə(r)/ **I** n (undertaking) aventure f, entreprise f; (experiment) essai m. **II** vtr [▸ opinion, suggestion] hasarder; *to venture to do* se risquer à faire. **III** vi *to venture into* [▸ place] s'aventurer dans; [▸ publishing, etc] se lancer dans.

venture capital n capital-risque m.

venue /ˈvenjuː/ n lieu m.

verb /vɜːb/ n verbe m.

verbal /ˈvɜːbl/ adj verbal.

verbatim /vɜːˈbeɪtɪm/ adv [describe, record] mot pour mot.

verbena /vɜːˈbiːnə/ n verveine f.

verdict /ˈvɜːdɪkt/ n JUR verdict m.

verge /vɜːdʒ/ n (by road)^{GB} accotement m, bas-côté m; *soft verge* accotement non stabilisé; *on the verge of doing* sur le point de faire.

■ **verge on** [▸ panic, stupidity] friser.

verify /ˈverɪfaɪ/ vtr vérifier.

veritable /ˈverɪtəbl/ adj véritable.

vermin /ˈvɜːmɪn/ n vermine f; PÉJ canaille f.

verruca /vəˈruːkə/ n (pl **-cae/-cas**) verrue f plantaire.

versatile /ˈvɜːsətaɪl/ adj [person] *to be versatile* savoir tout faire; [vehicle] polyvalent.

verse /vɜːs/ n poésie f; (form) vers mpl.

version /ˈvɜːʃn, -ʒn^{US}/ n version f.

versus /ˈvɜːsəs/ prep contre.

vertebra /ˈvɜːtɪbrə/ n (pl **-brae**) vertèbre f.

vertical /ˈvɜːtɪkl/ adj vertical; [cliff] à pic.

vertigo /ˈvɜːtɪgəʊ/ n vertige m.

verve /vɜːv/ n brio m, verve f.

very /ˈverɪ/ **I** adj même (after n); [mention, thought] seul; (ultimate) tout; *from the very beginning* depuis le tout début. **II** adv très, vraiment; *very much* beaucoup; *the very first* le tout premier; *the very next day* le lendemain même.

vessel /ˈvesl/ n vaisseau m; (container) récipient m.

vest /vest/ n ^{GB} maillot m de corps; ^{US} gilet m.

vested interest n *to have a vested interest* avoir un intérêt personnel.

vestige /'vestɪdʒ/ n vestige m.

vestry /'vestrɪ/ n sacristie f.

vet /vet/ **I** n (abrév = **veterinary surgeon**) vétérinaire mf; (abrév = **veteran**) MIL@US ancien combattant m. **II** GB vtr (p prés etc -**tt**-) mener une enquête approfondie sur.

veteran /'vetərən/ **I** n GÉN vétéran m; MIL ancien combattant m. **II** in compounds [sportsman, politician] chevronné.

Veterans DayUS n jour m des anciens combattants.

veterinary /'vetrɪnrɪ, 'vetərɪnərɪUS/ adj vétérinaire.

veterinary surgeonGB, **veterinarian**US n vétérinaire mf.

veto /'viːtəʊ/ **I** n (pl -**toes**) (droit, de) veto m. **II** vtr (3e pers sg prés -**toes**; prét, pp -**toed**) opposer son veto à.

vetting /'vetɪŋ/ **I** n contrôle m; **security vetting** enquête f de sécurité; **to give sb a vetting** mener une enquête sur qn. **II** in compounds [▸ procedure, service] de contrôle.

vex /veks/ vtr contrarier.

vexed /vekst/ adj [question, issue, situation] épineux/-euse.

via /'vaɪə/ prep via, en passant par; (by means of) par.

viable /'vaɪəbl/ adj viable; [plan] réalisable, valable.

viaduct /'vaɪədʌkt/ n viaduc m.

vibrate /vaɪ'breɪt, 'vaɪbreɪtUS/ vi vibrer.

vicar /'vɪkə(r)/ n pasteur m (anglican ou de l'Église épiscopale).

vicarage /'vɪkərɪdʒ/ n presbytère m.

vicarious /vɪ'keərɪəs, vaɪ'k-US/ adj indirect.

vice /vaɪs/ n vice m; TECH étau m.

vice-chancellorGB n UNIV président/-e m/f d'Université.

vice-president n vice-président/-e m/f.

vice squadUS n brigade f des mœurs.

vicinity /vɪ'sɪnətɪ/ n voisinage m; **in the vicinity of** à proximité de.

vicious /'vɪʃəs/ adj malfaisant; [attack, revenge] brutal.

vicious circle n cercle m vicieux.

victim /'vɪktɪm/ n victime f.

victimize /'vɪktɪmaɪz/ vtr persécuter.

Victim SupportGB n organisme m d'aide aux victimes de crime.

victor /'vɪktə(r)/ n vainqueur m.

Victorian /vɪk'tɔːrɪən/ adj victorien/-ienne, de l'époque victorienne.

victorious /vɪk'tɔːrɪəs/ adj victorieux/-ieuse.

victory /'vɪktərɪ/ n victoire f; **to win a victory** remporter une victoire.

video I n magnétoscope m; (cassette) cassette f vidéo, vidéo f. **II** in compounds [▸ footage, equipment] vidéo. **III** vtr (3e pers sg prés **videos**; prét, pp **videoed**) enregistrer; (on camcorder) filmer en vidéo.

video clip n CIN, TV clip m.

video surveillance n vidéosurveillance f.

videotape /'vɪdɪəʊteɪp/ **I** n bande f vidéo. **II** vtr enregistrer (en vidéo).

vie /vaɪ/ vi (p prés **vying**) **to vie with sb/sth** rivaliser avec qn/qch.

Vietnam /vjet'næm/ pr n Viêt Nam m.

Vietnamese /vɪetnə'miːz/ **I** n (person) Vietnamien/-ienne m/f; LING vietnamien m. **II** adj [▸ people, government] vietnamien/-ienne; [▸ embassy] du Viêt Nam.

view /vjuː/ **I** n vue f; **an overall view of** une vue d'ensemble de; **to have sth in view** FIG penser faire qch; (personal opinion, attitude) avis m, opinion f; **in his view** à son avis. **II** in view of prep phr vu, étant donné. **III with a view to** prep phr en vue de. **IV** vtr considérer, envisager; [▸ house] visiter; [▸ documents] examiner; [▸ programme] regarder.

viewer /'vjuːə(r)/ n téléspectateur/-trice m/f.

viewfinder /'vjuːfaɪndə(r)/ n viseur m.

viewpoint n point m de vue.

vigil /'vɪdʒɪl/ n veille f, veillée f; POL manifestation f silencieuse.

vigilant /'vɪdʒɪlənt/ adj vigilant.

vigilante /ˌvɪdʒɪ'læntɪ/ n membre m d'un groupe d'autodéfense.

vigorous /'vɪgərəs/ adj vigoureux/-euse.

vigourGB, **vigor**US /'vɪgə(r)/ n GÉN vigueur f, énergie f.

vile /vaɪl/ adj [taste] infect; [weather] abominable; [place] horrible; (wicked) vil, ignoble.

villa /'vɪlə/ n pavillon m.

village /'vɪlɪdʒ/ n village m.

villager /'vɪlɪdʒə(r)/ n villageois/-e m/f.

villain /ˈvɪlən/ n canaille f; (in book, film) méchant m.

vindicate /ˈvɪndɪkeɪt/ vtr donner raison à.

vindictive /vɪnˈdɪktɪv/ adj vindicatif/-ive.

vine /vaɪn/ n vigne f.

vinegar /ˈvɪnɪɡə(r)/ n vinaigre m.

vineyard /ˈvɪnjəd/ n vignoble m.

vintage /ˈvɪntɪdʒ/ **I** n (wine) millésime m. **II** adj [wine] millésimé; *it's vintage Coltrane* c'est du Coltrane du meilleur cru; [car, cloth] de collection.

vinyl /ˈvaɪnl/ n vinyle m.

viola[1] /vɪˈəʊlə/ n (violon m) alto m.

viola[2] /ˈvaɪələ/ n (flower) pensée f.

violate /ˈvaɪəleɪt/ vtr violer.

violation /vaɪəˈleɪʃn/ n violation f; JUR infraction f.

violence /ˈvaɪələns/ n violence f.

violent /ˈvaɪələnt/ adj violent.

violet /ˈvaɪələt/ **I** n (flower) violette f; (colour) violet m. **II** adj violet/-ette.

violin /vaɪəˈlɪn/ n violon m.

VIP /viːaɪˈpiː/ n (abrév = **very important person**) n personnalité f.

viper /ˈvaɪpə(r)/ n (snake) vipère f.

virgin /ˈvɜːdʒɪn/ n, adj vierge (f).

Virgo /ˈvɜːɡəʊ/ n Vierge f.

virile /ˈvɪraɪl, ˈvɪrəl(US)/ adj viril.

virtual /ˈvɜːtʃʊəl/ adj quasi-total; *it's virtual slavery* c'est presque de l'esclavage.

virtually /ˈvɜːtʃʊəlɪ/ adv pratiquement, presque.

virtual reality n réalité f virtuelle.

virtue /ˈvɜːtʃuː/ **I** n vertu f; (advantage) avantage m. **II by virtue of** prep phr en raison de.

virtuoso /vɜːtjʊˈəʊsəʊ, -zəʊ/ n (pl **-sos**/**-si**) virtuose mf.

virtuous /ˈvɜːtʃʊəs/ adj vertueux/-euse.

virulent /ˈvɪrʊlənt/ adj virulent.

virus /ˈvaɪərəs/ n MÉD, ORDINAT virus m; *the flu/Aids virus* le virus de la grippe/du sida.

virus checker n ORDINAT logiciel m antivirus, antivirus m.

visa /ˈviːzə/ n visa m.

vis-à-vis /viːzɑːˈviː/ prep par rapport à.

viscount /ˈvaɪkaʊnt/ n vicomte m.

visibility /vɪzəˈbɪlətɪ/ n visibilité f.

visible /ˈvɪzəbl/ adj visible.

vision /ˈvɪʒn/ n c vision f; (ability to see) vue f.

visionary /ˈvɪʒənrɪ, ˈvɪʒənerɪ(US)/ n, adj visionnaire (mf).

visit /ˈvɪzɪt/ **I** n visite f. **II** vtr [▸person] aller voir, rendre visite à; [▸country, region] visiter.

visitor /ˈvɪzɪtə(r)/ n invité/-e m/f; (tourist) visiteur/-euse m/f.

visitor centre(GB) n centre m d'accueil et d'information (des visiteurs).

visitors' book n (in museum) livre m d'or; (in hotel) registre m.

visor /ˈvaɪzə(r)/ n visière f.

vista /ˈvɪstə/ n panorama m.

visual /ˈvɪʒʊəl/ adj visuel/-elle.

visual display unit, **VDU** n ORDINAT moniteur m.

visualize /ˈvɪʒʊəlaɪz/ vtr s'imaginer.

visually handicapped n *the visually handicapped* les malvoyants.

vital /ˈvaɪtl/ adj primordial; [person] plein de vie.

vitality /vaɪˈtælətɪ/ n vitalité f.

vitamin /ˈvɪtəmɪn, ˈvaɪt-(US)/ n vitamine f.

vitamin deficiency n carence f en vitamines.

vivid /ˈvɪvɪd/ adj [colour, light] vif/vive; [description, example] frappant.

vocabulary /vəˈkæbjʊlərɪ, -lerɪ(US)/ n vocabulaire m.

vocal /ˈvəʊkl/ **I vocals** npl chant m. **II** adj vocal.

vocalist /ˈvəʊkəlɪst/ n chanteur/-euse m/f (dans un groupe pop).

vocation /vəʊˈkeɪʃn/ n vocation f.

vocational /vəʊˈkeɪʃənl/ adj professionnel/-elle.

vocational course n stage m de formation professionnelle.

vociferous /vəˈsɪfərəs, vəʊ-(US)/ adj véhément.

vogue /vəʊɡ/ n vogue f; *out of vogue* démodé.

voice /vɔɪs/ **I** n voix f. **II** vtr exprimer.

voice-activated /vɔɪsˈæktɪveɪtɪd/ adj ÉLECTRON, ORDINAT activé par la voix.

voice mail, **voicemail** /ˈvɔɪsmeɪl/ n ORDI-NAT, TÉLÉCOM messagerie f vocale; *to have a voicemail* avoir un message.

voice-over /ˈvɔɪsəʊvə(r)/ n voix-off f.

voice recognition n reconnaissance f vocale.

void /vɔɪd/ **I** n vide m. **II** adj JUR nul/nulle; (empty) vide; *void of* dépourvu de.

volatile /ˈvɒlətaɪl, -tlUS/ adj [situation] explosif/-ive; [person] lunatique; [market] instable.

volcanic /vɒlˈkænɪk/ adj volcanique.

volcano /vɒlˈkeɪnəʊ/ n (pl **-noes** /-nos**) volcan m.

volition /vəˈlɪʃn, vəʊ-US/ n *of one's own volition* de son propre gré.

volley /ˈvɒlɪ/ **I** n volée f; (of gunfire) salve f. **II** vi (in tennis) jouer à la volée.

volleyball /ˈvɒlɪbɔːl/ n volley(-ball) m.

volt /vəʊlt/ n volt m.

voltage /ˈvəʊltɪdʒ/ n tension f.

volume /ˈvɒljuːm, -jəmUS/ n volume m.

voluntary /ˈvɒləntrɪ, -terɪUS/ adj volontaire; (unpaid) bénévole.

volunteer /vɒlənˈtɪə(r)/ **I** n volontaire mf; (unpaid worker) bénévole mf. **II** in compounds [work] bénévole; [division] de volontaires. **III** vtr *to volunteer to* se porter volontaire pour. **IV** vi MIL s'engager comme volontaire.

voluptuous /vəˈlʌptʃʊəs/ adj voluptueux/-euse.

vomit /ˈvɒmɪt/ **I** n vomi m. **II** vtr, vi vomir.

vortex /ˈvɔːteks/ n (pl **-es**/**-tices**) tourbillon m.

vote /vəʊt/ **I** n vote m. **II** vtr voter; *to be voted Miss World* être élue Miss Monde; *to vote sb sth* accorder qch à qn. **III** vi *to vote for/against* voter en faveur de/contre; *let's vote on it* mettons-le aux voix.

vote of confidence n vote m de confiance.

voter /ˈvəʊtə(r)/ n électeur/-trice m/f.

voting /ˈvəʊtɪŋ/ n scrutin m.

voting age n majorité f électorale; *people of voting age* personnes ayant la majorité électorale.

voting booth n isoloir m.

vouch /vaʊtʃ/ vtr *to vouch for* répondre de; *to vouch that* garantir que.

voucher /ˈvaʊtʃə(r)/ n bon m, coupon, m.

vow /vaʊ/ **I** n vœu m, serment m. **II** vtr faire vœu de; *to vow to do* jurer de faire.

vowel /ˈvaʊəl/ n voyelle f.

voyage /ˈvɔɪɪdʒ/ n voyage m.

vulgar /ˈvʌlgə(r)/ adj vulgaire; (rude) grossier/-ière.

vulnerable /ˈvʌlnərəbl/ adj vulnérable.

vulture /ˈvʌltʃə(r)/ n vautour m.

W (abrév écrite = **watt**, = **West**).

wad /wɒd/ n liasse f; (lump) balle f.

waddle /wɒdl/ vi se dandiner.

wade /weɪd/ vi *to wade across* traverser à gué.

wafer /weɪfə(r)/ n gaufrette f.

wafer-thin /weɪfəˈθɪn/ adj ultrafin.

waffle /wɒfl/ **I** n CULIN gaufre f; PÉJ©GB verbiage m. **II** vi ©GB bavasser©.

waft /wɒft, wæft US/ vi flotter; *to waft up* monter.

wag /wæg/ vtr, vi (p prés etc **-gg-**) [▸tail] remuer.

wage /weɪdʒ/ **I** n salaire m. **II** in compounds [agreement, claim] salarial; [increase, rise] de salaire; [policy, freeze] des salaires. **III** vtr [▸campaign] mener; *to wage (a) war against sth/sb* faire la guerre contre qch/qn.

wage bargaining n négociations fpl salariales.

wage earner n salarié/-e m/f; (breadwinner) soutien m de famille.

wager /weɪdʒə(r)/ n pari m.

wage structure n échelle f salariale.

waggonGB, **wagon** /wægən/ n chariot m; RAILGB wagon m.

wagtail n bergeronnette f.

wail /weɪl/ vi [person, wind] gémir; [siren] hurler.

waist /weɪst/ n taille f; *to have a 70-cm waist* avoir un tour de taille de 70 cm.

waistcoatGB n gilet m.

waistline n ligne f.

wait /weɪt/ **I** n attente f. **II** vtr attendre. **III** vi attendre; *to wait for sb/sth* attendre qn/qch; *he can't wait to start* il a hâte de commencer; *just you wait!* (as threat) tu vas voir©!; *to wait at table* être serveur/-euse m/f; *to lie in wait* être à l'affût; *to lie in wait for sb* guetter qn.
■ **wait on** servir; *to be waited on* être servi; **wait up** veiller.

waiter /weɪtə(r)/ n serveur m.

waiting /weɪtɪŋ/ **I** n attente f. **II** adj (épith) [list, room] d'attente.

waitress /weɪtrɪs/ n serveuse f.

waive /weɪv/ vtr [▸rule] déroger à; [▸claim, demand, right] renoncer à.

waiver /weɪvə(r)/ n JUR renonciation f; *visa waiver* exemption f de visa; ASSUR rachat m.

wake /weɪk/ **I** n sillage m; (over dead person) veillée f funèbre. **II** vtr (prét **woke**; pp **woken**) réveiller. **III** vi se réveiller.
■ **wake up** réveiller, se réveiller; *wake up!* réveille-toi!; *to wake up to sth* prendre conscience de qch.

wake-up call n réveil m téléphonique.

Wales /weɪlz/ pr n pays m de Galles.

walk /wɔːk/ **I** n marche f, promenade f; *it's about ten minutes' walk* c'est environ à dix minutes à pied; *it's a long walk* c'est loin à pied; (gait) démarche f; (pace) pas m; (path) allée f. **II** vtr [▸countryside] parcourir [qch] (à pied); *I can't walk another step* je ne peux pas faire un pas de plus; [▸horse] conduire; [▸dog] promener; *to walk sb home* raccompagner qn chez lui/elle. **III** vi marcher; (for pleasure) se promener; (not ride or drive) aller à pied; *walk*US (at traffic lights) ≈ traversez.
■ **walk away** s'éloigner; *to walk away from* fuir; *to walk away with* [▸prize, honour] décrocher; **walk back** revenir sur ses pas; **walk in** entrer; **walk into** (r)entrer dans; [▸trap, ambush] tomber dans; **walk off** partir brusquement; *to walk off with sth*© filer© avec qch; **walk on** continuer à marcher; **walk out** sortir, partir; **walk round**GB faire le tour; **walk through** traverser.

walker /wɔːkə(r)/ n promeneur/-euse m/f, marcheur/-euse m/f.

walkie-talkie /wɔːkɪˈtɔːkɪ/ n talkie-walkie m.

walking /wɔːkɪŋ/ n promenade f à pied, marche f.

walking distance n *it's within walking distance* on peut y aller à pied.

walking stick n randonnée f à pied.

Walkman® n (pl **-mans**) walkman® m, baladeur m.

walkway n allée f piétonnière; *moving walkway* tapis m roulant.

wall /wɔːl/ n mur m; (of cave, etc) paroi f.

walled /wɔːld/ adj [city] fortifié.

wallet /ˈwɒlɪt/ n portefeuille m.

wallflower /ˈwɔːlflaʊə(r)/ n giroflée f.

wallow /ˈwɒləʊ/ vi to wallow in [▸mud, etc] se vautrer dans.

wallpaper /ˈwɔːlpeɪpə(r)/ I n papier m peint; ORDINAT fond m d'écran. II vtr tapisser.

Wall Street pr n rue de New York où se trouve la Bourse.

wall-to-wall /ˌwɔːltəˈwɔːl/ adj wall-to-wall carpet moquette f.

walnut /ˈwɔːlnʌt/ n noix f; (tree) noyer m.

walrus /ˈwɔːlrəs/ n morse m.

waltz /wɔːls, wɔːltsᵁˢ/ I n valse f. II vi valser.

wan /wɒn/ adj blême.

wand /wɒnd/ n baguette f.

wander /ˈwɒndə(r)/ I vtr to wander the streets traîner dans la rue. II vi se promener, flâner; [mind] s'égarer, divaguer.
■ wander about, wander around errer, se balader©; wander off s'éloigner (de).

wane /weɪn/ I n to be on the wane être sur le déclin. II vi [moon] décroître.

wanna© /ˈwɒnə/ = want to, = want a.

wannabe(e)© /ˈwɒnəbiː/ n personne qui rêve d'être célèbre.

want /wɒnt/ I n besoin m; to be in want of avoir besoin de; for want of à défaut/ faute de. II vtr vouloir; to want to do vouloir faire; to want sb to do vouloir que qn fasse; I don't want to je n'ai pas envie; (need)© avoir besoin de. III vi they want for nothing ils ont tout ce qu'il leur faut.

wanted /ˈwɒntɪd/ adj recherché (par la police).

wanton /ˈwɒntən, ˈwɔːn-ᵁˢ/ adj [cruelty, etc] gratuit, délibéré.

war /wɔː(r)/ n guerre f.

warbler n fauvette f.

ward /wɔːd/ n (in hospital) service m; POL circonscription f électorale; to be made a ward of court être placé sous tutelle judiciaire.
■ ward off [▸threat] écarter; [▸bankruptcy, disaster] éviter.

warden /ˈwɔːdn/ n GÉN directeur/-trice m/f; (of park, estate) gardien/-ienne m/f; (traffic warden)ᴳᴮ contractuel/-le m/f.

wardrobe /ˈwɔːdrəʊb/ n garde-robe f.

wardrobe mistress n costumière f.

wares /weəz/ npl marchandises fpl.

warehouse /ˈweəhaʊs/ n entrepôt m.

warfare /ˈwɔːfeə(r)/ n guerre f.

warhead n (of bomb) ogive f.

warlord /ˈwɔːlɔːd/ n chef m de guerre.

warm /wɔːm/ I adj GÉN chaud; to be warm [person] avoir chaud; [weather] faire chaud; (enthusiastic) chaleureux/-euse; warm(est) regards avec mes (très) sincères amitiés. II vtr [▸food, water] chauffer, réchauffer; [▸part of body] se réchauffer. III vi [food, liquid] chauffer. IV v refl to warm oneself se réchauffer.
■ warm up se réchauffer; FIG s'animer; [athlete] s'échauffer; [food, car, etc] chauffer.

war memorial n monument m aux morts.

warmongering /ˈwɔːmʌŋgərɪŋ/ I n propagande f belliciste. II adj [▸person, article] belliciste.

warmth /wɔːmθ/ n chaleur f.

warm-up /ˈwɔːmʌp/ n échauffement m.

warn /wɔːn/ vtr, vi prévenir; to warn of prévenir de; to warn sb about/against sth mettre qn en garde contre qch.

warning /ˈwɔːnɪŋ/ I n avertissement m; (by light, siren) signal m; a warning against sth une mise en garde contre qch; advance warning préavis m. II in compounds [▸siren, device] d'alarme; [▸notice] d'avertissement; warning light voyant m d'alarme; LIT, FIG warning shot coup m de semonce.

warp /wɔːp/ I vtr déformer; [▸mind, personality] pervertir. II vi se déformer.

warpath /ˈwɔːpɑːθ/ n to be on the warpath être sur le sentier de la guerre.

warrant /ˈwɒrənt, ˈwɔːr-ᵁˢ/ I n JUR mandat m; a warrant for sb's arrest un mandat d'arrêt contre qn. II vtr justifier.

warrant card n plaque f (de police).

warranty /ˈwɒrəntɪ, ˈwɔːr-ᵁˢ/ n COMM garantie f.

warren /ˈwɒrən, ˈwɔːrənᵁˢ/ n garenne f.

warring /ˈwɔːrɪŋ/ adj en guerre.

warrior /ˈwɒrɪə(r), ˈwɔːr-ᵁˢ/ n, adj guerrier/-ière (m/f).

warship /ˈwɔːʃɪp/ n navire m de guerre.

wart /wɔːt/ n verrue f.

wartime /ˈwɔːtaɪm/ n in wartime en temps de guerre.

war-torn /ˈwɔːtɔːn/ adj déchiré par la guerre.

war-weary /ˈwɔːwɪərɪ/ adj las/lasse de la guerre.

wary /ˈweərɪ/ adj prudent.

was /wɒz, wəz/ prét ▶ **be**.

wash /wɒʃ/ **I** n lavage m, lessive f; (from boat) remous m; ART lavis m. **II** /wɒʃ, wɔːʃ/ vtr laver; **to wash one's hands/face** se laver les mains/le visage; [▸object] nettoyer; **to wash the dishes** faire la vaisselle. **III** vi se laver, faire sa toilette; (clean clothes) faire la lessive.

■ **wash away** [▸stain] faire partir; **wash down** laver [qch] à grande eau; [▸food] faire passer (en avalant un liquide); **wash up** faire la vaisselle; US faire un brin de toilette☺.

washable /ˈwɒʃəbl, ˈwɔːʃ-US/ adj lavable.

wash-and-wear adj infroissable.

washbasin n lavabo m.

washed-up /ˌwɒʃtˈʌp, ˌwɔːʃ-US/ adj (finished) fichu☺; (tired) US épuisé.

washer /ˈwɒʃə(r), ˈwɔːʃərUS/ n TECH rondelle f; ☺ machine f à laver.

washing /ˈwɒʃɪŋ, ˈwɔːʃɪŋUS/ n linge m; **to do the washing** faire la lessive.

washing facilities npl douches-lavabos fpl.

washing machine n machine f à laver.

washing powder n lessive f (en poudre).

washing-up n vaisselle f.

washout /ˈwɒʃaʊt/ n fiasco m.

washroom US n toilettes fpl.

wasn't /ˈwɒznt/ = **was not**.

wasp /wɒsp/ n guêpe f.

WASP US /wɒsp/ n (abrév = **White Anglo-Saxon Protestant**) membre de l'élite des Blancs protestants d'origine anglo-saxonne.

wastage /ˈweɪstɪdʒ/ n gaspillage m.

waste /weɪst/ **I** n gaspillage m; **a waste of time** une perte de temps; ¢ (detritus) déchets mpl; (land) désert m. **II** adj [energy] gaspillé; [water] usé; [land] inculte. **III** vtr gaspiller; [▸time, opportunity] perdre; [▸youth] gâcher.

wastebasket US n corbeille f à papier.

wastebin n poubelle f; (for paper) corbeille f à papier.

wasted /ˈweɪstɪd/ adj inutile.

waste disposal, **waste management** n traitement m des déchets.

wasteful /ˈweɪstfl/ adj peu économique; **it's wasteful** c'est du gaspillage.

wasteland n terrain m vague.

wastepaper basket US, **wastepaper bin** n corbeille f à papier.

waste recycling n recyclage m des déchets.

watch /wɒtʃ/ **I** n montre f; (on sb/sth) surveillance f; **to keep watch** monter la garde; NAUT quart m. **II** vtr regarder; [▸language, situation] surveiller; [▸obstacle, danger] faire attention à; [▸development] suivre; **to watch one's step** regarder où on met les pieds. **III** vi regarder. **IV** v refl se regarder; FIG faire attention.

■ **watch for** guetter; **watch out** faire attention; **watch out!** attention!

watchdog n chien m de garde.

watchful adj vigilant.

water /ˈwɔːtə(r)/ **I** n eau f. **II** in compounds [glass, tank, filter, pump] à eau; [pipe, shortage] d'eau; [ski, sport] nautique. **III** vtr [▸plant] arroser. **IV** vi **it makes my mouth water** ça me fait venir l'eau à la bouche; [eyes] pleurer.

■ **water down** couper [qch] d'eau; [▸version] édulcorer.

watercolour GB, **watercolor** US n aquarelle f.

watercress n cresson m (de fontaine).

waterfall n cascade f.

waterfront n bord m de l'eau.

watering can n arrosoir m.

water lily n nénuphar m.

water main n canalisation f d'eau.

watermelon n pastèque f.

waterproof adj [coat] imperméable; [make-up] résistant à l'eau.

water-repellent /ˈwɔːtərɪˈpelənt/ adj [▸coat, spray] imperméable.

watershed n ligne f de partage des eaux; FIG tournant m.

watershed hour GB n TV heure après laquelle les émissions déconseillées aux enfants peuvent être diffusées.

water-ski /ˈwɔːtəskiː/ SPORT **I** n ski m nautique. **II** vi faire du ski nautique.

watertight adj étanche; FIG incontestable.

watery /ˈwɔːtərɪ/ adj trop liquide, trop dilué.

waterway n voie f navigable.

watt /wɒt/ n watt m.

wave /weɪv/ **I** n (of water) signe m; (of water) vague f; (in hair) cran m; PHYS onde f. **II** vtr GÉN agiter; (▸stick, gun) brandir; **to wave goodbye to** faire au revoir de la main à. **III** vi **to wave to/at sb** saluer qn de la main; [flag] flotter au vent.

wave band n bande f de fréquence.

wave power n énergie f des vagues.

waver /ˈweɪvə(r)/ vi vaciller; [courage, faith] faiblir; [hesitate] hésiter.

wax /wæks/ **I** n cire f; (for skis) fart m. **II** vtr cirer; (▸ski) farter. **III** vi [moon] croître.

way /weɪ/ **I** n chemin m; **on the way back** sur le chemin du retour; **the way in** l'entrée; **the way out** la sortie; **on the way** en route; **I'm on my way** j'arrive; (direction) direction f, sens m; **to look the other way** regarder de l'autre côté; (space in front, projected route) passage m; **to be in sb's way** empêcher qn de passer; (distance) distance f; **all the way** jusqu'au bout; **it's a long way** c'est loin; (manner) façon f, manière f; **to my way of thinking** à mon avis; **one way or another** d'une façon ou d'une autre; **no way**©! pas question!; (respect, aspect) sens m; **in a way** en un sens; **in many ways** à bien des égards. **II** adv **to go way over sth** dépasser largement qch; **to be way out**ᴳᴮ (in guess) être loin du compte. **III by the way** adv phr en passant, à propos…

way-out© adj excentrique; (great)† super©, formidable.

wayside n bord m de la route.

wayward adj difficile, incontrôlable.

we /wiː, wɪ/ pron nous; **we left** nous sommes partis; (informal) on est parti© à six heures; **we Scots** nous autres Écossais.

weak /wiːk/ adj faible; [health] fragile; [parent] trop mou/molle; [excuse] peu convaincant; [tea, coffee] léger/-ère.

weaken /ˈwiːkən/ vtr, vi (s')affaiblir.

weakness /ˈwiːknɪs/ n point m faible; (of heart, memory) faiblesse f; (of structure) fragilité f; (liking) faible m.

wealth /welθ/ n richesse f; **a wealth of** énormément de.

wealthy /ˈwelθɪ/ adj riche.

wean /wiːn/ vtr sevrer.

weapon /ˈwepən/ n arme f; **weapon of mass destruction** arme de destruction massive.

wear /weə(r)/ **I** ¢ vêtements mpl; (normal) **wear and tear** usure normale. **II** vtr (prét **wore**; pp **worn**) (▸jeans, sweater) porter, mettre, avoir; **to wear blue** s'habiller en bleu; (damage by use) user. **III** vi s'user; (withstand use) faire de l'usage.

■ **wear down** s'user; (▸person) épuiser; **wear off** s'effacer; **wear on** [day, evening] s'avancer; **wear out** (s')user; (▸person) épuiser.

weary /ˈwɪərɪ/ adj fatigué, las/lasse; [journey] fatigant.

weasel /ˈwiːzl/ n belette f.

weather /ˈweðə(r)/ **I** n temps m; **what's the weather like?** quel temps fait-il?; **in hot/cold weather** quand il fait chaud/froid; **weather permitting** si le temps le permet. **II** in compounds [check, conditions, forecast, etc] météorologique. **III** vtr essuyer; **to weather the storm** FIG surmonter la crise.

weathercock, weather vane n girouette f.

weatherman© n (on TV, radio) présentateur/-trice m/f de la météo.

weave /wiːv/ **I** vtr (prét **wove/weaved**; pp **woven/weaved**) tisser. **II** vi **to weave in and out** se faufiler (entre).

web /web/ n toile f (d'araignée); **a web of** (▸ropes, lines) un réseau de; (▸lies) un tissu de.

Web /web/ n ORDINAT web m, Toile f.

web browser n ORDINAT navigateur m, logiciel m de navigation.

web designer n concepteur/-trice m/f de sites web.

web hosting n ORDINAT hébergement m de sites web.

weblog /ˈweblɒg/ n ORDINAT blog m.

webmaster /ˈwebmɑːstə(r)/ n ORDINAT webmestre mf, administrateur/-trice m/f de site Internet.

web search n ORDINAT recherche f sur le web.

wed /wed/ **I** vtr (p prés etc **-dd-**; prét, pp **wedded/wed**) épouser; **to get wed** se marier. **II** vi se marier.

we'd /wiːd/ = **we had**, = **we would**.

Wed (abrév écrite = **Wednesday**).

wedding /ˈwedɪŋ/ n mariage m; *silver wedding* les noces d'argent.

wedding ring n alliance f.

wedge /wedʒ/ I n (to hold position) cale f; (of cake) morceau m. II vtr caler; *to wedge sth into* enfoncer qch dans; *to be wedged against/between* être coincé contre/entre.

Wednesday /ˈwenzdeɪ, -dɪ/ n mercredi m.

weeᴳᴮ /wiː/ I ⊙ n pipi⊙ m. II adj (tout) petit. III ⊙ vi faire pipi.

weed /wiːd/ I n mauvaise herbe f; PÉJ⊙ᴳᴮ mauviette⊙ f. II vtr, vi désherber.

week /wiːk/ n semaine f; *every other week* tous les quinze jours.

weekday n *on weekdays* en semaine.

weekend /ˌwiːkˈend, ˈwiːk-ᵁˢ/ n fin m de semaine, week-end m.

weekly /ˈwiːklɪ/ I n, adj hebdomadaire (m). II adv une fois par semaine.

weep /wiːp/ vtr, vi (prét, pp **wept**) pleurer.

weeping willow n saule m pleureur.

weigh /weɪ/ vtr peser; *to weigh oneself* se peser; NAUT *to weigh anchor* lever l'ancre. ▪ **weigh down** [▸vehicle] surcharger; [▸worry] être accablé de; **weigh up**ᴳᴮ évaluer, juger.

weight /weɪt/ n poids m; *what is your weight?* combien pesez-vous?

weight training n musculation f (en salle).

weighty /ˈweɪtɪ/ adj de poids.

weirᴳᴮ /wɪə(r)/ n (dam) barrage m.

weird /wɪəd/ adj bizarre.

welcome /ˈwelkəm/ I n accueil m. II adj bienvenu; *you're welcome to* n'hésitez pas à; (acknowledging thanks) *you're welcome* de rien. III vtr [▸person] accueillir; [▸news, etc] se réjouir de.

weld /weld/ vtr souder.

welfare /ˈwelfeə(r)/ n (well-being) bien-être m inv; (state assistance) assistance f sociale; (money) aide f sociale.

welfare services n services mpl sociaux.

welfare state n État-providence m.

well[1] /wel/ I adj (comparative **better**, superlative **best**) bien; *to feel well* se sentir bien; *to get well* se rétablir; *it would be just as well to do* il vaudrait mieux faire. II adv (comparative **better**, superlative **best**) bien; *they are doing well* ils se portent bien; *you did well to tell me* tu as bien fait de me le dire. III excl eh bien!; (+ indignation, disgust) ça alors!; (+ disappointment) tant pis!; (after pause) bon. IV **as well** adv phr aussi. V **as well as** prep phr et aussi, aussi bien que.

● **well and truly** bel et bien.

well[2] /wel/ n puits m.
▪ **well up** monter.

we'll /wiːl/ = **we shall**; = **we will**.

well-behaved adj sage.

well-being n bien-être m inv.

well-bred adj bien élevé.

well done I adj CULIN bien cuit; [task] bien fait. II ᴳᴮ excl *well done!* bravo!

well-informed adj bien informé.

wellington (boot)ᴳᴮ /ˈwelɪŋtən/ n botte f de caoutchouc.

well-kept adj [garden] bien entretenu; [secret] bien gardé.

well-known adj célèbre; *well-known to sb* bien connu de qn.

well-meaning adj bien intentionné.

well-off I n (pl) *the well-off* les gens mpl aisés. II adj riche, aisé; *to be well-off for* avoir beaucoup de.

well-read adj cultivé.

well-to-do I n *the well-to-do* (pl) les gens mpl aisés. II adj riche, aisé.

Welsh /welʃ/ I n (people) *the Welsh* (+ v pl) les Gallois mpl; LING gallois m. II adj gallois.

Welsh Assemblyᴳᴮ n POL Assemblée f galloise.

Welsh rarebit n CULIN toast au fromage.

went /went/ prét ▸ **go**.

wept /wept/ prét, pp ▸ **weep**.

were /wɜː(r), wə(r)/ prét ▸ **be**.

we're /wɪə(r)/ = **we are**.

weren't /wɜːnt/ = **were not**.

west /west/ I n ouest m. II **West** n POL, GÉOG *the West* l'Ouest m, l'Occident m. III adj ouest inv; [wind] d'ouest. IV adv [move] vers l'ouest; [lie, live] à l'ouest.

West Countryᴳᴮ pr n *the West Country* le Sud-Ouest (de l'Angleterre).

West Endᴳᴮ pr n *the West End* le West End (quartier de théâtres et de boutiques chic de Londres).

westerly /ˈwestəlɪ/ adj [wind] d'ouest; [point] à l'ouest.

western /ˈwestən/ **I** n CIN western m. **II** adj (épith) GÉOG [coast] ouest inv; [custom, accent] de l'ouest; POL occidental.

westerner /ˈwestənə(r)/ n Occidental/-e m/f.

westernize /ˈwestənaɪz/ vtr occidentaliser.

West Indian /ˌwest ˈɪndɪən/ **I** n Antillais/-e m/f. **II** adj antillais.

West Indies /ˌwest ˈɪndiːz/ pr npl Antilles fpl.

Westminster quartier de Londres où se trouve le Parlement.

West PointUS n West Point m (académie militaire américaine).

westward /ˈwestwəd/ adv vers l'ouest.

wet /wet/ **I** n humidité f. **II** adj wet (with) mouillé (de/par); wet paint peinture fraîche; [weather, day] humide; PÉJ©GB [person] mou/molle; POLGB modéré. **III** vtr (p prés **-tt-**; prét, pp **wet**) mouiller.

wet blanket© n rabat-joie mf inv.

wetland n terres fpl marécageuses.

wet suit n combinaison f de plongée.

we've /wiːv/ = **we have**.

whack /wæk, hwækUS/ **I** n (grand) coup m; (share)©GB part f. **II** vtr donner un grand coup (à).

whacky© /ˈwækɪ, ˈhwækɪUS/ adj dingue©, délirant©.

whale /weɪl, hweɪlUS/ n baleine f.

whaling /ˈweɪlɪŋ, ˈhweɪlɪŋUS/ n pêche f à la baleine.

wharf /wɔːf, hwɔːfUS/ n (pl **wharves**) quai m.

what /wɒt, hwɒtUS/ **I** pron (subject) what is happening? qu'est-ce qui se passe?; (object) what are you doing? qu'est-ce que tu fais?; (with prepositions) with what? avec quoi?; what for? pourquoi?; (in clauses) (whatever) do what you want fais ce que tu veux; (as subject) ce qui; (as object) ce que, ce dont. **II** det quel/quelle/quels/quelles; what time is it? quelle heure est-il?; (in exclamations) quel/quelle; what a nice car! quelle belle voiture! **III what about** prep phr what about you? et toi (alors)?; what about going out? et si on sortait?; what about Tuesday? qu'est-ce que tu dirais de mardi? **IV** excl quoi!, comment!

what's-his-name© n Machin© m.

whatever /wɒtˈevə(r), hwɒt-US/ **I** pron (subject) (tout) ce qui; (object) (tout) ce que; (no matter what) quoi que (+ subj); whatever happens quoi qu'il arrive; whatever's the mat-

ter? qu'est-ce qui ne va pas?; whatever do you mean? qu'est-ce que tu veux dire par là? **II** det whatever the reason quelle que soit la raison; for whatever reason pour je ne sais quelle raison.

whatsoever /ˌwɒtsəʊˈevə(r), ˌhwɒt-US/ adv ▸ **whatever**.

wheat /wiːt, hwiːtUS/ n blé m; wheat germ germe m de blé.

wheatmeal bread n pain m complet.

wheel /wiːl, hwiːlUS/ **I** n roue f; (for steering) volant m; NAUT roue f (de gouvernail). **II** vtr pousser.

wheelbarrow n brouette f.

wheelchair n fauteuil m roulant.

wheelclamp /ˈwiːlklæmp/ **I** n AUT sabot m. **II** vtr [▸ car] mettre un sabot à.

wheelie bin n poubelle f à roulettes.

wheeling and dealing n (+ v sg) manigances fpl, micmacs© mpl; (during negotiations) tractations fpl.

wheeze /wiːz, hwiːzUS/ vtr dire d'une voix rauque.

whelk /welk/ n bulot m.

when /wen, hwenUS/ **I** pron quand. **II** adv when are we leaving? quand est-ce qu'on part?; at the time when au moment où. **III** conj quand, lorsque; (whereas) alors que.

whenever /wenˈevə(r), hwen-US/ adv whenever you want quand tu veux; (every time that) chaque fois que; or whenever© ou n'importe quand.

where /weə(r), hweərUS/ **I** pron où; from where? d'où?; (the place or point where) this is where it happened c'est là que c'est arrivé. **II** adv where is my coat? où est mon manteau?; I wonder where he's going je me demande où il va; go where you want va où tu veux; where possible dans la mesure du possible. **III** conj ▸ **whereas**.

whereabouts I /ˈweərəbaʊts, ˈhweər-US/ n do you know his whereabouts? savez-vous où il est? **II** /ˌweərəˈbaʊts/ adv où.

whereas /weərˈæz, ˌhweər-US/ conj alors que, tandis que.

whereby /weəˈbaɪ, hweər-US/ conj par lequel, par laquelle.

whereupon /ˌweərəˈpɒn, ˌhweər-US/ conj SOUT sur quoi.

wherever /weərˈevə(r), hweər-US/ adv où?; (anywhere) wherever he goes où qu'il aille; **wherever you want** où tu veux; **or wherever**© ou n'importe où ailleurs.

whether /ˈweðə(r), ˈhweðərUS/ *conj* si; *I wonder whether it's true* je me demande si c'est vrai; **whether you like it or not!** que cela te plaise ou non!

which /wɪtʃ, hwɪtʃUS/ **I** *pron* lequel *m*, laquelle *f*; (relative) (as subject) qui; (as object) que; (after prepositions) lequel/laquelle/lesquels/lesquelles; **which reminds me…** ce qui me fait penser que… **II** *det* **which books?** quels livres?; **which one of the children?** lequel/laquelle des enfants?; **in which case…** auquel cas…

whichever /wɪtʃˈevə(r), hwɪtʃ-US/ **I** *pron* (as subject) celui qui, celle qui…; (as object) celui que, celle que, ceux que… **II** *det* **whichever dress you prefer** la robe que tu préfères.

whiff /wɪf, hwɪfUS/ *n* bouffée *f*; (of perfume, food) odeur *f*.

while /waɪl, hwaɪlUS/ **I** *conj* alors que, tandis que; (as long as) tant que; (during the time that) pendant que; *I fell asleep while reading* je me suis endormi en lisant. **II** *n* moment *m*; *to stop for a while* s'arrêter un peu; *once in a while* de temps en temps.
■ **while away** [▸time] tuer.

whilstGB /waɪlst, hwaɪlstUS/ *conj* ▶ **while I**.

whim /wɪm, hwɪmUS/ *n* caprice *m*.

whimper /ˈwɪmpə(r), ˈhwɪm-US/ *vi* gémir; PÉJ pleurnicher©.

whimsical /ˈwɪmzɪkl, ˈhwɪm-US/ *adj* [person] fantasque; [play, tale, manner, idea] saugrenu.

whine /waɪn, hwaɪnUS/ *vi* (complain) se plaindre; [dog] gémir.

whip /wɪp, hwɪpUS/ **I** *n* fouet *m*; POLGB député chargé d'assurer la discipline de vote des membres de son parti. **II** *vtr* (*p prés etc* **-pp-**) fouetter; (steal)©GB piquer©.
■ **whip up** [▸indignation, hostility] ranimer; [▸interest] éveiller; [▸meal]© préparer en vitesse.

whiplash injury *n* MÉD coup *m* du lapin, traumatisme *m* cervical.

whip-round©GB /ˈwɪpraʊnd/ *n* collecte *f*.

whirl /wɜːl, hwɜːlUS/ **I** *n* tourbillon *m*. **II** *vtr, vi* (faire) tournoyer.

whirlpool, whirlwind *n* tourbillon *m*.

whisk /wɪsk, hwɪskUS/ **I** *n* (manual) fouet *m*; (electric) batteur *m*. **II** *vtr* CULIN battre; (transport quickly) emmener rapidement.

whiskers /ˈwɪskə(r)z, ˈhwɪ-US/ *npl* (of animal) moustaches *fpl*; (of man) favoris *mpl*.

whisper /ˈwɪspə(r), ˈhwɪs-US/ **I** *n* chuchotement *m*. **II** *vtr, vi* chuchoter.

whistle /ˈwɪsl, ˈhwɪ-US/ **I** *n* sifflet *m*; (sound) sifflement *m*. **II** *vtr, vi* siffler.

whistle-blower© /ˈwɪslbləʊə(r)/ *n* dénonciateur/-trice *m/f*.

WhitGB /wɪt, hwɪtUS/ *n* Pentecôte *f*.

white /waɪt, hwaɪtUS/ **I** *n* blanc *m*; (Caucasian) Blanc/Blanche *m/f*. **II** *adj* blanc/blanche.

white coffeeGB *n* café *m* au lait.

white-collar *adj* [work] de bureau.

WhitehallGB /ˈwaɪthɔːl, ˈhwaɪt-US/ *pr n* POL avenue de Londres où sont concentrés les principaux ministères et administrations publiques.

white lie *n* pieux mensonge *m*.

whiten /ˈwaɪtn, ˈhwaɪtnUS/ **I** *vtr* blanchir. **II** *vi* [sky] pâlir; [knuckles] blanchir.

white-tie *in compounds* [dinner] habillé.

whitewash /ˈwaɪtwɒʃ, ˈhwaɪt-US/ **I** *n* lait *m* de chaux. **II** *vtr* blanchir; [▸affair] étouffer.

whiting /ˈwaɪtɪŋ, ˈhwaɪt-US/ *n inv* merlan *m*.

Whitsun /ˈwɪtsn, hwɪ-US/ *n* Pentecôte *f*.

whittle /ˈwɪtl, ˈhwɪt-US/ *vtr*.
■ **whittle away** réduire.

whiz(z) /wɪz, hwɪzUS/ **I** © *n* (expert) as© *m*. **II** © *vi* filer©.

whiz(z) kid© *n* jeune prodige *m*.

who /huː/ *pron* qui (est-ce qui); (after prepositions) qui; *he/she who* celui/celle qui; *who do you think you are?* pour qui te prends-tu?

WHO *n* (*abrév* = **World Health Organization**) OMS *f*.

who'd /huːd/ = **who had**, = **who would**.

whodun(n)it© /ˌhuːˈdʌnɪt/ *n* polar© *m*.

whoever /huːˈevə(r)/ *pron* celui qui, celle qui; *invite whoever you like* invite qui tu veux; *whoever did it?* (mais) qui a bien pu faire ça?

whole /həʊl/ **I** *n* tout *m*; *as a whole* en entier, dans l'ensemble; *the whole of* tout/-e. **II** *adj* tout, entier/-ière; (intact) intact. **III** *adv* [swallow, cook] tout entier. **IV** *on the whole* *adv phr* dans l'ensemble.

wholefoodGB *n* produits *mpl* diététiques, produits biologiques.

wholefood shopGB n magasin m de produits diététiques.

wholegrain adj [bread] complet/-ète.

wholehearted /ˌhəʊlˈhɑːtɪd/ adj *in a wholehearted way* sans réserve.

wholemealGB adj [bread] complet/-ète.

whole milk n lait m entier.

wholesale /ˈhəʊlseɪl/ I n vente f en gros. II adj COMM de gros; [destruction] total; [acceptance] en bloc. III adv COMM en gros; [accept] en bloc.

wholesaler /ˈhəʊlseɪlə(r)/ n grossiste mf.

wholesome /ˈhəʊlsəm/ adj sain.

wholewheatUS adj [bread] complet/-ète.

who'll /huːl/ = who will = who shall.

wholly /ˈhəʊllɪ/ adv entièrement, tout à fait.

whom /huːm/ pron (interrogative) qui (est-ce que); (after prepositions) qui; (relative) que.

whoop /huːp, wuːp, hwuːpUS/ vi pousser des cris.

whooping cough n coqueluche f.

whopping© /ˈwɒpɪŋ, ˈhwɒpɪŋUS/ adj (big) monstre©.

whore /hɔː(r)/ n INJUR prostituée f.

who're /ˈhuːə(r)/ = who are.

who's /huːz/ = who is, = who has.

whose /huːz/ I pron à qui. II adj *whose pen is that?* à qui est ce stylo?; *with whose permission?* avec la permission de qui?; (relative) dont.

Who's Who pr n ≈ bottin® m mondain.

who've /huːv/ = who have.

why /waɪ, hwaɪUS/ I adv pourquoi. II conj *that is why* c'est pour ça; *the reason why…* la raison pour laquelle… III excl mais.

wicked /ˈwɪkɪd/ adj [person] méchant; [smile] malicieux/-ieuse.

wicker /ˈwɪkə(r)/ n osier m.

wicket /ˈwɪkɪt/ n portillon m; (window)US guichet m.

wide /waɪd/ I adj large; *how wide is it?* quelle est sa largeur?; *it's 30-m wide* il a 30 m de large; (of products) gamme f; (of opinions) variété f. II adv *wide open* grand ouvert; *wide awake* complètement éveillé.

wide-angle lens n PHOT objectif m à grand angle, grand angle m.

widely /ˈwaɪdlɪ/ adv largement; [travel, differ] beaucoup.

widen /ˈwaɪdn/ I vtr élargir; [▸powers] étendre. II vi s'élargir.

wide-ranging /ˌwaɪdˈreɪndʒɪŋ/ adj [debate] approfondi/-e; [aims] ambitieux/-ieuse.

widespread /ˈwaɪdspred/ adj très répandu.

widget© /ˈwɪdʒɪt/ n HUM bidule© m, petite pièce f; ORDINAT composant m logiciel réutilisable; (in graphical user interface) widget m.

widow /ˈwɪdəʊ/ I n veuve f. II vtr *to be widowed* devenir veuf/veuve.

widower /ˈwɪdəʊə(r)/ n veuf m.

widow's pension n allocation f veuvage.

width /wɪdθ, wɪtθ/ n largeur f.

wield /wiːld/ vtr brandir; [▸power] exercer.

wife /waɪf/ n (pl **wives**) femme f; ADMIN épouse f.

WiFi® /ˈwaɪfaɪ/ n (abrév = **Wireless Fidelity**) WiFi® m.

wig /wɪg/ n perruque f.

wiggle© /ˈwɪgl/ I vtr faire bouger. II vi se tortiller.

wild /waɪld/ I n *in the wild* en liberté; *the call of the wild* l'appel de la forêt. II wilds npl *in the wilds of Arizona* au fin fond de l'Arizona. III adj sauvage; [sea] agité; [party] fou/folle; [wind, applause] déchaîné; *to be wild*© *about* être un fana© de. IV adv [grow] à l'état sauvage.

wild boar n sanglier m.

wildcat /ˈwaɪldkæt/ n chat m sauvage.

wildcat strike n grève f sauvage.

wilderness /ˈwɪldənɪs/ n *the wilderness* le désert.

wild flower n fleur f des champs, fleur f sauvage.

wildlife n faune f.

wildly /ˈwaɪldlɪ/ adv [spend, talk] de façon insensée; [enthusiastic, optimistic] extrêmement; [different] radicalement.

Wild West n Far West m.

wilfulGB, **willful**US /ˈwɪlfl/ adj [person, behaviour] volontaire; [disobedience] délibéré.

will[1] /wɪl, əl/ I modal aux *she'll help you* elle t'aidera; (in the near future) elle va t'aider; (+ conjecture) *that will be my sister* ça doit être ma sœur; (+ ability or capacity to do) *the car won't start* la voiture ne veut pas démarrer; *do what/as you will* fais ce que tu veux. **II** *vtr* vouloir.

will² /wɪl/ **I** *n* volonté *f*; *against my will* contre mon gré; JUR testament *m*. **II at will** *adv phr* à volonté.

William /ˈwɪlɪəm/ *pr n William the Conqueror* Guillaume le Conquérant.

willing /ˈwɪlɪŋ/ *adj willing to do* prêt à faire; *I'm quite willing* je veux bien; [helper] de bonne volonté; [recruit, victim] volontaire.

willow /ˈwɪləʊ/ *n* saule *m*.

willpower *n* volonté *f*.

willy-nilly /ˌwɪlɪˈnɪlɪ/ *adv* bon gré mal gré.

wilt /wɪlt/ *vi* [plant, flower] se faner; [person] (from fatigue) se sentir faible.

wily /ˈwaɪlɪ/ *adj* rusé.

wimp /wɪmp/ *n* PÉJ lavette⊚ *f*; (fearful) poule *f* mouillée.

win /wɪn/ **I** *n* victoire *f*. **II** *vtr* (*p prés* **-nn-**; *prét, pp* **WON**) gagner; *to win sb's love* se faire aimer de qn. **III** *vi* gagner; *to win against sb* l'emporter sur qn.

wince /wɪns/ *vi* faire la grimace.

winch /wɪntʃ/ *n* treuil *m*.

wind¹ /wɪnd/ **I** *n* vent *m*; (breath) souffle *m*; (flatulence) vents *mpl*; (instrument) *the winds* les vents. **II** *vtr* couper le souffle (à).

wind² /waɪnd/ **I** *vtr* (*prét, pp* **wound**) enrouler; [clock, toy] remonter. **II** *vi* [river, road] serpenter.

■ **wind down** [▸car window]GB baisser; [▸activity, organization] mettre fin à; **wind up** [speaker] conclure; [▸business] liquider; [▸clock, car window]GB remonter; [▸person] ⊚GB faire marcher.

wind energy *n* énergie *f* éolienne.

windfall *n* FIG aubaine *f*.

wind farm *n* ferme *f* d'éoliennes.

windmill *n* moulin *m* à vent.

window /ˈwɪndəʊ/ *n* fenêtre *f*; (of shop) vitrine *f*; (of plane) hublot *m*; (at bank) guichet *m*.

window display *n* vitrine *f*.

window-shopping /ˈwɪndəʊʃɒpɪŋ/ *n to go window-shopping* faire du lèche-vitrines.

windpower /ˈwɪndpaʊə(r)/ *n* énergie *f* éolienne.

windscreenGB, **windshield**US *n* AUT pare-brise *m inv*.

windsurfer *n* véliplanchiste *mf*.

windsurfing *n* planche *f* à voile.

windy /ˈwɪndɪ/ *adj* venteux/-euse.

wine /waɪn/ *n* vin *m*; (colour) lie-de-vin *m*.

wine cellar *n* cave *f*.

winegrowing *n* viticulture *f*.

wine list *n* carte *f* des vins.

wine waiter *n* sommelier/-ière *m/f*.

wing /wɪŋ/ *n* aile *f*; (player) ailier *m*. **II wings** *npl* THÉÂT *the wings* les coulisses *fpl*.

winged /wɪŋd/ *adj* ailé; [insect] volant.

winger⊚ /ˈwɪŋə(r)/ *n* ailier *m*.

wink /wɪŋk/ **I** *n* clin *m* d'œil. **II** *vi* cligner de l'œil; [light] clignoter.

winkle *n* bigorneau *m*.

winner /ˈwɪnə(r)/ *n* gagnant/-e *m/f*; *he's a winner* tout lui réussit.

winning /ˈwɪnɪŋ/ **I** *n* réussite *f*. **II winnings** *npl* gains *mpl*. **III** *adj* gagnant.

winter /ˈwɪntə(r)/ *n* hiver *m*.

wintertime *n* hiver *m*.

wintry /ˈwɪntrɪ/ *adj* hivernal.

win-win /wɪnwɪn/ *adj* gagnant-gagnant.

wipe /waɪp/ **I** *n* coup *m* de torchon d'éponge sur qch; (for baby) lingette *f*. **II** *vtr* essuyer; [▸smile] effacer.

■ **wipe off** [▸dirt, mark] faire partir; **wipe out** [▸memory, past] effacer; [▸chances] annuler.

wiper /ˈwaɪpə(r)/ *n* essuie-glace *m*.

wire /waɪə(r)/ **I** *n* fil *m*; (telegram)US télégramme *m*. **II** *vtr* télégraphier à; [▸plug, lamp] brancher.

wired⊚ /waɪəd/ *adj* (edgy) tendu; (high) défoncé⊚; ORDINAT branché.

wirelessGB /ˈwaɪəlɪs/ *n* radio *f*.

wiring /ˈwaɪərɪŋ/ *n* installation *f* électrique.

wisdom /ˈwɪzdəm/ *n* sagesse *f*.

wisdom tooth *n* dent *f* de sagesse.

wise /waɪz/ **I** *adj* sage, raisonnable; [choice] judicieux/-ieuse; *none the wiser* pas plus avancé. **II -wise** *combining form* dans le sens de; *work-wise* pour ce qui est du travail.

wisecrack⊚ *n* vanne⊚ *f*.

wise guy⊚ *n* gros malin⊚ *m*.

Wise Men *npl the Three Wise Men* les Rois mages.

wish /wɪʃ/ **I** *n* (desire) désir *m*; (in story) souhait *m*; *to make a wish* faire un vœu. **II**

wishes *npl* vœux *mpl*; **good/best wishes** meilleurs vœux; (ending letter) **best wishes** bien amicalement; **please give him my best wishes** dites-lui bonjour de ma part. **III** *vtr* souhaiter; **I wish he were here** si seulement il était ici; **I wish you well** j'espère que tout ira bien pour toi. **IV** *vi* vouloir; **to wish for** souhaiter, espérer; **I wish I could** si seulement je pouvais; (in fairy story) faire un vœu.

wishful thinking /ˌwɪʃfl ˈθɪŋkɪŋ/ *n* **that's wishful thinking** c'est prendre ses désirs pour des réalités.

wish list *n* liste *f* des choses qu'on souhaite.

wishy-washy© /ˈwɪʃɪwɒʃɪ/ *adj* PÉJ fadasse.

wisp /wɪsp/ *n* (of hair) mèche *f*; (of straw) brin *m*; (of smoke) volute *f*.

wisteria, wistaria *n* glycine *f*.

wistful /ˈwɪstfl/ *adj* mélancolique.

wit /wɪt/ **I** *n* esprit *m*; **to have a quick/ready wit** avoir la répartie facile/l'esprit d'à-propos. **II wits** *npl* **to use one's wits** faire preuve d'intelligence.

witch /wɪtʃ/ *n* sorcière *f*.

witchcraft *n* sorcellerie *f*.

with /wɪð, wɪθ/ *prep* (accompanied by) avec; (in descriptions) à, avec; (indicating an agent, cause) de, avec; **delighted with sth** ravi de qch.

withdraw /wɪðˈdrɔː, wɪθˈd-/ *vtr, vi* (prét **-drew**, *pp* **-drawn**) (se) retirer.

withdrawal /wɪðˈdrɔːəl, wɪθˈd-/ *n* retrait *m*.

withdrawal slip *n* bordereau *m* de retrait.

withdrawal symptoms *npl* symptômes *mpl* de manque; **to be suffering from withdrawal symptoms** être en état de manque.

withdrawn /wɪðˈdrɔːn, wɪθˈd-/ **I** *pp* ▶ **withdraw**. **II** *adj* [person] renfermé, replié sur soi-même.

wither /ˈwɪðə(r)/ *vi* se flétrir.

withhold /wɪðˈhəʊld/ *vtr* (prét, pp **-held**) [▶payment] différer; [▶tax] retenir; [▶permission] refuser; [▶information] ne pas divulguer.

within /wɪˈðɪn/ **I** *prep* (inside) dans, à l'intérieur de; (in expressions of time) en moins de; (not more than) selon; **to be within sight** être en vue. **II** *adv* à l'intérieur.

without /wɪˈðaʊt/ **I** *prep* sans. **II** *adv* à l'extérieur.

withstand /wɪðˈstænd/ *vtr* (prét, pp **-stood**) résister à.

witness /ˈwɪtnɪs/ **I** *n* témoin *m*. **II** *vtr* être témoin de, assister à.

witness boxGB, **witness stand**US *n* barre *f* des témoins.

witty /ˈwɪtɪ/ *adj* spirituel/-elle.

wives /waɪvz/ *pl* ▶ **wife**.

wizard /ˈwɪzəd/ *n* magicien *m*; **to be a wizard at** avoir le génie de.

wk (abrév écrite = **week**).

WMD /ˈdʌbljuːemdiː/ *n* (abrév = **weapon(s) of mass destruction**) ADM *fpl*.

wobble /ˈwɒbl/ *vi* [table, chair] branler; [voice] trembler.

woe /wəʊ/ *n* malheur *m*.

woke /wəʊk/ *prét* ▶ **wake II, III**.

woken /ˈwəʊkən/ *pp* ▶ **wake II, III**.

wolf /wʊlf/ *n* (pl **wolves**) loup *m*.

woman /ˈwʊmən/ *n* (pl **women**) femme *f*.

womb /wuːm/ *n* ventre *m*, utérus *m*.

women's group *n* groupe *m* féministe.

Women's Liberation Movement *n* mouvement *m* de libération de la femme.

women's refuge *n* foyer *m* pour femmes battues.

won /wʌn/ *prét, pp* ▶ **win II, III**.

wonder /ˈwʌndə(r)/ **I** *n* étonnement *m*, émerveillement *m*; **no wonder that** pas étonnant que. **II** *in compounds* [cure, drug] miracle (after *n*). **III** *vtr* (ask oneself) se demander; **it makes you wonder** on peut se poser des questions. **IV** *vi* se demander; **to wonder at sth** s'étonner de qch.

wonderful /ˈwʌndəfl/ *adj* merveilleux/-euse; **you look wonderful!** tu as l'air en pleine forme!

wonderfully /ˈwʌndəfəlɪ/ *adv* (very) très; (splendidly) admirablement.

wonderland /ˈwʌndəlænd/ *n* **Alice in Wonderland** Alice au pays des merveilles.

won't /wəʊnt/ = **will not**.

woo /wuː/ *vtr* courtiser.

wood /wʊd/ *n* bois *m*.

woodcock *n* bécasse *f*.

wooded /ˈwʊdɪd/ *adj* boisé.

wooden /ˈwʊdn/ *adj* en bois.

woodland /ˈwʊdlənd/ n bois m.

woodpecker n (bird) pic m.

woodwork /ˈwʊdwɜːk/ n menuiserie f.

wool /wʊl/ n laine f.

woollenGB, **woolen**US /ˈwʊlən/ n lainage m.

woollyGB, **wooly**US /ˈwʊlɪ/ **I** GB n petite laine f. **II** adj [garment] de laine; **woolly thinking** manque de rigueur.

word /wɜːd/ **I** n mot m; **in other words** en d'autres termes; **a word of warning** un avertissement; **a word of advice** un conseil; ¢ (information) nouvelles fpl; (promise, affirmation) parole f, promesse f; **take my word for it!** crois-moi!; (command) ordre m. **II words** npl paroles fpl; (of play) texte m. **III -worded** in compounds **a carefully-worded letter** une lettre soigneusement formulée; **a strongly-worded statement** un communiqué ferme. **IV** vtr (▶reply) formuler.

• **my word!** ma parole!; (in reproof) tu vas voir!; **to have words with sb** s'accrocher avec qn; **to put in a good word for sb** glisser un mot en faveur de qn.

wording /ˈwɜːdɪŋ/ n formulation f.

word processor n ORDINAT traitement m de texte.

wore /wɔː(r)/ prét ▶ **wear II, III**.

work /wɜːk/ **I** n travail m; **to be off work** être en congé; **to be out of work** être au chômage; (office) bureau m; (factory) usine f; (construction) travaux mpl; (artwork) œuvre f; (study) ouvrage m. **II** vtr **to work days/nights** travailler de jour/de nuit; (▶video, blender) se servir de; (▶muscles) faire travailler. **III** vi travailler; [machine] fonctionner; [treatment] avoir de l'effet; [detergent, drug] agir; [plan] réussir; [argument] tenir debout; (strive) **to work against sth** lutter contre qch; **to work towards** se diriger vers. **IV** v refl **to work oneself too hard** se surmener.

■ **work out** s'entraîner; [plan] marcher; [cost, figure] s'élever à; (▶amount) calculer; (▶answer, reason, culprit) trouver; **work up** (▶support) accroître; **to work up the courage to do** trouver le courage de faire.

workable /ˈwɜːkəbl/ adj réalisable.

workaholic© /ˌwɜːkəˈhɒlɪk/ n bourreau m de travail.

workday n jour m ouvrable.

worker /ˈwɜːkə(r)/ n ouvrier/-ière m/f; (in white-collar job) employé/-e m/f.

work experience n stage m.

workforce n (sg ou pl) main-d'œuvre f.

working /ˈwɜːkɪŋ/ **I workings** npl fonctionnement m. **II** adj [person] qui travaille; [conditions, environment, week] de travail; **in full working order** en parfait état de marche.

working class I n classe f ouvrière. **II working-class** adj ouvrier/-ière.

workload /ˈwɜːkləʊd/ n charge f de travail; **to have a heavy workload** avoir beaucoup de travail; **to reduce/increase sb's workload** donner moins/plus de travail à qn.

workman n ouvrier m.

work of art n œuvre f d'art.

workout n séance f de mise en forme.

workplace /ˈwɜːkpleɪs/ n lieu m de travail.

work prospects npl perspectives fpl de carrière.

workroom n atelier m.

worksheetGB n SCOL questionnaire m.

workshop n atelier m.

work station n ORDINAT poste m de travail.

world /wɜːld/ **I** n monde m. **II** in compounds [events, leader] mondial; [record, tour] du monde; [cruise] autour du monde.

• **out of this world** extraordinaire; **there's a world of difference** il y a une différence énorme.

world-class /ˈwɜːldklɑːs/ adj de niveau mondial.

World Cup n (in football) Coupe f du Monde.

world-famous adj mondialement connu.

World Health Organization, WHO n Organisation f mondiale de la santé.

world leader n POL chef m d'État.

worldly /ˈwɜːldlɪ/ adj matériel/-ielle.

worldly-wise adj avisé, qui a de l'expérience.

World ServiceGB n service international de la BBC.

world war n guerre f mondiale; **World War One/Two** la Première/Seconde Guerre mondiale.

worldwide I adj mondial. **II** adv dans le monde entier.

worm /wɜːm/ n ver m.

worn /wɔːn/ **I** pp ▶ **wear II, III**. **II** adj [carpet, clothing] usé.

worn-out adj complètement usé; [person] épuisé.

worried /ˈwʌrɪd/ adj soucieux/-ieuse; **to be worried about sb/sth** /s'inquiéter pour qn/ qch.

worry /ˈwʌrɪ/ **I** n souci m. **II** vtr inquiéter; **I worry that** j'ai peur que; (bother) ennuyer. **III** vi **to worry about/over sth/sb** s'inquiéter pour qch/qn; **to worry about doing** avoir peur de faire.

worrying /ˈwʌrɪɪŋ/ **I** n **stop your worrying!** arrête de te faire du souci! **II** adj inquiétant.

worse /wɜːs/ **I** adj (comparative of **bad**) pire; **the noise is worse** il y a plus de bruit; **to get worse** empirer; **to feel worse** aller moins bien, se sentir plus malade; **so much the worse for them!** tant pis pour eux! **II** n **for the worse** pour le pire. **III** adv (comparative of **badly**) plus mal, moins bien.

worsen /ˈwɜːsn/ vtr, vi empirer.

worship /ˈwɜːʃɪp/ **I** n culte m; **an act of worship** un acte de dévotion. **II** vtr (p prés etc **-pp-**GB, **-p-**US) adorer.

worst /wɜːst/ **I** n **the worst** le/la pire m/f; (of the lowest quality) **the worst** le plus mauvais/ la plus mauvaise m/f. **II** adj (superl of **bad**) plus mauvais; (most inappropriate) pire.

worth /wɜːθ/ **I** n **five pounds' worth of sth** pour cinq livres de qch; (value, usefulness) valeur f. **II** adj **to be worth sth** valoir qch; **to be worth it** valoir la peine; **that's worth knowing** cela est utile à savoir.
• **to be worth sb's while** valoir la peine.

worthless /ˈwɜːθlɪs/ adj sans valeur; **he's worthless** c'est un bon à rien.

worthwhile /wɜːθˈwaɪl/ adj intéressant, qui en vaut la peine; **to be worthwhile doing** valoir la peine de faire.

worthy /ˈwɜːðɪ/ **I** n notable m. **II** adj **worthy of sth** digne de qch; [cause] noble.

would /wʊd, wəd/ modal aux (**'d**; nég **wouldn't**) **he thought she would have forgotten** il pensait qu'elle aurait oublié; (in conditional statements) **it would be wonderful if they came** ce serait merveilleux s'ils venaient; **wouldn't it be nice if...** ce serait bien si...; (expressing ability, willingness to act) **he just wouldn't listen** il ne voulait rien entendre; (expressing desire, preference) **we would like to stay** nous aimerions rester; (in polite requests or proposals) **would you like sth to eat?** voudriez-vous qch à manger?; **would you give her the message?** est-ce que vous voulez bien lui transmettre le message?; (used to attenuate statements) **I wouldn't say that** je ne dirais pas ça; (used to) **she would sit for hours** elle passait des heures assise.

would-be /ˈwʊdbiː/ adj (desirous of being) en puissance; PÉJ des soi-disant inv.

wouldn't /ˈwʊd(ə)nt/ = **would not**.

would've /ˈwʊdəv/ = **would have**.

wound[1] /wuːnd/ **I** n blessure f, plaie f. **II** vtr blesser.

wound[2] /waʊnd/ prét, pp ▸ **wind**[2].

wounding /ˈwuːndɪŋ/ adj [▸comment] blessant.

wove /wəʊv/ prét, **woven** /ˈwəʊvn/ pp ▸ **weave**.

wow© /waʊ/ excl hou là!

wrangle /ˈræŋgl/ vi se quereller.

wrap /ræp/ **I** n châle m. **II** vtr (p prés etc **-pp-**) (in paper) emballer; (in blanket) envelopper; **would you like it wrapped?** je vous fais un paquet? **III** v refl **to wrap oneself in sth** s'envelopper dans qch.
▪ **wrap up** [person] s'emmitoufler; **wrap up well/warm!** couvre-toi bien!; [▸parcel] faire; [▸gift, purchase] envelopper.

wrapping /ˈræpɪŋ/ n emballage m.

wrapping paper n papier m d'emballage; [decorative] papier m cadeau.

wrap-up©US /ˈræpʌp/ n résumé m.

wreak /riːk/ vtr **to wreak havoc/damage on sth** dévaster qch.

wreath /riːθ/ n couronne f.

wreck /rek/ **I** n épave f; **I feel a wreck** je suis crevé©. **II** vtr détruire; FIG ruiner; [▸holiday, weekend] gâcher; [▸negotiations] faire échouer.

wreckage /ˈrekɪdʒ/ n (of plane) épave f; (of building) décombres mpl.

wren /ren/ n roitelet m.

wrench /rentʃ/ **I** n clé à molette f. **II** vtr tourner [qch] brusquement; **to wrench one's ankle** se tordre la cheville; **to wrench sth from sb** arracher qch à qn.

wrestle /ˈresl/ vi SPORT faire du catch; **to wrestle with** [▸person, problem] se débattre avec.

wrestler /ˈreslə(r)/ n SPORT catcheur/-euse m/f; HIST lutteur m.

wrestling /ˈreslɪŋ/ n SPORT catch m; HIST lutte f.

wretch /retʃ/ n *poor wretch!* pauvre diable.

wretched /ˈretʃɪd/ adj misérable; [weather] affreux/-euse; *I feel wretched* ça ne va pas du tout; (damned)⊙ fichu⊙.

wriggle /ˈrɪgl/ **I** vtr [▸toes, fingers] remuer. **II** vi [person] s'agiter, gigoter; [snake, worm] se tortiller.

wring /rɪŋ/ **I** vtr (prét, pp **wrung**) tordre; *to wring one's hands* se tordre les mains. **II** **wringing** adv *wringing wet* trempé.
■ wring out [▸cloth, clothes] essorer, tordre.

wrinkle /ˈrɪŋkl/ **I** n (on skin) ride f; (in fabric) pli m. **II** vtr plisser; [▸fabric] froisser. **III** vi [skin] se rider; [fabric] se froisser.

wrist /rɪst/ n poignet m.

wristwatch n montre-bracelet f.

writ /rɪt/ n JUR assignation f.

writable /ˈraɪtəbl/ adj ORDINAT inscriptible.

write /raɪt/ (prét **wrote**; pp **written**) **I** vtr [▸letter] écrire; [▸song] composer; [▸essay] rédiger; [▸cheque] faire. **II** vi écrire; *to write about/on* traiter de.
● *it's nothing to write home about* ça n'a rien d'extraordinaire.
■ write back répondre; write down [▸details, name] noter; write off [▸car] abîmer complètement; [▸debt] annuler; [▸project] enterrer; write up rédiger.

write head n ORDINAT tête f d'enregistrement.

write-off⊙GB /ˈraɪtɒf/ n épave f.

writer /ˈraɪtə(r)/ n écrivain m, auteur m.

write-up /ˈraɪtʌp/ n (review) critique f; (account) rapport m (of sur).

writhe /raɪð/ vi se tordre (de).

writing /ˈraɪtɪŋ/ n écriture f; *to put sth in writing* mettre qch par écrit; *American writing* littérature américaine.

writing pad n bloc m de papier à lettres.

writing paper n papier m à lettres.

written /ˈrɪtn/ **I** pp ▸ **write**. **II** adj écrit.

wrong /rɒŋ, rɔːŋUS/ **I** n ¢ (evil) mal m; (injustice) tort m. **II** adj mauvais; (containing errors) erroné; *to be wrong* avoir tort, se tromper; (reprehensible) *it is wrong to do* c'est mal de faire; (not as it should be) *there's sth wrong with this computer* il y a un problème avec cet ordinateur; *what's wrong with you?* qu'est-ce que tu as? **III** adv se tromper de qch; *you've got it wrong* tu te trompes; *to go wrong* [machine] ne plus marcher. **IV** vtr faire du tort à.
● *to be in the wrong* être dans mon/ton etc. tort; *to jump to the wrong conclusions* tirer des conclusions hâtives.

wrongdoing n méfait m.

wrongfoot /wɒnˈfʊt/ vtr SPORT [▸opponent] prendre à contre-pied; FIG prendre au dépourvu.

wrongful adj arbitraire.

wrongly /ˈrɒŋlɪ, ˈrɔː-US/ adv mal; *rightly or wrongly* à tort ou à raison.

wrote /rəʊt/ prét ▸ **write**.

wrought iron n fer m forgé.

wrung /rʌŋ/ prét, pp ▸ **wring I**.

wry /raɪ/ adj narquois; *he has a wry sense of humour*GB c'est un pince-sans-rire.

wt n (abrév écrite = **weight**).

WWI n (abrév écrite = **World War One**).

WWII n (abrév écrite = **World War Two**).

WYSIWYG /ˈwɪzɪwɪg/ ORDINAT (abrév = **what you see is what you get**) tel écran-tel écrit, tel-tel inv.

X

X /eks/ n **X marks the spot** l'endroit est marqué d'une croix; (in a letter) **x x x** grosses bises; [film] **X certificate**^{GB}/**X-rated**^{US} interdit aux moins de 18 ans.

xenograft /ˈzenəɡrɑːft, -ɡræft^{US}/ n xénogreffe f.

xenophobia /zenəˈfəʊbɪə/ n xénophobie f.

xenophobic /zenəˈfəʊbɪk/ adj xénophobe.

xenotransplantation /zenəʊˌtrænsplɑːnˈteɪʃn, -plænt-^{US}/ n xénogreffe f.

xerox, Xerox® /ˈzɪərɒks/ **I** n (photo)copie f. **II** vtr photocopier.

Xmas n: (abrév écrite = **Christmas**).

X-ray /ˈeksreɪ/ **I** n radiographie f, radio f; **to have an X-ray** se faire radiographier. **II** vtr [▶person] radiographier; [▶luggage] scanner.

Y

yacht /jɒt/ n yacht m.

yachting /ˈjɒtɪŋ/ n yachting m.

yank /jæŋk/ vtr [▶person, rope] tirer.
■ **yank off** arracher.

Yank^{©US} /jæŋk/ n Yankee mf.

Yankee^{US} /ˈjæŋkɪ/ n (present-day) habitant du Nord des États-Unis; (in Civil War) Nordiste mf; (American) Amerloque mf.

yap /jæp/ vi [dog] japper.

yard /jɑːd/ **I** n yard m (= 0.9144 m); FIG **by the yard** au kilomètre; (of house, farm) cour f; (garden)^{US} jardin m; (for construction) chantier m. **II** ^{GB} **Yard** pr n (Scotland Yard) police judiciaire britannique.

yardstick /ˈjɑːdstɪk/ n point m de référence; **by the yardstick of** à l'aune de.

yarn /jɑːn/ n fil m (à tisser ou à tricoter); (tale) histoire f.

yashmak /ˈjæʃmæk/ n voile m islamique.

yawn /jɔːn/ **I** n bâillement m. **II** vi bâiller.

yd (abrév écrite = **yard**) ▶ **yard I**.

yeah© /jeə/ particle ouais©, oui; **oh yeah?** vraiment?

year /jɪə(r), jɜː(r)/ **I** n an m, année f; (indicating age) **to be 19 years old/19 years of age** avoir 19 ans; SCOL **the first-years**^{GB} ≈ les élèves de sixième. **II years** npl âge m; **it takes years!**© ça prend une éternité!

yearbook /ˈjɪəbʊk/ n (directory) annuaire m; SCOL, UNIV^{US} album m de promotion.

yearlong adj d'une année.

yearly /ˈjɪəlɪ, ˈjɜː-/ **I** adj annuel/-elle. **II** adv chaque année.

yearn /jɜːn/ vi **to yearn for** désirer (avoir); **to yearn to do** avoir très envie de faire; **she yearns for her son** son fils lui manque terriblement.

year out n année f de coupure (avant d'entrer à l'université).

yeast /jiːst/ n levure f.

yell /jel/ **I** n hurlement m, cri m. **II** vtr, vi crier; **to yell at sb** crier après qn; hurler.

yellow /ˈjeləʊ/ n, adj jaune (m); **yellow pages** pages jaunes; **yellow card** (in football) carton jaune.

yelp /jelp/ vi [dog] japper.

Yemen /ˈjemən/ pr n Yémen m.

yen /jen/ n FIN yen m; **to have a yen**© **for** avoir grande envie de.

yep^{©US} /jep/, **yup**© /jʌp/ particle ouais©, oui.

yes /jes/ particle, n oui; (in reply to negative question) si; **the yeses and the noes** les oui et les non.

yes-man© /ˈjesmæn/ n pl **-men** PÉJ lèche-bottes m inv.

yesterday /ˈjestədeɪ, -dɪ/ n, adv hier (m); (in the past) hier, autrefois; **the day before yesterday** avant-hier.

yet /jet/ **I** conj pourtant. **II** adv encore, jusqu'à présent; **not yet** pas encore, pas pour l'instant; (in questions) déjà.

yew / juː/ *n* (tree) if *m*.

yield /jiːld/ **I** *n* rendement *m*. **II** *vtr* produire; FIN rapporter; [▸information] donner, fournir; [▸secret] livrer; (surrender) céder. **III** *vi* **to yield (to)** céder (devant); (be superseded) être supplanté par; **to yield well/poorly** avoir un bon/mauvais rendement; AUT^US céder le passage.

YMCA /ˌwaɪemsiːˈeɪ/ (*abrév* = **Young Men's Christian Association**) ≈ Union Chrétienne des Jeunes Gens.

yob^©GB /jɒb/ **yobbo**^©GB /ˈjɒbəʊ/ *n* PÉJ loubard^© *m*, voyou *m*.

yoghurt /ˈjɒgət, ˈjəʊgərt^US/ *n* yaourt, yoghourt *m*.

yoke /jəʊk/ *n* joug *m*.

yolk /jəʊk/ *n* jaune *m* (d'œuf).

you /juː, jʊ/ *pron* (subject, one person, informal) tu; (object, one person, informal) te; (after preposition) toi; (subject or object, more than one person, or formal) vous; (indefinite pronoun) (subject) on; **you never know!** on ne sait jamais!

you'd /juːd/ = **you had**, = **you would**.

you'll /juːl/ = **you will**.

young /jʌŋ/ **I** *n* **the young** (+ *vpl*) les jeunes *mpl*, la jeunesse *f*; (animals) petits *mpl*. **II** *adj* jeune; **young lady** jeune femme *f*; **her younger brother** son frère cadet; **in his younger days** quand il était jeune.

young-looking *adj* **to be young-looking** faire (très) jeune.

youngster /ˈjʌŋstə(r)/ *n* jeune *mf*.

your /jɔː(r), jʊə(r)/ *det* votre/vos; (informal) ton/ta/tes.

you're /jʊə(r), jɔː(r)/ = **you are**.

yours /jɔːz, jʊərz^US/ *pron* le/la vôtre; (informal) le tien, la tienne; **it's not yours** ce n'est pas à vous/à toi; **I like that sweater of yours** j'aime ton pull.

yourself /jɔːˈself, jʊərˈself^US/ *pron* vous, te, (before vowel) t'; (in imperatives) vous, toi; (emphatic, after prep) vous, vous-même, toi, toi-même; **(all) by yourself** tout seul/toute seule.

yourselves /jəˈselvz/ *pron* vous; (emphatic, after prep) vous, vous-mêmes; **all by yourselves** tous seuls/toutes seules.

youth /juːθ/ **I** *n* jeunesse *f*; (young person) jeune *m*. **II** *in compounds* [club] de jeunes; [TV, magazine] pour les jeunes/la jeunesse; [hostel] de jeunesse.

youth leader *n* animateur/-trice *m/f* de groupe de jeunes.

youthful /ˈjuːθfl/ *adj* jeune.

youth worker *n* éducateur/-trice *m/f*.

you've /juːv/ = **you have**.

yo-yo® /ˈjəʊjəʊ/ **I** *n* yo-yo® *m*. **II** ^© *vi* [prices] fluctuer.

Yugoslavia /juːgəʊˈslɑːvɪə/ *pr n* Yougoslavie *f*.

Yule log /ˈjuːl lɒg/ *n* bûche *f* de Noël.

yuppie /ˈjʌpɪ/ *n* jeune cadre *m* dynamique, yuppie *m*.

YWCA /ˌwaɪdʌbljuːsiːˈeɪ/ (*abrév* = **Young Women's Christian Association**) ≈ Union Chrétienne des Jeunes Femmes.

Z

Zaire /zɑːɪˈɪə/ pr n Zaïre m.

Zambia /ˈzæmbɪə/ pr n Zambie f.

zap© /zæp/ (p prés etc **-pp-**) **I** vtr [▸ town] détruire; [▸ person] tuer; TV **to zap channels** zapper©. **II** vi **to zap into town** faire un saut© en ville; **to zap from channel to channel** zapper©.

zapper© /ˈzæpə(r)/ n télécommande f.

zeal /ziːl/ n zèle m.

zealous /ˈzeləs/ adj zélé.

zebra /ˈzebrə, ˈziː-/ n zèbre m.

zebra crossingGB n passage m pour piétons.

zero /ˈzɪərəu/ n, adj zéro (m).

zero-emission vehicle n véhicule m non-polluant.

zero hour n heure f H.

zero-ratedGB /ˈzɪərəuˌreɪtɪd/ adj exempté de TVA.

zero sum n somme f nulle.

zero tolerance n tolérance f zéro.

zest /zest/ n entrain m; (of fruit) zeste m.

zigzag /ˈzɪgzæg/ n zigzag m.

zilch©US /zɪltʃ/ n que dalle®.

Zimbabwe /zɪmˈbɑːbwɪ, -weɪ/ pr n Zimbabwe m.

Zionist /ˈzaɪənɪst/ n, adj sioniste (m/f).

zip /zɪp/ **I** n GB fermeture f à glissière, fermeture f éclair®. **II** vtr (p prés etc **-pp-**) **to zip sth open/shut** ouvrir/fermer la fermeture à glissière de qch; ORDINAT zipper. **III** © vi (p prés etc **-pp-**) **to zip along/past** filer à toute allure.

zip codeUS n POSTES code m postal.

zip file n fichier m zippé.

zipperUS /ˈzɪpə(r)/ n GB fermeture f à glissière, fermeture f éclair®.

zither /ˈzɪðə(r)/ n cithare f.

zodiac /ˈzəudɪæk/ n zodiaque m.

zone /zəun/ n zone f.

zoo /zuː/ n zoo m.

zoology /zəuˈɒlədʒɪ/ n zoologie f.

zoom /zuːm/ **I** n PHOT zoom m. **II** GB vi **to zoom in/out** faire un zoom avant/arrière; [prices] monter en flèche; **to zoom past** passer en trombe.

zucchiniUS /zuːˈkiːnɪ/ n (pl **-** / **-s**) courgette f.

Imprimé en Italie par «La Tipografica Varese S.p.A.»
Dépôt légal éditeur mars 2013 Collection 58 - Edition 01
28/1528/0